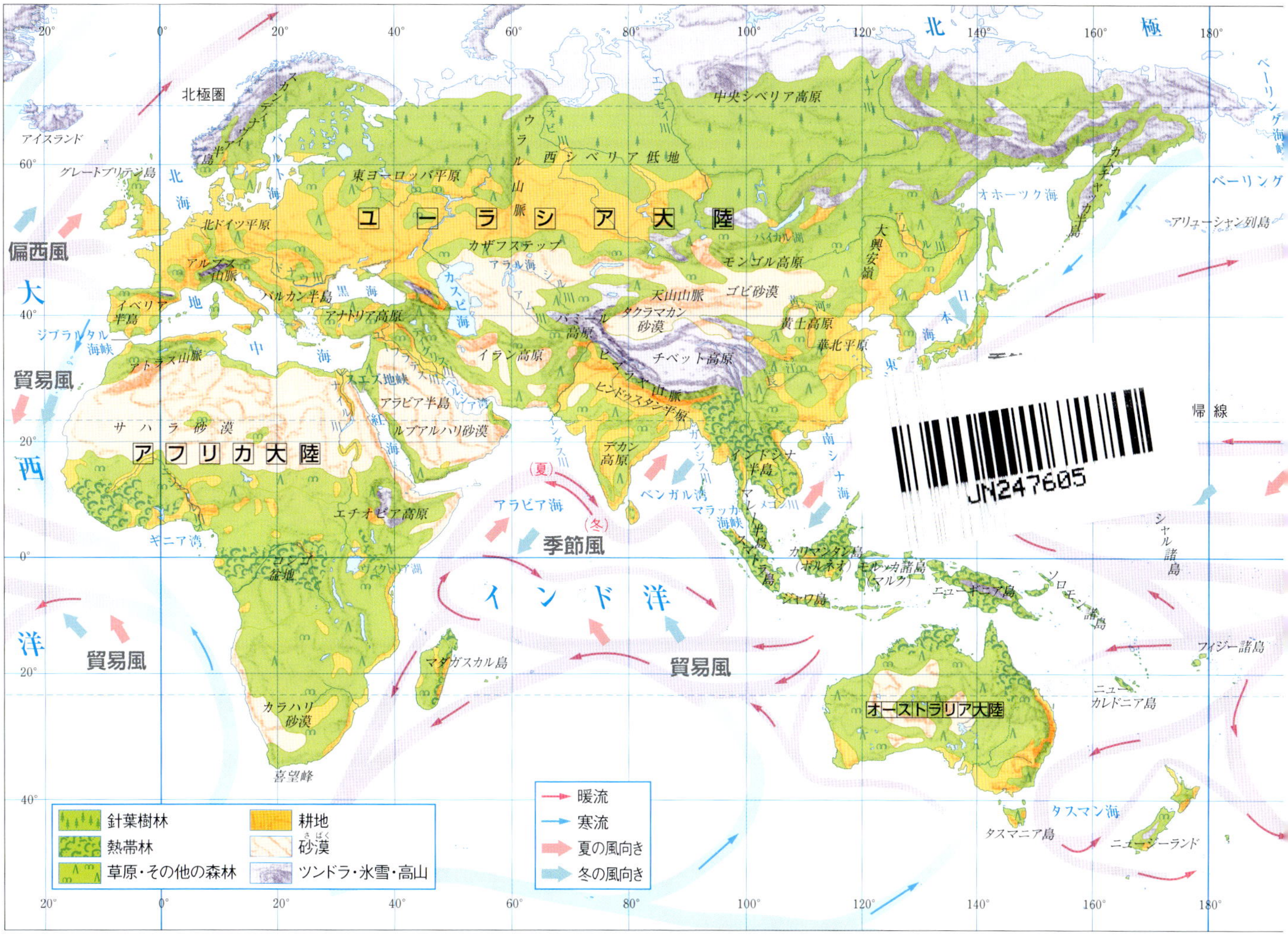

針葉樹林
熱帯林
草原・その他の森林
耕地
砂漠
ツンドラ・氷雪・高山

暖流
寒流
夏の風向き
冬の風向き

草原地帯 ～機動力に富む遊牧世界

ユーラシア大陸の東西にのびる草原地帯には，水や草があり，馬によるすばやい移動が可能であった。**スキタイ・匈奴・モンゴル**などの**騎馬遊牧民**は，広大な地域を支配する大帝国を築いた（**遊牧国家**）。

▲⑦**遊牧民の放牧**（モンゴル高原）　家畜は，遊牧民の衣食住に不可欠なもので，彼らは家畜とともに牧草を求め，春から秋にかけてほぼ一定のルートを遊牧する。そのため，彼らのゲルとよばれる家屋は，解体と組み立てが便利なテント式となっている。

家畜の歴史 馬

家畜化の起源 約6000年前　南ヨーロッパ

機動力 作業能率は人の5～10倍。暑さに弱いため，おもに北方で使役された。移動速度が速く，アケメネス朝やモンゴル帝国の駅伝制を支えた。

軍事力 古くは戦車を引く動力として利用され，騎馬技術（轡，鐙，鞍などの馬具の発明による）により軍事力が飛躍的に高まった。

生活とのかかわり 食用としての価値は，軍事力の高まりにより減少。

◀⑧**馬乳酒づくり**　夏と秋に馬乳をもとにしてつくる発酵酒。タンパク質，ビタミンなどの栄養分が豊富で，**遊牧民**にとっては水がわりの重要な清涼飲料水の一種。

家畜の歴史 羊

▲⑨**羊の毛皮を縫うスキタイ人**　スキタイ人は，戦闘技術に優れた騎馬民であり遊牧民でもあった。二人のスキタイ人がひざまづき，協力して針と糸とを使って羊の毛皮を縫っている。

家畜化の起源
約12000年前　西アジア

機動力 体が小さく，運搬や土地を耕したりする労役には向かない。砂漠の周辺やサバンナ地帯，地中海地域などの草原地域で，大群で放牧される。

生活とのかかわり 羊は，最も早く家畜化された動物の一つ。乳と肉は食用，毛は衣料，皮は薄くてやわらかく，袋や羊皮紙として利用。

その他 12世紀にイベリア半島で品種改良によりメリノ種が生まれ，高級な羊毛がとれるようになって近世のイギリス毛織物業が繁栄した。

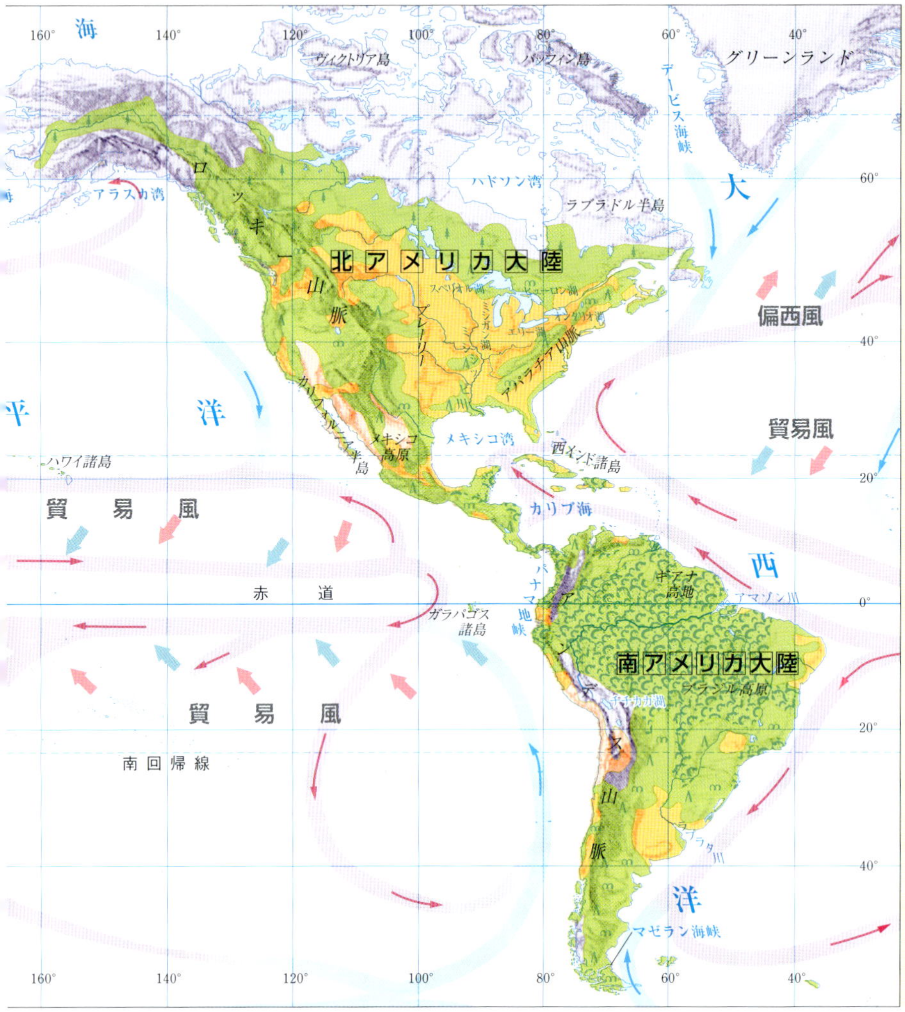

自然環境と人類の
かかわりについて
さらに深めよう！

森林地帯 ～生活必需品の供給源

▲⑩**ヴェネツィアが管理した森林**（イタリア，ドロミティ） 地中海の海上交易で栄えたヴェネツィアは，その繁栄を維持するため，干潟に建設した街の基礎となるくいや造船の材木を安定的に確保すべく，木々の伐採など，国による森林の管理を行った。

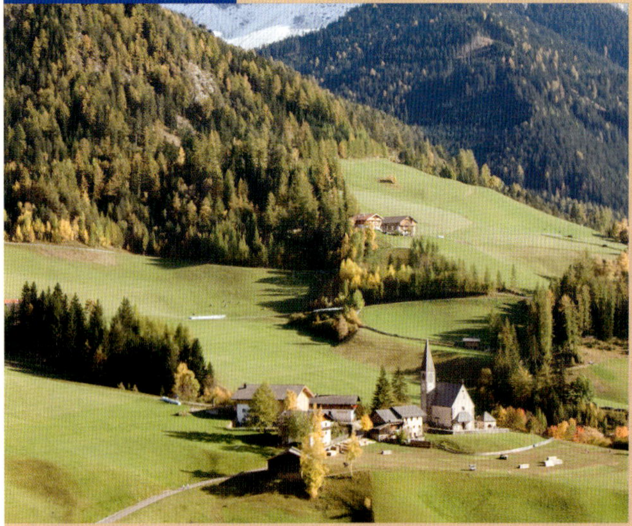

森林は，古くより住居の木材・燃料の薪・家畜のえさ・蜂蜜など，人間生活に必要な物資の供給源であったが，人間活動の活発化に伴う**開墾**や資源開発は，ときに**森林破壊**をもたらした。

家畜の歴史 豚

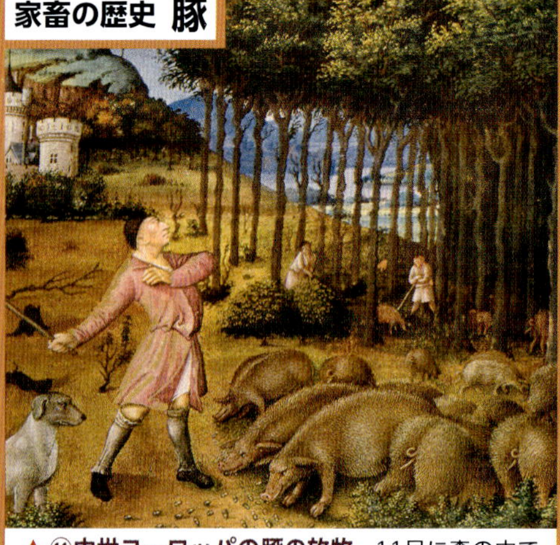

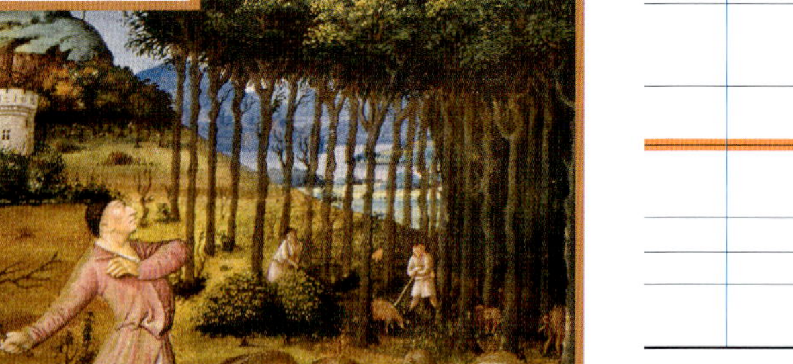

▲⑪**中世ヨーロッパの豚の放牧** 11月に森の中で豚にどんぐりを食べさせて太らせ，12月に屠殺しソーセージなどに加工して冬に備えた。

家畜化の起源 不明（新石器時代）
中国 インド 西アジア 中部ヨーロッパ
生活とのかかわり もっぱら食用家畜として飼育され，肉・脂肪・内臓が食用となる。ヨーロッパでは，人々の肉食源であった反面，人間の生活から出る排出物で飼育されたことから，不潔な動物として悪魔や蔑視の代用語であった時期もあった。イスラーム世界では豚を食べることはタブーとされる。

インデックス」に対応し
役立ちます。

〈アンガス=マディソン著『経済統計で見る 世界経済2000年史』
0年に比して中国の割合が
かでも工業化をいち早く
アフリカの割合が減少し

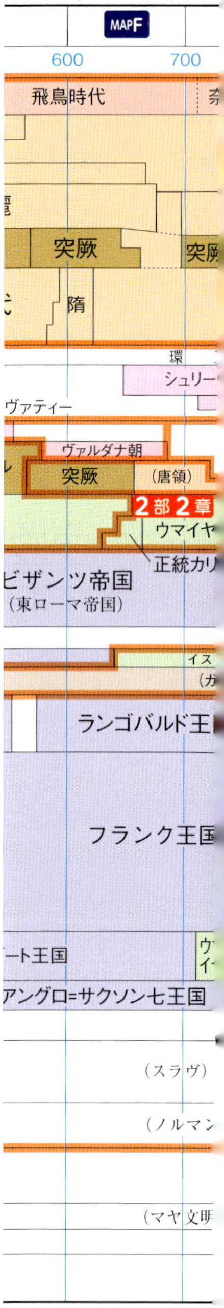

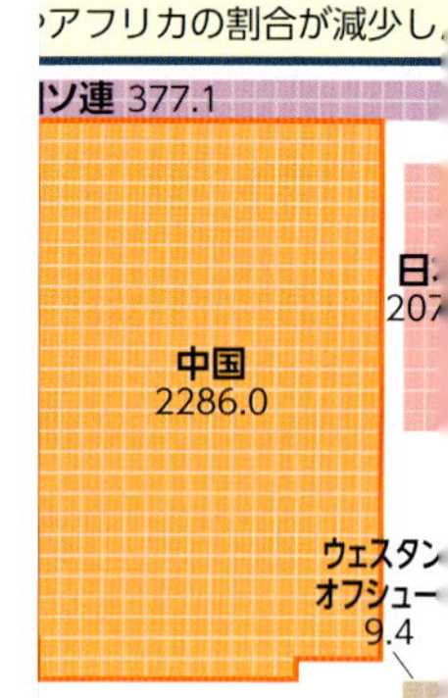

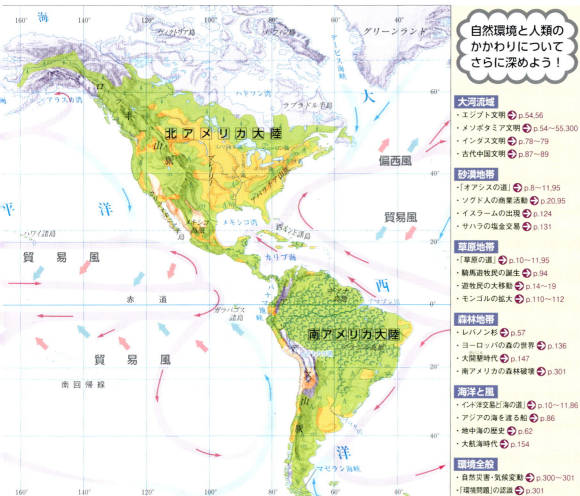

1部1章 次のページの「もくじ」の見出し（部・章），並びに通史ページの「ガイドインデックス」に対応しています。数字を順に追うことで，本書がどの順番で地域・時代を配列しているのかわかります。

ナ，セルビア，モンテネグロ，マケドニア，コソヴォに分離独立。マケドニアは 2019 年，北マケドニアに国名変更。＊3 1991 年，ソ連は 15 の国に解体。ロシアに国名変更。※ベトナム社会主義共和国・フィリピン共和国・インドネシア連邦

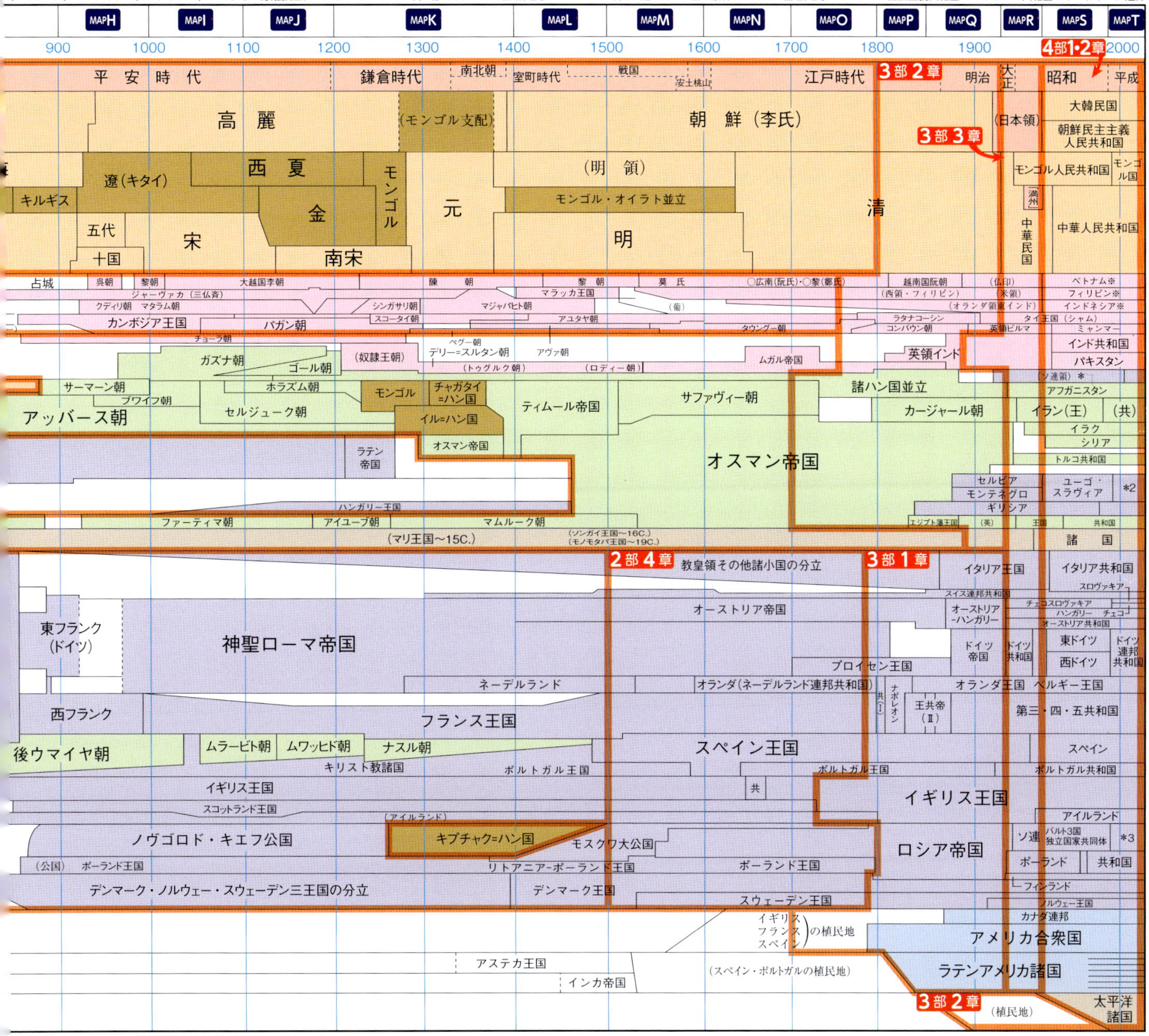

MAP H　MAP I　MAP J　MAP K　MAP L　MAP M　MAP N　MAP O　MAP P　MAP Q　MAP R　MAP S　MAP T

900　1000　1100　1200　1300　1400　1500　1600　1700　1800　1900　2000

4部1・2章

平安時代　鎌倉時代　南北朝　室町時代　戦国　安土桃山　江戸時代　3部2章　明治　大正　昭和　平成

高麗　（モンゴル支配）　朝鮮（李氏）　（日本領）　大韓民国　朝鮮民主主義人民共和国

3部3章

西夏　モンゴル　（明領）　モンゴル人民共和国　モンゴル国

遼（キタイ）　キルギス　金　元　モンゴル・オイラト並立　清　満洲

五代　十国　宋　南宋　明　中華民国　中華人民共和国

占城　呉朝　黎朝　大越国李朝　陳朝　黎朝　莫氏　○広南（阮氏）・○黎（鄭氏）　越南国阮朝　（仏印）　ベトナム※

ジャーヴァカ（三仏斉）　マラッカ王国　（西領・フィリピン）　（米領）　フィリピン※

クディリ朝　マタラム朝　シンガサリ朝　マジャパヒト朝　（葡）　（オランダ領東インド）　インドネシア※

カンボジア王国　パガン朝　スコータイ朝　アユタヤ朝　ラタナコーシン　タイ王国（シャム）

タウングー朝　コンバウン朝　英領ビルマ　ミャンマー

チョーラ朝　ガズナ朝　ゴール朝　（奴隷王朝）　ペグー朝　デリー＝スルタン朝　アヴァ朝　ムガル帝国　英領インド　インド共和国

（トゥグルク朝）　（ロディー朝）　パキスタン

（ソ連領）＊　アフガニスタン

サーマーン朝　ブワイフ朝　ホラズム朝　モンゴル　チャガタイ＝ハン国　ティムール帝国　サファヴィー朝　諸ハン国並立　カージャール朝　イラン（王）　（共）

アッバース朝　セルジューク朝　イル＝ハン国　イラク

ラテン帝国　オスマン帝国　オスマン帝国　シリア

トルコ共和国

セルビア　モンテネグロ　ユーゴ・スラヴィア　＊2

ハンガリー王国　ギリシア

ファーティマ朝　アイユーブ朝　マムルーク朝　エジプト藩王国　（英）　王国　共和国

（マリ王国～15C.）　（ソンガイ王国～16C.）　（モノモタパ王国～19C.）　諸国

2部4章　教皇領その他諸小国の分立　3部1章　イタリア王国　イタリア共和国

スイス連邦共和国　スロヴァキア

オーストリア帝国　オーストリア-ハンガリー　チェコスロヴァキア　ハンガリー　チェコ　オーストリア共和国

東フランク（ドイツ）　神聖ローマ帝国　ドイツ帝国　ドイツ共和国　東ドイツ　西ドイツ　ドイツ連邦共和国

プロイセン王国

ネーデルランド　オランダ（ネーデルランド連邦共和国）　オランダ王国　ベルギー王国

西フランク　フランス王国　共（Ⅰ）　ナポレオン　王共帝（Ⅱ）　第三・四・五共和国

後ウマイヤ朝　ムラービト朝　ムワッヒド朝　ナスル朝　スペイン王国　スペイン

キリスト教諸国　ポルトガル王国　ポルトガル王国　ポルトガル共和国

イギリス王国　共　イギリス王国

スコットランド王国　（アイルランド）　アイルランド

ノヴゴロド・キエフ公国　キプチャク＝ハン国　モスクワ大公国　ロシア帝国　ソ連　バルト3国　独立国家共同体　＊3

（公国）　ポーランド王国　リトアニア-ポーランド王国　ポーランド王国　ポーランド　共和国

デンマーク・ノルウェー・スウェーデン三王国の分立　デンマーク王国　スウェーデン王国　フィンランド　ノルウェー王国

イギリス　フランス　スペイン　の植民地　カナダ連邦

アメリカ合衆国

アステカ王国　インカ帝国　（スペイン・ポルトガルの植民地）　ラテンアメリカ諸国

3部2章　（植民地）　太平洋諸国

＊各時代の実質GDP値の差が非常に大きいため，時代ごとに陸地面積が一定となるように調整し，GDP値の地域別割合の変遷がわかる地図とした。
また，2015年の実質GDP値算出は，1500・1820・1913年に合わせて算出国をピックアップした。

1913年の世界

世界全図p.44-45 この時代は，ヨーロッパの帝国主義政策が進み，アジアの値がヨーロッパの値を下まわった。ヨーロッパはイギリスやドイツ，旧ソ連を中心に増加した。また，ラテンアメリカとくにアメリカの値が激増した。

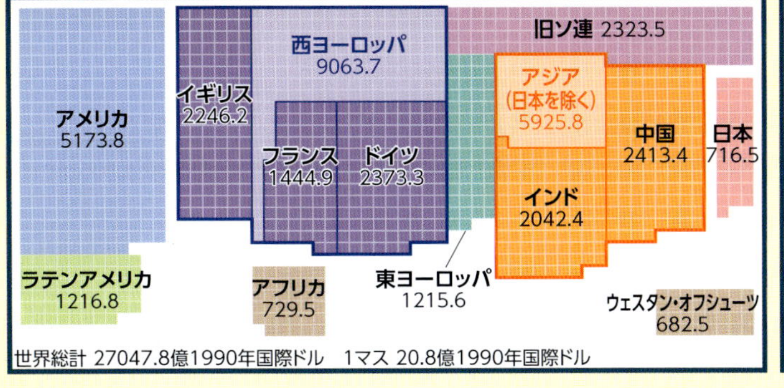

2015年の世界

世界全図p.50-51 現代は，1913年に比してさらにアメリカの割合が増えている。一方で，ヨーロッパは全体的に割合が減少している。アジアでは，中国の割合が再び増加してきている。また，日本の値も大きくなっている。

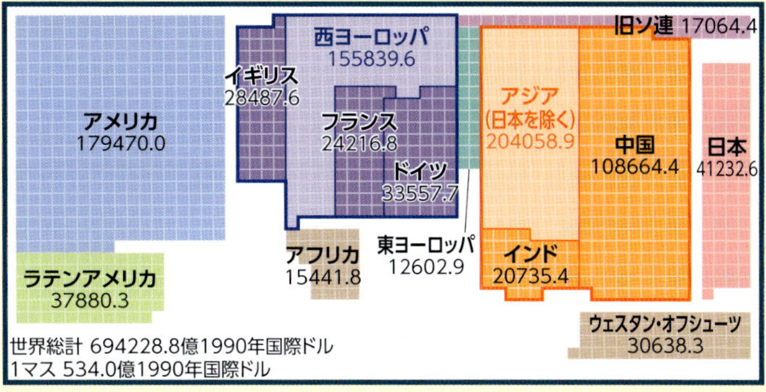

もくじ CONTENTS

ページの数字とタイトル上で示した色は，そのページがおもに扱う地域を示します。
東アジア　西アジア　ヨーロッパ　その他の地域
南・東南アジア　地中海　アメリカ　複数地域を扱う

2部4章 ヨーロッパの成長と結びつく環大西洋地域

第3部　世界の一体化と諸地域の変容

3部1章 欧米近代社会の形成

3部2章 欧米諸国の世界進出と各地域の変容

3部3章 二つの世界大戦

第4部　地球社会の到来

4部1章 20世紀後半から21世紀の世界の流れ

4部2章 20世紀後半から21世紀の世界各地域の動向

巻末

本書の使い方

世界史概観地図・各世紀の世界全図ページ

“タペストリー”の「ヨコ」の糸

世界史概観地図

世界全図ページに対応した，各世紀の概観地図です。12世紀までは巻頭の折り込みで，13世紀以降は巻末の折り込みで扱っています。折り込み形式なので，どのページを見ているときも開いておけます。

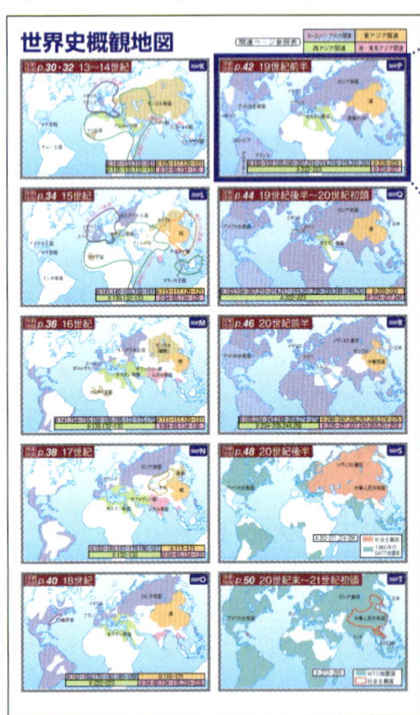

各世紀の地域別インデックス

右下にその世紀に該当するページが記されているので，同時代の各地域のページにジャンプできます。「世界史概観地図」では，各世紀を一挙に見られるので，もくじのかわりにもなります。

「各世紀の世界全図」では，地域通史ページの地域インデックスと位置を対照させています。

世界各地域のおもな事件

その世紀の世界史上の事件を，地域別に示した簡易年表です。世界史の最重要事件を簡単に追うことができます。

日本と東アジア海域

なじみのある日本史と，東アジア史とのつながりを解説しました。初めての世界史学習にあたっての導入や，時代のイメージづくりでの使用を意図しました。

地域インデックス

その世紀をどのページで扱っているかを示しています。

日本を扱うページへ

東アジアを扱うページへ

南・東南アジアを扱うページへ

西・中央アジアを扱うページへ

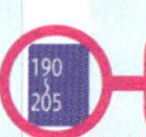
ヨーロッパを扱うページへ

南北アメリカを扱うページへ

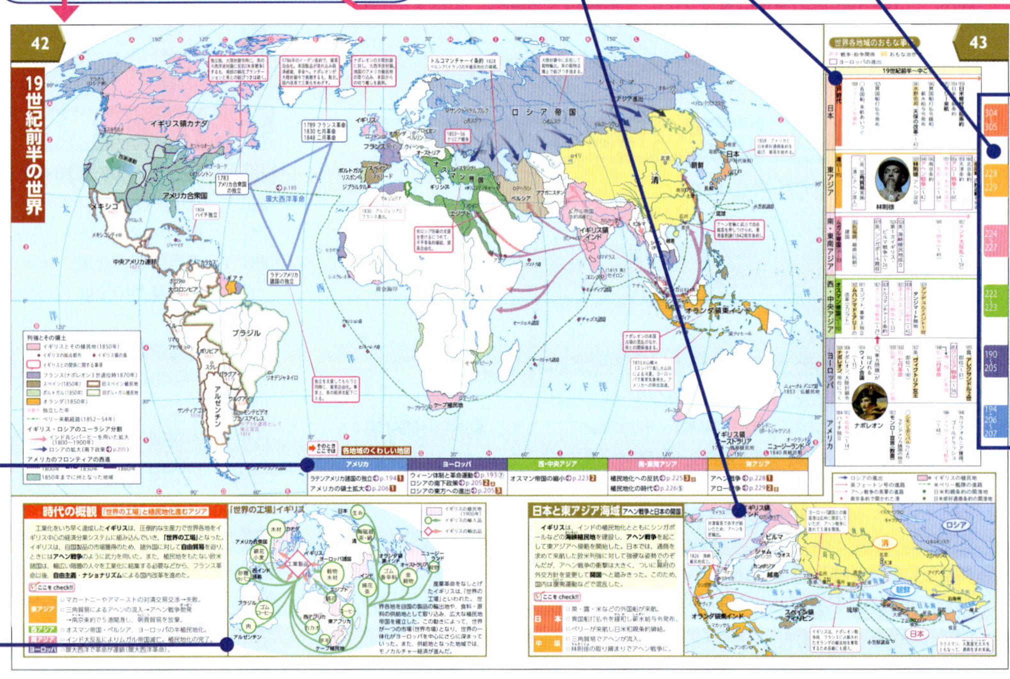

そのときここでは

世界全図でつかんだ各世紀全体のようすを，地域ごとの詳細な地図で確認できる参照ページを紹介しています。世界全図と通史ページの相互に参照ページを記しました。

時代の概観

その世紀の事件を，概略地図とともに世界規模の視点で解説しました。時代の大きな流れの理解に役立ちます。

世界史の基礎知識

年代の示し方

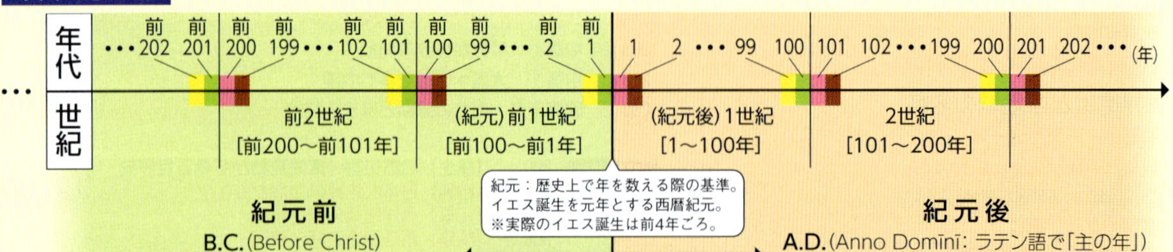

▲①年代と世紀の関係

古代 文明と階級が成立した社会。おもに，奴隷制を土台とする社会。

中世 一般には奴隷制社会の後を受けた，封建制を土台とする社会。

近世 近代と区別して，それ以前の一時期をさす。

近代 一般には封建社会のあとを受けた，資本主義社会。

現代 近代と区別して，それ以後現在にいたるまでの時期をさす。

▲②**時代区分の方法** 時代区分の方法は地域や歴史観によってさまざまで，一定ではない。古代・中世・近代の三区分を基本に，原始や近世，現代を入れて区分する。

国名略記号

記号	国名
米	アメリカ
英	イギリス
伊	イタリア
印	インド
豪	オーストラリア
墺	オーストリア
蘭	オランダ
西	スペイン
ソ	ソヴィエト連邦
中	中国
独	ドイツ
土	トルコ
日	日本
仏	フランス
普	プロイセン
葡	ポルトガル
墨	メキシコ
露	ロシア

時代別・地域別の通史ページ

"タペストリー"の「タテ」の糸

206 **アメリカ合衆国の発展** 〜西部開拓と国家の真の統合

ヒストリーシアター 西部開拓の光と影

1 アメリカの領土拡大

『大草原の小さな家』

部のインデックス

ページ番号の部分は，部ごとに色が変わります。部は時代順に並んでおり，以下の色分けになっています。

- 各世紀の世界全図 ………
- 第１部 【古代】…………
- 第２部 【中世・近世】…
- 第３部 【近代】…………
- 第４部 【現代】…………

※年表中の記号の意味
○「およそそのころ」を意味する
西部開拓終了 「時代の画期」を意味する

※地図右上の記号の意味
世界全図p.42~45 同時代の世界全図ページを示す
ページをさかのぼって関係する地図を示す
ページをくだって関係する地図を示す

※写真内の 世界遺産 は世界遺産登録の文化財を意味する

※参照ページの記号の意味
p.248 内容上の関連先への参照 史p.352 「史料一覧」への参照
巻頭 1 「新テストに強くなる！本書の使い方」への参照

関連動画への参照
巻頭11

ヒストリーシアター

ヒストリーシアターとは，本書の地域通史ページにおかれている，各学習テーマの導入コーナーです。ここで紹介している絵画・写真は，各学習テーマにおける**名場面，歴史の転機となった場面，当時を象徴する戯画**などです。以下の使用を意図して設置しました。

①学習前に，時代のイメージをつかむ
②学習後に，学習テーマ上の本質的な事柄（時代の転機）を復習する
③通史学習後に，各ページのヒストリーシアターを追い，漫画を読むように復習する

1 タイトル
歴史の動きを劇的に示し，学習テーマに，興味・関心がわくような劇空間を演出しました。

2 よみとき
資料から時代のイメージをつかみ取り，歴史の転機・時代の本質を読み取るための視点が書かれています。

3 写真内の解説
絵画・写真の中で，ポイントとなる部分には，その上に適宜解説を入れています。

今日とのつながり

"今"をつくり上げた過去のできごとを紹介します。

ガイドインデックス

青いインデックスは，「世界史概観地図」と照合させることで各通史ページがどの**時代**を扱っているのか調べることができます。
赤いインデックスは，「もくじ」で示した**部・章**と対応しています。
また，両者とも**「世界史対照表」とも対応**しているので，各通史ページが世界史学習のなかでどこに位置づけられるのか確認できます。

テーマとして掘り下げて解説

人物のエピソードを紹介

重要な用語について解説

環境・風土にかかわるテーマの解説

歴史と芸術
文化的事項と歴史的事件のかかわりを紹介
※芸術，絵画，文学，音楽，建築，技術の6種類があります。

主要地名・国名対照表

本書で使用の地名	各国語
アテネ（慣）	アテナイ（希），アセンズ（英）
アドリアノープル（英）	ハドリアノポリス（希），エディルネ（土）
アルザス（仏）	エルザス（独），アルサス（英）
アントウェルペン（フラマン）	アントワープ（英）
ヴェストファーレン（独）	ウェストファリア（英）
ガリア（ラ）	ゴール（英）（仏）
クラクフ（ポ）	クラコウ（英），クラカウ（独）
コンスタンティノープル（英）	コンスタンティノポリス（ラ）
ザクセン（独）	サクソニー（英）
サルデーニャ（伊）	サルディニア（英）
シチリア（伊）	シシリー（英）
シュレジエン（独）	シロンスク（ポ），シレジア（英）
ダンツィヒ（独）	グダンスク（ポ）
トロヤ（独）	トロイア（希）（英）
ハノーファー（独）	ハノーヴァー（英）
ビザンツ（英）	ビュザンティオン（希），ビザンティウム（ラ）
プラハ（チェコ）	プラーグ（英），プラーク（独）
フランドル（仏）	フランダース（英）
ブルゴーニュ（仏）	ブルグント（独），ブルグンティ（英）
プロイセン（独）	プロシア（英）
ボヘミア（ラ）	ベーメン（独）
ロレーヌ（仏）	ローレン（英），ロートリンゲン（独）

主要人名対照表

（伊）＝イタリア語 （英）＝英語 （蘭）＝オランダ語 （希）＝ギリシア語 （西）＝スペイン語
（独）＝ドイツ語 （土）＝トルコ語 （仏）＝仏語 （葡）＝ポルトガル語 （ポ）＝ポーランド語
（露）＝ロシア語 （ラ）＝ラテン語 （聖）＝聖書慣用 （慣）＝慣用

英語	そのほかの国の言語	英語	そのほかの国の言語
アーサー	アルトゥル（独），アルトゥーロ（伊）	デーヴィド	ダヴィド（仏），ダヴィデ（聖）
アルバート	アルベルト（独）（伊），アルベール（仏）	テリーザ	テレジア（独），テレーズ（仏），テレーザ（伊）
アレクサンダー	アレクサンドル（仏）（露），アレクサンドロス（希）	ドミニク	ドミニコ（慣），ドミニクス（ラ）
アンセルムス	アンゼルム（独），アンセルム（仏）	ニコラス	クラウス（独），ニコル（仏），ニコライ（露）
アンソニー	アントワーヌ（仏），アントニウス（露）（ラ）	バーソロミュー	バルテルミ・バルトロメ（仏），バルトロメウ（葡）
アンナ（アン）	アンヌ（独）（仏），アンナ（露）	ファーディナンド	フェルディナント（独），フェルナンド（西）
イザベル（イザベラ）	イザベル（仏），イサベル（西），イサベルラ（伊）	フレデリック	フリードリヒ（独），フレデリク（仏）
イノセント	イノサン（仏），インノケンティウス（露）	ベネディクト	ベネディクトゥス（ラ）
ヴィクター	ヴィクトル（独），ヴィットーリオ（伊）	ヘンリ	ハインリヒ（独），アンリ（仏），エンリケ（西）
ウィリアム	ヴィルヘルム（独），ギヨーム（仏），ウィレム（蘭）	ボニフェース	ボニファティウス（ラ）
エドワード	エードゥアルト（独），エドゥワール（仏）	ポール	パウル（独），パウロ（聖）
エマニュエル	エマニュエル（仏），エマヌエーレ（伊）	ピーター	ペーター（独），ピエール（仏），ピョートル（露），ピエトロ（伊）
エリザベス	エリザベート（仏），イサベル（西）	フィリップ	フェリペ（西），フィリッポス（希）
オーガスティン	アウグスティーン（独），アウグスティヌス（ラ）	フランシス	フランツ（独），フランソワ（仏），フランシスコ（西）
オーガスト	アウグスト（独），アウグストゥス（ラ）	マーガレット	マルゲリータ（伊）
キャサリン（カザリン）	カトリーヌ（仏），エカチェリーナ（露）	マーク	マルク（独）（仏），マルコ（伊）
グレゴリ	グレゴリウス（独）（ラ）	メアリ	マリア（独），マリ（仏），マリーア（伊）
コンスタンティン	コンスタンティヌス（ラ）	リチャード	リヒャルト（独），リカルド（西）
シーザー	カイザー（独），セザール（仏），カエサル（ラ）	ルイス	ルートヴィッヒ（独），ルイ（仏）
ジョージ	ゲオルク（独），ジョルジュ（仏），ジョルジォ（伊）	ローレンス	ローレンツ（独），ロラン（仏），ロレンツォ（伊）
ジョセフ	ヨーゼフ（独），ジョセフ（仏），ホセ（西）	ユークリッド	ユークリッド（仏），エウクレイデス（希）
ジョン	ハンス（独），ジャン（仏），イヴァン（露），ヨハネス（ラ）		
チャールズ	カール（独），シャルル（仏），カルロス（西）		

特集 新テストに強くなる！本書の使い方～資料の読み解き

1 本書で「資料を読み解く力」を身につけよう！

＼3つのステップで／
資料を読み解く力が身につく！

歴史を学ぶときは，「資料を読み解く」ことが大事なんだって。新テストでも読み解き問題が多く出題されるそうだよ。
この資料集では，段階を踏みながらさまざまな種類の資料を読み解くことができるよ。

STEP 1 巻頭3～4「読み解きトレーニング」でまず読み解く視点を習得！

【2枚の絵から】

巻頭3では，**描かれた年代が異なるけど同じテーマを描いた**2枚の絵を見比べて，このような表現の違いがなぜ生まれたのかを考えてみよう。

【入試問題から】

巻頭4では，**実際に東京大学で出題された問題**の資料を使って，19世紀フランスの知識人たちの，立場の違いによる考え方の違いを読み解いてみよう。

STEP 2 地域通史ページ「ヒストリーシアター」で実践，あらゆる時代の資料が読み解ける！

➡すべての地域通史ページの冒頭に設置

ページの副題は，その時代を端的にまとめた資料になっているんだね。

200 イタリア・ドイツの統一 ～大国の障壁をのりこえる統一
ヒストリーシアター 「ここにイタリア国王がおられるのだ！」

● 解説 ●
絵画・写真の中でポイントとなる部分には，その上に適宜解説を入れています。

● よみとき ●
資料から時代のイメージをつかみとり，歴史の転機・時代の本質を読み取るための視点が書かれています。

「ヒストリーシアター」は，地域通史ページにおかれている，各学習テーマの導入コーナーです。ここで紹介されているのは，各学習テーマにおける**名場面，歴史の転機となった場面，当時を象徴する戯画(ぎが)**などです。ページ内の資料を読み解きながら，**歴史に問いかける視点**を持つことができます。

2 資料を読み解く際に，切り口となる視点

切り口となる視点と，それを具体化した「問い」の例

経緯・経過 … □そのできごとはいつ起こり，どのような経緯・経過をたどったのだろう？

背景や原因 … □なぜ，それは起こったのだろうか？ □背景にどのような状況があったのだろう？

変化や影響 … □それによって，何が変わったのだろう？ □そのできごとは，社会全体やのちの時代に対してどのような影響をもたらしただろう？ □とくに，時代の転換点になっていないだろうか？

比較 …… □別のものや，他の地域・時代と比べると，どのような**共通点**と**相違点**があるだろう？

異なる立場や視点 … □異なる立場や視点から見るとどうだろう？ □一般の民衆から見るとどうだろう？

現在とのつながり …… □現在とどのような点が関連しているのだろう？ □現代に，似たようなことはないだろうか？

記述式の問題では，**このような視点を満たした解答**を求めていることが多いよ。気を付けながら見ていこう。

STEP 1 「読み解きトレーニング」まず資料を読み解く視点を習得！

STEP 2 「ヒストリーシアター」あらゆる時代の資料の読み解きを実践！

STEP 3 「読み解き演習」資料の読み解きを種別に演習，総仕上げ！

STEP 3 特集「読み解き演習」で，資料の種別にまとめて総仕上げ!

【絵画資料】

絵画はその出来事が起きた当時の様子をビジュアルに見ることができる資料だよ。**いつ描かれたものなのか，何を伝えたいのか**などに注目して見てみよう。

巻頭5～6

巻頭5
特集 読み解き演習① 絵画資料
イギリスにおける紅茶の普及

【動画資料】

動画は19世紀に発明された技術で，実際の歴史上のできごとを見られる資料なんだ。編集されているものが多いから，**何を伝えたくて編集されたか**考えながら見てみると読み解く力が身につくよ。

巻頭11～14

【グラフ資料】

数値を統計にしてまとめたもので，後世の研究者が作成することが多いよ。**グラフの形に大きな変化があったとき，何が起きたのか**を調べるとより多くの情報を得られるよ。

巻頭7～10, p.218～219

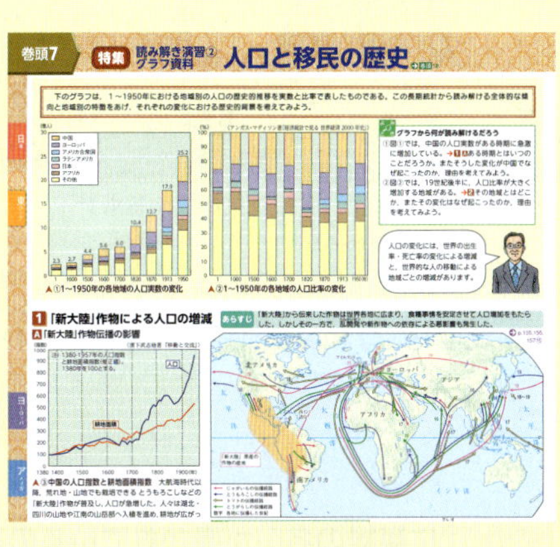

巻頭7
特集 読み解き演習② グラフ資料
人口と移民の歴史
1 「新大陸」作物による人口の増減

【文章資料（史料）】

過去の人が文字で残した資料だよ。日記や手紙，法令，公文書などいろいろなものが残っているんだ。**どんな人が書いたものか，なぜ書かれたのか**などを考えて読んでみよう。

p.348～353

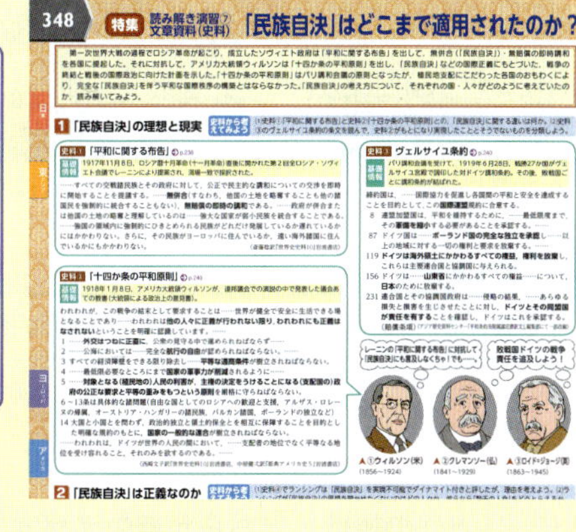

3 「問い」をもって歴史を学び，未来を構想しよう

過去

過去のできごと
＝
歴史

・何が起こったのだろうか？
・どのように対処したのだろうか？
・どのような影響があったのだろうか？

現在

今のわたしたち

・**なぜ今こうなっているのか？**
・**このままいくとどうなりそうか？**
・**過去に類似したできごとはないか？**

私たちは過去のできごとを通じ，**問いを立てて**それに対する考えをもつ（**仮説を立てる**）ことで，自分ではない**他者の経験したこと**を学ぶことができます。

未来

未来に向けた決定

・現在の社会の流れに対して，**自分は将来どうしたい・どうありたい**と考えるだろうか？
・過去のできごとを教訓に，未来をより良くするための方法が見つからないだろうか？

特集 読み解きトレーニング① 読み解く視点を身に付けよう

以下の二つの絵は，同じ人物の同じ事柄を描いたものであるが，大きく描かれ方が異なっている。なぜこのように異なっているのか，さまざまな切り口から資料に問いかけて，仮説をまとめてみよう。

巻頭1～2で学んだ「切り口となる視点」を使って資料を読み解く学び方を，このページで見てみましょう。

問 この二つの絵は，なぜこのように異なっているのだろう？

同時代の画家が描いた ナポレオン

▲①ダヴィド（1748～1825）「サンベルナール越えのボナパルト」（1800年）<マルメゾン博物館蔵>

後世の画家が描いた ナポレオン

▲②ドラロッシュ（1797～1856）「アルプスを越えるボナパルト」（1850年）<ルーヴル美術館蔵>

▼1800年～19世紀中ごろのフランス年表

ナポレオン時代	1789	第一統領就任
	1800	第二次イタリア遠征（このとき，アルプスを越える）
	1804	フランス民法典制定 皇帝即位
	1812	ロシア遠征（失敗）
	1814.4	エルバ島に流刑
	1815	エルバ島脱出 ワーテルローの戦い
ナポレオン以降	1821	流刑先のセントヘレナ島で死去
	1830	七月革命
	1848	二月革命
	1852	ルイ=ナポレオン（ナポレオン3世）即位

資料の補足

①はナポレオン専属の公式画家であるダヴィドが描いたもの。②はドラロッシュが，顧客から「ダヴィドの絵と同じ主題を書いてくれ」と依頼されて描いたもの。

STEP1 さまざまな切り口から資料に問いかけよう

【比較】①と②の絵は，どちらが見栄えがするだろうか？

二つを見比べてみると，①の方が見栄えが良いように見えるなあ。馬に乗っているし，ポーズもかっこいい。②はなんだか寒そう。

【背景】①に英雄の名前が書かれているのはなぜだろう？

あえて絵の中に名前を書いているのだから，何か示したいことがあるはずだよね。

STEP2 仮説をまとめてみよう

STEP1 の視点から，問 に対する仮説を立ててみましょう。

ナポレオンが自分を宣伝するために，自分のことをかっこよく描かせたんじゃないかな。

根拠は，①の1800年がナポレオン時代の開始直後であることや，ナポレオンの専属画家が描いたこと，絵に英雄の名前が書かれていることだよ。50年後のドラロッシュは「ナポレオンを支持しよう」という気がないから，ありのままを描いたんじゃないかな。

ナポレオンの描かれ方の違いの検証には p.190 の資料などが参考になります。
このように，一つのテーマをモチーフにした絵でも，**描く側の立場によってどのような絵になるか変わる**ものです。本書の中にもそのような例が多く掲載されています。下記のページの絵や写真を参考に，そのような違いが生まれた理由を考えてみましょう。

あわせて考えよう

明の洪武帝（朱元璋）の肖像画 ➔ p.114
アメリカの西部開拓と先住民の強制移住 ➔ p.206
第一次世界大戦の戦意高揚ポスターと実際の戦場 ➔ 巻頭11動画 2，p.236

以下の資料は18世紀のフランスの知識人が中国（清）について述べた文章である。彼らの発言の違いについて，当時の背景を考えながら読み解いて，仮説をまとめてみよう。

この資料は実際に**過去の東京大学の試験に使われたもの**です。18世紀のフランスの知識人の中国に対する様々な意見に触れ，当時の様子について読み解いてみましょう。

問 彼らはなぜ，同じものに逆の評価をしているのだろう？

▲①ヴォルテール（1694～1778）

○支持 儒教は実に称賛に値する。儒教には迷信もないし，愚劣な伝説もない。また道理や自然を侮辱する教理もない。（略）四千年来，中国の識者は，もっとも単純な信仰を最善のものと考えてきた。

こんな人 フランスの**啓蒙思想家**。宗教対立や迷信を批判し，**啓蒙専制君主**主導の社会改革を説いた。

○支持 ヨーロッパ諸国の政府においては一つの階級が存在していて，彼らこそが，生まれながらに，自身の道徳的資質とは無関係に優越した地位をもっているのだ。（略）ヨーロッパでは，凡庸な宰相，無知な役人，無能な将軍がこのような制度のおかげで多く存在しているが，中国ではこのような制度は決して生まれなかった。この国には世襲的貴族身分が全く存在しない。

こんな人 フランスの著述家，啓蒙思想家。身分制を批判し，フランス革命を思想的に準備した。

▲②レーナル（1713～96）

▲③モンテスキュー（1689～1755）

×反対 共和国においては徳が必要であり，君主国においては名誉が必要であるように，専制政体の国においては「恐怖」が必要である。（略）中国は専制国家であり，その原理は恐怖である。

こんな人 フランスの哲学者。『**法の精神**』でイギリスの議会制を紹介し，権力の集中を批判して**三権分立**を説いた。

▼17世紀～18世紀のフランスのようす

政治体制	**絶対王政（専制政治）**
官僚登用制度	**世襲制・売官制** （お金で官位を買うことができる）
宗教・言論の自由	1562～98　**ユグノー戦争**（宗教内乱） 1685　**ナントの王令廃止** （プロテスタントの信仰の自由廃止）
17～18世紀の政治状況	度重なる戦争（1688～1763）と ユグノーの亡命による財政難 →平民に重税（貴族・聖職者は**免税**） 身分制度に対する反発→**フランス革命へ**

▼17世紀～18世紀の中国（清）のようす

政治体制	**皇帝専制**
官僚登用制度	**科挙**制度（身分に関係なく優秀な人材を登用）
宗教・言論の自由	辮髪令（辮髪を漢民族に強制） **文字の獄・禁書**（雍正帝・乾隆帝時代に特に厳しく実施） →清朝に批判的な言論を**弾圧** 1704　典礼問題（イエズス会以外の布教禁止） →1724　**キリスト教布教全面禁止**
17～18世紀の政治状況	明を滅ぼして台湾，ジュンガル部，回部などを征服 →皇帝権力による統治体制を確立

科挙で身分にかかわりなく優秀な人材を集める制度があるね。でも批判的な言論を弾圧しているよ。

STEP1 さまざまな切り口から資料に問いかけよう

【比較】3人の主張はどう違うのだろう？

ヴォルテールは儒教をほめているね。レーナルはフランスの身分制度をあげながら，中国の制度に触れている。モンテスキューは清の政治体制に批判的だね。

【背景】当時のフランスはどのような状況だったのだろう？

1685年にプロテスタントの信仰の自由を廃止したり，戦争が多く起きたりしていて大変そう。国の中の重要な役職も貴族が世襲したり，お金で官職が買われたりしていたんだね。

STEP2 仮説をまとめてみよう

STEP1 の視点から，問 に対する仮説を立ててみましょう。

彼らにはそれぞれ変えたいフランスの政治のしくみがあって，それに応じて中国の政治の一部だけに注目しているからじゃないかな。

根拠は，ヴォルテールの関心は宗教と迷信の問題だから，中国の思想文化面に話が集中しているし，レーナルの関心は身分制度にあるから，科挙の平等な点に注目している。一方で，モンテスキューは権力の分散に関心があったから，フランスと同様にトップの権力が強い中国を批判したんじゃないかな。

同じフランスの啓蒙思想家が，中国の政治を参考にするだけでも，**それぞれの立場によってこれだけ多くの視点が生まれる**ことに気が付いたでしょうか。立場によって見えるものが全く異なることもあります。
そうした視点の多様性をふまえ，**多面的・多角的に考察を深めることで，歴史上の人類の経験からの学びは飛躍的に豊かに**なるでしょう。

あわせて考えよう

「民族自決」はどこまで適用されたのか？ ➡p.348
人間の権利から見るパレスチナ問題 ➡p.349

特集 読み解き演習① 絵画資料 イギリスにおける紅茶の普及

資料Aは，19世紀後半のイギリス マンチェスター近郊 ウィガンのとある昼休みの風景である。女性たちが持つ銀色のポットには，砂糖入りの紅茶が入っている。イギリスにおける紅茶の普及は，世界史を大きく動かした。さまざまな資料を読み解きながら，この絵画を歴史的に考察してみよう。

資料A

【基礎情報】
エア=クロウ画
Eyre Crowe
(1824～1910)

「ウィガンの昼食」
The Dinner Hour, Wigan

1874年制作
マンチェスター市立美術館蔵

◀①19世紀後半の紅茶を飲むようす

▼②18世紀前半の紅茶を飲むようす（リチャード=コリンズ画「お茶をとる3人家族」，1727年，ヴィクトリア＆アルバート博物館蔵）当時，中国からもたらされた紅茶は非常に高価であった。

よみとき 絵画から何が読み解けるだろう

①資料Aで紅茶を飲む女性たちはどのような階級の人々だろうか。資料Bと比較して考えよう。

読み解き①の手がかり
(1)基礎情報に着目！資料Aのタイトルにあるウィガンはマンチェスター近郊の都市である。この絵の制作当時の当所の状況を考えよう（➡p.181 5B）。
(2)人物の服装に着目！女性の服装は資料Aと資料Bでどのように異なるだろう。あといの女性の服装を機能面から考えよう。
(3)場所に着目！紅茶はそれぞれどのような場所でどのように飲まれているだろう。資料Aのうや資料Bのえに注目して考えよう。

②イギリスではなぜ①の人々に紅茶が普及したのだろうか。→12

紅茶に砂糖を入れたのはイギリス人独自の工夫でした。この砂糖をめぐっても世界史が大きく動くことになります。詳しくは➡巻頭10,p.171を見てみましょう。

資料B

資料E

2 自由貿易推進の気風

あらすじ 産業革命により成長した**産業資本家**は，経済的な力を得ただけではなく，しだいに政治的な発言力をもつようになった。彼らは**イギリス東インド会社**の貿易独占に反対して，自由貿易を主張した。

資料F

経済学者アダム=スミス『国富論』（1776年）

何人かの商人が協力し，自分たちのリスクと経費で，はるか遠方にある未開の国との貿易を切り開こうとした場合，株式会社の設立を認め，成功した場合にある年数にわたって**貿易の独占権を与える**のは，不当だとは言えない。……だが，決められた期間がたてば，**独占はかならず終了させるべき**である。要塞（ようさい）や守備隊が必要だと判断されれば，政府が引き継ぎ，対価を会社に支払い，**貿易をすべての国民に開放すべき**だ。

〈山岡洋一訳，日本経済新聞出版社〉

▲⑥**アダム=スミス**（1723～90）➡p.177

よみとき 資料Eに描かれた人々と資料Fの人物の主張は，保護貿易・自由貿易のどちらだろうか。また，それはなぜだろう。資料Eについては，人物の服装やプラカードの文字から考えよう。

◀⑤**穀物法に対するデモ**（1843年）　輸入穀物に高関税をかける**穀物法**（➡p.195）は，地主や農業経営者のために穀物価格を維持するものであった。穀物法は工場労働者の反対だけでなく，産業資本家にとっても，労働者の食費を抑え，かつ低賃金を維持するために廃止したい法律であった。

資料C

❶ネイティブアメリカン
❷トナカイ
❸テン*
＊イタチ科の動物と推定される。
❹イギリス国旗と陸海軍兵士
❺自由
❻同胞愛
❼連合
❽1786年の帝国地図
❾茶を持つ東洋人
❿ブドウとワイン
⓫カンガルー
⓬ブーメランを持つアボリジニー
⓭羊
⓮羊毛を持つ西洋人
⓯砂金をスコップで掘る西洋人

➤ ③**イギリス帝国地図**（雑誌『グラフィック』付録，ウォルター＝クレイン画，1886年） イギリス本国に加え，自治領や植民地が赤で塗られている。

資料D

◀ ④**セイロン茶の栽培のようす**（リプトン社（英）による紅茶の広告，1896年） イギリスは，茶の供給を中国に依存することから脱却し，自らが栽培することを模索した。1823年，アッサム奥地で野生の茶を発見したイギリスは，アッサム地方やセイロン島（現スリランカ）で茶を栽培するようになった。

1 植民地下の大規模農業

あらすじ 19世紀，圧倒的な生産力をもち「世界の工場」となったイギリスは，世界各地を原材料の供給地や自国の製品の輸出市場として取り込んだ（**植民地帝国**）。

よみとき
①資料Cのおはイギリスを擬人化した“ブリタニア”である。－－－で囲まれたかはどこの地域を表しているだろうか。
②資料Dは資料Cのかの地域で茶を栽培・輸送するようすを示している。きとくの人物は，どこの地域の人々で，かの地域の人々とどのような関係にあるのだろうか。
③資料Dの中央に描かれる農業について，気がついたことを書いてみよう。
④資料Dから，栽培した茶はどのような手段でどこへ輸送されたと考えられるだろうか。

資料G

1651	**航海法**制定（イギリスの植民地貿易から外国船を排除）
17世紀	イギリス**東インド会社**の活動さかん
1813	東インド会社の対インド貿易独占権**廃止**
15	**穀物法**制定
33	奴隷制度廃止（砂糖の貿易自由化） 東インド会社の対中国貿易独占権廃止 東インド会社のインド内商業活動を**全面禁止**
46	穀物法**廃止**
49	航海法**廃止**★
58	東インド会社解散

▲ ⑦**貿易政策転換の流れ**

資料H

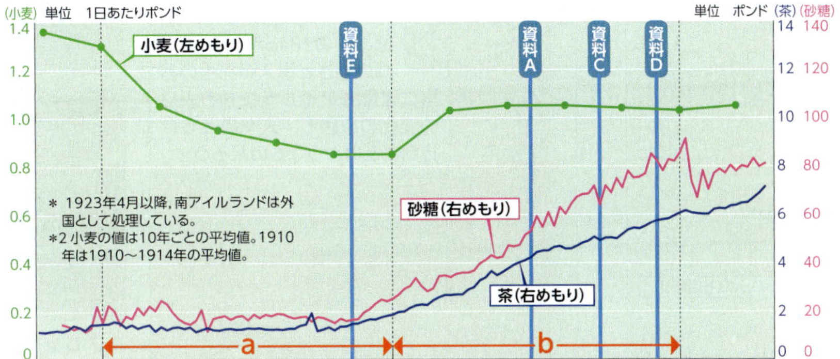

▲ ⑧**イギリスにおける紅茶・砂糖・小麦の普及** 紅茶と砂糖の1人あたりの消費量は，ある時期を境に右肩上がりに転じた。パンの原料になる小麦の1人あたりの消費量も同様の時期に増加を示している。こうして，資料Aの女性たちの砂糖入り紅茶や，パンの消費が増加した。

よみとき 資料Gの★にかけてのできごとが起きたのは資料Hのa・bどちらの時期のことだろうか。横軸のめもりは50年ごとに入れている。

論述 18～19世紀におけるイギリスの紅茶をめぐる歴史的事象について，次の用語を用いて120字以内で説明しよう。【中国・インド・東インド会社・産業資本家・自由貿易】

特集 読み解き演習② グラフ資料 人口と移民の歴史 →巻頭18

下のグラフは，1～1950年における地域別の人口の歴史的推移を実数と比率で表したものである。この長期統計から読み解ける全体的な傾向と地域別の特徴をあげ，それぞれの変化における歴史的背景を考えてみよう。

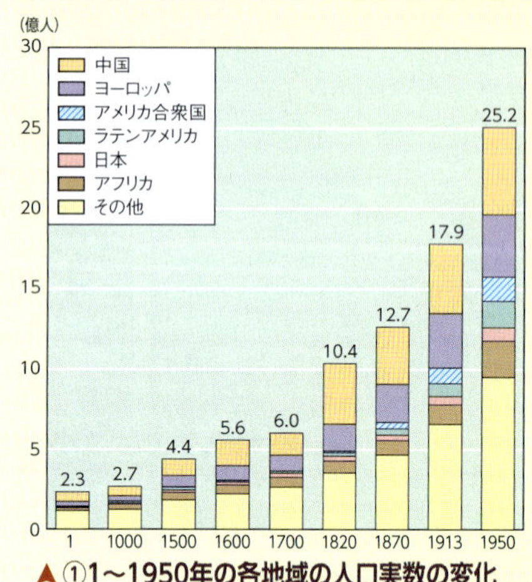

▲①1～1950年の各地域の人口実数の変化

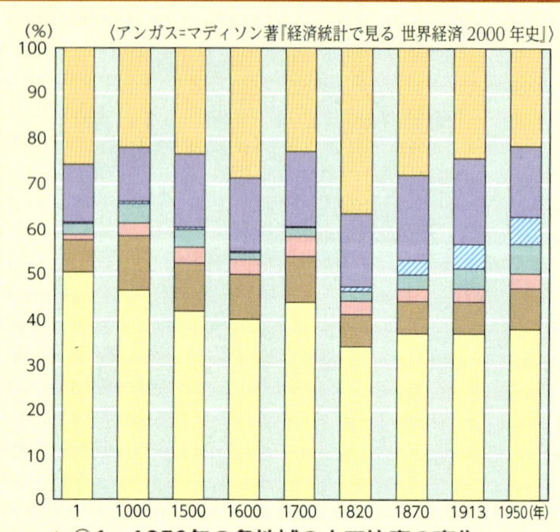

▲②1～1950年の各地域の人口比率の変化

よみとき グラフから何が読み解けるだろう

①図①では，中国の人口実数がある時期に急激に増加している。→1 Aある時期とはいつのことだろうか。またそうした変化が中国でなぜ起こったのか，理由を考えてみよう。

②図②では，19世紀後半に，人口比率が大きく増加する地域がある。→2その地域とはどこか，またその変化はなぜ起こったのか，理由を考えてみよう。

人口の変化には，世界の出生率・死亡率の変化による増減と，世界的な人の移動による地域ごとの増減があります。

1 「新大陸」作物による人口の増減

あらすじ 「新大陸」から伝来した作物は世界各地に広まり，食糧事情を安定させて人口増加をもたらした。しかしその一方で，乱開発や新作物への依存による悪影響も発生した。

A 「新大陸」作物伝播の影響

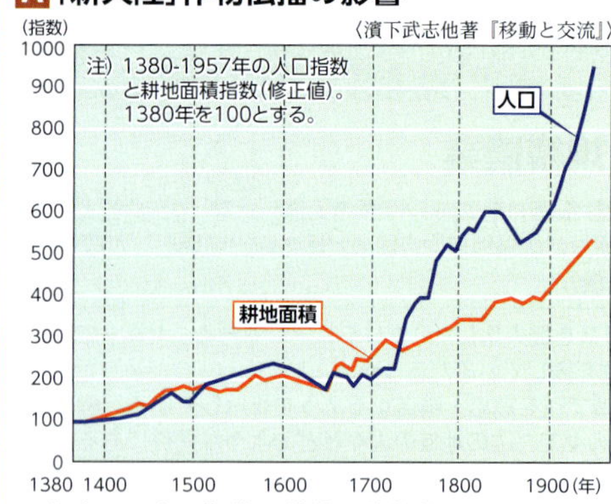

▲③中国の人口指数と耕地面積指数　大航海時代以降，荒れ地・山地でも栽培できる とうもろこしなどの「新大陸」作物が普及し，人口が急増した。人々は湖北・四川の山地や江南の山岳部へ入植を進め，耕地が広がった。なお，18世紀半ば～19世紀初めの人口増加は，税をのがれるために隠れていた人々が地丁銀（➔p.120）の導入によって表に出てきたことも影響している。

➔p.155,156,157⑮

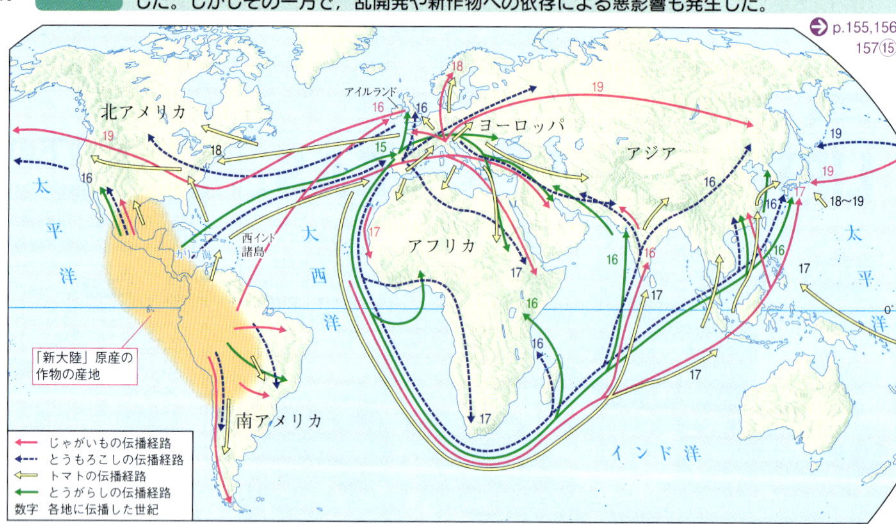

よみとき 図③の人口指数と耕地面積指数の伸び率の差に注目→耕地面積と人口の関係から何がわかるだろう？

▲④「新大陸」作物の伝播　16世紀，ヨーロッパ諸国の「大航海」によって，じゃがいも や さつまいも，とうもろこしなどがヨーロッパへもたらされ，世界各地に広がった。

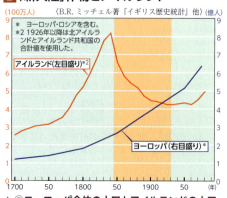

B 「新大陸」作物とアイルランド

▲⑤ヨーロッパ全体の人口とアイルランドの人口　ヨーロッパ全体の人口は一貫して増加しているが，アイルランドの人口は1840年がピークである。

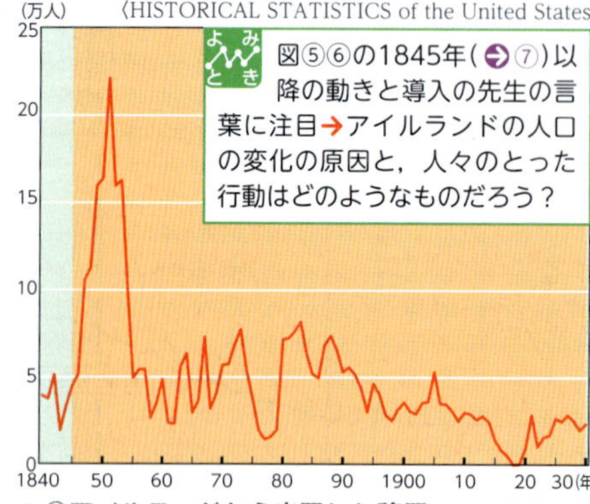

よみとき 図⑤⑥の1845年（➔⑦）以降の動きと導入の先生の言葉に注目→アイルランドの人口の変化の原因と，人々のとった行動はどのようなものだろう？

▲⑥アイルランドから出国した移民　おもな移民先であったニューヨークはアイルランドから5000km程の距離にある。蒸気船で約4日の船旅であった（➔p.208）。

▲⑦じゃがいも飢饉　アイルランドの小作人は，栽培が容易で地代を払わなくてよい じゃがいも を食生活の中心とした。しかし1845年胴枯病＊が流行し，じゃがいもが収穫できず，飢饉が発生した。➔p.195

＊植物が変色して枯死する病害。

2 移民国家アメリカ合衆国の誕生

あらすじ アメリカ合衆国は，先住民を酷使し，黒人奴隷制の廃止によって不足する労働力をヨーロッパやアジアからの移民で補いながら，世界一の工業国に上りつめた（➔p.206～209）。

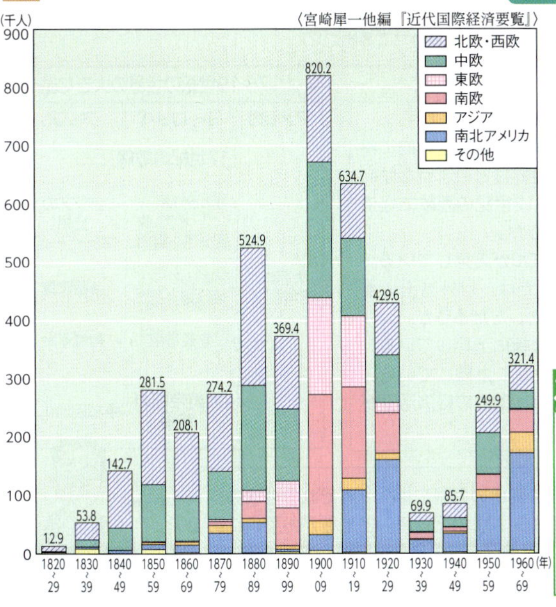

◀⑧**アメリカ合衆国への移民数** 19世紀のヨーロッパでは，食生活や衛生環境が改善され，人口が激増して，合衆国へ移住する人が増えた。出身地域によって，1880年代以前の移民を「**旧移民**」，以後の移民を「**新移民**」とよぶ（➔p.208 ⑤）。20世紀に入ると，中南米からの移民が急増した。

よみとき ①アメリカ合衆国の移民数の増減に注目➔移民数の増減とアメリカ国内事情との関連について考えてみよう。
②ヨーロッパ出身の移民の内訳に注目➔移民の出身地はヨーロッパ内でどのように変化したのだろう？

A アメリカ合衆国への移民

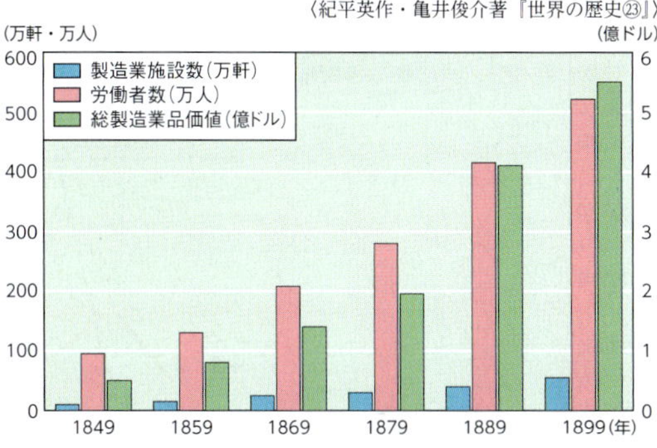

▲⑨**アメリカ合衆国の工業化の進展** 19世紀以前の合衆国への移民は農業志向の人々が多かったが，19世紀後半になると工業労働者が急増した。急激に増大する移民数に比例して，合衆国の製造業は爆発的な発展をみせた。➔p.207

よみとき 図⑧⑨から，1880年代以前と以後の移民には，どのような変化があるかまとめてみよう。

B ヨーロッパからの移民

〈野村達朗著『大陸国家アメリカの展開』〉（千人）

	1870～1900年	1900～20年
スカンディナヴィア	1211	700
ロシア	920	2519
ポーランド	190	―
ドイツ	2676	486
アイルランド	1481	485
イギリス	1612	867
ベネルクス	143	167
フランス	154	136
スイス	142	58
イタリア	1015	3156
南・東ヨーロッパ	1056	3522
合計	10600	12096

▲⑩**ヨーロッパからアメリカ合衆国への移民** 「**旧移民**」の出身は北・西欧，「**新移民**」の出身は南・東欧を中心としていた。

よみとき 図⑩のそれぞれの国で，移民が多い方の時期に○を付けよう➔1870～1900年に○した国と1900～20年に○した国を地域区分してみよう。

サンフランシスコへの新しく立派な快速帆船

A NEW AND MAGNIFICENT CLIPPER FOR SAN FRANCISCO.
MERCHANTS' EXPRESS LINE OF CLIPPER SHIPS!
Loading none but First-Class Vessels and Regularly Dispatching the greatest number.
THE SPLENDID NEW OUT-AND-OUT CLIPPER SHIP
CALIFORNIA
HENRY BARBER, Commander, AT PIER 13 EAST RIVER.
RANDOLPH M. COOLEY, 88 Wall Street, Tontine Building.

▲⑪**ゴールドラッシュ** 1848年，カリフォルニアの水路で金塊が発見されたニュースが伝わると，世界中から人々が集まってきた。この**ゴールドラッシュ**（➔p.206,209）で，翌49年までに約8万人がカリフォルニアに移住した。

▲⑫**衣服を運ぶイタリア系移民**（1912年，ニューヨーク） ミシンの普及で，裁縫工としてイタリア系女性が採用された。

C アジアからの移民

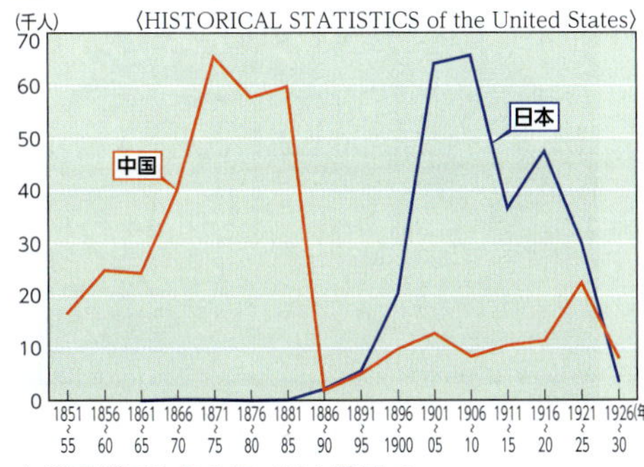

▲⑬**アジアからのアメリカ移民** ➔p.209

よみとき 中国と日本それぞれの増減の大きな変化となる年代に注目➔グラフ中に，南北戦争（1861～65）・大陸横断鉄道開通年（1869）・移民法（1882,1924）の年を入れると何が読み取れるだろう？

▲⑭**大陸横断鉄道**（1869年開通） ユニオンパシフィック鉄道とセントラルパシフィック鉄道が東西から工事を進めた。両社とも安価な労働力として移民を大量に採用した。➔p.206,219

JAPS KEEP MOVING
THIS IS A WHITE MAN'S NEIGHBORHOOD.

▲⑮**日本人排斥運動** アメリカでは19世紀前半までに，移民にも選挙権が与えられるようになった。増加する移民に危機感をもった人々は，まず1882年に中国人を，1924年には日本人を移民として入国させないようにした（1965年廃止）。➔p.209

特集 読み解き演習③ グラフ資料 アジアとヨーロッパの経済発展

下のグラフは16〜19世紀後半までの世界各地域の経済規模(GDP：国内総生産*)の変化を表したものである。この長期統計のグラフから読みとれること(変化など)の背景にある歴史的現象を考えてみよう。＊1人あたり産出額に人口規模を掛け合わせて算出。

〈アンガス=マディソン著『経済統計で見る 世界経済2000年史』〉

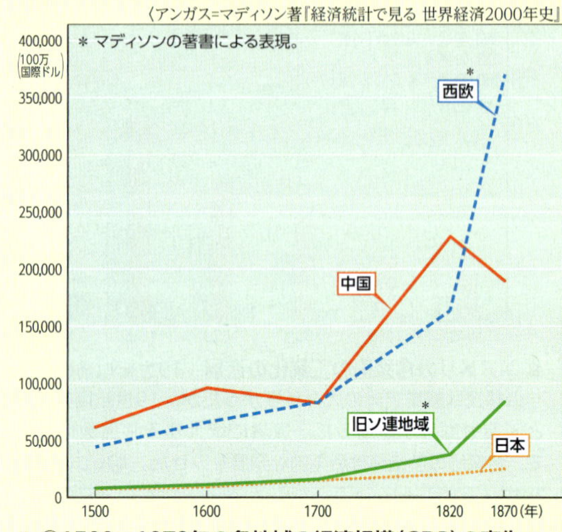

▲①1500〜1870年の各地域の経済規模(GDP)の変化

よみとき グラフから何が読み解けるだろう

①17世紀は，ほかの時代に比べてGDPが全体的に停滞している。→**1** 17世紀の世界はどのような傾向にあったのだろうか。また，17世紀の西欧で経済を牽引(けんいん)したのはどこの国だろうか。

②18世紀のヨーロッパでは，GDPが上昇している。→**2 A** 18世紀のヨーロッパでは，対外進出により，経済活動がどのように変化しただろうか。

③18世紀の中国では，GDPが大幅に上昇している。また，日本でもGDPがゆるやかに上昇している。→**2 B** 18世紀の東アジアでは，国内の経済活動がどのように変化しただろうか。

▼②17〜19世紀の世界の大きな動き

アメリカ	ヨーロッパ	アジア
	「17世紀の危機」	
	ポルトガル・オランダ アジアへ進出 →	アジアの交易ネットワーク
大西洋三角貿易 ←	イギリス「新大陸」へ進出	海禁政策
	産業革命 ↔	勤勉革命
	大英帝国の繁栄 →	植民地化

グラフから読み取れるGDPの変化の背景には，それぞれの地域独自の歴史的現象があります。さらに16世紀以降，各地域がお互いに影響し合うようになることも，このグラフの変化に関係しています。

1 17世紀の停滞

A「17世紀の危機」 ➡p.169,301

あらすじ 17世紀から気候が寒冷化し，人口の増加が弱まった。大航海時代からの世界的な貿易活動も停滞するなど世界的な経済不振におちいり，社会的・政治的混乱も多発した。これを**「17世紀の危機」**という。この危機を脱するため，アジアとヨーロッパで異なる対応がとられることになる。

〈人口:『近代国際経済要覧』 気温:『MAKING SENSE OF HISTORY 1509-1745』〉

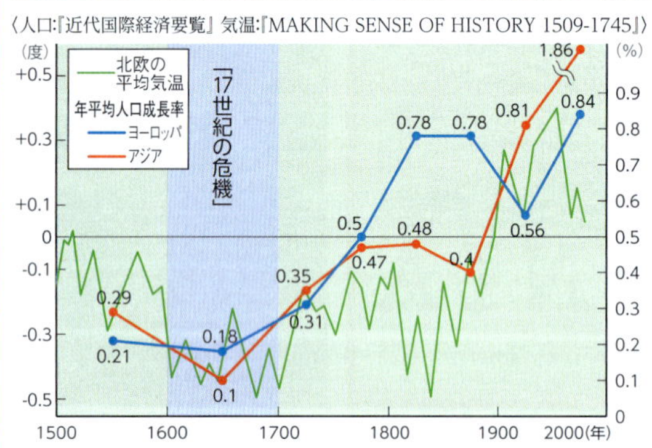

◀③気温と人口の変化

よみとき 17世紀の気温と人口の値に注目→気温が低くなると農作物の生産が減る。農作物の生産量が減ると，人々の暮らしはどうなる？

▶④**「17世紀の危機」** ヨーロッパは三十年戦争や内乱で混乱におちいった。東アジアや東南アジア大陸部では，ヨーロッパとの結びつきが弱まり，海禁や通貨管理政策が強化された。

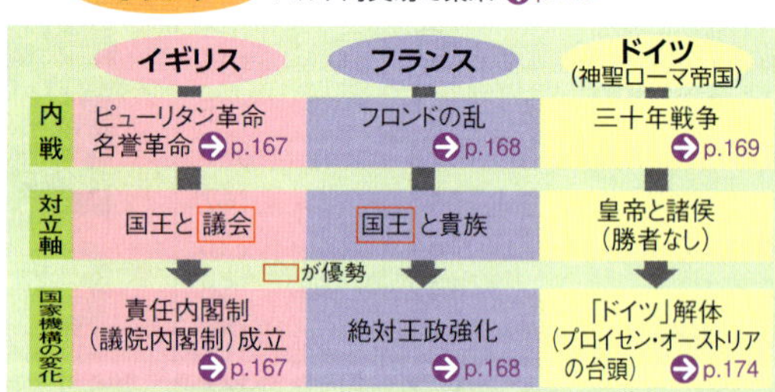

オランダ バルト海貿易で繁栄 ➡p.175

	イギリス	フランス	ドイツ(神聖ローマ帝国)
内戦	ピューリタン革命 名誉革命 ➡p.167	フロンドの乱 ➡p.168	三十年戦争 ➡p.169
対立軸	国王と[議会]	[国王]と貴族	皇帝と諸侯(勝者なし)
国家機構の変化	責任内閣制(議院内閣制)成立 ➡p.167	絶対王政強化 ➡p.168	「ドイツ」解体(プロイセン・オーストリアの台頭) ➡p.174

[ ]が優勢

↕結びつき弱まる

東南アジア大陸部　海禁政策　東アジア ➡p.115

Bオランダの繁栄

あらすじ アジアにも進出していた**オランダ**は，**「17世紀の危機」**の世界的な貿易停滞のなか，**連合東インド会社**(➡p.165)がバタヴィア・香料諸島・台湾などに築いた拠点で交易網を維持した。また，貿易依存度が高く，混乱が大きかった東南アジア島嶼(とうしょ)部の植民地化とプランテーション開発を始めた。

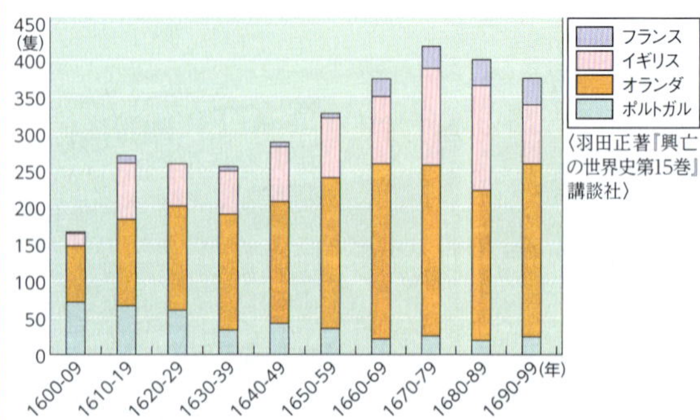

〈羽田正著『興亡の世界史第15巻』講談社〉

▲⑤**東インドに向かうヨーロッパ船の数** 「17世紀の危機」で国内が混乱するなか，ヨーロッパはアジアとの貿易によって経済規模を拡大した。

よみとき ヨーロッパ船の総数の変化と各国の占める割合に注目→最も多くの船を派遣しているのはどこの国？17世紀，「鎖国(さこく)」中の日本と交易していたのはヨーロッパのどこの国？

▲⑥**17世紀のオランダの冬景色** ヨーロッパでは気候の寒冷化で川や運河が凍結し，経済活動に影響を与えた。オランダは，農業・造船業など生産面や，アジアとの香辛料貿易・**バルト海貿易**など通商面，さらに金融面でも圧倒的優位にたち，経済的繁栄を続けた。

▲⑦**オランダ商人でにぎわうバタヴィア** オランダは，バンテン王国と結んだイギリスを破り，ジャカルタを領有して**バタヴィア**(➡p.170)と改称した(1619年)。オランダはこの地に**連合東インド会社**(➡p.165)の拠点をおき，アジアとの貿易で大きな利益を得た。

2 18世紀の成長 A ヨーロッパの対外進出 p.170

あらすじ **イギリス**は17世紀以降，財政金融システムの中央集権化・海運業の発展などにより他国より優位にたち，世界経済を掌握した。また，大西洋三角貿易による利益や綿布の需要増大などが要因となって，18世紀には**産業革命**が開始されることとなった。

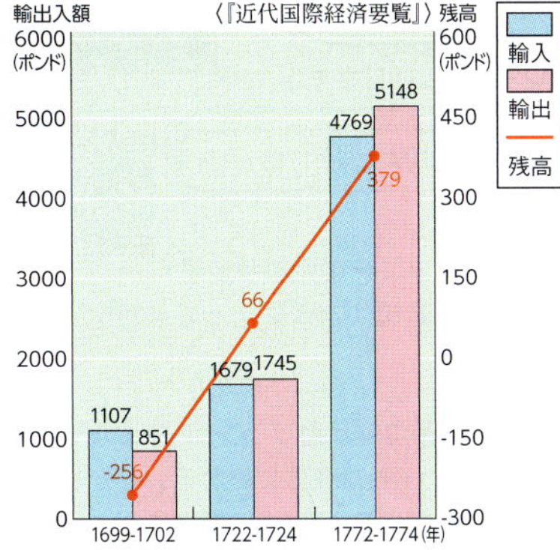

▲⑧イギリスの対大西洋貿易における収支

よみとき イギリスの残高の変化に注目→イギリスの大西洋三角貿易の輸出入品から(⑩)，18世紀半ば以降のイギリスで起こったことは？

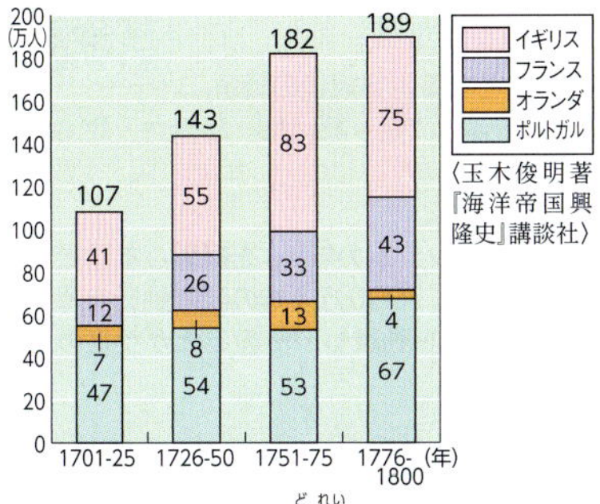

▲⑨大西洋における奴隷の輸送数

よみとき 奴隷数の変化と主要な国に注目→大西洋三角貿易における奴隷とヨーロッパの輸入品はどのように関連するか？

▲⑩大西洋三角貿易 ヨーロッパから鉄砲・綿製品・雑貨などをアフリカ西海岸に輸出し，引きかえに労働力として得た**黒人奴隷**を「中間航路」を通じてカリブ海域・アメリカ本土に連れていった。そこで彼らを**プランテーション**で働かせ，その生産物をヨーロッパに運んだ。

▲⑪カリブ海のアンティグア島でさとうきびの刈り入れを行う奴隷 さとうきびはつねに収穫が可能な作物で，収穫後の製糖作業には，短時間に多大な労働力を必要とした。

テーマ 日本における砂糖と苦難～奄美大島の黒砂糖

砂糖の原料であるさとうきびの栽培は，17世紀初めには日本に伝わった。日本では，おもに琉球や奄美群島で黒糖の栽培が行われた。奄美群島は1609年から**薩摩藩**が直轄支配するようになり，砂糖を貢納品とする制度がつくられた。19世紀になると，藩の財政難を打開するため，奄美大島などでは高値で売れる砂糖の**専売制**がしかれ，農民は食糧難や極端な貧窮の差に苦しんだ。このような苛酷な歴史は，カリブ海の砂糖**プランテーション**やオランダ統治下のインドネシアにおける**政府栽培制度**(p.227)にも共通する。「**砂糖のあるところ奴隷あり**」といわれる通り(p.171)，歴史上，さとうきび生産には**モノカルチャー**的構造と搾取がつきものであった。

〈株式会社あみだ池大黒提供〉

◀⑫岩おこし 大阪名物岩おこしは，江戸時代に普及した砂糖を原料とした菓子であった。18世紀前半に日本の砂糖は自給に成功し，このような庶民に親しまれた菓子には，国産の砂糖が使用された。

▶⑬奄美大島での黒糖づくり 砂糖が専売制になると，奄美の耕作地はさとうきび中心となり，農民は隠れて育てたさつまいもで飢えをしのいだ。薩摩藩の取り立ては厳しく，農民が指先についた砂糖をなめただけでも罰せられた。薩摩藩は砂糖の収益で財政を立て直し，明治維新につなげていった。

〈国立国会図書館ウェブサイトより転載〉

B 東アジアの国内充実

あらすじ 17世紀，東アジア諸国は「**鎖国**」・**遷界令**(p.118)など**海禁政策**をとった。このような閉鎖体制のなか，国内で労働集約的手法で生産力を上げる**勤勉革命**が起きた。しかし**産業革命**を経たヨーロッパほど工業化は進展せず，19世紀の「ウェスタン・インパクト」に翻弄されることになる。

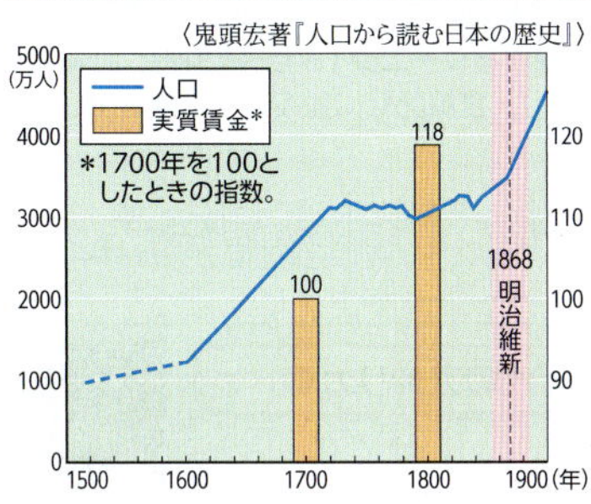

◀⑭江戸時代の人口変化 江戸時代後半の人口は停滞していた。

よみとき 18世紀の人口と実質賃金の変化に注目→人口が増えていないのに賃金が増えていることとは何を意味するだろうか？

◀⑮和泉(大阪府)の綿加工の工程 日本では，木綿・砂糖・生糸・茶などのアジア物産をすべて，「鎖国」下の江戸時代(18世紀)に，労働集約的な勤勉革命という生産革命により**国産化**しており，輸入に依存しない自立的な国内経済を構築していた。〈藤田美術館蔵 英一蝶「織耕図屛風」〉

キーワード 勤勉革命 勤勉革命とは，労働生産性を上げるために資本を集約的に使う生産方法である産業革命(p.180～182)とは異なり，土地が限られた国内で，人力や肥料を投入して生産性を上げる労働集約的な生産方法のことをいう。18世紀の日本・中国などのなかでも，先進地域において成立した。

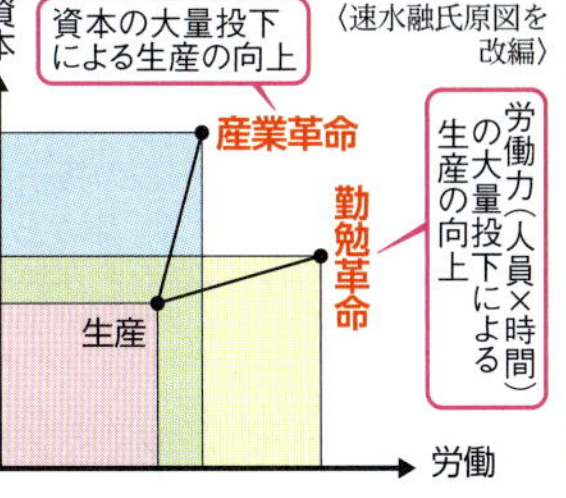

▶⑯産業革命と勤勉革命 生産は資本と労働の組み合わせで示すことができる。

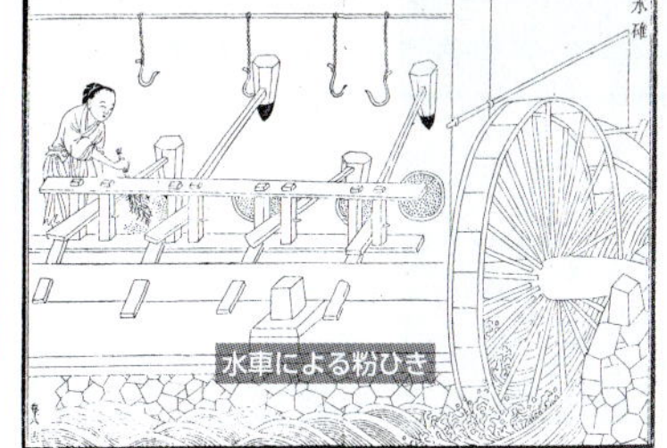

◀⑰『農政全書』(徐光啓著) 1639年に刊行された『**農政全書**』は，それまでの中国の農業技術にとどまらず，製糸・綿業・水利なども扱っている。このような労働集約的な農法や生産技術の開発が，中国の勤勉革命につながった。日本でもこれを参考に，日本初の農業技術書である『農業全書』が発行された。

特集 読み解き演習④ 動画資料 動画で見る現代史①

19世紀末にムービーカメラが発明されると，様々な歴史的事件が動画として記録されるようになりました。そのため，20世紀以降の世界史を考察するには，動画も重要な歴史資料となります。本体ページに登場するテーマの動画を確認し，近現代史をより深く読み解いてみましょう。

動画閲覧期間：2023年３月31日まで

1 サライェヴォ事件

撮影日時 1914年6月28日　撮影場所 ボスニア・サライェヴォ　視聴時間 19秒(音声なし)

関連 第一次世界大戦① p.234

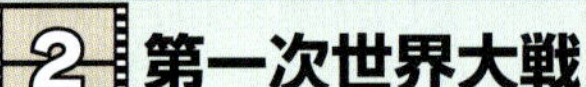

0:00:17　0:00:19

基礎情報　オーストリアの帝位継承者夫妻が，当時オーストリア領であったボスニアの州都サライェヴォを視察した際，セルビア人青年に暗殺された事件。各国の政策決定者にとっては想定外の，第一次世界大戦の引き金となった。

●動画のポイント●　動画４秒目で中央最前列にいるのが，オーストリアの帝位継承者フランツ=フェルディナントである。13秒目でセルビア人青年が車に爆弾を投げ込むが，この暗殺は失敗に終わる。しかしこの後，別のセルビア人青年が銃による暗殺を決行し，フランツ=フェルディナント夫妻は死亡した。

考察　このように，暗殺を行ったセルビア人は複数人いた。彼らにとってフランツ=フェルディナントは何の象徴だったか，p.234から考えよう。

2 第一次世界大戦

撮影日時 1916年　撮影場所 フランス・ソンム　視聴時間 53秒(音声なし)

関連 第一次世界大戦② p.235

0:00:08　0:00:53

基礎情報　三国同盟（独・墺・伊）と三国協商（英・仏・露）の対立を発端とする世界規模の戦争。1914年６月のサライェヴォ事件から1918年11月の休戦まで，４年に渡り続いた。経済力・政治力・国民の心理をも動員する「総力戦」であった。

●動画のポイント●　第一次世界大戦最大の会戦で，完全な消耗戦であった「ソンムの戦い」を撮影した記録映画の一部である。大戦中にヨーロッパで公開されたこの映画は，６週間で2000万人もの観客動員を達成した。膠着した戦線を突破するため各国は国内や植民地から多くの兵士を動員し，そのことが女性の社会進出や植民地の独立運動につながることとなった。p.236

考察　第一次世界大戦は当時のヨーロッパ社会にどのような影響を与えたのか，p.236, p.242を見ながら考えよう。

3 ロシア革命

撮影日時 1917年　撮影場所 ロシア　視聴時間 37秒(音声なし)

関連 ロシア革命 p.238

0:00:14　0:00:37

基礎情報　1917年，第一次世界大戦による食糧不足の悪化などで，ロシア民衆の不満が高まった。人々の反政府運動は二度の革命（二月革命・十月革命）へとつながり，レーニンを指導者とするソヴィエト政権が樹立された。

●動画のポイント●　ロシア十月革命の成功後に編集された映像で，革命前後のロシア国内の様子を見ることができる。順に，第一次世界大戦中の反戦デモ（０秒～４秒），演説するレーニン（５秒～13秒），亡命先のスイスからドイツ兵に守られてロシアに戻るレーニン(14～22秒)，食糧配給に並ぶ人々と炊き出し(23～37秒)が映し出されている。

考察　動画14~22秒に見られるように，ドイツはレーニンを支援していた。ドイツの意図を，p.234とp.238を見ながら考えよう。

4 1920年代のアメリカ

撮影日時 1927年　撮影場所 ニューヨークなど　視聴時間 55秒

関連 1920年代のアメリカ p.248

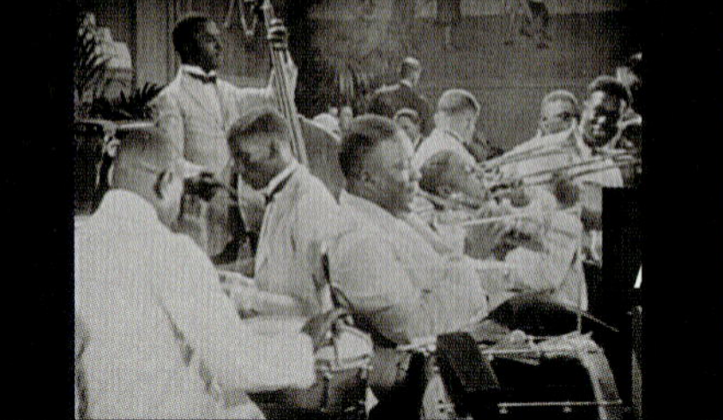

0:00:09　0:00:55

基礎情報　第一次世界大戦により，アメリカは工業力と金融力に共に抜きんでた世界最大の債権国となった。大衆の購買力も増大し，大量生産・大量消費に基づく「アメリカ的生活様式」が生み出された。

●動画のポイント●　1920年代のアメリカの暮らしの様子がよくわかる映像である。ホームランを打ち塁を回るベーブ=ルースや当時流行していたジャズ，車からマシンガンを発射するギャング，無着陸で大西洋横断飛行を成し遂げ称賛されるリンドバーグなどが映っており，当時のアメリカの豊かさを見ることができる。

考察　動画の中に出てくる道具の中で，今も身の回りで使われているものはどのくらいあるのか，探してみよう。

二次元コードをスマートフォンやタブレットなどのコード読み取り用アプリを使って，読み込んでください。表示されたウェブサイトにアクセスすることで，それぞれの動画が鑑賞できます。動画形式はMOV形式になります。また，メディア端末などを教室の大型ディスプレイに接続することで，一斉に視聴することができます。個別に視聴する際には，周囲の迷惑とならないようにご留意ください。なお，アクセスする際に発生する通信料は，各自のご負担になります。予めご了承をお願い致します。

5 世界恐慌

撮影日時 1929年 撮影場所 ニューヨーク・ウォール街 視聴時間 8秒

関連 世界恐慌 ➔p.250

基礎情報 1929年10月，ニューヨーク証券取引所で株価が大暴落し，物価の急落や，企業倒産により人々の生活水準は大きく悪化した。世界経済の中心であったアメリカの経済破綻は各国に波及し，世界恐慌に発展した。

●動画のポイント● ウォール街の証券取引所を映した映像で，当時の混乱した様子が伝わってくる。動画冒頭や４秒目では，証券所へと走って向かう人々が映っている。株価が刻一刻と下がっているため，一刻も早く株券を手放そうとしていたのである。このように破産を恐れた人々が取引所に殺到した結果，証券所では６秒目に見るように長蛇の列が作られた。

考察 世界恐慌により非常に多くの国が打撃を受けたが，ソ連にはほとんど影響がなかった。アメリカとソ連の経済の仕組みを比較して考えよう。

6 “塩の行進”

撮影日時 1930年 撮影場所 インド 視聴時間 48秒（音声なし）

関連 戦間期の南アジア ➔p.245

基礎情報 戦後の自治権の約束を信じ，イギリス側について第一次世界大戦に参加したインドでは，自治権獲得の運動が活発になった。その中でも，「非暴力・不服従」をとなえたガンディーの運動はインド大衆の心をとらえ，大規模な運動につながった。

●動画のポイント● ガンディーが民衆の前で演説を行っているシーンである。ガンディーの話に聞き入る民衆の服装から，各々の宗教や文化の違いを見ることができる。異なる立場の民衆が，ガンディーの力によってひとつにまとまっている様子を見ることのできる映像である。

考察 動画の後半に映っている民衆は誰について歩き，どこへ向かっているのだろうか。P.245②の資料を手がかりに考えよう。

7 ヒトラーの演説

撮影日時 1935年 撮影場所 ドイツ 視聴時間 46秒

関連 ファシズム ➔p.252

基礎情報 第一次世界大戦の賠償金と世界恐慌により，ドイツ経済は極度に悪化し，人々の不満が高まった。そこに入り込む形で支持を集めたのが，ヒトラー率いるナチ党である。瞬く間に総統となったヒトラーは，各国に軍事力で挑む姿勢を強めていった。

●動画のポイント● 1935年にアメリカで公開されたニュース映画の抜粋で，ナチ党大会におけるヒトラーの演説を映したものである。８秒目や25秒目では，群衆が腕を斜め上に突き出すナチス式敬礼を行っている様が見て取れる。ヒトラーの演説は，わかりやすいフレーズを何回も繰り返して浸透させながら，感情をあらわにした迫力と圧倒的な声量で聴衆の心をひきつける点が特徴である。

考察 ナチ党がここまで支持を集めた理由の一つに，ドイツ国民がヴェルサイユ条約の内容に強い不満を持っていたことがある。p.241〜p.242から，その理由を探ろう。

8 日本軍による真珠湾攻撃 〜Remember Pearl Harbor

撮影日時 1941年12月８日（現地12月７日） 撮影場所 アメリカ・ハワイ，真珠湾 視聴時間 １分14秒

関連 第二次世界大戦② ➔p.255

基礎情報 1941年12月８日（日本時間），日本軍が真珠湾を攻撃し，太平洋戦争が始まった。日独伊三国同盟によってドイツとイタリアもアメリカに宣戦布告し，戦争は世界全体に広がった。

●動画のポイント● 攻撃後の真珠湾（パールハーバー）の状況を映したアメリカのニュース映像である。損傷した戦艦と負傷・死亡した兵士たちが次々に映し出されている。アメリカ政府は真珠湾攻撃を「だまし討ち」と喧伝し，「Remember Pearl Harbor（真珠湾を忘れるな）」のフレーズは太平洋戦争におけるアメリカの国民的スローガンとなった。本動画も，もの悲しい音楽によって「悲惨さ」が強調されており，アメリカ国民の対日感情をさらに高めただろう。

考察 第一次世界大戦以降の総力戦において，ニュース映像にはどのような役割があっただろう。p.236も参考にしつつ，この動画を事例として考えよう。

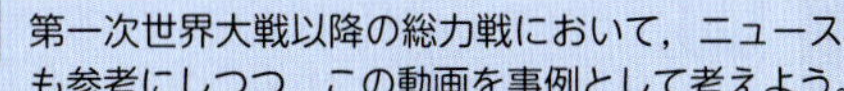

特集 読み解き演習⑤ 動画資料 動画で見る現代史②

動画閲覧期間：2023年３月31日まで

9 「鉄のカーテン」演説

関連 東西陣営の形成 p.262

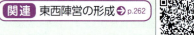

撮影日時 1946年３月　撮影場所 アメリカ・ミズーリ州，ウェストミンスター大学　視聴時間 １分

基礎情報　アメリカとソ連の対立関係は第二次世界大戦後に顕在化し，ソ連中心の東側陣営とアメリカ中心の西側陣営が対立し，冷戦が始まった。

動画のポイント　この動画では，イギリス前首相チャーチルがアメリカを外遊(がいゆう)中に演説した様子を見ることができる。ヨーロッパを縦断するラインを「鉄のカーテン」という言葉で表現したことで，ヨーロッパ各国で影響力を強めていたソ連を批判し，米英同盟の強化を図ったものである。この演説ののち，アメリカのトルーマン大統領がソ連・共産主義勢力の拡大を防ぐ「封じ込め政策」を提起し，ソ連との対立を決定的なものとした。

考察　チャーチルがこのような演説を行うほど心配していた当時のヨーロッパは,どのような状況だったのだろうか。p.282などを参考にして調べよう。

原文

From Stettin in the Baltic to Trieste in the Adriatic an "Iron Curtain" has descended across the continent. Behind that line lie all the capitals of the ancient states of Central and Eastern Europe. Warsaw, Berlin, Prague, Vienna, Budapest, Belgrade, Bucharest and Sofia; all these famous cities and the populations around them lie in what I must call the Soviet sphere, and all are subject, in one form or another, not only to Soviet influence but to a very high and in some cases increasing measure of control from Moscow.

訳文

バルト海のシュチェチンからアドリア海のトリエステまで（欧州）大陸を横切る「鉄のカーテン」が降ろされた。この線の背後に中欧ならびに東欧の古い国々の首府すべてが存在する。ワルシャワ・ベルリン・プラハ・ウィーン・ブダペスト・ベオグラード・ブカレスト・ソフィア― かかる有名な都市全部と，それらを中心とする住民は，私がソ連の勢力圏と呼ばねばならぬもののなかにあり，全部が何らかの形でソ連の影響ばかりか，非常に強く，また多くの場合増長してゆく，モスクワからの支配に左右される。

10 「ベルリンの壁」建設

撮影日時 1961年８月15日　撮影場所 ドイツ・ベルリン　視聴時間 20秒

関連 東西陣営の形成 p.262

基礎情報　敗戦国となったドイツは，東西に分断された。東ドイツからは，西ベルリン経由で西ドイツへと亡命する人が相次いだ。そこで，1961年８月13日，東ドイツは西ベルリンを包囲する「壁」を建設し，住民の流出に歯止めをかけた。

動画のポイント　「ベルリンの壁」建設を映した映像。東ドイツは８月13日に西ベルリンを有刺鉄線で隔離し，徐々にコンクリートの壁を作っていった。動画９秒目のように警官の監視も行われ，西ドイツ住民は孤立を余儀なくされた。16秒目で有刺鉄線を飛び越えた人物は，東ドイツの警察官であったコンラート・シューマンである。彼の西側への亡命の写真は「自由への跳躍」と題され，西側メディアで広く取り上げられて冷戦の象徴の一つとなった。

考察　なぜ，このように亡命が相次いでいたのだろう。東ドイツを管理するソ連と，西ドイツを管理する仏英米の経済体制に注目し，考えよう。

11 文化大革命

撮影日時 1968年　撮影場所 中国・天津　視聴時間 49秒（音声なし）

関連 大国への道を歩む中国 p.296

基礎情報　大躍進政策に失敗した毛沢東(もうたくとう/マオツォトン)は，一度は実権を失った。しかし劉少奇(りゅうしょうき/リウシャオチー)の政策に不満を抱き，自らの実権を取り戻すため，文化大革命を呼び掛けた。

動画のポイント　この動画は1968年正月の天津の様子である。文化大革命では学生・青少年からなる紅衛兵(こうえいへい)が中心となり，「造反有理」（造反することにこそ道理が存在するという意味）というスローガンを掲げて古い伝統・文化からの脱却を呼びかけた。この動画では，『毛沢東語録』（毛沢東の思想を記した冊子）を朗読する様子や，毛沢東の肖像画を掲げ行進する様子が見られる。紅衛兵の活動は後に過激になり，中国国内に混乱を生み出すこととなる。

考察　この動画のように群衆が揃って『毛沢東語録』を朗読したり，肖像画を掲げて行進することにはどのようなねらいがあったのだろうか。考えよう。

12 キング牧師の演説「私には夢がある」

撮影日時 1963年8月28日　**撮影場所** ワシントンD.C.・リンカン記念堂前　**視聴時間** 20秒

関連 根深く残る黒人差別 ➡ p.277 1

基礎情報 奴隷解放宣言以降もアメリカでは黒人差別が根深く残っていた。白人と同等の権利を勝ち取ることを目的に，公民権運動が起こった。

●動画のポイント● 1963年８月，黒人差別の即時撤廃と「仕事と自由」を求め，20万以上の民衆がワシントン大行進を行った。リンカン記念堂の前でキング牧師は，「私には夢がある」と民衆に語りかけ，非暴力による公民権運動を盛り上げた。動画の演説はその際にリンカン記念堂の前で行われたものである。20世紀のアメリカを代表する名演説とされており，翌年，キング牧師はノーベル平和賞を受賞した。彼の誕生日に近い１月第３月曜は「キング牧師記念日」として祝日となっている。

考察 奴隷解放宣言以降の白人と黒人の関係を調べ，公民権運動が起こった理由について詳しく調べよう。

原文

I have a dream that one day this nation will rise up and live out the true meaning of its creed : "We hold these truths to be self-evident, that all men are created equal."

I have a dream that one day on the red hills of Georgia, the sons of former slaves and the sons of former slave owners will be able to sit down together at the table of brotherhood.

訳文

私には夢がある。「すべての人は生まれながらにして平等である。これが自明の理であることをここに保証する」というこの国家の基本理念を，真の意味において実現する日が来るという夢である。

私には夢がある，いつの日にかジョージアの赤土の丘の上で，かつての奴隷の子孫たちとかつての奴隷主の子孫たちとが，ともに兄弟愛のテーブルに着くことができるようになるという夢が。

13 ベトナム戦争

撮影日時 1967年　**撮影場所** ベトナム　**視聴時間** 42秒

関連 インドシナをめぐる紛争 ➡ p.294

基礎情報 アメリカの駆逐艦が北ベトナム軍から攻撃を受けたとされるトンキン湾事件をきっかけに，アメリカは北ベトナムを爆撃(北爆)し，本格的な介入が行われた。

●動画のポイント● 北ベトナムが支援する南ベトナム解放民族戦線のゲリラ戦に対抗するため，アメリカ軍は枯葉剤を散布する作戦や民家を焼き払う作戦を実行した。この動画は1967年，アメリカ軍がベトナムの村を制圧するところを撮影したものである。動画９秒目ではゲリラと疑われた村人たちが連行されていく。23秒目からは火を付けられ燃える村が映されている。戦場の様子が報道されるにつれ，国内外からの批判や反戦ムードが高まっていくこととなった。

考察 この動画は本格介入後２年が経った1967年にアメリカ側が撮影・編集し，本国で放映された動画である。ベトナムの村が燃やされているにも関わらず，軽快な音楽が流れているのはなぜだろうか。考えよう。

14 「ベルリンの壁」崩壊

撮影日時 1989年11月９日　**撮影場所** ドイツ・ベルリン　**視聴時間** 18秒(音声なし)

関連 冷戦の終結へ ➡ p.270

基礎情報 ソ連のペレストロイカ（改革）政策を受けて東欧諸国の民主化・自由化が進んだ。「ベルリンの壁」崩壊は東ヨーロッパ自由化の象徴的出来事となった。

●動画のポイント● 1989年11月９日，東ドイツ政府は国民の旅行の自由を認める記者会見を行った。このニュースを受けて，東ドイツの国民が東西冷戦の象徴であったベルリンの壁に押し寄せ，国境が開放された。この動画は深夜24時頃，東ドイツの青年たちが壁の上に上っている様子を撮影したものである。動画からは，東ドイツ国民の歓喜が伝わってくる。

考察 それまでは民衆を止めていた国境警備隊や警察が，この時は民衆を止められなかったのはなぜだろうか。p.282～p.283を参考に，当時の情勢から考えよう。

特集 今,注目のトピックから世界史に迫る

Topic① 科学技術の発展がもたらす「光」と「影」

＊ 身のまわりのあらゆるモノがインターネットにつながるしくみ。
＊2 金融(Finance)と技術(Technology)を組み合わせた造語。金融サービスと情報技術を結びつけた革新的な動きのことで，仮想通貨(➔p.273)などの新技術も含まれる。

― 人間はどこに向かっているのか ―

人間の複雑な脳システムを模倣したディープラーニングという技術開発が，現在進んでいる。これにより，人・道路・車両が一体となった交通システムや，画期的な新薬開発などが期待される。国際社会では，アメリカが主導してサイバー空間のルール策定が試みられたが，中国・ロシアの反対で計画は頓挫した。我々の個人データはビッグデータとして蓄積され利用されている。また近い将来，AI(人工知能)が人類を超越するのではないかという「シンギュラリティ論争」も起こっている。

自動運転車

光
・ドライバー不足の解消
・交通不便な地域の改善

影
・事故の場合の法の未整備
・現段階での不完全な技術

▲①パリの自動運転車(2018年) 公共交通の無人運転技術が世界各地で開発されている。

IoT*家電

光
・生活が豊かで便利に
・高齢者の暮らしをサポート

影
・セキュリティー対策
・事故や災害時の誤作動

▲②スマートホーム 家電をインターネットでつないで，スマートフォンなどでコントロールする家のこと。

フィンテック*2

光
・国境を越えた瞬時の情報交換
・管理費・人件費等のコスト削減

影
・オンライン状態が前提
・サービスの安定性が未知数

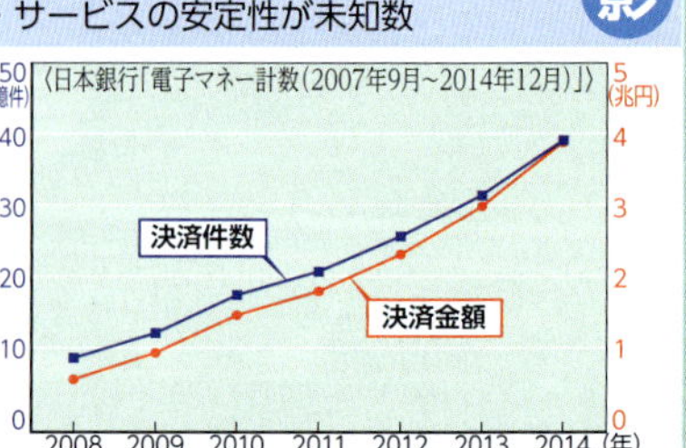

▲③サイバー空間*3の経済 現在ネット上では実体経済をはるかに上まわる取引がなされている。日本でも電子マネーの取引額が年々増大している。

＊3 コンピュータとネットワークにより構築される,仮想的な世界のこと。

世界史の着眼点(1) 数次にわたる「産業革命」とその影響

よみとき 科学の進歩や新技術の開発は，人類社会にどのような影響をもたらしたのだろう。

	第1次産業革命	第2次産業革命	第3次産業革命	第4次産業革命
時期	18世紀後半～19世紀前半	19世紀後半	20世紀後半	21世紀
発明された技術	蒸気機関	内燃機関・電気モーター	コンピュータ・インターネット	IoT(モノのインターネット)・AI(人工知能)・ビッグデータ
具体例	蒸気自動車 ➔p.213①	ガソリン自動車 ➔p.213②	カーナビゲーション	自動運転車 ➔①
効果	生産・運搬の**機械化**	**大量生産**可能に	生産の**自動化**・効率化	生産の**自律化**,生活の効率化
覇権国家	イギリス	アメリカ(ドイツ)	アメリカ	アメリカ・中国

▲④経済システムと産業の変遷 科学の進歩により開発された新技術は，産業革命を引き起こし，国力増強に結びついていった。18世紀以降，この開発に成功した国は，経済的・軍事的に他国より優位な地位を獲得し，覇権国家となった。また，産業革命による科学技術の進歩は，一部の職種を消滅させる一方で，社会全体の生産性を向上させ，より生産性の高い産業へ雇用を移行させる効果もあった。

関連ページを見てみよう

●産業革命
・第1次産業革命 ➔p.180～182
・第2次産業革命 ➔p.213
●覇権国家の推移
・近代世界システムの成立 ➔p.184
・オランダの覇権 ➔p.170 1 A,175 1
・イギリスの覇権 ➔p.170 2 A,196～197
●科学技術
・科学革命の時代 ➔p.176 2
・科学技術の発展 ➔p.274 2
・西洋近代科学史完全整理 ➔p.363

世界史の着眼点(2) コンピュータの発展と未来

よみとき 科学技術の基礎となるコンピュータの発展が進むことで，どのような問題が生じてくるだろうか。

▲⑤進化するコンピュータ 従来のコンピュータは0と1というデジタル信号で計算するが，量子コンピュータは0と1の両方を重ね合わせた状態の量子ビットで計算する。写真は量子コンピュータとされるD-Wave。ある種の問題を従来の1億倍もの速さで解くため，現在の暗号化技術を一変させる可能性がある。

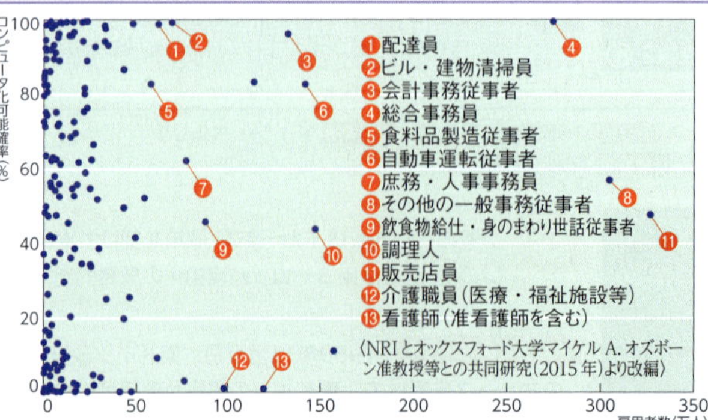

▲⑥職種ごとのコンピュータ化可能確率と雇用者数の分布 オックスフォード大のオズボーン准教授は，アメリカの702の職種についてコンピュータに代替される可能性を分析し，雇用者の47%の仕事が10年後にはコンピュータ化されるリスクが高いと結論づけた*。グラフは日本のもので，事務などのルーティン化できる仕事がAIなどに代替される可能性が高いことがわかる。

関連ページを見てみよう

●グローバル化の進展
・グローバル化する世界 ➔p.272～273
・グローバル化する経済 ➔p.273 その時経済は
・リーマン=ショック ➔p.278 現代を読みこむ
●コンピュータの誕生
・コンピュータの登場 ➔p.274⑦
・量子力学 ➔p.363

＊オズボーン准教授らによる論文「雇用の未来」による。

Topic②
長期政権への足場を固めた習近平
― 国家主席の任期制限撤廃 ―

2018年3月，全人代で憲法修正案が可決され，国家主席の任期は連続二期10年までとする規定が撤廃され，習近平による長期政権＝終身支配が可能となった。1982年公布の憲法でこの規定が設けられたが，その背景には文化大革命（1966～76年）への反省があった。憲法修正は14年ぶりで，これまで維持された共産党の集団指導体制が崩壊し，習近平による個人独裁化が懸念される。

前文	第79条	
マルクス・レーニン主義，毛沢東思想，鄧小平理論と三つの代表重要思想に続いて，「**習近平新時代**の中国の特色ある社会主義思想」を追加。	旧	「中華人民共和国主席，副主席の一期ごとの任期は全国人民代表大会の任期と同じとし，**連続二期をこえない**」
	新	「中華人民共和国主席，副主席の一期ごとの任期は全国人民代表大会の任期と同じとする」

▲①中華人民共和国憲法の修正点

▲②**第13回全国人民代表会議**（2018年3月）　全人代は日本の国会に相当する国権の最高機関。年1回開催。憲法の改正・法律の制定・政務活動の報告などが行われる。

■世界史の着眼点(1)　毛沢東独裁から改革開放へ

よみとき　毛沢東独裁による文化大革命から改革開放に転換し，中国の経済はどのように変化しただろうか。

▲③**文化大革命時の毛沢東のポスター**（1966年）「毛主席は我々の心の赤い太陽」と題される。1966～68年にかけ，毛の神格化が急務となり，戦略的なビジュアルイメージポスターが数多く制作された。毛に対する人民の絶対的礼賛ぶりがよく描かれている。

◀④**自由市場**（成都，1983年）　文化大革命終結後，**鄧小平**は1980年代に**改革開放政策**を本格化させ，中国の経済は飛躍的に成長した。農村では**生産責任制**が導入され，自由市場が開かれた。これにより，**人民公社**は解体されていった。現在の中国政府もこの改革開放政策を引き継ぎ，さらに発展させている。

関連ページを見てみよう

●毛沢東と中国共産党
・中国革命の進展　➔p.246～247
・長征直後の共産党指導者　➔p.247⑫
・社会主義国家　➔p.295 基礎知識
・共産党による一党独裁体制　➔p.295 基礎知識
・人民公社　➔p.296②

●文化大革命
・プロレタリア文化大革命の勃発　➔p.296 2

●改革開放政策
・改革開放政策への転換　➔p.296 3
・めざましい経済発展　➔p.296 4

■世界史の着眼点(2)　偉大なる中華民族の復興～「屈辱の100年」からの脱却

よみとき　「屈辱の100年」に中国が経験したことは具体的にどのようなことだろうか。また，「屈辱の100年」を脱却し，中国は何をめざそうとしているのだろうか。

◀⑤**時局図**（部分）　中国は明・清代に比類なき繁栄を迎えるが，アヘン戦争敗北（1842年）以降，諸列強の侵略により半植民地に転落し，「屈辱の100年」といわれる時代を経験した。図は列強の中国分割を，クマ（露）・ワシ（米）・ブルドッグ（英）・カエル（仏）・太陽（日）などで示している。

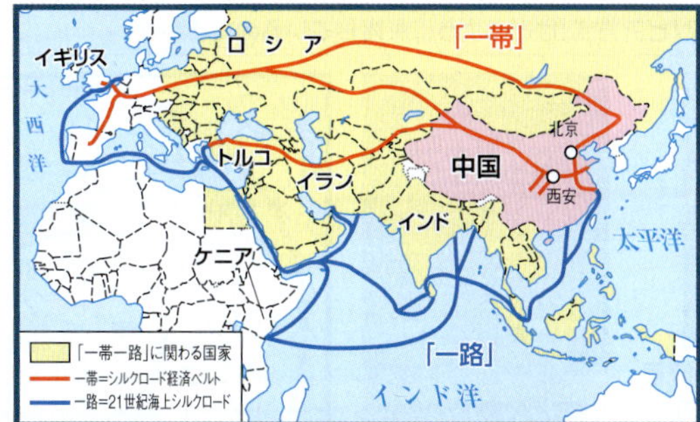

▲⑥**「一帯一路」構想の概略図**　改革開放政策を促進し世界第2位の経済大国となった中国は，巨大な広域経済圏を陸上（中国～欧州）と海上（南シナ海～インド洋）の双方に構築する「一帯一路」構想を進めている。この構想は，明代に大艦隊を率いてアフリカ東海岸まで達した**鄭和**の業績を利用し，かつての偉大な中華帝国の再現をめざしているともいわれる。

関連ページを見てみよう

●繁栄をきわめた明・清帝国
・鄭和の航路　➔p.34～35
・明の繁栄　➔p.114～115
・清の繁栄　➔p.118～119

●「屈辱の100年」
・ロシアの東方進出　➔p.205 3
・アヘン戦争　➔p.228 ヒストリーシアター，1
・列強の中国分割　➔p.230 ヒストリーシアター，231 2
・日本の大陸進出　➔p.246～247
・アジア・太平洋戦線　➔p.255

●再び繁栄する中国
・BRICSの発展　➔p.273⑨
・世界に影響を強める"大国"中国　➔p.297 現代を読みこむ

Topic③ 動き出した北朝鮮外交とそのねらい

▲①米朝首脳会談後，共同宣言に署名する金正恩委員長とトランプ大統領（2018年6月）

― 急旋回した北朝鮮の外交姿勢 ―

北朝鮮はこれまで，ミサイル発射実験や**核実験**を強硬に行い，軍事的脅威となっていた。しかし2018年4月には韓国と，6月にはアメリカと首脳会談を行い，融和的な姿勢をみせた。米朝首脳会談では，アメリカから体制保障を取り付け，かわりに北朝鮮の非核化に言及した共同声明に署名したが，声明中に非核化の具体的な道筋は示されていない。

➤②38度線を越えて北朝鮮から韓国へ入る金正恩委員長　2018年4月，**板門店**で南北首脳会談が実現した。金委員長と文在寅大統領は，**朝鮮戦争**の停戦ラインである38度線を越えて会談を行い，朝鮮半島の非核化を盛り込んだ板門店宣言に署名した。➔p.299

■世界史の着眼点(1)　朝鮮戦争と冷戦下の米中対立

よみとき　冷戦体制の下で起きた朝鮮戦争において，朝鮮半島をめぐってアメリカ・中国・ソ連・日本はどのようにかかわったのだろうか。

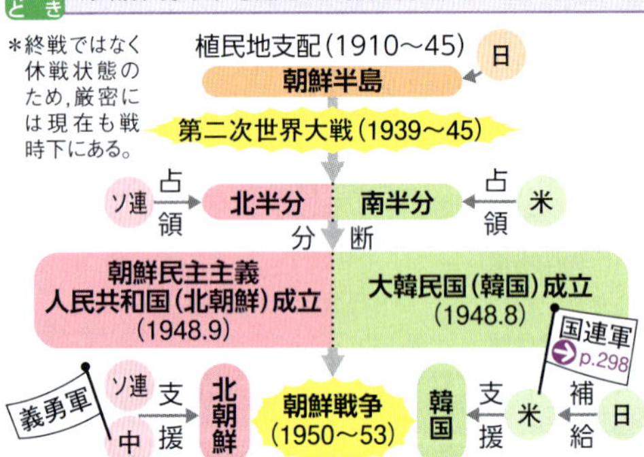

▲③朝鮮戦争の構造　直接国境を接している共産主義国中国とソ連が北朝鮮を，資本主義国アメリカが韓国を支援した。この構造は現在にもつながっており，朝鮮戦争休戦*後，北朝鮮・中国とアメリカの対立が鮮明となった。

*旗に表された「抗美援朝 保家衛国」は，「アメリカ（美国）に抵抗し朝鮮を援助して，家を保護し国を防衛する」を意味する。

▲④朝鮮戦争に参戦した中国人民義勇軍　米軍主体の国連軍が勝利し，北朝鮮が崩壊すれば，中国はアメリカが支援する韓国と直接国境を接することになる。中国の安全保障上，同じ共産主義体制をとる北朝鮮を存続させる必要があった。

関連ページを見てみよう

●朝鮮戦争の経過
・アジアにおける冷戦 ➔p.49
・冷戦体制下の代理戦争 ➔p.261 年表
・中国人民義勇軍の派遣 ➔p.295 年表
・朝鮮戦争戦線の推移 ➔p.49, 298 1
・朝鮮戦争の被害 ➔p.298①③④

●朝鮮戦争の影響
・朝鮮戦争特需 ➔p.263⑩
・朝鮮戦争後の南北分断 ➔p.298 基礎知識

●米中対立の解消
・米中の接近 ➔p.268 ヒストリーシアター

■世界史の着眼点(2)　核兵器による「リビア方式」への牽制

よみとき　北朝鮮が軍拡を進めてきた背景に，「リビア方式」はどのように影響しているのだろうか。

▲⑤リビアの独裁者カダフィとオバマ大統領（2009年，G8サミット）　2003年，リビアが大量破壊兵器の放棄を表明し，関連施設の廃棄などに着手すると，アメリカは制裁を解除した（**「リビア方式」**）。しかし11年に**「アラブの春」**が起きると，欧米諸国は軍事介入し，カダフィは殺害されて体制は転覆した。

➤⑥北朝鮮が発射した大陸間弾道ミサイル（2017年7月）

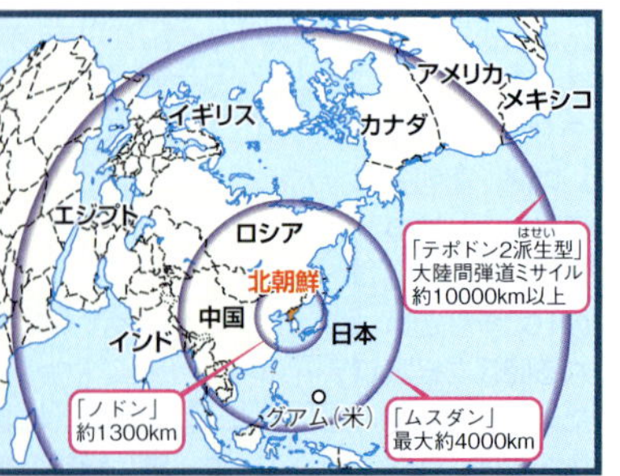

▲⑦北朝鮮のミサイルの推定射程距離　北朝鮮は，アメリカ本土を射程におさめる**大陸間弾道ミサイル（ICBM）**の発射に成功している。小型化・軽量化された核をミサイルの弾頭にこめれば，この推定射程距離が核攻撃の範囲となる。

関連ページを見てみよう

●核開発の進展
・アインシュタイン ➔p.256 コラム
・ビキニ環礁水爆実験 ➔p.267①
・冷戦後の核開発 ➔p.267 3
・核実験を視察するインディラ＝ガンディー ➔p.290③

●核開発の被害
・原爆投下後の広島 ➔p.256⑥
・第五福竜丸 ➔p.267②
・長崎への原子爆弾の投下 ➔p.267④

Topic④ ポピュリズムの躍進

▲①民衆から熱烈な支持を受けるアメリカのトランプ大統領(2017年3月)

― 世界に広がるポピュリズム(大衆迎合主義) ―

近年，欧米各地でポピュリズムが台頭し，多くの支持を集めている。2016年6月にはイギリスが国民投票でEU離脱を決め，2017年1月にはアメリカで共和党のトランプ大統領が誕生，同5月のフランス大統領選では極右政党国民戦線のルペン党首がマクロン(新大統領)と決選投票を争うまで支持を拡大した。

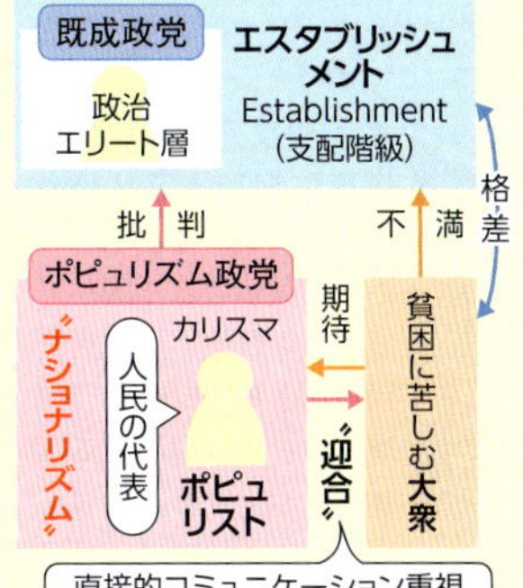

▲②ポピュリズム台頭の諸要素

ポピュリズムとは…

①自らを「大衆を代表とするもの」としたカリスマ的リーダーが，大衆に**直接**訴えてその支持を基盤とする政治手法。
②複雑な政治問題を二者択一形式に**単純化**して選択を迫る手法。
③所得再配分を求める**左翼的**な面(解放型)と，移民などを排斥する**右翼的**な面(抑圧型)がある。
④議会や既成政党を「上」の存在ととらえ，「下」から批判することをさす見方もある。

▲③ポピュリズムの定義

■世界史の着眼点(1)　歴史的に台頭したポピュリズムの波

よみとき　ヒトラーとペロンのポピュリズムには，それぞれどのような社会背景があったのだろうか。

◀④**ナチ党の青年団員に囲まれるヒトラー**　第一次世界大戦の敗戦で自信を喪失し，世界恐慌による経済的混乱に苦しんでいたドイツ国民は，「ヴェルサイユ体制打破」「失業問題解消」というナチスの明快かつ力強い主張を支持。その結果，ヒトラーは選挙という民主的かつ合法的な方法で政権をにぎり，独裁体制を確立した。

▲⑤**バルコニーから演説するペロンと妻エヴァ**(アルゼンチン)　ポピュリズムのペロン政権は地主・鉱山主などの支配層に反対する労働者階級の支持を得て大統領となり，労働福祉政策・外国企業の国有化などを推進。元女優の妻エヴァも福祉事業を行い，人気を支えた。

関連ページを見てみよう

●ナチ党の台頭と衰退
・左派・右派の台頭と対立 ➡p.242 1
・ドイツの恐慌対策 ➡p.250 2
・ファシズム ➡p.252～253
・第二次世界大戦におけるヨーロッパ戦線 ➡p.254
・第二次世界大戦とその被害 ➡p.256

●ナチ党の政策
・街にひびく「ハイルヒトラー」 ➡p.252 ヒストリーシアター
・日常生活に入り込むナチズム ➡p.252 2
・「東方生存圏」 ➡p.253 テーマ
・ユダヤ人迫害から「ホロコースト」へ ➡p.258 1

●ラテンアメリカのポピュリズム
・ポピュリズムの破綻 ➡p.279 1

■世界史の着眼点(2)　欧米を席巻する現代ポピュリズムの手法

よみとき　現在の欧米を中心としたポピュリズムとかつてのポピュリズム(着眼点(1))との相違点・共通点を考えてみよう。

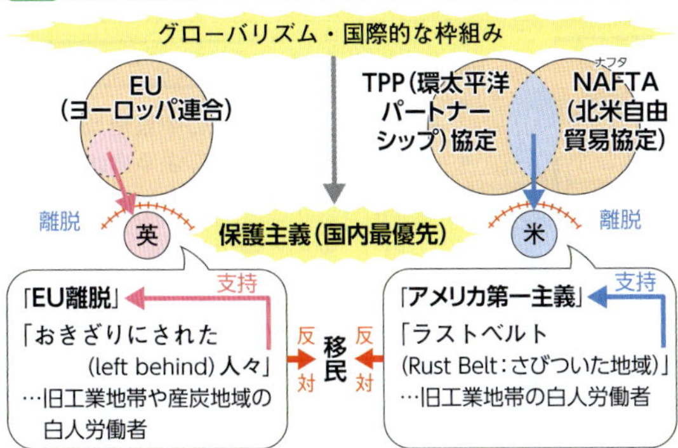

▲⑥**反グローバリズム**　ポピュリストは，"グローバリズムは経済格差をもたらし，国家の伝統などを破壊する"と批判している。また，国内の失業者の増大や政治の悪化を移民と結びつけるとともに，移民が福祉のただ乗り者(フリーライダー)であると批判している。

▲⑦**SNS**　現在のポピュリストは，SNS(ソーシャル=ネットワーク=サービス)を通じて国民に呼びかけ，無党派層などからの支持を拡大している。また，人々がより参画意識をもてる国民投票・住民投票で自分たちの主張を展開している。

関連ページを見てみよう

●国際的な枠組みとグローバル化
・国際連合 ➡p.259 1 2
・ヨーロッパ統合への道 ➡p.280～281

●移民の歴史
・ヨーロッパへ向かう移民とその対応 ➡巻頭20
・人口と移民の歴史 ➡巻頭7～8
・移民の世紀 ➡p.208～209

●国民投票・住民投票
・ギリシア債務危機とイギリスのEU離脱 ➡p.281 現代を読みこむ

●民主政・民主主義
・古代アテネと現代の民主政の違い ➡p.65 ⑬
・アメリカ民主主義の危機 ➡p.250 テーマ

特集 今,注目のトピックから世界史に迫る

Topic⑤ 混迷のシリア情勢

― 泥沼化するシリア内戦 ―

「アラブの春」をきっかけとしたシリア内戦は，過激派組織の自称IS（「イスラム国」）の台頭を許した。シリアやイラクに急速に暴力的な支配を広げたISからのがれるため，内戦前の人口の半数にあたる1100万人以上が，ヨーロッパなどの国外に避難している(➡巻頭20)。2017年10月，首都とされるシリアのラッカが陥落し，ISは壊滅状態となったが，逃走したIS戦闘員による世界各地でのテロが懸念されている。

▲①シリアのアサド政権を攻撃するアメリカのミサイル　2018年4月，米英仏の3か国がアサド政権が化学兵器を使用したとしてシリアを攻撃すると，政権側を支援するロシアは反発を強めた。このように，シリアをめぐる国際関係も内戦を長期化させる要因となっている。

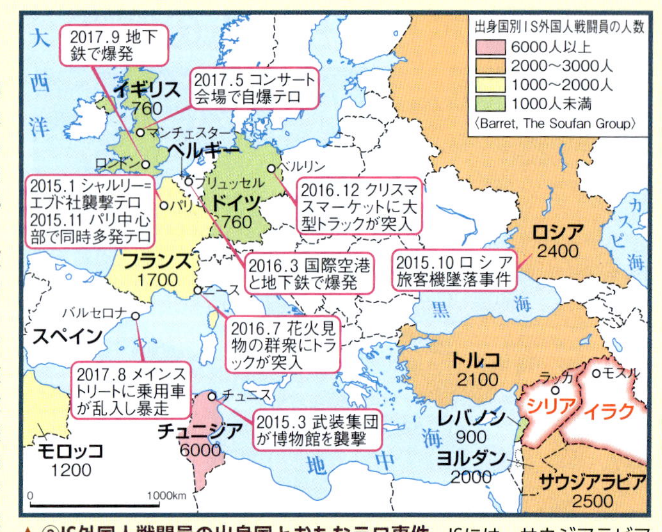

▲②IS外国人戦闘員の出身国とおもなテロ事件　ISには，サウジアラビアの若者だけでなく，ヨーロッパのムスリム移民の若者も多く参加している。

■世界史の着眼点(1)　イスラーム復興と強権統治の狭間で生まれた過激派

よみとき　アルカーイダやIS(「イスラム国」)といった過激派組織が生まれてきたことには，どのような事情があるのだろうか。

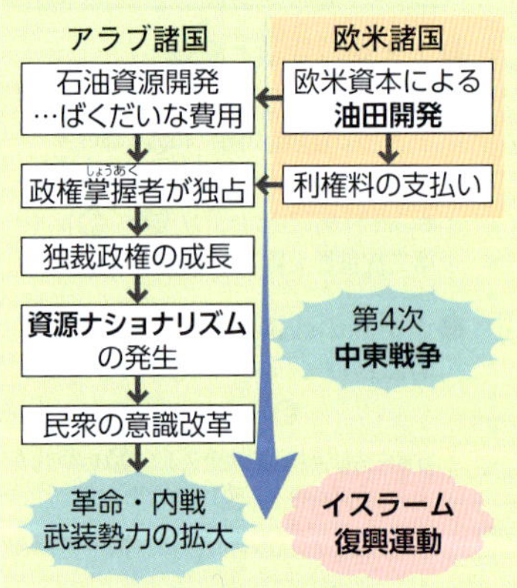

▲③欧米諸国による経済支配

～ワッハーブ派の思想～
- 欧米列強の脅威にさらされたオスマン帝国末期の社会状況に疑問を抱いたムハンマド=イブン=アブドゥル=ワッハーブが，純粋な初期イスラームへの回帰による社会秩序の立て直しを主張。
- 『クルアーン(コーラン)』にもとづく神の唯一性を主張し，後世に付加された聖人や墓などへの崇拝を，偶像崇拝として厳しく非難。
- 各地のイスラーム復興運動に影響を与えた。

▲④サウジアラビアは，**ワッハーブ派**と結んだ部族の**サウード家**が建てた王国。**メッカ**と**メディナ**の二大聖地を支配下におさめ，イスラームにもとづく厳格な統治と教育を徹底することで，国内統合の強化をはかった。

▲⑤**サウジアラビアを反共防波堤に取りこむアメリカ**(1945年)　その後の爆発的な**油田開発**で，アメリカによるサウード家の**強権統治**への支援はますます強まったが，その裏で，政治的発言の機会に乏しい若者層は，過激な行動をとるようになった。

関連ページを見てみよう

●サウジアラビア王国の建国の経緯とイスラーム復興運動との関連
- サウジアラビア王国の成立 ➡p.244③
- イスラーム復興運動 ➡p.286 基礎知識

●中東における諸政権による強権統治化の背景とその影響
- 石油危機と資源ナショナリズム ➡p.268②,286 基礎知識
- テロとの戦い ➡p.278 テーマ
- 強権統治にはしる諸政権 ➡p.287②
- アフガニスタンで台頭したイスラームを掲げる武装組織 ➡p.288 テーマ

■世界史の着眼点(2)　シリア内戦と過激派の展開

よみとき　シリアの内戦にともない，IS(「イスラム国」)がイラクからシリアへと勢力を急速に拡大したことには，どのような背景があるのだろうか。

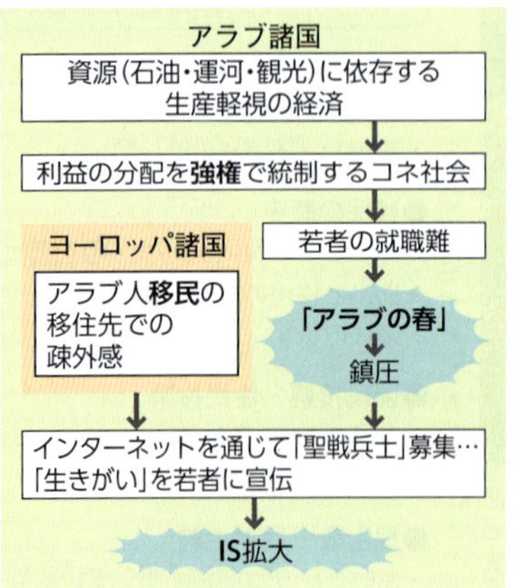

▲⑥ISへの若者の流入

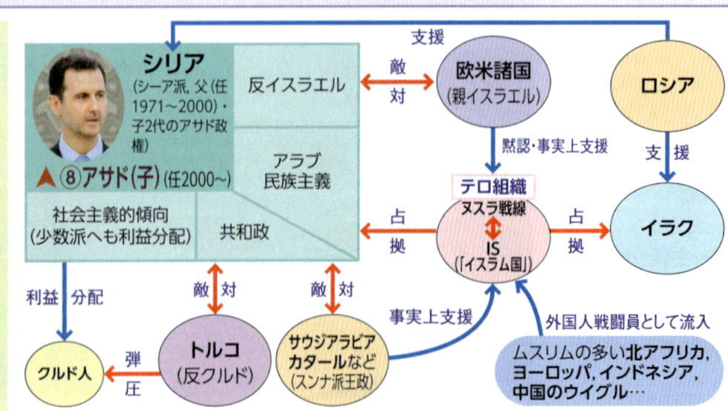

▲⑦**シリア内戦の構造**　「**アラブの春**」はシリアに内紛をもたらし，「独裁」政権＝悪という構図からアサド政権は欧米諸国から批判された。しかし，混乱のなかでシリアで勢力を伸ばす過激派組織を，アサド政権の弱体化をねらう中東の周辺国が援助する構造が生まれた。

関連ページを見てみよう

●第二次世界大戦後の中東地域における紛争への諸外国による介入
- 下からのイスラーム改革と諸外国の干渉 ➡p.287③
- ペルシア湾岸の戦争とアメリカの介入 ➡p.288①

●「アラブの春」の経緯とその影響
- アラブ世界を揺るがした「アラブの春」 ➡p.288②

Topic⑥ ヨーロッパへ向かう移民とその対応 ➔巻頭18

▲①テロへの抗議デモを行う人々(パリ 共和国広場，2015年1月)

― 続発するテロ事件 ―

2015年以降，パリ・ロンドン・ブリュッセルなどでテロ事件が連続して起きた。この一連のテロ事件はムスリム移民の若者が，イスラーム過激派と連携して実行したものであった。ヨーロッパで暮らす移民の貧困と差別に苦しむ社会的背景が，犯行を生み出す温床となっている。

◀②サッカーフランス代表　ヨーロッパサッカーでは，多くの移民2世が目立った働きをしている。写真のワールドカップ2018では，ギニア系のポグバなど黒人系のアフリカ出身者がフランス代表として活躍し，フランスが優勝した。

■世界史の着眼点(1)　ユダヤ人迫害への反省～欧州への移民が多い歴史的理由

よみとき　第二次世界大戦後，ヨーロッパで移民受け入れの態勢が整えられたのはなぜだろうか。また，ヨーロッパへの移民は，どのような国の出身者が多いだろうか。

▲③ポーランド・ドイツからロンドンへ亡命したユダヤ人一家(1939年2月)　ユダヤ人大迫害が激化するなか，多数のユダヤ人難民が発生。欧米諸国は受け入れに消極的な態度で，1938年にようやくこの問題に着手した。

宗主国／ヨーロッパ		イギリス	フランス	ドイツ	ベルギー
↓19世紀　帝国主義による植民			20世紀後半　先進国への労働移民／21世紀初頭　シリアからの難民↑		
植民地	アフリカ	エジプト スーダン 南アフリカなど 〔縦断政策〕	アルジェリア チュニジア モロッコ　ギニアなど 〔横断政策〕	カメルーン トーゴなど	コンゴ
	アジア	インド(現インド・パキスタン) オーストラリアなど	仏領インドシナ (現ベトナム)など		
	アメリカ	カナダ 英領ギアナなど	仏領ギアナなど		

▲④植民地と移民　ヨーロッパは帝国主義の時代，各地に植民地を獲得した。戦後の移民はそのつながりの深さから，旧植民地から旧宗主国への移動が多い。英仏が争って植民地を拡大したアフリカからは，地理的な条件も重なり，多くの労働移民がヨーロッパへ移住した。

関連ページを見てみよう

●ユダヤ人迫害
・ポグロムをのがれて ➔p.209 4
・ファシズム ➔p.252～253
・ワルシャワのゲットー前のユダヤ人 ➔p.256②
・ユダヤ人迫害から「ホロコースト」へ ➔p.258 1

●ヨーロッパの植民地政策
・近代ヨーロッパの国際関係と世界分割 ➔p.216
・帝国主義の成立とその政策 ➔p.217
・アフリカの分割 ➔p.220

■世界史の着眼点(2)　活気あるEU(ヨーロッパ連合)へ～欧州への移民が多い経済的理由

よみとき　移民はどのような仕事に就いているのだろうか。また移民労働者は，景気の影響をどのように受けるのだろうか。

▲⑤ドイツのトルコ人ガストアルバイター(1970年代)　戦後の経済復興から発展期に，旧西ドイツなどは，肉体労働者不足から積極的にガストアルバイター(「客人労働者」)を受け入れた。賃金水準の高いドイツの移民数は，トルコ人を中心に1973年には260万人，家族まで含めて400万人に達した。

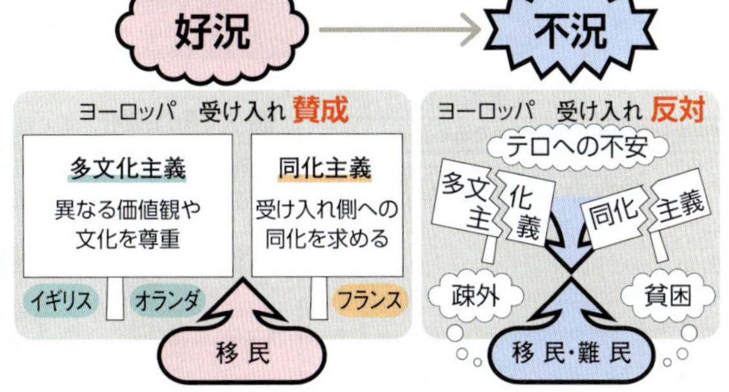

▲⑥移民統合政策の変化　好況下では，多数の低熟練労働者を必要としたため，多文化主義と同化主義の違いはあれど，積極的に移民を受け入れた。一方，低成長や不況になると，移民労働者の流入によって就労の機会を奪われることへの反発や，宗教や文化の違いから，移民排斥(はいせき)の動きが一部で表面化するようになった。

関連ページを見てみよう

●移民の歴史
・移民の世紀 ➔p.208～209

●労働移民
・ユダヤ人移民 ➔p.209 4
・アジア系肉体労働者“苦力(クーリー)” ➔p.226 ヒストリーシアター

●移民政策の課題
・極右政党の台頭(たいとう) ➔p.281⑨

●IS(「イスラム国」)と難民
・イスラーム諸国家の対立と諸外国の介入 ➔p.286～288
・混迷のシリア情勢 ➔巻頭19

2 先史時代～文明の発生

先史時代年表

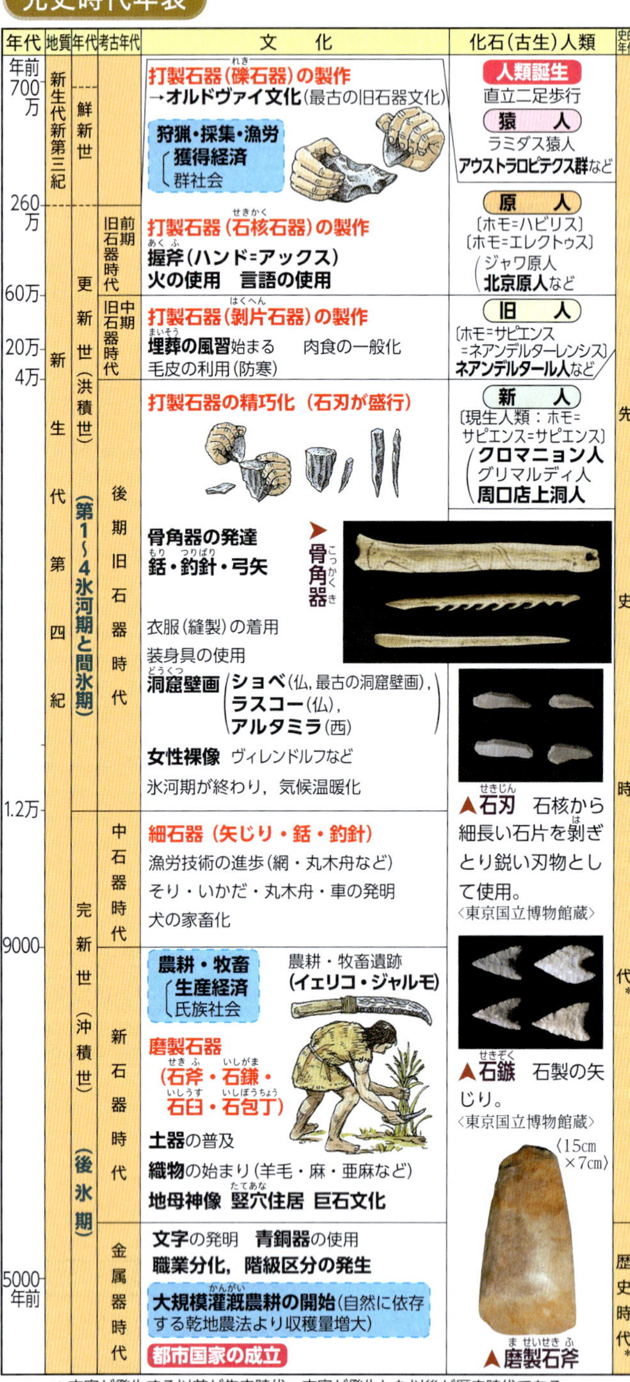

年代	地質年代	考古年代	文化	化石（古生）人類	史的年代
年前 700万	新生代新第三紀 鮮新世		**打製石器（礫石器）の製作** →**オルドヴァイ文化**（最古の旧石器文化） 狩猟・採集・漁労 獲得経済 群社会	**人類誕生** 直立二足歩行 **猿人** ラミダス猿人 **アウストラロピテクス群**など	先史時代
260万	新生代第四紀 更新世（洪積世）（第1～4氷河期と間氷期）	前期旧石器時代	**打製石器（石核石器）の製作** **握斧（ハンド=アックス）** **火の使用** **言語の使用**	**原人** 〔ホモ=ハビリス〕〔ホモ=エレクトゥス〕 ジャワ原人 **北京原人**など	
60万～20万		中期旧石器時代	**打製石器（剝片石器）の製作** **埋葬の風習**始まる 肉食の一般化 毛皮の利用（防寒）	**旧人** 〔ホモ=サピエンス=ネアンデルターレンシス〕 **ネアンデルタール人**など	
4万		後期旧石器時代	**打製石器の精巧化（石刃が盛行）** **骨角器の発達** **銛・釣針・弓矢** 衣服（縫製）の着用 装身具の使用 **洞窟壁画**（**ショベ**（仏，最古の洞窟壁画），**ラスコー**（仏），**アルタミラ**（西）） **女性裸像** ヴィレンドルフなど 氷河期が終わり，気候温暖化	**新人** 〔現生人類：ホモ=サピエンス=サピエンス〕 **クロマニョン人** グリマルディ人 **周口店上洞人**	
1.2万	完新世（沖積世）（後氷期）	中石器時代	**細石器（矢じり・銛・釣針）** 漁労技術の進歩（網・丸木舟など） そり・いかだ・丸木舟・車の発明 犬の家畜化		
9000		新石器時代	**農耕・牧畜** **生産経済** 氏族社会 農耕・牧畜遺跡（**イェリコ・ジャルモ**） **磨製石器**（**石斧・石鎌・石臼・石包丁**） **土器**の普及 **織物**の始まり（羊毛・麻・亜麻など） **地母神像** **竪穴住居** **巨石文化**		
5000年前		金属器時代	**文字**の発明 **青銅器**の使用 **職業分化，階級区分の発生** **大規模灌漑農耕の開始**（自然に依存する乾地農法より収穫量増大） **都市国家の成立**		歴史時代*

▶骨角器

▲石刃　石核から細長い石片を剝ぎとり鋭い刃物として使用。〈東京国立博物館蔵〉

▲石鏃　石製の矢じり。〈東京国立博物館蔵〉

〈15cm×7cm〉

▲磨製石斧

＊文字が発生する以前が先史時代，文字が発生した以後が歴史時代である。

▲礫石器
石を打ち砕いただけの最も原始的な石器。

〈16cm×9cm〉

◀握斧
（石核石器）

▲ヴィレンドルフの女性裸像（ヴィーナス，オーストリア）
高さ11cmの愛らしい姿の旧石器時代の石像。子孫の繁栄や獲物の豊漁を祈ってつくられたとされる。

◀ラスコーの洞窟壁画　南フランスで発見された旧石器時代の洞窟壁画で，牛・馬・鹿などの100点以上の動物や狩猟場面が描かれている。ラスコーや**アルタミラ**（スペイン）の洞窟壁画は，新人の**クロマニョン人**が描いたものである。

■ヒトはいつ猿と分かれたか？

2001年の7月，世界中を1つのニュースがかけめぐった。チャド北部の砂漠で，約700～600万年前と思われる猿人化石が見つかったのである。「トゥーマイ（生命の希望）猿人」と名づけられたこの猿人は，人類と類人猿両方の特徴をもつ。二足歩行をしていたと思われ，人と猿が分かれた直後の人類といえる。しかしDNAの研究では約500万年前が進化の分岐と考えられており，論争をよんでいる。

＊オロリン（2000年発見）は約600万年前とされる

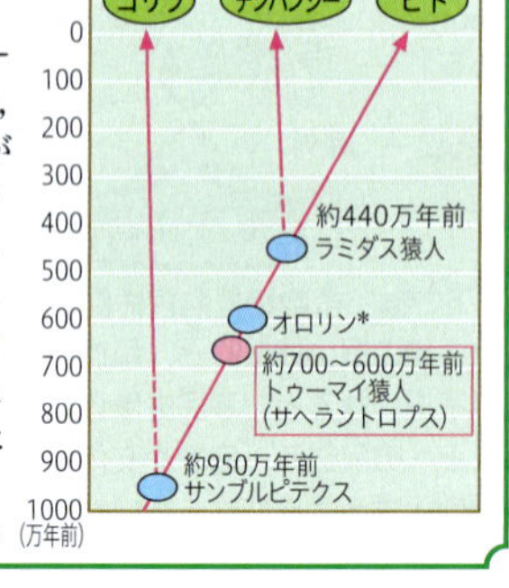

■人類の進化　赤字 脳容積（mL）

人間へ向けての進化を示す模式図。＊大きさはほぼ比例している。

＊旧人のネアンデルタール人と新人のクロマニョン人はそれぞれ原人から個別に進化したもので，両者はしばらくの間共存しながら，結果的にクロマニョン人がネアンデルタール人と入れかわる形でヨーロッパ人の祖先になったといわれる。

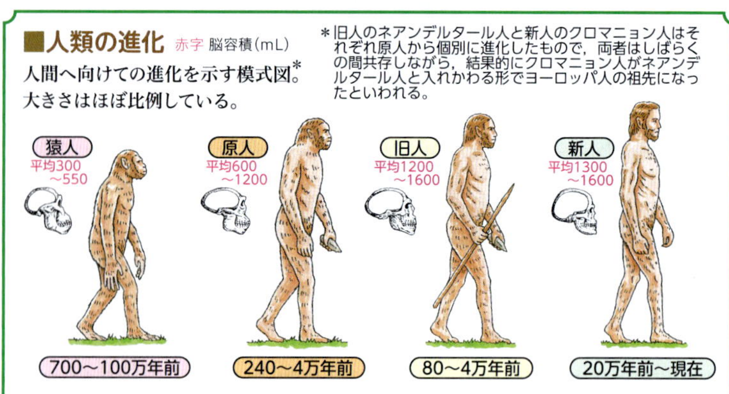

▲彩文土器（イラン，スサ出土）
新石器時代の農耕が始まった時代の代表的遺物。中国でもつくられ，**彩陶**とよばれる。➡p.87

そのときここでは　各地域のくわしい地図

地中海	西アジア・オリエント	南アジア	東アジア
ギリシア人の南下➡p.63 1	「エジプトはナイルの賜物」➡p.56 1	ヴェーダ時代➡p.79 2	農耕都市文明➡p.87 1

時代の概観

国家の形成と帝国の出現①

A 前 2000 年ごろから，**インド=ヨーロッパ語族諸族**が各地に広がり，都市文明(➔p.3)と接触して新たな国家を建設していった。

オリエントでは，ヒッタイトが**製鉄技術**を独占し，台頭した。前 12 世紀ごろにはフェニキア人などの**セム語派諸族**による交易活動が活発化し，諸国間の接触・交流が進んだ。一方中国の黄河流域には，前 17 世紀ごろには国家(**殷**)が現れた。

B 青銅器は前 3000 年代後半には使用されるようになっていたが，前 1000 年を過ぎると，**鉄器**の使用が広がり，生産力の増大をもたらした。前 7 世紀には，**アッシリア**がオリエントを統一し，史上初の**世界帝国**を建設した。地中海では前 8 世紀ごろからギリシア人の都市国家(**ポリス**)が誕生し，中国では殷を倒した**周**が新たな盟主となり，封建制で統治した。

A 前20～前11世紀の世界(インド=ヨーロッパ語族諸族の大移動)

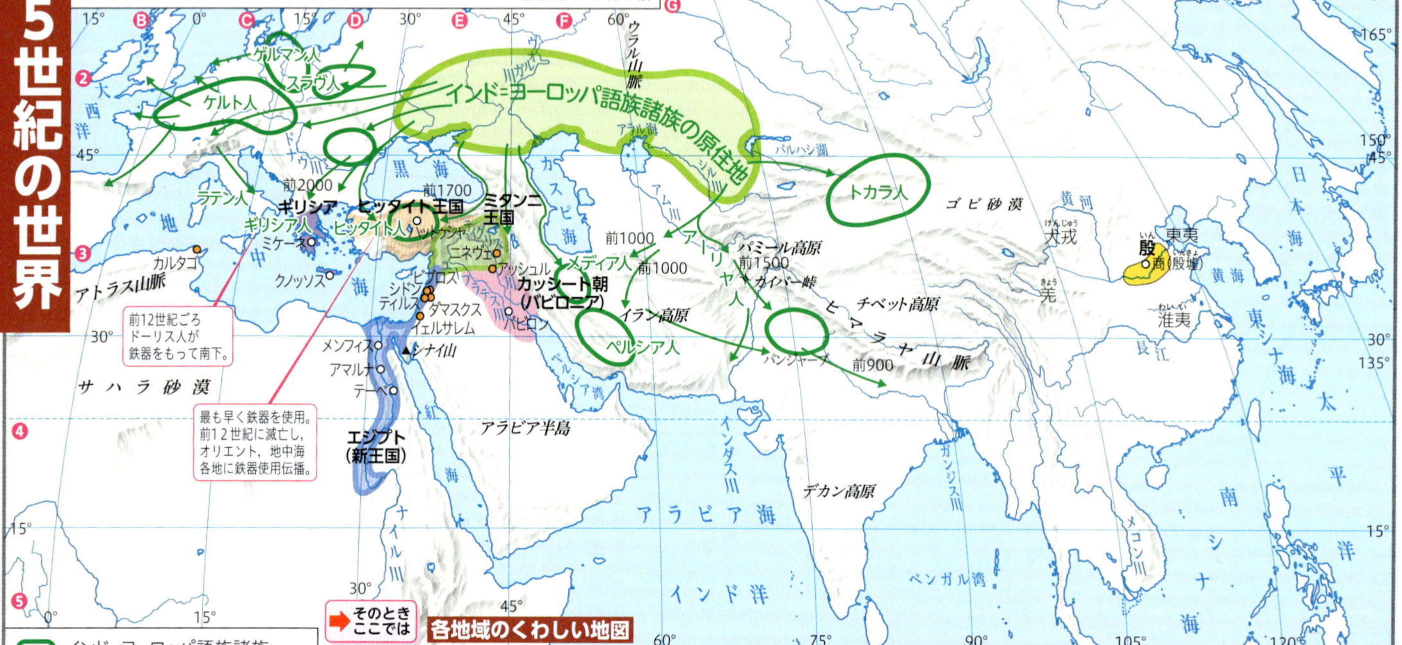

前12世紀ごろドーリス人が鉄器をもって南下。

最も早く鉄器を使用。前12世紀に滅亡し，オリエント，地中海各地に鉄器使用伝播。

- インド=ヨーロッパ語族諸族
- アーリヤ人 インド=ヨーロッパ語族諸族の移動(数字は移動年)
- セム語派国家の中心都市

そのときここでは 各地域のくわしい地図

地中海	西アジア・オリエント	南アジア	東アジア
ギリシア人の南下➔p.63 1	ヒッタイト➔p.55 2	ヴェーダ時代➔p.79 2	殷➔p.88 1 A

B 前10～前7世紀の世界(鉄器の広がり)

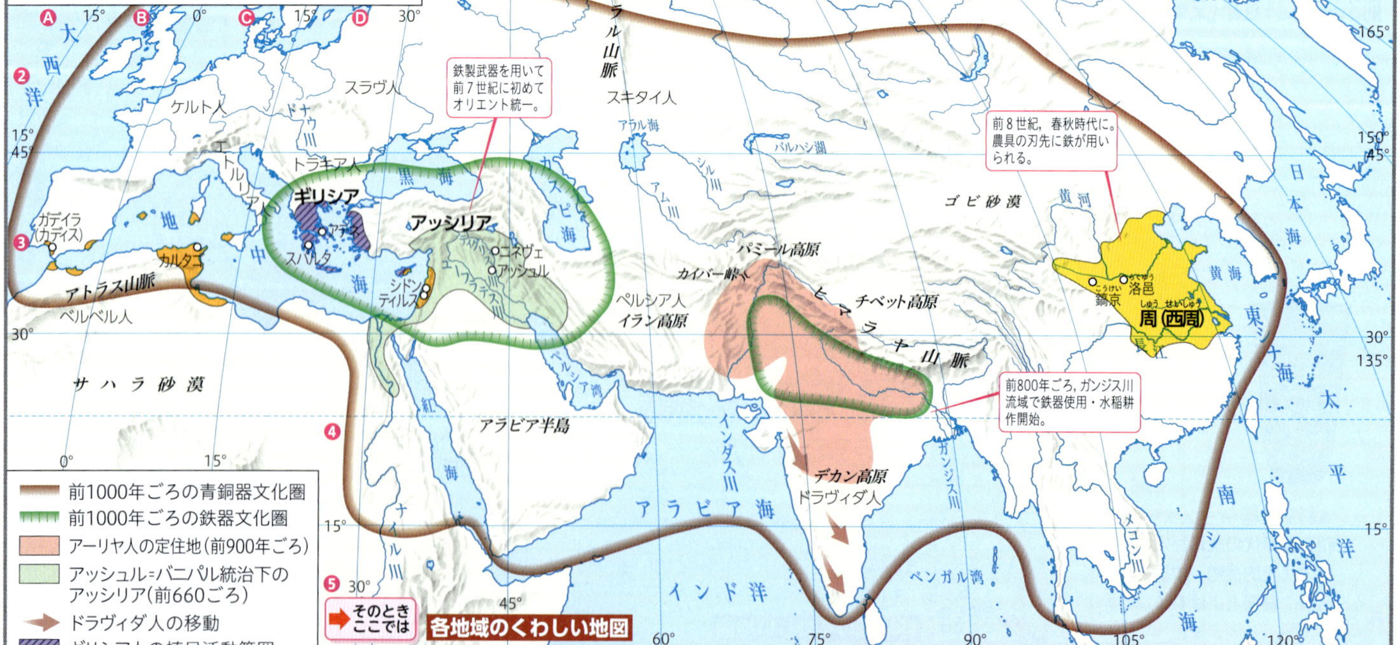

鉄製武器を用いて前7世紀に初めてオリエント統一。

前8世紀，春秋時代に。農具の刃先に鉄が用いられる。

前800年ごろ，ガンジス川流域で鉄器使用・水稲耕作開始。

- 前1000年ごろの青銅器文化圏
- 前1000年ごろの鉄器文化圏
- アーリヤ人の定住地(前900年ごろ)
- アッシュル=バニパル統治下のアッシリア(前660ごろ)
- ドラヴィダ人の移動
- ギリシア人の植民活動範囲(前750ごろ)
- フェニキア人の植民活動範囲(前750ごろ)

そのときここでは 各地域のくわしい地図

地中海	西アジア・オリエント	南アジア	東アジア
ギリシア人の植民活動➔p.63 3	アッシリアと四王国➔p.60 1 A	ヴェーダ時代➔p.79 2	周(西周)➔p.88 1 B

文化圏と地域世界

文化圏(文明圏)とは，宗教や文字などによる文化的要素とその伝播によって，世界を区分する概念で，都市が発達した地域や大帝国が出現した地域が中心となる。それに対し，地域世界は，「住民の意識のなかにある(自らと関係があると意識されている地域)世界」である。意識に立脚した概念であるため，文化圏と比べて，多様な原理で成立しうる。例えば，東南アジアの熱帯雨林地域や中央ユーラシアの内陸乾燥地帯には，農耕地域に発展するような大都市や，影響力のある宗教・文字は発達しないが，風土環境に立脚した生活習慣・社会制度など，共通する点も多く，文化圏と認められなくても，地域世界としては存在しているといえるのである。

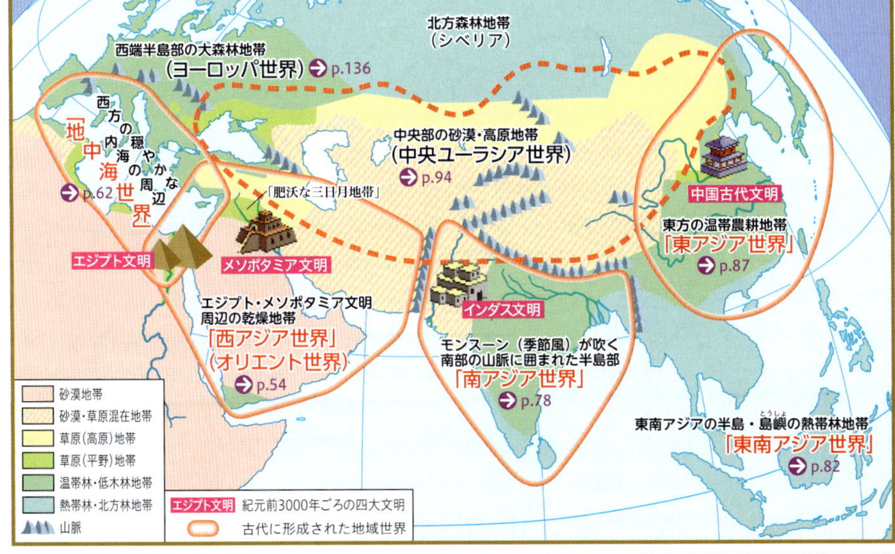

北方森林地帯
(シベリア)
西端半島部の大森林地帯
(ヨーロッパ世界) p.136
西方の内海の穏やかな周辺
「地中海世界」 p.62
中央部の砂漠・高原地帯
(中央ユーラシア世界) p.94
「肥沃な三日月地帯」
中国古代文明
東方の温帯農耕地帯
「東アジア世界」 p.87
エジプト文明
メソポタミア文明
インダス文明
エジプト・メソポタミア文明周辺の乾燥地帯
「西アジア世界」
(オリエント世界) p.54
モンスーン(季節風)が吹く南部の山脈に囲まれた半島部
「南アジア世界」 p.78
東南アジアの半島・島嶼の熱帯林地帯
「東南アジア世界」 p.82
砂漠地帯
砂漠・草原混在地帯
草原(高原)地帯
草原(平野)地帯
温帯林・低木林地帯
熱帯林・北方林地帯
山脈
エジプト文明 紀元前3000年ごろの四大文明
古代に形成された地域世界

時代の概観　国家の形成と帝国の出現②

C オリエントでは，アッシリアについで，**アケメネス朝ペルシア**が世界帝国を誕生させた。アケメネス朝は，中央集権制の下，中央と地方を結ぶ交通網を整備し，積極的に商業活動も保護奨励したため，その活動範囲は西は地中海から東はインドに及んだ。北インド中部に定住した**アーリヤ人**は，前7世紀までにヴァルナ制と王政にもとづく多数の小国家(十六大国)を建設した。中国では，周の権力の弱体化により，諸侯が割拠(かっきょ)する分裂時代(**春秋時代**，前770～前403年)を迎えた。

世界各地域のおもな事件

赤字 戦争・紛争関係　青字 文化関係　おもな治世者

	前3000	前2000	前1000	前800	前600
日本	縄文時代 ○1万年前より縄文時代続く ○貝塚環状集落				○九州北部で水田稲作
東アジア	○仰韶文化 ○良渚文化 ○竜山文化	夏 殷(商)前16Cごろ～前11C 西周前11C～前770	○封建制実施	東周(春秋時代)前770～前403 ○春秋五覇	○諸子百家の活躍 ○鉄の使用 ○戦国の七雄活躍
南アジア	○インダス文明	1500ごろ アーリヤ人、移住 ○『リグ=ヴェーダ』成立	○アーリヤ人、鉄の使用 ○バラモン教成立	アーリヤ人16国	○コーサラ・マガダなど16国並存 ○仏教・ジャイナ教おこる 430ごろ マガダ国、ガンジス川流域を統一
西アジア・オリエント	都市国家発展・抗争 ○シュメール都市国家 ○古バビロニア王国成立 1760ごろ ハンムラビ法典	アメンホテプ4世、宗教改革 ○ヒッタイトで鉄器使用 1286ごろ カデシュの戦い	アッシリア前2000年期初～前612	○アッシリア、オリエント統一 668 アッシュル=バニパル即位	586 バビロン捕囚(～538) アケメネス朝前550～前330 525 アケメネス朝、オリエント統一
地中海	○トロイア(トロヤ)文明	○クレタ文明 ○ミケーネ文明 ○ドーリス人、鉄の使用		カルタゴ・ギリシアの繁栄 ○ポリス成立	509 ローマ、共和政 500 ペルシア戦争(～449) 431 ペロポネソス戦争(～404)

302～303
87～90
78～79
54～60
62～65

C 前6～前5世紀の世界

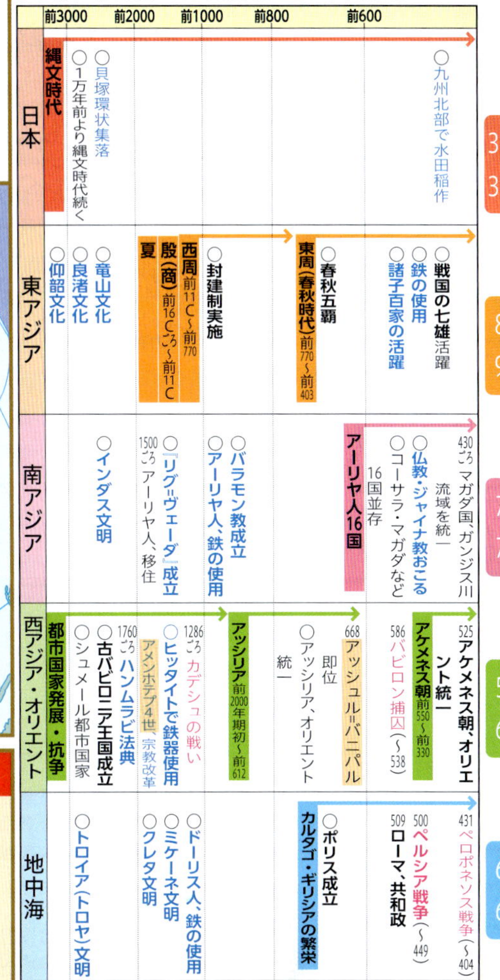

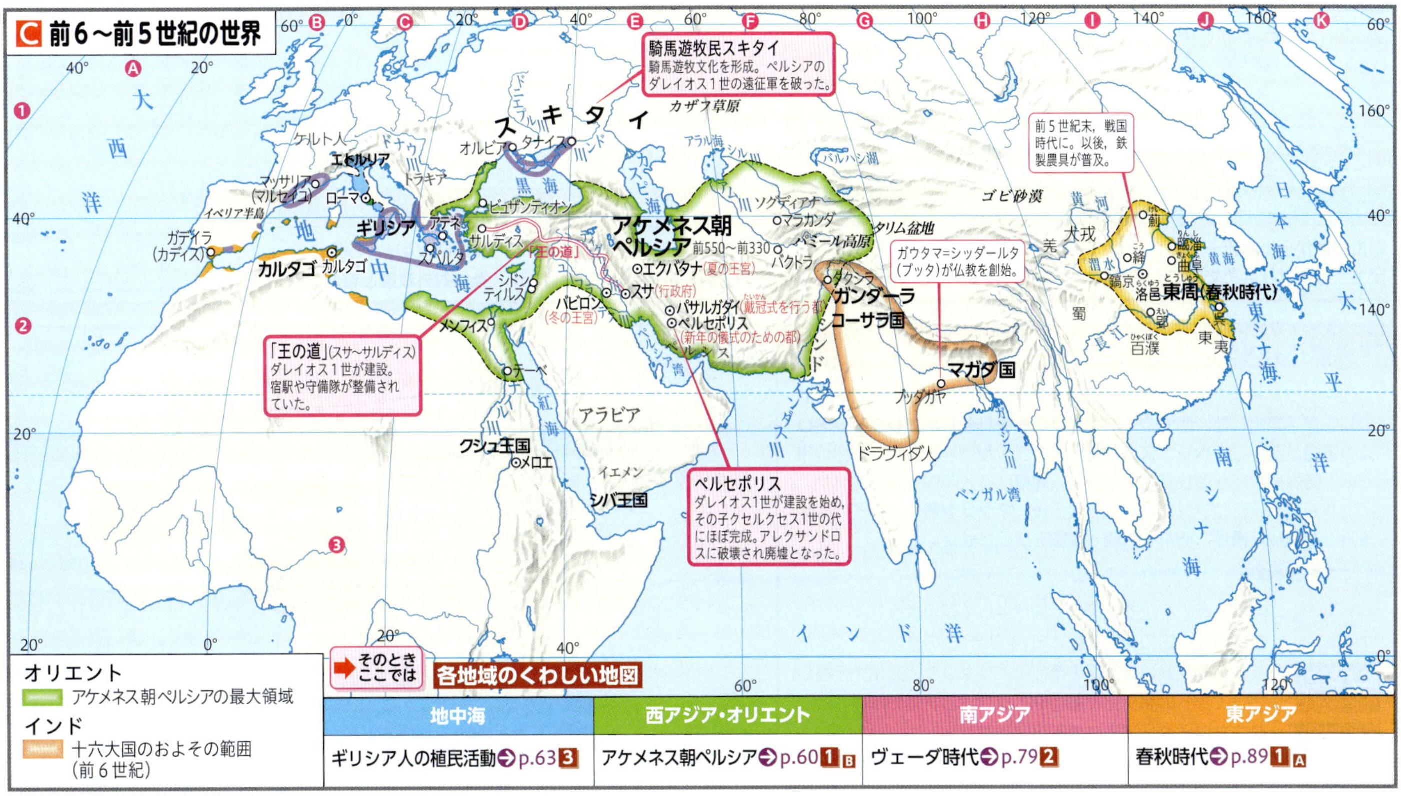

騎馬遊牧民スキタイ
騎馬遊牧文化を形成。ペルシアのダレイオス1世の遠征軍を破った。
スキタイ
カザフ草原
大西洋
ケルト人
エトルリア
マッサリア(マルセイユ)
ローマ
イベリア半島
ガデイラ(カディス)
カルタゴ
ギリシア
アテネ
スパルタ
トラキア
ビュザンティオン
オルビア
タナイス
黒海
地中海
サルディス
「王の道」
シドン
ティルス
メンフィス
テーベ
バビロン(冬の王宮)
スサ(行政府)
エクバタナ(夏の王宮)
パサルガダイ(戴冠式を行う都)
ペルセポリス(新年の儀式のための都)
アケメネス朝ペルシア 前550～前330
「王の道」(スサ～サルディス)
ダレイオス1世が建設。
宿駅や守備隊が整備されていた。
アラビア
クシュ王国
メロエ
イエメン
シバ王国
ペルセポリス
ダレイオス1世が建設を始め，その子クセルクセス1世の代にほぼ完成。アレクサンドロスに破壊され廃墟となった。
アラル海
ソグディアナ
マラカンダ
バクトラ
パミール高原
タリム盆地
バルハシ湖
タクシラ
ガンダーラ
コーサラ国
ガウタマ=シッダールタ(ブッダ)が仏教を創始。
マガダ国
ブッダガヤ
ドラヴィダ人
ベンガル湾
インド洋
ゴビ砂漠
黄河
羌
犬戎
薊
臨淄
曲阜
絳
鎬京
洛邑
東周(春秋時代)
郢
呉
蜀
長江
百濮
東夷
前5世紀末，戦国時代に。以後，鉄製農具が普及。
日本海
黄海
東シナ海
南シナ海
太平洋

オリエント
アケメネス朝ペルシアの最大領域
インド
十六大国のおよその範囲(前6世紀)

そのとき ここでは　各地域のくわしい地図

地中海	西アジア・オリエント	南アジア	東アジア
ギリシア人の植民活動 p.63 3	アケメネス朝ペルシア p.60 1 B	ヴェーダ時代 p.79 2	春秋時代 p.89 1 A

6
前4～前3世紀の世界
❶マケドニアの都で生まれる。
❷前333　ダレイオス3世のペルシア軍を破る。
❸この戦いでアケメネス朝ペルシアの崩壊が決定的になる。
❹前330　ペルセポリス焼き打ち。
❻帰路は部下が海路を使用。
❼前323　アラビア遠征の準備中に熱病で死亡。
ヘレニズム時代の一大経済文化都市へ発展。
スキタイ
中央ユーラ
カザフ草原
サルマタイ
ゲルマン人
ケルト人
大西洋
ウラル山脈
カフカス山脈
黒海
カスピ海
アラル海
マッサゲタイ
ホラズム
サカ(塞)
マッサリア(マルセイユ)
ピサエ
ローマ
エンポリオン
コルス島(コルシカ)
サルデーニャ島
ネアポリス(ナポリ)
イベリア半島
シチリア島
パノルモス
シラクサ
カルタゴ
ガデイラ(カディス)
ヌミディア
レプティス
キレネ
地中海
トラキア
マケドニア
ペラ
ビザンティオン
グラニコス
サルディス
エフェソス
ミレトス
アテネ
スパルタ
カイロネイア(ケーロネア)
ロードス島
クレタ島
イッソス
ガウガメラ
アルベラ
ヘカトンピュロス
パルティア
マルギアネ(メルヴ)
マラカンダ
ソグディアナ
バクトラ
バクトリア
アレクサンドロスの帝国
エクバタナ
シドン
ティルス
ダマスクス
バビロン
スサ
ペルセポリス
ペルシス
ペルシア湾
アレイオン(ヘラート)
(カーブル)
(ガズナ)
カイバー峠
ガンダーラ
タクシラ
ニケーア
プロフダシア
アラコトン(カンダハル)
パンジャーブ
大インド砂漠
シンド
古代の海岸線
ウジャイ
マウ
アレクサンドリア
メンフィス
リビア
アンモニオン
エジプト
テーベ
シエネ(アスワン)
ナイル川
紅海
クシュ王国
メロエ
サハラ砂漠
アラビア
イエメン
シバ王国
アラビア海
イン
地中海・西アジア
マケドニア王国(前336年)
アレクサンドロスの帝国(前326年)
アレクサンドロスの進路(前334～前323年) 赤数字は遠征年(紀元前)
アレクサンドロスの部下(将軍)の進路(前325～前324年)
アレクサンドロスの建てた都市
アレクサンドロスにかかわる事項
ローマの勢力範囲(前3世紀半ば)
カルタゴの勢力範囲(前3世紀半ば)
南アジア
マガダ国(ナンダ朝)の領域(前4世紀半ば)
マウリヤ朝の最大領域(前3世紀半ば)
仏教の聖地　仏教の遺跡
東アジア
戦国の七雄(戦国時代)
中国統一時の秦の領域(前221年)
秦の拡大(周の旧領域の外への)
その他
スキタイ文化の主要遺跡
銅鼓(前5世紀～後2世紀ごろ)発見地
匈奴の進出
騎馬遊牧文化の交流
そのとき ここでは　各地域のくわしい地図
地中海
都市国家から半島統一へ➔p.70 1
ポエニ戦争と社会の変容➔p.71 3
西アジア・オリエント
アレクサンドロスの帝国の変化➔p.66 1 ABC
南・東南アジア
マウリヤ朝➔p.80 1 A
仏教の分裂と伝播➔p.80 2
東アジア
戦国時代➔p.89 1 B
秦の対外政策と衰退➔p.91 2
時代の概観　各地に広がる帝国建設の動き
ユーラシア各地で鉄器の使用と交易活動が進展し，帝国形成に向けての動きが活発化した。西方ではアケメネス朝を打倒したアレクサンドロスの帝国が誕生し，ヘレニズム文化形成のきっかけとなった。草原地帯では，騎馬遊牧民が遊牧国家を形成し，匈奴は遊牧帝国を誕生させた。インドではアレクサンドロス大王の侵入後にマウリヤ朝が，中国では戦国時代を制した秦が，それぞれ統一帝国を成立させた。
ここをcheck!!
東アジア
□戦国時代の乱世で戦国の七雄が激しく競い合う。
□秦帝国は中国の専制支配体制(中華帝国)の原型をつくった。
西アジア・オリエント
□アレクサンドロス大王の東征によりギリシア文化が伝播し，オリエントの諸文化と融合➔ヘレニズム文化の形成。
地中海
□ローマがイタリア半島の征服を達成。
□西地中海の覇権をめぐり，カルタゴとのポエニ戦争勃発。
スキタイ
騎馬遊牧文化の交流
匈奴
ローマ
カルタゴ
ギリシア文化
アレクサンドロスの帝国
ヘレニズム文化
アレクサンドロスの東方遠征
ガンダーラ美術へ
(クシャーナ朝)➔p.10
仏教
マウリヤ朝
万里の長城
秦

世界各地域のおもな事件

赤字 戦争・紛争関係　青字 文化関係　おもな治世者

	前4世紀	前3世紀	
日本	縄文時代 ○朝鮮半島を経て渡来人流入 ○九州最北端に水田稲作定着 弥生時代	○青銅器・鉄器の使用始まる ○西日本に水田稲作が定着 ○九州北部で戦争頻発、ムラ(小共同体)の統合が始まる ○東北北部に水田稲作伝播	302～303
東アジア	東周(戦国時代) 前403～前221 ○混乱を避け、朝鮮半島への逃亡民増加 359 秦、商鞅の変法を実施	秦 前8C～前206 221 秦王政(始皇帝)、中国統一、郡県制実施 209 陳勝・呉広の乱(～208) 209 匈奴で冒頓単于即位 ○項羽・劉邦の争い 漢(前漢) 前202～後8 202 劉邦が建国 ○郡国制実施	89～93
南・東南アジア	マガダ国 ?～前322 ○ベトナムでドンソン文化が栄える 326ごろ アレクサンドロス、インド侵入(～325) マウリヤ朝 前317ごろ～前180 317ごろ チャンドラグプタ、マウリヤ朝建国	268ごろ アショーカ王即位 ○第3回仏典結集	80
西アジア・オリエント	アケメネス朝ペルシア 前550～前330 333 イッソスの戦い 331 アルベラの戦い ○ディアドコイ戦争(アレクサンドロスの帝国、分割)	パルティア王国 前248ごろ～後226 248ごろ アルサケス、パルティア王国建国	60～61・66
地中海	マケドニア 前7C半～前168 371 レウクトラの戦い ○ローマの共和政進展 338 カイロネイアの戦い(フィリッポス2世、ギリシア制圧) 334 アレクサンドロスの東方遠征(～323) 323 アレクサンドロス死去	287 ローマでホルテンシウス法制定→平民の台頭 264 第1次ポエニ戦争(～241) 218 第2次ポエニ戦争(～201) 216 カンネーの戦い 202 ザマの戦い	66・70～71

始皇帝

劉邦(高祖)

アレクサンドロス

アルサケス

◀日本の銅鐸　日本では青銅器と鉄器は同時期に伝わった。青銅器はおもに銅鐸などの祭器として使われるようになった(➔p.9年表)。

日本と東アジア海域　稲作と金属器の広がり

日本では前4～前3世紀に水田稲作が本格的に開始され，**縄文時代**から**弥生時代**に移る時期であった。長江下流域に始まる水田稲作は，朝鮮半島から日本に移住した多数の**渡来人**が，灌漑技術とともに伝えたと考えられる。そのほか，青銅器や鉄器の**金属器**もほぼ同時にもたらされた。水田稲作と金属器の使用を特徴とする**弥生文化**は，渡来人と旧来の縄文人によってはぐくまれていった。

ここを check!!

日本	□九州から西日本へと水田稲作が伝播し定着化。 □青銅器・鉄器，水田稲作の伝播による弥生文化の形成。 □低地への定住化が進み，小国(クニ)の成立がみられる。
朝鮮半島	□古朝鮮が建国され，前3世紀に鉄器時代に入る。
中国	□戦国時代には鉄製農具が普及する。 □戦国時代の混乱を避け，朝鮮半島や日本列島に逃亡民が渡る。

前2～前1世紀の世界

そのとき ここでは　各地域のくわしい地図

地中海	西・中央アジア	南・東南アジア	東アジア
ポエニ戦争と社会の変容➔p.71 3 ローマ帝国の領土の変化➔p.73 3	パルティア王国➔p.61 1 A	クシャーナ朝・サータヴァーハナ朝 ➔p.80 1 B	前漢の対外政策➔p.93 2

時代の概観　東西で成長する古代帝国

ユーラシア大陸の東西で強大な帝国が成立した。東方に成立した**前漢**は，武帝のときに全盛期を迎えて周辺地域に支配を広げ，遊牧帝国の**匈奴**とは内陸アジアのオアシス国家を巻き込んで激しく争った。前漢がタリム盆地を奪ったことで，東西の交易が発展し，ユーラシアを東西につなぐ**「オアシスの道」**が形成され，西方に成立した**ローマ**と前漢が結ばれた。そして交易ルートをおさえた**パルティア**が中継貿易で繁栄した。

ここを check!!

東アジア
- □前漢が，朝鮮半島・ベトナム・タリム盆地を支配下に。
- □前漢と遊牧帝国匈奴とが激しく抗争。前漢が匈奴を挟み撃ちするために，大月氏に張騫を派遣→西域事情が伝わる。

西アジア
- □東西交易路を押さえてパルティアが発展し，繁栄。
- □パルティアとローマとの抗争が始まる。

地中海
- □ローマがカルタゴや周辺諸国を制圧，地中海帝国を形成。

白登山の戦い 前200
冒頓単于，劉邦を包囲。

匈奴王室の古墳群
(前1～後1世紀)

匈奴
丁零
モンゴル高原
アルタイ山脈
ノインウラ
単于王庭
バイカル湖
アムール川
鮮卑
扶余
烏桓
沃沮
車師後王国
車師前王国
月氏
敦煌
酒泉
居延
張掖
武威
河西回廊
クチャ(亀茲)
クロライナ(楼蘭)
タリム盆地
オルドス
五原
太原
北平
遼西
遼東
玄菟
臨屯
楽浪
衛氏朝鮮
前190ごろ～前108
韓
真番
倭(弥生時代)
黄河
黄海
日本海
東シナ海
洛陽
陳留
沛
函谷関
長安
渭水
武都
襄陽
垓下前202
楚
烏江
呉
長江
会稽
前漢
前202～後8
蜀
巴
南郡
長沙
羌
氐
チベット高原
カラコルム山脈
夜郎
閩越
益州
滇
蒼梧
鬱林
南海(番禺)
南越
交趾
合浦
九真
朱崖
儋耳
日南
ウラー
カナウジ
パータリプトラ
シュンガ朝
タムラリプティ
パルラ
ガンジス川
カリンガ
ナ朝
ヴェーンギー
ベンガル湾
ョーラ
ィヤ
ンハラ(獅子国)
メコン川
南シナ海
太平洋
インド洋

おもな陸上交通路
おもな河川交通路
おもな海上交通路

世界各地域のおもな事件

赤字 戦争・紛争関係　青字 文化関係　おもな治世者
中国の歴史書による日本の記述

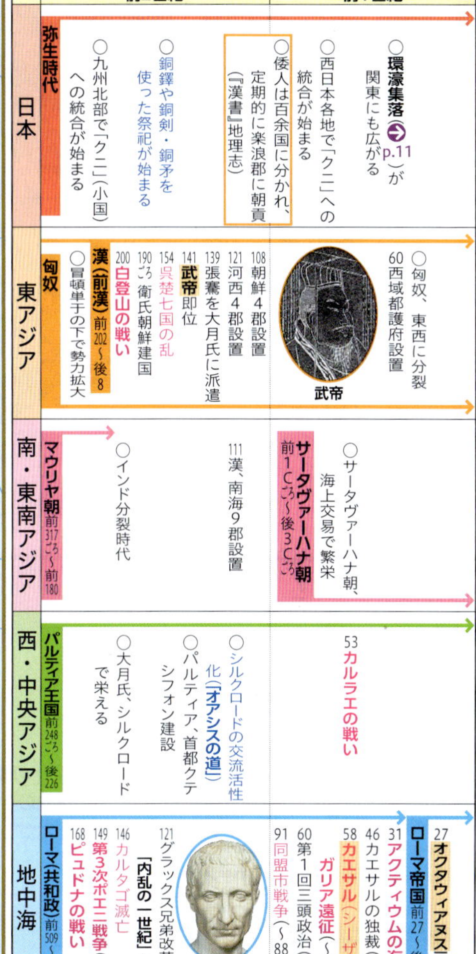

	前2世紀	前1世紀
日本	弥生時代 ○九州北部で「クニ」(小国)への統合が始まる ○銅鐸や銅剣・銅矛を使った祭祀が始まる	○倭人は百余国に分かれ、定期的に楽浪郡に朝貢(『漢書』地理志) ○西日本各地で「クニ」への統合が始まる ○環濠集落(➔p.11)が関東にも広がる
東アジア	匈奴 ○冒頓単于の下で勢力拡大 漢(前漢)前202～後8 200 白登山の戦い 190ごろ 衛氏朝鮮建国 154 呉楚七国の乱 141 武帝即位 139 張騫を大月氏に派遣 121 河西4郡設置 108 朝鮮4郡設置	武帝 60 西域都護府設置 ○匈奴、東西に分裂
南・東南アジア	マウリヤ朝 前317ごろ～前180 ○インド分裂時代 111 漢、南海9郡設置	サータヴァーハナ朝 前1Cごろ～後3Cごろ ○サータヴァーハナ朝、海上交易で繁栄
西・中央アジア	パルティア王国 前248ごろ～後226 ○大月氏、シルクロードで栄える ○パルティア、首都クテシフォン建設 ○シルクロードの交流活性化(「オアシスの道」)	53 カルラエの戦い
地中海	ローマ(共和政)前509～前27 168 ピュドナの戦い 149 第3次ポエニ戦争(～146) 146 カルタゴ滅亡 「内乱の一世紀」へ 121 グラックス兄弟改革失敗	カエサル 91 同盟市戦争(～88) 60 第1回三頭政治(～53) 58 カエサル(シーザー)、ガリア遠征(～51) 46 カエサルの独裁(～44) 31 アクティウムの海戦 ローマ帝国 前27～後395 27 オクタウィアヌス元首政

302～303
92～93
80・84
61
70～73

➤飛燕を踏む汗血馬

「1日に400km走り，血の汗を流す」と言われたフェルガナ産の名馬。武帝が熱烈に求め，危険な遠征を2度も強行させて，ようやく獲得した。

➔p.93 2〈高さ34.5 cm〉

文明の接点　西域

光沢のある絹は，ローマでは大変貴重なもので，遠く中国から西域を経てオアシスの道を通って運ばれた。この東西交易では，ソグディアナ出身のソグド人が国際商人として活躍した。中国は絹の製法を秘密にしたため，さまざまな伝説が生まれた。7世紀の僧，玄奘が伝える伝説もその一つである。

玄奘が伝える蚕の伝説(7世紀)

昔，ホータン(于闐)には桑の木も無く，蚕もいなかった。中国にあると聞いた王は，使者に命じてこれを求めさせたが，中国ではこれを国外に持ち出すことを厳しく禁じていた。一計を案じた王は，中国の王女を后として迎えることを願い出た。……王は后となる中国の王女に，「わが国には元来絹糸や桑，蚕の種がないので，持って来て自ら衣服をつくるように」と伝えた。王女はホータンに嫁入りするとき，髪飾りの中に桑と蚕の種を隠してもち込んだ。〈『大唐西域記』より〉

➔p.95

1～2世紀の世界

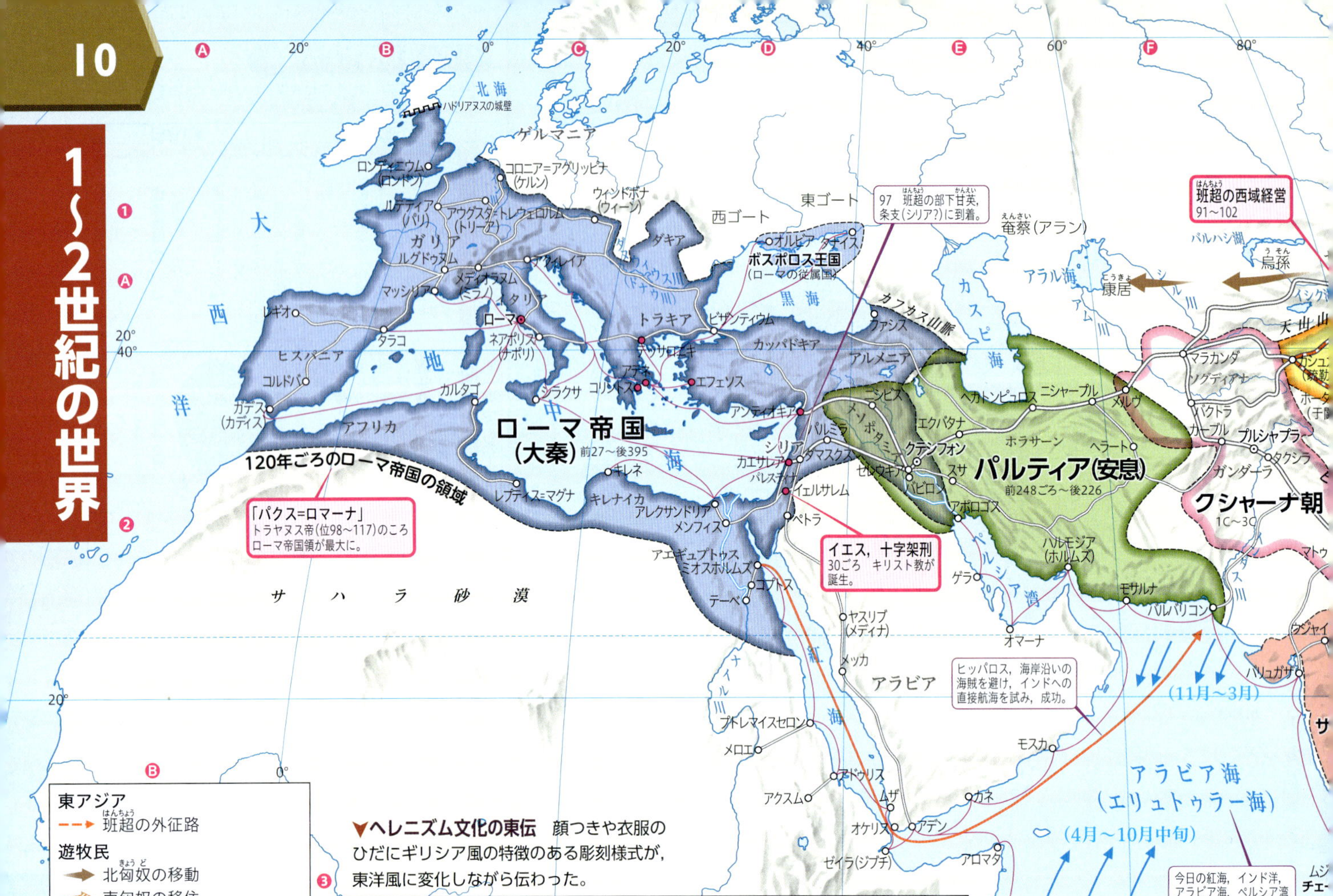

97 班超の部下甘英，条支（シリア?）に到着。

班超の西域経営 91～102

120年ごろのローマ帝国の領域

「パクス=ロマーナ」
トラヤヌス帝（位98～117）のころローマ帝国領が最大に。

イエス，十字架刑
30ごろ キリスト教が誕生。

ローマ帝国（大秦）前27～後395

パルティア（安息）前248ごろ～後226

クシャーナ朝 1C～3C

ヒッパロス，海岸沿いの海賊を避け，インドへの直接航海を試み，成功。

今日の紅海，インド洋，アラビア海，ペルシア湾をも含む総称。エジプト在住のギリシア人の航海記（『エリュトゥラー海案内記』）が残る。

アラビア海（エリュトゥラー海）

（4月～10月中旬）

（11月～3月）

凡例

東アジア
- 班超の外征路

遊牧民
- 北匈奴の移動
- 南匈奴の移住
- 後漢が南匈奴に居住を認めた地帯

地中海
- パウロの伝道した都市

交流関係
- モンスーン（ヒッパロスの風）
- ヒッパロスの風による航海（インドへ）
- インドにおけるローマ貨幣の発見地
- 交流にかかわる事項

▼ヘレニズム文化の東伝

顔つきや衣服のひだにギリシア風の特徴のある彫刻様式が，東洋風に変化しながら伝わった。

ギリシア ➔p.68	ガンダーラ ➔p.80	中国 ➔p.99	日本
デルフォイ（デルフィ）の御者（前5世紀）	釈迦立像（2～3世紀）	竜門石窟菩薩像（7世紀）	法隆寺百済観音像（7世紀）

『エリュトゥラー海案内記』

はじめて舵手のヒッパロスが，商業地の位置と海の状態とを了解して，大海横断による航海を発見し，それ以来インド洋で局部的に，…大洋から吹く季節風である南西風は，〈最初に発見した人の名にちなみ〉ヒッパロスとよばれる…〈村川堅太郎編訳『エリュトゥラー海案内記』中公文庫〉

➔そのときここでは **各地域のくわしい地図**

地中海	西・中央アジア	南・東南アジア	東アジア
ローマ帝国の領土の変化➔p.73 3 キリスト教の発展➔p.74 1	パルティア王国➔p.61 1 A	クシャーナ朝・サータヴァーハナ朝➔p.80 1 B 東南アジア諸国家の形成➔p.84 1 A	後漢の対外政策➔p.93 3

時代の概観 成熟する古代世界

ユーラシア東西に大帝国が並立し，「海の道」が本格的に開拓されるなど通商路が整備されて交易活動が発展した。東方では匈奴が弱体化し，**後漢**が西域のオアシス国家を支配下に入れるとともに，周辺諸国との朝貢・冊封関係によって国際秩序を安定させた。西方では**ローマ帝国**が「**パクス=ロマーナ（ローマの平和）**」のもと全盛期を迎え，インドでは，陸路で**クシャーナ朝**，海路で**サータヴァーハナ朝**が東西交易で繁栄した。

ここをcheck!!　＊ローマ帝国をさす

東アジア
- □西域都護府が設置され，西域都護の班超が経営に従事。
- □甘英が大秦＊をめざすがパルティアの妨害で失敗。

西アジア
- □パルティアは長年のローマとの抗争で次第に衰退。

地中海
- □五賢帝時代にローマ帝国の領土は最大に発展。
- □陸上・海上の交易が地中海ネットワークで繁栄。
- □海上交易は季節風貿易のインド洋ネットワークと結合。

11
世界各地域のおもな事件
赤字 戦争・紛争関係　青字 文化関係　おもな治世者
中国の歴史書による日本の記述
1世紀
2世紀
日本
弥生時代
57 倭の奴国王 後漢に遣使、光武帝より印綬を賜る（『後漢書』東夷伝）
107 倭国王帥升 後漢に遣使 生口（奴隷）を献上（『後漢書』東夷伝）
○倭国大乱（『後漢書』ほか）
東アジア
新 8～23
8 王莽が建国
18 赤眉の乱（～27）
漢（後漢）25～220
25 劉秀（光武帝）が建国
32 高句麗が後漢に朝貢
○匈奴が南北に分裂
91 班超、西域都護となる
97 班超、大秦（ローマ帝国）に甘英を派遣
166 大秦王安敦の使者、海路で日南に到着
*ローマ皇帝マルクス＝アウレリウス＝アントニヌスか。
184 黄巾の乱
南・東南アジア
サータヴァーハナ朝 前1Cごろ～後3Cごろ
クシャーナ朝 1C～3C
○扶南建国
○マヌ法典整備
○ローマとの交易（海の道）
128ごろ クシャーナ朝にカニシカ王即位（～155ごろ）
カニシカ王
○チャンパー（林邑）成立
○大乗仏教確立
○ガンダーラ美術隆盛
西・中央アジア
パルティア王国 前248ごろ～後226
○「オアシスの道」が繁栄
97 後漢の甘英、条支（シリア？）に到着
地中海
ローマ（帝政）前27～後395
30ごろ イエス処刑
○キリスト教成立
64 ネロ、キリスト教を迫害
96 五賢帝時代（～180）
・ネルウァ
・トラヤヌス他2名
・ハドリアヌス
・アントニヌス
・マルクス＝アウレリウス＝アントニヌス
パクス＝ロマーナ
マルクス＝アウレリウス＝アントニヌス帝
302～303
92～93
80・84
61
72～73
匈奴弱体後に全モンゴルを支配。
鮮卑の勢力圏
鮮卑の故地
鮮卑石室
鮮卑
匈奴
烏桓
扶余
丁零
モンゴル高原
大興安嶺
アルタイ山脈
キルギス
車師後王国
車師前王国
伊吾城
居延
張掖
酒泉
敦煌
ミーラン（鄯善）
西域都護府
タリム盆地
チェルチェン（且末）
崑崙山脈
甘粛回廊
武威
弾汗山
五原
オルドス
南匈奴
北平
遼東
楽浪
帯方
高句麗
馬韓
辰韓
弁韓
倭（弥生時代）
鄴
陳留
洛陽
長安
襄陽
揚州
長江
会稽
南郡
長沙
蜀
巴
益州
鬱林
南海
交趾（ハノイ）
九真
徐聞
朱崖
日南
後漢
後漢の最大領域
羌
氐
チベット高原
ヒマラヤ山脈
アヨーディヤ
パータリプトラ
ウッジャーヤニー
マガダ
タムラリプティ
パルラ
プラティシュターナ
サータヴァーハナ朝 1Cごろ～後3Cごろ
アマラーヴァティー
ベンガル湾
ポドゥケ
チョーラ
シンハラ
インドシナ半島
チャンパー（林邑）
166 大秦王安敦の使者海路で到着。
扶南
頓遜
タコラ
オケオ
メコン川
ニャチャン
マレー半島
日本海
黄海
東シナ海
南シナ海
太平洋
1世紀にギリシア人が紅海・インド洋の航海・貿易について書いた『エリュトゥラー海案内記』には、「ヒッパロスの風」とよばれる季節風が記されている p.86
おもな陸上交通路
おもな河川交通路
おもな海上交通路
金印とその印影（実物大） 志賀島（福岡県）の農地で発見された金印とその印影。漢委奴国王と刻まれている。光武帝が奴国王に授けたものとされる。
日本と東アジア海域 朝貢と冊封による国際秩序
漢帝国は中華思想にもとづき周辺諸国との間に独自の国際秩序をつくりあげた。周辺国の王が使節を派遣し臣下の礼をとって貢ぎ物を出し（朝貢），皇帝は彼らに爵位を与えその支配を認めた（冊封）。このような君臣関係の形式をとった国際秩序を朝貢・冊封関係とよぶ。高句麗は32年に朝貢し冊封を受け，倭（日本）の奴国も57年に後漢の光武帝より冊封を受けた。朝貢・冊封関係は，その後の東アジアでの国際関係の基軸となった。
ここをcheck!!
日本
□各地に「クニ」とよばれる政治的まとまりが成立。
□倭の奴国王，後漢に朝貢し，光武帝より印綬を受ける。
□2世紀後半から倭国大いに乱れる（『後漢書』東夷伝）。
朝鮮半島
□北方に狩猟民系の高句麗が成立。
中国
□高句麗，倭の奴国などが中国に朝貢し，冊封される。
□漢字を媒体とし交流により漢字文化圏の形成が進む。
北方遊牧民 匈奴が南北に分裂し，南匈奴は後漢に服属。
前37年ごろ建国。後32年，漢に朝貢。
鮮卑
南匈奴
北狄
西戎
中華
後漢
東夷
南蛮
高句麗
楽浪
洛陽
黄河
長江
会稽
馬韓
辰韓
弁韓
志賀島
吉野ケ里遺跡
日本海
太平洋
東シナ海
倭（日本） 小国間の争いがさかん。57年，北九州の奴国王が後漢に朝貢し冊封を受ける。
環濠集落（堀・柵で防御）
高地性集落（戦時の避難所）
集落間の戦闘が激しかった地域（推定）

3世紀の世界

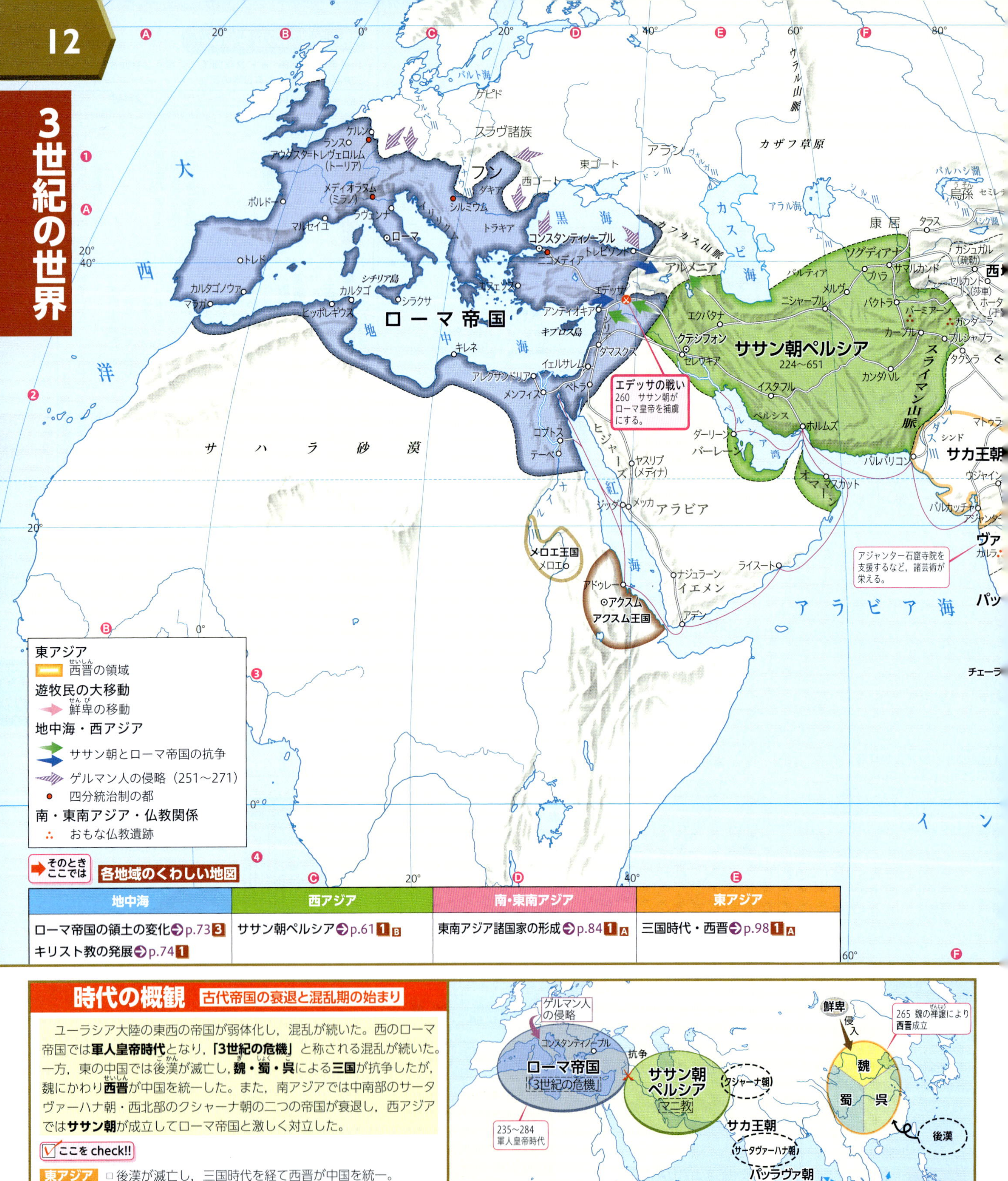

そのとき ここでは　各地域のくわしい地図

地中海	西アジア	南・東南アジア	東アジア
ローマ帝国の領土の変化➡p.73 3 キリスト教の発展➡p.74 1	ササン朝ペルシア➡p.61 1 B	東南アジア諸国家の形成➡p.84 1 A	三国時代・西晋➡p.98 1 A

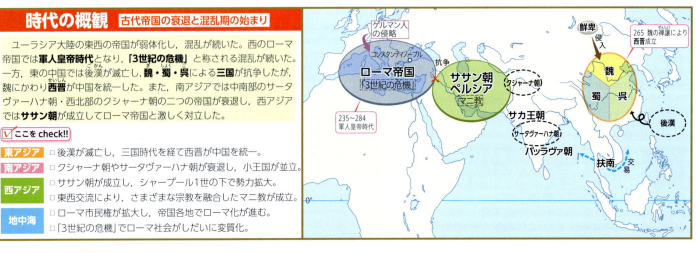

時代の概観　古代帝国の衰退と混乱期の始まり

ユーラシア大陸の東西の帝国が弱体化し，混乱が続いた。西のローマ帝国では**軍人皇帝時代**となり，**「3世紀の危機」**と称される混乱が続いた。一方，東の中国では後漢が滅亡し，**魏・蜀・呉**による**三国**が抗争したが，魏にかわり**西晋**が中国を統一した。また，南アジアでは中南部のサータヴァーハナ朝・西北部のクシャーナ朝の二つの帝国が衰退し，西アジアでは**ササン朝**が成立してローマ帝国と激しく対立した。

ここをcheck!!

- **東アジア**　□後漢が滅亡し，三国時代を経て西晋が中国を統一。
- **南アジア**　□クシャーナ朝やサータヴァーハナ朝が衰退し，小王国が並立。
- **西アジア**　□ササン朝が成立し，シャープール1世の下で勢力拡大。
  □東西交流により，さまざまな宗教を融合したマニ教が成立。
- **地中海**　□ローマ市民権が拡大し，帝国各地でローマ化が進む。
  □「3世紀の危機」でローマ社会がしだいに変質化。

ゲルマン人の侵略
コンスタンティノープル
ローマ帝国
「3世紀の危機」
235～284 軍人皇帝時代
抗争
ササン朝ペルシア
マニ教
クシャーナ朝
サカ王朝
サータヴァーハナ朝
パッラヴァ朝
扶南
交易
鮮卑
侵入
265 魏の禅譲により西晋成立
魏
蜀
呉
後漢

世界各地域のおもな事件

赤字 戦争・紛争関係　青字 文化関係　おもな治世者
中国の歴史書による日本の記述

3世紀

地域	できごと
日本	弥生時代 / 239 邪馬台国女王**卑弥呼**，魏に遣使し，「親魏倭王」の称号を得る（魏志）倭人伝 / 247 邪馬台国，狗奴国と戦う / 266 倭（邪馬台国）女王（壱与?），西晋に遣使 / 古墳時代 / ○西日本で**前方後円墳**の造営始まる / 卑弥呼
東アジア	漢（後漢）25～220 / 208 **赤壁の戦い** / 220 後漢滅亡（天下三分） / 三国 220～280 / ○**三国時代**（魏 曹操の子 **曹丕**・蜀 **劉備**・呉 **孫権** が建国） / 263 蜀滅亡 / 265 **司馬炎**が建国 / 西晋 265～316 / 280 呉滅亡 / 280 **西晋，中国統一** / 291 八王の乱（～306） / 司馬炎
南・東南アジア	クシャーナ朝 1C～3C / ○ドラヴィダ系王朝の並立 / ○ササン朝，インドへ侵入 / ○クシャーナ朝衰退 / （インド分裂）
西アジア	パルティア王国 前248ごろ～後226 / ササン朝ペルシア 224～651 / 226 パルティア滅亡 / ○**ゾロアスター教，国教となる** / 245ごろ **マニ教が成立** / 260 **シャープール1世**，エデッサの戦い / シャープール1世
地中海	ローマ（帝政）前27～後395 / 212 **カラカラ帝**，ローマ市民権を帝国全土に拡大（アントニヌス勅令） / 235～284 軍人皇帝時代（**3世紀の危機**） / ○26人の軍人皇帝擁立 / ○**ウァレリアヌス帝**（軍人皇帝） / 293 **ディオクレティアヌス帝**，**四分統治**（テトラルキア）始める / ディオクレティアヌス帝

302～303　92～93・98～99　80～81・84　61　72～73

➤**三角縁神獣鏡**（さんかくぶちしんじゅうきょう）　魏の皇帝が**卑弥呼**に授けたといわれる。しかし，中国本土で出土例がないため中国の技術者が日本でつくったとする説もある。

日本と東アジア海域　動乱と諸国家の形成

後漢が滅亡したあと，混乱のなかから登場した**魏・蜀・呉**の**三国時代**となり，**魏晋南北朝時代**が始まった。華北を支配した魏は，朝鮮北部の**高句麗**を圧迫し，**倭**の**邪馬台国**の**卑弥呼**がこの魏に朝貢した。その後，魏にかわった**西晋**が中国を統一したが，八王の乱が始まるなど政治は安定しなかった。一方，朝鮮半島の中南部では**馬韓・辰韓・弁韓**による**三韓時代**となった。

ここをcheck!!

- **日本**
  - □邪馬台国の卑弥呼が魏に遣使，「親魏倭王」の称号を贈られる。
  - □卑弥呼の死後，倭国大乱。その後女王に立てられた壱与が西晋に遣使。
- **朝鮮半島**
  - □楽浪郡の南部から帯方郡が設置される。
  - □中南部が馬韓・辰韓・弁韓の三韓時代となる。
- **中国**
  - □魏・蜀・呉の三国時代を経て，西晋が中国を統一。

4世紀の世界

そのときここでは　各地域のくわしい地図

地中海	西アジア	南・東南アジア	東アジア
ローマ帝国の領土の変化➔p.73 3 キリスト教の発展➔p.74 1 ゲルマン人の大移動➔p.137 1 A	ササン朝ペルシア➔p.61 1 B	グプタ朝➔p.81 4 A 東南アジアのインド化・中国化➔p.84 1 B	五胡十六国時代➔p.98 1 B

時代の概観　民族移動と古代帝国の崩壊

ユーラシア大陸の東西において混乱の時代が続いた。西方の混乱を鎮めようと**ローマ帝国**では**専制君主政**が始まり，**キリスト教**が公認された。しかし，**フン人の西進**により**ゲルマン人の大移動**が起こり，**ササン朝**との抗争で疲弊したローマ帝国は**東西に分裂**した。東方の中国でも，遊牧民の侵入による**五胡十六国**の動乱が展開した。

ここをcheck!!

- **東アジア**
  - □仏教が普及し，高句麗や百済に伝来した。
  - □北は遊牧民中心の五胡十六国，南は漢人が東晋を建国。
- **南アジア**
  - □グプタ朝の下でヒンドゥー文化が開花し，東南アジアに伝播。
- **西アジア**
  - □ササン朝がローマ帝国と対立する。
  - □精巧な装飾が特徴のササン朝美術が，のちに日本まで伝播。
- **地中海**
  - □ローマ帝国では専制君主政を開始し，キリスト教を公認した。
  - □ゲルマン人の大移動のなかでローマ帝国が東西に分裂した。

ゲルマン人の大移動
フン人
鮮卑
侵入
コンスタンティノープル
ローマ帝国
抗争
ササン朝ペルシア
マニ教
395 東西分裂
オアシス都市に仏教定着
伝播
友好
五胡十六国
東晋
仏教日本伝来 538年（一説に552年）
グプタ朝
ヒンドゥー文化 仏教文化
パッラヴァ朝
海上進出
扶南
交易
伝播
東南アジアのインド化
仏教の伝播
マニ教の伝播

世界各地域のおもな事件

赤字 戦争・紛争関係　青字 文化関係　おもな治世者

4世紀	
日本（古墳時代）	○百済・倭の連合軍、高句麗の広開土王と戦う 372 百済王、七支刀をヤマト王権に贈る ○古墳が東北中部まで波及 ○倭でヤマト王権発展 ○「空白の4世紀」中国の史書に倭国が登場せず、詳細情勢不明 ○前方後円墳の造営広がる
東アジア（五胡十六国 304~439／東晋(南朝) 317~420／北魏(北朝) 386~534）	391 高句麗に広開土王即位 南北朝時代 386 北魏、拓跋珪が建国 383 淝水の戦い 376 前秦、一時華北統一 ○仏図澄・鳩摩羅什らにより仏教普及 317 司馬睿が建国 313 高句麗、楽浪郡を滅ぼす ○「五胡」の中国侵入
南・東南アジア（グプタ朝 318ごろ~550ごろ）	○法顕のインド旅行(399~412) ○ヒンドゥー教発展 375ごろ チャンドラグプタ2世即位 ○東南アジアのインド化が本格化(~8世紀) 318ごろ チャンドラグプタ1世が建国
西アジア（ササン朝ペルシア 224~651）	○ミトラ教さかん 371 ローマ軍と戦う ○シャープール2世、ローマ軍と戦う シャープール2世
地中海（ローマ(帝政) 前27~後395）	395 ローマ帝国、東西に分裂 392 ローマ帝国、キリスト教を国教に 376 西ゴート人、ドナウ川を越えてローマ帝国に侵入(ゲルマン人の大移動) 325 ニケーア公会議 313 コンスタンティヌス帝、ミラノ勅令(キリスト教公認)

コンスタンティヌス帝

302~303　98~99　80~81・84　61　72~73・137

奈良の古墳から出土した鉄の延べ板　当時の日本には鉄鉱石から鉄をつくる技術がなく，鉄は延べ板の状態で朝鮮半島からもたらされ，武器や農具に加工された。

日本と東アジア海域　動乱と諸国家の形成

遊牧民の侵入による中華帝国の混乱(五胡十六国時代)は周辺地域への影響力を低下させ，朝鮮半島や日本では国家形成の動きが本格化した。朝鮮では北部で**高句麗**が自立し，小国分立していた南部は**百済**と**新羅**が諸勢力を統一した(三国時代)。高句麗は新羅と対立して南下し，一方百済は南端の**加耶**諸国や倭人勢力と提携し対抗した。倭では大陸との密接な関係をもつ**ヤマト王権**が，鉄資源やさまざまな技術を取り入れて勢力を拡大した。

ここをcheck!!

日本	□大規模な古墳が東北地方中部まで拡大。 □朝鮮半島と強いつながりのあるヤマト王権が勢力を拡大。
朝鮮半島	□楽浪郡に続き，帯方郡が滅ぼされる。➡p.13 □百済・新羅が成立し，高句麗とあわせて三国時代となる。
中国	□北には遊牧民による五胡十六国が，南には東晋が成立。 □東晋代の仏僧法顕が仏典収集のため渡印。

5世紀の世界

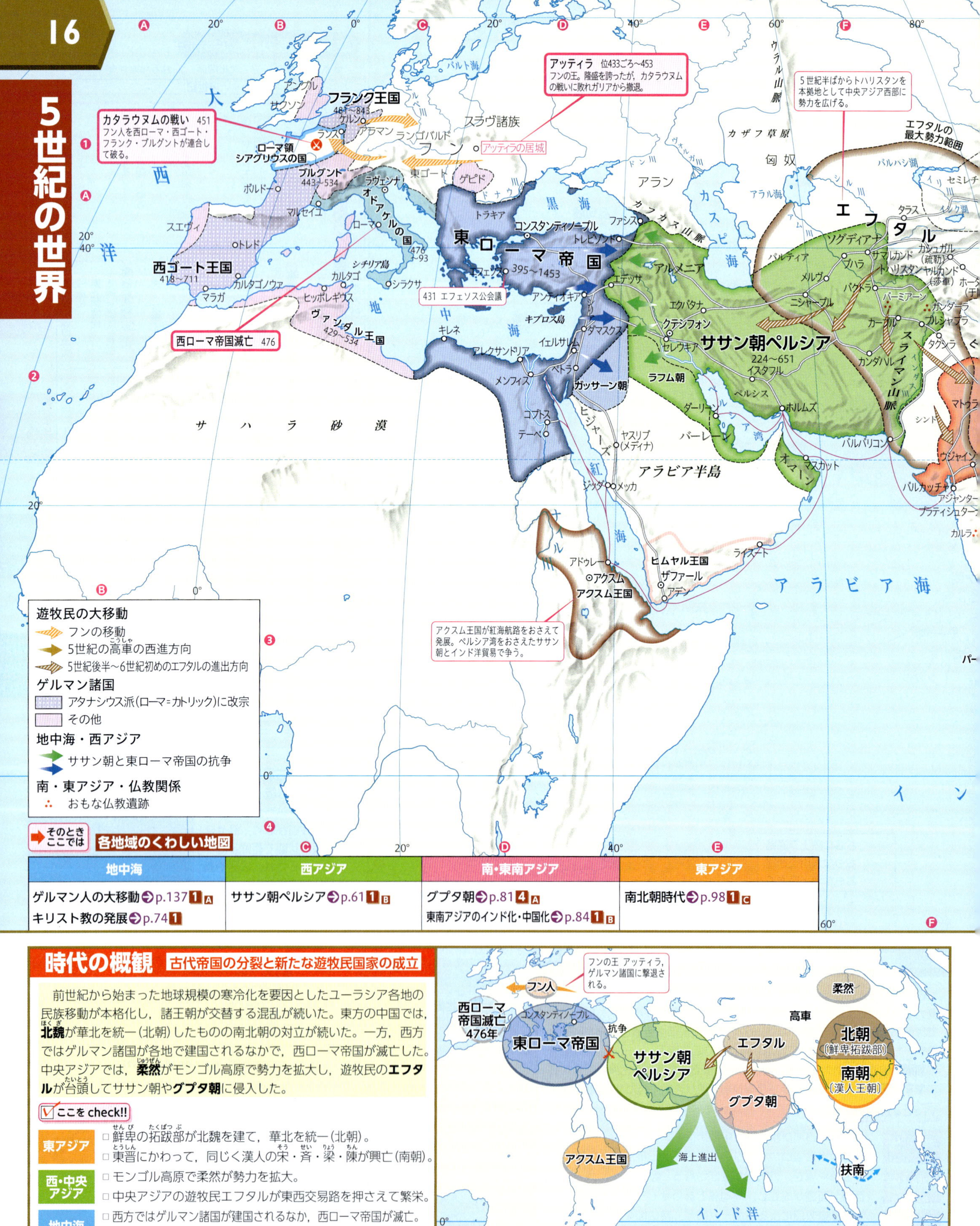

そのとき ここでは 各地域のくわしい地図

地中海	西アジア	南・東南アジア	東アジア
ゲルマン人の大移動➔p.137 1 A キリスト教の発展➔p.74 1	ササン朝ペルシア➔p.61 1 B	グプタ朝➔p.81 4 A 東南アジアのインド化・中国化➔p.84 1 B	南北朝時代➔p.98 1 C

時代の概観 古代帝国の分裂と新たな遊牧民国家の成立

前世紀から始まった地球規模の寒冷化を要因としたユーラシア各地の民族移動が本格化し，諸王朝が交替する混乱が続いた。東方の中国では，**北魏**が華北を統一(北朝)したものの南北朝の対立が続いた。一方，西方ではゲルマン諸国が各地で建国されるなかで，西ローマ帝国が滅亡した。中央アジアでは，**柔然**がモンゴル高原で勢力を拡大し，遊牧民の**エフタル**が台頭してササン朝や**グプタ朝**に侵入した。

ここをcheck!!

東アジア
- □ 鮮卑の拓跋部が北魏を建て，華北を統一(北朝)。
- □ 東晋にかわって，同じく漢人の宋・斉・梁・陳が興亡(南朝)。

西・中央アジア
- □ モンゴル高原で柔然が勢力を拡大。
- □ 中央アジアの遊牧民エフタルが東西交易路を押さえて繁栄。

地中海
- □ 西方ではゲルマン諸国が建国されるなか，西ローマ帝国が滅亡。
- □ 東方では東ローマ帝国が発展の基礎を固めていた。

世界各地域のおもな事件

赤字 戦争・紛争関係　青字 文化関係　おもな治世者
中国の歴史書による日本の記述

5世紀

日本（古墳時代）
- 404 倭、帯方郡に進出し、高句麗と戦う
- 413 倭国、東晋に遣使
- 414 高句麗、広開土王碑を建立
- 「倭の五王」*の遣使
  - 421 倭王讃、宋に朝貢
  - 438 倭王珍、宋に朝貢
  - 443 倭王済、宋に朝貢
  - 462 倭王興、宋に朝貢
  - 478 倭王武、宋に朝貢
- *済は允恭天皇、興は安康天皇、武は雄略天皇に比定されている。

302~303

東アジア（五胡十六国 304~439／東晋 317~420／南朝 420~589／北朝 439~581）
- 420 宋おこる
- 439 北魏、華北統一
- 南北朝時代
- 479 斉おこる
- ○六朝文化発展
- ○漢化政策
- 494 孝文帝、洛陽に遷都

98~99

南・東南アジア（グプタ朝 318ごろ~550ごろ）
- ○チャンドラグプタ2世の下、グプタ朝全盛
- ○ナーランダー僧院建立
- ○グプタ美術さかん

81・84

西アジア（ササン朝ペルシア 224~651／エフタル 5Cごろ~6C）
- ○エフタル、ササン朝に侵入
- 対立
- 484 ササン朝ペルシア、エフタルに敗れ、支配下に

オドアケル

61

地中海（東ローマ 395~1453／西ローマ 395~476／フランク王国（メロヴィング朝）481~751）
- 410 西ゴート王アラリック ローマ侵入
- 418 西ゴート王国建国
- 431 エフェソス公会議 ↓ネストリウス派、アジアへ
- ○ゲルマン諸王国成立
- 451 カタラウヌムの戦い
- 452 教皇レオ1世、アッティラを退ける
- 476 オドアケル、西ローマ帝国を滅ぼす
- 481 フランク王国成立
- 496 クローヴィス、カトリックに改宗

72~73・137~138

稲荷山古墳出土鉄剣（部分）　鉄剣の両面には銘文が記されている。表面の「辛亥の年」は471年，裏面の「獲加多支鹵大王」は『宋書』倭国伝にある倭王「武」（雄略天皇）とみられることから，5世紀後半にはヤマト王権と東国は関係があったことがわかる。

日本と東アジア海域　南北朝の分立と朝鮮三国の抗争

中国では，北魏から始まる遊牧民がつくった北朝と漢民族の南朝の分立状態が続いた。朝鮮半島の諸国や倭は，中国の南朝・北朝の**冊封**を受けて対抗し合った。朝鮮半島では**高句麗**の勢力が拡大した。一方で倭の**ヤマト王権**は，**「倭の五王」**が南朝の宋の冊封を受け，国内と朝鮮半島での勢力を優位にしようとした。また，倭の国内では，巨大化した古墳や，鉄製武具の副葬品から，ヤマト王権の統一が進んだことがわかる。

ここを check!!

- 日本
  - □「倭の五王」が南朝の宋に遣使し冊封を受ける。
  - □倭は百済と友好的な関係を結んだ。
- 朝鮮半島
  - □高句麗が平壌に都を遷し，遼東半島まで勢力を広げる。
  - □高句麗が百済・新羅を圧迫する。
- 中国
  - □北魏の孝文帝が都を洛陽に移し，漢化政策を実施。
  - □軍事的に優勢な北朝に対して，南朝は百済や倭などと結ぶ。

6世紀の世界

突厥とササン朝に挟撃され滅亡。

ササン朝・東ローマ帝国の抗争のなかで，東西交易路の要衝として浮上。

東ローマ帝国 395〜1453

ササン朝ペルシア 224〜651

フランク王国 481〜843

ブルグンド 443〜534

東ゴート王国 493〜555

西ゴート王国 418〜711

ヴァンダル王国 429〜534

エフタル

アクスム王国

ガッサーン朝

ラフム朝

遊牧民

583年分裂前の突厥(とっけつ)の勢力圏

東アジア（隋の中国統一）

隋の高句麗遠征

運河

北周 5世紀後半の南北朝時代の王朝

5世紀後半の南北朝時代の国境

ゲルマン諸国

アタナシウス派（ローマ=カトリック）に改宗

その他

地中海・西アジア

ユスティニアヌス帝時代（527〜565）の東ローマ帝国の最大領域

ササン朝と東ローマ帝国の抗争

仏教関係

おもな仏教遺跡

そのとき ここでは 各地域のくわしい地図

地中海	西アジア	南・東南アジア	東アジア
ゲルマン人の大移動➔p.137 1 B ビザンツ帝国の盛衰➔p.139 1 A	ササン朝ペルシア➔p.61 1 B	グプタ朝➔p.81 4 A 東南アジアのインド化・中国化➔p.84 1 B	隋の統一と周辺諸国➔p.100 1

時代の概観 混乱の収束と新たな国家の成立

ユーラシア大陸の東西における混乱が，しだいに収束や安定に向かい始めた。西では**東ローマ帝国**の**ユスティニアヌス帝**がローマ帝国の旧領をほぼ回復し，東では6世紀末に**隋**(ずい)が中国を統一した。中央アジアでは前世紀に勢力を拡大した**エフタル**がグプタ朝を衰退させたが，中央ユーラシアの遊牧帝国**突厥**(とっけつ)と西アジアの**ササン朝**の挟撃を受け滅亡した。また，ササン朝と東ローマ帝国は抗争を続けた。

ここを check!!

東アジア
- 北朝から出た隋が南朝の陳(ちん)を滅ぼし中国統一。
- 北の遊牧民による文化と南の漢人による貴族文化が融合。

中央アジア
- 支配領域を拡大した突厥がササン朝と結び，エフタルを滅ぼす。

西アジア
- ササン朝と東ローマ帝国の対立により紅海ルートが活発化。

地中海
- ゲルマン人国家のフランク王国が西ヨーロッパで領土拡大。
- ユスティニアヌス治下の東ローマ帝国が地中海帝国の再興をめざす。

世界各地域のおもな事件

赤字 戦争・紛争関係　青字 文化関係　おもな治世者　中国の歴史書による日本の記述

6世紀	王朝・時代	おもな事件	参照
日本	古墳時代／飛鳥時代	527 九州の豪族磐井の乱／538 百済，泗沘（扶余）に遷都／538 百済の聖明王，倭に仏教を伝える（552年説もあり）／○仏教の受容をめぐり蘇我氏（受容派）と物部氏（反対派）が対立／562 新羅，大加耶を滅ぼす／587 蘇我氏，物部氏を滅ぼす／592 蘇我馬子，崇峻天皇を廃す／593 厩戸王（聖徳太子），政務に参加	100~101 302~303
東アジア	北朝 439~581（北魏 386~534，東魏，西魏，北斉，北周）／南朝 420~589（梁 502~557，陳 557~589）／南北朝時代／隋 581~618	534 北魏，東西に分裂／→550 北斉／→556 北周／581 楊堅，隋を建国／589 隋，中国を統一／○隋で均田制・租庸調制	98~100
南・東南アジア	グプタ朝 318ごろ~550ごろ	520 エフタルの侵入により，グプタ朝分裂／550ごろ グプタ朝滅亡／○真臘（カンボジア）建国	81・84
西アジア	ササン朝ペルシア 224~651／エフタル 5Cごろ~6C	○東ローマと戦う／○エフタル，ササン朝に侵入／対立／○ホスロー1世，突厥と結びエフタルを滅ぼす（ホスロー1世）	61
地中海	東ローマ 395~1453／フランク王国（メロヴィング朝）481~751	511 クローヴィスの死後，王国分裂／529 ベネディクト派修道院設立（モンテ＝カッシーノ）／534 ユスティニアヌス帝「ローマ法大全」完成／555 東ローマ，東ゴート王国を滅ぼす／590 教皇グレゴリウス1世即位（ユスティニアヌス帝）	137~139

古代朝鮮半島の弥勒菩薩像 538年，百済から倭に仏像と経典が贈られた。これには大陸の先進文化を倭に提供して関係を深め，新羅に対抗するねらいがあったとみられる。写真は7世紀前半の仏像。

➡p.122〈韓国国立中央博物館蔵〉

日本と東アジア海域　南北朝の分立と朝鮮三国の抗争

6世紀半ば，朝鮮半島では加耶が滅亡し，**高句麗・新羅・百済**の激しい抗争のなかから新羅が台頭した。倭の**ヤマト王権**は，百済をはじめこの混乱を避けた**渡来人**から大陸文化や技術の受容を進めた。**仏教**が百済から倭に公式に伝えられたのもこの時期。仏教の導入をめぐっては，蘇我氏と物部氏との対立が生じたが，仏教はしだいに受容されていった。中国では，3世紀から続く長い混乱の時代（**魏晋南北朝時代**）に**隋**が終止符を打った。

ここをcheck!!

- 日本
  - □倭のヤマト王権が大王を中心に独自の支配体制を確立。
  - □蘇我氏が仏教などの大陸文化や技術の導入をはかる。
- 朝鮮半島
  - □高句麗・新羅・百済の三国が激しく抗争。
  - □新羅が南朝と結んで高句麗に対抗，さらに加耶を併合。
- 中国
  - □北魏が分裂し，南朝も政権交替で不安定化続く。
  - □北朝の隋が南朝の陳を滅ぼし，中国を統一。

7世紀の世界

そのときここでは 各地域のくわしい地図

ヨーロッパ	西・中央アジア	南・東南アジア	東アジア
ゲルマン人の大移動➔p.137 1 C	イスラーム帝国の成立と構造➔p.125 2	ヴァルダナ朝➔p.81 5 A 東南アジアのインド化・中国化➔p.84 1 B	唐の進出と周辺諸国➔p.101 3

時代の概観　混乱を収拾する新秩序

ユーラシア東西の新勢力が新制度を整えて大帝国をおこした。東方では，**隋**・**唐**が律令の法制を整備し，民衆に土地を与え（**均田制**），負担として**租庸調制**と**府兵制**を課す制度をしいた。また，唐は遊牧民の騎馬軍団を傘下に入れて高句麗や突厥を服属させ，周辺国は唐に**朝貢**して制度や文化の導入に努めた。西方ではアラビア半島に出現した**イスラーム**が，信徒の平等にもとづく共同体（**ウンマ**）を組織し，広大な地域を征服した。

ここをcheck!!

東アジア
- □唐がユーラシア東方の大部分を支配下におく。
- □征服地には，都護府を設けて現地の首長の統治を監督する。

西・中央アジア
- □イスラーム勢力が西アジア・北アフリカに拡大した。
- □中央ユーラシアでソグド人が東西交易で活躍した。

ヨーロッパ
- □ゲルマン人国家のフランク王国が勢力を拡大する。
- □イスラーム勢力がイベリア半島に進出する。

世界各地域のおもな事件

赤字 戦争・紛争関係　青字 文化関係　おもな治世者

7世紀	
日本	飛鳥時代 / 604 厩戸王(聖徳太子)、十七条憲法制定 / 607 小野妹子を隋に派遣 / 伝聖徳太子 / 630 遣唐使派遣始まる / 645 大化改新 / 663 白村江の戦い / 672 壬申の乱
東アジア	隋 581~618 / 612 高句麗遠征(~614) / 煬帝 / 唐 618~907 / 618 李淵が建国 / 626 太宗即位 ○貞観の治 / 太宗 / 649 高宗即位 / 657 西突厥、唐に服属 / 668 高句麗が滅亡 / 676 新羅が朝鮮半島統一 / 690 則天武后即位 / 698 大祚栄が震国建国
南・東南アジア	ヴァルダナ朝 606~7C後 / 606ごろ ハルシャ=ヴァルダナが建国 / 629 玄奘の渡印(~645) / 671 義浄の渡印(~695) / ○シュリーヴィジャヤ、マラッカ海峡地域で栄える
西・中央アジア	ササン朝ペルシア 224~651 / 610ごろ ムハンマド、イスラームの説教開始 / ムハンマド / 622 ヒジュラ(聖遷) / 630 ムハンマドのメッカ占領 / 正統カリフ時代 632~661 / 642 ニハーヴァンドの戦い / 661 正統カリフのアリー暗殺 / ウマイヤ朝 661~750 / 661 ムアーウィヤが建国
ヨーロッパ	フランク王国(メロヴィング朝) 481~751 / ビザンツ帝国 610~1453 / ○ビザンツ皇帝ヘラクレイオス1世、軍管区(テマ)制採用 / ○カロリング家のピピン(中)がフランク王国の宮宰になり台頭

100~103・302~303
100~103
81・84
124~125
137~139

トルコ系民族。突厥に反抗し，唐と積極的に交流。

隋末の混乱に介入し，唐の建国を支援する。630年に唐に攻撃され降伏し，682年に復興。

東突厥 583~630 682~744

唐 618~907

吐蕃 7C~9C

新羅

百済

高句麗

倭(飛鳥時代)

192ごろ～ チャム人の国。海上貿易で栄え，唐に朝貢。

ムスリム商人の海上交易が盛んになるとともに，マラッカ海峡ルートが栄える。

海上交通の要衝として繁栄。港市国家の連合体。

シュリーヴィジャヤ(室利仏逝)

おもな陸上交通路
おもな河川交通路
おもな海上交通路

水城(太宰府市付近)
海岸から川沿いに攻めてくる敵を防ぐため，白村江の戦いの直後に築かれた。全長1.2km，基底部幅80m，高さ13mの大堤。

日本と東アジア海域　唐の成立による動乱と新秩序

唐の中国統一は東アジアに新たな国際秩序をもたらした。朝鮮半島では，**新羅**は唐と連合して百済と高句麗を滅ぼし，さらに吐蕃と抗争中であった唐のすきに乗じて，唐の駐留軍を制圧し半島を統一した。一方，百済に救援軍を送った**倭**は唐と新羅の遠征を恐れ防備を固め，都を内陸へ移し，百済からの**渡来人**の技術を取り入れて国家整備を急いだ。7世紀末に成立した**渤海**と日本は新羅との対抗上，友好関係を結んだ。

ここをcheck!!

日本	□百済と結んで，唐・新羅と戦う(白村江の戦い)が敗北。 □対外防備を進める一方，中央集権国家建設をめざす。
朝鮮半島	□唐と結んだ新羅が，百済・高句麗を滅ぼして半島統一。 □7世紀末，高句麗の遺民などが渤海を建国。
中国	□唐帝国下で国際的な文化が花開き，周辺国に影響を与える。 □唐は，朝貢国とは冊封関係を結び世界帝国としてふるまう。

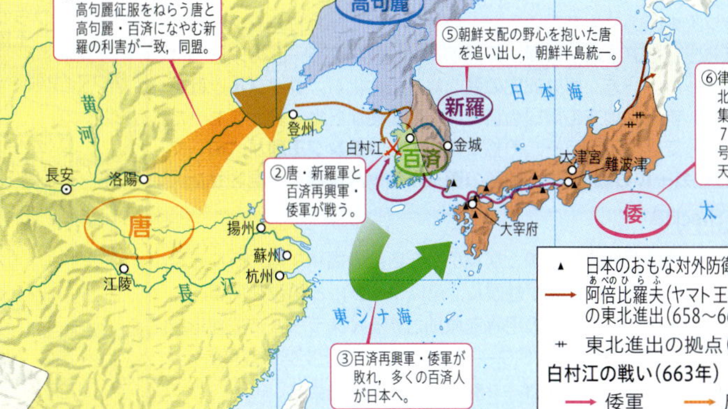
①隋・唐による中国統一。高句麗征服をねらう唐と高句麗・百済になやむ新羅の利害が一致，同盟。
②唐・新羅軍と百済再興軍・倭軍が戦う。
③百済再興軍・倭軍が敗れ，多くの百済人が日本へ。
④唐・新羅軍，続いて高句麗を滅ぼす。高句麗の遺民は震国(渤海)を建国。
⑤朝鮮支配の野心を抱いた唐を追い出し，朝鮮半島統一。
⑥律令の整備や東北進出など中央集権化を進め，7世紀末には国号を日本とし，天皇を称する。
高句麗
新羅
百済
唐
倭
白村江
金城
長安
洛陽
揚州
蘇州
杭州
江陵
登州
大宰府
難波津
大津宮
日本海
太平洋
東シナ海
黄河
長江
日本のおもな対外防衛の軍事施設
阿倍比羅夫(ヤマト王権側の武将)の東北進出(658~660)
東北進出の拠点(7C半ば)
白村江の戦い(663年)
倭軍
唐の水軍
新羅軍

8～9世紀の世界

凡例

東アジア
- タラス河畔の戦い前の唐の領域
- 唐の十節度使
- 安禄山の進軍路

遊牧民
- 吐蕃の進出
- ウイグルの進出

南・東南アジア
- シュリーヴィジャヤの影響海域
- シュリーヴィジャヤの中心港市

西アジア（イスラーム世界の繁栄）
- アッバース朝の領域（800年ごろ）
- ムスリム商人の交易品

ヨーロッパ
- フランク王国の領域（814年）
- フランク王国の勢力圏（814年）
- スラヴ諸族の移動

そのとき ここでは　各地域のくわしい地図

ヨーロッパ	西・中央アジア	南・東南アジア	東アジア
カロリング時代のフランク王国→p.138 1 A ビザンツ帝国の盛衰→p.139 1 B	イスラーム帝国の成立と構造→p.125 2	東南アジアのインド化・中国化→p.84 1 B	唐の進出と周辺諸国→p.101 3

時代の概観　イスラーム世界の繁栄

ユーラシア東西の二大帝国のうち，ウマイヤ朝にかわり全ムスリムの平等を打ち出した**アッバース朝**が最盛期となり，イスラームの求心力はさらに高まった。一方，唐は**安史の乱**を経て弱体化し，**ウイグル**と**吐蕃**が台頭した。また，地方の軍司令官である**節度使**が各地で勢力をもった（**藩鎮**）。西方では，イスラームの拡大を止めた**フランク王国**が，ローマ教会と提携（**カールの戴冠**）し，独自の**西ヨーロッパ世界**を出現させた。

ここをcheck!!

地域	
東アジア	□唐は弱体化して領土が縮小し，各地の藩鎮が勢力をにぎる。 □ウイグルと吐蕃が台頭し，唐はウイグルと和親を結ぶ。
西・中央アジア	□イスラームの下の平等を原則とするイスラーム帝国が形成。 □イスラーム=ネットワークが誕生し，海上交易網が発達。
ヨーロッパ	□ビザンツ皇帝はローマ教会への圧迫を強める。 □ローマ教会と結びつきを強めたフランク王国が，領土を拡大。

世界各地域のおもな事件

赤字 戦争・紛争関係　青字 文化関係　おもな治世者

地域	8世紀	9世紀
日本	飛鳥時代 701 大宝律令制定 / 702 遣唐使派遣，日本の国号を名のる / 奈良時代 710 平城京遷都 / 727 渤海使，初めて来日 / 784 長岡京遷都 / 平安時代 794 桓武天皇，平安京遷都 / 797 坂上田村麻呂を征夷大将軍とし，蝦夷征討	805 最澄天台宗・806 空海真言宗を開く / 838 最後の遣唐使派遣 / ○渤海使，さかんに来日 / 884 藤原基経，関白に就任 / 894 遣唐使の停止
東アジア	唐 618~907 / 712 玄宗即位 / ○開元の治 / 722 募兵制開始 / 751 タラス河畔の戦い / 755 安史の乱(~763) / 780 楊炎，両税法を実施 / ○藩鎮の台頭	840 ウイグル帝国崩壊 / 875 黄巣の乱(~884)
南・東南アジア	○インド分裂状態 / ○シャイレーンドラ朝建国	○シャイレーンドラ朝，ボロブドゥール寺院を建設 / ○都城アンコール建設
西・中央アジア	ウマイヤ朝 661~750 / アッバース朝 750~1258 / 750 アブー=アルアッバースが建国 / 751 タラス河畔の戦い(アッバース朝，唐を破る) / 756 後ウマイヤ朝建国(~1031) / 762 アッバース朝，バグダード建設(~766) / 786 ハールーン=アッラシード即位	○イスラーム文化隆盛 / ○トルコ人の移住 / 875 サーマーン朝建国(~999)
ヨーロッパ	フランク王国(メロヴィング朝) 481~751 / ビザンツ帝国 610~1453 / 726 レオン3世，聖像禁止令 / 732 トゥール・ポワティエ間の戦い / フランク王国(カロリング朝) 751~843 / 751 ピピン(小)が建国 / 756 ピピンの寄進(教皇領の始まり) / 800 カールの戴冠	843 ヴェルダン条約(フランク王国三分) / 862 ノヴゴロド国建国(~1478) / 870 メルセン条約(中部フランク分割)

玄宗

ハールーン=アッラシード

カール大帝

100~103・302~303
100~104
84~85
124~129
137~141

〈安倍文殊院蔵〉

◀阿倍仲麻呂(698~770)　唐に渡ったあと，科挙に合格して高級官僚となり，詩人李白らと親交。753年，帰国の途につくが難破し断念。長安で生涯を終えた。➲p.103 4

日本と東アジア海域 遣唐使の時代

東アジア各国は**遣唐使**を派遣し，律令・都城制・漢訳仏教など漢字を媒介として制度・思想を導入し，**漢字文化圏**が形成された。倭国も国号を**日本**と改め遣唐使を派遣(**朝貢**)し，律令制定・**平城京**や**平安京**の造営・戸籍整備などを行ったが，形式的でも臣下として扱われるのを嫌い**冊封**は受けなかった。一方で，日本は大王から**天皇**に称号を変え，国内征服に力を注ぎ，対外的には**新羅**や**渤海**を日本への朝貢国として扱った。

ここを check!!

- **日本**
  - □唐の制度を導入して，律令国家を建設。
  - □東北の蝦夷や九州の隼人を征服し，中央集権化を進める。
- **朝鮮半島**
  - □新羅と渤海は対立。それぞれ唐に朝貢し冊封を受ける。
  - □新羅は日本と復交するが対等外交を主張して再び関係が悪化。
- **中国**
  - □中央の統制力は弱まるが，江南地方の経済・文化は繁栄。
  - □黄巣の乱により江南が混乱におちいると唐の衰退は決定的に。

24
10世紀の世界
911 ノルマン人ロロが北フランス(ノルマンディ)を得る。
ノルマン人
イングランド王国
ポーランド王国
神聖ローマ帝国 962〜1806
キエフ公国 9C後半〜13C
ノヴゴロド
ウラジーミル
スモレンスク
ヴォルガ=ブルガル国
ハザールへの対抗のため，イスラームを国教化。
キエフ公国，ギリシア正教に改宗 989
トルコ系民族最初のイスラーム王朝。トルコ人のイスラーム化をうながす
オットー1世の戴冠 962
(神聖ローマ帝国の初代皇帝)
西フランク王国 843〜987
パリ
ブルグント
マジャール
ペチェネグ
ハザール
サルケル
イティル
トルコ人奴隷軍人(マムルーク)の売買を行う。
ナバラ王国
レオン王国
バルセロナ
ローマ
教皇領
ヴェネツィア
ブルガリア王国
後ウマイヤ朝 756〜1031
コルドバ
トレド
コンスタンティノープル
ビザンツ帝国 395〜1453
トレビゾンド
アルメニア
ハムダーン朝 905〜1004
サーマーン朝 875〜999
カラ=ハン朝
ブハラ
サマルカンド
タラス
カシュガル
ウルゲンチ
メルヴ
ニーシャープール
バルフ
カーブル
ヘラート
ガズナ
ペシャワル
カシミール
チュニス
カイラワーン
マグリブ
タンジール
フェズ
マラケシュ
トリポリ
バルカ
クレタ島
シチリア島
アンティオキア
アレッポ
モスル
ダマスクス
イェルサレム
アッバース朝 750〜1258
バグダード
クーファ
バスラ
レイ
イスファハーン
ブワイフ朝 932〜1062
シーラーズ
シースターン
ホルムズ
アレクサンドリア
カイロ
ファーティマ朝 909〜1171
969 以降エジプトを支配。カイロを建設。シーア派のカリフを立てる。
エジプト
カルマト派
アラビア
メディナ
メッカ
ジッダ
アスワン
アイザーブ
クサイル
キフト
サハラ砂漠
ブワイフ朝，バグダード入城 946
アッバース朝のカリフより大アミール(大将軍)の称号を得て実権掌握。
962 サーマーン朝のトルコ人マムルークが独立(ガズナ朝)。
プラティハーラ朝
マスカット
ダイブル
カンベイ
ウジャイン
サワーキン
ライスート
シフル
アデン
ゼイラ
ソコトラ島
アラビア海
エチオピア
モガディシュ
ブラワ
マリンディ
トンブクトゥ
ガーナ王国
カネム王国
チャド湖
カアリ
クカ
東アジア・内陸アジア
五代十国の領域
キルギスの襲撃
ウイグルの移動
カラ=ハン朝の拡大
キルギスの急襲後のウイグルの移住地域
ウイグル商人の所在が確かな都市
南・東南アジア
ジャーヴァカ(三仏斉)の影響海域
イスラーム
スンナ派イスラーム王朝
シーア派イスラーム王朝
ブワイフ朝の進出
イブン=ファドラーンの行路(921〜922)
ヨーロッパ
カトリックの国家
9世紀末〜10世紀のマジャール人の進出
ノルマン人の襲撃・交易ルート
そのとき ここでは 各地域のくわしい地図
ヨーロッパ
ビザンツ帝国の盛衰➔p.139 1 B
第2次民族移動➔p.140 1
東欧諸国・ロシアの変遷➔p.141 1 A
西・中央アジア
トルコ人の西進➔p.94 2 B
イスラーム世界の変遷➔p.127 3 A
南・東南アジア
東南アジアの農業国家の発展➔p.85 1 C
東アジア
五代十国の興亡➔p.104 2
時代の概観 北方民族の拡散と大帝国の解体
9世紀半ばにウイグル帝国が崩壊すると，トルコ系遊牧民の西進が始まった。中央アジアでは，トルコ化とイスラーム化が進み，改宗したトルコ人は奴隷軍人(マムルーク)としてイスラーム世界に流入し，政治・軍事に影響を与えた。中国では，唐がウイグルの後ろだてを失って滅亡し，五代十国の分裂時代になった。ヨーロッパでは，第2次民族移動を担ったノルマン人・マジャール人・スラブ人のキリスト教化が進んだ。
ここを check!!
東アジア
□ウイグル・唐・吐蕃の三帝国が滅び，分裂期に。
□モンゴル系遊牧民のキタイが遼(キタイ帝国)を建国。
西・中央アジア
□西に向かうトルコ化と，東に向かうイスラーム化が本格化。
□トルコ人をマムルークとしたイスラーム政権が分立。
□ファーティマ朝のカイロがイスラーム=ネットワークの中心に。
ヨーロッパ
□オットー1世が戴冠して神聖ローマ帝国の基礎が成立。
ノルマン人
キエフ公国
ヴォルガ=ブルガル国
ペルシア語で「トルコ人の土地」
トルキスタン
ウイグル滅亡 840年
遼(キタイ帝国)
フランク王国分裂
友好
後ウマイヤ朝
ビザンツ帝国
トルコ人奴隷
カラ=ハン朝
サーマーン朝
ウイグル商人
高麗
日本
五代十国
ムスリム商人
塩金交易
カイロ
アッバース朝
ブワイフ朝
ファーティマ朝
イスラーム=ネットワークの中心
ガーナ王国
大理
華南の開発
インド系商人
中国系商人
ムスリム商人 イラン系商人
カンボジア(アンコール朝)
ジャーヴァカ(三仏斉)
トルコ人の西進
ノルマン人の交易ネットワーク

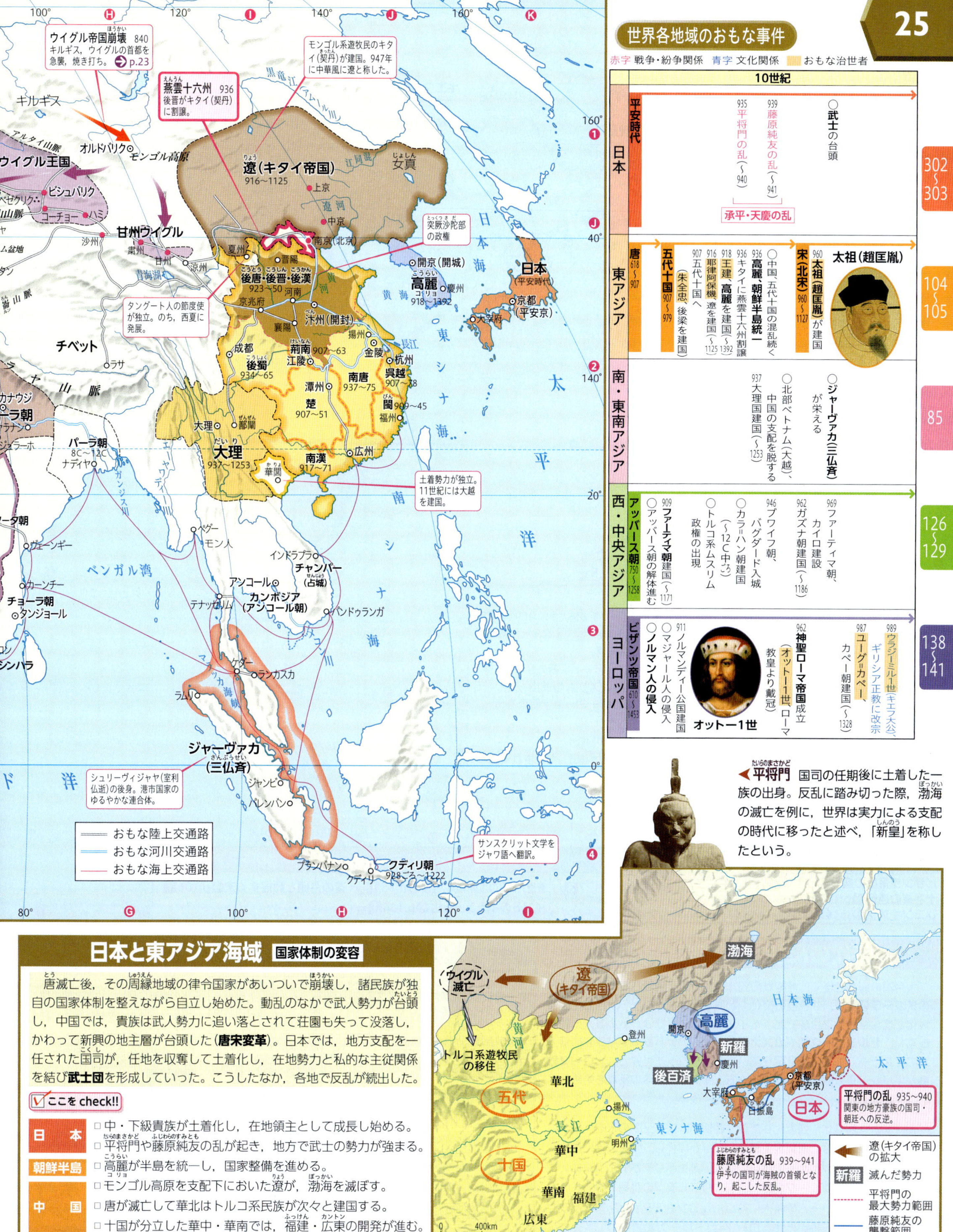
世界各地域のおもな事件
赤字 戦争・紛争関係　青字 文化関係　おもな治世者
10世紀
日本 平安時代
935 平将門の乱（～940）
939 藤原純友の乱（～941）
承平・天慶の乱
○武士の台頭
東アジア 唐 618～907
五代十国 907～979
907 五代十国へ（朱全忠，後梁を建国）
916 耶律阿保機，遼を建国（～1125）
918 王建，高麗を建国（～1392）
936 キタイに燕雲十六州割譲
936 高麗，朝鮮半島統一
○中国，五代十国の混乱続く
宋（北宋）960～1127
960 太祖（趙匡胤）が建国
太祖（趙匡胤）
南・東南アジア
937 大理国建国（～1253）
○北部ベトナム（大越），中国の支配を脱する
○ジャーヴァカ（三仏斉）が栄える
西・中央アジア アッバース朝 750～1258
○アッバース朝の解体進む
909 ファーティマ朝建国（～1171）
○トルコ系ムスリム政権の出現
○カラ=ハン朝建国（～12C中ごろ）
946 ブワイフ朝，バグダード入城
962 ガズナ朝建国（～1186）
969 ファーティマ朝，カイロ建設
ヨーロッパ ビザンツ帝国 610～1453
○ノルマン人の侵入
○マジャール人の侵入
911 ノルマンディー公国建国
962 神聖ローマ帝国成立（オットー1世，ローマ教皇より戴冠）
オットー1世
987 ユーグ=カペー，カペー朝建国（～1328）
989 ウラジーミル1世（キエフ大公），ギリシア正教に改宗
302～303
104～105
85
126～129
138～141
平将門 国司の任期後に土着した一族の出身。反乱に踏み切った際，渤海の滅亡を例に，世界は実力による支配の時代に移ったと述べ，「新皇」を称したという。
ウイグル帝国崩壊 840 キルギス，ウイグルの首都を急襲，焼き打ち。➔p.23
燕雲十六州 936 後晋がキタイ（契丹）に割譲。
モンゴル系遊牧民のキタイ（契丹）が建国。947年に中華風に遼と称した。
突厥沙陀部の政権
タングート人の節度使が独立。のち，西夏に発展。
土着勢力が独立。11世紀には大越を建国。
シュリーヴィジャヤ（室利仏逝）の後身。港市国家のゆるやかな連合体。
サンスクリット文学をジャワ語へ翻訳。
遼（キタイ帝国） 916～1125
女真
後唐・後晋・後漢 923～50
高麗 918～1392
日本（平安時代）
後蜀 934～65
荊南 907～63
南唐 937～75
呉越 907～78
楚 907～51
閩 909～45
大理 937～1253
南漢 917～71
パーラ朝 8C～12C
ジャーヴァカ（三仏斉）
クディリ朝 928ごろ～1222
カンボジア（アンコール朝）
チャンパー（占城）
ウイグル王国
甘州ウイグル
チベット
チョーラ朝
おもな陸上交通路
おもな河川交通路
おもな海上交通路
日本と東アジア海域 国家体制の変容
唐滅亡後，その周縁地域の律令国家があいついで崩壊し，諸民族が独自の国家体制を整えながら自立し始めた。動乱のなかで武人勢力が台頭し，中国では，貴族は武人勢力に追い落とされて荘園も失って没落し，かわって新興の地主層が台頭した（唐宋変革）。日本では，地方支配を一任された国司が，任地を収奪して土着化し，在地勢力と私的な主従関係を結び武士団を形成していった。こうしたなか，各地で反乱が続出した。
ここを check!!
日本 □中・下級貴族が土着化し，在地領主として成長し始める。
□平将門や藤原純友の乱が起き，地方で武士の勢力が強まる。
朝鮮半島 □高麗が半島を統一し，国家整備を進める。
中国 □モンゴル高原を支配下においた遼が，渤海を滅ぼす。
□唐が滅亡して華北はトルコ系民族が次々と建国する。
□十国が分立した華中・華南では，福建・広東の開発が進む。
ウイグル滅亡
遼（キタイ帝国）
渤海
トルコ系遊牧民の移住
五代
十国
高麗
新羅
後百済
日本
平将門の乱 935～940 関東の地方豪族の国司・朝廷への反逆。
藤原純友の乱 939～941 伊予の国司が海賊の首領となり，起こした反乱。
遼（キタイ帝国）の拡大
新羅 滅んだ勢力
平将門の最大勢力範囲
藤原純友の襲撃範囲

11世紀の世界

そのときここでは 各地域のくわしい地図

ヨーロッパ	西・中央アジア	南・東南アジア	東アジア
ビザンツ帝国の盛衰→p.139 1 B 十字軍の遠征→p.145 2 A レコンキスタ→p.145 3 A	イスラーム世界の変遷→p.127 3 B	東南アジアの農業国家の発展→p.85 1 C インドのイスラーム化→p.134 1 A	遼の台頭と動揺する宋→p.106 1

時代の概観 各地における自立化の動き

大帝国の崩壊を経て，各地域の周縁勢力(**遼**・**西夏**・**高麗**や南インドの**チョーラ朝**など)が独自の文化や制度を発展させながら，自立化・強大化が進んだ。分立状態であったイスラーム世界では，トルコ人王朝が成立し，**セルジューク朝**や**ガズナ朝**などが，アナトリアやインドに侵入してイスラーム拡大の第2幕を開いた。ヨーロッパ世界では，**ローマ教会**がギリシア正教圏から分離する一方，イスラームへの反攻を始めた。

ここをcheck!!

- **東アジア**
  - □自立化・強大化した遼や西夏が，中華王朝の宋を圧迫。
  - □宋では，新興地主層(形勢戸)が成長し，中央政治に進出。
- **西・中央アジア**
  - □マンジケルトの戦いの結果，アナトリアがトルコ系に。
  - □セルジューク朝はカリフよりスルタンの称号を得る。
- **ヨーロッパ**
  - □イスラームの侵入に対し，レコンキスタや十字軍で反攻。
  - □教皇を頂点とするローマ=カトリック圏が形成。

中世の地域文化の発展

大帝国の崩壊による各地の自立化の動きは，文化面にも影響を及ぼし，地域ごとに独自の特色をもつ文化を発展させた。

おもな地域文化：10世紀／11世紀／12世紀／13世紀

ヨーロッパ
12世紀ルネサンス
農・商工業の発展に伴い，イスラーム文化の影響を受けて，イタリアから西北ヨーロッパ各都市で教会建築や大学が発展。
ゴシック建築・騎士道文学
ロマネスク建築

イスラーム
地方都市の発展
アッバース朝の衰退に伴い，バグダードだけでなく各地方で都市文明が発達。
アルハンブラ宮殿
アズハル学院
ニザーミーヤ学院・ペルシア文学

東アジア
国風文化の形成
唐の衰滅に伴い，中国文明の模倣だけでなく，独自に消化・発展する動きへ。
キタイ(契丹)文字・女真文字
仮名文字・国風文学
西夏文字
チューノム(字喃)
高麗版大蔵経・高麗青磁・金属活字

東南アジア
インド風芸術の深化
農業生産の発展に伴い，吸収したインド文明から独自の様式形成へ。
アンコール=ワット
パガンの上座仏教寺院建築群
影絵芝居・ジャワ語文学

遼（キタイ帝国） 916〜1125
西夏 1038〜1227
宋（北宋） 960〜1127
高麗（コリョ） 918〜1392
日本（平安時代）
大理 937〜1253
パガン朝 1044〜1299
大越（李朝） 1009〜1225
カンボジア（アンコール朝）
チャンパー（占城）
ジャーヴァカ（三仏斉）
クディリ朝 928ごろ〜1222
チョーラ朝 3C〜13C

澶淵の盟 1004
宋は遼を弟とし，毎年遼に銀や絹を贈る。

慶暦の和約 1044
西夏は宋に臣下の礼をとり，宋は西夏に毎年銀や絹を贈る。

初のビルマ人王朝。征服したモン人の文化（上座仏教）を受容。

中国の支配を脱し，ベトナム北部に成立した最初の長期政権。

クメール人を中心とする真臘国が，アンコールを都に拡大。

マラッカ海峡進出 1025，1068

おもな陸上交通路
おもな河川交通路
おもな海上交通路

世界各地域のおもな事件

赤字 戦争・紛争関係　青字 文化関係　おもな治世者

11世紀

日本（平安時代）
- ○摂関政治全盛
- 1017 藤原道長，太政大臣となる
- 1019 刀伊の入寇
- 藤原道長〈国宝 紫式部日記絵詞第5段 藤田美術館蔵〉
- 1051 前九年合戦（〜62）
- 1053 藤原頼通，平等院鳳凰堂を建立
- 1083 後三年合戦（〜87）
- 1086 白河上皇，院政を始める

302〜303

東アジア（宋（北宋）960〜1127）
- 1004 澶淵の盟
- 1038 李元昊，西夏建国（〜1227）
- 1044 慶暦の和約
- 王安石
- 1069 王安石の新法開始
- ○旧法党の司馬光と新法党の抗争激化
- 司馬光

105〜109

南・東南アジア
- 1009 大越国（李朝）成立（〜1225）
- ○ガズナ朝，インド侵入
- 1044 パガン朝成立（〜1299）
- ○パガン朝，上座仏教を国教化

85・134

西・中央アジア
- ○アフガニスタン中心にガズナ朝が栄える
- 1038 トゥグリル＝ベクがセルジューク朝（1038〜1194）建国
- 1055 バグダード入城
- 1071 マンジケルトの戦い（イェルサレム占領）
- 1077 ホラズム朝成立（〜1231）
- 1099 十字軍，イェルサレム王国を建国（〜1291）

126〜129

ヨーロッパ
- ○封建社会が成立
- ○イベリア半島でレコンキスタ（国土再征服運動）活性化
- 1066 ノルマンディー公ウィリアム，ヘースティングズの戦い（ノルマン朝開国）
- ○叙任権闘争起こる
- 1077 カノッサの屈辱
- ウルバヌス2世
- 1088 教皇ウルバヌス2世即位
- 1095 クレルモン教会会議
- 1096 第1回十字軍が出発
- ○ビザンツにプロノイア制

142〜147

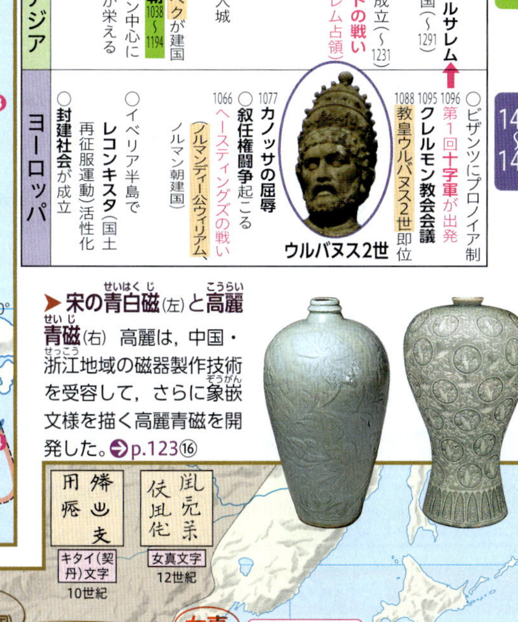

宋の青白磁（左）と**高麗青磁**（右）　高麗は，中国・浙江地域の磁器製作技術を受容して，さらに象嵌文様を描く高麗青磁を開発した。➡p.123⑯

日本と東アジア海域　国風文化の時代

10世紀以降，**遼（キタイ帝国）**・**西夏**・**女真**・**ベトナム**など，周縁地域の諸民族の自立化が活発になるなかで，彼らが唐代に吸収した**仏教**などの文化を独自に消化し，各地域で「**国風文化**」が栄えた。これらの地域では，いずれも**漢字**をもとにした文字を制定し，日本でも**仮名文字**が生み出されて普及した。一方，中国では，五代十国の分裂期を**宋**がおさめ，武人優位の風潮を抑えて文人官僚を重用する**文治主義**をとった。

ここをcheck!!

日本	□武士が成長し，権力者と結びつきながら中央政界に進出。 □天皇の父方の上皇（院）が，実権をにぎる院政が展開。
朝鮮半島	□たびたび遼の侵攻を受け，高麗は長城を築造。 □高麗では仏教が保護され発展し，大蔵経が編纂される。
中国	□宋は遼や西夏の侵攻を受け，両国に毎年銀や絹を贈る。 □財政悪化により王安石が改革（新法）を実行→政局は混乱。

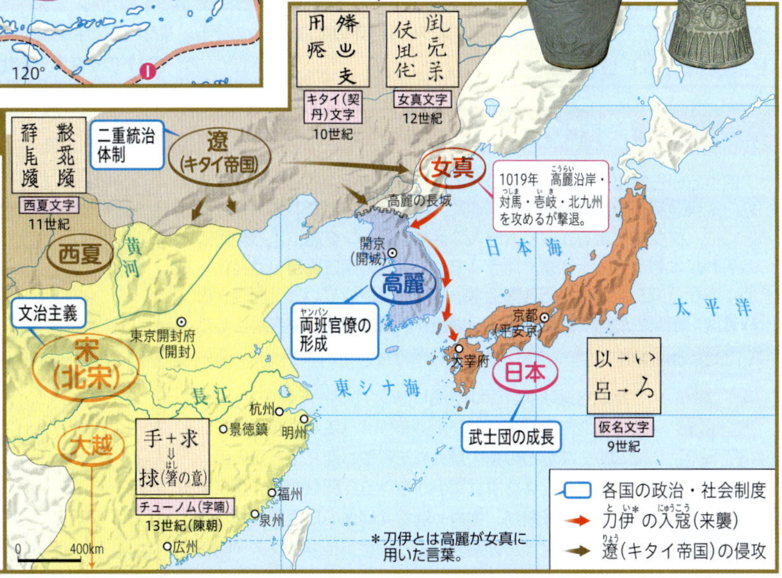

12世紀の世界

そのとき ここでは　各地域のくわしい地図

ヨーロッパ	西・中央アジア	南・東南アジア	東アジア
十字軍の遠征➔p.145 2 B レコンキスタ➔p.145 3 B	イスラーム世界の変遷➔p.127 3 C	東南アジアの農業国家の発展➔p.85 1 C インドのイスラーム化➔p.134 1 A	金の台頭と宋の南遷➔p.107 4

時代の概観　群雄割拠の時代

前世紀から始まった地方政権の台頭による多極化がさらに進んだ。また，気候温暖化の影響もあり，各地で人口増加や経済発展がみられた。とくに，**ダウ船**によるムスリム商人の活動と**ジャンク船**による中国商人の活動が本格化し，十字軍に伴うイタリア商人の**東方貿易**も活発化して，地中海から東シナ海にいたる**海上ネットワーク**が成立した。西ヨーロッパでは，農業生産力上昇による人口増加が，**東方植民**を引き起こした。

ここを check!!

- **東アジア**
  - □金が遼を滅ぼす。遼は西遷しカラ=キタイを建国。
  - □金が華北を占領し，宋が南遷(南宋)→江南開発が進む。
- **西・中央アジア**
  - □マムルークなどの軍人が政権を奪取し自立化・強大化。
- **ヨーロッパ**
  - □荘園を基盤とした主従関係からなる支配(封建制)が広まる。
  - □農業技術の革新が，集村や農村共同体の形成をうながす。
  - □イスラーム世界との接触により12世紀ルネサンスが開花。

世界各地域のおもな事件

赤字 戦争・紛争関係　青字 文化関係　■ おもな治世者

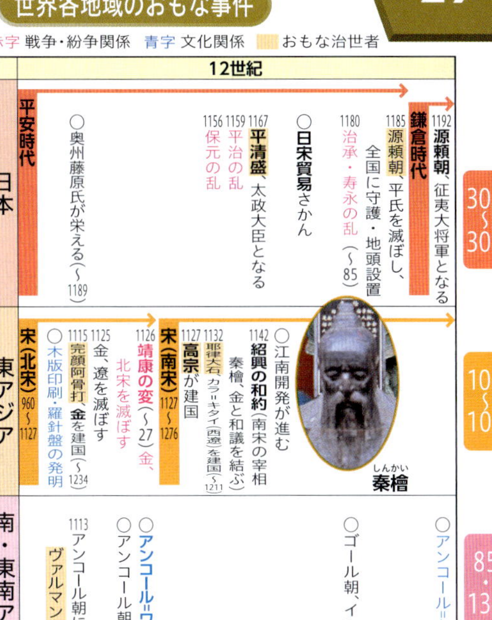

12世紀	
日本	平安時代 ○奥州藤原氏が栄える(～1189) 1156 保元の乱 1159 平治の乱 1167 平清盛、太政大臣となる ○日宋貿易さかん 1180 治承・寿永の乱(～85) 1185 源頼朝、平氏を滅ぼし、全国に守護・地頭設置 鎌倉時代 1192 源頼朝、征夷大将軍となる
東アジア	宋(北宋) 960～1127 ○木版印刷・羅針盤の発明 1115 完顔阿骨打、金を建国(～1234) 1125 金、遼を滅ぼす 1126 靖康の変(～27) 金、北宋を滅ぼす 宋(南宋) 1127～1276 1127 高宗が建国 1132 耶律大石、カラ=キタイ(西遼)を建国(～1211) 1142 紹興の和約(南宋の宰相秦檜、金と和議を結ぶ) ○江南開発が進む
南・東南アジア	1113 アンコール朝にスールヤヴァルマン2世即位 ○アンコール朝、最盛期 ○アンコール=ワット建設 ○ゴール朝、インド侵入 ○アンコール=トム完成
西・中央アジア	セルジューク朝 1038～1194 ○各地にマドラサ(学問施設)建設 1130 ムワッヒド朝建国(～1269) 1148ごろ ゴール朝成立(～1215) 1169 サラディン、アイユーブ朝を建国(～1250) 1187 サラディン、十字軍を退け、イエルサレム奪回
ヨーロッパ	○ボローニャ大学創立(最古の大学) ○三圃制始まる 1122 ヴォルムス協約 1154 ヘンリ2世、プランタジネット朝建国(～1399) 1189 第3回十字軍派遣(～92) 1198 インノケンティウス3世即位、教皇権力最盛

秦檜

サラディン

インノケンティウス3世

302～303
106～109
85・134
126～129
142～147

▶十三湊(青森県)　津軽半島の十三湖の西側に位置し，12世紀に整備され，14～15世紀に北方との交易の中心として栄えた。

日本と東アジア海域　経済と貿易の発展

金と華北から追われた南宋が淮河を境にして南北に並立し，大陸の秩序は安定した。南宋では貨幣経済が発達し，茶・絹・陶磁器などの生産もさかんになり，江南開発も進んだ。南宋と私貿易(日宋貿易)を行った日本では，宋銭(銅銭)が貨幣として流通するなど，大きな影響を受けた。また，ほぼ同時期に高麗では武人政権，日本では平氏政権が誕生し，12世紀末には源頼朝が平氏政権を倒して鎌倉幕府が成立した。

ここを check!!

日本	□東シナ海交易の拠点として博多が栄える。 □火薬の原料となる硫黄を中国に大量に輸出する。
朝鮮半島	□仏教を保護し繁栄していた高麗で武人が台頭し，世紀末に武人政権が成立。
中国	□日本・高麗との交易港の明州に，市舶司がおかれる。 □火薬・羅針盤が実用化され，交易を通してヨーロッパに伝来。

13世紀の世界

そのとき ここでは 各地域のくわしい地図

ヨーロッパ	西・中央アジア	南・東南アジア	東アジア
十字軍の遠征➔p.145 2 C レコンキスタ➔p.145 3 C	イスラーム世界の変遷➔p.127 3 D	東南アジアの農業国家の発展➔p.85 1 C インドのイスラーム化➔p.134 1 B	ユーラシアに君臨するモンゴル帝国➔p.111 1

時代の概観 モンゴルによるユーラシアの一体化

この時代は「**モンゴルの世紀**」ともいわれ，モンゴル帝国が中央ユーラシアを席巻・支配し，「**草原の道**」と「**オアシスの道**」を支配下において駅伝制を整備した。さらに南宋を征服し，大運河を整備して「**海の道**」と結びつき，ユーラシア規模の円環交易ネットワークを成立させた。一方，イスラームは，**マムルーク朝**がエジプトを，**デリー=スルタン朝**が北インドを支配。ヨーロッパでは第4回十字軍以降イタリア諸都市が繁栄した。

ここを check!!

- **東アジア**
  - □フビライが大都を建設し，遊牧・農耕の両世界を支配。
  - □大都は海路で東南アジア・インド洋にも結びつく。
- **西・中央アジア**
  - □フレグがアッバース朝を滅ぼし，イル=ハン国建国。
  - □マムルーク朝がモンゴルと十字軍に対抗。
- **ヨーロッパ**
  - □バトゥの征西によりキプチャク=ハン国が成立した。
  - □十字軍国家は，1291年アッコ陥落で消滅。

31
世界各地域のおもな事件
赤字 戦争・紛争関係　おもな治世者
モンゴル軍の遠征
13世紀
日本
鎌倉時代
1203 北条時政，執権就任
1221 承久の乱
1232 御成敗式目制定
1274 元，日本遠征（文永の役）
1275 北条時宗，元使を斬る
1281 元，再び日本遠征（弘安の役）
蒙古襲来
東アジア
宋（南宋）1127～1276
1206 テムジン（チンギス＝ハン），モンゴルを統一
1219 チンギス，西征開始
1234 オゴタイ，金を滅ぼす
1236 バトゥ，西征開始
1253 フレグ，西征開始
1259 高麗，モンゴルに服属
元 1271～1368
1271 フビライ（クビライ），国号を元とする
1276 南宋，臨安を開城して降伏
1279 元，南宋の残存勢力を滅ぼす（厓山の戦い）
南・東南アジア
1206 奴隷王朝が成立（デリー＝スルタン朝の始まり）
1222 シンガサリ朝成立（～92）
1225 大越国（陳朝）成立（～1400）
○スコータイ朝成立（～15世紀）
フビライ
1284 元，チャンパー・大越遠征（～87）
1292 元，ジャワ遠征（～93）
1293 マジャパヒト朝成立（～1527ごろ）
西・中央アジア
1204 ラテン帝国を建てる
1227 西夏を滅ぼす
1231 ホラズム朝滅ぼす
1243 キプチャク＝ハン国成立
1250 マムルーク朝成立（～1517）
1250 ルイ9世を捕虜とする
1258 バグダード占領，アッバース朝滅亡
イル＝ハン国建国
1266 ハイドゥの乱（～1301）
1291 マムルーク朝，アッコ（アッコン）を攻略
1299 オスマン1世が建国
オスマン帝国 1299～1922
ヨーロッパ
1202 ○ヴェネツィアの台頭
第4回十字軍（～04）
1215 大憲章（マグナ＝カルタ）制定
1228 第5回十字軍（～29）
1232 ナスル朝成立（～1492）
1241 ワールシュタットの戦い
1248 第6回十字軍（～54）
○ハンザ同盟の結成
1254（56）大空位時代（～73）
ルイ9世
1270 第7回十字軍
1291 イェルサレム王国滅亡
110・302～303
110～112
85・134
126～129
143～147
モンゴル高原統一 1206
テムジン，大モンゴル国と称す。
元（大元ウルス）
1271～1368
オイラト王家
バイカル湖
ブルカン山
モンゴル高原
カラコルム
アルタイ山脈
東方三王家
女真
東京元帥府
黒竜江
ビシュバリク
トゥルファン
上都
大都
大同
ウイグル王家
沙州
甘州
粛州
涼州
興慶
太原
河南
汴梁
奉元（京兆府）
襄陽
成都
長江
江陵
鄂州
集慶
杭州（臨安）
慶元（寧波）
天臨（長沙）
重慶
福州
泉州
広州
厓山
中慶
大理
サキャ派仏教教団が優勢。
チベット
ラサ
ガンジス川
アッサム
ヴァラナシ
ナディヤ
パガン
ペグー
開城（開京）
高麗
済州島
膠州
日本（鎌倉時代）
京都
鎌倉
博多
蒙古襲来（元寇）1274・1281
日本海
黄海
東シナ海
南シナ海
太平洋
1279 南海の小島で南宋皇帝死亡（南宋の残存勢力滅亡）。
昇竜
大越（陳朝）1225～1400
スコータイ
スコータイ朝 13c～15c
タイ人の王朝。上座仏教を導入。
アユタヤ
アンコール
カンボジア
チャンパー（占城）
ヴィジャヤ
テナッセリム
ヴェーンギー
カーンチー
パーンディヤ朝
マドゥライ
カーヤル
セイロン島
コッテ
ベンガル湾
タンブラリンガ
ケダー
パタニ
サムドラ
スマトラ
東南アジアイスラーム受容の中心。スマトラ島の語源。
ムラユ
ジャンビ
パレンバン
香辛料の栽培・輸出で発展。
モルッカ（香料）諸島
シンガサリ朝 1222～92
ジャワ
シンガサリ
インド洋
おもな陸上交通路
おもな河川交通路
フビライ（クビライ）時代の元の外征
第1次南宋作戦時代（1267～73）
第2次南宋作戦時代（1274～76）
江南平定後（1277～94）（数字は年次）
大都と海上を結ぶ運河
中国からインドへ向かう海上交易路
元の造船地
フビライ即位時のモンゴル支配地域
元の最大領域
モンゴルとその属国
元へ積極的に朝貢
元の朝貢要求を拒否
日本と東アジア海域　モンゴルの海洋進出
フビライは，高麗を服属させ，南宋を征服するとその航海技術を吸収し，東南アジア・インド洋への進出をはかった。日本・大越・チャンパー・ジャワへ武力攻撃を伴いながら通商の拡大と交易路の確保を要求した。結果，強い抵抗にあい撤兵となったが，各地域と通交・通商関係をもつこととなった。
ここをcheck!!
日本　□執権北条時宗が元の遠征（元寇）を撃退。
朝鮮半島　□高麗は元に服属し，三別抄も鎮圧される。
中国　□フビライが国号を元と改める。
□フビライは，内部に港がある大都を建設し，大運河を改修。
東南アジア　□大越（陳朝）が元軍を撃退。
チャンパーへの陸路攻撃の通り道として元軍に攻略されるが，ゲリラ戦で撃退。
海上交通の要衝。重要視したフビライは，チャンパー（占城）進出のための特別部門「占城行省」を設置。
モンゴルに服属した高麗は，軍船供出を命ぜられる。島々では三別抄が反抗。
南宋と活発に交易している点に，フビライが注目。
モンゴル高原
元
六盤山
京兆
1267
1274
1276
1279
1281
1284
1284,87
1287
1292
スコータイ朝
大越
チャンパー
ムラユ
シンガサリ
高麗
日本

14世紀の世界

そのときここでは 各地域のくわしい地図

ヨーロッパ	西・中央アジア	南・東南アジア	東アジア
ペスト(黒死病)の流行➡p.148 1 C 百年戦争➡p.149 1 A	ティムール帝国の発展➡p.130 1	東南アジアの農業国家の発展➡p.85 1 C インドのイスラーム化➡p.134 1 B	ユーラシアに君臨するモンゴル帝国➡p.111 1

時代の概観 危機と新時代への胎動

14世紀初から北半球で寒冷な気候が続き，各地で不作や飢饉が起こって政情不安になり，さらに，交易ネットワークを通じて**ペスト**(黒死病)がユーラシア西方に拡大した(「**14世紀の危機**」)。このなかで，モンゴル帝国が解体した。中国では**明**が建国され元を北方に追いやり(**北元**)，中央アジアでは**ティムール**が大帝国を築き，アナトリアでは**オスマン帝国**が領土を拡大し，**モスクワ**は後のロシア帝国への発展を準備していた。

ここをcheck!!

- **東アジア**
  - □漢民族の明が建国され，元は北に追われた(北元)。
- **西・中央アジア**
  - □ティムールがサマルカンドを都にして，大帝国を築いた。
  - □アナトリアで形成したオスマン帝国が領土を拡大。
- **ヨーロッパ**
  - □貨幣経済の発達，疫病や飢饉，農民反乱の続発によって荘園を基盤とする封建社会が崩壊。また，教皇権が衰退したことで王権が伸張し，国王による中央集権化が進む。

イングランド王国
百年戦争
フランス王国
ヴェネツィア
レコンキスタ
ナスル朝
オスマン帝国
キプチャク=ハン国
東チャガタイ=ハン国
サマルカンド
ティムール帝国
明へ遠征
北元
元 1368 滅亡
大都
明
高麗
日本
前期倭寇
カイロ
マムルーク朝
デリー=スルタン朝
ヴィジャヤナガル
アユタヤ朝
マジャパヒト朝
モルッカ(香料)諸島
丁子
ナツメグ
ペストが発生した地域
ペストの伝播
イブン=バットゥータが旅した海上ルート
イスラームの拡大
明の拡大
前期倭寇の活動

元（大元ウルス） 1271～1368

黄帽派（ゲルク派）のツォンカパ，チベット仏教改革。

明の建国 1368

パレンバンを完全征圧。マラッカ海峡地域の港市連合を解体。ヒンドゥー教国。

マジャパヒト朝 1293～1527ごろ

大越（陳朝） 1225～1400

日本（南北朝時代）

高麗 918～1392

アユタヤ朝

ヴィジャヤナガル王国 1336～1649

おもな陸上交通路
おもな河川交通路

世界各地域のおもな事件

赤字 戦争・紛争関係　青字 文化関係　おもな治世者

14世紀

日本
- 鎌倉時代
- 1333 鎌倉幕府，滅亡
- 南北朝時代
- 1333 後醍醐天皇，建武の新政
- 1336 南北朝の争乱が始まる
- 室町時代
- 1338 足利尊氏，征夷大将軍となる
- 1341 足利尊氏，貿易船を元に派遣
- ○前期倭寇の活動が激化
- 1378 足利義満，幕府を京の室町に移す（室町幕府）
- 1392 足利義満，南北朝を統一

東アジア
- 元 1271～1368
- ○イブン＝バットゥータ，大都にいたる
- 1351 紅巾の乱（～66）
- 明 1368～1644
- 1368 朱元璋（洪武帝）が建国
- 洪武帝
- 1392 李成桂，朝鮮を建国（～1910）
- 1399 靖難の役（～1402）

南・東南アジア
- 1333 イブン＝バットゥータ，デリーに到着
- 1336 ヴィジャヤナガル王国成立（～1649）
- 1351 アユタヤ朝成立（～1767）
- ○マラッカ王国成立（～1511）

西・中央アジア
- オスマン帝国 1299～1922
- 1307 チャガタイ＝ハン国成立
- ティムール
- 1370 ティムール，ティムール帝国を形成（～1507）
- ○ティムール，イラン遠征
- 1396 ニコポリスの戦い（オスマン軍，ハンガリー王を破る）

ヨーロッパ
- 1303 アナーニ事件
- 1309 「教皇のバビロン捕囚」（～77）
- 1328 ヴァロワ朝成立（～1589）
- 1337 百年戦争（～1453） エドワード3世，仏王位を主張
- ○ペスト（黒死病）流行（「14世紀の危機」）
- 1346 クレシーの戦い
- 1356 カール4世，金印勅書発布
- 1358 ジャックリーの乱
- 1378 教会大分裂（～1417）
- 1381 ワット＝タイラーの乱
- 1386 リトアニア－ポーランド王国成立（～1572）
- 1396 連合十字軍出発
- 1397 北欧3国，カルマル同盟

302～303
110～117
85・134
130・132～133
148～151

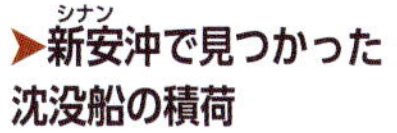

新安沖で見つかった沈没船の積荷

1323年に沈んだ中国式ジャンク船が発見された。陶磁器や銅銭が多く，当時の交易品がわかる。➲p.113③

日本と東アジア海域 民間貿易・前期倭寇

元寇後も日元間の民間貿易は活発に行われた。しかし，元が衰退し，日本も南北朝の混乱期を迎えると，海商・武士団などの西日本の自立的な勢力が独自の行動をとるようになり，海上や沿岸部で略奪行為をはたらいた（**倭寇**〔**前期倭寇**〕）。**明**は，これに対し民間貿易を禁止（**海禁**）し，対外関係を国家間の**朝貢**・**冊封関係**に限定した。朝鮮半島では，倭寇の討伐で名声を得た**李成桂**が，**朝鮮王朝**を建国して明の冊封を受けた。

ここをcheck!!

- **日本**
  - □日元・日明貿易における博多の繁栄，博多商人の活躍。
  - □南北朝の混乱のなか，前期倭寇とよばれる集団が朝鮮半島・中国沿岸を襲撃。
- **朝鮮半島**
  - □高麗が滅亡し，李成桂が朝鮮王朝を建国。
- **中国**
  - □紅巾の乱の混乱のなか，漢民族の王朝の明が建国。
  - □明の下で東アジアの国際秩序である朝貢・冊封関係が再建。

15世紀の世界

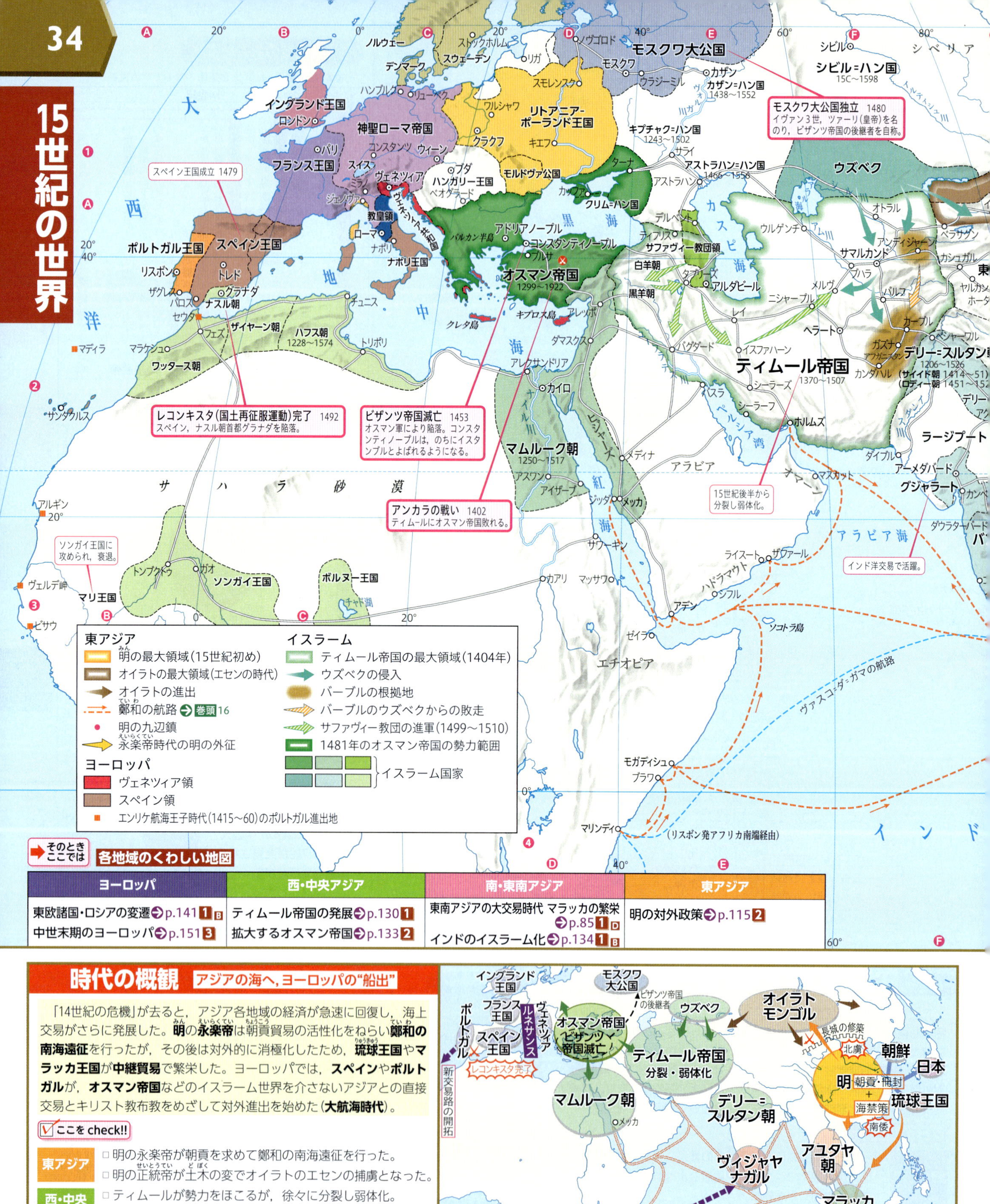

そのときここでは 各地域のくわしい地図

ヨーロッパ	西・中央アジア	南・東南アジア	東アジア
東欧諸国・ロシアの変遷➔p.141 1 B 中世末期のヨーロッパ➔p.151 3	ティムール帝国の発展➔p.130 1 拡大するオスマン帝国➔p.133 2	東南アジアの大交易時代 マラッカの繁栄➔p.85 1 D インドのイスラーム化➔p.134 1 B	明の対外政策➔p.115 2

時代の概観 アジアの海へ，ヨーロッパの"船出"

「14世紀の危機」が去ると，アジア各地域の経済が急速に回復し，海上交易がさらに発展した。**明**の**永楽帝**は朝貢貿易の活性化をねらい**鄭和の南海遠征**を行ったが，その後は対外的に消極化したため，**琉球王国**や**マラッカ王国**が**中継貿易**で繁栄した。ヨーロッパでは，**スペイン**や**ポルトガル**が，**オスマン帝国**などのイスラーム世界を介さないアジアとの直接交易とキリスト教布教をめざして対外進出を始めた(**大航海時代**)。

ここをcheck!!

東アジア
- □明の永楽帝が朝貢を求めて鄭和の南海遠征を行った。
- □明の正統帝が土木の変でオイラトのエセンの捕虜となった。

西・中央アジア
- □ティムールが勢力をほこるが，徐々に分裂し弱体化。
- □オスマン帝国のメフメト2世がビザンツ帝国を滅ぼした。

ヨーロッパ
- □レコンキスタを完了させたスペインが西まわりで，ポルトガルが東まわりで，それぞれアジアをめざした。

世界各地域のおもな事件

赤字 戦争・紛争関係　青字 文化関係　おもな治世者

15世紀		
日本	室町時代 1404 勘合貿易（日明貿易）開始  足利義満 1429 琉球王国成立 ○琉球、さかんに遣明船派遣 戦国時代 1467 応仁・文明の乱（～77） 1485 山城の国一揆（～93） 1488 加賀の一向一揆（～1580）	302～303
東アジア	明 1368～1644 1402 永楽帝即位 1405 鄭和・南海遠征（～33） 1421 永楽帝、北京に遷都 1449 土木の変（エセン、正統帝をとらえる）  永楽帝	114～117
南・東南アジア	○マラッカ王国の台頭 1407 明、ベトナム占領（～27） 1428 大越国（黎朝）成立（～1789） ○マラッカ、イスラーム化 ○各地にイスラーム系港市国家成立  1498 ヴァスコ=ダ=ガマ、カリカットに到着 ヴァスコ=ダ=ガマ	85・134
西・中央アジア	オスマン帝国 1299～1922 1402 アンカラの戦い（ティムールに敗れ混乱） 1453 メフメト2世、コンスタンティノープルを攻略	130・132～133
ヨーロッパ	1414 コンスタンツ公会議（～18） 1419 フス戦争（～36） 1453 シャルル7世、百年戦争を終結 1453 ビザンツ帝国滅亡 1455 ばら戦争（～85） 1479 スペイン王国成立 1480 モスクワ大公国独立（～1613） 1485 テューダー朝成立 1492 レコンキスタ完了 1492 コロンブス（コロン）、サンサルバドル島に到達 1493 教皇子午線を提示 1494 トルデシリャス条約 ➔p.36	148～155

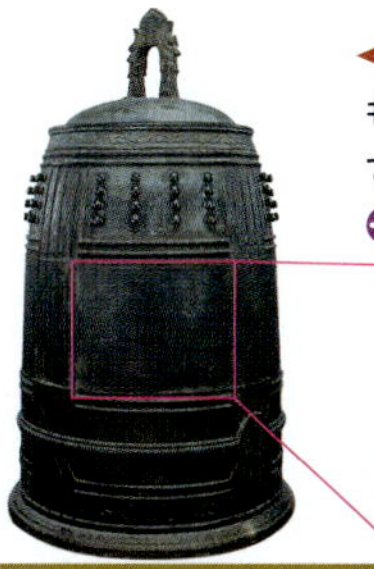

◀**万国津梁の鐘** 1458年につくられ、もとは首里城正殿にあった。中継貿易で栄えた琉球のようすを記している。➔p.116 〈沖縄県立博物館・美術館蔵〉

琉球国は南海の勝地にして三韓（韓国）の秀をあつめ大明（中国）をもって輔車（ほお骨と歯ぐきのように重要な関係）となし日域（日本）をもって唇歯（唇と歯のように密接な関係）となす…

日本と東アジア海域　明の対外政策と琉球

港市国家に朝貢貿易を求めた**鄭和**の南海遠征以後，経費の増大もあり明の対外政策は消極化した。その結果，明の冊封を受けた**琉球王国**や鄭和艦隊の寄港地の**マラッカ王国**が，それぞれ海上交通の要衝にあり貿易の拠点として，**中継貿易**で繁栄した。

ここをcheck!!

日本	□足利義満が勘合貿易開始。 □琉球王国が統一され，中継貿易で繁栄。 □応仁・文明の乱以後，戦国時代に。
朝鮮半島	□朝鮮王朝は明の冊封を受ける。
中国	□明はオイラトと対立し，劣勢にたつ。 □永楽帝期以後は，対外政策に消極的となり，海禁と朝貢・冊封関係を堅持する。

16世紀の世界

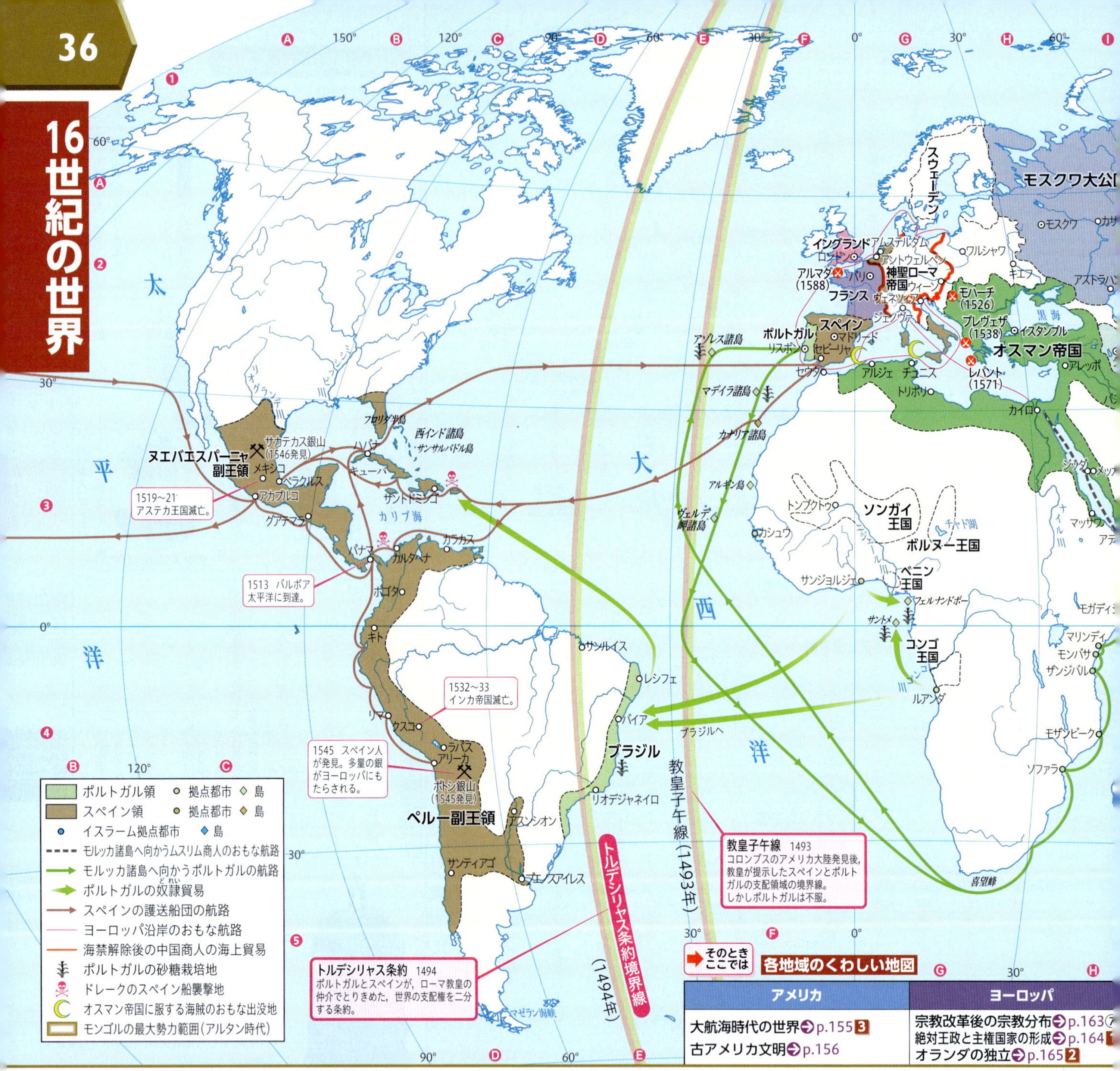

ヌエバエスパーニャ副王領
ペルー副王領
ブラジル
イングランド
フランス
神聖ローマ帝国
スペイン
ポルトガル
スウェーデン
モスクワ大公国
オスマン帝国
ソンガイ王国
ボルヌー王国
ベニン王国
コンゴ王国
太平洋
大西洋
カリブ海
西インド諸島
サカテカス銀山 (1546発見)
ポトシ銀山 (1545発見)
アルマダ (1588)
モハーチ (1526)
プレヴェザ (1538)
レパント (1571)
教皇子午線 (1493年)
トルデシリャス条約境界線 (1494年)
ブラジルへ
喜望峰

1519~21 アステカ王国滅亡。

1513 バルボア太平洋に到達。

1532~33 インカ帝国滅亡。

1545 スペイン人が発見。多量の銀がヨーロッパにもたらされる。

教皇子午線 1493
コロンブスのアメリカ大陸発見後，教皇が提示したスペインとポルトガルの支配領域の境界線。しかしポルトガルは不服。

トルデシリャス条約 1494
ポルトガルとスペインが，ローマ教皇の仲介でとりきめた，世界の支配権を二分する条約。

- ポルトガル領 ● 拠点都市 ◆ 島
- スペイン領 ● 拠点都市 ◆ 島
- ● イスラーム拠点都市 ◆ 島
- モルッカ諸島へ向かうムスリム商人のおもな航路
- モルッカ諸島へ向かうポルトガルの航路
- ポルトガルの奴隷貿易
- スペインの護送船団の航路
- ヨーロッパ沿岸のおもな航路
- 海禁解除後の中国商人の海上貿易
- ポルトガルの砂糖栽培地
- ドレークのスペイン船襲撃地
- オスマン帝国に服する海賊のおもな出没地
- モンゴルの最大勢力範囲(アルタン時代)

そのとき ここでは **各地域のくわしい地図**

アメリカ	ヨーロッパ
大航海時代の世界➔p.155 3	宗教改革後の宗教分布➔p.163
古アメリカ文明➔p.156	絶対王政と主権国家の形成➔p.164
	オランダの独立➔p.165 2

時代の概観 アジアの繁栄と西半球の変革

アジアでは国内経済が充実し，**オスマン帝国・サファヴィー朝・ムガル帝国**のイスラーム３帝国や，**明**が繁栄していた。経済の充実は周縁勢力の成長をうながし，明では，**朝貢**と**冊封**関係を破ろうとする遊牧民や海上民による**北虜南倭**に苦慮した。一方，ヨーロッパでは，大航海時代以降の対外的な発展のなかで，「新大陸」で大量の**銀**を手に入れたことで経済活動を拡大させ，アジア交易に参入するなど世界各地を結びつけた。

ここを check!!

東アジア	□明，北虜南倭（モンゴルの侵入と後期倭寇）に苦しむ。 □日本の銀産出量増大→南蛮貿易が行われる。
西アジア	□マムルーク朝を滅ぼしたオスマン帝国がスンナ派盟主に。
ヨーロッパ	□ポルトガル・スペインによる海外領土分割線の設定。
アメリカ	□スペインによるインカ帝国・アステカ王国の征服 →「新大陸」の銀がヨーロッパの価格革命の一因となる。

銀が結ぶ世界経済

スペインによってヨーロッパにもたらされたメキシコ銀と，朝鮮伝来の新技術により爆発的に増産された日本銀は，ヨーロッパ人の世界各地での交易参入によって，世界をかけめぐった。銀の活発な動きにより，急激に経済が拡大した。➔p.113

▼中国の馬蹄銀　重さで価値が決められた。

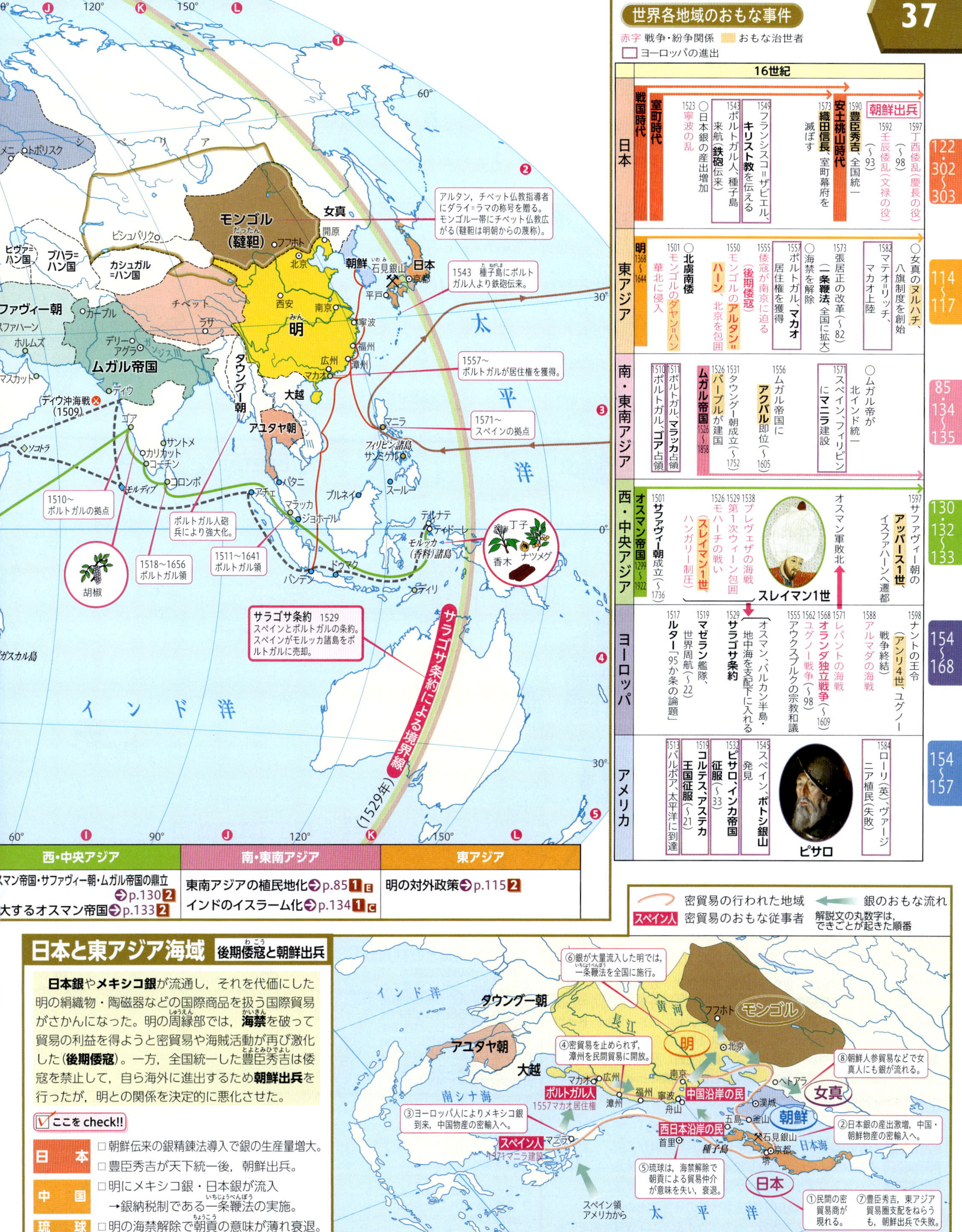

世界各地域のおもな事件
赤字 戦争・紛争関係　おもな治世者
ヨーロッパの進出
16世紀
日本
戦国時代
室町時代
1523 寧波の乱
○日本銀の産出増加
1543 ポルトガル人、種子島来航(鉄砲伝来)
1549 フランシスコ=ザビエル、キリスト教を伝える
1573 織田信長、室町幕府を滅ぼす
安土桃山時代
1590 豊臣秀吉、全国統一
朝鮮出兵
1592 壬辰倭乱(文禄の役)(～93)
1597 丁酉倭乱(慶長の役)(～98)
東アジア
明 1368～1644
1501 モンゴルのダヤン=ハン華北に侵入
○北虜南倭
1550 モンゴルのアルタン=ハーン、北京を包囲
1555 倭寇が南京に迫る(後期倭寇)
1557 ポルトガル、マカオ居住権を獲得
○海禁を解除
1573 張居正の改革(～82)(一条鞭法、全国に拡大)
1582 マテオ=リッチ、マカオ上陸
○女真のヌルハチ、八旗制度を創始
南・東南アジア
1510 ポルトガル、ゴア占領
1511 ポルトガル、マラッカ占領
ムガル帝国 1526～1858
1526 バーブルが建国
1531 タウングー朝成立(～1752)
1556 ムガル帝国にアクバル即位(～1605)
1571 スペイン、フィリピンにマニラ建設
○ムガル帝が北インド統一
西・中央アジア
オスマン帝国 1299～1922
1501 サファヴィー朝成立(～1736)
1526 モハーチの戦い
1529 第1次ウィーン包囲
1538 プレヴェザの海戦
スレイマン1世 ハンガリー制圧
スレイマン1世
オスマン軍敗北
1597 サファヴィー朝のアッバース1世、イスファハーンへ遷都
ヨーロッパ
1517 ルター「95か条の論題」
1519 マゼラン艦隊、世界周航(～22)
1529 サラゴサ条約
オスマン、バルカン半島・地中海を支配下に入れる
1555 アウクスブルクの宗教和議
1562 ユグノー戦争(～98)
1568 オランダ独立戦争(～1609)
1571 レパントの海戦
1588 アルマダの海戦
1598 ナントの王令(アンリ4世、ユグノー戦争終結)
アメリカ
1513 バルボア、太平洋に到達
1519 コルテス、アステカ王国征服(～21)
1532 ピサロ、インカ帝国征服(～33)
1545 スペイン、ポトシ銀山発見
1584 ローリ(英)、ヴァージニア植民(失敗)
ピサロ
122・302～303
114～117
85・134～135
130・132～133
154～168
154～157
モンゴル(韃靼)
女真
朝鮮
日本
明
ムガル帝国
ファヴィー朝
タウングー朝
アユタヤ朝
大越
チベット
カシュガル=ハン国
ブハラ=ハン国
ヒヴァ=ハン国
アルタン、チベット仏教指導者にダライ=ラマの称号を贈る。モンゴル一帯にチベット仏教広がる(韃靼は明朝からの蔑称)。
1543 種子島にポルトガル人より鉄砲伝来。
1557～ ポルトガルが居住権を獲得。
1571～ スペインの拠点
1510～ ポルトガルの拠点
ポルトガル人砲兵により強大化。
1518～1656 ポルトガル領
1511～1641 ポルトガル領
ディウ沖海戦(1509)
胡椒
丁子
香木
ナツメグ
サラゴサ条約 1529
スペインとポルトガルの条約。スペインがモルッカ諸島をポルトガルに売却。
サラゴサ条約による境界線(1529年)
太平洋
インド洋
西・中央アジア
マン帝国・サファヴィー朝・ムガル帝国の鼎立➔p.130 2
大するオスマン帝国➔p.133 2
南・東南アジア
東南アジアの植民地化➔p.85 1 E
インドのイスラーム化➔p.134 1 C
東アジア
明の対外政策➔p.115 2
日本と東アジア海域　後期倭寇と朝鮮出兵
日本銀やメキシコ銀が流通し，それを代価にした明の絹織物・陶磁器などの国際商品を扱う国際貿易がさかんになった。明の周縁部では，海禁を破って貿易の利益を得ようと密貿易や海賊活動が再び激化した(後期倭寇)。一方，全国統一した豊臣秀吉は倭寇を禁止して，自ら海外に進出するため朝鮮出兵を行ったが，明との関係を決定的に悪化させた。
ここをcheck!!
日本 □朝鮮伝来の銀精錬法導入で銀の生産量増大。
□豊臣秀吉が天下統一後，朝鮮出兵。
中国 □明にメキシコ銀・日本銀が流入→銀納税制である一条鞭法の実施。
琉球 □明の海禁解除で朝貢の意味が薄れ衰退。
密貿易の行われた地域
銀のおもな流れ
スペイン人 密貿易のおもな従事者
解説文の丸数字は，できごとが起きた順番
⑥銀が大量流入した明では，一条鞭法を全国に施行。
④密貿易を止められず，漳州を民間貿易に開放。
⑧朝鮮人参貿易などで女真人にも銀が流れる。
③ヨーロッパ人によりメキシコ銀到来，中国物産の密輸入へ。
②日本銀の産出激増，中国・朝鮮物産の密輸入へ。
⑤琉球は，海禁解除で朝貢による貿易仲介が意味を失い，衰退。
①民間の密貿易商が現れる。
⑦豊臣秀吉，東アジア貿易圏支配をねらうも，朝鮮出兵で失敗。
ポルトガル人 1557マカオ居住権
スペイン人 1571マニラ建設
中国沿岸の民
西日本沿岸の民
スペイン領アメリカから

17世紀の世界

＊「イギリス」という国名は，グレートブリテン王国が成立する(1707年)までイングランドの意味で表記する。

そのときここでは **各地域のくわしい地図**

アメリカ	ヨーロッパ
北米植民地の変遷→p.186 1 A	17世紀の戦争・反乱～「17世紀の危機」の影響→p.169 1 ロシアの拡大→p.173 3

時代の概観 「17世紀の危機」と再編

寒冷となった17世紀は，世界各地で飢饉や疫病，戦争が多発し，経済は不振であった(**「17世紀の危機」**)。ヨーロッパでは海運・産業の中心国であった**オランダ**のみ繁栄を続け，アジアの交易にも参入した。**ドイツ**では三十年戦争の被害が大きく，**イギリス**では２度の革命を経て**立憲王政**が成立。**フランス**ではルイ14世による**絶対王政**が展開した。一方，**明**は天災や重税で農村が疲弊して，新たに台頭した**清**にとってかわられた。

ここをcheck!!

- **東アジア**
  - □明が李自成の乱で滅び，清が中国を支配。
  - □明の遺臣(鄭氏)が台湾を拠点に活動→清が征服。
- **東南アジア**
  - □バタヴィアにオランダ東インド会社の拠点建設→オランダがアンボイナ事件でイギリスを駆逐。
- **ヨーロッパ**
  - □「17世紀の危機」の打開を新大陸の経営に求める。
- **アメリカ**
  - □アフリカ黒人を奴隷として連行する大西洋奴隷貿易を開始。

「新大陸」開発と奴隷貿易 →p.XII, 171

ヨーロッパの経済成長は，17世紀に入ると一転して停滞するようになり，人口の急増や価格の高騰などから経済は危機的状況を迎えた。ヨーロッパ諸国は，「新大陸」の植民地開発に打開策を見いだし，その労働力をアフリカの黒人奴隷に求め，競って大西洋奴隷貿易を展開した。

16～17世紀に西ヨーロッパとの取引が急増した商品

穀物　奴隷　木材　ピッチ・タール(船に塗る水もれ防止剤)　毛皮

(奴隷的労働でつくられたプランテーション作物や産物)

銀　たばこ　コチニール(織物の染料の赤色)　砂糖　カカオ

(奴隷の食用商品)

魚　コカ

北アメリカ　カナダ　ヴァージニア　メキシコ　カリブ海諸島　中米　ベネズエラ　ペルー　ボリビア　ブラジル　南アメリカ　西ヨーロッパ　東ヨーロッパ　大西洋　アフリカ　奴隷海岸

「新大陸」植民地を保有するヨーロッパ諸国　その他のヨーロッパ諸国　植民地

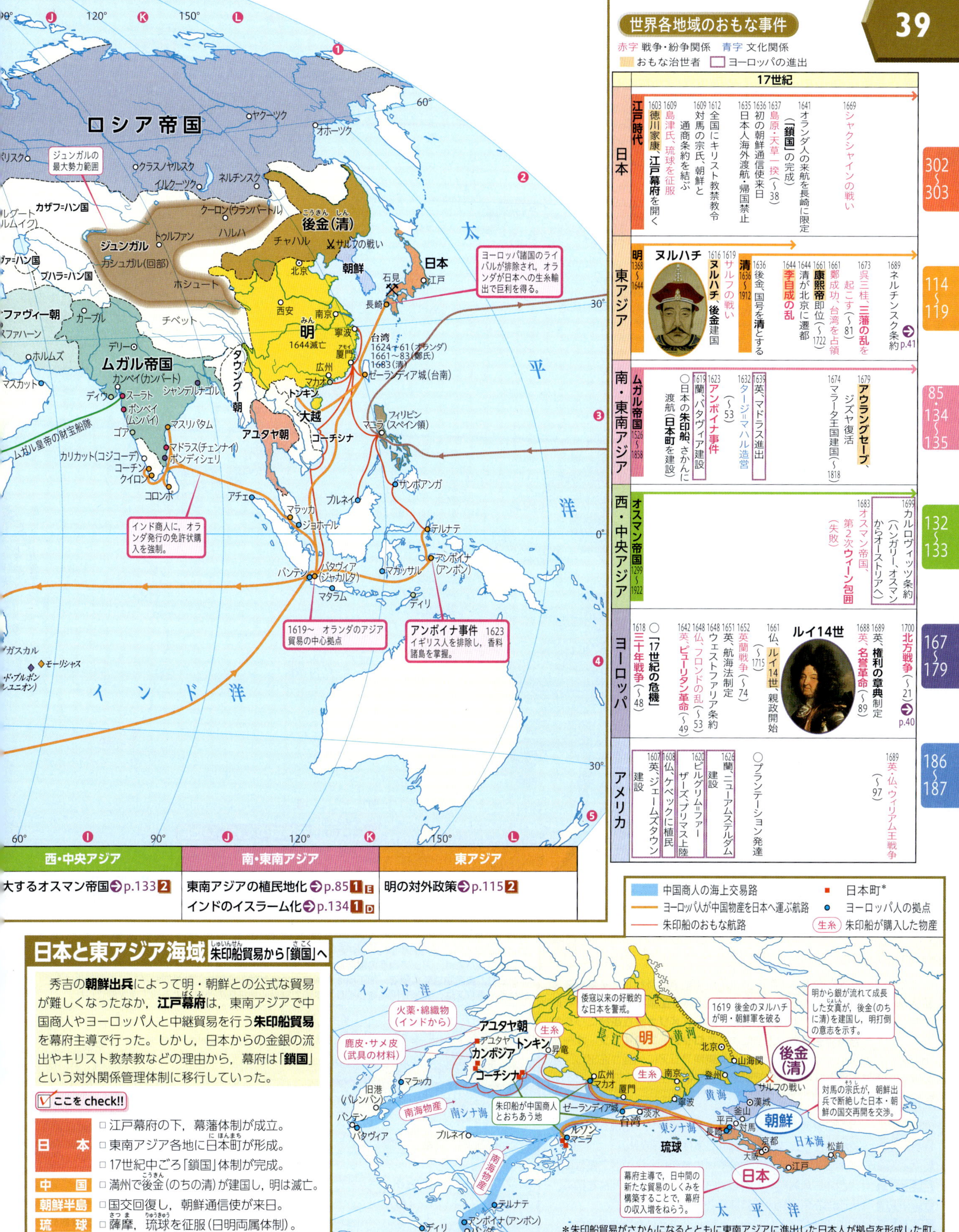
世界各地域のおもな事件
赤字 戦争・紛争関係 青字 文化関係
おもな治世者 ヨーロッパの進出
17世紀
日本
江戸時代
1603 徳川家康、江戸幕府を開く
1609 島津氏、琉球を征服
1609 対馬の宗氏、朝鮮と通商条約を結ぶ
1612 全国にキリスト教禁教令
1635 日本人海外渡航・帰国禁止
1636 初の朝鮮通信使来日
1637 島原・天草一揆(～38)
1641 オランダ人の来航を長崎に限定(「鎖国」の完成)
1669 シャクシャインの戦い
302～303
東アジア
明 1368～1644
ヌルハチ
1616 ヌルハチ、後金建国
1619 サルフの戦い
清 1636～1912
1636 後金、国号を清とする
1644 李自成の乱
1644 清が北京に遷都
1661 康熙帝即位(～1722)
1661 鄭成功、台湾を占領
1673 呉三桂、三藩の乱を起こす(～81)
1689 ネルチンスク条約 p.41
114～119
南・東南アジア
ムガル帝国 1526～1858
○日本の朱印船、さかんに渡航(日本町を建設)
1619 蘭、バタヴィア建設
1623 アンボイナ事件
1632 タージ=マハル造営(～53)
1639 英、マドラス進出
1674 マラータ王国建国(～1818)
1679 アウラングゼーブ、ジズヤ復活
85 134～135
西・中央アジア
オスマン帝国 1299～1922
1683 オスマン帝国、第2次ウィーン包囲(失敗)
1699 カルロヴィッツ条約(ハンガリー、オスマン帝国からオーストリアへ)
132～133
ヨーロッパ
1618 三十年戦争(～48)
○「17世紀の危機」
1642 英、ピューリタン革命(～49)
1648 仏、フロンドの乱(～53)
1648 ウェストファリア条約
1651 英、航海法制定
1652 英蘭戦争(～74)
1661 仏、ルイ14世、親政開始(～1715)
ルイ14世
1688 英、名誉革命(～89)
1689 英、権利の章典制定
1700 北方戦争(～21) p.40
167～179
アメリカ
1607 英、ジェームズタウン建設
1608 仏、ケベックに植民
1620 ピルグリム=ファーザーズ、プリマス上陸
1626 蘭、ニューアムステルダム建設
○プランテーション発達
1689 英・仏、ウィリアム王戦争(～97)
186～187
ロシア帝国
ジュンガルの最大勢力範囲
ヤクーツク
オホーツク
クラスノヤルスク
イルクーツク
ネルチンスク
カザフ=ハン国
クーロン(ウランバートル)
ハルハ
後金(清)
ジュンガル
トゥルファン
カシュガル(回部)
チャハル
サルフの戦い
朝鮮
日本
江戸
石見
長崎
北京
ホシュート
ブハラ=ハン国
チベット
西安
南京
明 1644滅亡
寧波
厦門
台湾 1624～61(オランダ) 1661～83(鄭氏) 1683(清)
ゼーランディア城(台湾)
ヨーロッパ諸国のライバルが排除され、オランダが日本への生糸輸出で巨利を得る。
ファヴィー朝
カーブル
デリー
ホルムズ
マスカット
ムガル帝国
カンベイ(カンバート)
ディウ
スーラト
シャンデルナゴル
ボンベイ(ムンバイ)
ゴア
マスリパタム
マドラス(チェンナイ)
ポンディシェリ
カリカット(コジコーデ)
コーチン
クイロン
コロンボ
ムガル皇帝の財宝船隊
タウングー朝
トンキン
広州
マカオ
大越
アユタヤ朝
コーチシナ
フィリピン
マニラ(スペイン領)
サンボアンガ
アチェ
ブルネイ
マラッカ
ジョホール
テルナテ
アンボイナ(アンボン)
マカッサル
バンテン
バタヴィア(ジャカルタ)
マタラム
ディリ
インド商人に、オランダ発行の免許状購入を強制。
1619～ オランダのアジア貿易の中心拠点
アンボイナ事件 1623 イギリス人を排除し、香料諸島を掌握。
モーリシャス
ブルボン(レユニオン)
インド洋
太平洋
西・中央アジア
大するオスマン帝国 p.133 2
南・東南アジア
東南アジアの植民地化 p.85 1 E
インドのイスラーム化 p.134 1 D
東アジア
明の対外政策 p.115 2
中国商人の海上交易路
ヨーロッパ人が中国物産を日本へ運ぶ航路
朱印船のおもな航路
日本町*
ヨーロッパ人の拠点
生糸 朱印船が購入した物産
日本と東アジア海域 朱印船貿易から「鎖国」へ
秀吉の朝鮮出兵によって明・朝鮮との公式な貿易が難しくなったなか，江戸幕府は，東南アジアで中国商人やヨーロッパ人と中継貿易を行う朱印船貿易を幕府主導で行った。しかし，日本からの金銀の流出やキリスト教禁教などの理由から，幕府は「鎖国」という対外関係管理体制に移行していった。
ここをcheck!!
日本 □江戸幕府の下，幕藩体制が成立。
□東南アジア各地に日本町が形成。
□17世紀中ごろ「鎖国」体制が完成。
中国 □満州で後金(のちの清)が建国し，明は滅亡。
朝鮮半島 □国交回復し，朝鮮通信使が来日。
琉球 □薩摩，琉球を征服(日明両属体制)。
火薬・綿織物(インドから)
鹿皮・サメ皮(武具の材料)
倭寇以来の好戦的な日本を警戒。
1619 後金のヌルハチが明・朝鮮軍を破る
明から銀が流れて成長した女真が，後金(のちに清)を建国し，明打倒の意志を示す。
対馬の宗氏が，朝鮮出兵で断絶した日本・朝鮮の国交再開を交渉。
朱印船が中国商人とおちあう地
幕府主導で，日中間の新たな貿易のしくみを構築することで，幕府の収入増をねらう。
アユタヤ朝
カンボジア
トンキン
昇竜
コーチシナ
旧港(パレンバン)
南海物産
南シナ海
東シナ海
黄海
山海関
漢城
釜山
平戸
対馬
京都
大阪
松前
日本海
琉球
*朱印船貿易がさかんになるとともに東南アジアに進出した日本人が拠点を形成した町。

18世紀の世界

フレンチ-インディアン戦争 1755~63
ヨーロッパでの七年戦争(1756~63)のころ，イギリスとフランスの北米での争いは激戦の末，イギリスが勝利。

北方戦争 1700~21
バルト海支配をめぐるロシアとスウェーデンの戦い。ロシアが勝利。

1713 ユトレヒト条約により獲得。

1703 イギリスと通商条約(メスエン条約)を結び，イギリスに経済的に従属。

スペイン継承戦争(1701~13)後，イギリス南海会社，スペイン領への奴隷貿易権(アシエント)獲得。

南米独立運動家シモン=ボリバルの出身地

本国経済がイギリスに圧倒され，金の多くがイギリスに流出。

イギリスとの自由貿易を求める。本国の統制に不満高まる。

大西洋三角貿易

1763年パリ条約後の領土
- イギリス領 ●拠点都市 ◆島 ▲密輸貿易港
- スペイン領
- オランダ領 ●拠点都市
- フランス領 ●拠点都市 ◆島
- ポルトガル領 ●拠点都市 ◆島
- 1776年に独立宣言した13植民地
- イギリスの大西洋三角貿易ルート
- その他のイギリスの貿易ルート
- イギリスの対フランス・スペイン戦争
- 清の最大領域(乾隆帝の時代)
- 清の直轄地
- 清の藩部
- 華僑の進出都市
- 銀鉱山

そのときここでは **各地域のくわしい地図**

アメリカ	ヨーロッパ
北米植民地の変遷➲p.186 1 AB	ロシアの拡大➲p.173 3
アメリカ独立戦争➲p.187 3	ポーランド分割➲p.173 5
	プロイセン・オーストリアの形成➲p.174

時代の概観 工業化とアジアへの進出

北米やインドを舞台とする第2次英仏百年戦争に勝利した**イギリス**は，広大な植民地との経済的分業や奴隷貿易によって**工業化(産業革命)**を進めた。しかし，重税などの植民地側の不満は**アメリカ独立革命**につながった。また，**啓蒙専制君主**の改革によって**ロシア・プロイセン・オーストリア**が台頭した。他方，ムガル帝国や東南アジアに列強が進出し，オスマン帝国は劣勢となった。東アジアでは，**清**が全盛期を迎えた。

ここを check!!

- **東アジア** □清がロシアと中央ユーラシアを分割しつつ国境を画定。 □乾隆帝がジュンガルを滅ぼし清は最大領域に。
- **南アジア** □イギリスがフランスとの争いに勝利し，インドで優位に。
- **ヨーロッパ** □大西洋三角貿易を展開し，ヨーロッパ各国が利益を得る。
- **アフリカ** □大西洋三角貿易の奴隷貿易で人的資源が流出。
- **アメリカ** □13植民地がイギリスから独立し，アメリカ合衆国成立。

ヨーロッパによるアジア物産の国産化

ヨーロッパでは，アジア物産の需要拡大とアジアからの輸入増大を背景に，アジア物産の国産化がはかられ，農産物は新大陸で，加工品は本国での生産が試みられた。なかでもインドの綿栽培にあこがれるイギリスは，北米で綿花をつくり，本国で織機や紡績機の改良による綿工業を確立した。

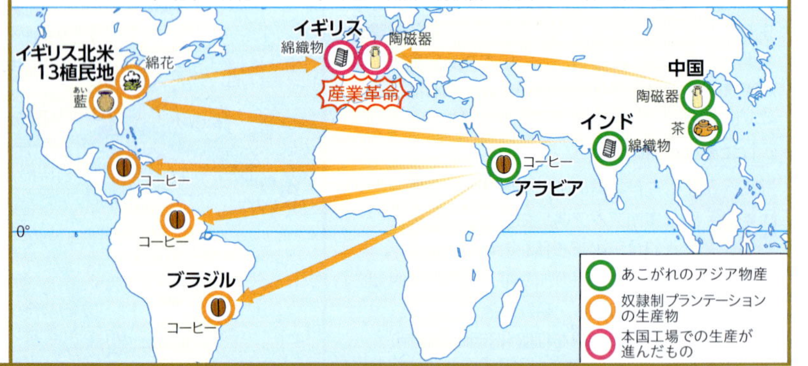

世界各地域のおもな事件

赤字 戦争・紛争関係　おもな治世者　ヨーロッパの進出

18世紀

日本（江戸時代）
- 1716 徳川吉宗，享保の改革(～45)
- 1772 田沼意次の政治(～86)
- ○長崎貿易の転換
- 1783 天明の飢饉(～88)
- 1787 松平定信，寛政の改革(～93)

302～303

東アジア（清 1636～1912）
- ○華僑増加
- 1717 地丁銀実施
- 1722 雍正帝即位(～35)
- 1727 キャフタ条約
- 1735 乾隆帝即位(～95)
- 1757 西欧諸国との貿易を広州に限定
- 1758 ジュンガル併合
- ○清の版図最大となる
- 1796 白蓮教徒の乱(～1804)

118～119

南・東南アジア（ムガル帝国 1526～1858）
- 1710 シク教徒の反乱
- ○マラータ同盟成立
- 1744 カーナティック戦争(～61)
- 1757 プラッシーの戦い
- 1765 英，ベンガル地方などの徴税権獲得
- 1767 マイソール戦争(～99)
- 1775 マラータ戦争(～1818)
- 1786 英，ペナン島獲得
- ○オランダ，ジャワ島支配
- 1792 英，カリカット獲得

85・134～135

西・中央アジア（オスマン帝国 1299～1922）
- ○チューリップ時代
- 1718 パッサロヴィッツ条約
- ○ワッハーブ運動始まる
- 1744ごろ ワッハーブ王国成立
- 1774 キュチュク=カイナルジャ条約
- 1789 セリム3世即位，西洋化改革に着手

222～223

ヨーロッパ
- 1701 スペイン継承戦争(～13)
- 1713 ユトレヒト条約
- 1740 墺，マリア=テレジア即位(～80)
- 1740 普，フリードリヒ2世即位(～86)
- 1740 オーストリア継承戦争(～48)
- 1748 アーヘン条約
- 1756 七年戦争(～63)
- 1763 パリ条約
- 1772 ポーランド分割(～95)
- ○英で工業化始まる
- 1789 フランス革命，人権宣言
- 1796 ナポレオン戦争(～1815)

167・185・188・189

アメリカ
- 1702 アン女王戦争(～13)
- 1732 13植民地成立
- 1744 ジョージ王戦争(～48)
- 1755 フレンチ・インディアン戦争(～63)
- 1765 英，印紙法発布
- 1773 ボストン茶会事件
- 1776 アメリカ独立宣言
- 1783 パリ条約(アメリカ独立承認)
- 1789 ワシントン，初代大統領に就任(～97)

186～187

西・中央アジア	南・東南アジア	東アジア
スマン帝国の縮小➔p.223 2	東南アジアの植民地化➔p.85 1 E インドのイスラーム化➔p.134 1 D インド植民地化の始まり➔p.224 1	清の対外政策➔p.119 2

日本と東アジア海域 「鎖国」と華僑の隆盛

江戸幕府は，**「鎖国」**という管理貿易体制(「四つの口」)をしいた。**清**は，17世紀後半に三藩の乱と台湾の**鄭氏**を平定すると，海関(税関)による統制は残しながらも中国船の海外渡航を認めた。そして，蓄積したネットワークをもつ**華僑**がヨーロッパのアジア拠点との流通に深く関与するようになった。

ここをcheck!!

日本
- □金銀の海外流出を制限し，俵物を輸出。
- □木綿や生糸などのアジア物産を国産化。

中国
- □康熙・雍正・乾隆帝の清朝最盛期。
- □朝貢以外の民間貿易(互市貿易)を許可。
- □ヨーロッパとの貿易を広州一港に限定。
- □アメリカ大陸原産作物が普及し人口増加。

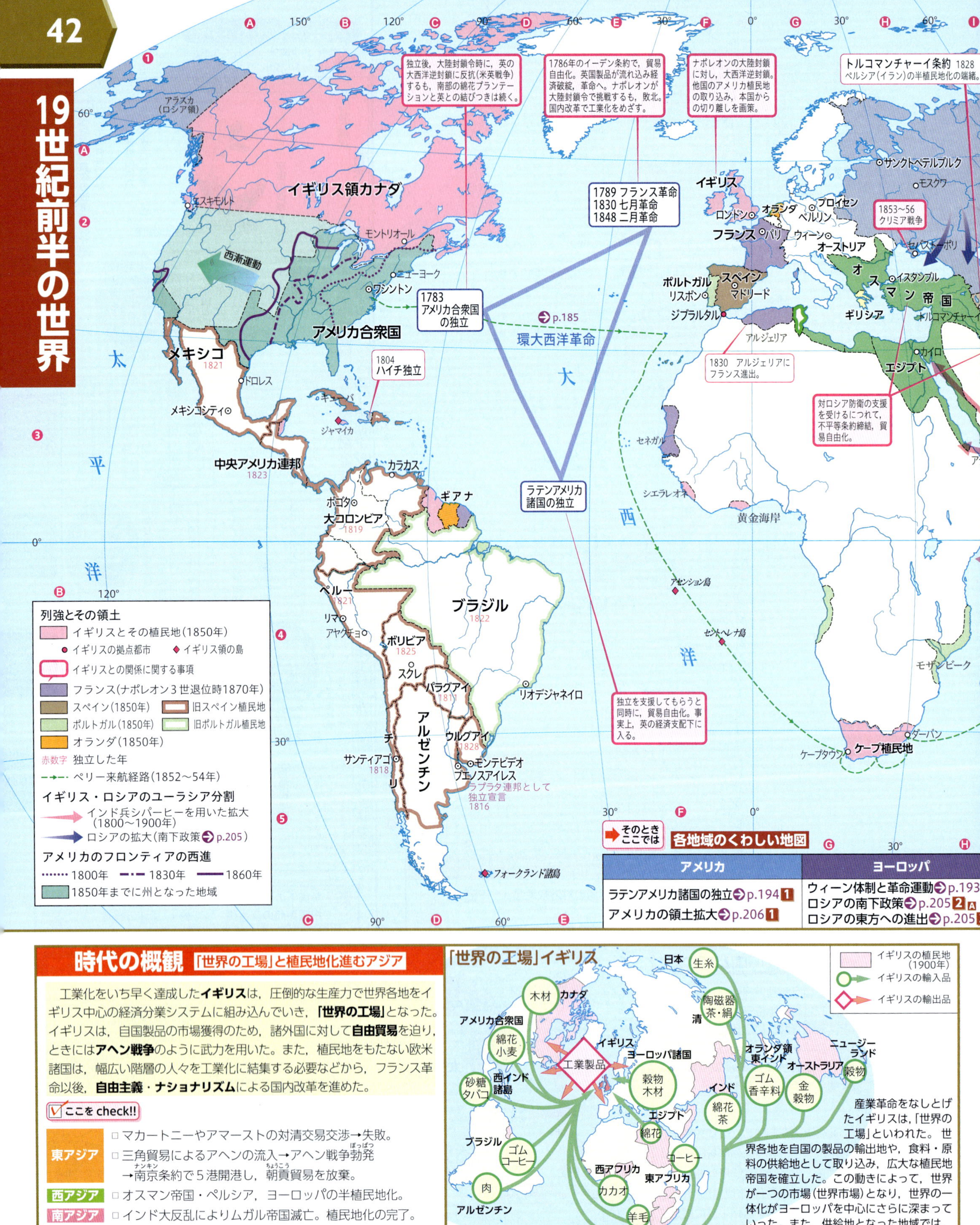
19世紀前半の世界
独立後，大陸封鎖令時に，英の大西洋逆封鎖に反抗（米英戦争）するも，南部の綿花プランテーションと英との結びつきは続く。
1786年のイーデン条約で，貿易自由化。英国製品が流れ込み経済破綻，革命へ。ナポレオンが大陸封鎖令で挑戦するも，敗北。国内改革で工業化をめざす。
ナポレオンの大陸封鎖に対し，大西洋逆封鎖。他国のアメリカ植民地の取り込み，本国からの切り離しを画策。
トルコマンチャーイ条約 1828
ペルシア（イラン）の半植民地化の端緒。
アラスカ（ロシア領）
イギリス領カナダ
エスキモルト
モントリオール
西漸運動
ニューヨーク
ワシントン
1783 アメリカ合衆国の独立
アメリカ合衆国
1789 フランス革命
1830 七月革命
1848 二月革命
p.185
環大西洋革命
イギリス
ロンドン
オランダ
プロイセン
ベルリン
フランス
パリ
ウィーン
オーストリア
サンクトペテルブルク
モスクワ
1853～56 クリミア戦争
セバストーポリ
ポルトガル
スペイン
リスボン
マドリード
ジブラルタル
オスマン帝国
イスタンブル
ギリシア
トルコマンチャーイ
アルジェリア
1830 アルジェリアにフランス進出。
カイロ
エジプト
対ロシア防衛の支援を受けるにつれて，不平等条約締結，貿易自由化。
メキシコ 1821
ドロレス
メキシコシティ
1804 ハイチ独立
キューバ
ジャマイカ
中央アメリカ連邦 1823
カラカス
ギアナ
ボゴタ
大コロンビア 1819
ラテンアメリカ諸国の独立
セネガル
シエラレオネ
黄金海岸
ペルー 1821
リマ
アヤクチョ
ブラジル 1822
ボリビア 1825
スクレ
パラグアイ 1811
リオデジャネイロ
アセンション島
セントヘレナ島
モザンビーク
独立を支援してもらうと同時に，貿易自由化。事実上，英の経済支配下に入る。
チリ
サンティアゴ 1818
アルゼンチン
ウルグアイ 1828
モンテビデオ
ブエノスアイレス
ラプラタ連邦として独立宣言 1816
ケープタウン
ケープ植民地
ダーバン
フォークランド諸島
太平洋
大西洋
列強とその領土
イギリスとその植民地（1850年）
イギリスの拠点都市
イギリス領の島
イギリスとの関係に関する事項
フランス（ナポレオン3世退位時1870年）
スペイン（1850年）
旧スペイン植民地
ポルトガル（1850年）
旧ポルトガル植民地
オランダ（1850年）
赤数字 独立した年
ペリー来航経路（1852～54年）
イギリス・ロシアのユーラシア分割
インド兵シパーヒーを用いた拡大（1800～1900年）
ロシアの拡大（南下政策 p.205）
アメリカのフロンティアの西進
1800年
1830年
1860年
1850年までに州となった地域
そのとき ここでは
各地域のくわしい地図
アメリカ
ラテンアメリカ諸国の独立 p.194 1
アメリカの領土拡大 p.206 1
ヨーロッパ
ウィーン体制と革命運動 p.193
ロシアの南下政策 p.205 2 A
ロシアの東方への進出 p.205
時代の概観 「世界の工場」と植民地化進むアジア
工業化をいち早く達成したイギリスは，圧倒的な生産力で世界各地をイギリス中心の経済分業システムに組み込んでいき，「世界の工場」となった。イギリスは，自国製品の市場獲得のため，諸外国に対して自由貿易を迫り，ときにはアヘン戦争のように武力を用いた。また，植民地をもたない欧米諸国は，幅広い階層の人々を工業化に結集する必要などから，フランス革命以後，自由主義・ナショナリズムによる国内改革を進めた。
ここを check!!
東アジア □マカートニーやアマーストの対清交易交渉→失敗。
□三角貿易によるアヘンの流入→アヘン戦争勃発
→南京条約で5港開港し，朝貢貿易を放棄。
西アジア □オスマン帝国・ペルシア，ヨーロッパの半植民地化。
南アジア □インド大反乱によりムガル帝国滅亡。植民地化の完了。
ヨーロッパ □環大西洋で革命が連鎖（環大西洋革命）。
「世界の工場」イギリス
イギリスの植民地（1900年）
イギリスの輸入品
イギリスの輸出品
日本
生糸
木材
カナダ
陶磁器 茶・絹
清
アメリカ合衆国
綿花 小麦
イギリス
工業製品
ヨーロッパ諸国
穀物 木材
オランダ領東インド
ニュージーランド
オーストラリア
穀物
砂糖 タバコ
西インド諸島
ゴム 香辛料
金 穀物
インド
綿花 茶
エジプト
綿花
ブラジル
ゴム コーヒー
コーヒー
西アフリカ
東アフリカ
カカオ
肉
アルゼンチン
羊毛
ケープ植民地
産業革命をなしとげたイギリスは，「世界の工場」といわれた。世界各地を自国の製品の輸出地や，食料・原料の供給地として取り込み，広大な植民地帝国を確立した。この動きによって，世界が一つの市場（世界市場）となり，世界の一体化がヨーロッパを中心にさらに深まっていった。また，供給地となった地域では，モノカルチャー経済が進んだ。

世界各地域のおもな事件

赤字 戦争・紛争関係　おもな治世者　□ ヨーロッパの進出

19世紀前半～中ごろ	
日本（江戸時代）	1808 ○各国船，来航あいつぐ　フェートン号事件 / 1825 異国船打払令発布 / 1841 水野忠邦，天保の改革（～43） / 1842 異国船打払令緩和，薪水給与令発布 / 1853 ペリー来航 / 1854 日米和親条約 / 1858 日米修好通商条約
東アジア（清 1636～1912）	○英，三角貿易実施（清にアヘン流入） / 1839 林則徐，アヘン没収 / 1840 アヘン戦争（～42） / 1842 南京条約 / 1851 洪秀全，太平天国の乱を起こす（～64） / 1856 アロー戦争（～60） / 1858 天津条約 / 1860 北京条約 / ○李鴻章，洋務運動を推進
南・東南アジア（ムガル帝国 1526～1858）	1802 阮福暎，越南（阮朝）建国 / 1819 英，シンガポール買収 / 1824 第1次イギリス-ビルマ戦争（～26） / 1826 英，海峡植民地成立 / 1845 シク戦争（～49） / 1857 インド大反乱（～59）
西・中央アジア（オスマン帝国 1299～1922）	1805 ムハンマド=アリーの改革（エジプト） / 1811 エジプト，事実上独立 / 1821 ギリシア独立戦争（～29） / 1828 トルコマンチャーイ条約 / 1831 第1次エジプト-トルコ戦争（～33） / 1838 第1次アフガン戦争（～42） / 1839 アブデュル=メジト1世，タンジマート開始
ヨーロッパ	1804 ナポレオン，帝位につく / 1806 ナポレオン，大陸封鎖令 / 1814 ウィーン会議（～15） / ○「東方問題」が叫ばれる / 1830 仏軍，アルジェリア占領 / 1830 仏，七月革命 / 1837 英，ヴィクトリア女王即位（～1901） / 1848 仏，二月革命→墺・独，三月革命 / 1853 クリミア戦争（～56） / 1855 露，アレクサンドル2世即位（～81）
アメリカ	1804 ハイチ独立 / 1812 米英戦争（～14） / 1823 モンロー宣言（教書） / ○シモン=ボリバルらによりラテンアメリカ諸国の独立 / 1846 アメリカ-メキシコ戦争（～48） / 1848 カリフォルニア獲得，ゴールドラッシュ

林則徐

ナポレオン

304～305 / 228～229 / 224～227 / 222～223 / 190～205 / 194・206～207

西・中央アジア	南・東南アジア	東アジア
オスマン帝国の縮小➲p.223 2	植民地化への反抗➲p.225 3 B	アヘン戦争➲p.228 1
	植民地化の時代➲p.226 ⑤	アロー戦争➲p.229 2 B

日本と東アジア海域 アヘン戦争と日本の開国

イギリスは，インドの植民地化とともにシンガポールなどの**海峡植民地**を建設し，**アヘン戦争**を起こして東アジアへ侵略を開始した。日本では，通商を求めて来航した欧米列強に対して強硬な姿勢でのぞんだが，アヘン戦争の衝撃は大きく，ついに幕府の外交方針を変更して**開国**へと踏みきった。このため，国内は攘夷運動などで混乱した。

ここをcheck!!

- 日本
  - □英・露・米などの外国船が来航。
  - □異国船打払令を緩和し薪水給与令発布。
  - □ペリーが来航し日米和親条約締結。
- 中国
  - □三角貿易でアヘンが流入。
  - □林則徐の取り締まりでアヘン戦争に。

19世紀後半～20世紀初頭の世界

1861～65 南北戦争

1861 イタリア王国成立
1871 ドイツ帝国成立

1905，1911 モロッコ事件

1869 最初の大陸横断鉄道
1890 フロンティア消滅
（ ）内は鉄道開通年

1898 米西（アメリカ-スペイン）戦争

1898 ファショダ事件

1899～1902 南アフリカ戦争

1869 スエズ運河開

アフリカ縦断政策

アフリカ横断政策

3B政策

おもな探検家➔p.95 5，212

タスマン（蘭）
1642年以降，タスマニア島・ニュージーランドなどを発見

クック（英）
1768年以降，太平洋方面探検

リヴィングストン（英）
1855年，ヴィクトリア瀑布発見

スタンリー（米）
1874年以降，コンゴ地方探検

ピアリ（米）
1909年，北極点初到達

アムンゼン（ノルウェー）
1911年，南極点初到達

列強の領土と勢力圏
イギリス
フランス
ドイツ
ロシア
アメリカ
スペイン
ポルトガル
オランダ
イタリア
ベルギー

列強の進出
イギリス
フランス
ドイツ
ロシア
アメリカ

岩倉使節団の経路（数字）はおもな到着日
アメリカ先住民と入植者の争い

そのとき ここでは　各地域のくわしい地図

アメリカ	ヨーロッパ
アメリカの領土拡大➔p.206 1	フランスの対外進出➔p.198③
太平洋・カリブ海の分割➔p.221 2	イタリア・ドイツの統一➔p.201 2
	ロシアの東方への進出➔p.205 3

時代の概観　帝国主義列強の世界分割

ドイツ・アメリカなどの欧米の新興国が重化学工業による**第２次産業革命**を通じて台頭した。欧米列強は強力な軍事力を背景に新たな国外市場と資本の投下先を求め，植民地獲得にのりだし，世界分割を進めて対立を深めた（**帝国主義**）。これに対し，アジア諸国は**近代化**に着手したが，日本以外のアジア諸国は欧米列強に従属させられていった。植民地獲得競争は各地で紛争や戦争を引き起こし，第一次世界大戦へとつながった。

ここを check!!

- **東アジア**　□日清戦争以後，列強との条約で中国分割が加速。
- **西アジア・アフリカ**　□独が３Ｂ政策を推進，英の３Ｃ政策と対立。
- **ヨーロッパ**　□英の覇権が衰退。三国同盟に対抗し，三国協商成立。
　□バルカン半島（「ヨーロッパの火薬庫」）が対立の焦点。
- **アメリカ**　□フロンティアが消滅し，新たな領土を求め海外進出へ。
　□米西戦争でフィリピン併合。中国の門戸開放通牒を出す。

世界分割と世界大戦　本国と植民地の面積比

第２次産業革命により，過剰な工業製品と資本を獲得した欧米列強は，新たな国外市場と資本の投下先を植民地に求め，欧米列強による世界分割が進められていった。

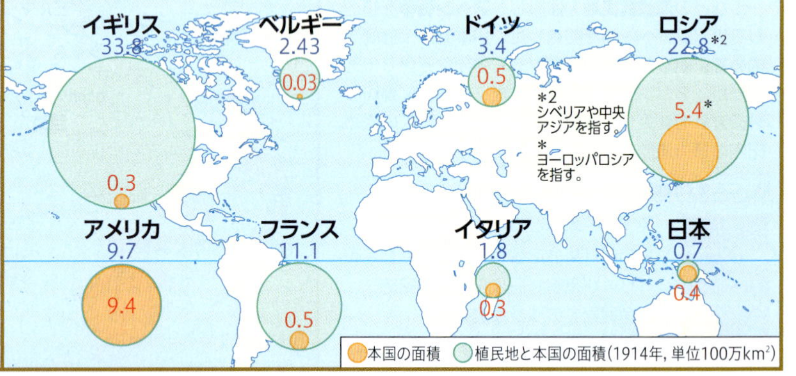

世界各地域のおもな事件

赤字 戦争・紛争関係　おもな治世者　ヨーロッパの進出

19世紀後半～20世紀初頭

地域	おもな事件	参照
日本	江戸時代／明治時代　1867 大政奉還　○明治維新　1871 岩倉使節団派遣（～73）　1874 台湾出兵　1875 江華島事件　1875 樺太・千島交換条約　1879 琉球を沖縄県とする　1889 大日本帝国憲法発布　1894 日清戦争（～95）　1895 下関条約　1895 三国干渉　1902 日英同盟　1904 日露戦争（～05）　1905 ポーツマス条約　1910 韓国併合	230～233・304～305
東アジア	清 1636～1912　1876 日朝修好条規　1882 壬午軍乱　1884 清仏戦争（～85）　1884 甲申政変　1894 甲午農民戦争　1897 朝鮮、大韓帝国に　1898 西太后 戊戌の政変　1900 義和団事件（～01）　1905 中国同盟会結成（孫文ら）　1911 辛亥革命（～12）	228～233
南・東南アジア	1862 サイゴン条約　1863 仏、カンボジア保護国化　1877 インド帝国（英領）成立　1883 フエ（ユエ）条約　1883 ベトナムで清仏両軍衝突　1886 ビルマ、英領インドに編入　1887 仏領インドシナ成立　1896 英領マレー連合州成立　1905 ベンガル分割令　○ベトナムでドンズー（東遊）運動　1906 インド国民会議派、カルカッタ大会	224～227・245
西アジア・アフリカ	オスマン帝国 1299～1922　1869 スエズ運河開通　1875 英、スエズ運河買収　1876 ミドハト憲法発布　1877 露土戦争（～78）　1878 第2次アフガン戦争（～80）　1881 オラービー革命（～82）　1891 イランでタバコ＝ボイコット運動（～92）　1898 ファショダ事件　1899 南アフリカ戦争（～1902）　1905 第1次モロッコ事件　1911 第2次モロッコ事件	222～223・244
ヨーロッパ	1861 イタリア王国成立（～1946）　1866 普墺戦争　1870 普仏戦争（～71）　1871 ビスマルク、ドイツ帝国統一　1878 サンステファノ条約　1878 ベルリン会議　1878 ベルリン条約　1882 三国同盟結成　1891 露仏同盟　○英、3C政策　○独、3B政策　1904 英仏協商　1907 英露協商　三国協商成立　1912 バルカン戦争（～13）	195～205・217～220
アメリカ	1861 南北戦争（～65）　1863 奴隷解放宣言　1869 大陸横断鉄道開通　1890 フロンティアの消滅　1898 米西戦争　1898 フィリピン領有　1898 ハワイ併合　1899 ジョン＝ヘイ、中国の門戸開放通牒　○セオドア＝ローズヴェルト　棍棒外交　1910 メキシコ革命（～17）	206～207・221

オラービー＝パシャ

ビスマルク

西アジア・アフリカ	南・東南アジア	東アジア
フリカの分割➔p.220	インド帝国の成立➔p.225 4 c	列強の中国侵略と日露戦争➔p.231 2
スマン帝国の縮小➔p.223 2	植民地化の時代➔p.226⑤	

日本と東アジア海域　開国後の日本とアジア

開国後の日本では，混乱のなかで江戸幕府が倒れた。欧米諸国と締結した不平等条約に苦しんだが，**明治政府**の下で近代国家の建設を進め，欧米諸国への**生糸**輸出で外貨をかせいだ。**日清戦争**後は，**綿製品**を輸出するなど，日本の対アジア貿易も増加し，軽工業中心の工業化（**産業革命**）が進展した。

ここをcheck!!

- **日本**
  - □明治政府が富国強兵・殖産興業を推進。
  - □官営八幡製鉄所が設立され重工業が発達。
- **朝鮮半島**
  - □日朝修好条規により朝鮮が開国。
  - □大韓帝国が成立したが，日本に併合。
- **中国**
  - □清仏戦争，日清戦争に敗北。
  - □辛亥革命で中華民国が成立し，清が滅亡。

20世紀前半の世界

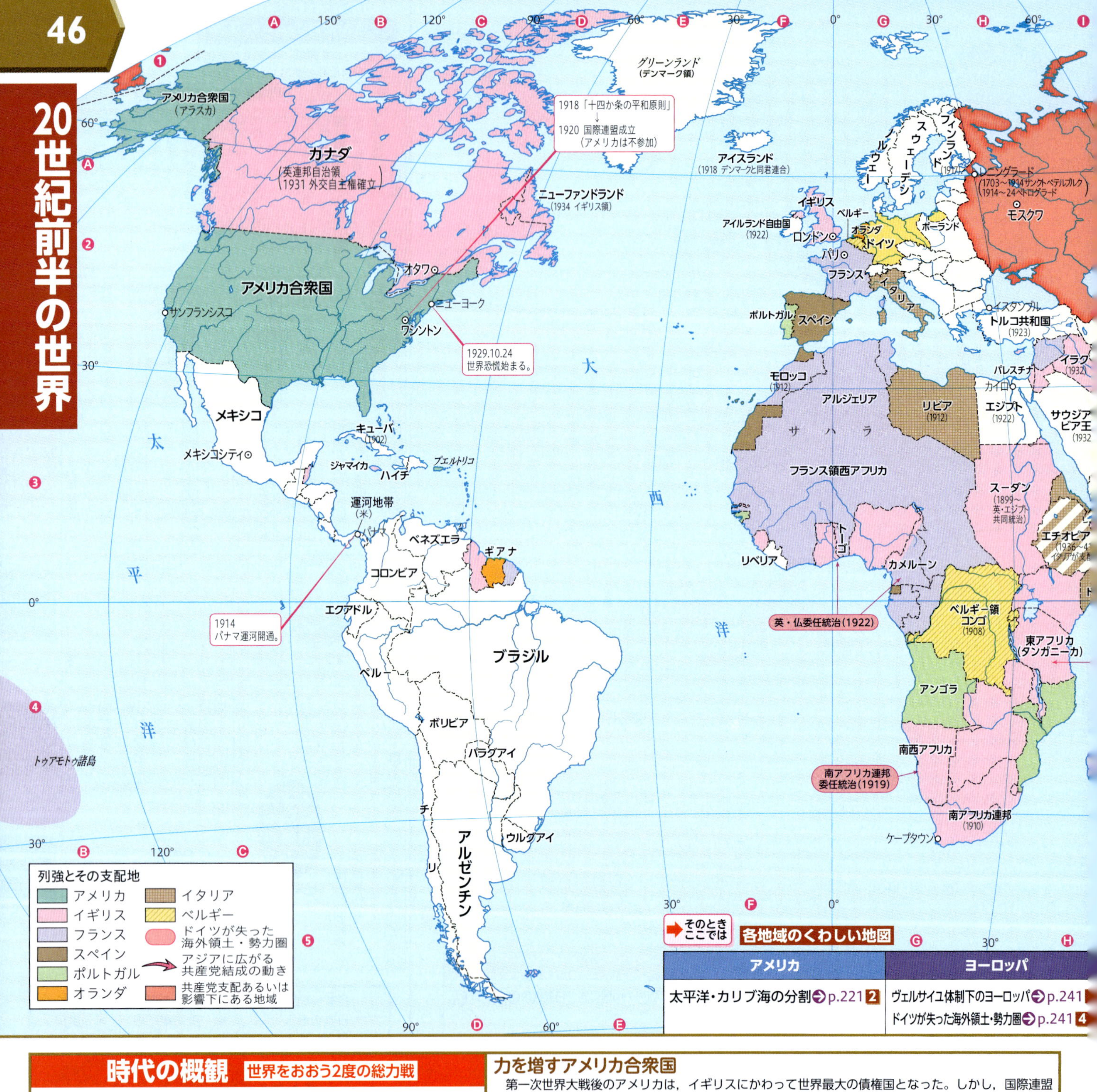

そのとき ここでは 各地域のくわしい地図

アメリカ	ヨーロッパ
太平洋・カリブ海の分割➔p.221 2	ヴェルサイユ体制下のヨーロッパ➔p.241
	ドイツが失った海外領土・勢力圏➔p.241 4

時代の概観 世界をおおう2度の総力戦

この時代の帝国主義的な世界分割競争により，史上初の**総力戦**として**第一次世界大戦**が勃発した。ロシアではこの負担に耐えられず，社会主義革命が起き(**ロシア革命**)，戦後，植民地では帝国主義への抵抗として**民族独立運動**が展開された。**ヴェルサイユ・ワシントン体制**により，世界は相対的安定期を迎えるが，**世界恐慌**後，世界は再び対立を深め，敗戦国のドイツでは**ファシズム**が台頭し，**第二次世界大戦**が勃発した。

ここをcheck!!

東アジア	□日本に対し，三・一独立運動，五・四運動が起こる。 □日本，満州に進出し日中戦争が勃発。
西アジア・アフリカ	□オスマン帝国滅亡。スルタン制・カリフ制ともに廃止。
ヨーロッパ	□独，ポーランドに侵攻し，第二次世界大戦勃発。
アメリカ	□英にかわり世界最大の債権国に。国際連盟に不参加。 □1929年世界恐慌が起き，ニューディールで対処。

力を増すアメリカ合衆国

第一次世界大戦後のアメリカは，イギリスにかわって世界最大の債権国となった。しかし，国際連盟に不参加など，アメリカ国内の世論は，世界全体の秩序への関与を避けようとする傾向があった。

ソヴィエト連邦
モンゴル
シベリア出兵
ワシントン会議(1921〜22)
中国の門戸開放
日本の孤立化と軍備制限
日本
ハワイ諸島
アメリカ領フィリピン
グアム島
中国への足場固め
投資と介入
(アメリカの裏庭)
カナダ
アメリカ合衆国
投資
キューバ
パナマ
イギリス
貸付
ドイツ
フランス
イタリア
ソヴィエト連邦
モスクワ
イラン
インド
0 2000km

第二次世界大戦前の世界経済ブロック ➔p.251
スターリング=ブロック圏
ドル=ブロック参加国
金ブロック圏
円ブロック圏

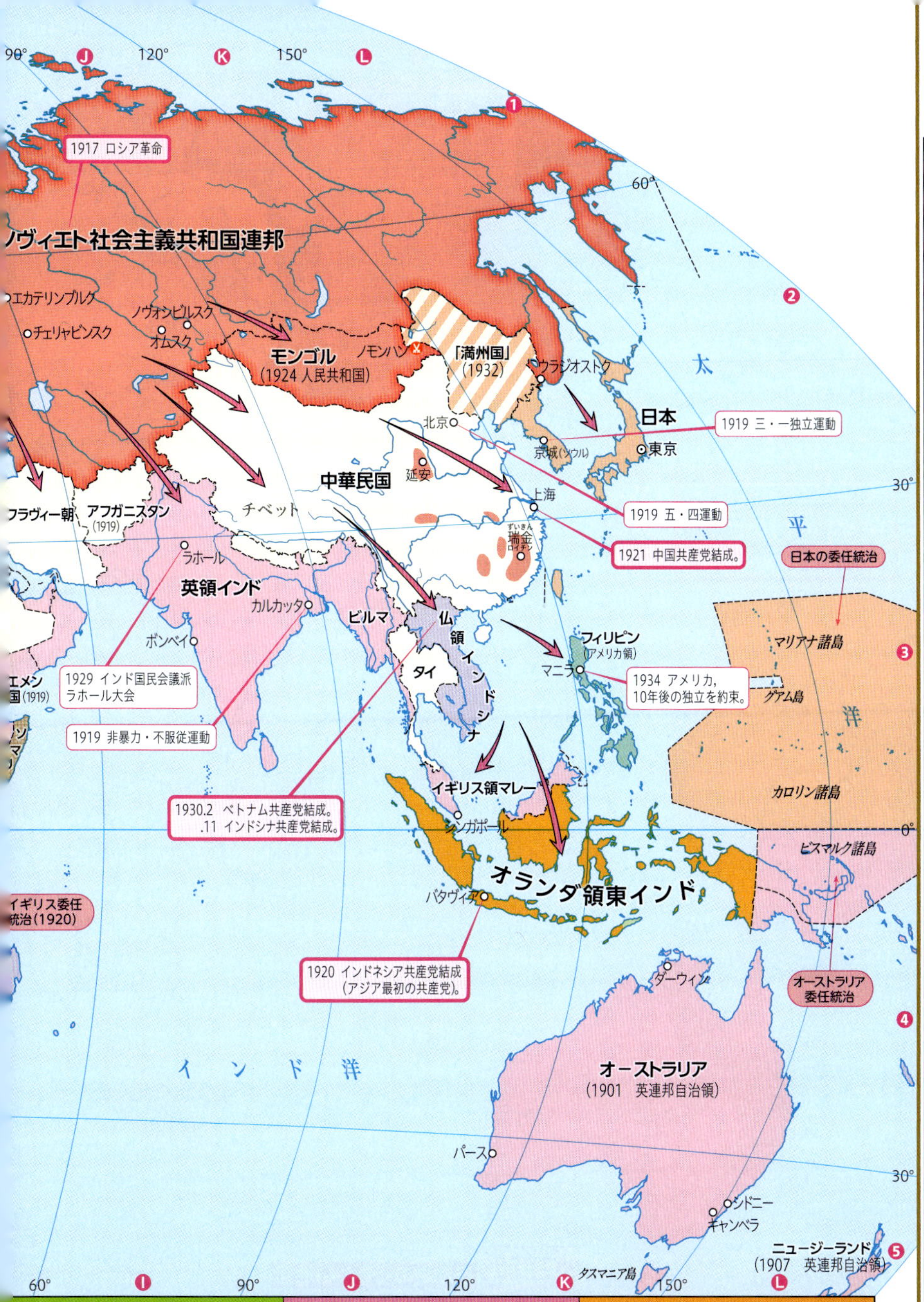

世界各地域のおもな事件

赤字 戦争・紛争関係　おもな治世者

20世紀前半

日本
- 大正時代
- 1915 中国に二十一か条要求
- 1918 シベリア出兵(~22)
- 1923 **関東大震災**
- 昭和時代
- 1928 第2次山東出兵
- 1928 張作霖爆殺事件
- 1931 **柳条湖事件、満州事変**(~33)
- 1932 **「満州国」**建国宣言
- 1933 **国際連盟脱退**を通告
- 1937 **盧溝橋事件、日中戦争**(~45)
- 1940 日独伊三国同盟
- 1941 **太平洋戦争**(~45)

255~257・304~305

東アジア
- 1919 三・一独立運動
- 1919 五・四運動
- 1919 中国国民党結成
- 1921 **中国共産党**結成
- 1926 **蔣介石**、**北伐**(~28)
- 1934 **毛沢東**、長征(~36)
- 1936 張学良、**西安事件**起こす
- 1937 **第2次国共合作**(~45)

246~247・255~257

南・東南アジア
- 1914 **第一次世界大戦**(~18)
- 1919 ローラット法、**ガンディー**、非暴力・不服従運動
- 1920 **インドネシア共産党**結成
- 1927 インドネシア国民党結成
- 1929 **ネルー**、インド国民会議派ラホール大会で完全独立を決議
- ネルー
- 1930 **インドシナ共産党**結成
- 1939 **第二次世界大戦**(~45)
- 1940 日、北部仏印進駐
- 1942 日、マニラ・フィリピン等占領

227・245

西アジア・アフリカ
- **オスマン帝国** 1299~1922
- ○イギリスの多重外交
- 1923 **ムスタファ=ケマル**、**トルコ共和国**を建国
- 1925 パフラヴィー朝成立(~79)
- 1932 **イブン=サウード**、サウジアラビア王国を建国(~53)
- 1936 伊、エチオピア併合

244

ヨーロッパ
- 1914 **サライェヴォ事件**
- 1917 **レーニン**、**ロシア革命**
- 1919 **ヴェルサイユ条約**
- 1920 **国際連盟**発足
- 1921 ワシントン会議(~22)
- 1922 ソヴィエト連邦成立
- ヒトラー
- 1933 **ヒトラー**、政権を握る
- ○**スターリン**独裁
- 1936 フランコ、スペイン内戦(~39)
- 1939 **独、ポーランド侵攻**
- 1940 日独伊三国同盟

234~243・250~256

アメリカ
- 1914 パナマ運河開通
- 1918 **ウィルソン**、「十四か条の平和原則」
- 1924 移民法(アジア系移民禁止)
- 1929 **世界恐慌**始まる
- ローズヴェルト
- 1933 **ローズヴェルト**、ニューディール開始
- 1941 **日、真珠湾攻撃**
- 1942 **ミッドウェー海戦**

248~251・254~256

1917 ロシア革命
ソヴィエト社会主義共和国連邦
モンゴル(1924 人民共和国)
「満州国」(1932)
中華民国
1919 三・一独立運動
1919 五・四運動
1921 中国共産党結成。
日本の委任統治
1929 インド国民会議派ラホール大会
1919 非暴力・不服従運動
1934 アメリカ、10年後の独立を約束。
1930.2 ベトナム共産党結成。.11 インドシナ共産党結成。
オランダ領東インド
イギリス委任統治(1920)
1920 インドネシア共産党結成(アジア最初の共産党)。
オーストラリア委任統治
オーストラリア(1901 英連邦自治領)
ニュージーランド(1907 英連邦自治領)

西アジア・アフリカ	南・東南アジア	東アジア
アジアの独立運動➔p.244 1	ロシア革命における革命勢力と反革命勢力➔p.239 2	第1次国共合作の崩壊と長征➔p.247 2

日本と東アジア海域　日本のブロック政策

日本はアジアとの貿易のなかで工業を発展させたが，さらなる近代化促進のため，欧米諸国と同様の，アジア諸国に進出する植民地帝国への道をとった。第一次世界大戦後の不況が続くと，日本は円ブロック経済圏(のちに**「大東亜共栄圏」**と称した)確立のため中国・東南アジアへの侵略を拡大した。

ここをcheck!!

- **日本**
  - □柳条湖事件を機に「満州国」を建国。
  - □石油など輸入面ではアメリカに依存。
- **朝鮮半島・台湾**
  - □日中戦争後，総力戦体制に組み込むため，日本は「皇民化」政策を開始。
- **中国**
  - □漢冶萍公司が日本の支配下に。
  - □日中戦争勃発後，第2次国共合作成立。

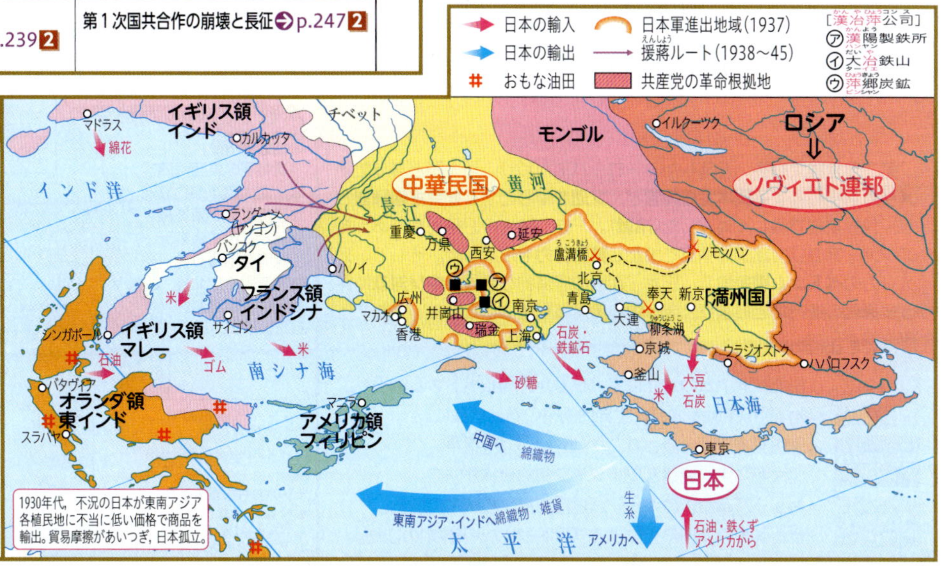

日本の輸入　日本の輸出　おもな油田　日本軍進出地域(1937)　援蔣ルート(1938~45)　共産党の革命根拠地
[漢冶萍公司] ㋐漢陽製鉄所 ㋑大冶鉄山 ㋒萍郷炭鉱

1930年代，不況の日本が東南アジア各植民地に不当に低い価格で商品を輸出。貿易摩擦があいつぎ，日本孤立。

20世紀後半の世界

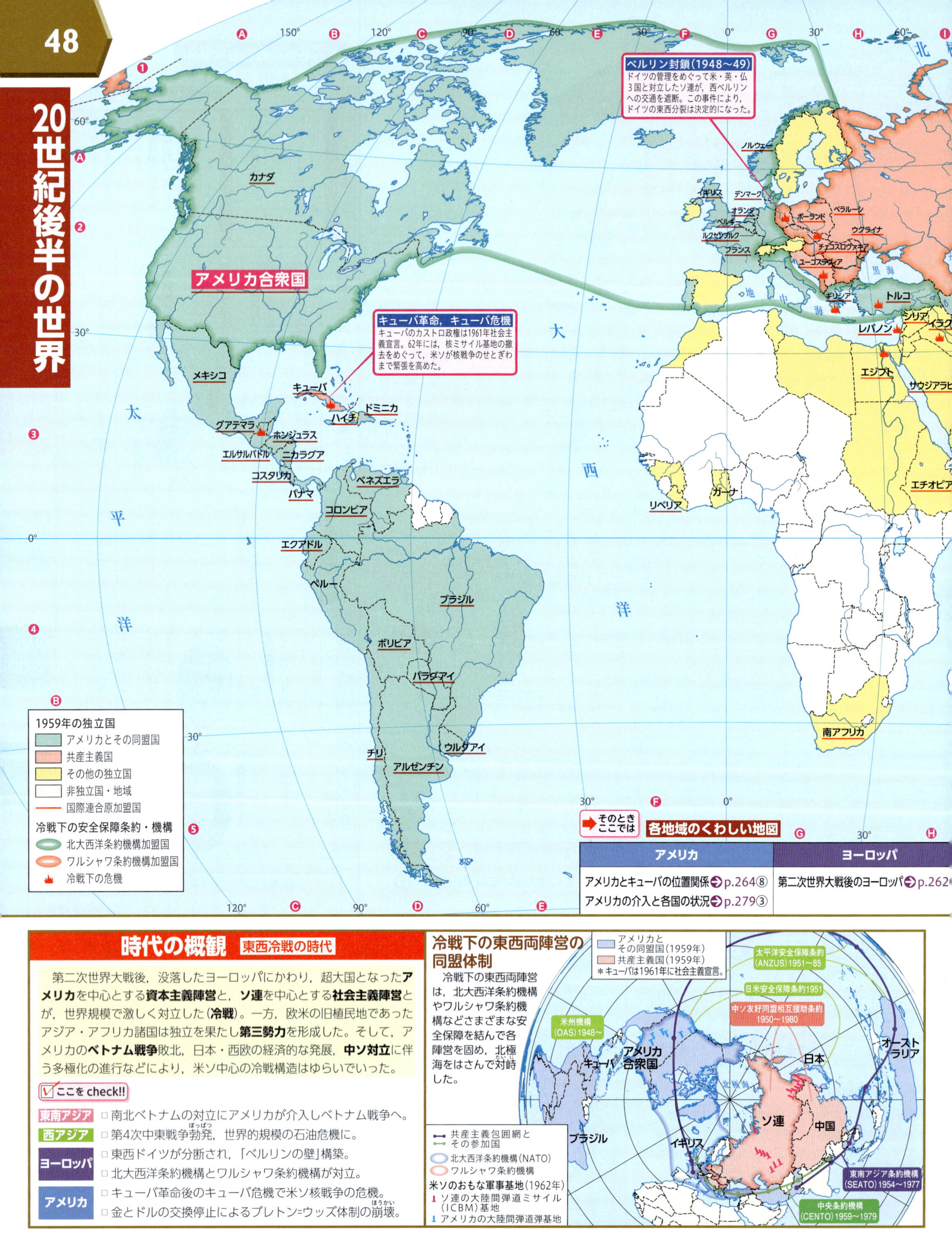

時代の概観 東西冷戦の時代

第二次世界大戦後，没落したヨーロッパにかわり，超大国となった**アメリカ**を中心とする**資本主義陣営**と，**ソ連**を中心とする**社会主義陣営**とが，世界規模で激しく対立した(**冷戦**)。一方，欧米の旧植民地であったアジア・アフリカ諸国は独立を果たし**第三勢力**を形成した。そして，アメリカの**ベトナム戦争**敗北，日本・西欧の経済的な発展，**中ソ対立**に伴う多極化の進行などにより，米ソ中心の冷戦構造はゆらいでいった。

ここをcheck!!

- 東南アジア □南北ベトナムの対立にアメリカが介入しベトナム戦争へ。
- 西アジア □第4次中東戦争勃発，世界的規模の石油危機に。
- ヨーロッパ □東西ドイツが分断され，「ベルリンの壁」構築。 □北大西洋条約機構とワルシャワ条約機構が対立。
- アメリカ □キューバ革命後のキューバ危機で米ソ核戦争の危機。 □金とドルの交換停止によるブレトン=ウッズ体制の崩壊。

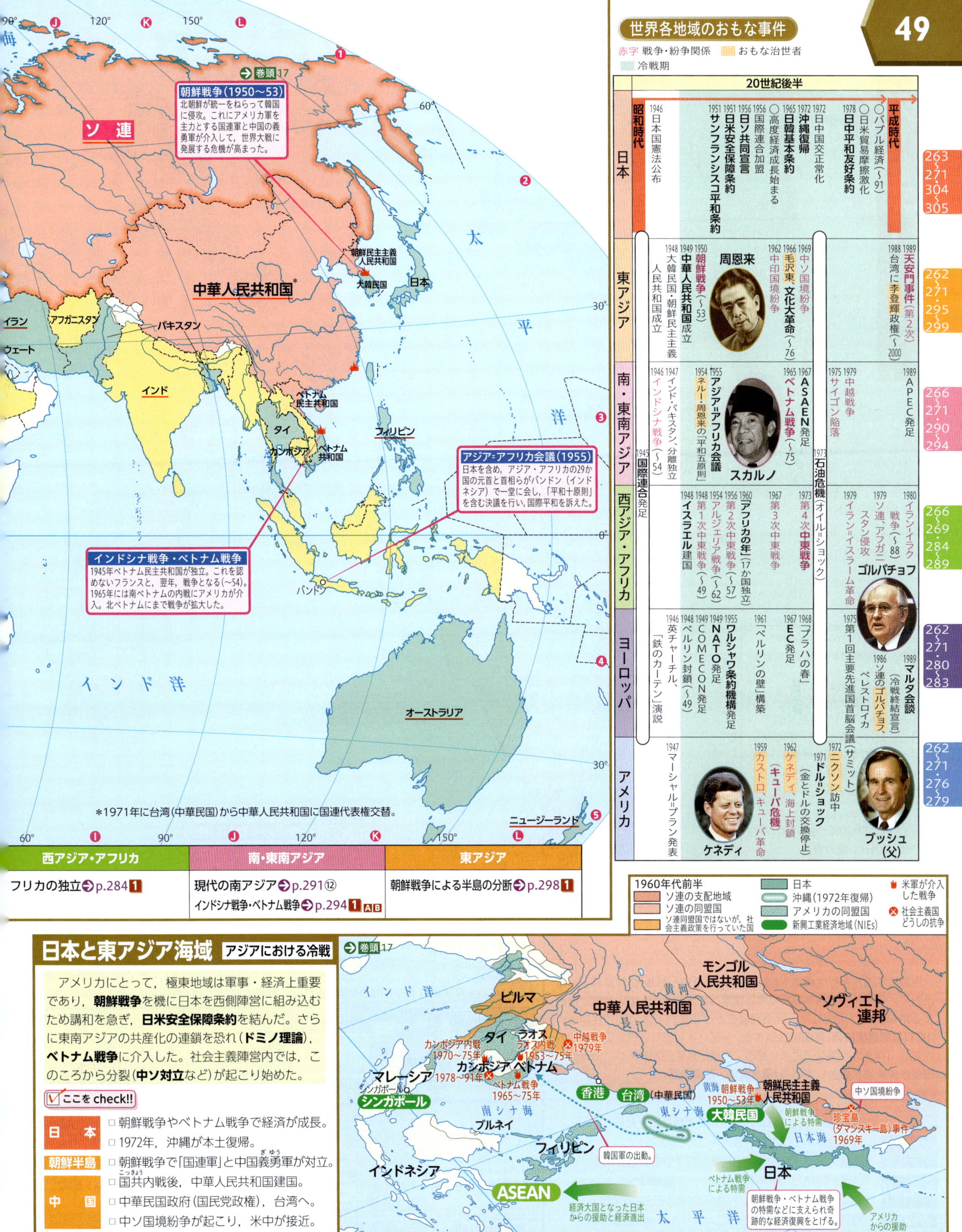

90° 120° 150° J K L
➔巻頭17
朝鮮戦争(1950~53)
北朝鮮が統一をねらって韓国に侵攻。これにアメリカ軍を主力とする国連軍と中国の義勇軍が介入して，世界大戦に発展する危機が高まった。
ソ連
中華人民共和国*
朝鮮民主主義人民共和国
大韓民国
日本
太平洋
イラン
アフガニスタン
パキスタン
クウェート
インド
ベトナム民主共和国
タイ
カンボジア
ベトナム共和国
フィリピン
アジア=アフリカ会議(1955)
日本を含め，アジア・アフリカの29か国の元首と首相らがバンドン（インドネシア）で一堂に会し，「平和十原則」を含む決議を行い，国際平和を訴えた。
インドシナ戦争・ベトナム戦争
1945年ベトナム民主共和国が独立。これを認めないフランスと，翌年，戦争となる(~54)。1965年には南ベトナムの内戦にアメリカが介入。北ベトナムにまで戦争が拡大した。
バンドン
インド洋
オーストラリア
ニュージーランド
*1971年に台湾(中華民国)から中華人民共和国に国連代表権交替。
60° 90° 120° 150° I J K L

世界各地域のおもな事件
赤字 戦争・紛争関係　おもな治世者　冷戦期
20世紀後半
日本：昭和時代　1946 日本国憲法公布　1951 サンフランシスコ平和条約　1951 日米安全保障条約　1956 日ソ共同宣言　1956 国際連合加盟　○高度経済成長始まる　1965 日韓基本条約　1972 沖縄復帰　1972 日中国交正常化　1978 日中平和友好条約　○日米貿易摩擦激化　○バブル経済(~91)　平成時代
東アジア：1948 大韓民国・朝鮮民主主義人民共和国成立　1949 中華人民共和国成立　1950 朝鮮戦争(~53)　周恩来　1962 中印国境紛争　1966 毛沢東，文化大革命(~76)　1969 中ソ国境紛争　1988 台湾に李登輝政権(~2000)　1989 天安門事件(第2次)
南・東南アジア：1945 国際連合発足　1946 インドシナ戦争(~54)　1947 インド・パキスタン分離独立　1954 ネルー・周恩来の「平和五原則」　1955 アジア=アフリカ会議　スカルノ　1965 ベトナム戦争(~75)　1967 ASEAN発足　1973 石油危機(オイル=ショック)　1975 サイゴン陥落　1979 中越戦争　1989 APEC発足
西アジア・アフリカ：1948 イスラエル建国　1948 第1次中東戦争(~49)　1954 アルジェリア戦争(~62)　1956 第2次中東戦争(~57)　1960 「アフリカの年」(17か国独立)　1967 第3次中東戦争　1973 第4次中東戦争　1979 イラン=イスラーム革命　1979 ソ連，アフガニスタン侵攻　1980 イラン=イラク戦争(~88)　ゴルバチョフ
ヨーロッパ：1946 英チャーチル，「鉄のカーテン」演説　1948 ベルリン封鎖(~49)　1949 COMECON発足　1949 NATO発足　1955 ワルシャワ条約機構発足　1961 「ベルリンの壁」構築　1967 EC発足　1968 「プラハの春」　1975 第1回主要先進国首脳会議(サミット)　1986 ソ連のゴルバチョフ，ペレストロイカ　1989 マルタ会談(冷戦終結宣言)
アメリカ：1947 マーシャル=プラン発表　ケネディ　1959 カストロ，キューバ革命　1962 ケネディ，海上封鎖(キューバ危機)　1971 ドル=ショック(金とドルの交換停止)　1972 ニクソン訪中　ブッシュ(父)
263~271・304~305
262~271・295~299
266~271・290~294
266~269・284~289
262~271・280~283
262~271・276~279

西アジア・アフリカ：フリカの独立➔p.284 1
南・東南アジア：現代の南アジア➔p.291⑫　インドシナ戦争・ベトナム戦争➔p.294 1 AB
東アジア：朝鮮戦争による半島の分断➔p.298 1

1960年代前半
ソ連の支配地域
ソ連の同盟国
ソ連同盟国ではないが，社会主義政策を行っていた国
日本
沖縄(1972年復帰)
アメリカの同盟国
新興工業経済地域(NIEs)
米軍が介入した戦争
社会主義国どうしの抗争

日本と東アジア海域　アジアにおける冷戦
アメリカにとって，極東地域は軍事・経済上重要であり，朝鮮戦争を機に日本を西側陣営に組み込むため講和を急ぎ，日米安全保障条約を結んだ。さらに東南アジアの共産化の連鎖を恐れ(ドミノ理論)，ベトナム戦争に介入した。社会主義陣営内では，このころから分裂(中ソ対立など)が起こり始めた。
ここをcheck!!
日本　□朝鮮戦争やベトナム戦争で経済が成長。　□1972年，沖縄が本土復帰。
朝鮮半島　□朝鮮戦争で「国連軍」と中国義勇軍が対立。
中国　□国共内戦後，中華人民共和国建国。　□中華民国政府(国民党政権)，台湾へ。　□中ソ国境紛争が起こり，米中が接近。

➔巻頭17
インド洋
ビルマ
モンゴル人民共和国
黄河
中華人民共和国
ソヴィエト連邦
長江
中越戦争 1979年
タイ
ラオス
ラオス内戦 1953~75年
カンボジア内戦 1970~75年
カンボジア ベトナム
マレーシア
カンボジア 1978~91年
ベトナム戦争 1965~75年
シンガポール
香港
台湾(中華民国)
黄海
朝鮮戦争 1950~53年
朝鮮民主主義人民共和国
中ソ国境紛争
東シナ海
大韓民国
朝鮮戦争による特需
珍宝島(ダマンスキー島)事件 1969年
日本海
南シナ海
ブルネイ
フィリピン
韓国軍の出動。
インドネシア
日本
ベトナム戦争による特需
ASEAN
経済大国となった日本からの援助と経済進出
太平洋
朝鮮戦争・ベトナム戦争の特需などに支えられ奇跡的な経済復興をとげる。
アメリカからの援助

20世紀末～21世紀初頭の世界

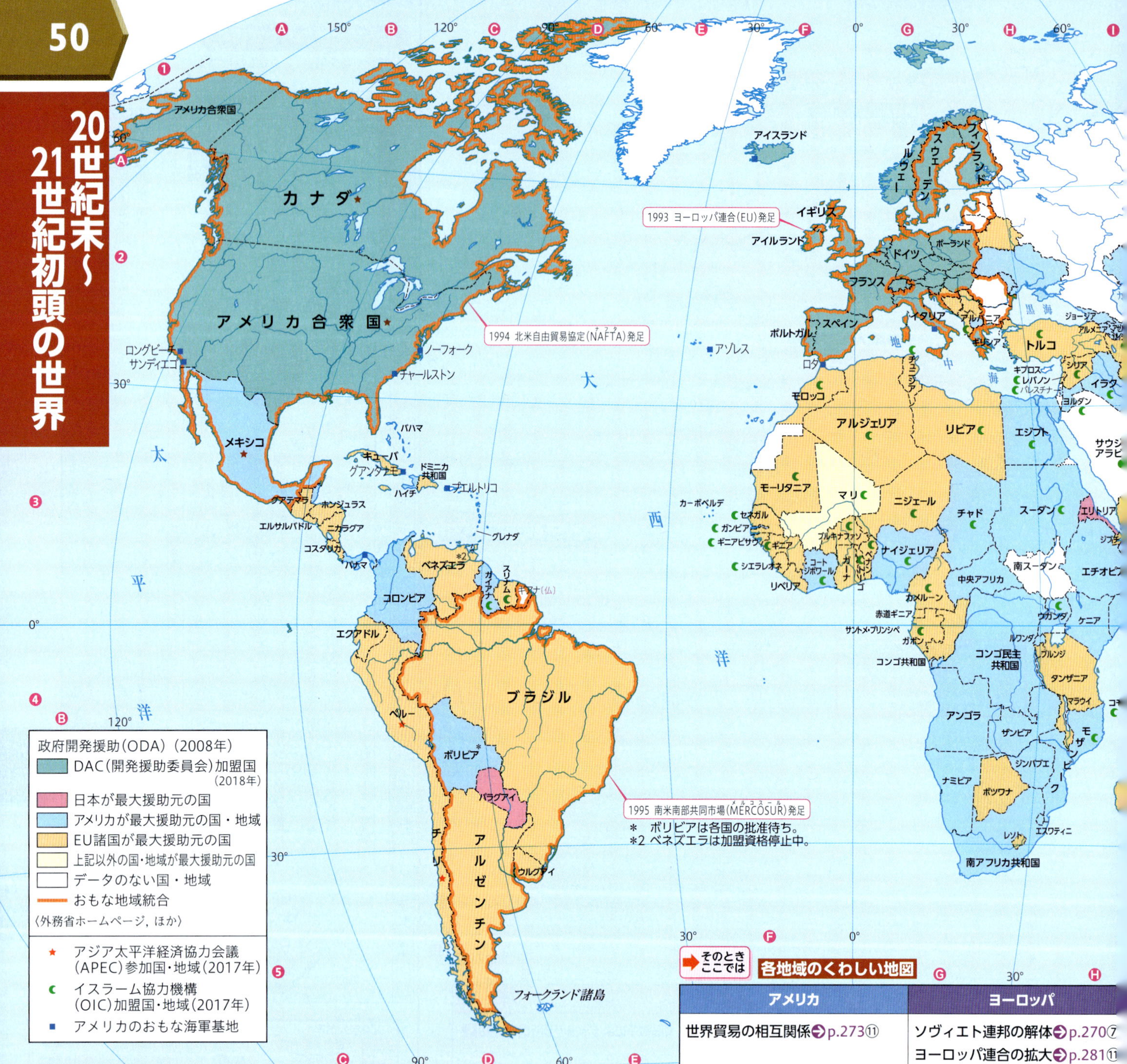

そのとき ここでは **各地域のくわしい地図**

アメリカ	ヨーロッパ
世界貿易の相互関係➔p.273⑪	ソヴィエト連邦の解体➔p.270⑦ ヨーロッパ連合の拡大➔p.281⑪

時代の概観　冷戦後の世界の枠組み

冷戦終結後，世界は資本主義経済の下，**「グローバル化」**が進展するとともに，経済競争に勝ちぬくために国家の枠を越え，一定の地域でまとまる**地域統合**が実現した。経済発展をとげた地域では，80年代以降，**ICT(情報通信技術)革命**を達成する。一方，途上国では民族問題や宗教的対立，経済の停滞などにより紛争・内戦となる国家もあり，国家間の格差がますます拡大している(**南北問題・南南問題**)。

ここを check!!

- **東南アジア** □ APEC(エイペック)発足，ASEAN(アセアン)の拡大など地域統合進む。
- **西アジア・アフリカ** □ 湾岸戦争・イラク戦争でアメリカと対立。
  □ 中東・アラブ諸国で民主化運動(「アラブの春」)高揚。
- **ヨーロッパ** □ 冷戦が終結し，東西ドイツ統一・ソ連解体へ。
  □ EU発足，ユーロ導入。旧東欧諸国のEU加盟実現。
- **アメリカ** □ 同時多発テロ事件。リーマン=ショック→株価暴落。

地域統合の進展

グローバル化のなかでの国家間の経済競争に勝ちぬくため，国家の枠をこえ，一定の地域でまとまる地域統合の動きが出ている。さらに，隣接地域に限らず，遠く離れた国どうしや国と地域の間であっても，FTA(自由貿易協定)やEPA(経済連携協定)など，地域統合に似た協力関係を結ぶ動きもみられる。

NAFTA	
人口	4.7億人
GDP	20.5兆ドル
貿易額	5.7兆ドル

EU＊	
人口	5.0億人
GDP	18.5兆ドル
貿易額	11.9兆ドル

＊2016年6月，イギリスの国民投票でEU離脱派が過半数をこえる。

MERCOSUR	
人口	2.8億人
GDP	3.5兆ドル
貿易額	0.8兆ドル

ASEAN	
人口	6.2億人
GDP	2.5兆ドル
貿易額	2.5兆ドル

カナダ　アメリカ　メキシコ　ペルー　チリ　ブラジル　アルゼンチン　スイス　ロシア　モンゴル　中国　韓国　日本　インド　ASEAN　マレーシア　フィリピン　ベトナム　タイ　ブルネイ　インドネシア　シンガポール　オーストラリア

APEC参加国・地域
日本のFTA・EPAの状況(2016年6月現在)
発効
注)地域統合の人口，GDP，貿易額は2014年。

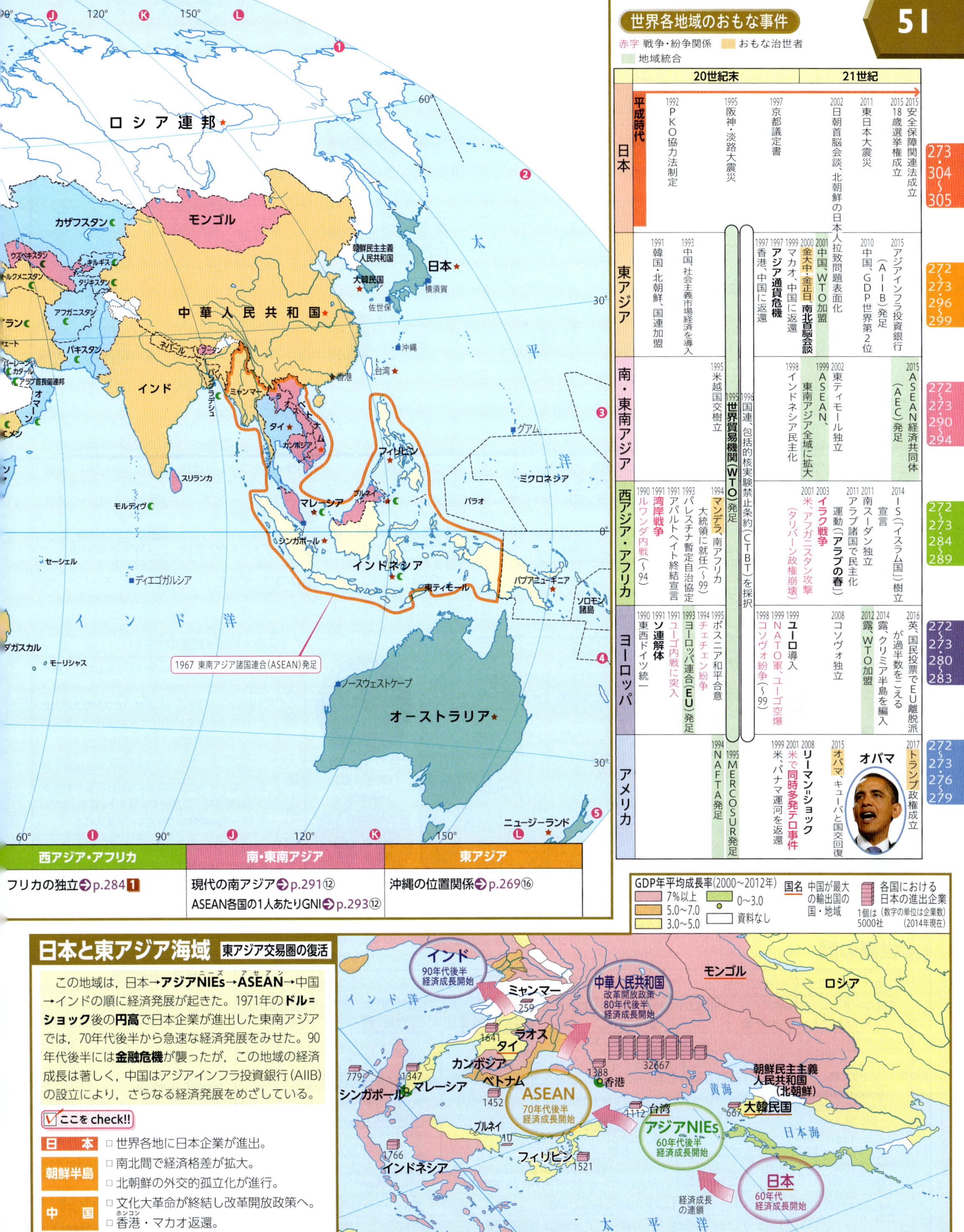

世界各地域のおもな事件

赤字 戦争・紛争関係　おもな治世者　地域統合

	20世紀末	21世紀	
日本	平成時代 / 1992 PKO協力法制定 / 1995 阪神・淡路大震災 / 1997 京都議定書	2002 日朝首脳会談、北朝鮮の日本人拉致問題表面化 / 2011 東日本大震災 / 2015 18歳選挙権成立 / 2015 安全保障関連法成立	273・304〜305
東アジア	1991 韓国・北朝鮮、国連加盟 / 1993 中国、社会主義市場経済を導入 / 1997 香港、中国に返還 / 1997 アジア通貨危機 / 1999 マカオ、中国に返還	2000 金大中・金正日 南北首脳会談 / 2001 中国、WTO加盟 / 2010 中国、GDP世界第2位 / 2015 アジアインフラ投資銀行(AIIB)発足	272〜273・296〜299
(全地域)	1995 世界貿易機関(WTO)発足 / 1996 国連、包括的核実験禁止条約(CTBT)を採択		
南・東南アジア	1995 米越国交樹立 / 1998 インドネシア民主化 / 1999 ASEAN、東南アジア全域に拡大	2002 東ティモール独立 / 2015 ASEAN経済共同体(AEC)発足	272〜273・290〜294
西アジア・アフリカ	1990 ルワンダ内戦(〜94) / 1991 湾岸戦争 / 1991 アパルトヘイト終結宣言 / 1993 パレスチナ暫定自治協定 / 1994 マンデラ、南アフリカ大統領に就任(〜99)	2001 米、アフガニスタン攻撃(タリバーン政権崩壊) / 2003 イラク戦争 / 2011 アラブ諸国で民主化運動(アラブの春) / 2011 南スーダン独立 / 2014 IS(イスラム国)樹立宣言	272〜273・284〜289
ヨーロッパ	1990 東西ドイツ統一 / 1991 ソ連解体 / 1991 ユーゴ内戦に突入 / 1993 ヨーロッパ連合(EU)発足 / 1994 チェチェン紛争 / 1995 ボスニア和平合意 / 1998 コソヴォ紛争(〜99) / 1999 NATO軍、ユーゴ空爆 / 1999 ユーロ導入	2008 コソヴォ独立 / 2012 露、WTO加盟 / 2014 露、クリミア半島を編入 / 2016 英、国民投票でEU離脱派が過半数をこえる	272〜273・280〜283
アメリカ	1994 NAFTA発足 / 1995 MERCOSUR発足 / 1999 米、パナマ運河を返還	2001 米で同時多発テロ事件 / 2008 リーマン=ショック / 2015 オバマ、キューバと国交回復 / 2017 トランプ政権成立	272〜273・276〜279

オバマ

西アジア・アフリカ	南・東南アジア	東アジア
フリカの独立➔p.284 1	現代の南アジア➔p.291⑫ ASEAN各国の1人あたりGNI➔p.293⑫	沖縄の位置関係➔p.269⑯

GDP年平均成長率(2000〜2012年)　7%以上　5.0〜7.0　3.0〜5.0　0〜3.0　資料なし　国名 中国が最大の輸出国の国・地域　各国における日本の進出企業 1個は5000社 (数字の単位は企業数)(2014年現在)

日本と東アジア海域 東アジア交易圏の復活

この地域は，日本→アジアNIEs(ニーズ)→ASEAN(アセアン)→中国→インドの順に経済発展が起きた。1971年の**ドル=ショック**後の**円高**で日本企業が進出した東南アジアでは，70年代後半から急速な経済発展をみせた。90年代後半には**金融危機**が襲ったが，この地域の経済成長は著しく，中国はアジアインフラ投資銀行(AIIB)の設立により，さらなる経済発展をめざしている。

ここを check!!

- 日本　□世界各地に日本企業が進出。
- 朝鮮半島　□南北間で経済格差が拡大。□北朝鮮の外交的孤立化が進行。
- 中国　□文化大革命が終結し改革開放政策へ。□香港(ホンコン)・マカオ返還。

特集 世界の語族・世界の暦

1 世界の語族

▼①世界の「ありがとう」

中国語	シェシェ 谢谢。	アラビア語	シュクラン شكراً
英 語	サンキュー Thank you.	フランス語	メルシー Merci.
ヒンディー語	ダンニャワード धन्यवाद।	ドイツ語	ダンケ Danke.
スペイン語	グラシアス Gracias.	韓国・朝鮮語	カム サ ハム ニ ダ 감사합니다.
ロシア語	スパシーバ Спасибо.		

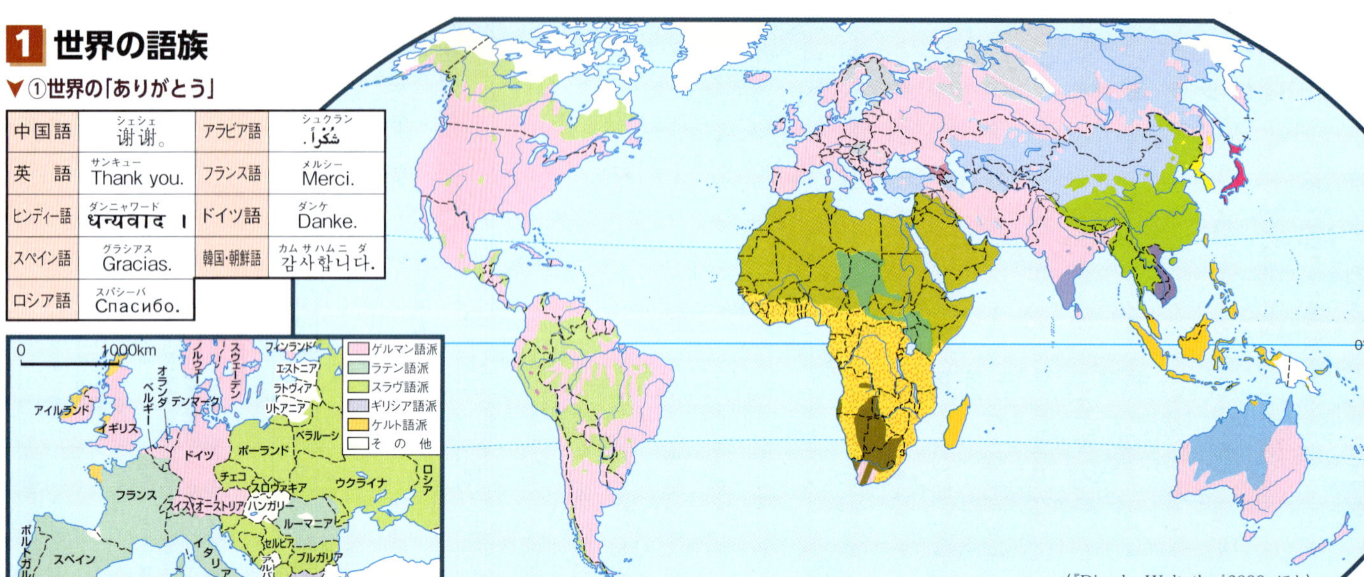

〈『Diercke Weltatlas』2000, ほか〉

- **インド=ヨーロッパ語族**
  - **ゲルマン語派** 英語,ドイツ語,ノルウェー語,オランダ語,スウェーデン語,デンマーク語
  - **ラテン語派** フランス語,イタリア語,スペイン語,ポルトガル語,ルーマニア語
  - **スラヴ語派** ロシア語,ポーランド語,チェコ語,スロヴァキア語,セルビア語,ブルガリア語,ウクライナ語,モンテネグロ語
  - **ケルト語派** アイルランド語,ウェールズ語,ブルトン語
  - **バルト語派** ラトヴィア語,リトアニア語
  - **ギリシア語派** ギリシア語
  - **アルバニア語派** アルバニア語
  - **インド=イラン語派** ヒンディー語,ペルシア語,クルド語,ベンガリー語,ソグド語
- **アフロ・アジア語族**
  - **セム語派**:ヘブライ語,エチオピア語,アラビア語,アッカド語,アラム語,アッシリア語,フェニキア語
  - **非セム語派**:古代エジプト語
- **ウラル語族** フィンランド語,ハンガリー語
- **アルタイ諸語** モンゴル語,トルコ語
- **ニジェール=コルドファン諸語** バンツー語,ヨルバ語
- **シナ=チベット諸語** 中国語,チベット語,ビルマ語,タイ語
- **オーストロネシア語族** インドネシア語,マレー語,ポリネシア語,タガログ語
- **カフカス諸語** グルジア語
- **オーストロアジア語族** ベトナム語
- **ドラヴィダ語族** タミル語,テルグ語
- **オーストラリア諸語** アボリジニーの言語
- **ナイル=サハラ諸語** マサイ語
- **コイサン語族**
- **韓国語・朝鮮語**
- **日本語**
- **インディアン=インディオ諸語**

注）＿＿は消滅した言語

▶②人種の分布

コーカソイド（白色人種）

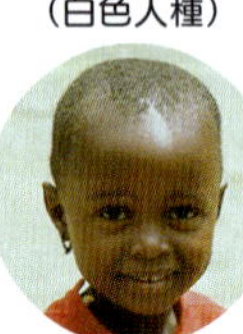
ネグロイド（黒色人種）

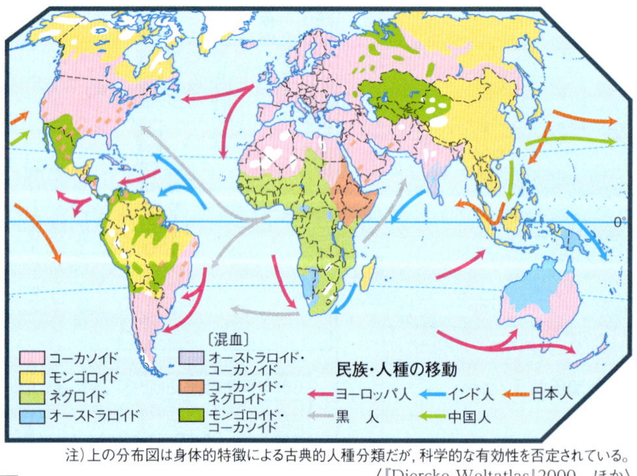

モンゴロイド（黄色人種）

オーストラロイド

注）上の分布図は身体的特徴による古典的人種分類だが，科学的な有効性を否定されている。
〈『Diercke Weltatlas』2000, ほか〉

▼③人種・語族・民族のちがい

人種	遺伝的・身体的特徴を指標として分類した人類の集団。基準として皮膚・毛髪・顔・目の色・骨格などで便宜的に区分した。人種がいくつかの大陸にまたがって分布しているのは，大航海時代以降に頻繁に人種の移動があったためである
語族	同じ語源から分化したと想定される言語群を語族といい，その分布は民族の成立・移動や他民族からの関係などの歴史を反映する。なお，語派とは，同一語族のなかで分化した言語のこと
民族	民族とは，文化的特徴を共有する人間集団をいう。民族を形づくる要素としては，言語・宗教・習慣や伝統・価値観があげられる。これらの要素はその属する社会生活の中で習得される ➔p.203,243,283

2 世界の暦

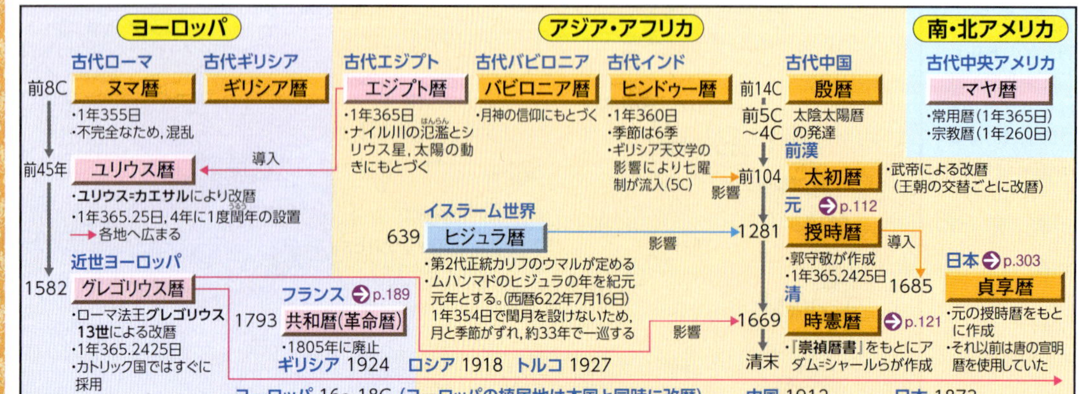

▼④世界の暦の変遷

太陽暦
太陽の運行，すなわち季節が変化する周期をもとにしてつくられた暦。エジプト・ヨーロッパで，おもに用いられた。現在，世界のほとんどで使用。

太陰暦
月の周期的変化，すなわち月の満ち欠けをもとにしてつくられた暦。季節の変化とは無関係で，イスラーム世界の**ヒジュラ暦**がその例。

太陰太陽暦
季節の変化と合うようにするため，太陰暦に太陽暦の要素を取り入れてつくられた暦。閏月を入れることで調節する。

特集 世界の文字

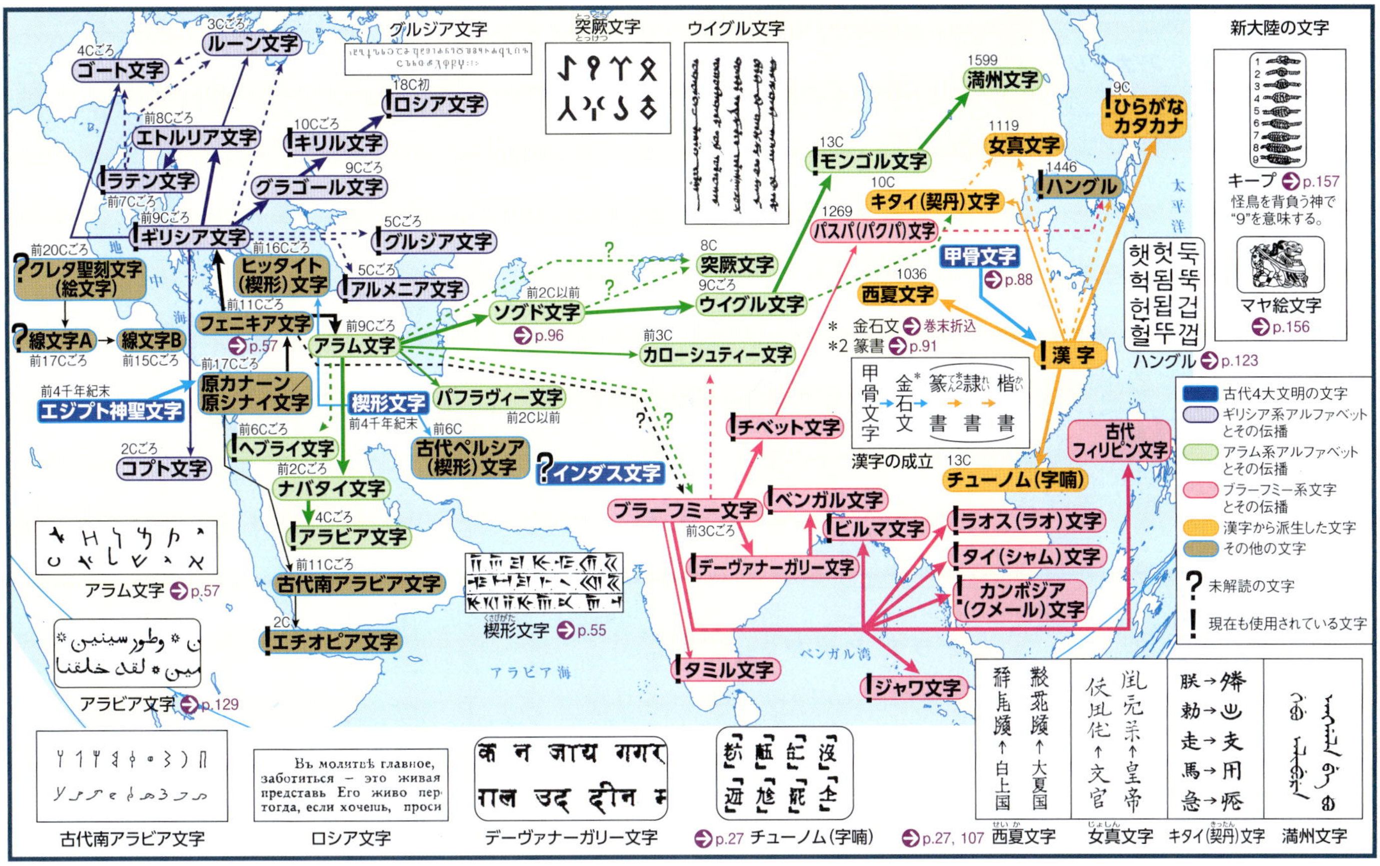

ゴート文字 4Cごろ
ルーン文字 3Cごろ
グルジア文字
突厥文字
ウイグル文字
新大陸の文字
ロシア文字 18C初
キリル文字 10Cごろ
エトルリア文字 前8Cごろ
ラテン文字 前7Cごろ
グラゴール文字 9Cごろ
ギリシア文字 前9Cごろ
グルジア文字 5Cごろ
クレタ聖刻文字(絵文字) 前20Cごろ
ヒッタイト(楔形)文字 前16Cごろ
アルメニア文字 5Cごろ
フェニキア文字 前11Cごろ ➡p.57
線文字A 前17Cごろ
線文字B 前15Cごろ
アラム文字 前9Cごろ
ソグド文字 前2C以前 ➡p.96
突厥文字 8C
ウイグル文字 9Cごろ
カローシュティー文字 前3C
エジプト神聖文字 前4千年紀末
原カナーン/原シナイ文字 前17Cごろ
楔形文字 前4千年紀末
パフラヴィー文字 前2C以前
古代ペルシア(楔形)文字 前6C
インダス文字
コプト文字 2Cごろ
ヘブライ文字 前6Cごろ
ナバタイ文字 前2Cごろ
アラビア文字 4Cごろ
古代南アラビア文字 前11Cごろ
エチオピア文字 2C
満洲文字 1599
女真文字 1119
ひらがな カタカナ 9C
モンゴル文字 13C
キタイ(契丹)文字 10C
ハングル 1446
パスパ(パクパ)文字 1269
甲骨文字 ➡p.88
西夏文字 1036
＊ 金石文 ➡巻末折込
＊2 篆書 ➡p.91
漢字
ハングル ➡p.123
チベット文字
古代フィリピン文字
チューノム(字喃) 13C
ブラーフミー文字 前3Cごろ
ベンガル文字
ビルマ文字
ラオス(ラオ)文字
タイ(シャム)文字
デーヴァナーガリー文字
カンボジア(クメール)文字
タミル文字
ジャワ文字
ベンガル湾
アラビア海
太平洋

甲骨文字 → 金石文* → 篆書*2 → 隷書 → 楷書
漢字の成立

キープ ➡p.157
怪鳥を背負う神で"9"を意味する。
マヤ絵文字 ➡p.156

■ 古代4大文明の文字
■ ギリシア系アルファベットとその伝播
■ アラム系アルファベットとその伝播
■ ブラーフミー系文字とその伝播
■ 漢字から派生した文字
■ その他の文字
? 未解読の文字
! 現在も使用されている文字

アラム文字 ➡p.57
楔形文字 ➡p.55
アラビア文字 ➡p.129

Въ молитвѣ главное, заботиться — это живая представь Его живо пер тогда, если хочешь, проси

古代南アラビア文字　ロシア文字　デーヴァナーガリー文字　➡p.27 チューノム(字喃)　➡p.27, 107 西夏文字　女真文字　キタイ(契丹)文字　満洲文字

▼①古代文字の解読　■ 古代4大文明の文字

古代文字		解読者	解読年	解読資料・関連事項
神聖文字(ヒエログリフ)		シャンポリオン(仏)	1822	ロゼッタストーン
楔形文字		グローテフェント(独)	1802	ペルセポリス(➡p.60)碑文
		ローリンソン(英)	1847	ベヒストゥーン碑文➡p.54
インダス文字		(未解読)		
甲骨文字		劉鶚・羅振玉・王国維(清) 白川静*(日)	1903	殷墟卜辞 *白川は独自の再解釈を示したが,内容には異論も多い。
クレタ文字	聖刻文字(絵文字)	(未解読)		
	線文字A	(未解読)		
	線文字B(ミケーネ文字)	ヴェントリス(英) チャドウィック(英)	1952 (1953)	ギリシア古語を表す音節文字と判明
ヒッタイト楔形文字		フロズニー(チェコ)	1915	ボアズキョイ出土の粘土板➡p.55
原カナーン/原シナイ文字		オルブライト(米)	1966	アルファベットの祖
ブラーフミー文字		プリンセプ(英)	1840ごろ	アショーカ王(➡p.80)碑文
突厥文字		トムセン(デンマーク)	1893	オルホン碑文➡p.96
マヤ絵文字		トンプソン(英)など		一部解読

▼②アルファベットの成立

原シナイ文字	牛の頭	家	ブーメラン	魚
後期原カナーン文字				
フェニキア文字				
ギリシア文字	(アルファ)Α	(ベータ)Β	(ガンマ)Γ	(デルタ)Δ
(ラテン文字)	A	B	C	D

テーマ 古代文字の解読 ～エジプト神聖文字と楔形文字

▲④神聖文字(ヒエログリフ)
▲⑤民衆文字(デモティック)  
ΥΠΟΜΕΙΝΑΣ ΜΕΝΗΚΑΙΔΧ
▲⑥ギリシア文字
神聖文字　民衆文字　ギリシア文字
〈高さ114cm,幅72cm〉 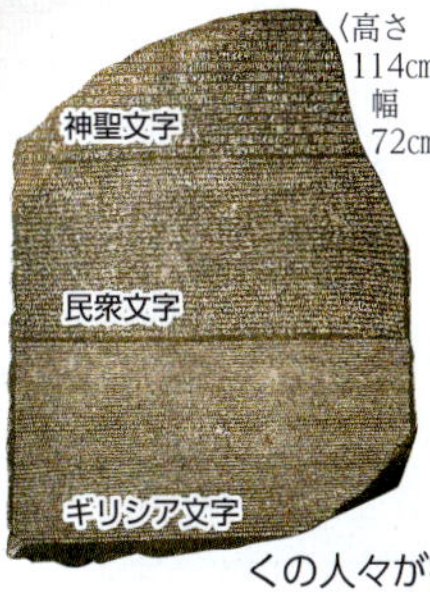
▶③ロゼッタストーン〈大英博物館蔵〉

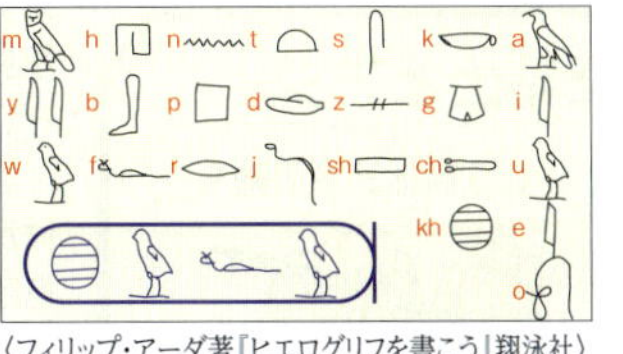
〈フィリップ・アーダ著『ヒエログリフを書こう』翔泳社〉
▲⑦古代エジプトの神聖文字(ヒエログリフ)を読んでみよう

1799年,**ナポレオン**の**エジプト遠征**の際,発見されたロゼッタストーンは,**神聖文字(ヒエログリフ** ➡p.56 **)**・**民衆文字**(デモティック)・**ギリシア文字**の3部分からなる。ギリシア文字の部分から,前196年3月27日に建立されたプトレマイオス5世の布告とわかり,多くの人々が神聖文字の解読に挑戦した。

一方,**楔形文字**(➡p.55)の解読においても,「西アジアのロゼッタストーン」といわれる**ベヒストゥーン碑文**を利用して解読がなされた。この碑文は,イギリス軍人の**ローリンソン**が地上約100mの断崖によじ登って文字を写し取った。この碑文にも古代ペルシア文字・エラム文字・バビロニア文字の3種の文字でダレイオス1世の即位の経緯とその正当性を主張する文章が刻まれている。

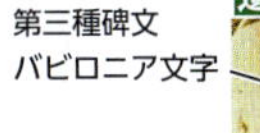

◀⑧ベヒストゥーン碑文のある岩壁(イラン西部)

風土 オリエント(西アジア)世界の風土

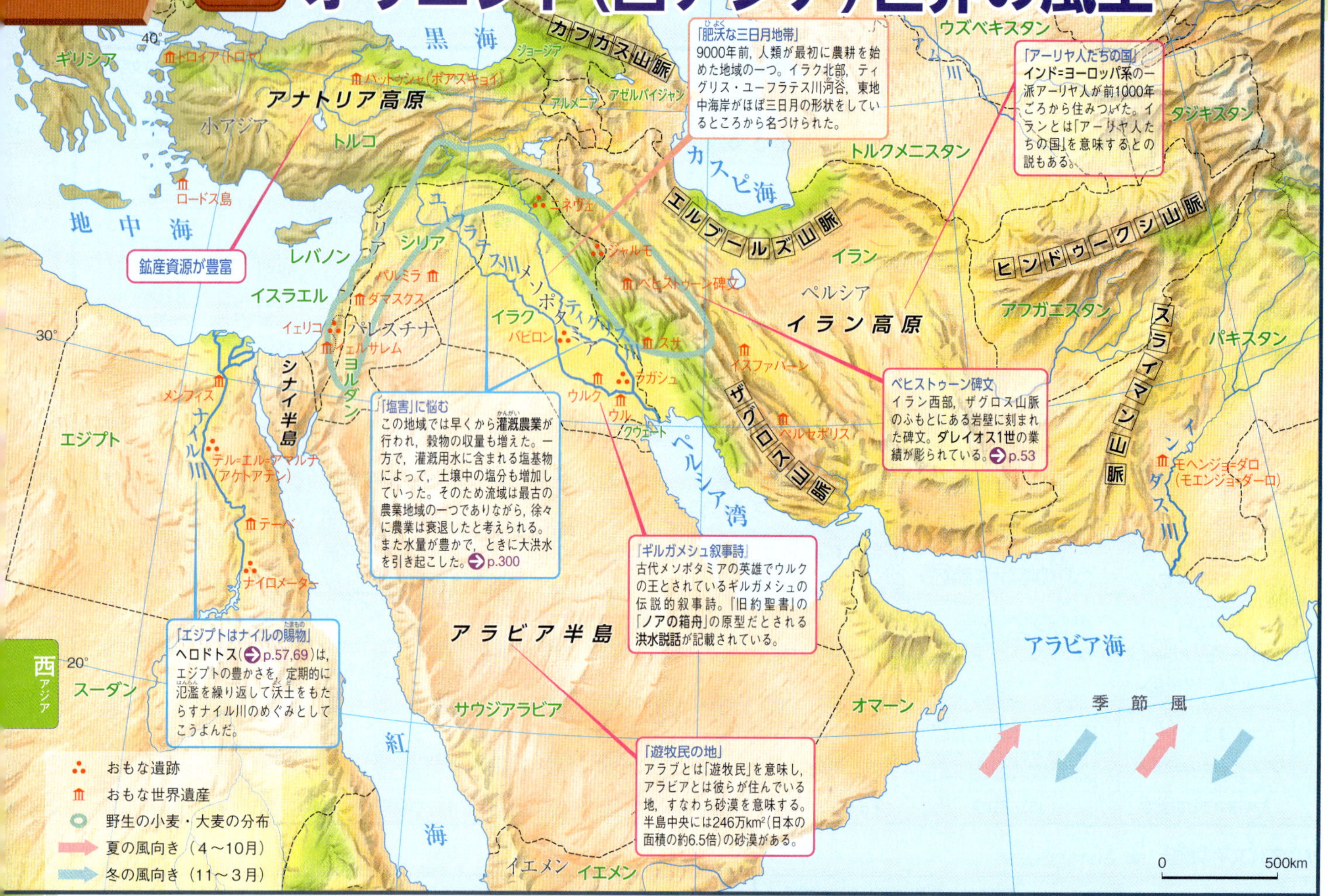

30°
40°
50°
60°
70°
ギリシア
トロイア(トロヤ)
ハットゥシャ(ボアズキョイ)
黒海
カフカス山脈
ジョージア
アルメニア
アゼルバイジャン
アナトリア高原
小アジア
トルコ
ロードス島
地中海
鉱産資源が豊富
レバノン
シリア
イスラエル
パルミラ
ダマスクス
イェリコ
パレスチナ
イェルサレム
ヨルダン
シナイ半島
メンフィス
エジプト
ナイル川
テル=エル=アマルナ(アクトアテン)
テーベ
ナイロメーター
ユーフラテス川
ティグリス川
メソポタミア
ニネヴェ
ジャルモ
ベヒストゥーン碑文
イラク
バビロン
スサ
ラガシュ
ウルク
ウル
クウェート
カスピ海
エルブールズ山脈
イラン
ペルシア
イラン高原
イスファハーン
ザグロス山脈
ペルセポリス
ペルシア湾
「肥沃な三日月地帯」
9000年前，人類が最初に農耕を始めた地域の一つ。イラク北部，ティグリス・ユーフラテス川河谷，東地中海岸がほぼ三日月の形状をしているところから名づけられた。
「アーリヤ人たちの国」
インド=ヨーロッパ系の一派アーリヤ人が前1000年ごろから住みついた。イランとは「アーリヤ人たちの国」を意味するとの説もある。
ウズベキスタン
キルギス
タジキスタン
トルクメニスタン
ヒンドゥークシ山脈
アフガニスタン
パキスタン
スライマン山脈
インダス川
モヘンジョ=ダロ(モエンジョ=ダーロ)
「ベヒストゥーン碑文」
イラン西部，ザグロス山脈のふもとにある岩壁に刻まれた碑文。ダレイオス1世の業績が彫られている。➡p.53
「塩害」に悩む
この地域では早くから灌漑農業が行われ，穀物の収量も増えた。一方で，灌漑用水に含まれる塩基物によって，土壌中の塩分も増加していった。そのため流域は最古の農業地域の一つでありながら，徐々に農業は衰退したと考えられる。また水量が豊かで，ときに大洪水を引き起こした。➡p.300
「ギルガメシュ叙事詩」
古代メソポタミアの英雄でウルクの王とされているギルガメシュの伝説的叙事詩。『旧約聖書』の「ノアの箱舟」の原型だとされる洪水説話が記載されている。
アラビア半島
アラビア海
オマーン
季節風
「エジプトはナイルの賜物」
ヘロドトス(➡p.57,69)は，エジプトの豊かさを，定期的に氾濫を繰り返して沃土をもたらすナイル川のめぐみとしてこうよんだ。
20°
スーダン
紅海
サウジアラビア
「遊牧民の地」
アラブとは「遊牧民」を意味し，アラビアとは彼らが住んでいる地，すなわち砂漠を意味する。半島中央には246万km²(日本の面積の約6.5倍)の砂漠がある。
イエメン
おもな遺跡
おもな世界遺産
野生の小麦・大麦の分布
夏の風向き(4～10月)
冬の風向き(11～3月)
0
500km

メソポタミア

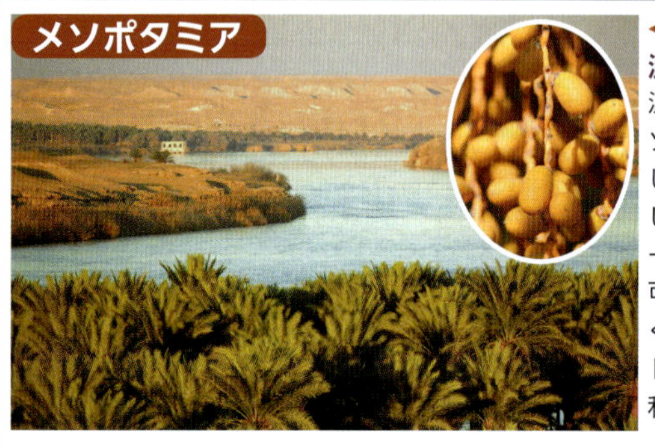

◀①**ユーフラテス川流域のなつめやし** 高温少雨で乾燥地帯のメソポタミアはなつめやしの原産地。なつめやしの実は甘く高カロリーで，年2回の収穫が可能。枝葉や幹も，古くからロープ・マット・建材などに幅広く利用されてきた。

エジプト

ナイル川

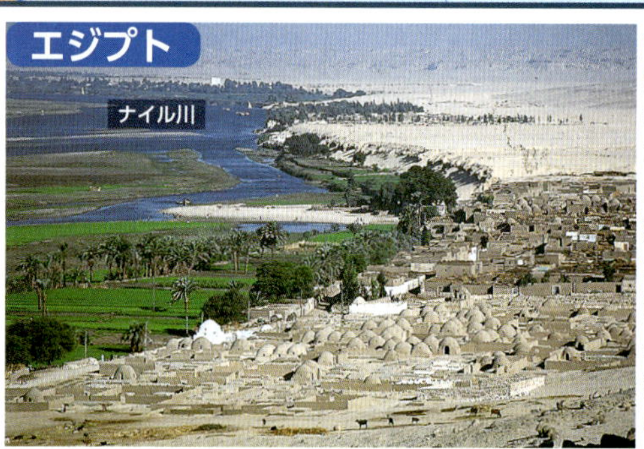

◀⑤**ナイル川流域の畑と集落** ナイル川の増水で肥沃な土壌が残される流域の細長い地域と河口デルタでのみ，耕作が可能である。古代エジプト人は自分たちの国をケメト(黒い土地)とよんだ。ナイル川の氾濫後に農地を測量するために**測地術**が発達した。

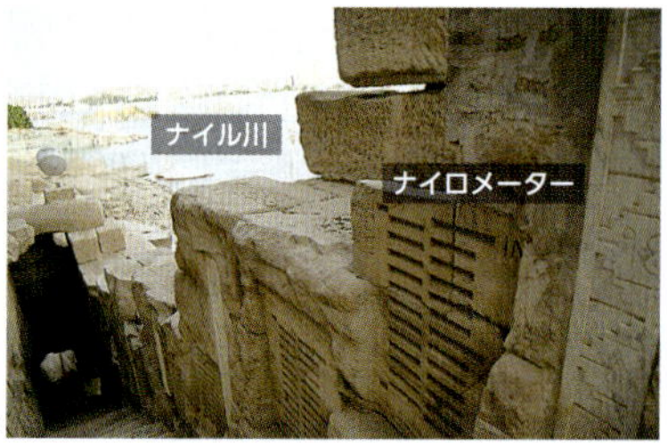

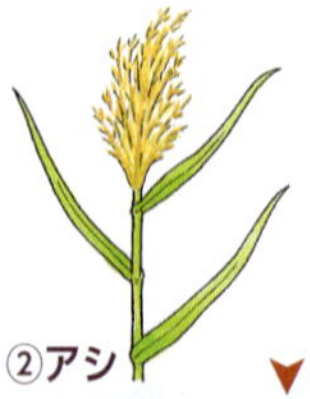

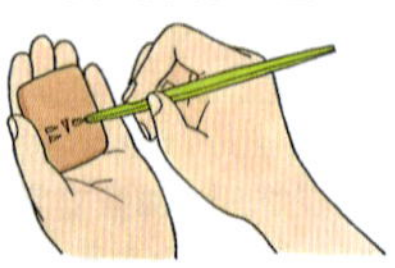

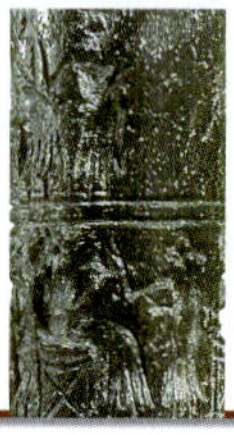

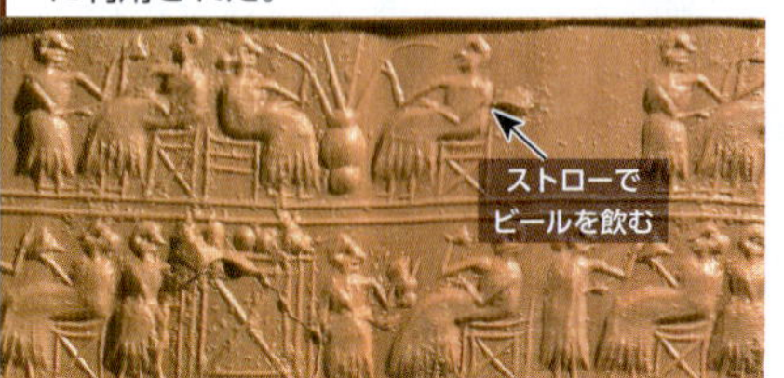

▶⑥**ナイル川の水量変化**(左)**とナイロメーター**(右) ナイル川の増水は定期的であり，各所にあるナイロメーターで水位を知ることができる。

(100万m³)
800
600
400
200
0
青ナイル川
白ナイル川
1
6
12(月)

ナイル川
ナイロメーター

テーマ メソポタミア文明を支えた粘土とアシ

“メソポタミアは粘土の歴史であり，アシの地”といわれる。豊富な粘土は日干しれんが，粘土板そして印章などに，水辺のアシは燃料，船材，建築材のほか文字を記すペンに利用された。

▶②アシ

▼③楔形文字を書く

ストローでビールを飲む

▼④**円筒印章**(前2600年ごろ) 粘土板の上を転がし捺印する。左は**シュメール人**の宴会のようすが描かれている。

パピルス草
ナイフ
石
石の台
木づち

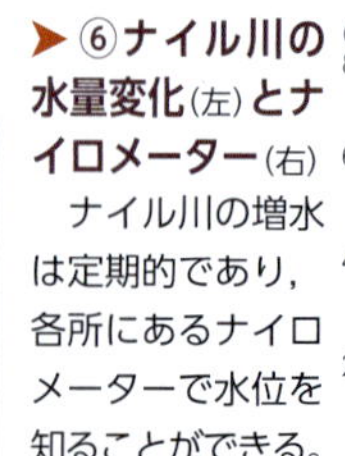

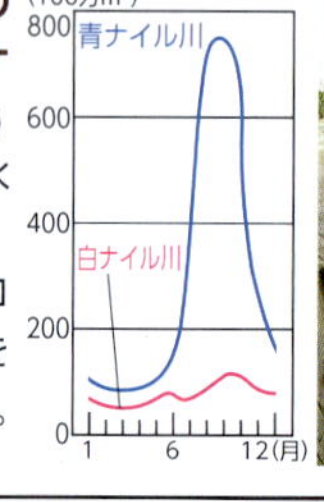

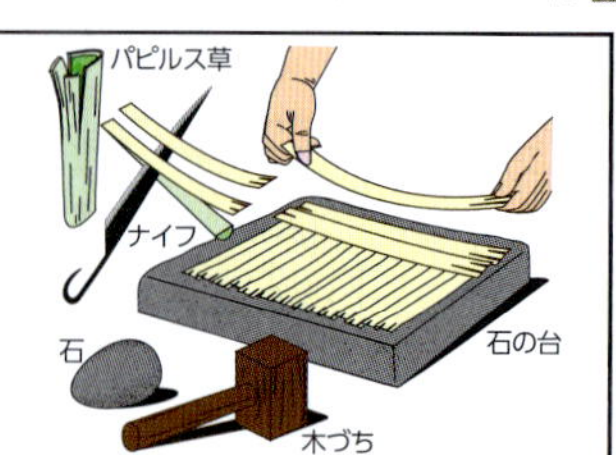

(『Au temps des Anciens Egyptiens』)

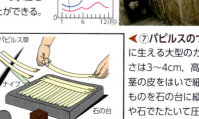

◀⑦**パピルスのつくり方** **パピルス**は湿地に生える大型のカヤツリ草の一種。茎の太さは3～4cm，高さは1.5～2mにもなる。茎の皮をはいで細かくさき，繊維状にしたものを石の台に縦横に重ね合わせ，木づちや石でたたいて圧縮し，乾燥させてつくる。おもにエジプトで使用された。

メソポタミア諸国家 ～諸民族の目まぐるしい興亡

ヒストリーシアター 「目には目を，歯には歯を」

➤①ハンムラビ法典 史p.350

バビロニアの**ハンムラビ王**(位前1800ごろ)が制定した法典。右にあるように「**目には目を，歯には歯を**」の同害復讐(どうがいふくしゅう)の原理にたっていた。ただし身分によって刑罰に差がつけられていた。〈スサ出土，ルーヴル美術館蔵〉

ハンムラビ王　太陽神シャマシュ

もし　人が
目を　子の(他)人の
潰(つぶ)したなら
目を　彼の
潰す

〈飯島紀著『アッカド語』国際語学社〉

➤②法典碑(全体像)　2.25m　0.6m

よみとき 上のハンムラビ法典の訳から，法典のどのような特徴がわかるだろうか。また，なぜ王と神が並んで彫られているのか，考えてみよう。

オリエント諸国興亡年表 p.60▶

凡例：セム語派／非セム語派／インド=ヨーロッパ語族／民族系統不明　赤字 王名　青字 文字

時代		ヌビア・エジプト	パレスチナ	シリア	小アジア	メソポタミア	イラン
紀元前3000	国家の形成期	ノモス(都市国家)分立　メネス王の統一				**シュメール人** **都市国家**分立(ウル,ウルク,ラガシュなど)	
		古王国(前27～前22世紀)・都**メンフィス**・ギザの三大ピラミッド ➔p.56		前2350ごろ **セム語派**民族の移動・侵入		**アッカド王国**(前24～前22世紀)・サルゴン1世　**ウル第3王朝**(前22～前21世紀)　楔形(くさびがた)文字 ➔p.53,54	
2000		**中王国**(前21～前18世紀)・都**テーベ**		中央アジアから**インド=ヨーロッパ語族**諸族の移動 ➔p.4			
		・**ヒクソス**の侵入(馬と戦車)　**ヒクソスの支配**(前17～前16世紀)	カナーン人		**ヒッタイト王国**(前17～前12世紀)・都**ハットゥシャ**(**ボアズキョイ**)　戦時 馬使用　**鉄製武器使用**(世界初)	(アッシリア)　**古バビロニア王国**(**バビロン第1王朝**)(前20末ごろ～前16世紀)・アムル人 ・都**バビロン** ・**ハンムラビ王**　メソポタミア統一「**ハンムラビ法典**」　滅	
1500	民族移動・分立抗争期	**新王国**(前16～前11世紀)・都**テーベ**・**トトメス3世**・**アメンホテプ4世**(前14世紀) テル=エル=アマルナ遷都・ラメセス(ラメス)2世	ヘブライ人　(前13世紀ごろ)出エジプト	**カデシュの戦い**(前1286ごろ)	滅	北 **ミタンニ王国**(前16～前14世紀)　南 **カッシート朝**(前16～前12世紀)　エラム人の侵入　アッシリアの独立(前14世紀)	
1200		撃 ←「海の民」		撃 **フェニキア人**・**フェニキア文字**・地中海貿易 カルタゴ建設・シドン・ティルス　撃 **アラム人**・**アラム文字** アラム語普及・ダマスクス中心に交易 ➔p.53,57		オリエント世界に鉄器が普及	(メディア人 ペルシア人)
1000		**クシュ王国**(黒人王国)・鉄器の使用　**末期王朝期**	前922ごろ分裂　**ヘブライ王国**　南 **ユダ王国**　北 **イスラエル王国** 前722滅亡			初のオリエント統一を実現 **アッシリア**(前2000初～前612) ➔p.60 ・都**ニネヴェ**・サルゴン2世・アッシュル=バニパル王	
700	オリエントの統一期	★(**第26王朝**)(前664～前525)・都**サイス**	滅　前586～前538(バビロン捕囚)	★アッシリア滅亡後の四王国分立	**リュディア王国**★・都サルディス	**新バビロニア王国**(**カルデア王国**)★・都バビロン・ネブカドネザル2世	**メディア王国**★・都エクバタナ
500		**メロエ王国**　前525			前546	前538	前550
		・キュロス2世(建国)・カンビュセス2世(エジプト征服)・ダレイオス1世(全盛期)・ダレイオス3世(滅亡)		オリエントを再統一 **アケメネス朝ペルシア**(前550～前330) ➔p.60			・都スサ
		アレクサンドロスの帝国 ➔p.66					
現在の国名		エジプト共和国	イスラエル国・ヨルダン王国 レバノン共和国・シリア共和国		トルコ共和国	イラク共和国	イラン共和国

1 シュメール人の都市国家 ➔p.300

◀③ウルのジッグラト(復元) **メソポタミア**の各都市には，中央部に高層のジッグラト(聖塔)がつくられた。ウルのウル=ナンム王は，日干しれんがの3層の基壇(きだん)上に，月の神をまつった神殿を建設した。

〈大英博物館蔵，高さ21.6cm，幅49.5cm〉

◀④ウルのスタンダード ウルの王墓から出土した木製パネルで，戦争と平和の2面がある。写真は戦争の面で，軍人，戦車，捕虜(ほりょ)の姿を表現した貴重な歴史的資料となっている。左下は「ろば」にひかせたシュメールの戦車。

投槍　ろば　木をつないだ車輪　4輪

現在に残るシュメール人の発明

- 七曜制(1週間7日制)
- 占星術(星座占い)
- 六十進法(1時間60分，円周360度)
- 太陰太陽暦 ➔p.52

シュメール諸都市国家では，ティグリス・ユーフラテス川が氾濫(はんらん)する時期を知るため，暦法などが発達した。

2 ヒッタイト

◀⑤ヒッタイトの戦車 6本のスポーク(輻(や))の車輪で馬にひかせた戦車は，スピード・軽快さ・機動性で群を抜いていた。〈トルコ，アナトリア考古学博物館蔵〉

歴史と技術　秘蔵の製鉄技術

ヒッタイトは先住民のハッティを征服し，その製鉄技術を独占した。そして世界最初に鉄製武器を実用化して強盛を誇った。ヒッタイトの滅亡後，技術は拡散し，オリエント全域が鉄器時代となった。

世界全図p.4 ➔p.60 1

➤⑥カデシュの戦いの講和条約を記(しる)した粘土板 〈トルコ，ボアズキョイ出土，イスタンブール考古学博物館蔵〉

西アジア　MAP A　1部1章

エジプト統一王国と東地中海世界 ～エジプトに生まれた文明

ヒストリーシアター **王(ファラオ)は神の化身**

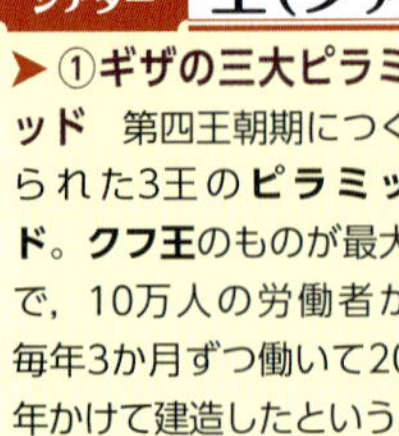

➤①**ギザの三大ピラミッド** 第四王朝期につくられた3王の**ピラミッド**。**クフ王**のものが最大で，10万人の労働者が毎年3か月ずつ働いて20年かけて建造したという。

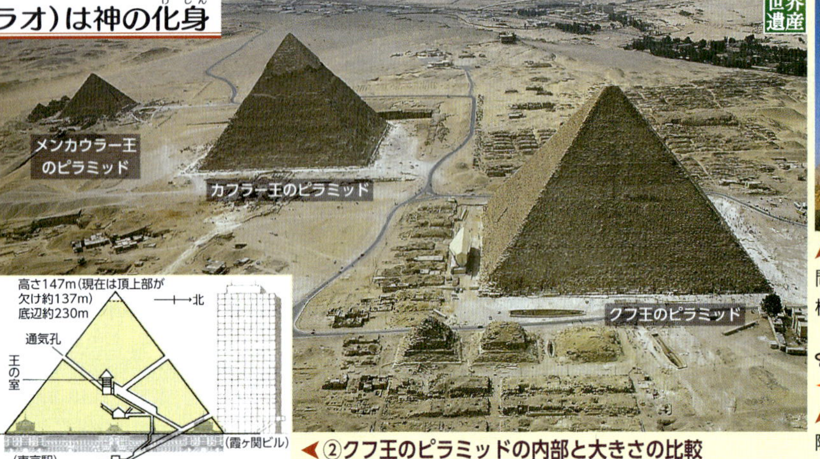

◀②クフ王のピラミッドの内部と大きさの比較

よみとき エジプトでは，どのようにしてピラミッドのような巨大建造物を精密につくることができたのか，考えてみよう。

▲③**スフィンクス** ライオンの体と人間の頭部をもち，その顔はカフラー王を模したともいわれている。

▲④**ものさしは腕** ピラミッド建造の際使用された単位尺度。

1 「エジプトはナイルの賜物(たまもの)」(ギリシアの歴史家ヘロドトスの言葉)

世界全図p.3

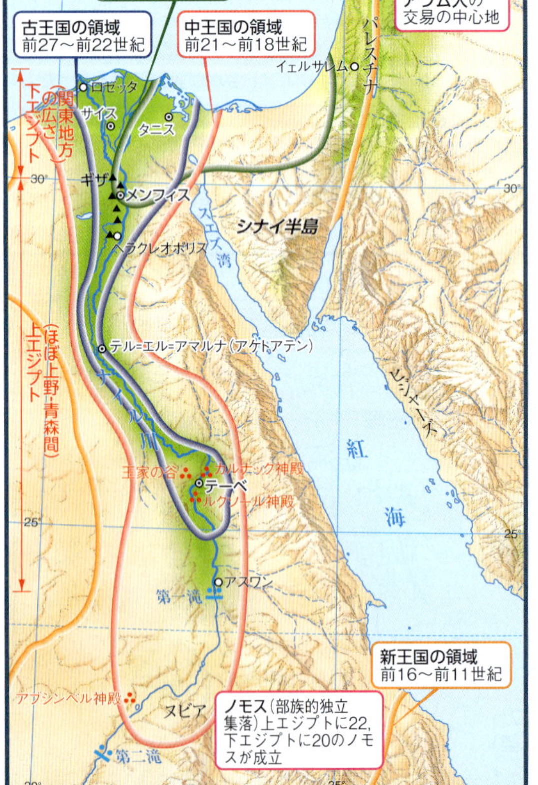

2 エジプト人の来世信仰

＊正義の女神マートの羽根

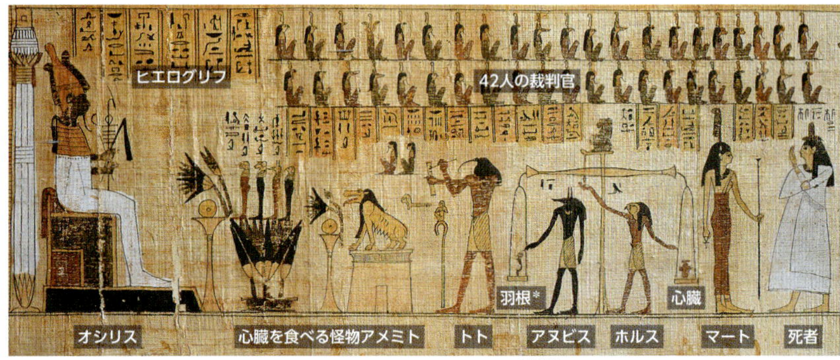

▲⑤**死者の書** 死者の生前の善行や再生復活のための呪文を**神聖文字(ヒエログリフ**➔p.53**)**で**パピルス**に記し，**ミイラ**とともにおさめた。冥界の王**オシリス**の前で，山犬の神アヌビスが死者の心臓と真理を象徴する羽根を秤にかけ，知恵の神トトが記録している。天秤が傾けばその告白はいつわりとされて，怪物に飲み込まれ，無実となれば人間として再生できる。〈イタリア，トリノ，エジプト博物館蔵〉

▼⑥**ツタンカーメン王**(位前1361ごろ～前1352ごろ)**の黄金マスク**〈王家の谷出土，エジプト考古学博物館蔵，高さ54cm，幅39.3cm〉

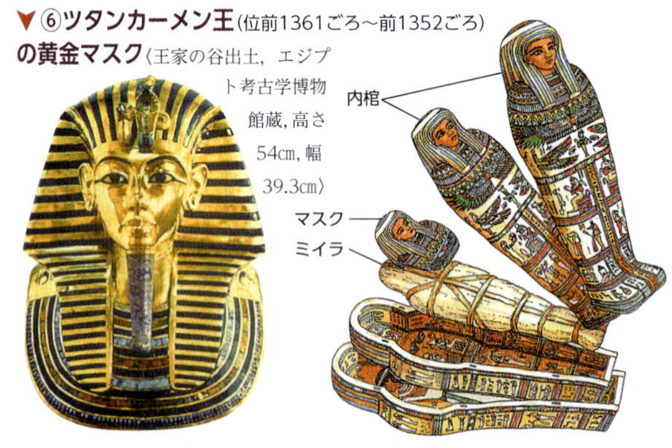

◀⑦**ミイラの構造** **霊魂の不滅・再生**を信じたエジプト人は，肉体を**ミイラ**にして保存し，死後の世界への案内書である**死者の書**とともに葬った。ミイラづくりは，まず遺体から心臓以外の内臓と脳を取り出し，防腐処理をする。次に遺体を乾燥剤につけて脱水し，油や香料を塗り，包帯で整形。約70日後，ひつぎに入れて完成する。

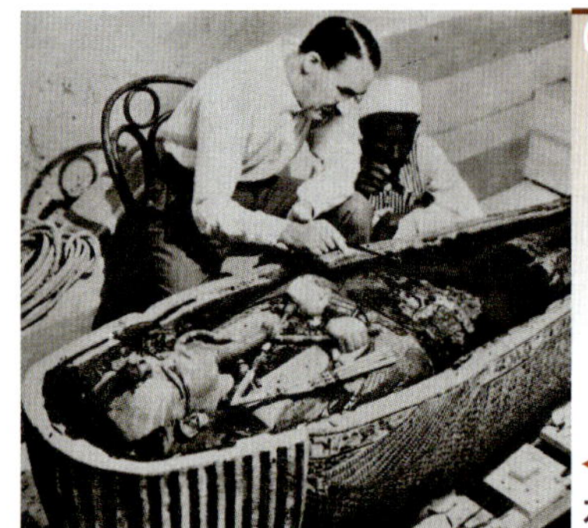

テーマ ミイラが語る「少年王」死の真相

ツタンカーメンの死因については，1960年代にX線撮影によって後頭部に殴打の跡が確認され，以来「暗殺説」が有力であった。しかし，CTスキャンやDNA解析などを取り入れた最近の研究では，戦車から落下して骨折，その後感染症で死亡したとする説が有力とされている。

◀⑧**ツタンカーメンのミイラを発見した考古学者カーター**(1922年)

テーマ ピラミッドは何のためにつくられたか？

ピラミッドの用途をめぐっては，王墓・天文台・時計台など諸説ある。その造営に農閑期（のうかんき）の多数の農民がかり出されたことから，王の権力を象徴する王墓説が有力であるが，ピラミッドの中からミイラ・骨は見つかっていない。また，ピラミッドの形状については，太陽神信仰と結びついた考え方が有力である。現世で**太陽神ラーの化身**であった王は，死後，太陽光線に乗って昇天するという考え方で，ピラミッドは太陽光線を目に見える形にした神殿であるという。ピラミッド造営も，農民にとってはナイル増水による農閑期の公共事業であるとともに，王が天から国土の繁栄を見守ってくれるという宗教的熱情に支えられた労働奉仕であったと考えられる。

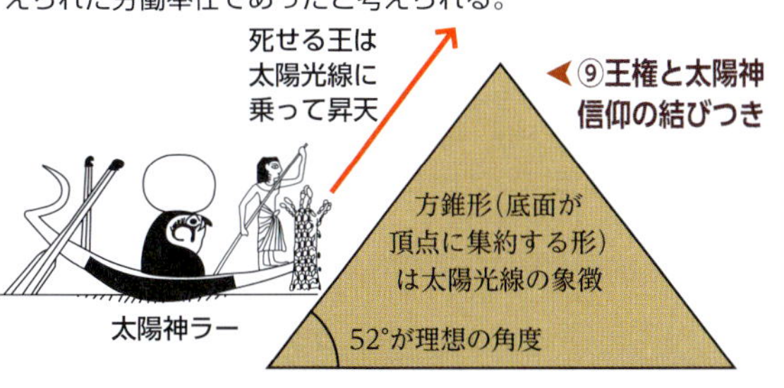

◀⑨**王権と太陽神信仰の結びつき**

3 アマルナ時代（新王国）

▼⑩**アテン（アトン）神に供物（くもつ）をささげるアメンホテプ4世**（位前1379ごろ～前1362ごろ）
彼は，首都**テーベ**の守護神**アメン（アモン）**の神官団が絶大な権力をもって政治に介入するのをきらい，**唯一（ゆいいつ）太陽神アテン（アトン）**を信仰し，首都を**テル＝エル＝アマルナ（アケトアテン**，アテンの地平線の意）に移した。そしてアテンに有益な者を意味するアクエンアテン（**イクナートン**）と改名し，アメン神や伝統的な神々を退けた。しかし，急激な宗教改革は彼の死後すたれ，次王**ツタンカーメン**の治世には**アメン信仰**が復活した。

▶⑪**ネフェルティティの胸像**　エジプト美術の伝統的な様式を離れ，ありのままに表現する写実的な**アマルナ美術**が生まれた。目のふちのアイシャドウは緑色のくじゃく石の粉。強い太陽光線をやわらげたり，ハエが運ぶ眼病の消毒剤の役割をしたといわれる。〈ベルリン，新博物館蔵，高さ49cm，幅24.5cm〉

4 戦うファラオ

◀⑫**エジプト王の冠**

▲⑬**アブシンベル神殿　ラメセス（ラメス）2世**（位前1304～前1237）によって建てられた神殿。高さ20mの巨像は4体ともラメセス2世。彼のかぶる赤白2色を重ねた王冠（➡⑫）は，彼が**上・下両エジプトの統一者**であることを示している。神殿内部には，ヌビア遠征やヒッタイトとの**カデシュの戦い**（前1286年ごろ）のようすを示すレリーフがある。

▲⑭**カデシュの戦いで戦車に乗るラメセス2世**➡p.55,6

5 海上交易のフェニキア人・内陸交易のアラム人

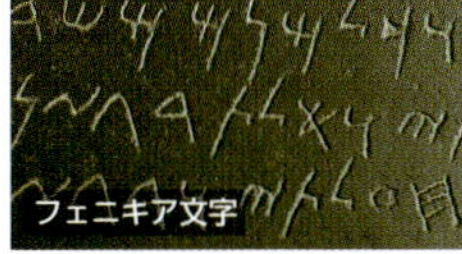

アラム文字

フェニキア文字	𐤀	𐤁	𐤂
ギリシア文字	Α	Β	Γ
エトルリア文字	𐌀	𐌁	𐌂
ラテン文字	A	B	C

フェニキア文字	𐤀	𐤁	𐤂
アラム文字	𐡀	𐡁	𐡂
ヘブライ文字	א	ב	ג
パフラヴィー文字（ササン朝期）	𐭠	𐭡	𐭢

▲⑮**二つの国際商業文字**　**フェニキア人**が22子音からなる表音文字（**フェニキア文字**）をつくると，地中海交易を通じて周辺民族に大きな影響を与え，また，**アルファベット**の起源ともなった。**アラム文字**は内陸交易とともに広がり，西アジア全域で使われた。➡p.53

テーマ アフリカ大陸を一周したフェニキア人

フェニキア人は地中海東岸を拠点とし，海上交易で活躍した。**ヘロドトス**（➡p.69）によれば，アフリカ大陸を周航したといわれるほど造船や航海技術にすぐれていた。彼らはシチリアに植民し，そこを「シクリ＝農民」の土地，近くの島をその形から「サルデーニャ＝足」と名づけたという説もある。のち**アケメネス朝ペルシア**の**属州**となり，海軍の主力となった。

◀⑯**フェニキア人の船**（想像図）

テーマ 王の宮殿をつくる杉，王の衣（ころも）をいろどる貝

古代オリエントでは，神殿・船・青銅器の製作やパンを焼くために，大量の木材が必要だった。船のマストにも適したまっすぐで強いレバノン杉は，**フェニキア人**の交易の目玉となった。

また**シドン**や**ティルス**は，ムレックスという巻き貝から採取した染料の産地。太陽にあてて乾かすと紫色に変わるその貝は，ごくわずかしかとれないため大変高価であり，紫色の衣は帝政ローマでは皇帝だけが着用できた。

▶⑰**レバノン杉の使いみち**

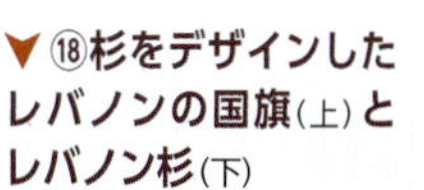

▼⑱**杉をデザインしたレバノンの国旗**（上）**とレバノン杉**（下）

▼⑲**レバノン杉の輸送**

今日とのつながり　フェニキア人の商業拠点ビブロスは，パピルスの積み出し港であった。そこから「ビブロス」はギリシア語でパピルス＝書物を意味する語となった。これを語源とする「本」を意味する単語にはβιβλος（ギリシア語），livre（フランス語），libro（イタリア語）がある。

ヘブライ人とユダヤ人 ～偉大なる文化的業績

ヒストリーシアター 「私のほかに，何者をも神としてはならない」

◀②『十戒』を受ける預言者*モーセ(映画「十戒」の一場面より) エジプトからパレスチナへの帰還途中，シナイ山で神**ヤハウェ(ヤーヴェ)**はモーセを通じて『十戒』を授けたという。これが今日の**ユダヤ教**の基礎となっている。

*神の言葉を預かり，人々に警告する者。ユダヤ民族の危機に際し，出現。

モーセの『十戒』

①あなたは私のほかに，何者をも神としてはならない。
②あなたは自分のために，刻んだ像をつくってはならない。
③あなたは，あなたの神，主の名を，みだりに唱えてはならない。
④安息日を覚えて，これを聖とせよ。
⑤あなたの父と母を敬え。
⑥あなたは殺してはならない。
⑦あなたは姦淫してはならない。
⑧あなたは盗んではならない。
⑨あなたは隣人について，偽証してはならない。
⑩あなたは隣人の家をむさぼってはならない。

〈『旧約聖書』「出エジプト記20章」〉

◀①紅海の奇跡(映画「十戒」の一場面より) **ヘブライ人**は**パレスチナ**に定住し，一部は**エジプト**に移住。だが，迫害により，前13世紀，**モーセ**に引率され脱出(**出エジプト**)した。途中，エジプト軍の追撃をのがれるヘブライ人の前で，紅海が割れ，道が開ける奇跡が起こったとの伝承が生まれた。

よみとき モーセの『十戒』から，ヘブライ人と神との関係にみられる特色をあげてみよう。

ユダヤ人の歴史 p.258▶

時代	年代	事項
王国の時代	前13世紀ごろ	**モーセ**，**出エジプト**(『十戒』を授かる)
	前10世紀ごろ	**ヘブライ王国 ダヴィデ王，イェルサレム**遷都
	前 960ごろ	**ソロモン王**，第1神殿を建設
	前 922ごろ	**イスラエル王国**(北部)・**ユダ王国**(南部)に分裂
	前 722	イスラエル王国，アッシリアにより滅亡
	前 586	**ユダ王国，新バビロニア**のネブカドネザル2世により**滅亡**→**バビロン捕囚**(～前538)
	前 538	イェルサレム帰国 神殿再建
	○	**ユダヤ教確立** ➔p.59
	前 63	**ユダヤ，ローマに征服される**
	後 6	**ユダヤ，ローマの属州になる**
	30ごろ	**イエス**刑死
	66	第1次ユダヤ戦争(～70)→敗北
	132	第2次ユダヤ戦争(～135)→敗北
流浪と離散の時代		**世界各地へ離散(ディアスポラ)**
	313	**ミラノ勅令** ➔p.74 →パレスチナにキリスト教徒，多く居住
	392	**ローマ帝国，キリスト教を国教化** →**ユダヤ人への差別・迫害**が強まる
	1078	教皇**グレゴリウス7世**，ユダヤ人を公職追放 →キリスト教徒とユダヤ人の共存否定
	1350ごろ	**ペスト**(黒死病)流行に伴い，**ユダヤ人虐殺** ➔p.148
	○	イタリアで**ゲットー***設置

*ユダヤ人強制隔離居住区

1 ヘブライ王国 ➔p.74②

ウガリット
キプロス島
ユーフラテス川
フェニキア
カデシュ
タドモル(パルミラ)
アラム
ビブロス
ベリトス(ベイルート)
シドン
ダマスクス
地中海
ティルス
ガリラヤ湖
イスラエル王国 前922ごろ～前722
サマリア
イェリコ
イェルサレム
死海
ガザ
タニス
ユダ王国 前922ごろ～前586
*このルートでは紅海を通っていない
エジプト王国
シナイ半島
スエズ湾
アカバ湾
シナイ山
エツヨン・ゲベル(エラテ)
0 100km
ダヴィデ・ソロモン王時代のヘブライ王国(前10世紀)
出エジプトの経路*
おもな通商路
フェニキア人の居住地(前10～前8世紀)

▶⑤嘆きの壁(イェルサレム) かつてローマ帝国によって破壊された神殿の残された西壁を聖地として，現在も礼拝を行っている。

▼③ダヴィデの星 **ユダヤ教**の象徴で，現在のイスラエル国旗にも使われている。ナチス=ドイツ時代にはユダヤ人が強制的に身につけさせられた。

▼④イスラエルの国旗

◀⑥壁に向かって祈るユダヤ教徒

2 ユダヤ教の教え ➔p.59②③，74

安息日に禁じられた行為*の例

耕す・蒔く・刈り入れる・脱穀する・粉をひく・こねる・パンを焼く・羊の毛を刈る・糸をつむぐ・染める・織る・糸と糸を結ぶ・結びを解く・縫う・狩りをする・切る・書く・消す・建てる・こわす・火をつける・火を消す

*現在では，車の運転，テレビを見ることも禁止

◀⑦ヘブライ語でトーラー(ユダヤ教の聖書の一部)の読み方を学ぶ少年

『旧約聖書』(～前1世紀 ヘブライ語)*	
モーセ五書	『創世記』『出エジプト記』『レビ記』『民数記』『申命記』(「ノアの箱舟」，「アダムとイヴのエデンの園」，「バベルの塔」など)
歴史書	『ヨシュア記』，『列王記』など
預言書	『イザヤ書』，『エレミヤ書』，『エゼキエル書』など
諸書	『詩篇』『ヨブ記』『箴言』『黙示文学』
* ユダヤ教の正典をキリスト教の正典として継承。	
『新約聖書』(2～4世紀 ギリシア語「コイネー」)	
四福音書	**イエス**の言行を弟子**マタイ・マルコ・ルカ・ヨハネ**が記録したもの，イエスの伝記
『使徒言行録』	**ペテロ・パウロ**の伝道を記述
書簡	パウロの書簡(『ローマ人への手紙』など)
『ヨハネの黙示録』	迫害に苦しむキリスト教徒のために新しい天地とイェルサレムの出現を黙示的に預言(最後の審判)

◀⑧『旧約聖書』『新約聖書』の内容

テーマ ヘブライ人とユダヤ人

ヘブライ人は他称であり，自身はイスラエルと称する。ユダヤとは，ヘブライ人の主要な部族ユダ族の土地という意味で，**バビロン捕囚**以後はユダヤ人ともよばれるようになった。以後，ユダヤ人は，一般的には「ユダヤ人の母親から生まれた者，またはユダヤ教に改宗した者」で，前近代のヨーロッパでは「ユダヤ人」と「ユダヤ教徒」の用語上の区別はなかった。

今日とのつながり 日露戦争のとき，日本の戦時国債を大量に購入したのは，米国のユダヤ系金融資本家で，その背景には「ポグロム」(➔p.209)への反発があった。

特集 世界の宗教

紀元前 1000 500 紀元 500 1000 1500

青字 経典　赤字 創始者

アメリカ / ヨーロッパ / 北アフリカ・西アジア / 南・東南アジア / 中国・チベット / 日本

世界の宗教別人口 －2014年－

キリスト教 37%：カトリック 19%、プロテスタント 8%、正教会 4%、その他のキリスト教 6%
イスラーム 26%
ヒンドゥー教 15%
仏教 8%
その他 14%

〈『アルマナック』2016〉

ユダヤ人を母体として原始キリスト教が伝播。

ディアスポラ

(モーセの十戒)　ユダヤ教　『旧約聖書』 → イスラエルほか，ユダヤ人へ

キリスト教　イエス『新約聖書』 → ローマへ

異端 → アリウス派 → ゲルマン人へ
正統 → アタナシウス派
異端 → ネストリウス派 → 北アフリカへ ／ (ササン朝)
単性論：アルメニア教会 → アルメニアへ／コプト教会 → エジプトへ／シリア教会 → シリア・南インドへ／エチオピア教会 → エチオピアへ

1054　ローマ=カトリック　カタリ派(アルビジョワ派)
「宗教改革」 イギリス国教会 → イギリスへ／ルター派／カルヴァン派　プロテスタント → ヨーロッパ・アメリカ大陸など
(イエズス会) → 中南米・アジアへ
→ スペイン・イタリア・フランスへ
ギリシア正教 → ロシア正教 → ロシアへ
→ 東欧へ

ゾロアスター教　ゾロアスター『アヴェスター』 → イラン・西北インドへ

ミトラ教

マニ教　マニ

ムハンマド　イスラーム『クルアーン(コーラン)』
シーア派 → イランなど
スンナ派 → 西アジア・北・東アフリカなど

バラモン教『ヴェーダ』　ヒンドゥー教『ラーマーヤナ』『マハーバーラタ』(ヴィシュヌ派・シヴァ派・シャクティ派) → インド

13世紀以後 インドのイスラーム化 → マレーシア・インドネシアへ

シク教　ナーナク

ジャイナ教　ヴァルダマーナ

ガウタマ=シッダールタ　仏教
上座仏教 → ビルマ・タイ・ラオス・カンボジアへ
大乗仏教 → 密教

摩尼教 → 中国へ
祆教
景教 → 中国へ

張角 太平道
張陵 五斗米道
讖緯思想
陰陽五行説
神仙思想
道教　寇謙之
王重陽 全真教 → 中国へ
(正一教)

チベット仏教(ラマ教) → チベット・モンゴルへ

紀元前後 中国伝来
浄土教・禅宗 → 中国・日本へ

孔子 儒教* 四書五経
訓詁学　朱子学　陽明学　考証学　公羊学派 → 中国・朝鮮・日本 ベトナム

4～5世紀 朝鮮伝来
仏教　538(552)仏教伝来
天台宗・真言宗伝来　鎌倉新仏教
(1549 イエズス会) → アジア各地へ
→ 日本へ

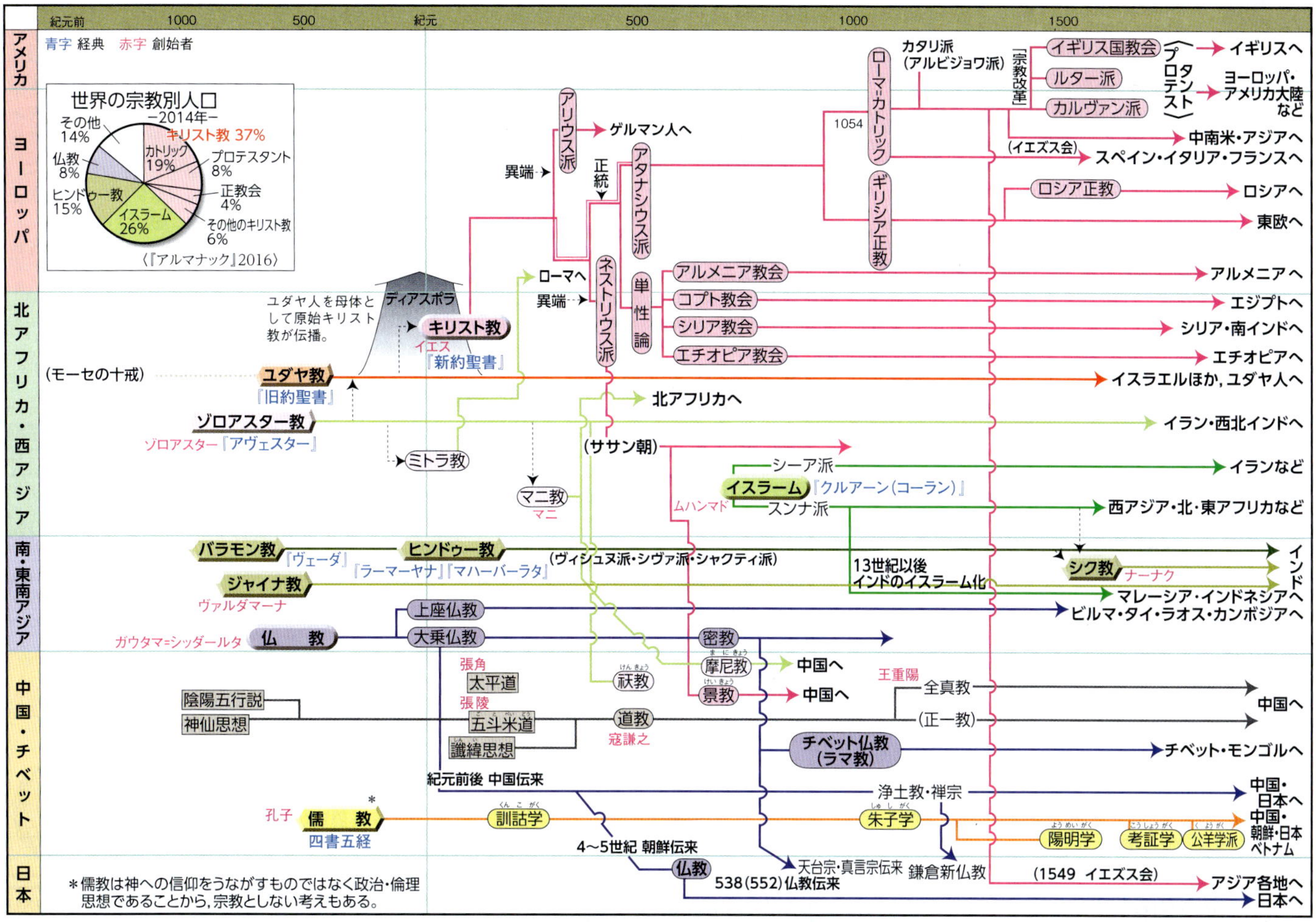

＊儒教は神への信仰をうながすものではなく政治・倫理思想であることから，宗教としない考えもある。

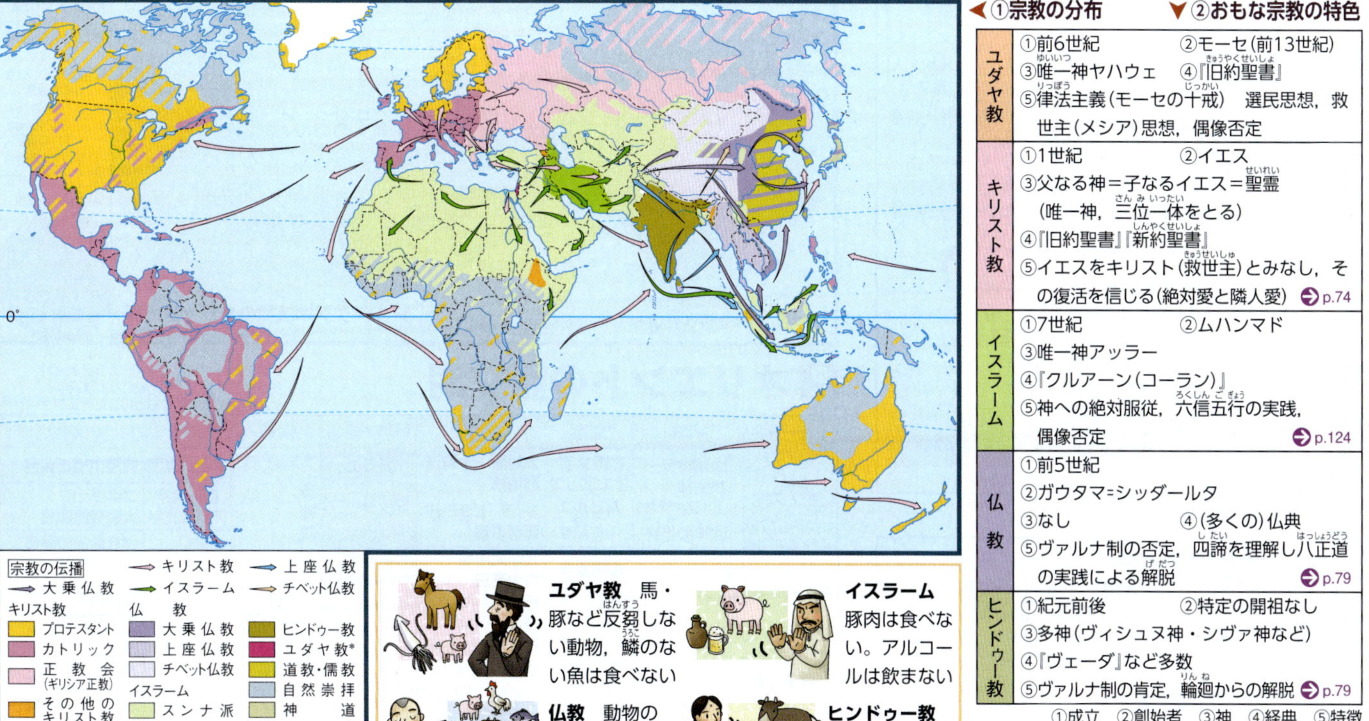

＊ユダヤ教は多くの民族に伝播するのではなく，信者自身が世界中に拡散した。

◀①宗教の分布

▼②おもな宗教の特色

ユダヤ教	①前6世紀　②モーセ(前13世紀) ③唯一神ヤハウェ　④『旧約聖書』 ⑤律法主義(モーセの十戒)　選民思想，救世主(メシア)思想，偶像否定
キリスト教	①1世紀　②イエス ③父なる神＝子なるイエス＝聖霊(唯一神，三位一体をとる) ④『旧約聖書』『新約聖書』 ⑤イエスをキリスト(救世主)とみなし，その復活を信じる(絶対愛と隣人愛) p.74
イスラーム	①7世紀　②ムハンマド ③唯一神アッラー ④『クルアーン(コーラン)』 ⑤神への絶対服従，六信五行の実践，偶像否定 p.124
仏教	①前5世紀 ②ガウタマ=シッダールタ ③なし　④(多くの)仏典 ⑤ヴァルナ制の否定，四諦を理解し八正道の実践による解脱 p.79
ヒンドゥー教	①紀元前後　②特定の開祖なし ③多神(ヴィシュヌ神・シヴァ神など) ④『ヴェーダ』など多数 ⑤ヴァルナ制の肯定，輪廻からの解脱 p.79

①成立　②創始者　③神　④経典　⑤特徴

ユダヤ教　馬・豚など反芻しない動物，鱗のない魚は食べない

イスラーム　豚肉は食べない。アルコールは飲まない

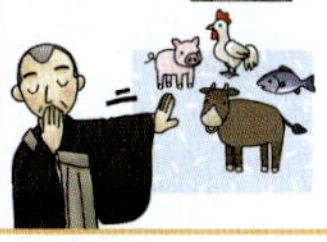

仏教　動物の肉は食べない

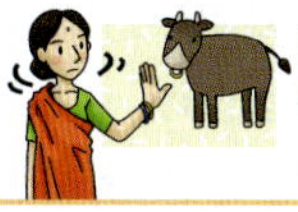

ヒンドゥー教　牛を崇拝の対象とし，食べない

◀③宗教による食生活の規制　規制の程度は地域差・個人差がある。

オリエント世界の統一 ～オリエントを制した空前の大帝国

ヒストリーシアター 王の中の王

世界遺産 ◀①ペルセポリス（イラン） **アケメネス朝**最盛期の王**ダレイオス1世**は，新都**ペルセポリス**の建設に着手し，次のクセルクセス1世のときほぼ完成した。長さ455m，幅300mの基壇上に建物がつくられ，新年の儀式がとり行われた。前４世紀にアレクサンドロス大王に征服され，破壊された。

◀②**王に謁見するために訪れた外国の使節**（左下）

よみとき 図②の人々はどこからペルシア王のもとに来たのか，下の地図で確認しよう。

オリエントの統一国家

◀p.55　p.66▶

世紀		
前8	統一国家の形成	**アッシリア**（前2000初め～前612）都:**アッシュル→ニネヴェ**
		●**他民族抑圧策**…強制移住・徹底した破壊など
		サルゴン2世 位前722～前705
		前722　イスラエル王国を滅ぼす
前7		前671　下エジプト征服 →**オリエント統一（最初の世界帝国）**
		アッシュル=バニパル 位前668～前627 全盛期
		前625　新バビロニア王国自立 ➡1A
		前612　ニネヴェ陥落，滅亡
	四王国の分立	**エジプト** 第26王朝（非セム語派）　都:**サイス**
		リュディア王国　都:**サルディス**
		（インド=ヨーロッパ語族）最古の金属貨幣を使用
		メディア王国　都:**エクバタナ**
		（インド=ヨーロッパ語族）
		新バビロニア王国（カルデア）（セム語派）都:**バビロン**
前6		**ネブカドネザル2世** 位前605～前562
		前586　ユダ王国征服
		前586～前538　**バビロン捕囚** ➡p.61
	オリエントの再統一	**アケメネス朝ペルシア**（前550～前330）都:**スサ**
		●**服属民族に対して寛容**…独自の宗教や慣習を容認
		キュロス2世 位前559～前530
		前550　メディアを滅ぼし，建国 →リュディア王国（前546）・新バビロニア王国（前538）を征服→ユダヤ人を**バビロン捕囚から解放**
		カンビュセス2世 位前530～前522
		前525　エジプトを征服→**オリエント再統一**
		ダレイオス1世 位前522～前486
		○中央集権体制整備 ➡⑤
		○**駅伝制**（「**王の道**」整備）➡1B
		○新都**ペルセポリス**造営開始
		前500　**ペルシア戦争**（～前449）失敗
前5		**クセルクセス1世** 位前486～前465
		前480　ペルシア戦争3度目の遠征失敗（～前479）
前4		前330　アレクサンドロス大王に征服される

▼⑤アケメネス朝の中央集権体制

中央：**王（ダレイオス1世）**
- 貨幣統一
- 税制を整備

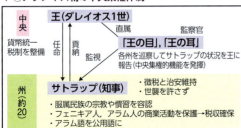

王→サトラップ：任命　サトラップ→王：貢納
王に直属　監察官「**王の目**」，「**王の耳**」 —— 各州を巡察してサトラップの状況を王に報告（中央集権的機能を発揮）　→サトラップを監視

州（約20）：**サトラップ（知事）**
- 徴税と治安維持
- 世襲を許さず

- 服属民族の宗教や慣習を容認
- フェニキア人，アラム人の商業活動を保護→税収確保
- アラム語を公用語に

1 アッシリアとアケメネス朝ペルシア

世界全図p.4-5　◀p.55 2，➡p.66 1

➤③**最古の硬貨　リュディア**の獅子が刻印されている。

➤④**アケメネス朝のダリック金貨**

2 オリエントの諸文明

民族・国名	宗教	文字	文化
エジプト	多神教（太陽神ラーが主神　王（ファラオ）は神の化身）	**神聖文字***（ヒエログリフ）　**パピルス**に記す	**太陽暦**　**十進法**　**測地術**　**ミイラ**　**ピラミッド**　**死者の書**
シュメール	多神教	**楔形文字** ➡p.53,55　粘土板に記す	**太陰太陽暦**　**六十進法**　占星術　七曜制　『**ギルガメシュ叙事詩**』
古バビロニア	多神教	**楔形文字**　粘土板に記す	**ハンムラビ法典**
ヒッタイト	多神教	楔形文字　象形文字	**鉄器**の使用 ➡p.55
フェニキア	多神教	フェニキア文字（アルファベット）	地中海貿易　植民活動　造船・航海術 ➡p.53,57

民族・国名	宗教	文字	文化
アラム	多神教	アラム文字	内陸中継ぎ貿易
アッシリア	多神教	楔形文字　アラム文字	**ニネヴェ**に大図書館建設
リュディア	多神教	リュディア文字*2	世界最古の硬貨（コイン）
ヘブライ	**一神教**（**ユダヤ教**，**ヤハウェ**が唯一神）	ヘブライ文字（アルファベット）	**選民思想**　**メシア**思想　**律法主義**　『**旧約聖書**』➡p.58
ペルシア（アケメネス朝）	ゾロアスター教（善悪二元論）	楔形文字　アラム文字	オリエントの再統一→諸文化の融合　**ペルセポリス**建設　「**王の道**」建設

＊　このほか神官文字（ヒエラティック），民衆文字（デモティック）がある。
＊2 ギリシア文字をもとにしたアルファベット。

西アジア　MAP A　1部1章

パルティア王国とササン朝ペルシア ～東西のはざまに生まれた融合文化

ヒストリーシアター 奈良に残るイラン文化 ➔p.14

ササン朝ペルシア　日本

▶①ササン朝ペルシアの帝王獅子狩文銀皿(左)と②法隆寺の獅子狩文錦(右)　日本には生息しない獅子(ライオン)を描いた工芸品。日本の獅子舞はペルシアの獅子をモデルにしたという説もある。

獅子狩文

よみとき　ササン朝の銀皿と，日本の獅子狩文錦について，類似点を探してみよう。

歴史と技術 パルティアン=ショット

東西交易で富を築いたパルティアはローマと対立した。パルティア軍は，弓矢を主体とする軽装騎兵が馬上からふり向きざまに矢を射る「パルティアン=ショット」を得意として，重装備のローマ軍を苦しめた。

▲③パルティアン=ショット(拡大)

内陸アジア

◀p.66　p.124▶

赤字 戦い　青字 文化関連

	シリア	メソポタミア・イラン	中央アジア	日本
前3世紀	セレウコス朝シリア ➔p.66	ヘレニズム文化 前248ごろ **パルティア王国** シリアより独立(アルサケス朝，中国名:**安息**)	**バクトリア王国**	弥生時代
前2		**ミトラダテス1世** 位前171～前138	前139ごろ トハラにより滅亡 前130ごろ **大月氏**，トハラを討つ	
前1	前64 ローマ(共) 前27	前 53 **カルラエの戦い** ローマのクラッスス軍敗北		
後1	**ローマ帝国**(大秦) トラヤヌス帝	後 97 班超(後漢)が甘英を大秦に派遣 ➔p.92	**クシャーナ朝** ガンダーラ美術 ➔p.80 カニシカ王	
2		226 パルティア王国，滅亡		
3	ウァレリアヌス帝	**アルダシール1世** 位224～241ごろ 224 **ササン朝ペルシア**を建国，**ゾロアスター教**を**国教**に **シャープール1世** 位241～272 245ごろ **マニ教**が成立 ○ クシャーナ朝を征服 260 **エデッサの戦い** ➔p.72 ローマ皇帝ウァレリアヌス(ヴァレリアヌス)を捕虜に	(分裂)	
4	395	**ササン朝美術**(ガラス器，銀器，織物など工芸品)		古墳時代
5	**東ローマ帝国**		5世紀ごろ **エフタル** 6世紀滅亡	
6	ユスティニアヌス1世	**ホスロー1世** 位531～579 **突厥**と結んでエフタルを滅ぼす ○ 東ローマ帝国と抗争 最盛期を迎える	突厥→西突厥	
7	632	642 **ニハーヴァンドの戦い** 651 ササン朝ペルシア，滅亡	唐	飛鳥
	正統カリフ時代 ➔p.124			

1 パルティアとササン朝ペルシア ➔p.66 1，125 2

A パルティア王国(前248ごろ～後226) 世界全図p.8-11

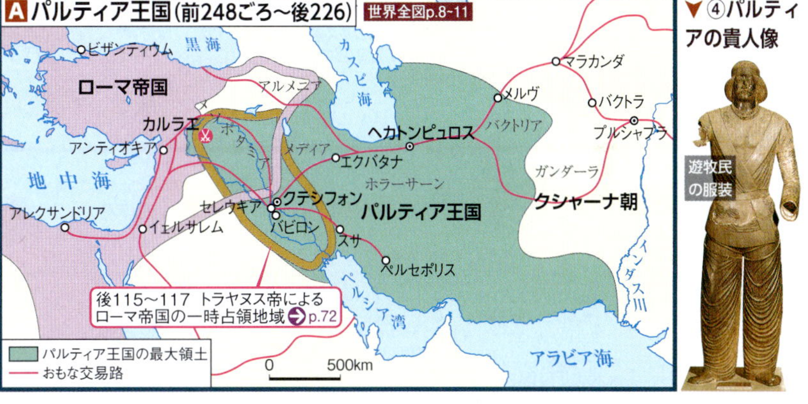

▼④パルティアの貴人像　遊牧民の服装

B ササン朝ペルシア(224～651) 世界全図p.12-19

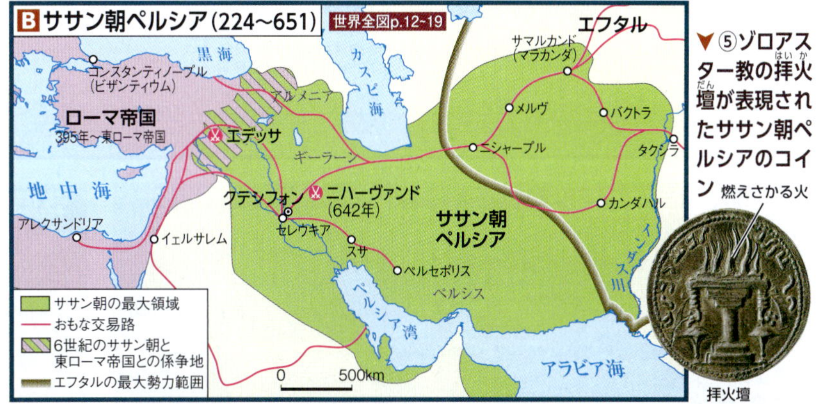

▼⑤ゾロアスター教の拝火壇が表現されたササン朝ペルシアのコイン　燃えさかる火　拝火壇

2 宗教の往来とペルシア諸国家

▼⑥イランを往来した宗教

	ゾロアスター教(拝火教)	マニ教	ネストリウス派キリスト教
開祖	ゾロアスター(前7世紀ごろ*) *前1200～前1000年ごろという説あり。	イラン人のマニ(216ごろ～276)が創始	ネストリウス(?～451)の説に同調する一派
教義	善悪二元論。善神アフラ=マズダが悪神アーリマンに勝利し，善き人々の霊魂も救われる(最後の審判)。光明の象徴として火を神聖視。教典『アヴェスター』	ゾロアスター教にキリスト教・仏教を融合。二元論・禁欲主義	キリストの神性と人性は独立したものと主張
発展と伝播	ササン朝で国教化。イスラームの進展で衰退，中国(祆教 ➔p.102)・インドに伝播	ササン朝の王による弾圧で衰退。中央アジア・中国へ伝播し，ウイグルでは国教に(➔p.102)	エフェソス公会議(431)で異端とされたのち，モンゴル・中国(景教 ➔p.102)に伝播

▼⑦イラン系諸王朝の比較

	アケメネス朝ペルシア ➔p.60(前550～前330)	パルティア王国(安息)(前248ごろ～後224)	ササン朝ペルシア(224～651)
勃興	メディアを滅ぼし建国 建国者　キュロス2世	セレウコス朝シリアから独立 建国者　アルサケス	パルティアを滅ぼし建国 建国者　アルダシール1世
滅亡	アレクサンドロスに滅ぼされる	ササン朝に滅ぼされる	イスラーム勢力に滅ぼされる
都	スサ，**ペルセポリス**　など	クテシフォン　など	**クテシフォン**
政治	中央集権的(サトラップ設置)(民族政策は寛容)	地方分権的	中央集権的
経済	金・銀貨を発行 フェニキア人やアラム人の活動を保護	ローマと争いながら，東西交易路を独占 中継貿易で繁栄	陸路に加え，アフリカからインド洋までの海路も支配 中継貿易で繁栄
文化	楔形文字で表記したペルシア語，オリエント世界で共通のアラム語を公用語とする	ヘレニズムの影響(公用語ギリシア語) イラン固有の文化(公用語ペルシア語)	ペルシアの伝統を重視しつつ，東西交流の影響を受けるササン朝美術が中国，日本に伝わる ➔p.14
宗教	ゾロアスター教信仰	ゾロアスター教信仰	ゾロアスター教の国教化(『アヴェスター』) マニ教の成立

日本　西アジア　MAP B～F　1部1章

風土 地中海世界の風土

偏西風

オリーヴ栽培の北限

ローマ帝国とゲルマニア
ライン川とドナウ川両大河に沿った線がローマ帝国とゲルマニアの境界線となった。この線の南側にローマ起源の都市が多い。

「貧困はギリシアの伴侶」
ヘロドトス（前5世紀）はアッティカ（アテネ一帯）をこのように評した。「穀物生産に適した肥沃な土地は少ない。」

エーゲ海（多島海）
その名のとおりたくさんの島々，複雑な海岸線は，防御を固めた港をつくるのに適していた。

「新しいカルタゴ」とイベリア半島
「カルタゴノウァ（新しいカルタゴ）」とかつてよばれた都市があるように，カルタゴの勢力下にはいった。リスボン，バルセロナなどフェニキア起源の地名が今も残る。

ローマを生んだテヴェレ川
イタリア南部のギリシア人，中部のエトルリア人の交易中継地がテヴェレ川沿いにでき物資が集散した。のちに都市国家ローマに発展。

「ローマ市民の穀倉」
肥沃なナイル川流域でつくられた小麦はローマ市民が食べる「パン」となったので，こうよばれた。

おもな遺跡
おもな世界遺産
暖流
寒流
夏の風向き
冬の風向き

複雑な海岸線と島々

▲①**エーゲ海の島**（ミコノス島）　ギリシアの国土は**地中海性気候**のため，高温少雨で乾燥が激しい。地形は山がちで広大な平野がなく，地質についても荒れた岩山が多く，石灰岩質のやせた土地であるため農地は乏しいが，**果樹栽培**には適している。一方，海岸線は複雑で多島海でもあるため，島づたいに容易に航行できた。また大理石と陶土にめぐまれていた。

世界への玄関 地中海

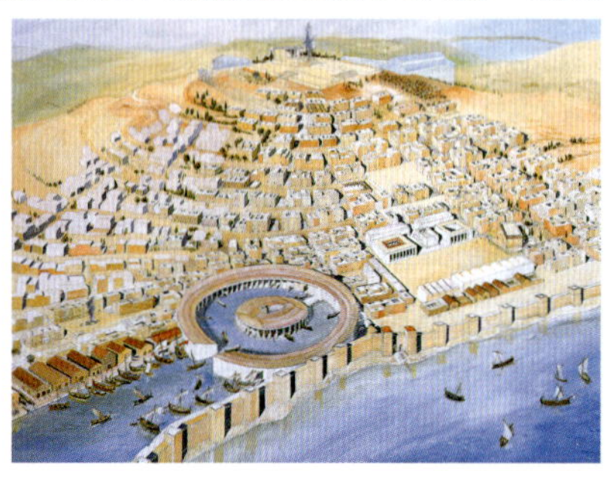

➤②**古代カルタゴの港**（想像図）　**フェニキア人**が建設した植民都市カルタゴは，北アフリカを拠点に海上交通の要衝をおさえ，イベリア半島東南部海岸からシチリア島までの西地中海貿易を支配した。

乾燥した気候

▲③**オリーヴ畑**　ギリシアでは気候と地形を生かし，古くからぶどうやオリーヴの栽培がさかんであった。オリーヴは植樹後，収穫まで10年以上かかるが，その後はほとんど世話がいらない。そのため，ギリシアで敵に最も損害を与える行為は，オリーヴ畑の破壊であった。オリーヴは穀類との混作が可能であり，油は食用・燈火用，化粧品，薬にも利用された。また，ワインやオリーヴを輸出し，穀物の輸入を行うことによって，海上交通が発達した。

▲④**オリーヴの収穫を描いた壺**（前6世紀）

テーマ 女神からの贈り物・オリーヴ

都市国家アテネ（➡p.64）に初めてオリーヴをもたらしたのは，女神アテナであるという。そのため，アテネではオリーヴが聖木とされた。

◀⑤**女神アテナの使者ふくろうとオリーヴが刻まれた銀貨**（前5世紀）

古代地中海文明の生成 ～海がはぐくんだ文明

ヒストリーシアター 母なる海から生まれた文明

▲①クノッソス宮殿の王妃の間に描かれた壁画 宮殿はミノス王によってつくられた。この部屋にはイルカと海綿(かいめん)が色彩あざやかに美しく描かれ，表現は自由でいきいきとしている。

▲②クレタ島出土の壺(つぼ)

よみとき 図②に描かれている生き物は何だろうか。また，①の壁画や②の壺の特色をあげながら，古代ギリシアの人々と海とのかかわりを考えてみよう。

1 ギリシア人の南下

世界全図p.3-4

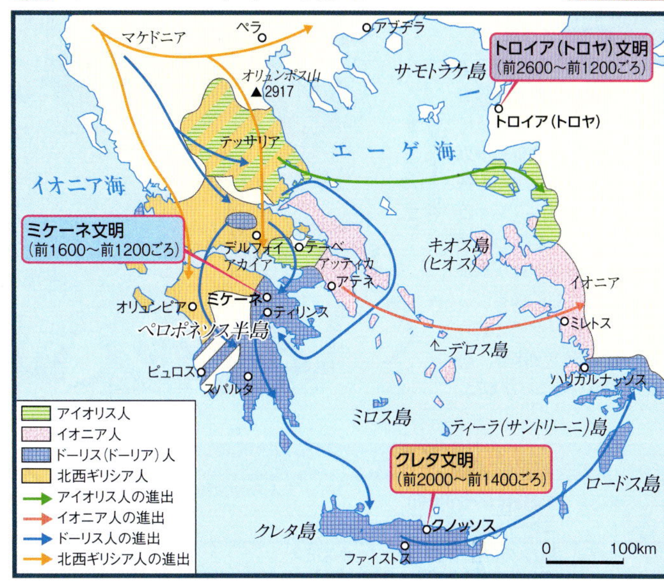

2 エーゲ文明の興亡

＊未解読 ＊2 内部崩壊説もある

	トロイア(トロヤ)文明(前2600～前1200ごろ)	クレタ文明(前2000～前1400ごろ)	ミケーネ文明(前1600～前1200ごろ)
民族／中心地	不明／トロイア(トロヤ)	不明／クノッソス，ファイストス	**アカイア人**(ギリシア人)／ミケーネ，ティリンス
政治	王が巨大な権力をもつオリエント風の政治	王が巨大な権力をもつオリエント風の政治	小国家が分立
美術	顔・動物をかたどった壺 ミケーネ文明と同じ傾向	彩色土器　花鳥や宮廷生活の壁画 写実的・海洋文明	抽象・幾何学文様の陶器 壁画(戦士・馬・狩猟)，尚武的(しょうぶてき)
発掘者	**シュリーマン**〔独〕	**エヴァンズ**〔英〕	**シュリーマン**〔独〕
文字		**聖刻文字**(絵文字)・**線文字A**＊ ➔p.53	**線文字B**(**ヴェントリス**〔英〕らが解読) ➔p.53
滅亡	アカイア人により滅亡	アカイア人により滅亡？	**ドーリス(ドーリア)人**または「**海の民**」により滅亡＊2

歴史と文学 トロイア戦争は本当にあったのか

ホメロスの叙事詩『**イリアス**』➔p.69 にうたわれたギリシアとトロイアとの戦争は長い間つくり話だと思われていた。19世紀後半ドイツ人**シュリーマン**(1822～90)が小アジアで**トロイア遺跡**を，ギリシア本土で**ミケーネ遺跡**を発見すると，戦争が空想ではないことが立証された。

▲③トロイア遺跡

▲④クノッソス宮殿 数百もの部屋と複雑な構造のために，「迷宮(ラビュリントス)」とよばれた。**ギリシア神話**では牛頭人身の怪物ミノタウロスを幽閉(ゆうへい)するために迷宮が建てられたとされる。

ミケーネ文明 世界遺産

▲⑤ミケーネの獅子門 巨石をたくみに組み合わせた堅固な城砦(じょうさい)。正門部分には2頭の獅子(しし)の浮き彫りが見える。

◀⑥黄金のマスク 城内の墳墓(ふんぼ)から出土。発掘した**シュリーマン**はトロイアを滅ぼしたギリシア軍総大将アガメムノンだと思い込んだ。〈アテネ国立考古博物館蔵〉

3 ギリシア人の植民活動

世界全図p.4-5 ➔p.65 3

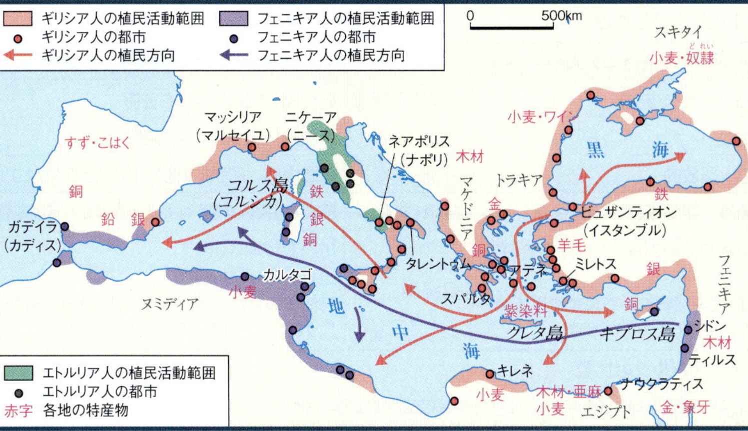

キーワード ギリシア人の同胞意識

古代ギリシア人はポリス間で戦争を繰り返しながらも，強い**同胞意識**をもっていた。自分たちを「神話上の美女ヘレネの子孫たち」を意味する**ヘレネス**といい，異民族を**バルバロイ**(意味のわからない言葉を話す人)とよんだ。

ヘレネス
・ギリシア人
・オリュンピア競技 ➔p.68
・デルフォイの神託(しんたく)
・共通の言語

・異民族 バルバロイ

▼⑦劇の仮面

地中海 MAP A 1部2章

ギリシア都市国家 ～ポリスの誕生と衰退

ヒストリーシアター アテネ民主政の主役たち

▶①戦う重装歩兵
安価な武具の流通により，平民も自前で武器や武具を購入できるようになると，彼らは重装歩兵(➡p.66)として大人数からなる密集隊(ファランクス)戦法で戦い，活躍した。重装歩兵がポリス防衛の主力になるにしたがい，政治参加を求める平民の声が強まり，民主政の成立をうながした。

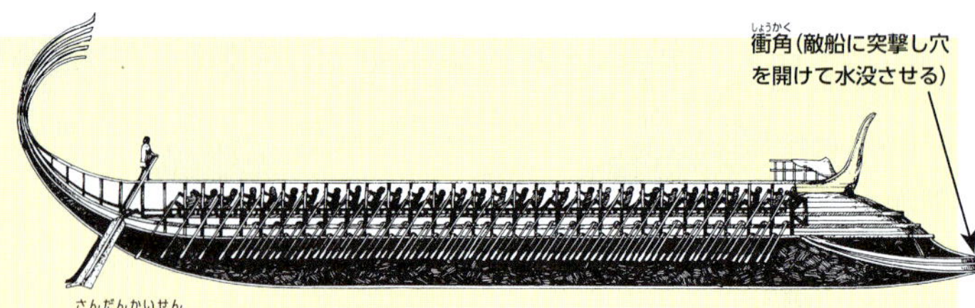

▲②三段櫂船と▶③船の断面図 こぎ手には武具が必要なかったので，無産市民(平民)もこぎ手として戦争に参加し，サラミスの海戦では，祖国の勝利に貢献した。これにより，無産市民も参政権を得ることになった。

よみとき 歩兵はどのような武具を身につけているかあげてみよう。また，重装歩兵と軍船をこいでいる兵は，それぞれどのような階級に属しているだろうか。

アテネ民主政の歩み ▶p.66

青字 おもな戦い

王政
- 前12世紀 **暗黒時代**(～前8世紀)
  - **ミケーネ文明**滅亡後，鉄器時代に移行
- 前8世紀 **ポリス**の成立(**集住**=**シュノイキスモス**)
  - (**クレーロス**の制度による土地分配)

貴族政治
- 前750ごろ ギリシア人の植民活動(地中海・黒海沿岸)が活発になる(～前550ごろ)
  - ↓
  - 商工業発展(**貨幣使用**)・**重装歩兵**活躍
  - **貴族政治**の動揺
- 前621ごろ **ドラコンの成文法**(慣習法の成文化)

財産政治
- 前594 **ソロンの改革**
  - 対立する貴族と平民の調停者として
  - →負債帳消し，**債務奴隷**の禁止，財産の多少により市民を4等級に分け，参政権と軍役に差を設ける(**財産政治**)
  - →混乱を招く

僭主政治
- 前6世紀中ごろ **ペイシストラトスの僭主政治**
  - 貴族と平民の対立のなかで，平民勢力を背景に**僭主政治**(独裁政治)を確立
- 前510 僭主ヒッピアスの追放

民主政治の確立
- 前508 **クレイステネスの改革**
  - **4部族制(血縁)から10部族(デーモス)制(地縁)へ**
  - 500人評議会 **陶片追放**
  - (**僭主**の疑いを受けた政治家→アテネから10年間追放)
  - ↓
  - 貴族政弱体化 **民主政の基礎が確立**
- 前500 **イオニア植民市の反乱**
  - **ペルシア戦争**(～前449)➡p.65 3 **ポリスの勝利**
- 前490 **マラトンの戦い**：アテネの**重装歩兵(有産市民)**の活躍
- 前480 **サラミスの海戦**：**テミストクレス**率いる軍船のこぎ手として**無産市民**活躍(ラウレイオン銀山からの資金で軍艦建造)
- 前479 **プラタイアイの戦い**
- 前478 **デロス同盟成立**：ペルシア再来に備え，ポリス間の団結をはかる **アテネの隆盛**

民主政治の完成
- 前443 **ペリクレス時代**(～前429)➡p.65
  - **民会**(最高決議機関，**直接民主政**，参政権は男子市民のみ) **古代民主政の最盛期**
  - パルテノン神殿再建

衆愚政治
- 前431 **ペロポネソス戦争**(～前404)➡p.65 4 **スパルタの勝利**
  - アテネでは扇動政治家(**デマゴーゴス**)登場
- 前371 **レウクトラの戦い**(指導者エパメイノンダス) **テーベの台頭**
- ○ 傭兵の流行，ポリス間の抗争 **ポリス社会の衰退**
- 前338 **カイロネイアの戦い**➡p.66 **マケドニアの勝利**
- 前337 **コリントス(ヘラス)同盟**結成

1 アテネ民主政のしくみ

市民の階級	農産物収入	国家の役職	軍備のレベル
500石階級	大	財務官 **アルコン**	**重装歩兵**として武装できるほか，馬・戦車などの機動力を用意できる
騎士階級	↓	**アルコン**	
農民階級		低位の役職	馬・戦車なしの**重装歩兵**
労働者階級	小	**民会**への出席のみ	**重装歩兵**の装備なし，軽装兵か船のこぎ手

▲④ソロンの改革

◀⑤陶片追放(オストラキスモス) **僭主**になるおそれのある人物名を陶器片(**オストラコン**)に刻んで投票し，6000票をこえた者のうち最多票の1名が10年間**アテネ**から追放された。ただし市民権や財産を失うことはなかった。

▲⑥粘土を採掘する奴隷* 前700年ごろの詩人**ヘシオドス**は代表作『**労働と日々**』で労働の大切さを説いた。しかし，民主政期には市民の勤労精神が薄れ，つらい労働は**奴隷**に押しつけ，市民は政治と学問に専念した。
＊陶器をつくるため粘土を採掘した。

2 アテネとスパルタ

▲⑦アテネの政治のしくみ

長老会 選挙で選ばれた60歳以上の男子28人
国王　国王
監督官(エフォロス)
スパルタ市民(スパルティアタイ) 前400年ごろで約3000人
ペリオイコイ*　ペリオイコイ
ヘイロータイ(ヘロット，奴隷) 国有奴隷として農業に従事する 市民の約10倍

＊劣格市民。半自由民で参政権はないが，自治権をもつ。市民の約4倍。

▲⑧スパルタの政治のしくみ

アテネ…イオニア人		スパルタ…ドーリス(ドーリア)人
集住(シュノイキスモス)	ポリスの形成	先住民(**アカイア人**)を**征服**
直接民主政	政治	**貴族政「リュクルゴスの制」**
海軍中心 開放的	外交・軍事	**陸軍**中心 閉鎖的(他のポリスと交易せず)
商工業発達 学問・芸術発達	経済・文化	農業中心(穀物自給)・土地の売買禁止 質実剛健
市民数*の約3分の2(総人口の約3分の1) 市民の個人所有 **債務奴隷**，戦争捕虜などで農業や手工業，鉱山労働に従事した(家内奴隷)	**奴隷制** ＊その家族も含む。	市民数*の約10倍 国有制(市民共有) 先住民のアカイア人を**ヘイロータイ(ヘロット，奴隷)**に。しばしば反乱を起こす

▲⑨アテネとスパルタの比較

今日とのつながり cosmopolis(国際都市)，megalopolis(巨大都市)はpolis(ポリス，都市国家)から生まれた言葉である。また，「デモクラシー(民主政治)」は，ギリシア語の「デーモス(民衆)」と「クラチア(支配)」が結びついた語である。

地中海 MAP A～B 1部2章

▲⑩現在のアクロポリス

▲⑪古代アテネ(想像図)

3 ペルシア戦争～諸ポリスの勝利

p.63 3

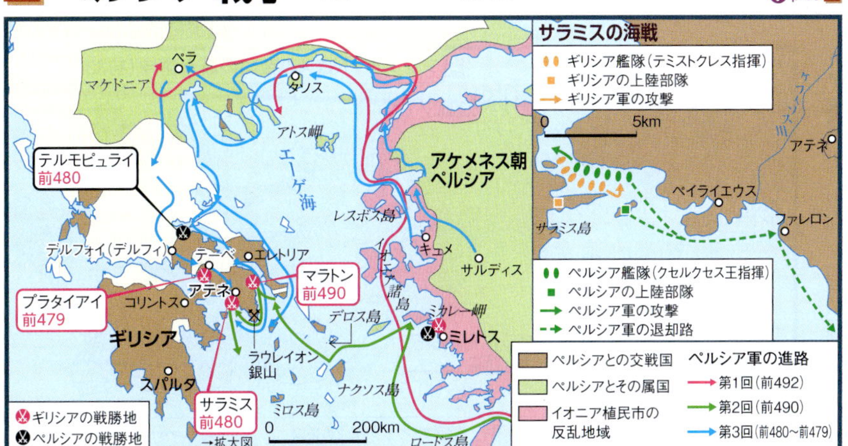

4 ペロポネソス戦争～ポリス間の抗争

p.66 1

5 ポリス社会の衰退

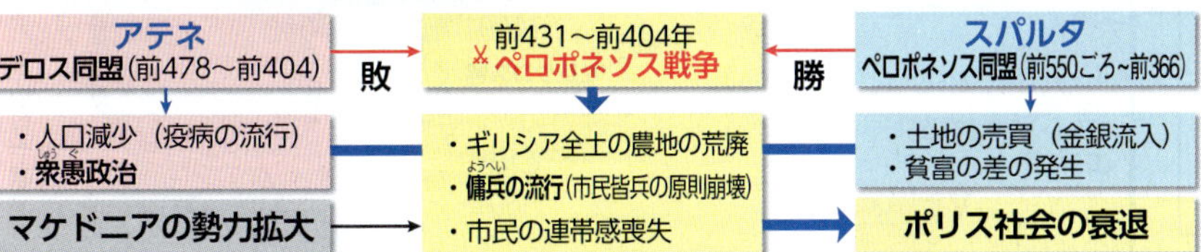

ペリクレス(前495ごろ～前429)

ギリシアの政治家。アテネ民主政を完成させ,黄金時代を築いた。民衆法廷への出席手当の賦与や大規模公共建築による雇用の創出をはかった。前431年,ペロポネソス戦争の戦没者追悼のために行った演説は,直接民主政をたたえたものとして有名。史p.350

アテネ		現　代
女性・奴隷・在留外人を**除く** 成年男子市民(18歳以上)	参政権	18歳以上の男女 (日本の場合)
直接民主政(民会が最高議決機関)	立法	**間接民主政**(議会制民主政)
官職は抽選で選ばれた者 (任期1年)	司法 行政	専門職の官吏(公務員) による
奴隷制社会	社会 基盤	自由・平等な市民社会

▲⑬古代アテネと現代の民主政の違い 巻頭18

テーマ アテネとスパルタの人々の一生

アテネ	歳	スパルタ
母親のもとで育てられる	0歳	**健康な新生児のみ養育** (部族の長老が決定)
学校で文字・音楽・体育を学ぶ	6～7歳	親もとを離れ,集団生活(男子のみ)
	12歳	兵士としての訓練本格化
成人として認められる	16歳	
2年間の兵役(国境警備)につく	18歳	軍隊に編入(非戦闘員)
	20歳	兵営常駐の主力軍となる 結婚(妻とは別居,兵営で生活)
結婚	30歳	兵営を離れ,家庭生活を営む **兵営義務,共同食事の義務**
兵役義務の免除 (公務からの引退)	60歳	兵役の解除 長老会員の被選挙権をもつ

▲⑭アテネ・スパルタ市民(男子)の一生

▲⑮アテネの少女　アテネでは,娘は疑問を抱かず従順になるよう育てることが望ましいとされた。女子のための学校はなく,家庭で母親などが読み書きの教育を行った。

▼⑯スパルタの少女　アテネと対照的にスパルタの少女は健康な子どもを産むため,スポーツに励んだ。
〈高さ11.4cm〉

今日とのつながり　多数の先住民を征服し成立したスパルタは,強大な軍事力を維持する必要があり,厳格な集団教育が求められた。スパルタ教育という言葉はこれにちなむ。近代オリンピック競技のマラソンは,アテネの一兵士が,マラトンでの勝利を伝えるため,戦場からアテネまでの約40kmを走った故事にちなむといわれる。

地中海
MAP A～B
1部2章

ヘレニズム時代 ～ギリシア世界の拡大

➔p.69

ヒストリーシアター

ギリシアとオリエントの覇者，激突す

◀①イッソスの戦い（前333年）前334年に**東方（ペルシア）遠征**を開始した**アレクサンドロス**（前356～323）は，翌年，**ダレイオス3世**（前380?～330?）率いる東の大国ペルシアを破り，さらに東へと進軍した。〈ポンペイ出土，ナポリ考古学博物館蔵，313cm×582cm〉

▼②アレクサンドロス軍のファランクス戦法　長槍密集隊戦術。長槍と盾を持った**重装歩兵**が隊列を組み，集団で戦った。この戦術はギリシアで生まれ，ヘレニズム時代のマケドニアで改良されて，アルベラの戦いなどで重要な役割を果たした。

よみとき　図①の戦いのアレクサンドロスやペルシア兵のようすに着目して，勝者がどちらであるか考えよう。

世界全図p.6-7 ➔p.60 1，61 1

1 アレクサンドロスの帝国の変化

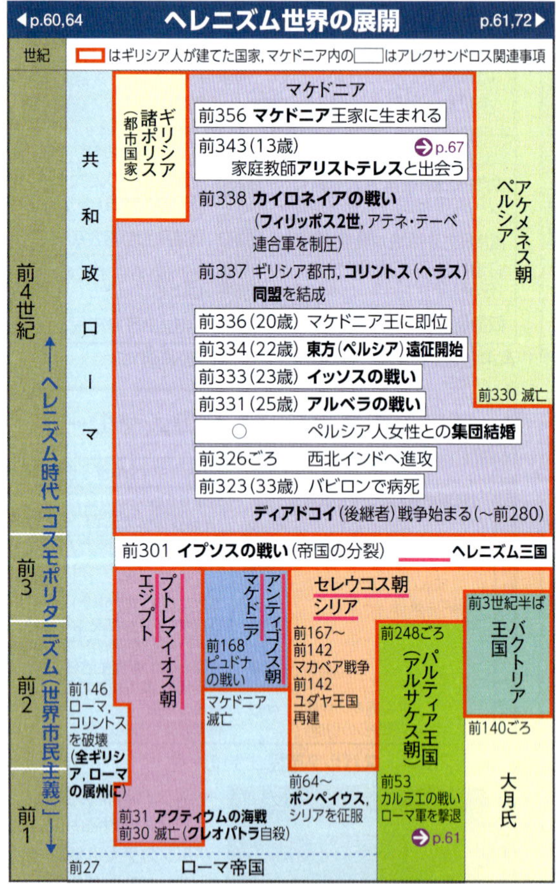

◀p.60,64　ヘレニズム世界の展開　p.61,72▶
世紀
□はギリシア人が建てた国家，マケドニア内の□はアレクサンドロス関連事項
前4世紀
前3
前2
前1
←ヘレニズム時代「コスモポリタニズム（世界市民主義）」→
共和政ローマ
ギリシア諸ポリス（都市国家）
マケドニア
前356 マケドニア王家に生まれる
前343（13歳）家庭教師アリストテレスと出会う ➔p.67
前338 カイロネイアの戦い（フィリッポス2世，アテネ・テーベ連合軍を制圧）
前337 ギリシア都市，コリントス（ヘラス）同盟を結成
前336（20歳）マケドニア王に即位
前334（22歳）東方（ペルシア）遠征開始
前333（23歳）イッソスの戦い
前331（25歳）アルベラの戦い
○ ペルシア人女性との集団結婚
前326ごろ 西北インドへ進攻
前323（33歳）バビロンで病死
ディアドコイ（後継者）戦争始まる（～前280）
アケメネス朝ペルシア
前330 滅亡
前301 イプソスの戦い（帝国の分裂）
ヘレニズム三国
プトレマイオス朝エジプト
アンティゴノス朝マケドニア
前168 ピュドナの戦い
マケドニア滅亡
セレウコス朝シリア
前167～前142 マカベア戦争
前142 ユダヤ王国再建
前64～ ポンペイウス，シリアを征服
前248ごろ パルティア王国（アルサケス朝）
前53 カルラエの戦い ローマ軍を撃退 ➔p.61
前3世紀半ば バクトリア王国
前140ごろ
大月氏
前146 ローマ，コリントスを破壊（全ギリシア，ローマの属州に）
前31 アクティウムの海戦
前30 滅亡（クレオパトラ自殺）
前27　ローマ帝国

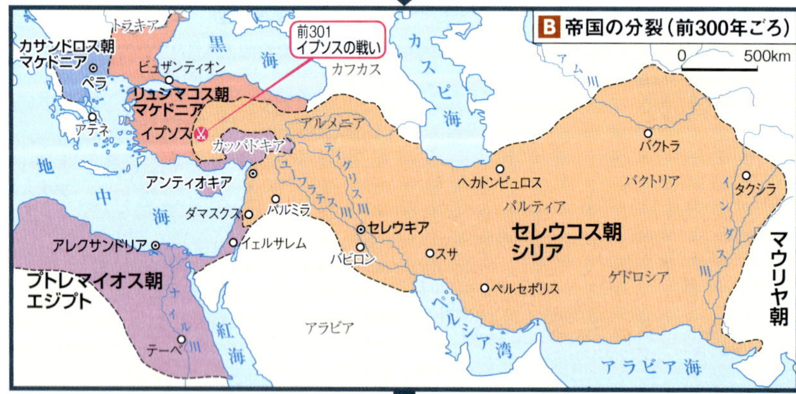

●**東西の政治・文化の融合**をはかった（ペルシア風礼式や行政制度の採用）
・公用語に古代ギリシア語（**コイネー**）を採用
・征服地に**アレクサンドリア**市を建設し拠点とした
・インダス川を越えてさらに東進しようとしていたが，部下たちの反対にあって断念

▲④エジプト王ファラオの姿をしたアレクサンドロス

▲③アレクサンドロスの政策

今日とのつながり　アレクサンドロス大王は神格化され，欧州はもちろんイスラーム世界やインドに至るまで，その生涯は各地で伝承されている。

西アジア　地中海　MAP B～C　1部2章

特集 ギリシアの自然科学・思想

1 古代ギリシアの自然科学の流れ ～自然界の本質に迫ろうとした最初の哲学者たち ➡p.308

エジプト・バビロニアの先進文化

イオニアの自然哲学　万物の根源(アルケー)は何か？　→ 一元論

- タレス(前624ごろ～前546ごろ)　水
- アナクシマンドロス(前610ごろ～前547ごろ)　無限なるもの
- アナクシメネス(前585ごろ～前528ごろ)　空気

ヘラクレイトス(前544ごろ～?)　火　「万物は流転する」 ⟷ パルメニデス(前515ごろ～前445ごろ) 永遠不変の存在を唱える

エンペドクレス(前495ごろ～前435ごろ)　火・空気・水・土　4元素説を提唱

デモクリトス(前460ごろ～前370ごろ)　原子(アトム)　→ 多元論

神秘主義の流れ(ディオニソス信仰など)

ピュタゴラス(前582ごろ～前497)　数

三平方の定理

ピュタゴラスの三平方の定理

$AB^2=BC^2+AC^2$

(図：直角三角形ABC　AB=5, AC=3, BC=4, Cが直角)

▶②ピュタゴラス学派(教団)*のシンボルマーク「聖数10」

＊ピュタゴラス学派は，数の原理による世界解釈と魂の浄化を説いた宗教的学派。

▲①ピュタゴラス　宇宙の秩序を数的な調和から説いた。1は点，2は線，3は面，4は立体で，これらの和である10(1+2+3+4=10)は，点・線・面・立体すべてを含む完全な数であるとされた。

自然諸現象の体系化・理論化　**アリストテレス(前384～前322)の自然学体系『形而上学』**

物質観(4元素説)

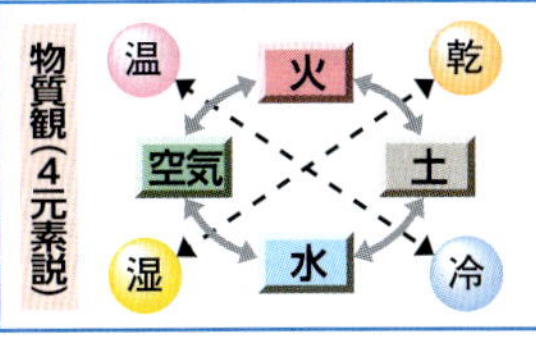

運動論
- 自然的 ── 天の円運動 ／ 下界の上下運動
- 強制的 ── 外から「押す・引く」力

宇宙観
地球＝宇宙の中心
大地(土)の周囲は水・空気・火が層をなしている。
その外側を月等の天球がとりまく

自然発生説
「生物は生物以外のものから自然に生まれる」
自然の段階説
植物→つくりの単純な動物→つくりの複雑な動物

学問の系譜
- 化学
- 物理学・幾何学
- 天文学
- 生物学・医学
- ★アレクサンドリアで活動

▶③アリストテレス　マケドニア出身で，アレクサンドロスの家庭教師を務めた。当時の学問を体系的にまとめ，それが学問の基礎とされたため「万学の祖」とよばれた。

平面幾何学の集大成
★エウクレイデス(ユークリッド,前300ごろ)
『幾何学原本』
三角形の内角の和は 180°

技術への関心
★アルキメデス(前287ごろ～前212)
浮力の原理　てこの原理
カタパルトやポンプの発明

アリスタルコス(前310ごろ～前230ごろ)
地動説を主張

★エラトステネス(前275ごろ～前194)
地球の周囲の長さを測定

天動説理論の集大成
★プトレマイオス(2世紀ごろ)
『天文学大全』

プリニウス(23ごろ～79)
『博物誌』

古代の医学者
ヒッポクラテス(前460ごろ～前370ごろ)
迷信を否定　食事療法
4体液説　「医学の父」とよばれる
★ガレノス(130ごろ～200ごろ)
血液循環理論

2 アテネで活躍した哲学者たち ～「哲学は天空から人間界へと呼びおろされた」

民主政の産物＝弁論

ソフィスト(職業教師)の登場
弁論＝相手をいかに説得するか
例：プロタゴラス(前485ごろ～前415ごろ)
「人間が万物の尺度」

ソクラテス(前469ごろ～前399)
無知を自覚して，真の知への探究を行うことを自らの使命に

師弟

プラトン(前427ごろ～前347)
- 永遠不変で実在するのは善・美・正義などのイデアのみで，それは理性によってとらえられる
- 哲人政治を主張

師弟

アリストテレス(前384～前322)
- 現実の個々の事物は性質を与えるエイドス(形相)と素材のヒュレー(質料)から構成される
- 共同体すべての構成員が平等に権力にあずかることを主張

キーワード　ソフィスト　ソフィストは，教授料を取って**弁論術**を教える職業的教師のこと。紀元前5世紀半ばからギリシアの**ポリス**を渡り歩き，裕福な家の子弟に知識を授けた。弁論が重視されたのは，**民主政**において議論に勝つことが成功を意味したからであった。相手を説得することに弁論の目的をおくソフィストたちにとって，すべての価値は相対的なものであり，普遍的・客観的な真理を悟ることを目的とした**ソクラテス**と対立した。

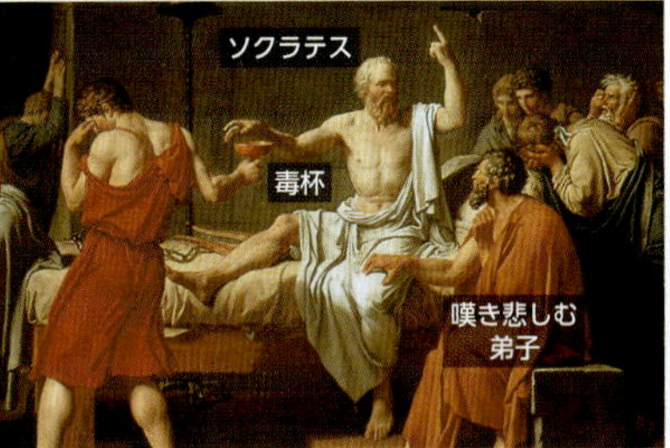

▲④**毒杯をあおぐソクラテス**　彼は街頭で青年たちへの**問答**を通して**無知を自覚**させ，真の知識に到達させようと努めた。彼の影響が広がり始めると，国家の神々を否定し青年を害した罪で告発され死刑判決を受けた。

哲学者たちが国々において王となるのでない限り，あるいは，今日王と呼ばれ，権力者と呼ばれている人たちが，真実に，かつ十分に哲学するのでない限り，つまり，政治的権力と哲学的精神とが一体化されて，多くの人々の素質が現在のようにこの二つのどちらかの方向に別々に進むことを強制的に禁止されるのでない限り，…国々にとって不幸のやむことはない。

〈プラトン著『国家』藤沢令夫訳〉

大切にしなければならないのは，ただ生きるということではなくて，よく生きるということなのだ。…とにかく不正というものは，よいものでもなければ，美しいものでもない。…たとい不正な目にあったとしても，不正の仕返しをするということは，世の多数の者が考えるようには，許されないことになる。

〈プラトン著『クリトン』田中美知太郎他訳〉

テーマ　アカデメイアとは？

▲⑤アカデメイアにつどう人々

前387年ごろ，プラトンがアテネ郊外の地**アカデメイア**に学塾を開き，彼の弟子や後継者によって以後約900年間活動が続けられた。体育や算術・幾何学・天文学を学んだ後，**哲学**を学ばせ，真の政治家を養成しようとした。

今日でも**アカデミー**は大学や高等教育機関をさす言葉として残っている。

地中海　MAP A～C　1部2章

ギリシア・ヘレニズムの文化 ~現代ヨーロッパ文化に息づく美術と思想

ヒストリーシアター 身近なギリシア文化

▲①ギリシア風の柱をもつ生命保険会社の建物(東京都，千代田区)

ギリシア文化はキリスト教とともに，ヨーロッパ文化の根底をなしている。学問・芸術・政治・言葉・食物など多方面に及び，世界史に果たした役割ははかり知れない。

➡p.306

よみとき　図①の建物に使われている柱頭部分は，図②～④のどの様式を模したものか。

ドーリス(ドーリア)式

▲②パルテノン神殿(前5世紀)　太鼓状の大理石が積み上げられた柱，簡素さ，荘重(そうちょう)さが特徴。

➡p.65

イオニア式

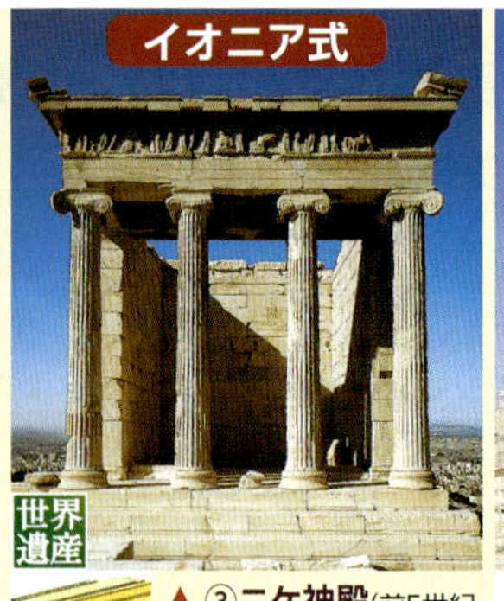

▲③ニケ神殿(前5世紀，アテネ)　柱頭はうず巻き模様でかざられている。軽快，優美さが特徴。

コリント式

▲④ゼウス神殿(後2世紀完成，アテネ)　柱頭は葉形装飾。複雑な華麗さが特徴。

1 静から動へ~ギリシアの彫刻

アルカイック様式
(前650～前480年ごろ)
正面性，アルカイック=スマイル

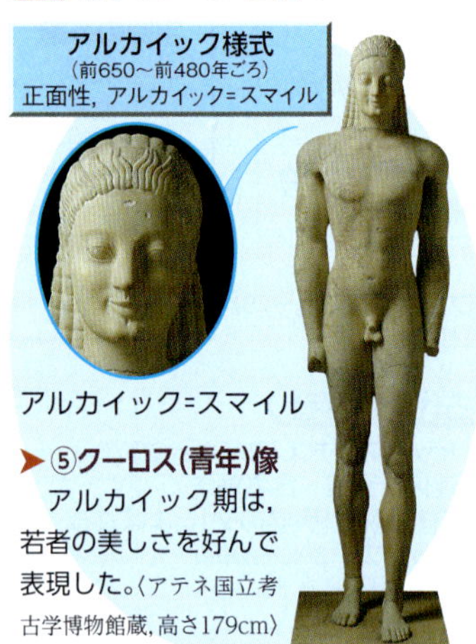

▶⑤クーロス(青年)像　アルカイック期は，若者の美しさを好んで表現した。〈アテネ国立考古学博物館蔵，高さ179cm〉

厳格様式・古典様式
(前480～前320年ごろ)
運動の瞬間，理想の均整美

▲⑥エレクティオン　アテネのアクロポリスにあるイオニア式の神殿で6本の少女の円柱が屋根を支える。

◀⑦ゼウス像*　右手で雷(いかずち)を投げる瞬間の肉体の躍動感を表現している。〈アテネ国立考古学博物館蔵，高さ209cm〉
＊ポセイドンが三叉の槍(やり)を持つとする説もある。

▶⑧円盤投げ(えんばんなげ)　円盤投げのポーズによって，人体のもつ美しさと見た目のバランスを表現している。〈国立ローマ美術館蔵，高さ155cm〉

2 ギリシア人に共通した信仰と祭り

	収容人員
デルフォイの円形劇場	10000
日本武道館	14000
国技館	11000

▲⑨デルフォイ(デルフィ)　デルフォイの神託(しんたく)は全ギリシア世界で信じられ，人々は植民地建設や法典制定，宣戦布告の前などに神託を受けて最終決定を下した。アポロンにささげた神殿，背後の山々を借景(しゃっけい)にした劇場がある。

神託に翻弄(ほんろう)された男 『オイディプス王』あらすじ

テーベの王ライオスは「自分の息子に殺される」との神託を受け，生まれたばかりの息子オイディプスを山に捨てる。一方，成人したオイディプスは「父を殺し，母と結婚する」との神託を受け，恐れおののく。

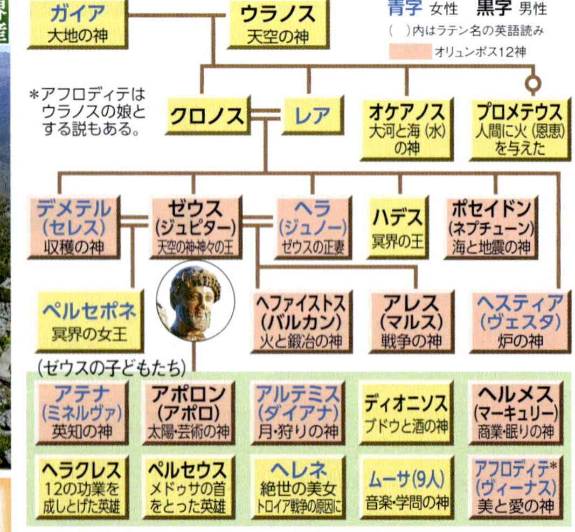

▲⑩古代ギリシアの神々の系譜　古代のギリシア人は，主神ゼウスを含む**オリュンポス12神**(オリュンポス山上に住むとされる)を中心とした多神教を信仰していた。教義や教典をもつことはなく，特権的な神官もいない。神々は，人間と同じような姿や感性をもち，そうした神々の物語が**ギリシア神話**である。

▼⑫現在も行われているグレコ=ローマンスタイルのレスリング

▲⑪オリュンピア競技　**ゼウス**信仰の中心地**オリュンピア**で4年に1度夏の農閑期(のうかんき)に5日間開催された。競技期間は戦争も中止された。初めは徒競走とレスリングだけであったが，のちに戦車競走なども行われた。

ギリシア神話由来の言葉

エコー　おしゃべりな精霊(せいれい)エコーが罰(ばつ)を受け，相手の話した言葉の数語を繰り返すしかできなくなり，失恋のすえ身体がなくなり，こだまだけになってしまったことから。

パニック　牧畜(ぼくちく)の神パンが家畜(かちく)の群れをおびえさせたことから。

地中海
MAP A~C
1部2章

3 英雄と神々が活躍するヨーロッパ最古の文学

▼⑭**オデュッセウス** 『**オデュッセイア**』の主人公オデュッセウスは，**トロイア(トロヤ)戦争**からの帰途，船の難破のため10年間にわたって諸地を漂流する。物語は彼が各地でさまざまな危険をのりこえて故国に帰還するまでの冒険談と，夫の留守中の妻と息子の苦労をつづっている。

▲⑬**アキレウス** 『**イリアス**』に登場するギリシア第一の勇者。親友を殺した敵将ヘクトルを討つものの，敵の矢が唯一の弱点であったかかとのすじ(アキレス腱)にあたって死亡する。

古典ギリシア語	ローマ字で表記した場合と古代ギリシアでの意味		ここから派生した英語
ΘΕΑΤΡΟΝ テアトロン	theatron	劇場	theater
ΧΑΡΑΚΤΗΡ カラクテール	kharakter	印，特徴	character
ΒΙΟΣ ビオス	bios	生命	biology
ΣΧΟΛΗ スコレー	skhole	ひま，討論	school
ΤΕΧΝΗ テクネー	tekhne	技術	technic technique
ΛΟΓΟΣ ロゴス	logos	言葉	logic

◀⑮**ヨーロッパ言語の母「古典ギリシア語」**
古典ギリシア語を起源とする言葉は，ヨーロッパの諸言語にみられる。英語では約12%の言葉が，古典ギリシア語を起源とするとの説もある。

▼⑯**アレクサンドリア** ➔p.66

テーマ 学術都市アレクサンドリア

アレクサンドロスは征服地に**ギリシア人植民市**を建設し，自分の名をつけた。**ヘレニズム文化**の中心地の一つであるナイル河口の**アレクサンドリア**市には，多くの**パピルス**文書を集めた学芸の中心施設**ムセイオン**がつくられた。

4 ダイナミズムの表象～ヘレニズムの彫刻

▼⑰**ラオコーン像** トロイア(トロヤ)戦争で神の怒りに触れた父子を題材にし，毒蛇に絞め殺される苦悶の姿を表現している。〈ヴァティカン美術館蔵，高さ184cm〉

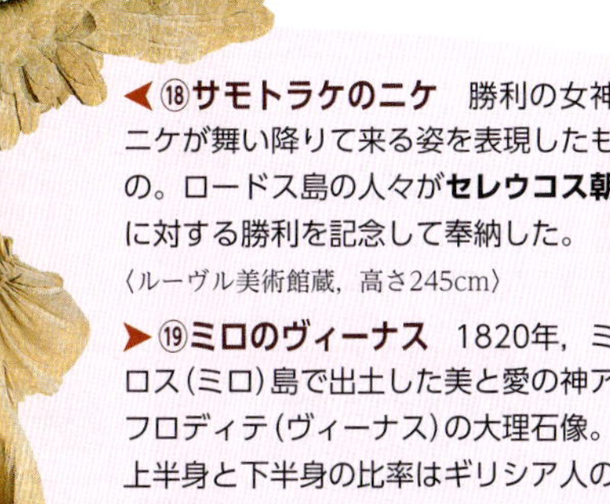

◀⑱**サモトラケのニケ** 勝利の女神ニケが舞い降りて来る姿を表現したもの。ロードス島の人々が**セレウコス朝**に対する勝利を記念して奉納した。〈ルーヴル美術館蔵，高さ245cm〉

▶⑲**ミロのヴィーナス** 1820年，ミロス(ミロ)島で出土した美と愛の神アフロディテ(ヴィーナス)の大理石像。上半身と下半身の比率はギリシア人の考案した人体を最も美しく表現できる1：1.618の黄金比で構成されている。〈ルーヴル美術館蔵，高さ204cm〉

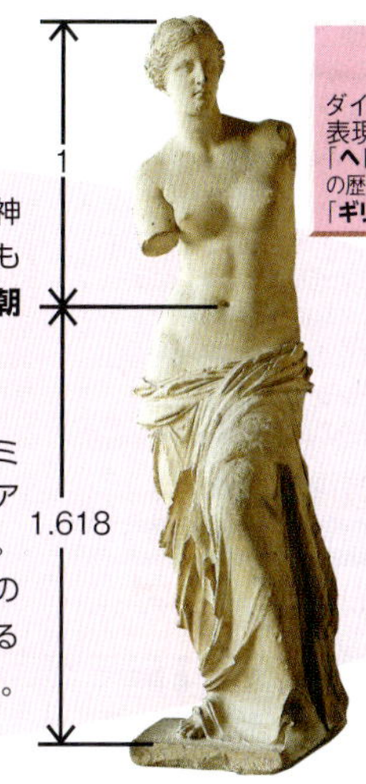

ヘレニズム様式
(前320年以降)
ダイナミックな運動・感情表現
「**ヘレニズム**」は19世紀ドイツの歴史家**ドロイゼン**が提唱した，「**ギリシア風**」を意味する造語。

5 ギリシア・ヘレニズムの文化

ギリシアの文化

青字 三大悲劇詩人

分野		人物	生没年	業績
哲学	イオニア自然哲学	タレス	前624ごろ～前546ごろ	万物の根源(アルケー)を**水**とする 日食を予言 ミレトス学派
		ピュタゴラス	前582ごろ～前497	万物の根源を**数**とする ピュタゴラスの定理
		ヘラクレイトス	前544ごろ～?	万物の根源を**火**とする 「万物は流転する」
		デモクリトス	前460ごろ～前370ごろ	万物の根源を「**原子**」(Atom)とする「原子論」
	ソフィスト	プロタゴラス	前485ごろ～前415ごろ	真理の相対化を説く「**人間は万物の尺度**」
	アテネ哲学	ソクラテス	前469ごろ～前399	「**無知の知**」を自覚させ，客観的真理の存在を説く
		プラトン	前427ごろ～前347	**イデア**論 理想国家を論じた『**国家論**』
		アリストテレス	前384～前322	現実主義・経験重視の立場から諸学問を体系化…「万学の祖」『**政治学**』
医学		ヒッポクラテス	前460ごろ～前370ごろ	「**医学の父**」といわれる
文学	悲劇	アイスキュロス	前525～前456	『縛られたプロメテウス』『アガメムノン』
		ソフォクレス	前496ごろ～前406	『オイディプス王』『アンティゴネー』『エレクトラ』
		エウリピデス	前485ごろ～前406	『メデイア』『アンドロマケ』『トロイアの女』
	喜劇	アリストファネス	前450ごろ～前385ごろ	『女の議会』『女の平和』『雲』『蛙』『蜂』
	叙事詩	ホメロス(ホーマー)	前750ごろ～前700ごろ	『**イリアス**』『**オデュッセイア**』
		ヘシオドス	前700ごろ	『**労働と日々**』『**神統記**』
	叙情詩	サッフォー	前612ごろ～?	女流詩人 恋愛詩
		アナクレオン	前570ごろ～?	酒や恋愛をうたう
		ピンダロス	前518～前438	オリュンピア競技の優勝者をたたえる
	歴史学	ヘロドトス	前484ごろ～前425ごろ	『**歴史**』(ペルシア戦争を物語風に記述)
		トゥキュディデス	前460ごろ～前400ごろ	『**歴史**』(ペロポネソス戦争を科学的に記述)
美術	彫刻	フェイディアス	前490ごろ～前430ごろ	「**アテナ女神像**」「ゼウス像」
		プラクシテレス	前4世紀	「**ヘルメス像**」「クニドスのヴィーナス」

◀敦煌の壁画に描かれた風神

◀クシャーナ朝の風神ヴァドー

▶俵屋宗達が描いた風神〈建仁寺蔵〉

▲ギリシアの風の神ボレアス

▲⑳**ヘレニズム文化の影響と風の神の変遷** ヘレニズム文化は，アレクサンドロス大王の遠征によってオリエントとギリシアの文化が融合して生まれた。西はローマ帝国，東はインド・中国・日本と東西に伝播し，文化的影響を与えた。➔p.10

ヘレニズムの文化

●ポリスの枠組みにとらわれない**世界市民主義**(コスモポリタニズム)の風潮
●ギリシア語が共通語(**コイネー**)となる

分野		人物	生没年	業績
哲学		ゼノン	前335～前263	**ストア派**(禁欲による幸福を追求)を創始
		エピクロス	前342ごろ～前271ごろ	快楽(魂の安静)を重視する**エピクロス派**を創始
自然科学		エウクレイデス	前300ごろ	平面幾何学を大成『幾何学原本』
		アリスタルコス	前310ごろ～前230ごろ	天文学者。地球の公転と自転を主張
		アルキメデス	前287ごろ～前212	てこの原理，浮力の原理(アルキメデスの原理)
		エラトステネス	前275ごろ～前194	地球を球形と考え，地球の周囲の長さを計算
文学	歴史学	ポリュビオス	前200ごろ～前120ごろ	ギリシア人の歴史家『ローマ史』
美術	彫刻	「ミロのヴィーナス」「サモトラケのニケ」「ラオコーン」「瀕死のガリア人」		

今日とのつながり 保存状態のよいエピダウルス遺跡の劇場(ギリシア，世界遺産)では，現在でも毎年ギリシア悲劇が当時のままの形で上演されている。

共和政ローマ　～都市国家から地中海域を統一する大国家へ

共和政ローマの歩み

p.72▶

▶④ローマ建国伝説の像　狼に育てられた双子ロムルスとレムスが前753年にローマ市を建国したといわれている。

◀⑤エトルリア時代の門　ローマ建築の特徴であるアーチ工法は，前7世紀末にローマを支配したエトルリア人が伝えた。

アーチ工法

時代	国内情勢	対外発展	時期
王政	前753　イタリア人の一派ラテン人，都市国家ローマ建国（伝説）		
王政	前7世紀末　エトルリア人，ローマを支配		
共和政	前509　**共和政樹立**（ラテン人，エトルリア人の王を追放）		半島統一期 ➔1
共和政	前494　聖山事件 →**護民官・平民会**を設置 貴族に対抗し平民の利益を保護		半島統一期
共和政	**貴族・平民の対立（身分闘争）**		半島統一期
共和政	前450ごろ　**十二表法**（ローマ最古の成文法） 貴族による法知識の独占を規制		重装歩兵市民の活躍
共和政	前390　**ケルト人**，ローマに侵入	前396　ウェイイ征服 以後エトルリアの征服進む	重装歩兵市民の活躍
共和政	○　**新貴族**，政権を独占 （**貴族**と富裕な**平民**出身者）		重装歩兵市民の活躍
共和政	前367　**リキニウス-セクスティウス法** 公有地先占を500ユゲラ（約125ha）に制限 **執政官**の1名を平民から選ぶ	*「ポエニ」はローマ人からのフェニキア人の呼称。	重装歩兵市民の活躍
共和政		前290　サムニウム平定	重装歩兵市民の活躍
共和政	前287　**ホルテンシウス法** 平民会の決議を国法として認める	前272　**タレントゥム**（ギリシア人植民地）を占領 **イタリア半島統一完成**	重装歩兵市民の活躍
共和政	**閥族派・平民派の対立**	前264　**第1次ポエニ*戦争**（～前241 **シチリア**（最初の**属州**）獲得）	地中海征服期
共和政		前218　**第2次ポエニ戦争**（～前201）	地中海征服期
共和政		前216　カンネーの戦い	地中海征服期
共和政		前202　**ザマの戦い** **スキピオ**（ローマ軍の将）が**ハンニバル**（カルタゴ軍の将）を破る	地中海征服期
共和政		前168　ピュドナの戦い（マケドニアを攻略）	地中海征服期
共和政		前149　**第3次ポエニ戦争**（～前146 **カルタゴ滅亡**）	地中海征服期
共和政		前146　マケドニア・ギリシアを属州化	地中海征服期
共和政	**共和政の動揺**		重装歩兵市民の没落
共和政	前135　**シチリアの第1回奴隷反乱**（～前132）		重装歩兵市民の没落
共和政	前133　**グラックス兄弟の改革**（～前121） 有力者の大土地占有を抑え，無産市民への土地分配→失敗		重装歩兵市民の没落
共和政		前111　ユグルタ戦争（～前105 北アフリカ平定）	地中海征服期 ➔3
共和政	前107　**マリウス**の軍制改革		重装歩兵市民の没落
共和政	前104　**シチリアの第2回奴隷反乱**（～前99）		重装歩兵市民の没落
内乱の一世紀	前91　**同盟市戦争**（～前88） イタリア半島の全自由民に**ローマ市民権**を付与		
内乱の一世紀	前88　**マリウス（平民派）・スラ（閥族派）**の戦い（～前82）→スラの独裁	前88　ミトリダテス戦争（～前63 ポンペイウス，小アジア平定）	オリエント・ヨーロッパへ拡大
内乱の一世紀	前73　**スパルタクスの反乱**（～前71）		オリエント・ヨーロッパへ拡大
内乱の一世紀	**第1回三頭政治**　前60～前53 （**ポンペイウス・クラッスス・カエサル**）	前64　**ポンペイウス，シリア征服**（～前63 **セレウコス朝滅亡**）	オリエント・ヨーロッパへ拡大
内乱の一世紀	前46　**カエサル独裁**（～前44） **インペラトル**の称号を得る	前58　カエサル，**ガリア遠征**（～前51）	オリエント・ヨーロッパへ拡大
内乱の一世紀	**第2回三頭政治**　前43～前36 （**オクタウィアヌス・アントニウス・レピドゥス**）	前31　**アクティウムの海戦**	オリエント・ヨーロッパへ拡大 ➔p.73
帝政	前27　**オクタウィアヌス**，**元老院**より**アウグストゥス**（尊厳なる者）の称号を受ける **帝政の始まり**	前30　**オクタウィアヌス，エジプト征服**（プトレマイオス朝滅亡） **地中海統一**	オリエント・ヨーロッパへ拡大

第2次ポエニ戦争後のローマ社会の変化

- 属州から奴隷の大量流入 → ラティフンディウムの成立
- 有力者の土地買い占めと属州公有地の私有化 → 貧富の差拡大 → 中小農民の没落
- 属州から安い穀物流入 → 中小農民の没落
- 中小農民の没落 → 重装歩兵市民軍の解体と無産市民の傭兵化 → 有力者の私兵化

ヒストリーシアター　古代ローマを表す4つの頭文字S.P.Q.R.

▲①元老院（後世の想像図）　共和政期の国政最高決定機関。公職経験者の**貴族**が議員を独占していたが，新貴族とよばれる富裕な**平民**がしだいに台頭していった。

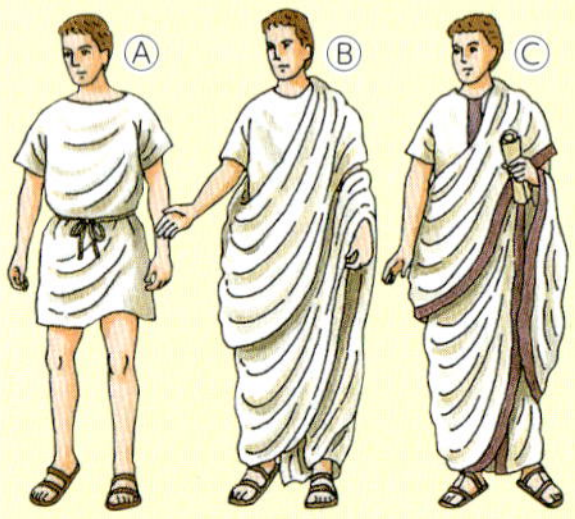

◀②トガの着用と身分　奴隷や未成年の市民はトゥニカ（短衣，Ⓐ）のままで，市民で成人（17歳以上）になると白いトガ（長衣，Ⓑ）を着用する。執政官など高位公職経験者などは，緋色（赤紫）の縁取りのあるトガ（Ⓒ）を着用した。

▶③S.P.Q.R.　ローマ人は自分たちの国家を示すとき，「ローマの元老院と民衆」（Senatus Populusque Romanus）というラテン語の頭文字をとった略号を（マンホールの蓋に刻まれたS.P.Q.R.）用いた。ローマに**元老院**とその他の民衆との区別があったことがわかる。

よみとき　図①の中には図②のⒶⒷⒸのうち，どの身分の人がいるだろうか。また，国政の中心となったのはそのうちのどの身分の人々だろうか。

1 都市国家から半島統一へ

世界全図p.6-7　➔p.63 3

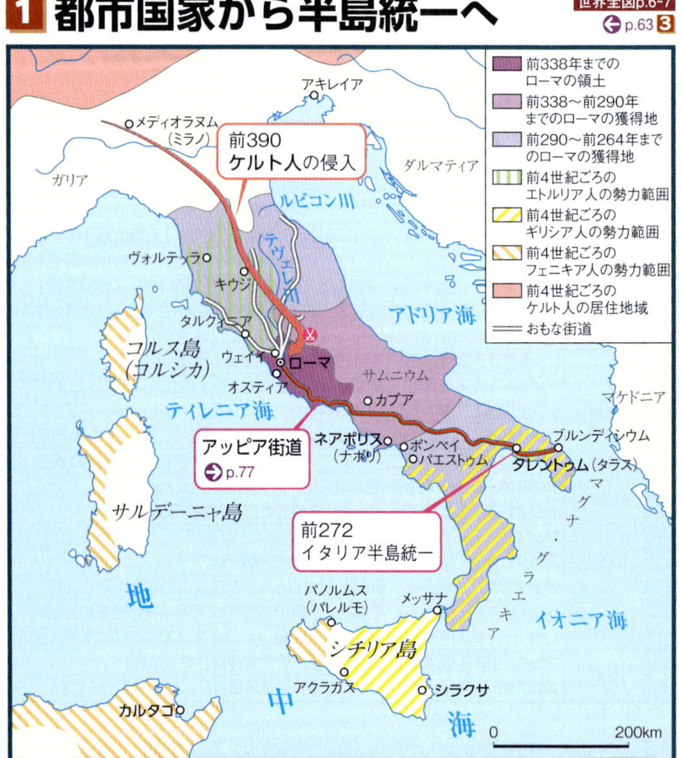

2 ローマ共和政と支配のしくみ

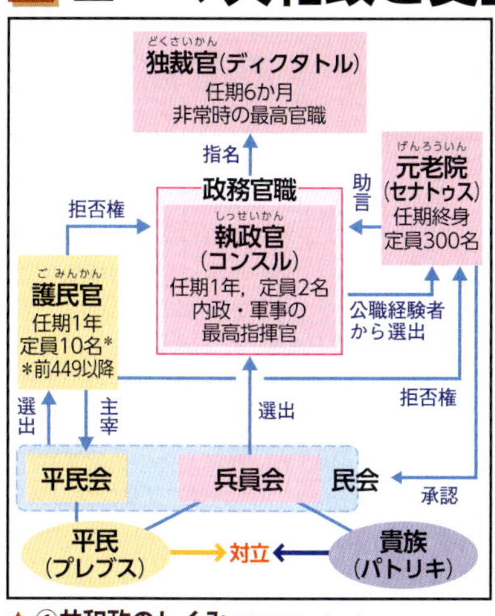

▲⑥共和政のしくみ(前287年まで)

貴族(パトリキ)…血統貴族。主要な公職を独占し，初め平民との通婚も禁止して特権を享受した。

新貴族(ノビレス)…リキニウス-セクスティウス法制定以降に形成された支配者層。貴族に一部の裕福な平民が加わって形成。

騎士(エクィテス)…騎馬で軍務につく特権的立場の人をさしたが，のち元老院身分につぐ第2の階層となる。徴税請負人など経済的に活動。

平民(プレブス)…貴族に対する一般のローマ市民。中小農民を主とする。

キーワード ローマ市民権 民会への出席及び投票権を中心に，婚姻権・所有権・裁判権など内容は多岐にわたる。アテネと違い，ローマはイタリアや**属州**の自由民にも市民権を拡大していった。

ローマ

イタリア半島(イタリア半島統一期)			市民権	納税	兵役
	植民市	ローマ人が建設した都市で，ローマと同等の権限を与えられた都市	有	有	有
	自治市	ローマに征服された都市で，一定の自治が認められた都市	条件付きで有(参政権は付与されず)	有	有
	同盟市	ローマに征服された，または同盟を結んだ都市で，独立を保持した都市	無(同盟市戦争により獲得)	無	有

分割統治 ローマと各都市(国家)は個別に結ばれており，都市間の同盟は禁止されていた。各都市によって権限・義務は千差万別で，上記のように画一的なわけではなかった。

イタリア半島以外(地中海征服期)			支配体系	納税	兵役
	属州(プロウィンキア)	イタリア半島以外のローマの領土 例:シチリア(最初の属州)など	総督(プロコンスル)→徴税請負人(騎士階級(エクィテス)が多い)→被征服民	有	有
	直轄領	帝政期の皇帝直轄の属州 例:ユダヤ属州など	代官→被征服民	有	有

▲⑦ローマ支配のしくみ

3 ポエニ戦争と社会の変容

世界全図p.6~9 ➔ p.73 3

前264(第1次ポエニ戦争開戦)までのローマの領土
第1次ポエニ戦争開戦までのカルタゴの勢力範囲
第2次ポエニ戦争開戦までにカルタゴが新たに獲得した領土
ハンニバル軍の進路
スキピオ軍の進路
ローマが新たに獲得した地域
前218(第2次ポエニ戦争開戦)まで
前201(第2次ポエニ戦争終結)まで
前146(第3次ポエニ戦争終結)まで(カルタゴ滅亡)

約8万人のローマ軍をその約半数のハンニバルのカルタゴ軍が破る
ハンニバルのカルタゴ軍が，スキピオのローマ軍に敗れる

アルプス山脈　ローヌ川　マッシリア　ドゥロ川　ピレネー山脈　ヒスパニア　タホ川　エブロ川　サグントゥム　コルス島(コルシカ)　ローマ　カプア　カンネー 前216　マケドニア　ピュドナ 前168　サルデーニャ島　ガデイラ(カディス)　マラカ　カルタゴノウァ　地中海　メッサナ　シチリア　シラクサ　カルタゴ　コリントス　ギリシア　ザマ 前202　ヌミディア　0 500km

表　裏

◀⑧ハンニバルと象を刻んだカルタゴの金貨　ローマの同盟市サグントゥムを攻撃し，**第2次ポエニ戦争**を起こした。その際4万人の兵士と37頭の戦象を率いて雪の降るアルプス山脈を越える強行策をとった。

テーマ 変わるローマ社会 ～ラティフンディウム

征服地の拡大とともに，ローマは**貴族**に征服地の一部の占有を許可した。第２次ポエニ戦争以後，貴族が，**属州**からの安価な穀物の流入により，没落してゆく農民と土地を兼併して**奴隷制大農場経営(ラティフンディウム)**を行うことがさかんになった。農場主となった貴族は，奴隷を使って，利潤の高い果樹栽培を行い，巨大な富を得た。

▼⑨ラティフンディウム(ラティフンディア)(想像図)

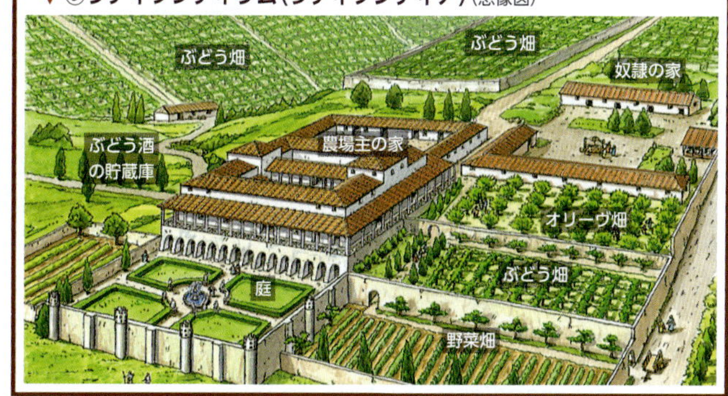

4 内乱の一世紀

没落農民のローマ流入
↓
ローマの都市人口増大
↓
貧しい住民の飢餓
↓
前123 **グラックス(弟)の改革**
小麦を定期的に低価格で供給
↓
前58 小麦の無料配給(受給者約32万人)

▲⑩穀物をめぐる政策

▼⑪小麦の無料配給

▼⑫平民派と閥族派の対立

徴兵による重装歩兵市民軍の崩壊・軍事力の弱体化
↓
マリウスの軍政改革：無産市民から志願者を募り，職業軍人化
➔ **軍隊の私兵化**進む，権力抗争の激化

平民派 マリウス(前157ごろ～前86)
・民会が基盤

対立

閥族派 スラ(前138ごろ～前78)
・元老院と結託

映画「スパルタカス」より

◀⑬スパルタクスの反乱　トラキア出身の剣奴**スパルタクス**は仲間とともに剣奴養成所を脱出し，ヴェズヴィオ山に立てこもった。これは最大規模の奴隷反乱に発展したが，**クラッスス**，**ポンペイウス**らによって打倒された。

▶⑭「ブルートゥスよ，お前もか」　権力を一身に集中させ，**共和政**の伝統に反した独裁政治を行った**カエサル**(シーザー)は，前44年共和主義者らに襲われた。暗殺者の中に信頼していた**ブルートゥス**がいたことに驚いてカエサルがこの言葉を発したといわれる。

今日とのつながり 紀元前3世紀初めには，貴族と平民の法の下の平等が実現したが，ローマ人はこうした国家を"res publica"(「公の事」)とよんだ。これがrepublic(共和国)の語源となった。

帝政ローマ ～ローマ帝国の繁栄と衰退

ヒストリーシアター ローマで実権をにぎったのは誰だ？

➤①クレオパトラ（前69～前30年） **プトレマイオス朝エジプト**の女王（弟と共同統治）。

▲④オクタウィアヌス（オクタヴィアヌス）（前63～後14年）

◀②アントニウス（前82～前30年）

◀③カエサル（前100ごろ～前44年）

➤⑤オクタウィアヌスが刻まれた貨幣 死後の紀元25年に製造され"神君**アウグストゥス**"と刻印。貨幣は，権力者の権威のあかしであり，それを広く知らせる役割ももつ。

➤⑥アウグストゥスの像 足元のキューピッドは，ユリウス家の女神ヴィーナスの子であり，アウグストゥスが神々の子孫であることを示そうとしている。

よみとき 図⑤⑥からオクタウィアヌスとそれまでの権力者との違いを考えてみよう。

キーワード プリンケプス（第一人者）
オクタウィアヌスは前27年，元老院より **"アウグストゥス"**（尊厳なる者の意。本来は宗教的権威を示す）の尊号を受け，事実上**帝政**を開始。**カエサル（シーザー）**の失敗から共和政の諸官職を存続，その伝統を守り自らを **"プリンケプス"（第一人者）**と称した。

帝政ローマの歩み～元首政から専制君主政へ

◀p.70 p.137▶

青字 キリスト教関連事項

ローマの平和（パクス=ロマーナ） ／ **元首政（プリンキパトゥス）** 前27

オクタウィアヌスが実権をにぎる（～後14）
- 前27 **元老院**から**アウグストゥス**（尊厳なる者）の称号を受け，**元首政（プリンキパトゥス）を開始**
- ○ **ラテン文学**の黄金期
- 後09 トイトブルクの森の戦いで**ゲルマン人**に大敗
- 30ごろ **イエスの処刑**

ネロ帝 位54～68
- 64 ローマ市の大火→キリスト教徒迫害
- 66 第1次ユダヤ戦争始まる（～70）➲p.58
- 79 ヴェズヴィオ火山が噴火，ポンペイ等が埋没➲p.76
- 80 ローマの**コロッセウム**が完成

五賢帝時代 96～180
- 96 **ネルウァ帝**即位（～98）
- 98 **トラヤヌス帝**即位（～117） ダキアを属州とし**ローマ帝国最大版図**
- 117 **ハドリアヌス帝**即位（～138） ブリタニアに城壁建設
- 132 第2次ユダヤ戦争始まる（～135）
- 138 **アントニヌス=ピウス帝**即位（～161）
- 161 **マルクス=アウレリウス=アントニヌス帝**即位（～180）
- 193 セプティミウス=セウェルス帝即位（～211）

「3世紀の危機」

カラカラ帝 位198～217
- 212 **アントニヌス勅令**（帝国内の全自由民に**ローマ市民権**を与える）

軍人皇帝時代 235～284
- この間26人の皇帝擁立
- 249 デキウス帝，キリスト教徒を迫害（～251）
- 260 **ウァレリアヌス帝**がシャープール1世にとらえられる（→エデッサの戦い➲p.61）

帝国の再建 ／ **専制君主政（ドミナトゥス）** 後284

ディオクレティアヌス帝 位284～305
- 284 **専制君主政（ドミナトゥス）を開始**
- 293 帝国を東西二分し，それぞれ正・副2人の皇帝が統治する**四分統治**（四帝分治制，**テトラルキア**）開始
- 303 **キリスト教徒大迫害**を開始（～305）

コンスタンティヌス帝（1世） 位306～337 （324以降正帝）
- 313 **ミラノ勅令**により**キリスト教公認**➲p.74
- 325 **ニケーア公会議**（**アタナシウス派**を正統，**アリウス派**を異端とした）
- 330 **コンスタンティノープル（ビザンティウム）**に遷都
- 332 **コロヌス**の土地緊縛の措置

帝国の崩壊
- 361 **ユリアヌス帝**即位（～363） 異教の復興を掲げ，「背教者」とよばれる
- 375 **ゲルマン人の大移動**が始まる

テオドシウス帝（1世） 位379～395
- 392 キリスト教以外の宗教を全面禁止（**キリスト教**を**国教**とする）
- 395 没後，**ローマ帝国東西に分裂**
- 410 西ゴート王 アラリック，ローマに侵入
- 476 ゲルマン人の傭兵隊長**オドアケル**がロムルス帝を廃し，**西ローマ帝国滅亡**

◀⑦ネロ帝 母の再婚で前帝の養子となり，17歳で即位。のちに母を殺害するにいたるが，この貨幣には二人そろって刻まれている。

▲⑧マルクス=アウレリウス=アントニヌス帝 ネルウァ以来，養子縁組によって帝位が受け継がれてきた，**五賢帝**最後の皇帝。哲学に通じ，「**哲人皇帝**」とよばれている。また，後漢に使者を送った，「**大秦王安敦**」とされる。➲p.308

▲⑨コンスタンティヌス帝（1世） 彼は帝位をめぐる争いのさなか，「なんじ，これにて勝て」と書かれた光り輝く十字架を見たといわれている。

▲⑩テオドシウス帝（1世）の横顔（金貨）

1 パクス=ロマーナ（ローマの平和）

世界遺産

◀⑪凱旋門 戦勝を記念するローマ独自の建築物。この門は第1次**ユダヤ戦争**（➲p.58）の戦勝記念にティトゥス帝の業績として，82年につくられた。

▼⑫凱旋門のアーチに彫られたレリーフ ユダヤ教信仰の象徴である七枝の燭台をローマ人が運び出す場面。

➤⑬ハドリアヌス帝 トラヤヌス帝の領土拡大から帝国防衛を最優先させ，ブリタニア北部に構築された城壁は高さ約6m，長さは東西に約117kmに及ぶ。

世界遺産

▲⑭ハドリアヌスの城壁

2 アテネと比較したローマの特徴

	アテネ	ローマ
民主政	民会に市民全員が参加する**直接民主政**	貴族と平民が対立し，民主政は実現せず
公職	市民なら誰でも就ける	貴族が公職を独占
参政権	市民の**成年男性**に限る	市民の**成年男性**に限る
市民権	アテネ市民の両親から生まれた子に限る	ローマ以外の諸部族・諸民族にも与えた→帝国拡大の要因に
植民市	**ポリス**として独立	ローマ国家からは切り離されず
	地中海沿岸	地中海沿岸，ヨーロッパ内陸部
統治形態	デロス同盟：ポリス→盟主アテネ←ポリス（4つのポリス）	ローマ帝国：ローマ（イタリア半島）が属州（海外領土）を直接統治

世界全図p.8~15 ← p.71 3, → p.137 1

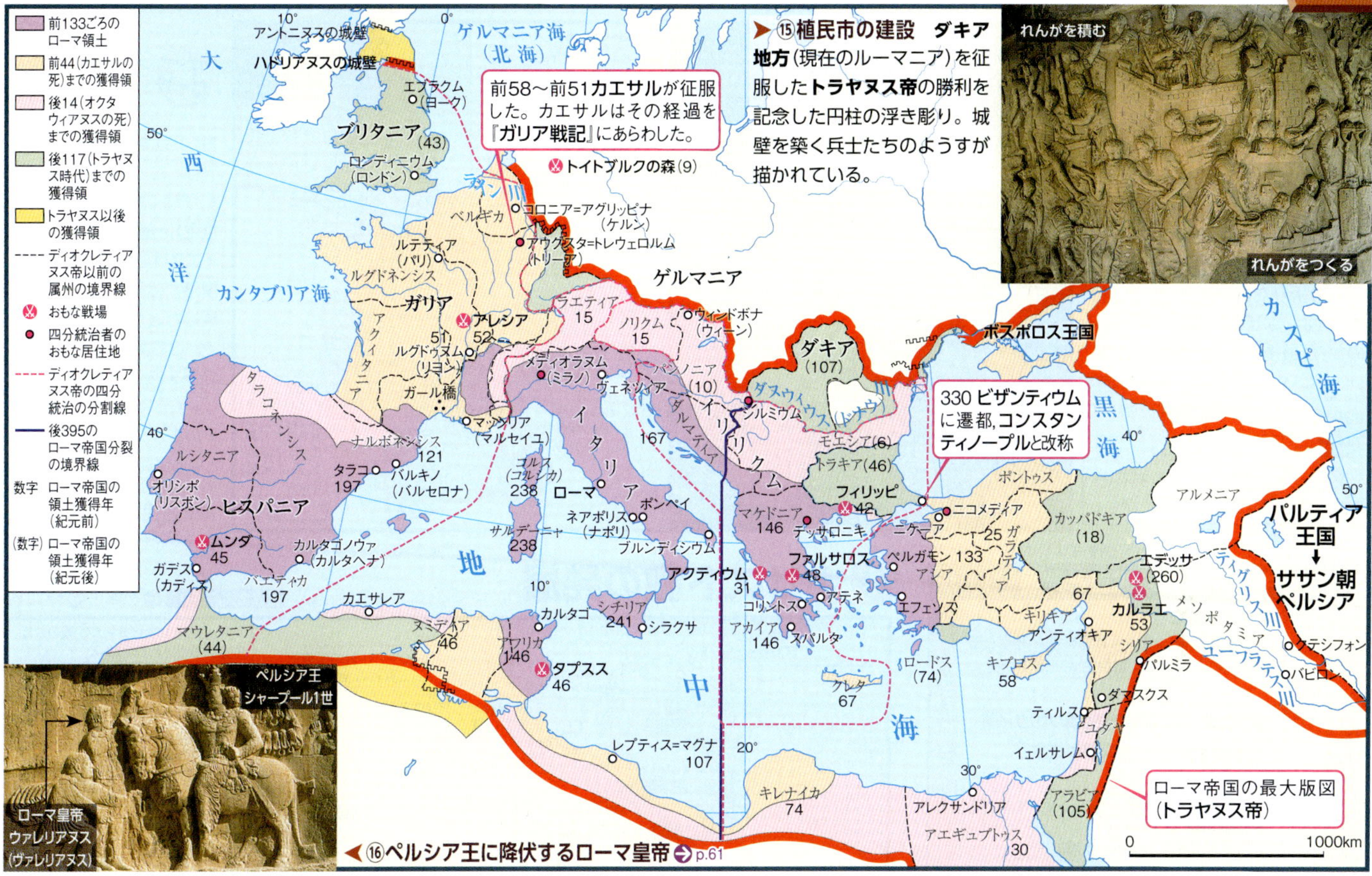

3 ローマ帝国の領土の変化

前133ごろのローマ領土
前44(カエサルの死)までの獲得領
後14(オクタウィアヌスの死)までの獲得領
後117(トラヤヌス時代)までの獲得領
トラヤヌス以後の獲得領
ディオクレティアヌス帝以前の属州の境界線
おもな戦場
四分統治者のおもな居住地
ディオクレティアヌス帝の四分統治の分割線
後395のローマ帝国分裂の境界線
数字 ローマ帝国の領土獲得年(紀元前)
(数字) ローマ帝国の領土獲得年(紀元後)

前58～前51カエサルが征服した。カエサルはその経過を『ガリア戦記』にあらわした。

330 ビザンティウムに遷都,コンスタンティノープルと改称

ローマ帝国の最大版図(トラヤヌス帝)

➤ ⑮植民市の建設　ダキア地方(現在のルーマニア)を征服したトラヤヌス帝の勝利を記念した円柱の浮き彫り。城壁を築く兵士たちのようすが描かれている。

れんがを積む
れんがをつくる

ペルシア王シャープール1世
ローマ皇帝ウァレリアヌス(ヴァレリアヌス)

◀ ⑯ペルシア王に降伏するローマ皇帝 → p.61

4 専制君主政の始まりと社会変化

◀ ⑰元首政(プリンキパトゥス)と専制君主政(ドミナトゥス)

元首政(プリンキパトゥス)		専制君主政(ドミナトゥス)
前27～後284年	期間	284年～
プリンケプス(市民の第一人者)	語源	ドミヌス(奴隷の主人)
オクタウィアヌス(オクタヴィアヌス)	確立者	ディオクレティアヌス
①共和政の伝統尊重 ②元老院との共同統治(①②は形式上) ③事実上の独裁政治(帝政の開始)	政治	①共和政の伝統全廃 ②元老院は事実上,消滅 ③オリエント的な君主政,ペルシア風の制度・儀礼の採用,皇帝権の絶対化,生ける神として神格化
皇帝と元老院の二元統治	属州統治	皇帝のみの一元統治
ローマ市民中心(主力:重装歩兵)	軍隊	属州民や外民族(ゲルマン人など)中心の傭兵(主力:重装騎兵)

▼ ⑲ラティフンディウムとコロナトゥス

ラティフンディウム(ラティフンディア)		コロナトゥス
ポエニ戦争(前264～前146)以後	時期	軍人皇帝時代(235～284)以後
大土地所有者の直接経営	経営方法	コロヌス(小作人)に賃貸して耕作させる
奴隷(多くは戦争の捕虜)	労働力	コロヌス(没落農民,解放奴隷など)
オリーヴ,ぶどう,家畜飼育	主要作物	穀物

◀ ⑱分割して統治する正帝と副帝(ヴェネツィア,イタリア)　広大な領地を一人の皇帝で統治することが不可能であることを感じたディオクレティアヌス帝は,四分統治を開始し,自ら東の正帝となった。

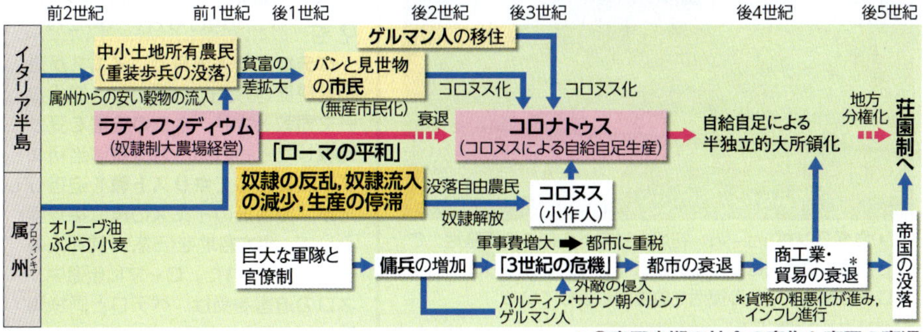

前2世紀　前1世紀　後1世紀　後2世紀　後3世紀　後4世紀　後5世紀

イタリア半島
中小土地所有農民(重装歩兵の没落)
貧富の差拡大
パンと見世物の市民(無産市民化)
ゲルマン人の移住
コロヌス化
属州からの安い穀物の流入
ラティフンディウム(奴隷制大農場経営)
「ローマの平和」
衰退
コロナトゥス(コロヌスによる自給自足生産)
自給自足による半独立的大所領化
地方分権化
荘園制へ
奴隷の反乱,奴隷流入の減少,生産の停滞
没落自由農民
奴隷解放
コロヌス(小作人)
属州(プロウィンキア)
オリーヴ油 ぶどう,小麦
巨大な軍隊と官僚制
傭兵の増加
軍事費増大 ➡ 都市に重税
「3世紀の危機」
外敵の侵入 パルティア・ササン朝ペルシア ゲルマン人
都市の衰退
商工業・貿易の衰退*
*貨幣の粗悪化が進み,インフレ進行
帝国の没落

▲ ⑳帝国末期の社会の変化と帝国の衰退

テーマ　コインに見るローマ帝国の変化

ユピテル神を守護神としたディオクレティアヌス帝は皇帝崇拝を拒むキリスト教徒に大迫害を加えたが,半世紀後のマグネンティウス帝期になるとキリスト教が定着していった。

ユピテル神
XPはギリシア語でキリストを表す最初の2文字を合成した符号

◀ ㉑ディオクレティアヌス帝(位284～305)時代のコイン(左)と㉒マグネンティウス帝(位350～353)時代のコイン(右)

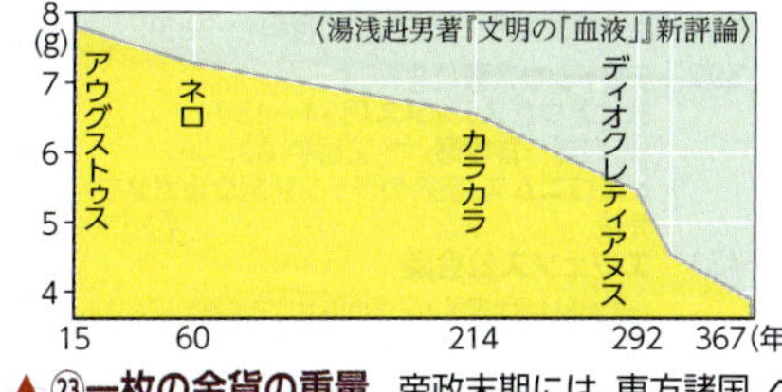

▲ ㉓一枚の金貨の重量　帝政末期には,東方諸国,ヘレニズム世界へ貴金属は流出し,貨幣の質も悪化した。

今日とのつながり　ローマ帝国が進出したダキア地方を現在の領土とするルーマニアは,東欧で唯一のラテン系民族国家である。

キリスト教の成立・発展 ～迫害から愛の世界宗教へ

p.58 1, p.289 1

ヒストリーシアター 十字架のイエス

▶①十字架にかけられるイエス

ユダヤ教指導者の告発により，**イェルサレム**でローマ総督**ポンティウス=ピラトゥス（ピラト）**に引き渡された**イエス**は，ゴルゴタの丘の十字架上で処刑された。彼は血を流しながら人類の罪をあがなうため，とりなしの祈りをささげたという。「神よ，神よ，なぜ私をお見捨てになるのか」が最後の言葉と伝えられる。

〈ルーベンス画，アントウェルペン大聖堂蔵，462cm×341cm〉

ユダヤ人の王様　ばんざい

よみとき　図①でイエスの頭上に「ユダヤ人の王様　ばんざい」とあるのは，何を意味しているだろうか。

◀②古代のパレスチナ

ローマの属州シリア州
ヘロデ王治下のユダヤ王国（前37～前4）
ヘロデ王の後継者たちの領土（ローマの属国）
シリア州の行政長官が支配する地域
イエスのおもな宣教活動
「死海文書」の発見地

イエス宣教を開始
イエス青少年時代を過ごす
後30ごろイエス処刑
前4ごろイエス誕生（新約聖書）
1947のちに「死海文書」とよばれるユダヤ教エッセネ派の文書が発見される

シドン　ヘルモン山　ティルス　フェニキア　ガリラヤ　バシャン　ガリラヤ湖　ヒッポス　ナザレ　カエサレア　サマリア　ペテシャン　デカポリス　地中海　ヨッペ（ヤッファ）　ヨルダン川　ペレア　イェリコ　クムラン　イェルサレム　ベツレヘム　アスカロン　ユダヤ　ガザ　ムラバード　イドゥマエア　死海　マサダ　0　30km

キーワード メシア

ヘブライ語で「膏を注がれた者」の意味。ユダヤ人の間では，ローマの苛酷な支配が続くなか，**メシア（救世主）**待望熱が高まった。**イエス**は処刑され3日後に**復活**，弟子達の前に姿を現したと信じられることで，この死と復活が人類の罪をあがなうものであり，イエスが**キリスト**（メシアのギリシア語訳）であるとする信仰が定着していく。

キリスト教の成立と発展

◀p.58　p.143▶　青字 キリスト教の宗派 p.59

（キリスト教成立以前／日本：縄文時代）

- 前586 **ユダ王国滅亡**
  - 王国の滅亡後，ユダヤ人は国を失い，差別と圧迫のなかから**メシア（救世主）**の来臨を待望
- 前6世紀ごろ **ユダヤ教成立** p.58
  - **選民思想**　形式主義（**律法主義 パリサイ派**）
  - 『**旧約聖書**』のおもな文書が成立

（日本：弥生時代）

- 後28ごろ～ **イエス（前4ごろ誕生）の布教**
  - ユダヤ教の選民思想を克服
  - 神の絶対愛，隣人愛を説く
  - パリサイ派批判→律法主義否定
- 30ごろ イエス**処刑**
  - ユダヤ教指導者の告発により，ローマに対する反逆者とみなされ，**十字架**にかけられる
- **キリスト教成立**
  - イエスの復活を信じ，彼を**キリスト（救世主，メシア）**とする信仰生まれる

（原始キリスト教）

- 45ごろ～ **パウロ**らのローマへの**布教**
  - イエス，ユダヤ民族の救世主から人類全体の救世主へ（民族宗教→**世界宗教**）

（ローマ帝国による迫害）

- 64 **ネロの迫害**
  - キリスト教徒をローマ大火の罪を負わせて迫害（**ペテロ・パウロ殉教**）
- 2世紀末ごろ 『**新約聖書**』のおもな文書が完成
- 249 デキウス帝の迫害（～251）
  - **エウセビオス**（260ごろ～339）『**教会史**』『**年代記**』
  - **神寵帝理念**（皇帝は神々の代理人）
- 303 **ディオクレティアヌス帝の大迫害**（～305）
  - ローマの衰退を**皇帝崇拝**によって挽回しようとし，これを拒否するキリスト教徒を迫害

（キリスト教会成立 p.143／キリスト教公認／日本：古墳時代）

- 313 **ミラノ勅令（コンスタンティヌス帝（1世））** 史 p.350
  - **キリスト教公認**。キリスト教会を利用して帝国統一の強化をはかる
- 325 **ニケーア公会議**（コンスタンティヌス帝）
  - **アタナシウス派**（神・キリスト・聖霊を同質とする）のちに**三位一体説**→〔**正統**〕
  - **アリウス派**（キリストの人性を強調）→〔**異端**〕→ゲルマン人に流布
- 361 **ユリアヌス帝**による異教の復興（～363）
- 392 **テオドシウス帝**（1世）による**キリスト教国教化**
  - 教父**アウグスティヌス**（354～430）『**告白録**』『**神の国**』（教父哲学） p.308
- ○ **ヒエロニムス**，聖書のラテン語訳**ウルガタ**を完成 p.162
- 431 **エフェソス公会議**
  - **ネストリウス派**（イエスの母マリアを神の母とすることに反対）〔**異端**〕→ペルシア・中国（唐）へ（**景教**）
- 451 **カルケドン公会議**
  - **単性論**〔**異端**〕

1 キリスト教の発展

世界全図p.10-17　p.59①，p.143 2

1～2世紀におけるキリスト教の教団
キリスト教化された地域　3世紀　4世紀　5世紀
おもな教会
ローマ　ローマ総大司教座（五本山）
おもな司教座
おもな公会議場
使徒パウロの伝道路（45～61年）

313 ミラノ勅令
392 キリスト教の国教化（異教の全面禁止）
3～4世紀，アリウス派キリスト教，ゲルマン人へ
325 ニケーア公会議
396～430 アウグスティヌス司教として活躍
431 エフェソス公会議
430ごろ，ネストリウス派キリスト教，ササン朝ペルシアへ

ロンドン　カンタベリ　ケルン　パリ　大西洋　ヴィエンヌ　メディオラヌム（ミラノ）　アクイレイア　アルル　ラヴェンナ　ドナウ川　黒海　トレド　ローマ　カプア　コンスタンティノープル　ヘラクレア　カルケドン　ニケーア　コルドバ　地　ネアポリス（ナポリ）　テッサロニキ　フィリピ　カッパドキア　シチリア島　シラクサ　コリントス　エフェソス　タルソス　ニシビス　ヒッポレギウス　カルタゴ　アンティオキア　マルタ島　中　クレタ島　サラミス　海　ティルス　カエサレア　イェルサレム　キレネ　アレクサンドリア　ローマ帝国の最大領域　0　500km

▲③キリストの象徴　魚　ギリシア語の「イエス=キリスト，神の子，救い主」という言葉の頭文字をつなぐと，ギリシア語の「魚」の語になる。そこからキリストのシンボルとなった。〈4世紀 キリスト教徒の墓石〉

▲④カタコンベ（ローマ）　初期キリスト教徒の地下墓地。ここで礼拝や会合を行ったといわれる。羊飼いはキリストを，くじゃくはキリストの復活を象徴的に表している。〈4世紀 フレスコ画 ラティーナ街道〉

▲⑤ペテロ（左）とパウロ（右）

使徒ペテロとパウロ （?～64ごろ）（?～64ごろ）

ペテロは漁夫出身で，**イエス**が選んだ使徒（直弟子）のひとり。初代ローマ司教とされ，**ネロの迫害**を受け**殉教**したとされる。**パウロ**は当初ユダヤ教徒として**キリスト教**を迫害したが，復活後のイエスの声に接し回心して，東方各地を伝道，「**異邦人の使徒**」とよばれた。ローマに伝道中，ネロの迫害を受け，ペテロと同様殉教したと伝えられる。

今日とのつながり　イエスが処刑された地に聖墳墓教会が建立され，イェルサレム（p.289）はキリスト教各派共通の聖地となっている。

ローマ時代の文化 ～永遠の都に生まれた建造物と法

ヒストリーシアター 都市をうるおす水

▶①ローマ時代の水道橋（ガール橋，ニーム，フランス） 現在でも水の使用量は生活の豊かさの指標となるが，とくに都市での需要は極めて高く，その確保は不可欠だった。土木建築技術を駆使し，水源から導いたその給水量は，ローマ市との比較で現在の数倍にあたる。

よみとき 水はどこを通って，どのようなところで使用されたのだろうか。

世界遺産

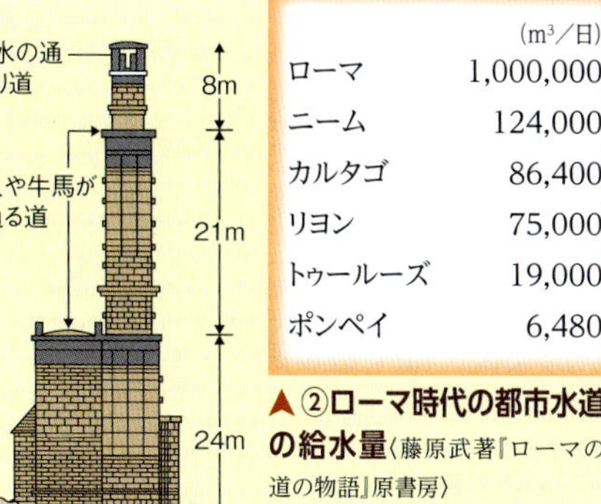

	(m³／日)
ローマ	1,000,000
ニーム	124,000
カルタゴ	86,400
リヨン	75,000
トゥールーズ	19,000
ポンペイ	6,480

▲②ローマ時代の都市水道の給水量〈藤原武著『ローマの道の物語』原書房〉

◀③水道橋のしくみ〈藤原武著『ローマの道の物語』原書房〉

1 コンクリートと大理石の街ローマ ➔p.306

▲④4世紀のローマ（復元模型）

ローマを題材にした格言・諺

●ローマは一日にしてならず ●すべての道はローマに通じる
●コロッセウムがある限り，ローマがある。
コロッセウムが崩壊するとき，ローマは滅びる。ローマが滅びるとき，世界は滅びる。
●郷に入らば郷に従え（Do in Rome, as the Romans do）

ラテン語〈 〉内は意味	英語〈 〉内は意味
videō〈（私は）見る〉	video〈ビデオ〉
audiō〈（私は）聞く〉	audio〈音声〉
opiniō〈（私は）考える〉	opinion〈意見〉
sal〈塩〉	salary〈給料〉＊ 古代ローマでは兵士たちに塩を買うための金が渡された。
salarium〈塩を買うための金〉＊	
Augustus〈アウグストゥス〉＊2	August〈8月〉＊2 アウグストゥスがこの月の戦勝を記念して名付けた。

▲⑤身近なラテン語

2 ローマの文化

テーマ 古代ローマの女性

アテネの女性と対照的な女性たち
アウグストゥス時代には3人の子どもがいれば，後見人の必要のない独立人格とみなされ，男性たちにまじって，堂々と政治や軍事について議論することができた。文学を熱く語ったり，剣闘の練習で汗を流したり，最新の流行の髪型を競い合ったりした。
女性をとりまく当時の社会 ローマ社会では避妊や堕胎の方法も知られ，嬰児遺棄も珍しくなかった。夫か妻の片方の意思で，離婚は成立した。

▼⑥香水びんを持つローマの女性（前1世紀）

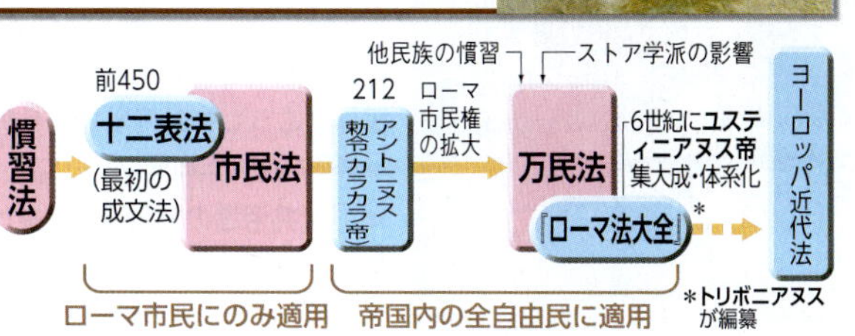

▲⑦後世に大きな影響を与えたローマ法 ➔p.308

▶⑧ローマの哲学者・文学者・科学者など ➔p.308

——はギリシア人

特色	●ギリシア文化の継承 ●**実用**を重んじる学問の発達（法律・建築） ●ローマ字（**ラテン文字**）・**ラテン語**の使用（ローマ帝国内の共通語）		
文学	キケロ	前106～前43	雄弁家・政治家・散文家。カエサル・アントニウスらと対立，暗殺された。『友情論』『**国家論**』（ラテン語散文の模範）
	ウェルギリウス（ヴェルギリウス）	前70～前19	古代ローマ最大の詩人。『**アエネイス**』（ローマ建国叙事詩）
	ホラティウス	前65～前8	叙情詩人。『叙情詩集』。**ギリシア語**の詩形を**ラテン語**に生かす
	オウィディウス（オヴィディウス）	前43～後17ごろ	叙情詩人。『愛の歌』。アウグストゥスにより，流刑とされ没した
歴史・地理	ポリュビオス	前201ごろ～前120ごろ	「**政体循環史観**」の立場から『**歴史**』を記述。全40巻
	カエサル	前100ごろ～前44	『**ガリア戦記**』（ガリア・ゲルマニア・ブリタニアの社会を簡潔に記述）
	ストラボン	前64ごろ～後21	『**地理誌**』全17巻（地中海各地の地誌と伝承を記した）
	リウィウス（リヴィウス）	前59～後17	『**ローマ建国史**』（ローマ建国から帝政初期）。アウグストゥスと交際
	プルタルコス（プルターク）	後46ごろ～120ごろ	『**対比列伝（英雄伝）**』（ギリシア・ローマの政治家を対比）
	タキトゥス	後55ごろ～120ごろ	『**ゲルマニア**』（ゲルマン人の風俗や地誌を記した）『**年代記**』
自然科学	プリニウス＊	後23ごろ～79	『**博物誌**』全37巻（農業・医学・鉱物学などを含む百科事典）
	プトレマイオス	2世紀ごろ	『**天文学大全**』（地球中心の天動説） ＊79年，ヴェズヴィオ火山噴火の調査におもむき，殉職した
	ガレノス	後130ごろ～200ごろ	医者。マルクス=アウレリウス=アントニヌス帝の侍医
哲学	ルクレティウス	前99ごろ～前55ごろ	**エピクロス派**。「事物の性質について」
	セネカ	前4ごろ～後65	**ストア派**。ネロ帝の師。彼に死を強制され，自殺。『**幸福論**』
	エピクテトス	後55ごろ～135ごろ	**ストア派**。奴隷出身，実践的方面を重視。『**語録**』
	マルクス=アウレリウス=アントニヌス	後121～180	**ストア派**。五賢帝最後の皇帝で「**哲人皇帝**」。『**自省録**』
	プロティノス	後205ごろ～269	**新プラトン主義**の創始者→中世キリスト教神学に影響
建築その他（宗教）	**ユリウス暦**（**エジプト太陽暦**を修正）を**ユリウス=カエサル（シーザー）**が制定➔p.52 **コロッセウム**・**水道橋**・**凱旋門**・**公共浴場**・**パンテオン（万神殿）**➔p.306・**フォルム**（広場）・**道路**（**軍道**：アッピア街道など）など実用的な建築にすぐれた能力を発揮した→アーチ工法・円蓋を使用➔p.306 **多神教**（**ミトラ教**・**マニ教**・**イシス教**などの**密儀宗教**）→**キリスト教公認**（313）→**キリスト教国教化**（392）		

今日とのつながり 19世紀の法学者イェーリング（1818～92）は，「ローマは三度世界を征服した。一度は武力で二度目はキリスト教で今一度は法律で」と言葉を残した。

地中海
MAP A～E
1部2章

特集 パンと見世物* ～ローマの人々の暮らし

＊「パン」は穀物などの食料の配給，「見世物」は剣闘士の決闘などの娯楽のことをいう。

1 コロッセウムと剣闘士の世界

▲①ローマのコロッセウム（円形闘技場） 外壁高さ52m，長径188m，短径156mの巨大な円形闘技場で，約5万人の観客を収容できた。 ➡ p.75,306

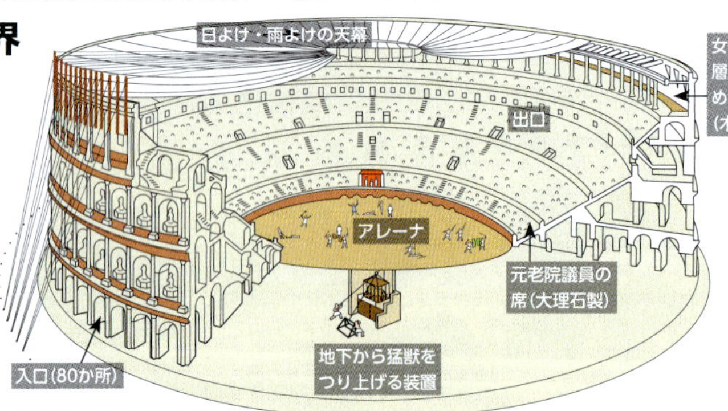

▲②コロッセウムの構造

内部構造 白い砂を敷きつめた闘技面（**アレーナ**）と，それを取り囲む観客席からなる。支柱は同心の楕円を七重に描くように，80本ずつ等間隔で配置されている。入口には番号が刻まれており，入場券（テッサラ）にも入口番号が記され，混雑防止がはかられていた。

地下構造 アレーナの下には6mの深さの地下空間があり，そこから動物をいれた鉄の檻が滑車でつり上げられて，観客の見守るアレーナに登場するしくみになっていた。

▲③**剣闘士のヘルメット** 試合前日には饗宴が開かれ，剣闘士に豪勢な食事や酒がふるまわれる。試合当日，剣闘士は美しくかざられて，はなやかなパレードのなかで闘技場まで運ばれる。

▲④**円形闘技場で行われた見世物** 初期には競技場に水を張り模擬海戦が行われたが，のちにはおもに剣闘士どうしや動物どうし，あるいは野獣狩りのように人間と動物との生死を賭けた試合が行われた。これらの見世物は，ローマ市民に無料で提供された。

▲⑤**皇帝の前でお伺いを立てる剣闘士** 真剣勝負では，一方の剣闘士が傷ついて倒れると試合の決着がつく。敗者を助けるかどうかの最終決定権は，皇帝など主催者の意思にゆだねられていた。

観客が布切れを振れば敗者の助命を，親指を下に向ければ敗者の死を意味した。皇帝は観客の意向をくみ，最終決断を下した。コロッセウムは，皇帝にとっては民衆の意思を知り，民衆にとっては皇帝に直接自分たちの意思表示をできる場所でもあった。

テーマ 古代ローマの人々の生活 ～ポンペイを中心に

半島中南部ナポリ近郊にあるポンペイは，79年の**ヴェズヴィオ火山の大噴火**による火砕流で埋没した古代都市である。1748年に発見され，発掘が進むにつれてローマ人の都市生活の詳細が明らかとなった。石畳の直線道路が縦横にはしり，都市生活の中核となる広場を中心に，神殿や会議場など公共建築物が並んでいる。

▼⑩**発掘されたポンペイ**

▲⑪**噴火で命を落とした人** 噴火で火山灰に埋もれた人々の遺骸の空洞に，石膏を流し込んで生前の姿そのままに再現されている。

▲⑫**町の辻々にある公共の水道** 富裕者の邸宅には上下水道設備が完備されていたが，自分の家に水道を引くことのできない庶民は，こうした共同水場から毎日水をくんで生活をしていた。

◀⑬**公共浴場の熱浴室** 午後から日没までが入浴の時間。まず運動で汗を出し，熱浴室で汗を流し，温浴室で身体をさまし，冷温室で泳ぐ。入浴後は宴会場でのんびり過ごすこともできた。

2 剣闘士(剣奴)の日常生活

▲⑥剣闘士養成所跡(ポンペイ,イタリア)

➔p.75

剣闘士となった人々 戦争でとらえられた捕虜や,自由身分でありながら,債務のためや好戦的な性格から志願する者,重罪人として刑罰を科せられた奴隷身分の者などであった。

剣闘士養成所での生活 各種の武器の使い方を教えられ,実戦のための厳しい訓練に明け暮れた。その反面,剣闘士には十分な食事が与えられ,負傷した剣闘士を治療するための医師が存在するなど,養成所の経営者は剣闘士の健康管理に十分な配慮をしていた。

古代ローマの人々が見た剣闘士試合

●五年目戸口調査役のCn=アッレイウス=ニギディウス=マイウスが公共の財源をわずらわせることなく提供する剣闘士20組とその補充闘士がポンペイにおいて戦う。

＊剣闘士試合の広告。地元の名士といわれる人々は自費で民衆に見世物を提供することで,自分たちへの信頼・人気を得ようとした。

〈本村凌二『ポンペイ・グラフィティ』中央公論新社〉

●…各人の心の状態にとって最も有害なのは,ある種の見世物に熱中することをおいてほかにありません。…観客は殺した者が,今度は彼を殺さんとする他の者と闘わせられるよう要求します。…戦う者たちの出口は死です。

〈セネカ著,茂手木元蔵訳『道徳書簡集』東海大学出版会〉

3 ローマの繁栄を支えた道

▲⑦アッピア街道(上)と断面図(下)

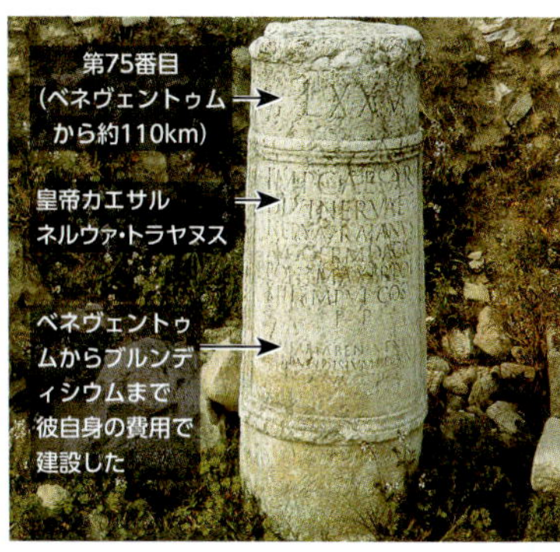

▲⑧街道脇のマイルストン(カンネー,イタリア)

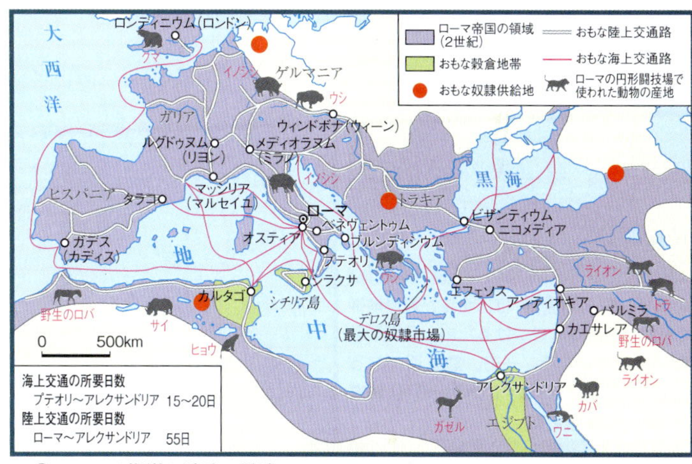

▲⑨ローマの街道と陸路の発達 最古の軍用道路アッピア街道や,都ローマと征服地をすべて結びつけた道路網は,幹線道路で総延長8万5000km,支線まで含めると赤道10周分にも達し,交易や軍事面などさまざまな点で,ローマを根底から支える動脈となった。円形闘技場で使われた動物も,帝国各地からローマに集められた。

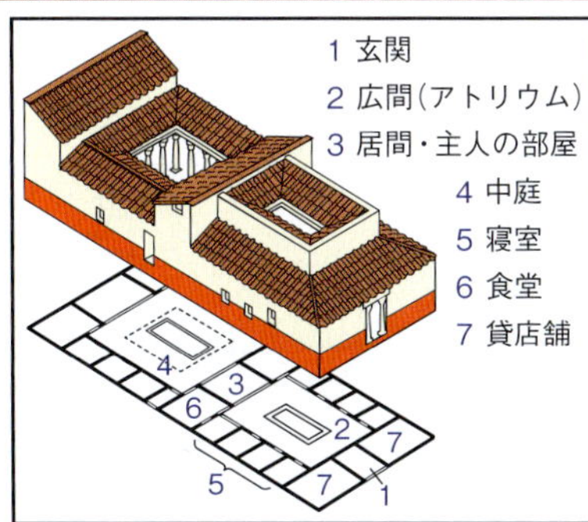

▲⑭家のつくり 玄関を入ると採光のための広間(アトリウム)や中庭を囲むように部屋が並んでおり,奥には祭壇が安置されている。壁には今日でも色あざやかな絵画が残されている。

◀⑮宴会のようす 出席者たちは専用の食事服を着て,コの字形に配置された臥台に寝そべったまま,前におかれた食卓から料理を手づかみで食べ,芸人たちのパフォーマンスを楽しんだ。

▶⑯ローマ時代の料理のメニュー(左)とレシピ(右) 食卓には世界中から珍味が集められ,満腹になると鳥の羽でのどを刺激して食べたものをすべて吐き出してから次の料理を口にする者もいた。哲学者セネカは,「ローマ人は食べるために吐き,吐くために食べる」と評した。メロン・牡蠣などはローマ人が食べ始めた食物である。

前菜 蜂蜜で割ったワイン
松の実・卵などの腸詰め
クラゲと卵

メイン料理
フラミンゴとなつめやしの煮込み
ゆでた だちょう のソース添え
生牡蠣の冷製 マヨネーズ風ソース
詰めものをしてゆでた子豚

デザート 松の実・くるみを詰めたなつめやし りんご ケーキ
揚げ菓子の蜂蜜がけ

ゆでた だちょう のソース添え

①だちょうは,煮くずれないように羽毛をつけたままゆでる。
②ソース:こしょう・ミント・から煎りしたクミン＊・セロリの種・イェリコ産のなつめやし・蜂蜜・酢・甘口白ワイン・ガルム＊2・油を煮たて,片栗粉でとろみをつける。
③だちょうを切り分け,②のソース＊3をかけ,こしょうをふる。

＊ エジプト原産のセリ科の植物
＊2 魚醤のようなもの。塩が貴重だったので,塩の代用品として使用
＊3 このころのローマにはまだトマトやとうがらしはなかった

〈アピキウス原典,千石玲子訳,塚田孝雄解説『古代ローマの調理ノート』小学館より作成〉

◀⑰ポンペイから見つかった炭化したパン

▲⑱パン屋の店先 古代ローマの都市には,3階・4階建てのインスラ(賃貸高層住宅)が並び,たくさんの庶民が暮らしていた。彼らの多くは,自宅にパンを焼くための かまど さえもたなかったため,前2世紀ごろから都市には専門のパン焼き職人が出現した。製法は2000年前のエジプトと変わらなかった。

風土 南アジア世界の風土

環境 カイバー（カイバル）峠

アフガニスタンのカーブルからペシャーワルに通ずる要路で，**アーリヤ人**，**アレクサンドロス**，ガズナ朝のマフムード，ムガル帝国の**バーブル**などが，ここを通ってインドにはいった。また，**法顕**，**玄奘**もここを通り，この峠のふもとの**ガンダーラ**地方で初めて仏像がつくられた。

▼①ペシャーワル側から見たカイバー峠

▼②**インダス川流域**　ほぼ全域が乾燥地帯であり，熱風が吹きつけるため，最高気温は50度近くになる。一方，豊水期になると上流の**パンジャーブ**（5つの川の意）**地方**では洪水が頻発する。

◀③**ガンジス川流域**　肥沃な平原が広がり，稲・ジュート・小麦・綿などが栽培され，人口密度も高い。天然資源に富み，**バラモン教**・**仏教**などが発達した。

◀④**デカン高原**　玄武岩台地で鉱物資源に恵まれ，肥沃な黒色土が分布する。雑穀と綿などが栽培されるが，山脈でモンスーンがさえぎられ降水量が少なく，灌漑もしにくい。

◀⑤**南海岸部**　南インドの海岸部は，古くからモンスーンを利用した海上交易で繁栄した。北インドのヒンドゥー系諸言語に対し，**ドラヴィダ系**言語が一般的である。

西北方からの玄関口　このあたりの山脈は大変けわしいが，谷をさかのぼってカイバー峠などの峠を越える道は，海上交通が発達するまではインド亜大陸と西アジア地域を結ぶ唯一の通路であった。➡①

インドの国名の由来➡②　古代アーリヤ人が最初に定住したのがインダス川流域で，彼らはこの川を洪水や川を意味するシンドゥとよび，インドやヒンドゥー，天竺という名称もここから生まれた。

インド内部を守る天然の要害　大インド砂漠がヒマラヤ山脈のすぐ近くまで広がっているため，この付近は北西方向からインド内部へ抜ける唯一の回廊となっていた。このため古来より北西からの侵入者との戦闘が多く行われた。

母なるガンジス　ヒマラヤ山脈の雪どけ水をたたえるガンジス川は，アーリヤ人の定住以来，ヒンドゥー教における聖河として神聖視され，河畔に多くの聖地を生み出した。➡③

おもな遺跡
おもな世界遺産
モンスーンの及ぶ範囲
釈迦にまつわる都市と遍歴路
夏の風向き（4～10月）
冬の風向き（11～3月）

▼⑥**南アジアの言語**（宗教分布➡p.290）

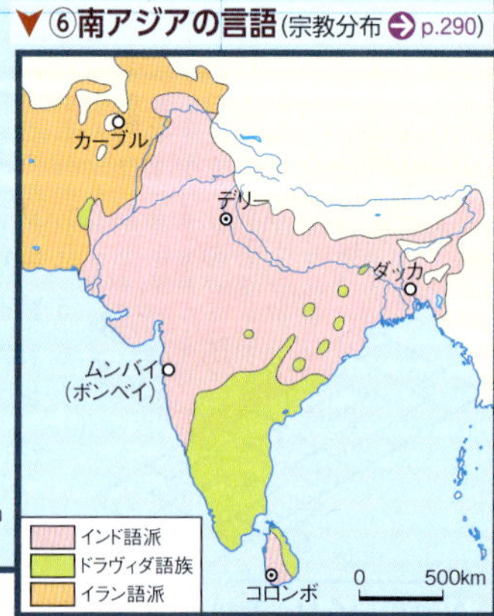

テーマ ヒンドゥー教の神々 ➡p.81

ヒンドゥー教は，**シヴァ神**（破壊と再生の神），**ヴィシュヌ神**（世界維持の神），**ブラフマー神**（創造神）の三大神を中心に発達した多神教。シヴァ神とヴィシュヌ神は，インド全土にわたって崇拝されている。また，日本の七福神には，古代インドの神々に由来するものがある。例えば，大黒天＝シヴァ神，弁財天＝サラスヴァティー神（豊饒神），毘沙門天＝クベーラ神（財宝神）などである。

➤⑦ヴィシュヌ神

古代インド① ～インド古代社会の発展と仏教の誕生

ヒストリーシアター 偉大なるブッダ*の一生

＊ブッダ…「悟りを開いた者」という意味。一般には，仏教の開祖ガウタマ=シッダールタをさす。

▲①**生誕** **シャカ族**の王子としてカピラ城に誕生。16歳で結婚し，一児をもうけて幸福な生活を送るが，感受性が強く，人生の無常も感じていた。

▼②**出家** 生・老・病・死の苦悩を解決しようと国と家族を捨て出家。城外で，人々の貧富の差や社会不安を目のあたりにし，救いの教えがないことを痛感した。

▲③**苦行** 断食・不眠など過酷なまでに肉体を痛めつけ難行苦行を6年続けた。

▼④**悟りを開く** ブッダガヤの菩提樹の下で，静座して瞑想し，ついに35歳で悟りに到達した。

▲⑤**入滅** 弟子と北インド各地で布教し，80歳でクシナガラの沙羅双樹の下で身を横たえて永眠(涅槃)。

▼⑥新しい宗教の誕生

- 都市の発達（ガンジス川　中・下流域）
- ↓
- **クシャトリヤ・ヴァイシャの中の商人**階層の台頭
- ↓
- 伝統にとらわれない自由な気風
- ↓
- 新宗教の誕生（**仏教・ジャイナ教**など）

バラモン教
- ・**祭祀万能主義**
- ・**バラモン**が司祭者として祭祀を複雑にして独占。特権身分として君臨

バラモン教 →(蔑視)→ クシャトリヤ・ヴァイシャの中の商人階層の台頭 →(支持)→ 新宗教の誕生 →(批判)→ バラモン教
- ・非現実的な祭祀の権威を否定
- ・**ヴァルナ**差別を否定

よみとき ブッダの社会階層は何であったか，またこの時代に仏教が誕生し広まったのはなぜだろう。

1 インダス文明期

▲⑦**モヘンジョ=ダロ(モエンジョ=ダーロ)**(パキスタン) シンド語で「死者の丘」の意味。入念な都市計画に基づいて建設された。大浴場で使われた水は排水路から流し出された。

◀⑧**印章** 四方約6cm，厚さ1cmの凍石の表面に動物や人物，未解読の**インダス文字**が刻まれている。

▶⑨**踊り子像** 豊かな都市生活を謳歌していた住民をしのばせる。〈高さ10.5cm〉

2 ヴェーダ時代

世界全図p.3-5 ➡p.80 1

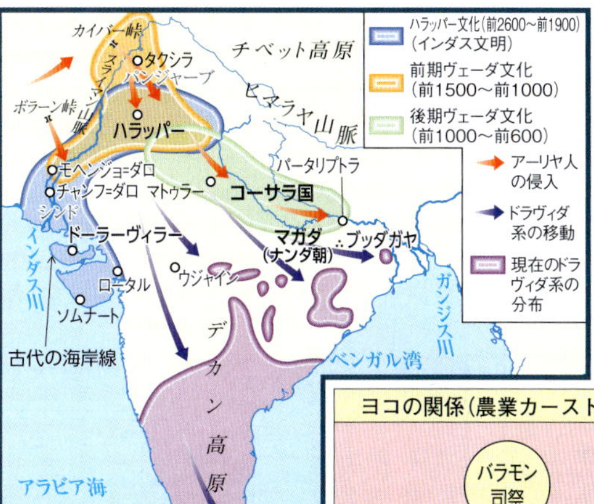

▶⑪**カースト制の成立** アーリヤ人は，4つの身分階層からなる**ヴァルナ制**を生み出した。その後，**ジャーティ**が成立し，ヴァルナの概念と結びついた。ポルトガル人がヴァルナとジャーティを区別せず，カスタ(血統の意)とよんだことに由来して，現在，この身分秩序はカースト制とよばれる。➡p.225

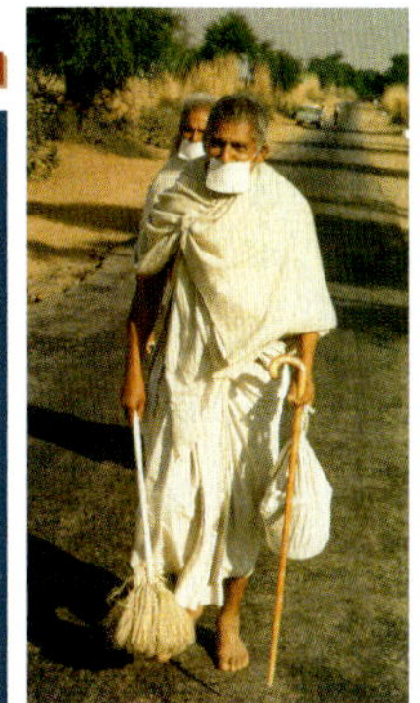

◀⑩**ジャイナ教徒** 仏教と同様，**ヴァルナ制**を否定。**不殺生**の戒めを守るため，修行者は虫を吸い込んだり踏んだりしないよう口を布でおおい，裸足で歩く。

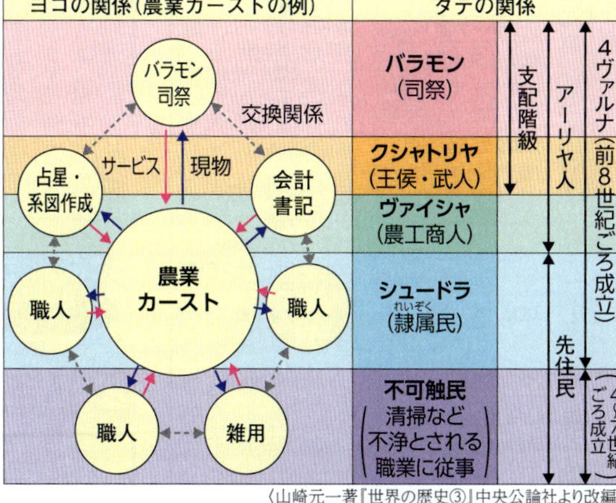

〈山崎元一著『世界の歴史③』中央公論社より改編〉

3 インドの宗教と哲学

前10世紀ごろ **バラモン教** ←批判― 前7世紀ごろ **ウパニシャッド哲学***
←批判― 前6～前5世紀ごろ **ジャイナ教**
←批判― 前6～前5世紀ごろ **仏教**
バラモン教 ―民間信仰と融合→ 紀元前後 **ヒンドゥー教**

＊ウパニシャッド=「奥義書」
＊2 生没年には複数説がある。

宗教	バラモン教	ウパニシャッド哲学	ジャイナ教	仏教	ヒンドゥー教 ➡p.78 テーマ
成立	・**アーリヤ人**の原始宗教をもとに成立	・祭祀万能主義に陥ったバラモン教の内部革新として成立	・**ヴァルダマーナ**(尊称**マハーヴィーラ**，ジナ)(前549ごろ～477ごろ)*2が創始	・**ガウタマ=シッダールタ**(**ブッダ**，釈迦牟尼)(前563ごろ～483ごろ)*2が創始	・バラモン教に土着の非アーリヤ的民間信仰を融合し完成
教義	・明確な体系をもたず，『**ヴェーダ**』を聖典とし，犠牲を中心とする祭式を尊重 ・祭式を執行する**バラモン**の言行は神々以上の重みをもつ	・宇宙の根本原理**ブラフマン**(梵)と個人の根本原理**アートマン**(我)の合一(梵我一如)による**輪廻転生**からの**解脱**が目標	・バラモン教の祭祀と階級制度を否定 ・極端な**不殺生主義**をとり，厳しい戒律を守り，徹底した苦行による**解脱**が目標	・ヴェーダの祭式とバラモンの権威を否定 ・中道の実践(**八正道**)によって，「諸行無常」の真理を認識し，かつ涅槃(生老病死の四苦からの**解脱**=悟り)を目標とする	・**輪廻転生**からの**解脱**が人生最大の目標 ・『**ヴェーダ**』『**ラーマーヤナ**』『**マハーバーラタ**』『**マヌ法典**』などが聖典
展開	・アーリヤ人がインドにおける優位性を確立するため，バラモンを最上位とする**ヴァルナ制**をつくる	・輪廻転生と業(カルマ)の思想は，以後のインドの宗教・思想に大きな影響を与えた	・不殺生の教えから，農業に従事することは許されず，信者は**ヴァイシャ**，とくに商人に広まった	・バラモン教に不満をもつ**クシャトリヤ**から支持を受け広まる	・生活全般を規定する生活法の性格をもち，階級制を否定せず民族的色彩をもつ

南アジア
MAP A
1部3章

古代インド② ～統一国家の形成と仏教の発展，ヒンドゥー教の形成

古代インドの変遷 p.134▶

青字 文化関連事項

インダス文明（前2600ごろ～前1900ごろ）
モヘンジョ=ダロ，ハラッパーなどの都市文明
（ドラヴィダ系?中心）
青銅器，彩文土器，印章（インダス文字）

アーリヤ人が中央アジアより南下（第1次移動）➡p.4

ヴェーダ時代（前1500ごろ～前600ごろ）
前1500ごろ
アーリヤ人→パンジャーブ地方へ ➡p.4
半農半牧社会，自然神崇拝の多神教
『ヴェーダ』成立（最古は『リグ=ヴェーダ』）
前1000ごろ
ガンジス川流域へ進出（第2次移動）
鉄器の使用，農業生産力の向上
バラモン教とヴァルナ制の発達 ➡p.79

世紀		
前7～前6	小国分立	**統一の気運**（前7～前4世紀） 小国の分立抗争（マガダ国・コーサラ国が強大化） 商工業の発達（クシャトリヤ，ヴァイシャの地位向上） →バラモン中心の身分的儀礼に反対 ウパニシャッド哲学（前7～前4世紀）， ジャイナ教（前6世紀），仏教（前6世紀）成立 前326ごろ アレクサンドロス大王，インド西北部に侵入
前4～前2	統一王朝時代	**マウリヤ朝**（前317ごろ～前180ごろ） 都:パータリプトラ 創始:チャンドラグプタ アショーカ王（阿育王）全盛期 （位前268ごろ～前232ごろ） 全インド統一（南端は除く） ダルマ（法）による統治 仏教の発展 磨崖碑・石柱碑の設置，第3回仏典結集， セイロン島（スリランカ）へ布教→上座仏教南伝 前2世紀 サカ族（イラン系）の侵入
後1～3		**クシャーナ朝**（1～3世紀） 都:プルシャプラ イラン系，大月氏より独立，西北インド支配 カニシカ王全盛期 （位128ごろ～155ごろ） 第4回仏典結集 大乗仏教の展開， 仏教美術の発展 →ガンダーラ美術 3世紀 ササン朝により滅亡 **サータヴァーハナ朝（アーンドラ朝）** （前1～後3世紀） 都:プラティシュターナ ドラヴィダ系，中部インド支配 季節風貿易の結節点 ➡p.10 **ドラヴィダ系王朝の並立**（南インド） チョーラ朝（前3～後13世紀） チェーラ（ケーララプタ）朝（前3世紀～?） パーンディヤ朝（前3～後14世紀）
4～6		**グプタ朝**（318ごろ～550ごろ）都:パータリプトラ 創始:チャンドラグプタ1世 チャンドラグプタ2世（超日王）全盛期（位375ごろ～414ごろ） 東晋時代の僧法顕，インド訪問 ➡p.95,99 ナーランダー僧院建立 古典文化の成熟 ・サンスクリット文学 カーリダーサ『シャクンタラー』 二大叙事詩『マハーバーラタ』 『ラーマーヤナ』完成 ・自然科学，数学（ゼロの概念や十進法）， ・グプタ美術 （アジャンター，エローラなどの石窟寺院） ・『マヌ法典』が定着 ヒンドゥー教の発展 エフタルの侵入で衰退
7		**ヴァルダナ朝**（606年～7世紀後半）都:カナウジ 創始:ハルシャ=ヴァルダナ （戒日王 位606ごろ～647ごろ）北インドの統一 唐の僧玄奘のインド訪問（ナーランダー僧院で学ぶ） 仏教文化の保護，王の死後衰退 ➡p.95,100 ヒンドゥー教，さらに発展 →長い分裂時代（ラージプート時代）へ（～13世紀）

ヒストリーシアター 仏像はギリシア文明から生まれた？

▲①サーンチーのストゥーパ **ストゥーパ**（仏塔）は**ブッダ**の遺骨（仏舎利）を納めるための建造物で，各地に建てられ信仰の対象となった。

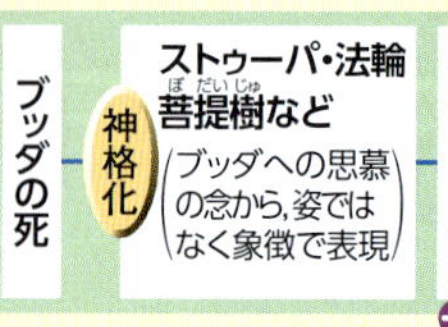
▲②法輪で表現されたブッダ

よみとき ブッダの表現方法はどう変化したのだろう。そして，なぜそのように変化したのかを考えよう。

ブッダの死 → 神格化：ストゥーパ・法輪・菩提樹など（ブッダへの思慕の念から，姿ではなく象徴で表現） → ギリシア文化の流入（クシャーナ朝）➡p.10 → 仏像誕生：ガンダーラ仏（ギリシア風） ↓影響 マトゥラー仏（純インド風）

1 マウリヤ朝とクシャーナ朝・サータヴァーハナ朝

世界全図p.6-7 ➡p.79 2 世界全図p.8-11

◀⑤アショーカ王石柱碑の柱頭 **アショーカ王**は**ダルマ（法）**に基づく統治理念を徹底させるために，各地の領土で詔勅を石に刻ませた。とくに石柱碑は，美術的・技術的な面からも名高い。史p.350
〈高さ210cm〉

B クシャーナ朝・サータヴァーハナ朝（2世紀中ごろ）
0 1000km
カシュガル／マラカンダ／バクトラ／ガンダーラ／プルシャプラ／タクシラ／パルティア／クシャーナ朝／ヤルンツァンポ川／マトゥラー／ヴァラナシ／パータリプトラ／サーンチー／マガダ／ウジャイン／アジャンター／カリンガ／ギリナガラ／プラティシュターナ／ガンジス川／アラビア海／サータヴァーハナ朝（アーンドラ朝）／アマラーヴァティー／ベンガル湾／チョーラ／チェーラ／アリカメードゥ／パーンディヤ
カニシカ王時代のクシャーナ朝／サータヴァーハナ朝の最大領域／ローマ貨幣の出土地／おもな交易路（陸路）／おもな交易路（海路）

ひざ下までのコート／剣／皮製の靴

◀⑥カニシカ王 **クシャーナ朝**の最大版図を形成。仏教に厚く帰依し，第4回**仏典結集**を行った。首都**プルシャプラ**を中心に，多くの寺院・仏像を造営し，**ガンダーラ美術**をさかんにした。➡p.10

2 仏教の分裂と伝播

世界全図p.6-7 ➡p.82 2

モンゴル／中国の三大石窟寺院。5～8世紀に開削された。／マラカンダ（サマルカンド）／トゥルファン／敦煌／クチャ／（1C）／（前1～後1C）／（13C）／（4C）／大同／北京／高句麗／新羅／日本（飛鳥時代）／百済／（6C）／飛鳥／ガンダーラ／バーミヤーン／チベット／長安／洛陽／竜門／雲崗／成都／敦煌／麦積山／ラサ／（前3C）／マトゥラー／中国（後漢時代）／南京／エジプト・シリアへ／サーンチー／ブッダガヤ／ガウタマ=シッダールタが悟りを開いたところ。／アジャンター／エローラ／インド（マウリヤ朝）／パガン／アユタヤ／シャム／アンコール=ワット／カンボジア／太平洋／（5C）／（5～6C）／（6～7C）／アラビア海／セイロン／スマトラ／パレンバン／ボルネオ／インド洋／ボロブドゥール／ジャワ島／（8～9C）／0 1000km
大乗仏教の伝播／上座仏教の伝播／チベット仏教の伝播／法顕の行路（399～412）
各仏教の現在の分布地域：大乗仏教／上座仏教／チベット仏教

▼⑦大乗仏教・上座仏教の形成

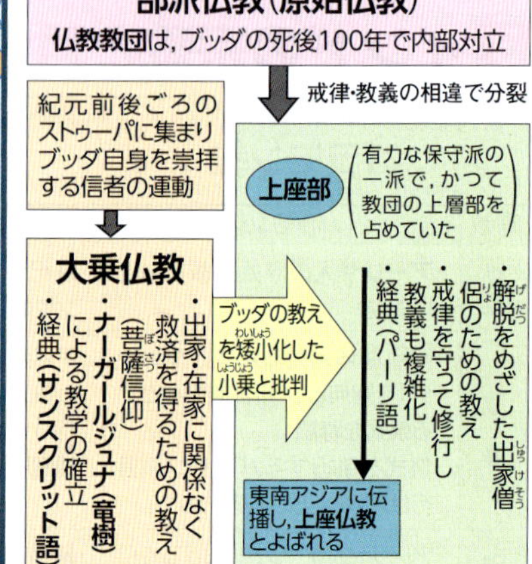

部派仏教（原始仏教）
仏教教団は，ブッダの死後100年で内部対立
紀元前後ごろのストゥーパに集まりブッダ自身を崇拝する信者の運動
戒律・教義の相違で分裂
上座部
有力な保守派の一派で，かつて教団の上層部を占めていた
大乗仏教
・出家・在家に関係なく救済を得るための教え（菩薩信仰）
・ナーガールジュナ（竜樹）による教学の確立
・経典（サンスクリット語）
ブッダの教えを矮小化した小乗と批判
・解脱をめざした出家僧侶のための教え
・戒律を守って修行し教義も複雑化
・経典（パーリ語）
東南アジアに伝播し，上座仏教とよばれる

今日とのつながり 私たちが日常生活で使っている言葉には，仏教に関わるものが多く残っている。「大衆は身分の平等を求めて，法律をつくった」―文中の下線の言葉はすべて日本語として使われている仏教語である。

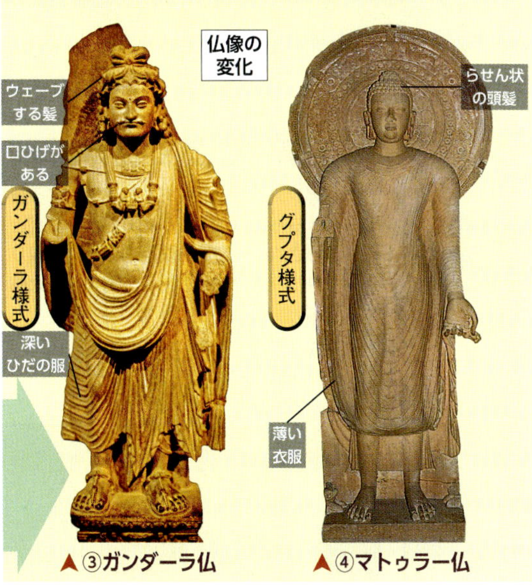

▲③ガンダーラ仏　▲④マトゥラー仏

3 ヒンドゥー教の発展

◀⑧女神ガンガー　**ガンジス川**を神格化した女神で，**ヒンドゥー教**の神**ヴィシュヌ**から生まれたとされる。罪とけがれを洗い清める力をもつといわれている。

▼⑨『マヌ法典』の一節

・これ(マヌの教え)は繁栄に導く最上の手段である。これは，判断力を増大させる。これは名誉と寿命を獲得させる。これは最高の至福に導く。
・手足は水によって清められる。心は真実によって清められる。人間の本体は学問と苦行によって，判断力は知識によって清められる。
・不浄なものを見たときは，常に，水をすすった後，注意深く，最善をつくして太陽に関する聖句，および清めの聖句を低唱すべし。

(『マヌ法典』渡瀬信之訳)

▲⑩ガンジス川で沐浴するヒンドゥー教徒(ヴァラナシ)　ヒンドゥー教は浄・不浄の観念を重んじる宗教で，聖なる川ガンジスで沐浴することで，その身が清められると信じられている。

4 グプタ朝

世界全図p.14~19

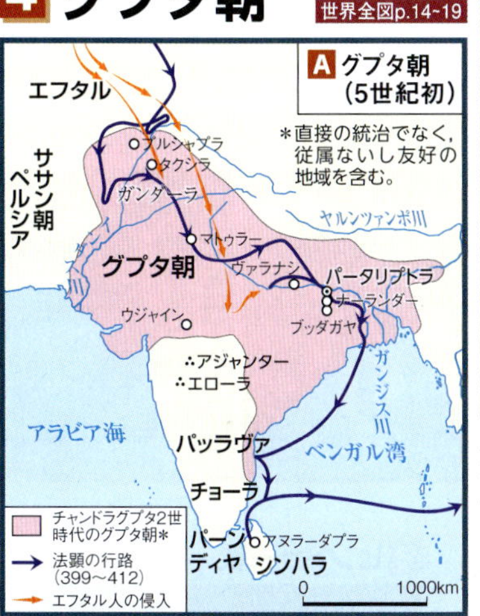

世界遺産

▲⑫アジャンター石窟寺院(上)と壁画(右)　約550mにわたって大小29の石窟が並び，多数の壁画・彫刻が残る。純インド風の**グプタ美術**を今に伝える宝庫。この様式が法隆寺金堂壁画にも伝わり，**仏教美術東伝**の証となっている。➡p.10

▲⑬法隆寺金堂壁画

世界遺産

▲⑪ナーランダー僧院　5世紀に建立。仏教学の中心地として，唐から訪れた玄奘のようにアジア各国から留学僧が集まった。

世界遺産

▲⑭エローラ石窟寺院　グプタ朝期に造営が始まり，初期には仏教寺院，7世紀からはヒンドゥー教寺院がつくられた。ほかにもジャイナ教寺院がある。写真は仏教寺院の仏像。

歴史と文学　サンスクリット文学

グプタ時代に，**サンスクリット語(梵語)**が奨励され，神話や伝説，人類愛を題材とした『**ラーマーヤナ**』『**マハーバーラタ**』などの叙事詩や叙情詩が，宮廷詩人たちによってつむぎ出された。その一人**カーリダーサ**は，詩聖として名高く，代表作に『**シャクンタラー**』がある。

➤⑮『マハーバーラタ』

5 ヴァルダナ朝

世界全図p.20~21 ➡p.134 1

A ヴァルダナ朝(7世紀前半)

ハルシャ王時代のヴァルダナ朝
玄奘の行路 ➡p.95

〈高さ96cm〉

▲⑯踊るシヴァ神　**ヒンドゥー教**は，**グプタ朝**以降，バラモン古典文化の復興に伴い，**バラモン教と民間信仰とが融合**して形成されたが，**シヴァ神**はその三大神の一つ。破壊とその後の再生をつかさどる。➡p.78

テーマ　仏教衰退の理由とは？

ヒンドゥー教の発展に伴い，仏教は支配者の支持を失い，経済的な基盤を弱めた。また，日常的な儀礼にヴァルナの慣行を受け入れ，僧院で修行する出家者が減り，教義を広げる際にヒンドゥー教から多くの要素を吸収したことが，**仏教自体がヒンドゥー教に取り込まれる**結果を招いた。さらに，8世紀以降のイスラームの進出も要因にあげられる。

6 南インドの諸王朝

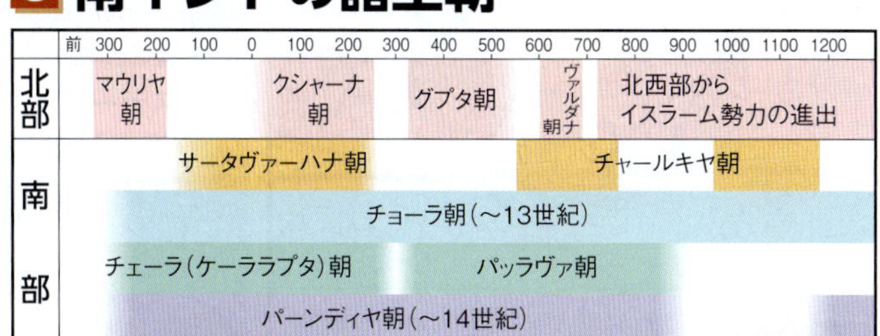

	前300	200	100	0	100	200	300	400	500	600	700	800	900	1000	1100	1200
北部	マウリヤ朝				クシャーナ朝			グプタ朝		ヴァルダナ朝		北西部からイスラーム勢力の進出				
南部		サータヴァーハナ朝								チャールキヤ朝						
南部		チョーラ朝(~13世紀)														
南部		チェーラ(ケーララプタ)朝					パッラヴァ朝									
南部		パーンディヤ朝(~14世紀)														

➤⑰インド南部出土のローマ貨幣　インド南部における東西貿易路の繁栄を物語る資料。前1世紀にギリシア人のヒッパロスが発見したといわれる季節風は「**ヒッパロスの風**」(➡p.10)とよばれ，この風を利用したモンスーン貿易が，地中海・アラビア半島からインドの間で行われた。とくに**サータヴァーハナ朝**は**ローマと漢を結ぶ海上交通の中継港**をもち，交易活動が活発に行われた。➡p.86

今日とのつながり　現在のアラビア数字(➡p.129)のもととなるインド数字や「零(ゼロ)」の概念は，グプタ朝時代に考えられた。

日本　南アジア　MAP A~F　1部3章

風土 東南アジア世界の風土

▼法隆寺に伝わる白檀の原木

1 世界の人気商品 香辛料

東南アジアやインドをおもな産地とする**香辛料**は，ヨーロッパで薬や肉の防腐剤などとして珍重され，原産地の数百倍の価格で取り引きされた。香辛料への需要の高まりが**大航海時代**（➲p.154）の導因の一つとなった。

▼①**胡椒**
［主産地］インド・マラバル地方・東南アジア

▼②**シナモン**
［主産地］インド・東南アジア

▼③**ナツメグ**
［主産地］モルッカ諸島

▼④**クローヴ**（丁子）
［主産地］インドネシア・モルッカ諸島

2 現代にいきづく宗教文化 ➲p.80 2

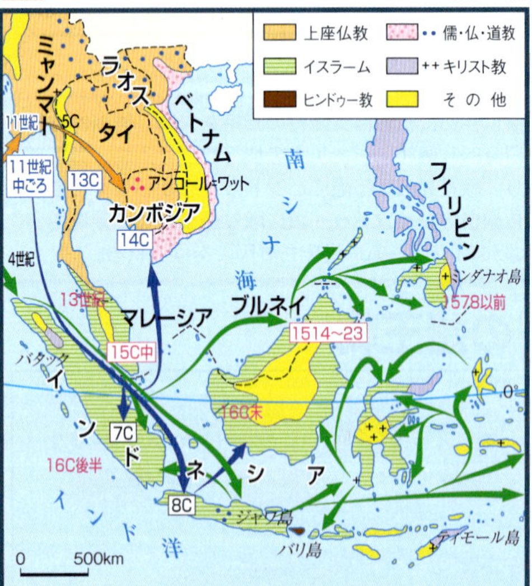

▲⑤**現代の宗教分布** **大陸部**には，セイロンから伝わった**上座仏教**が広がったが，ベトナムは大乗仏教の影響が強い。海上交易で栄えた**島嶼部**には**イスラーム**が広がり，インドネシアはムスリムの人口が世界最多となっている。フィリピンは欧米の植民地支配が長く，**キリスト教**を受容した。

A 仏教

◀⑥**托鉢**（ラオス） 托鉢僧に布施することで在家信者がブン（徳）を積めると考えられている。

B ヒンドゥー教

▶⑦**ジャワの影絵芝居**（ワヤン=クリ，インドネシア） 『ラーマーヤナ』や『マハーバーラタ』をおもな題材として演じられている。

C イスラーム

◀⑧**モスク**（マレーシア） 13世紀以降，交易を通じてイスラームが島嶼部に伝播し，現在も多くのモスクがある。

D キリスト教

▶⑨**カトリック教会**（フィリピン） サン=オウガスチン教会の内部。フィリピンには，スペイン植民地時代の建築が多く残っている。

1 東南アジア諸国家の興亡と対外関係史

近代➡p.226～227 現代➡p.292～293

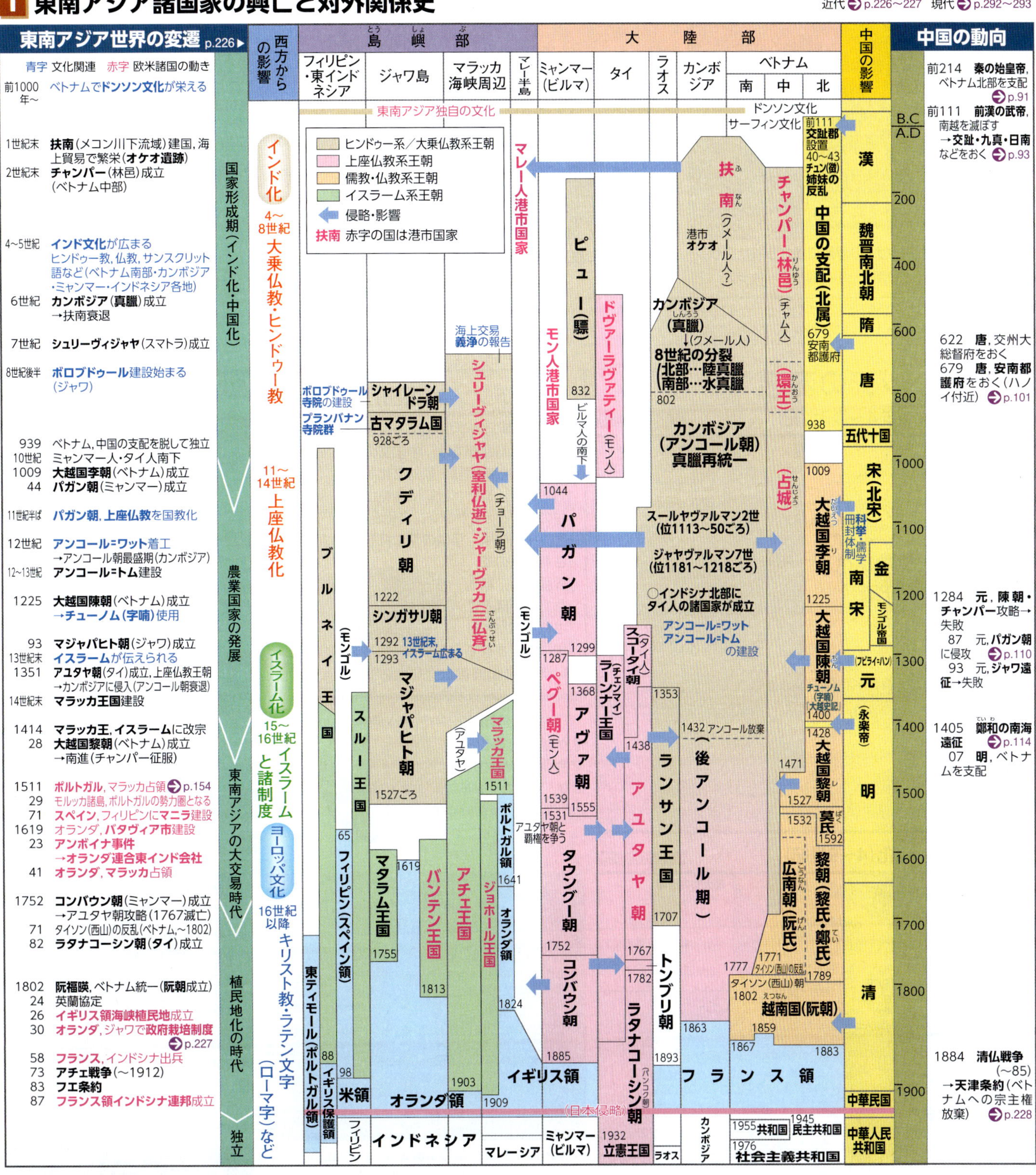

東南アジア世界の変遷 p.226▶
青字 文化関連 赤字 欧米諸国の動き
前1000年～ ベトナムでドンソン文化が栄える
1世紀末 扶南(メコン川下流域)建国，海上貿易で繁栄(オケオ遺跡)
2世紀末 チャンパー(林邑)成立(ベトナム中部)
4～5世紀 インド文化が広まる ヒンドゥー教，仏教，サンスクリット語など(ベトナム南部・カンボジア・ミャンマー・インドネシア各地)
6世紀 カンボジア(真臘)成立 →扶南衰退
7世紀 シュリーヴィジャヤ(スマトラ)成立
8世紀後半 ボロブドゥール建設始まる(ジャワ)
939 ベトナム，中国の支配を脱して独立
10世紀 ミャンマー人・タイ人南下
1009 大越国李朝(ベトナム)成立
44 パガン朝(ミャンマー)成立
11世紀半ば パガン朝，上座仏教を国教化
12世紀 アンコール=ワット着工 →アンコール朝最盛期(カンボジア)
12～13世紀 アンコール=トム建設
1225 大越国陳朝(ベトナム)成立 →チューノム(字喃)使用
93 マジャパヒト朝(ジャワ)成立
13世紀末 イスラームが伝えられる
1351 アユタヤ朝(タイ)成立，上座仏教王朝 →カンボジアに侵入(アンコール朝衰退)
14世紀末 マラッカ王国建設
1414 マラッカ王，イスラームに改宗
28 大越国黎朝(ベトナム)成立 →南進(チャンパー征服)
1511 ポルトガル，マラッカ占領 ➡p.154
29 モルッカ諸島，ポルトガルの勢力圏となる
71 スペイン，フィリピンにマニラ建設
1619 オランダ，バタヴィア市建設
23 アンボイナ事件 →オランダ連合東インド会社
41 オランダ，マラッカ占領
1752 コンバウン朝(ミャンマー)成立 →アユタヤ朝攻略(1767滅亡)
71 タイソン(西山)の反乱(ベトナム，～1802)
82 ラタナコーシン朝(タイ)成立
1802 阮福暎，ベトナム統一(阮朝成立)
24 英蘭協定
26 イギリス領海峡植民地成立
30 オランダ，ジャワで政府栽培制度 ➡p.227
58 フランス，インドシナ出兵
73 アチェ戦争(～1912)
83 フエ条約
87 フランス領インドシナ連邦成立
国家形成期(インド化・中国化)
農業国家の発展
東南アジアの大交易時代
植民地化の時代
独立
西方からの影響
インド化 4～8世紀 大乗仏教・ヒンドゥー教
11～14世紀 上座仏教化
イスラーム化 15～16世紀 イスラームと諸制度
ヨーロッパ文化 16世紀以降 キリスト教・ラテン文字(ローマ字)など
島嶼部
フィリピン・東インドネシア
ジャワ島
マラッカ海峡周辺
マレー半島
大陸部
ミャンマー(ビルマ)
タイ
ラオス
カンボジア
ベトナム 南 中 北
中国の影響
中国の動向
東南アジア独自の文化
ドンソン文化
サーフィン文化
ヒンドゥー系／大乗仏教系王朝
上座仏教系王朝
儒教・仏教系王朝
イスラーム系王朝
侵略・影響
扶南 赤字の国は港市国家
マレー人港市国家
モン人港市国家
扶南(クメール人?)
港市オケオ
チャンパー(林邑)(チャム人)
(環王)
(占城)
前111 交趾郡設置
40～43 チュン(徴)姉妹の反乱
中国の支配(北属)
679 安南都護府
938
ピュー(驃)
832
ビルマ人の南下
ドヴァーラヴァティー(モン人)
カンボジア(真臘)
↓(クメール人)
8世紀の分裂(北部…陸真臘 南部…水真臘)
802
カンボジア(アンコール朝)真臘再統一
スールヤヴァルマン2世(位1113～50ごろ)
ジャヤヴァルマン7世(位1181～1218ごろ)
○インドシナ北部にタイ人の諸国家が成立
アンコール=ワット アンコール=トム の建設
1432 アンコール放棄
後アンコール期
海上交易 義浄の報告
シュリーヴィジャヤ(室利仏逝)・ジャーヴァカ(三仏斉)
(チョーラ朝)
ボロブドゥール寺院の建設
プランバナン寺院群
シャイレーンドラ朝
古マタラム国
928ごろ
クディリ朝
1222
シンガサリ朝
1292 13世紀末，イスラーム広まる
1293
マジャパヒト朝
1527ごろ
ブルネイ王国
(モンゴル)
スールー王国
(アユタヤ)
マラッカ王国
1511
ポルトガル領
1641
オランダ領
ジョホール王国
アチェ王国
バンテン王国
1619
マタラム王国
1755
1813
1903
1909
65
フィリピン(スペイン領)
88
98
米領
東ティモール(ポルトガル領)
イギリス保護領
オランダ領
1044
パガン朝
1287
1299
ペグー朝(モン人)
1368
アヴァ朝
1539
1555
1531 アユタヤ朝と覇権を争う
タウングー朝
1752
コンバウン朝
1824
1885
イギリス領
スコータイ朝(タイ人)
ラーンナー王国(チェンマイ)
1438
アユタヤ朝
1767
1782
ラタナコーシン朝(バンコク朝)
1353
ランサン王国
1707
トンブリ朝
1863
1893
フランス領
1009
大越国李朝
科挙・儒学
冊封体制
1225
大越国陳朝
チューノム(字喃)大越史記
1400
1428
大越国黎朝
1471
1527
1532
莫氏
1592
黎朝(黎氏・鄭氏)
広南朝(阮氏)
1771 タイソン(西山)の反乱
1777
1789
タイソン(西山)朝
1802
越南国(阮朝)
1859
1867
1883
(日本侵略)
フィリピン
インドネシア
マレーシア
ミャンマー(ビルマ)
1932 立憲王国
ラオス
カンボジア
1945 民主共和国
1955 共和国
1976 社会主義共和国
漢
魏晋南北朝
隋
唐
五代十国
宋(北宋)
南宋
金
モンゴル帝国
(フビライ=ハン)元
(永楽帝)明
清
中華民国
中華人民共和国
B.C. A.D.
200 400 600 800 1000 1100 1200 1300 1400 1500 1600 1700 1800 1900
前214 秦の始皇帝，ベトナム北部を支配 ➡p.91
前111 前漢の武帝，南越を滅ぼす →交趾・九真・日南などをおく ➡p.93
622 唐，交州大総督府をおく
679 唐，安南都護府をおく(ハノイ付近) ➡p.101
1284 元，陳朝・チャンパー攻略→失敗
87 元，パガン朝に侵攻 ➡p.110
93 元，ジャワ遠征→失敗
1405 鄭和の南海遠征 ➡p.114
07 明，ベトナムを支配
1884 清仏戦争(～85) →天津条約(ベトナムへの宗主権放棄) ➡p.228

東南アジアを整理する！

①大陸部と島嶼部に分けられる

東南アジアは，インドシナ半島を主とする大陸部と，マレー半島やその他の島々からなる島嶼部に大きく分類される。

②全域を支配する国家はなかった

多くの王朝が登場するが，オリエントや中国のような強大な大帝国は存在しなかった。

③商業活動がさかん

海や河川を利用した水上交通が発達。香辛料の産地でもあり，商業中心の港市国家(➡p.84)が繁栄。

東南アジア MAP D～S 1部4章

東南アジア世界の展開 ～海に開かれた多様な世界

ヒストリーシアター 文明のはざまに生まれた独自世界

世界遺産

▲①『ラーマーヤナ』の浮彫にかざられたプランバナン寺院(8～9世紀, ジャワ島, インドネシア)

▲②11世紀に設立された孔子廟(ハノイ, ベトナム)

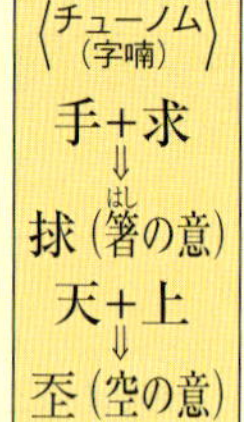

▲③漢字をもとにつくられたチューノム(字喃)(大越国陳朝,13世紀ごろ)

よみとき 図①の『ラーマーヤナ』はどこの物語か, p.81から考えよう。図①～③から, 古代の東南アジアの文化はどこの影響を深く受けたか, 二つの地域をあげてみよう。

キーワード 港市国家 東南アジアでは, 陸上交通が困難なため水上交通の要所に港市ができた。その中でも, 外の文明世界とつながりが強い港市が中心となって, 海域を支配する港市国家が誕生した。

おもな港市国家
シュリーヴィジャヤ, マラッカ王国, アチェ王国, バンテン王国, ジョホール王国, マカッサル王国など

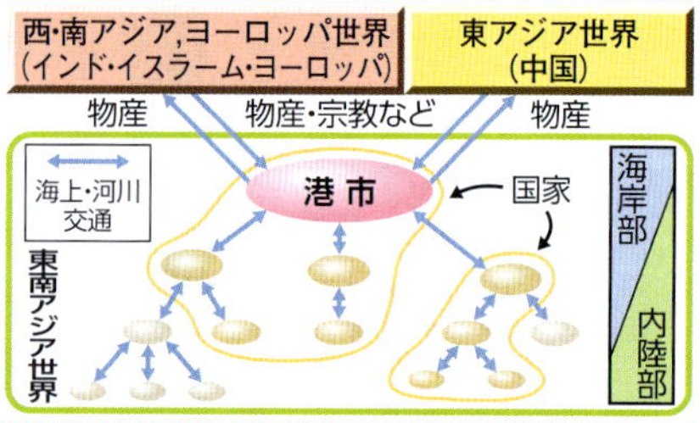

1 東南アジアの変遷

A 諸国家の形成(前4～後3世紀)

世界全図p.10-13

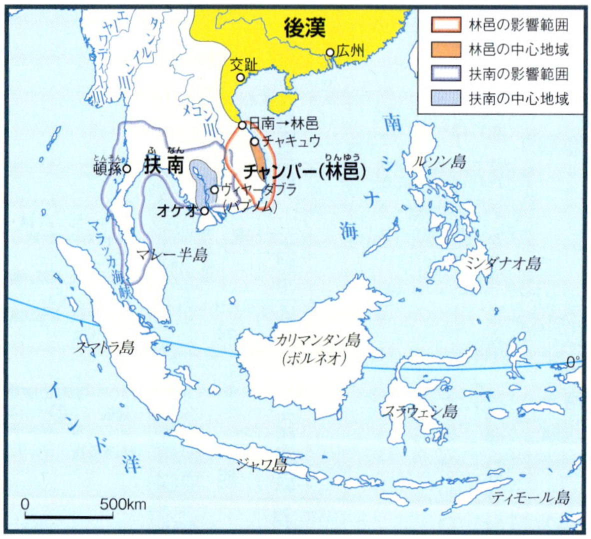

テーマ ドンソン(東山)文化

前1千年紀後半から後1～2世紀までベトナム北部では, 中国文化の影響を受けた青銅器・鉄器文化が発達していた。遺物が最初に発見された村の名をとってドンソン文化とよぶ。写真の銅鼓は, 祭儀の際に打ち鳴らされたもので, 表面には, 精巧な文様がほどこされており, 各地に輸出されていた。

▶④銅鼓 ➡p.7

▶⑤扶南の外港オケオ出土のローマ金貨 近隣諸国のほか, 中国やインドとも交易を行った。

東南アジアの外来宗教の受容と変容

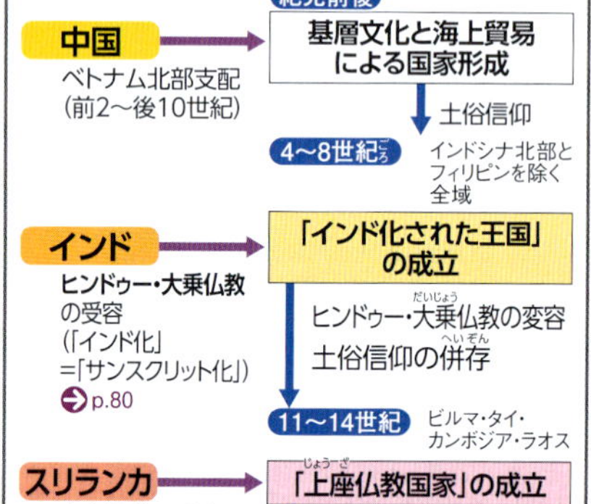

紀元前後

中国 ➡ 基層文化と海上貿易による国家形成
ベトナム北部支配(前2～後10世紀)
↓ 土俗信仰

4～8世紀ごろ インドシナ北部とフィリピンを除く全域

インド ➡ 「インド化された王国」の成立
ヒンドゥー・大乗仏教の受容(「インド化」=「サンスクリット化」) ➡p.80
↓ ヒンドゥー・大乗仏教の変容／土俗信仰の併存

11～14世紀 ビルマ・タイ・カンボジア・ラオス

スリランカ ➡ 「上座仏教国家」の成立
上座仏教の受容(「シンハラ化」=「パーリ化」)
↓ ヒンドゥー・大乗仏教の形骸化／土俗信仰の包摂／上座仏教の変容と個別化

*フィリピンでは, スペイン植民地化の過程でキリスト教を受容。

15～16世紀* マレーシア・ブルネイ・インドネシア

海の道 ➡ イスラーム王国の形成
イスラームの受容
↓ ヒンドゥー, 土俗信仰とからみ合う複雑な信仰に変化

〈池端雪浦著『変わる東南アジア史像』〉

B インド化・中国化(4～9世紀)

世界全図p.14-23

世界遺産

▲⑥ボロブドゥールの仏教遺跡(ジャワ島, インドネシア) 8～9世紀にシャイレーンドラ朝がジャワに建立した大乗仏教遺跡。504体の仏像が配置されて密教の宇宙観を具現するが, 中心塔に大日如来をおかず, 大乗仏教の真髄である「空」の思想を強調した点にジャワの独自性が示される。

▲⑦ボロブドゥールの浮彫に刻まれた船 仏教説話をもとにした浮彫の中に, 東南アジアやポリネシアの人々が使ったアウトリガー船(➡p.86)が彫られている。

▲⑧インド化された王侯の生活

今日とのつながり 大陸部では仏教徒が多く, タイの男性は短期間でも1回は出家することが奨励されている。一方, 島嶼部のインドネシア, マレーシア, ブルネイではイスラームの影響が強い。

C 農業国家の発展（10～14世紀）

世界全図p.24-33

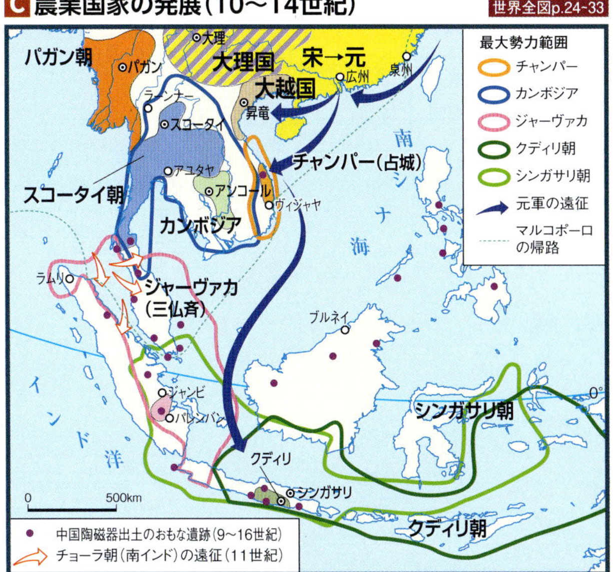

D 大交易時代 マラッカ王国の繁栄（15世紀）

世界全図p.34-35

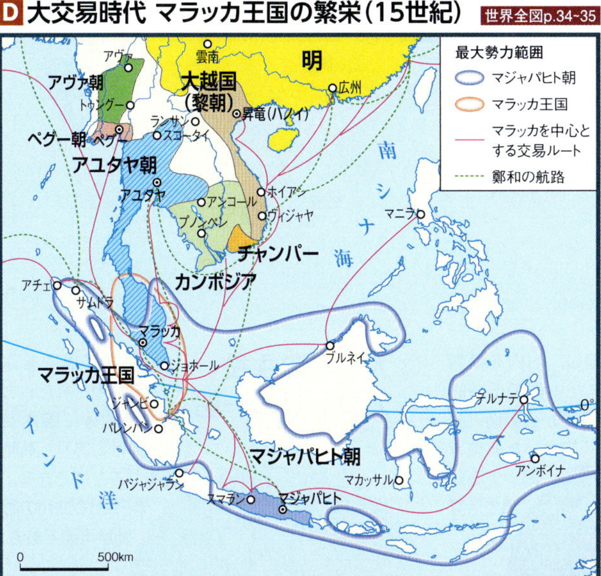

E 植民地化の時代（16～18世紀）

世界全図p.36-41
p.155 3,171

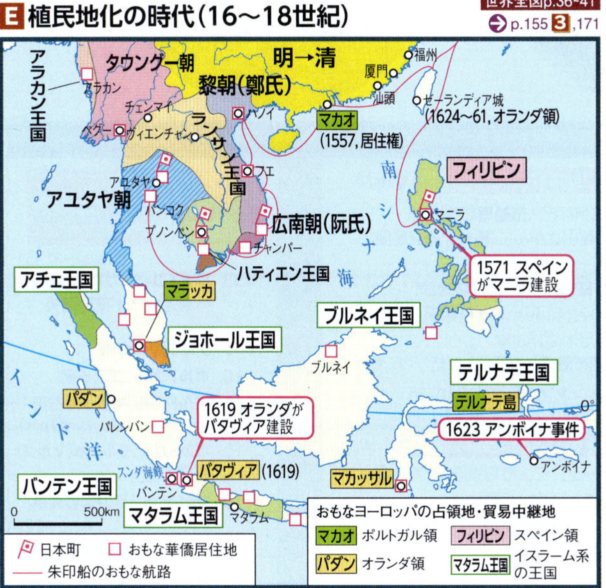

世界遺産

▲⑨カンボジアの国旗(左)と⑩アンコール=ワット(右，カンボジア)　12世紀，**スールヤヴァルマン2世**(位1112～50)が**ヒンドゥー教**寺院兼自分の墓として建造，寺院全体でヒンドゥー教の宇宙観を具現する。中心の塔はヒンドゥー教の「須弥山」(世界の中心)を象徴する。一方で，「クメールの微笑」を浮かべる女神像など独自の芸術性もめだつ。16世紀に**上座仏教**寺院に転用された。

テーマ 水利を生かしたヒンドゥー教都市

貯水池
バイヨン
アンコール=ワット
貯水池

▲⑪アンコールの灌漑のようす

王都アンコールには灌漑設備が張りめぐらされ，豊富な水によって農業が発展し経済的な安定をもたらした。水路はメコン川から南シナ海につながっており，内陸にありながら**交易都市**でもあった。

▶⑫**マラッカの王宮を復原した博物館**　14世紀末に建国され，15世紀前半にイスラーム国となったマラッカ王国は，南シナ海・東シナ海交易圏とインド洋交易圏の結節点に位置した。多くの中国商人やムスリム商人が集まり，海上(中継)交易で繁栄した。

〈静岡浅間神社蔵〉

◀⑬**アユタヤの日本人義勇軍**　日本人の移住は**朱印船貿易**以降加速し，東南アジア各地に**日本町**がつくられた。タイのアユタヤでは**山田長政**がスペインの侵攻を退け，国王より官位が与えられたが，王の後継者争いに巻き込まれて暗殺された。これらの日本町は日本の「**鎖国**」政策とともに衰退していった。p.39

世界遺産

▶⑭**マラッカに残るポルトガルの要塞**(サンティアゴ要塞)　16世紀，大航海時代の初めには，ポルトガル・スペインが進出し，それまでのイスラーム勢力と争いながら，香辛料・陶磁器などをヨーロッパに運ぶ中継拠点を占拠していった。交通の要所であるマラッカは，ポルトガル，ついでオランダに占拠されたが，最終的には英領マレーとして植民地化された。

今日とのつながり　南米原産の産物名かぼちゃは，大航海時代にポルトガル人によってカンボジア経由で日本へ伝えられたため，カンボジアの国名に由来している。

特集 海の道 ～東西交易路とユーラシア①

「草原とオアシスの道」➡p.94～95

「海の道」とは ユーラシア南辺の沿岸都市を結び，文物を東西に運んだ交易路。古代のローマと南インドの**季節風貿易**に始まり，のちダウ船を利用した**ムスリム商人**と，やや遅れてジャンク船を利用した中国商人が主役となる。東から運ばれたアジア物産にちなんで「**香料の道**」「**陶磁の道**」ともよばれた。

陸路の要衝 サマルカンド

14世紀に台頭，15世紀には鄭和も訪れている。（ホルムズ）

宋・元の時代に貿易港として発展。アレクサンドリアと並ぶ世界最大の貿易港とたたえられた。（泉州）

内陸の都市だったが，河川で海の道と連結。（アンコール）

11～15世紀，カーリミー商人が香辛料・香料・砂糖の貿易で活躍，カイロがイスラーム=ネットワークの中心となる。

レバノン杉 ➡p.57

乳香 乳香樹の樹液からできる香

犀角 サイの角 中国の腰帯の飾りになった

マッコウクジラ（竜涎香の原料）

べっこう タイマイとよばれる亀の甲羅からつくられる

地中海，アレクサンドリア，カイロ，上エジプト，ダマスクス，バスラ，シーラーフ，ペルシア湾，アラビア，ジッダ，メッカ，紅海，サワーキン，マスカット，イエメン，アデン，ザファーリ（スファール），アラビア海，ソマリア半島，モガディシュ，マリンディ，モンバサ，ザンジバル，インド洋，金，奴隷，象牙，ナツメヤシ，ダウ船，カンバーヤ，マラバル海岸，カーリクート（カリカット），クーラム=マライ（クイロン），モルディヴ，セイロン，コロマンデル海岸，ベンガル湾，胡椒，くじゃく，ジャンク船，デリー，インダス川，ガンジス川，ナディヤ，綿織物，崑崙山脈，ヒマラヤ山脈，ペグー，エーヤワディー川，アンコール，象牙，オケオ，日南，ヴィジャヤ，沈香，南シナ海，スムトラ・パサイ，スマトラ，マラッカ海峡，パレンバン，ジャワ，クディリ，ボルネオ，べっこう，胡椒，モルッカ（マルク）諸島，クローヴ（丁子），ナツメグ，広州，泉州，福州，明州，杭州，長江，黄河，大都，開城，黄海，日本海，博多，東シナ海，種子島，太平洋

おもな海の交通路（11～12世紀ごろ）
モンスーン（ヒッパロスの風）（4～10月）（11～3月）➡p.10～11

1 アジアの海を渡る船

①インド洋の主役 ダウ船

三角帆で船体にくぎを用いない木造縫合帆船。おもにムスリム商人が用い，季節風を利用するインド洋貿易で活躍した。

②シナ海の主役 ジャンク船

帆が蛇腹式に伸縮し，船内を横断する隔壁で補強された中国の伝統的な帆船。南宋以降，中国から東南アジアにいたる東・南シナ海貿易で活躍した。

③太平洋の主役 アウトリガー船

太平洋の島々を渡るのに利用された。カヌーの本体に腕木を取りつけてあり，荷物を運ぶことができる。半日で100kmの移動が可能である。

「海の道」の歴史

青字 文化関連事項

紀元前～7世紀

「海の道」の芽生え～未知の海へ ➡p.10

前 2000ごろ	**インダス文明**の諸都市，**メソポタミア**と交易
前10世紀ごろ	ヘブライ王国，紅海貿易
前 4世紀	アレクサンドロスの部下ネアルコス，インドからペルシア湾へ航海

東南アジアで中継貿易～港市と港市国家の形成

後 1世紀	ヒッパロス，紅海を経てインダス河口へ モンスーン「**ヒッパロスの風**」の発見→**季節風貿易**（『**エリュトゥラー海案内記**』に記述される ➡p.10）
166	**大秦王安敦**の使者，海路**日南**へ ➡p.11,92
4～5世紀	**法顕**のインド旅行（陸路で渡印，海路で帰国）➡p.14
7世紀	**義浄**，往復南海経由で25年かけてインド旅行 ➡p.20

8～9世紀

ムスリム商人によるネットワーク化～世界各地に展開 ➡p.22

＊外国人居留地

8世紀	**アッバース朝**の首都**バグダード**，世界経済の中心に 唐，広州に**市舶司**と蕃坊＊をおく ➡p.128
8～9世紀	『**千夜一夜物語**（**アラビアン=ナイト**）』の原型成立

10～15世紀

中国の参入～中国商人，ムスリム商人と連携 ➡p.28

10世紀	**宋**，明州・泉州・広州などに**市舶司**をおく 中国の**陶磁器**の輸出さかんに（**南シナ海交易圏**） **ジャンク船**出現
11世紀	**カーリミー商人**，**紅海ルート**で香料を販売（地中海とインド洋を結ぶ）→**カイロ繁栄**
12世紀	宋で**羅針盤**が実用化 ➡p.109 マラッカ海峡の**港市国家**と中国商人が結びつく ➡p.85
13世紀	**元**，**南宋**を滅ぼし，ジャワへも遠征 ➡p.110 **マルコ=ポーロ**，ユーラシアを移動 ➡p.30～31

モンゴル帝国によるユーラシア交流圏の成立 ➡p.30,112

14世紀	**イブン=バットゥータ**，『**三大陸周遊記**』を著す ➡p.112
14世紀末	**マラッカ王国**台頭（～1511）➡p.85
15世紀前半	**明**が**海禁政策**を続け，**琉球**王国が交易の中心に（**東シナ海交易圏**）➡p.35
1405	**鄭和の南海遠征**（～33）➡p.35,114
15世紀後半	マラッカ王国がイスラーム化 ムスリム商人，東南アジア各地で活躍

15末～16世紀

海洋アジア交易圏にヨーロッパ勢力が参入～大航海時代へ ➡p.34～37,154

1498	**ヴァスコ=ダ=ガマ**，**カリカット**へ到達，**インド航路**開拓
1509	**ディウ沖**の海戦
10	**ポルトガル**，**ゴア**占領
11	ポルトガル，**マラッカ**占領 ➡p.85
12	ポルトガル，**モルッカ（マルク）諸島**に進出
19	**マゼラン**一行の**世界周航**（～22）
43	ポルトガル人，**種子島**に漂着
57	ポルトガル，**マカオ**の居住権を獲得
71	**スペイン**，**マニラ**建設

風土 東アジア世界の風土

遊牧民と農耕民の争奪地 黄河の湾曲部に位置する**オルドス地域**は，遊牧も灌漑による農業も可能であるため，古くからモンゴル・中国の両民族をはじめ，チベットやトルコなどの民族が激しく争奪を行った。

中華の地 黄河中下流域一帯の中原は，古くより高度に中国文化が発達した，漢族の住む中心地域。

中国大陸の南北分割線 淮河は，農業面で南の稲作，北の畑作との境界をなし，「南船北馬」といわれるように，この川を境に交通手段も異なっていた。

東西文化の接触地 渭水盆地一帯の関中は，天然の要害であるうえ，西域にも近いため東西交通路の要衝ともなり，中国文化がいち早く始まった地域の一つとなった。

交通の要衝 函谷関 関中と洛陽を中心とする中原を結ぶ交通の要衝にあたり，古来より関所がおかれた。

凡例：おもな世界遺産　おもな遺跡　夏の風向き（4〜10月）　冬の風向き（11〜3月）

中国の地方区分：秦嶺＝淮河線　南嶺線

1 農耕都市文明

▲①農耕都市文明

▲②**黄河流域** 屈曲，泥の川，段差，凍結などの特徴をもつ。肥沃な**黄土**地帯で，あわ・きび・麦などの畑作が行われた。段々畑が広がる。

▲③**長江流域** 降水量が多く，河川や湖沼も多いため，水路網が発達した。稲作が行われ，水田が広がる。

A 長江流域の文明

長江下流域の**河姆渡**や良渚では，**仰韶文化**と同時期に稲作農耕が行われていたと考えられている。木造家屋の跡などもあり，独自の新石器文化が発展した。

▼④**稲作の器具** 良渚文化で出土。稲を摘むための器具で，**長江流域**で使用された。

▼⑤**三星堆遺跡の青銅仮面** 殷代後期と同時代の四川地方の遺跡で，殷とは異なる特徴をもつ青銅器が多数出土。飛び出した眼球は，始祖の特徴として崇拝されていた。

B 黄河文明

	仰韶文化	竜山文化
時期	前5000〜前3000年ごろ	前3000〜前1500年ごろ
地域	黄河中流域 （**仰韶**は河南省の代表的遺跡名）	黄河下流域 （**竜山**は山東省の代表的遺跡名）
特色	・小規模な環濠をもつ集落を形成 ・**彩陶**を使用 ・雑穀栽培 ・豚，鶏，犬などの家畜	・城壁に囲まれた大規模な集落を形成 ・**黒陶**，灰陶を使用 ・雑穀栽培 ・羊，牛などの家畜

▲⑥**彩陶（彩文土器）** 薄手の素焼きの赤地に模様を描いた彩色土器。

▲⑦**灰陶** 粘土質で文様はなく，日常の煮炊きに使用。

▲⑧**黒陶** ろくろを用い，高温で焼いた薄手の黒色磨研土器。

テーマ 伝説の夏王朝〜二里頭遺跡

前2000年ごろから，人口約2万人の王朝（**夏**）の都として栄えていたことが判明。実在が疑われた伝説の夏王朝の遺跡として一躍クローズアップされた。

▼⑨**トルコ石象眼の板飾り**（動物紋飾板，二里頭遺跡出土）

殷・周 ～血縁的氏族社会の成立

ヒストリーシアター 祭政一致の神権政治

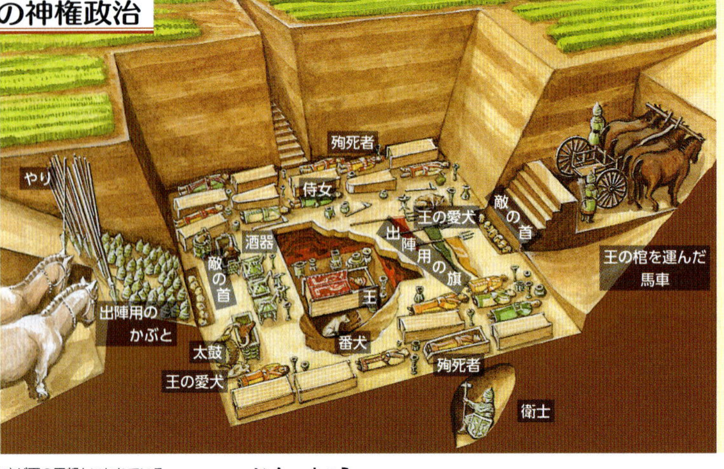

▶①殷の王墓 殷代末期と推定される地下深く掘られた巨大な王墓。河南省安陽市小屯村付近の殷墟から発見された。

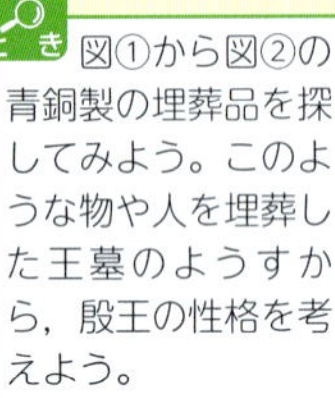

よみとき 図①から図②の青銅製の埋葬品を探してみよう。このような物や人を埋葬した王墓のようすから，殷王の性格を考えよう。

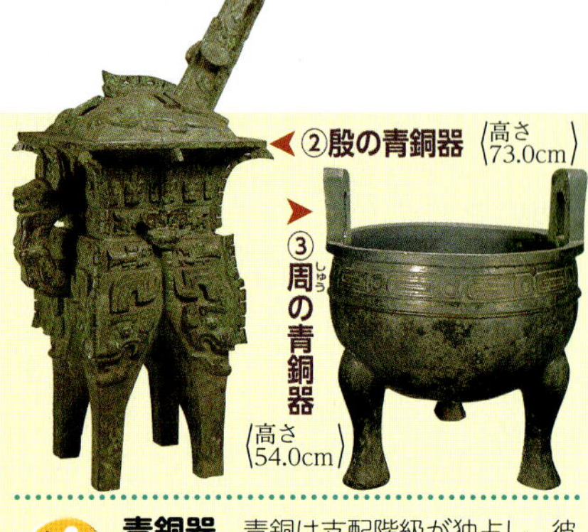

◀②殷の青銅器〈高さ73.0cm〉
▶③周の青銅器〈高さ54.0cm〉

キーワード **青銅器** 青銅は支配階級が独占し，彼らの墓の副葬品などとして出土。殷代はとくに複雑な文様が特色で，おもに祭祀用として使用。その形状は，新石器時代の**鼎**・**鬲**(三足土器)の流れをくむ。周代は文様が簡素化したが，高度な技術とその芸術性は世界に類をみない。

* 近年発見された二里頭遺跡(➡p.87)が夏の王都といわれている。
*2 王位継承問題による内戦など諸説がある。

古代中国の変遷 ▶p.91

青字 文化関連事項

時代	年代・事項	日本
新石器時代	前5000ごろ 河姆渡文化 (長江下流域) 仰韶(彩陶)文化 (～前3000ごろ)(黄河流域) ○ 彩陶の使用 前3000ごろ 竜山(黒陶)文化 (～前1500ごろ)(黄河流域) ○ 灰陶・黒陶の使用 良渚文化 (長江流域)	縄文時代
夏か	夏*は，古代の帝王堯が舜に位を譲り，舜が禹に位を譲り，禹が始めた王朝である。伝説では，殷の湯王が夏王朝を滅ぼす。	
殷(商)	前16世紀ごろ 殷の成立 神権政治 ○ 青銅器の使用 前1400ごろ 殷(商)が殷墟へ遷都 ○ 甲骨文字(卜辞)	
周(西周)	前11世紀ごろ 殷を倒し，周(西周)の成立 都：鎬京(～前770) ○ 周の封建制(宗法，井田制) 前 771ごろ 犬戎の侵入による東遷*2	
東周(群雄割拠時代) 春秋時代	前 770 洛邑に遷都→東周(～前256) →春秋時代(～前403) 前 651 斉の桓公，覇者となる **春秋の五覇** (尊王攘夷) 斉の桓公(前651，初の覇者 宰相管仲) 晋の文公 楚の荘王 呉の夫差(または闔閭) 越の勾践 *3 *3 呉・越を除いて宋の襄公・秦の穆公とする説あり。 前 551ごろ 孔子が魯国に生まれる(～前479) ○ 諸子百家 学術思想の発達➡p.90 前 453 晋の分裂 →晋の三大夫(韓・魏・趙)が三分し自立 ○ 鉄製農具・牛耕農法始まる 前 403 韓・魏・趙が諸侯となる →戦国時代(～前221)	
東周(群雄割拠時代) 戦国時代	**戦国の七雄** 斉・楚・秦・燕・韓・魏・趙 前 333 蘇秦が秦を除く六国の同盟(合従策)で秦に対抗 前 311 秦の宰相張儀が他国との同盟(連衡策)により合従策を破る 前 278ごろ 楚の詩人屈原が入水自殺『楚辞』 前 256 周，秦に滅ぼされる	弥生時代
秦	前 221 秦が中国統一 ➡p.91	

1 殷・周時代の変化

世界全図p.4 ➡p.87 1

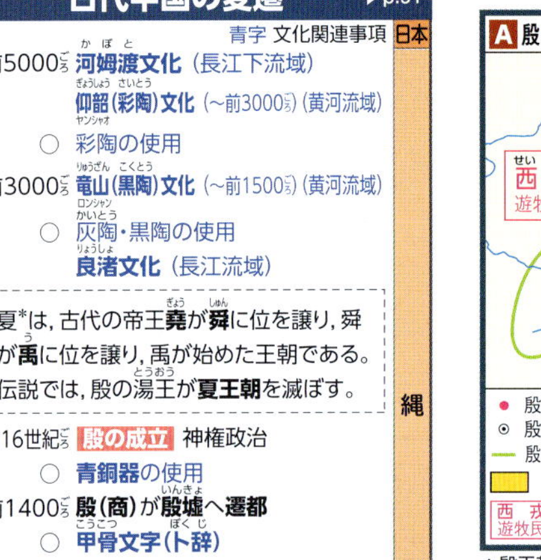

世界全図p.4

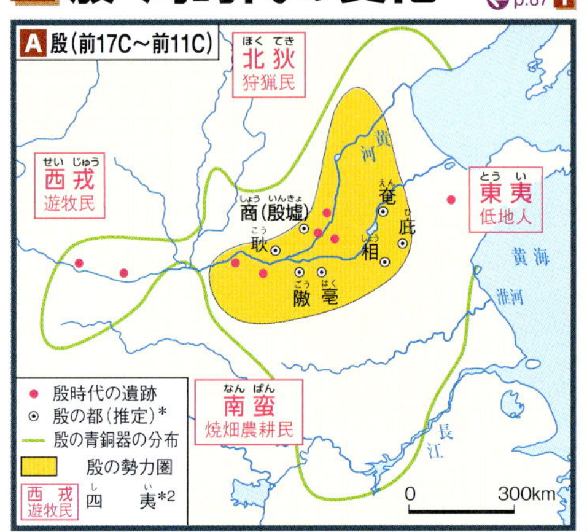

*殷王朝の前期はしばしば遷都した。 *2 四夷とは，中華を中心に，周辺民族を東夷・西戎・南蛮・北狄とする見方。

2 殷・周時代の社会

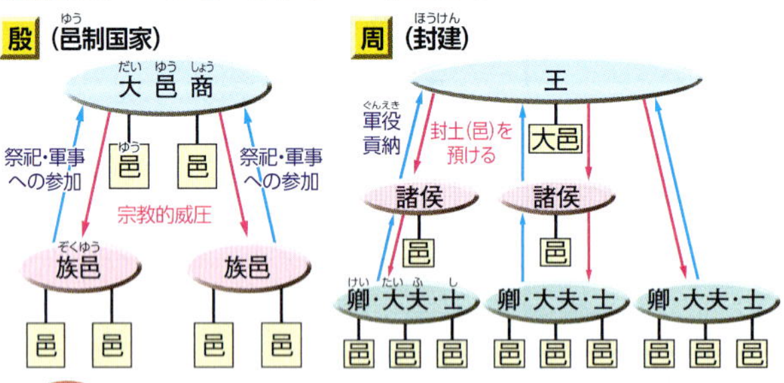

◀④殷・周の社会 殷は，黄河中流域のあわ作を中心とした農耕村落を支配する有力族邑の連合体国家。商という大邑を中心に成立した。黄河上流の渭水流域にあった周は，殷を滅ぼした後，共通の祖先から分かれ出た男系の血縁集団(宗族)に封土を分与して世襲の諸侯とし，支配を認めるかわりに，軍役と貢納の義務を負わせ国家秩序を維持した(封建)。また，宗族を統轄する宗法がつくられた。

テーマ 甲骨文字 ➡p.53

甲骨の亀裂から神意を読み取り，吉凶を判断するのが殷王の役割だった。王は，国事についての神意を占い，儀式をつかさどって，**祭政一致の神権政治**を行っていたと考えられる。占いの内容は祖先神の祭祀や軍事に関するものが多い。占った結果は甲骨に記録されたので，この文字を**甲骨文字**という。

▶⑤殷の甲骨文字 (亀の甲羅)

◀⑥穴の部分を熱し水で冷やして亀裂を生じさせる

テーマ 易姓革命 ➡p.92

中国での王朝交代を**易姓革命**という。天命を受け，新たな有徳者が天下を統治する考えで，**殷**を武力で倒した**周**が支配の正当化のために生み出した思想。

易姓革命		
	禅譲	平和的に有徳者に位を譲ること 例 堯→舜→禹(夏)
	放伐	武力によって先の王朝を倒すこと 例 紂王(殷)→武王(周)

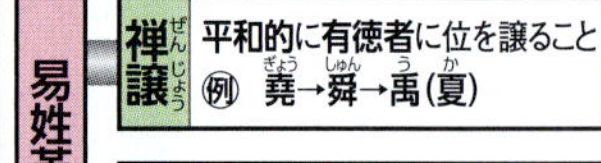

今日とのつながり 殷が周の支配下に入り，殷の都であった商の人たちの多くは，品物を売り歩いて生計を立てた。商人，商品という言葉はここに由来しているという。

春秋・戦国　～諸侯の自立

ヒストリーシアター　拡大する農地

➤①牛耕農法(牛犂耕)* **戦国時代**には牛に鼻環を装着し，鉄製の犂を引かせる「牛犂耕」が発明され，**鉄製農具**の発明とともに農業上の技術革命がもたらされた。これにより耕作不能だった広大な華北平原・黄土台地は，あわやを主作物にする安定した農地に変わっていった。

*後漢時代に表された画像石 ➔p.92

よみとき　図①の2頭の牛に引かせた農具は何だろう。そして，その刃に注目し，従来の耕作とどのように変わったのかを考えよう。

▼③鉄製の犂の刃

▲②戦国時代の鉄鎌の鋳型　*鉄を打ち鍛えること

キーワード　鉄製農具　中国では鍛鉄*より鋳型に鉄を流し込む鋳鉄の方が早くから発達した。初期の鋳鉄はもろかったため刀剣などの武器には適さず，**春秋時代**末期ごろより，自由な型でさまざまな**鉄製農具**(鋤，鍬，鎌など)が製造され，従来の木器や石器にかわって**戦国時代**にはかなり普及した。

1 春秋・戦国時代の変化

世界全図p.5

世界全図p.6~7 ➔p.91 2

ひと　縦横家　～蘇秦と張儀

蘇秦(？～前317)が趙王に説いた**合従策**(東方六国が連合して秦に対抗する策)は，**張儀**(？～前310)が秦王に説いた**連衡策**(秦が東方六国とそれぞれ連合する策)によって破られたが，2人はともに同じ先生の下で君主の説得術を学んだ。彼らの権謀術策は，33編からなる『**戦国策**』に収録されている。

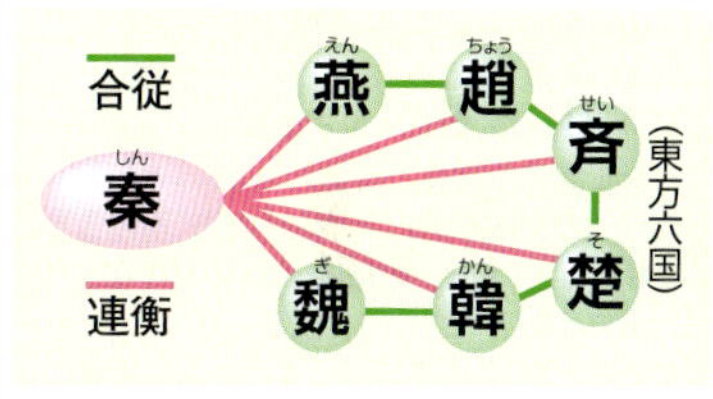

2 春秋・戦国時代の社会

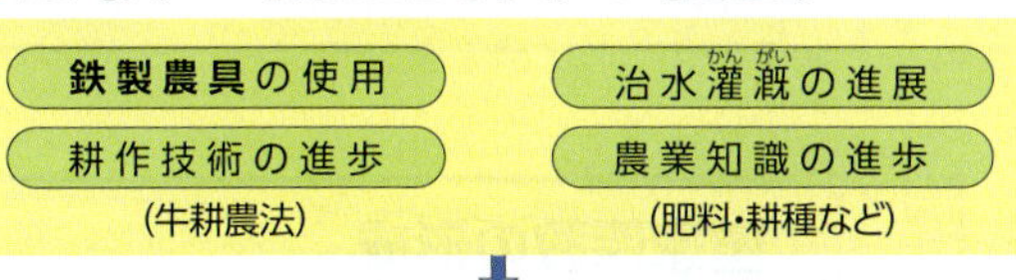

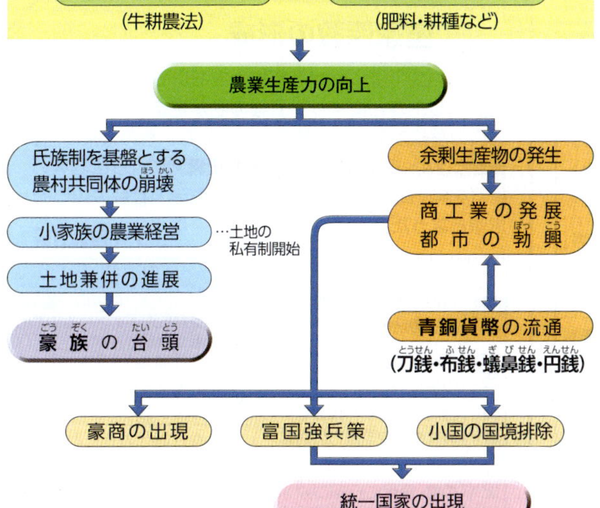

▼④**青銅貨幣**　商業の発展により地域ごとに各種の貨幣が出現した。**刀銭**は小刀，**布銭**は農具，**蟻鼻銭**は子安貝の形を模している。発行した都市名や，両替の便宜のために重量を鋳出した貨幣もある。

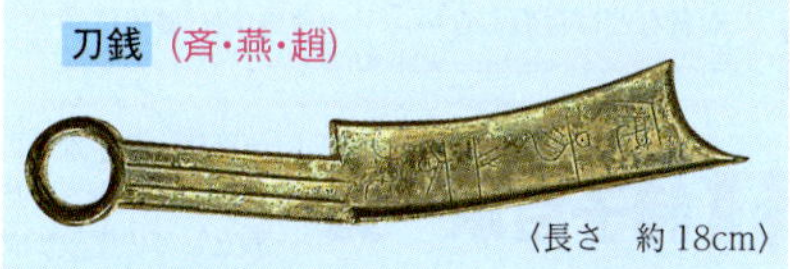

刀銭(斉・燕・趙)〈長さ　約18cm〉

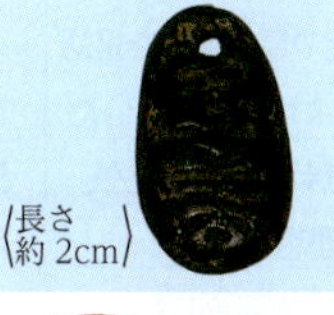

蟻鼻銭(楚)〈長さ約2cm〉

円銭(環銭)(周・秦・趙・魏)〈直径約4cm〉

布銭(韓・魏・趙)〈長さ約5cm〉

貝貨(殷・周)〈長さ約2.7cm〉

テーマ　古代中国の歴史から生まれた故事成語

隗より始めよ　戦国時代，燕の昭王に対し，郭隗が賢者を招くためにはまず自分のようなさほど優秀でないものを優遇せよと進言した。(物事はまず言いだした者が着手せよ)

会稽の恥　春秋時代，越王の**勾践**が会稽山で呉王の**夫差**に降伏したが，多年の辛苦のあとに夫差を破ってその恥をすすいだ。(以前に受けた恥辱)

臥薪嘗胆　春秋時代，呉王の夫差が，越王の勾践を倒して父である闔閭の仇を討とうと志し，つねに薪の上に臥した。また，勾践は，呉を討って会稽の恥をすすぐために胆を嘗めて報復を忘れまいとした。日清戦争後の三国干渉により清に遼東半島を返還したことに対し，日本国内で流行した。(将来を期して，苦労苦心すること)

今日とのつながり　春秋・戦国時代に登場した諸子百家(➔p.90)の学説は，今日の中国の学術や思想の源泉となって脈々と生き続けている。

特集 諸子百家 ～乱世がもたらした百家争鳴の黄金時代

➔巻末折込

儒家

➤①**孔子** 魯出身で身分は低く，幼くして父を亡くす。仕官先を求め諸国を遊説したが志を得ず，晩年は弟子の教育に専念。**儒家の祖**。

▲②曲阜の孔子廟での祭り

仁の徳と，仁の具体的な行為である礼の実践を説く。西周時代の礼楽（儀式典礼）を理想化し，社会秩序の再建をめざす。

親兄弟にあたたかい気持を抱いている人間は，上司にさからったりしないであろう。上司にさからわない人間なら，集団の秩序を乱すこともない。「君主は何よりも根本を重視する。根本が定まってはじめて道が開ける」という言葉があるが，親兄弟へのあたたかい気持こそ，仁を実践するための出発点といえるだろう。〈久米旺生訳『論語』〉

➤③**孟子** 孔子につぐ**儒家の賢人**といわれ，「孟母三遷」などの伝説も多い。

人の本質は善（徳を重視）

かわいそうだと思う心は，仁の芽生えである。悪を恥じ憎む心は，義の芽生えである。譲りあいの心は，礼の芽生えである。善悪を判断する心は，智の芽生えである。人間は生まれながら…この四つの芽生えを備えている。〈今里禎訳『孟子』〉

➤④**荀子** 従来の思想家の説を批判的に摂取。弟子から**韓非**・**李斯**らが出た。

人の本質は悪（礼を重視）

天性や感情のままに行動すれば，必ず争いごとが起こり，秩序も道徳も破壊されて，社会が混乱してしまう。そこで…指導者と法とによる指導が必要であり，礼・義による教化が必要である。…人間の天性が悪であることは明らかだ。〈杉本達夫訳『荀子』〉

批判 孔子の説く**仁**を差別的な愛と批判。万人に対する無差別な**兼愛**を主張。

批判 孔子の説く**仁**や**礼**を人為的なものと批判。一切の人為を否定し，**無為自然**を主張。

批判 孔子の説く徳治主義を現実に沿わないものと批判。信賞必罰の**法治主義**を主張。

墨家

➤⑤**墨子** 罪人または奴隷出身で，顔に入れ墨があったため，墨子とよばれたらしい。**非攻**の立場から教団を率い，小国の防衛戦争を援助した。

もし天下じゅうの人々が互いに兼愛しあい，自分以外の人間を愛する態度がまるで自分自身を愛する態度と同じようにすると仮定したら，どうであろうか。それでもなお，不孝者をはじめ目上の人に愛情を欠くものが存在するであろうか。…また，同じ仮定に立つとしたら，それでもなお，目下の人に愛情を欠く不慈な者が存在するであろうか。…だから，人々が互いに兼愛しあうならば，世の中に不孝や不慈な者などは存在しない。〈渡邊卓訳『墨子』〉

道家

➤⑥**老子** 楚の人で周の王室図書館の役人となった。周の衰えをみて，西方に旅だったという。早くから神秘化され，実像は不明。春秋期の人か？

▲⑦**荘子** 生涯を隠遁者として過ごし，「万物斉同」の立場から生と死，是と非を同一視した。

賢人を尊重するようなことをしなければ，民のあいだに争いが起こることもないであろう。常に民を無知無欲のままにおくようにし，さかしら心をもつ人間を介入させないようにせよ。このような無為の政治をすれば，すべて治まらないものはなくなるのである。〈森三樹三郎訳『老子』〉

法家

➤⑧**韓非** 韓の王族。**荀子**に学ぶ。吃音のため著述に専念し，その著作に感心した**秦王**（のちの**始皇帝**）に招かれたが，先に秦に仕えていた同門の**李斯**の讒言により獄中で死んだ。

商鞅の悲劇 秦の**孝公**（➔p.91）に仕え，信賞必罰主義で法を徹底し，改革を成功させた。孝公の死後，謀反の罪に問われて逃亡したが，通行手形のない者の宿泊を禁ずる自分がつくった法のため，宿に泊まることができず，法の徹底ぶりを嘆いた。

公孫鞅（商鞅）の法たるや，軽罪を重く罰した。…ひとに，容易なものを除いて，容易ならぬものに触れることのないようにさせる，これが統治の道というものだ。そもそも，小さな過ちが生ぜず，大きな罪が見舞わぬ，ということは，罪を犯すものがなく，したがって，乱が起こらぬ，ということなのである。〈常石茂訳『韓非子』〉

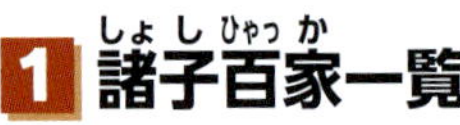

1 諸子百家一覧

＊1 孔子・孟子などの"子"は敬称。＊2 儒家とは孔子を祖とする学派。孔子の思想を継承し，発展させた儒家の学問を儒学という。漢代にいたり，儒家の説をもとに国教としての儒教が成立した。＊3 孔子の言を弟子がまとめたもの。＊4 道教の源流。

学派	人物＊1	おもな内容	代表的書物
儒家＊2	孔子（前551ごろ～前479）	「仁」の実践による国家・社会の秩序をめざした	『論語』＊3『春秋』
	孟子（前372ごろ～前289ごろ）	人の本質を善とした「性善説」，王道政治や易姓革命を是認	『孟子』
	荀子（前298ごろ～前235ごろ）	人の本質を悪とした「性悪説」，「礼」による教化を説いた	『荀子』
道家＊4	老子（春秋期?）	道（タオ）に従い，一体化する生き方 無為自然を主張	『老子』
	荘子（前4世紀ごろ）	自然と調和し，自由に生きることを理想とした	『荘子』
法家	商鞅（ ? ～前338）	秦で法による厳格な統治「法治主義」を実践した	『商君書』
	韓非（ ? ～前234）	法家の思想を大成するが，李斯の策略により殺された	『韓非子』
	李斯（ ? ～前208）	秦の始皇帝に仕え，度量衡の統一，焚書・坑儒を進めた	
墨家	墨子（前480ごろ～前390ごろ）	無差別・平等の愛「兼愛」，侵略戦争を否定「非攻」を説いた	『墨子』
陰陽家	鄒衍（前305～前240）	宇宙と社会の関係を陰陽五行説としてまとめた ➔p.97	
兵家	孫子（孫武）（不明）	戦乱期に戦略・戦術，および国家経営を論じた	『孫子』
	呉子（前440ごろ～前381ごろ）	孫子と並び称される兵法家	『呉子』
縦横家	蘇秦（ ? ～前317ごろ）	秦と対抗する6国が連合する政策（合従策）を説いた ➔p.89	『戦国策』
	張儀（ ? ～前310）	6国それぞれが秦と同盟を結ぶ政策（連衡策）を説いた	
名家	公孫竜（前320ごろ～前250ごろ）	名称と実体の関係を追求する論理学を説いた，「白馬は馬に非ず」	『公孫竜子』
農家	許行（生没年不明）	君主も民も平等に農耕すべきとする平等説を主張した	

テーマ 国家儒教の形成

前漢の武帝（➔p.92）が**五経博士**をおいて儒家の教説を官学化したことにより，**五経**の名が定まり，その後，経典の解釈が進んで**訓詁学**が成立した。唐の太宗は，**孔穎達**（574～648）に命じて『**五経正義**』をつくらせ，経典の解釈を統一。以降，清末まで儒教は政治・社会の中心的思想となった。

▼⑨四書五経

五経		四書	
易経	占いの書。陰と陽で自然と人生の法則を説く	大学	もと『礼記』の中の一編。修身から天下を治めるまでの根本原則を述べる
書経	堯・舜・禹から周までの王者の言行の記録	中庸	もと『礼記』の中の一編。天と人とを結ぶ原理を説いた哲学書
詩経	西周から春秋時代の歌謡をおさめた中国最古の詩集	論語	春秋時代の孔子と弟子たちの言行録。儒家の中心となる経典
礼記	礼についての解説と理論の書。唐代に五経に加わる	孟子	戦国時代の孟子の言行を弟子たちが編纂。性善説を説く思想書
春秋	春秋時代の魯国の年代記。編年体での記録		

秦 ～中国最初の統一王朝の誕生

ヒストリーシアター **不世出の名君？暴君？**

▶①**始皇帝**(前259～前210)
名は政，前247年に13歳で秦王となり，たくみな外交政策とぬきんでた経済・軍事力で東方の6国を滅ぼし，前221年に全中国を初めて統一した。

よみとき 始皇帝が，図②④⑤のような兵馬俑をつくらせた目的が何であるかを考えてみよう。

世界遺産

▲②**始皇帝がつくらせた兵馬俑坑** 俑の総数約6000体。兵士俑の身長は約180cm，重さは300kg以上。

世界遺産

▲③**始皇帝陵** **咸陽**の東(驪山)にあり，東西485m，南北515m，高さ約76mの方墳。地下には大宮殿，墓域の東側には兵馬俑坑がある。

▲④**将軍俑**

▲⑤**彩色の残る兵馬俑**

秦の変遷

◀p.88 p.92▶

青字 対外関係

時代	年代	事項	日本
春秋・戦国時代	前8世紀	**秦**が成立	縄文時代
	前623	秦の**穆公**(➡p.88)が西方で覇を唱える	
	前359	秦の**孝公**，**商鞅**(**法家**)を登用，**富国強兵策**(**変法**)開始 **郡県制**・什伍の制(隣保制)を実施 中央官制の整備(**丞相・太尉・御史大夫**の三公)	
	前350	秦が**咸陽**に遷都	
	前256	秦が東周を滅ぼす	
	前247	秦王政即位(丞相，呂不韋)	
		始皇帝 位前221～前210 都:**咸陽**	
秦の統一	前221	**中国統一**を実現 「**皇帝**」*の称号を創始 **阿房宮**造営 **郡県制**を全国で実施 **半両銭・度量衡・文字の統一**	弥生時代
	前221	斉を滅ぼす	
	前215	**蒙恬が匈奴を討伐→長城を修築**	
	前214	**南海郡，桂林郡，象郡の3郡を設置**	
	前213～前212	**焚書・坑儒**(丞相**李斯**の建言)	
	前209	**陳勝・呉広の乱**(～前208，農民反乱)→**項羽**・**劉邦**の挙兵	
	前206	劉邦，咸陽を陥落させ秦が滅亡→鴻門の会	
	前202	**垓下の戦い**→**前漢が成立**➡p.92	

*「皇帝」とは煌々たる上帝の意。自称を「朕」，命を「詔」とした。

1 秦の統一政策

始皇帝の中央集権体制

文化政策	文字	・李斯がつくった**小篆**(篆書)に統一 小篆 例 馬 秦 楚 燕 斉 韓・魏・趙
	思想	・法家の登用 ・**焚書・坑儒**…始皇帝は法家以外の諸説を禁じ，実用書以外の書物を焼かせ(**焚書**)，また儒家ら460人を穴に埋め(**坑儒**)，思想統制を強行した
経済政策	貨幣	・**半両銭**…標準貨幣として中央に方形の孔をあけた銅銭を鋳造
	度量衡	・**度**(長さ)・**量**(容積)・**衡**(重さ)の統一…権(おもりの意)といわれる秤の分銅や，量(升の意)といわれる容器が鉄・石・銅などでつくられた表面にはすべて，始皇帝が度量衡の統一を命じた文が刻まれている
	その他	・車軌(車軸の長さ)の統一…車の通った跡の轍の幅が一定になるようにした ・富豪を都の咸陽に移して監視した

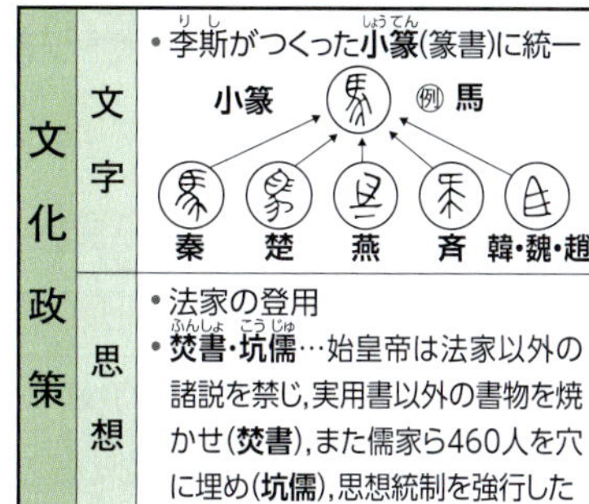

▲⑥**焚書・坑儒** **焚書**は，**李斯**の建言で医薬・卜筮・農業以外の書物を焼いた思想弾圧。**坑儒**は，始皇帝をあざむいた方士・**儒家**などを生き埋めにしたといわれている事件。 史p.350

◀⑦**半両銭** ➡巻末

▼⑧**銅権**(分銅) ▼⑨**陶量**(升)

2 秦の対外政策と衰退

世界全図p.6-7 ➡p.89 1，➡p.93 2

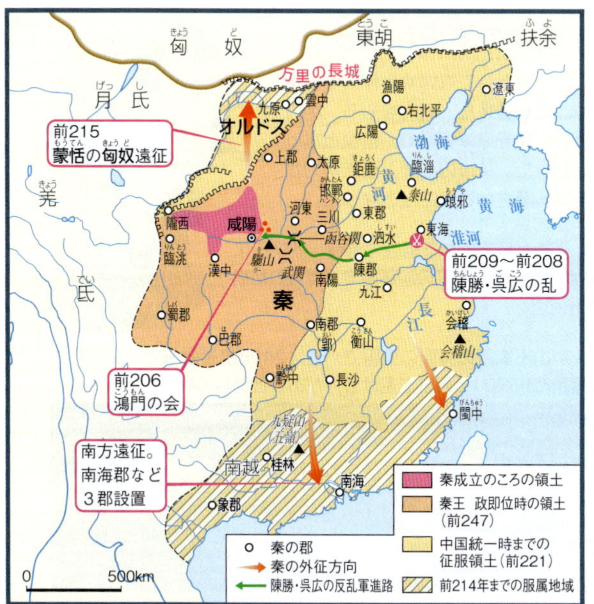

▲⑩**長城の建設**(中国，固陽県) **始皇帝**は，戦国諸国が国境防備のために築いていた**長城**を，修築・連結・延長し，北方遊牧民族である**匈奴**の侵入に備えた。当時は，騎馬が越えられない高さに土をつき固めた簡単なつくりであった。(万里の長城 ➡p.115)

▲⑪**陳勝・呉広の乱** 北方警備に徴発された貧しい農民の陳勝は，期日に遅れ死刑が確実になると，「**王侯将相いずくんぞ種あらんや**(王・諸侯・将軍・宰相になるのにどうして家柄や血統が関係あろうか)」と仲間に反乱をよびかけた。

今日とのつながり 「朕」「詔」「勅」「陛下」などは，始皇帝時代から使用されている皇帝専用用語である。

漢 ～秦を教訓にした大王朝の誕生

ヒストリーシアター 匈奴を討て！豪族をおさえろ！

▲①武帝(位前141～前87)

匈奴討伐 張騫・衛青・霍去病らを派遣

西域事情や汗血馬を入手 ➡p.9

▶②前漢の武将 霍去病の墓前に置かれた石像　霍去病はおじの衛青とともに，匈奴遠征を行った。多くの武勲をあげたが，若くして病死。右の石像で馬に踏みつけられている人物は長髪に長いひげ，弓を手に持ち服の袖が短いという特徴がみえる。

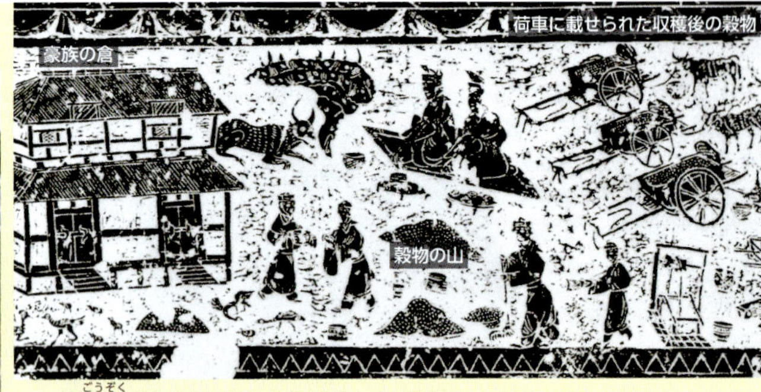

▲③豪族の生活を表した画像石　画像石とは，彫刻がほどこされた墓の石材。しばしば墓主の生前の生活が反映されるため，重要な資料となっている。

▶④光武帝(位25～57)　豪族をまとめ，挙兵して漢を再興した(後漢)。

よみとき 図②で馬に踏みつけられている人はどこの人だろうか。また図③では，収穫した穀物をどこに運び入れているだろうか。その豊かな収穫物の所有者はどのような社会的立場の人物であるかを考えよう。

漢の変遷

◀p.91　p.98▶

青字 文化関連事項

王朝	国内の主要事項	対外関係	日本
前202 前漢	**劉邦(高祖)** 位前202～前195		弥生時代
	前202 垓下の戦い(**項羽**を破る) →**前漢成立** 都:**長安** ○ **郡国制**を実施 →**郡県制**(中央)と**封建制**(地方)を併用	前200 **白登山の戦い** →**匈奴**の**冒頓単于**に敗北 事実上の従属下に ➡p.94	
	景帝 位前157～前141		
	前154 **呉楚七国の乱**(諸侯王の反乱)→鎮圧		
	武帝 位前141～前87		
	○ 中央集権制確立(実質的に**郡県制**) 前136 **董仲舒**の献策により**五経博士**を設置(→**儒学の官学化**) 前134 **郷挙里選**を実施 →**豪族**の台頭 前119 **塩・鉄・酒の専売** **五銖銭**(銅銭)鋳造 前115 **均輸法**を実施 前110 **平準法**を実施 ○ **司馬遷**が『**史記**』(**紀伝体**)を完成	前139 **張騫**を**大月氏**に派遣 前129 **衛青**, **匈奴討伐**に派遣 前121 **霍去病**を**匈奴討伐**に派遣 →**敦煌郡**など**河西4郡**設置 前111 **南越**を滅ぼす →**南海郡**など**南海9郡**設置 前108 **衛氏朝鮮**を滅ぼす →**楽浪郡**など**朝鮮4郡**設置 前104 **李広利**を**フェルガナ**(大宛)に派遣→**汗血馬**を獲得	
後8	前7 **限田法**を発布→実施されず	前60 **西域都護府**を設置(のち,中断) 前54 匈奴が東西に分裂,東匈奴は**前漢**に服属 前33 **王昭君**が東匈奴の**呼韓邪単于**に嫁ぐ(和親政策)	
8 新 23	**王莽** 位8～23		
	後8 **前漢**滅亡→讖緯説を利用し,王莽が**新を建国**(易姓革命) ➡p.88 都:長安 周を理想とした復古主義(儒教重視)的政治改革 18 **赤眉の乱**(農民反乱,～27)		
25 後漢	**光武帝(劉秀)** 位25～57		
	25 **漢の再興(後漢)** 都:**洛陽** 27 赤眉の乱(18～)を鎮圧	57 **倭**(日本)の奴国王の使者に**漢委奴国王**の印を授ける(『後漢書』東夷伝)	
	105 **宦官**の**蔡倫**が**製紙法**を改良 166 **党錮の禁**(166・169) →宦官が官僚(党人)を弾圧 184 **黄巾の乱**→**太平道**の**張角**が指導した農民反乱 208 **赤壁の戦い** →天下三分の形勢が決まる	91 **班超**(班固の弟)を**西域都護**に任命(再び**西域都護府**を設置) 97 班超が部下の**甘英**を**大秦**(ローマ帝国)に向けて派遣 107 倭王帥升,生口(奴隷)を献上 166 **大秦王安敦**(マルクス=アウレリウス=アントニヌス帝?)の使者が日南に到着	
220	220 後漢が滅亡→**魏成立** ➡p.98		

1 漢の統治体制

皇帝
中央
御史大夫(監察)　太尉(軍事)　丞相(行政)
官僚
地方
郡　県　郷　里
地方長官
結託
豪族

周 **封建制** 諸侯 王
諸侯が各地を支配
秦 **郡県制** 官吏 皇帝
皇帝が全国を支配(**中央集権**)
漢 **郡国制** 皇帝
直轄地
郡県制と封建制を折衷した統治方法

▼⑤武帝の経済政策

背景	たび重なる対外遠征による財政難
政策	伝統的な重農抑商政策を踏襲 ・**均輸法**…物価調整法 ・**平準法**…物価安定法 ・**塩・鉄・酒の専売** ・**五銖銭**の鋳造　など

郷挙里選 ➡巻末

皇帝から派遣された地方長官は，郷里の評判にもとづき，官僚候補者として人口約20万人につき1人の優秀な人材を中央政府に推薦した。

秦は，全土を郡や県に編成し，中央から官僚を派遣して直轄する**郡県制**を施行。**漢**は，郡県制を踏まえ，郡県制と一族・功臣を諸侯に封じる封建制とを併用する**郡国制**を採用したが，景帝の諸侯王への圧迫に対する**呉楚七国の乱**鎮圧後は，実質は郡県制へと移行し，**武帝**期には集権化が完成した。

テーマ 豪族・諸侯の豪奢な暮らし

豪族は，大土地所有者として奴婢や小作人を使用して荘園を経営し，富を蓄えた。武力をもち，地方で影響力を高めた。やがて郷挙里選で，官僚となって中央政治にも進出した。黄巾の乱後，豪族勢力が各地に乱立し，後漢を滅亡させることとなった。

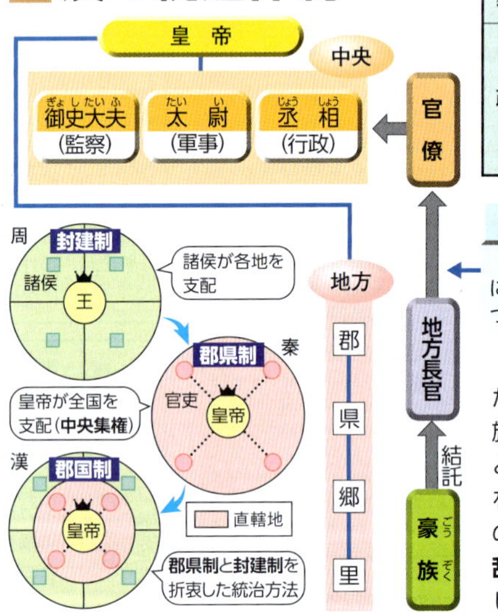
▶⑥長信宮燈　光量が調節できる銅製の燭台。諸侯王に封ぜられた満城県の中山王劉勝墓の副葬品で，当時の裕福な暮らしぶりを伝える。

▼⑦金縷玉衣　中山王劉勝の特製の喪服で，玉片2498枚を金糸でつないだもの。玉は遺体を腐敗から守り，悪霊を避ける力があると信じられた。

東アジア　MAP C～D　1部5章

2 前漢の対外政策

世界全図p.8~9 ← p.91 2

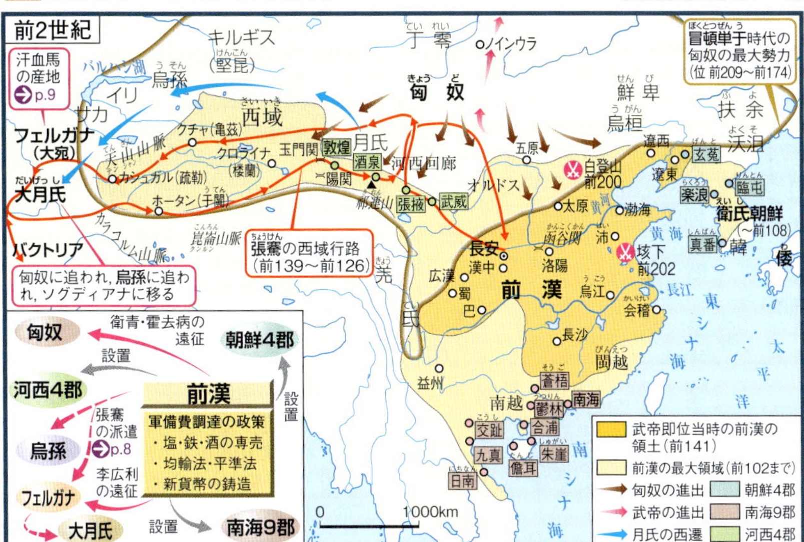

匈奴に運命を翻弄された人々

◀ ⑧司馬遷(前145ごろ*~前86ごろ*2) 前漢の歴史家。前99年匈奴の手に落ちた将軍李陵を弁護したため，**武帝**の怒りを買い宮刑(去勢の刑)に処せられた。出獄後，絶望的な苦境のなかで屈辱に耐えながら『**史記**』全130巻(→巻末折込)を書き上げた。

* 前135年という説もある。
*2 前87年という説もある。

▶ ⑨匈奴へ嫁ぐ王昭君

前漢の元帝(位前49~前33)の後宮に仕えていたが，匈奴の攻勢に苦しむ漢は匈奴の君主の求めに応じ彼女を嫁がせた。王昭君は，元代の『**漢宮秋**』などで，後世，悲劇の主人公として語りつがれた。

3 後漢の対外政策

世界全図p.10~11 → p.98 1

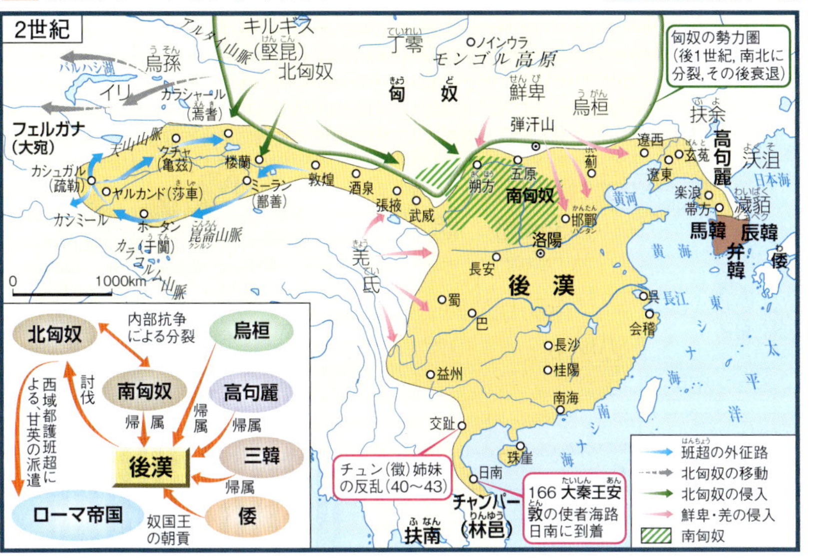

4 漢代の社会変化

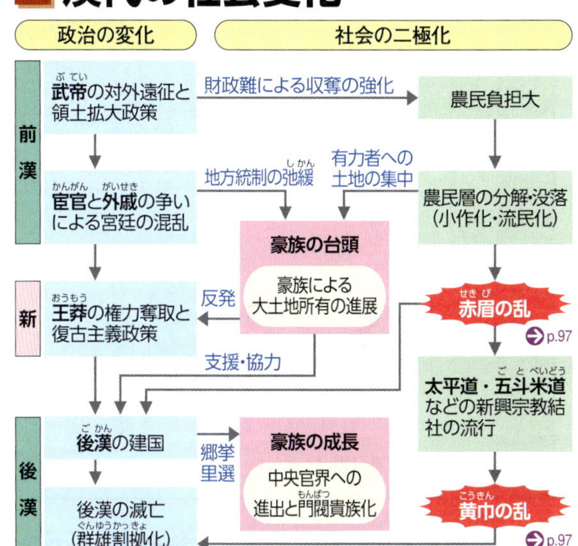

5 漢代の文化

→巻末折込

儒学	前漢の**武帝時代に官学化**，**董仲舒**(公羊学)の献策，**五経博士**設置	
	訓詁学	経書の字句解釈が目的，後漢の馬融・**鄭玄**らが集大成
宗教	**仏教伝来**	紀元後1世紀中ごろ
	太平道	後漢末，**張角**が創始した宗教結社　184年**黄巾の乱**の中心に
	五斗米道	後漢末，**張陵**が四川地方で創始した宗教。祈禱による病気治療，不老長寿を説き，謝礼に米五斗(日本の約5升)を受け取ったのでこの名がある　**太平道**とともに**道教**の一源流
史書	『**史記**』	**司馬遷**の著，黄帝から**武帝**にいたる歴史を**紀伝体**であらわす
	『**漢書**』	**班固**(班超の兄)の著，前漢・新の歴史を**紀伝体**であらわす　中国正史の模範　『漢書』地理志に倭国の記述あり→p.9
科学	**製紙法**	後漢の**宦官蔡倫**が改良　**木簡・竹簡**にかわり徐々に普及
	候風地動儀	後漢の張衡の発明した地震計
その他	『塩鉄論』	前漢の桓寛の編集　武帝の塩・鉄の専売に関する討論集
	『説文解字』	後漢の許慎の編集した中国最古の字書　辞書の祖

廟号・諡号→p.97

テーマ 東アジア文化の礎 ～漢字と紙

中国では，**甲骨文字**から漢字が発達したが，秦の中国統一により全国規模の文書行政が必要になると，漢字がそれを支え，書く材料として木や竹の札(**木簡**・**竹簡**)，絹布(**帛**)が使われた。漢字は，紙の発明(後漢の宦官**蔡倫**(→p.97)の**製紙法**改良により実用化)によって周辺諸国に広がり，東アジア文化圏の礎となった。

▼ ⑪漢字の変遷

甲骨文			
金文(周代)			
小篆(秦代)			
隷書(秦代~)	下	友	陽
楷書(~漢代末)	下	友	陽

▶ ⑩製紙法

今日とのつながり　文字と文章の基本は，ほぼこの時代に確立したので，「漢字」「漢文」とよばれている。

東アジア
MAP C-D
1部5章

特集 草原とオアシスの道 ～東西交易路とユーラシア②

「海の道」➡p.86

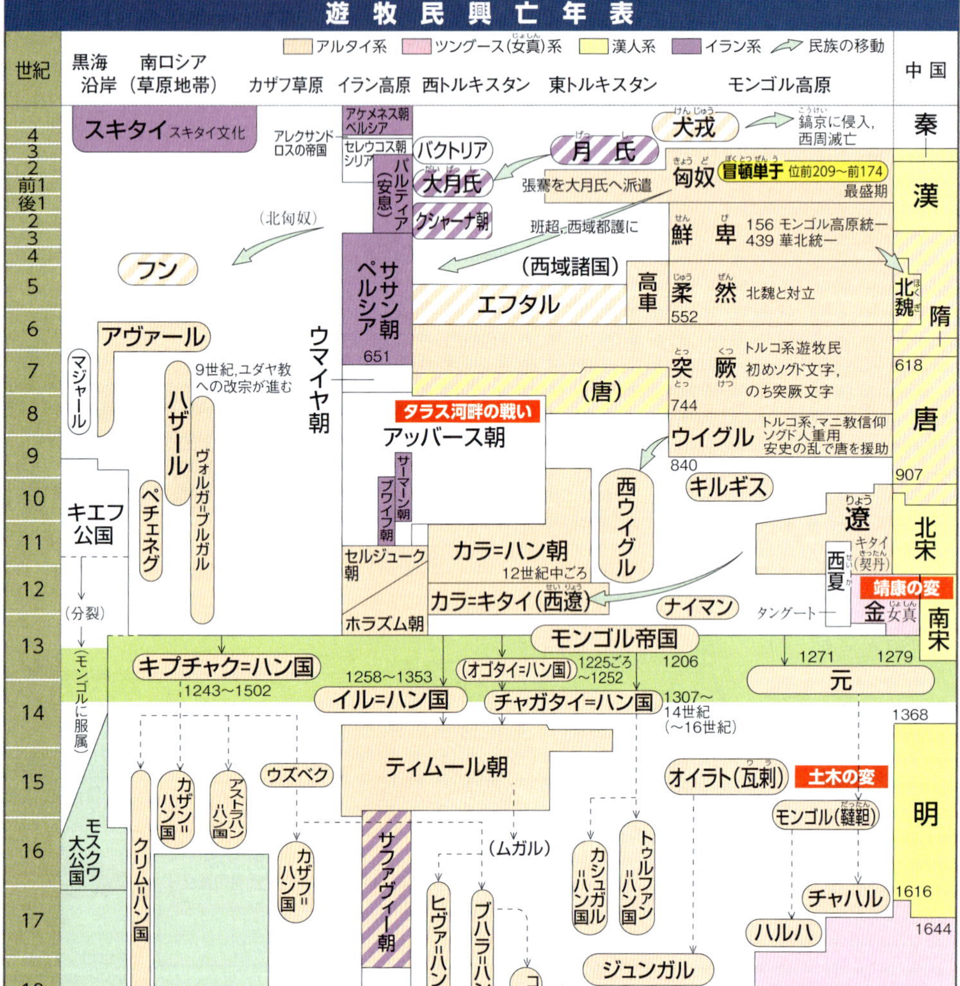

1 騎馬遊牧民の誕生

▲①馬具の発明 鞍や轡,手綱など馬具の発明により,徒歩の10倍以上の距離を移動できるようになった。戦車よりも速い機動力は,軍事的に他の勢力を圧倒した。

キーワード 遊牧国家 騎馬と弓矢の技術で強力な軍事力をもった遊牧民が,中央ユーラシア地帯に建てた国家のこと。政治権力を掌握した遊牧民が農耕地帯やオアシスの定住民を支配し,貿易と外交はソグド人やムスリムなどの国際商人が担当した。このような遊牧民を中心とした多重的・混合的な連合体は,スキタイと匈奴によって確立された。

▲②スキタイの騎馬兵 騎馬技術を身につけたスキタイは,騎馬遊牧民へと変貌し,黒海北岸に強大な遊牧国家を形成した。この黄金の櫛には,勇壮なスキタイ戦士がかたどられている。

ひと 匈奴の王 冒頓単于 (位前209～前174)

匈奴は,単于とよばれる王を中心とする遊牧集団。前3世紀に冒頓単于のもとで急速に勢力を拡大,中央ユーラシア東方最初の遊牧国家を樹立した。冒頓は,前210年に父を殺して単于となり,前200年には,漢の劉邦を攻め,大勝した。さらに,草原とオアシスの両ルートを掌握することにも成功し,全盛期を築きあげた。

2 遊牧諸民族の大移動と遊牧世界の膨張

A 諸民族の玉突き移動

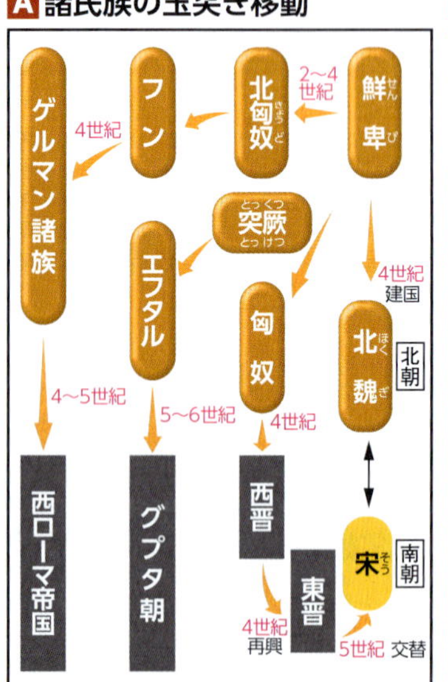

B トルコ人の西進

➡p.127 3 B 世界全図p.24-25

▼③トルキスタンの成立 ウイグル帝国の崩壊(840年)により,9世紀以降,トルコ系諸民族の西方への移動が本格化し,彼らの支配した中央アジアや西アジアではトルコ語化が進み,トルキスタン(「トルコ人の土地」)とよばれるようになった。のち,住民にはイスラームが広まった。

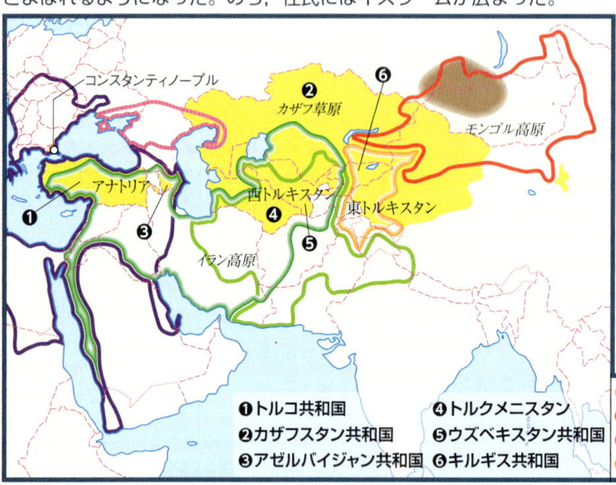

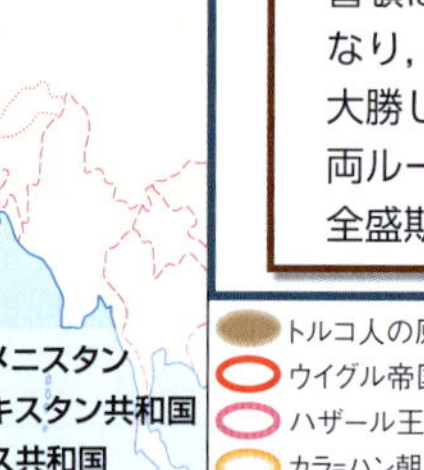

「絹の道」(シルク=ロード)* 中国と西アジア・地中海とを結ぶユーラシア大陸の交通幹線のことで，古代から，馬やラクダを利用した物資運搬の商人団である**隊商(キャラバン)**などが往来し文物の交流が行われた。天山北路の「**草原の道**」と天山南路の「**オアシスの道**」が代表的であるが，実際は東西南北のネットワークである。　＊「絹の道」はこのネットワークの奢侈品貿易を象徴する呼称。

3 遊牧民とオアシス民

▼④**遊牧民とオアシス民の共生関係**　騎馬の技術を身につけ，騎馬遊牧民へと変貌した遊牧民は，農耕地帯に侵入することもあったが，基本的には，オアシス民の交易の保護や，毛皮・乳製品などを提供するかわりに穀物や織物などを入手するなどして，共生をはかった。

遊牧民
- 羊・ヤギ・牛・馬・ラクダなどを飼育
- 衣・食・住を原則として家畜に依存
  →毛織物と皮製の乗馬服，フェルト製のテント(ユルト，ゲル，パオなど)
- 騎馬隊→強力な軍事組織

遊牧民→オアシス民：毛皮・肉・乳製品　隊商の警備(交易の保護)

オアシス民→遊牧民：穀物・生活用品

オアシス民
- 灌漑施設をもち，定住農耕(カナート，カーレーズなどの地下水路)
  →小麦・うり・ぶどう・なつめやし・豆
- 商業の拠点
  →市場(バザール)や隊商宿(キャラバンサライ)をもつ

➤⑤**バザール**(カシュガル)　砂漠に点在する水場の周囲に発展したオアシス都市では，定期的にバザール(市)が開かれ，東西交易の中継基地として重要な役割を果たした。なかでも，ソグド人による商業活動は活発だった。

◀⑥**盗賊に襲われる商人たち**　商人たちが山中で盗賊に襲われ，ロバに積んだ荷を奪われている。刀を抜いた盗賊に向かい，商人たちは手を合わせている。旅は危険と隣り合わせだった。

4 東西交流の一翼を担った求法僧

➔p.9, 20～21

▲⑦**玄奘**　629年，仏教経典の原典を求めて，ひそかに西域からインドに渡り，645年に唐の長安に戻って，持ち帰った経典を翻訳した。『西遊記』の三蔵法師として知られる。

▼⑧**中国からインドに渡った僧**

人名	旅行年	著作	時代(インド)
法顕(東晋代)	399～412 陸路→海路	『仏国記』	グプタ朝
玄奘(唐代)	629～645 陸路往復	『大唐西域記』	ヴァルダナ朝
義浄(唐代)	671～695 海路往復	『南海寄帰内法伝』	分裂時代

▼⑨**中国に渡った僧**

人名	旅行年	業績	出身国
仏図澄(ブドチンガ)	310	伝道と戒律	クチャ
鳩摩羅什(クマラジーヴァ)	～401	仏典漢訳	クチャ
達磨(ダルマ)	6世紀	中国禅宗の祖	インド

5 秘境としての「絹の道」

▼⑩**「絹の道」の探検家たち**　19世紀末から20世紀にかけて，「地球最後の秘境」の一つとして「**絹の道**」の探検がさかんに行われた。**ロシア**の南下と，それに対抗しようとする**イギリス**との帝国主義的勢力争いの側面もあった。探検家➔p.44, 212

探検家	業績
プルジェワルスキー(露)(1839～88)	1877年，タリム盆地でロプノール(湖)を発見 黄河の源流をきわめ，多くの旅行記を残した
ヘディン(スウェーデン)(1865～1952)	1893～1937年にかけて4回にわたり中央アジアを探検。楼蘭遺跡を発見。ロプノールを「さまよえる湖」と主張
スタイン(英)*(1862～1943) *ハンガリー人。イギリスに帰化。	1900年から3回にわたり中央アジアを探検 ニヤ遺跡(東トルキスタンの古代文明)を発見 1907年，敦煌千仏洞の古写本を発見
大谷光瑞(日)(1876～1948)	1902年から3回にわたって，西本願寺の財力を背景に中央アジア探検隊を組織。本人も第1回に参加した
ペリオ(仏)(1878～1945)	1906～08年にかけて中央アジアを探検。仏教諸遺跡の調査を行い，敦煌文書や絵画など，多くの文物を発見 多言語の出土文書を使い，中央アジア史研究に貢献した

特集 遊牧民と中国

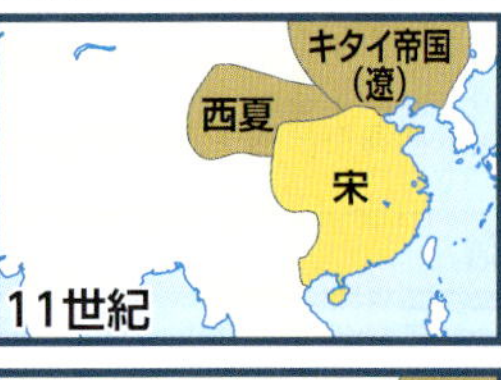

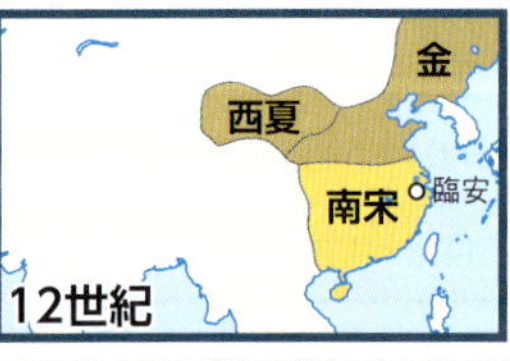

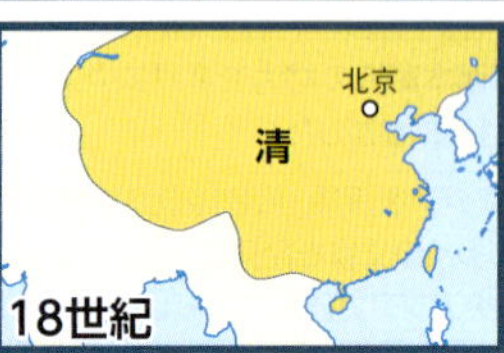

中華王朝	民族	①活動(覇権)期間 ②民族 ③中華王朝との対立
周(西周)	犬戎	①前8世紀ごろ? ②陝西・山西方面の遊牧民 ③西周とたびたび交戦 →周の東遷につながる
秦・漢	匈奴	①前4世紀～後2世紀 ②ユーラシア東部最初の騎馬遊牧民 ③秦・漢とたびたび衝突，脅威となる 冒頓単于のころ，前漢高祖を破り，全盛期を迎える
魏晋南北朝	鮮卑	①156～6世紀 ②モンゴル高原の狩猟遊牧民 ③五胡十六国時代，拓跋部が華北に進出し活躍 のちに北魏を建国 孝文帝 漢化政策実施
	柔然	①?～555 ②モンゴル系遊牧民 ③鮮卑の拓跋部，のち北魏と対立
隋	突厥	①552～744 ②トルコ系遊牧民【突厥文字使用】 ③柔然を破って建国 隋・唐の羈縻政策下におかれる
唐	ウイグル	①744～840 ②トルコ系遊牧民【ウイグル文字使用，マニ教信仰】 ③東突厥を滅ぼして建国 安史の乱で唐に援軍を送る
五代十国	キタイ帝国(遼)	①916～1125(キタイ帝国(遼))，1132～1211(西遼) ②モンゴル系遊牧民【キタイ文字】 ③耶律阿保機がキタイ(遼)建国 燕雲十六州を支配 北宋と澶淵の盟を結ぶ
宋(北宋)	タングート	①1038～1227(西夏) ②チベット系タングート人【西夏文字】 ③李元昊が西夏建国 北宋と慶暦の和約を結ぶ
南宋	女真	①1115～1234(金) ②ツングース系狩猟・農耕民【女真文字】 ③完顔阿骨打が金建国 靖康の変で北宋を滅ぼす 南宋と紹興の和約を結ぶ
元	モンゴル	①1206～1368(モンゴル帝国)，15～16世紀(韃靼) ②モンゴル系遊牧民【パスパ文字，チベット仏教保護】 ③チンギス=ハンがモンゴル帝国建国 フビライ=ハンが元建国 フビライが南宋を滅ぼす
	韃靼	ダヤン=ハンの内モンゴル再統一 アルタン=ハーンの北京包囲
明	オイラト	①15～18世紀 ②モンゴル系遊牧民 ③エセンが正統帝をとらえる(土木の変)
清	女真	①1616～1912(後金) ②ツングース系遊牧民【チベット仏教保護】 ③ヌルハチが後金建国 ホンタイジが国号を清と改称 華北へ侵攻し，中国を支配

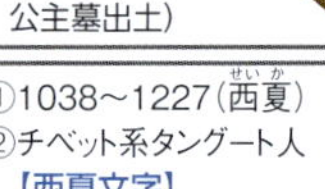
▶キタイ人の金面具(遼陳国公主墓出土)

1 匈奴

▼①匈奴の生活

家畜の多くは馬・牛・羊で…水や草を追って遊牧し，城郭や定住地，耕作する田畑もなかったが，それぞれの領域はあった。文字はなく，言語で約束をした。…成年男子は，強弓の使い手であり，みな甲冑で身を固めた騎士となった。
〈司馬遷著『史記』李将軍列伝〉

テーマ 匈奴はフン人になったのか?

後1世紀に南北に分裂した匈奴のうち，**北匈奴**は西方に移動し，**フン人**になったという説がある。フン人の遺物である「フン型」鍑(儀式用の釜)の分布を調べると，その前身と思われる形式のものがモンゴル高原から出土しており，この説を裏づける一因となっている。

▶②「フン型」銅鍑(ウルムチ，中国新疆ウイグル自治区)〈新疆ウイグル自治区博物館蔵〉

2 突厥

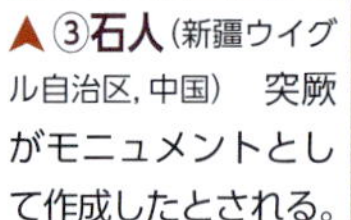
▲③石人(新疆ウイグル自治区，中国) 突厥がモニュメントとして作成したとされる。

▼④オルホン碑文(キョルテギン碑文，モンゴル) 突厥の歴史が，**突厥文字**と漢字で刻まれている。2013年には，これに匹敵する最大級の碑文が発見され，注目を集めている。

世界遺産

3 ウイグル

▲⑤ウイグル帝国の貴族(左)と貴婦人(右)(ベゼクリク千仏洞，中国新疆ウイグル自治区)

▼⑥カラバルガスン遺跡(オルドバリク，モンゴル) ウイグルの都城跡。ソグド人や漢人の使節，商人らの滞在用につくられた。

世界遺産

テーマ 国際商人として活躍したソグド人

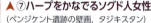

▲⑦ハープをかなでるソグド人女性(ペンジケント遺跡の壁画，タジキスタン)

◀⑧ソグド文字 ソグド文字はサマルカンドの文字と言語を標準形とし，ソグド人が東方への**商業活動**を活発に行った結果，7世紀後半には中央アジアの国際通商語となった。左の写真はマニ教徒の手紙。➔p.53

4 モンゴル

テーマ 多様な民族を結びつけたモンゴル帝国

生活スタイルや言語(トルコ語・ペルシア語・漢語)など文化の異なる多くの民族を支配したモンゴル帝国は，彼らを文化的・経済的に結びつける役割も果たした。モンゴル支配下の諸地域では，言語ごとに呼び名の異なる重量や容量，貨幣の単位が，実質的に**一つの体系**にまとめられた。さらに，モンゴルが主要な通貨とした銀は，イスラーム世界やヨーロッパの銀貨とも大まかな換算比率が定められていた。

◀⑨モンゴル帝国が公式に製作したおもり(銅権)〈愛知県立大学古代文字資料館蔵〉

特集 前近代中国の風習と慣習

1 皇帝の廟号と諡号

姓 …李
名 …世民
廟号…太宗
諡号…文武大聖大広孝皇帝 ➡p.101

なお元号は，一代に複数用いられていたが，明代以降，一代に一元号となった**(一世一元の制)**。

廟号

皇帝の死後，廟で霊をまつるときに贈られた尊称。例えば**高祖**・**太祖**は王朝の創始者に，**太宗**は2代目皇帝に，**世祖**は遷都した皇帝にそれぞれ贈られた廟号。

諡号

生前の行為により，死後にその徳をたたえて贈られた称号。初めは諡号でよばれるのが通例で，唐代より一般に廟号でよばれるようになる。

2 陰陽五行説

古くより中国人の思想の根底をなし，**陰陽説**(陰・陽の二気の交替)と**五行説**(木・火・土・金・水の五大要素の循環)により，自然や社会のありとあらゆる現象を説く理論。五行は，戦国期の**鄒衍**(➡p.90)によって王朝交代の理論に適用され，歴代王朝もこれにより，自らを合理化した。**赤眉の乱**(➡p.92)は火徳である漢の再興を願い赤を，**黄巾の乱**(➡p.92)は漢に変わる王朝の建設を願い土徳の黄を標識にした。

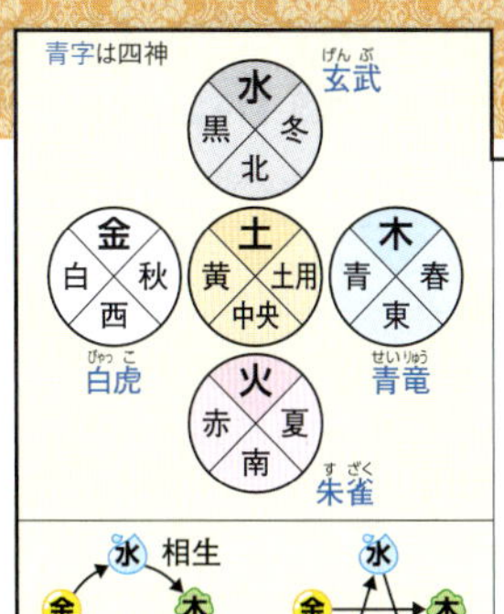

五行は万物を分類し，季節・色・方位・数などの観念と結び付いている。五行の循環には，相剋(戦国期)と相生(漢の劉歆が提唱)の二説があり，勝つものが跡を継ぐ(水は火に勝ち…)のが相剋，子が親の跡を継ぐ(木は火を生み…)のが相生。

〈金文京著『中国の歴史04 三国志の世界』講談社より一部改変〉

(水)後趙－(木)前燕－(火)前秦

(火)漢－(土)魏－(金)晋－(水)北魏－(水)西魏－(木)後周－(火)隋－(土)唐－(金)梁－(土)後唐－(金)晋－(水)漢－(木)周－(火)宋……元

(土)金

(金)東晋－(水)宋－(木)斉－(火)梁－(土)陳

----- 王朝の実際の継承関係
—— 五行思想による理念上の継承関係

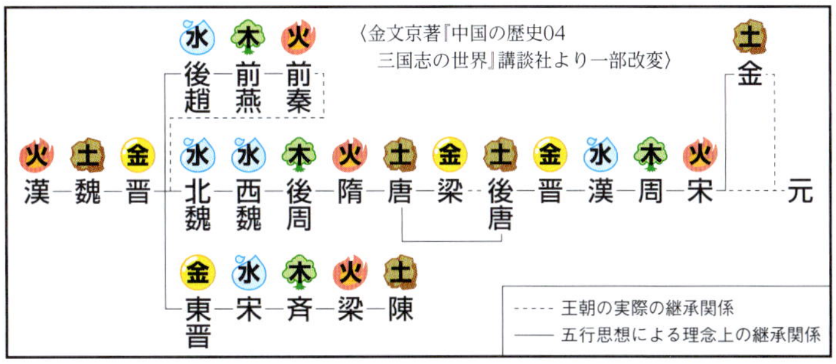

◀①**五行思想と王朝交代の原理** 五行思想の**相生説**による運行を，王朝の交代に対応させた原理。王朝ごとに五行のうちの一つを自らの徳とすると，次の王朝は相生説の次の要素を担う王朝に交代していくという考え方。

3 男性と宦官

宦官は去勢された男子で，皇帝の日常生活の世話や後宮の雑役を担当した。身分は低く，卑しい存在とされたが，皇帝の身近にいたため，権力をふるい政治を乱すこともあった。とくに後漢・唐・明は宦官の弊害が顕著な時代である。著名な宦官には，後漢の**蔡倫**，明の**鄭和**・**魏忠賢**らがいる。

ひと 蔡倫(?～2世紀初)

後漢の宮中調度品製作の長官だった宦官の**蔡倫**は，**製紙法**を改良して樹皮・麻・ぼろきれ・漁網などを原料に紙をつくり，広く使われたという。**製紙法**は，751年，**タラス河畔の戦い**で西方へ伝播したといわれる。➡p.93

▲②**西太后の輿をひく清末の宦官たち** 宦官は周代から清滅亡後の1923年まで存在し，その数は多いときは1万人以上，少ないときでも2千人はいたという。異民族の捕虜や罪人*が供給源となったほかに，明清時代には，生活のため自ら手術して応募する者も多数いた。*宮刑者

4 女性と纏足

富裕な家庭の女性には，幼児期に足の四指を脱臼させ，布で緊縛して人為的に小足にする奇習があった。性的嗜好と行動制限のため**五代**のころに始まり，**宋学**が主張した貞節奨励と女性蔑視により**南宋**期に一般にも普及した。漢族だけの風習で，しばしば禁止されたが清末にようやくすたれた。

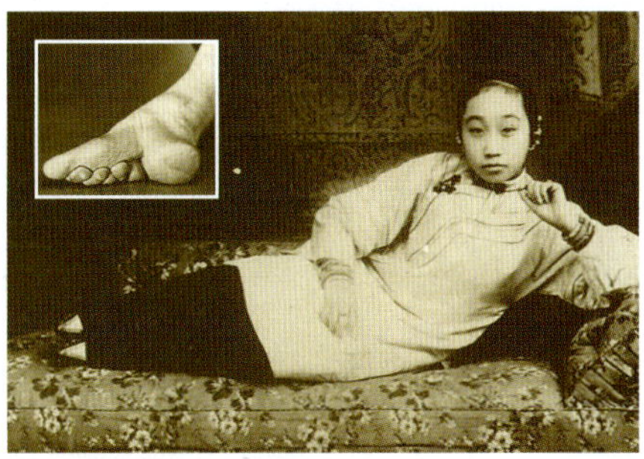

▲③**纏足の少女**

5 中華思想

中国には，古くから自分たちを文化的に優越する存在(中華)とみなし，異なる文化をもつ周辺の人々を，**夷狄**(**東夷**・**西戎**・**南蛮**・**北狄**)とよんで蔑視する意識があった。一方で夷狄とされた人々も，漢字文化や礼を学べば中華に加わることもあり，中華の範囲は時代によって幅があった。

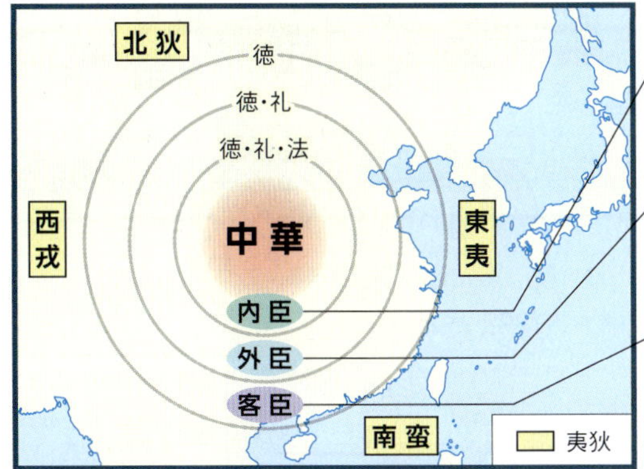

内臣:中国の徳・礼・法のすべてが及ぶ，直接支配による君臣関係。

外臣:中国の法は及ばないが礼は適用される，ゆるやかな主従関係。

客臣:中華皇帝の徳のみが及ぶ主客関係。客として扱われる。

◀④**中華思想と周辺国の関係**

テーマ 中華思想を拒んだイギリス使節団

清代(1793年)に乾隆帝を訪ねたイギリスの**マカートニー**使節団は，**中華思想**にもとづいて，初め客として扱われたが，貿易の自由化という条件改善の要求は拒否された。1816年に第２回の使節として派遣された**アマースト**は，中国式の礼を拒否したため門前払いされた。➡p.118,228

魏晋南北朝 ～騎馬遊牧民の華北流入

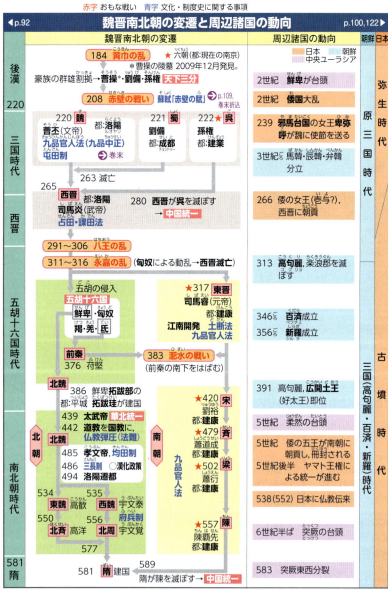

ヒストリーシアター 鮮卑の華麗なる転身？

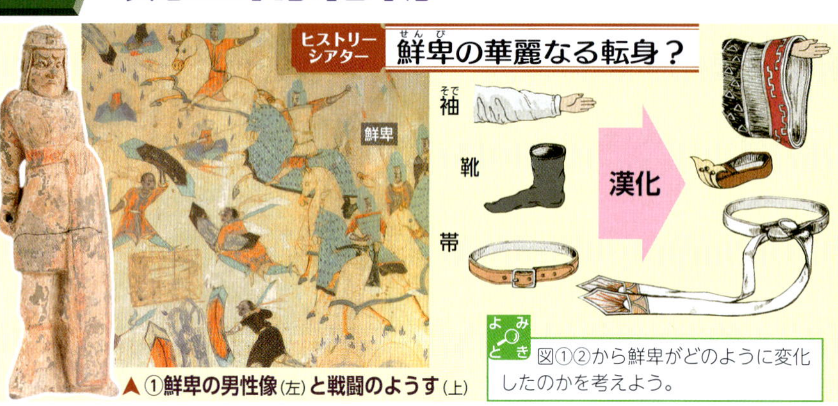

▲①鮮卑の男性像(左)と戦闘のようす(上)

◀②鮮卑の漢化政策　拓跋部の建てた北魏は，439年華北を統一した。5世紀後半に孝文帝が均田制や洛陽遷都を行い，鮮卑語を禁止，服装・姓名を中国風に改めさせた。

よみとき　図①②から鮮卑がどのように変化したのかを考えよう。

ひと　三国志の英雄たち

三国時代の歴史書としては，西晋の陳寿が書いた『三国志』があるが，この正史を講談風に脚色したのが元末明初の『**三国志演義**』である。乱世の奸雄**曹操**の戦略，赤壁で防いだ**孫権**(182～252)と周瑜，義人**劉備**(161～223)と関羽・張飛の任侠道，「三顧の礼」で迎えた軍師**諸葛亮**(孔明)の活躍など，史実から離れて庶民の心をつかんだ。

◀③曹操(155～220)

▶④諸葛亮(181～234)

東アジア

赤字 おもな戦い　青字 文化・制度史に関する事項

魏晋南北朝の変遷と周辺諸国の動向

◀p.92　p.100,122▶

時代	魏晋南北朝の変遷	周辺諸国の動向	朝鮮	日本
後漢	184 黄巾の乱　★六朝(都:現在の南京)　＊曹操の陵墓 2009年12月発見。 豪族の群雄割拠→曹操＊・劉備・孫権 天下三分 208 赤壁の戦い　蘇軾「赤壁の賦」➡p.109,巻末折込	2世紀　鮮卑が台頭 2世紀　倭国大乱	原三国時代	弥生時代
220 三国時代	220 魏 曹丕(文帝) 都:洛陽 九品官人法(九品中正) 屯田制 ➡巻末 221 蜀 劉備 都:成都 222★呉 孫権 都:建業 263 滅亡	239 邪馬台国の女王卑弥呼が魏に使節を送る 3世紀ごろ 馬韓・辰韓・弁韓分立		
西晋	265 西晋 都:洛陽 司馬炎(武帝) 占田・課田法 280 西晋が呉を滅ぼす →中国統一	266 倭の女王(壱与?)，西晋に朝貢		
五胡十六国時代	291～306 八王の乱 311～316 永嘉の乱(匈奴による動乱→西晋滅亡) 五胡の侵入　五胡十六国　鮮卑・匈奴・羯・羌・氐 ★317 東晋 司馬睿(元帝) 都:建康 江南開発 土断法 九品官人法 前秦 376 苻堅 383 淝水の戦い(前秦の南下をはばむ)	313 高句麗，楽浪郡を滅ぼす 346ごろ 百済成立 356ごろ 新羅成立	三国(高句麗・百済・新羅)時代	古墳時代
南北朝時代	北朝：北魏 386 鮮卑拓跋部の拓跋珪が建国 都:平城 439 太武帝 華北統一 442 道教を国教に，仏教弾圧(法難) 485 孝文帝，均田制 486 三長制 ◯漢化政策 494 洛陽遷都 534 東魏 高歓　535 西魏 宇文泰 府兵制 550 北斉 高洋　556 北周 宇文覚 577 南朝(九品官人法)：★420 宋 劉裕 都:建康 ★479 斉 蕭道成 都:建康 ★502 梁 蕭衍 都:建康 ★557 陳 陳霸先 都:建康	391 高句麗，広開土王(好太王)即位 5世紀　柔然の台頭 5世紀　倭の五王が南朝に朝貢し，冊封される 5世紀後半　ヤマト王権による統一が進む 538(552) 日本に仏教伝来 6世紀半ば　突厥の台頭		
581 隋	581 隋 建国 589 隋が陳を滅ぼす→中国統一	583 突厥東西分裂		

凡例：日本　朝鮮　中央ユーラシア

▼⑤北朝と南朝のちがい

	北　朝	南　朝
政権・社会の特徴	・北方遊牧民の王朝　・皇帝権が強大 ・漢人豪族は支配者と結び，特権を維持	・漢族王朝　・皇帝権が弱い　・門閥貴族の強大化 ・豪族の大土地所有，官職独占が進む，九品官人法(九品中正，魏～)「上品に寒門なく，下品に勢族なし」 史p.350
おもな政策	・均田制(北魏)→大土地所有抑制策 ・三長制(北魏)→農民統制策 ・府兵制(西魏)→徴兵制 ➡巻末	・江南開発 ・水田農耕技術発達

1 魏晋南北朝の変遷

世界全図p.12~17　➡p.93 3，➡p.100 1

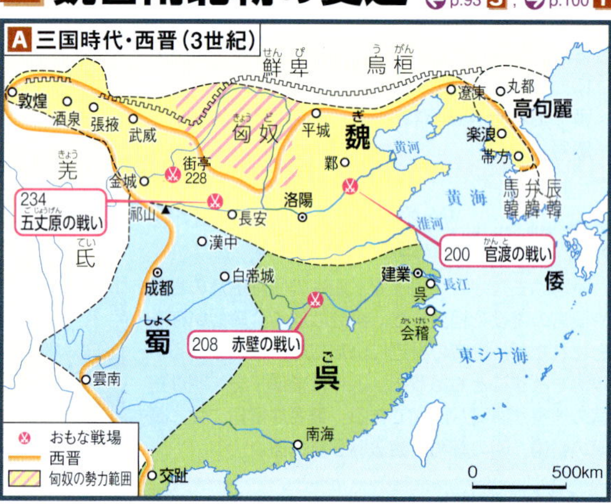

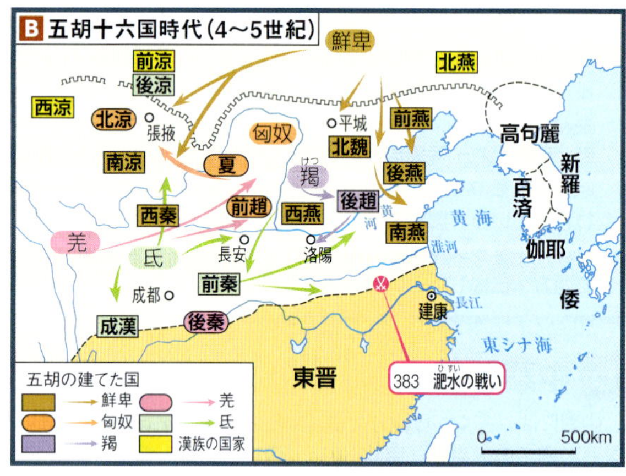

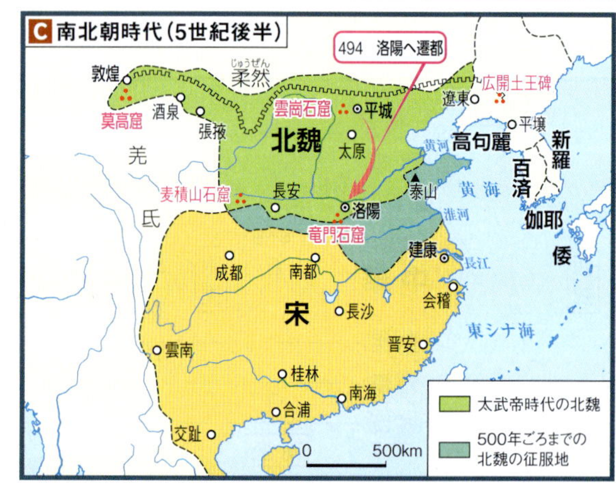

2 北朝の質実剛健な仏教文化 ➡巻末折込

＊写真の大仏(第20窟)のモデルは北魏の道武帝といわれる。

▲⑥**敦煌の莫高窟と仏像** 千仏洞ともいう。北魏から元にかけて造営され，塑像と壁画が多い。仏像や衣服には西方様式がみられる。シルクロード研究は，列強の敦煌探検から始まった(➡p.95)。

▲⑦**雲崗の石窟と仏像** **平城**の西に北魏の文成帝の命で僧曇曜が開削した。第16～20窟の5窟が最古で，北魏の皇帝5人を模した5体の大仏がある。**ガンダーラ様式**や**グプタ様式**の流れをくむ。

▲⑧**竜門の石窟と仏像** 遷都後，北魏の**孝文帝**が**洛陽**の南に造営し，唐の玄宗時代にいたるまで開削が続き，仏像は**中国風**になった。写真の仏像は**則天武后**(➡p.101)時代のもので，奈良の大仏にも影響を与えた。➡p.10

3 南朝の優雅な貴族文化(六朝文化) ➡巻末折込

▶⑨**「女史箴図」** "画聖"**顧愷之**が，張華の宮廷女官心得マニュアル『女史箴』に挿絵を描いたといわれる作品。現存は唐代の模写本。極細の筆線で東晋時代の女性像を表している。

人は咸，その容を脩ることを知るも，その性を飾ることを知るなし。

世界遺産

◀⑩**この時代に開発が進んだ江南の水郷風景**

蘭亭

永和九年歳在癸丑暮
于會稽山陰之蘭亭
也羣賢畢至少長咸
領茂林脩竹又有

▲⑪**王羲之「蘭亭序」** 王羲之は**東晋**の書家。名門に属し，会稽近郊の蘭亭で詩宴を催して序文をつけ"書聖"と称された。書体は手本となり，真筆は唐の太宗に好まれ陵に副葬された。

ひと 陶淵明(陶潜)(365～427)

東晋の田園詩人。41歳で官界を辞し，俗事をきらって農村で隠遁生活を過ごした。**老荘思想**を反映した作品をあらわし，桃源郷の故事のもととなった『**桃花源記**』，自然生活を描いた『帰去来辞』や『飲酒』が有名である。

▶⑫**陶淵明**(右)

▼⑬魏晋南北朝の文化

特色		華北ー遊牧民文化の混入　江南ー中国固有文化・貴族文化
社会と文化の関連		政治的分裂・混乱 → 貴族の台頭・**門閥貴族**の形成／→ 個人主義的生き方 → **老荘思想**／→ **清談**(「**竹林の七賢**」)＊ ＊阮籍，嵆康，山濤，劉伶，阮咸，向秀，王戎の7人をいう。
文芸	詩	**陶淵明(陶潜)**(東晋)『帰去来辞』〈田園詩〉 **謝霊運**(宋)〈山水詩〉
文芸	散文	劉義慶(宋)『世説新語』〈魏・晋の逸話集〉 顔之推(北斉)『顔氏家訓』
文芸	詩文	**昭明太子**(梁)『**文選**』を編纂(**四六駢儷体**)
文芸	歴史	陳寿(西晋)『三国志』・范曄(宋)『**後漢書**』(『三国志』「魏志」倭人伝・『後漢書』東夷伝に倭国の記述あり➡p.11,13) 沈約(梁)『宋書』
芸術	書	**王羲之**(東晋)「蘭亭序」「喪乱帖」，楷書・行書・草書の芸術化　王献之(東晋)王羲之の子
芸術	絵画	**顧愷之**(東晋)「**女史箴図**」
宗教	仏教	特色　北朝……国家仏教　南朝……貴族仏教 渡来僧 ─ **仏図澄(ブドチンガ)**……クチャ(亀茲)出身，仏寺を建立 　　　 ─ **鳩摩羅什(クマラジーヴァ)**…クチャ出身，前秦・後秦で重用，**仏典漢訳** 　　　 └ 達磨(ダルマ)……インド僧，禅宗の始祖 渡印僧 ─ **法顕**(東晋時代)…『**仏国記**』(『法顕伝』)陸路で渡印し，海路で帰国 ➡p.14～15,81 　　　 └ 宋雲(北魏時代) 石窟寺院　**敦煌**莫高窟・**雲崗**(平城)・**竜門**(洛陽)・麦積山(甘粛省)
宗教	道教	特色　現世利益的 **神仙思想**→葛洪(東晋)『抱朴子』／**老荘思想**・陰陽五行説／讖緯思想・民間信仰／**太平道・五斗米道**(後漢)・仏教の影響 ⇒ **寇謙之**(北魏)の「**新天師道**」(道教教団確立) ⇓ 北魏の**太武帝**が保護 ⇓ 仏教弾圧(法難)
その他	実学地誌	『**傷寒論**』(医学書)…王叔和(西晋)が整理，『荊楚歳時記』…宗懍(梁) 『**水経注**』(地理書)…**酈道元**(北魏)，『**斉民要術**』(最古の農業技術書)…賈思勰(北魏) ➡巻末折込

◀⑭**達磨** 南インドの王族出身。華北嵩山少林寺に入り，中国禅宗を確立した。

テーマ 道教の成立 ➡巻末折込

寇謙之(北魏)の道教「**新天師道**」確立。後漢の**太平道**・**五斗米道**を源流とし**神仙思想**・老荘思想などの要素を取り入れた現世利益的な宗教。442年，**道教**が国教となる。

▲⑮**道教の聖地 泰山** 山東省。道教一の名山。天子が封禅の儀式を行う。

今日とのつながり 関帝廟は三国時代の蜀の武将関羽(?～220)を軍神としてまつった廟。商売の神ともなり，中国各地のみならず，京都・長崎・神戸・横浜の中華街などにもおかれ，華僑(➡p.209)の人々の崇拝を集めている。

隋・唐 ～東アジアの世界帝国の成立

ヒストリーシアター 皇帝の命令による偉大な事業

▲①煬帝

「舟曳きの歌」(高句麗)
わが兄征けり、遼東へ
餓えて死にけり青山に
今のわたしは龍舟挽いて
また困しむ堤防道
〈小宮進訳『海山記』〉

▲②人民の苦悩

▲③竜船で運河を巡行する煬帝

よみとき 誰が竜船に乗り，誰が船を動かしているのだろう。また，この大運河建設の目的について考えよう。

▼④煬帝の大運河建設　隋の楊堅(文帝)とその子煬帝は高句麗遠征に備えて，大運河を整備し，政治の中心である華北と経済が発展している江南を結びつけたが，その建設には数百万の農民が酷使され，さらに重税も課せられた。

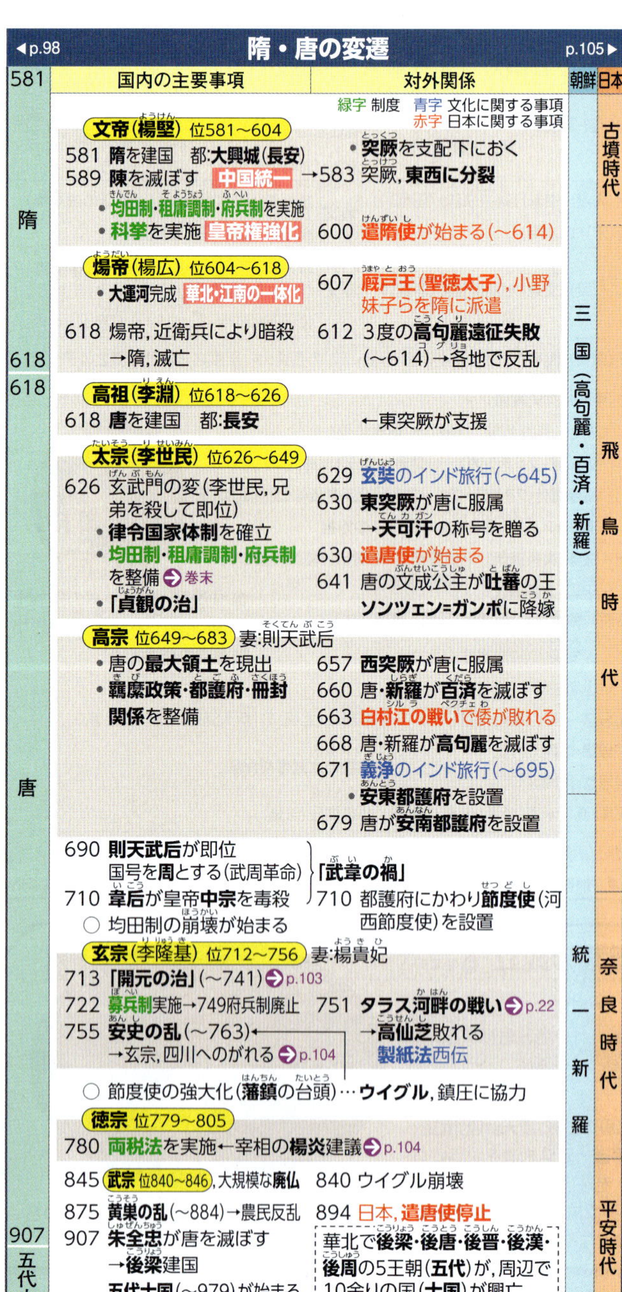

◀p.98 隋・唐の変遷 p.105▶

緑字 制度　青字 文化に関する事項　赤字 日本に関する事項

年	国内の主要事項	対外関係	朝鮮	日本
581 隋	**文帝(楊堅)** 位581～604			古墳時代
	581 隋を建国　都:大興城(長安)	・突厥を支配下におく		
	589 陳を滅ぼす 中国統一	→583 突厥，東西に分裂		
	・均田制・租庸調制・府兵制を実施			
	・科挙を実施 皇帝権強化	600 遣隋使が始まる(～614)		
	煬帝(楊広) 位604～618		三国(高句麗・百済・新羅)	飛鳥時代
	・大運河完成 華北・江南の一体化	607 厩戸王(聖徳太子)，小野妹子らを隋に派遣		
618	618 煬帝，近衛兵により暗殺 →隋，滅亡	612 3度の高句麗遠征失敗(～614)→各地で反乱		
618 唐	**高祖(李淵)** 位618～626			
	618 唐を建国　都:長安	←東突厥が支援		
	太宗(李世民) 位626～649			
	626 玄武門の変(李世民，兄弟を殺して即位)	629 玄奘のインド旅行(～645)		
	・律令国家体制を確立	630 東突厥が唐に服属 →天可汗の称号を贈る		
	・均田制・租庸調制・府兵制を整備 ➲巻末	630 遣唐使が始まる		
	・「貞観の治」	641 唐の文成公主が吐蕃の王ソンツェン＝ガンポに降嫁		
	高宗 位649～683 妻:則天武后			
	・唐の最大領土を現出	657 西突厥が唐に服属		
	・羈縻政策・都護府・冊封関係を整備	660 唐・新羅が百済を滅ぼす		
		663 白村江の戦いで倭が敗れる		
		668 唐・新羅が高句麗を滅ぼす		
		671 義浄のインド旅行(～695)		
		・安東都護府を設置		
		679 唐が安南都護府を設置		
	690 則天武后が即位 国号を周とする(武周革命)	「武韋の禍」	統一新羅	奈良時代
	710 韋后が皇帝中宗を毒殺	710 都護府にかわり節度使(河西節度使)を設置		
	○ 均田制の崩壊が始まる			
	玄宗(李隆基) 位712～756 妻:楊貴妃			
	713 「開元の治」(～741) ➲p.103			
	722 募兵制実施→749府兵制廃止	751 タラス河畔の戦い ➲p.22 →高仙芝敗れる 製紙法西伝		
	755 安史の乱(～763) →玄宗，四川へのがれる ➲p.104			
	○ 節度使の強大化(藩鎮の台頭)…ウイグル，鎮圧に協力			
	徳宗 位779～805			
	780 両税法を実施←宰相の楊炎建議 ➲p.104			平安時代
	845 武宗(位840～846)，大規模な廃仏	840 ウイグル崩壊		
	875 黄巣の乱(～884)→農民反乱	894 日本，遣唐使停止		
907 五代十国	907 朱全忠が唐を滅ぼす →後梁建国	華北で後梁・後唐・後晋・後漢・後周の5王朝(五代)が，周辺で10余りの国(十国)が興亡		
	五代十国(～979)が始まる →武断政治 ➲p.104			

1 隋の統一と周辺諸国

世界全図p.18-19 ➲p.98 1

テーマ 拓跋国家 ～北朝と隋唐

北魏・東魏・西魏・北斉・北周の北朝から隋・唐までの諸王朝は，中国風の王朝名を称したが，すべてモンゴル高原南部から進出した鮮卑の拓跋部を中心とする有力家系によって建国された。北魏の均田制や西魏の府兵制などの制度や法制・官制は，隋・唐にいたっても大きく変わらなかった。これらの王朝には一連のつながりがあるとみなされ，総称して「拓跋国家」とよばれている。

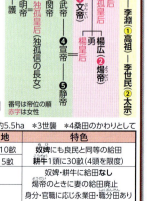

北周: 宇文肱―顥―護／泰―❷明帝＝独孤皇后(独孤信の長女)，❶閔帝，❸武帝―❹宣帝―❺静帝
隋: (鮮卑族)独孤信―元貞皇后・文献独孤皇后；楊忠―楊堅(❶文帝)＝文献独孤皇后―勇・楊広(❷煬帝)＝楊皇后
唐: 李虎―昞―李淵(❶高祖)―李世民(❷太宗)

➤⑤北周・隋・唐の婚姻関係図　番号は帝位の順　赤字は女性

▼⑥均田制の比較 ➲巻末　*1休耕田　*2唐の100畝は約5.5ha　*3世襲　*4桑田のかわりとして

国	男女の年齢	穀物栽培地				桑・果樹栽培地				特色
北魏	丁男(15～69歳)	露田	40畝	倍田*1	40畝	桑田*3	20畝	麻田	10畝	奴婢にも良民と同等の給田
北魏	丁妻(15～69歳)	露田	20畝	倍田	20畝	桑田	—	麻田	5畝	耕牛1頭に30畝(4頭を限度)
隋	丁男(18～59歳)	露田	80畝			永業田*4	20畝			奴婢・耕牛に給田なし
隋	丁妻(18～59歳)	露田	40畝			永業田	—			煬帝のときに妻の給田廃止　身分・官職に応じ永業田・職分田あり
唐	丁男(21～59歳)	口分田	80畝*2			永業田	20畝			妻・奴婢・耕牛に給田なし
唐	老男(60歳以上)	口分田	40畝(死後全て返還)			永業田	—			官吏には公田として官人永業田あり
唐	中男(16～20歳)	口分田	80畝			永業田	20畝			寡婦(戸主)は口分田30畝
日本	男(6歳～終身)	口分田	2段(0.23ha)			—				家人・私奴婢に良民の3分の1給田
日本	女(6歳～終身)	口分田	1段120歩			—				身分・官職に応じ位田・職分田あり

日本　東アジア　MAP E～G　2部1章

2 唐の統治体制

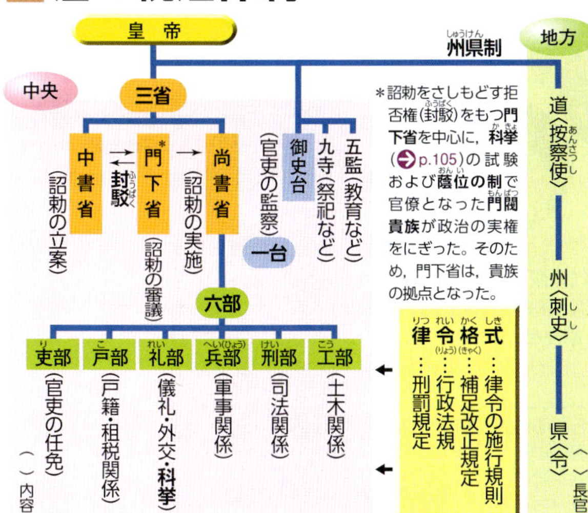

＊詔勅をさしもどす拒否権（封駁）をもつ門下省を中心に，科挙（➡p.105）の試験および蔭位の制で官僚となった門閥貴族が政治の実権をにぎった。そのため，門下省は，貴族の拠点となった。

◀⑦**三省六部・律令格式**　中書省が皇帝の意志を受けて詔勅などを起草，門下省が内容を審議，尚書省が六部を通じて全国に施行・伝達した。行政は律・令・格・式の法制にのっとって行われた。六部は隋唐では尚書省に属したが，尚書省の権威低下を受けて，元では中書省に，明では皇帝直属となった（➡p.114）。

◀⑧**太宗（李世民）**（598〜649）　律令格式にもとづく官制，均田制・租庸調制・府兵制などの支配体制を充実させ，名君として名高い。その治世は「貞観の治」とよばれる。

中国史上唯一の女帝　則天武后（624ごろ〜705）

3代高宗の皇后で，690年から親政を始め，子の中宗・睿宗を廃し聖神皇帝と称し国号を**周**とした。建国の功臣にかえ，官僚や新興地主層を抜擢し，また則天文字の制定など大胆な改革を行った。女性による政権奪取のため，後世「**武韋の禍**」と非難されたが，現在は再評価が進んでいる。

3 唐の進出と周辺諸国

世界全図p.20-23 ➡p.104 2

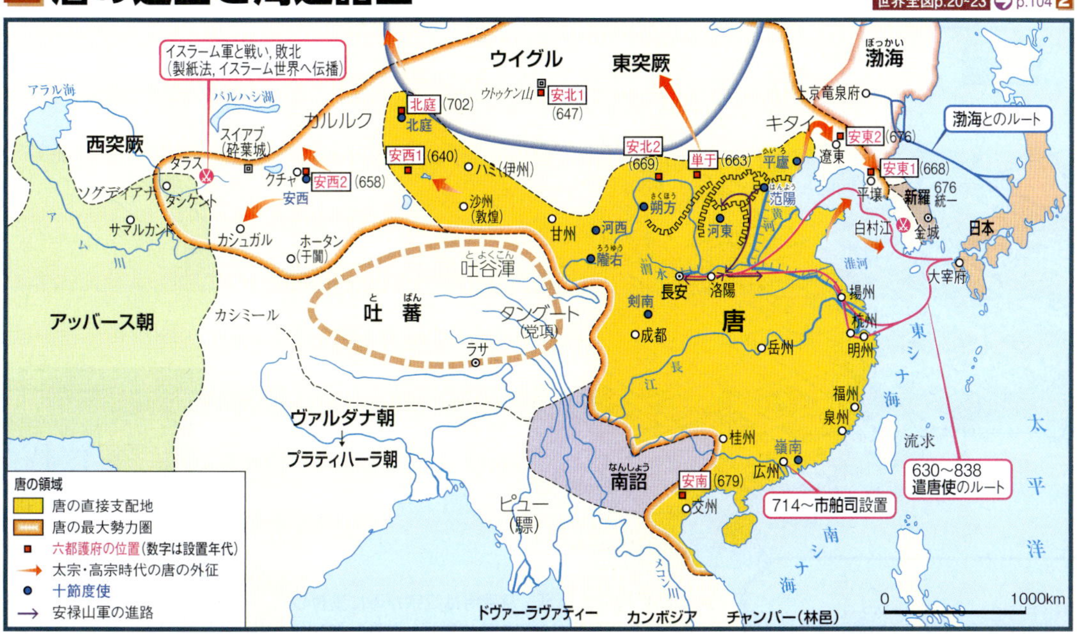

吐蕃に嫁いだ唐の皇女文成公主（?〜680）

吐蕃王**ソンツェン＝ガンポ**の妃。チベットを統一したソンツェンに対し，唐の**太宗**は懐柔策としてこの公主を嫁入りさせた。仏教を信仰し，現在も**チベット仏教**（ラマ教）で崇拝される釈迦牟尼像をもたらした。また，チベット文字を制定した。一説には蚕をチベットに伝えたともいう。➡p.119 B

キーワード　朝貢・冊封関係　中国は，周辺諸国との外交関係において，貢物とお返しのやりとり（**朝貢**貿易）を行った周辺諸国の支配者に対し，名目的に中国の官位や爵号を与えて皇帝の臣下とし（**冊封**），中国を中心とする東アジア世界での国際的秩序を構築して内外に示そうとした。これを，**朝貢・冊封関係**という。1894年の日清戦争で最終的に崩壊したとされる。➡p.11,302

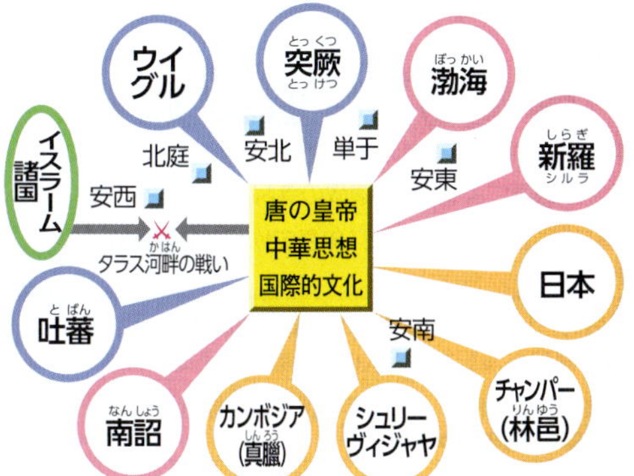

■ 都護府
諸民族の族長を地方の長官に任じ，都護府の監督下でその自治を認めた（**羈縻政策**）

○ 冊封国
唐に使者を派遣して，朝貢する支配者に官爵を授け君臣関係を結ぶもの

○ 朝貢国
唐に使者を派遣して，朝貢による交易のみ行うもの

○ 姻戚関係をもった国
強力な西・北方諸国にも「天可汗」として君臨するため，皇帝の娘（公主）を降嫁させた

▲⑨**長安を訪れる外国使節と唐の官吏**（章懐太子李賢墓）　章懐太子墓の東壁に描かれたこの「賓客図」は，唐と外国からやってきた使節のようすをよく表している。**長安**城内の鴻臚寺や典客署などの機関が使節の接待を行った。接待費用は巨額を要した。

今日とのつながり　則天武后が制定した則天文字は20字たらずであったが，「水戸黄門」として知られる徳川光圀の「圀」の字のように，現在でも使われている文字がある。

日本
東アジア
MAP E〜G
2部1章

唐代の社会と文化 ～唐の繁栄と国際都市長安

ヒストリーシアター 華麗なる国際文化の隆盛

袖が狭い上着
折り返し襟の男装
ロングスカート

◀①着かざった宮廷女官たち　唐代には，西方文化の流入により国際色豊かで開放的な文化が花開いた。女性の服装も外来の胡服とよばれる折り返し襟の上着・革製ベルト・靴というスタイルや，胸元を大きく開いた上着にロングスカートという優雅で開放的なスタイルが流行した。

▲②出土した唐代の餃子と菓子（新疆アスターナ古墓）　小麦の製粉技術が西方から伝わり，唐代には，胡食とよばれた小麦粉の食品が普及した。

よみとき　図①②にみられる胡服，胡食の「胡」とはどのような意味だろう。また5世紀にネストリウス派を異端としたのは何という公会議だったただろうか。

◀③大秦景教流行中国碑　781年，長安の大秦寺（旧称は波斯寺）に建立。本文は縦書きの漢字とシリア文字で，ネストリウス派キリスト教（景教）の来歴と布教，盛衰について記している。高さは2.76m。

1 国際都市 長安の繁栄

➤④長安城　黄河支流の渭水の南に隋が大興城を建て，唐が完成させた。南北8.7km，東西9.7km，周囲を高さ約5mの城壁が囲む。

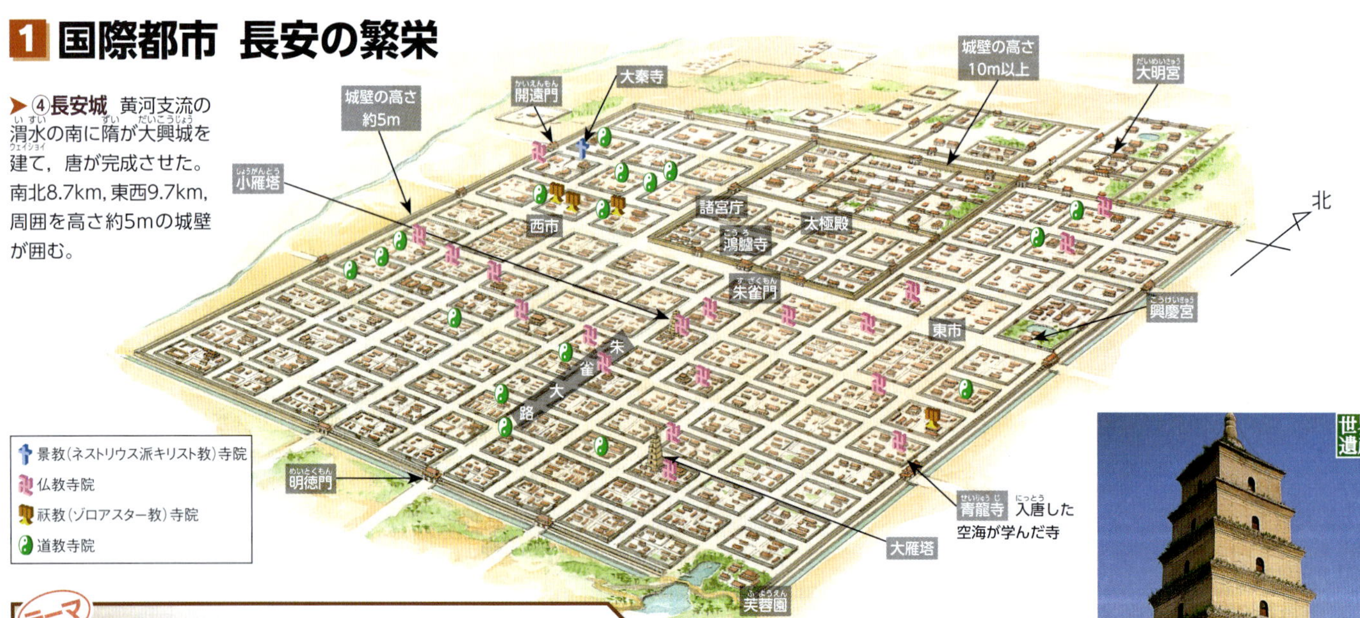

テーマ 都市の比較

長安は計画都市で，塀がめぐらされた坊とよばれる区画に整然と建物が配置された。この都城制は東アジアの各都市に影響を与えた。また，長安は経済・文化の中心地であったため，多くの人が各地から集まり，人口は約100万人だったと考えられている。

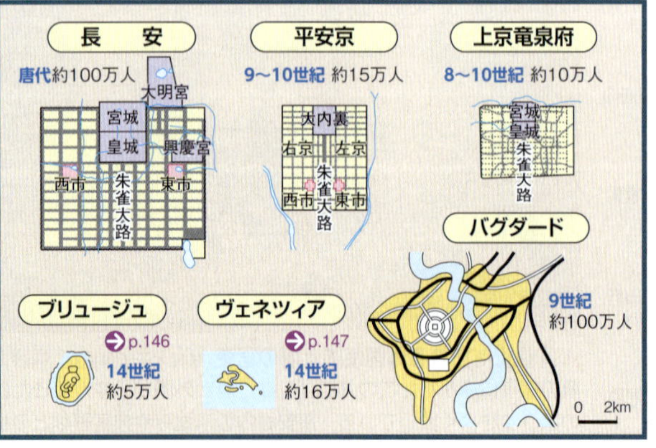

世界遺産

➤⑤慈恩寺の大雁塔　慈恩寺は高宗が母に養育してもらった恩を忘れないために創建した寺。インドから帰国した玄奘（➡p.95）は，ここで経典の翻訳に従事し，652年，玄奘が持ち帰った仏典を保管するため，大雁塔が建てられた。創建当初は5層。

▼⑥唐代の宗教

宗教	内容	
仏教	宮廷・貴族の保護で隆盛　**天台宗・華厳宗・真言宗・浄土宗・禅宗**など諸宗派成立 渡印僧　**玄奘**…陸路（629～645）『**大唐西域記**』➡p.20～21,95 **義浄**…海路（671～695）『**南海寄帰内法伝**』➡p.20～21 845年　会昌の廃仏（武宗の弾圧）祆教・景教・摩尼教をも弾圧	
道教	歴代皇帝の保護により発展　道教の寺院を道観，僧を道士という	
祆教（ゾロアスター教）	南北朝時代に北魏に伝来　631年長安に祆教寺院建立 **拝火教**ともいう　➡p.61	三夷教
摩尼教（マニ教）	**則天武后**時代に伝わる　おもに**ソグド人・ウイグル人**が信奉したが，経典が漢訳され漢人にも影響を与えた　➡p.61	三夷教
景教（ネストリウス派キリスト教）	**太宗**の貞観年間に伝来　638年に長安に波斯寺建立 781年**大秦景教流行中国碑**建立　➡p.61	三夷教
回教（イスラーム）*	**広州・泉州**などの海港都市に居住する**アラブ人**が信仰	

＊回教という呼び方は，後世のもの。

今日とのつながり　現在，日本に残る蘭陵王などの舞い（雅楽）やこれらの音楽をかなでる楽器（琵琶・ひちりきなど）は，この時代に西方から唐を経て，日本に伝わった。

2 詩文

「少年の行」
五陵の年少　金市の東
銀鞍　白馬　春風を度る
落花踏み尽くして　何れの処にか遊ぶ
笑って入る　胡姫酒肆の中

▲⑦李白　詩仙。42歳の時に玄宗の側近となったが，宦官らの中傷により宮中を追放された。自然と酒を愛し，各地を遊歴した。安史の乱の折，反乱軍とみなされ流罪にされたが，その後，許された。自由奔放で力強い秀作を絶句に残した。

「鹿柴」
空山　人を見ず
但だ人語の響くを聞く
返景　深林に入り
復た照らす　青苔の上

▲⑧王維　詩仏。山水の情景を愛した自然詩人，かつ南画の祖。若くして官吏となり，玄宗に仕えた。仏教にも深く帰依し，仏寺などを歌った詩も多い。

「春望」
国破れて山河あり
城春にして草木深し
時に感じて
花にも涙を濺ぎ
別れを恨んで
鳥にも心を驚かす
烽火三月に連り
家書万金に抵る
白頭掻けば更に短く
渾て簪に
勝えざらんと欲す

▲⑨杜甫　詩聖。官吏を志し，たびたび官吏登用試験（科挙）を受験するも失敗した。安史の乱では反乱軍の捕虜となり，長安城に軟禁された。このときの詩が，有名な「春望」。社会の矛盾や人間の苦悩など，社会的題材で律詩を完成させた。

▼⑩唐代の文化

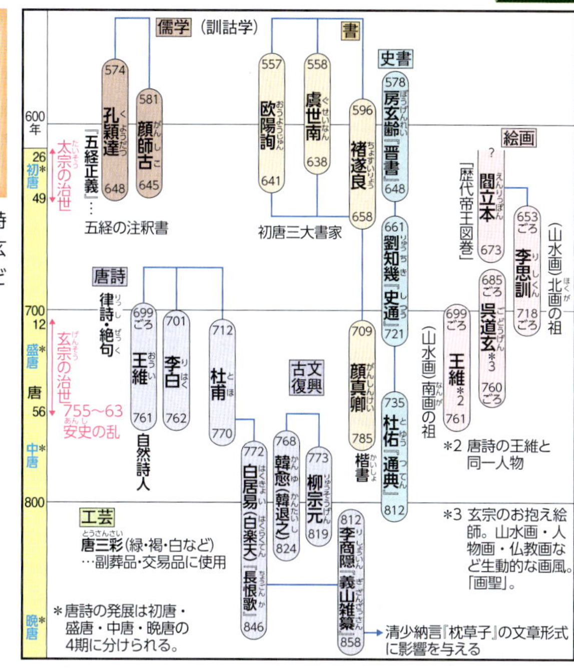

玄宗（685〜762）と傾国の美女楊貴妃（719〜756）

第6代皇帝玄宗の治世前半は，「**開元の治**」とたたえられ，有能な臣を登用して政務に励んだが，晩年は政治にあき，楊貴妃との生活におぼれた。楊国忠をはじめ，楊貴妃の一族がみな高官となったことで，節度使安禄山（➡p.104）との間に政権争いが起き，**安史の乱**を招いた。楊貴妃は，玄宗と四川にのがれる途中，側近に殺害された。

▼⑭楊貴妃とそれを見つめる玄宗

3 書道・工芸

◀⑪顔真卿の書　盛唐の書家として知られ，従来の上品な王羲之流の書風（➡p.99）に対し，力強い書風を確立した。優れた軍人でもあり，安史の乱では義勇軍を率いて乱の鎮圧に貢献し，その功績で栄達するも，その剛直な性格から何度も左遷され，最後はとらえられて殺された。

▲⑫顔真卿

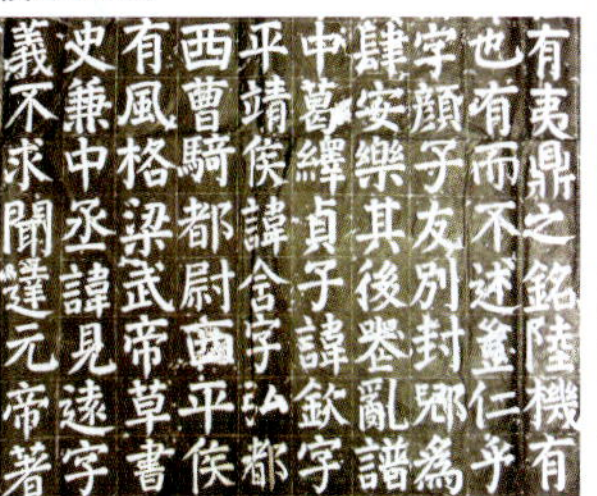

▲⑬胡人とラクダをかたどった唐三彩
緑・白・褐色など2色以上の釉薬のかかった陶器で，多くは，貴人の墓に埋められる副葬品であった。西域から来たラクダや胡人など，異国情緒の豊かな題材が好まれた。

4 遣唐使と渡来僧

皇帝名	年	人名	宗派	事項
高宗	653年出発	道昭	法相宗	玄奘に師事
則天武后	702年出発	道慈	律宗	唐からの戒師を要請
玄宗	717年出発	玄昉	法相宗	帰国後，政界に進出
	717年出発	阿倍仲麻呂		留学生　770年，唐で客死
	717年出発	吉備真備		留学生　735年，典籍を携えて帰国
	753年到着	鑑真*	律宗	要請に応え来日（唐招提寺）
徳宗	804年出発	最澄	天台宗	比叡山延暦寺建立
	804年出発	空海	真言宗	高野山金剛峯寺建立
文宗	838年出発	円仁	天台宗	『入唐求法巡礼行記』*2を著す
宣宗	853年出発	円珍	天台宗	858年帰国　園城寺を賜る

＊ 生没年688〜763。唐からの渡来人　*2 中国で弾圧（845 会昌の廃仏）を受けたようすを伝える。

▲⑮日本から唐に渡った留学生・留学僧と日本に渡来した僧　玄奘や義浄がインドから伝えた仏教を学ぶために，日本からも留学僧が唐の長安へと派遣された。玄奘門下に興った法相宗や最澄・空海らによって天台宗・真言宗などが伝えられ，また唐からも鑑真和上などの戒師*3が来日した。

＊3 出家を望む者を僧侶に任命できる師僧

テーマ　遣唐使　〜日本と唐の関連

630年の犬上御田鍬以降，日本は許可を得て遣唐使を派遣できるようになった。894年まで計20回の遣唐使のうち，とくに702年の遣唐使は画期的で，この時点から中国側の資料が「倭国」から「日本国」に書き改められるようになった。672年，壬申の乱が終わり，新しい国家体制の建設時であった日本からは，留学生や留学僧が海を渡り，唐の最新の文化を取り入れた。鑑真和上など唐の碩学も来日した。一方，国際色豊かな唐では，阿倍仲麻呂のように，国籍に関係なく重用される例もあった。

▼⑯日本に渡る途上で遭難する鑑真の一行（「鑑真和尚東征絵伝」唐招提寺蔵）

唐後半・五代十国 ～律令体制の変質と唐の滅亡

ヒストリーシアター 大唐帝国の終焉迫る！

▲①安禄山(705～757) 唐は，府兵制が崩れると辺境に節度使をおいたが，ソグド系の安禄山は平盧・范陽・河東の3節度使を兼任し，強大な兵力を掌握した。755年，部下の史思明とともに反乱を起こした(安史の乱)。➲p.103

『新楽府』「胡旋女」より　白居易

…梨花の園中　冊して妃となし
金鶏の障下　養いて児となす
禄山胡旋して君の眼を迷わし
兵は黄河を過ぐるも未だ反せずと疑う
貴妃　胡旋して君の心を惑わし
死して馬嵬に棄つるも念いさらに深し

〈川合康三訳注『白楽天詩選』岩波書店〉

【訳文】
…楊貴妃は梨花の御苑で妃となり，金鶏の屏風のもとで安禄山を養子にした。安禄山は胡旋舞(ソグド人の踊り)を演じて主君(玄宗)の目をくらませ，玄宗は安禄山の兵が黄河を渡ってもまだ反乱ではあるまいと疑っておられた。楊貴妃も胡旋舞を舞って玄宗を魅了し，馬嵬で死んだのちも，玄宗の想いはさらに深くなった。

よみとき 反乱を起こした安禄山はどこの出身で，どのような役職についていただろうか。また白居易の詩を読んで，安禄山が玄宗にとってどのような存在であったか，考えてみよう。

テーマ 椅子に座る生活

古代の中国では むしろ の上に座る生活をしていたが，4世紀以降，遊牧民の影響で椅子に腰かける風習が宮中や貴族に受け入れられ，10世紀以降には，庶民にも広がった。下は江南の南唐の絵で椅子が用いられている。右上の男性は榻とよばれる長椅子の上にあぐらをかいている。

▼②南唐の貴族の宴

1 唐の社会変動

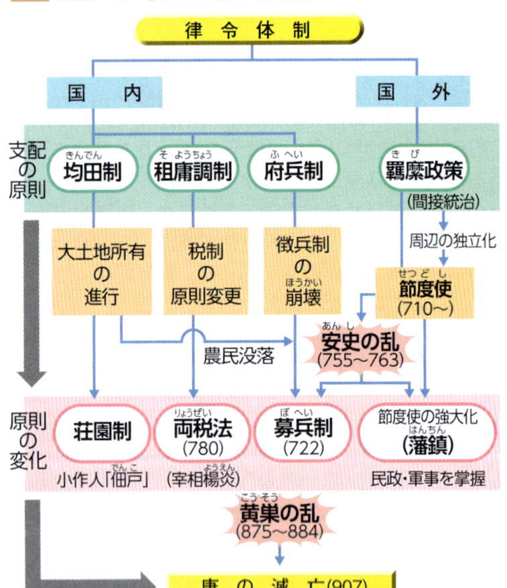

税制	租庸調制	両税法
対象	丁男(個人)に，本籍地で課す	戸別に現住地で課す
課税時期	秋1回	夏と秋の2回
課税方法	・税の収入によって政府の支出を決める(量入制出) ・丁男に等しく現物納に労役を加味して課税	・政府の必要支出額をもとに割りだす(量出制入) ・各戸の資産・土地所有の大小に応じて正税(戸税・地税)のみを課す
課税内容	租 粟(もみつきの穀物)2石(約120L) 庸 年間20日の労役または1日あたり絹3尺(麻なら3尺6寸)の代納 調 絹布または麻布 雑徭 地方官庁への労役(50～60日あり負担が重かった)	戸税 資産額に対して貨幣で徴収 地税 耕地面積に対して穀物で徴収 商税 商人に対しては，売り上げの30分の1を徴収

▲③租庸調制から両税法へ　780年，宰相の楊炎は，律令体制の崩壊による財政悪化を改善するため，租庸調制を廃止し，農民の土地所有を認めて両税法を実施した。➲巻末 史p.350

テーマ 塩の専売制と黄巣の乱

安史の乱後，国家財政を支えるため塩が専売制となり，価格が引き上げられた＊。そのため，安価な密売塩の やみ商人が活躍し，私兵を有して官軍に対抗した。こうした「塩賊」の王仙芝と黄巣が山東で反乱を起こし，黄巣は長安を占領して帝位を主張したが，突厥(沙陀)軍に破れ，逃走中に殺された。

▼④池塩を計量し出荷する塩商人(宋代『経史証類本草』)

＊塩の価格は原価の数十倍となった。

2 五代十国の興亡

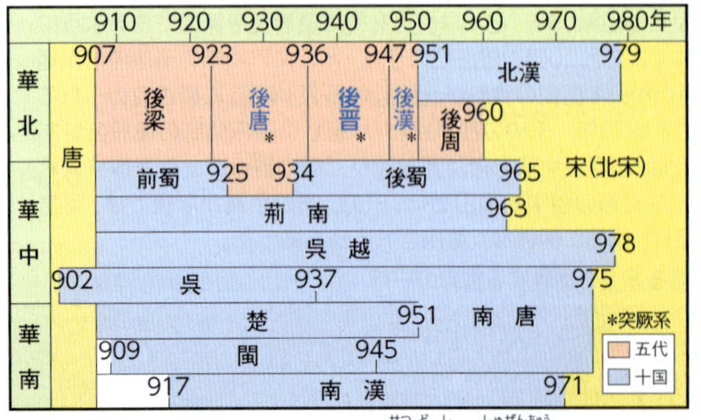

▲⑤五代十国の興亡　907年，唐が節度使の朱全忠によって滅ぼされたのち，華北では5王朝が交代，華中・華南では10余りの国が興亡して，979年の宋(北宋)の統一まで分裂時代となった。

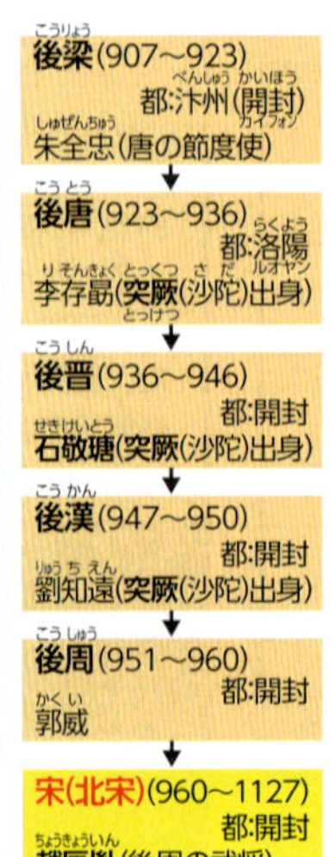

▶⑥五代の興亡から宋の建国へ

▼⑦五代十国

世界全図p.24-25 ➲p.101 3，➲p.106 1

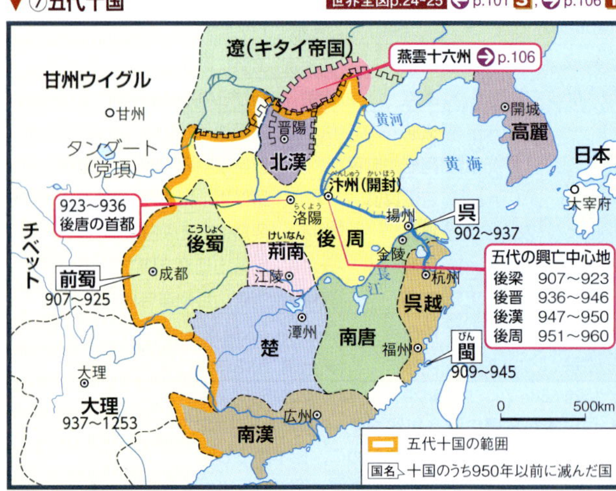

今日とのつながり　中国の人口は，唐末～宋の時代に南北が逆転し，現在にいたるまで，南部の人口の方が多くなっている。ただし現在は，南北より沿岸部と内陸部など東西の差の方が大きくなっている。

宋① ～皇帝独裁と文治主義

ヒストリーシアター 皇帝お墨つきのエリートたち

▲①殿試の創始者 太祖(趙匡胤)

➤②殿試を行っているようす

よみとき 従来の科挙試験にはなかった図②の殿試では，誰が臨席しているだろう。そして，その影響について考えよう。

▲③四書五経の注釈が書かれたカンニング用下着　官吏任用試験の科挙に合格するには，**四書五経**(➔p.90)を暗記し，かつ作文の練習も必要とされたため，受験者の中には，カンニングに工夫をこらす者もいた。写真は清代のもの。

▼④科挙の変化 ➔巻末

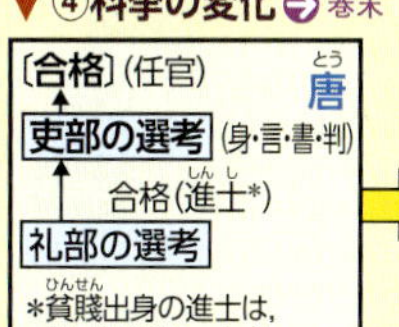

◀p.100 **五代十国・宋と北方民族の変遷** p.110▶

中国	国内	北方民族	北方勢力	日本
唐	755 **安史の乱**(～763)←	**ウイグル**，鎮圧に協力（青字 文化関連事項）	ウイグル	奈良
	○ **節度使**の**藩鎮**化→江南の徴税強化			
	780 **両税法**を実施	840 **キルギス**が，ウイグルを滅ぼす		
907	875 **黄巣の乱**(～884)	916 **キタイ(契丹)人**の**耶律阿保機**がキタイ帝国皇帝に即位		
907 五代十国	907 節度使の**朱全忠**が唐を滅ぼし，**後梁**を建国 五代十国(～979)が始まる →武断政治	926 キタイ人が**渤海**を滅ぼす	遼(キタイ帝国)	平
	太祖(趙匡胤) 位960～976	936 **後晋**がキタイ人に**燕雲十六州**を割譲 ➔p.106		
960	● 君主独裁制を強化，**文治主義・殿試**を開始	(後晋建国の援助への代償)このの ち1368年まで，北方民族が約430年支配		
	960 **後周**の武将**趙匡胤**が**宋**(**北宋**)を建国 都:**開封**(汴州，汴京)			
	971 広州に**市舶司**を設置	947 キタイの耶律堯骨，国号を**遼**に改称		
	太宗 位976～997			
979	979 北漢を滅ぼす→ 中国を再統一	➔p.107		
	1004 **澶淵の盟** 北宋(真宗)を兄，遼(聖宗)を弟とする兄弟関係が成立			
		1038 **西夏**成立 **李元昊**(**タングート人**)，建国		安
	1044 **慶暦の和約** 北宋(仁宗)を君，西夏(景帝・李元昊)を臣とする君臣関係が成立	➔p.107		
北宋	**神宗** 位1067～85			
	1069 **王安石**，**新法**開始			時
	70 王安石を**宰相**に起用➔p.106			
	76 **司馬光**ら**旧法党**と**新法党**が対立 →王安石，宰相を辞任			
	85 哲宗，司馬光を宰相とし新法廃止	1115 金成立 阿骨打(女真人の完顔部出身)，建国	西夏	代
	徽宗 位1100～25	25 金が遼を滅ぼす		
	● 新法採用	26 **靖康の変**(～27)		
	● 院体画(北画)の大家「桃鳩図」			
	1120 方臘の乱(～21)			
1127	**欽宗** 位1125～27 北宋滅亡 ←	金が開封を占領して北宋を滅ぼし，皇帝欽宗・上皇徽宗を連れ去る		
1127	**高宗** 位1127～62			
	1127 **臨安**(杭州)を都とし，**南宋**成立➔p.107	1132 **耶律大石**，**カラ=キタイ**(**西遼**)を建国	金	
南宋	○ 主戦派(**岳飛**)・和平派(**秦檜**)の対立			
	1142 **紹興の和約** 淮河(淮水)を国境とし，金を君，南宋を臣とする君臣関係	➔p.107		
		1167 **王重陽**，**全真教**をおこす		
	○ **朱熹**(1130～1200)，**朱子学**を大成	1211 カラ=キタイ滅亡		
		14 金，汴京(開封)に遷都		鎌倉時代
		27 モンゴル，西夏を滅ぼす	モンゴル	
		34 モンゴル，金を滅ぼす		
1276	1276 元軍，臨安を占領，南宋滅亡			
	79 厓山の戦い，南宋の残存勢力も滅亡			

1 宋の建国と統治体制

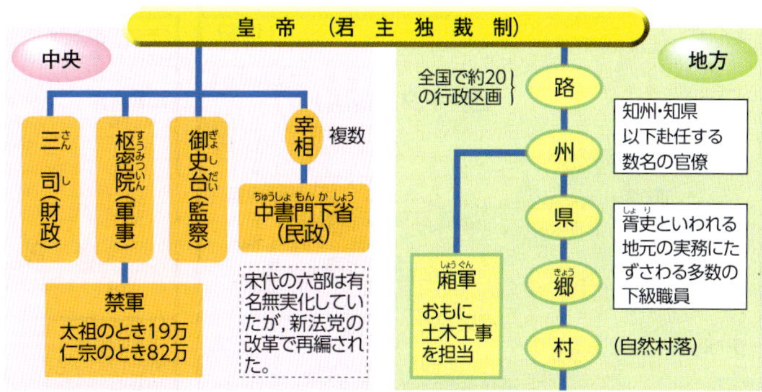

▲⑤宋の統治体制

	政治	支配層	官吏の任用	土地制度	税制	文化	外交	学問・文化
唐	貴族的律令政治	**門閥貴族**	**科挙**・**蔭位の制**	**均田制**↓**荘園制**	**租庸調制**↓**両税法**	国際的・貴族的	**冊封関係**(**羈縻政策**)	**訓詁学**・**唐詩**
↓宋	**文治主義**・皇帝独裁政治	**士大夫**・新興地主(形勢戸)	**科挙**(**殿試**)	**佃戸制**	**両税法**	国粋的・庶民的	和平策・閉鎖的	**宋学**・**宋詞**

▲⑥唐から宋への変革(唐宋変革)　唐から宋にかけては，政治体制から文化にいたるまで大きな変化があり，中国史の転換期とされている。一つには，**節度使**の権限を削り，君主独裁体制を確立しようとしたことがあげられる。また，節度使の後任を文官(科挙官僚)にかえ，さらに枢密院の長官をも文官にかえて軍の指揮権を皇帝が完全に掌握した。ここに**安史の乱**以後200年余りにわたる武人優位の風潮(武断政治)は改められ，**文治主義**による統治体制が成立した。

周代→	漢代→	三国時代→	南北朝→	隋・唐代→	唐末→	宋代→
士・大夫階級が民衆と区別される ➔p.88	地方の豪族が**郷挙里選**で中央に進出 ➔p.92	**九品官人法**により豪族が高級官僚職を独占→豪族の貴族化が進む「上品に寒門なく，下品に勢族なし」	北朝…鮮卑と漢人貴族の格付け，通婚奨励 南朝…南下した貴族が**貴族制度**維持 ➔p.98	**科挙**実施…貴族優遇 則天武后時代…科挙官僚の積極登用で貴族抑制 **蔭位の制**残る…唐末まで貴族制度温存 ➔p.101	唐宋変革 唐末…**武人勢力**や**新興地主**の台頭で貴族が没落	**君主独裁体制**→**官僚**が文官に**士大夫階級**の台頭

▲⑦中国貴族の盛衰

今日とのつながり 現在の西洋諸国や日本も，軍(自衛隊)を文官の指揮下におくという**文治主義**(シビリアン=コントロール)体制をとっている。

宋②と遼・西夏・金 ～苦悩する宋と江南の発展

ヒストリーシアター **国防を忘れた風流天子の天国と地獄**

▲①**徽宗**（1082～1135） 北宋の皇帝。**靖康の変**（1126～27）で金に拉致された。

よみとき 図②③から，徽宗はどんな皇帝であったのか，また史料④の内容から，南宋と金の関係を考えよう。

▲②徽宗の描いた「桃鳩図」（院体画） ➡p.108

◀③**太湖石** **徽宗**は珍奇な岩石を愛でる趣味をもっており，**宰相**の蔡京は花石綱とよぶ船団を組み，江南に産する太湖石などを都の**開封**まで運ばせた。この運搬には，多くの江南の人民が動員された。

　これから子孫代々（金の皇帝に対して）謹んで臣節を守り，毎年貴皇帝の誕生日と正月にはお祝いを絶やしません。歳貢は銀25万両，絹25万匹を紹興*12年（1142年）より，毎年春に泗州にもっていってお納めします。もし，この約束を守らなかった場合は，私の命を絶ち，民を滅ぼし，国家を滅ぼしても構いません。

＊紹興の和約　〈綿引弘訳『宋史紀事本末』巻6〉

▲④**南宋の皇帝が金の皇帝に送った国書**

1 遼の台頭と動揺する宋

世界全図p.26～27 ⬅p.104 2

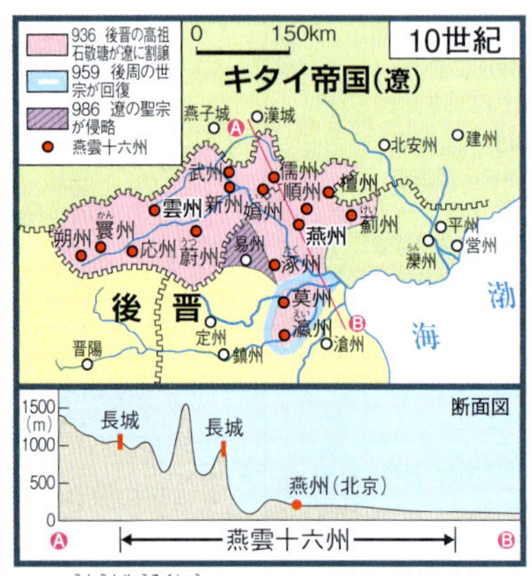

▲⑤**燕雲十六州**　10世紀，後晋の石敬瑭が，建国を援助してくれたキタイ人に対して燕州など16の州を与えた。この地は長城の内外に広がり，鉱物資源にも恵まれた土地であった。

▲⑥**士大夫**　唐代までの貴族にかわって，宋代以降は士大夫が，政治的・社会的・文化的な指導者階級となった。士大夫とは**科挙**に合格した官僚・知識人であるが，実務的な能力より，図のように，琴棋書画といった文化面での教養が重視された。実際の地方行政は，胥吏とよばれる無給の下級官吏が担当していた（➡p.105）。

2 文治主義の矛盾と王安石の改革

文治主義
- 節度使を廃止 地方軍事力が弱体化 → 遼・西夏の侵入 → 軍事費・歳幣などの支出が増大
- 官僚が増大 → 支出が増大
→ **国家財政の窮乏** ← 両税・商税・専売益金
→ **王安石の新法（富国強兵策）**

国家財政の収入源
- 官戸　両税
- 形勢戸（新興地主）　両税 差役　―兼業― 富商　商税　（土地投資）
- （佃戸（小作人）は，小作料として作物の約半分を地主に納め，両税は地主が国に納めた。）
- 佃戸　地主への租
- 自作農　両税 差役
- 手工業者 中小商人　商税

　王安石の**新法**政策は，従来の安易な増税策による一時的な改革ではなく，自作農・中小商工業者・**佃戸**などの経済力を豊かにすることで，国全体の経済力を高め，税収を増やすという長期的な展望に立脚していた。しかし，**司馬光**ら旧法党（保守派）の激しい反対によって，まもなく新法のほとんどが廃止された。

▼⑦**王安石の新法**

赤字 旧法党から強く反対を受けた政策

改革のねらい		財政再建と経済安定・軍事力強化　←　地主・富商・保守官僚反対
富国策	**青苗法**（1069～）	貧農救済策。政府が資金や種子を貸し出し，収穫時に低利子（2割）をつけ，穀物や金銭で返納させる。最も反対が強かった
	募役法（1069～）	農民の差役（農民に課せられていた租税の徴収，運搬の仕事）負担軽減策。富農・地主から免役銭を徴収し，希望者を募集して雇銭を支払う
	均輸法（1069～）	大商人の中間利潤を排除する物資統制策。政府が流通に関与し，価格の安定，流通の促進をはかる
	市易法（1072～）	中小商工業者保護の低利融資策。政府が低利（2割）で貸し付け，高利貸しから商人を守る
強兵策	保甲法（1070～）	募兵費用節減と治安維持を兼ねた兵農一致策。民戸10戸を1保，5保を1大保，10大保を1都保とし，農閑期に軍事訓練を行う
	保馬法（1073～）	軍馬の確保と飼育費の節約が目的。保甲単位で希望者に政府の馬を飼育させ，平時には使役を許し，戦時に徴発

テーマ **宋代二大頭脳の激突** ➡巻末折込

いま，国政の運営に当を得ていないものが6ある。…陛下側近の臣で，表面では新法が良いとほめている者でも，内心では新法が適当でないことを知っている。

〈吉田寅訳『司馬温公文集』『応詔言朝政闕失状』〉

▼⑧**司馬光**（1019～86）『**資治通鑑**』の著者。

◀⑨**王安石**（1021～86） **唐宋八大家**のひとり。

わが宋朝は積年の悪弊により臣僚に人物を得ず，…倹約を行っても民は富まず，憂いの念を強くしても，国力は強化されない。…まさに現在こそが大いに改革をなすべき時…

〈吉田寅訳，王安石著『王臨川集』巻41『本朝百年無事劄子』〉

3 遼・西夏・金

国号	遼(916～1125)	西夏(1038～1227)	金(1115～1234)
民族	キタイ(契丹)(モンゴル系)	タングート(党項)(チベット系)	女真(ツングース系)
建国者	耶律阿保機	李元昊	阿骨打(完顔阿骨打)
首都	臨潢府	興慶府	会寧府→燕京
支配地と宋との関係	・**二重統治体制**(部族制と州県制) 史 p.350 ・**澶淵の盟**(宋が兄，遼が弟の関係とする。宋は遼に毎年絹20万匹・銀10万両を貢納)	・**慶暦の和約**(西夏は宋に臣下の礼をとり，宋が西夏に歳賜として銀7万2千両・絹15万3千匹・茶3万斤を貢納する講和条約)	・遼と宋(北宋)を滅ぼす ・二重統治体制(**猛安・謀克制**と州県制) ・**紹興の和約**(宋は金に臣下の礼をとり，宋が金に毎年銀25万両・絹25万匹を貢納)
文字 ➔p.53	キタイ文字 漢字の流れをくむ表意文字の大字と，**ウイグル文字**をもとにした小字	西夏文字 **李元昊**がつくらせたと伝えられる。漢字を模した複雑な字体	女真文字 キタイ文字と漢字をもとにしてつくられた。民族意識の高揚に努めた

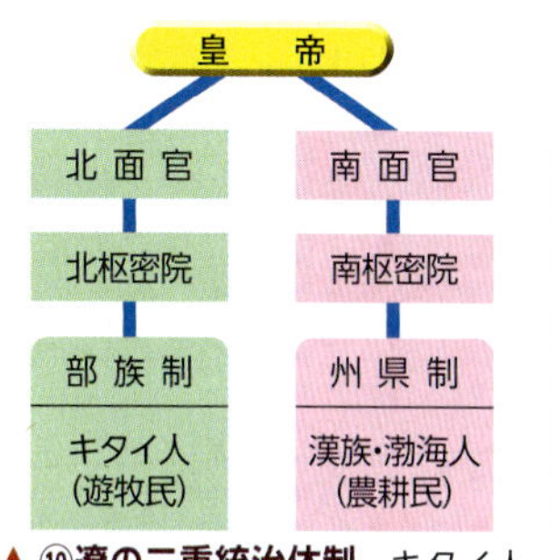

▲⑩**遼の二重統治体制**　キタイ人などの遊牧民に対しては，固有の部族を単位とした統治を行い，漢族・渤海人などの農耕民に対しては，中国的な**州県制**による統治を行った。

皇帝
部族制 ／ 軍事 ／ 猛安軍(10謀克) ／ 猛安部(10謀克) ／ 謀克軍(100人) ／ 謀克部(300戸) ／ 行政 ／ 女真人
州県制 ／ 漢族・渤海人

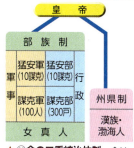

▲⑪**金の二重統治体制**　金は，**遼**の二重体制を採用し，**女真人**には固有の部族制(**猛安・謀克制**)，漢族には中国式の**州県制**で統治した。

東アジア

4 金の台頭と宋の南遷

世界全図p.28～29 ➔p.110 1

▲⑫**女真人**　中国東北部の半猟半農民。毛皮帽と狩猟服姿が特徴。諸部族に分かれていたが，生女真の**完顔部**の族長**阿骨打**により統合された。

ひと　秦檜(1090～1155)と岳飛(1103～41)

金との抗戦を主張した南宋の武将**岳飛**は，長く愛国の英雄として神格化され，金の内情に通じ屈辱的講和を結んで主戦派を弾圧した南宋の宰相**秦檜**は売国奴とされてきた。しかし，近年，金との抗戦を国内民族間の争いとし，岳飛を英雄視しない見解も出ている。

◀▲⑬**岳飛**(左)**と岳飛の墓前にひざまずく秦檜夫妻**(右)

5 江南の発展「蘇湖(江浙)熟すれば天下足る」

➔p.108

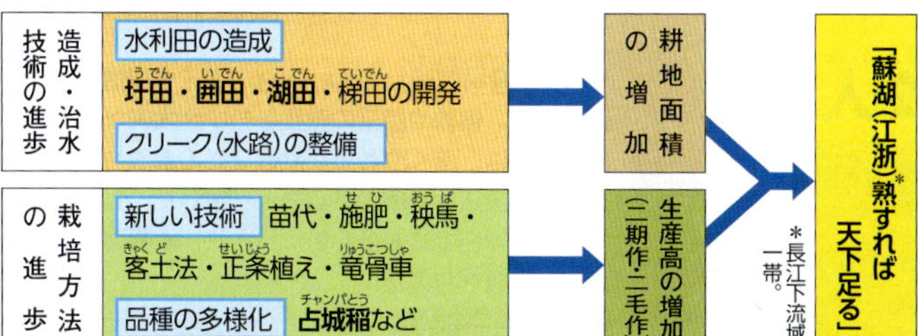

▼⑭**竜骨車**　**江南の開発**は農業生産の充実を背景としている。これは灌漑用の足踏み式水車で，複数の人力でベルトコンベア式に，水田に水を供給することができた。

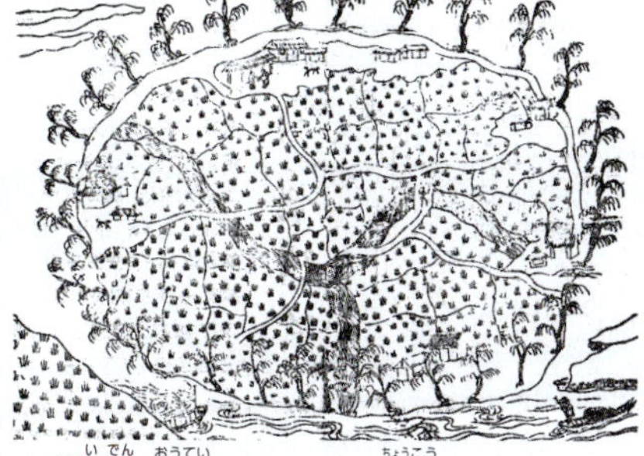

▲⑮**囲田**　王禎『農書』挿図。長江デルタ地帯では水田耕作が始まった。太湖周辺の低湿地では，周囲に堤を築いて囲み，内側を干拓した新田が開発され，江蘇・浙江地域には大規模な**佃戸制**荘園が発達した。

➔巻末

テーマ　人口分布の変遷

北宋末期の人口は，初期の4～5倍も増加し，1億を突破した。漢や唐代，華北にかたよっていた人口は，宋代の本格的な江南開発によって南下し，**北宋の時代に江南と華北の人口が逆転**した。この人口増は，**圩田・囲田**などによる新田開発と，品種改良・漁業なども含む食品の増加によって支えられていた。「**蘇湖(江浙)熟すれば天下足る**」の蘇湖(江浙)とは，長江下流域の江蘇・浙江をさしている。

一方で，人口増加は自然破壊を引き起こし，耕作地の増加や燃料のために，森林が減少した。**南宋**になると，デルタ地域の湖沼は，圩田・囲田によって次々に耕地化され，それぞれの湖沼を水源にした下流の耕地が被害をこうむることもあった。

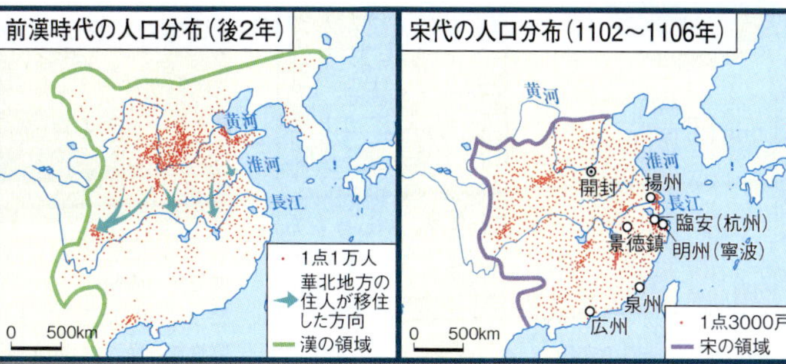

今日とのつながり　中華料理の特徴である強力な火力は，宋代以降一般化した石炭による。また，製鉄にも石炭が用いられ，純度の高い「鋼」づくりが可能になった。

MAP I～K

宋代の社会と文化 ～江南を中心とした士大夫の文化

ヒストリーシアター みなぎる消費エネルギー

1 産業・商業の発展

▲③宋代の産業

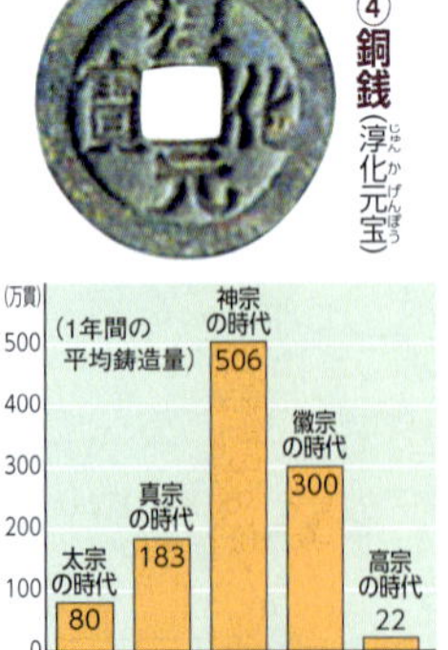

◀④銅銭(淳化元宝)

▲⑤銅銭の鋳造量の変化
〈『図説 中国文明史7』創元社〉

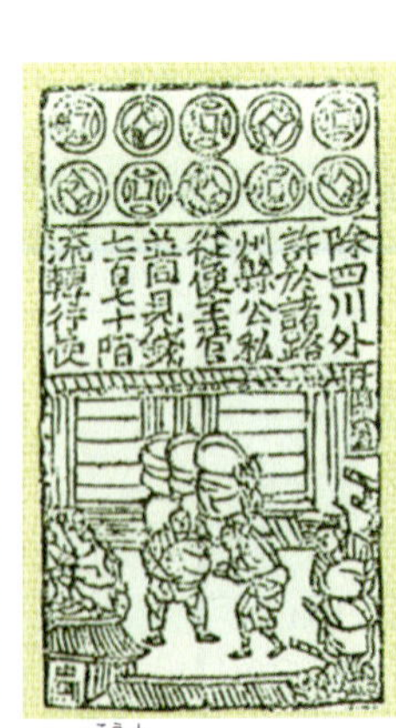

▲⑥交子 北宋の紙幣で銅銭不足を補った。

2 陶磁器の発達

◀⑦青白磁 宋代には釉薬技術が進化し,各地で精巧で優雅な作品が生産され重要な輸出品になった。とくに江西省の**景徳鎮**は,薄くてじょうぶな磁器原料の高嶺土にめぐまれ,分業制によって白磁や青白磁が大量生産された。一般にも普及して窯業の一大中心となった。➔p.27,巻末折込

テーマ 喫茶と陶磁器

唐に始まる喫茶の風習は大衆化し，宋代には周辺諸国に伝わった。その茶を飲むための器として，陶磁器の美がさまざまに追究された。写真は日本に伝わった天目茶碗。

〈国宝，静嘉堂文庫美術館蔵〉

3 院体画と文人画 ➔巻末折込

院体画

▲⑧「**紅白芙蓉図**」(李迪画，部分) 国立の絵画制作機関である**画院**によって形成された**院体画**(北画)は,**徽宗**が奨励したことにより隆盛をきわめた。写実的で鮮やかな色彩は,宮廷趣味を反映している。➔p.106
〈国宝,東京国立博物館蔵〉

▼⑨「**観音猿鶴図**」(牧谿画，部分) 南宋の**禅僧**である**牧谿**の作品。儒教や詩文の教養をもつ**士大夫**が描く**文人画**(南画)は，淡くやわらかな線で光の濃淡や遠近を表し，その画法は**禅宗**の宇宙観と一致した。牧谿が描いた水墨画は日本にも多くもたらされ，**水墨画**の発展に大きな影響を与えた。

文人画

〈国宝,大徳寺蔵〉

〈伝 張択端画(模写)〉

◀①**繁栄する開封(「清明上河図」)** 唐までの都市は政治都市で，城門は夜間は閉ざされ，商売は制限されたが，宋代には制限の撤廃により商業が発達し，都の開封は人口100万の大都市となった。地方でも市・**鎮**などの小都市が各地に成立した。＊一流の料亭

A 薬屋　F 荷車　K 桶屋
B 共同井戸　G 肉屋　L 収税所
C 行商人　H 露天商　M ラクダ
D 士大夫　I 輿　N ひげそり屋
E ロバ　J 正店＊(酒楼)　O 城門

	唐(長安)	宋(開封)
市	城内の東西市，昼のみの営業	城外の交易場である**草市**の形成，夜市・暁市も開催
営業	城内のきまりに従い，自由な営業はできず	**行**(商人)・**作**(手工業者)の同業組合による商業独占

▲②**唐と宋の都市比較** 宋代には，商工業が発展し，都市化が著しかった。

よみとき 図①で，建物のつくりや人々のようす，どんな商売をしているのかに注目してみよう。

4 科学技術の発展と三大発明

➡p.160 2

木版印刷

▶⑩**北宋時代の活字と印刷物** **木版印刷術**の発展と普及は，書物の出版を可能にし，学問や思想の広まりに大きな影響を与えた。宋代に**科挙**の受験者層が拡大したのも，経書や史書などの書物が流通したことによる。一方で，銅版による**活字印刷**も北宋において発明され，のちヨーロッパに伝わったが，アルファベットの方が大量印刷に適していた。➡p.160

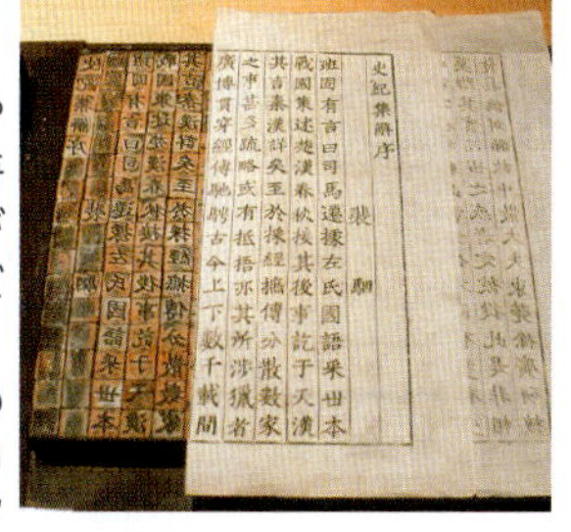

羅針盤

◀⑪**羅針盤** 水を張った磁器のたらいに浮かべると，地球の磁場の作用によって頭が北をさす指南魚が発明された(➡p.160)。遅くとも北宋の後期には，これをもとにした**羅針盤**が航海に使用されたと考えられている。羅針盤は，**ムスリム商人**を経てヨーロッパに伝わった。

武器としての火薬

▶⑫**武器に転用された火薬** 唐代に発明された**火薬**は，宋代に発達をとげた。硝石・硫黄(➡p.303)・木炭を原料として威力を増した火薬は，武器に組み込まれ，戦場で活用された。写真は宋朝が編纂した軍事大全『武経総要』に紹介された火砲。

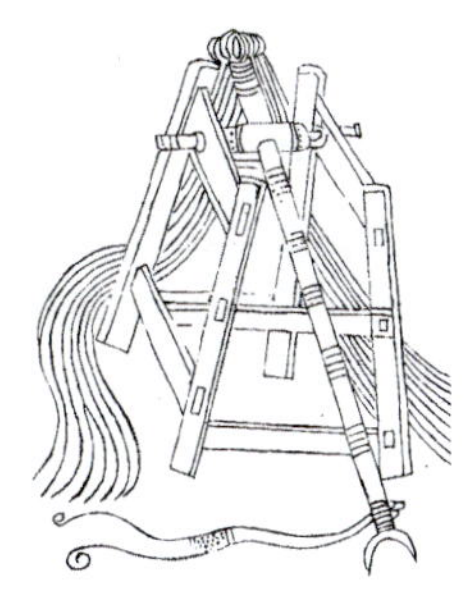

5 文学

▼⑬**唐詩・宋詞の変遷** ➡巻末折込

唐代	周代の詩・六朝の楽府の流れを受けて，西域音楽の刺激により発生(定型…五言・七言絶句，律詩)
宋代	北宋 士大夫の文学として，唐詩に対する宋詞の性格が確立(非定型…長句・短句が入りまじり，曲に合わせて歌詞をつくる。情緒を扱う。) 南宋 技巧の熟練が進み，さらに流行

ひと **蘇軾**(1036～1101)

号は蘇東坡。唐・宋代の代表的な文章家である**唐宋八大家**の一人。**旧法党**に属して**王安石**に反対，『赤壁の賦』を著した。書家としても才能を発揮し，宋の四大家の一人に数えられる。

▼⑭**蘇軾が『赤壁の賦』を書いた湖北省の東坡赤壁**＊

＊この地は実際に赤壁の戦いのあった場所ではない。

6 宋代の文化

特色	唐の国際的文化にかわり国粋主義的傾向。唐の貴族中心の文化にかわり**士大夫**と庶民中心
儒学	**訓詁学**批判の立場から→**宋学** 北宋…**周敦頤・程顥・程頤**(新しい宇宙観を探る) 南宋…**朱熹(朱子)**↓**(朱子学)** 「格物致知」理気二元論 四書重視 性即理 **大義名分論**,「**華夷の区別**」…中華思想強調 → 元・明・清の官学に，朝鮮と日本へ伝播 **陸九淵(陸象山)**…「**心即理**」の唯心論 →明の**陽明学**へ ➡p.121 ◀⑮**朱熹**(朱子，1130～1200) 大義名分を説き，君臣関係の遵守を求めた。
宗教	**仏教**…**禅宗**(士大夫階級)と浄土宗(庶民層)が盛行，唐の教義仏教から実践仏教へ **道教**…**全真教**の成立(金・華北)…**王重陽**が儒・仏・道教を融合 宋の太祖，『**大蔵経**』を成都で**木版印刷**
歴史学	**司馬光**『**資治通鑑**』…戦国時代から五代末までの**編年体**の通史 **欧陽脩**『**新唐書**』…唐一代を記した**紀伝体**の正史 朱熹(朱子)『資治通鑑綱目』
文学	**唐宋八大家**(唐代…**韓愈**，**柳宗元** 宋代…**欧陽脩**，**蘇洵**，**蘇軾**，**蘇轍**，**王安石**，**曾鞏**)…形式的な四六駢儷体を排し，古文復興 **宋詞**…宋代に流行した歌唱文学 口語，俗語を用いた**雑劇**→元代に**元曲**として完成
絵画	**院体画**(北画)…**徽宗**「**桃鳩図**」➡p.106，**馬遠**，**夏珪**，李迪(宮廷中心，写実的) **文人画**(南画)…**李公麟**，**米芾**，**梁楷**，**牧谿**(知識人中心，主観的)
科学技術	**黒色火薬**＊・**羅針盤**＊の実用化 **木版印刷**＊術の普及→**活字印刷**の発明…北宋の**畢昇** ➡p.160 陶磁器(**白磁**・**青磁**・**黒釉**) ＊宋の三大発明，漢代の**製紙法**を含め，中国の四大発明という。

今日とのつながり 原稿用紙の中心部に余白があるのは，印刷術の発達によって生まれた胡蝶綴じ(ページの中心を糸で綴じる形式)に由来している。

モンゴル帝国①　～モンゴルの征服と拡大

ヒストリーシアター　ユーラシアを席巻した蒼き狼

◀▼①現在のモンゴルの紙幣（左：表面，下：裏面の一部）

よみとき　現在のモンゴルの紙幣にはモンゴル帝国の初代皇帝が描かれているが，それは誰だろう。裏面の絵から，彼らの生活様式を推察しよう。また，Aは何だろうか。p.112から探してみよう。

軽装備の騎兵だけの軍隊	移動速度が1日約70km（敵の歩兵軍団は1日20～30km）
モンゴル馬	小がらで貧弱だが，持久力がある
馬の多角的活用（食料や武器として）	皮→渡河時の浮き袋，よろい 肉→食料　血→水のかわり 骨→矢じり
強力なモンゴル弓	接近戦による兵員の損失を避け，弓で戦った
千戸制（チンギス=ハンが創設）	建国時に全国の遊牧民を95の千戸集団に分け（その後増設），約1000人の兵士で1隊として，功臣に率いさせた
厳格な軍の規律（ヤサ）	違反者には，死刑などの厳罰でのぞんだ
ムスリム商人の協力	資金・物資や情報の提供
実力主義	異民族であっても，功績があれば昇進させた

▲②モンゴル軍の強さの秘密

青字 東西交流に関する事項　赤字 おもな戦い・反乱

モンゴル帝国の変遷

◀p.105　p.114▶

（北・東アジア）（中央アジア）（南ロシア）（西アジア）
（オゴタイ=ハン国）（1225ごろ～1252分裂）　ハイドゥの勢力　チャガタイ=ハン国（1307～14世紀*）
キプチャク=ハン国（1243～1502）
イル=ハン国（1258～1353）
元（1271～1368）（明）
日本：鎌倉時代　南北朝　室町

チンギス=ハン（カン） 位1206～27

- 1206 **クリルタイ**でチンギス=ハンの称号を得る（幼名**テムジン**）**モンゴル帝国が成立**
- 18 **ナイマン**（トルコ系）を征服
- 20 **ホラズム朝**（トルコ系）を征服（～31滅亡）
- 27 **西夏**を征服

オゴタイ（オゴデイ） 位1229～41

- 1234 **金**を征服
  淮河（淮水）以北を征服→**南宋**と対立
- 35 都を**カラコルム**（和林）に定める
- 36 **バトゥの西征**（ヨーロッパ遠征，～42）
- 41 **ワールシュタット（リーグニッツ）の戦い**
- 1243 **キプチャク=ハン国（ジョチ=ウルス）が成立**

グユク 位1246～48

- 1246 **プラノ=カルピニ**が**カラコルム**に到着

モンケ 位1251～59

- 1254 **ルブルク**が**カラコルム**に到着
- ○ **フビライ**がチベット・**大理**を征服
- 58 **フラグ**（フレグ）が**アッバース朝**を征服
  イル=ハン国（フレグ=ウルス）が成立
- 59 **高麗**が**モンゴル帝国**に服属

フビライ（クビライ） 位1260～94

- 1260 **高麗**を服属国として冊封
- 64 中都（現北京，72 **大都**に改称）に遷都
- 66 **ハイドゥ（カイドゥ）の乱**（～14世紀初め）
  →オゴタイの孫ハイドゥの反乱
- 71 **国号を元に改称**（大元ウルス）
- 74 **蒙古襲来（元寇，元の日本遠征，文永の役）**
- 75 **マルコ=ポーロ**が大都に到着
- 76 元軍，臨安を占領，**南宋**滅亡
- 79 **厓山の戦い**
  →南宋の残存勢力も滅亡
- 81 **蒙古襲来（元寇，弘安の役）** ➡p.122
- 87 ビルマ（現ミャンマー）の**パガン朝**に侵攻
- 94 **フビライ**が死去→政治が混乱
- 1294 **モンテ=コルヴィノ**が大都に到着，中国で初めて**カトリック**を布教
- 1307 **チャガタイ=ハン国（チャガタイ=ウルス）が成立**
- 13ごろ 仁宗が**科挙**復活
- 45ごろ **イブン=バットゥータ**が**泉州**・**大都**に到着
- 14世紀半ば チャガタイ=ハン国が東西に分裂
- 51 **紅巾の乱（白蓮教徒の乱）**（～66） ➡p.114
  →韓林児が指導した農民反乱
- 68 **朱元璋**，大都を占拠　**元滅亡，明建国**
  →モンゴル高原に北元の成立

*16世紀という説もある。

1 モンゴルの拡大

⬅p.107 4，➡p.111 1

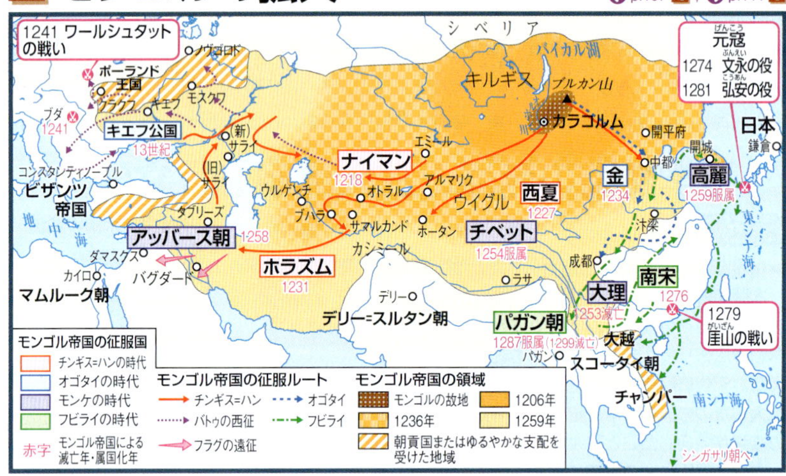

◀③**オゴタイ**　**チンギス=ハン**の第3子。金を滅ぼし，兄の子**バトゥ**に**西征**を命じるなど征服事業を受け継いだ。モンゴル皇帝の称号**ハーン（カーン）**を創始。

▶④**バグダード攻略**　1258年**バグダード**を包囲した**フラグ**（フレグ）軍は，投石機を使って攻撃し，この戦いによって，**アッバース朝**の精神的な権威も終焉を迎えた。

▲⑤**蒙古襲来**　元軍は，文永の役（1274）では，高麗軍中心で計3万人1000隻，**弘安の役**（1281）では高麗軍・旧南宋江南軍の計14万人4400隻で襲来し，**火器**や集団戦法で鎌倉武士らを苦しめた。左側が元軍。火器の「てつはう」が見える。〈「蒙古襲来絵詞」宮内庁三の丸尚蔵館蔵〉

今日とのつながり　モンゴルの馬肉料理がタルタルステーキである。これがドイツのハンブルクに伝わりハンバーグになり，朝鮮においては「肉のさしみ」の意で，「ユッケ」となった。

モンゴル帝国② ～空前の大帝国の出現

ヒストリーシアター 港がある内陸の都「大都(だいと)」

▲①フビライ(クビライ)(位1260～94)

よみとき 図②の積水潭(せきすいたん)はどこの運河と結びついていただろう。大都は現在，何とよばれる都市だろうか，地図帳などで確認しよう。

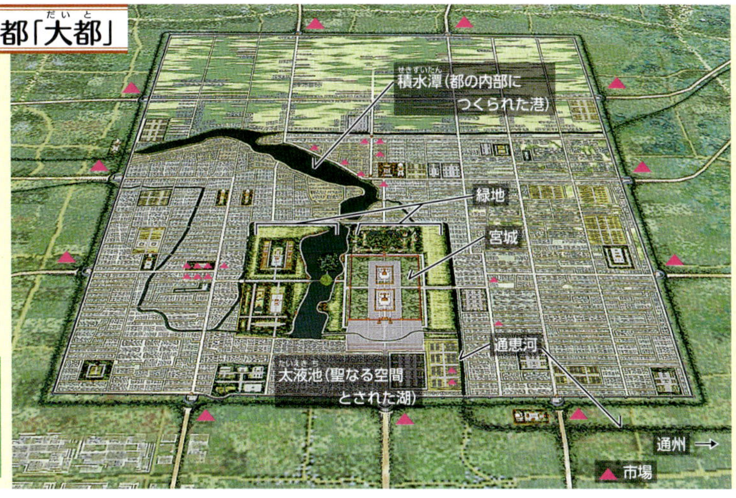

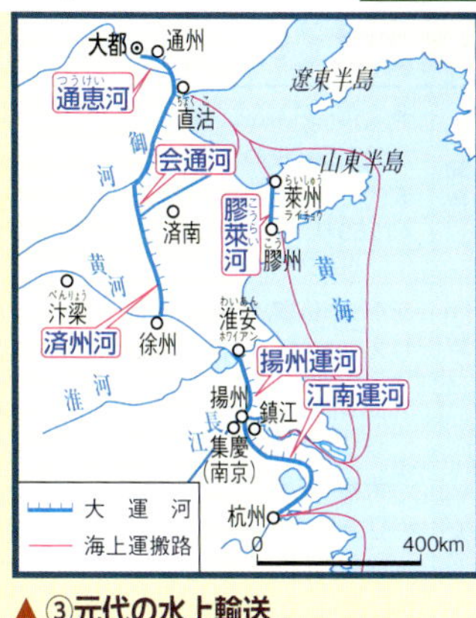

▲③元代の水上輸送

◀②大都の全景(CGによる想像図)

1 ユーラシアに君臨する大帝国

←p.110 1，→p.115 2 世界全図p.30-33

1236年に始まるバトゥの西征の結果，1243年に成立

14世紀後半，内部抗争で衰退，のちクリム=ハン国・カザン=ハン国・アストラハン=ハン国などに分裂

1480年，モスクワ大公国が自立→p.172

1241 ワールシュタットの戦い

1258年 アッバース朝を倒したフラグを始祖として成立

14世紀半ばには事実上解体，ティムールの支配下に

1260 アインジャールートの戦い

1227年チャガタイがアルマリク周辺の土地を得るが，オゴタイ家の支配をうける

14世紀初め，政治的に自立

14世紀半ばには東西分裂し，西部からティムールが台頭

蒙古襲来(元寇)
1274 文永の役
1281 弘安の役

1279 厓山の戦い

フランス王国　神聖ローマ帝国　ポーランド王国　ノヴゴロド　ジェノヴァ　ヴェネツィア　キエフ　ビザンツ帝国　キプチャク=ハン国(ジョチ=ウルス)　サライ(新)　サライ(旧)　黒海　カスピ海　アラル海　タブリーズ　バグダード　イスファハーン　イル=ハン国(フレグ=ウルス)　アレクサンドリア　カイロ　マムルーク朝　紅海　アラビア海　(オゴタイ=ハン国)*2　ビシュバリク　アルマリク　チャガタイ=ハン国(チャガタイ=ウルス)　サマルカンド　デリー=スルタン朝　ベンガル湾　チベット　ラサ　大理　昆明　成都　元(大元ウルス)　カラコルム　上都　大都　直沽　青島　汴梁　杭州　福州　泉州　広州　ブルカン山　バイカル湖　シベリア　高麗　博多　京都　鎌倉　日本　大越(陳朝)　チャンパー　パガン　マラッカ　パレンバン　シンガサリ朝　東シナ海　南シナ海　0 1000km

凡例：モンゴル帝国の最大領域／ジャムチルート／おもな海上ルート／→フビライの遠征(数字は遠征年)

チンギス=ハン①(幼名テムジン)(位1206～27) ＝ ボルテ
　├ ジュチ(ジョチ) … バトゥ … キプチャク=ハン国(ジョチ=ウルス) 都:サライ
　├ チャガタイ … チャガタイ=ハン国(チャガタイ=ウルス) 都:アルマリク
　├ オゴタイ②(オゴデイ)(位1229～41) ─ グユク③(位1246～48)；■ ─ ハイドゥ(カイドゥ)
　│　(オゴタイ*2=ハン国) 都:エミール
　└ トゥルイ(トルイ) ─ モンケ④(位1251～59)，フビライ⑤(クビライ)(位1260～94)，フラグ(フレグ)，アリクブケ
　　　フビライ … 元朝(大元ウルス) 都:大都
　　　フラグ … イル=ハン国(フレグ=ウルス) 都:タブリーズ
(東方三王家*)

①～⑤ 継承順位(ハンはクリルタイで選出)　赤字 女性

*帝国の左翼(東方)を支えたチンギスの弟たちの三王家。

▲④モンゴル帝国の系図

＊2 近年の研究では，オゴタイ家は分裂状態にあり，安定した勢力とはならなかったため，オゴタイ=ハン国の存在は疑問視されている。

キプチャク=ハン国

- ロシア平原に建国
- **ビザンツ帝国**や**マムルーク朝**と通交
- **ルーシ(ルス)**とよばれるロシアの諸公国を臣従させる
  →東北ロシアの**モスクワ大公国**(→p.141)に，ロシア諸公国からの徴税をゆだねる
  (共存時代が約250年続く)

イル=ハン国

- イランに建国
- **マムルーク朝**と争い，ヨーロッパ諸国や**ビザンツ帝国**と通交
- **ガザン=ハン**時代(位1295～1304)に**イスラーム**を国教化
- **ラシード=ウッディーン**(1247ごろ～1318)『**集史**』ペルシア語で編纂(へんさん)

▲⑤イスラームに改宗したガザン=ハン

チャガタイ=ハン国

- 中央アジアの**トルキスタン**に建国
- **ネストリウス派**キリスト教(**景教**)を信仰
- 14世紀初めに政治的自立を確立するも14世紀半ばには内紛で東西に分裂

▶⑥チャガタイの葬儀に参列する景教の僧

MAP K

モンゴル帝国の社会と文化 ～統治体制と東西交流の活性化

1 元代の文化と社会

特色	多文化・多言語主義。**モンゴル文字・パスパ(パクパ)文字***が公文書に使われる。おおらかな統治のもと，儒学は不振。宋代と同じように庶民文化が発達した *1269年，**チベット仏教**(ラマ教)サキャ派の法王**パスパ**(パクパ)がフビライ=ハンの命により作成。
宗教	**チベット仏教**，全真教(道教)，イスラーム，ネストリウス派キリスト教，ローマ=カトリックなど，多様な宗教が共存
文学	**元曲**(雑劇の脚本)…宋に始まり，元で完成。唱・音楽・踊り・せりふの歌劇。唱をとくに重視(元代の代表的文芸) 大都中心の**北曲**『**西廂記**』(王実甫)『**漢宮秋**』(馬致遠) 江南におこった**南曲**，『**琵琶記**』(高明) →郷村の廟の境内に舞台がおかれ，庶民が楽しむ **全真教**(道教)布教に一役 口語体小説…『**水滸伝**』『**西遊記**』『**三国志演義**』の原型が成立
書画	**趙孟頫**(趙子昂)…元に仕えた書家，画家。王羲之の伝統を継ぎ，画では元末四大家に道を開いた。**文人画**を復興 元末四大家…黄公望，倪瓚，呉鎮，王蒙(**南画**の大成者) **細密画(ミニアチュール)**…中国画の影響がイスラーム世界に伝わり，発展(イル=ハン国経由) ➡p.128,135
科学工芸	天文学・数学は**イスラーム文化**の影響を受けた **郭守敬**が**授時暦**を作成(1年=365.2425日) →明の大統暦や日本の**貞享暦**に影響 ➡p.52,303 回回砲(フビライ=ハンに仕えたペルシア人が製作した投石機。襄陽砲ともいう) 染付の顔料であるコバルトはイスラーム世界からもたらされた

モンゴル人支配層(100万人前後，1.4%)
モンゴル出身者，実力のある色目人・漢人・南人

↑ 実力・能力本位による人材登用

色目人	漢人	南人
ヤラワチ*など	耶律楚材*2など	蒲寿庚*3など
中央アジア・西アジア出身者	旧金朝治下の出身者	旧南宋治下の出身者
100万人前後，1.4%	約1000万人，13.9%	約6000万人，83.3%

青字 モンゴル出身以外の著名な人材登用者
* ホラズム出身のムスリム商人。財務長官に。
*2 遼の王族出身の文人官僚。
*3 中国に来住したムスリム，元の海軍創設に貢献。

◀①**元の社会構造** 固定的な身分制度があったわけではなく，実力を重視した登用を行った。

▶②**交鈔** モンゴルではほぼ**金**にならった紙幣を流通させた。交鈔は銀との兌換が保証され，偽造者は死刑とされた。交鈔の流通により，使わなくなった銅銭(宋銭)が日本などに大量に流出した。
〈28㎝×19㎝〉 ➡p.108,113,巻末

▼③**元の衰退原因**

地球規模の自然災害など
- 1342年からほぼ毎年のように起こった黄河の大洪水による華北の荒廃
- 水害と飢え，ペストの流行，無償の治水工事への徴発による農民の困窮

国内の政治的混乱
- 各宗教への寄進，支配層の浪費による財政悪化，交鈔の乱発によるインフレの発生
- 帝位継承戦争とたび重なる宮廷内のクーデタの発生

↓
1351～66 **紅巾の乱** **白蓮教**などの宗教結社を中心とした大農民反乱
↓
元の弱体化・北元へ ➡p.114

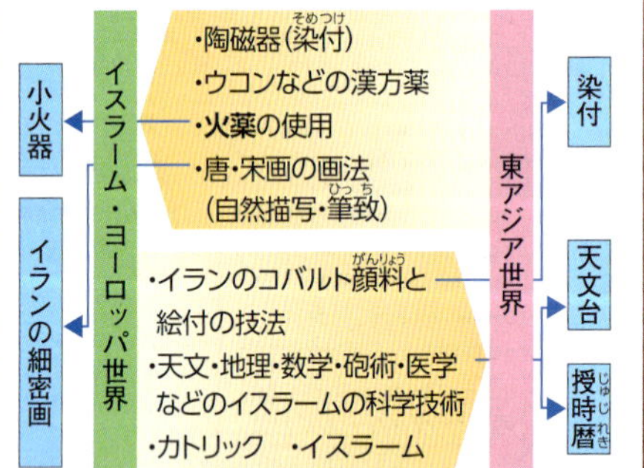

◀④**チベット仏教寺院**(北京，妙応寺白塔) **パスパ**(パクパ)は**フビライ**の帝師となり，**チベット仏教**を普及させた。

2 ユーラシア大交流圏の成立

テーマ ユーラシア交流圏

モンゴル帝国は商業を重視し，陸路は**駅伝制(ジャムチ)**で整備した。海路は，**ムスリム商人**が宋代に来航しており，**元**が黄河と長江間の運河を整備し，陸路・海路の結節点となる**大都**を建設したことで，世界史上初めて，ユーラシア大陸を円環状に結ぶ一大交易網が成立した。 ➡p.30～31

イスラーム・ヨーロッパ世界 ⇄ 東アジア世界
- 東アジア世界→イスラーム・ヨーロッパ世界：・陶磁器(染付) ・ウコンなどの漢方薬 ・**火薬**の使用 ・唐・宋画の画法(自然描写・筆致) → 小火器，イランの細密画
- イスラーム・ヨーロッパ世界→東アジア世界：・イランのコバルト顔料と絵付の技法 ・天文・地理・数学・砲術・医学などのイスラームの科学技術 ・カトリック ・イスラーム → 染付，天文台，授時暦

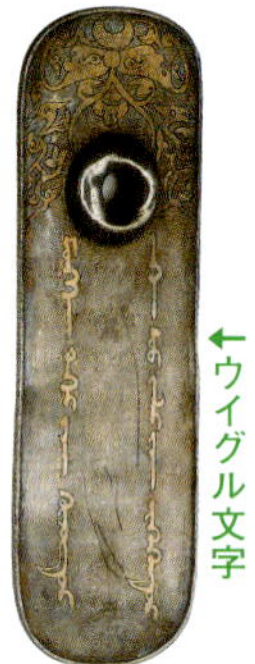

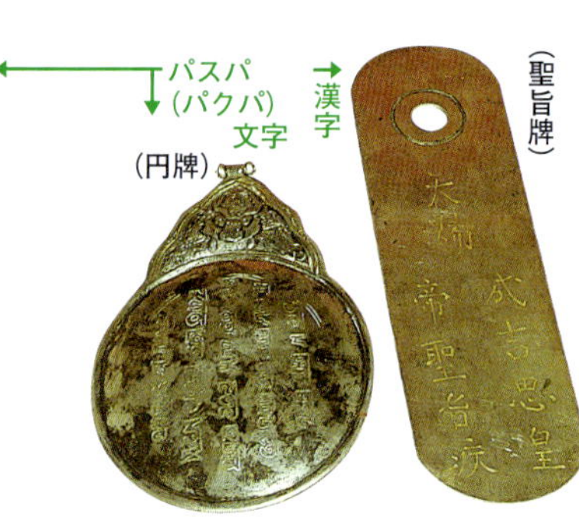

▲⑥**駅伝制(ジャムチ)の牌符** 内陸交易路には**站(ジャム＝駅)**がおかれ，宿舎と馬が常備された。身分を証明する**円牌**を携帯した公用の使者には，宿泊と官馬が提供され，安全が保証された。**チンギス=ハン(カン)**の聖旨牌は，モンゴル皇帝の急使が持ち，官吏は協力が最優先された。

◀⑦**染付** イラン産の**コバルト**顔料(呉須)で彩色し，釉薬をかけて高温焼成した**景徳鎮**産の**白磁**は，「青花(日本では**染付**)」とよばれる。「**海の道**」で運ばれ，西アジアやヨーロッパでも珍重された。 ➡p.108,巻末折込

	人物	生没年	おもなことがら
使節	**プラノ=カルピニ**(イタリア)往復:陸路	1182ごろ～1252	**フランチェスコ派**修道士。**カラコルム**にいたるグユクに教皇の親書を渡す
使節	**ルブルク**(フランス)往復:陸路	1220ごろ～93ごろ	**フランチェスコ派**修道士。**ルイ9世**の命で，**カラコルム**にいたり，モンケと会う。旅行記を残す
使節	**モンテ=コルヴィノ**(イタリア)往:海路	1247～1328	**フランチェスコ派**修道士。教皇の命で**大都**にいたり大司教に。中国初の**カトリック**布教者
旅行家	**マルコ=ポーロ***(イタリア)往:陸路，復:海路	1254～1324	**ヴェネツィア**出身。父・叔父とともに**大都**を訪れた。『**世界の記述(東方見聞録)**』 史p.350
旅行家	**イブン=バットゥータ**(モロッコ)往復:海路	1304～77ごろ	**ムスリム**の旅行家。西アジア，インド，中国，ヨーロッパ，アフリカなどを旅行。『**三大陸周遊記**』 ➡p.32,128

▲⑤**使節と旅行家** *17年間フビライ=ハンに仕えたといわれるが，中国側の資料に記述はない。

▶⑧**観星台** イスラーム世界の測量術と天文学を学んだ**郭守敬**が**フビライ**(クビライ)の命で建設した天文台。彼の**授時暦**は**グレゴリウス暦**と同じ，1年365.2425日であった。 ➡p.52

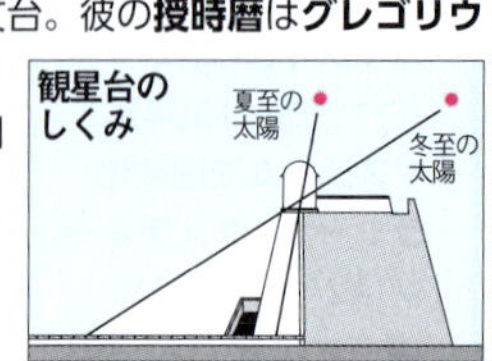

今日とのつながり チベット仏教は，このあと16世紀にモンゴル地域の支配的宗教となり，現在にいたっている。

特集 元～清代初期の銀の流れと東アジア世界

1 元代の銀を基軸とした貨幣制度

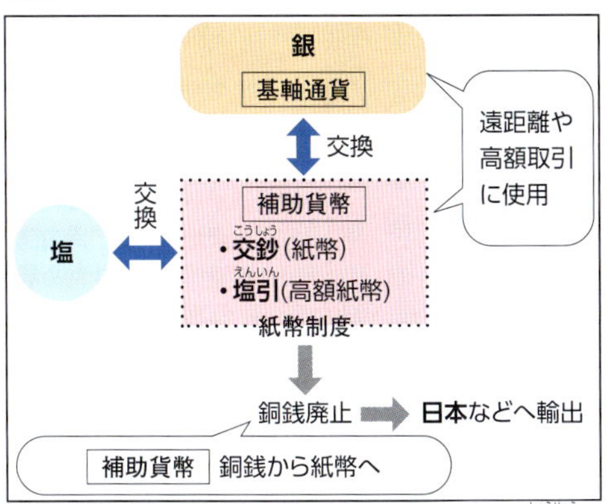

▲①元代の貨幣制度　重量をはかって使用する秤量貨幣である銀が，遠隔地間の高額決済に基軸通貨として広域で使用されたが，銀はつねに不足した。そこで銀との交換を義務づけた**交鈔**や，高額紙幣として**塩引**を発行し，この二つが銀の不足を補った。一方役割の低下した**銅銭**は日本など各国に輸出され，その国の経済活動を支える重要な役割を果たした。

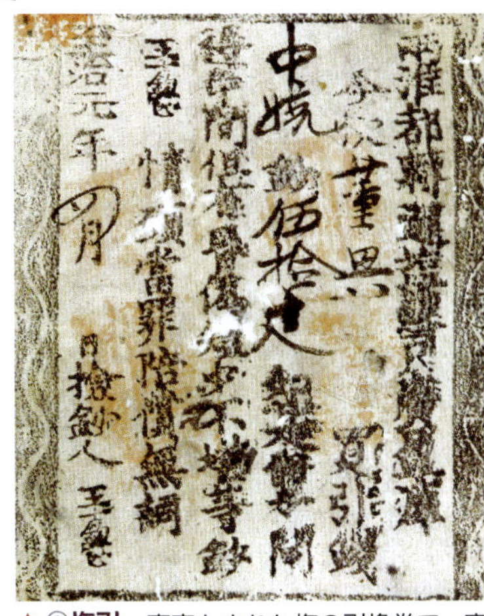

▲②塩引　専売とされた塩の引換券で，高額紙幣の役割を果たした。塩の専売による収入は歴代王朝の重要な財源で巨額の利益を生んだ。高額な価格設定のため密売も横行し，歴代王朝はその対応に苦慮した。

テーマ 銅銭の日本への輸入 ➡p.303

宋代に鋳造された**宋銭**や明代の**明銭**は日本に大量に輸出され，中世の日本の貨幣としてさかんに流通し，貨幣経済の発展を支えた。元代は銅銭を通貨としなかったため，宋銭の輸出はこの時期がとくに多かった。日本では古代の皇朝十二銭以降，貨幣鋳造が行われず中国銅銭がその代替貨幣となり，この状態は戦国時代に北条・今川・武田氏などが独自に貨幣鋳造を行うまで続いた。銅銭の価値は日本では約3倍になったという研究もあり，日本側の銅銭輸入の大きな原動力となった。室町時代には銅銭不足から粗悪な私鋳銭がつくられ，しばしば撰銭の傾向によって経済が混乱し，幕府や戦国大名は特定の悪貨以外の撰銭を禁止した。

▲③沈没船から引き上げられた銅銭　韓国の新安郡の沖合で，14世紀に中国から博多に向かったとされる船が発見された。船には7500貫の銅銭が積まれていた。

2 明～清代初期の中国に集まる世界の銀

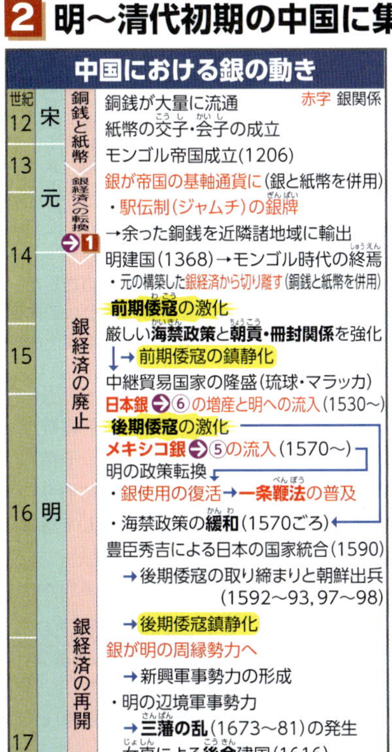

中国における銀の動き（赤字 銀関係）

世紀			
12	宋	銅銭と紙幣	銅銭が大量に流通
			紙幣の交子・会子の成立
13			モンゴル帝国成立(1206)
	元	銀経済への転換 ➡1	銀が帝国の基軸通貨に(銀と紙幣を併用)
			・駅伝制(ジャムチ)の銀牌
			→余った銅銭を近隣諸地域に輸出
14		銀経済の廃止	明建国(1368)→モンゴル時代の終焉
			・元の構築した銀経済から切り離す(銅銭と紙幣を併用)
			前期倭寇の激化
			厳しい**海禁政策**と**朝貢・冊封関係**を強化
15			↓→前期倭寇の鎮静化
			中継貿易国家の隆盛(琉球・マラッカ)
			日本銀➡⑥の増産と明への流入(1530～)
			後期倭寇の激化
			メキシコ銀➡⑤の流入(1570～)
			明の政策転換
		銀経済の再開	・銀使用の復活→**一条鞭法**の普及
16	明		・海禁政策の**緩和**(1570ごろ)
			豊臣秀吉による日本の国家統合(1590)
			→後期倭寇の取り締まりと朝鮮出兵(1592～93,97～98)
			→後期倭寇鎮静化
			銀が明の周縁勢力へ
			→新興軍事勢力の形成
			・明の辺境軍事勢力
			→**三藩の乱**(1673～81)の発生
17			・女真による**後金**建国(1616)
			→清帝国へ(1636,清に国号を改める)
	清		・海上勢力の台頭
			→**鄭氏台湾**(1662～83)の成立

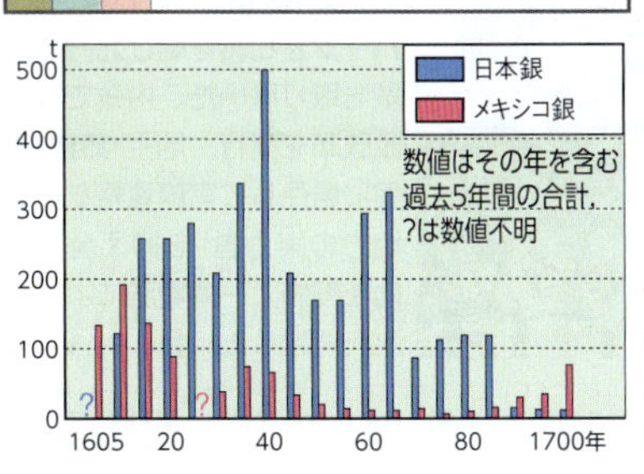

▲④16世紀の銀の流れ　スペインによって「新大陸」の銀はヨーロッパにもたらされ，またガレオン船による**アカプルコ貿易**で東アジアにも流入。これら「新大陸」の銀や日本銀は，中国産品の代価として中国に大量に流入した。流入した銀により，中国では元代以来の銀経済が復活した。国内に銀が波及することで，税制などのちに大きな変化を生む要因となった。

◀⑤メキシコ銀　ポトシ銀山など「新大陸」の銀を独占したスペインによって鋳造され，世界通貨として広く流通。スペイン銀ともいう。

▶⑥御取納丁銀　石見銀山で産出した銀でつくられた銀貨。1557年毛利元就が正親町天皇に献上したもので，現在確認されているのはわずか1枚のみ。

◀⑦中国に流入した日本銀・メキシコ銀　17世紀半ばには世界の銀生産量の3分の1が**日本銀**であった。

テーマ 東アジアの銀本位制

元代，西アジアに多く流出していた銀は，明代後期以降，日本と「新大陸」から大量にもたらされ，中国は世界の銀の終着駅となった。この変化は明代から清代に**一条鞭法**や**地丁銀**による銀納の新税法(➡p.120)を生み，東アジア世界では銀で決済される体制がしだいにできあがっていった。これが近代の銀本位制の基礎となっていくが，幕末の日本で大量の金貨流出があったように，交換比率など多くの問題があった。

◀⑧馬蹄銀　中国で使用された馬蹄形の銀塊。通常約50両(1800g)で高額取り引きに使用。明・清代には銀貨の鋳造は行われず，秤量貨幣として用いられた。

日本 東アジア MAP K～N 2部1章

明 ～漢族王朝 明の成立と皇帝独裁体制 ➡巻頭16

＊近年の学説では，マストの数は6本とされる。

ヒストリーシアター 民間の国際交易を禁ず！

▲①永楽帝

よみとき p.34～35「15世紀の世界」を見て鄭和の航路をたどり，図②のキリンがどこから来たのか考えよう。

▲②明に献上されたキリン

◀③鄭和の大航海の想像図＊ 数十隻の船と2万人をこえる大艦隊を率いた。

▲④鄭和(1371～1434？) 雲南省出身。**ムスリムの宦官**。**永楽帝**の命で，南海諸国に朝貢貿易を促すため前後7回の**南海遠征**を行った。東南アジア・インドを経て**ホルムズ**に達し，分隊はメッカやアフリカ東岸のマリンディに達した。➡p.34～35,97 3

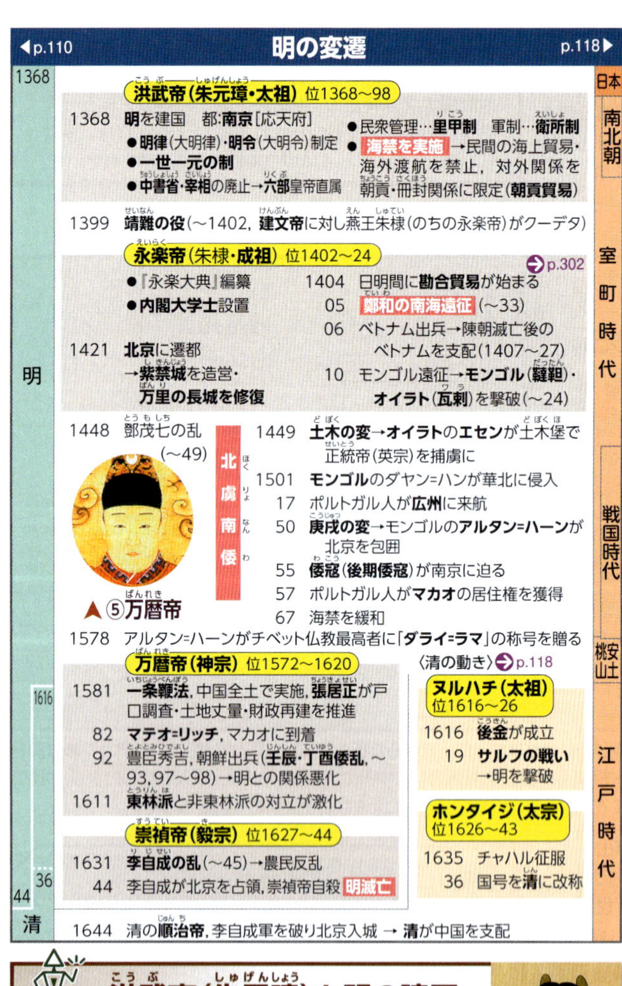

明の変遷

◀p.110 p.118▶

1368 明

洪武帝(朱元璋・太祖) 位1368～98
- 1368 **明**を建国 都:**南京**[応天府]
- ●**明律**(大明律)・**明令**(大明令)制定
- ●**一世一元の制**
- ●**中書省**・**宰相**の廃止→**六部**皇帝直属
- ●民衆管理…**里甲制** 軍制…**衛所制**
- ●**海禁を実施**→民間の海上貿易・海外渡航を禁止，対外関係を朝貢・冊封関係に限定(**朝貢貿易**)

1399 **靖難の役**(～1402，**建文帝**に対し燕王朱棣(のちの永楽帝)がクーデタ)

永楽帝(朱棣・成祖) 位1402～24 ➡p.302
- ●『永楽大典』編纂
- ●**内閣大学士**設置
- 1404 日明間に**勘合貿易**が始まる
- 05 **鄭和の南海遠征**(～33)
- 06 ベトナム出兵→陳朝滅亡後のベトナムを支配(1407～27)
- 10 モンゴル遠征→**モンゴル**(**韃靼**)・**オイラト**(**瓦剌**)を撃破(～24)
- 1421 **北京**に遷都 →**紫禁城**を造営・**万里の長城を修復**

1448 鄧茂七の乱(～49)

北虜南倭
- 1449 **土木の変**→**オイラト**の**エセン**が土木堡で正統帝(英宗)を捕虜に
- 1501 **モンゴル**のダヤン=ハンが華北に侵入
- 17 ポルトガル人が**広州**に来航
- 50 **庚戌の変**→モンゴルの**アルタン=ハーン**が北京を包囲
- 55 **倭寇**(**後期倭寇**)が南京に迫る
- 57 ポルトガル人が**マカオ**の居住権を獲得
- 67 海禁を緩和

▲⑤万暦帝

1578 アルタン=ハーンがチベット仏教最高者に「**ダライ=ラマ**」の称号を贈る

万暦帝(神宗) 位1572～1620
- 1581 **一条鞭法**，中国全土で実施，**張居正**が戸口調査・土地丈量・財政再建を推進
- 82 **マテオ=リッチ**，マカオに到着
- 92 豊臣秀吉，朝鮮出兵(**壬辰・丁酉倭乱**，～93，97～98)→明との関係悪化
- 1611 **東林派**と非東林派の対立が激化

〈清の動き〉➡p.118

ヌルハチ(太祖) 位1616～26
- 1616 **後金**が成立
- 19 **サルフの戦い**→明を撃破

崇禎帝(毅宗) 位1627～44
- 1631 **李自成の乱**(～45)→農民反乱
- 44 李自成が北京を占領，崇禎帝自殺 **明滅亡**

ホンタイジ(太宗) 位1626～43
- 1635 チャハル征服
- 36 国号を**清**に改称

1644 清

1644 清の**順治帝**，李自成軍を破り北京入城 → **清**が中国を支配

日本：南北朝／室町時代／戦国時代／安土桃山／江戸時代

ひと 洪武帝(朱元璋)と明の建国

12世紀，**弥勒信仰**に**マニ教**などの要素を加え民間に広がったのが**白蓮教**で，漢族支配回復運動と結びつき，対モンゴル反乱に拡大した。赤い頭巾を着用したので**紅巾**とよばれた(➡p.110)。白蓮教の極貧僧で紅巾軍に参加していた**朱元璋**は，群雄を撃破して**南京**(応天府)で即位，明を建国し，元号を洪武と定めた(以後**一世一元**となる)。彼は恐怖政治をしき，皇帝独裁を強化した。二つの肖像画は，下の方が実際の姿に近いと考えられている。

1 明の統治体制

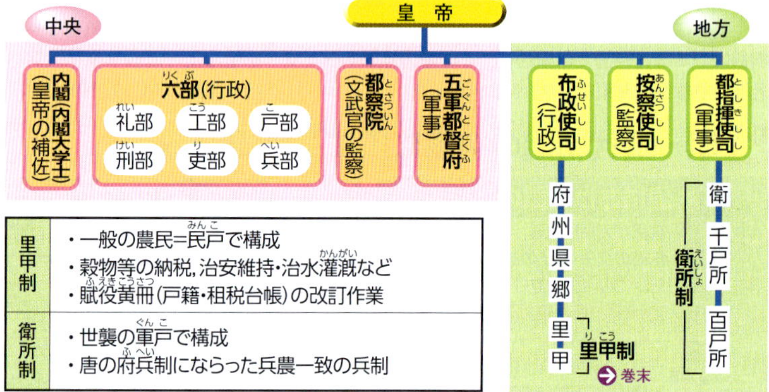

里甲制	・一般の農民=民戸で構成 ・穀物等の納税，治安維持・治水灌漑など ・賦役黄冊(戸籍・租税台帳)の改訂作業
衛所制	・世襲の軍戸で構成 ・唐の府兵制にならった兵農一致の兵制

▲⑥**洪武帝**は，中書省や宰相職を廃止して，**皇帝独裁**による**中央集権体制**をめざした。しかし，実際は，皇帝1人で政務を処理できず，**永楽帝**以降は，皇帝の秘書として**内閣大学士**が参与し，**宦官**も重用されるようになった。のちに，主席の大学士は事実上の宰相となった。

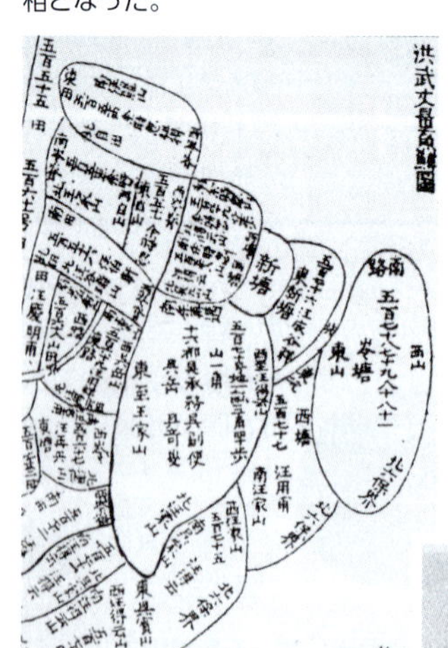

▲⑦**魚鱗図冊**(模刻) 全国の土地人口を調査した土地台帳。地番・面積・形状・土地所有者・租税負担などを記した鱗のような形状で，明では戸籍・租税台帳(**賦役黄冊**)とともに**里甲制**の官簿となった。

> 父母に孝順であれ。目上のものを尊敬せよ。郷村の人々は互いに仲良くせよ。子弟の教育を重んぜよ。それぞれの生業におちついて励精せよ。人倫にもとることをしてはならない。
>
> 〈吉田寅訳『太祖洪武実録』巻255 洪武30年9月〉

▲⑧**六諭** **洪武帝**が，天子による民衆教化という儒教主義にのっとり，1397年に発布した教訓。江戸期の日本にも伝えられた。建国時の1368年には，法典として**明律**(刑法典)と**明令**(法典)とを発布した。

◀⑨**張居正**(1525～82) 明を再建した大政治家。外交では**モンゴル**(**韃靼**)の**アルタン=ハーン**と和議を結び北方の脅威を取り除いた。内政では行政改革を断行，地主・**郷紳**(郷里に居住して官僚資格をもつ地方の実力者)を抑え全国検地を実施，**一条鞭法**により財政を再建した。➡p.117,巻末

今日とのつながり 日常の食べ物でビタミンCの必要量を摂取すれば壊血病にはならないが，鄭和はその予防のため，船上でモヤシを栽培したという。

日本 東アジア MAP K～N 2部1章

2 明の対外政策 ➡p.116～117

世界全図p.34-39 ⬅p.111 1，➡p.119 2

ロシア
カザフ=ハン国
オイラトの最大領域（15世紀半ば）
明の最大領域（15世紀初）
バイカル湖
ヌルカン
野人女真
海西女真
建州女真
バルハシ湖
オイラト（瓦剌）
ブハラ=ハン国
イリ
カラコルム
モンゴル（韃靼）
チャハル
コーカンド
カシュガル
トゥルファン
ハミ
ウイグル
土木の変（1449）
宣府
薊州
サルフ
遼東
朝鮮
日本
東チャガタイ=ハン国
粛州
寧夏
オルドス
大同
北京（順天府）
山海関
漢城
富山浦
京都
堺
山口
博多
坊津
ホータン
甘州
楡林
太原
黄海
青海
チベット
固原
開封
西安
明
南京（応天府）
杭州
寧波
東シナ海
太平洋
ムガル帝国
デリー
ラサ
チャムド
遵義
景徳鎮
首里
琉球
福州
厦門
台湾
ゼーランディア城（1624～61蘭）
広州
アヴァ
タウングー朝
昇竜（ハノイ）
マカオ（1557葡）
大越
南シナ海
鄭和の南海遠征
0 500km
永楽帝の対外政策
万里の長城（1600年ごろ）
九辺鎮
倭寇の本拠地
前期倭寇の侵略した沿岸
後期倭寇の侵略した沿岸
李自成の支配地域

▼ ⑩明の対外関係

オイラト（瓦剌）
1449 土木の変
北虜
モンゴル（韃靼）
1410～24 永楽帝5回の遠征
明
朝鮮
1592 援軍派遣
壬辰・丁酉倭乱 1592～93，97～98
日本
1407 直轄領
大越
（1428 黎朝が独立）
1405～33 鄭和7回遠征
南海諸国
ジャワ～アフリカ東岸
勘合貿易 1404～1547
南倭（倭寇）

〈東京大学史料編纂所蔵〉

南倭
明の官軍
倭寇

▲ ⑪**倭寇**　**洪武帝（朱元璋）**は，国内の経済回復と治安維持のため，大交易時代に反する**海禁**政策をとったが，中国人・日本人・朝鮮人の私貿易商人は，武装して抵抗し，中国・朝鮮沿岸を襲った。16世紀末に海禁は解除され，また日本での**豊臣秀吉**の天下統一により，争乱はようやくおさまった。（前期倭寇 ➡p.33，後期倭寇 ➡p.37）

◀ ⑫**万里の長城**（総延長 約8850km）と ▶ ⑬**その構造**
元の滅亡後もモンゴルと明との対立は続き，**永楽帝**は5回にわたってモンゴル遠征を行った。しかし，永楽帝以後は，**オイラト**（瓦剌）や**モンゴル**（韃靼）の攻勢により，明は守勢にまわる。これを「**北虜**」とよぶ。長城は古代から築かれていたが，明が北虜への防衛線として強化した。➡p.91

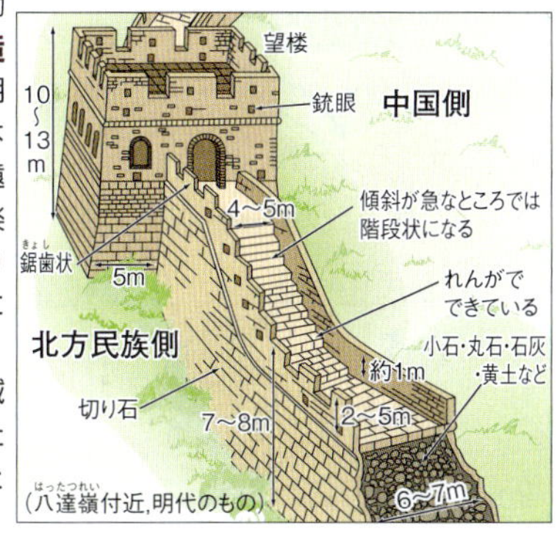

3 明末の社会混乱と衰退

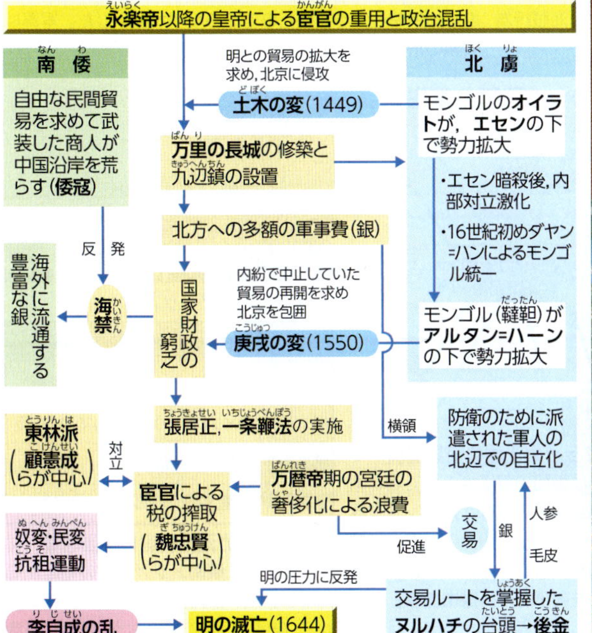

テーマ 紫禁城

永楽帝が北京に造営し，明・清代の皇帝の居城となった。増改築が繰り返され，南北約960m，東西約750mの敷地の中に，800近くの建物と1万もの部屋があったという。皇帝に許される黄色の瑠璃瓦が連なる荘厳な建物で，現在は博物館となっている。
「紫」は天空の帝座とされた紫微垣からきており，宮殿は人々が入れない「禁」区であったことから，紫禁城とされた。中央奥の太和殿などでは皇帝の即位や儀式，科挙の殿試が行われ，皇帝権力の象徴でもあった。

今日とのつながり　万里の長城のうち，最も美しい長城といわれる八達嶺長城（➡⑫）は，北京から約80kmのところにあり，現在も多くの観光客が訪れる。

日本 東アジア MAP K～N 2部1章

特集 明・清代のアジア海域世界 ➔巻頭16

青字 日本に関する事項

	年	事項	
元	1370	○前期倭寇の活動さかん ➔1A	海禁
明	71	明, 海禁令を発布, 貿易を朝貢・冊封関係に限定	
	72	琉球中山王, 明に朝貢する ➔1B	
	1403	明, 市舶司を復活させる ➔⑤	
	04	日本の室町幕府, 明に朝貢する(勘合貿易開始)	
	05	鄭和の遠征(~33, 7回行う), 諸国に朝貢・冊封関係をせまる	
		○マラッカ王国の繁栄 ➔1C	
	1526	日本で石見銀山の採掘始まる ➔p.113	
	47	日本, 最後の遣明船を派遣する	
	50	○後期倭寇の活動さかん ➔2A	
	57	ポルトガル人のマカオ居住を許可する ➔⑬	
	70ごろ	海禁を緩和する	緩和
	92	豊臣秀吉, 朝鮮出兵を行う(~93, 97~98) ➔⑮	
	1624	オランダ, 台湾にゼーランディア城を築く ➔⑭	
	39	日本, ポルトガル船の来航を禁ずる(「鎖国」の完成) ➔⑰	
清	56	清, 海禁令を発布する	海禁
	61	鄭成功, 台湾を占領する ➔⑭	
	83	清, 台湾を平定する	
	84	清, 海外との貿易を許可する, 互市貿易が主流に*	解除
	1757	清, ヨーロッパ貿易を広州に限定する ➔⑱	

*このとき福建や広東から東南アジアに住みついた人々は, のちに南洋華僑となった。

▲①明・清代のアジア海域の貿易

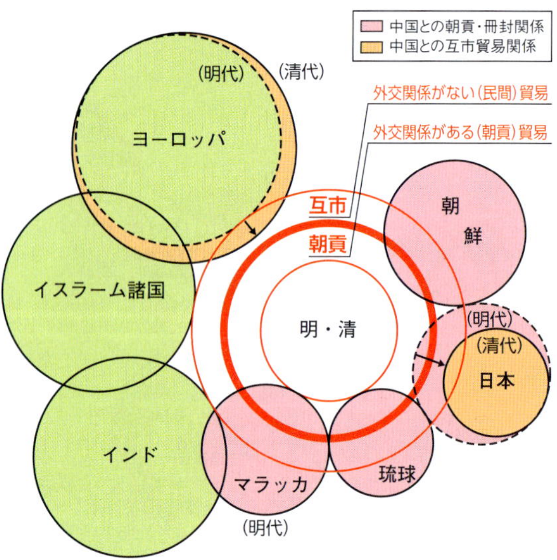

〈濱下武志著『近代中国の国際的契機』より改編〉

◀②中国と周辺諸国の関係図　14~19世紀の東アジア地域の国際秩序は, 中国を中心とした朝貢・冊封関係にあった。明は厳密な朝貢・冊封関係にもとづく厳しい海禁を基本とし, 朝貢貿易のみ認めた。琉球や東南アジアのマラッカはこの朝貢貿易で中継貿易地として繁栄した。清は朝貢貿易を基本にしながら, 1683年の鄭氏降伏後, 日本などと外交関係を伴わない民間貿易である互市貿易を認めたが, ヨーロッパに対しては, 1757年, 広州一港に限定しかつ公行(➔⑱)に貿易を一任させる制限を加えた。

1 厳しい海禁政策

A 前期倭寇の活動 ➔p.33

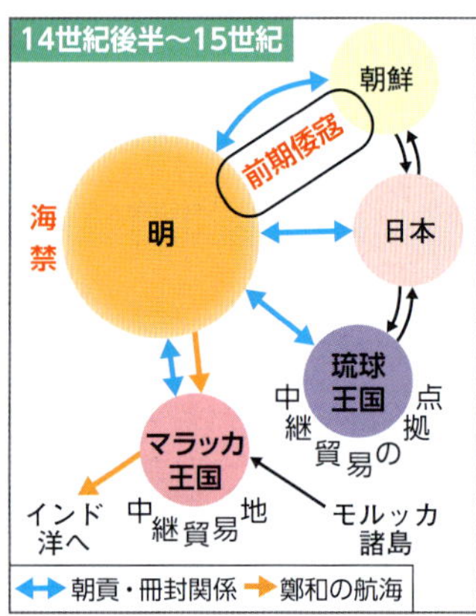

▲③前期倭寇を警戒し, 明は海禁政策をとり, 冊封を受けたマラッカや琉球が中国物産の中継貿易で繁栄した。

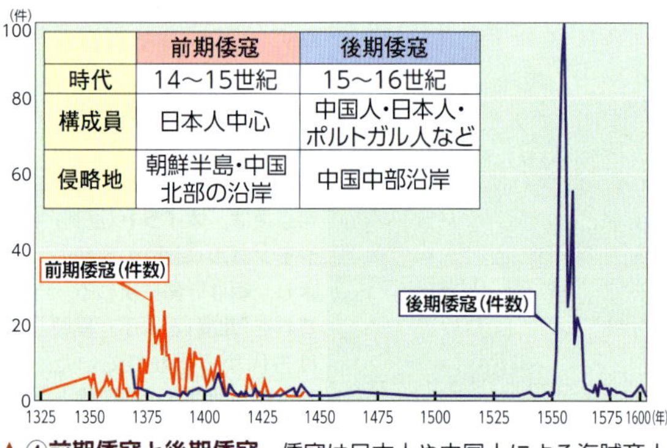

	前期倭寇	後期倭寇
時代	14~15世紀	15~16世紀
構成員	日本人中心	中国人・日本人・ポルトガル人など
侵略地	朝鮮半島・中国北部の沿岸	中国中部沿岸

▲④前期倭寇と後期倭寇　倭寇は日本人や中国人による海賊商人集団で, 前期は1370年代を頂点に朝鮮および元末明初で混乱する中国沿岸を, 日本人が主体となって襲撃。後期は1550年代を頂点に, 中国人を主体とした。海禁政策への反発から密貿易と海賊行為がより大規模化し, 明滅亡の一因となった(南倭)。

▲⑤市舶司　海上貿易関係の事務を所管する機関で, 唐代に広州に設置したのがはじまり。出入国の手続きや貨物の検査, 徴税など職務は広範におよんでいたが, 明代には厳しい海禁政策をしいたのでその役割が縮小した。写真は泉州の市舶司。

B 琉球王国の成立 ➔p.35,303

*明への朝貢国中, 琉球王国が朝貢回数最多。

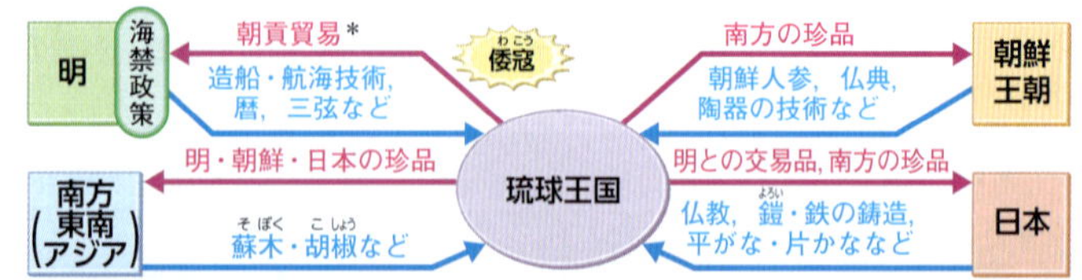

▲⑥琉球王国の交易関係　琉球は1429年中山王により統一。明との朝貢・冊封関係を利用し, 豊富な中国物産を輸入。また地理的条件に恵まれ, 日本・朝鮮・東南アジア・中国との中継貿易の中心を担い, マラッカ王国と並び港市国家(➔p.84)として大繁栄した。

◀⑦守礼門　那覇市の旧首里城表門にあたり, 明からの冊封使を国王がこの門まで出迎え三跪九叩頭の礼*をとった。16世紀尚清王のときに創建された。門に掲げられている「守禮之邦」の額からこの名が俗称として使用されている。

*跪いて3度頭をたれる動作を3回行う, 清朝皇帝に対する臣下の礼。

C マラッカ王国の繁栄 ➔p.85

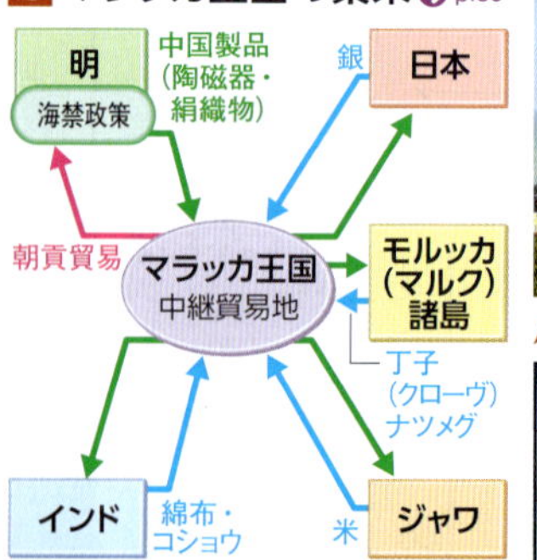

▲⑧マラッカ王国の交易関係　マラッカは鄭和の寄港地として明と朝貢・冊封関係を結び, 対インド交易(綿布・香辛料)を強力に推進。イスラームを受容し西方ムスリム世界との関係を強化した。港市国家として大繁栄し, 世界各地から商人が訪れたため, 「マラッカの港では84種類もの言葉が聞かれる」といわれた。

▲⑨港市国家マラッカ

	マラッカ港務長官の担当地域
第一長官	グジャラート(インド西海岸北部)
第二長官	南インド,ベンガル,ビルマ,サムドラ
第三長官	東南アジア島嶼部
第四長官	中国,琉球,チャンパー

▲⑩マラッカ港務長官の担当地域　マラッカには, 東南アジア全域の物産がもたらされた。また西はトルコ・エジプトから, 東は中国・琉球にいたる各地から商人が集まり, 東西貿易の一大中心地となって大交易ネットワークが形成された。

2 海禁政策の転換

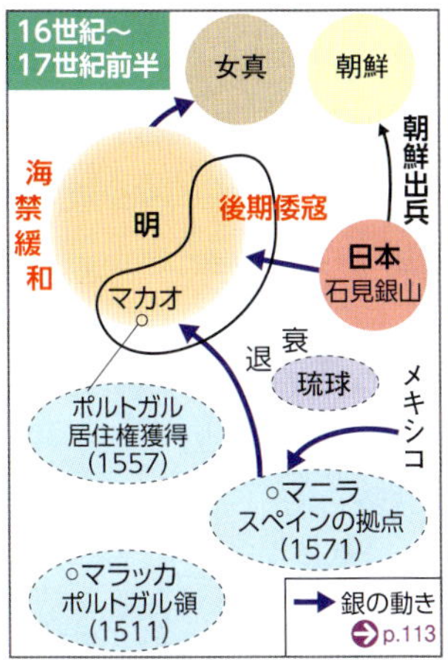

▲⑪明の**海禁**が厳しく，再び**倭寇**が活発化したため明は海禁を緩和。貿易が促進されることにより，女真や日本の織豊政権などの商業と軍事が結びついた強力な新興勢力が台頭した。

A 後期倭寇の活動 ➔p.37,115

▲⑫**後期倭寇**　16世紀に再び**倭寇**の活動が活発化。中国東南沿岸部の中国人が多数加わったが，指導層は戦乱に長けた日本人が多かった。本拠地は福建・浙江南部から日本の九州西部までの広範囲に及んだ。南京が包囲され，明は1570年ごろに海禁の緩和を決断。写真は2010年に発見された「抗倭図巻」。

ひと　王直(？～1559)

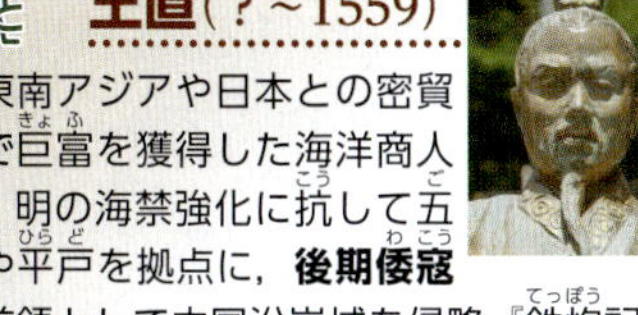

東南アジアや日本との密貿易で巨富を獲得した海洋商人で，明の海禁強化に抗して五島や平戸を拠点に，**後期倭寇**の首領として中国沿岸域を侵略。『鉄炮記』によると，1543年にポルトガル人を乗せて種子島に鉄砲を伝えたのも王直とされる。➔p.154

倭寇の首領 王直の活動

…嘉靖十九(1540)年，海禁がまだそれほど厳しくない時代に，王直は葉宗満とともに広東にゆき，巨艦を建造し，硫黄や生糸など禁制物品を積み込んで，日本やシャム，西洋(東南アジア西部をいう)諸国にいたり，往来交易すること五，六年，はかり知れぬ巨富を積んだ。…

〈『籌海図編』岸本美緒他著『世界の歴史⑫』〉

B アジア海域の新興勢力 ➔p.154～155

▲⑬**マカオの天主堂**　ポルトガルは**マカオ**を中国貿易の拠点として，中国の生糸・絹織物，日本の金銀を輸入し，ばくだいな利益を得た。

▲⑭**ゼーランディア城**　オランダの**連合東インド会社**が，1624年**台湾**支配のために築いた城塞。台湾は**マニラ**と**マカオ**の中間に位置する要衝で中国貿易の拠点だったが，清朝打倒をはかる**鄭成功**(➔p.119)の来襲で61年に陥落した。

◀⑮**豊臣秀吉の朝鮮出兵**　全国統一に成功した秀吉は，積極的に東アジア海域世界の支配をめざし，**倭寇**の取り締まりを強化して一部商人の海外渡航を認めた。しかし朝鮮支配を企図した2回の出兵は，**李舜臣**(➔p.122)の活躍や民衆のゲリラ戦，朝貢・冊封関係にもとづく明の援軍により失敗。以来，朝鮮との国交は断絶したが，徳川家康は対馬藩を介して関係改善に成功。明とは東南アジア経由の**朱印船貿易**を積極的に推進。写真は丁酉倭乱の蔚山城の戦い。

3 朝貢貿易から民間貿易へ

＊13の組合があったため「広東十三行」とよばれたが，その後，数は変動した。

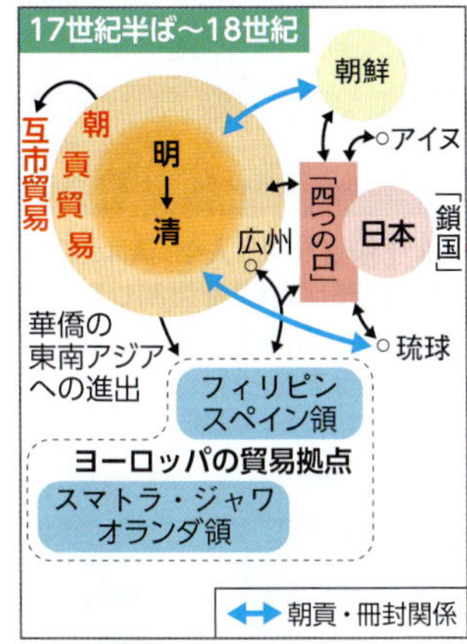

▲⑯清は1683年，**鄭氏**一族を打倒。海禁を解除し開放策に転じ，朝貢貿易にかわり民間貿易である**互市貿易**が主流となった。

▲⑰**長崎港のようす**　「**鎖国**」は国家による通交管理政策で，決して国を鎖してしまうものではない。長崎(オランダ・清)，対馬(朝鮮)，薩摩(琉球)そして松前(アイヌ)の「**四つの口**」が窓口となり，幕府は海外への門戸を開放しながら外国物産の安定供給に努めた(➔p.41)。

▲⑱**公行**（**広東十三行**＊）　**互市**はヨーロッパ商船にも認められたが，清は1757年以降，入港を**広州**一港に限定し，かつ特許商人組合の**公行**のみに独占取引を認めた。公行は価格決定や関税の徴収など広範囲な権限を与えられ，のちにアヘン戦争(1840～42)による**南京条約**(1842)で廃止された(➔p.228～229)。

ヒストリーシアター 繁栄をきわめた東アジアの大帝国

➤①『盛世滋生図(姑蘇繁華図)』 蘇州（➔p.120②）は，南北をつなぐ大運河や豊かな江南地方にほど近いという地理的好条件により，物流の中心として明・清代に中国で最も繁栄した。

よみとき 拡大中「各省雑貨」の看板から，どのような商業が成立したと考えられるだろうか。

清の変遷 ◀p.114　p.228▶

〈清の動き〉

ヌルハチ(太祖) 位1616～26
- ●**八旗制**を開始　**満州文字**制定　都:遼陽→**瀋陽**
- 1616 **満州(女真)族**を統一→**後金**が成立
- 19 サルフの戦い→明を撃破

ホンタイジ(太宗) 位1626～43
- ●蒙古八旗・漢軍八旗を設置
- 1635 内モンゴルの**チャハル**征服→38 **理藩院**を設置
- 36 国号を**清**(大清)に改称
- 37 **朝鮮(李朝)**が服属

順治帝(世祖) 位1643～61
- ●**辮髪**を漢族に強制，**緑営**(漢族の地方軍)を設置
- ●ドルゴン(睿親王)が摂政として権力を独占
- 1644 **李自成**が**北京**を占領→ **明滅亡** →**山海関**を守る明将**呉三桂**が清側に→清，李自成軍を破り北京入城→ **清，中国を支配** 都:**北京**

康熙帝(聖祖) 位1661～1722
- ●『康熙字典』『古今図書集成』の編集など，学問を奨励
- 1673 **三藩の乱**(～81)
- 99 イギリスの広州貿易を許可
- 1704 **典礼問題**(**イエズス会以外**の布教禁止)
- 13 盛世滋生人丁を施行
- 17 広東で**地丁銀**を実施
- 1661 **遷界令**公布(沿海部から内陸部への強制移住)→1684 撤廃
- 83 **鄭氏台湾**(1661～83)を征服 **中国統一**
- 89 **ネルチンスク条約**→ロシア(ピョートル1世)との国境条約

雍正帝(世宗) 位1722～35
- ●八旗制の改革や軍機処の創設により，君主独裁制を強化
- ●**キリスト教**布教禁止(宣教師をマカオに追放)
- 1724 **キリスト教の伝道を全面禁止**
- 29 軍機房を設置(32 **軍機処**)→軍事・行政上の最高機関
- 1727 **キャフタ条約** ➔p.173,205 →ロシアとの国境条約

乾隆帝(高宗) 位1735～95
- ●**ジュンガル部**，**回部**を征服，**最大版図を実現** **五族支配の完成**
- 1757 西欧との貿易を**広州**1港に限る→**公行**が貿易独占 ➔p.117,228
- 93 イギリス使節**マカートニー**通商交渉 ➔p.97
- 1758 **ジュンガル**を征服
- 59 天山山脈以北(ジュンガル部)と東トルキスタン(回部)を**新疆**と名づける

1796 **白蓮教徒の乱**(～1804)→農民反乱

〈明の動き〉
- **万暦帝(神宗)** 位1572～1620 ➔p.114
- **崇禎帝(毅宗)** 位1627～44 ➔p.114

時代区分：明(1616, 36, 44)／清　日本：江戸時代

▲②康熙帝　▲③雍正帝　▲④乾隆帝

1 清の統治体制

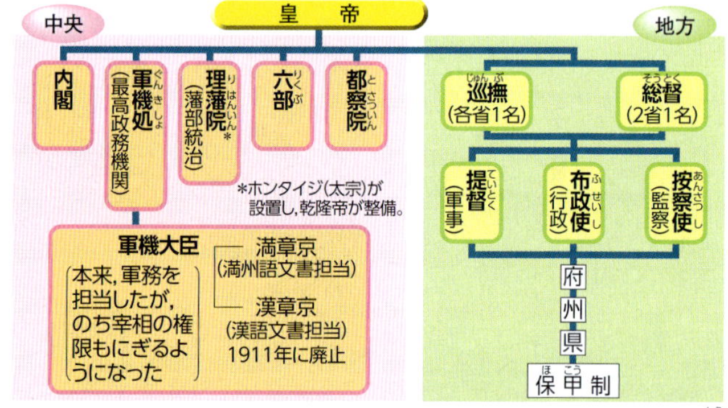

▲⑤清は中国を征服し統治するため，明の制度をほぼ継承し，さらに，**雍正帝**はジュンガル征討に際して**軍機処**を設置した。旧明領では，官吏登用には**科挙**を行い，満州族・漢族併用策(**満漢併用制**)を採用した。

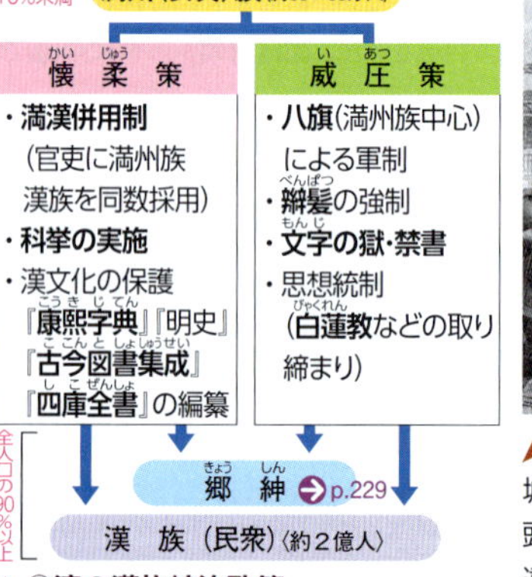

▲⑥清の漢族統治政策

▲⑦**辮髪を結う人々** 清は北京入城の翌日，辮髪*を強制した。「留頭不留髪，留髪不留頭」といわれ，違反者は死刑となった。史p.350

＊満州族だけでなく，モンゴル高原の多くの民族に共通する風習。

テーマ 偉大な3皇帝 ～康熙・雍正・乾隆

清の繁栄期をつくった3人の皇帝は勤勉で有名である。康熙帝は満州語・漢語・モンゴル語を話すトリリンガル。毎日儒学の講義を受け，イエズス会士から西洋の学問を吸収した学者皇帝。武も重んじた。雍正帝は，即位してから死ぬまでの13年間，朝から深夜まで精力的に政務をこなした。乾隆帝は10回の戦争すべてに勝利し「十全老人」と自賛。康熙帝と同様に詩作や絵画が得意。清の全盛期を統治した。

➤⑧**八旗軍** **ヌルハチ**は，軍事行政単位として満州族固有の社会組織をもとに，黄白紅藍の4旗と各旗に縁取りをつけた4旗で，計6万人の軍団を編成した。**ホンタイジ**のとき，**蒙古八旗**と**漢軍八旗**が創設され，八旗につぐ正規軍として，漢人で編成された**緑営**(緑旗)が生まれ，強大な軍事力を誇った。

旗人：八旗に属する人々　旗地：旗人に与えられた土地

2 清の対外政策 ➲p.116〜117

▼⑨清の領域 世界全図p.40-41 ➲p.115 2，➲p.173 3，228 1

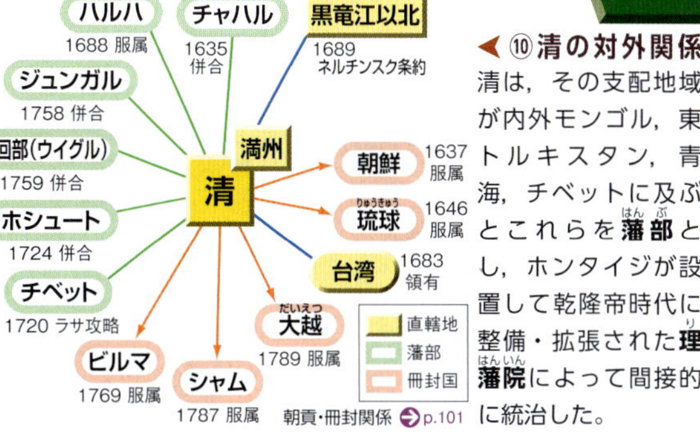

◀⑩清の対外関係　清は，その支配地域が内外モンゴル，東トルキスタン，青海，チベットに及ぶとこれらを**藩部**とし，ホンタイジが設置して乾隆帝時代に整備・拡張された**理藩院**によって間接的に統治した。

〈杉山清彦著『大清帝国の形成と八旗制』より改編〉

支配者	大清皇帝				
	保護者	施主	大ハーン	君主	中華皇帝
	回	蔵	蒙	満	漢
被支配層	トルコ系ムスリム	チベット人	モンゴル人	八旗満州人	漢人
宗教	イスラーム	チベット仏教			儒教
支配地	(新疆)	藩部		直轄領	

▲⑪清の支配構造

A 新疆

▲⑫新疆ウイグル自治区のムスリム（カシュガル）　天山山脈の南北の地域は，清朝初期において最も支配しがたい地域であった。乾隆帝は**ジュンガル**を制圧し，「**新疆**」と名づけた。現在でもトルコ系ムスリムが多く住んでいる。 ➲p.297

B チベット

629	ソンツェン=ガンポによる**吐蕃**の樹立
	→チベット初の統一政権
821	唐と吐蕃の和平→**唐蕃会盟碑**建立
13世紀	パスパ(パクパ)，**チベット仏教**のモンゴル布教
14世紀末	ツォンカパ，ゲルク(黄帽)派を創始
16世紀	モンゴルのアルタン=ハーン，チベット遠征
17世紀	**ダライ=ラマ5世**，**ポタラ宮殿**を造営
1720	清の**康熙帝**によるチベット制圧(藩部となる)
	→皇帝によるチベット仏教の保護
1911	辛亥革命の勃発と独立の機運の高まり
51	中華人民共和国に編入
54	インド，チベットでの中国の主権承認
59	チベット反乱
	→ダライ=ラマ14世のインド亡命
62	中印国境紛争激化
65	チベット自治区設置
89	ダライ=ラマ14世，ノーベル平和賞受賞

▲⑬チベットの歴史 ➲p.297

▲⑭ポタラ宮殿　1620年に造営されたチベットの**ラサ**にある仏教寺院・宮殿。1720年の康熙帝による征服以降，チベットは**藩部**となったが，清の歴代皇帝は**チベット仏教**を熱心に保護した。この宮殿はチベットにおける政治・宗教・文化の中心地となった。

C モンゴル

▲⑮モンゴル相撲を見る乾隆帝　**満州族**は，清の成立以前からモンゴル族との関係を重んじていた。そのため清の皇帝は，モンゴルからは大ハーンの地位を受け継ぐ存在としてみなされた。図は北方民族を集めた乾隆帝の宴会。

D 台湾

1544	ポルトガル人，美麗島(台湾)を発見
1624	オランダ，**ゼーランディア城**を築く
26	スペイン，サンサルバドル城を築く
42	オランダ，スペインを駆逐
61	清，**遷界令**を出し鄭氏と交易不可に
62	**鄭成功**，オランダ人を追放
	→鄭氏政権による台湾統治
	鄭氏による文教活動の推進
	→台南に孔子廟を建設(1665)
83	**康熙帝**に鄭氏が降伏
84	清，福建省台湾府を設置
17世紀〜18世紀	福建，広東などより漢人の大量移入
	台湾の人口増加
	→平地の原住民の漢化が進む
1874	日本による**台湾出兵**
85	清，台湾省を建設
94	台湾の首府を台南から台北に遷す
	日清戦争(〜95)
95	下関条約で清から日本へ台湾割譲(〜1945)

▲⑯台湾の歴史 ➲p.297

〈台湾省文献委員会編『台湾史』〉

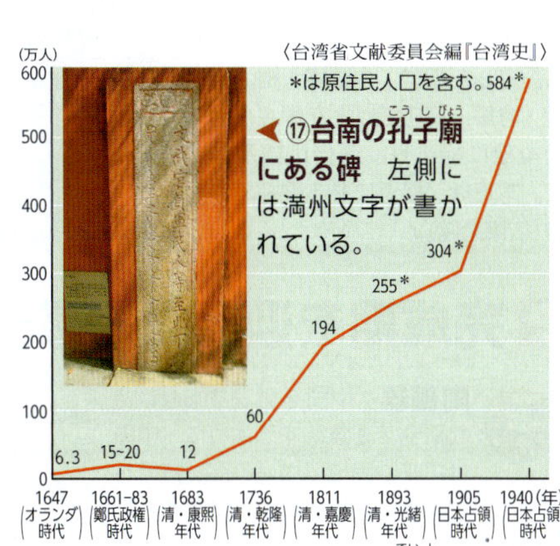

◀⑰台南の孔子廟にある碑　左側には満州文字が書かれている。

▲⑱台湾の人口推移　オランダや鄭氏政権時代の台湾の人口は横ばいであったが，台湾が清の領土になると急激に増加した。清朝は台湾への移民を制限したが，移民は毎年増え続け，1683〜1780年までの100年間で約70万〜80万人にのぼった。

明・清代の社会と文化 ～中国社会の経済活況と発展

ヒストリーシアター 中華思想に与えた衝撃

▲①「坤輿万国全図」 マテオ=リッチがつくった世界地図(1602年刊行)。世界の広さが実感できる点が画期的であった。170cm×60cmの6幅組。〈宮城県図書館蔵＝模写〉

よみとき 図①を見て，どうして当時の中国の人々は衝撃を受けたのだろうか。

マテオ=リッチ (1552～1610)

宣教師は地元の知識人と交流しながら，西洋の科学知識を利用して効果的な布教を行った。**イエズス会宣教師**(➡p.163)のマテオ=リッチは士大夫や文人の服装や行動様式をまね，儒家思想を織り混ぜながらカトリックの教義を説明し，中国社会に受け入れられた。写真はマテオ=リッチ(左)と，彼から洗礼を受けた**徐光啓**(右)。

1 産業と商業の発達

◀②**清代の産業** 明・清代には，国内産業と国際貿易の発展を背景に経済が大きく成長し，江南を中心に都市文化が花開いた。中国産の陶磁器や生糸は，世界商品としてアジアやヨーロッパに輸出された。

▼③**税制改革～一条鞭法から地丁銀へ** ➡巻頭7,p.36～37,114,巻末

	一条鞭法(明代後期～清初)	地丁銀(清代中期以降)
背景	**日本銀**,**メキシコ銀**の流入で,貨幣経済活性化。官僚は,俸給を銀で要求	郷紳・地主を通しての農村支配が確立
内容	地税や丁(成年男子)に課せられる徭役など,あらゆる税を一括して**銀納**させることで税制の簡素化をはかった	丁税(**人頭税**)を**廃止**し,その分の必要税額を**地銀**(農地に課す税)に組み込んで土地所有者から徴収
実施	16世紀,江南地方で実施 **万暦帝**のころ,全国へ普及	1713年,盛世滋生人丁を施行し丁銀額を固定 1717年,広東で**康熙帝**期に実施 **雍正帝**期,税法として確立 **乾隆帝**期までに全国的に施行
結果	日常,銅銭を用いる農村経済に,混乱を引き起こした	中国の届出人口は飛躍的に増大 歳入額は安定した

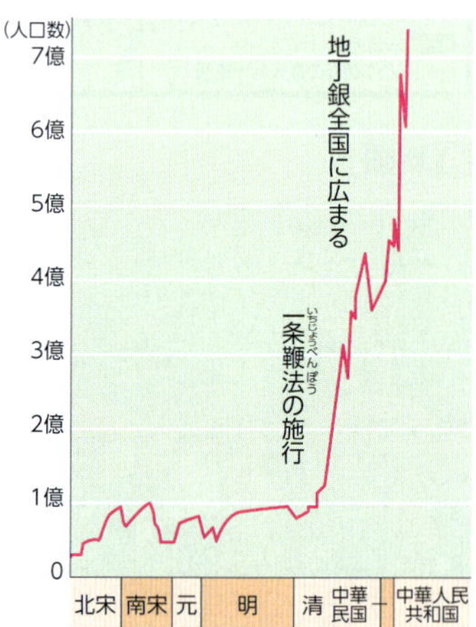

▲④**中国の人口動向** **地丁銀**の採用は，それまで隠れていた人口を明らかにし，また大規模な土地開発と食料の増産により，中国の人口は清代に激増した。

➤⑤**会館**(公所) 業種や郷里を同じくする人々が共同出資し，情報交換・相互扶助・教育などのために設立した建物。事務室・宿泊施設・倉庫・貸店舗などを備え，明代後期に始まり，清代に普及した。写真は，横浜にある現在の会館(広東会館)。

テーマ ヨーロッパへの輸出品 シノワズリ

17～18世紀にかけて，ヨーロッパでは**ロココ趣味**と結びついて**シノワズリ**(中国趣味)が流行した。中国との貿易でもたらされた文物が，その趣味を先導し，とくに陶磁器は**マイセン**や**デルフト**でさかんに模倣された。一方で，思想面でも儒教や孔子の教えがイエズス会宣教師によって翻訳され，ヨーロッパに紹介されたことで，**ヴォルテール**などの啓蒙思想家たちに影響を与えた。

▲⑥**シノワズリのマイセン焼**(ドイツ，ザクセン)

2 完成期を迎えた陶磁器

キーワード 陶磁器 中国を意味するchinaが磁器をも意味するように，中国は古来，陶磁器生産の高い技術をもつ。その技術の発展の裏には，**ろくろ**と**釉薬**(上薬)の二つの発明があった。ろくろは，整った形の陶磁器をスピーディに製作できるようにした。釉薬は，水もれ防止だけでなく，さまざまな質感を可能にし，芸術的多様性を高めることに資した。

➤⑦**赤絵** 宋代の陶磁器は無地のものが多かったが，明・清代になると，**染付**(➡p.112⑦)や**赤絵**とよばれるはなやかなものが多くなった。写真のような赤絵は，白磁の上に赤などのガラス質の色釉で文様をほどこし，さらに焼いたもので，景徳鎮が名産地である。日本にももたらされ，茶人などに好まれた。

3 実学の発展

➤⑧『**天工開物**』 明代，経済の大発展で**実学**が発達し，『**天工開物**』(**宋応星**著)などの技術書が編纂された。図は，花の模様を織り出すための織機。

➡巻末折込

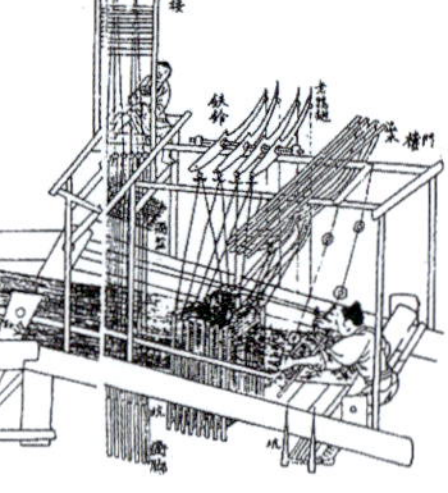

4 文学と編纂事業の進展

◀ ⑨『三国志演義』 明末から木版印刷による出版活動がさかんになり，小説が多く読まれた。『三国志演義』は，『水滸伝』・『西遊記』・『金瓶梅』とあわせて**四大奇書**とよばれる。

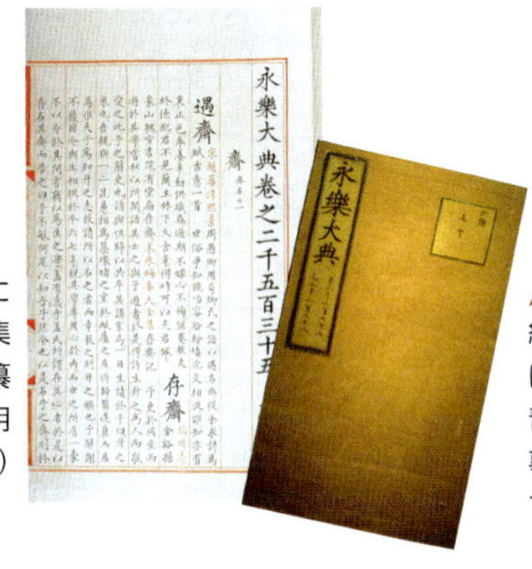

▶ ⑩『永楽大典』 **永楽帝**の命により編纂された中国最大の文献集(全2万2877巻)。『四庫全書』編纂の際，一部がテキストとして使用された。のち，義和団事件(➔ p.231)などで多くが失われた。

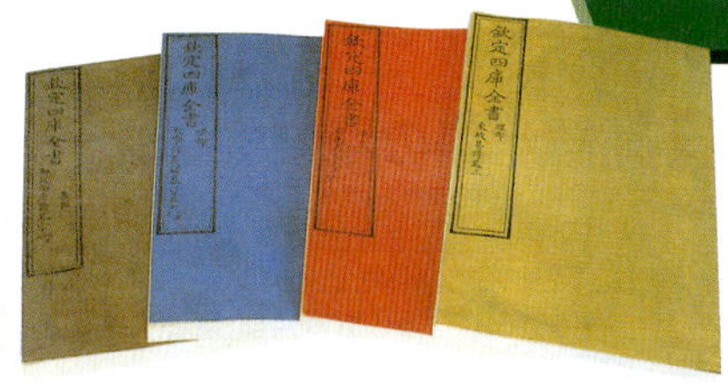

▲ ⑪『四庫全書』 **乾隆帝**の命により，古今の書籍を経(儒学)・史(歴史)・子(諸学者の説)・集(文集)に分けて編纂した一大叢書。四種の表紙は順に，緑・赤・青・灰色に色分けされた。清朝は，このような編纂事業による学術振興をはかる一方で，国家統制に反する書物は扱わないなどして言論統制を強いた。

5 ヨーロッパとの接触

▲ ⑫**円明園** 乾隆帝期，北京郊外にカスティリオーネが設計したバロック洋館をもつ離宮で，庭園に噴水があった。円明園内の文源閣には，『四庫全書』(➔⑪)の一部がおさめられた。1860年のアロー戦争の際，北京に進軍した英仏軍の略奪・放火により廃墟と化した。➔ p.229

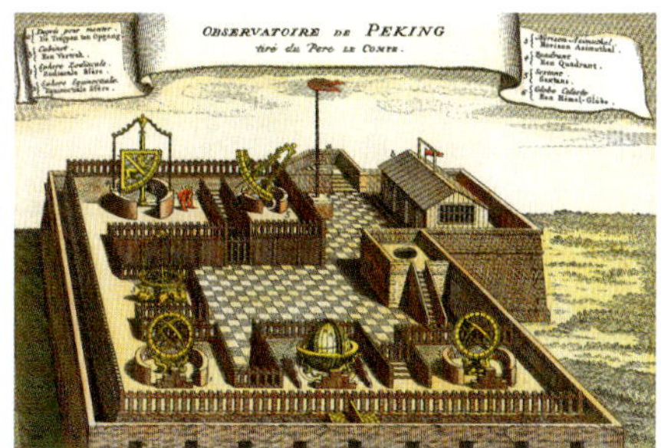

▲ ⑬**北京の天文台** 明・清の政府がここで天文観測をした。現存する観測機器は清代に**イエズス会士**の**フェルビースト**が制作したもの。

▶ ⑭**カスティリオーネ「乾隆帝大閲像軸」** **宮廷画家**として雍正・乾隆帝に仕えた**カスティリオーネ**は，陰影を表現した**西洋画法**を清朝宮廷に伝えた。
〈故宮博物院蔵，323cm×232cm〉

6 明・清代の文化

		明		清
特色		● 漢族王朝が成立し，伝統的・復古的傾向 ● 庶民文化や**実学**が発達		● 漢族懐柔策の一環として大規模な編纂事業を実施 ● 庶民文化が発達　● 西洋の学問が流入
学問	儒学	**王陽明**…朱子学(知識の積み重ねを重視)に対し，認識と実践を(王守仁)　重視　心即理，**知行合一**，致良知→**陽明学**の大成	考証学	◆明末清初の儒学経典の文献学的研究 **黄宗羲**…『明夷待訪録』(清代の政治論の書) **顧炎武**…『日知録』(中国史の随筆体の学術研究書) **銭大昕**…『二十二史考異』(中国歴代の正史の考証研究書)
	実学	**李時珍**…『**本草綱目**』(薬学の集大成) **徐光啓**…『**農政全書**』(農業の総合知識) **宋応星**…『**天工開物**』(産業技術を図解したもの) **徐光啓**など…『**崇禎暦書**』(イエズス会士の協力でつくられた暦法書)	公羊学派	◆清末，実践的な経世実用を主張 **康有為**…孔子の名をかりて旧学批判，変法を宣伝➔ p.230
編纂事業		『**四書大全**』(四書の注釈書) 『**五経大全**』(五経についての注釈書) 『**永楽大典**』(古今の図書を収集整理) 『**性理大全**』(宋・元代の性理学説を分類，集大成) ― 永楽帝期		**康熙帝期**…『**康熙字典**』(4万2000余字を収める漢字辞書) **雍正帝期**…『**古今図書集成**』(全1万巻に及ぶ百科事典) **乾隆帝期**…『**四庫全書**』(古今の図書を集めた一大叢書) 『**五体清文鑑**』(満州語・モンゴル語・チベット語・漢語・トルコ語の辞典)
文学		『**西遊記**』呉承恩(玄奘のインド旅行を題材とした空想小説) 『**金瓶梅**』作者不明(明末の腐敗した社会を赤裸々に描写) 『**水滸伝**』施耐庵・羅貫中(北宋の末に官軍に反抗した108人の豪傑物語) 『**三国志演義**』羅貫中(『三国志』にもとづく英雄歴史物語) 『**牡丹亭還魂記**』湯顕祖(戯曲で，明代伝奇の代表作)		『**紅楼夢**』曹雪芹(満州族の上流社会をたくみに描写) 『**儒林外史**』呉敬梓(科挙による知識階級の腐敗を痛烈に批判) 『**聊斎志異**』蒲松齢(短編の怪異小説集) 『**長生殿伝奇**』洪昇(白居易の「長恨歌」を題材とした戯曲) 『**桃花扇伝奇**』孔尚任(文人と名妓の恋愛を描いた戯曲)
芸術		〔南宗画〕**董其昌**…北宗画(院体画の系譜)に対抗して，南宗画の画法と理論を大成，他に**沈周**や**文徴明**らが活躍 〔北宗画〕**仇　英**…南宋の画院の院体画の流れをくむ宮廷様式の濃厚な色彩 **景徳鎮**が官窯として発展…染付(青花)・赤絵		〔南宗画〕八大山人，石濤…ともに明の皇室の子孫。山水，花鳥などを描く **カスティリオーネ**…西洋画法を紹介，円明園(バロック式)の設計 ヨーロッパ諸国への磁器の輸出が増大

●イエズス会宣教師の活動

	人物と活動
明	**マテオ＝リッチ**(利瑪竇) 1583来朝 イタリア人 ・「**坤輿万国全図**」(世界地図)を作成 ・『**幾何原本**』(徐光啓と共訳) エウクレイデス『幾何学原本』の翻訳
明	**アダム＝シャール**(湯若望) 1622来朝 ドイツ人 ➔ p.52 ・大砲鋳造・『**崇禎暦書**』(「時憲暦」として実施)・北京の天文台長となる
清	**フェルビースト**(南懐仁) 1659来朝 ベルギー人 ・「坤輿全図」を作成 ・大・小砲を鋳造
清	**ブーヴェ**(白進) 1685来朝 フランス人 **レジス**(雷孝思) 1698来朝 フランス人 ・「**皇輿全覧図**」(中国最初の実測図)を作成
清	**カスティリオーネ**(郎世寧) 1715来朝 イタリア人 ・西洋画法 ・**円明園**(**バロック式**)の設計に参加

今日とのつながり 『康熙字典』の部首・画数による漢字の分類という概念は，現在も日本の漢和辞典に引きつがれている。

特集 朝鮮半島の歴史

1 朝鮮半島の歴史

＊有田でつくられ伊万里港で積み出された。有田焼ともよぶ。

青字 文化に関する事柄　日本との関係　近代 ➡p.232～233　現代 ➡p.298～299

中国	朝鮮	年	朝鮮半島の主要事項	日本
漢	古朝鮮	前190ごろ	衛満,古朝鮮の王となる(**衛氏朝鮮**)	弥生
		前108	**漢の武帝**,**4郡**(**楽浪**郡,**真番**郡,**臨屯**郡,**玄菟**郡)設置(古朝鮮滅亡)	
	原三国	前 37ごろ	**高句麗**建国,都:**丸都**	
		後204ごろ	遼東の公孫氏,楽浪郡の南部に帯方郡設置	
魏・晋・南北朝		3世紀ごろ	朝鮮半島中南部に**三韓**(**馬韓・辰韓・弁韓**)分立	
	三国(高句麗・百済・新羅)	313	**高句麗**,**楽浪郡**を滅ぼす	古墳
		346ごろ	馬韓の伯済国,**百済**へと発展(～660)	
		356ごろ	辰韓の斯盧国,**新羅**へと発展(～935)	
		372	高句麗に仏教伝来,大学設置	
		384	百済に仏教伝来	
		391	高句麗,**広開土王**(**好太王**)即位(～412)	
		427	高句麗,**平壌**遷都	
		○	新羅,**骨品制**確立(6世紀)	
		532	新羅,金官加耶を滅ぼす	
		538	百済,仏教を倭に伝える(一説には552)	
		562	新羅,大加耶を滅ぼす　○花郎制度確立	
隋		614	高句麗,隋軍の侵入を撃退	飛鳥
唐		660	**新羅・唐**の連合軍,**百済**を滅ぼす	
		663	**白村江の戦い**(**倭**の百済援軍が**新羅・唐**軍に敗れる)	
		668	**新羅・唐**の連合軍,**高句麗**を滅ぼす	
	統一新羅	676	**新羅**,**朝鮮半島統一**を完成,都:金城(慶州)	
	渤海	698	靺鞨人の**大祚栄**(高句麗遺民とする説あり),震国(のちに**渤海国**と改称)建国(～926),都:上京竜泉府	奈良
五代	高麗	918	**王建**,**高麗**を建国(～1392),都:**開城**	平安
		926	渤海,キタイに滅ぼされる	
		936	高麗の後三国(新羅・後百済)統一	
		958	科挙制度の実施	
		976	田柴科制定	
宋		○	**大蔵経刊行**(11世紀),**金属活字**(13世紀)の発明,**高麗青磁**	
		1196	崔氏,政権掌握(武人政権,～1258)	鎌倉
		1259	**高麗**,**モンゴル**に服属	
		70	**三別抄**の抗争開始(～73)	
元		74	元,高麗を従えて日本侵攻(**文永の役**)	
		81	元,再度高麗を従えて日本侵攻(**弘安の役**)	
明		1391	**科田法**制定	南北朝
	朝鮮	92	**李成桂**,**朝鮮**を建国(～1910) 都:**漢陽**(95年に**漢城**と改称,現**ソウル**)	
		1403	**銅活字**(金属活字)鋳造	室町
		46	**世宗**,朝鮮の国字(**訓民正音**,のちに**ハングル**)公布	
		74	成宗,「**経国大典**」頒布(1485実施)	戦国
		1575	両班,東西に対立し,党争始まる	安土桃山
		92	**壬辰倭乱**(～93)(**文禄の役**)	
		97	**丁酉倭乱**(～98)(**慶長の役**) ➡p.117 **李舜臣**の活躍(**亀甲船**)	
		1607	朝鮮通信使来日(～1811,12回,内初めの3回は回答兼刷還使)	江戸
		27	**後金**(のちの清)軍の侵入(丁卯胡乱)	
清		36	清軍の第2次入寇(丙子胡乱),**清**への服属(37)	
		1801	辛酉迫害(キリスト教弾圧)	
		11	**洪景来の乱**(没落両班と農民層の反乱)	
		60	**崔済愚**,**東学**を創始	
		○	全国各地で農民反乱起こる(62　壬戌民乱)	
		75	**江華島**事件 ➡p.232	明治
		76	**日朝修好条規**(**江華条約**),強要された開国	
		84	**甲申政変**(急進開化派によるクーデタ)	
		94	**甲午農民戦争**(**東学信徒**・農民の蜂起),甲午改革(近代的な制度改革) ➡p.232	
	大韓帝国	97	国号を**大韓帝国**と改称	
		1905	**第2次日韓協約**(日本による外交権剝奪)	
		09	**安重根**,**伊藤博文**を暗殺 ➡p.233	
		10	**大韓帝国**,日本に併合される(～45)	

日本との関連

➤①**高句麗広開土王(好太王)碑** 子の長寿王が先王の征服事業をたたえるために414年建立（高さ約6.4m）。中国吉林省集安に位置。倭の活動に関する記述もみえ，古代東アジア関係史研究に重要な資料である。

➤②**朝鮮半島の弥勒菩薩像**

➤③**広隆寺の弥勒菩薩半跏思惟像**

▲④**釜山城を包囲し，攻撃する小西行長の軍**(壬辰倭乱)

▲⑤**伊万里焼**＊ **壬辰・丁酉倭乱**で多くの朝鮮人陶工が日本に強制連行され，その陶工の技術を受容して開発・生産された磁器。

▲⑥**亀甲船** **李舜臣**が用いた軍船で，船上を厚板と刀で覆い，日本軍を苦しめた。

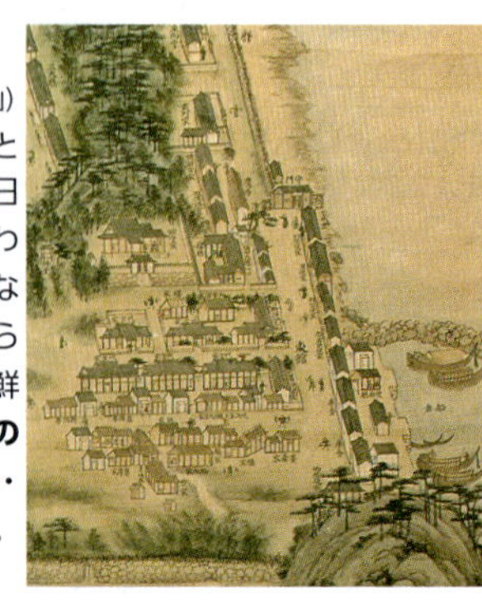

➤⑦**富山浦**(釜山)**の倭館** 倭館とは，朝鮮時代に日本との交易が行われた場所。おもな貿易品は朝鮮からは木綿・米・朝鮮人参，日本(**対馬の宗氏**)からは硫黄・銀などであった。 ➡p.39

A 4世紀の朝鮮半島

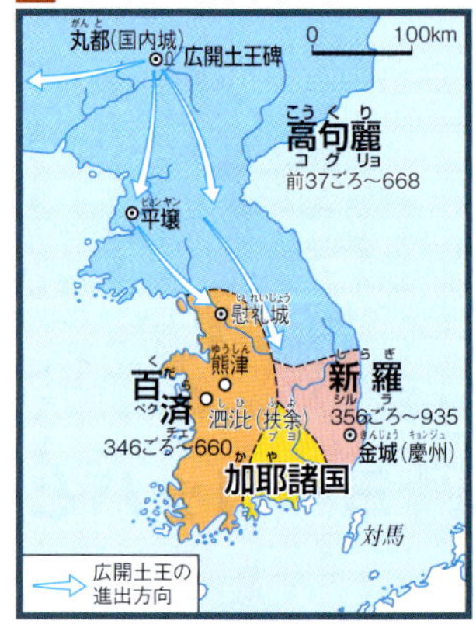

B 7～8世紀の朝鮮半島

C 12～13世紀の朝鮮半島

D 15～16世紀の朝鮮半島

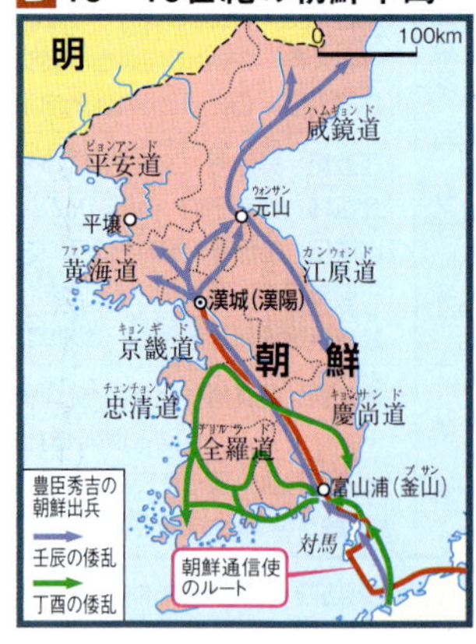

2 政治と経済

新羅による農民と村落の国家支配

西原京(現在忠清北道清州)付近の四つの村落の戸口・土地・牛馬・果樹等の実態を記録した帳籍が現存する。統一新羅の土地制度，村落の構造，国家による民の支配等の研究にきわめて重要な史料である。現在奈良の**正倉院**に保管されている。

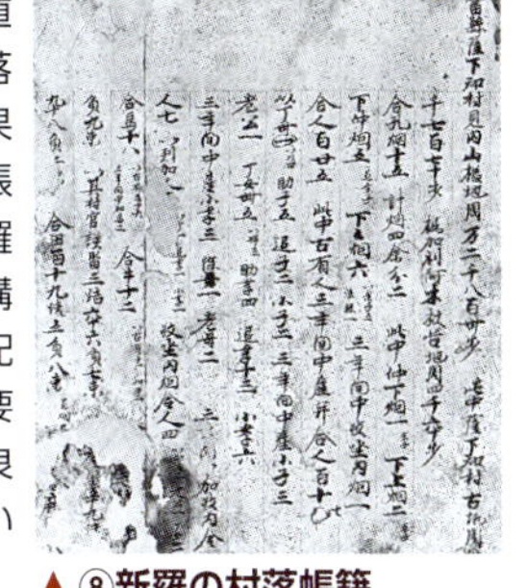

▲⑧新羅の村落帳籍

要衝の地 江華島 ➡p.232

江華島はソウルの西に位置する島で，13世紀のモンゴル侵略の際には臨時の王都として機能した。近代には武力で開国を要求する西欧列強に対して抗戦し，王都防衛の前哨基地としての役割を果たした。

▶⑨江華島の強固な城壁

李成桂の遷都と風水地理

▲⑩朝鮮王朝の都 漢城

風水地理とは地形と方位のようすで吉凶を判断する理論で，一般的に都城・住居・墳墓などの築造に用いられた。朝鮮の太祖**李成桂**は即位後，民心を一新させるために遷都を断行したが，**漢陽**(のちに**漢城**と改称)が新王都に選ばれた理由は風水地理によって説明された。

産業の発達と常設市場

17世紀以後，諸産業(農業・商業・手工業)の発達と商品の生産・流通の普遍化によって，交易場所としての**常設市場**が全国各地に設けられた。その中で代表的なものは，漢陽(現在のソウル)の梨峴・七牌等があり，それぞれ，現在の東大門・南大門市場の前身である。

▼⑪南大門外に発展した現在の市場

3 生活と文化

高句麗の北方狩猟系文化

舞踊塚・薬水里古墳等の高句麗古墳の壁画には狩猟図が描かれているが，それは，北方の騎馬遊牧文化(➡p.6)の影響とみられ，高句麗文化の北方的要素を表している。

▼⑫騎馬狩猟図〈舞踊塚壁画(中国吉林省集安)〉

仏教の隆盛と貴族

統一新羅時代には，**仏教**の隆盛により寺院建立や仏像制作がさかんであった。慶州にある**仏国寺**は，統一新羅のときに完成した。豊臣秀吉の朝鮮出兵の際に消失したが，石造物が現存する。また，同じく慶州の**石窟庵の本尊仏**は，この時期の仏教美術の傑作。

世界遺産 ◀⑬石窟庵の本尊仏

▼⑭仏国寺 世界遺産

印刷術と高麗の八万大蔵経

高麗朝廷は，モンゴル軍の侵略を仏力で撃退するため，**大蔵経**の彫板を行ったが，これは**印刷術の発達**にも貢献した。現在，慶尚南道陜川の海印寺に約8万枚の版木が保管されている。

▶⑮大蔵経の版木 世界遺産

完成された美 高麗青磁

▼⑯高麗青磁

➡p.27

高麗青磁は，中国以外で初めて制作された磁器。初期は中国青磁の影響を受けて生産されたが，12世紀になると**象嵌技法**の開発等によって，独自の青磁制作技術を確立し，美の極致ともいわれる高麗青磁を完成した。

地方に根付いた支配階層両班

▲⑰両班と農作業に従事する常民

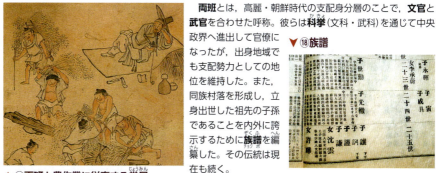

両班とは，高麗・朝鮮時代の支配身分層のことで，**文官**と**武官**を合わせた呼称。彼らは**科挙**(文科・武科)を通じて中央政界へ進出して官僚になったが，出身地域でも支配勢力としての地位を維持した。また，同族村落を形成し，立身出世した祖先の子孫であることを内外に誇示するために**族譜**を編纂した。その伝統は現在も続く。

▼⑱族譜

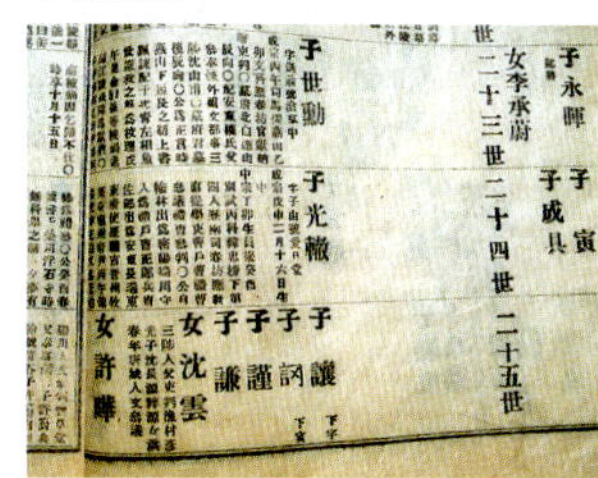

訓民正音(ハングル)の誕生 ➡p.53

訓民正音(ハングル)は朝鮮の第4代国王**世宗**が1446年公布した朝鮮の国字。制定の目的は，一般民衆が漢字で朝鮮語を表記するには限界があったことのほか，朝鮮建国の正当性を示すための意図もあった。

▼⑳世宗大王

▼⑲訓民正音(ハングル)のしくみ

母音		子音			用例
ㅏ[a]	ㅑ[ya]	ㄱ[k g]	ㅇ[ŋ]	ㄲ[k']	キム チ 김치
ㅓ[ɔ]	ㅕ[yɔ]	ㄴ[n]	ㅈ[tʃ dʒ]	ㄸ[t']	k i / m ・ tʃʰ i
ㅗ[o]	ㅛ[yo]	ㄷ[t d]	ㅊ[tʃʰ]	ㅃ[p']	子 母 / 子 ・ 子 母
ㅜ[u]	ㅠ[yu]	ㄹ[r l]	ㅋ[kʰ]	ㅆ[s' ʃ']	
ㅡ[ɯ]	ㅣ[i]	ㅁ[m]	ㅌ[tʰ]	ㅉ[tʒ']	
上記の母音の他11の二重母音がある		ㅂ[p b]	ㅍ[pʰ]		
		ㅅ[s]	ㅎ[h]		

伝統芸能'パンソリ'・'タルチュム'

パンソリは一人の役者が鼓手の伴奏に合わせ，ある物語を肉声で唱える芸能。タルチュムは仮面を付けた役者が庭で行う演劇。いずれも朝鮮後期における民衆の社会的・経済的地位の成長によって発達し，両班支配層の偽善への風刺と批判が中心であった。

▼㉑タルチュム

日本 東アジア MAP C~Q 2部1章

イスラームの出現と拡大 ～アラブ帝国からイスラーム帝国へ

ヒストリーシアター

ムスリムなら一度は行きたい聖地メッカ

◀①**カーバ神殿に巡礼するムスリム**　巡礼月(イスラーム暦第12月)に**メッカ**へ巡礼することは，その余裕のあるムスリムに課せられた義務とされる。**カーバ神殿**は，イスラーム成立以前から**アラブ人**の信仰対象であったが，**ムハンマド**が征服した際，神殿内の偶像をすべて破壊し，黒石のみを神聖視することになった。**メッカ巡礼**は，歴史的には巡礼者と隊商団が同行することが多く，交易の活性化にも役だった。

◀②**カーバの東隅にはめ込まれた黒石**

よみとき　ムスリムはどこに向かって礼拝しているだろうか。

▲③**礼拝を行うムスリム**　**ムスリム**(イスラームを信仰する人々)は1日5回の礼拝を行う。場所はどこでもよいが，方向と作法は定められている。毎週金曜日の正午過ぎには**モスク**で集団礼拝を行う。

青字 文化関連事項　赤字 おもな戦い

イスラーム世界の成立から拡大へ

◀p.61　p.126,132▶

ムハンマド時代（～632）／アラビア半島における教団国家建設／日本：飛鳥時代

- 570ごろ **ムハンマド**，**メッカ**に生まれる
- 610ごろ ムハンマド，神の啓示を受け，**預言者**に
- 622 ムハンマド，ヤスリブ(**メディナ**)に移る **ヒジュラ=聖遷**
  - **イスラーム暦(ヒジュラ暦)**(この年をイスラーム暦の元年にする)
- 630 ムハンマド，メッカを占領 **アラビア半島統一**
- 632 ムハンマド病没 **正統カリフ時代** 始まる(～661)

正統カリフ時代（632～661）／大征服運動の展開とイスラーム世界の拡大

- ○ イラク，シリア，エジプト征服　都:**メディナ**
- 642 **ニハーヴァンドの戦い**(ササン朝を破る) ➔p.61
  - →651 **ササン朝ペルシア滅亡**
- ○ 征服民に**地租(ハラージュ)**，**人頭税(ジズヤ)**を課す
- 661 **アリー**(第4代正統カリフ)**暗殺**

ウマイヤ朝（661～750）

- **ムアーウィヤ**　位661～680
- 661 アリーの死後，**ウマイヤ朝** 創設，都:**ダマスクス**
  - **カリフ**を宣言
- 711 西ゴート王国を滅ぼし，**イベリア半島**征服（日本：奈良時代）
- 732 **トゥール-ポワティエ間の戦い**(フランク軍に北進を阻止される)

アッバース朝（750～1258）

- **アブー=アルアッバース**　位750～754
- 750 ウマイヤ朝を滅ぼし，**アッバース朝** 創設(～1258)
- 751 **タラス河畔の戦い**(唐を破り，中央アジアの支配者に)
  - →中国の**製紙法**伝わる ➔p.22
- 756 **後ウマイヤ朝**(756～1031) イベリア半島　都:**コルドバ**
- 762 **マンスール**(2代目カリフ)　位754～775　新都:**バグダード**建設
- **ハールーン=アッラシード**(5代目カリフ)　位786～809
- ○ **イスラーム文化最盛期**

帝国の分裂（日本：平安時代）

- ○辺境の地方王朝成立
- **サーマーン朝**(875～999) 都:**ブハラ**
- **ファーティマ朝***(909～1171) シーア派
  - •**カリフ**を名のる　969 **カイロ**建設
- **ブワイフ朝**(932～1062) シーア派
  - 946 **バグダード**入城。アッバース朝カリフから**大アミール**の称号を得る
- **カラ=ハン朝**(10世紀半ば～12世紀半ば)
- **ガズナ朝**(962～1186)
- **セルジューク朝**(1038～1194)
  - 1055 **バグダード**入城。アッバース朝カリフから**スルタン**の称号を得る
- **ホラズム朝**(1077～1231)
- **アイユーブ朝**(1169～1250) エジプト
  - •クルド人**サラディン**，**第3回十字軍**と戦う
- **マムルーク朝**(1250～1517) エジプト，シリア（日本：鎌倉時代）
- 1258 アッバース朝，モンゴルにより滅亡 ➔p.110

王朝の民族系統：アラブ系／イラン，アフガン系／トルコ系／ベルベル系／その他

十字軍
- 第1回(1096～99)
- 第2回(1147～49)
- 第3回(1189～92)
- 第5回(1228～29) ➔p.144
- 第6回(1248～54)
- 第7回(1270)

*ファーティマはムハンマドの娘の名前。ムハンマドの血を引くと自称。

1 アラビア半島に登場したイスラーム

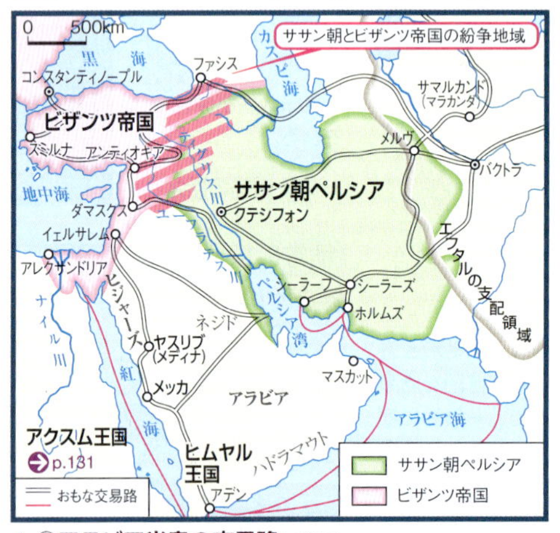

▲④**アラビア半島の交易路**(6世紀)

ビザンツ帝国とササン朝ペルシアの争い
(メソポタミア付近の東西交通路遮断)

紅海側の陸海路の交易がさかんになる
↓
メッカ・ヤスリブの繁栄**(オアシス都市)**
↓
貧富の差の拡大
部族の伝統の崩壊

ユダヤ教・キリスト教の流入

両国の衰退(権力の空洞化)

↓

社会改革の必要性
・
新しい秩序や宗教の希求

ひと

ムハンマド(570ごろ～632)

メッカを支配していた**クライシュ族**の商人で，25歳ごろ結婚し，平穏に過ごしていた。40歳のとき，大商人による富の独占が進むメッカ社会に心を痛め，洞窟で瞑想にふけっていると，**唯一神アッラー**から啓示が下り，**預言者**であることを自覚した。以後布教を開始し，630年にはメッカを征服した。ムハンマドが受けた啓示は，のちに『**クルアーン(コーラン)**』にまとめられた。右の絵は大天使ガブリエルから啓示を受けるムハンマドで，**偶像崇拝禁止**の教えにより，顔が隠されている。

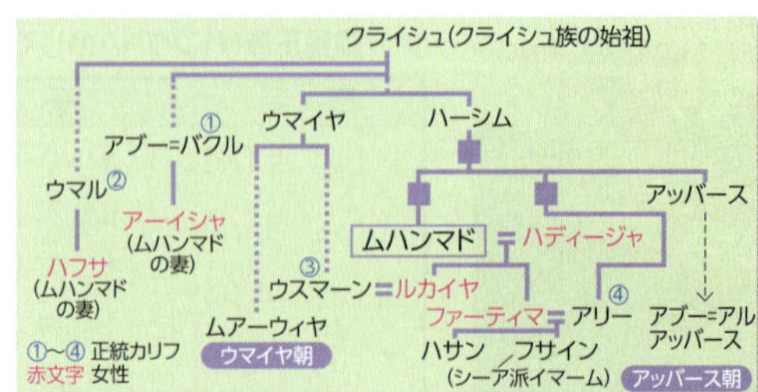

◀⑤**正統カリフ系図**　**正統カリフ**とはムハンマドの死後，信徒たちにより選ばれたカリフをいう。**クライシュ族**の中から選ばれ，4代目の**アリー**までがこれに該当する。カリフとは「**神の使徒の代理人**」を意味し，ムハンマド死後の最高指導者であった。

今日とのつながり　現在のヨルダン=ハシェミット王国は，「ハーシム家の王国ヨルダン」を意味している。

2 イスラーム帝国の成立と構造

世界全図p.20-23 ←p.61 1，→p.127 3

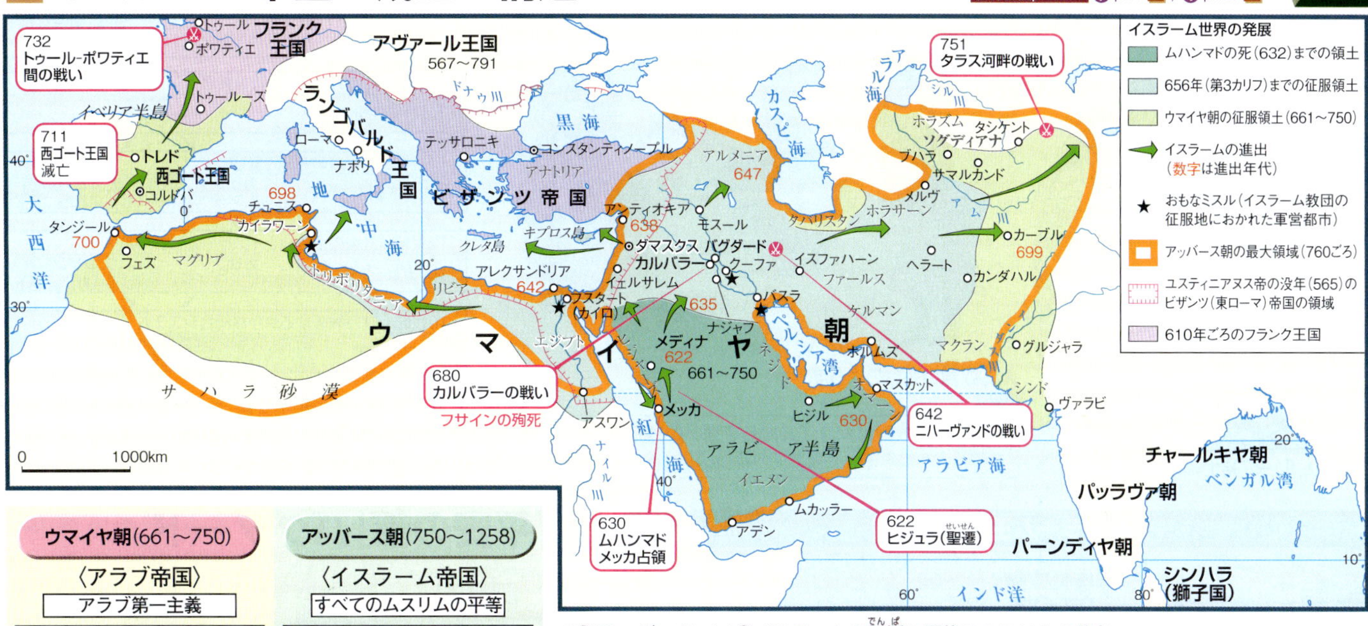

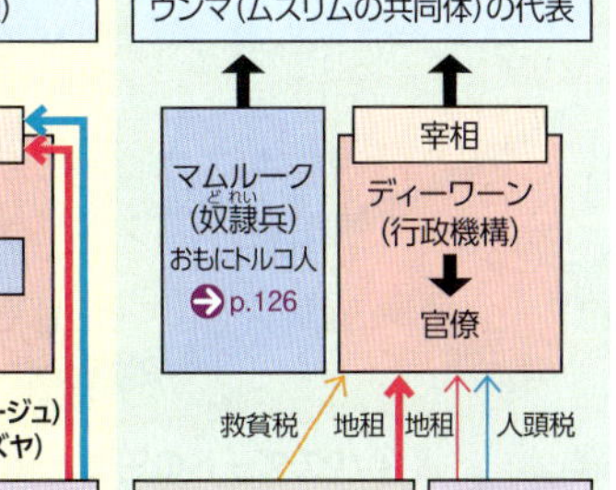

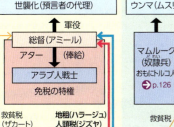

ウマイヤ朝(661～750)	アッバース朝(750～1258)
〈アラブ帝国〉	〈イスラーム帝国〉
アラブ第一主義	すべてのムスリムの平等
カリフ 世襲化(預言者の代理)	カリフ ウンマ(ムスリムの共同体)の代表
軍役 総督(アミール) アター(俸給) アラブ人戦士 免税の特権	マムルーク(奴隷兵) おもにトルコ人 →p.126　宰相 ディーワーン(行政機構) 官僚
救貧税(ザカート)　地租(ハラージュ) 人頭税(ジズヤ)	救貧税　地租　地租　人頭税
アラブ人ムスリム　被征服民 改宗者(マワーリー) 非ムスリム(ズィンミー)	ムスリム(アラブ・マワーリー)　非ムスリム

◀⑥アッバース革命　**アラブ人**が特権的支配層として他民族を支配する**「アラブ帝国」**から，民族を問わず**ムスリムの平等**を実現した**「イスラーム帝国」**へと移行した。

▼⑩イスラームの伝播と現代のムスリムの分布

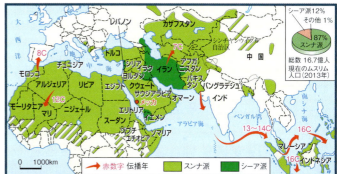

3 ムスリムの信仰と戒律

		五行以外のおもな規範
六信	①**神(アッラー)**…唯一絶対神，全知全能 ②**天使(マラーイカ)**…神と人間の中間的存在(仲介者) ③**啓典(キターブ)**…アッラーの啓示(クルアーンが最後にして最良の啓典) ④**預言者(ナビー)**…**ムハンマド**が最後にして最高の預言者 ⑤**来世(アーヒラ)**…最後の審判をうける ⑥**予定(カダル)**…人間の行為はすべて神の創造である	・賭けごとをしない ・**酒を飲まない** ・**豚肉を食べない** ・利子を取らない ・殺人をしない ・**はかりをごまかさない** ・汚れから身を浄める ・女は夫以外の男に顔や肌を見せないよう**チャドル**などで隠す ・結婚は，商取引と同様に**契約**を結ぶ。平等に扱うことができるのなら，4人まで妻をもつことが可能
五行	①**信仰の告白(シャハーダ)**…礼拝のたびに唱える ②**礼拝(サラート)**…1日5回(夜明け・正午すぎ・午後・日没・夜半)メッカに向かう ③**喜捨(ザカート)**…困窮者救済のための一種の財産税 ④**断食(サウム)**…**ラマダーン月**，日の出から日没までの飲食の禁止 ⑤**巡礼(ハッジ)**…一生に一度は，巡礼月の7～13日に**メッカ**に巡礼する	

▲⑦六信五行

テーマ 『クルアーン(コーラン)』

史p.350

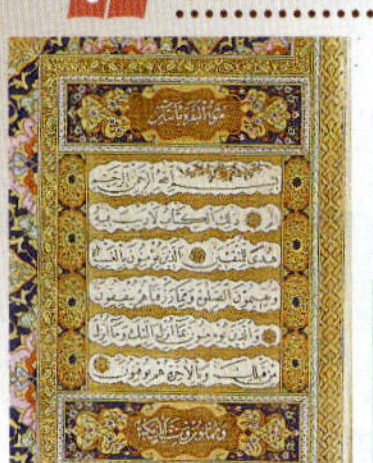

ムハンマドに下された神の啓示をまとめた聖典。第3代カリフ，**ウスマーン**の時代に現在の形に編集された。アラビア語で『読誦されるもの』という意味。日常生活で守るべきことも書かれている。

◀⑨**サウジアラビアの国旗**　中央上部に，『コーラン』の一節である「アッラーの他に神はなし。ムハンマドはその使者(預言者)なり」と書かれる。

▲⑧『**クルアーン**』(16世紀，トルコ=イスラーム美術館蔵)

テーマ シーア派とスンナ派

◀⑪**カルバラーのフサイン廟**(イラク)

第4代正統カリフ**アリー**の子フサインは，**ウマイヤ朝**に抵抗したが，680年の**カルバラーの戦い**で死亡した。アリーとその子孫のみを**イマーム**と認めたのが**シーア派**で，のちに建てられたイマーム=フサイン廟は，シーア派の聖地の一つとなった。一方，ムハンマドの言行(スンナ)に従う信者として，アリー以外の歴代カリフの選任を**ウンマ**(**共同体**)の総意として受け入れたのが**スンナ派**である。

▼⑫イスラームの基礎用語

政治	**カリフ**…イスラーム社会の最高権威者 **アミール**…軍隊の司令官，または総督 **スルタン**…スンナ派イスラム王朝の君主の称号 **マムルーク**…トルコ人・スラヴ人などの白人奴隷兵	社会	**イマーム**…ムスリム集団の指導者 **ウラマー**…イスラームの学者・宗教指導者層 **ウンマ**…イスラーム共同体 **シャリーア**…イスラーム法。共同体の成員すべてに等しく適用される規範 **ズィンミー**…イスラーム世界で庇護を受ける非ムスリム **マドラサ**…ウラマーを育成するための高等教育施設 **マワーリー**…アラブの保護下にあった非アラブのムスリム **ミスル**…征服地に建設された軍営都市 **ミッレト**…非ムスリムの宗教共同体 **ハディース**…ムハンマドの言行に関する伝承 **ハラール**…イスラーム法において許容されたもの
経済	**アター**…年金，軍人や官僚の俸給 **スーク(バザール)**…市場 **キャラバンサライ**…隊商宿		
信仰	**ワクフ**…イスラーム共同体のための宗教的な寄進 **啓典の民**…神の啓示にもとづく信仰をもつ民。ユダヤ教徒とキリスト教徒をさす **ジハード**…イスラーム世界の拡大または防衛のための戦い(**聖戦**) **スーフィズム**…イスラーム神秘主義		

MAP F～G

イスラーム世界の変容　～イスラーム世界の地方分権化

ヒストリーシアター　**イスラームの剣**

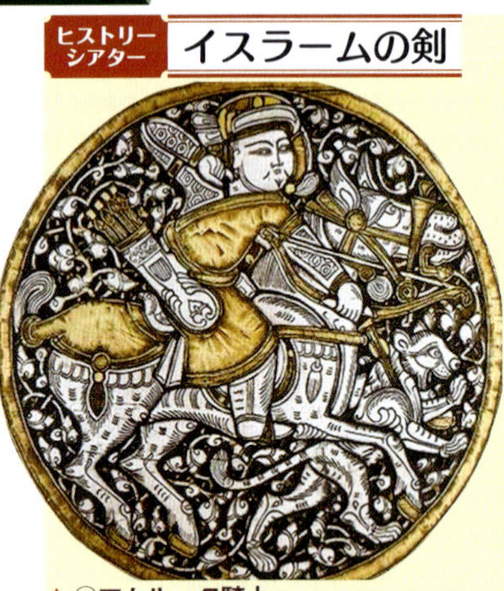

▲①**マムルーク騎士**（シリア銀製品の一部）

奴隷　売り手　秤　買い手

▲②**奴隷の売買のようす**

よみとき　図②の奴隷はムスリムだろうか。p.128-129のムスリムの容姿を参考にして考えてみよう。

	宗教的指導者	政治・軍事的指導者
8～9世紀　ムスリムの平等の実現		
アッバース朝	カリフ〈アラブ系政権〉	
11世紀　諸民族の台頭と受容		
ブワイフ朝	カリフ〈おもにアラブ系〉	大アミール〈おもにトルコ系〉
12世紀　社会の活性化とイスラーム世界の拡大		
セルジューク朝	カリフ〈おもにアラブ系〉	スルタン*〈おもにトルコ系〉
16世紀　諸宗教のゆるやかな統合システム		
オスマン帝国	スルタン（スルタン=カリフ制）〈おもにトルコ系〉	

*君主の意。この称号を最初に用いたのはセルジューク朝のトゥグリル=ベク。

▲③**イスラーム世界の変容**　11世紀以降，イスラーム世界では**トルコ系**が政治的・軍事的に台頭し，地方政権を樹立した。イスラームは第二の拡大期を迎えた。

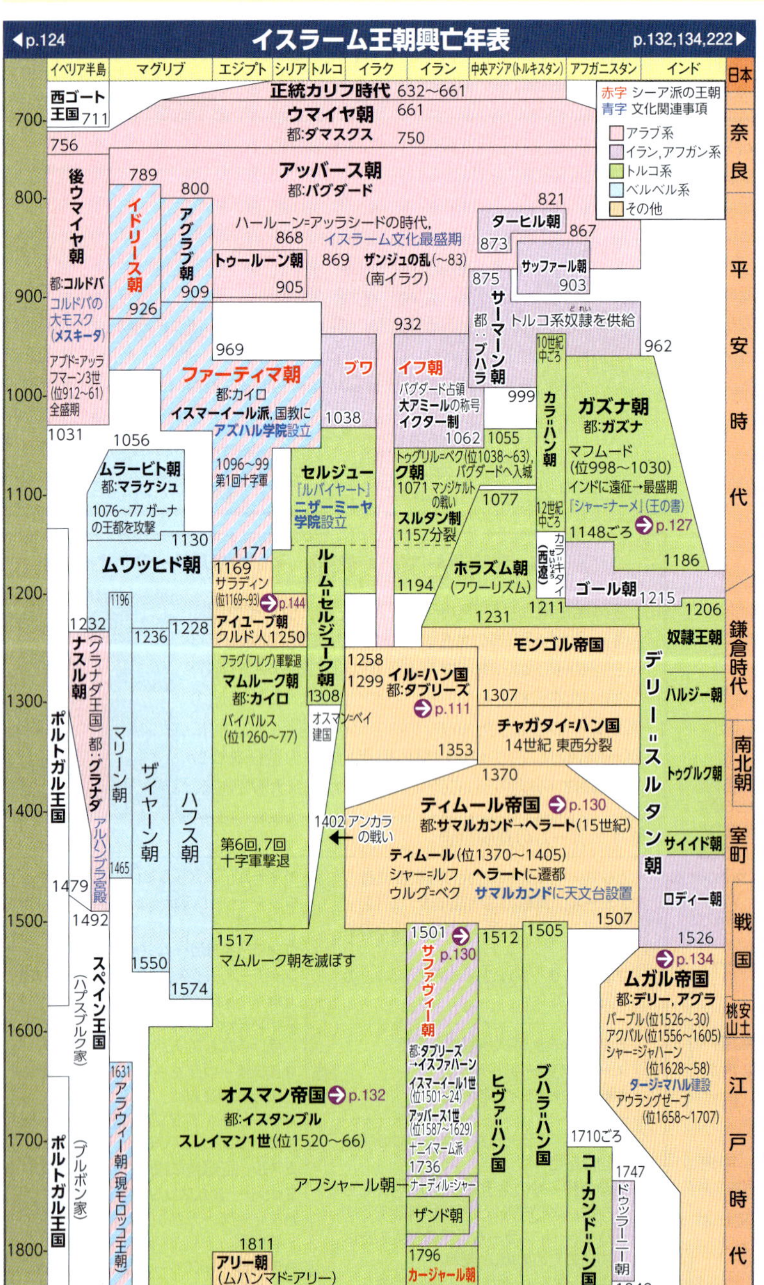

1 「平安の都」バグダード

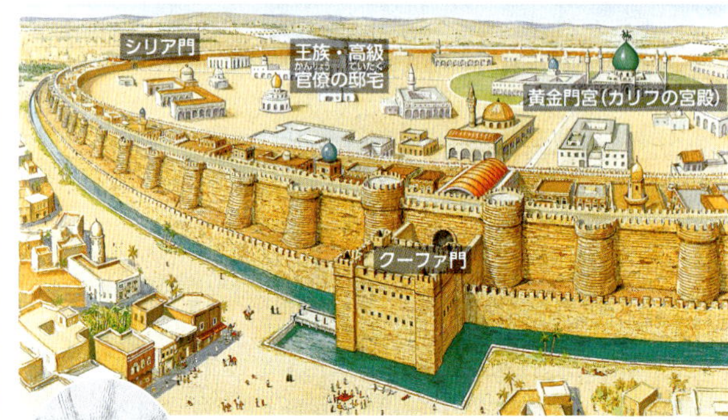

▲④**バグダードの円城**と◀⑤**ハールーン=アッラシード**　ティグリス川沿いに建設された**アッバース朝**の都**バグダード**は，陸路・海路の国際都市として建設された。『千夜一夜物語』にも登場する第5代カリフ **ハールーン=アッラシード**の時代に最盛期を迎える。

2 地方分権化へ

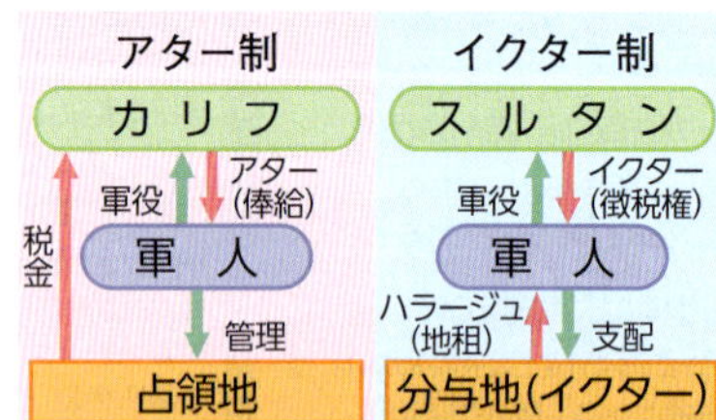

▲⑥**アター制とイクター制**　アッバース朝の衰退によりアターの支払いがとどこおり，ブワイフ朝（➡p.24）でイクター制が始まった。イクター制は従来の給与制度とは異なり，**スルタン**が軍人に，一定の**土地からの徴税権**を認めたもの。

▲⑦**繁栄するカイロ**（エジプト）　**ファーティマ朝**は，**カリフ**を名のってエジプトを征服し，首都カイロを建設した。写真はファーティマ朝時代に創建され，現在も総合大学として機能する**アズハル学院**。

イスラーム王朝興亡年表

◀p.124　　　p.132,134,222▶

赤字　シーア派の王朝
青字　文化関連事項
アラブ系
イラン,アフガン系
トルコ系
ベルベル系
その他

イベリア半島	マグリブ	エジプト	シリア	トルコ	イラク	イラン	中央アジア(トルキスタン)	アフガニスタン	インド	日本
西ゴート王国 711		正統カリフ時代 632〜661								奈良時代
700		ウマイヤ朝 都:ダマスクス 661								
756		750								
後ウマイヤ朝 都:コルドバ	789 イドリース朝 926	800 アグラブ朝 909	アッバース朝 都:バグダード							平安時代
800		トゥールーン朝 905	ハールーン＝アッラシードの時代、イスラーム文化最盛期 868		821 ターヒル朝 873					
900				869 ザンジュの乱(〜83)(南イラク)	サッファール朝 903					
コルドバの大モスク(メスキータ) アブド＝アッラフマーン3世(位912〜61)全盛期		969 ファーティマ朝 都:カイロ イスマーイール派、国教に アズハル学院設立		932 サーマーン朝 都:ブハラ トルコ系奴隷を供給						
1031			ブワ イフ朝 1038				962			
1056 ムラービト朝 都:マラケシュ				バグダード占領 大アミールの称号 イクター制		カラ＝ハン朝	ガズナ朝 都:ガズナ			
1000					999					
1076〜77 ガーナの王都を攻撃		1096〜99 第1回十字軍	セルジューク朝	トゥグリル＝ベク(位1038〜63)、バグダードへ入城 1062	1055	マフムード(位998〜1030) インドに遠征・最盛期				
1100				スルタン制 1157分裂	マンジケルトの戦い 1071	1077				
1130 ムワッヒド朝			「ルバイヤート」 ニザーミーヤ学院設立 1171				1148ごろ →p.127 「シャー＝ナーメ」(王の書)			
1196		1169 サラディン(位1169〜93) →p.144	ルーム＝セルジューク朝		ホラズム朝 (フワーリズム) 1194		1186			
1200		1228 アイユーブ朝 クルド人 1250					ゴール朝 1215			
1232 ナスル朝 都:グラナダ				1231			1206 奴隷王朝		鎌倉時代	
(グラナダ王国)	マリーン朝	マムルーク朝 都:カイロ バイバルス(位1260〜77)	フラグ(フレグ)軍団	1258 イル＝ハン国 1299 都:タブリーズ →p.111	モンゴル帝国		ハルジー朝 1307			
1300				オスマン＝ベイ建国 1308			チャガタイ＝ハン国 14世紀 東西分裂	トゥグルク朝 1353		
1370					ティムール帝国 →p.130 都:サマルカンド→ヘラート(15世紀)		デリー＝スルタン朝		南北朝	
1400	ザイヤーン朝	1402 アンカラの戦い			ティムール(位1370〜1405) シャー＝ルフ ヘラートに遷都 ウルグ＝ベク サマルカンドに天文台設置		サイイド朝		室町時代	
1479	ハフス朝	第6回、7回十字軍撃退						ロディー朝 1507		
1492		1517 マムルーク朝を滅ぼす		1501 サファヴィー朝 →p.130	1512	1505		1526 →p.134 ムガル帝国 都:デリー、アグラ	戦国	
1500 スペイン王国 (ハプスブルク家)	1550 1574			都:タブリーズ→イスファハーン イスマーイール1世(位1501〜24)				バーブル(位1526〜30) アクバル(位1556〜1605) シャー＝ジャハーン(位1628〜58) タージ＝マハル建設 アウラングゼーブ(位1658〜1707)	桃山 安土	
1600	1631 アラウィー朝(現モロッコ王朝)	オスマン帝国 →p.132 都:イスタンブル スレイマン1世(位1520〜66)	ヒヴァ＝ハン国	アッバース1世(位1587〜1629) ナジャフ派 1736			ブハラ＝ハン国		江戸時代	
1700 ポルトガル王国 (ブルボン家)				アフシャール朝 ナーディル＝シャー ザンド朝			1710ごろ	コーカンド＝ハン国 1747 ドゥッラーニー朝		
1800		1811 アリー朝 (ムハンマド＝アリー) 1953		1796 カージャール朝						
1922	1925	1920	1920	1876	1842	1858

西アジア　ヨーロッパ　アフリカ　MAP G～K　2部2章

3 イスラーム世界の変遷

イスラーム帝国の分裂決定化 世界全図p.24~25 p.125 2

- ファーティマ朝に続き,後ウマイヤ朝もカリフを名のる(3カリフ鼎立)
- ブワイフ朝がバグダードに入城し,アッバース朝カリフの権威は失墜

世界全図p.26~27

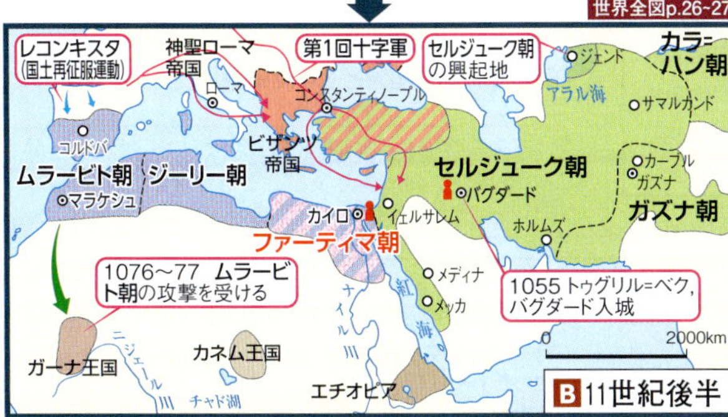

トルコ人の台頭と自立化 p.94 2 B

- トルコ系イスラーム王朝(カラ=ハン朝・ガズナ朝・セルジューク朝・ホラズム朝)成立,中央アジアのイスラーム化が進む

世界全図p.28~29

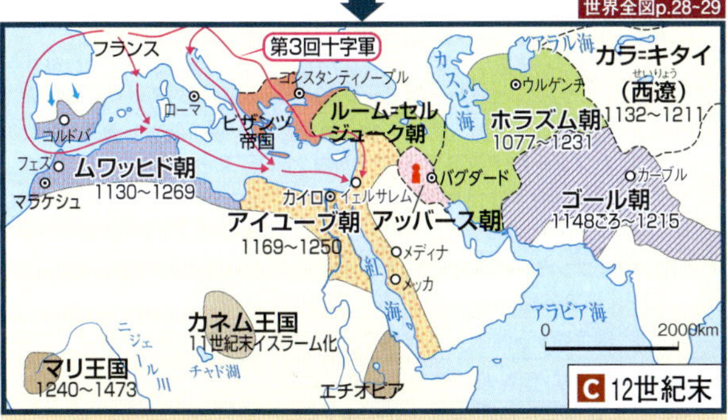

キリスト教諸国(勢力)との対立~レコンキスタ・十字軍~ p.145

- アイユーブ朝のサラディンの活躍,イェルサレムの奪回
- レコンキスタの進展　• **カーリミー商人**の活躍 p.28,86

世界全図p.30~31

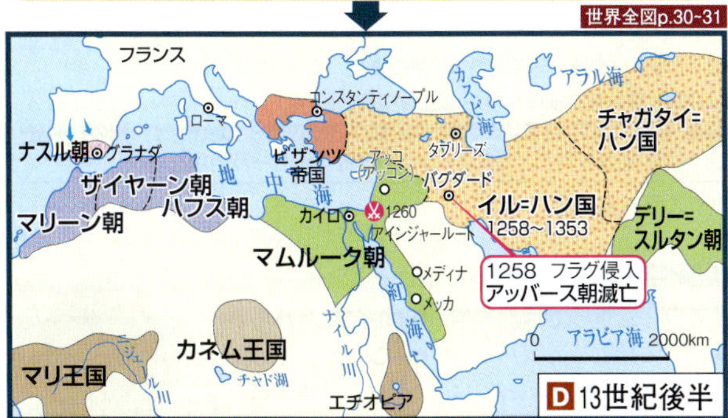

モンゴルのイスラーム化 p.111

- フラグ(モンゴル)がアッバース朝を滅ぼす
- イル=ハン国のガザン=ハンがイスラームに改宗,イラン=イスラーム文化が花開く
- マムルーク朝の建国と発展　• **カーリミー商人**の活躍 p.30,86

4 イベリア半島・北アフリカのイスラーム

◀⑧**コルドバの大モスク(メスキータ)**　**後ウマイヤ朝**の首都である**コルドバ**は,10世紀には人口50万を越え,当時の西欧最大の都市となった。987年に完成した**大モスク**には,内部の「円柱の森」などイスラーム美術の傑作が残るが,のちに**レコンキスタ**によってキリスト教教会に転用された。

▲⑨**ベルベル人　マグリブ**(北アフリカ西部)に分布しベルベル語を話す先住民。"ベルベル"はバルバロイに由来する蔑称で,自らは"イマジゲン"と称した。

▲⑩**マラケシュ旧市街**(モロッコ)　ムスリム化した**ベルベル人**が建てた,**ムラービト朝・ムワッヒド朝**の首都。キリスト教徒による**レコンキスタ**が進むなか,両朝はイベリア半島にも進出した。

ナスル朝のアルハンブラ宮殿 p.145

◀⑪**アルハンブラ宮殿全景**(グラナダ,スペイン)　イベリア半島最後のイスラーム王朝である**ナスル朝**の宮殿。1492年,グラナダがキリスト教徒の手に陥落し,ナスル朝は滅亡した。 p.151⑤

▶⑫**宮殿内部から見える中庭**　イスラームの建築は,強い日差しと暑さのために壁が厚く窓が小さい。そのため,換気や採光,自然を憩う場として多くの場合中庭がある。

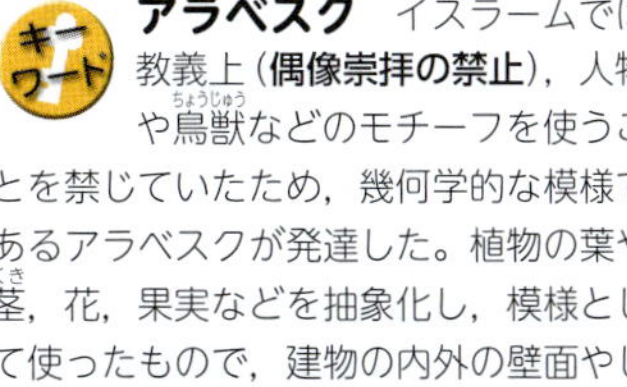

アラベスク　イスラームでは教義上(**偶像崇拝の禁止**),人物や鳥獣などのモチーフを使うことを禁じていたため,幾何学的な模様であるアラベスクが発達した。植物の葉や茎,花,果実などを抽象化し,模様として使ったもので,建物の内外の壁面やじゅうたんなどに描かれた。

イスラーム文化 ～ネットワークから生まれた融合文化

ヒストリーシアター アラビアン=ナイトの世界のネットワーク

◀①「船乗りシンドバッドの冒険」 8～9世紀にかけてつくられた『**千夜一夜物語（アラビアン=ナイト）**』は，女性不信のカリフに対し，大臣の娘シェヘラザードが1001夜にわたりいろいろな物語を聞かせるという設定で書かれている。この物語にはインドやイランに起源をもつ説話もあり，舞台はペルシア湾からインド洋，東シナ海にまで及ぶ。

▶②**インド洋を航海するダウ船** モンスーンを利用して行き来した**ダウ船**によって，海域の結びつきは強くなっていった。➡p.86

〈パリ国立図書館蔵〉

英単語	意味（ ）内はアラビア語の意味
alcohol	アルコール（粉末）
algebra（アルジェブラ）	代数（統合）
alchemy（アルケミー）	錬金術（変質）
alkali	アルカリ（ソーダの原料）
sugar（シュガー）	砂糖
candy（キャンディー）	飴（きび砂糖）
safari	サファリ（旅）
cotton（コットン）	木綿（カタン糸）
syrup	シロップ（飲み物）
magazine（マガジン）	雑誌（倉庫・店）
coffee	コーヒー（果実酒）

◀④**アラビア語を起源とする英単語**

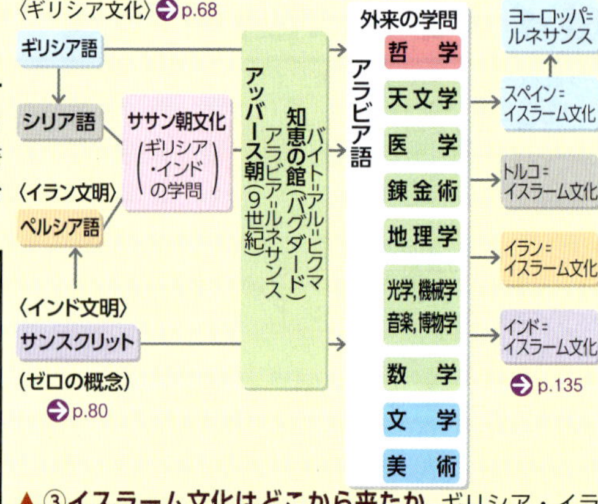

▲③**イスラーム文化はどこから来たか** ギリシア・イラン・インドなどの文化を源流とし，形成・融合された。**固有の学問**と**外来の学問**に分けられる。図は外来の学問形成の流れを表したもの。

よみとき 『千夜一夜物語』に収録された説話の起源や舞台がインドや東シナ海にまで及ぶことは何を示しているのだろうか。図②を参考に考えよう。

1 固有の学問

A 神 学

神の属性と人間の行為とのかかわりを理論的に追究しようとする神学（カラーム）では，例えば信仰と罪の問題，自由意志と定命の問題，聖典解釈の問題などが取り扱われた。8世紀中ごろに本格的に始まった。

▶⑤**修行に励む神秘主義者スーフィー** **スーフィー**の本来の意味は「羊毛の粗衣を着た者」で，神の実在を感得するために修行場で，恍惚状態になるまで祈った。12世紀には**カーディリー教団**，13世紀には**メヴレヴィー教団**が成立。民衆の利益や救済を神に取りなす存在として大衆から信仰され，インドや東南アジアへの布教につながった。〈サクラーナ博物館蔵〉

B 法 学

法学は共同体の生活上での問題を解決するために生まれた。法は**「シャリーア」**とよばれ，この根拠となるのは**『クルアーン（コーラン）』**であるが，これを補完するものに**ハディース**（伝承）とイジュマー（合意）とキヤース（類推）がある。

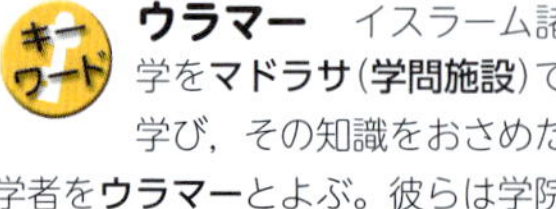

キーワード **ウラマー** イスラーム諸学を**マドラサ（学問施設）**で学び，その知識をおさめた学者を**ウラマー**とよぶ。彼らは学院の教授，裁判官（**カーディー**）などで生計を立てた。シーア派では近代化以降も社会的影響力をもつ。

◀⑥**マドラサで法学を説くウラマー**

1 アラビア固有の学問	A 神学 B 法学	『クルアーン（コーラン）』の注釈，ムハンマドの言行に関する伝承（**ハディース**）を基礎として，両者合体して発達 **ガザーリー**（1058～1111，セルジューク朝）
	C 歴史学	ムハンマドの伝記研究から発達 ➡p.111 **ラシード=ウッディーン**（1247ごろ～1318，イル=ハン国の宰相）『**集史**』 **イブン=ハルドゥーン**（1332～1406，マムルーク朝）『**世界史序説**』 **タバリー**（839～923，アッバース朝）『諸預言者と諸王の歴史』
	その他	文法学・修辞学・詩学などクルアーンを正確に読むための研究
2 外来の学問	哲学	ギリシア哲学（**アリストテレス**注釈学）中心（「**知恵の館**」でアラビア語に翻訳） **イブン=ルシュド**（**アヴェロエス**，ムワッヒド朝）（1126～98）
	A 数学	ギリシアの**ユークリッド**幾何学・インドの代数学を吸収・発展 →**アラビア数字・ゼロ**の記号を完成。代数学・三角法，12世紀以降ヨーロッパへ **フワーリズミー**（780ごろ～850ごろ，アッバース朝）
	B 天文学	**占星術**から発達。**ムスリム商人**の活躍で航海術・暦学も発達 **バグダード・ダマスクス・サマルカンド**に天文台設置
	C 地理学	イドリーシー（1100～65ごろ，シチリアで活躍） **イブン=バットゥータ**（1304～77，モロッコ出身）『**三大陸周遊記**』➡p.32
	D 医学	**イブン=シーナー**（**アヴィケンナ**）（980～1037，サーマーン朝） 『**医学典範**』ギリシア・アラビア医学の集大成
	E 化学	錬金術から発達 昇華作用の発見 蒸留・ろ過の方法を発明
	その他	論理学・音楽・機械学・光学・博物学など
その他	文学	『**千夜一夜物語（アラビアン=ナイト）**』 **フィルドゥシー**（940ごろ～1025，ガズナ朝）『**シャー=ナーメ**』宮廷文学・詩発達 **オマル=ハイヤーム**（1048～1131，セルジューク朝）『**ルバイヤート**』史p.350
	美術	**モスク建築**（**ドーム**と**ミナレット**） **アラベスク** **細密画（ミニアチュール）**
	研究機関	**アズハル学院**（カイロ，ファーティマ朝） **ニザーミーヤ学院**（セルジューク朝）

◆**ヨーロッパに影響を与えた科学以外の文化**
火薬・磁針（羅針盤）・紙・印刷術…以上は中国起源 ➡p.160
築城法・石弓の使用・伝書鳩の利用・じゅうたんやカーテンの装飾・軍楽隊の打楽器・甲冑や紋章・戦勝祝賀のイルミネーション・砂糖・コーヒー飲用など

▲⑦**イスラーム文化**

C 歴史学

イスラーム世界では歴史学が9世紀に発展し，タバリーなどによる年代記が著された。**イブン=ハルドゥーン**は，さらにこれを発展させ，都市と遊牧民との関係を中心に歴史発展の法則を探ろうとした。

▶⑧**イブン=ハルドゥーン**（1332～1406） チュニス生まれ。裁判官として諸王朝に仕え，**マムルーク朝**と**ティムール**の会談にも立ち会った。

2 外来の学問

A 数　学

ローマ字	I 1	V 5	X 10	L 50	C 100	D(IↃ) 500	M(CIↃ) 1000	V̄(IↃↃ) 5000	X̄(CCIↃↃ) 10000	
インド文字	१	२	३	४	५	६	७	८	९	०
アラビア文字	١	٢	٣	٤	٥	٦	٧	٨	٩	٠
算用数字	1	2	3	4	5	6	7	8	9	0

▲ ⑨**数字の表記**　8世紀にインドから**ゼロの概念**(➡p.80)を含むインド文字や計算法が伝えられ，9世紀の**アッバース朝**でギリシア語で書かれた**エウクレイデス(ユークリッド)**の数学などが**アラビア語**に**翻訳**され，数学が発達した。とくに代数学，幾何学などの分野の研究が進み，これらは12世紀西欧で**ラテン語**に翻訳され，その後の西欧の数学の発達に多大な影響を与えた。

B 天文学

◀ ⑩**天文学の研究**　**アッバース朝**の時代には，インドの天文学書が翻訳され天文学が発達した。バッターニーなどの学者が行う観測により，天文表などが作成された。図は16世紀の**イスタンブル**の天文台のようすで，さまざまな天文器具が描かれている。〈トプカプ宮殿美術館蔵〉

テーマ　アストロラーベ ➡p.153

◀ ⑪**緯度を知る方法**　船上で北極星と太陽の高度を測定することで緯度を知ることができる。

天体の高度をはかるために使われた観測器具で，**羅針盤**(➡p.109,154)の普及とともに長距離の航海を可能とした。ヨーロッパでは13世紀ごろから使われるようになった。

▶ ⑫アストロラーベ

C 地理学

▶ ⑬**イドリーシーの地図**　ギリシアの**プトレマイオス**の知識を受け継ぎ，それに**ムスリム商人**の知識が加えられている。この世界地図は，**シチリア**(➡p.145)で作成された。当時シチリアは，イスラームとヨーロッパの文化の交流地であった(➡p.153)。地図の方位は南が上になっている。➡巻末折込

D 医　学

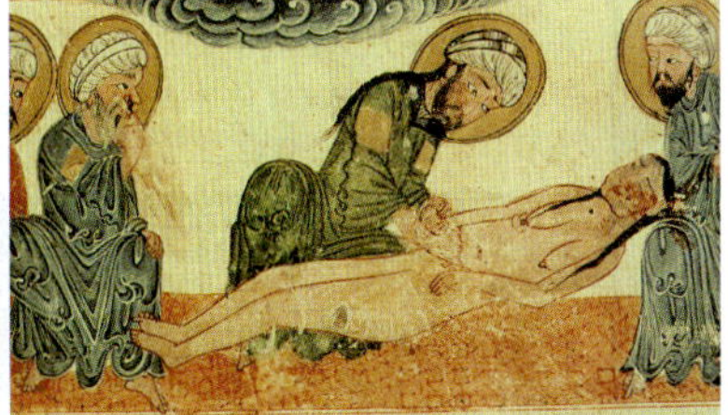

◀ ⑮**帝王切開による出産のようす**　イスラームでは早くから外科の技術が発達し，図のような手術が可能であった。〈エジンバラ大学図書館蔵〉

▲ ⑭**イブン=シーナー**(アヴィケンナ)　イブン=シーナーの『**医学典範**』などは，ラテン語に翻訳され，最先端科学としてヨーロッパに輸入された。

E 化　学 ➡p.153

▶ ⑯**調剤の光景**　図は13世紀の薬屋のようす。**スーフィー**たちは，「霊魂の調和による物質の変化」という観点から**錬金術**を独自に研究した。その研究で発展した蒸留法は，新しい物質の精製や蒸留酒の製造に受け継がれた。〈メトロポリタン博物館蔵〉

3 イスラームの社会と生活

ワクフ　商業施設や浴場などを建て，その所有権を放棄しアッラーに寄進，そこからの収益を公共の施設の維持費にあてる制度。『**クルアーン(コーラン)**』の教えでは けちが最大の恥とされるので，金持ちはさかんにワクフを行った。

◀ ⑰**スーク・バザール**(市場)**の風景**　市場やモスク・**キャラバンサライ(隊商宿)**・病院などの公共施設は，**ワクフ**によって建設・維持された。図のような市場では，大商人だけでなく，裕福でない商人も店を出すことができた。

テーマ　ムスリム商人のネットワーク ➡p.22,24

8世紀，イスラーム世界が確立すると，東西を**バグダード**で結びつける陸のルートを通って**隊商(キャラバン)貿易**が行われた。また，海のルートでは，**ダウ船**と呼ばれる帆船によってインド洋中心のムスリムの海洋ネットワークが形成された。10世紀には，紅海を通るルートが開発され，**カイロ**が**イスラーム=ネットワーク**の中心となった。ムスリムによる商業活動は，①イスラーム法にもとづく相互の信頼関係②共通言語(アラビア語)の使用③イスラームの発達した金融・信用取引④共同出資による協業組織などにより促進された。

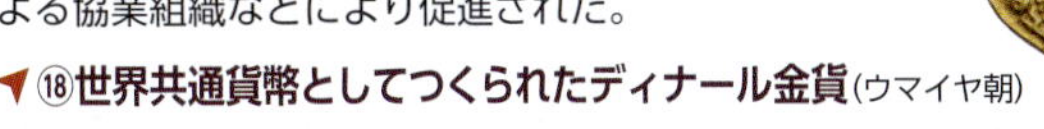

◀ ⑱**世界共通貨幣としてつくられたディナール金貨**(ウマイヤ朝)

テーマ　イスラームの女性

イスラームでは「結婚は信仰の半ばを成就する」ものとして奨励されている。男は複数の女性(4人まで)を妻とすることが許されている*。夫が離婚を希望するときは，カーディー(裁判官)に妻の不貞を繰り返し4回訴え，5回目にはこれを宣誓する必要があった。

▼ ⑲**カーディーに離婚の訴えをする夫**

＊当時は，夫を戦災で失った寡婦を経済的に救済する意図があったとされる。現在，トルコやチュニジアでは一夫多妻制は禁じられている。

MAP F〜K
2部2章

イスラーム世界の成熟 ～ティムール帝国とサファヴィー朝の展開

ヒストリーシアター 「イスファハーンは世界の半分」 世界遺産

➤①イスファハーン **アッバース1世**が1597年に遷都。学術・文化が栄え，対外貿易の活性化などから人口50万人に達して**「イスファハーンは世界の半分**（の価値がある）」と称されるほどに繁栄をきわめた。

よみとき サファヴィー朝はスンナ派かシーア派か，イマームを最高指導者として重視している点から考えよう。

ひと アッバース1世(1571～1629)

▲②小姓とたわむれるアッバース1世

アッバース1世は，**サファヴィー朝**第5代国王で，中興（ちゅうこう）の祖とされる。**イスファハーン**に遷都し，ポルトガル人を**ホルムズ**から駆逐（くちく）した。軍制改革を行い，王に直属する二つの近衛軍団を組織するとともに，銃兵部隊や砲兵部隊を新たに組織した。

1 ティムール帝国の発展（14～15世紀）

世界全図p.32-35

• モンゴル帝国の再興をめざし，ティムール一代で，中央アジアからイランにいたる大帝国を成立，オスマン帝国にも大打撃を与えた

▲③ティムール廟とティムール（右上）「チンギスは破壊し，ティムールは建設した」といわれるように，ティムールは**サマルカンド**を中央アジアの一大中心地とした。明遠征の途上，志半ばにオトラルにて病死。写真はサマルカンドにある彼の墓廟（ぼびょう）。

2 オスマン帝国・サファヴィー朝・ムガル帝国の鼎立（ていりつ）（16世紀）

世界全図p.36-37 ➔p.133 2

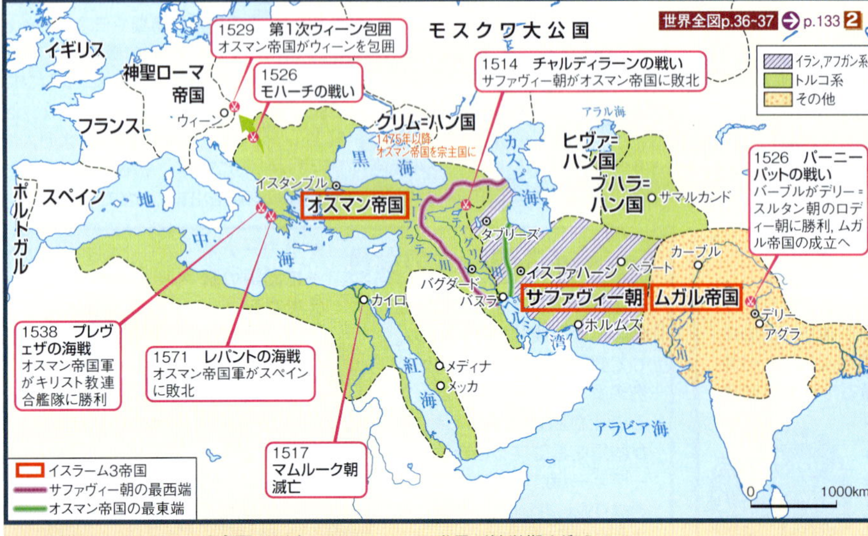

• 強大な**イスラーム3帝国**が誕生し，イスラーム世界が繁栄期を迎える

◀p.110 ティムール帝国とサファヴィー朝の展開 p.222▶

青字 文化関連事項　赤字 おもな戦い

王朝	年	事項	日本
ティムール帝国 (1370)		**ティムール** 位1370～1405	南北朝時代
	1370	西チャガタイ=ハン国からティムール自立，**ティムール帝国建国** 都:**サマルカンド**	
	93	イル=ハン国の旧領を併合	
	95	キプチャク=ハン国を圧迫,弱体化	
	98	西北インド(トゥグルク朝)に侵入	
	1402	**アンカラの戦い**(オスマン帝国を破る)	室町時代
	05	明遠征途上,オトラルで没	
	1409	シャー=ルフ 即位 都:ヘラート	
	○	**イラン=イスラーム文化**が中央アジアに伝わる	
	20	シャー=ルフ,明の永楽帝に使節を派遣	
		ウルグ=ベク 第4代 位1447～49	
		• **サマルカンドに天文台を建設**	
		• **トルコ=イスラーム文化が栄える**	
	1449	ウルグ=ベク暗殺,衰退期に	
	1507	ウズベクの侵入 **ティムール帝国滅亡** →ティムールの末裔（まつえい）バーブル,北インドへ	
サファヴィー朝 (1507)		**イスマーイール1世** 位1501～24	戦国時代
	1501	**サファヴィー朝建国** 都:タブリーズ	
		十二イマーム派(シーア派)を国教化	
	14	**チャルディラーンの戦い**(オスマン帝国がサファヴィー朝を破る)	
		アッバース1世 位1587～1629	
		• サファヴィー朝最盛期	安土桃山時代
		中央集権体制確立　銃兵隊・砲兵隊を創設　オスマン帝国から失地奪回	
	1597	都:**イスファハーン**へ遷都	
	1622	ポルトガルからホルムズ島奪還	江戸時代
(1736)	1736	アフシャール朝建国 **サファヴィー朝滅亡**	

今日とのつながり 8世紀以降イスラーム勢力が新たに建設した都市は，フスタートのほかフェズ(モロッコ)，グラナダ(スペイン)，バスラ(イラク)などがあり，今でもその地域の中心都市として栄えている。

特集 アフリカの歴史 ～交易の刺激と国家形成

1 アフリカの歴史 ➔p.220

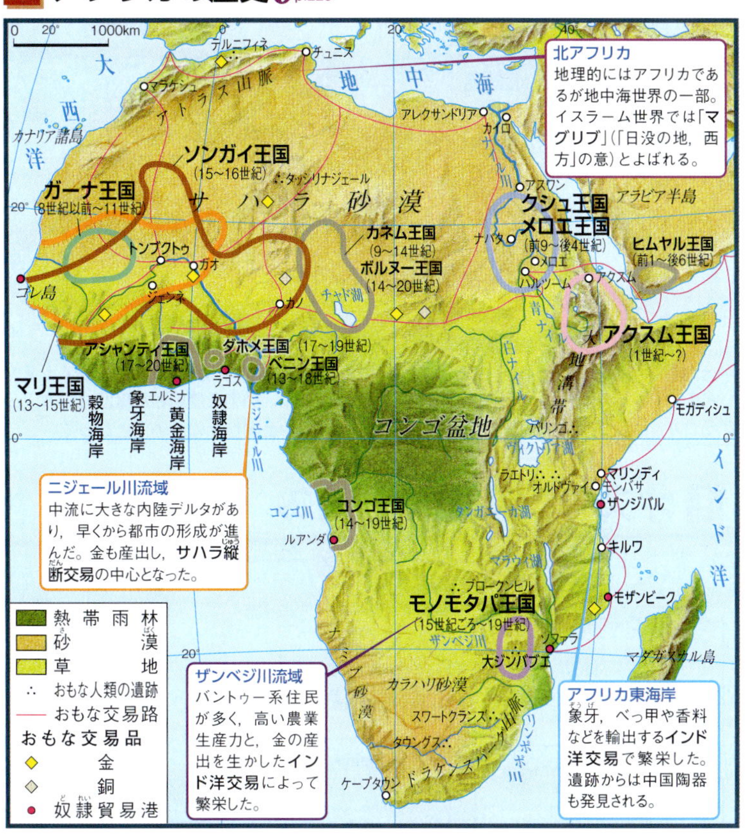

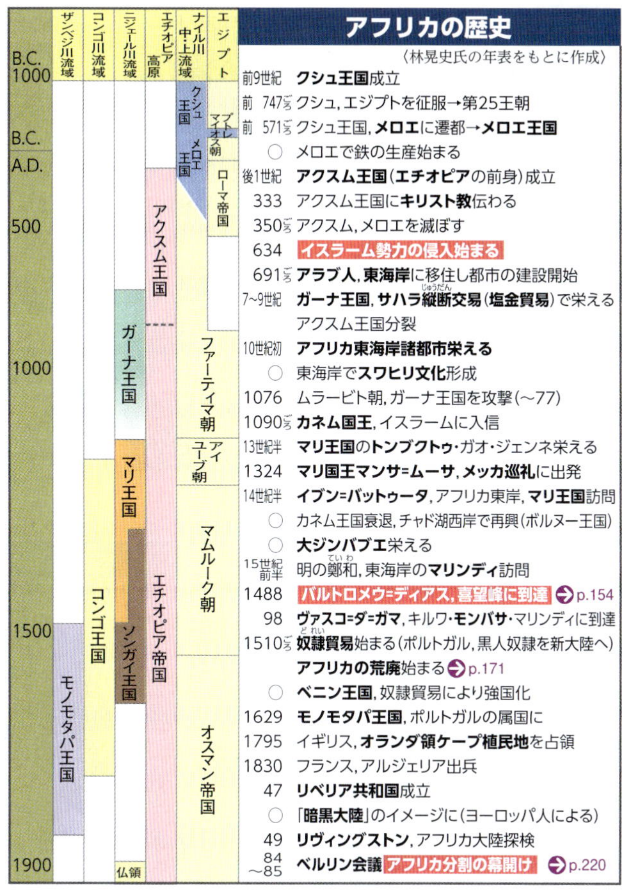

アフリカの歴史

〈林晃史氏の年表をもとに作成〉

年	できごと
前9世紀	**クシュ王国**成立
前 747ごろ	クシュ，エジプトを征服→第25王朝
前 571ごろ	クシュ王国，**メロエ**に遷都→**メロエ王国**
○	メロエで鉄の生産始まる
後1世紀	**アクスム王国**(**エチオピア**の前身)成立
333	アクスム王国に**キリスト教**伝わる
350ごろ	アクスム，メロエを滅ぼす
634	**イスラーム勢力の侵入始まる**
691ごろ	**アラブ人**，**東海岸**に移住し都市の建設開始
7～9世紀	**ガーナ王国**，**サハラ縦断交易**(**塩金貿易**)で栄える
	アクスム王国分裂
10世紀初	**アフリカ東海岸諸都市栄える**
○	東海岸で**スワヒリ文化**形成
1076	ムラービト朝，ガーナ王国を攻撃(～77)
1090ごろ	**カネム国王**，イスラームに入信
13世紀半	**マリ王国**の**トンブクトゥ**・ガオ・ジェンネ栄える
1324	**マリ国王マンサ=ムーサ**，**メッカ巡礼**に出発
14世紀半	**イブン=バットゥータ**，アフリカ東岸，**マリ王国**訪問
○	カネム王国衰退，チャド湖西岸で再興(ボルヌー王国)
○	**大ジンバブエ**栄える
15世紀前半	明の鄭和，東海岸の**マリンディ**訪問
1488	**バルトロメウ=ディアス，喜望峰に到達** ➔p.154
98	**ヴァスコ=ダ=ガマ**，キルワ・**モンバサ**・マリンディに到達
1510ごろ	**奴隷貿易**始まる(ポルトガル，黒人奴隷を新大陸へ)
	アフリカの荒廃始まる ➔p.171
○	**ベニン王国**，奴隷貿易により強国化
1629	**モノモタパ王国**，ポルトガルの属国に
1795	イギリス，**オランダ領ケープ植民地**を占領
1830	フランス，アルジェリア出兵
47	**リベリア共和国**成立
○	「**暗黒大陸**」のイメージに(ヨーロッパ人による)
49	**リヴィングストン**，アフリカ大陸探検
84～85	**ベルリン会議** **アフリカ分割の幕開け** ➔p.220

ナイル川流域

クシュ王国・メロエ王国(前9世紀～後4世紀)

最古の黒人王国。一時全エジプトを支配するが，**アッシリア**に攻撃され，都を**メロエ**に移す。製鉄技術や隊商交易によって繁栄。未解読の**メロエ文字**や**ピラミッド**で知られる。

アクスム王国(1世紀～?)

4世紀に**キリスト教**に改宗したエザナ王が**クシュ王国**を倒した。『**エリュトゥラー海案内記**』には**象牙**の集散地として記されている。

▲①メロエのピラミッド

ニジェール川流域

ガーナ王国(8世紀以前～11世紀)

アフリカ西部の黒人王国。サハラの岩塩とギニアの金の，**サハラ縦断交易**を保護することで繁栄。**ムラービト朝**に攻撃され衰退した。

マリ王国(13～15世紀)

マンディンゴ人が西スーダン，**ニジェール川**流域に建てたイスラーム王国。都は**トンブクトゥ**といわれている。**イブン=バットゥータ**も訪れた。

ソンガイ王国(15～16世紀)

ソンガイ人が**マリ王国**を圧倒して建国。都はガオ。黒人初の大学を創設するなど，繁栄したが，モロッコ軍の攻撃により滅亡。

▲②**ムスリム商人とマンサ=ムーサ**(1280ごろ～1337) アラブからのラクダによって，サハラを縦断する交易が発展した。**ムスリム商人**のもたらす塩は，金と同じ重さで取り引きされたという(**塩金交易**)。14世紀，**マリ王国**最盛期の王**マンサ=ムーサ**はメッカ巡礼の途上，金を大量にふるまい，金の相場が大暴落したため"黄金の国"マリの伝説が生まれた。

東海岸諸都市

東海岸諸都市

東海岸は**ムスリム商人**による**インド洋交易**が行われた。彼らは象牙・金や**黒人奴隷**(ザンジュ)を，衣料品や**鉄器・陶器**などと交換した。代表的都市に，**キルワ・ザンジバル・マリンディ**などがある。

テーマ スワヒリ語

アフリカ東海岸に来航・居住するようになった**ムスリム商人**の**アラビア語**と，土着の**バントゥー語**が融合して成立，発展した。現在，ケニア・タンザニアなどで使用されている。

▲③**ザンジバル** 黒人奴隷(ザンジュ)が語源。**香辛料**や奴隷のインド洋交易で繁栄。19世紀には通商の一大中心地となる。

ザンベジ川流域

モノモタパ王国(15世紀ごろ～19世紀)

ジンバブエ遺跡の文化を継承したショナ人が建国。金を輸出するインド洋交易で繁栄。その繁栄に，16世紀来航したポルトガル人が驚愕したと伝えられる。

▶④**大ジンバブエ遺跡** ジンバブエは「石の家」の意味。曲線や勾配をつけたたくみな**石積み建築**の世界遺産。最盛期は14～15世紀。

アフリカ
MAP A～Q
2部2章

オスマン帝国 ～三大陸にまたがるイスラーム帝国

ヒストリーシアター オスマン帝国拡大の原動力

▲①デヴシルメの現場

▼②デヴシルメ

バルカン半島の非ムスリムの諸宗教共同体（ミッレト）が対象
↓
7～15歳程度の身体強健・眉目秀麗・頭脳明晰な男子を徴集
↓
イスラームに強制改宗
↓
軍人・官僚などへ

よみとき 少年たちはおもにどこから徴集され，どのような仕事についたのだろうか。

▲③イェニチェリ **イェニチェリ**とは，**オスマン帝国**の**スルタン**直属の奴隷からなる常備歩兵軍団。鉄砲を使用した集団戦法は，ヨーロッパの脅威となり，オスマン帝国拡大の原動力となった。

オスマン帝国興亡年表

◀p.124,126　p.222▶

青字 文化関連事項

発展（日本：鎌倉／南北朝時代）

1299 **オスマン1世**（位1299～1326），**アナトリア**西部に **オスマン帝国建国**
1326 ブルサを征服し，首都とする
61(?) **アドリアノープル**（エディルネ）占領（諸説あり）
○ **イェニチェリ（軍団）**誕生
89 **コソヴォの戦い** **バルカン半島支配**

バヤジット1世（雷帝） 位1389～1402
1396 **ニコポリスの戦い**（ハンガリー王ジギスムントを破る）
1402 **アンカラ（アンゴラ）の戦い**（ティムールに敗れ，オスマン帝国混乱）

混乱（日本：室町時代）

1413 **メフメト1世**（位1413～21） **オスマン帝国再統一**

メフメト2世（征服王） 位1444～46･51～81
1453 **コンスタンティノープル**を征服し，遷都（現在の**イスタンブル**）→**ビザンツ帝国滅亡**
○ トプカプ宮殿造営
75 **クリム=ハン国**が服属 **黒海の制海権掌握**

復興と全盛（日本：戦国時代）

セリム1世（冷酷者） 位1512～20
1514 **チャルディラーンの戦い**で**サファヴィー朝**を破る
17 **マムルーク朝**を破る **メッカ･メディナの保護権掌握**
シーア派のサファヴィー朝と対立
→ **スルタン=カリフ制**成立（?）*

スレイマン1世（立法者） 位1520～66
1526 **モハーチの戦い**，**ハンガリー**を併合
29 **第1次ウィーン包囲** ➡p.163 1 ,164,174
36 仏王**フランソワ1世**に**キャピチュレーション**[*2]（カピチュレーション）を与えたといわれる
38 **プレヴェザの海戦**→スペイン･教皇連合艦隊を破る **東地中海の制海権掌握**
○ 帝国最盛期

衰退（日本：江戸時代／明治･大正）

1571 **レパントの海戦**→スペイン･教皇･ヴェネツィア連合艦隊に敗れる
1683 **第2次ウィーン包囲**→**失敗** ➡p.164
99 **カルロヴィッツ条約**（オーストリアにハンガリーを割譲） ➡p.222
1703 **アフメト3世**即位（位1703～30） ○**チューリップ時代**
活版印刷の導入，西欧趣味の流行
1811 **エジプト（ムハンマド=アリー）**，➡p.222
オスマン帝国から事実上独立
21 **ギリシア独立戦争**（～29）→**東方問題** ➡p.205
26 イェニチェリ軍団の廃止
39 **タンジマート（恩恵改革）**（～76） ➡p.222
→オスマン帝国の近代化
1922 **スルタン制の廃止** **オスマン帝国滅亡** ➡p.244

▲④オスマン1世

▲⑤セリム1世

＊セリム1世が，マムルーク朝征服後にアッバース朝カリフの末裔からその称号を継承し成立したとされてきたが，同時代の史料にはなく，近年は後代の伝説とされる。

＊2 領事裁判権や定率関税などの通商特権。セリム2世がフランスに与えたという説もある。

▲⑥アフメト3世

1 オスマン帝国のしくみ

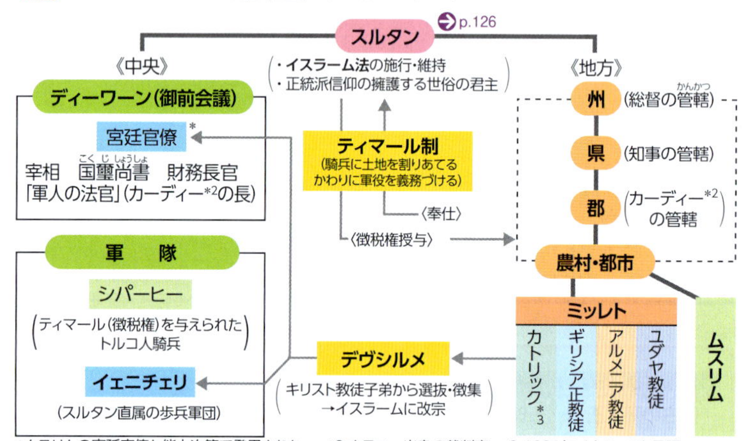

＊ムスリムの宮廷官僚も能力次第で登用された。　＊2 ウラマー出身の裁判官　＊3 1831年，カトリックを承認

ズィンミー制 オスマン帝国では，支配下の地域の異教徒に納税（ジズヤ）と引きかえに信仰の自由を認め（**ズィンミー制**），各宗教の共同体（**ミッレト**）ごとに自治を許した。これにより，ムスリム以外のネットワークが発展し，商業活動も活発化した。

▼⑦ディーワーン **ディーワーン**とよばれる御前会議では，軍事や行政，財政などの問題が扱われた。絵には大宰相（中央）と高官，格子窓から会議のようすをうかがう**スルタン**が描かれている。

▲⑧イスタンブルに住むユダヤ人
イベリア半島にいた**ユダヤ教徒**たちは**レコンキスタ**完成後に発布された追放令によって改宗か移住かを迫られた。そのため，諸宗教共同体（ミッレト）に自治を許すオスマン帝国に多く移住し，**イスタンブル**にもユダヤ人が多数移り住んだ。

今日とのつながり オスマン帝国は，楽隊が演奏をしながら進軍を行った。その独特のリズムが，ヨーロッパに伝わり，現在でも名曲と知られるモーツァルトやベートーヴェンの「トルコ行進曲」に取り入れられた。

2 拡大するオスマン帝国

世界全図p.34-39

▼⑨オスマン帝国の拡大(1359～1683年) p.127 3，p.223 2

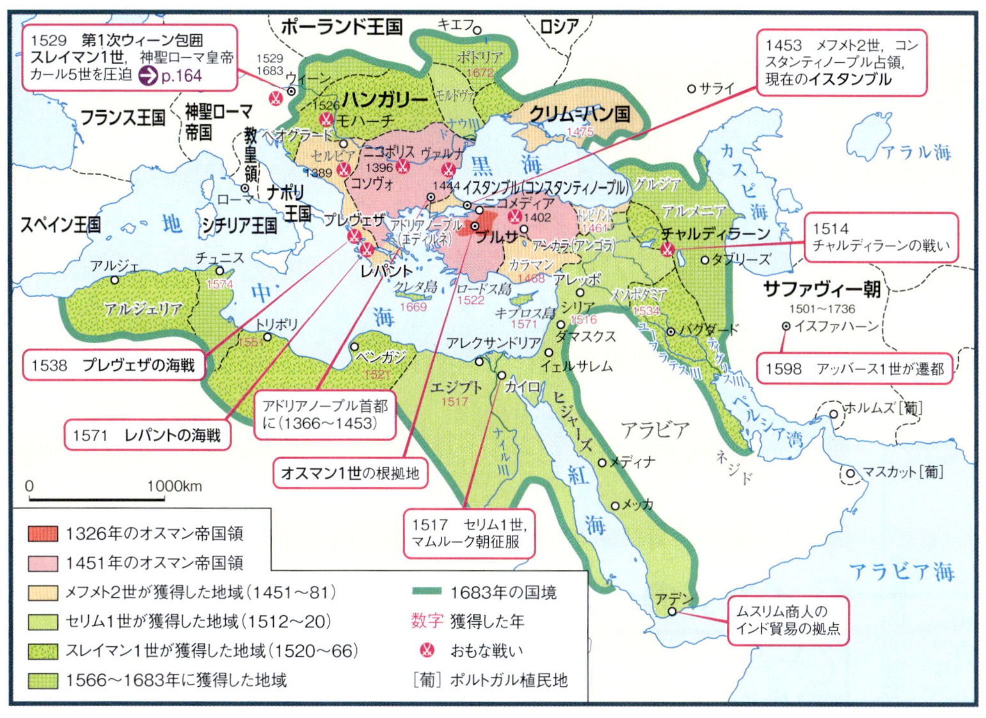

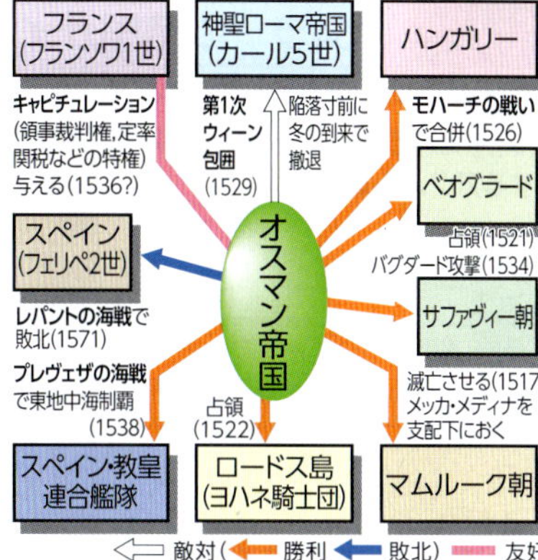

▲⑩オスマン帝国の対外関係

キーワード　キャピチュレーション(カピチュレーション)
キリスト教国などに対し，非ムスリムの来訪や活動を保護するために，恩恵的に与えられた友好的な通商条約。領事裁判権や定率関税などが含まれた。しかし18世紀末の帝国主義時代には，西欧の不平等条約に変質し，侵略の足がかりとなった。

◀⑪**メフメト2世**(位1444～46，51～81)　第7代スルタン。**コンスタンティノープルを攻略**し，征服王(ファーティフ)の異名を得た。

▶⑫**コンスタンティノープルの攻略と遷都**

コンスタンティノープル攻略は，**メフメト2世**にとって子どものころからの夢の実現でもあった。この勝利を決定づけたのは，両国の経済力の差にあった。彼はハンガリー人技術者ウルバンを高い報酬で雇い，巨大な大砲をつくらせた。オスマンの軍勢10万～12万人に対し，ビザンツ側は7000～1万人だった。

A スルタン=アフメト=モスク　1609～16年，アフメト1世が建設，愛称ブルーモスク
B 聖ソフィア大聖堂　メフメト2世がモスクに改造
C トプカプ宮殿　15～19世紀，スルタンの住居
D スレイマン=モスク　1550～57年，スレイマン1世が建設

▼⑬**トプカプ宮殿**　**メフメト2世**はコンスタンティノープル攻略後，1465年ごろから**トプカプ宮殿**の建設を行った。大砲(トプ)が門(カプ)にすえられていたため，のちにこの名がついたとされる。国政の中心となり，19世紀前半まで歴代**スルタン**が居住した。

◀⑭**スレイマン1世**(位1520～66)　彼の時代に**オスマン帝国**は**ハンガリー**を併合し，**ウィーン包囲**を行った。フランス**国王フランソワ1世**と同盟を結び，当時のヨーロッパの国際関係に大きな影響を及ぼした。 p.163

▼⑮**スレイマン=モスク**(シュレイマニエ=ジャーミー，イスタンブル)　帝国の繁栄を今に伝える。巨大なドームは直径26.5m，地上からの高さは約53m。

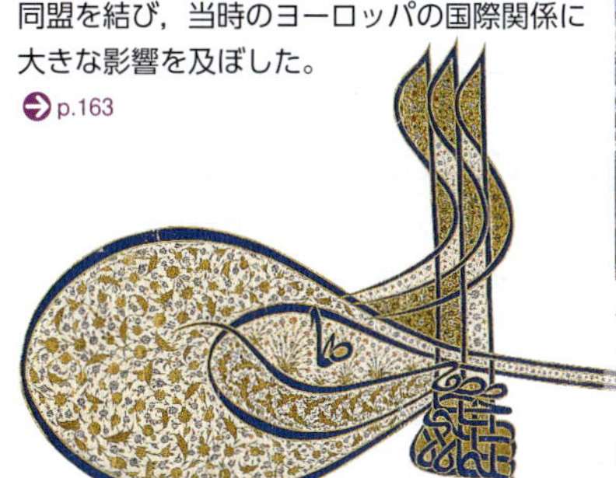

◀⑯**スレイマン1世の花押**(サイン)　**オスマン帝国**の**スルタン**のシンボルとなったのがトゥグラとよばれる花押である。この様式は**スレイマン1世**の時代に洗練され，重要な公文書に書かれた。右下から左に向かって文字が重ねて書かれている。

◀⑰**プレヴェザの海戦**　1538年オスマン艦隊がキリスト教徒連合艦隊を破り，**東地中海の制海権**を確保した。

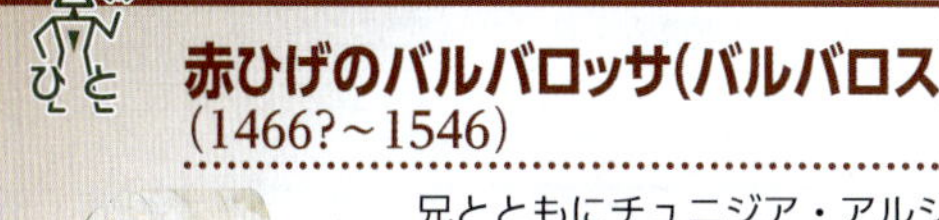

赤ひげのバルバロッサ(バルバロス)(1466?～1546)

兄とともにチュニジア・アルジェリア方面で海賊として活躍し，人々から恐れられたハイレッディン=レイスは，オスマン帝国の海軍提督に任じられ，**プレヴェザの海戦**で艦隊を指揮し，活躍した。バルバロッサは「赤ひげ」の意味で，左は晩年の彼の肖像である。

西アジア
ヨーロッパ
MAP K～N
2部2章

ムガル帝国 ～ヒンドゥー・イスラームの融合と競合

ヒストリーシアター イスラーム帝国がインドにも出現！

➤ ①ボートの橋を象で渡るアクバル(左)と②ラージプートの城を攻撃するアクバル軍(右)

よみとき 図②右下に描かれている武器は何だろう。また，モスクの特色を思い出して(➡p.133,306)，タージ=マハルに見られるイスラーム建築の特徴をあげてみよう。

世界遺産

▲③タージ=マハル　シャー=ジャハーン帝が妃ムムターズ=マハルのため，アグラに建築した霊廟(れいびょう)。➡p.135

◀p.80 インドのイスラーム化と植民地化 p.224▶

青字 文化関連事項

インドのイスラーム化

11世紀 アフガニスタンの**ガズナ朝**が北インドに侵入
12世紀 アフガニスタンの**ゴール朝**が北インドに侵入

デリー=スルタン朝(1206～1526)
都:デリー **イスラーム政権成立**
1206 **奴隷王朝(トルコ系)**(～90) **アイバク**(ゴール朝将軍)が建国
90 **ハルジー朝**(トルコ系)(～1320)
1320 **トゥグルク朝**(トルコ系)(～1413)
1414 **サイイド朝**(トルコ系)(～51)
51 **ロディー朝(アフガン系)**(～1526)
カビール，ヒンドゥー教とイスラームの融合を説く

チョーラ朝(前3～後13世紀) ドラヴィダ系タミル人，ヒンドゥー教
1221 モンゴル軍，侵入
1336 ヴィジャヤナガル王国成立(～1649)
1347 デカン地方にバフマニー朝建国(～1527)
98 ティムール軍，インド侵入

ヨーロッパの進出：ポルトガル／イギリス／フランス

(日本：鎌倉時代／南北朝／室町時代／戦国時代／安土桃山／江戸時代／明治)
(南北分裂時代／デリー=スルタン朝)

1498 **ヴァスコ=ダ=ガマ，カリカット**に到着(**インド航路**開拓)
1510 **ポルトガルがゴアを占領** ➡p.154,155
○ **ナーナク，シク教**を創始(16世紀初)
26 **バーブル**(初代)位1526～30
パーニーパットの戦いでロディー朝を破る
ムガル帝国建国 都:デリー
40 第2代フマーユーン，一時亡命(1555奪回)

ムガル帝国

アクバル(3代)位1556～1605
○ 都:**アグラ**に遷都，**ジズヤ(人頭税)廃止** **北インド統一**
(ヒンドゥー教徒，ラージプートへの融和政策)
1600 **イギリス，東インド会社設立** ➡p.166
17世紀初頭 マイソール王国成立

シャー=ジャハーン(5代)位1628～58
○ 都:デリーへ再遷都 ○**タージ=マハル**完成
○ **インド=イスラーム文化**の最盛期
1639 イギリス，**マドラス**獲得(1640 要塞建設)

アウラングゼーブ(6代)位1658～1707
○ **領土最大に** シーア派，シク教徒，ヒンドゥー教徒を弾圧

イギリス	フランス
1661 **ボンベイ**獲得 90 **カルカッタ**獲得	1664 **東インド会社**再建 73 **シャンデルナゴル**獲得 74 **ポンディシェリ**獲得

1679 **ジズヤ復活**
1674 **シヴァージーがマラータ王国**建国(～1818) →ムガル帝国と抗争
1710 シク教徒の反乱
○ **マラータ同盟**成立
ムガル帝国と対抗
ヨーロッパ勢力と対抗

ヨーロッパの進出本格化

1757 **プラッシーの戦い**(イギリスの**クライヴ**が活躍)
フランス，インドから撤退 ➡p.224
67 **マイソール戦争**(～69,80～84,90～92,99)
→18世紀後半以降，イギリスの支配が拡大
75 **マラータ戦争**(～82,1803～05,17～18)
1845 **シク戦争**(～46,48～49)
57 **インド大反乱**(シパーヒーの乱)(～59) ➡p.224
58 **ムガル帝国滅亡** イギリス東インド会社解散
77 **インド帝国成立** ➡p.225 **イギリスの植民地に**

1 インドのイスラーム化

世界全図p.26～41 ⬅p.81 5，➡p.224 1

キーワード デリー=スルタン朝

デリーを都とした五つのイスラーム王朝の総称。約320年，北インドを支配した。

世界遺産

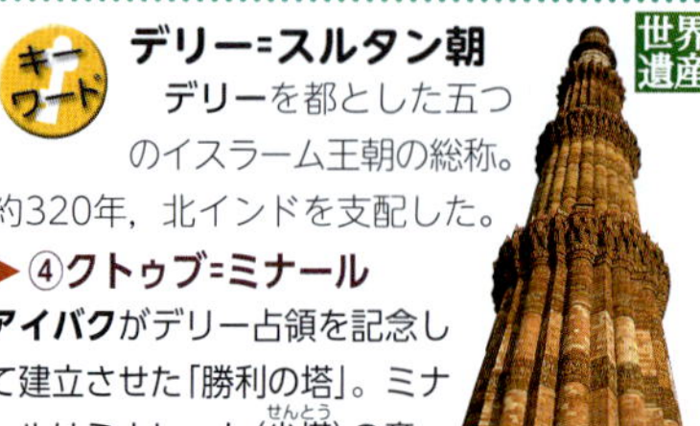

➤④クトゥブ=ミナール　**アイバク**がデリー占領を記念して建立させた「勝利の塔」。ミナールはミナレット(尖塔(せんとう))の意。

テーマ ムガルはモンゴル？

ムガルとは，モンゴルからきた言葉である。**バーブル**は**ティムール帝国**出身で，**チンギス=ハン(カン)**(➡p.110)の末裔(まつえい)を自称したため，その名がある。しかし，当時のインドでは西方から侵入してくる異民族を一様にムガルとよんでいたこともあり，二つの意味があるといえる。

2 ムガル帝国の社会

	アクバル帝（位1556～1605）		アウラングゼーブ帝（位1658～1707）
情勢	13歳で即位し，約半世紀にわたって版図を拡大し，中央集権化を整備した。		最大版図を実現するも，異教徒を弾圧したため，諸勢力の離反を招いた。
異教徒への政策	宥和・懐柔	方針	スンナ派を尊重
	廃　止	人頭税（ジズヤ）	復　活
	登　用	官吏登用	追　放
	ラージプートとの姻戚関係 **インド=イスラーム文化**の完成	その他	シク王国（シク教徒），ラージプート諸王国・マラータ王国（ヒンドゥー教徒）の反乱

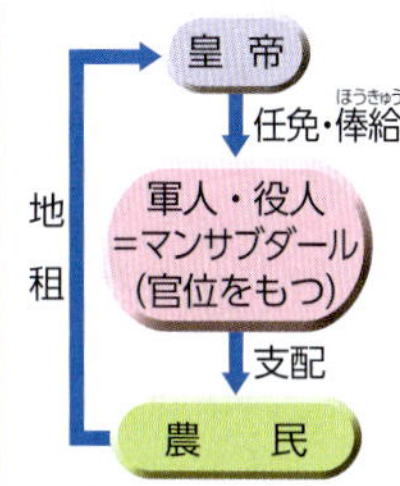

▲⑤**マンサブダール制**　アクバルの時代に制定された官僚制度。マンサブはペルシア語で官位，ダールはもち主。官位に応じて土地を与えられ，地税額に応じた騎兵・騎馬が維持された。

テーマ 南インドの様相 ～ヴィジャヤナガル王国の繁栄

ヒンドゥー教国の**ヴィジャヤナガル**は，「**海の道**」（➡p.86）の中継地として繁栄し，南インドを支配した。世界各地から人や物資が集散し，その繁栄ぶりは「あらゆる国の人々を見いだすことができる」と賞賛された。

▶⑥**馬を売りにきたポルトガル商人が描かれたレリーフ**　ポルトガルの**香辛料貿易**が本格化し，重要な中継地である南インドへの勢力伸長をうかがい知ることができる。

▼⑦**ポルトガル商人の記録に残るヴィジャヤナガルの交易品**

輸出品	・金　・ダイヤモンド ・胡椒　・綿布 ・染料　・白檀　など
輸入品	・象（セイロン） ・**アラビア馬**（**ポルトガル**）…軍馬 ・ビロード（ペルシア・アラビア半島）など

3 インド=イスラーム文化

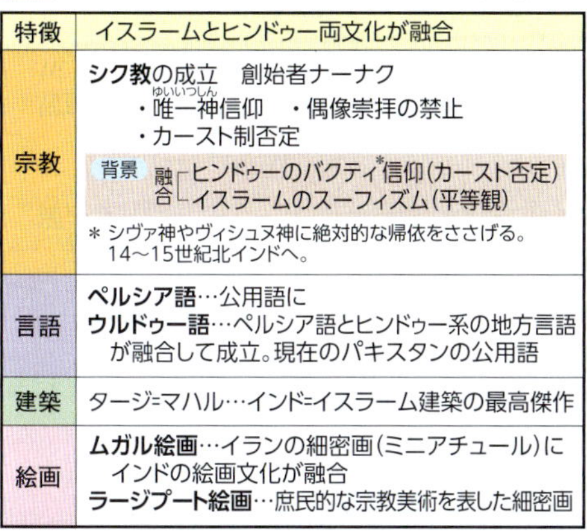

特徴	イスラームとヒンドゥー両文化が融合
宗教	**シク教**の成立　創始者ナーナク ・唯一神信仰　・偶像崇拝の禁止 ・カースト制否定 背景　融合［ヒンドゥーのバクティ*信仰（カースト否定） イスラームのスーフィズム（平等観） ＊シヴァ神やヴィシュヌ神に絶対的な帰依をささげる。14～15世紀北インドへ。
言語	**ペルシア語**…公用語に **ウルドゥー語**…ペルシア語とヒンドゥー系の地方言語が融合して成立。現在のパキスタンの公用語
建築	タージ=マハル…インド=イスラーム建築の最高傑作
絵画	**ムガル絵画**…イランの細密画（ミニアチュール）にインドの絵画文化が融合 **ラージプート絵画**…庶民的な宗教美術を表した細密画

◀⑧**ムガル絵画**　肖像画・宮廷風俗・花鳥などを取りあげるものが多い。**イラン細密画（ミニアチュール）**の影響を受ける。

▶⑨**ラージプート絵画**　ヴィシュヌ信仰や庶民の民間信仰など，**ヒンドゥー教**の神話を画題にしたものが多い。

『ラーマーヤナ』より

▲⑩**シク教の黄金寺院**（パンジャーブ州，アムリットサル）　第4代のグル（師）が**シク教**の本山として建立した。黄金寺院の俗称は，1802年に銅葺きの屋根板を，教典の章句が刻まれた金箔でおおったことに由来する。

▶⑪**現在のシク教徒**　切らない髪をまとめるターバンとひげ，剣が彼らのシンボルである。

今日とのつながり　インドでは，シク教徒は頭にターバンを巻くため，バイク運転中のヘルメット着用は免除されている。

テーマ タージ=マハル ～シャー=ジャハーンの夢

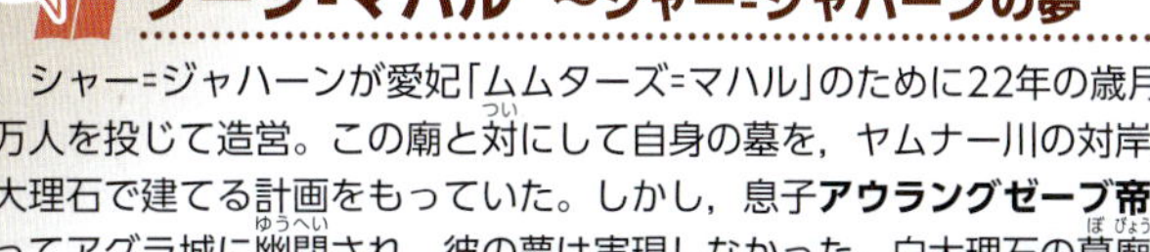

シャー=ジャハーンが愛妃「ムムターズ=マハル」のために22年の歳月と2万人を投じて造営。この廟と対にして自身の墓を，ヤムナー川の対岸に黒大理石で建てる計画をもっていた。しかし，息子**アウラングゼーブ帝**によってアグラ城に幽閉され，彼の夢は実現しなかった。白大理石の墓廟の前には，十字の水路による四分庭園が整備され，楽園を演出している。

シャー=ジャハーンが建立しようとした黒大理石の墓廟の計画地

★はイスラーム様式

▼⑫**建設中のタージ=マハル**

ミナレット★　高さ42m。四隅に建ち，地震の際内側に倒れないよう約4度ほど外側に傾いている。

クルアーン（コーラン）の文様★　イーワーンの柱面に黒大理石で象眼された文様

ドーム★　二重構造の蓮の形のドームで天頂に蓮の花弁の装飾がある

チャトリ（小塔）　インド=イスラーム建築の特徴

墓室　現在はシャー=ジャハーンと妃の模棺が安置される（実際の棺は地下に安置）

風土 ヨーロッパ世界の風土

ヴァイキングのふるさと
フィヨルドは氷河によって侵食され，入り組んだ地形。ヴァイキングはフィヨルドを嵐の海からの避難所とした。

ローレライ
ライン川の中流にある大きな岩の呼び名。交通の難所となり，歌声で舟人を誘惑する水の精ローレライの伝説を生み出した。

東西の境
エルベ川はスラヴ人とゲルマン人の居住地の境で，東欧と西欧の境ともなった。

イベリアはアフリカ？
イベリア半島は3000m級のピレネー山脈によってへだてられており，ナポレオンが「ピレネーの向こうはアフリカだ」と述べたといわれている。

シュヴァルツヴァルトの森 ➡①

- 約2万年前の氷床の範囲
- 先史時代のおもな遺跡
- おもな世界遺産
- 偏西風

▲①森のヨーロッパ　ドイツ南西部に広がる南北150km，東西50km前後の**黒い森（シュヴァルツヴァルト）**は，ヨーロッパを代表する森林地帯である。ヨーロッパの森は，熱帯などの密林と異なり，下生えの密度が低く，比較的容易に踏み込める。森は身近な存在で，『赤ずきん』『眠れる森の美女』『ヘンゼルとグレーテル』のように，ヨーロッパの童話には森にまつわる話が多い。

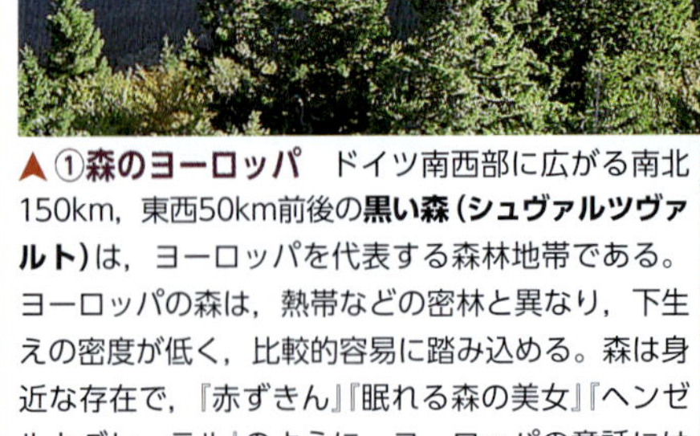

➤②グリム童話『ヘンゼルとグレーテル』さし絵

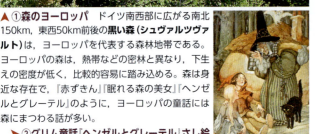

テーマ 最初のヨーロッパ人 ケルト人

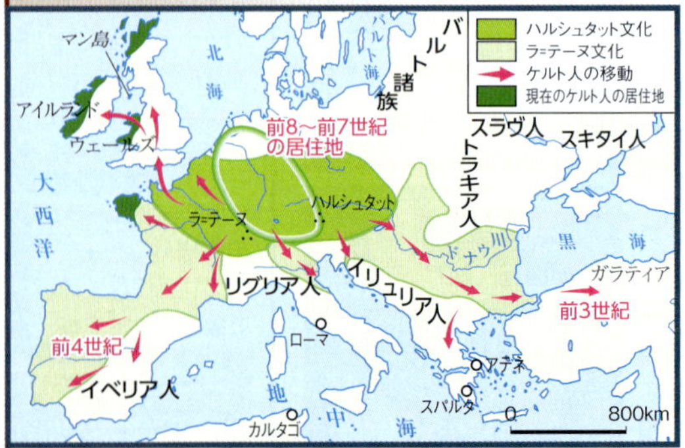

- ハルシュタット文化
- ラ=テーヌ文化
- ケルト人の移動
- 現在のケルト人の居住地

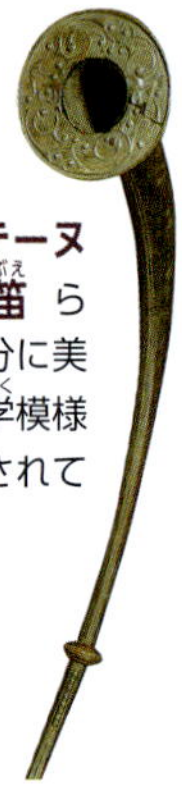

➤④ラ=テーヌ文化の角笛（つのぶえ）　らっぱの部分に美しい幾何学模様がほどこされている。

▲③ケルト人の広がり（前8～前3世紀） ➡p.4

ゲルマン人侵入以前の西ヨーロッパには**ケルト人**が住み，ハルシュタットやラ=テーヌなどに独自の鉄器文化を形成した。この文化は紀元前700年ごろ最盛期を迎えた。精緻ならせん模様などがほどこされた金属器が多数発見されている。ケルト人は5世紀ごろから，ローマ軍に続いてゲルマン人に圧迫・征服され，スコットランドやウェールズ，アイルランドなどヨーロッパの北西部に追われた。

ゲルマン人の大移動 ～西ヨーロッパ世界の幕開け

ヒストリーシアター ゲルマン人の移動とフン人の圧迫

◀①トラヤヌス帝（➡p.72）の記念柱に彫られた家族で移動するゲルマン人　高さ40mの大理石にダキア遠征の情景が，18に分けて彫刻されている。**ゲルマン人**はローマ帝政以降，**傭兵**（ようへい）や**コロヌス**（小作人）として帝国内に移住した。家財道具をもち平和的に移動した者が多かった。

◀②アッティラ（位433?～453）

◀③教皇レオ1世（位440～461）とアッティラ　**フン人**は375年，ゲルマン人の一派の東ゴート人を征服し，西ゴート人を圧迫した。**アッティラ**はフン人の最盛期の王で，中欧に大帝国を形成したが，451年，**カタラウヌムの戦い**でローマ・ゲルマン連合軍に敗れた。

よみとき　ゲルマン人の移動の外的要因は何だろう。またフン人はどこに定住したのか，下の地図で確認しよう。

ゲルマン諸国の興亡

◀p.72　p.138▶

世紀	イングランド	北アフリカ	イベリア半島	フランス	ドイツ	イタリア
4	409 ローマ帝国撤退	ゲルマン人の大移動（375～）				
5	ケルト人の復興 449 アングロ=サクソン人の侵入	429 ヴァンダル王国	409 スエヴィ王国 418 西ゴート王国	西ローマ帝国 443 ブルグント王国	481 フランク王国（メロヴィング朝）	西ゴート王**アラリック**（位395～410） 410 ローマ侵入 476 **オドアケル**の王国 493 **東ゴート王国** 東ゴート王**テオドリック**（位473?～526）
6		534 東ローマ帝国	585	534		555 東ローマ帝国 568 ランゴバルド王国（ロンバルド）
7	七王国〈ヘプターキー〉時代	639 661				
8		ウマイヤ朝 750滅亡	711 756 後ウマイヤ朝	732 トゥール-ポワティエ間の戦い 751 カロリング朝		774
9	829 イングランド王国	イスラーム諸王朝	後ウマイヤ朝	843 ヴェルダン条約 西フランク王国（～987）	東フランク王国（～911） 870 メルセン条約	ロタール王国 870 イタリア王国 875

▲④**西ローマ帝国の滅亡**　476年，ゲルマン人傭兵隊長**オドアケル**（434ごろ～493）が皇帝を廃位し，西ローマ帝国は滅亡した。

1 ゲルマン人の大移動 史p.351

世界全図p.14~21 ⬅p.73 3，➡p.138 1

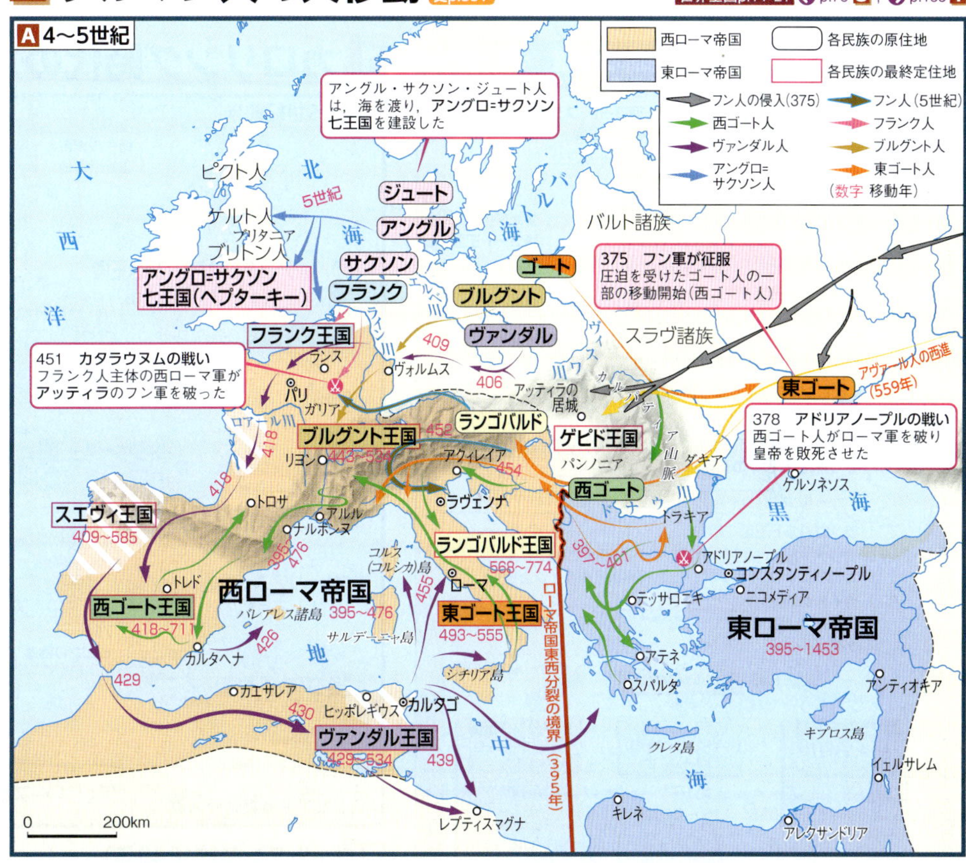

今日とのつながり　曜日の呼び名はゲルマン人の神々に由来し，たとえば主神オーディンの日がWednesday（水曜日），その妻フリッグの日がFriday（金曜日）となった。

ヨーロッパ　MAP E~G　2部3章

フランク王国 ～西ヨーロッパ世界の成立

ヒストリーシアター

ゲルマンの王とローマ教会の出会い

▲①クローヴィスの洗礼 **クローヴィス**は3000人の戦士とともに，妻の信仰する**カトリック(アタナシウス派)に改宗**した。これによりカトリック教会とローマ人の支持を得た。

よみとき カール大帝に戴冠した人物と，冠からこの戴冠の意味を読みとろう。

教皇レオ3世　カール大帝

〈フランス，シャルトルーズ美術館蔵〉

◀②西ローマ帝国の権威を受け継ぐ冠 **西ローマ帝国**の冠を受け継ぐ習慣は**カール大帝**から始まり，**東フランク王国(神聖ローマ帝国)**へと引き継がれた。これは神聖ローマ皇帝**オットー1世**の冠と伝えられる。

◀③カールの戴冠 カールは西暦**800年**クリスマスの夜，聖ピエトロ大聖堂で，教皇**レオ3世**より**西ローマ皇帝**の冠を受けた。ここに**教皇**と**皇帝**に代表される帝国が成立し，**ローマ文化・ゲルマン・キリスト教(カトリック)**の要素が融合した**西ヨーロッパ世界**が誕生した。

◀p.137 **フランク王国の発展と分裂** p.150▶

赤字 おもな戦い　青字 文化関連事項　日本

フランク王国の形成

451 **カタラウヌムの戦い**…**西ローマ・西ゴート・フランク**連合軍が，**アッティラ**をうち破る
476 西ローマ帝国滅亡，**オドアケル**の王国(～493)

クローヴィス 位481～511
481 フランク諸部族を統一 **メロヴィング朝**
496 **カトリック(アタナシウス派)に改宗**
○ 東ローマ皇帝，ガリア支配を承認

493 東ゴート王**テオドリック**，**東ゴート王国**建国(～555)

534 **ブルグント王国**を併合
7世紀 カロリング家の台頭…王国の**宮宰**(家政の長官)となる
732 **トゥール-ポワティエ間の戦い**…宮宰**カール=マルテル**の活躍 イスラーム勢力(ウマイヤ朝)を撃退

（古墳時代）

フランク王国の発展

ピピン(小)(ピピン3世) 位751～768 カール=マルテルの子
751 **カロリング朝**を開く
756 **ランゴバルド王国**を攻め，**ラヴェンナ地方**などを教皇領として寄進(**ピピンの寄進**) **ローマ教皇領の始まり**

カール大帝(シャルルマーニュ) 位768～814 ピピンの子
774 **ランゴバルド王国**を倒す　王宮 アーヘン
8世紀末 **アヴァール人**を撃退，→以後マジャール人に同化
○ **カロリング=ルネサンス，発展(神学者アルクインを招く)**
800 **カールの戴冠** **西ヨーロッパ世界成立** **教皇レオ3世**より西ローマ皇帝の帝冠を与えられる
○ 巡察使の派遣…伯を監督

（奈良時代）

フランク王国の分裂

843 **ヴェルダン条約**　＊カール大帝の孫

- **西フランク王国**(シャルル2世) 末子＊ → プロヴァンスなど
- **ロタール王国**(中部フランク王国)(ロタール1世) 第1子＊ → 855 ロタールの死 → **イタリア王国**(ロドヴィコ2世)(ロタール1世の子)
- **東フランク王国**(ルートヴィヒ2世) 第3子＊ → アーヘン，ケルン，アルザスなど

870 **メルセン条約** 現代の仏・独・伊の基礎成立

911 **ロロ**をノルマンディー公に封じる
987 カロリング朝断絶(西フランク) → フランス **カペー朝** 987～1328 **ユーグ=カペー**

875 カロリング朝断絶(イタリア) → **イタリア諸邦**

911 カロリング朝断絶(東フランク) → ドイツ **ザクセン朝** **ハインリヒ1世** 位919～936 → **オットー1世(大帝)** 位936～973
955 **レヒフェルトの戦い**で**マジャール人**➡p.140を撃破
962 教皇ヨハネス12世より**ローマ皇帝**の帝冠を受ける
神聖ローマ帝国(962～1806)

（平安時代）

ヨーロッパ

1 カロリング時代のフランク王国

世界全図p.22-23 ⬅p.137 1，➡p.140 1

A 8～9世紀前半

凡例：カール大帝即位当時(768)のフランク領／カール大帝時代の獲得領／カール大帝の勢力圏／カール大帝の外征 赤数字 進出年／イスラーム勢力の進出方向 黒数字 進出年／教皇領／ピピンの寄進地

カール大帝の王宮所在地
スコットランド(9C建国)　北海　ジュート人　デーン人
アングロ=サクソン七王国(イングランド王国)　アイルランド　ウェールズ　ロンドン　ケント
ザクセン人　798・812　772～　789　805　806　プラハ　ボヘミア
メルセン　アーヘン　トリーア　ヴォルムス　パリ　ヴェルダン
スラヴ系民族　カルパティア山脈　マジャール人　アヴァール王国　791・803
大西洋　ブルターニュ　786,799　732　トゥール　ブルグント　フランク王国　バイエルン　ランゴバルド人　ヴェネツィア　799
732 トゥール-ポワティエ間の戦い　ポワティエ　ボルドー　アクィタニア　774　ジェノヴァ　ラヴェンナ
ブルガリア王国　ドナウ川　黒海　コンスタンティノープル
アストゥリアス王国　777～78　ナルボンヌ　マルセイユ　スポレト公国　787　ローマ　ナポリ　ベネヴェント公国　ビザンツ帝国
756 ピピンの寄進　サラゴサ　トレド　798　後ウマイヤ朝(756～1031)　バレンシア　コルドバ
地中海　760以後　827　チュニス　800 カールの戴冠　アテネ
イドリース朝　アッバース朝　200km

B ヴェルダン条約(843年)

ヴェルダン条約の境界線／現在の国境
北海　東フランク王国　ヴォルムス　ヴェルダン　パリ　ブルターニュ　ロレーヌ　ロートリンゲン　西フランク王国　ロタール王国(中部フランク王国)　ヴェネツィア　ラヴェンナ　教皇領　ローマ　200km

C メルセン条約(870年)

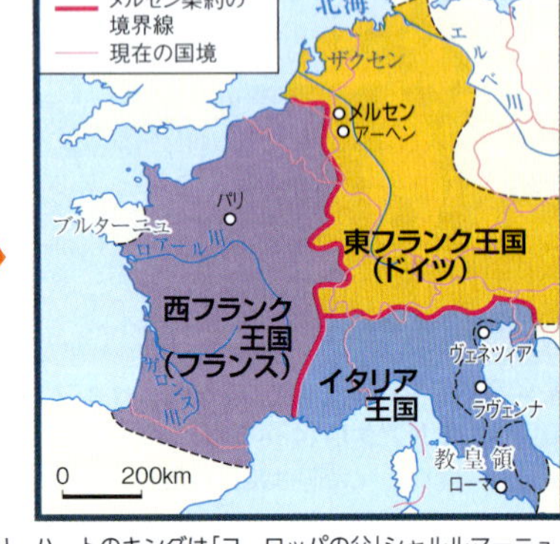

今日とのつながり　トランプの絵札にはそれぞれモデルがおり，ハートのキングは「ヨーロッパの父」シャルルマーニュ大帝といわれる。16世紀初頭パリで作成されたトランプが原型となって決められた。

ビザンツ帝国 ～コンスタンティノープル1000年の輝き

ヒストリーシアター ローマ帝国の後継者たち

世界遺産 世界遺産

近衛兵 将軍 ユスティニアヌス1世 紫色の衣 ラヴェンナ大主教

◀①聖ヴィターレ聖堂のモザイク壁画（ラヴェンナ，イタリア） ビザンツ帝国の皇帝と高官たちが描かれる。

◀②聖（ハギア）ソフィア大聖堂 **ユスティニアヌス帝**が再建した，巨大なドームをもつ典型的な**ビザンツ様式**の建築。建設には1万人の職人が働いたという。15世紀に**コンスタンティノープル**がオスマン帝国領となり，ミナレット（尖塔）が加えられた。➡p.133

よみとき 図①の中央の皇帝と左右の高官に注目し，帝国における皇帝の役割を考えてみよう。また図②の大聖堂の特色をあげてみよう。

ビザンツ帝国の動き

◀p.72　p.132▶

世紀	王朝	ビザンツ（東ローマ）帝国	西アジア
		青字 文化関連事項	
4	395	330 **ローマ帝国**，ビザンティウムへ遷都（**コンスタンティノープル**と改称） 395 ローマ帝国，東西に分裂 **東ローマ帝国**	ササン朝ペルシア（～651）
5	テオドシウス朝	431 **エフェソス公会議** ➡p.74 **ネストリウス派**を異端とする	
6	518 ユスティニアヌス朝	**ユスティニアヌス1世** 位527～565 ⟷対立 **ホスロー1世**（位531～579） 534『**ローマ法大全**』完成（**トリボニアヌス**ら編纂） ➡p.61 534 **ヴァンダル王国**征服 537 **聖ソフィア大聖堂**改築完成 555 **東ゴート王国**征服 **地中海世界支配** 6世紀 **絹織物産業**の育成（内陸アジアから養蚕技術を入手） ○ **ラテン語**を公用語に	
7	610 ヘラクレイオス朝	**ヘラクレイオス1世** 位610～641 ⟷対立 ホスロー2世（位591～628） ○ **軍管区（テマ）制**を採用→**屯田兵制**を実施 ○ **ギリシア語**を公用語に（コイネー化） →以降，**ビザンツ帝国**とよばれる	632 正統カリフ時代 661 ウマイヤ朝 661～750
8	717 イサウロス朝	**レオン3世** 位717～741 726 **聖像禁止令**→**聖像崇拝論争**（→843 聖像崇拝復活） **ローマ教会と対立** **イレーネ** 位797～802 ビザンツ最初の女帝	アッバース朝 750～1258
9	802 867 マケドニア朝	867 **コンスタンティノープル総主教**，ローマ教皇を破門 **バシレイオス1世** 位867～886	
10		**バシレイオス2世** 位976～1025 ○ **ビザンツ文化栄える** **ビザンツ様式**（教会建築モザイク画）	
11	1056 1081 コムネノス朝	**コンスタンティヌス9世** 位1042～55 1054 **キリスト教教会の東西分裂** **ギリシア正教成立** 1071 アナトリア占領（マンジケルトの戦い）← **アレクシオス1世** 位1081～1118 1095 ローマ教皇に救援要請（→1096**十字軍**へ） ○ **プロノイア制**導入→ **中央集権崩壊，封建制へ**	セルジューク朝（1038～1194）
12	1185 アンゲロス朝	当初は1代限りのものだったが，13世紀，皇帝権が弱体化するなかで世襲が認められたため，帝国の分裂・衰退が加速。 ➡p.144	
13	1204 1261 パレオロゴス朝	1204 **第4回十字軍**，**コンスタンティノープル**占領 →**ラテン帝国**（1204～61） →**アナトリア**に亡命（**ニケーア帝国**） 61 ビザンツ帝国再興（**コンスタンティノープル**奪回）	
14		1361頃 **アドリアノープル**（エディルネ）占領（諸説あり）←	1299～ オスマン帝国
15		1453 **ビザンツ帝国滅亡** メフメト2世により **コンスタンティノープル**陥落 ➡p.132 ←	**メフメト2世**

1 ビザンツ帝国の盛衰

世界全図p.18～19，22～27 ➡p.137 1，➡p.145 2

A 6世紀

大西洋 ロンドン アーヘン パリ フランク王国 ランゴバルド人 スラヴ諸族 スラヴの拡大 ドナウ川 黒海 トラペザス スエヴィ王国 西ゴート王国 トレド コルドバ トゥールーズ ラヴェンナ ローマ 東ゴート王国 コンスタンティノープル ニケーア エフェソス アンティオキア ササン朝ペルシア ダマスクス イェルサレム カルタゴ ヴァンダル王国 地中海 ユスティニアヌスの進路 アレクサンドリア 400km

ユスティニアヌス即位時の東ローマ帝国領
ユスティニアヌス時代の最大領域

B 9～11世紀

C 政治・社会の構造

軍管区（テマ）制
7～11世紀の地方行政制度
背景 イスラーム勢力の台頭
しくみ
・**屯田兵制**による国境防衛
・軍団の司令官が各駐屯地の軍政・民政を行う

プロノイア制
11世紀末以降の土地制度
皇帝 → 徴税権か土地 → 受封者 → 国有地の農民
皇帝 ← 軍事奉仕 ← 受封者
→帝国分権化

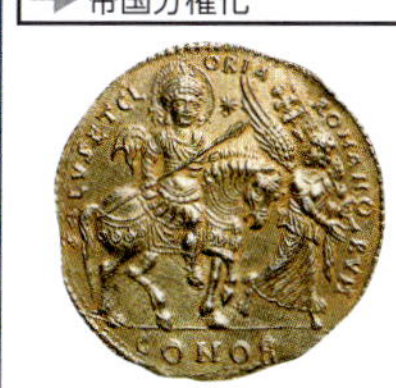

▲③**ノミスマ金貨** 貨幣経済が発達し，国際通貨ともなった。

2 西ヨーロッパ世界とビザンツ帝国の比較

	西ヨーロッパ	ビザンツ帝国
政治	・聖（教皇）と俗（皇帝・国王）による二元的構造 ・**封建制**（封土による主従関係）	・皇帝が神の代理人として聖俗の両権を統括（皇帝教皇主義） ・**軍管区（テマ）制**，官僚制
経済	・**荘園制** ・農奴が生産の中心，**自給自足経済** ・のちに貨幣経済が浸透	・自由農民の**屯田兵制**が存在 ・**プロノイア制**の導入 ・国家統制により商工業が発達，**貨幣経済**
文化・建築	・ローマ文化とゲルマン文化混在 ・**ロマネスク様式**・**ゴシック様式** ➡p.152	・ギリシア・ローマ文化と東方文化の融合 ・**ビザンツ様式**（**モザイク壁画**）
意義	・独自のキリスト教文化発展，ヨーロッパ文明の母体を形成	・古典文化を保持，**ルネサンス**に影響 ・東欧のキリスト教化に影響

	ローマ=カトリック	ギリシア正教
最高指導者	・ローマ教皇	・コンスタンティノープル総主教…ビザンツ皇帝が教会を支配下におき聖俗両権をにぎる（皇帝教皇主義）
総本山（中心）	・**ローマ教会**（**聖ピエトロ大聖堂**）	・**コンスタンティノープル教会**
聖像崇拝	・"聖像"を用いて**ゲルマン人**に伝道	・**聖像禁止令**（726～787，815～843） ・**イコン**（聖画像）崇拝復活（843） ➡p.141
教養・その他	・体験的・思弁的な神学が発達 →13世紀，**スコラ哲学**完成＝理性と信仰の統一 ➡p.153	・原始キリスト教の精神を継承 ・信仰体験を重視 ・9世紀以後，**南スラヴ人**，キエフの**ロシア人**に布教される

今日とのつながり 聖ソフィア大聖堂は，1453年からイスラームのモスクに，さらに1933年からは博物館になっている。

ヨーロッパ　MAP E-I　2部3章

外民族の侵入 〜囲まれる西ヨーロッパ世界

ヒストリーシアター やってきたヴァイキング

▼①ヴァイキング(ノルマン人)の船　船はカシ材やマツ材でつくられた。全長は20〜30mあり，約60〜80人が乗船できた。〈オスロ，ヴァイキング船博物館蔵〉

▲②バイユー=タペストリー　ヘースティングズの戦いなど，ノルマンディー公ウィリアムによるノルマン=コンクェスト(1066年)のようすは，北フランスのバイユーに残る刺繍画にあざやかに描かれている。長さ70m，幅50cmの亜麻地の絵巻は当時のノルマン騎兵の風俗や軍団の細部を今日に伝える貴重な資料となっている。

アングロ=サクソン歩兵
ノルマン騎兵

〔断面図〕
水深が1m余りもあれば航行できたため，内陸の河川もさかのぼることができた。

キーワード　ヴァイキング ➡p.136
ゲルマン系の**ノルマン**＊人。各地を略奪する一方で商業活動をさかんに行い，「**中世の商業復活**」(➡p.146)のきっかけとなった。また略奪により王権が弱体化し，封建社会を招来した。

＊ 北方の人を意味する。

よみとき 図①の船の構造と彼らの活動範囲との関係について考えてみよう。また図②で，ノルマン騎兵はどこの国に侵入しただろうか。

1 第2次民族移動(ノルマン・マジャール・スラヴ)

世界全図p.24-25　⬅p.138 1，➡p.145 2

A 9世紀前半のヨーロッパ

赤字　9世紀後半以降の各国の成立年
ノルマン人の原住地
ノルマン人の侵入地
カヌート(クヌート)の領土
ノルマン人の経路
マジャール人の経路
イスラームの経路
(8〜9世紀)
スラヴの拡大 (6〜7世紀)

0　500km
グリーンランド(980年ごろ) 北アメリカへ(1000年ごろ)
アイスランド
ノルウェー海
フェロー諸島
シェトランド諸島
1066年 ヘースティングズの戦い ノルマンディー公がイングランドを征服
ノルウェー王国
スウェーデン王国
スカンディナヴィア半島
ボスニア湾
フィンランド
ラドガ湖
ノヴゴロド
ノヴゴロド国 862年ごろ
ルーシ(ルス)の首長リューリク建国
イングランド(アングロランド)
北海
ユーラン(ユトランド)半島
バルト海
ダブリン
ヨーク
デンマーク王国
ロンドン
ヘースティングズ
国際交易路に位置し繁栄
ドン川
エルベ川
大西洋
ノルマンディー公国 911年
ルアン
パリ
東フランク王国
レーゲンスブルク
スラヴ人
キエフ公国 9世紀後半
キエフ
ドニエプル川
レヒフェルト
グラン
カルパティア山脈
ボルドー
西フランク王国
マジャール人
ピレネー山脈
ヴェネツィア
パンノニア
ドナウ川
黒海
イタリア王国
ローマ
後ウマイヤ朝
コルドバ
カディス
マラガ
サルデーニャ島
ナポリ
コンスタンティノープル
シチリア王国 1130年
ビザンツ帝国
パレルモ
アンティオキア
955年 レヒフェルトの戦い オットー1世がマジャール人を撃退
チュニス
地中海
アッバース朝

2 ノルマン人の侵入

原住地：スカンディナヴィア半島　ユーラン(ユトランド)半島 ― ノルウェー王国　スウェーデン王国　デンマーク王国

ノルウェー系 → アイスランド → グリーンランド → 北アメリカ (10〜11世紀)

デンマーク系：
- イングランド：デーン朝 1016年　カヌート(クヌート)
- 北フランス：ノルマンディー公国 911年　ロロ → ノルマン朝 1066年　ノルマンディー公ウィリアム(ウィリアム1世)
- 南イタリア：シチリア王国 1130年　ルッジェーロ2世(位1130〜54)

スウェーデン系 ルーシ(ルス)：
- 北西ロシア：ノヴゴロド国 862年ごろ　リューリク
- キエフ公国 9C後半　オレーグ → スラヴ化

▶③ノルマン遠征軍に支払われた財産　ノルマン人は交易活動や略奪によって財貨を入手した。彼らは銀を通貨とし，重量で価値を決めた。

3 イングランドの形成

ケルト人(➡p.136)**の移住**　前5世紀
↓
ローマ人の支配
前55，前54　**カエサル**(➡p.73)のブリタニア侵入
後43　**属州ブリタニア成立**(クラウディウス帝)
↓
アングロ=サクソン人の侵入　449〜
449　七王国(ヘプターキー)時代始まる
［ノーサンブリア・エセックス・東アングリア・ケント・マーシア・ウェセックス・サセックス］
829　**イングランド王国 成立**　・ウェセックス王エグバートによる統一
↓
エグバートの孫 **アルフレッド大王**(位871〜899)がノルマン人(デーン人)を撃退
ノルマン人(デーン人)の侵入
1016 デーン人**カヌート(クヌート)**がイングランド王に **デーン朝**
1042　再びウェセックス王家がイングランド王に
↓
1066　ハロルド即位／**ノルマン=コンクェスト**(ノルマンの征服) 1066
ノルマンディー公ウィリアム,イングランド征服(ヘースティングズの戦いで勝利)
ノルマン朝 1066〜1154　➡p.150

テーマ アジア系のマジャール人

ウラル山脈南西部を原住地とする遊牧民の**マジャール人**は，6世紀以降西進し，9世紀末にはハンガリー平原に移住，ここから各地へ侵入した。10世紀後半，**レヒフェルトの戦い**で**東フランク王オットー**に敗れ，**アヴァール人**らと**ハンガリー王国**を形成した。現在もハンガリー人はマジャール人と自称している。

▶④町を襲うマジャール軍

今日とのつながり　ノルマン朝はフランスからの征服王朝であるため，百年戦争(➡p.149)のときまでイングランド王室ではフランス語が話されていた。現在も語源がフランス語に由来する英語は多い。

スラヴ民族の動向 ～東ヨーロッパのキリスト教化

ヒストリーシアター カトリックとギリシア正教の布教合戦

▲①聖ソフィア聖堂(キエフ) ビザンツ様式(➔p.152)の影響で，大ドームを囲む12のネギ坊主型小ドームが特色。

◀②ウラジーミルの聖母 ギリシア正教の礼拝用のイコン(聖画像)。12世紀にコンスタンティノープルでつくられ，キエフ公国にもたらされた。

▶③チェコ プラハに建てられたイエズス会士ザビエルの像 列聖されたザビエル(1506～52➔p.163)の像を支える人の中には東洋人も見られる。

ザビエル

よみとき キエフ公国とチェコは，それぞれカトリックとギリシア正教のどちらを受け入れただろうか。

1 東欧諸国・ロシアの変遷

世界全図p.24-25，34-35 ➔p.172 1 ,173 3

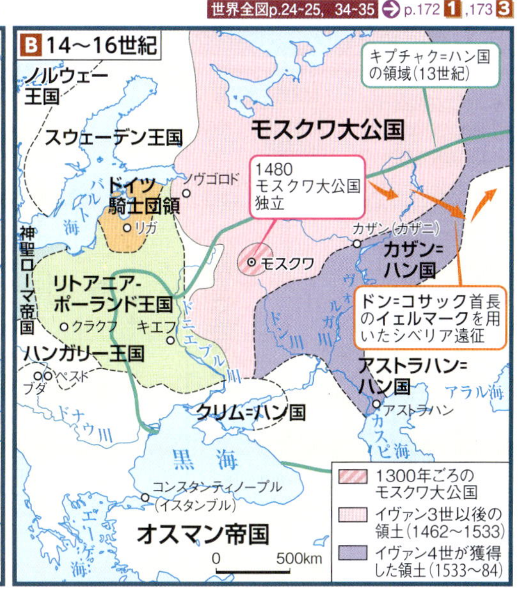

テーマ 「第三のローマ」を主張したロシア

▼④モノマフの帽子(左)と⑤「双頭の鷲」(右) ともにロシア帝権の象徴。左はビザンツ皇帝から受領したとされる。右はビザンツ帝国の紋章で，皇帝の姪と結婚して自らを後継者を自認するモスクワ大公国のイヴァン3世が，王朝の紋章として用いた図柄。

▼⑥ギリシア文字から誕生したロシア文字 ➔p.53

ギリシア文字	Α Γ Δ Ε Λ Φ
キリル文字	Ѧ Г Д Є Л Ф
ロシア文字	А Г Д Е Л Ф

2 東ヨーロッパ世界のキリスト教化

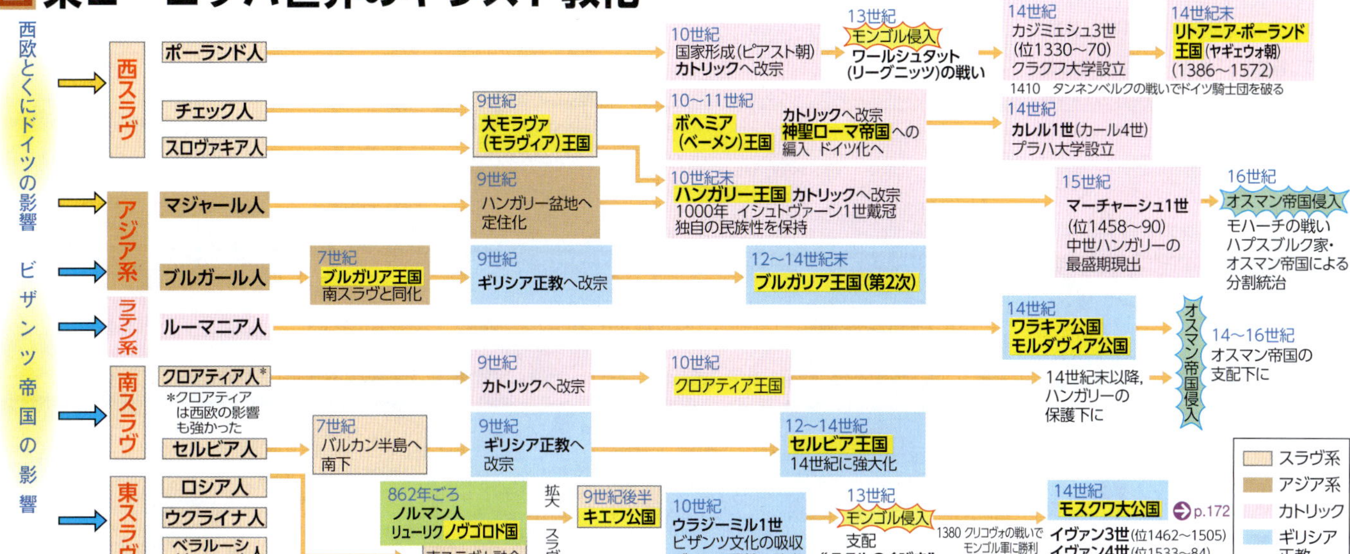

今日とのつながり 『吸血鬼ドラキュラ』は19世紀の有名な小説だが，そのモデルは15世紀のワラキア公ヴラド=ツェペシュとされる(ワラキアは現在のルーマニア南部)。

ヨーロッパ MAP H～M 2部3章

封建社会の成立 ～封建制と荘園制の統合

ヒストリーシアター 土地がとりもつ人間関係

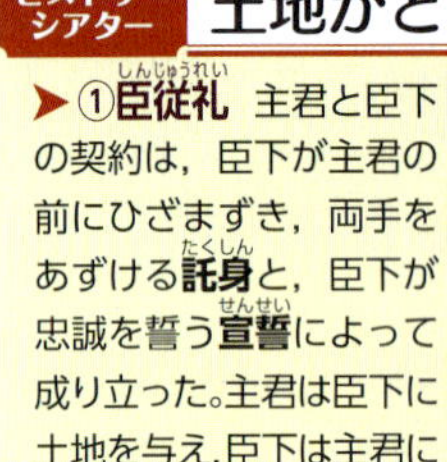

▶①臣従礼　主君と臣下の契約は，臣下が主君の前にひざまずき，両手をあずける託身と，臣下が忠誠を誓う宣誓によって成り立った。主君は臣下に土地を与え，臣下は主君に軍事や物的援助を行った。

よみとき　図①の主君と臣下，それぞれの義務は何だろう。また農夫ボドの賦役について書かれている箇所を史料から読み取ろう。

農夫ボドの生活

彼（ボドという農夫）は妻と3人の子供と一緒に小さな木造の小屋に住んでおり，家の敷地と耕作地と牧草地と，2・3本のブドウの木のある土地を借りている。

一週間のうち3日間自分の小作地を耕し，日曜日は必ず休み，あと3日は修道院の直営地に行って働かねばならない。直営地は広い農園で……その一部はこの小屋に住む奴隷が見張りを受けながら耕すのであるが，大部分はボドのような農夫が耕す。彼はここで一日中働く。家に残った妻はどうか？　彼女もまた忙しい。

〈E.パワー著『中世に生きる人々』要約〉

▲②騎士の叙任式　候補者が主君の前に進み出ると，主君は鎖帷子や剣などの武器を与え，剣の平で肩を一打ちするなどの儀式を行う。こうして**騎士身分**への加入が認められた。

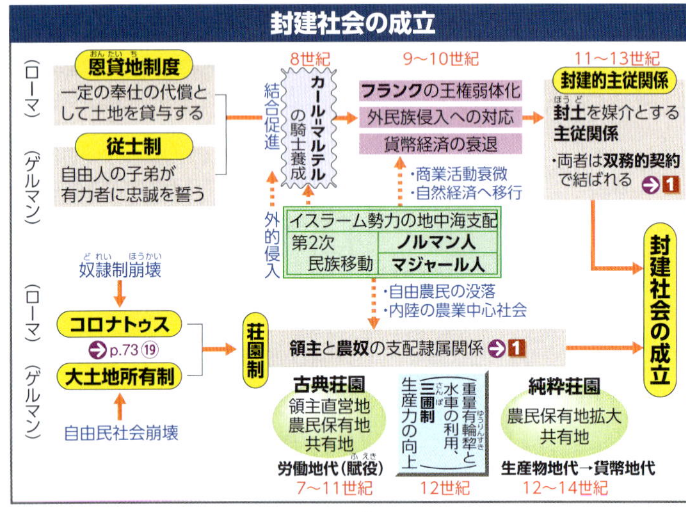

1 封建社会の構造

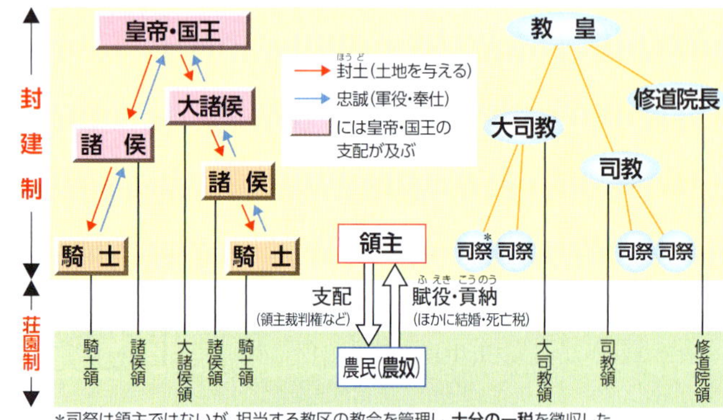

＊司祭は領主ではないが，担当する教区の教会を管理し，**十分の一税**を徴収した（図に示されたもののほか，国王・皇帝領や教皇領もある）。

領主は，領内への国王の役人の立ち入りや課税を拒否できる**不輸不入権**をもっていた。また，騎士は同時に複数の主君（諸侯など）をもつことができた。

2 中世の荘園と三圃制

	1年目	2年目	3年目	4年目
耕地A	秋耕地	春耕地	休耕	秋耕地
耕地B	休耕	秋耕地	春耕地	休耕
耕地C	春耕地	休耕	秋耕地	春耕地

夏作（春まき作物）　冬作（秋まき作物）

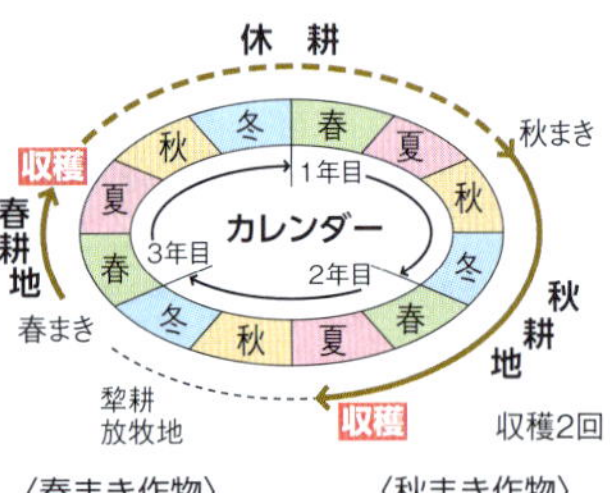

〈春まき作物〉
えん麦・大麦

〈秋まき作物〉
小麦・ライ麦

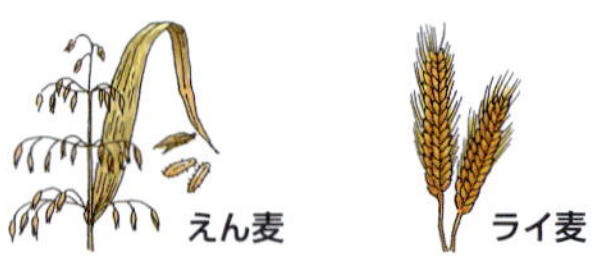

▲③三圃制　耕地を三分し，秋まき作物・春まき作物・休耕地として輪作を行い，それぞれ3年間で2回耕作した。

▼④中世の荘園（想像図）

＊土地を深く耕すことが可能に。「ベリー公のいとも豪華なる時禱書」➔p.147

今日とのつながり　三圃農法に家畜飼育が導入され，現在ヨーロッパで広く行われている混合農業に発展していった。

ローマ=カトリック教会 ～「教皇は太陽，皇帝は月」

ヒストリーシアター 並び立つ二つの権力

▲①中世の階級を示すフレスコ画 中世の階級別の人々が描かれている。中央の羊はキリスト教社会を表しているといわれる。

◀③ハインリヒ4世と対立した教皇グレゴリウス7世（位1073～85） クリュニー修道院の影響を受け，ハインリヒ4世（位1056～1106）との間で聖職叙任権闘争を開始。

◀②カノッサの屈辱 神聖ローマ皇帝ハインリヒ4世が，教皇に破門された事件。皇帝は教皇が滞在したカノッサ城に行き，許しを願った。トスカーナ女伯はカノッサ城主で事件にかかわった。

よみとき 図①で聖・俗，二つの権力をグループ分けしてみよう。図②で皇帝ハインリヒ4世は何をしているのだろうか。皇帝と教皇の関係について考えよう。

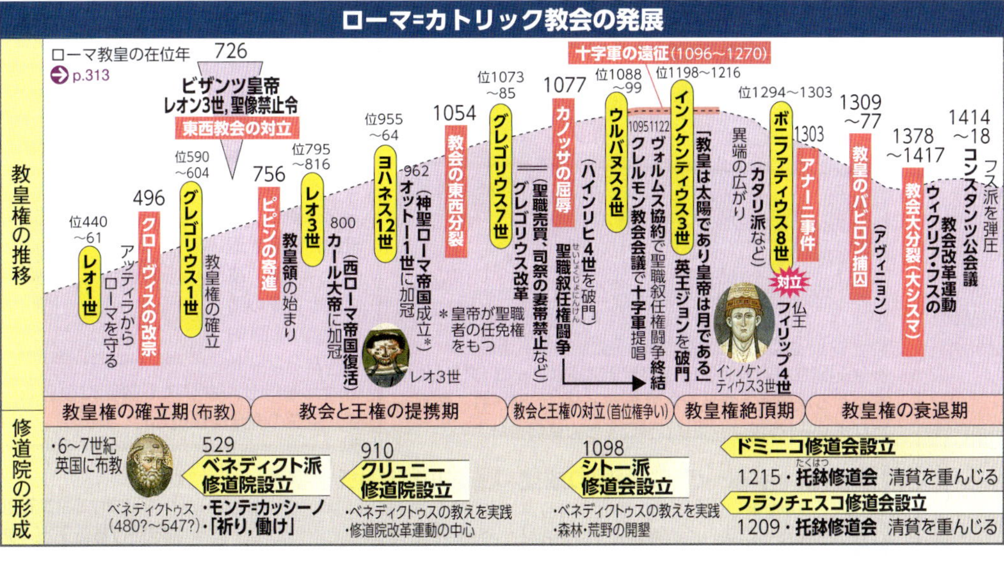

1 ローマ=カトリックの構造

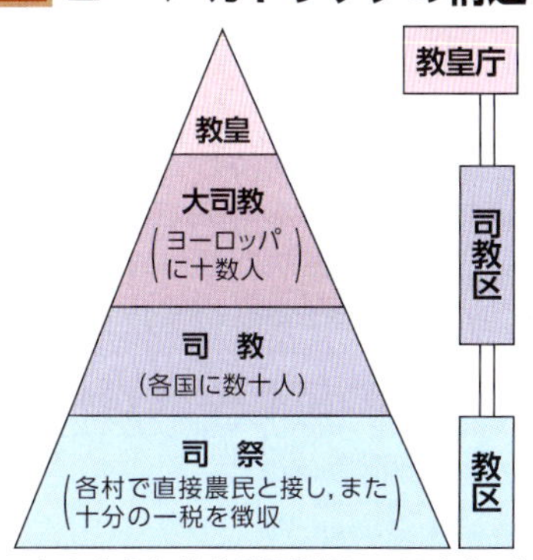

上のような教会階層制（ヒエラルキー）が整備されたのは12世紀以降。それまでは地域ごとに司教の力が強く，組織的なまとまりは，ローマ近郊に限られていた。

2 宗教分布

p.74 1，p.163 1

3 修道院の一日～「祈り，働け」

p.147 3

▲④修道院（想像図）

今日とのつながり イタリアでは現在でも「強制されて屈服，謝罪すること」の慣用句として「カノッサに行く」(Andare a Canossa) と表現する。

十字軍とレコンキスタ　～西ヨーロッパ世界の膨張

ヒストリーシアター　聖地イェルサレムを奪え！

◀①聖墳墓教会　イエスの処刑が行われたゴルゴタの丘に建立された。イェルサレムにはさまざまな時代に建造された教会が寄り集まっており，イエスの墓への巡礼者は今も絶えない。

▲②イェルサレム旧市街 ➡p.289

▲③岩のドーム（イスラームの聖地）　ムハンマドが昇天した巨石を黄金色のドームでおおっている。

教皇ウルバヌス2世の演説

おお，神の子らよ。…あなた方が奮起すべき緊急な任務が生じたのである。…神はキリストの旗手なるあなた方に，…わたしたちの土地からあのいまわしい民族を根だやしにするよう…繰り返し勧告しておられるのである。

〈シャルトルの修道士フーシェの記録から〉

よみとき　イェルサレムを聖地とする三つの宗教とは何だろう。教皇は，聖地をどうすべきだと主張しているのだろう。

十字軍の展開と結果

◀p.143

十字軍の背景

・農業生産力の向上　・人口増加・土地不足
・宗教的情熱の高揚

・ビザンツ皇帝アレクシオス1世の救援依頼
　セルジューク朝が聖地**イェルサレム**占領，**アナトリア**侵攻
・ローマ教皇　**十字軍提唱**
　1095 **ウルバヌス2世（クレルモン教会会議）**
・封建領主の領土拡大の動き
・東方貿易圏拡大のねらい

ヨーロッパキリスト教世界の膨張
・十字軍遠征　・イベリア半島のレコンキスタ(国土再征服運動)
・ドイツ東方植民 ➡p.147

十字軍の動き

第1回十字軍 1096～99
聖地を奪還し，**イェルサレム王国**建設(1099～1291)

第2回十字軍 1147～49
ダマスクス攻撃失敗

アイユーブ朝のサラディン
イェルサレム奪回

第3回十字軍 1189～92
英王　**リチャード1世**
仏王　フィリップ2世
神聖ローマ皇帝　**フリードリヒ1世**
イェルサレムは回復できずサラディンと講和

第4回十字軍 1202～04
インノケンティウス3世提唱　目的逸脱
コンスタンティノープル占領 **ラテン帝国**建設(1204～61)
ヴェネツィア，ジェノヴァを排除　東方貿易独占

第5回十字軍 1228～29
神聖ローマ皇帝　**フリードリヒ2世**
アイユーブ朝と和解，一時イェルサレム回復

エジプトが聖地を占領

第6回十字軍 1248～54
仏王　**ルイ9世**
モンゴル人との提携を企てる→**ルブルク**派遣
仏王**ルイ9世**とらえられ，失敗

第7回十字軍 1270
仏王 ルイ9世，チュニスで病没，失敗
1291　十字軍最後の拠点，アッコ(アッコン)陥落
イェルサレム王国終焉

（アイユーブ朝 ～1250／マムルーク朝 1250～1517）

十字軍の結果

教皇権の失墜 → 王権の伸張
諸侯・騎士の没落 → 荘園制の解体 ➡p.148
遠隔地商業・貨幣経済の普及
イタリア諸都市の繁栄 ➡p.146～147

1 さまざまな十字軍

A 第3回十字軍～サラディンとの攻防

▲④処刑されるムスリム　**第3回十字軍**は**アッコ（アッコン）**をめぐる攻防戦となった。**サラディン**に包囲され，あせった**リチャード1世**はムスリム捕虜を多数処刑した。

ひと　サラディン（サラーフ＝アッディーン）（位1169～93）

クルド人でアイユーブ朝を創設した。イスラーム勢力を結集してイェルサレムを奪回し，**第3回十字軍**を退けた英雄。彼は，十字軍の蛮行とは対照的に，ムハンマドの教えを守り，キリスト教徒に復讐せず，生命の安全を保証した。

B 第4回十字軍～ラテン帝国の成立

▲⑤聖マルコ大聖堂の馬の彫刻（ヴェネツィア）
第4回十字軍は**ヴェネツィア**の戦略にのせられた脱線十字軍であった。現在ヴェネツィアにあるこの彫刻は，商敵**コンスタンティノープル**から奪ったものである。

C アルビジョワ十字軍

◀⑥アヴィニョンで抵抗を受ける仏王軍　**アルビジョワ十字軍**は，1209～29年，正統擁護の名のもと，南仏の**アルビジョワ派**（アルビ地方のカタリ派。異端とされた）への「異端」撲滅運動として行われた。同時にフランスの**ワルドー派**（リヨン発祥の異端とされる）も弾圧された。だが，実態としては，仏王**ルイ9世**らによる王権拡大の一面ももっていた。

テーマ　宗教騎士団

修道士と騎士の両性格をもち，聖地巡礼の保護，聖地の警備，傷病者の救護，異教徒の征伐などを掲げて結成。教皇や国王，諸侯の保護を受け，ヨーロッパ各地に領地も有した。

ヨハネ騎士団…**第1回十字軍**で傷病者の救護を目的に1113年に結成。地中海諸島を拠点に商業でも活躍。

テンプル騎士団…巡礼の警護を目的に1119年に結成。十字軍の戦闘で活躍，寄進や金融業・交易などでばくだいな財産を蓄えたが，フィリップ4世（仏）に弾圧され，1312年に解散させられた。

ドイツ騎士団…**第3回十字軍**で聖地の防衛を目的に1190年に結成。バルト海沿岸の開拓に努め，ドイツ騎士団領を形成して，プロイセンの基礎を築いた。 ➡p.147, 174

▲⑦壁に描かれたテンプル騎士団の紋章

ヨーロッパ　MAP I～K　2部3章

世界全図p.26-31 ← p.127 3, 139 1, → p.151 3

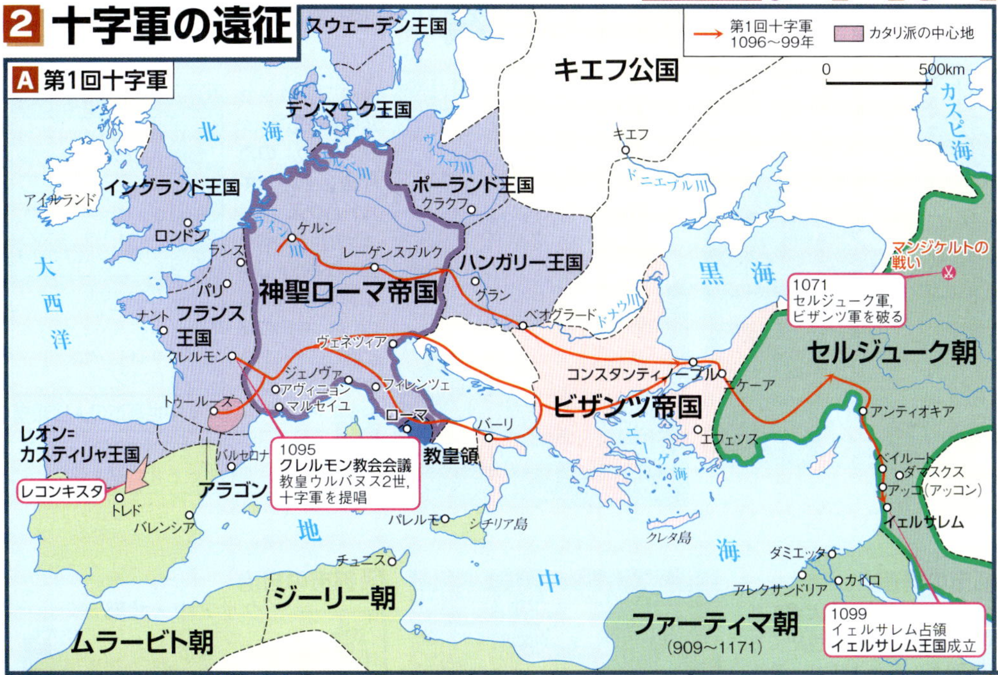

2 十字軍の遠征

A 第1回十字軍

→ 第1回十字軍 1096～99年　■ カタリ派の中心地

0　500km

スウェーデン王国　キエフ公国　デンマーク王国　北海　カスピ海　キエフ　ドニエプル川　アイルランド　イングランド王国　ポーランド王国　クラクフ　ロンドン　ケルン　大西洋　ランス　レーゲンスブルク　ハンガリー王国　パリ　神聖ローマ帝国　グラン　マンジケルトの戦い　ナント　フランス王国　ベオグラード　黒海　ドナウ川　クレルモン　ヴェネツィア　1071 セルジューク軍，ビザンツ軍を破る　ジェノヴァ　フィレンツェ　コンスタンティノープル　ニケーア　セルジューク朝　トゥールーズ　アヴィニョン　マルセイユ　ローマ　ビザンツ帝国　アンティオキア　レオン＝カスティリャ王国　バルセロナ　バーリ　エフェソス　教皇領　ベイルート　ダマスクス　1095 クレルモン教会会議 教皇ウルバヌス2世，十字軍を提唱　レコンキスタ　トレド　アラゴン　アッコ（アッコン）　バレンシア　パレルモ　シチリア島　イェルサレム　地中海　クレタ島　チュニス　ダミエッタ　ジーリー朝　アレクサンドリア　カイロ　ムラービト朝　ファーティマ朝（909～1171）　1099 イェルサレム占領 イェルサレム王国成立

⑧十字軍の建設した国家

占領した地域には西欧の封建国家が建設された。この地域に所領を得た戦士たちが建国したが，多くの十字軍部隊は帰路についたため，人口不足に悩まされた。**ラテン帝国**はキリスト教国である**ビザンツ帝国**を占領し建てられたため，評判が悪かった。

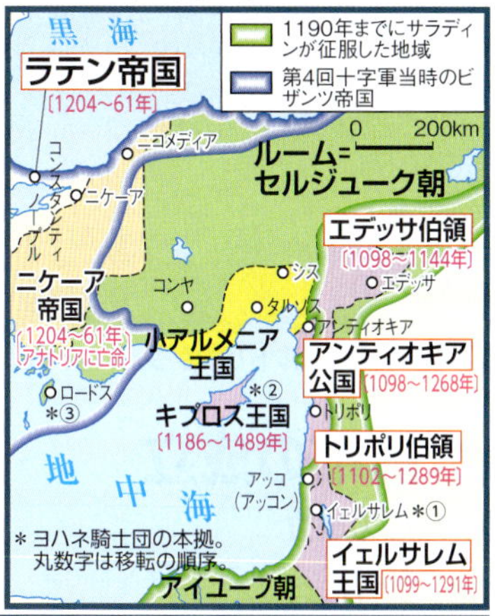

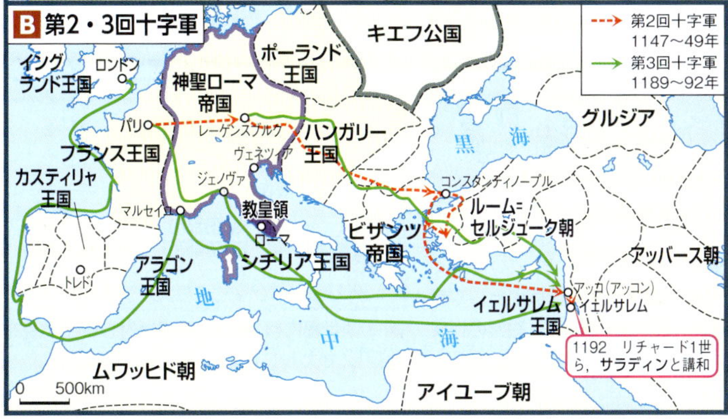

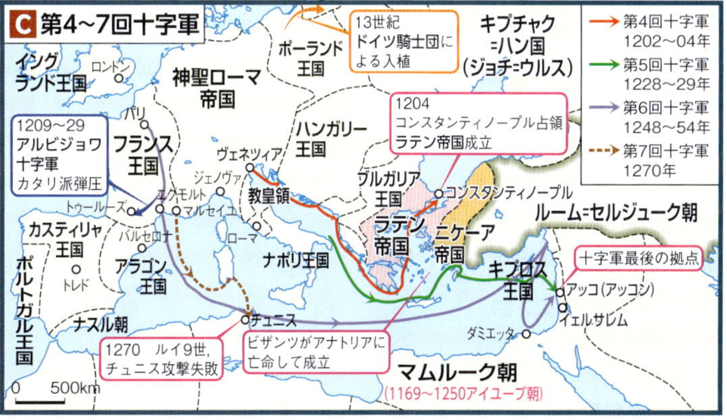

黒海　■ 1190年までにサラディンが征服した地域　■ 第4回十字軍当時のビザンツ帝国　ラテン帝国（1204～61年）　0　200km　コンスタンティノープル　ニコメディア　ルーム＝セルジューク朝　ニケーア　エデッサ伯領（1098～1144年）　エーゲ海　ニケーア帝国（1204～61年アナトリアに亡命）　コンヤ　エデッサ　シス　タルソス　小アルメニア王国　アンティオキア　アンティオキア公国（1098～1268年）　＊②　ロードス　＊③　キプロス王国（1186～1489年）　トリポリ　トリポリ伯領（1102～1289年）　地中海　アッコ（アッコン）　イェルサレム＊①　＊ヨハネ騎士団の本拠。丸数字は移転の順序。　アイユーブ朝　イェルサレム王国（1099～1291年）

B 第2・3回十字軍

⇢ 第2回十字軍 1147～49年　→ 第3回十字軍 1189～92年

イングランド王国　ロンドン　神聖ローマ帝国　ポーランド王国　キエフ公国　パリ　レーゲンスブルク　ハンガリー王国　黒海　グルジア　フランス王国　ヴェネツィア　ジェノヴァ　コンスタンティノープル　カスティリャ王国　マルセイユ　教皇領　ルーム＝セルジューク朝　ローマ　ビザンツ帝国　アッバース朝　トレド　アラゴン王国　シチリア王国　アッコ（アッコン）　イェルサレム　地中海　イェルサレム王国　ムワッヒド朝　1192 リチャード1世ら，サラディンと講和　アイユーブ朝　0　500km

C 第4～7回十字軍

→ 第4回十字軍 1202～04年　→ 第5回十字軍 1228～29年　→ 第6回十字軍 1248～54年　⇢ 第7回十字軍 1270年

13世紀 ドイツ騎士団による入植　キプチャク＝ハン国（ジョチ＝ウルス）　イングランド王国　ロンドン　ポーランド王国　神聖ローマ帝国　パリ　1209～29 アルビジョワ十字軍 カタリ派弾圧　フランス王国　ハンガリー王国　1204 コンスタンティノープル占領 ラテン帝国成立　ヴェネツィア　ジェノヴァ　トゥールーズ　エグモルト　マルセイユ　教皇領　ブルガリア王国　コンスタンティノープル　ルーム＝セルジューク朝　カスティリャ王国　バルセロナ　ローマ　ラテン帝国　ニケーア帝国　ポルトガル王国　トレド　アラゴン王国　ナポリ王国　キプロス王国　十字軍最後の拠点　アッコ（アッコン）　ナスル朝　チュニス　イェルサレム　ダミエッタ　1270 ルイ9世，チュニス攻撃失敗　ビザンツがアナトリアに亡命して成立　マムルーク朝（1169～1250アイユーブ朝）　0　500km

3 レコンキスタ（国土再征服運動）～イベリア半島

世界全図p.26-31

▲⑨**古都トレド**　711年，イスラームに征服され，**イスラーム文化**を西ヨーロッパに伝えた。1085年，**アルフォンソ6世**により奪回され，以後**カスティリャ王国**の政治・文化の中心都市として繁栄した。

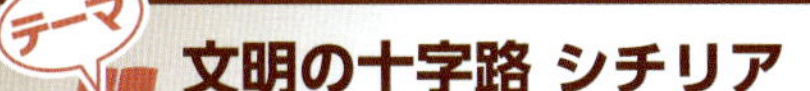

テーマ 文明の十字路 シチリア

地中海のシチリア島は，ビザンツ帝国やイスラーム勢力，ノルマン人の進出を受け，さまざまな文化が混ざり合う独自の風土が育まれた。

▶⑩**シチリアのノルマン王宮のモザイク画**　オアシスを描いたイスラーム風の題材をビザンツ様式のモザイクで表現している。王宮内の礼拝堂にはキリスト教の宗教画が描かれる一方，天井にはイスラーム風のアラベスクがあしらわれている。

前8世紀	ギリシア植民市シラクサ建設
前3世紀	ローマ帝国の属領に
9～11世紀	イスラーム勢力の支配下に
	○ノルマン人の進出
1130	**シチリア王国**成立
	ルッジェーロ2世 位1130～54
	・ノルマン，イスラーム，ビザンツ3要素の共存
	・宗教的寛容＊　＊ギリシア正教，イスラーム，カトリックが共存
	（その後，ノルマン朝断絶）
1194	**神聖ローマ帝国**（ホーエンシュタウフェン朝）支配
	フリードリヒ2世 位1197～1250
	都:パレルモ　南イタリア文化開花
13世紀	アンジュー家（仏）とアラゴン王家抗争
1282	「シチリアの晩鐘」事件
1302	アラゴン王家，シチリアの支配確立
1442	アラゴン王家，シチリア・ナポリ再統一
18世紀	シチリアの支配は，スペイン，サヴォイア公国，オーストリアなどの支配下に
1816	**両シチリア王国**成立
60	**サルデーニャ王国**へ編入

▲⑪**シチリアの歴史** →p.200　青字 文化関連事項

今日とのつながり　十字軍を通してイスラーム世界から西方世界へ，ガラス・レモン・タマネギなどの物産や製紙などの技術が紹介された。

中世の都市・商業・農村の発展 ～商業の復活と大開墾時代

ヒストリーシアター **商工業市民の経済共同体**

城壁 市庁舎 教会

▲①中世都市ネルトリンゲン（ドイツ）

◀②**ブリュッセルの中央広場**（グラン プラス）**の市庁舎**（左手前）**とギルドハウス** ブリュッセルの市政を担ったギルド（商工業者の同業組合）は，中央広場に面してギルドハウスを建てた。

人口	都市名
10万人以上	パリ　ヴェネツィア　コンスタンティノープル
5～10万人	フィレンツェ　ジェノヴァ　ヘント（ガン）　ミラノ　ブリュージュ（ブルッヘ）
5万人未満	ブリュッセル　ボローニャ　ケルン　リューベク　ネルトリンゲン　ロンドン

▲③**中世都市の人口規模**

よみとき 中世都市の特徴を建物の種類とその配置などに注意してとらえてみよう。

1 都市の成立

A 都市の成立

背景
・農業の発達による余剰生産物の発生，貨幣経済の普及
・遠隔地商業の隆盛（十字軍遠征の影響，商業の復活）

↓

・10世紀以前からの都市
　司教座のある都市
　ローマ時代の都市
・新しくつくられた都市

↓ 発展

結果
・中世都市の成立
　教会・市庁舎・定期市・城壁・城塞（じょうさい）
　「都市の空気は（人を）自由にする」*

⇔ 交換 ⇔ 農村

*農奴が都市に1年と1日住み続ければ自由身分に。

B 都市の構造

11～12世紀から，**商人ギルド**が市政を運営した。13世紀になると**同職ギルド**が生まれ，商人ギルドに対抗（**ツンフト闘争**）して市政に参加するようになった。

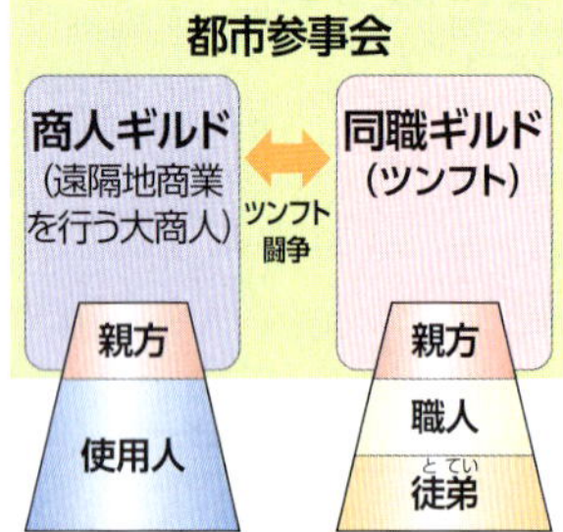

▲④**親方と職人　ツンフト**の**親方**の前で石工職人と大工職人が，親方になるための作品（マスターピース）をつくっている。**職人**や**徒弟**（とてい）は原則として親方の家に住みこみで働き，親方の従属的な地位におかれた。

C 都市の自治

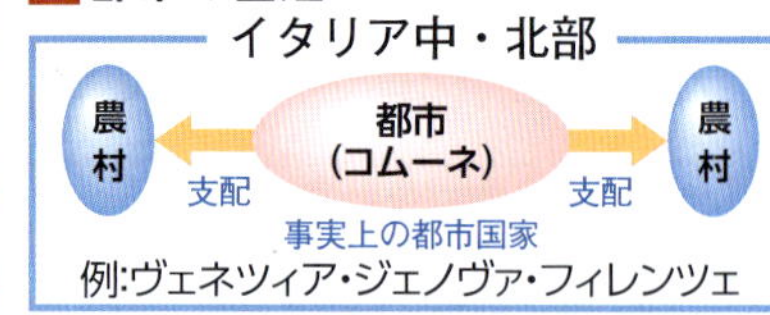

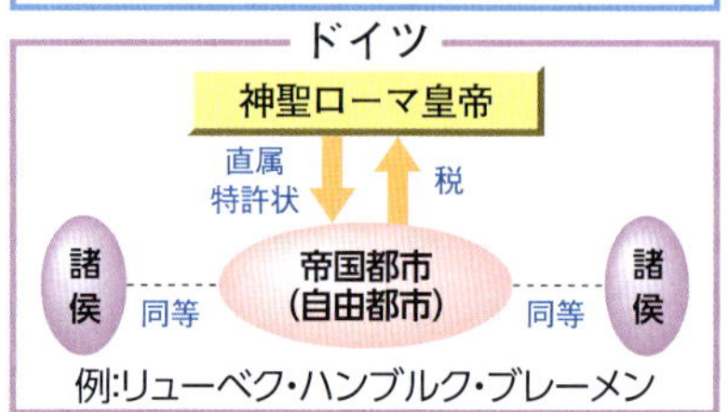

▲⑤中世都市は，皇帝や国王に対し軍役（ぐんえき）や税を負担し，かわりに自治権を獲得していった。

2 中世ヨーロッパの商業

➡p.161 3

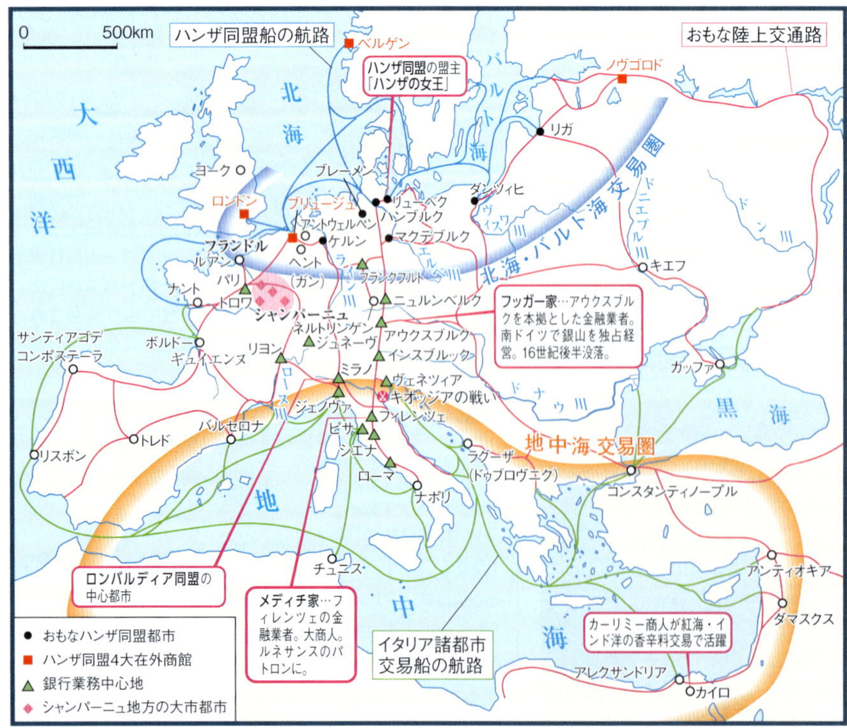

▲⑥**おもな商業中心地と貿易路**

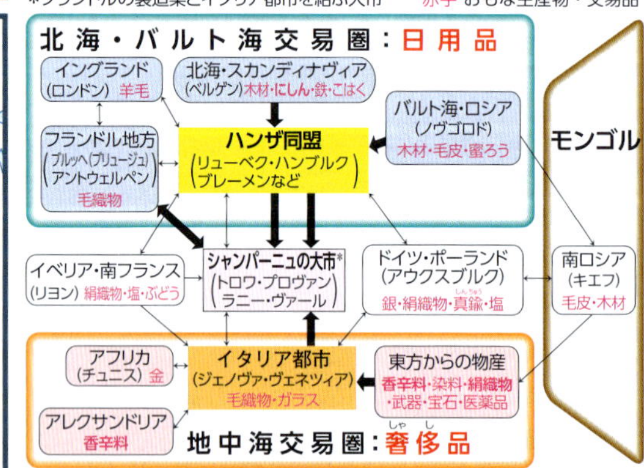

▲⑦**遠隔地商業のしくみ**

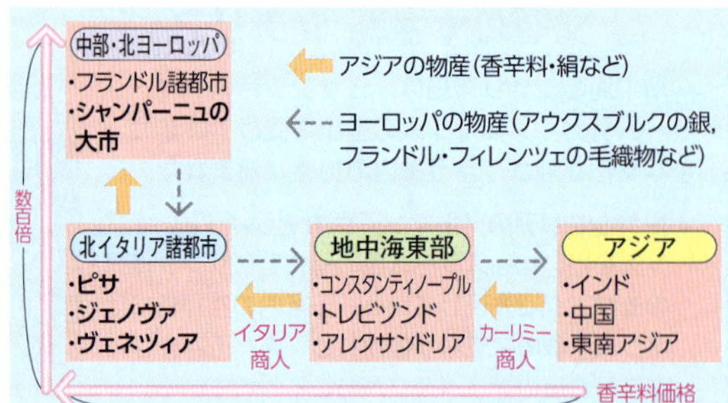

▲⑧**東方貿易のしくみ**

●北海・バルト海交易圏

▲⑨ハンザ同盟の盟主　リューベクのホルステン門　ハンザ商人の重要な取引品は，魚の加工に必要な塩で，この門は塩の倉庫でもあった。

➤⑩ハンザ同盟のコグ船が描かれたコイン　ヴァイキング船(➡p.140)の伝統を受け継いで竜骨のある帆船。十字軍にも使われた。

●地中海交易圏～ヴェネツィアとジェノヴァの争い

ジェノヴァ	ヴェネツィア
特徴　個人主義だが，市民は誰でも貿易に参加，投資が可能。	特徴　商業国家。国家が貿易にのりだし，国営船団で利益追求。大評議会が機能。
ビザンツ帝国の亡命政権，**ニケーア帝国**を支援 →1261年コンスタンティノープルを奪還	1204　**第4回十字軍**でコンスタンティノープルを占領 →**ラテン帝国**を建設
13世紀　黒海沿岸**カッファ**を支配。黒海方面の貿易に強くなる 13世紀後半　ジブラルタル海峡を越える**大西洋航路**の開拓	1295　ヴェネツィア商人**マルコ＝ポーロ**が中国から帰還したとされる
1378～80　**キオッジアの戦い**	**ヴェネツィアの勝利**
①船の大型化，ガレー船から帆船への移行　②**羅針盤**の使用　③**海図**の制作	
1492　ジェノヴァ人**コロンブス**　西インド諸島へ到達	

▲⑪アドリア海の女王 ヴェネツィア　地中海に発展した港湾都市ヴェネツィアは，**第4回十字軍**でコンスタンティノープルを攻略，14世紀末にはジェノヴァも破って，東方貿易の中心として栄えた。その原動力は**ガレー船**を中心とする武装艦隊にあった。

➤⑫ジェノヴァの港（15世紀）　都市内での抗争が激しく，14世紀以降，フランスなどに介入された。

3 農村の発展と東方植民～大開墾時代

⬅p.145 2

◀⑬開墾修道士　**「祈り，働け」**。12世紀，中部フランスから大発展した**シトー派修道会**は荒地の開墾に努めた。図左下では修道士による木の伐採を，上では助修士による薪取りを描いている。➡p.143

➤⑭東方植民　ドイツ騎士団(➡p.144)を中心とする東方植民は12世紀から本格化し，新しい農村が多数生まれた。のちにプロイセンなどの大領邦国家がこの地に成立していく。

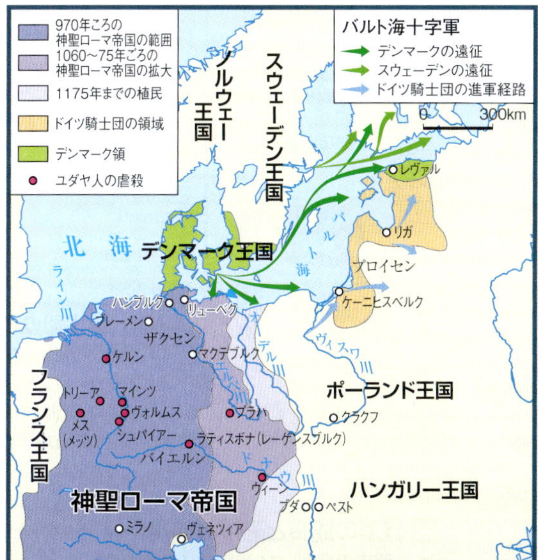

環境　ヨーロッパの森と開墾

中世ヨーロッパの歴史は，「森の海」とのたたかいの歴史でもあった。図の①から②への変化は，開墾が進み，森が縮小したことを物語っている。一方，②から③で森が復活しているのは，ペストの流行などで，人口が激減したためである。

①500年ごろ

②1290年ごろ　③1430年ごろ

歴史と絵画　「ベリー公のいとも豪華なる時禱書」にみる農村

時禱書とは，貴族が祈りの際に用いるために身辺においたもの。右は中世時禱書の黄金期を築いたランブール兄弟らの作品。城に住む貴族やその領地を耕作する農民の姿が，季節感あふれる自然描写のなかにたくみに配置されている。

3月	春耕地の種まき，ブドウの剪定
7月	秋耕地の収穫，羊毛の刈り取り
11月	秋耕地の種まき　12月の屠殺に向けて豚を放牧し，太らせる

〈15世紀，コンデ博物館蔵〉

今日とのつながり　ブルジョワ(bourgeois)の語源は，中世都市で城壁(burg)の中に暮らす人々(商工業者)に由来している。

封建社会の変質 ～封建制の危機

ヒストリーシアター 東方からやってきた疫病神（やくびょうがみ） ➔p.301

◀①「死の舞踏」（バーゼル） **ペスト（黒死病）**の流行で，15世紀には，こうした絵が多数描かれた。

◀②**イープルの猫祭り**（ベルギー西部） **ペスト**を追い払うため，飼い猫に厄を負わせ，塔の上から投げたことを悼む祭。

◀③**ユダヤ人迫害** **ペスト**は，キリスト教徒の敵が毒をまいているためだとする噂で，**ユダヤ人迫害**が熾烈をきわめ，各居住区が焼き打ちにあった。 ➔p.58

よみとき 図①で死神に誘われているのはどのような人々だろうか。また三つの絵と写真から，人々がどのように対応したか，考えてみよう。

1 封建社会の変質

A 教皇権の衰退

▲④**アヴィニョン教皇庁** 1309～77年の間，南フランスにおかれた教皇庁。

封建社会の経済発展
- 人口増加
- 商業・都市の復活 ← 農業生産の向上
- 余剰農産物

十字軍 / 火砲の発達と戦術の変化 / 貨幣経済の発達

教皇権の衰退
- **アナーニ事件**（1303） 仏王**フィリップ4世**と**教皇ボニファティウス8世**が対立，仏王は教皇をローマ近郊のアナーニに包囲
- **「教皇のバビロン捕囚」**（1309～77） 仏王フィリップ4世がアヴィニョンに教皇庁をおく
- **教会大分裂（大シスマ）**（1378～1417） ローマとアヴィニョンで2人の教皇が選出され教会が分裂した

都市の成長 → 富商の出現 → 王権の伸長

騎士の没落・廷臣化

（ジェントリ（郷紳）／独立 自由農民…ヨーマン／農奴）

荘園制の変化
- 賦役・貢納廃止
- 地代の金納化（**貨幣地代**）
- 農民の分化（**独立自営農民（ヨーマン）の出現など**） ➔p.180

ペスト（黒死病）の流行 / 寒冷化による飢饉（ききん） → 封建反動

中央集権国家の成立 ➔p.149,151

農民反乱 ➔p.301
ジャックリーの乱（1358）
ワット=タイラーの乱（1381）

教会改革運動 ・ウィクリフ（英） ・フス（ボヘミア）

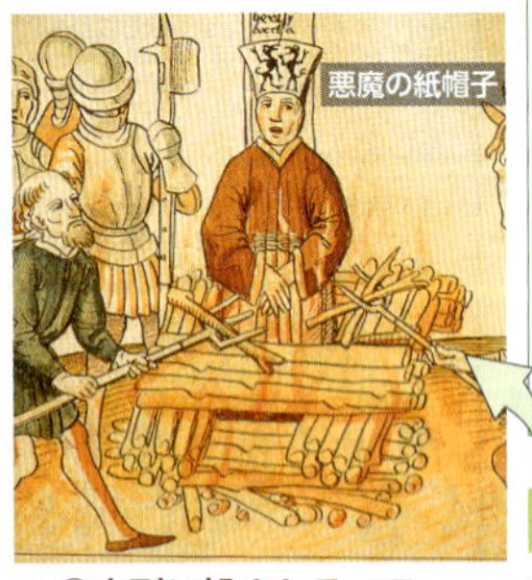

▲⑤**火刑に処されるフス** **ウィクリフ**に共鳴し，**聖書主義**を唱えたプラハ大学長**フス**は，**コンスタンツ公会議**に召喚され，1415年，異端として処刑された。

年	会議名	主唱者
325	**ニケーア公会議** ➔p.72	**コンスタンティヌス帝**
431	**エフェソス公会議** ➔p.74	テオドシウス2世
451	**カルケドン公会議** ➔p.74	レオ1世
1095	**クレルモン教会会議** ➔p.143	**ウルバヌス2世**
1414～18	**コンスタンツ公会議**	ジギスムント帝
1545～63	**トリエント公会議** ➔p.162	**カール5世** パウルス3世

▲⑥**おもな公会議**

C 社会への不安 世界全図p.32-33

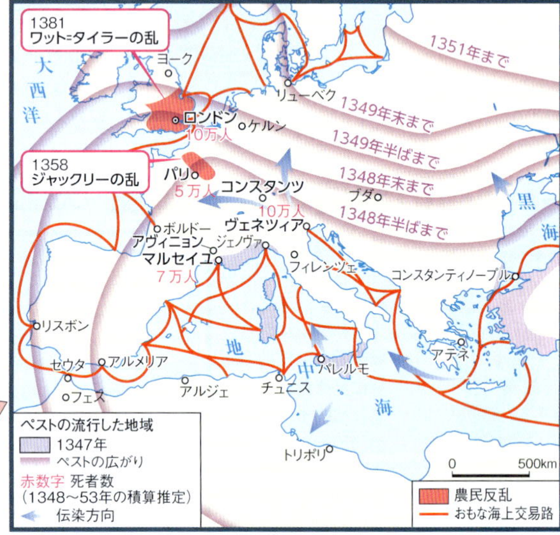

▲⑧**ペスト（黒死病）の流行（「14世紀の危機」）** ペストの流行でヨーロッパの人口は3分の1が失われたとされ，深刻な労働力不足が起こった。

B 経済の成長と王権の伸長

▼⑦**都市の発展** 15世紀のパリの市場を描いた絵。**中世都市**の活気ある姿を伝えている。薬種商の薬にはアジア産の**香辛料**もあった。

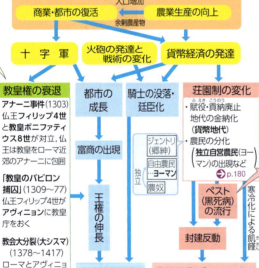

▲⑨**ジャックリーの乱** フランス北部に広がった農民反乱。名称は農民の蔑称ジャックに由来する。このののち，イギリスで起きた**ワット=タイラーの乱**（1381年）では，**ウィクリフ**に影響を受けた**ジョン=ボール**が，**「アダムが耕し，イヴがつむいだとき，誰が貴族であったか」**と身分制度を批判し，農奴の解放を進めた。 史p.351

今日とのつながり ペストの猛威が去ったあと，助かった人々は聖母マリアに感謝する記念碑を町の広場に建立した。この「ペスト塔」は今日でも各地にみられる。

中世ヨーロッパ諸国の変遷① ～英仏の王権伸長

ヒストリーシアター 百年にわたる戦争

▶①クレシーの戦い　**百年戦争**前期，1346年の戦い。仏軍はハンドルをまわして弦を引きしぼり，引き金で射る弩を使用したが，操作に手間どった。続く重装騎士の突撃も英軍の農民長弓隊に撃退された。長弓は2m近い木製で扱いも簡単，連射も可能であった。

[紋章]

▲②フランス王家を示すゆりの紋章

▼③イングランド王家を示す紋章　**エドワード3世**は仏王位継承を主張して，ライオンの紋章にゆりを加えた。

よみとき　紋章をヒントにイギリス軍とフランス軍を見分け，両軍の武器の違いをあげてみよう。

“救国の少女”ジャンヌ=ダルク (1412～31)

＊男装し，聖職階級を無視して“神の声”にのみ従おうとしたため，異端とされた。

“神の声”を聞いたと称する村娘は，仏軍に身を投じ，のちの王**シャルル7世**と会見，英軍に包囲されていた**オルレアンを解放**した。以後仏軍は劣勢を挽回し反撃するが，彼女はまもなくイギリス側にとらえられ，宗教裁判の結果，**異端**として＊火刑に処せられた。1920年に列聖され，聖人となった。

1 イギリスとフランスの中央集権化

A 百年戦争(1337～1453年)

百年戦争の背景には，ぶどう酒の産地ギュイエンヌ地方の争奪や毛織物産地フランドルの利権をめぐる英仏の対立があった。

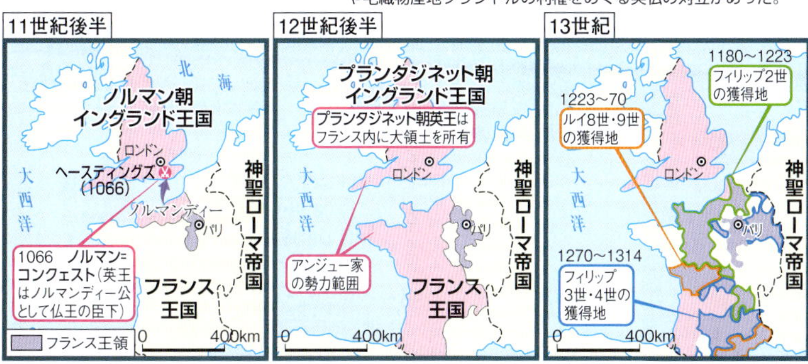

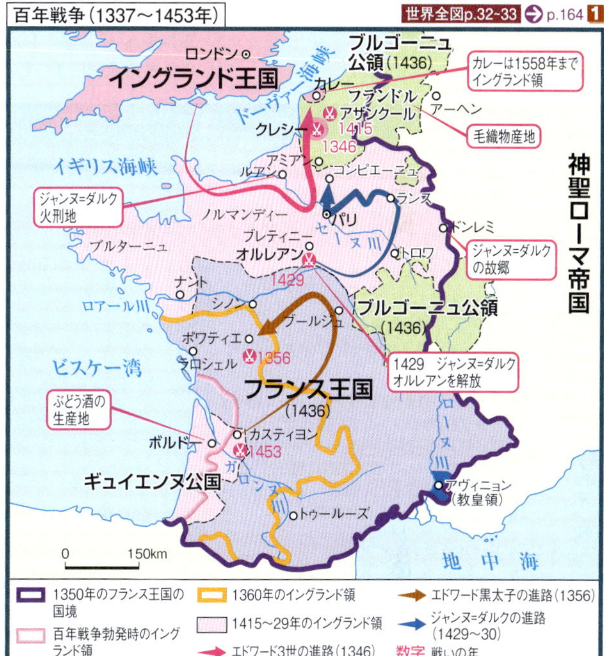

B イギリス・フランス王家系図

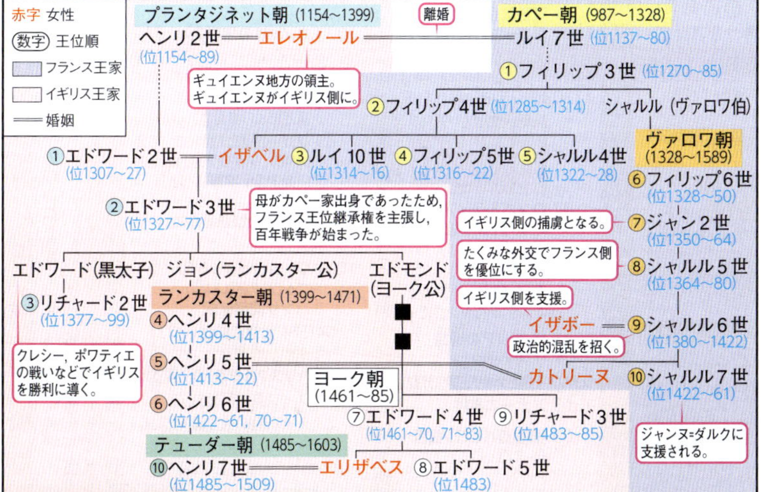

テーマ　ばら戦争の薔薇とは？

ばら戦争は，百年戦争後の1455～85年に，イギリスの**ランカスター家**と**ヨーク家**の間で繰り広げられた権力闘争。ヨーク家が白ばら，ランカスター家が赤ばらを紋章にしたとされ，ばら戦争と名づけられたが，それらは後世の創作であった。しかし，内乱の勝者テューダー家の紅白のばらを組み合わせた紋章はテューダーローズとして親しまれ，現在でもイギリス王室の紋章に組み込まれている。また，サッカーイングランド代表の紋章にも取り入れられている。

▼④テューダーローズ

▲⑥ヘンリ7世 (位1485～1509)

◀⑤サッカーイングランド代表のマーク

C 身分制議会

●イギリス身分制議会の変遷

1215　大憲章(マグナ=カルタ)
ジョン王　史p.351
“国王もまた法に従う”という原則が定められる。

1265　シモン=ド=モンフォール議会召集
ヘンリ3世
諸侯・聖職者の議会に州代表の騎士と都市代表も参加させる。

1295　模範議会
エドワード1世
初めて国王が庶民代表を召集。議会召集の模範となり，以後，定期的に召集。

1343　二院制の成立
エドワード3世
貴族院(上院)…貴族・聖職者
庶民院(下院)…騎士・市民

●フランスの三部会

成立の背景
1302年　**フィリップ4世**が教会の課税をめぐり，教皇**ボニファティウス8世**と対立。三部会を召集し，広く支持を求める。

構成員
・聖職者(**第一身分**)
・貴族(**第二身分**)
・都市民(**第三身分**)

性格
・王の諮問機関
・不定期
・立法機関ではない

休止
・1614年以降開催なし，1789年**フランス革命**直前に再開されたが，すぐに解散。p.168,188

今日とのつながり　オルレアンでは，1435年より，4月末から5月上旬にかけて，毎年ジャンヌ=ダルク祭が開催されている。

ヨーロッパ
MAP K～L
2部3章

中世ヨーロッパ諸国の変遷② ～中欧・北欧・南欧の動向

ヒストリーシアター 分裂する神聖ローマ帝国

▲①金印勅書

▲②七選帝侯　1356年皇帝**カール4世**は，**金印勅書**で7人を選帝侯とし，皇帝選出の権限を与えた。選帝侯は独立的な自治権を保障され，皇帝の権力は弱体化した。

よみとき　神聖ローマ帝国皇帝の権威はどのように変化しただろうか。

➤③**ヴィルヘルム=テル像**(ウーリ，スイス)
ヴィルヘルム=テルは，13世紀末～14世紀初頭の**スイス**建国にまつわる伝説の英雄。

ヴィルヘルム=テル伝説

自治州ウーリのヴィルヘルム=テルは，**ハプスブルク家**の悪代官の圧政に反抗し，罰を受けることになった。テルは弩(いしゆみ)の名手であったので，息子の頭の上にリンゴを置き，それを射抜くか，死ぬかを選択させられる。テルはみごとにリンゴを射抜いたが，反抗的な態度をとったため，再び連行される。脱走に成功したテルは，悪代官を射殺，町の人々に英雄として迎えられた。これを機に，**独立**の気運が高まり，人々は代官城を攻撃，圧政を退けた。

▲④スイスでは**帝国都市・自由都市**になった都市が13～14世紀に同盟を結び，皇帝との闘争を激化させ，15世紀末には事実上独立した。1648年の**ウェストファリア条約**(➔p.169)で独立が承認された。

西ヨーロッパ諸国の変遷

◀p.138　　p.164▶

青字 文化関連事項

イギリス

アングロ=サクソン朝の支配
- 878 **アルフレッド大王**，デーン人を撃退
- ＊ 全イングランドの土地調査
- ＊2 以後，プリンス=オブ=ウェールズがイギリス皇太子の称号となる

デーン朝
- 1016 デーン人の**カヌート(クヌート)**，デーン朝創設
- 42 アングロ=サクソンの支配復活 ➔p.140

ノルマン朝
- 66 **ノルマン=コンクェスト**(ヘースティングズの戦いなど)により**ウィリアム1世**(位1066～87)が**ノルマン朝**を創設
- 86 ドゥームズデー=ブック＊の編纂(へんさん)

プランタジネット朝
- 1154 仏貴族アンジュー伯アンリ，英王として即位(**ヘンリ2世**，～89) **プランタジネット朝**始まる
- ○ **オックスフォード大学(神学)**
- 89 **リチャード1世**(位1189～99)，**第3回十字軍**に参加
- **ジョン王** 位1199～1216
  - ○ 仏国内の王領の大半を喪失(そうしつ)
  - 1209 **カンタベリ大司教**任免で**教皇より破門**
  - 15 **大憲章(マグナ=カルタ)**承認 ➔p.149
- 1265 **ヘンリ3世**(位1216～72)，**シモン=ド=モンフォールの議会**を承認
- **エドワード1世** 位1272～1307
  - 1282 ウェールズ戦争に勝利→**ウェールズ併合**
  - 95 **模範議会**召集
  - 1301 皇太子をプリンス=オブ=ウェールズに叙す＊2
- 1327 **エドワード3世**即位(～77)→仏王位の継承権を主張
- 1341 二院制の成立
- 1346 **クレシーの戦い**
- 1378 **ウィクリフ**(1320ごろ～84)**の教会批判**
- 81 **ワット=タイラーの乱** ➔p.148　ジョン=ボール「**アダムが耕し，イヴがつむいだとき，誰**(だれ)**が貴族であったか**」
- 1453 百年戦争に**敗北**　カレーを残し退却

ランカスター朝
- 55 **ばら戦争**(**ランカスター・ヨーク両家**の王位争いによる内戦)(～85)

ヨーク朝
- ○ **諸侯・騎士**の没落
- ○ 国王の中央集権化進展

テューダー朝
- 85 **ヘンリ7世**即位(～1509) **テューダー朝**創設

フランス

カロリング朝
- 911 セーヌ河口に**ノルマンディー公国**成立
- 987 カロリング朝断絶　**ユーグ=カペー**(位987～996)，**カペー朝**を創設　パリ盆地周辺を支配
- 1095 **クレルモン教会会議**(十字軍提唱) ➔p.143,144

カペー朝
- 1189 **フィリップ2世**(位1180～1223)，**第3回十字軍**に参加→仏国内の英領を奪回→王権を拡大
- ○ **パリ大学(神学)**
- 1209 **アルビジョワ十字軍**(～29)
- **ルイ9世** 位1226～70
  - 1229 **アルビジョワ派**(カタリ派)**を撲滅**(ぼくめつ)
  - 48 **第6回十字軍**に参加
  - 53 モンゴル帝国へ**ルブルク**を派遣(～55)
  - 70 **第7回十字軍**に参加
- **フィリップ4世** 位1285～1314
  - 1302 **三部会**を召集
  - ○ 聖職者課税問題
  - 03 **アナーニ事件** ➔p.143
  - 07 **テンプル騎士団解散**(1312 正式に解体)
  - 09 教皇庁アヴィニョン移転(～77) → ローマ教皇に干渉
- 1328 **フィリップ6世**即位(～50) **ヴァロワ朝**始まる

ヴァロワ朝
- 1358 **ジャックリーの乱** ➔p.148,301
- 1422 **シャルル7世**即位(～61)　財務官**ジャック=クール**
- 29 **ジャンヌ=ダルク**，オルレアン解放
- 53 百年戦争に**勝利**
- 94 **イタリア戦争**(～1559) ➔p.164

百年戦争＊3 1337(1339)～1453　＊3 おもな戦場はフランス国内

イタリア

- 875 カロリング朝断絶
- ○ **サレルノ大学(医学)**
- 1054 **東西教会分裂**
- ○ **ボローニャ大学(法学)**
- 1130 **シチリア王国**成立 ➔p.145　**ルッジェーロ2世**(位1130～54)
- ○ **教皇党(ゲルフ)と皇帝党(ギベリン)の対立**
- 67 **ロンバルディア同盟**結成(**自治権**を認めさせる)
- ○ **都市共和国**(ジェノヴァ，ヴェネツィア，フィレンツェなど)
- 1282 「**シチリアの晩鐘**(ばんしょう)」(反仏反乱)→**シチリア王国とナポリ王国**に分裂
- 1303 **アナーニ事件**
- 09 「**教皇のバビロン捕囚**」(～77)
- ○ **イタリア=ルネサンス始まる**
- 1378 **教会大分裂(大シスマ)**(～1417)
- 1442 アラゴン王家，ナポリ王国を併合
- **イタリア=ルネサンス衰退**

ドイツ

カロリング朝
- 911 カロリング朝断絶

ザクセン朝
- **オットー1世** 位936～973
  - 955 **レヒフェルトの戦い** ➔p.140 (**マジャール人**撃退)
  - 962 オットー1世，教皇ヨハネス12世より帝冠を受け，**神聖ローマ帝国成立**
- ○ **イタリア政策**始まる
- **聖職叙任権闘争**(せいしょくじょにんけんとうそう)(ローマ教皇と神聖ローマ皇帝の対立)
- 1077 **カノッサの屈辱** ➔p.143

ホーエンシュタウフェン朝
- 1122 **ヴォルムス協約**
- ○ **東方植民の推進** ➔p.147
- 89 **フリードリヒ1世**(位1152～90)，イタリア遠征とともに**第3回十字軍**に参加
- ○ **ドイツ騎士団領**形成
- 1241 **ワールシュタット(リーグニッツ)の戦い** ➔p.110　**ハンザ同盟結成**

諸王朝の変遷
- 54(56) **大空位時代**(～73)
- 73 **ルドルフ1世**(位1273～91，**ハプスブルク家**)の一時支配
- 91 スイス誓約同盟成立　スイス3州の独立闘争起こる
- **カール4世** 位1346～78
  - 1348 **プラハ大学設立(プラハを東欧の文化都市に)**
  - 1356 **金印勅書**(きんいんちょくしょ)を発布　**領邦国家**の形成 **ドイツ分裂**
- ○ **フス**(1370ごろ～1415)**の教会批判**
- 1414 **コンスタンツ公会議**(～18)
- 19 **フス戦争**(～36)

ハプスブルク朝
- 38 **ハプスブルク家**の帝位の世襲化(～1806)
- 99 **スイス，事実上の独立**

イベリア半島

- レオン王国
- 後ウマイヤ朝(930, 1031)
- 1035 アラゴン王国
- 1056 ムラービト朝(～1130)
- 1143 ポルトガル王国
- ムワッヒド朝(～1232)
- カスティリャ王国
- ナスル朝(1232～1492)
- 1479 スペイン王国成立
- 1492

日本

平安時代 ／ 鎌倉時代 ／ 南北朝 ／ 室町時代 ／ 戦国

全体の事項
- **ヴァイキングの侵入激化**
- **十字軍遠征開始**(1096～)
- **ペスト(黒死病)がヨーロッパ全土に拡大**

世紀：10 ／ 11 ／ 12 ／ 13 ／ 14 ／ 15

1 分裂するドイツ・イタリア

A ドイツ

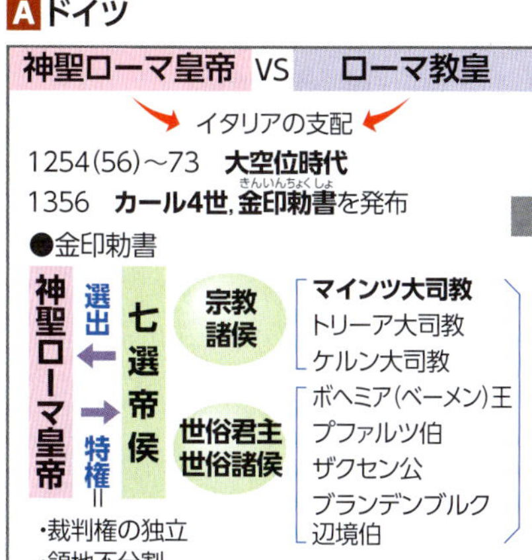

ドイツ領邦国家の成立

支配領地に完全な君主権を得る(支配地=領邦)
↓
独立国家の様相(=**領邦国家**)
↓
他の諸侯・都市への拡大
↓
300の領邦と自治都市・帝国都市からなる集合体へ

B イタリア

●中・北部…共和政都市国家(ヴェネツィア・ジェノヴァ・フィレンツェなど), 君主政領邦国家(ミラノ公国など)が成立。
●南部…シチリア王国, ナポリ王国が成立。
●神聖ローマ皇帝のイタリア政策に対し, **教皇党(ゲルフ)・皇帝党(ギベリン)**に分かれて抗争。

歴史と文学 分裂するイタリアとダンテ(1265~1321)

ルネサンスを代表する詩人の**ダンテ**(➡p.161)も, **教皇党(ゲルフ)**と**皇帝党(ギベリン)**の対立抗争に巻き込まれた一人であった。ダンテはフィレンツェの行政長官を務めていたが, 教皇の支援を得た野党によって追放され, ヴェローナ・ボローニャなどを放浪し, ラヴェンナで没した。その放浪中に書いたのが, 『**神曲**』である。『神曲』はトスカーナ方言で, 天国と地獄の様相を描いた作品である。

ダンテ

2 中央集権化を進めるイベリア半島・ポーランド・北欧

A レコンキスタの完成~イベリア半島

▲⑤**グラナダ開城** 進軍してきたカトリック両王(**イサベル**(位1474~1504)と**フェルナンド**(位1479~1516))に恭順の意を示し, アルハンブラ宮殿のかぎを渡すグラナダのナスル朝最後の王。**1492年, レコンキスタ(国土再征服運動)**(➡p.145)は完了した。絵は19世紀後半の作。

B ヤギェウォ(ヤゲロー)朝 リトアニア-ポーランド王国の成立(1386~1572年)

世界遺産

◀⑥**ヴァヴェル城**(クラクフ) ドイツ騎士団とロシアに脅威を感じていたリトアニア大公国とポーランド王国では, ポーランド女王とリトアニア大公ヤギェウォの婚姻で**ヤギェウォ(ヤゲロー)朝**が成立した。クラクフは17世紀まで首都であり, ヴァヴェル城は王の居城となった。

C 北欧~カルマル同盟(1397~1523年) ➡p.175

▶⑦**マルグレーテ**(位1387~1412)と▼⑧**カルマル城** デンマーク王女でノルウェー王妃であった彼女は, 父と夫の死後, デンマーク王国とノルウェー・スウェーデンの3国を連合し, ポンメルンのエリク7世を共同統治の王にすえた。カルマルで結ばれたこの連合を**カルマル同盟**という。

今日とのつながり 現在ドイツは連邦制国家だが, "各邦"は中世の領邦や自由都市に由来している。

3 中世末期のヨーロッパ(14~15世紀)

世界全図p.34-35
⬅p.145 2, ➡p.164 1

中世ヨーロッパの文化 ～すべてがキリスト教中心

1 中世の建築～教会建築

バシリカ様式
4～8世紀
南欧中心

▶①聖マリア=マジョーレ聖堂(ローマ，イタリア) バシリカはギリシア語で王の広間のこと。この聖堂の内部の列柱はローマの神殿から移築された。

ビザンツ様式
4～15世紀
東欧中心

▶②聖マルコ大聖堂(ヴェネツィア，イタリア) 五つの**円屋根(ドーム)**と正面・内部の**モザイク壁画**が特徴。11世紀に建築が始まり，400年かけて完成した。➲p.147, 306

ロマネスク様式 11～12世紀 南欧中心

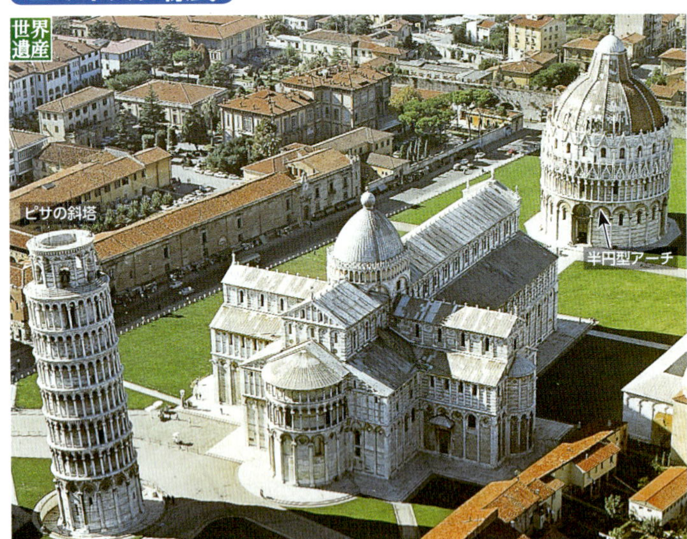

▲③ピサ大聖堂(ピサ，イタリア) 1063年着工。ラテン十字型の平面構成，**半円型アーチ**の多用など，ロマネスク建築の特色を備える。左端は，ガリレイが重力実験をしたことで知られるピサの斜塔。

建築様式	**バシリカ様式**(4～8世紀)	長方形の身廊と側廊。ローマ時代の公共建築物の流れをくむ。南欧中心 代表例 聖マリア=マジョーレ聖堂(ローマ)
	ビザンツ様式(4～15世紀)	正十字の平面の上に**円屋根**(ドーム)を架した建築。**モザイク壁画**が特色。東欧中心 代表例 **聖マルコ大聖堂**(ヴェネツィア)，**聖(ハギア)ソフィア大聖堂**(コンスタンティノープル)
	ロマネスク様式(11～12世紀)	平面が長十字型。ローマ風の半円型アーチ。窓が小さく重厚な感じ。南欧中心 代表例 **ピサ大聖堂**(伊)，**クリュニー修道院**(仏)，ヴォルムス大聖堂(独)
	ゴシック様式(13～15世紀)	平面が長十字型。窓が大きく**ステンドグラス**使用。尖頭アーチ多用による高い天井と**尖塔**。西・北欧中心 代表例 **ケルン大聖堂**(独)，**シャルトル大聖堂**(仏)，**アミアン大聖堂**(仏)，ノートルダム大聖堂(パリ)，**ミラノ大聖堂**(伊)

ヒストリーシアター 空高く，天をめざせ！

ゴシック様式 13～15世紀 西・北欧中心

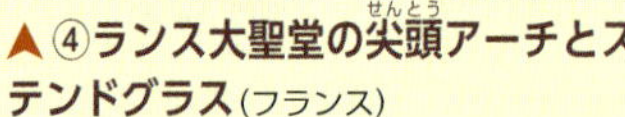

▲④ランス大聖堂の尖頭(せんとう)アーチとステンドグラス(フランス)

▲⑤ステンドグラス(シャルトル大聖堂，フランス)

よみとき 図①～③と比較しつつ，図④～⑥からゴシック様式の特徴をあげてみよう。

▼⑥ケルン大聖堂(ドイツ) そびえたつ約156mの**尖塔**に特徴がある代表的なゴシック様式。毛織物交易で栄えたケルンで13世紀から建設が進められたが，資金難におちいり中断した。19世紀になって建設が再開され，完成。

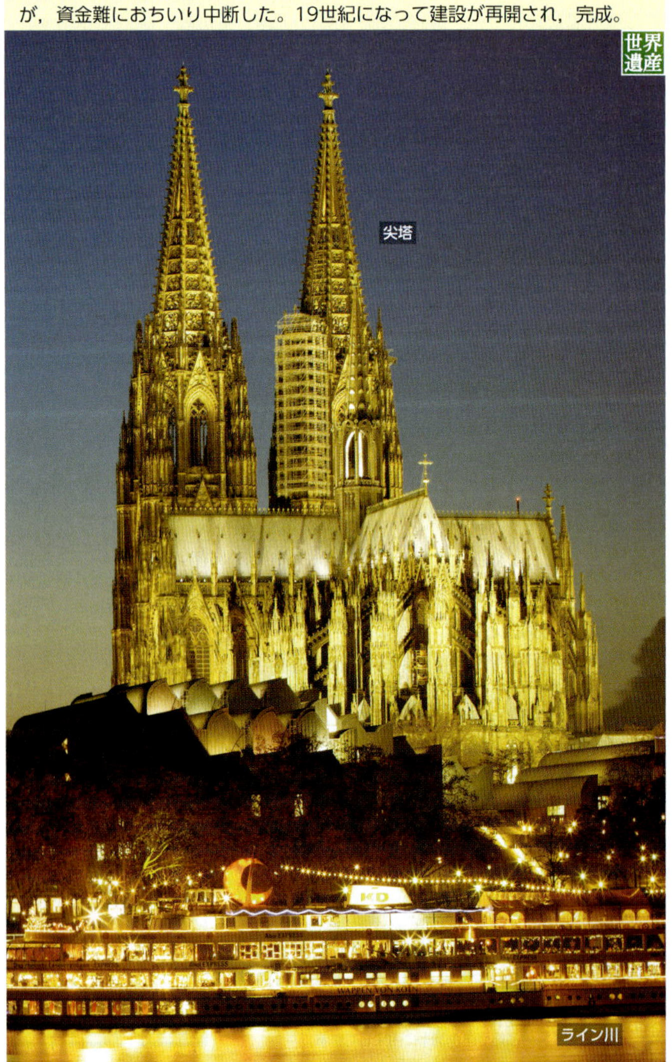

ヨーロッパ
MAP E～L
2部3章

2 中世の大学

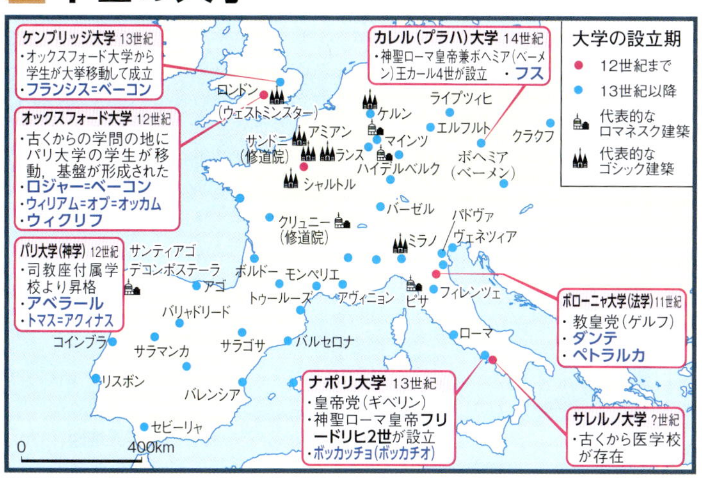

▲⑦中世の大学

◀⑧大学のようす(ボローニャ大学) 大学の起源は，中世ヨーロッパにおける「12世紀ルネサンス」のもと，教師や学生らがつくった一種のギルドに発する。この絵には私語をする学生，居眠りをする学生も描かれている。服装にはイスラームの影響もみられる。

学生主導	・学生の相互扶助 ・ボローニャ大学など	12世紀ごろ	中世の大学	・教師・学生の組合(ギルド)として自治権をもつ ・教会や領主の干渉を受ける 自由7科目：文法・修辞・論証・算術・幾何・天文学・音楽 ⇨ 専門学部：神学・法学・医学・哲学
教師主導	・司教座教会付属学校などから発展 ・パリ大学など			

▲⑨大学の運営

テーマ イスラームの影響 ～「12世紀ルネサンス」

十字軍やレコンキスタでイスラームとの接触が増えたスペインの**トレド**や**シチリア**では，イスラーム世界から流入した本が大量に翻訳されるようになった(**大翻訳時代**)。知識人らの翻訳活動により，中世ヨーロッパはイスラーム固有の学問，ならびにイスラーム世界やビザンツ帝国で保存されていた古代ギリシアの哲学やヘレニズム文化を吸収し，その後の学問の基礎を確立した。こうした刷新は「**12世紀ルネサンス**」とよばれる。

▶⑩**天体観測を行う修道士たち** 修道士たちはイスラーム伝来のアストロラーベ(➡p.129)で天体観測をしている。

ギリシアの著作	アラビアの著作
・プラトン『メノン』 ・アリストテレス『形而上学』 ・エウクレイデス『幾何学原論』	・フワーリズミー『代数学』(アルジャブラ) ・イブン=シーナー『医学典範』

▲⑪おもな翻訳書物

歴史と文学 騎士道物語 ～アーサー王物語

騎士道物語では，騎士のあるべき理想の姿として，忠誠や武勇，神や貴婦人への奉仕，弱者の保護などの騎士道精神がうたわれた。12世紀に成立した『アーサー王物語』は，アングロ=サクソン人のイングランド侵入に抵抗したケルト人の伝説の王**アーサー**に関する物語群である。魔法使いマーリンや円卓の騎士ランスロットなども有名で，彼らは現代でもファンタジーとして映画などで親しまれている。

▲⑫映画「キング アーサー」(アメリカ，2004年)

特色	・**神学**が中心で，哲学は「神学の婢」とされた。➡p.308 ・ラテン語ができる聖職者が担い手。 ・イスラーム文化の影響を受けた諸学問の発達(「**12世紀ルネサンス**」)	
神学	**ヒエロニムス**(アンティオキアの司祭)(347ごろ～420)	**聖書をラテン語に翻訳**。カトリック教会の標準聖書(ヴルガータ)に
神学	**アウグスティヌス**(354～430)	中世の**スコラ哲学**に影響。中世神学の父。北アフリカの司教『**神の国**』『**告白録**』
神学	**アルクイン**(英)(735ごろ～804)	**カロリング=ルネサンス**(➡p.138)の中心人物。**カール大帝**が**アーヘン**に招く
神学・スコラ哲学	**アンセルムス**(英)(1033～1109)	信仰が理性に優先する**実在論**(普遍論争) スコラ哲学の父
神学・スコラ哲学	**アベラール**(仏)(1079～1142)	理性が信仰に優先する**唯名論**(普遍論争) 恋人エロイーズとの「愛の書簡集」で有名
神学・スコラ哲学	**トマス=アクィナス**(1225ごろ～74)(伊)	『**神学大全**』で**スコラ哲学**を大成。実在論と唯名論の普遍論争を収拾
神学・スコラ哲学	**ロジャー=ベーコン**(英)(1214ごろ～94)	オックスフォード大学教授。観察・実験による**経験を重視**→近代科学へ
神学・スコラ哲学	**ドゥンス=スコトゥス**(英)(1266ごろ～1308ごろ)	哲学と神学を分離，意志の優位を主張。アクィナスの調和説を批判。実証を重視し，唯名論をとる。フランチェスコ修道会士
神学・スコラ哲学	**ウィリアム=オブ=オッカム**(1280ごろ～1349ごろ)(英)	唯名論確立。信仰と理性，神学と哲学を区別。オッカムは生地名
神学	**ウィクリフ**(英)(1330ごろ～1384)	**聖書を英訳**。宗教改革の先駆者。1378年，教会を批判。死後，**コンスタンツ公会議**(➡p.148)で異端と宣告され，著書とともに遺体が焼かれた
神学	**フス**(ボヘミア)(1370ごろ～1415)	ウィクリフの影響を受け，教会改革を主張。のちに火刑(➡p.148)
文学	騎士道物語	『**ローランの歌**』(仏)…カール大帝のスペイン遠征を背景に騎士ローランとムスリムの戦いを描く 『**アーサー王物語**』(英)…アングロ=サクソンの侵入からブリタニアを守ったケルトの伝説的英雄アーサー王と円卓の騎士の物語 **吟遊詩人**のトゥルバドール(南仏)・ミンネジンガー(独)が各地の宮廷を遍歴してうたった
文学	民族的叙事詩	『**ニーベルンゲンの歌**』(独)…ゲルマン伝説の英雄ジークフリートの戦いと愛の物語 『**エッダ**』(北欧)…ゲルマンの神オーディンや戦士を主人公とした神話

▲⑬中世の文化

テーマ 中世の魔術 ～錬金術・占星術 ➡p.129

錬金術は，12～13世紀ごろ，ヨーロッパに伝わり，17世紀ごろまで研究された。黄金を生み出すことはできなかったが，実験や物質に関する知識は近代科学の基礎となった。一方，シュメールに始まり，バビロニアでさかんになった**占星術**も，中世ヨーロッパの人々の間で流行した。

▶⑭錬金術の作業場

今日とのつながり 大学universityの語源は，ラテン語のuniversitas(ウニヴェルシタス)＝組合を意味し，中世の大学が学生もしくは教師の組合から生まれたことがわかる。

大航海時代 ～アジアの栄華にあこがれて

ヒストリーシアター 未知との遭遇！新しい世界の発見

▲①**トスカネリの世界地図**(15世紀) 地理学者の**トスカネリ**(1397～1482)は地球が球体であると主張した。その考えは**コロンブス**(コロン)に影響を与えた。

▲②**アントウェルペンでつくられた世界地図**(1570)

よみとき 図①と図②の地図は，どのようなところが違うだろう。

新しい航路の開拓

◀p.150　p.164▶

背景
- 経済：**香料**(➡p.82)の需要増大，不安定な**東方貿易**(**オスマン帝国**の東地中海進出)
- 政治：中央集権国家の形成と国王の援助(領土・**黄金**への欲求)
- 文化：東方への関心(**マルコ=ポーロ**『**世界の記述**(東方見聞録)』)➡p.112
- 宗教：**カトリック**の拡大(**プレスター=ジョンの伝説**)
- 科学：**地球球体説**(**トスカネリ**主張)・**羅針盤**・航海術・造船技術の発達

	ポルトガル	スペイン
15世紀	1143 **ポルトガル王国**	1469 アラゴン王**フェルナンド2世**とカスティリャ女王**イサベル**が結婚
	エンリケ航海王子(1394～1460)	79 **スペイン王国**成立 ➡p.164
	ジョアン2世(位1481～95)	92 **レコンキスタ(国土再征服運動)終結**
	1488 **バルトロメウ=ディアス** **喜望峰**到達	**イサベル女王**，コロンブスを援助
		1492 **コロンブス(コロン)**(伊)，**サンサルバドル島に到着** 「新大陸」への到達
	1493 教皇アレクサンデル6世，境界線設定(**教皇子午線**)	
	1494 **トルデシリャス条約**(スペインに有利な教皇子午線をポルトガルの抗議で変更)	
	1498 **ヴァスコ=ダ=ガマ** インド航路開拓 **カリカット**に到着 ➡p.34～35	1497～98 **カボット**(伊) 北米探検(英王ヘンリ7世の援助)
	1500 **カブラル，ブラジル**到着	
16世紀	1501～02 **アメリゴ=ヴェスプッチ**(伊)南米探検→「**新大陸**」と確認(**アメリカ**)	
	1509 **ディウ沖の海戦**(マムルーク朝を破る)	1513 **バルボア，パナマ地峡**横断，太平洋に到達
	1510 **ゴア**占領	1519～21 **コルテス，アステカ王国(メキシコ)征服**
	1511 **マラッカ**占領	1519～22 **マゼラン(マガリャンイス)とその部下，世界周航**
	1512 **モルッカ(香料)諸島**に至る	「新大陸」の征服
	1517 中国(明)との貿易開始	
	1518 **セイロン**占領	
	1529 **サラゴサ条約**(ポルトガル・スペインのアジアでの境界線設定)	
	1543 **種子島**に漂着	1532～33 **ピサロ，インカ帝国征服**
	1549 イエズス会士**フランシスコ=ザビエル**の鹿児島来日 ➡p.163	1545 **ポトシ銀山**(ボリビア)**発見**
	1557 **マカオ**の居住権を獲得(1887年，正式に領有)	1571 **マニラ建設**
	1550～1639 **平戸**に商館設置 日本との貿易	マニラ・アカプルコ貿易 ➡p.36
	商業革命	**ヨーロッパに大量の銀流入**

凡例：■アジアへの進出　■「新大陸」への進出

1 東まわりでアジアへ～香辛料を求めたポルトガルの進出

➤③**喜望峰** **バルトロメウ=ディアス**が，1488年にアフリカ南端の喜望峰に到達した。のちに，**ヴァスコ=ダ=ガマ**がここを通り，インドへ到達するインド航路を開拓した。

➤④**ヴァスコ=ダ=ガマ**(1469ごろ～1524)

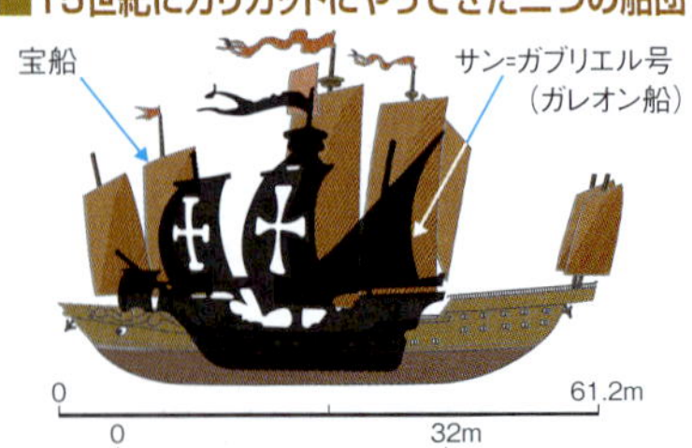

◀⑤**黄金のゴア** **ポルトガル**は1510年にインドの**ゴア**を占領し，1961年まで植民地とした。アジアにおける貿易と布教の最大の拠点となり，「黄金のゴア」と称された。一方，中国大陸の拠点として繁栄した**マカオ**では，中国の生糸・絹織物，日本の金銀が貿易品として流通した。

■15世紀にカリカットにやってきた二つの船団

宝船　サン=ガブリエル号(ガレオン船)

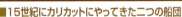

0　61.2m
0　32m

明 鄭和(ていわ)の船団(1405～33)➡p.114

総船数	総乗組員数	旗艦：宝船
62隻	27800人	1170t・マスト6本

ポルトガル ヴァスコ=ダ=ガマの船団(1498)

総船数	総乗組員数	旗艦：サン=ガブリエル号
4隻	170人	120t・マスト3本

15世紀にはポルトガルのヴァスコ=ダ=ガマがカリカットに到達したが，それより前に明の永楽帝の命を受けた鄭和もやってきていた。比較すると，鄭和の方が大船団でアジアを航海していたことがわかる。

▲⑥**発見のモニュメント**(リスボン，ポルトガル) 大航海時代を記念して20世紀半ばに建設された。**エンリケ航海王子**を先頭に，ポルトガルの探検家や宣教師などの像が並ぶ。エンリケは15世紀のポルトガルの王子で，自らは航海しなかったが，アフリカ西岸探検事業に熱心に取り組んだため「航海王子」とよばれた。

ヨーロッパ　アメリカ　MAP L～M　2部4章

2 西まわりでアジアへ～アメリカ大陸の「発見」

ひと

コロンブス(コロン)
(1451ごろ～1506)

イタリア ジェノヴァに生まれ，貿易商会に入る。**トスカネリ**の影響を受けて，西まわりでのアジア到達計画を考えた。ポルトガル国王ジョアン2世に航海計画を提案したが，喜望峰をまわる航路が期待されていたため，支援を拒否される。イギリス・フランスにも交渉したが，結局，**レコンキスタ(国土再征服運動)**を完了した**スペイン**の**イサベル女王**(➔p.151)が支援するようになり，西まわり航路が切り開かれた。

▲⑦**現在の西インド諸島 サンサルバドル島で先住民と出会ったコロンブス一行** コロンブスは到達した地をインドの一部と誤解したため，その一帯の先住民は**インディアン(インディオ)**とよばれるようになった。背後には十字架が立てられている(領有宣言)。

◀⑧**アメリゴ=ヴェスプッチのアメリカ大陸発見** 1499年にブラジルに到達し，1501～02年に大西洋岸を探検，アジアとは別の大陸だと主張した。「アメリカ」は彼の名に由来する。

◀⑨**マゼラン(マガリャンイス)**(1480ごろ～1521)
1519年，ポルトガル人マゼランは，スペイン王の援助を得て5隻の艦隊で出発，現在のマゼラン海峡を通って，21年にマリアナ諸島に到達。横断した海を「太平洋」と名づけた。その後フィリピンのマクタン島首長ラプ=ラプと戦って戦死。残った部下が22年9月に帰国して，世界周航が達成され，地球が球体であることも証明された。

3 大航海時代の世界(16世紀ごろ)

世界全図p.36-37 ➔p.171 1

4 ヨーロッパ社会の変化～大航海時代がもたらしたもの

A 価格革命

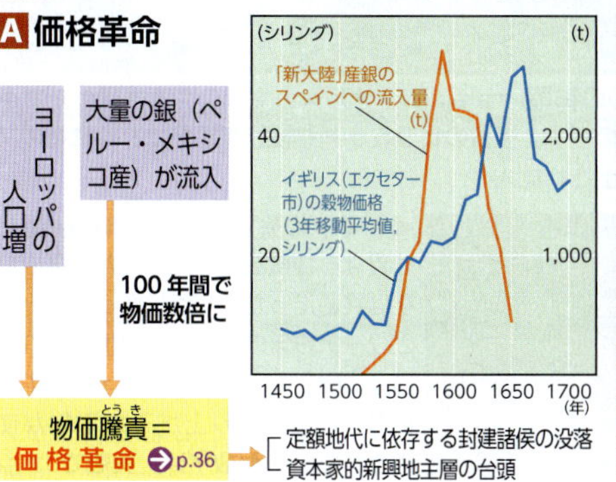

◀⑩**ポトシ銀山** 世界遺産 (ボリビア) 海抜4000mをこえる高地にある。先住民はコカの葉をかみ，神経をまひさせて過酷な鉱山での強制労働に耐えた。現在でも鉱山での採掘は行われている。

B 商業革命…ヨーロッパと新大陸・アジア間貿易の劇的発展

❶ 大航海時代以前

ヨーロッパ ← 香辛料・絹・陶磁器・染料・宝石 ← アジア
地中海 ／ イスラーム世界
ヨーロッパ → 銀 → アジア

ヨーロッパのおもな貿易都市：ヴェネツィア・ジェノヴァ コンスタンティノープル

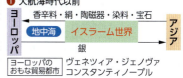

❷ 大航海時代以降 ➔p.170

ヨーロッパのおもな貿易都市：アムステルダム・ロンドン アントウェルペン

今日とのつながり 南米ではブラジルだけがポルトガル語を使用している(ほかはスペイン語)のは，トルデシリャス条約とカブラルのブラジル漂着に由来する。

ヨーロッパ
アメリカ
MAP L～M
2部4章

特集 古アメリカ文明

世界全図p.36~37 ➔p.186 1 ,194 1

古アメリカ文明の展開

p.194▶

年	メキシコ中央高原	メキシコ湾岸	ユカタン半島	ペルー北海岸	ペルー中央高地	ペルー南海岸
1000~500 (B.C.)	**オルメカ文明** •メソ=アメリカ文明の源流 •とうもろこしを主とする焼畑農耕 •都市文明 •ジャガー神信仰 •文字・暦の起源 前300年ごろ滅亡			**チャビン文化** •アンデス文明の源流 •ジャガー神信仰 •灌漑農耕の村落社会		
A.D.~500	**テオティワカン文明** •宗教・商業都市の発達		**マヤ文明**(新石器文明) •絵文字使用・装飾的彫刻 •天文・暦法の発達 (1年=365.2420日) (現代の測定値365.2422日) •二十進法 (衰退)	**モチェ文化** •彩文土器 •日干れんがによる太陽と月のピラミッド		**ナスカ文化** •彩文土器 •地上絵
1000	**トルテカ文明** •好戦的 •人身供犠の風習			**シカン文化** **チムー王国**	**ワリの拡大** •農業技術を輸出	
1500	**アステカ王国**(青銅器文明) 都：テノチティトラン •青銅器 •都市文明 •太陽暦 •絵文字使用 1521 **コルテス**により，滅亡			**インカ帝国**(青銅器文明) 都：**クスコ** •道路・都市建設 •灌漑用水路 •青銅器 •**キープ使用** 1533 **ピサロ**により，滅亡		

古アメリカ文明の特色

- **とうもろこし栽培**が中心の農業
- 高度な石造技術
- 金銀が豊富で**青銅器**を使用(鉄器はなし)
- 車輪の使用なし
- 馬や牛などの大型動物はいない

1 メキシコ地方の文明

オルメカ文明

◀①**巨石人頭像**(メキシコ) アメリカ最古の文明で，古アメリカ文明に共通する文化(とうもろこし栽培，暦，文字，黒曜石加工など)の多くがこの文明で形成され，他の文明に影響を与えたとされる。

テオティワカン文明

世界遺産

▲②**テオティワカンの古代都市**(メキシコ) 夏至の日には，「**太陽のピラミッド**」の正面に太陽が沈むように設計されている。

マヤ文明

世界遺産

▲③**ティカルの神殿**(グアテマラ) オルメカ文明の影響を受けた**マヤ文明**の中心地の一つ。複数のピラミッド(神殿)が建設され，独特のマヤ様式が生み出された。

◀④**マヤの絵文字** マヤ文明の諸都市は異なる特徴をもっていたが，暦や文字は共通だった。文字は解読が進み，292~909年の王朝史が再構成されている。また，マヤ文明では二十進法(20になると桁が繰り上がる数え方)が使用された。マヤ数字は，貝殻で0，点で1，横棒で5を表し，その組み合わせで数字を表現した。➔p.53

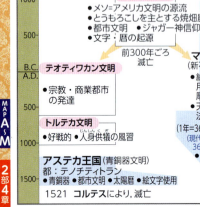

アステカ王国

◀⑤**アステカ王国の首都テノチティトラン** 海抜2200mのテスココ湖上にあった。市場では各種の露店が並び，王国各地から集まった商品が取り引きされ繁栄していた。

◀⑥**人身供犠**(じんしんくぎ) アステカ王国には，神殿で多くの人間の生贄(いけにえ)をささげることで，世界の安泰を守ることができるとする信仰があった。

▲⑦**太陽の石** **アステカ人**の暦で直径3.6m。中央に現世を示す第5の太陽，その外側に過去の4つの時代を四角の枠内に刻んでいる。20の絵文字と13の数字を組み合わせ，260日を1年とする。

2 アンデス地方の文明

チャビン文化

▲⑧**チャビン文化の神殿** 体は人，顔はジャガー，髪の毛はへびの石像。重要な神の像と考えられている。

インカ帝国

世界遺産

◀⑨**マチュ=ピチュ**(ペルー) **インカ帝国**の都**クスコ**の北西約114km，標高2500mの地に築かれた。なぜここに都市が建設されたのかはわかっていない。日あたりのよい南東部が農地，北西部が市街地とされ，灌漑(かんがい)設備も充実していた。

➲p.53

▲▶⑪**キープ(結縄)**(けつじょう) インカの人々はひもの結び目の形や色などで数を記録した。

世界遺産

▲⑩**インカの石積み**(クスコ，ペルー) インカの人々は優れた石造建築技術をもっていた。一分のすき間もない石積みは，ほかに例をみない技術の高さを示している。

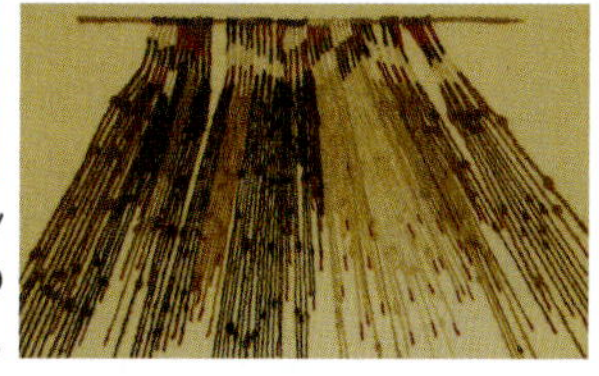

3 やってきた征服者(コンキスタドール)と古アメリカ文明の変容

◀⑫**コルテス**(1485～1547)
▶⑬**ピサロ**(1478ごろ～1541)
先住民は鉄器や馬を知らなかったため，スペインからの征服者たちに恐れを抱いた。コルテスはアステカ王国を，ピサロはインカ帝国を征服した。

◀⑭**鉱山で働かされる先住民** スペインは**エンコミエンダ**で獲得した土地の管理と先住民の保護を現地のスペイン人に委託した。保護されるはずの先住民は銀山の開発やさとうきびのプランテーションで**過酷な労働**に従事させられ，また旧世界からもち込まれた**疫病**(天然痘(とう)など)による死亡により，人口が激減した。

エンコミエンダ廃止を訴えたラス=カサス(1484～1566) 史p.351

植民者として「**新大陸**」に渡るが，のちにドミニコ修道会士となる。征服戦争や**エンコミエンダ**による先住民の虐待(ぎゃくたい)をスペイン王**カルロス1世**へ報告・弾劾(だんがい)し，「インディオの使徒」とよばれている。

▼⑮**文明の破壊と交流「コロンブス(コロン)の交換」**

	伝播したもの	ヨーロッパへの伝播年	原産地	日本への伝播
アメリカ→ヨーロッパ	とうもろこし	15世紀末	メキシコ地方	16世紀末ポルトガル人
	じゃがいも	16世紀初	アンデス地方	17世紀初オランダ人
	トマト	16世紀初	アンデス地方	18世紀初スペイン人
	たばこ	15世紀末	ボリビア	16世紀末スペイン人
	カカオ	16世紀初	アマゾン地方	
	とうがらし	15世紀末	メキシコ地方	16世紀 ポルトガル人
ヨーロッパ→アメリカ	**伝播したもの**	**アメリカへの影響**		
	キリスト教	布教を口実に強制労働させられた 土着化し変容しながら信徒数は増大		
	疫病(天然痘(とう)など)	免疫力のない先住民の人口減を招く		
	馬・牛などの大型家畜・鉄・車輪			

アメリカ
MAP A～M
2部4章

ルネサンス① ～近代を生み出した大文化運動

ヒストリーシアター **三美神にみられる古代の“再発見”**

▲①古代の三美神（1世紀）ポンペイ出土のフレスコ画。

▲②中世の三美神（14世紀）

▶③ボッティチェッリ「春」〈ウフィツィ美術館蔵，205cm×315cm〉

よみとき 三美神の画法の違いや共通点は何だろう。その際に，服装の変化にも注目してみよう。

＊女神の解釈は諸説ある。

ルネサンスの流れ

14・15世紀

イスラーム文化の刺激 ➡p.153

古代ローマの遺産

十字軍遠征 → 地中海貿易の復興

ビザンツ帝国の滅亡 → 学者など亡命

イタリア諸都市の勃興
- ○都市国家での自由な市民の活動
- ○産業発達（毛織物・造船・武具）
- ○東方貿易による富の蓄積

イタリア=ルネサンス

ヒューマニズム（人文主義）の発達　学問・芸術を奨励

遠隔地貿易を行う大商人や都市貴族の保護
- フィレンツェ：**メディチ家**
- ヴェネツィア：共和政のもと十人評議会（都市貴族）
- ミラノ：**ヴィスコンティ家**→スフォルツァ家
- ローマ：**教皇**（ユリウス2世・レオ10世）

16世紀前半

イタリア=ルネサンスの衰退

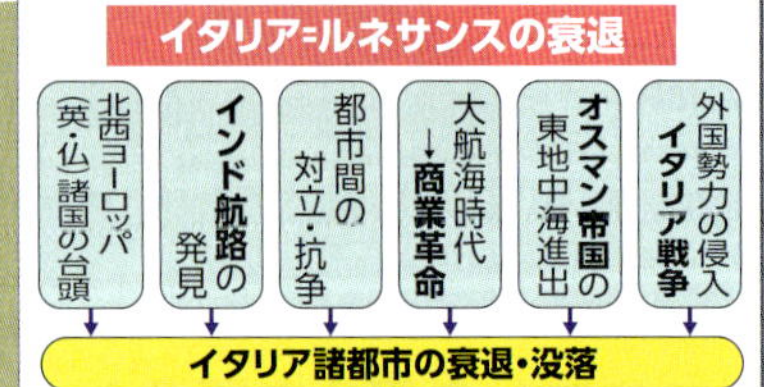

イタリア諸都市の衰退・没落

↓

西ヨーロッパ諸国のルネサンス ➡p.161

1 ルネサンス*期のイタリア ➡p.306

＊「再生」を意味するフランス語。

世界遺産

▲④聖ピエトロ大聖堂（ヴァティカン）　キリスト教世界最大の聖堂。ローマ教皇ユリウス2世，レオ10世が**ブラマンテ**や**ミケランジェロ**らに命じて建設させた。丸屋根は高さ132m。また，現在のヴァティカン市国（➡p.242）の面積は$0.44km^2$。

（写真中の表記：ヴァティカン市国の範囲／聖ピエトロ大聖堂／システィナ礼拝堂／ヴァティカン宮殿／聖ピエトロ広場）

▶⑤**フィレンツェ市街**　14世紀初頭，人口20万をようするヨーロッパ最大の都市であった。**メディチ家**の庇護の下で「**イタリア=ルネサンス**」の中心として繁栄。現在も赤いタイル屋根の美しい町なみが残り，当時のおもかげを伝える。「フィレンツェ」とは「花の都」の意。

ひと メディチ家

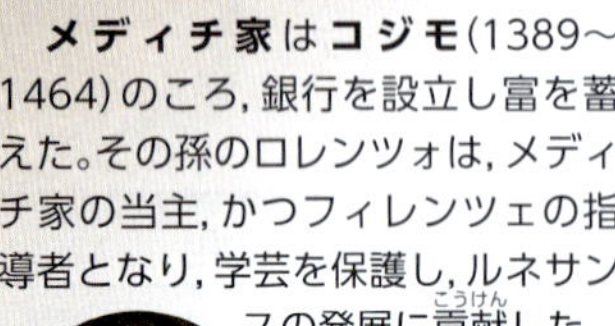

メディチ家は**コジモ**（1389～1464）のころ，銀行を設立し富を蓄えた。その孫のロレンツォは，メディチ家の当主，かつフィレンツェの指導者となり，学芸を保護し，ルネサンスの発展に貢献した。

丸薬　薬業者出身であるため，紋章に丸薬が入っているという説がある。また，medicine（薬）の語源ともなったといわれている。

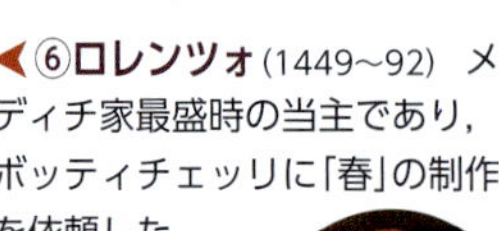

◀⑥**ロレンツォ**（1449～92）メディチ家最盛時の当主であり，ボッティチェッリに「春」の制作を依頼した。

〈ラファエロ画〉

▶⑦**教皇レオ10世**（位1513～21）ロレンツォの息子。学芸を保護し，**聖ピエトロ大聖堂**の改築に力を注いだ。その資金のために認めた**贖宥状**販売が**宗教改革**の契機となった。➡p.162

2 ヒューマニズム（人文主義） ➡p.161

◀⑧**ボッカッチョ（ボッカチオ）**　彼の作品『デカメロン』には，禁欲的なキリスト教的人間観にかわり欲望を肯定する新しい人間観が登場する。彼は，ギリシア・ローマ時代の古典を学ぶことを通じて，**ペトラルカ**とともに人間中心の世界観を肯定する**人文主義**の先駆者となり，ルネサンスの基本思想を形づくった。

史p.351

◀⑨**マキァヴェリ**　『**君主論**』において，政治をキリスト教的道徳から切り離して論じたマキァヴェリズムは，近代政治学の先駆とされる。暴力や冷酷さも時には有効な統治方法と説いたが，16世紀以降は，目的のためには手段を選ばない権謀術数主義という反道義性のみが流布・定着していった。

ヨーロッパ

MAP K～M　2部4章

3 ルネサンス美術

➤⑩ボッティチェッリ(1444ころ～1510)の自画像と
▼⑪「ヴィーナスの誕生」「春」(➔③)と同様，ギリシャ神話由来の題材をモチーフにメディチ家の注文を受けて描かれた。〈ウフィツィ美術館蔵，175cm×278cm〉

＊ルネサンスの三大巨匠

ミケランジェロ*(1475～1564)

メディチ家やローマ教皇の庇護を受け，彫刻家・画家として活動。

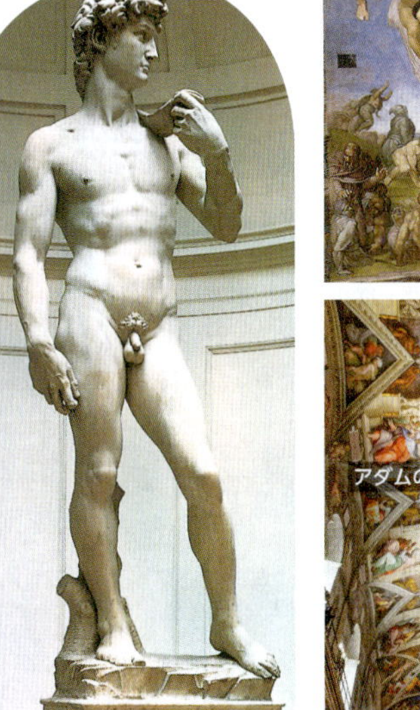

➤⑫ミケランジェロ「ダヴィデ像」 高さ5.4mの巨大な大理石像。フィレンツェ共和政の自由と独立の精神の象徴として，市政庁前広場におかれていた。〈フィレンツェ，アカデミア美術館蔵〉

レオナルド=ダ=ヴィンチ*(1452～1519)

トスカーナ地方のヴィンチ村の出身。芸術家としてだけでなく，科学者としても有名。➔p.160

◀⑮ダ=ヴィンチ「モナ=リザ」 神秘的な微笑で知られる肖像画。〈ルーヴル美術館蔵，77cm×53cm〉

ラファエロ*(1483～1520)

➤⑰ラファエロ「小椅子の聖母」〈フィレンツェ，ピッティ美術館蔵，直径71cm〉

ラファエロは約40点もの聖母子像を描き，聖母の画家とよばれた。

➤⑱ラファエロ「アテネの学堂」 完璧な遠近法で古代ギリシアやヘレニズムの哲学者などを一堂に集めて描いている。ルネサンスの芸術家，思想家たちがモデルといわれている。〈ヴァティカン宮殿，577cm×814cm〉

▲⑬ミケランジェロ「最後の審判」 ヴァティカンのシスティナ礼拝堂祭壇のうしろに描かれた大壁画。ミケランジェロが60歳から6年の歳月をかけ，ずば抜けた描写力で描いた。400人近い人物が表される。〈14.4m×13.3m〉

◀⑭システィナ礼拝堂の内部に描かれた天井画 旧約聖書の「アダムの創造」，「楽園追放」などを題材にし，周囲には預言者・巫女の絵が飾られている。ミケランジェロが1人で描いたフレスコ画。

▼⑯ダ=ヴィンチ「最後の晩餐」 一点透視遠近法で，受難前夜のイエスと12人の弟子たちが描かれ，臨場感あふれる画面構成となっている。〈ミラノ，聖マリア=デッレ=グラツィエ教会蔵，420cm×910cm〉

ルネサンス②　~人文主義と科学の芽生え

ヒストリーシアター　宇宙観の転換　宗教から科学へ

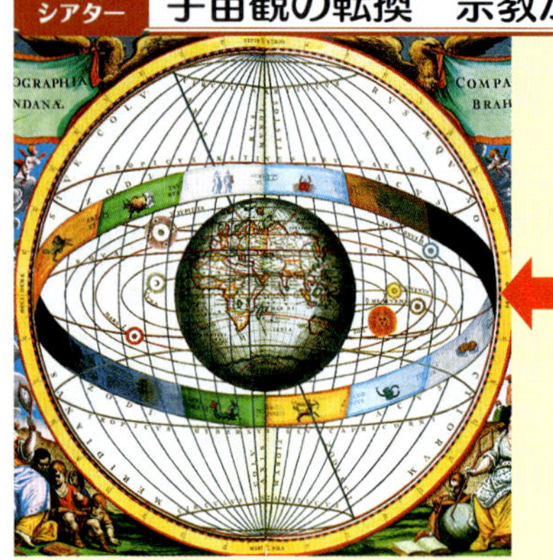

▲①教会が支持していたプトレマイオスの天動説　**天動説**は，地球が宇宙の中心にあるとする宇宙観。

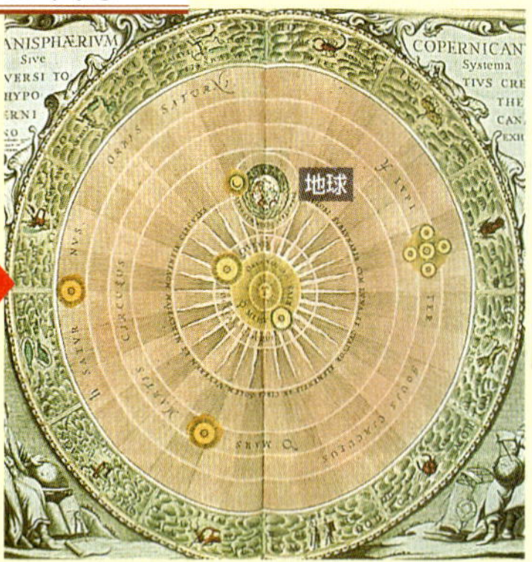

▲②コペルニクスが発表した地動説　コペルニクスは，太陽を中心に，地球がその周りをまわるという**地動説**を説いた。

▲③宗教裁判にかけられるガリレイ

＊歴史的事実としては疑わしいが，彼の真情を吐露したものとして伝えられている。

よみとき　ガリレイは天体観測の結果，左の2枚の図のうちどちらが正しいと考えたのだろう。また宗教裁判で公式にはどのような発言をしただろうか。

1 「科学革命」への第一歩 ➡p.363

◀④コペルニクス(1473~1543)　ポーランド生まれの聖職者。クラクフ大学などで学び，1530年ごろに**地動説**を確信し，死の直前に，『**天球の回転について**』を公刊した。

▲⑤ガリレオ=ガリレイ(1564~1642)

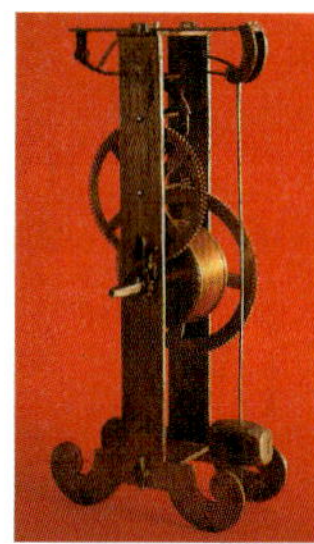

▶⑥ガリレイの振り子時計(模型)　当時の時計は15分刻みが限界だった。振り子の等時性に気づいていたガリレイは，従来よりも正確な振り子時計の設計図を残している。

テーマ 「コペルニクス的転回」とは

18世紀の哲学者**カント**は，自身が主張した認識論上の転換を，このようにたとえた。彼はこの主張を，**コペルニクス**が**地動説**を主張して従来の**天動説**に180度の大転換を起こしたことになぞらえた。

▶⑦ヴェネツィア総督に望遠鏡を示すガリレイ　ガリレイは，1600年ごろに発明された望遠鏡で天体観測を行い，金星の満ち欠けを**地動説**で説明した。これは教皇庁から**異端**とされ，自説を放棄させられた。教皇庁が誤りを認め，ガリレイの名誉が回復されたのは1992年であった。

ひと　万能人レオナルド=ダ=ヴィンチと科学

レオナルド=ダ=ヴィンチ(➡p.159)は画家として有名だが，実は科学者の一面ももっていた。自然の観察記録や解剖図，また失敗に終わったが，飛行機も試作した。最もルネサンス的な人間は「**万能人**」だと考える学者もいるが，レオナルドはまさに天才的な万能人であった。

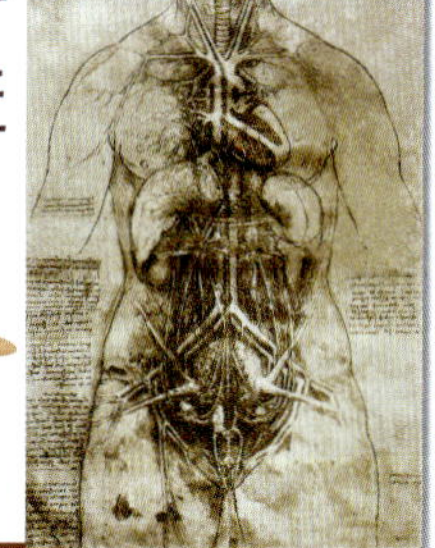

▶⑧レオナルドの描いた人体解剖図

▼⑨彼の設計をもとにしたヘリコプターの模型

2 ルネサンスの三大改良~火薬・羅針盤(らしんばん)・活版印刷 ➡p.109 4

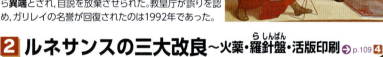

▶⑩火薬(火砲)　火薬を発明した宋では，金との和睦(わぼく)後，花火に用いられたという。ヨーロッパでは，**鉄砲**の開発(軍事革命)につながり，封建制下の騎士の活躍の場を奪うこととなった。

影響(イスラーム経由)

◀⑪陶弾(中国，元代)　中に火薬をつめて使った。**蒙古襲来**(もうこしゅうらい)時にも使用されている。➡p.110

▶⑫羅針盤*　**中国**から伝わった磁石の南北をさし示す性質は，12世紀末に地中海で羅針盤として実用化された。このことは**大航海時代**を準備した。

＊コンパス

影響(イスラーム経由)

◀⑬指南魚(しなんぎょ)(中国，宋代)　磁石を腹部に入れ，水に浮かせるなどして方角を調べた。羅針盤の原型。

▼⑭活版印刷　**グーテンベルク**の貢献(こうけん)は，**金属活字***の規格の統一，速乾性インクの改良，ぶどう圧搾(あっさく)機の印刷機への転用である。アルファベットは漢字より文字数が少ないことも印刷技術普及の一因。印刷物の低価格化と大衆化を実現し，**宗教改革**(➡p.162)に大きな影響を及ぼした。

＊すでに13世紀の高麗では世界最初の金属活字が使われた。

今日とのつながり　現在の天文学の基礎は，古代以来の占星術をもとにしてこの時代に築かれ，錬金術が化学を招来した。また，現在使われている暦は，教皇グレゴリウス13世によって制定された。彼は，日本からの少年使節を引見している。

3 西ヨーロッパ諸国のルネサンス

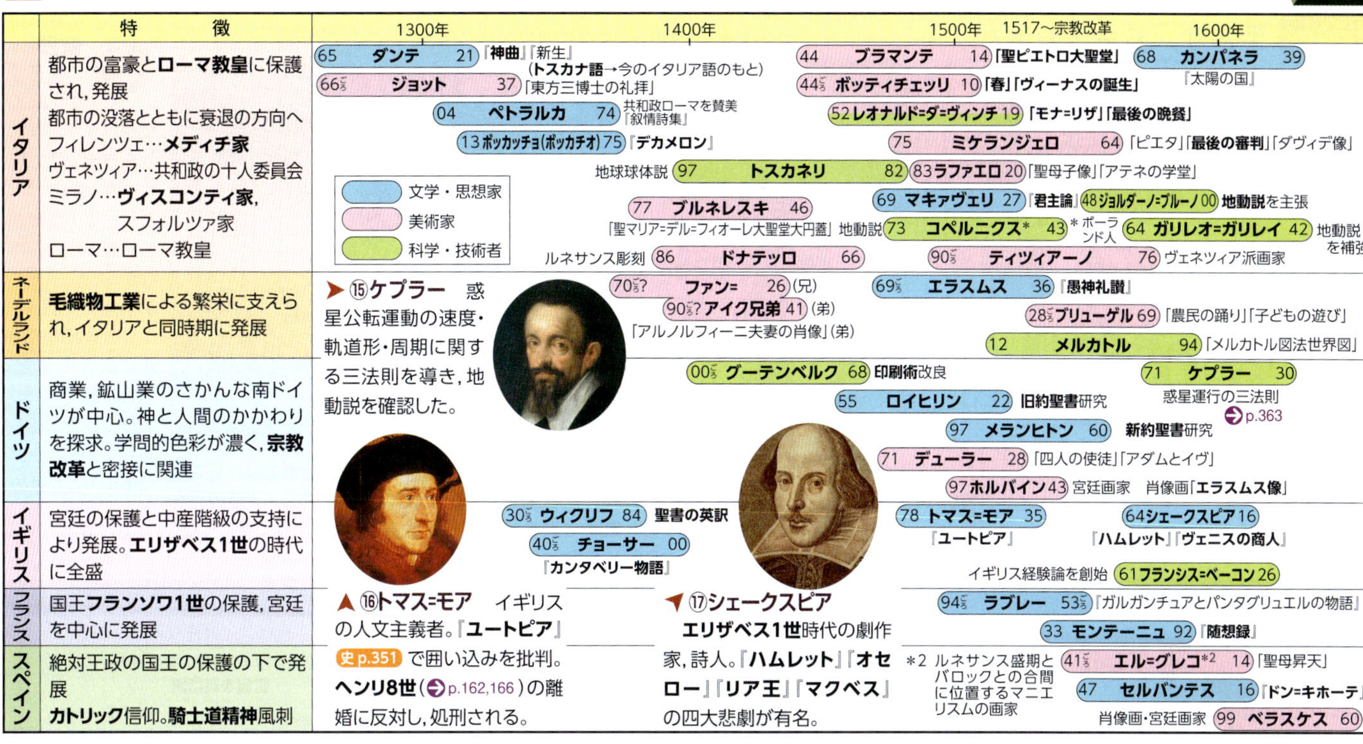

	特　　徴	1300年　　1400年　　1500年　1517〜宗教改革　1600年
イタリア	都市の富豪と**ローマ教皇**に保護され,発展 都市の没落とともに衰退の方向へ フィレンツェ…**メディチ家** ヴェネツィア…共和政の十人委員会 ミラノ…**ヴィスコンティ家**,スフォルツァ家 ローマ…ローマ教皇	65 **ダンテ** 21『**神曲**』『新生』(**トスカナ語**→今のイタリア語のもと) 66ごろ **ジョット** 37「東方三博士の礼拝」 04 **ペトラルカ** 74 共和政ローマを賛美『叙情詩集』 13 **ボッカッチョ(ボッカチオ)** 75『**デカメロン**』 地球球体説 97 **トスカネリ** 82 77 **ブルネレスキ** 46「聖マリア=デル=フィオーレ大聖堂大円蓋」 ルネサンス彫刻 86 **ドナテッロ** 66 44 **ブラマンテ** 14「**聖ピエトロ大聖堂**」 44ごろ **ボッティチェッリ** 10「**春**」「**ヴィーナスの誕生**」 52 **レオナルド=ダ=ヴィンチ** 19「**モナ=リザ**」「**最後の晩餐**」 75 **ミケランジェロ** 64「ピエタ」「**最後の審判**」「ダヴィデ像」 83 **ラファエロ** 20「聖母子像」「アテネの学堂」 69 **マキァヴェリ** 27『**君主論**』 48 **ジョルダーノ=ブルーノ** 00 **地動説**を主張 地動説 73 **コペルニクス*** 43 *ポーランド人 64 **ガリレオ=ガリレイ** 42 地動説を補強 90ごろ **ティツィアーノ** 76 ヴェネツィア派画家 68 **カンパネラ** 39『太陽の国』 (凡例)文学・思想家／美術家／科学・技術者
ネーデルランド	**毛織物工業**による繁栄に支えられ,イタリアと同時期に発展	70ごろ? **ファン=** 26(兄) 90ごろ? **アイク兄弟** 41(弟) 「アルノルフィーニ夫妻の肖像」(弟) 69ごろ **エラスムス** 36『**愚神礼讃**』 28ごろ **ブリューゲル** 69「農民の踊り」「子どもの遊び」 12 **メルカトル** 94「メルカトル図法世界図」
ドイツ	商業,鉱山業のさかんな南ドイツが中心。神と人間のかかわりを探求。学問的色彩が濃く,**宗教改革**と密接に関連	00ごろ **グーテンベルク** 68 **印刷術**改良 55 **ロイヒリン** 22 **旧約聖書**研究 97 **メランヒトン** 60 **新約聖書**研究 71 **デューラー** 28「四人の使徒」「アダムとイヴ」 97 **ホルバイン** 43 宮廷画家　肖像画「**エラスムス像**」 71 **ケプラー** 30 惑星運行の三法則 ➔p.363
イギリス	宮廷の保護と中産階級の支持により発展。**エリザベス1世**の時代に全盛	30ごろ **ウィクリフ** 84 **聖書の英訳** 40ごろ **チョーサー** 00『**カンタベリー物語**』 78 **トマス=モア** 35『**ユートピア**』 64 **シェークスピア** 16『**ハムレット**』『**ヴェニスの商人**』 イギリス経験論を創始 61 **フランシス=ベーコン** 26
フランス	国王**フランソワ1世**の保護,宮廷を中心に発展	94ごろ **ラブレー** 53ごろ『ガルガンチュアとパンタグリュエルの物語』 33 **モンテーニュ** 92『**随想録**』
スペイン	絶対王政の国王の保護の下で発展 **カトリック**信仰。**騎士道精神**風刺	41ごろ **エル=グレコ***2 14「聖母昇天」 47 **セルバンテス** 16『**ドン=キホーテ**』 肖像画・宮廷画家 99 **ベラスケス** 60

*2 ルネサンス盛期とバロックとの合間に位置するマニエリスムの画家

➤ ⑮**ケプラー**　惑星公転運動の速度・軌道形・周期に関する三法則を導き,地動説を確認した。

▲ ⑯**トマス=モア**　イギリスの人文主義者。『**ユートピア**』(史 p.351)で囲い込みを批判。**ヘンリ8世**(➔p.162,166)の離婚に反対し,処刑される。

◀ ⑰**シェークスピア**　**エリザベス1世**時代の劇作家,詩人。『**ハムレット**』『**オセロー**』『**リア王**』『**マクベス**』の四大悲劇が有名。

A ヨーロッパ各地に広がるルネサンス

➔p.146 2 , ➔p.164 1

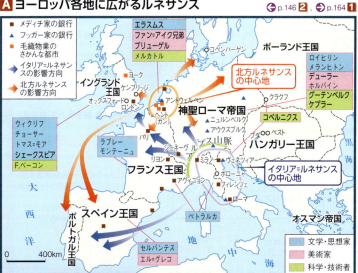

■メディチ家の銀行　▲フッガー家の銀行　■毛織物業のさかんな都市　イタリア=ルネサンスの影響方向　北方ルネサンスの影響方向

エラスムス／ファン=アイク兄弟／ブリューゲル／メルカトル　ロイヒリン／メランヒトン／デューラー／ホルバイン／グーテンベルク／ケプラー　ウィクリフ／チョーサー／トマス=モア／シェークスピア／F.ベーコン　ラブレー／モンテーニュ　コペルニクス　ペトラルカ　セルバンテス／エル=グレコ

北方ルネサンスの中心地　イタリア=ルネサンスの中心地　イングランド王国　神聖ローマ帝国　ポーランド王国　ハンガリー王国　フランス王国　スペイン王国　ポルトガル王国　オスマン帝国　アルプス山脈　大西洋　地中海　黒海

文学・思想家　美術家　科学・技術者

▼ ⑱**ファン=アイク弟**(フランドル派)「**アルノルフィーニ夫妻の肖像**」

〈ロンドン,ナショナルギャラリー蔵〉

▼ ⑲**デューラー「四人の使徒」**　銅版画で有名な**デューラー**が,人間の四気質を描いた油彩画の傑作。彼の信仰的告白とされる作品。

〈ミュンヘン,アルテ=ピナコテーク蔵〉

◀ ⑳**エラスムス**　ロッテルダム生まれの代表的人文主義者。**トマス=モア**の親友で,既成の教会を風刺した『**愚神礼讃**』は,モアの家で執筆された。カトリックを批判した思想は**宗教改革**に影響を与え,「エラスムスが産んだ卵をルターが孵した」といわれるが,**ルター**の宗教改革には同調しなかった。

〈ホルバイン画,ルーヴル美術館蔵〉

➤ ㉑**セルバンテス**　中世騎士道を風刺し,人間性を賛美した小説『**ドン=キホーテ**』を書いた。**レパントの海戦**(➔p.164)に従軍し,左腕の自由を失った。

〈マドリード,スペイン広場〉

▲ ㉒**ブリューゲル「農民の踊り」**「七つの大罪」などの寓意画や「子どもの遊び」といった**ネーデルランド**の風俗画を多数残し,農民画家とよばれているが,知識人たちとのかかわりも深かった。〈ウィーン美術史美術館蔵,114cm×164cm〉

ヨーロッパ
MAP K〜M
2部4章

宗教改革 ～中世カトリック的価値の否定

ヒストリーシアター 聖書か，教会・教皇か

よみとき 教会の外にいるⒶは誰だろうか。また，教会の内部と外部が並んで描かれているのには，どのような意図があるのだろうか。

▲①**贖宥状の販売** **ローマ＝カトリック教会**は，祈りと寄進などで罪への罰が軽減される証として**贖宥状**（**免罪符**）を販売*。**教皇レオ10世**は**聖ピエトロ大聖堂**（➡p.158）改築費捻出のため，大量販売を認めた。アウクスブルクの金融業者**フッガー家**は，これに融資を行い，教皇庁の財政に深く関わった。

＊当時，神聖ローマ帝国は王権が弱く，ローマ教会から搾取され「ローマの牝牛」とよばれた。

キーワード 聖書 聖書は4世紀末にギリシア語写本から**ラテン語**に訳された（➡p.74）。ごく一部の聖職者や知識人しか読めなかったが，宗教改革前後に英語・ドイツ語などの各国語に訳され，また，**活版印刷**（➡p.160）が普及したこともあって，今までより多くの人が読めるようになった。

赤字 おもな戦い

宗教改革時の各国の情勢と各派の比較

イタリア・ドイツ

1414～18 **コンスタンツ公会議**
・**ウィクリフ**を異端とし，フスを火刑（15）➡p.148

1403 **フス**の教会批判
19 **フス戦争**（～36）

1494 サヴォナローラ，教会批判「虚栄の焼却」
98 火刑に
教会の腐敗

レオ10世，聖ピエトロ大聖堂改修のため，ドイツで**贖宥状**乱売

▲②**マルティン＝ルター**（1483～1546）
宗教改革の口火を切る。

1517 **ルター，「95か条の論題」を発表** **ルターの宗教改革**
贖宥状販売を**批判** 史p.351
19 ライプツィヒ討論（ルター，カトリック教会との対立を明確化）
20 ルター，『**キリスト者の自由**』を発表
21 **ヴォルムス帝国議会**，ルターを追放
ザクセン選帝侯，ルターを保護，**新約聖書をドイツ語訳**
24～25 **ドイツ農民戦争**
トマス＝ミュンツァーが指導，ルターは反乱反対
26 **カール5世**，シュパイアー帝国議会で一時**ルター派を黙認**
29 カール5世，**ルター派を再禁止**←ルター派，抗議，**プロテスタント**（抗議者）とよばれる
30 **シュマルカルデン同盟**（ルター派の諸侯・都市が結成）
46～47 **シュマルカルデン戦争**
55 **アウクスブルクの宗教和議**
ルター派のみ信仰容認（**諸侯や都市**は，カトリックかルター派のいずれかを**選択**でき，領民もそれに従う。カルヴァン派は容認されず）
1618～48 **三十年戦争** ➡p.169

1521 教皇，ルターを破門
34 **イエズス会**設立（パリで）
45～63 **トリエント公会議**
・皇帝**カール5世**の要請に応じて教皇パウルス3世が召集
・**カトリック教会**の改革
・教皇至上主義の確認
・**宗教裁判**の強化，**禁書目録**の制定
対抗宗教改革
軍隊組織で，海外へ伝道
アジア・アフリカ・新大陸へ
異端弾圧・強化

スイス・フランス

◀③**ヴィッテンベルク城の教会の扉に「95か条の論題」を貼り出す*ルター**
＊一説では貼り出したとされるが，歴史的事実としては不明

▶④**カルヴァン**（1509～64） ルターの考えをさらに徹底。「**予定説**」を主張。

1523 **ツヴィングリの改革**（**チューリヒ**）（～31）
カルヴァン，フランスで改革運動を始める
スイスへ亡命
カルヴァンの宗教改革
1541～64 **ジュネーヴで神権政治**
1536 カルヴァン『**キリスト教綱要**』をバーゼルで発表
各地へ伝播【各国でのカルヴァン派の呼称】

ユグノー	フランス
乞食（ゴイセン）	オランダ
プレスビテリアン	スコットランド
ピューリタン（清教徒）	イングランド

オランダ独立戦争（1568～1609）➡p.165
ピューリタン革命（1642～49）へ➡p.167
1562～98 **ユグノー戦争**
1572 **サン＝バルテルミの虐殺**
98 **ナントの王令**

イギリス

1378 **ウィクリフ**の教会批判
聖書を英語訳
81 **ワット＝タイラーの乱** ➡p.148（**ジョン＝ボール**の思想的指導）
1521 **ヘンリ8世**，ルターを非難（「信仰擁護者」の称号受ける）

◀⑤**ヘンリ8世**（位1509～47） 離婚問題で教皇と対立。国王を首長とする**イギリス国教会**を成立させる。

1534 **ヘンリ8世，国王至上法（首長法）**発布
イギリス国教会成立 ➡p.166
49 **エドワード6世**，**一般祈禱書**承認（国教会のプロテスタント化推進）
55 **メアリ1世**，カトリック復活
59 **エリザベス1世**，**統一法**公布
イギリス国教会確立
63 信仰箇条制定
93 国教忌避者処罰法制定

日本：室町時代／戦国時代／安土桃山

	カトリック	ルター派	カルヴァン派	イギリス国教会
組織	ローマ＝カトリック教会 ローマ教皇←枢機卿 大司教・司教 司祭 一般信徒	領邦教会 領邦君主 牧師 一般信徒	長老制による教会 補佐 牧師 長老 監督 選出 一般信徒	国家教会 イギリス国王 大主教・主教 牧師 一般信徒
概要	教皇を頂点とする教会階層制（ヒエラルキー）➡p.143 **対抗宗教改革**によって刷新，近代カトリックに脱皮，文化的使命に専念	領邦君主が教会を保護し，その下で牧師が信者を指導（**領邦教会制**） **ルター**の主張は信仰の世界に限定	選出された長老と牧師が教会を運営（**長老制**） 経済活動を積極的に奨励，共和主義的 **神権政治**，社会改革運動に発展	国王の中央集権化と関係して形成（国家教会主義） **イギリス国王を首長とする**
主張	**教皇至上主義** 聖書と聖伝秘蹟による恩寵の付与	聖書主義 信仰義認説 **「人は信仰によってのみ義とされる」** **万人祭司主義**	聖書主義 **予定説**（救いは神によって予め定められる） 万人祭司主義	カトリックと新教の折衷 教皇とローマ式ミサの否定
職業観	営利行為の蔑視 →ユダヤ人に金貸し業をさせた	世俗の職業肯定（利子は禁止）	**勤勉・倹約・禁欲による蓄財肯定**→資本主義の形成に寄与➡p.275 4 マックス＝ヴェーバー	特になし
支持層	旧来の信者・スペイン国王・神聖ローマ皇帝	反皇帝派諸侯・富農・自由都市・富裕有力市民	新興市民層・知識人・商工業者	王権支持の封建貴族・聖職者・市民層
伝播	「新大陸」・アジア・アフリカ・ドイツ南部・イタリアを回復	ドイツ北部・デンマーク・スウェーデン・ノルウェー	スイス・フランス・オランダ・スコットランド・イングランド	イングランド

1 宗教戦争

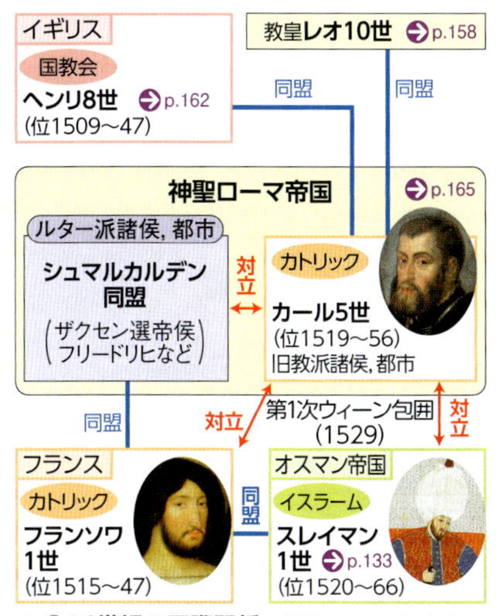

▲⑥16世紀の国際関係　神聖ローマ皇帝**カール5世**(スペイン国王カルロス1世)は，イタリアの支配をめぐり，**フランソワ1世**と対立(**イタリア戦争**)。宗教と無関係に同盟がつくられた。

▼⑦宗教改革後の宗教分布　世界全図p.36-37 p.143 2

▲⑧サン=バルテルミの虐殺　1572年のサン=バルテルミの祝日に新教徒のアンリ=ド=ブルボン(のちの**アンリ4世**)と仏王の妹の婚儀があり，集まったユグノー約4000人をカトリック派が虐殺。摂政カトリーヌ=ド=メディシスの策謀といわれ，**ユグノー戦争**は泥沼化した。

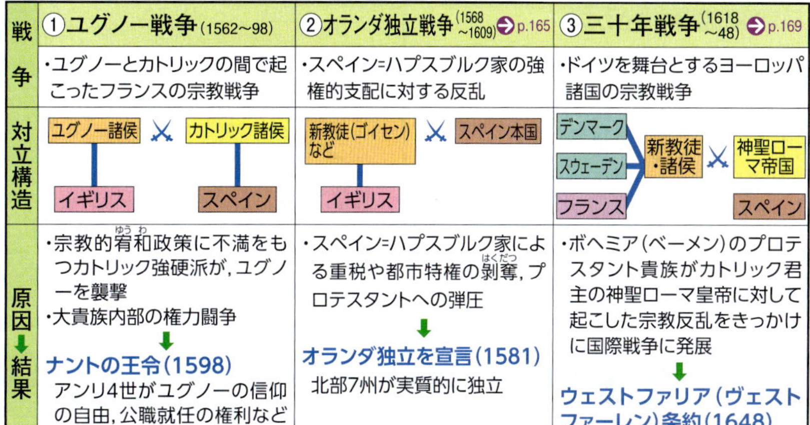

戦争	①ユグノー戦争(1562～98)	②オランダ独立戦争(1568～1609) p.165	③三十年戦争(1618～48) p.169
	・ユグノーとカトリックの間で起こったフランスの宗教戦争	・スペイン=ハプスブルク家の強権的支配に対する反乱	・ドイツを舞台とするヨーロッパ諸国の宗教戦争
対立構造	ユグノー諸侯（イギリス）⚔ カトリック諸侯（スペイン）	新教徒(ゴイセン)など（イギリス）⚔ スペイン本国	デンマーク・スウェーデン・フランス → 新教徒・諸侯 ⚔ 神聖ローマ帝国（スペイン）
原因↓結果	・宗教的宥和政策に不満をもつカトリック強硬派が，ユグノーを襲撃 ・大貴族内部の権力闘争 ↓ **ナントの王令(1598)** アンリ4世がユグノーの信仰の自由，公職就任の権利などを認めた勅令	・スペイン=ハプスブルク家による重税や都市特権の剥奪，プロテスタントへの弾圧 ↓ **オランダ独立を宣言(1581)** 北部7州が実質的に独立	・ボヘミア(ベーメン)のプロテスタント貴族がカトリック君主の神聖ローマ皇帝に対して起こした宗教反乱をきっかけに国際戦争に発展 ↓ **ウェストファリア(ヴェストファーレン)条約(1648)** p.169

▲⑨さまざまな宗教戦争

2 対抗宗教改革と宗教改革の波紋

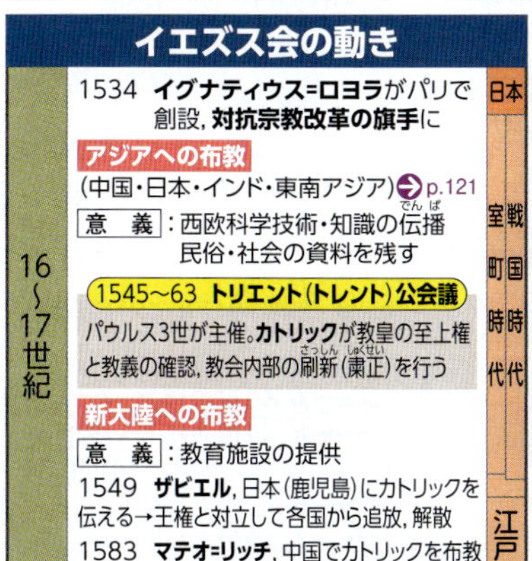

イエズス会の動き

16～17世紀		
1534 **イグナティウス=ロヨラ**がパリで創設，**対抗宗教改革の旗手**に		日本
アジアへの布教 (中国・日本・インド・東南アジア) p.121 意義：西欧科学技術・知識の伝播　民俗・社会の資料を残す		室町 戦国時代
1545～63 トリエント(トレント)公会議 パウルス3世が主催，**カトリック**が教皇の至上権と教義の確認，教会内部の刷新(粛正)を行う		
新大陸への布教 意義：教育施設の提供		
1549 **ザビエル**，日本(鹿児島)にカトリックを伝える→王権と対立して各国から追放，解散		
1583 **マテオ=リッチ**，中国でカトリックを布教		江戸

➤⑩イグナティウス=ロヨラ(1491～1556)　スペインの軍人だったが，のちに神学を学んだ。1534年にパリで**イエズス会**を創設。

▲⑪フランシスコ=ザビエル(1506ごろ～52)　**パリ**で**ロヨラ**に出会い，**イエズス会**の創設に参画。インド各地をめぐり布教。その後マラッカで日本人と会い，1549年に鹿児島に来日し布教。さらに中国にも渡ったが，直後に病死した。p.141〈神戸市立博物館蔵〉

➤⑫魔女狩り　宗教改革期には，カトリック，プロテスタントを問わず，事件や社会的混乱が魔女のしわざとみなされ，男女を問わず数十万，ないし数百万とも推測される人々が**宗教裁判所**へ密告・告発され，処刑された。また，教皇庁は，反カトリックとみなした書物のリスト(**禁書目録**)を作成した。

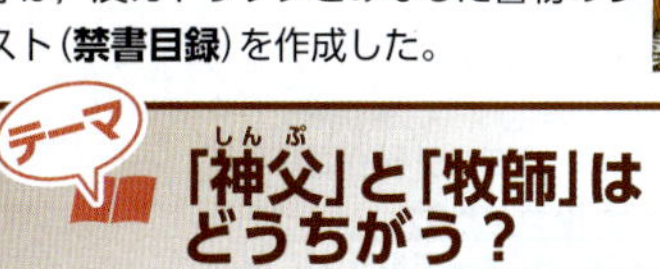

テーマ

「神父」と「牧師」はどうちがう？

神父も牧師もともに信者の信仰生活上の指導者だが，**カトリック**教会では，教区の司教によって教会に派遣される司祭を**神父**とよび，**プロテスタント教会**では，信徒の中から選任された奉仕職を**牧師**とよんでいる。神父は終生独身を守るのに対し，プロテスタント諸教会の牧師は結婚が許されている。

▲⑬現代のカトリックの神父

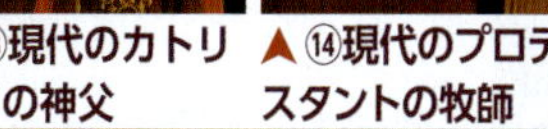

▲⑭現代のプロテスタントの牧師

今日とのつながり 現在，アジア・南米でカトリック教徒が多いのは，スペインなどの植民地支配に加えて，ドミニコ修道会や対抗宗教改革のなかで生まれたイエズス会の海外布教によるところが大きい。

特集 ヨーロッパ主権国家の形成 ～絶対王政の国家機構と財政強化

1 絶対王政と主権国家の形成

キーワード 主権国家 主権とは,国内的にも対外的にも,最も強力な権力をさし,ローマ教皇のような国をこえる権力にも従属しない。国境線で分かれた国家が主権をもつと,その国家は**主権国家**となる。16～17世紀の西ヨーロッパの主権国家では,**絶対王政**という政治体制がとられた。主権国家が併存しあい**勢力均衡**を原則として成立した国際関係は**主権国家体制**とよばれ,**ウェストファリア条約**によって確立した。➡p.169

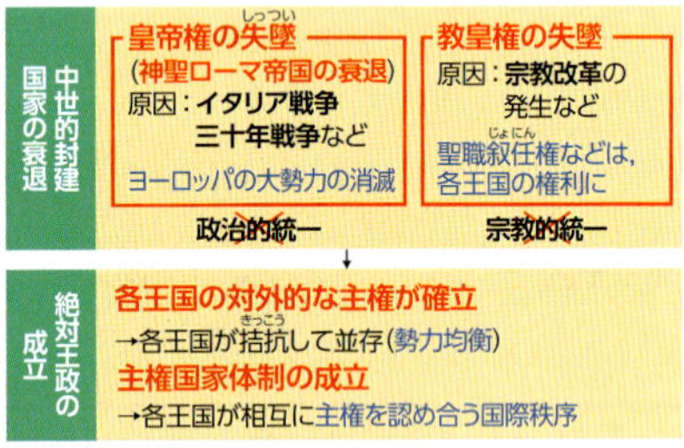

中世的封建国家の衰退
- **皇帝権の失墜**(神聖ローマ帝国の衰退) 原因:イタリア戦争 三十年戦争など / ヨーロッパの大勢力の消滅 → 政治的統一
- **教皇権の失墜** 原因:宗教改革の発生など / 聖職叙任権などは,各王国の権利に → 宗教的統一

↓

絶対王政の成立
- 各王国の対外的な主権が確立 →各王国が拮抗して並存(勢力均衡)
- 主権国家体制の成立 →各王国が相互に主権を認め合う国際秩序

▲②主権国家体制成立の流れ

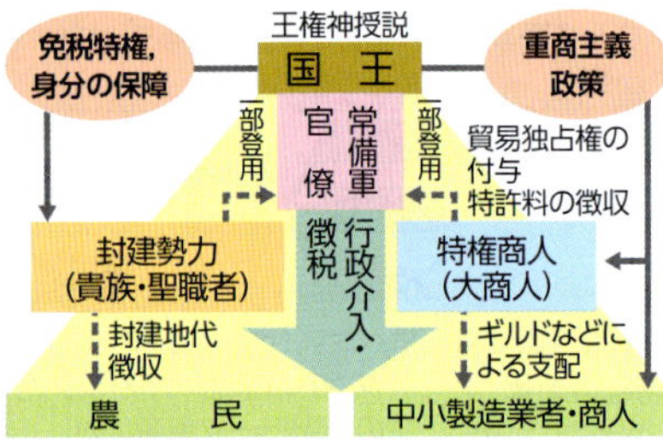

▲③絶対王政のしくみ(フランスをモデルに)

▼①16世紀のヨーロッパ 世界全図p.36～37 ⬅p.151 3, ➡p.169 1

主権国家体制の形成

◀p.150 p.165～168▶

	スペイン	(ネーデルランド)	神聖ローマ帝国	フランス	イギリス
15世紀末	**フェルナンド5世・イサベル** 位1479～1516 位1474～1504 1479 **スペイン王国**成立 ➡p.154 (アラゴン・カスティリャ合併) 92 グラナダ占領(**レコンキスタ**完了) **コロンブス**(コロン),アメリカ到達	国際商業,毛織物工業の発達 *ハプスブルク家出身で,神聖ローマ皇帝に選出され,オーストリア・ネーデルランド・スペイン・ナポリ王国領土などを相続した。フランス語とスペイン語は話せたが,ドイツ語はほとんど話せなかったといわれる。	**ハプスブルク家**が帝位を世襲 **ハプスブルク朝**(1438～1806)	**ヴァロワ朝**(1328～1589) 1337～1453 **百年戦争** イングランドがカレーを除いて大陸から撤退 ブルゴーニュ公家の滅亡 ➡p.149 →**国民意識**の芽生え **シャルル8世** 位1483～98	**テューダー朝**(1485～1603) **ヘンリ7世** 位1485～1509
16世紀	**ハプスブルク朝**(1516～1700) **神聖ローマ皇帝 カール5世*** 位1519～56 (**スペイン王カルロス1世** 位1516～56) 世界帝国をめざし,イタリアへ進出。この戦争(イタリア戦争)で財政が破綻し,全ヨーロッパを皇帝として支配する考えを捨てる **主権国家体制の萌芽** **フェリペ2世** 位1556～98 スペイン=ハプスブルク家 **スペイン絶対王政の最盛期** 1571 **レパントの海戦** ➡p.132 オスマン艦隊を破る 80 **ポルトガル併合** 88 **アルマダの海戦** ➡p.165 (対イギリス)で敗北	アントウェルペン(アントワープ)が世界経済の中心に 1556 スペイン=ハプスブルク家の所領に 1568～1609 **オランダ独立戦争** **ネーデルランド** ➡p.165 1581 **オランダ(ネーデルランド連邦共和国)独立宣言**	1494～1559 **イタリア戦争** **宗教改革** カトリックの普遍性がゆらぐ 1524～25 **ドイツ農民戦争** **フェルディナント1世** 位1556～64 オーストリア=ハプスブルク家	**フランソワ1世** 位1515～47 1558 カレーをイギリスから奪回 1559 **カトー=カンブレジ条約** ヨーロッパの一元的支配は不可能に 1562～98 **ユグノー戦争** **ブルボン朝**(1589～1792) **アンリ4世** 位1589～1610 1598 **ナントの王令** ➡p.168 ユグノー戦争終結 フランスの国家統一の出発点に	**ヘンリ8世** 位1509～47 ➡p.162 1534 **国王至上法(首長法)**を発布 **国教会**設立 **イギリス絶対王政の確立** **エリザベス1世** 位1558～1603 **イギリス絶対王政の最盛期** ➡p.166 1588 無敵艦隊(アルマダ)を破る **ステュアート朝**(1603～49,1660～1714) **ジェームズ1世** 位1603～25 **チャールズ1世** 位1625～49 ➡p.167 1642～49 **ピューリタン(清教徒)革命**
17世紀		(1648 ウェストファリア条約で国際的に独立を承認)	「17世紀の危機」 1618～48 **三十年戦争** ➡p.169	**ルイ13世** 位1610～43 **ルイ14世** 位1643～1715 1648～53 フロンドの乱 **フランス絶対王政の最盛期** ➡p.168	**チャールズ2世** 位1660～85 **ジェームズ2世** 位1685～88 1688～89 **名誉革命** **メアリ2世** 位1689～94 **ウィリアム3世** 位1689～1702 **主権行使は君主から議会へ**
	1648 **ウェストファリア(ヴェストファーレン)条約** 初の国際法による ➡p.169 **主権国家体制の成立**				
18世紀	**ブルボン朝**(1700～) 1773 イエズス会解散	**プロイセン** **フリードリヒ2世** 位1740～86 **啓蒙専制君主**として「上からの近代化」をめざす ➡p.174	**オーストリア** **マリア=テレジア** 位1740～80	**ルイ15世** 位1715～74 **ルイ16世** 位1774～92 1789 **フランス革命** ➡p.188～189 **主権行使は君主から市民へ** **国民主権の原則が誕生**	1707 **グレートブリテン王国**成立 **ハノーヴァー朝**(1714～1917) **ジョージ1世** 位1714～27 「**王は君臨すれども統治せず**」の原則成立

ヨーロッパ MAP M N 2部4章

スペイン・オランダの主権国家形成 ～スペイン絶対王政とオランダの独立

ヒストリーシアター 親子二代にわたる「太陽の沈まぬ国」への夢

▲①カルロス1世と▶②フェリペ2世 スペインの最盛期を築いた親子。図①では，カルロスがヘラクレスの差し出した地球の上に手を乗せている。その息子のフェリペは，ポルトガルを併合しスペインを「太陽の沈まぬ国」としたが，極端なカトリック政策はオランダの独立を招くこととなった。

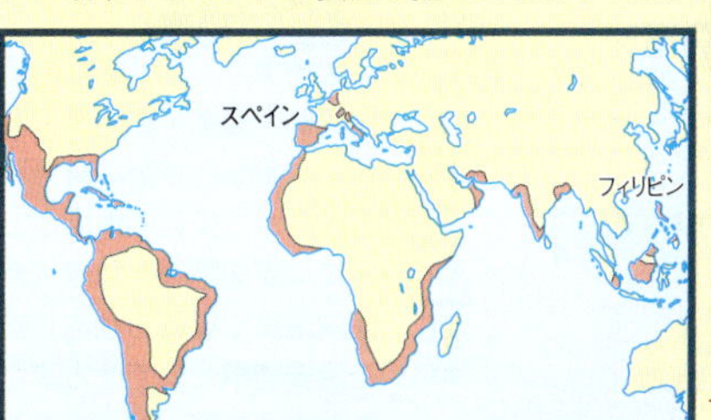

◀③ポルトガル併合後のスペイン領

よみとき カルロス1世が地球を手にしているのにはどのような意味があるのだろうか。また，「太陽の沈まぬ国」という言葉はどのような状態を意味しているだろうか。

スペイン絶対王政とオランダ独立の展開

◀p.154 p.169▶

	スペイン		オランダ	日本
スペイン帝国の台頭	**カルロス1世** 位1516～56（**神聖ローマ皇帝カール5世** 位1519～56）	ハプスブルク家領	○ 国際商業・毛織物工業の発達	室町時代
	1519 **コルテス**が**アステカ王国征服**（～21）		○ アントウェルペン（アントワープ），世界経済の中心に	
	21 イタリア戦争に参入（～59）		○ 新教徒（プロテスタント）が広まる ➡p.162	
	32 **ピサロ**が**インカ帝国征服**（～33）➡p.157			
	1556 ハプスブルク家，スペイン（フェリペ2世）とオーストリア（フェルディナント1世）に分裂	スペインの支配	1556 **スペイン=ハプスブルク家**の所領となる	
			○ 強権的支配→住民の不満高まる	
スペイン帝国の繁栄	**フェリペ2世** 位1556～98		67 新教徒の弾圧が強化される	戦国時代
	1559 **カトーカンブレジ条約**でイタリア戦争終結		68 反乱（**独立戦争**）*始まる	
	71 **レパントの海戦**でオスマン帝国を破る ➡p.132 **マニラ**を建設		72 **オラニエ公ウィレム1世**，ホラント州総督に就任	
			79 **南部10州**が戦線離脱，**北部7州**は**ユトレヒト同盟**を結び抗戦継続	
	80 **ポルトガル併合**（～1640）**「太陽の沈まぬ国」** 全盛期	独立と発展	81 **オランダ（ネーデルランド連邦共和国）独立**を宣言 独立宣言	安土桃山時代
	85 スペイン軍，**アントウェルペン（アントワープ）**を破壊 →商人・銀行家，アムステルダムに移る		84 独立運動の指導者**オラニエ公ウィレム1世**暗殺	
	88 **アルマダの海戦** 衰退へ →**無敵艦隊**（むてきかんたい）がイギリスに**敗北**		*独立戦争開始からウェストファリア条約締結までの80年間を，オランダでは八十年戦争とよぶ。	
	89 **ユグノー戦争**に介入 ➡p.163			
スペイン帝国の落日			1602 **連合東インド会社設立**	江戸時代
			09 スペインと12年間の**休戦条約**	
	1618 **三十年戦争**開始（～48）→介入		19 **ジャワ島**に**バタヴィア市**建設	
			21 **西インド会社**設立 全盛期	
			23 **アンボイナ事件** →**モルッカ諸島**から**イギリス**を追放	
	39 スペイン海軍，オランダ海軍に敗北		24 **台湾南部**を占領（～61）	
	○ アメリカ銀の輸入が減少し始める		26 **ニューアムステルダム**建設（北米植民地の中心地）➡p.170,186	
	40 ポルトガル，スペインより独立			
	48 **ウェストファリア条約**で**オランダ**がハプスブルク家から独立を承認 ➡p.169 →		**オランダ独立の国際的承認**	

1 スペインの盛衰

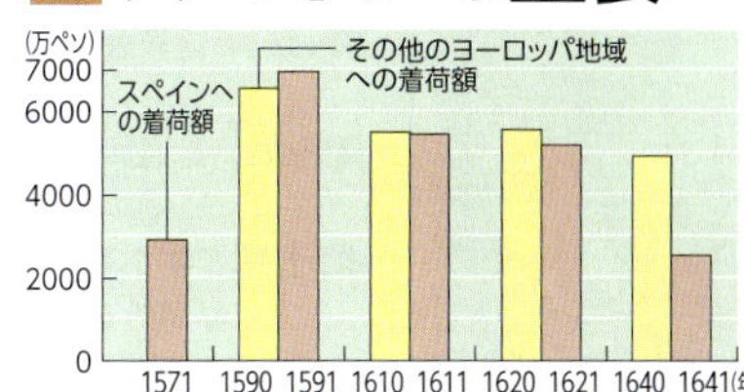

◀④**貴金属の着荷額の比較** ポトシ銀山で採掘された銀によって，**フェリペ2世**の時代にスペインは繁栄をきわめた。スペインに着荷する貴金属は，最盛期には，ヨーロッパ全体の大半を占めていた。

▶⑤**アルマダの海戦**（1588年） **レパントの海戦**でオスマン帝国に勝利した**無敵艦隊**（むてきかんたい）**（アルマダ）**は，**オランダ独立戦争**を援助するイギリス海軍とプリマス沖で衝突し，敗れた。イギリス海軍は，ドレーク（➡p.166）など実戦派中心で，船も機動性の高い小型船が多かった。

2 オランダの独立

世界全図p.36-37 ⬅p.151 3，➡p.174 1

	南部10州（ベルギー）	北部7州（オランダ）
民族	**ラテン系**	**ゲルマン系**
言語	フランス語系	ドイツ語系
宗教	おもに**カトリック**	**カルヴァン派**広まる
産業	農牧業・**毛織物**工業	海運・商業
独立	1830年（オランダより）➡p.193	1581年独立宣言，1648年独立承認

▲⑥南北ネーデルランドの比較

おもな航路
ユトレヒト同盟加盟の諸州
同盟に加盟した7州（北部7州）
毛織物工業地帯
スペイン領
リエージュ司教領

3 オランダの繁栄

➡巻頭9，p.38，170～171，178

*1602年に，複数あったオランダのアジア貿易会社が1つに統合され，連合東インド会社となった。

▶⑦**毛織物商組合の見本調査官たち**（オランダ） 独立以前からオランダの基幹産品であった毛織物などを取り扱う富裕な商人が，“商人貴族”として各都市で政治の実権をにぎり，国政に大きな影響を与えていた。

（レンブラント画，アムステルダム王立美術館蔵）

◀⑧**アムステルダムの繁栄** 中世より**バルト海貿易**で栄えた。独立後，**連合東インド会社***がアジア貿易で活躍した17世紀には，**アントウェルペン（アントワープ）**にかわり，西ヨーロッパ最大の商業・金融都市に発展した。

ヨーロッパ MAP M～N 2部4章

イギリスの主権国家形成 ～イギリス絶対王政の時代

ヒストリーシアター **海賊が騎士(ナイト)に？**

エリザベス1世　ドレーク

◀①エリザベスと海賊ドレーク
海賊を兼ねた商人**ドレーク**は、スペインから引き渡しを求められていた。しかし、彼の活動をイギリスの対外進出の契機としていたエリザベスは引き渡しに応じず、スペイン王に対抗した。

国内関係	対外関係
・統一法⇨国教会確立 ・貨幣改鋳(かいちゅう)⇨通貨安定 ⇩ ポンド高:イギリスの毛織物が海外で不振 ⇩ 失業者のため**救貧法**を制定 ・イギリス=ルネサンス最盛期	対スペイン ・スペイン領**ネーデルランド**の新教徒を援助, 独立を支持 ・**スペイン無敵艦隊**を破る 対フランス ・**ユグノー戦争**で新教徒を支援 対「新大陸」 ・**ローリ**による植民⇨失敗 対アジア ・**東インド会社**の設置⇨アジアとの直接貿易開始

▲②エリザベスの政策

▲③アルマダの海戦の勝利を記念して描かれたエリザベスの肖像画

よみとき　エリザベスはドレークに対して剣をあて叙任(じょにん)の儀式を行っている。ドレークは何の功績で何に叙任されたのだろうか。

キーワード **私拿捕船**(しだほせん)　国家から特許状をもらい, 敵国の町や船を襲う民間の武装船(＝国家公認の海賊船)。「新大陸」やスペイン植民地から銀を運ぶ船を襲ったイギリスの私拿捕船が有名。

◀p.150 **イギリス絶対王政の展開** p.167▶

絶対王政の確立期

ヘンリ7世 位1485～1509
- 1485 **ばら戦争**終結, **テューダー朝** 成立
- 87 **星室庁**(せいしつちょう)**(法廷)の整備**
- 97 ジェノヴァ人カボットの北米沿岸探検を後援
- 15世紀末 **囲い込み運動(第1次)**始まる

ヘンリ8世 位1509～47
- 1515 囲い込み制限令
- 16 **トマス=モア『ユートピア』** ➔p.161
- 21 ローマ教皇レオ10世より「**信仰擁護者**(ようご)」の称号を得る
- 27 王妃離婚問題でローマ教皇クレメンス7世と対立
- 33 キャサリンと離婚し, アン=ブーリンと結婚
- 34 **国王至上法(首長法)発布** ➔p.162
  イギリス国教会の成立
- 35 大法官**トマス=モア**を処刑 ➔p.161
- 36 **ウェールズ**を正式に併合 ➔p.150
- 36, 39 修道院解散法

エドワード6世 位1547～53
- 1549 **一般祈禱書**(きとうしょ)承認(国教会の礼拝儀式と教義を規定)

メアリ1世 位1553～58
- 1554 スペイン王子**フェリペ2世**と結婚→民衆反発
- 55 **カトリックを復活**
- 58 フランスのカレー(大陸における最後の拠点)を失う

絶対王政の全盛期

エリザベス1世 位1558～1603
青字 外交政策
- 1559 **統一法公布** **イギリス国教会の確立**
- 60 **グレシャム**の意見により幣制改革(「**悪貨は良貨を駆逐**(くちく)**する**」)
- 62 ユグノー戦争で新教徒側を援助
- 63 徒弟法制定
- 68 スコットランドでの**宗教改革**が激化し, 元女王メアリ=ステュアートがイングランドに亡命
- 77 **ドレーク**の世界周航(～80)
- 84 **ローリ, ヴァージニア植民(失敗)**
- 85 **オランダ独立戦争**で新教徒側を援助 ➔p.165
- 87 旧教徒のスコットランド元女王メアリ=ステュアートを処刑
  ドレーク, スペインのカディス港を襲って略奪
- 88 **アルマダの海戦(スペインの無敵艦隊**(アルマダ)**を撃破)**
- 1600 **東インド会社設立**
- 01 **救貧法**制定

日本：室町時代、戦国時代、安土桃山

1 イギリス絶対王政のしくみ

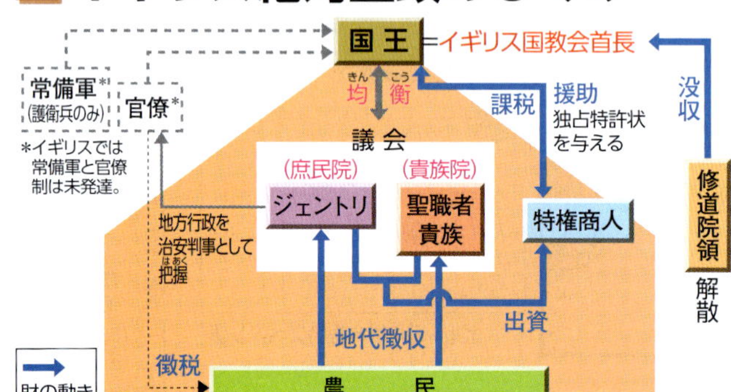

キーワード **ジェントリ(郷紳**(きょうしん)**)**
大地主で, 土地経営・植民活動・商業・鉱山業・製造業などを行った。身分は平民だが, 少数の貴族とともに, 支配階層となり, 庶民院議員や要職を独占, また**治安判事**として地方政治もおさえた。 ➔p.180

2 第1次囲い込み(エンクロージャー) ➔p.180

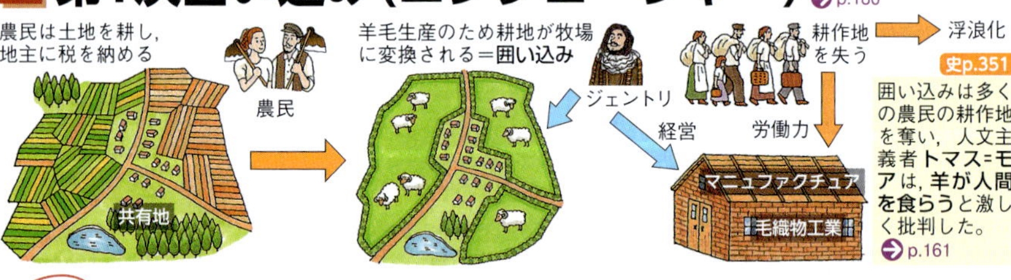

史p.351
囲い込みは多くの農民の耕作地を奪い, 人文主義者**トマス=モア**は, **羊が人間を食らう**と激しく批判した。 ➔p.161

テーマ **エリザベス1世をとりまく人間関係**
*❶❷❸の妻のほか, アン, キャサリン=ハワード, キャサリン=パーの計6人の妻と多くの愛人がいた。

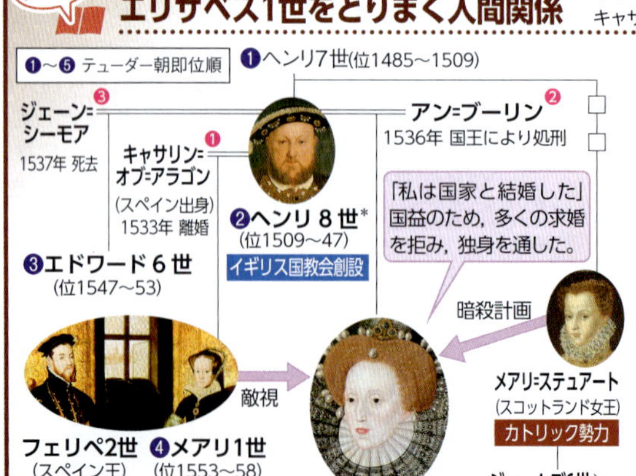

ヘンリ8世の最初の妻キャサリンの娘が**メアリ1世**で, エリザベス1世の異母姉にあたる。彼女はスペイン国王フェリペ2世と結婚し, **カトリック**を復活させ国教会を弾圧したため,「血まみれのメアリ(ブラッディ=メアリ)」とよばれた。“もう一人のメアリ”, スコットランド女王**メアリ=ステュアート**は, のちにイングランドに亡命。19年間幽閉されたのち, エリザベス暗殺計画への加担を理由に処刑された。その彼女の息子ジェームズ6世が, エリザベス亡き後, イングランドに迎えられ, ステュアート朝の**ジェームズ1世**となった。

ヨーロッパ　MAP M　2部4章

イギリス立憲政治の形成 ～二つの市民革命と議会の発展

ヒストリーシアター **国王の処刑から「王は君臨すれども統治せず」へ**

チャールズ1世　首切役人

▲①チャールズ1世の処刑

◀②名誉革命後に即位したメアリ2世とウィリアム3世(共同統治)　議会の提出した**「権利の宣言」**を受け取っている。その後，それを**「権利の章典」**として発布した。

よみとき　図①②は何革命後に国王がどうなったことを描いているだろうか。また，二つの革命後のイギリスの統治形態はどのように変化したか，下の資料から考えてみよう。

➡巻頭20

イギリス革命の展開と議会政治の確立

◀p.166　p.180▶

時期	国王	議会
王権と議会の対立	**ジェームズ1世** 位1603～25 1603 **ステュアート朝**成立(スコットランドとの**同君連合**) ○ **王権神授説**を強調	1603 **スコットランド国王ジェームズ6世**を招く ← 21「大抗議」(国王に対する議会の抵抗)
	チャールズ1世 位1625～49 1629 議会の解散(無議会の時代～40) 39 国教強制に反発し，**スコットランドで反乱**→議会召集 42 内乱始まる	← 28 **「権利の請願」** → 40 **短期議会**(4.13～5.5)，**長期議会**(～53) 41「大諫奏」(国王に大抗議書提出)
	ピューリタン革命(～49) 44 マーストンムーアの戦い 45 **ネーズビーの戦い** 46 国王降伏 1649 **国王処刑**　**共和政に** 共和政宣言　**アイルランド征服**	← 43 **クロムウェル**が**鉄騎隊**を組織 ← 45 新型軍の組織 47 国王の処置をめぐり混乱 **平等派(水平派)**が「人民協約」を提出 48 **クロムウェル**が**長老派**を議会から追放(プライドの追放) 49 平等派(水平派)の反乱を鎮圧
共和政	50 スコットランド征服 52 **第1次英蘭(イギリス-オランダ)戦争**(～54) 53 **クロムウェル，護国卿**に就任 55 クロムウェルの遠征軍，ジャマイカ占領 58 クロムウェル没 60 チャールズ王子(2世)，ブレダ宣言を出し，フランスより帰国	51 **航海法**制定(～1849) **ホッブズ『リヴァイアサン』**刊➡p.177 53 クロムウェルが長期議会を武力で解散 ○ イギリスの**商業革命**始まる 60 議会の復活
王政復古	**チャールズ2世** 位1660～85 **王政復古** 1665 **第2次英蘭戦争**(～67) 70 仏**ルイ14世**とドーヴァー密約を結び，**カトリック化**をはかる 72 **第3次英蘭戦争**(～74)	73 **審査法**(～1828) 79 **人身保護法** ○ **トーリ党とホイッグ党対立**(王位継承排除法案否決)
	ジェームズ2世 位1685～88 1688 ジェームズ2世に王子誕生　フランスに亡命　**名誉革命**(～89)	← 88 オランダ総督ウィレム3世を国王として招く→ウィレムが軍を率いて渡英(ウィリアム3世)
	(共同統治)**ウィリアム3世** 位1689～1702　**メアリ2世** 位1689～94 1689 **「権利の章典」発布** **立憲君主政の確立**	← 89 **「権利の宣言」**提出 ➡p.177 90 **ロック『統治二論(市民政府二論)』**刊 94 **イングランド銀行**の設立➡p.196
立憲王政	**アン** 位1702～14 1707 スコットランドが**併合**され，**グレートブリテン王国成立*** **ジョージ1世***2 位1714～27 1714 **ハノーヴァー朝**成立 ○ **「王は君臨すれども統治せず」**の原則	○ イングランド議会とスコットランド議会の合併 ← 1721 ホイッグ党の**ウォルポール**内閣成立(～42) **責任内閣制(議院内閣制)の確立**

▲③クロムウェル (1599～1658) 独立派の指導者。

▲④ウォルポール (任1721～42)

*近代のイギリスは，イングランド王国が19世紀までにウェールズやスコットランド，アイルランドを併合して成立したもの。

*2 ハノーファー(独)選帝侯ゲオルク。ドイツから招かれたため，英語を解さなかった。

1 国王と議会の闘争～二つの市民革命

➡p.151 3，➡p.171 2

A ピューリタン革命

国王(王党派) → 対立(チャールズ1世) ← 議会(議会派)

1628 **「権利の請願」**(課税に議会の同意必要　不当な逮捕の禁止)

↓ 対立激化

1642～49 **ピューリタン革命**
1645 **ネーズビーの戦いで議会派勝利**

議会派の分裂
→ 長老派を追放，国王処刑
→ **独立派**が平等派(水平派)を弾圧
→ **クロムウェルによる軍事独裁**(1653 護国卿に就任)

1643年議会派の保有地　1643年王党派の保有地　1645年末王党派に残された最後の保有地
0　200km
1650 クロムウェル，スコットランド征服
スコットランド　北海　大西洋
王党派の拠点　エディンバラ　ダンバー(1650)　ニューカッスル
アルスター　ドロエダ(1649)　ヨークシャー　マーストンムーア(1644)　ヨーク
アイルランド　ダブリン　ランカシャー　イングランド　ノッティンガム
(1649)ウェクスフォード　ウースター(1651)　ネーズビー(1645)　オックスフォード　ロンドン
1649 クロムウェル，アイルランド征服　ウェールズ
プリマス　議会派の拠点
議会派の進路　王党派の進路　おもな戦場

▼⑤ピューリタン革命時の対立

	主張	おもな支持層
王党派(ロイヤリスト)	絶対王政・国教会支持	貴族・ジェントリ　イングランド北部・西部が中心
議会派	議会支持・国王に対抗	貴族・ジェントリ　ロンドン・イングランド東・南部が中心
長老派(プレスビテリアン)	立憲王政・長老制教会	スコットランド人・ロンドン商人
独立派(インディペンデンツ)	王権制限・産業の自由・信仰の自由	ジェントリ・独立自営農民(ヨーマン)
平等派(水平派)(レベラーズ)	共和政・普通選挙・信仰の自由	下級士官・兵士
ディッガーズ*	土地の共有・原始キリスト教	土地を失った農民

*平等派の不徹底を批判して「真正平等派」と自称した。

B 名誉革命

「権利の章典」(一部抜粋) 史p.351

1．国王は，王権により，**国会の承認なしに**法律を停止し，または法律の執行を停止しうる権限があると称しているが，そのようなことは違法である。

2．王権により，法律を無視し，または法律の執行をしない権限があると称し，最近このような権限を僭取し行使したが，そのようなことは違法である。

〈岩波文庫『人権宣言集』〉

▲⑥1689年イギリス議会が，**ウィリアム3世**と**メアリ2世**に承認させた「**権利の宣言**」を法制化したもの。王権に対する**議会**の優位と立憲王政が確立した。

テーマ **イギリス国旗の歴史**(ユニオン=ジャック)

イングランドとスコットランドは連合後も，別の旗を掲げたが，**ジェームズ1世**は両国の統一をめざし，統一旗を考案させた。これにアイルランドが加わり今日のイギリス国旗となった。

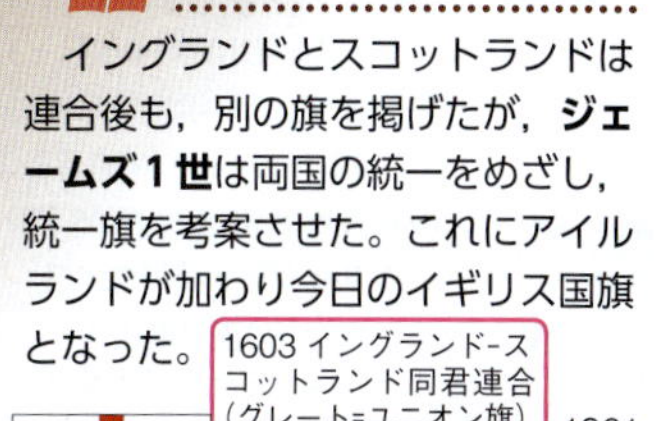

聖ジョージ(イングランド)　ユニオン=ジャック

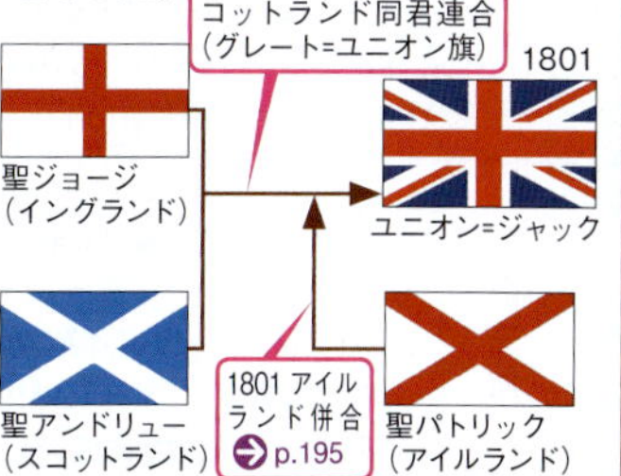

聖アンドリュー(スコットランド)　聖パトリック(アイルランド)

ヨーロッパ　2部4章

フランスの主権国家形成 ～フランス絶対王政の栄華

ヒストリーシアター

朕(ちん)は浪費家の太陽王なり

◀①ルイ14世(1638～1715) 5歳で即位し，補佐を行っていた宰相(さいしょう)マザランの死後，1661年に親政を開始。フランス絶対王政の全盛期を現出させた「**太陽王**」。"**朕は国家なり**"と語ったと伝えられる。**自然国境説**にもとづき，たび重なる侵略戦争を行い，国家財政の悪化を招いた。

世界遺産 ◀②ヴェルサイユ宮殿 パリ南西に位置し，広大な敷地に**ルイ14世**が20年以上の歳月をかけてつくった**バロック建築**の傑作。壮麗な宮廷生活が営まれた。 ➲p.178

よみとき 図①のルイ14世はどんな姿で描かれているだろうか。また，壮大な宮殿の建設やたび重なる戦争はどんなことを引き起こしただろう。

青字 文化に関する事項

フランス絶対王政の展開

◀p.150 p.188▶

ヴァロワ朝

絶対王政の過渡期

- 1453 **シャルル7世** 位1422～61，**百年戦争**に勝利
- 94 **シャルル8世** 位1483～98，イタリア遠征 **イタリア戦争**始まる(～1559)
- 1521 **フランソワ1世** 位1515～47，神聖ローマ皇帝**カール5世**と対立 イタリア戦争激化

シャルル9世 位1560～74
- 1562 **ユグノー戦争**始まる(～98) 宗教的対立
- 72 **サン=バルテルミの虐殺(ぎゃくさつ)** ➲p.163

ブルボン朝

確立期

アンリ4世 位1589～1610
- 1589 ナヴァル(ナバラ)王アンリ即位(**アンリ4世**)，**ブルボン朝**始まる
- 93 アンリ4世，**カトリック**に**改宗**
- 98 **ナントの王令** ➲p.163 →ユグノー戦争終結 宗教内乱終結
- 1604 フランス東インド会社設立
- 08 **ケベック市**建設(**カナダ**植民の拠点)

ルイ13世 位1610～43
- 1614 **三部会召集**(～15)
- 15 三部会**解散**(以後，1789年まで召集せず)
- 24 宰相(さいしょう)**リシュリュー**(任～42) ➲p.188
- 35 リシュリュー，**アカデミー=フランセーズ創設**
- **三十年戦争**に新教側にたち介入 ➲p.169

全盛期

ルイ14世〈太陽王〉 位1643～1715
- 1642 宰相**マザラン**(任～61)
- 48 **フロンドの乱**(～53，フランス最後の貴族・**高等法院**による反乱) ➲p.169 **ウェストファリア条約**(**アルザス**の領有権獲得)
- 61 **ルイ14世親政開始** 王権最盛期 **ヴェルサイユ宮殿**造営開始
- 64 フランス西インド会社設立，**東インド会社再建**
- 65 財務総監**コルベール**(任～83)の**重商主義**政策
- 66 **フランス科学アカデミー創設**
- 67 南ネーデルランド継承戦争(～68)
- 72 オランダ侵略戦争(～78)
- 82 **ルイジアナ**植民地建設
- 85 **ナントの王令廃止** →**ユグノー**の商工業者亡命 財政悪化
- 88 プファルツ(ファルツ)継承戦争(～97)
- 1701 **スペイン継承戦争**(～13)→13**ユトレヒト条約**

衰退期

ルイ15世 位1715～74
- 1740 **オーストリア継承戦争**(～48) ➲p.174 →48 アーヘン和約
- 55 **フレンチ-インディアン戦争**(～63)
- 56 **七年戦争**(～63)→63 **パリ条約** ➲p.170,186
- 62 **ルソー『社会契約論』** ➲p.176

1 フランス絶対王政のしくみ～"朕(ちん)は国家なり"

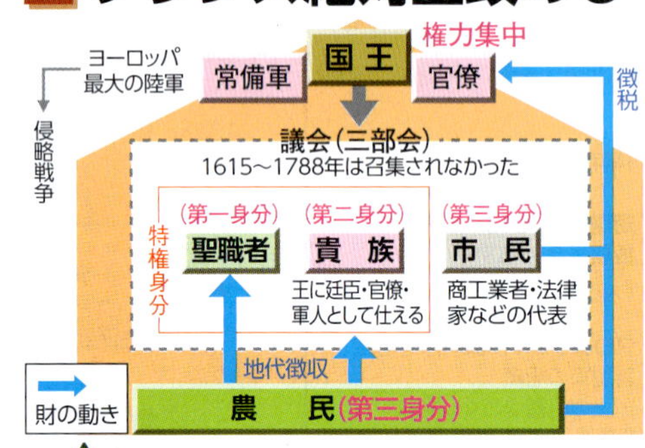

◀③アンリ4世の改宗 ユグノーから**カトリック**に**改宗**する一方で，**ナントの王令**を発してユグノーに信仰の自由を認めた。**新教・旧教**による内乱を終結させ，一つの国家としてのまとまりを求めた。

絶対王政を支えた人々

ルイ13世の宰相**リシュリュー**はフランス優位の体制確立のため**三十年戦争**に介入してハプスブルク家を抑えた。**ルイ14世**の親政以前の宰相**マザラン**は幼いルイを助け，**フロンドの乱**を鎮圧した。また，親政開始後，ルイ14世は**コルベール**を財務総監として重用し，重商主義政策をおし進めた。➲p.177

◀④リシュリュー(1585～1642)

▶⑤マザラン(1602～61)

▶⑥コルベール(1619～83)

◀⑦コルベールの重商主義政策(コルベール主義)

国内	王立マニュファクチュアの設立
対外	①保護関税政策 関税を課して輸入を抑制し，毛織物やゴブラン織を保護 ②排他主義 植民地貿易から外国人排除 ③**東インド会社**などの特権的貿易会社を再建・育成

2 ルイ14世の対外戦争～"領土の拡大は最も気持ちのよい仕事である"

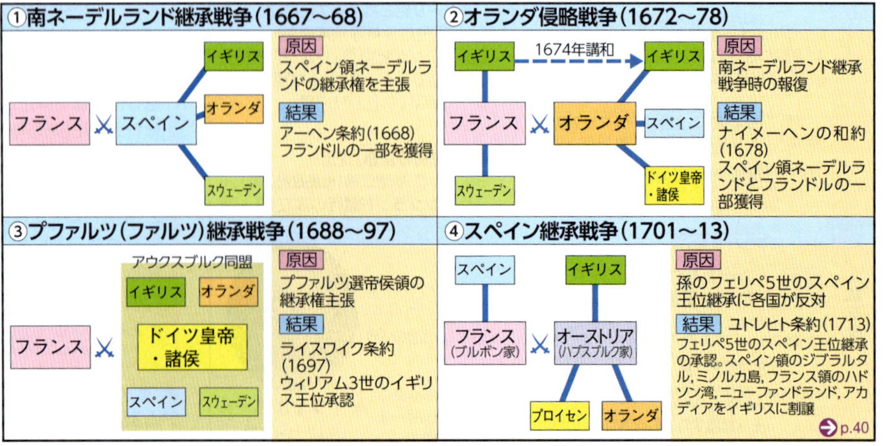

①南ネーデルランド継承戦争(1667～68)
フランス
スペイン
イギリス
オランダ
スウェーデン
原因
スペイン領ネーデルラントの継承権を主張
結果
アーヘン条約(1668)
フランドルの一部を獲得
②オランダ侵略戦争(1672～78)
イギリス
1674年講和
イギリス
フランス
オランダ
スペイン
スウェーデン
ドイツ皇帝・諸侯
原因
南ネーデルランド継承戦争時の報復
結果
ナイメーヘンの和約(1678)
スペイン領ネーデルラントとフランドルの一部獲得
③プファルツ(ファルツ)継承戦争(1688～97)
アウクスブルク同盟
イギリス
オランダ
フランス
ドイツ皇帝・諸侯
スペイン
スウェーデン
原因
プファルツ選帝侯領の継承権主張
結果
ライスワイク条約(1697)
ウィリアム3世のイギリス王位承認
④スペイン継承戦争(1701～13)
スペイン
イギリス
フランス(ブルボン家)
オーストリア(ハプスブルク家)
プロイセン
オランダ
原因
孫のフェリペ5世のスペイン王位継承に各国が反対
結果 ユトレヒト条約(1713)
フェリペ5世のスペイン王位継承の承認。スペイン領のジブラルタル，ミノルカ島，フランス領のハドソン湾，ニューファンドランド，アカディアをイギリスに割譲
➲p.40

今日とのつながり フランス料理は，イタリアからアンリ2世に嫁いだカトリーヌ=ド=メディシス(➲p.163)によって16世紀にもたらされ，ルイ14世の時代にはとても豪華な宮廷料理となった。

ヨーロッパ MAP M～O 2部4章

三十年戦争 ～最大最後の宗教戦争

ヒストリーシアター 規律を守らない傭兵の末路は…？

➤①兵士の処刑　傭兵は三十年戦争の主役であった。彼らは資金・物資補給がとどこおると都市や農村で略奪を行い，民衆に恐れられた。〈カロー画〉

よみとき　傭兵隊長は軍規を引き締めるために何をしたのだろう。また，傭兵の短所について考えてみよう。

キーワード　**傭兵**　金銭で雇われる軍人集団。ヨーロッパでは14世紀ごろから封建的軍隊の解体とともに本格的に活躍し，スイスがその供給地として有名。**三十年戦争**は史上空前の数の傭兵が投入された戦争であったが，国王の常備軍，さらに徴兵制による国民軍が成立すると歴史の表舞台から消えていった。

➤②ヴァレンシュタイン（1583～1634）
皇帝軍総司令官として活躍した傭兵隊長。**グスタフ＝アドルフ**などの新教陣営の軍隊を次々と破ったが，野心を疑われ皇帝に暗殺された。

三十年戦争の経緯

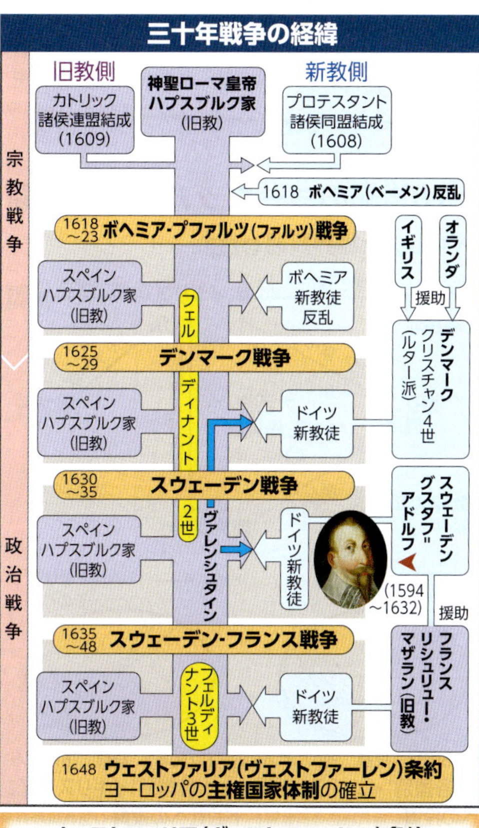

ウェストファリア（ヴェストファーレン）条約

領土関係
①スウェーデンは**西ポンメルン・ブレーメン大司教領**などを獲得
②フランスは**ロレーヌ**地方のメス（メッツ）・トゥール・ヴェルダンの3司教領と**アルザス**のハプスブルク家領を獲得
③ブランデンブルクは東ポンメルン・マクデブルク大司教領などを獲得　＊正式名称はネーデルランド連邦共和国。
④**スイスとオランダ**＊の**独立国**の地位を承認
⑤**ドイツ諸侯（領邦君主）**のほぼ完全な**主権**が認められ，ドイツの分立主義が確定
→「**神聖ローマ帝国の死亡証明書**」神聖ローマ帝国の有名無実化
→**領邦国家**の成立

宗教関係
①**カルヴァン派が初めて公認**

➤③**グロティウス**（1583～1645）　自然法にもとづき国家間において遵守すべき法が必要であると主張。『**戦争と平和の法**』を著し，**国際法の父**とよばれ，三十年戦争で争っていた君主たちに強い影響を与えた。➡p.177

1 17世紀の戦争・反乱～「17世紀の危機」➡巻頭9,p.301 の影響

世界全図p.38-39　⬅p.164 1，➡p.171 2

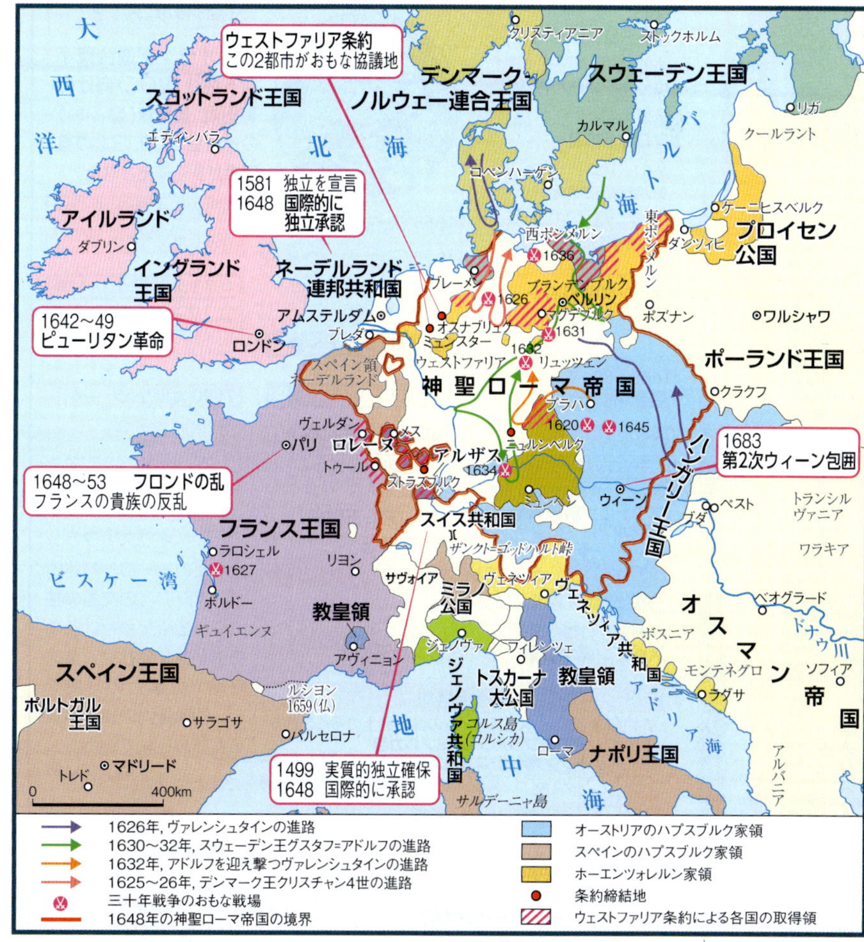

テーマ 傭兵のふるさと「スイスの歴史」

13世紀にザンクト＝ゴットハルト峠（サンゴタルド峠）が開かれ，南ドイツと北イタリアを結ぶスイスは重要地域となった。**ハプスブルク家**がこの地を抑えようとしたため，1291年にウーリ・シュヴィーツ・ウンターヴァルデンの3邦が永久同盟を結んで抵抗した。やがて1513年に13邦同盟が成立し1648年の**ウェストファリア条約**で独立が認められた。➡p.150

➤④**ヴァティカン市国のスイス衛兵**　制服は**ミケランジェロ**のデザインといわれる。➡p.159

今日とのつながり　19世紀後半に制作された児童文学『アルプスの少女ハイジ』のアルムおんじ（ハイジのおじいさん）は，若いころ傭兵として戦った経験があるという設定になっている。

特集 近世ヨーロッパの主導権争いと植民地戦争

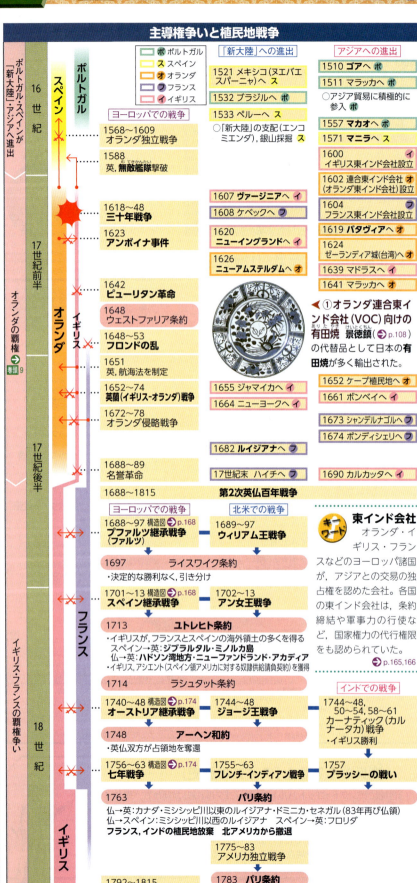

主導権争いと植民地戦争

凡例：ポ ポルトガル／ス スペイン／オ オランダ／フ フランス／イ イギリス

16世紀（ポルトガル・スペインが「新大陸」・アジアへ進出）

覇権：ポルトガル／スペイン

ヨーロッパでの戦争
- 1568～1609 オランダ独立戦争
- 1588 英，**無敵艦隊**（むてきかんたい）撃破

「新大陸」への進出
- 1521 メキシコ（ヌエバエスパーニャ）へ ス
- 1532 ブラジルへ ポ
- 1533 ペルーへ ス
- ○「新大陸」の支配（エンコミエンダ），銀山採掘 ス

アジアへの進出
- 1510 **ゴア**へ ポ
- 1511 マラッカへ ポ
- ○アジア貿易に積極的に参入 ポ
- 1557 **マカオ**へ ポ
- 1571 **マニラ**へ ス
- 1600 イギリス東インド会社設立 イ
- 1602 連合東インド会社（オランダ東インド会社）設立 オ

17世紀前半（オランダの覇権 ➡巻頭9）

覇権：オランダ／イギリス

ヨーロッパでの戦争
- 1618～48 **三十年戦争**
- 1623 **アンボイナ事件**
- 1642 **ピューリタン革命**
- 1648 ウェストファリア条約
- 1648～53 **フロンドの乱**

「新大陸」への進出
- 1607 **ヴァージニア**へ イ
- 1608 ケベックへ フ
- 1620 **ニューイングランド**へ イ
- 1626 **ニューアムステルダム**へ オ

アジアへの進出
- 1604 フランス東インド会社設立 フ
- 1619 **バタヴィア**へ オ
- 1624 ゼーランディア城（台湾）へ オ
- 1639 マドラスへ イ
- 1641 マラッカへ オ

◀①オランダ連合東インド会社（VOC）向けの有田焼（ありたやき） 景徳鎮（けいとくちん）（➡p.108）の代替品として日本の**有田焼**が多く輸出された。

17世紀後半

ヨーロッパでの戦争
- 1651 英，航海法を制定
- 1652～74 **英蘭（イギリス-オランダ）戦争**
- 1672～78 オランダ侵略戦争
- 1688～89 名誉革命

「新大陸」への進出
- 1655 ジャマイカへ イ
- 1664 ニューヨークへ イ
- 1682 **ルイジアナ**へ フ
- 17世紀末 ハイチへ フ

アジアへの進出
- 1652 ケープ植民地へ オ
- 1661 ボンベイへ イ
- 1673 シャンデルナゴルへ フ
- 1674 ポンディシェリへ フ
- 1690 カルカッタへ イ

1688～1815 第2次英仏百年戦争

18世紀（イギリス・フランスの覇権争い）

覇権：フランス／イギリス

ヨーロッパでの戦争	北米での戦争	インドでの戦争
1688～97 構造図➡p.168 **プファルツ継承戦争（ファルツ）**	1689～97 **ウィリアム王戦争**	
1697 ライスワイク条約 ・決定的な勝利なく，引き分け		
1701～13 構造図➡p.168 **スペイン継承戦争**	1702～13 **アン女王戦争**	
1713 **ユトレヒト条約** ・イギリスが，フランスとスペインの海外領土の多くを得る スペイン→英：**ジブラルタル・ミノルカ島** 仏→英：**ハドソン湾地方・ニューファンドランド・アカディア** ・イギリス，アシエント（スペイン領アメリカに対する奴隷供給請負契約）を獲得		
1714 ラシュタット条約		
1740～48 構造図➡p.174 **オーストリア継承戦争**	1744～48 **ジョージ王戦争**	1744～48，50～54，58～61 カーナティック（カルナータカ）戦争 ・イギリス勝利
1748 **アーヘン和約** ・英仏双方が占領地を奪還		
1756～63 構造図➡p.174 **七年戦争**	1755～63 **フレンチ-インディアン戦争**	1757 **プラッシーの戦い**

1763 **パリ条約**
仏→英：カナダ・ミシシッピ川以東のルイジアナ・ドミニカ・セネガル（83年再び仏領）
仏→スペイン：ミシシッピ川以西のルイジアナ　スペイン→英：フロリダ
フランス，インドの植民地放棄　北アメリカから撤退

1775～83 アメリカ独立戦争

1783 **パリ条約**
英→米：独立を承認，ミシシッピ川以東のルイジアナを割譲

1792～1815 フランス革命戦争・ナポレオン戦争

キーワード 東インド会社
オランダ・イギリス・フランスなどのヨーロッパ諸国が，アジアとの交易の独占権を認めた会社。各国の東インド会社は，条約締結や軍事力の行使など，国家権力の代行権限をも認められていた。➡p.165,166

1 17世紀のヨーロッパと世界貿易

A オランダと世界貿易 ➡巻頭9

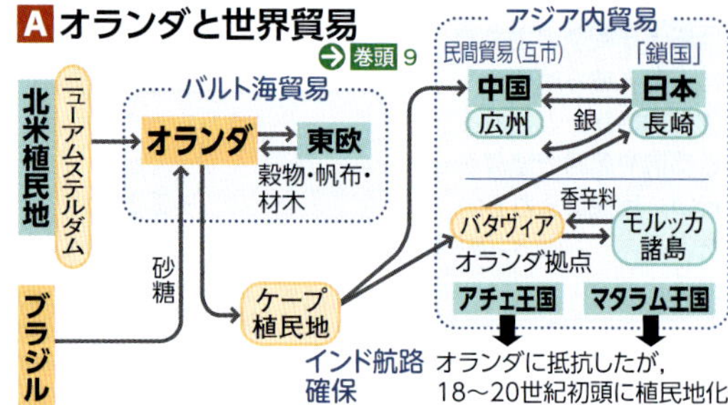

●オランダはなぜ発展したか（17世紀）➡巻頭9
- バルト海貿易において圧倒的優位を得る。
- 自国の商工業（**毛織物業・造船業・陶器業**）・漁業（にしん・捕鯨）・干拓による農業の発展。
- **東南アジアのモルッカ（マルク）諸島（香料諸島），マラッカを支配**，イギリスを追放。
- 首都**アムステルダム**に資金の多くが集中，**金融市場の中心**になった。
- ヨーロッパで唯一，「**鎖国**」中の日本と銀などを取り引きした。

2 18世紀のヨーロッパと世界貿易

A イギリスと世界貿易 ➡巻頭10

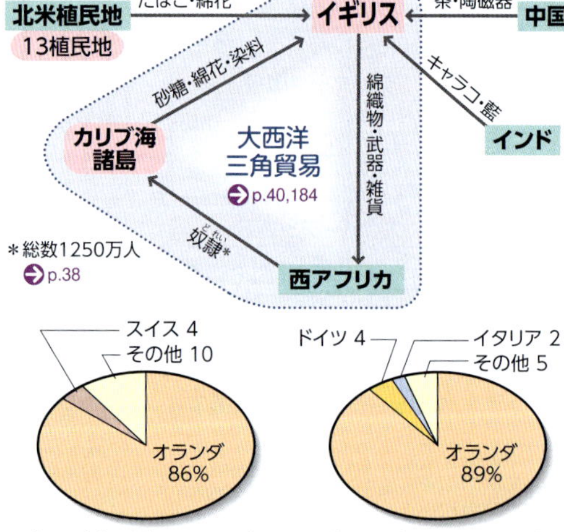

スイス 4／その他 10／オランダ 86%
（1750年）　総額　380万ポンド

ドイツ 4／イタリア 2／その他 5／オランダ 89%
（1750年）　総額　76万ポンド

▲②各国別*イングランド銀行への投資〈『近代国際経済要覧』東大出版会〉*イギリス国内の投資は含まず
▲③各国別*イギリス東インド会社への投資〈『近代国際経済要覧』東大出版会〉

●オランダからイギリスへ覇権が移ったのはなぜか
- 3度にわたる**英蘭（イギリス-オランダ）戦争**により，打撃をこうむった。
- オランダの主力商品 アジアの**香辛料**の人気が落ちた。
- イギリスの主力商品であった**インドの綿布（キャラコ）**が大流行し始めた。➡p.180
- 名誉革命でオランダ総督をイギリス国王に迎え，**オランダ資金がイギリスの産業に投資**されるようになった。

●イギリスはなぜフランスに勝ったのか
◎ 戦費調達能力が高かったため
［その理由］
- 議会の承認により税収のほとんどを軍事費に投入できた（フランスは国王の浪費も財政に影響した）。
- 議会が保証するイギリス国債の信用が高く，**臨時の資金調達能力**もすぐれていた（**財政革命**）。
- フランスでは徴税権をもつ貴族が多く，国の収入が少なかった。

p.155 3

B 17世紀　ヨーロッパの世界進出

キーワード　東インドと西インド　17世紀初期の北西ヨーロッパ人は，ヨーロッパから西に進むと出会う，カリブ海の島々や南北アメリカ大陸を**西インド**と認識していた。一方の**東インド**は，喜望峰（きぼうほう）以東の沿岸諸地域であるアラビア半島・インド・東南アジア・中国などを指した。

p.196 1

B 18世紀　ヨーロッパの世界進出

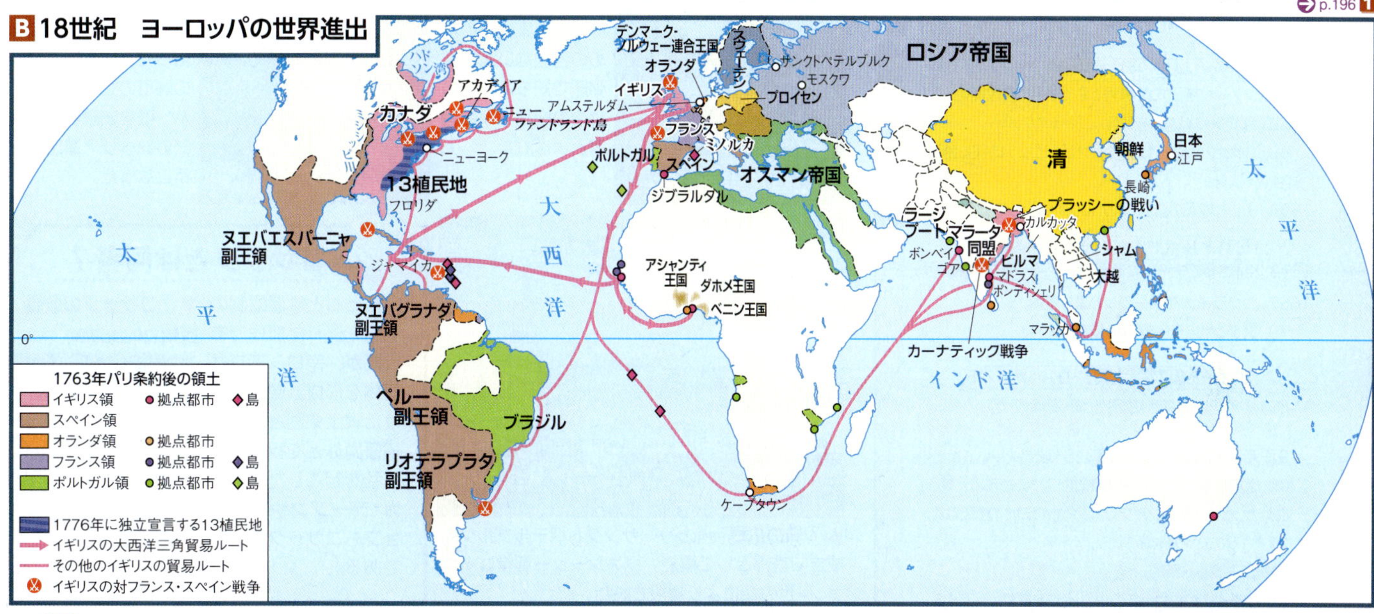

テーマ　近代奴隷（どれい）制度の歴史 ～「砂糖のあるところ奴隷あり」 巻頭10,p.40

大西洋三角貿易では，数千万人のアフリカの黒人がアメリカやカリブ海の植民地に**奴隷**として運ばれた。奴隷たちは植民地の**プランテーション**で，イギリスなどで紅茶に入れるために需要のある**砂糖**の生産に従事した。「砂糖のあるところ奴隷あり」とは，のちにトリニダード・トバゴの独立運動を指導し，同国の首相をつとめた黒人歴史家エリック=ウィリアムズの言葉である。一方，働き盛りの人々を連れ去られたアフリカでは社会が停滞した。また，奴隷と交換にヨーロッパから武器を仕入れたアフリカの奴隷商人は，その武器で奴隷狩りを行った。奴隷狩りを仕事とする黒人国家も現れ，アフリカは荒廃していった。

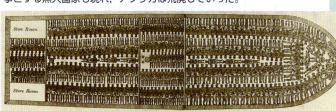

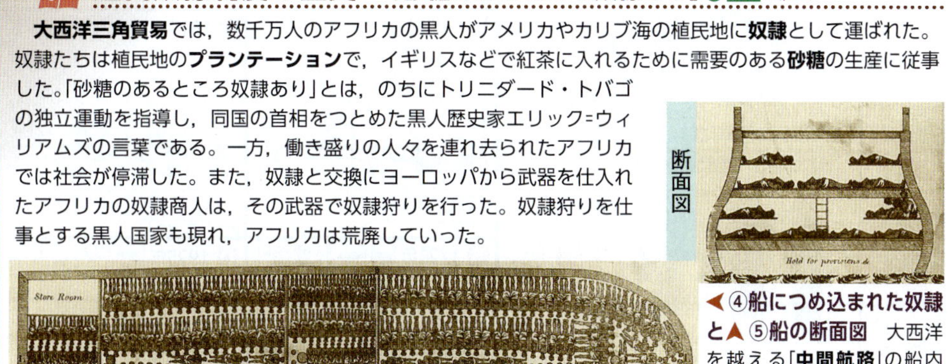

◀④船につめ込まれた奴隷と▲⑤船の断面図　大西洋を越える「**中間航路**」の船内は，奴隷がすしづめ状態で，何か月もほとんど身動きができなかった。

年	できごと
16世紀前半	アフリカから南北アメリカに奴隷を組織的に導入
17世紀後半	蘭・英・仏が奴隷貿易に参入
18～19世紀	英，**大西洋三角貿易**を独占　**奴隷貿易最盛期**
1776	アメリカ独立宣言→黒人奴隷は対象外
87	アメリカ合衆国憲法制定→黒人奴隷解放されず
93	ホイットニーの綿繰（わたく）り機の発明→**米南部で綿花栽培**の拡大　**奴隷の需要急増**
1808	米大統領ジェファソン，奴隷貿易を禁止
20	**ミズーリ協定**（北緯36度30分以北に奴隷州を認めない） p.206
33	英，奴隷制度を廃止 p.195
52	ストウ『**アンクル=トムの小屋**』発表
54	**カンザス-ネブラスカ法**（奴隷州・自由州は住民投票で決める） p.206
61	**アメリカ，南北戦争**（～65）
63	米大統領**リンカン，奴隷解放宣言**
65	米，憲法修正第13条で**奴隷制度廃止**
1964	米，**公民権法**成立で**人種差別撤廃** p.277

奴隷貿易の進展　／　奴隷制度の廃止へ

▲⑥奴隷制度の歴史

ロシアの西欧化 ～ロシアの絶対王政と領土の拡大

ヒストリーシアター **国王自ら西欧を視察！**

▲①ロンドンの造船所でのピョートル1世のようす

◀②ピョートル1世 (1672～1725)

アムステルダムの東インド会社造船マイスター特許状
…ピーター=ミハイロフ(ピョートル1世の使節団参加時の偽名)は，当地でのその高貴なる滞在期間を通じ，献身的で立派な大工としてふるまってきた…その他，船全体の建造様式と製図法もまた，私を通じて全面的に教授されている。この結果として閣下自身が根底まで精通しており，われわれの判断する限りでは，同じように実践することも可能であると。真実の印として，私は本状に自筆で署名した。

羊の毛を刈るためのはさみ

◀③ひげを切る図　ピョートル1世は貴族に西欧の風習を強制し，彼らのあごひげを切らせると同時に，従わない者にはひげ税を徴収した。

よみとき　ピョートル1世は何のために西欧へ行き，そして造船所を訪ねたのだろう。また，ピョートル1世があごひげを嫌ったのはなぜだろう。

ロシア絶対王政の展開 p.204▶

イヴァン3世 位1462～1505
1480 モンゴルの支配から**モスクワ大公国**を自立させる
○ **ビザンツ帝国**の紋章を継承し，初めて**ツァーリ**(皇帝)の称号を用いる　**国家として独立**

イヴァン4世 位1533～84 ➡p.141
1547 ツァーリを正式の称号として採用，親政開始
52 **カザン=ハン国**を併合
82 **コサック**の首長**イェルマーク**がシビル=ハン国に勝利　**東方へ領土拡大**

1598 リューリク朝の断絶により，ボリス=ゴドゥノフが政権獲得

ミハイル=ロマノフ 位1613～45
1613 全国会議でツァーリに選出される(**ロマノフ朝**の成立)
1667 ウクライナをポーランドより獲得
70 **ステンカ=ラージンの反乱**(～71)

ピョートル1世(大帝) 位1682～1725
1689 **ネルチンスク条約**締結(清・康熙帝) ➡p.119　**シベリアへ領土拡大**
97 **西欧使節団**の派遣(～98，自らも変名を用いて参加)
1700 **北方戦争**(～21)，**カール12世**(スウェーデン)と戦う
03 **サンクトペテルブルク**の建設開始(1712 首都となる)
07 カムチャツカを領有
21 **ニスタット条約**締結　**バルト海に進出**
25 **ベーリング**，カムチャツカ海域を探検(～30)

エカチェリーナ1世 位1725～27
1727 **キャフタ条約**締結(清・雍正帝) ➡p.119
41 アラスカを領有

青字 ポーランド分割

エカチェリーナ2世 位1762～96
1767 「訓令」を布告，**啓蒙専制君主**として名を博す
68 ロシアとオスマン帝国の戦い(第1次，～74)
72 **第1回ポーランド分割**(露・墺・普)
73 **プガチョフの乱**(～75)
74 オスマン帝国に勝利，黒海北岸を領有(**キュチュク=カイナルジャ条約**)
80 武装中立同盟を提唱(英に対抗) ➡p.187
83 **クリム=ハン国**を併合　**黒海へ進出**
87 ロシアとオスマン帝国の戦い(第2次，～92)
92 **ラクスマン**を**根室**に派遣(大黒屋光太夫の帰国)
オスマン帝国より**クリミア半島**を獲得(ヤシ条約)
93 **第2回ポーランド分割**(露・普)
95 **第3回ポーランド分割**(露・墺・普)
→**ポーランド王国消滅**　**西方へ領土拡大**

(時代区分：絶対王政の模索／動乱時代／絶対王政の確立期・西欧化政策　日本：室町時代・戦国時代／安土桃山／江戸時代)

1 ロシア絶対王政への道

◀④イヴァン4世　1547年，正式に**ツァーリ**を称した彼は，中央集権化のための容赦ない大貴族弾圧で知られ，その統治の厳格さから**雷帝**とよばれた。

◀⑤イェルマーク(?～1585)　ドン川流域のコサックの首領で，シベリア経営の警護にあたった。イヴァン4世の許可のもと，シビル=ハン国を攻撃し，ロシアのシベリア進出の先兵となった。

▲⑥**赤の広場**(モスクワ)　サンクトペテルブルク完成まで首都として機能。ヴァシーリー聖堂はイヴァン4世の命により建設された。

テーマ **コサックとは何者？**

もともとは農奴制の圧迫を逃れた農民であったが，南ロシアで共同体を形成。騎馬に長けた戦士集団として辺境警備などを行った。反乱を起こした**ステンカ=ラージン**や**プガチョフ**もコサックの出身である。

▼⑦**コサックの騎馬技術**(20世紀初頭)

2 ピョートル1世の西欧化政策と北方戦争

▼⑧**北方戦争**(1700～21)　ピョートル1世のロシアが**バルト海**の支配をめぐり，カール12世のスウェーデン(➡p.175)と争った。勝利したロシアがバルト海沿岸に領土を拡大し，ロシアの大国化の契機となった。

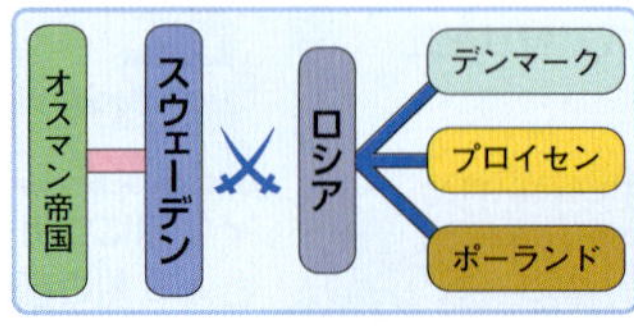

結果 ニスタット条約 (1721)
<ロシア>リヴォニア・エストニア・イングリア・カレリアの一部などを獲得
<スウェーデン>フィンランドを回復，ロシアに賠償金を払う

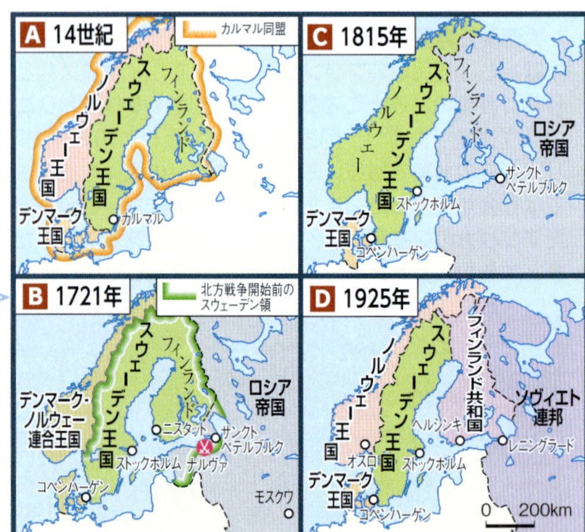

ヨーロッパ　MAP M～O　2部4章

＊1703年サンクトペテルブルク(ペテルブルク)→1914年ペトログラード→1924年レニングラード→1991年サンクトペテルブルク，と名称が変遷した。世界全図p.38~41 p.141 1，p.205 3

3 ロシアの拡大

▲⑨「西欧への窓」サンクトペテルブルク＊ 北方戦争中にスウェーデンから奪ったバルト海沿岸に建設した要塞が起源であり，「西欧への窓」となった都市。名称は「聖ペテロの街」の意味をもち，ピョートル1世と同じ名の聖人である聖ペテロにちなんで名づけられた。

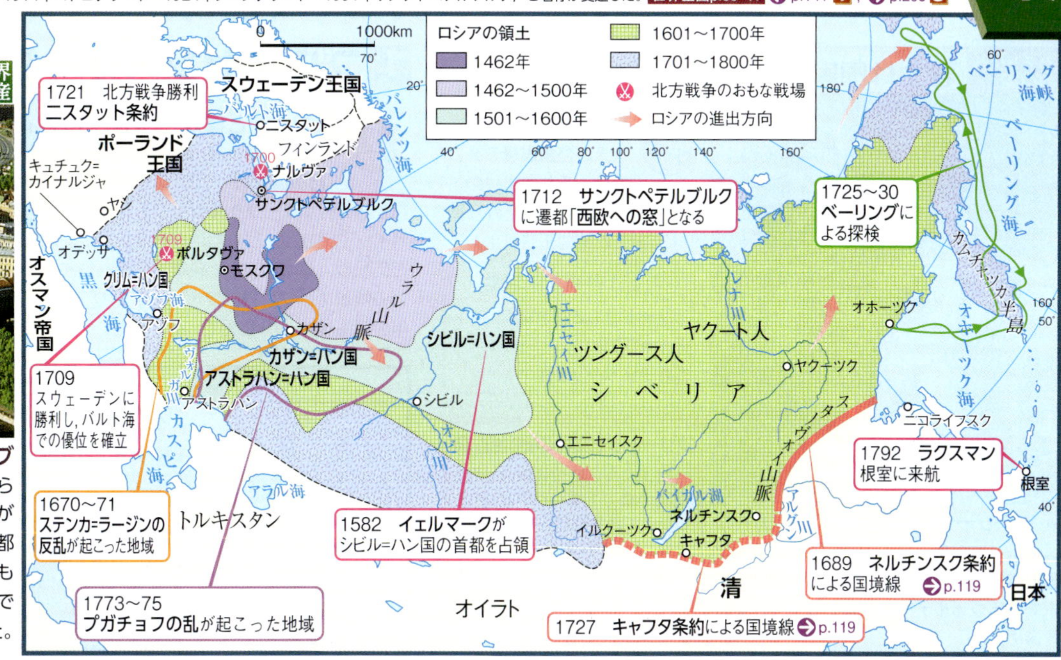

4 啓蒙専制君主エカチェリーナ2世

▲⑩エカチェリーナ2世(位1762～96) ドイツ貴族の出身で，夫のピョートル3世を廃して即位。啓蒙専制君主としてロシアを強国に導いたが，プガチョフの乱以降は農奴制の強化など反動化した。

▼⑪冬宮(エルミタージュ美術館，サンクトペテルブルク) ロマノフ家の冬の宮殿に，エカチェリーナ2世が美術品をコレクションし始めたことが，エルミタージュ美術館の前身となった。「エルミタージュ」はフランス語で「隠者の住まい」の意味。p.238

テーマ 女帝に謁見した日本人 大黒屋光太夫

伊勢の船乗りであった大黒屋光太夫らは，難破しアリューシャン列島に漂流。帰国を願い出るために，先住民やアザラシ毛皮猟の従事者らの助けを得ながらシベリアを横断し，サンクトペテルブルクでエカチェリーナ2世に謁見した。当時「鎖国」をしていた日本との通商を望んだロシアは，光太夫の送還と幕府への交渉のため，ラクスマンを派遣した。p.205

▼⑫幕府からの帰国許可を待つ大黒屋光太夫とラクスマン(場所：根室)

5 ポーランド分割

世界全図p.40~41

▲⑬第1回ポーランド分割風刺画「国王たちの菓子」 16世紀後半，ヤギェウォ(ヤゲロー)朝(p.151)が絶え，ポーランドは選挙王政に移行した。西欧への食料輸出で領主の貴族や下層貴族(シュラフタ)が豊かになった一方で，農民は重い賦役に苦しんだ。ロシアの支援で国王となったスタニスワフ2世は，ポーランドの近代化を推進したが，エカチェリーナ2世がポーランドを保護領化しようとすると，警戒したプロイセン・オーストリアが加わって3国によって分割された。〈パリ，ポーランド図書館蔵〉

A 第1回(1772年)
サンクトペテルブルク / 0 500km / ロシア帝国 / スウェーデン王国 / リガ / プロイセン王国 / 分割前のポーランド / 普① / ダンツィヒ / ミンスク / 露① / ワルシャワ / キエフ / シュレジエン / クラクフ / 墺① / オーストリア / 1669 ハンガリー オスマン→墺 / ウィーン / オスマン帝国

フリードリヒ2世(プロイセン 以下普)
エカチェリーナ2世(ロシア 以下露)
ヨーゼフ2世(オーストリア 以下墺)

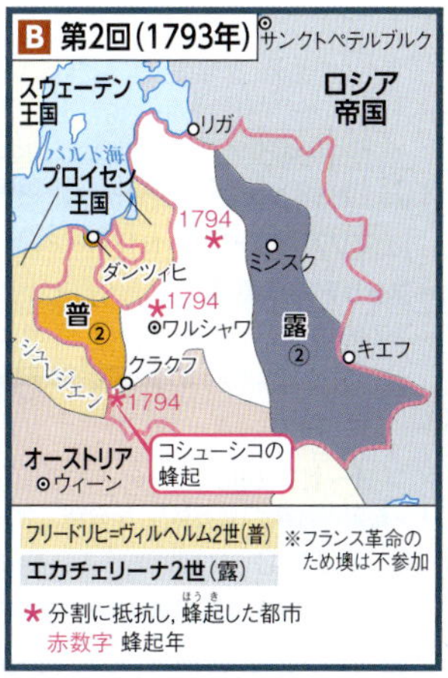

B 第2回(1793年)
サンクトペテルブルク / ロシア帝国 / スウェーデン王国 / リガ / バルト海 / プロイセン王国 / 1794 / ミンスク / ダンツィヒ / 普② / 1794 / ワルシャワ / 露② / キエフ / シュレジエン / クラクフ / 1794 / オーストリア / ウィーン / コシューシコの蜂起

フリードリヒ=ヴィルヘルム2世(普) ※フランス革命のため墺は不参加
エカチェリーナ2世(露)
★ 分割に抵抗し，蜂起した都市
赤数字 蜂起年

C 第3回(1795年)
サンクトペテルブルク / ロシア帝国 / スウェーデン王国 / リガ / 露③ / プロイセン王国 / ダンツィヒ / 普③ / ミンスク / ワルシャワ / 墺③ / キエフ / シュレジエン / クラクフ / オーストリア / ウィーン

フリードリヒ=ヴィルヘルム2世(普)
エカチェリーナ2世(露) フランツ2世(墺)

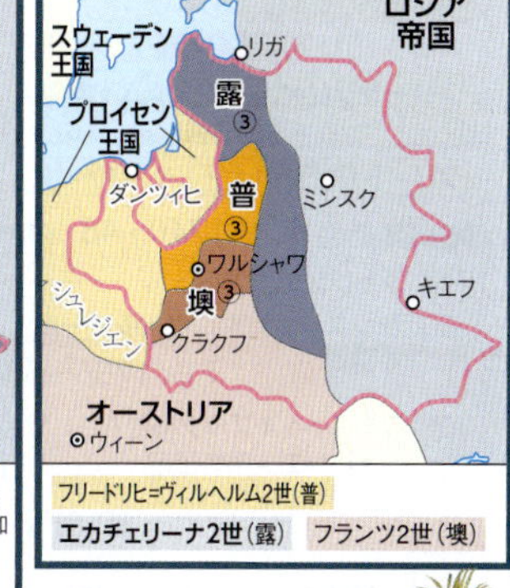

▶⑭コシューシコ(1746～1817) パリ留学後，アメリカ独立戦争(p.187)に義勇兵として参加。1792年からポーランド分割反対闘争を指導するが，ロシアにとらえられる。

今日とのつながり クレムリンは「城塞」を意味し，13世紀に建設が始まった。宮殿や聖堂を城壁で囲んだ建築群で，イヴァン3世がその城塞前の市街地を広場に整備したのが，赤の広場の起源である。

ヨーロッパ
MAP M~O
2部4章

プロイセン・オーストリアの台頭 ～啓蒙(けいもう)専制君主による近代化

ヒストリーシアター 君主は国家第一の下僕(げぼく)

キーワード 啓蒙専制君主 フランスの**啓蒙思想**を身につけ，それにより中・東欧で国家の近代化を上から進めようとした絶対王政君主。

おもな啓蒙専制君主
- フリードリヒ2世（プロイセン）
- ヨーゼフ2世（オーストリア）
- エカチェリーナ2世（ロシア）

フリードリヒ2世の政治遺訓

…君主を高い地位に就け，彼に最高の権力を委(ゆだ)ねたのは，甘えのなかで無為(むい)に暮らすためではない。人民を搾取(さくしゅ)して私腹を肥やすためでも，皆が窮乏(きゅうぼう)にあえぐときに享楽(きょうらく)にふけるためでもない。君主は，**国家第一の下僕**なのである。…

フリードリヒ2世　ヴォルテール

▲①**フリードリヒ2世とヴォルテール** （1694～1778, ➡p.176） 国王は**サンスーシ宮殿**（➡p.179, 307）内にフランスの啓蒙思想家であるヴォルテールの間(ま)をつくり，交流を深めた。

よみとき フリードリヒ2世のヴォルテールに対する態度はどのようなものだろうか。また，彼は，君主はどのようにあるべきだと考えているだろうか。

◀p.150 **プロイセン・オーストリアの発展** p.200,202▶

プロイセン	オーストリア
1134 ブランデンブルク辺境伯領	10世紀 オーストリア辺境伯領，マジャール人に備える
13世紀 ドイツ騎士団領	
1415 ホーエンツォレルン家支配	1156 **オーストリア大公国成立**
1525 プロイセン公国	1282 **ハプスブルク家**支配確定
1618 ブランデンブルク選帝侯，プロイセン公国を相続	1438 神聖ローマ皇帝位を事実上世襲に
	カール5世 位1519～56 ➡p.165
	1529 オスマン軍，**第1次ウィーン包囲**
ブランデンブルク-プロイセン同君連合成立	1556 ハプスブルク家，スペインとオーストリアに**分裂** **ハプスブルク家の分離**
フリードリヒ=ヴィルヘルム 位1640～88	1618～48 **三十年戦争**
1648 **ウェストファリア条約** 東ポンメルン獲得 →	**神聖ローマ帝国，事実上解体**
	1683 オスマン軍，**第2次ウィーン包囲**
	99 **カルロヴィッツ条約**で**ハンガリー**獲得 ➡p.222
オーストリア支持のかわりに王号を獲得	1701～13 **スペイン継承戦争**
1701 **プロイセン王国成立**（ホーエンツォレルン家）	
フリードリヒ1世 位1701～13	
プロイセン，主権国家に	**カール6世** 位1711～40
フリードリヒ=ヴィルヘルム1世 位1713～40 ●軍備増強	1714 スペイン領ネーデルランド領有
フリードリヒ2世(大王) 位1740～86	**マリア=テレジア*** 位1740～80
●**啓蒙専制君主**	1740～48 **オーストリア継承戦争**
1748 **シュレジエン**獲得 ←	1748 アーヘン和約
50 **サンスーシ宮殿**に**ヴォルテール**を招く	56 フランスの**ブルボン家**と同盟（**外交革命**）
1756～63 **七年戦争**	
63 フベルトゥスブルク和約でシュレジエン領有確定	**ヨーゼフ2世***2 位1765～90 ●**啓蒙専制君主**（農奴解放，宗教寛容令）
1772 **第1回ポーランド分割** ➡p.173	
フリードリヒ=ヴィルヘルム2世 位1786～97	
1793 **第2回ポーランド分割**	
1795 **第3回ポーランド分割**	
ポーランド王国消滅	1804 **オーストリア帝国成立**
	06 ライン同盟成立 **神聖ローマ帝国消滅**

*「女帝」とよばれるが，神聖ローマ皇帝にはなっていない。
*2 1765～80年 マリア=テレジアとの共同統治。
青字 ポーランド分割

1 プロイセン・オーストリアの形成

ユンカーと農奴 ユンカーはプロイセンの地主貴族。自由農民の農奴化を強化させ（**再版農奴制**），広大な農場で市場向けの穀物生産を行う**グーツヘルシャフト**をエルベ川以東のドイツで確立し，ばくだいな利益を得た。地方政治を支配し，高級官僚や上級軍人の職も独占した。農奴の解放は，プロイセン・オーストリアとも1848年の革命（➡p.193）を経て，完了した。

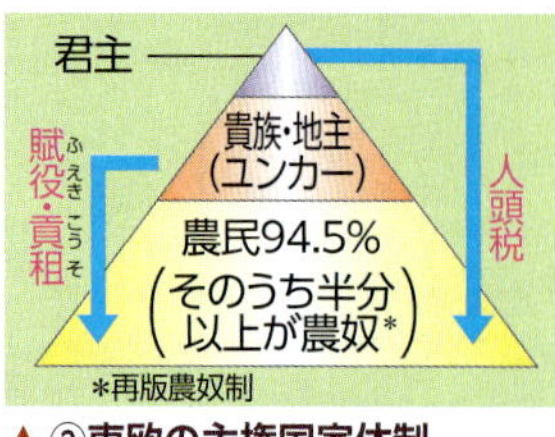

▲②**東欧の主権国家体制**

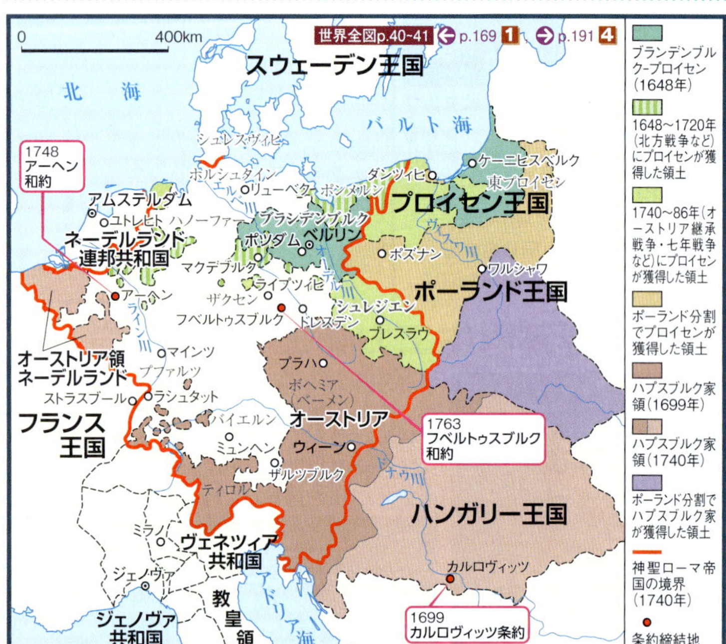

2 プロイセン・オーストリアの対立

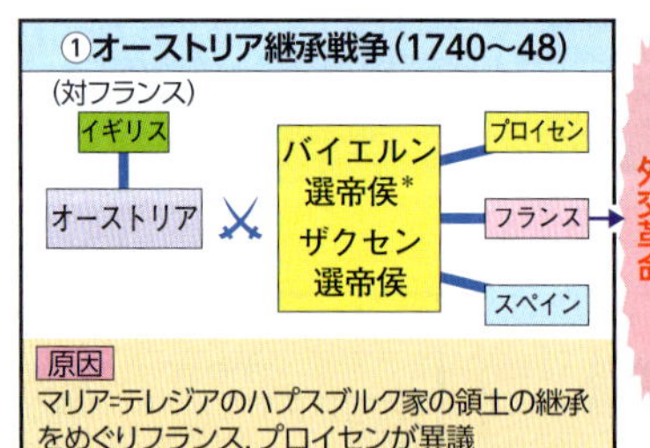

原因 マリア=テレジアのハプスブルク家の領土の継承をめぐりフランス，プロイセンが異議

結果 アーヘン和約（1748）
マリア=テレジアの領土継承承認
プロイセンが**シュレジエン獲得**

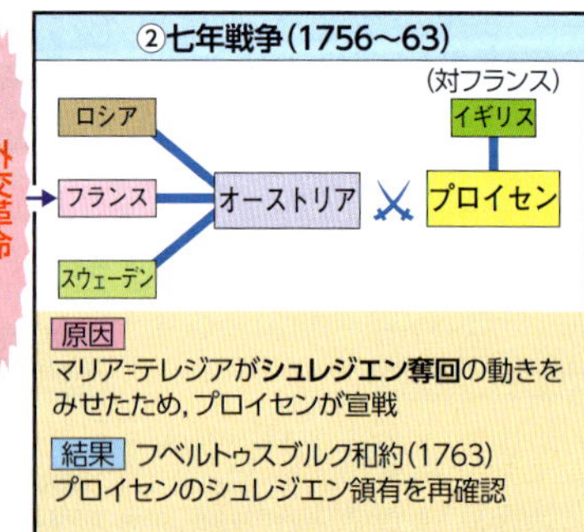

原因 マリア=テレジアが**シュレジエン奪回**の動きをみせたため，プロイセンが宣戦

結果 フベルトゥスブルク和約（1763）
プロイセンのシュレジエン領有を再確認

*ウェストファリア条約でバイエルン公が選帝侯として認められた。

テーマ マリア=テレジアと貴婦人たちの同盟

マリア=テレジア（墺，ハプスブルク家）はエリザヴェータ女帝（露）と同盟し，**ルイ15世**（仏，ブルボン朝）の愛人ポンパドゥール夫人と接触し同盟を結び（**外交革命**），プロイセンの孤立化をはかった。**フリードリヒ2世**は「3枚のペチコートの共謀」と悪態をついた。➡p.179

▲③**マリア=テレジアの家族** 左端は夫フランツ。仏王妃**マリ=アントワネット**（➡p.188）は彼女の娘の一人。〈トリアノン宮殿蔵，1762年以降の作品〉

特集 バルト海と北欧の歴史

1 バルト海貿易とオランダの繁栄 巻頭 9,15,p.184 2

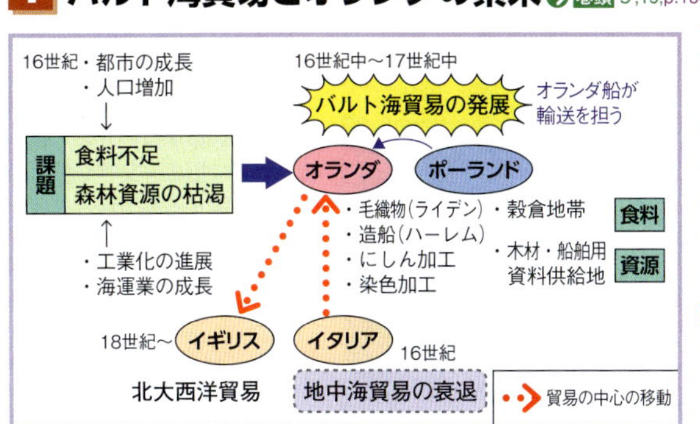

◀①バルト海をめぐる各国の関係　16世紀以降，ヨーロッパでは人口増加と工業化により食料が不足し，森林資源が枯渇した。これらを自力で調達できなかった地中海貿易は衰退し，かわってバルト海がヨーロッパ経済の中心となった。**バルト海貿易**は**オランダ**が中心となり，ポーランドから穀物・木材等を輸送した。

▶②オランダ連合東インド会社の造船所（ロッテルダム）　オランダは，バルト海貿易で入手した木材で船の大量生産を行った。オランダの海運業は他国を圧倒して発展した。

▼③バルト海貿易

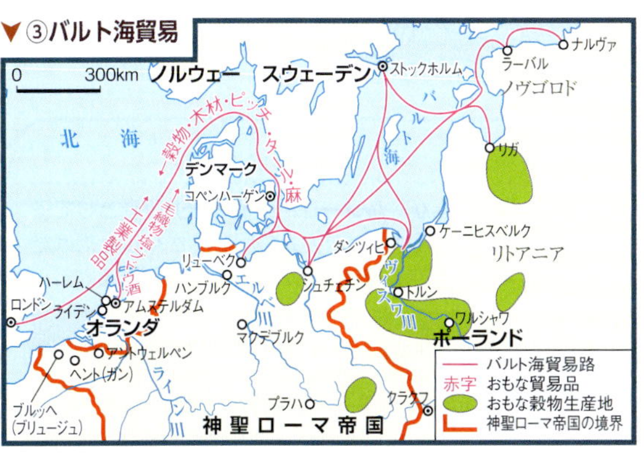

テーマ アムステルダムと商業情報

15世紀半ばのグーテンベルクの改良により活版印刷術が発展し各地に広まった。17世紀に**アムステルダム**が商業の中心になると，取引所の商品価格を記した価格表や商業新聞などの商業情報が印刷され，ヨーロッパ中に迅速に均質な情報が発信された。この情報により人々の市場への参入が容易になり，経済成長が促進された。このようにしてアムステルダムは，ヨーロッパの出版の中心地となり，商品の流通と情報の集約・発信において重要な機能を果たした。

▲④アムステルダムの証券取引所(1743年)

2 スウェーデンの繁栄～北欧の歴史

＊北欧のスカンジナビア諸国の旗意匠は，かつてカルマル同盟の盟主であったデンマーク旗に由来する。

北欧の歴史

デンマーク	ノルウェー＊	スウェーデン＊	フィンランド＊
9世紀ごろ デンマーク王国有力に	9世紀ごろ 建国	10世紀ごろ 建国	デンマークの勢力範囲 / スウェーデンの勢力範囲
1016 デーン人**カヌート**(クヌート),イングランド王になる(デーン朝,~1042) p.140	11世紀後半 カヌート王の進出 1028 カヌート,ノルウェー王になる		
1018 カヌート,デンマーク王になる	13世紀ごろ デンマークから独立	12世紀 スウェーデン,フィンランドを併合	
1397 デンマークを盟主とする**カルマル同盟**成立(~1523) p.151			
1523 デンマーク=ノルウェー連合王国		1523 カルマル同盟から分離独立(バーサ朝)	
三十年戦争(1618~48)に介入 p.169 グスタフ=アドルフ活躍			
		17世紀後半**「バルト帝国」**繁栄 18世紀 ロシアとの**北方戦争**に敗れ,領土を縮小 p.172	一部ロシアに割譲
ナポレオン戦争(1793~1815)に関与 p.191			
		ロシアに敗れフィンランドを失う	1809 ロシアに割譲される
スウェーデンに敗れノルウェーを失う	1814 スウェーデンに割譲される	1814 デンマークに勝ちノルウェーを得る	
1864 **デンマーク戦争**で敗北 p.200	1905 スウェーデンから独立		
第一次世界大戦(1914~18)では中立を守る p.234~237			1917 **ロシア革命**を受けて独立を宣言 p.239
第二次世界大戦(1939~45) p.254~256			1939 ソ連の侵攻を受ける
1940 ドイツ軍に侵攻される		1940 中立を宣言	1941 独ソ戦に巻き込まれる
1949 NATO加盟 1973 拡大EC加盟	1949 NATO加盟 1960 EFTA結成	1995 EU加盟	1947 ソ連と講和条約 1995 EU加盟

▲⑤ドロットニングホルム宮殿（スウェーデン）　1686年に建てられた，ストックホルム郊外の湖上の小島にある離宮。建物と庭園の美しさから「北欧のヴェルサイユ宮殿」と称される。

◀⑥カール12世(1682～1718) **「バルト帝国」**(1648年，デンマーク・ポーランド・ロシアを破り建国)の国王。ロシアのピョートル1世(p.172)の好敵手として知られる。

▲⑦ナルヴァの戦い　1700年，スウェーデンはバルト海の支配をめぐり，ロシアなどと**北方戦争**(p.172)を引き起こした。**カール12世**はナルヴァの戦いで勝利したが，ポルタヴァの戦いで大敗した。北方戦争によりスウェーデンは領土を縮小し，「バルト帝国」は実質的に崩壊した。

17・18世紀のヨーロッパ文化① ～合理主義思想と科学の発展

ヒストリーシアター

サロンで開いた文化の華

➤①ジョフラン夫人のサロン　俳優がヴォルテールの書いた悲劇の原稿を朗読している。それを18世紀半ばの名だたる文人・学者たちが聴いているという場面を描いたサロンの想像図。

よみとき　描かれている人物の思想を調べてみよう。また，サロンが社会にどのような影響を与えたか予想してみよう。

キーワード **サロン**　もともとはフランス語で住宅内の客間を意味していたが，17世紀になると，貴族が主人役となって文人・学者を邸宅に招き，文学や芸術について論ずる場や会合を意味するようになった。18世紀になるとパリから地方に普及するとともに，文学・芸術のみならず政治・宗教・思想まで広く論ぜられ，とくに**啓蒙思想**の普及に大きな役割を果たした。

1 啓蒙思想

●**ロック**(英)の影響を受けつつ，理性を重視し非合理的なものを徹底的に批判し，民衆のなかに正しい知識を広めることによって，新しい社会をつくろうとする思想

モンテスキュー『**法の精神**』…イギリスの議会制を紹介し，三権分立を説いた	仏
ヴォルテール『**哲学書簡**』➔p.174…啓蒙思想の指導者的存在。啓蒙専制君主主導の社会改革を提唱した	仏
ルソー『**社会契約論**』『**人間不平等起源論**』…人間の自由・平等の実現のために，社会契約にもとづく直接民主政を訴えた	仏
ディドロ ┐『**百科全書**』を編集。啓蒙思想の記念的大著	仏
ダランベール ┘	仏

◀②**ルソー**(1712～78)　**社会契約説**(➔p.177)をとり，**ロック**よりも前進した人民主権論を提唱。史p.351

テーマ

子どもの発見

前近代の子どもは「小さな大人」とみなされていたが，**ルソー**は，人間の発達段階として子ども期を設定した。左の17世紀の絵では，子どもの服は，ただ大人の服を小さくしただけだが，右の絵では「子ども服」を着ており，子育てを重視する家族生活の形成がうかがえる。

▲③**17世紀の家族の肖像**
〈コルネリス=デ=フォス画「アントニー=レニアース家の人々」一部〉

▲④**19世紀の家族の肖像**
〈ルノワール画「シャルパンティエ夫人と娘たち」〉

2 科学革命の時代 ➔巻頭15 ➔p.363

●中世以来の迷信や伝統的な因習から脱して，実験と観察を重視し，その結果を体系化
●近代的な自然科学の基礎が確立
●イギリス王立協会(1660年)，フランス科学アカデミー(1666年)の設立（＿＿は王立協会員）

ホイヘンス	振り子時計を発明，反射と屈折の法則，土星の輪を発見	蘭
フランクリン	避雷針を発明 ➔p.187	米
ハーヴェー	血液の循環を立証	英
ボイル	ボイルの法則(気体の体積と単位面積あたりの圧力が反比例する)を発見	英
ニュートン	**万有引力の法則**を発見『**プリンキピア**』	英
リンネ	動植物の分類学を確立	スウェーデン
ビュフォン	**進化論**(➔p.213)の先駆者	仏
ラヴォワジェ	**質量保存の法則**を発見	仏
ジェンナー	**種痘法**を発明 ➔p.213	英

テーマ

生活革命 ～コーヒーハウスで生まれた文化

17～18世紀のヨーロッパでは，アジアや新大陸との交易が発展し，さまざまなアジア物産が流入した。当初，上流階級の豊かさの象徴であったこれらの商品を，やがて庶民階層も求めるようになった。この新しい消費生活の成立を**生活革命**という。また，各地域から新奇な植物を集めた植物園も設立された(ロンドン郊外のキューガーデン➔p.197など)。◯**茶**➔巻頭5　◯**陶磁器**➔p.120　◯**砂糖**➔巻頭5,10　◯**綿布**➔p.180

▼⑤**コーヒーハウスの大騒ぎ**　17～18世紀のイギリスでは**コーヒーハウス**が流行した。ここには身分や階層をこえて多くの人が集まり，情報交換がなされた。図では議論に熱くなった人が相手にコーヒーをかけている。一方，居酒屋には底辺に暮らす労働者が集まった。

コーヒーハウスから生まれたもの～イギリス

①**イギリス王立協会**…オックスフォードのコーヒーハウスの学者たちを核として形成された。
②**新聞・雑誌**…コーヒー1杯と新聞はほぼ同額だった。発行部数は数百部で，A5判大の1枚の紙に片面または両面印刷されていた。店には各種の新聞がそろえられ，客たちは回覧をした。字が読めない人のための音読もしばしばなされた。
③**政党**…王政復古後，国王派と反国王派それぞれが，気に入りのコーヒーハウスで政策論議を行い，やがて**トーリ党・ホイッグ党**(➔p.195)が形成された。
④**銀行・保険**…最新の海事ニュースを提供したので，貿易商や船主が集まり，海上保険の取り引きがなされるようになった。(例 ロイズ社)

今日とのつながり　ロックなどの社会契約説やサロンで発達した**啓蒙思想**が市民階級の思想的武器となり，今にいたる市民社会が誕生した。

特集 近代思想の成立

1 近代哲学の発生 ➲ p.309

スコラ哲学への批判・懐疑

イギリス経験論

- 事実・経験・認識を重視
- **帰納法**によって科学的知識を得ると考える

帰納法 …個々の事実の集まりから一般的法則を導く

事実A　事実B　事実C　事実D

↓

実験・観測
例：ソクラテスもプラトンもアリストテレスも死んだ

↓

一般的法則
例：人間は死ぬ

▼①フランシス=ベーコン
(1561～1626)

知は力なり

フランシス=ベーコン『**新オルガヌム**』	英
ロック『人間悟性論』	英
ヒューム『人間本性論』	英

大陸合理論

- 人間の理性に照らして明らかなものを真理とし，数学的な推論で事実を導く
- **演繹法**によって科学的知識を得ると考える

演繹法 …一般的法則から個々の特殊な事実を導く

確実な法則
例：人間は死ぬ

↓

推理
例：ソクラテスは人間である。ゆえに彼は死ぬ

↓

結論A　結論B　結論C　結論D

▼②デカルト
(1596～1650)

われ思う，ゆえにわれあり

デカルト『**方法序説**』	仏
パスカル『**パンセ**』	仏
スピノザ(汎神論)『**エチカ**』	蘭
ライプニッツ(単子論)	独

ドイツ観念論

- **カント**に始まり**ヘーゲル**にいたって完成する哲学の総称
- 経験論と合理論を批判的にまとめた

カント『**純粋理性批判**』『永遠平和のために』〈19世紀以降〉➲ p.190,202	独
フィヒテ　主観的観念論 史p.351 講演「ドイツ国民に告ぐ」	独
シェリング　客観的観念論	独
ヘーゲル　弁証法哲学『歴史哲学』	独

2 政治・社会思想

王権神授説 ➲ p.164

- 王権は神から授けられたものであり，王の権力は絶対であるとする
- **絶対王政を正当化**

ボーダン『国家論』	仏
フィルマー『家父長国家論』	英
ボシュエ　絶対王政正当化	仏

自然法

- 人間の生存の権利を守るために存在すると考えられる法
- 絶対王政批判の基準となる

グロティウス ➲ p.169 自然法に基づき，国際法を体系化 『**戦争と平和の法**』 『**海洋自由論**』	蘭

批判

社会契約説

- 社会（国家）は人民相互・あるいは君主と人民の**契約**によって成立

ホッブズ　万人の万人に対する闘争

- ピューリタン革命の混乱から秩序を取り戻すために，各人が契約によって主権を国王に譲渡すると主張
- 各人の権利と国王特権のどちらも擁護
- 著作『**リヴァイアサン**』(1651)

▲③ホッブズ
(1588～1679)

ロック

- 各人が生命・自由・財産の権利を代表者に信託して，それが侵害された場合は，**革命権・抵抗権**をもつと主張
- 名誉革命を理論的に正当化 ➲ p.167
- 著作『**統治二論（市民政府二論）**』(1690) 史p.351

▲④ロック
(1632～1704)

ルソー

- 著作『**社会契約論**』➲ p.176 1

テーマ 国際法と海洋政策

「**国際法の父**」とよばれる**グロティウスは**著作『海洋自由論』のなかで，公海自由の原則を主張したが，これは彼の祖国であり，当時強力な産業力と海運力をもっていたオランダにとって有利となるよう，**自由貿易**を主張したものでもあった。➲ p.169

17・18世紀の各国の海洋政策	上段：貿易 下段：自国人の海外渡航
西ヨーロッパ諸国（重商主義政策）	外国人排除 積極的
オランダ（自由貿易）	外国商人の活動自由 積極的
江戸幕府（「鎖国」）	貿易港限定，幕府が管理 完全禁止
清（伝統的朝貢貿易）	貿易港限定，特許商人（公行）が管理 一応不許可（黙認）
イスラーム諸国	許可により外国商館の建設・活動可能 自由

3 経済学の誕生～絶対王政を支える経済学説と「自由放任」

重商主義 ➲ p.164

商工業による経済育成と**保護貿易**を主張

絶対王政を経済面からあと押し
前期…重金主義
後期…貿易差額主義

▲⑤コルベール
(1619～83) ➲ p.168

主張の背景 絶対王政と新大陸進出によって国家経費が増大していたため，他国への輸出強化によって国家の収入（金・銀）を確保しようとした。

批判

重農主義

農業の重要性と**自由経済**を主張

富は貿易からは生まれず，唯一，農業から生み出される。

▲⑥ケネー
(1694～1774)

主張の背景 重商主義政策によるフランス国内の農業疲弊と特権的な商業活動を批判し，農業生産を高めるための自由な経済活動を主張した。

徹底化

古典派経済学

経済への国家の干渉を排除し，自由競争にまかせる自由主義的経済を主張

個人の私利をめざす経済活動が，「**見えざる手**」に導かれて，社会の利益を促進する。

▲⑦アダム=スミス(1723～90)

主張の背景 各国の**重商主義**政策によって保護貿易が主流となっていたなか，イギリスで**工業化**が始まり，特権商社の存在が弊害となっていた。そのため，**アダム=スミス**は重商主義を批判し，個人の利益追求が結果的に国富を増進させるとして，国家は公正で**自由な経済活動**を保障するべきだと主張した。

キーワード 自由放任 18世紀フランスで，**重商主義**的な国家統制に反対した**重農主義者**が，経済における**自由放任**を主張した。これを**古典派経済学者**の**アダム=スミス**が体系化し，**資本主義**成立期の基本原理とした。自由放任というと，あるがまま放置してよいという意味に誤解されがちだが，誰でも自由に市場競争に参加させるべきという主張である。

17世紀から18世紀末までの経済学の流れ

時代		考え方	経済体制	人物
16世紀・17世紀	絶対王政の時代	**重金主義** 貴金属こそが富であるという考え ↓ **貿易差額主義** 貴金属を増やす手段として輸出を増やし輸入を減らそうという考え	絶対王政を支える経済体制 **重商主義**	**トマス=マン**（英） 1664『外国貿易によるイギリスの財宝』（死後に公表） **コルベール**（仏） フランス財務総監（任1665～83）
17世紀・18世紀			批判↑ **重農主義** 国内の農業疲弊に警鐘	**ケネー**（仏） 1758『経済表』…「自由放任」 **テュルゴー**（仏） フランス財務総監（任1774～76）➲ p.188
18世紀	イギリスの工業化	＊「なすに任せよ」の意。 **自由放任主義＊** 自由に市場競争に参加させるべきという考え ↓ **自由放任主義**を継承	批判↑ **古典派経済学** イギリスをあと押しする自由経済学説	**アダム=スミス**（英） 1776『諸国民の富（国富論）』…「見えざる手」➲ p.251

17・18世紀のヨーロッパ文化②　～はなやかな宮廷文化と富裕市民の台頭

1 バロック美術

バロック様式

「ゆがんだ真珠」の意味をもち，富や権力を誇示するための，華麗で豪華な様式をいう。

▶①**レンブラント「夜警」** 火縄銃手組合の集団肖像画。オランダの市民生活を題材とし，**「光の画家」**とよばれた作者の代表作。〈アムステルダム国立美術館蔵，363cm×437cm〉

▼②**「夜警」の3つの鑑賞ポイント**

①	当時のオランダの高い経済力・軍事力（マスケット銃など武器製造産業・貿易業もこのころ急速に発展）
②	皆の姿を均一に描くという常識をくつがえし，出資額に応じて大きく描いた
③	背景を深いやみで包み，重要な部分のみ光を当てる「明暗法」

影響

▲③**フェルメール「真珠の耳飾りの少女」**〈マウリッツハイス美術館蔵，44cm×39cm〉

▲④**エル＝グレコ「聖三位一体」** カトリックの教会にかざられた神秘的な宗教画の一つ。〈プラド美術館蔵，300cm×179cm〉

▲⑤**ルーベンス「レウキッポスの娘たちの掠奪」** あざやかな色彩と躍動感あふれる表現で，ギリシア・ローマの神話を題材に描いた。〈アルテ＝ピナコテーク美術館蔵，224cm×210.5cm〉

◀⑥**ベラスケス「ラス＝メニーナス（女官たち）」** 王宮の情景の中に，製作中の**ベラスケス**自身を描いている。また，鏡の中に国王夫妻を登場させ，当時の彼の環境を描き出している。〈プラド美術館蔵，316cm×276cm〉

ヴェルサイユ宮殿 ➔p.168,307

ヴェルサイユ宮殿の「鏡の間」は幅10m，奥行き75m，高さ13mの広さをもつ。壁は大理石で，庭に面した一面はガラス戸，他方はアーチの間に鏡がはめ込まれている。まだ貴重であった大型の板ガラスと鏡をふんだんに用いたこの部屋で，さまざまな宴会や国家的行事が行われた。

歴史の舞台となった鏡の間

1871年　ドイツ帝国皇帝ヴィルヘルム1世の即位式 ➔p.201
1919年　ヴェルサイユ条約の調印 ➔p.240

▼⑦**ヴェルサイユ宮殿内の「鏡の間」**

世界遺産

2 ロココ美術

ロココ様式

つる草や貝がらを模した ロカイユ模様が「ロココ」の語源といわれる。パリを中心に展開された繊細優美な様式をいう。

▶⑧**フラゴナール「ぶらんこ」** ぶらんこに乗る女性と戯れる男性。ほのかな官能がただよう恋人たちを繊細な筆致と輝く色彩で描いたこの絵画は，ロココ趣味の極致といえる。〈ウォーレス=コレクション蔵，83cm×65cm〉

▲⑨**ワトー「シテール島の巡礼」** 愛の女神ヴィーナスの島に巡礼する男女の姿を“雅宴画の画家”が幻想的に描いた。ロココ絵画の代表作。〈ルーヴル美術館蔵，129cm×194cm〉

歴史と建築 サンスーシ宮殿 ➲p.174,307

フリードリヒ2世(➲p.174)は，ベルリン郊外**ポツダム**に**ロココ様式のサンスーシ宮殿**を建設した。東西約100m，おもな部屋数10室の小さな宮殿。サンスーシとは「憂いなし」の意味。曲線中心の優美な装飾性がめだつ。バロックと新古典主義の中間に位置する。フリードリヒ2世はこの宮殿に**ヴォルテール**など啓蒙思想家を招いた。

世界遺産

▶⑩**文庫の間**

▼⑪**サンスーシ宮殿でフルートを吹くフリードリヒ2世**

3 文学・音楽

▶⑫**ヴェルサイユ宮殿でのモリエールの公演** **モリエール**は，喜劇の天才とよばれ，人間のこっけいさを描くことを得意とし「性格喜劇」を完成させた。彼の最後の作品であり，徹底的に医者を笑いものにした『病は気から』が，ヴェルサイユ宮殿の庭園で上演された。

◀⑬**マリア=テレジアの前で演奏するモーツァルト** 有力者の名声と支援を得るため，父(のちに母)に連れられて行った6歳から始まる演奏旅行は，のべ9年余りに及んだ。➲p.174

転んだ6歳のモーツァルトを助け起こした7歳のマリ=アントワネットに対し，「あなたはいい人だ。ぼくが大きくなったらお嫁さんにしてあげる」と言ったといわれている。

人 ポンパドゥール夫人(1721~64)

法の精神
百科全書

◀⑭**ラ=トゥール「ポンパドゥール夫人」** ブルジョワ階級の娘に生まれ，その美貌と才知から入廷し，ルイ15世の寵愛を受けた。外交政策を親オーストリアに転換させる(**外交革命**➲p.174)など国策にも関与し，哲学や芸術も保護した。机の上に彼女の知性を物語る『**法の精神**』や『**百科全書**』が見える。夫人は**ヴォルテール**とも親交が深かった。〈ルーヴル美術館蔵，175cm×128cm〉

▶⑮**「ポンパドゥール=ピンク」と名づけられた色彩のセーブル焼き**

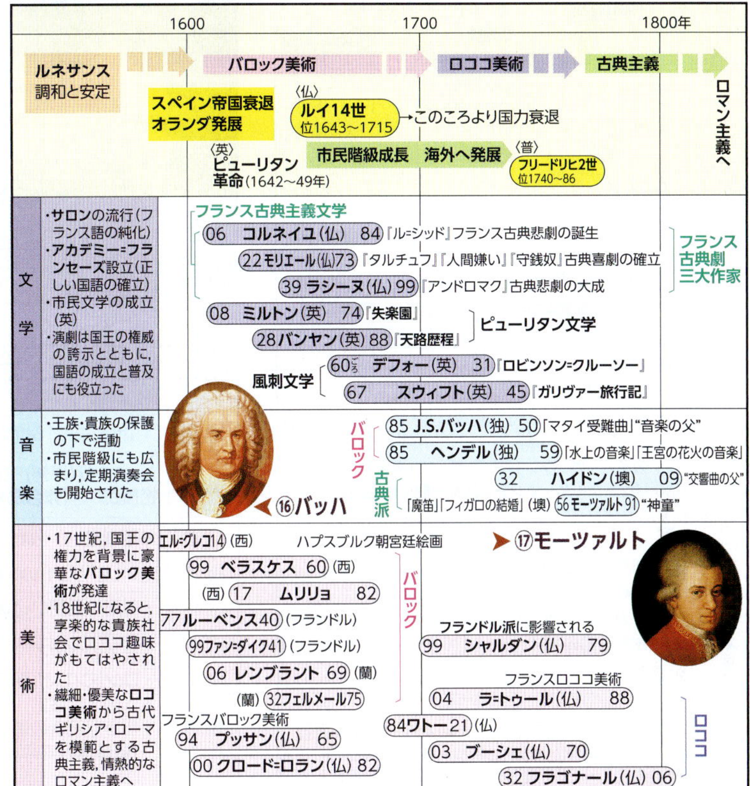

西→スペイン，蘭→オランダ，墺→オーストリア

ヨーロッパ
MAP N~O
2部4章

産業革命① ～最初の工業化，その光とイギリスの大発展

➡巻頭15

ヒストリーシアター 人の力から機械の力へ

➤①中世の機織り　手で梭(杼)を1回1回動かし，固定したたて糸によこ糸を通して布を織る。手前右の女性は羊毛をくしけずっているところ，奥は手で糸をつむいでいるようす。

◀②19世紀初頭の紡績工場のようす　18世紀に開発されたミュール紡績機で，労働者たちが糸をつむいでいる。

よみとき　図①と図②を見比べ，作業をしている場と使用している器具の違いをあげてみよう。

イギリス産業革命のしくみ

◀p.180　p.195▶

産業革命を生み出した背景

- **工業原料**
  - ・豊富な資源(石炭・鉄鉱石)
  - ・綿花(大西洋三角貿易によりカリブ海から輸入)
- **資本**
  - ・**毛織物工業**や貿易，金融業による資本の原始的蓄積
  - ・奴隷貿易による収益
- **労働力**
  - ・**農業革命**や**第2次囲い込み**による工業労働力の創出
  - ・アイルランドからの移民
- **海外市場**　・商船隊と強大な海軍，**植民地**増加
- **中産階級の台頭**　・**ギルド制**の撤廃，**市民革命**

↓

工業化の進展

繊維工業にみられる技術革命

(綿布 ← 綿糸 ← 綿花)

織布(紡織)	紡績	綿繰り
1733 **ジョン=ケイ**の**飛び梭(杼)** 85 **カートライト**の**力織機**	1764 **ハーグリーヴズ**の**ジェニー紡績機** 69 **アークライト**の**水力紡績機** 79 **クロンプトン**の**ミュール紡績機**	 1793 **ホイットニー**(米)の**綿繰り機**

↓影響　↑

動力革命

1712 **ニューコメン**の炭坑排水用**蒸気機関**
65～69 **ワット**の**蒸気機関改良**

← ・**製鉄業，石炭業，機械工業**
・**ダービーのコークス燃料による製鉄法**(1709) ➡p.218

↓影響

交通革命

1804 **トレヴィシック，蒸気機関車**発明
07 **フルトン**(米)の**蒸気船**，ハドソン川を航行　**運河**開設
25 **スティーヴンソン**が蒸気機関車を**実用化**
30 **リヴァプール-マンチェスター間**に**鉄道開通**

↓

資本主義の確立

工場制機械工業の成立
○**大量生産**の時代へ

産業資本家の台頭
○**自由主義運動**の進展

階級の分化
○資本家と労働者の二大階級が成立 ➡p.182

社会問題・労働問題の発生 → 社会主義運動・労働運動
○工業都市の発展とスラムの形成
○**女性労働者・年少労働者**の出現→1833 **工場法**
○労悪(長時間・低賃金)な労働条件と貧富の差の拡大

1 産業革命の背景

A イギリス人の「インド・キャラコ狂」

歴史と文学　デフォー(1660ごろ～1731)のみたイギリス

デフォー(➡p.179)は小説『**ロビンソン=クルーソー**』の著者として名高いが，実は経済評論家でもあった。彼は17世紀のイギリスの生活を右のように記している。

…**コットン**はわれわれの家のなかにも侵入し，化粧室や寝室を占領している。カーテン・クッション・いすからベッドにいたるまで，キャラコ*のようなインド製品が使われていないものはまずない。要するに婦人の衣服や家具に関するもので，かつてはウールや絹でつくられていたものは，どれもこれも**インド貿易**によって供給されるものにとってかわられたのだ。

*インド製の綿織物。名は輸出港のカリカットから転じたもの。

◀③「食前の祈り」　図のように，白い綿布が流通した。綿布は洗濯が手軽にでき，衛生的であった。〈シャルダン画，ルーヴル美術館蔵〉 ➡p.179

▲④綿花

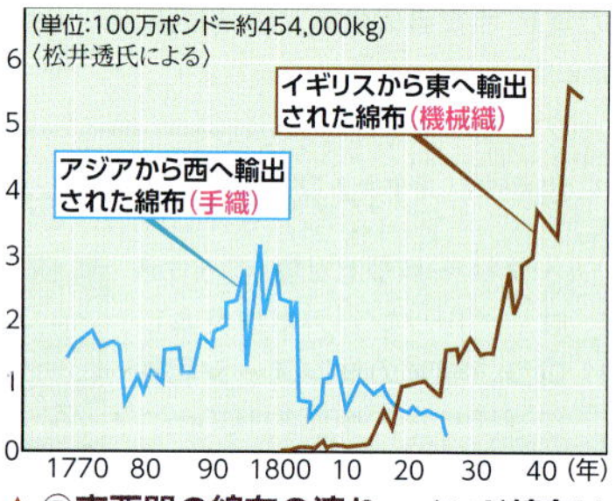

(単位:100万ポンド=約454,000kg)〈松井透氏による〉
アジアから西へ輸出された綿布(手織)
イギリスから東へ輸出された綿布(機械織)
0 1 2 3 4 5 6
1770 80 90 1800 10 20 30 40(年)

▲⑤東西間の綿布の流れ　**インド綿布**は当初，ヨーロッパで圧倒的な人気を誇ったが，産業革命後，インドは原料である**綿花**を輸出しイギリス綿製品を輸入することになった。

B 第1次・第2次囲い込み(エンクロージャー)

	第1次囲い込み ➡p.166	第2次囲い込み
時期	15世紀末～16世紀	17世紀後半～19世紀前半
推進者	ジェントリ(郷紳)・富裕農民　〈非合法〉	地主寡頭制の議会立法による　〈合法〉
目的	羊毛増産 → 牧場化	穀物増産
規模	全イングランドの2%	全イングランドの20%
影響と意義	・村落一括囲い込みで廃村も生じ，社会不安を招く ・ロンドンなど，都市への人口移動 ・都市浮浪者の増大(救貧法の施行)	・**開放耕地制**(保有地を共同で運営)の一掃 ・**独立自営農民**(ヨーマン ➡p.148)の没落 **農業革命** ↓ 資本主義的大農場経営，**ノーフォーク農法**(四輪作，休閑地なし)の普及 工業労働力の創出

▲⑥農業革命後の肥満牛　**第2次囲い込み**により農地が増えると，生産力が飛躍的に増大し，家畜の越冬が容易になった。その結果，食肉生産量も増大し，牛1頭の体重は170kgから360kgに増えたといわれる。

ヨーロッパ　MAP O～P　3部1章

2 技術革命(繊維工業)

1733 ジョン=ケイ,飛び梭(杼)を発明
布を織る速度が従来の2倍に。原料である糸が不足。Ⓐ

⇨ 1764 ハーグリーヴズ,ジェニー紡績機を発明
糸をつむぐ速度6～8倍に。Ⓑ

⇨ 1768 アークライト,水力紡績機を発明(69 特許取得)
水力利用で太くて強い糸をつむぐ。つむぐ速度600倍に。Ⓒ

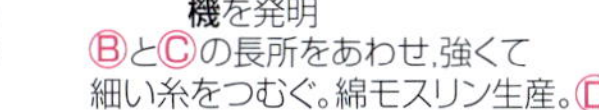

⇨ 1779 クロンプトン,ミュール紡績機を発明
ⒷとⒸの長所をあわせ,強くて細い糸をつむぐ。綿モスリン生産。Ⓓ

⇨ 1785 カートライト,力織機を発明
蒸気機関を利用することで,大量の布の生産が可能に。Ⓔ

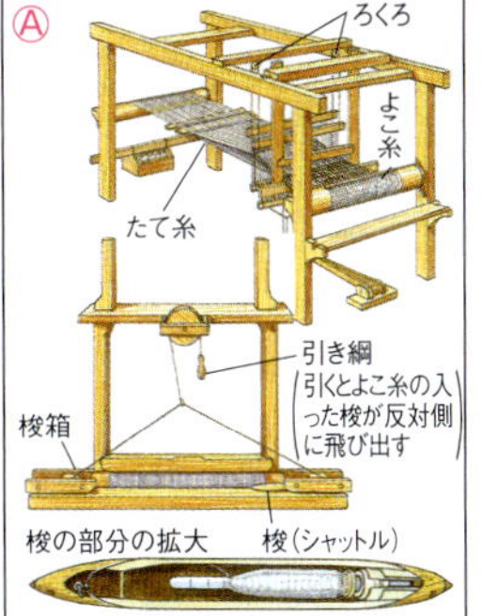

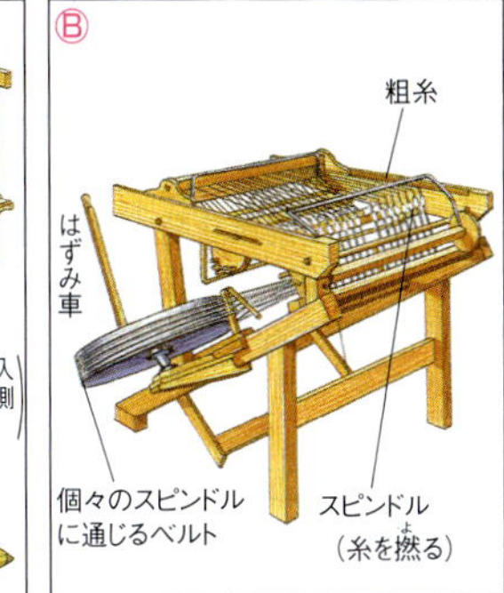

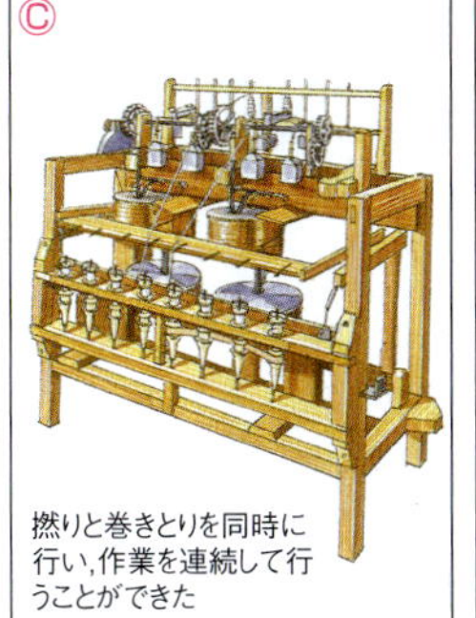

Ⓒ
撚りと巻きとりを同時に行い,作業を連続して行うことができた

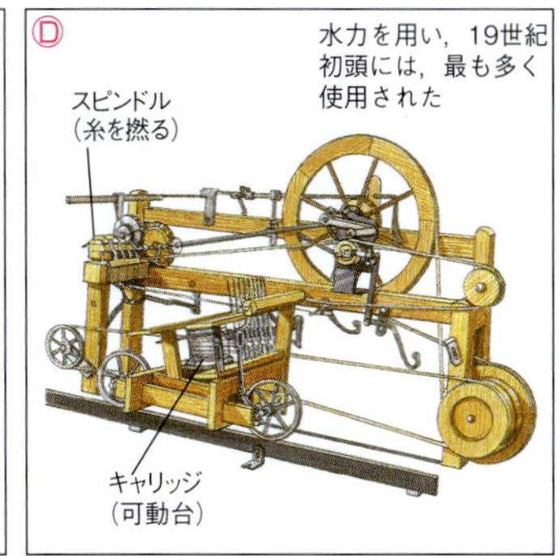

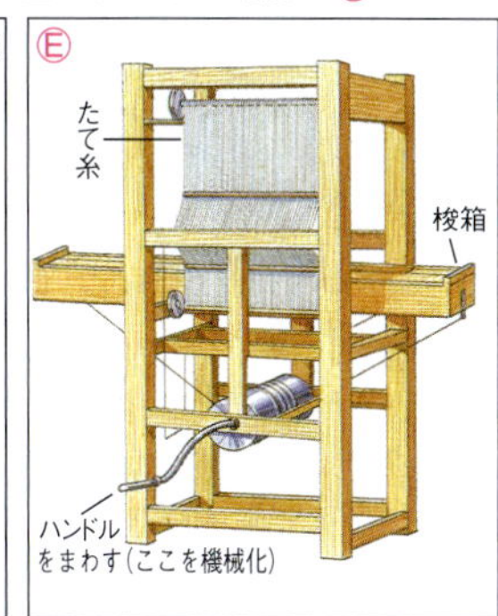

3 動力革命

➔p.363

▲⑦**ワット**(1736～1819)
ニューコメンの**蒸気機関**の修理を頼まれ,試行錯誤するうちに効率のよい蒸気機関に改良した。

▼⑧蒸気機関のしくみ

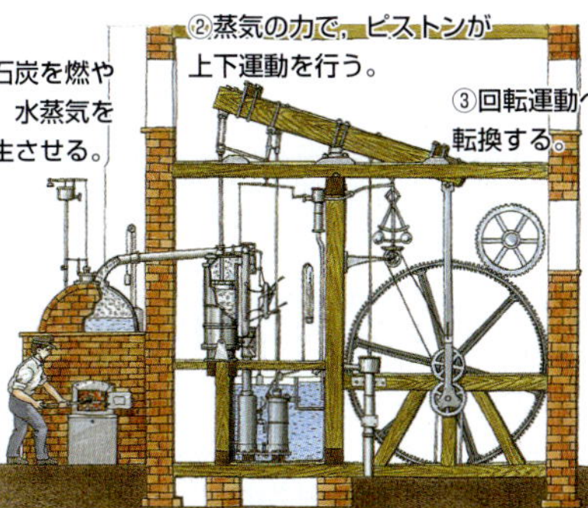

4 交通革命

▲⑨**スティーヴンソン**(1781～1848)
トレヴィシックの**蒸気機関車**に刺激され開発に熱中。1814年に進退自由な鉱山用の蒸気機関車を発明した。

▲⑩**ストックトン-ダーリントン間を走るロコモーション号**
1825年の開通式で**スティーヴンソン**が設計・製作した機関車は,600人以上の乗客を乗せて時速約18kmで走った。その後1830年のリヴァプール-マンチェスター間の鉄道開通が,最初の本格的な営業運転とされる。

▼⑪**世界初の実用蒸気船** 当時イギリス政府は蒸気機関の輸出を禁じていた。解体部品を購入し,組み立てて建造した**フルトン**(米)のクラーモント号は,平均4ノットで航行した。

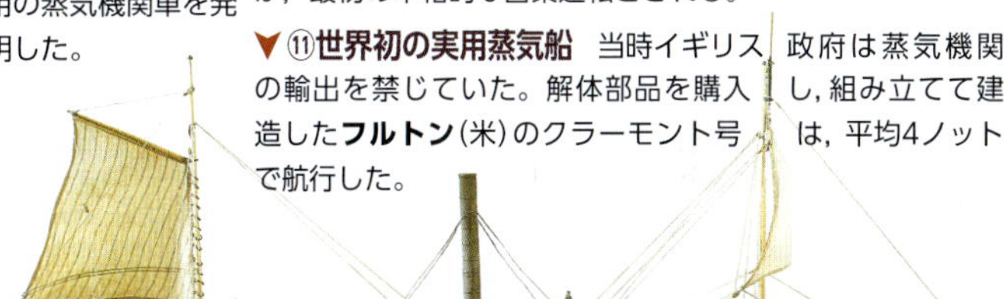

5 「世界の工場」イギリスと各国の工業化

A イギリスの工業の発展と人口の増加

(百万人) 10 9 8 7 6 5 4 3 2 1 0
1700 1750 1800 1850(年)
総人口 都市人口
1696年 550万 140万
1801年 832万 366万
1881年 2591万 1728万
石炭産出量(1,000万t)
綿花輸入量(100万ポンド)
銑鉄生産量(100万t)

B 産業革命後のイギリス

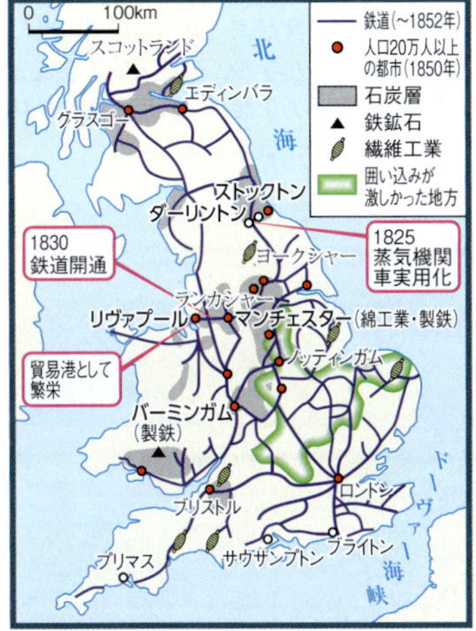

▼⑫**製鉄工場の内部のようす**(ドイツ,1875年)
1709年,**ダービー**が**コークス製鉄法**(➔p.218)を開発し,木炭から石炭,コークスに燃料を変えることで,鉄材の大量生産が可能になった。イギリスと同様に石炭・鉄鉱石を産するドイツでも,遅れて重工業中心の産業革命が進展した。

C 各国の工業化 ➔p.218～219

	開始時期	特徴
イギリス	18世紀半ば	産業革命の発祥地。「**世界の工場**」とよばれ19世紀前半まで他国をリード
ベルギー	19世紀初頭	石炭など豊富な資源を背景に,独立と同時にイギリスに次いで産業革命を達成
フランス	19世紀初頭	七年戦争やフランス革命により産業革命の開始が遅れ,1830年**七月革命**以降本格化 ➔p.193
ドイツ	19世紀前半	**ドイツ関税同盟**(➔p.201)により進展。おもに国家主導で行われる。重化学工業の分野で他国をしのぐ
アメリカ	19世紀半ば	1812年米英戦争を契機に開始し,**南北戦争**後(➔p.207)に本格化。19世紀末には英を追い越し,世界一の工業国へ
日本	19世紀後半	明治維新後に国家主導で着手(殖産工業)**日清・日露戦争**後に本格化
ロシア(ソヴィエト)	19世紀後半	1861年の**農奴解放令**が契機 ➔p.204 1890年代から仏資本の導入で本格化

今日とのつながり 今でもロンドンが世界金融の中心の一つであるのは,イギリスが産業革命によって「世界の工場」,そして19世紀には「世界の銀行」(➔p.196)になったことによる。

ヨーロッパ MAP O～P 3部1章

産業革命② ～工業化の影へのまなざし ➔巻頭15

ヒストリーシアター 人々の生活にもたらされた光と影

▲①ロンドンでの舞踏会に集まる娘たち(左)と▲②マッチ工場で働く娘たちの住まい(右)

よみとき このころイギリスには「二つの国民」がいるといわれたが，その意味を2枚の絵から考えよう。

環境 都市化の進展と公害

鉄と**石炭**によって支えられた**産業革命**は，商工業を発展させ，**リヴァプール**や**マンチェスター**のような商工業都市が成長すると同時に人口の都市集中を招いた。都市では石炭を産業活動や家庭燃料として使用したので，有害な物質が排出され，人々は**スモッグ**に悩まされた。河川は工場からの排水と家庭から流れ出る汚水とで猛烈な異臭を発する状況であった。ロンドンのテムズ川では「一滴に百万匹の虫がいる」といわれたが，人々はこのような河川の水を生活用水として使用するしかなく，コレラの流行の一因ともなった。

▼③スモッグでけむる工業都市

▼④テムズ川の汚濁を描いた風刺画

1 労働者の生活

A 低賃金での長時間労働 史p.351

◀⑤ムチで打たれる少年(左)と▲⑥子どもの炭鉱労働者(上) 織機の下や狭い坑道での作業には子どもが使役された。低賃金で，劣悪な環境であったが，家族の重要な収入だった。

B ロンドンのスラム

▲⑦ジン横町 急増した労働者が流入したロンドンにはスラムが形成された。人々はジンなどの強い酒で労働のうさを晴らし，夜泣きする乳幼児には酒が眠り薬として与えられたという。〈ホガース画〉

C ラダイト(機械うちこわし)運動

▲⑧機械をうちこわす人々 18世紀後半に機械の改良によって失業した熟練工たちが，機械や工場に敵意をもち，機械破壊を行った。1810年代に運動は激化し，政府は関係者を厳しく罰した。うちこわしの参加者には死刑を科されたこともあったため，この運動は衰退し，のちの**チャーティスト運動**(労働者の参政権獲得運動 ➔p.195)や**労働組合活動**へと変化していった。

2 社会主義思想の芽生え

社会主義の歴史 ➔p.183

社会主義思想
・公平な分配制度で富の不平等を是正

「空想的社会主義」
- 人道主義的な情熱

ロバート=オーウェン(英)
工場法(1833)成立に尽力
協同組合を創設 ➔p.195
サン=シモン，フーリエ(仏)
ルイ=ブラン(仏)

イギリス経済学／フランス社会主義／ドイツ観念論 ← ヘーゲル(独)
- 弁証法的発展論 ➔p.177

無政府主義(アナーキズム)
- 国家権力を否定
- 労働者の直接行動を重視

プルードン(仏)
バクーニン(露)

「科学的社会主義」
- 資本主義の構造を理論的に究明し，階級闘争による社会の発展を主張

マルクス(独)
エンゲルス(独)
『共産党宣言』 史p.352

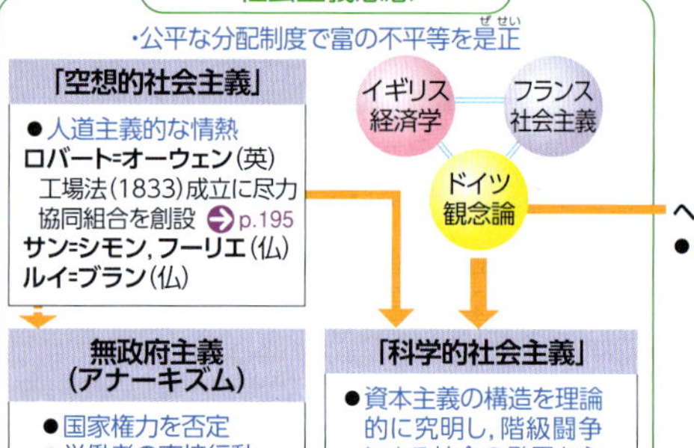

◀⑨ロバート=オーウェン(1771～1858) イギリスの**社会主義思想家**，実践家。低所得の労働者の実情を見て，幼稚園や小学校，夜間の成人学校をも開設。のちにアメリカに渡り，共産主義的な共同生活村を創設するが，3年で失敗。

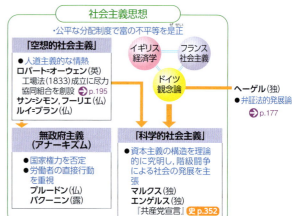

▶⑩ニューラナーク村の紡績工場(グラスゴー郊外) オーウェンは工場を中心に村全体の改革に着手し，理想の「モデル」として工場主を説得した。現在は世界遺産に指定され，当時の労働者住宅や学校が再現されている。

今日とのつながり イギリスに始まる産業革命は，現在の資本主義工業社会をもたらすとともに，本格的な環境問題を招いた。

特集 社会主義の歴史

キーワード 社会主義
生産手段(土地や工場・企業など)の共有や富の再分配などによって平等な社会をめざす思想や運動をいう。**マルクス・エンゲルス**らが提唱した「科学的社会主義」は高い支持を得たが，**ロシア革命**(➡p.238)の進展のなかで，一党独裁を認める**ソ連型社会主義**(共産主義)と議会制民主主義により漸進的改革を進める**社会民主主義**に分かれた。ソ連型社会主義体制は，1989年の東欧革命を機に解体が進んだ。

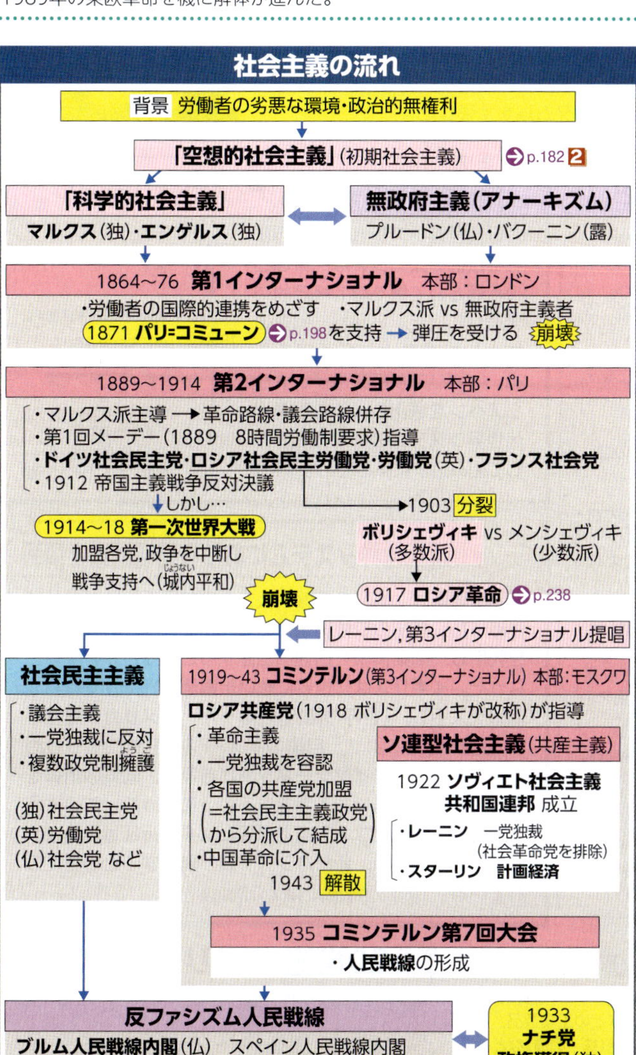

1 社会主義思想の発展 ➡p.309

◀①マルクス (1818～83) 1848年，二月革命直前に**エンゲルス**とともに『**共産党宣言**』史p.352を発表し，労働者階級による政権獲得を訴えた。また主著『**資本論**』で資本主義社会の構造を分析し，それをもとに社会主義の必然性を説いて**第1インターナショナル**を理論面から支えた。経済学にもとづく彼の理論は，彼の死後，エンゲルスらによって「空想的社会主義」の理想論と対比して「科学的社会主義」とよばれた。

テーマ タイムマシンの"発明"と階級格差

イギリス労働党の一派で穏健な社会改革をめざす**フェビアン協会**に参加した作家**H.G.ウェルズ**は，1895年に小説『**タイムマシン**』を発表した。このなかでウェルズは，80万年後の未来を労働者と上流階級とが別種の生物へと分かれてしまった社会として描き，階級格差の拡大に警鐘を鳴らした。

▲②H.G.ウェルズ (1866～1946)

▶③『タイムマシン』表紙

2 各国における社会主義の動き

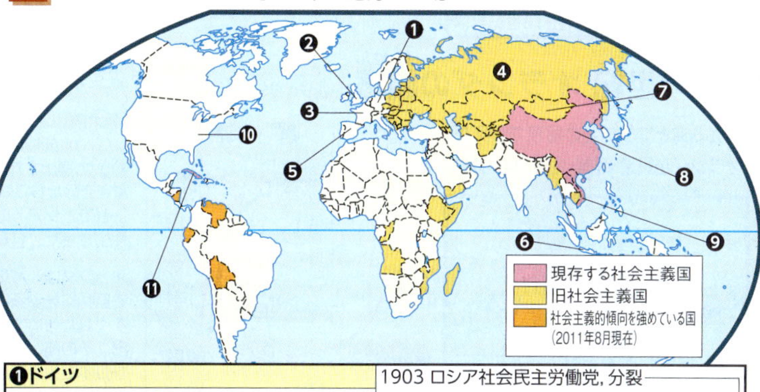

❶ドイツ
1863 全ドイツ労働者協会(ラサール)
69 社会民主労働者党(ベーベル)
75 社会主義労働者党
78 **社会主義者鎮圧法** 90 失効
ビスマルクの社会政策 ➡p.201
90 **ドイツ社会民主党**(SPD)
革命路線(実際には議会で勢力伸長)
99～1903 **修正主義**論争(ベルンシュタイン)
1918 **ドイツ革命** ➡p.242 社会民主党 分裂
・主流派…政権参加(**エーベルト**大統領)→鎮圧
・急進派…共産党結成，**スパルタクス団の蜂起**(19)

❷イギリス
1884 社会民主連盟…マルクス主義
84 **フェビアン協会**…漸進的社会改革(ウェッブ夫妻・バーナード=ショー)
93 独立労働党(ケア=ハーディ)
1900 労働代表委員会(マクドナルド)
06 **労働党** **議会路線**
24 マクドナルド内閣(初の労働党政権) ➡p.242

❸フランス
1895 労働総同盟(CGT，第2インターナショナル不参加)
・**サンディカリズム**…労働組合による社会革命
1905 **フランス社会党** **議会路線**
20 フランス共産党(社会党から分離)
36 **ブルム人民戦線内閣**

❹ロシア
1898 **ロシア社会民主労働党** **革命路線** ➡p.238
1901 **社会革命党**(エスエル)…農民重視
1903 ロシア社会民主労働党，分裂
・**ボリシェヴィキ**…革命家の指導，急進革命
・**メンシェヴィキ**…大衆による漸進的革命
05 **血の日曜日事件**(→第1次ロシア革命)
17 **ロシア革命** ➡p.238
18 ボリシェヴィキ，**ロシア共産党**に改称
22 **ソヴィエト社会主義共和国連邦**

❺スペイン
1936 アサーニャ人民戦線内閣 ➡p.253

❻インドネシア
1920 インドネシア共産党(**アジア最初の共産党**)

❼モンゴル
1924 **モンゴル人民共和国**(アジア最初の社会主義国)

❽中国
1921 **中国共産党**(**陳独秀**ら) ➡p.246
49 **中華人民共和国**(**毛沢東**主席) ➡p.295

❾ベトナム
1930 **インドシナ共産党**(**ホー=チ=ミン**ら)
45 **ベトナム民主共和国** 独立宣言 ➡p.294
76 **ベトナム社会主義共和国** ➡p.294

❿アメリカ
1886 アメリカ労働総同盟(AFL)
1901 アメリカ社会党
05 世界産業労働者同盟(IWW)
○ セオドア=ローズヴェルトの革新主義
社会主義勢力後退

⓫キューバ
1959 **キューバ革命**(**カストロ**・**ゲバラ**ら) ➡p.279
61 社会主義宣言

MAP Q-R

特集 近代世界システム（世界的分業体制）の成立

巻頭15

「近代世界システム」とは？

ここでは，**近代世界システム論**という理論に沿って歴史をとらえなおしてみましょう。これまで地域別に学習してきた事項のなかには，実は世界の諸地域と強く結びついて起こったものが多くあったのです。近代世界システム論とは，各地域の動きは，**世界的な経済分業システム**のなかで成り立っていると考え，世界規模の視点で歴史を見ていくものです。

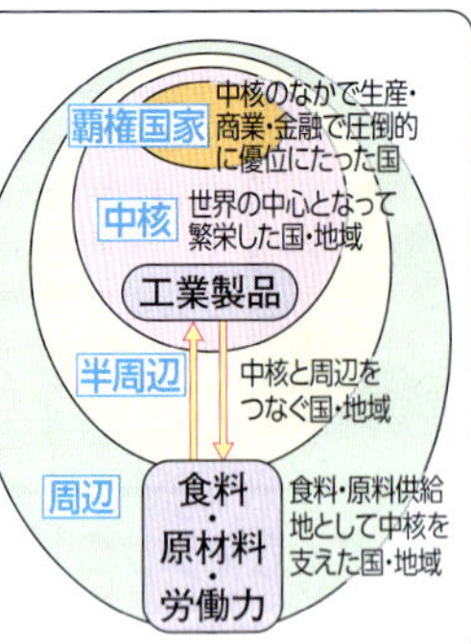

ひと 近代世界システム論を唱えるウォーラーステイン（1930～2019）

現代のアフリカ社会を研究していた社会学者ウォーラーステインは，アフリカが近代化できないのは，目に見えない形で**経済的に不利な立場（「周辺」）**におかれてきたためではないかと考えた。彼は，**「大航海時代」**以後，西欧諸国が**中核**となって，東欧・ロシア・「新大陸」・アジア・アフリカの富を収奪する**不平等なシステム（構造）**が成立し，歴史が展開したと考える，近代世界システム論を主張した。

1 16世紀 近代世界システムの成立

大航海時代を牽引したスペインが，「新大陸」との交易で大発展した！

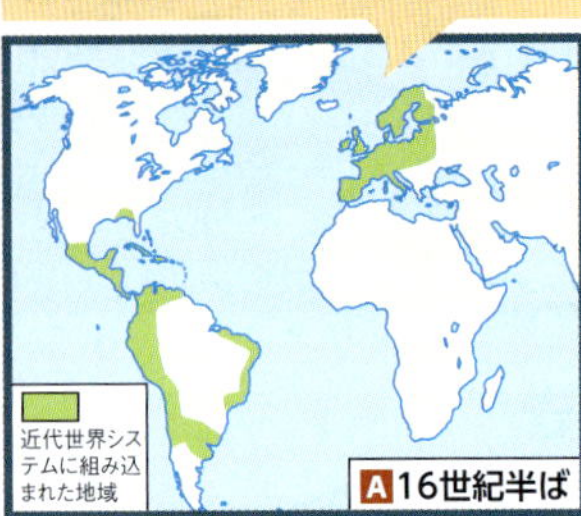

A 16世紀半ば

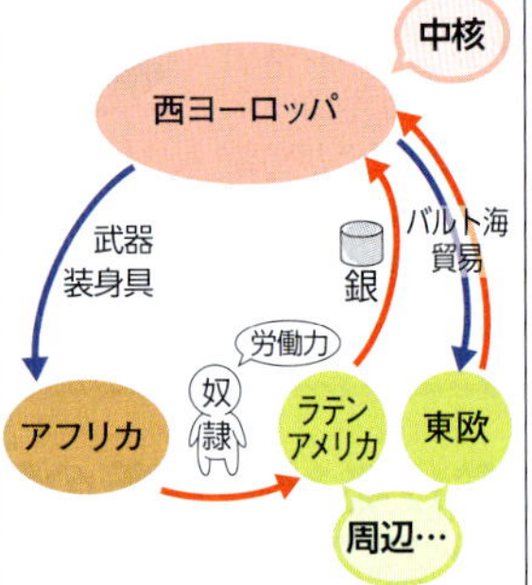

16・17世紀

何が取引されていた？

西ヨーロッパから…
武器などをアフリカへ，アフリカから「新大陸」へ奴隷を供給 ➔p.171
＋
工業製品，ニシン加工製品，海運業（17世紀）

西ヨーロッパへ…
ペルー・メキシコ産の銀，さとうきび
＋
穀物，船舶資材となる木材・タールなど（17世紀）

なぜ発展した？

「新大陸」に到達したヨーロッパ人が，先住民を強制的に働かせ，産出された銀などの富を自分たちのものとし，得た銀でアジアとの交易を活性化させた。（16世紀）

オランダは，バルト海貿易で原材料を安価に仕入れ，すぐれた製造業で製品を輸出。その高い生産力が潤沢な資本を生み出し，金融業も発展したことで最初の覇権国家に。（17世紀）

2 17世紀 オランダの覇権

➔p.170,175

バルト海とアジアとの貿易で栄えたオランダが貿易・商業・金融の中心に！

B 17世紀半ば

テーマ 近代世界システムの中の東アジア

近代世界システムに組み込まれる以前の東アジアは，茶などの代価として銀を得て経済的に発展していた。しかし，需要の拡大した茶をより多く得るため，イギリスが植民地インドからアヘンを輸出し，それ以降近代世界システムの中に「周辺」として組み込まれることとなった。

- 16世紀：すでにアジアで発達していた交易にヨーロッパが参入
- 17世紀・18世紀：貿易・出入国の統制強まる 例）日本の「鎖国」など／国内農業・手工業が発達
- 19世紀：中国，近代世界システムへ組み込まれる／アヘン貿易で「周辺」へ…華僑ネットワークの発展 ➔p.209,228

テーマ 近代世界システムにおける覇権国家と情報

覇権国家は，最新の情報システムの掌握と強いつながりがあった。最初の覇権国家である**オランダ**は，**活版印刷術**を利用し，商業情報を迅速に伝達することで世界の中心となった。**イギリス**は，世界に敷いた**電信**（➔p.197）で有利な情報を入手し，「**世界の銀行**」となった。**アメリカ**は**電話**という音声情報により，自国のイメージを世界に知らしめた。そして現代は**インターネット**が普及し，同質の情報を世界のどこでも誰でも入手できるようになった。このような社会は，中心となる国家を必要とせず，近代世界システムは終焉へ向かい，新たなシステムが誕生するとも考えられている。〈参考：玉木俊明『〈情報〉帝国の興亡』〉

3 19世紀 イギリスの覇権

➔p.170,196

世界で最初に産業革命を達成したイギリスが，輸出市場や原料供給地を求めて世界各地を植民地化していった！

C 19世紀初め

何が取引されていた？

イギリスから…**綿織物**，機械などの工業製品，金融商品（株・国債）など
イギリスへ…**原材料**（綿花），**嗜好品**（紅茶）など

なぜ発展した？

産業革命により，低コストで大量に工業製品を生産し，輸出市場・原料供給地としてアジアに進出。植民地だけではなく，他の地域もイギリスとの貿易に依存。

4 20世紀 アメリカの覇権

2度の世界大戦で唯一疲弊しなかったアメリカが，工業・商業・金融のどの面においても圧倒的な存在となった！

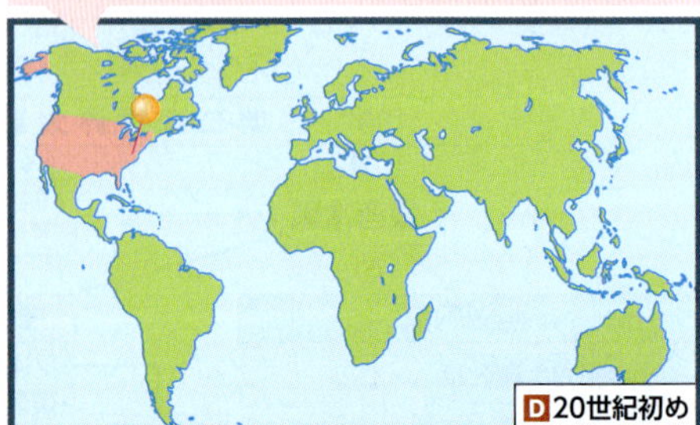
D 20世紀初め

覇権：イギリス

綿織物生産の増加により，国内では供給過多になってしまった分，インドへ輸出するようになった！

周辺：インド

インドはかつて綿織物の産地であったのに，イギリスとの貿易で原材料である綿花の供給地となり，植民地化されてしまった！ ➔p.180

◀①**イギリス人将校とインド人使用人** インドにやってきたイギリス人将校は高給をとり，多くのインド人を雇って，本国ではできない貴族さながらの生活を送った。

ベトナム戦争後にはアメリカの覇権も衰退し始めました。21世紀になった現在は**グローバリゼーション**の時代となって世界の結びつきが強まるなか，確かな覇権が存在しない時代を迎えています。 ➔p.272～273

特集 環大西洋革命

環大西洋革命とは

18世紀後半から19世紀前半に起こった**イギリスの産業革命**と**フランス革命・アメリカ独立革命・ラテンアメリカ諸国の独立**は，**七年戦争**を契機にほぼ同時期に発生し，自由主義的な要素をもつ一連の革命とみなすことができる。これらの革命は，貿易などで結びつきを強めた大西洋を取り巻く地域で起こったため，**環大西洋革命**とよばれる。

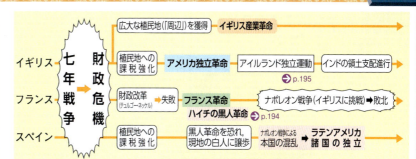

七年戦争 ➡ 財政危機

- イギリス：広大な植民地(「周辺」)を獲得 ― **イギリス産業革命** ➡
- イギリス：植民地への課税強化 ― **アメリカ独立革命** ― アイルランド独立運動 ― インドの領土支配進行 ➡ ➡p.195
- フランス：財政改革(テュルゴー・ネッケル) ➡ 失敗 ― **フランス革命** ― ナポレオン戦争(イギリスに挑戦) ➡ 敗北 ➡
- **ハイチの黒人革命** ➡p.194
- スペイン：植民地への課税強化 ― 黒人革命を恐れ，現地の白人に譲歩 ― ナポレオン戦争による本国の混乱 ➡ **ラテンアメリカ諸国の独立** ➡

▲①七年戦争の各国への影響

イギリス産業革命 ➡p.180

七年戦争に勝利したイギリスは，広大な**植民地**を手に入れた。植民地は**産業革命**を迎えていたイギリスの工業製品の市場となり，また綿花のような原料を供給する場となって，ますますイギリスの工業化を進展させることとなった。

▲②**ロンドン港のにぎわい** ロンドンは大型船もテムズ川を遡上(そじょう)できたので，古くから貿易港として栄えた。絵はロンドン橋近くにあった東インド会社の埠頭(ふとう)。

フランス革命 ➡p.188

七年戦争に敗北したフランスは財政改革を行ったが，課税をきらう貴族の抵抗で失敗。重税に耐えかねた農民や，より自由な活動を求めた商工業者などのブルジョワジーは絶対王政に反発。**フランス革命**が引き起こされた。

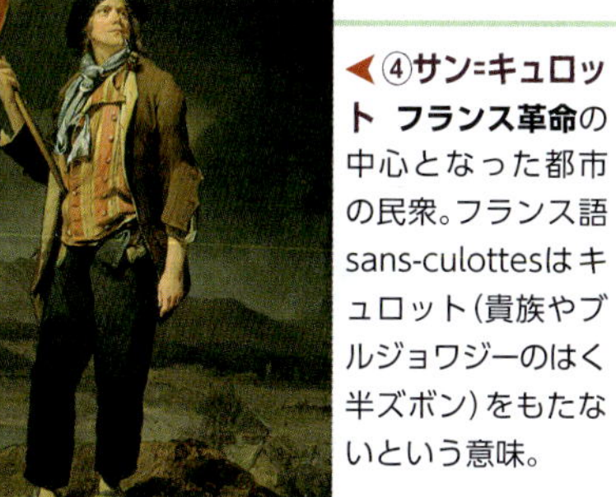

◀④**サン=キュロット** **フランス革命**の中心となった都市の民衆。フランス語sans-culottesはキュロット(貴族やブルジョワジーのはく半ズボン)をもたないという意味。

▼③七年戦争に関係した国のその後の動乱

七年戦争の負担を英領だったアメリカに課税

アメリカ独立革命 ➡p.186

イギリスは**七年戦争**に勝ったものの，財政は困窮(こんきゅう)し，その負担をアメリカ植民地に負わせようと，さまざまな税をかけた。植民地の独立への機運は高まり，ついに**アメリカ独立革命**にいたった。アメリカ革命の理念は**フランス革命に影響**を与えた。

▲⑥独立革命の発端となったレキシントン-コンコードの戦い

アメリカ独立革命の理念が影響 ➡

植民地生まれの白人(クリオーリョ)が起こした革命という共通点がある

フランス革命の理念と本国の混乱 ➡

ラテンアメリカの独立革命 ➡p.194

アメリカ独立と**フランス革命**の理念は，ラテンアメリカに影響を与えた。まず**ハイチ**で**黒人奴隷(どれい)**が蜂起(ほうき)し(**ハイチ革命**)，ラテンアメリカ諸地域も**ナポレオン戦争**によって本国が混乱すると，独立へ向かった。

▲⑦独立のためペルーで戦うシモン=ボリバル

▲⑤**ナポレオンの登場** フランスの近代化を方向づけた。**大陸封鎖令**でイギリスの覇権(はけん)にいどんだが，**ロシア遠征**失敗で没落。➡p.191

ヨーロッパ各国の革命へ ➡p.193

アメリカ独立革命 ～成文憲法をもった共和政国家の誕生

ヒストリーシアター **税金払いますか？それとも…**

◀①**ボストン茶会事件** 1773年，イギリスは，アメリカにおける紅茶の販売独占権を**東インド会社**に与えるという**茶法**を発布した。これに反発した**植民地**の人々が，ボストン湾に停泊していた東インド会社の船を襲い，商品の紅茶が入った箱を海に投げ込んだ事件。

▲②**船上での行動**

よみとき 船の上にいる植民地の人々の服装に注目してみよう。彼らが海に投げ込んでいるものは何だろう。それを投げ込んだ理由と人々が喝采(かっさい)している理由を考えてみよう。

アメリカ独立革命の展開 p.206▶

▭ 植民地への課税強化法（重商主義政策による）

	北米イギリス植民地	イギリス・その他
イギリスの重商主義政策（連帯）	1584 **ローリ**(英)のヴァージニア植民(→失敗)	
	1607 **ヴァージニア植民地建設**	1604 仏，**カナダ**植民開始
	19 ヴァージニア議会成立（アメリカ最初の議会）	08 仏，**ケベック**市建設
	20 **メイフラワー号でピューリタンのピルグリム=ファーザーズがプリマス上陸**	42 **ピューリタン革命**(～49)仏，モントリオール市建設
	52 **第1次英蘭(イギリス-オランダ)戦争**(～54)	51 **航海法**
	64 英，**ニューアムステルダム**を奪い，**ニューヨーク**と改称	
	81 ウィリアム=ペン，**ペンシルヴェニア植民地建設**	82 ラ=サール(仏)，ミシシッピ流域を**ルイジアナ**と命名
		88 **名誉革命**(～89)
	1689～97 **ウィリアム王戦争**←	1688～97 **プファルツ継承戦争**
	➡p.170	1699 羊毛品法
	1702～13 **アン女王戦争** ←	1701～13 **スペイン継承戦争**
	1732 **ジョージア**植民地建設 **13植民地の成立**	1732 帽子法
		33 糖蜜(とうみつ)法
	1744～48 **ジョージ王戦争**←	1740～48 **オーストリア継承戦争**
		1750 鉄法
	1755～63 **フレンチ-インディアン戦争**←	1756～63 **七年戦争**
植民地統制強化（対立）	1763 **パリ条約** 英，**カナダ・ミシシッピ川以東のルイジアナ・フロリダ**獲得 ➡p.170 **英仏植民地戦争終結**	
		1764 通貨法・砂糖法
	1765 「**代表なくして課税なし**」の決議 ←	65 **印紙法**
	英国品不買運動広がる ⇄	66 印紙法撤廃
		67 **タウンゼンド諸法**
	73 **ボストン茶会事件** ⇄	73 **茶 法**
	74 **第1回大陸会議**(フィラデルフィア) →	74 **ボストン港閉鎖法**
	75 パトリック=ヘンリの演説「**自由か，しからずんば死か**」	マサチューセッツ弾圧法
		ケベック法
独立戦争（アメリカ合衆国の成立）	**独立戦争**(1775～83)	
	1775 **レキシントン-コンコードの戦い** 第2回大陸会議(大陸軍司令官に**ワシントン**を任命)	
	76 **トマス=ペイン『コモン=センス』発刊** **7月4日「独立宣言」**(**トマス=ジェファソン**らの起草，フィラデルフィア)	
	77 **ラ=ファイエット**の仏義勇兵到着 **サラトガの戦い**で植民地側勝利	
	78 **フランス**参戦 79 **スペイン**参戦 80 **オランダ**参戦	
	80 **武装中立同盟結成**(ロシアの**エカチェリーナ2世**が提唱)	
	81 **ヨークタウンの戦い**で英，決定的敗北 「**アメリカ連合規約**」発効で**アメリカ合衆国**成立→連合会議発足	
	83 **パリ条約(英，アメリカ独立を承認)** → **合衆国の誕生**	
	1787 **憲法制定会議**(**連邦派と反連邦派の対立**) **アメリカ合衆国憲法**制定 翌年9州以上の批准(ひじゅん)で発効	ミシシッピ川以東のルイジアナをアメリカに割譲 ➡p.170
	89 **ワシントン初代大統領就任**	1789 フランス革命勃発(ぼっぱつ)

1 北米植民地の変遷(へんせん)

A 18世紀前半の領土 世界全図p.38～41 ➡p.171 1

▼③**プリマスプランテーション**(復元) 宗教上の自由を求めて渡米したとされる**ピルグリム=ファーザーズ**だが，それは少数派で，大半は経済的理由から植民地のプランテーションで働くことを目的としていた。

B パリ条約(1763年)後の領土 世界全図p.40～41

イギリスの支配地域
スペインの支配地域
1763年イギリス国王布告線(以西の白人移住を禁止)

北部の輸出品 小麦・魚・タバコ・船舶・木材 植民地商人による取り引き

中部の輸出品 小麦・魚・タバコ・木材 植民地商人による取り引き

南部の輸出品 米・インディゴ*・タバコ イギリス本国や，スコットランド商人による取り引き *青色の染料

C 植民地の特徴

イギリス		フランス
東海岸（のちの13植民地）	おもな領域	カナダ，ルイジアナ
高い	人口密度	低い
自営農民	おもな職業	毛皮商人
定住の社会をつくりあげる →アメリカ先住民との確執	社会	毛皮取引がおもなため，定住少ない
国王の特許状による運営（自治権が強い）	統治制度	国王任命の総督による直接統治

▲④**植民地の比較**

今日とのつながり ヴァージニアはイギリス女王エリザベス1世(➡p.166)に，ルイジアナはフランス国王ルイ14世(➡p.168)にちなんで名づけられた。

2 植民地の自治と独立の機運

北部　タウン＝ミーティング
・小規模な村落のタウン(700人前後)に成立
・教会の自治を基礎に政治も自治的に運営
・自由人の成人男子がすべて参加する直接民主政
・植民地議会の議員選出

南部　カウンティ制
・北部と違い，プランテーションなど，農地に住居が散在
・カウンティ(郡)ごとに統治機関をもち，プランターが統治機関を独占

植民地議会
・最初の代表制議会はヴァージニアで開かれる(1619年)
・財産資格による制限選挙
・一般選挙による下院と，行政部を組織した上院

▲⑤植民地の自治

▲⑥印紙法に反対する人々　イギリス本国は**七年戦争**の負債解消のため，北米での出版物などに課税する**印紙法**を制定したが，植民地の人々は「**代表なくして課税なし**」と反対した。

ひと　独立は「当然の常識」と訴えたトマス＝ペイン(1737～1809年)

種々の職業を転じたのち，**フランクリン**(➡p.176)の勧めで**フィラデルフィア**に移住した。独立革命が始まると，匿名で『**コモン＝センス**』(史p.352)を発刊。独立後のアメリカの発展を強調し，植民地人の不安を取り除いた。刊行3か月で12万部売れたが，当時の白人人口が約200万人であったことを考えると驚異的といえる。植民地人の識字率が高かった点も，本書がベストセラーとなる要因であった。のちにフランスの**国民公会**(➡p.188)の議員にもなった。

3 アメリカ独立戦争(1775～83年)

世界全図p.40～41 ➡p.206 1

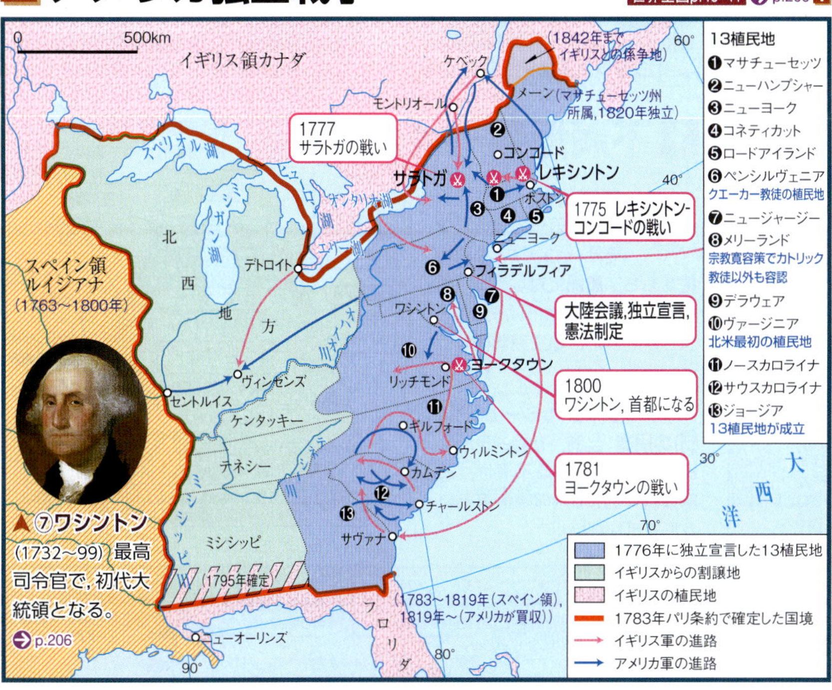

▲⑦ワシントン(1732～99)　最高司令官で，初代大統領となる。➡p.206

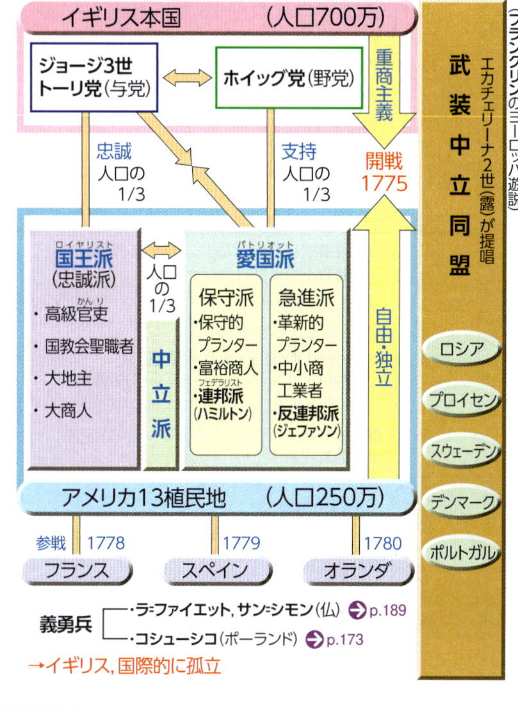

▼⑧独立戦争時の対立関係

4 アメリカ合衆国の誕生

合衆国憲法　1787年制定(1781年の連合規約改正が名目)

特色
1　**人民主権**
2　**連邦主義**…中央政府と州自治を折衷
3　**三権分立**…立法・行政・司法
主権在民を明示する世界初の成文憲法

連邦主義
- 連邦政府…軍事，外交，通商規制など一定の権限
- 州政府…その他の権限

◆**連邦派**(中心 ハミルトン)と**反連邦派**(中心 **ジェファソン**)の対立
◆商工業の発達した東部などは連邦制に賛成したが，概して西部は反対した

三権分立制
- 立法…**連邦議会**
  上院(各州2名　任期6年)
  下院(各州の人口により比例　任期2年)
- 行政…間接選挙による**大統領**
- 司法…**連邦最高裁判所**

▲⑨政治機構

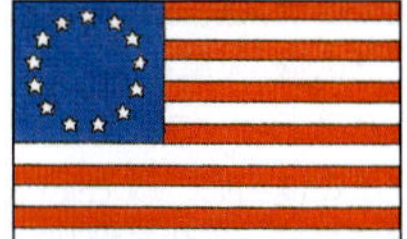

◀⑩**当時の合衆国国旗**　星とストライプの数は独立時の州の数の13。この旗の製作を依頼した**ワシントン**は，「星は天を，赤は母国なるイギリスを，赤地を横切る白いストライプはイギリスからの独立を表す」とした。

「アメリカ独立宣言」(1776年7月4日)(抜粋) 史p.352

We hold these truths to be self-evident, that all men are created equal, that they are endowed by their Creator with certain inalienable Rights, that among these are Life, Liberty and the pursuit of Happiness.(以下略)

われわれは，次の真理を自明なものと認める。すべての人は平等につくられていること。彼らは，その創造者によって，一定の譲るべからざる権利を与えられていること①。それらのなかには，生命，自由および幸福の追求がかぞえられること。そうして，これらの権利を確保するために，人々の間に政府が設けられ，その正当な権力は，被治者の同意にもとづくこと②。どんな形態の政治でも，この目的に有害なものとなれば，それを変更または廃止して新しい政府を設け③，その基盤となる原理，その組織する権力の形態が，彼らの安全と幸福をもたらすに最もふさわしいと思われるようにすることは，人民の権利であること。

①自然法（基本的人権）
②社会契約説
③革命権（抵抗権）

〈平凡社『西洋史料集成』〉

➤⑪**独立宣言の採択**　**ジェファソン**らがロック(➡p.177)などの思想を参考に起草。**フランクリン**が校閲。外国の支援獲得と，国内の**国王派**制圧のために公表された。なお，独立宣言にいう「人民」には，先住民や黒人は含まれていなかった。

今日とのつながり　合衆国紙幣にはおもに歴代の大統領の顔が描かれている。1ドルがワシントン，2ドルがジェファソン，5ドルが奴隷解放宣言を出したリンカン(➡p.207)となっている。

フランス革命 ～アンシャン=レジームの崩壊(ほうかい)

1～5 事件の順番

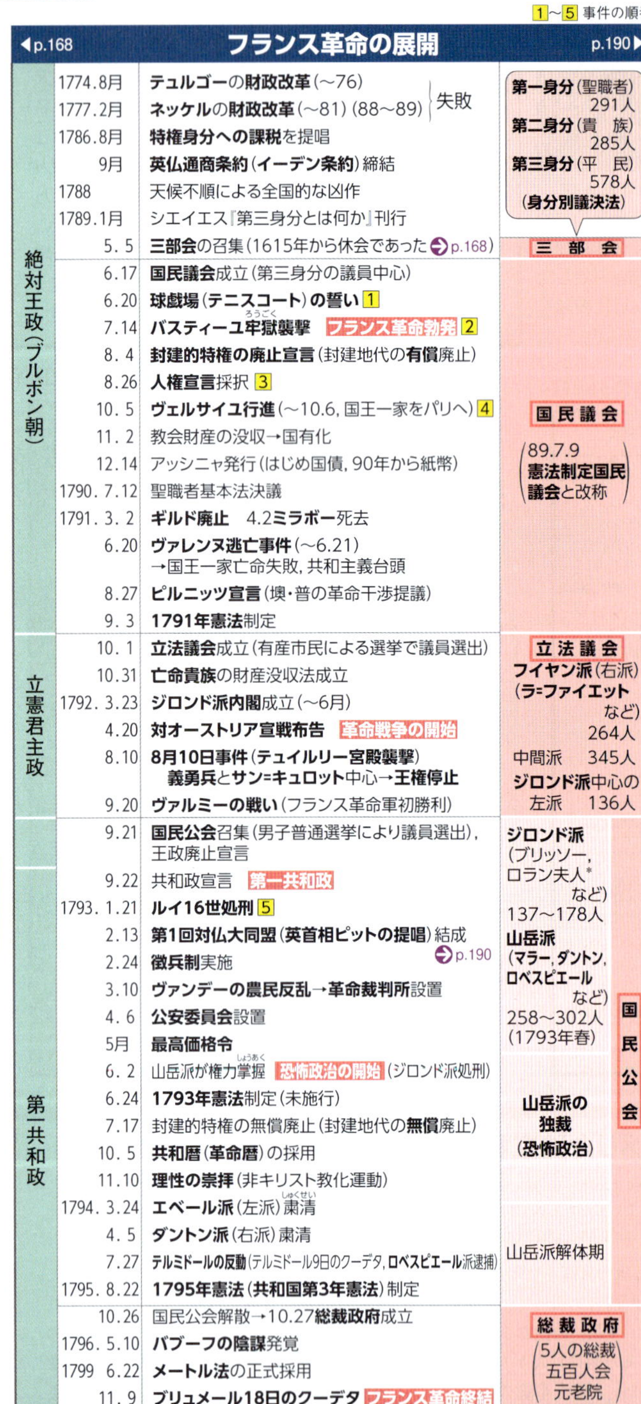

◀p.168 **フランス革命の展開** p.190▶

政体	年月日	できごと	議会
絶対王政(ブルボン朝)	1774.8月	**テュルゴーの財政改革**(～76) 失敗	**第一身分**(聖職者) 291人
	1777.2月	**ネッケルの財政改革**(～81)(88～89) 失敗	**第二身分**(貴族) 285人
	1786.8月	**特権身分への課税**を提唱	**第三身分**(平民) 578人
	9月	**英仏通商条約(イーデン条約)**締結	**(身分別議決法)**
	1788	天候不順による全国的な凶作	
	1789.1月	シエイエス『第三身分とは何か』刊行	
	5.5	**三部会**の召集(1615年から休会であった ➔p.168)	**三部会**
	6.17	**国民議会**成立(第三身分の議員中心)	**国民議会**
	6.20	**球戯場(テニスコート)の誓い** 1	
	7.14	**バスティーユ牢獄(ろうごく)襲撃** **フランス革命勃発** 2	
	8.4	**封建的特権の廃止宣言**(封建地代の**有償**廃止)	
	8.26	**人権宣言**採択 3	
	10.5	**ヴェルサイユ行進**(～10.6, 国王一家をパリへ) 4	
	11.2	教会財産の没収→国有化	(89.7.9 **憲法制定国民議会**と改称)
	12.14	アッシニャ発行(はじめ国債, 90年から紙幣)	
	1790.7.12	聖職者基本法決議	
	1791.3.2	**ギルド廃止** 4.2**ミラボー**死去	
	6.20	**ヴァレンヌ逃亡事件**(～6.21) →国王一家亡命失敗, 共和主義台頭	
	8.27	**ピルニッツ宣言**(墺・普の革命干渉提議)	
	9.3	**1791年憲法**制定	
立憲君主政	10.1	**立法議会**成立(有産市民による選挙で議員選出)	**立法議会**
	10.31	**亡命貴族**の財産没収法成立	**フイヤン派**(右派) (ラ=ファイエットなど) 264人
	1792.3.23	**ジロンド派内閣**成立(～6月)	
	4.20	**対オーストリア宣戦布告** **革命戦争の開始**	
	8.10	**8月10日事件(テュイルリー宮殿襲撃)** **義勇兵**と**サン=キュロット**中心→**王権停止**	中間派 345人
	9.20	**ヴァルミーの戦い**(フランス革命軍初勝利)	**ジロンド派**中心の 左派 136人
第一共和政	9.21	**国民公会**召集(男子普通選挙により議員選出), 王政廃止宣言	**国民公会** **ジロンド派**(ブリッソー, ロラン夫人*など) 137～178人
	9.22	共和政宣言 **第一共和政**	
	1793.1.21	**ルイ16世処刑** 5	
	2.13	**第1回対仏大同盟(英首相ピットの提唱)**結成 ➔p.190	**山岳派**(マラー, ダントン, ロベスピエールなど) 258～302人(1793年春)
	2.24	**徴兵制**実施	
	3.10	**ヴァンデーの農民反乱→革命裁判所**設置	
	4.6	**公安委員会**設置	
	5月	**最高価格令**	
	6.2	山岳派が権力掌握(しょうあく) **恐怖政治の開始**(ジロンド派処刑)	
	6.24	**1793年憲法**制定(未施行)	**山岳派の独裁(恐怖政治)**
	7.17	封建的特権の無償廃止(封建地代の**無償**廃止)	
	10.5	**共和暦(革命暦)**の採用	
	11.10	**理性の崇拝**(非キリスト教化運動)	
	1794.3.24	**エベール派**(左派)粛清(しゅくせい)	
	4.5	**ダントン派**(右派)粛清	
	7.27	**テルミドールの反動**(テルミドール9日のクーデタ, **ロベスピエール**派逮捕)	山岳派解体期
	1795.8.22	**1795年憲法(共和国第3年憲法)**制定	
	10.26	国民公会解散→10.27**総裁政府**成立	**総裁政府** (5人の総裁 五百人会 元老院)
	1796.5.10	**バブーフの陰謀**発覚	
	1799 6.22	**メートル法**の正式採用	
	11.9	**ブリュメール18日のクーデタ** **フランス革命終結**	

＊「ああ自由よ，いったいお前の名でどれだけの罪が犯されたことか」の言葉を残したとされる。

ヒストリーシアター 誰(だれ)が税金を払うのか

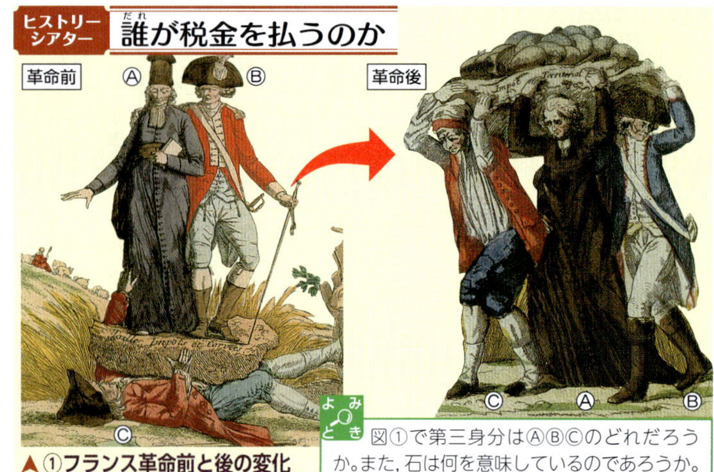

▲①フランス革命前と後の変化

よみとき 図①で第三身分はⒶⒷⒸのどれだろうか。また，石は何を意味しているのであろうか。

1 不満爆発～革命の始まり

キーワード **特権身分** 特権階級である**第一身分**と**第二身分**(領主)は，**免税特権**をもち，農民に対しては，**貢(こう)租(そ)**(地代)や**賦(ふ)役(えき)**(無償の労働)を課した。また，**領主裁判権**も行使できた。

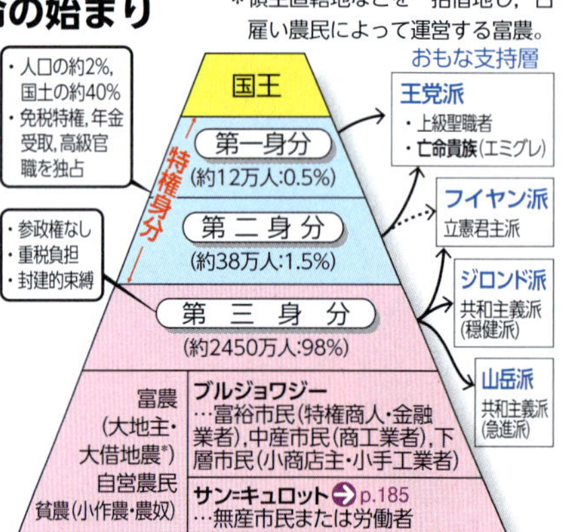

＊領主直轄地などを一括借地し，日雇い農民によって運営する富農。

▶②**アンシャン=レジーム(旧体制)の構造** 当時，社会的矛盾(むじゅん)は拡大，それに対する不満は，**三部会**開催時に6万の陳情書(ちんじょうしょ)という形で示された。

▲③革命の舞台～パリ

バスティーユ牢獄

2 1789年7月

◀④**バスティーユ牢(ろう)獄(ごく)襲撃(革命の勃(ぼっ)発(ぱつ))**

1789年7月14日朝，パリ民衆は廃兵院で武器を奪い，その後，火薬・弾薬を求めてバスティーユに向かった。ここは当時，政治犯の牢獄であり，王政を批判する人々にとっては圧政の象徴でもあった。

ひと 王妃マリ=アントワネット (1755～93)

マリア=テレジア(墺 ➔p.174)の娘で，**ルイ16世**の后(きさき)。国王とともに国外逃亡を企てる(**ヴァレンヌ逃亡事件**)が失敗，93年に処刑された。4人の子どものうち，次男は反革命派によってルイ17世とよばれたが，幽閉(ゆうへい)され病死したとされる。

◀⑤マリ=アントワネットと子どもたち
〈円内は処刑直前のマリ，ダヴィド画〉

ヨーロッパ

1 1789年6月

フランス革命事件簿

1～5は事件の順番を示す。2はp.188④へ。

◀⑥**球戯場(テニスコート)の誓い**　**三部会**から離脱した**第三身分**とこれに同調する第一・第二身分の人々は，**国民議会**を結成し，**憲法制定**まで解散しないことを誓った。**シエイエス**は，パンフレット『**第三身分とは何か**』で，「第三身分とはすべてである」と主張した。

▶⑧**ヴェルサイユ行進**　食料の高騰に苦しむパリ市民は女性を先頭にヴェルサイユに向かい，翌日，国王一家をパリに連行した。
＊古代ギリシア，ローマの解放奴隷の象徴に由来する。

▼⑨**ルイ16世の処刑**　革命広場(現 コンコルド広場)で**ギロチン**にかけられた。「余を死にいたらしめた者を許す」が最後の言葉といわれる。

▼⑦人権宣言の採択 史p.352

3 1789年8月

4 1789年10月

5 1793年1月

2 革命の進展と激化

フイヤン派　　山岳派(ジャコバン派の左派)

▲⑩**ラ=ファイエット**(1757～1834)　自由主義貴族。**アメリカ独立革命**に参加。立憲君主政を志向し，**フイヤン派**を組織。

▲⑪**ダントン**(1759～94)　弁護士出身。山岳派右派の中心人物で，王政廃止後，法務大臣になる。のちに**ロベスピエール**と対立。

▲⑫**ロベスピエール**(1758～94)　弁護士出身。**第三身分**議員として**三部会・国民議会**で活躍。**国民公会**では山岳派を率いて主導権をにぎった(**恐怖政治**)。

▼⑬**憲法の制定**　＊未施行。＊2山岳派はジャコバン派(ジャコバンクラブ)という革命団体の一派であるが，ジロンド派やフイヤン派が離脱・脱退した後，主導権をにぎったため，山岳派をジャコバン派とよぶこともある。

	1791年憲法(1791.9.3)	1793年憲法＊(1793.6.24)	1795年憲法(1795.8.22)
制定者	国民議会	国民公会(山岳派＊2)	国民公会(テルミドール派)
政体	立憲王政	共和政	ブルジョワ中心の共和政
議会	一院制	一院制	二院制(五百人会・元老院)
選挙	**制限**(財産資格)・間接**選挙**	**男子普通選挙**(21歳以上)	**制限**(財産資格)・間接**選挙**
特徴	●前文に「**人権宣言**」●**三権分立**	●教育・福祉の権利,圧政に対する抵抗権を保障	●独裁政治を避けるため権力を分散(5人の総裁)

▼⑭「祖国は危機にあり」～反革命勢力との戦争

3 国民国家の形成

ラ=マルセイエーズ(抜粋)

たて，祖国の子ら，
今こそ，栄光の日は来たぞ！
われらに向かって
暴虐の血なまぐさい旗が
ひるがえる！
…きこえるか，野や山に，
あの暴兵どものほえるのが？

やつらはすでに
われらの腕にせまり，
われらの子，われらの妻を
殺そうとしている！
武器をとれ，市民たち！
きみらの部隊をつくれ！
すすめ！　すすめ！…

▲⑮**フランス革命**の際，パリに入ったマルセイユ連盟兵が歌い，国民の抵抗と団結の象徴として1795年に国歌となった。**王政復古**で取り消されたが，**第三共和政**(➡p.198)期に再び国歌になった。

▶⑯**メートル法**　現代の日本でも使用している**メートル法**は，地域ごとに異なっていた単位を，革命の際に統一してつくられた。

▶⑰**共和暦(革命暦)**　**共和暦(革命暦)**は1793年に制定され，**第一共和政**樹立の9月22日を第1日とする。1週間を10日，1時間を100分とした。1806年に廃止。➡p.52

共和暦（革命暦）	西暦
ヴァンデミエール(葡萄月)	9～10月
ブリュメール(霧月)	10～11月
フリメール(霜月)	11～12月
ニヴォーズ(雪月)	12～1月
プリュヴィオーズ(雨月)	1～2月
ヴァントーズ(風月)	2～3月
ジェルミナール(芽月)	3～4月
フロレアル(花月)	4～5月
プレリアル(草月)	5～6月
メシドール(収穫月)	6～7月
テルミドール(熱月)	7～8月
フリュクティドール(実月)	8～9月

今日とのつながり　自由・平等・友愛のシンボルである三色旗(現在のフランス国旗)は，ラ=ファイエットが市民に与えた帽章に由来するといわれている。青・赤はパリ市軍隊，白はブルボン家の色である。

ヨーロッパ
MAP
3部1章

ナポレオン ～フランスの英雄，そして諸国民にとっての「解放者」「侵略者」

ヒストリーシアター 「私は諸君が祖国の栄光のために有用であると信じる称号を受けとろう」

▶①「ナポレオンの戴冠式」 1804年パリの**ノートルダム大聖堂**で戴冠式が行われた。**ナポレオン**の頭には古代ローマ風の冠がある。 ➡p.138③

よみとき なぜ，ローマ教皇ではなく，ナポレオンが皇后に冠を授けているのだろうか。

〈ダヴィド画，ルーヴル美術館蔵，621cm×979cm〉

▼②ボナパルト家の系図

シャルル=ボナパルト ═ マリア=レティティア=ラモリーノ
- ジョゼフ［0608～0813スペイン王・ナポリ王］
- ナポレオン1世 ═ ジョゼフィーヌ／═ マリ=ルイーズ［ハプスブルク家］
  - ナポレオン2世［11ローマ王］
- リュシアン［カニーノ大公］
- エリーザ［ピオンビーノ公妃］
- ルイ［06～10オランダ王］ ═ オルタンス（ジョゼフィーヌの先夫との娘）
  - ナポレオン3世
- ポーリーヌ ═ ルクレール／═ ボルゲーゼ公
- カロリーヌ ═ ミュラ［ナポリ王］
- ジェローム［07～13ヴェストファーレン王］

赤字は女性　数字は1800年代の在位年

▲③ナポレオンの2番目の妻マリ=ルイーズと息子

ナポレオン時代のヨーロッパと各国の動き

◀p.188　p.192,198▶

第一共和政

総裁政府

第1回
- 1796. 3 **イタリア遠征**（第1次イタリア遠征）開始（～97）（オーストリア軍を破る）
- 1797.10 カンポ=フォルミオの和約（対オーストリア）
- 1798. 5 **エジプト遠征**（～99）（英・インドの連絡を断つ）
- . 8 アブキール湾の海戦，敗北

第2回対仏大同盟
- .12 **第2回対仏大同盟**結成
- 1799.11 **ブリュメール18日のクーデタ**　**フランス革命終結，ナポレオン時代へ**

統領政府
- .12 **統領政府**成立（**第一統領**に就任）
- 1800. 2 **フランス銀行**創設（フラン発行）
- . 5 第2次イタリア遠征
- 1801. 7 ローマ教皇ピウス7世と**宗教協約**（**コンコルダート**）
- 1802. 3 **アミアンの和約**（対英，～03）
- . 8 **終身統領**に就任
- 1804. 3 フランス民法典制定（07**ナポレオン法典**）

第一帝政
- . 5 **皇帝即位**　**第一帝政開始**

第3回対仏大同盟
- 1805. 8 **第3回対仏大同盟**結成
- .10 **トラファルガーの海戦**（**ネルソン**のイギリス艦隊に**敗北**）
- .12 **アウステルリッツの戦い**（三帝会戦，墺・露連合に**勝利**）プレスブルク条約
- 1806. 7 **ライン同盟**成立（～13）
- . 8 **神聖ローマ帝国消滅**
- .10 イエナの戦い
- .11 **大陸封鎖令**（ベルリン勅令）
- 1807. 7 **ティルジット条約**（対普・露）　**ヨーロッパ各国のナショナリズム高揚**
- .10 **シュタイン・ハルデンベルク**の指揮による**プロイセン改革**（～22，**農奴制廃止**・行政機構改革など）　**フィヒテ「ドイツ国民に告ぐ」**（～08）➡p.177
- 1808. 5 マドリードの民衆蜂起（**スペイン反乱**→半島戦争始まる～14）
- 1810.12 ロシア，大陸封鎖令を破棄
- 1812. 6 **ロシア遠征**（～12月），失敗

第4回
- 1813. 3 **解放戦争**の開始
- .10 **ライプツィヒの戦い**（**諸国民戦争**）（連合軍に**敗北**）
- 1814. 4 ナポレオン退位，**エルバ島**に流刑（5月）

ブルボン朝
- . 5 **ブルボン王政復古**（**ルイ18世**）
- . 9 **ウィーン会議**（～15.6）
- 1815. 2 ナポレオン，エルバ島を脱出　**「百日天下」**始まる（～6月）
- . 6 **ワーテルローの戦い**（英指揮官**ウェリントン**に**敗北**）ナポレオン退位
- . 7 ルイ18世復位
- .10 ナポレオン，**セントヘレナ島**に流刑
- 1821. 5 ナポレオン死去（51歳）

支配体制の形成期 ／ 全盛期 ／ 没落期

▲④ナポレオン=ボナパルト（1769～1821） **コルス（コルシカ）島**の出身。両親はコルシカ独立運動の闘士。父の方針でパリの士官学校に学び，砲兵少尉のとき，革命勃発。**山岳派**政権時代の1793年12月，トゥーロン港攻囲戦で成功し，司令官として台頭。〈ダヴィド画，ルーヴル美術館蔵〉

▼⑤セントヘレナ（➡p.42）への流刑　ワーテルローの敗北後，ナポレオンは渡米を望んだが，英国は拒否した。

1 革命の相続人ナポレオン

▲⑦「サンベルナール越えのボナパルト」 ナポレオンは言論統制を行ったり，**ダヴィド**を専属の公式画家として採用し，作品を有効な宣伝手段として活用したりした。〈ダヴィド画〉

ナポレオン法典（抜粋）➡p.214

545条　何人も，公益上の理由にもとづき，かつ正当な事前の補償を受けるのでなければ，その所有権の譲渡を強制されることはない。　〔**所有権の絶対**〕

1134条　適法に締結された合意はそれをなした当事者間では法律たるの効力を有する。…　〔**契約の自由**〕

▲⑥革命理念を成文化し，**所有権の不可侵**や**契約の自由**を法的に確定した。ナポレオンは「私の真の栄誉は40度の戦勝ではなく，永久に生きる私の民法典である」と言ったといわれる。

ナポレオンの名言
- 不可能とは小心者の幻影であり，卑怯者の逃避所である。
  （ナポレオンが日常よく口にした言葉 「余の辞書に不可能という文字はない」と訳されることもある）
- フランス人諸君，ピラミッドの頂点から4000年の時間が諸君を見つめていると思いたまえ。
  （1798年のエジプト遠征時に兵士を激励した言葉）

2 対仏大同盟

回数	第1回	第2回	第3回	第4回*
期間	1793～97	1798*2～1802	1805	1813～14
おもな参加国	英・普・墺・西・サルデーニャ	英・露・墺・土ナポリ王国	英・露・墺	ほぼ全ヨーロッパ諸国
結成の動機	仏軍のベルギー占領と**ルイ16世処刑**	ナポレオンの**エジプト遠征**	ナポレオンの皇帝即位	ナポレオンのロシア遠征失敗
おもな戦い	ナポレオンの**イタリア遠征**	マレンゴの戦い	**アウステルリッツの戦い**	**ライプツィヒの戦い**
結果	→カンポ=フォルミオの和約で解消	→**アミアンの和約**で解消	→プレスブルク条約で解消	→ナポレオンの退位を実現

*実質的には表の4回だが，1806～07（第4回），1809（第5回），1815（第7回）を加えて計7回になる。表中の第4回は実際は第6回目にあたる。 *2 99年，ナポリ・墺・土加盟。

今日とのつながり　「ナポレオン法典」は数々の修正を受けながら，今なおフランスで効力をもっている。

3 イギリスとの抗争

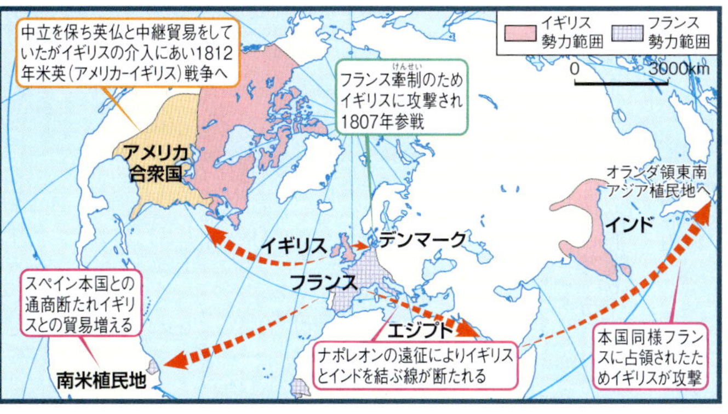

イギリス勢力範囲
フランス勢力範囲
0 3000km
中立を保ち英仏と中継貿易をしていたがイギリスの介入にあい1812年米英(アメリカ-イギリス)戦争へ
フランス牽制のためイギリスに攻撃され1807年参戦
アメリカ合衆国
オランダ領東南アジア植民地へ
インド
イギリス
デンマーク
フランス
スペイン本国との通商断たれイギリスとの貿易増える
エジプト
本国同様フランスに占領されたためイギリスが攻撃
ナポレオンの遠征によりイギリスとインドを結ぶ線が断たれる
南米植民地

▲⑧地球というケーキを食べる英仏　英国首相**ピット**は，ナポレオンのライバルで，第1～3回の**対仏大同盟**を組織，対抗した。

▶⑨19世紀初頭の英仏勢力範囲

キーワード　大陸封鎖令(ベルリン勅令)

1806年ベルリンを占領したナポレオンは，イギリスの商品を大陸から締め出し，ヨーロッパをフランス産業の市場にすることをねらい，イギリスへの経済封鎖を行った。

対応と影響		
	イギリス	海軍による逆封鎖と密輸，南米市場開発でのりきる
	フランス	英にかわるほど工業力のびず，砂糖など植民地の産物も不振で，深刻な打撃
	大陸諸国	イギリス依存の交易を失い，経済悪化→反ナポレオン感情高まる
結果		1810年の特許状制度採用で自己崩壊，13年ライプツィヒの戦いで完全崩壊

p.169 1，p.193 1

4 ナポレオン時代のヨーロッパ

軍旗を焼くフランス兵

▲⑩**ロシア遠征**　1812年6月，ナポレオンは約60万の大軍を率いてロシアに侵攻，9月にボロディノの戦いでロシア軍を退却させ，モスクワに入城したが，モスクワの火災とクトゥーゾフ将軍による焦土作戦で，10月に撤退。ロシア軍の追撃と例年より早い厳寒(冬将軍)のため大敗北を喫した。

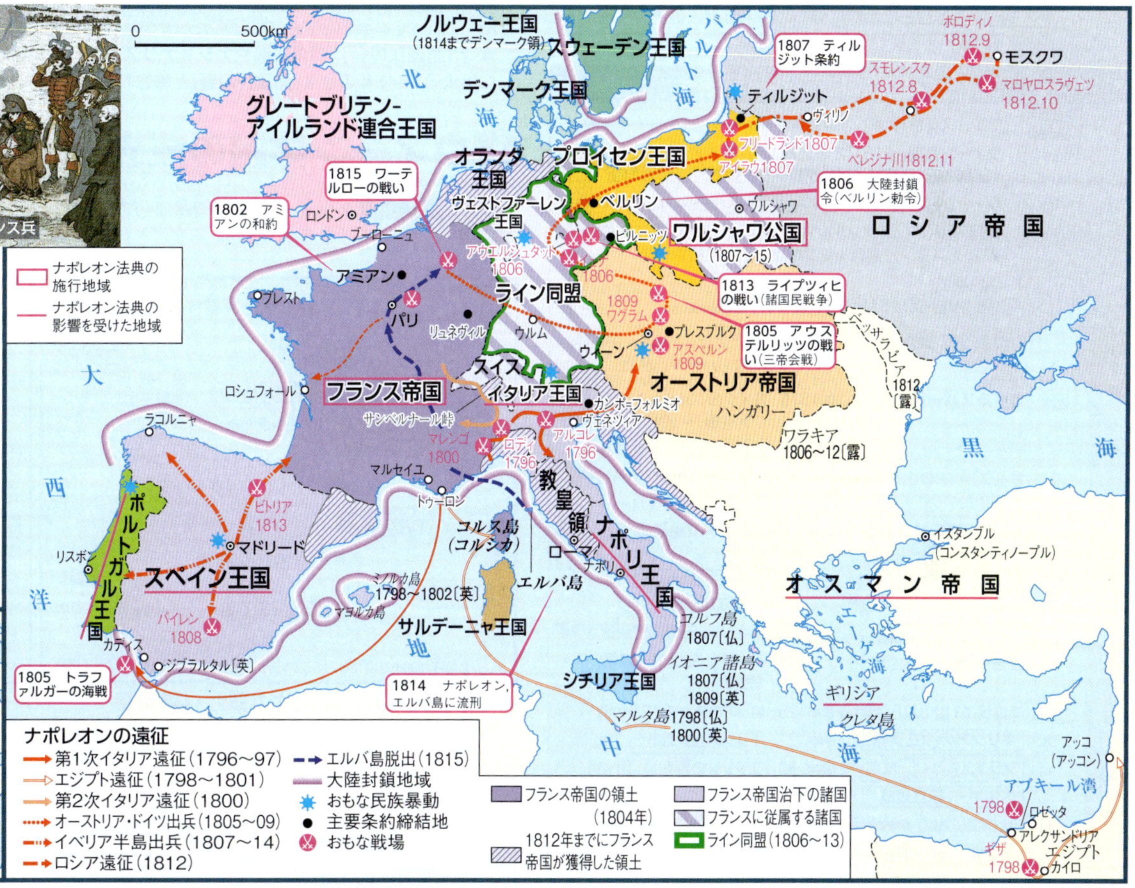

ナポレオン法典の施行地域
ナポレオン法典の影響を受けた地域

ナポレオンの遠征
第1次イタリア遠征(1796～97)
エジプト遠征(1798～1801)
第2次イタリア遠征(1800)
オーストリア・ドイツ出兵(1805～09)
イベリア半島出兵(1807～14)
ロシア征(1812)
エルバ島脱出(1815)
大陸封鎖地域
おもな民族暴動
主要条約締結地
おもな戦場

フランス帝国の領土(1804年)
1812年までにフランス帝国が獲得した領土
フランス帝国治下の諸国
フランスに従属する諸国
ライン同盟(1806～13)

1807 ティルジット条約
1815 ワーテルローの戦い
1802 アミアンの和約
1806 大陸封鎖令(ベルリン勅令)
1813 ライプツィヒの戦い(諸国民戦争)
1805 アウステルリッツの戦い(三帝会戦)
1805 トラファルガーの海戦
1814 ナポレオン，エルバ島に流刑
1815 ナポレオン,セントヘレナ島に流刑
1821 ナポレオン死去
イギリス，ナポレオンの亡命受入を拒否

〈プラド美術館蔵，266cm×345cm〉

イエスになぞらえ手にあいた穴
マリアに見たてられた母子像
顔を見せないナポレオン軍

歴史と芸術　ナポレオンを嫌悪した芸術家たち

◀⑪「**1808年5月3日マドリード市民の処刑**」ナポレオンの腹心ミュラは，民衆蜂起参加者を銃殺刑にした。スペインの宮廷画家であった**ゴヤ**は，「ヨーロッパの暴君に対するわれらが誉れある反乱の最も輝かしくも英雄的な行動の場面を絵筆で永遠化したい」としてこの絵を描いた。

▲⑫ゴヤ(1746～1828)

ハイドンは，ナポレオン軍のウィーン占領の際，「皇帝」(原題「神よ，皇帝フランツを守りたまえ」)を毎日弾いていた。また，**ベートーヴェン**は，ナポレオンの皇帝即位を聞き，自作楽譜に書かれた題名「ボナパルト」をかき消して「英雄」に改題したといわれる。

▲⑬ハイドン(1732～1809)

今日とのつながり　ナポレオン戦争による大陸制覇は，スペインにおける民衆の激しい抵抗にあった。小戦争という意味のスペイン語の「ゲリラ」が普及したのもこの時期である。

ウィーン体制の成立と崩壊 ～反動体制と自由主義・ナショナリズムの高揚

ヒストリーシアター 踊る王・皇帝のおもわくと立ち上がる諸国民

➤①ウィーン会議の風刺画 1814年，**ナポレオン戦争**後の国際秩序再建のため，オーストリア外相の**メッテルニヒ**を中心に，各国の代表が集まった。会議は各国の利害が対立し，**「会議は踊る，されど進まず」**と皮肉られた。

よみとき 図①において，右側で踊る3人をイギリスのカースルレーとともに冷静に見つめるⒶはどこの国の代表だろうか。

▲②**「諸国民の春」** **自由主義**や**ナショナリズム**の運動が各地に普及したため，**二月革命**に始まる1848年の春は「**諸国民の春**」と称され，一連の動きは**1848年革命**とよばれる。

ウィーン体制の成立から崩壊へ

◀p.190　p.198,200▶

18世紀後半〜19世紀初頭 フランス革命・ナポレオン戦争
1814. 9 **ウィーン会議**(〜15)〈**オーストリア外相メッテルニヒ**主宰〉
●**正統主義**(**フランス外相タレーラン**提唱) ●**勢力均衡**
15. 6 **ウィーン議定書**調印 **ウィーン体制成立**(〜48)
15. 9 **神聖同盟**〈**アレクサンドル1世**の提唱〉(イギリス王・ローマ教皇・オスマン帝国スルタンを除く全欧君主が参加)
15.11 **四国同盟**(**露・墺・普・英**，1818年**仏**参加により**五国同盟**に)
影響

	年	ウィーン体制側の動き ➡	年	自由主義とナショナリズムの動き ⬅成功 ⬅不成功	
支配的	1819	**カールスバート決議**	1815	ドイツの**ブルシェンシャフト運動**(〜19) ↓ヴァルトブルクの祭典(17)	第1波
	21	オーストリア軍の革命鎮圧	20	イタリアの**カルボナリ**の革命(20ナポリ，21トリノ)	
	23	フランス軍の革命鎮圧	20	**スペイン立憲革命**(〜23)	
		メッテルニヒの干渉	10年代	**ラテンアメリカ諸国の独立運動** p.194	
	20年代	**ラテンアメリカ諸国独立達成**	22 23	イギリス，五国同盟脱退 アメリカ，**モンロー宣言(教書)**	
動揺	25	**ニコライ1世**の鎮圧	25	ロシアの**デカブリストの乱**	
	30	**ギリシアの独立承認**	21	**ギリシア独立戦争**(〜29)	
		フランス七月王政成立	30	フランスの**七月革命**	
		ベルギー，独立達成	30	**ベルギー**の独立運動	第2波
	31	ロシア軍の鎮圧	30	**ポーランド11月蜂起**(〜31)	
		メッテルニヒの弾圧	30	**ドイツ騒乱**	
	31	オーストリア軍の弾圧	31	イタリア騒乱(カルボナリ蜂起，パルマ・モデナ・教皇領)	
			31	「**青年イタリア**」結成	
崩壊	32	イギリス，**腐敗選挙区**廃止，選挙権拡大	32	イギリスの**第1回選挙法改正**	
			46	**ポーランドの独立運動**	
	48	フランス，七月王政崩壊→**第二共和政成立**	48	フランスの**二月革命**	第3波
	48	**四月普通選挙**			
	48	メッテルニヒ亡命 **ウィーン体制崩壊**	48 48	**ウィーン，三月革命** **ベルリン，三月革命**	
	48	オーストリア・ロシア軍の鎮圧	48	**ボヘミア(ベーメン)・ハンガリー(指導者コッシュート)の民族運動**	
	49	オーストリア軍の鎮圧	48	サルデーニャの対墺宣戦(〜49)	
	49	プロイセン王拒否	48	**フランクフルト国民議会**(〜49)	
	49	フランス軍の鎮圧	49	**ローマ共和国建設** p.200	

1 ウィーン体制の成立

キーワード **正統主義** **ウィーン会議**の基本原則で，フランス革命前の主権と領土を正統とし，革命前の状態に戻すべきだとする考え。仏外相**タレーラン**が主張。

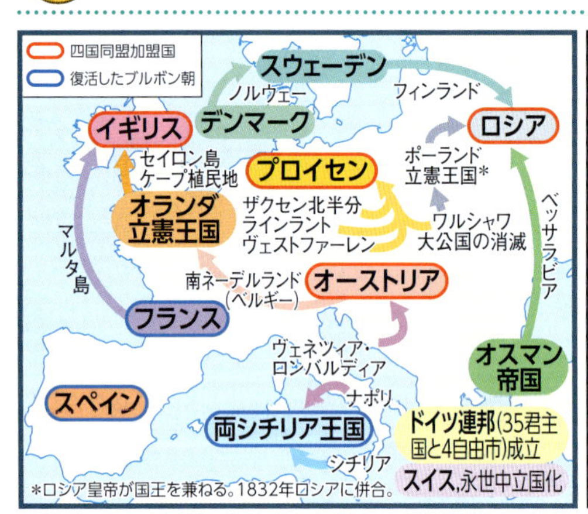

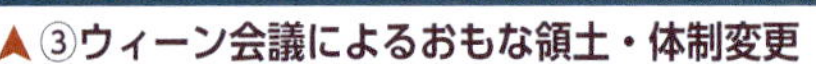
▲③ウィーン会議によるおもな領土・体制変更

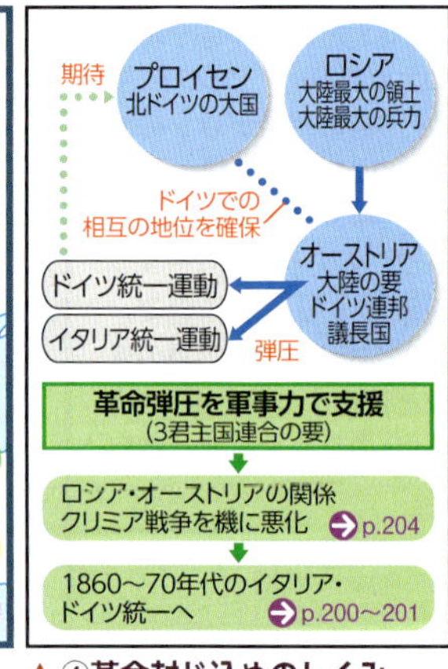

▲④革命封じ込めのしくみ

歴史と絵画 「キオス島の虐殺」

◀⑤アテネのギリシア神殿に残るバイロンのサイン

Byron(バイロン)

ギリシア独立戦争中の1822年，エーゲ海のキオス(ヒオス)島で**オスマン帝国軍**によるギリシア系住民虐殺事件が起こった。**バイロン**など古代ギリシアにあこがれを抱く文化人は多く，その1人**ドラクロワ**は，事件への抗議を込めてこの絵を描いた。 p.210,212

◀⑥「キオス島の虐殺」〈ドラクロワ画，ルーヴル美術館蔵，419cm×354cm〉

ヨーロッパ　MAP P　3部1章

世界全図p.42～43 ←p.191 4，→p.202 1

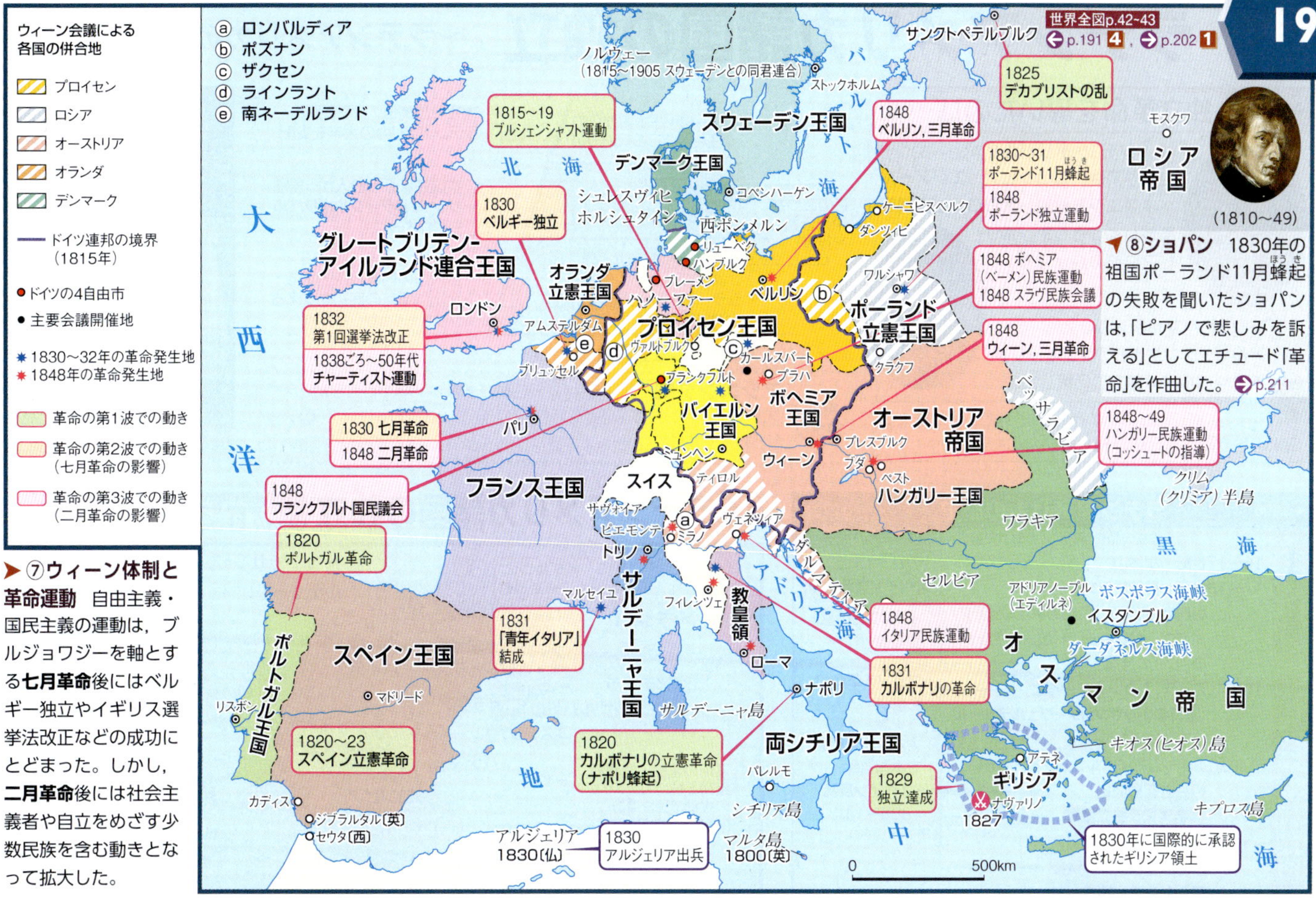

ウィーン会議による各国の併合地
- プロイセン
- ロシア
- オーストリア
- オランダ
- デンマーク
- ドイツ連邦の境界（1815年）
- ●ドイツの4自由市
- ・主要会議開催地
- ＊1830～32年の革命発生地
- ＊1848年の革命発生地
- 革命の第1波での動き
- 革命の第2波での動き（七月革命の影響）
- 革命の第3波での動き（二月革命の影響）

ⓐ ロンバルディア
ⓑ ポズナン
ⓒ ザクセン
ⓓ ラインラント
ⓔ 南ネーデルランド

1825 デカブリストの乱
1815～19 ブルシェンシャフト運動
1848 ベルリン，三月革命
1830～31 ポーランド11月蜂起
1848 ポーランド独立運動
1830 ベルギー独立
1848 ボヘミア（ベーメン）民族運動
1848 スラヴ民族会議
1832 第1回選挙法改正
1838ごろ～50年代 チャーティスト運動
1848 ウィーン，三月革命
1830 七月革命
1848 二月革命
1848～49 ハンガリー民族運動（コッシュートの指導）
1848 フランクフルト国民議会
1820 ポルトガル革命
1831「青年イタリア」結成
1848 イタリア民族運動
1831 カルボナリの革命
1820～23 スペイン立憲革命
1820 カルボナリの立憲革命（ナポリ蜂起）
1829 独立達成
1830 アルジェリア出兵
1830年に国際的に承認されたギリシア領土

大西洋　北海　バルト海　地中海　黒海　アドリア海
グレートブリテン－アイルランド連合王国　オランダ立憲王国　プロイセン王国　スウェーデン王国　デンマーク王国　ロシア帝国　ポーランド立憲王国　オーストリア帝国　ボヘミア王国　バイエルン王国　フランス王国　スイス　スペイン王国　ポルトガル王国　サルデーニャ王国　教皇領　両シチリア王国　ハンガリー王国　オスマン帝国　ギリシア　セルビア　ワラキア　ベッサラビア　ダルマティア　ティロル
ノルウェー（1815～1905 スウェーデンとの同君連合）　サンクトペテルブルク　ストックホルム　モスクワ　コペンハーゲン　シュレスヴィヒ　ホルシュタイン　ケーニヒスベルク　ダンツィヒ　リューベック　西ポンメルン　ハンブルク　ブレーメン　ハノーファー　ベルリン　ワルシャワ　ロンドン　アムステルダム　ブリュッセル　ヴァルトブルク　カールスバート　プラハ　クラクフ　フランクフルト　パリ　ミュンヘン　ウィーン　プレスブルク　ブダ　ペスト　サヴォイア　ピエモンテ　ミラノ　ヴェネツィア　トリノ　マルセイユ　フィレンツェ　ローマ　ナポリ　サルデーニャ島　シチリア島　パレルモ　マドリード　リスボン　カディス　ジブラルタル（英）　セウタ（西）　アルジェリア 1830（仏）　マルタ島 1800（英）　アドリアノープル（エディルネ）　イスタンブル　ボスポラス海峡　ダーダネルス海峡　クリム（クリミア）半島　キオス（ヒオス）島　キプロス島　アテネ　ナヴァリノ 1827
0　500km

▶⑦ウィーン体制と革命運動　自由主義・国民主義の運動は，ブルジョワジーを軸とする**七月革命**後にはベルギー独立やイギリス選挙法改正などの成功にとどまった。しかし，**二月革命**後には社会主義者や自立をめざす少数民族を含む動きとなって拡大した。

（1810～49）
◀⑧ショパン　1830年の祖国ポーランド11月蜂起の失敗を聞いたショパンは，「ピアノで悲しみを訴える」としてエチュード「革命」を作曲した。→p.211

2 七月革命・二月革命

＊ブルボン復古王政

七月革命（1830）		二月革命（1848）
国王**シャルル10世**＊の反動政治への反抗	原因	国王ルイ＝フィリップや少数ブルジョワジーの政権独占への不満
ラ＝ファイエット→p.189，ティエール（自由主義者）	指導者	ラマルティーヌ（穏健な共和主義者），**ルイ＝ブラン**（社会主義者）
自由主義的大資本家	支持層	新興の中小資本家・労働者
上層市民の自由主義的改革	性格	自由主義的革命と社会主義的改革
七月勅令（議会解散，選挙制度の改悪など） →パリ市民蜂起 →国王シャルル10世イギリス亡命，七月王政へ	経過	ギゾー内閣，**改革宴会**（選挙法改正をめざす集会）**を禁止** →二月革命 →国王ルイ＝フィリップ亡命，第二共和政へ
七月王政（立憲君主政）→p.198 国王：**ルイ＝フィリップ（オルレアン家）** 議会：銀行家などの大ブルジョワジー中心 （有権者の対人口率0.6％）	新体制	**第二共和政**（1852第二帝政へ）→p.198 大統領：**ルイ＝ナポレオン** 議会：ブルジョワ共和派中心（社会主義者後退） **四月普通選挙**で自由主義派勝利→社会主義派の**六月暴動**を鎮圧

▲⑨バリケードを築くパリ市民　**二月革命**の際に，狭くて曲がりくねったパリの街路は蜂起するパリの民衆にとって容易にバリケードを築くために活用でき，また，その敷石は投石に活用することができた。

テーマ　ベルギーの独立

1581年以前の南ネーデルランド ←p.165 2

豊かで交通の要衝に位置する南ネーデルランドは，外国の支配下にあることが多く，独立への動きは**七月革命**の際に成功した。その際にローマ帝国時代の属州の名称ベルギカにちなむ国名が採用された。

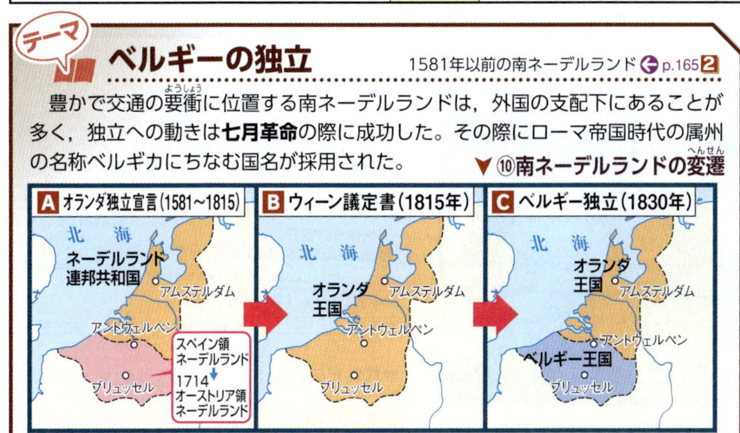

▼⑩南ネーデルランドの変遷

3「諸国民の春」

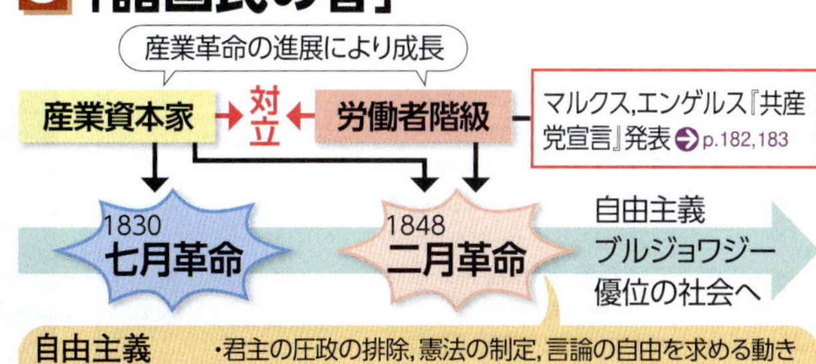

自由主義運動の進展	・君主の圧政の排除，憲法の制定，言論の自由を求める動き ・機会の平等，自由な経済活動を求める動き
ナショナリズム運動の進展	・国民国家の形成（男子普通選挙や国民軍の創設） ・民族自治の要求，独立運動，国家統一運動（ほぼ失敗に終わる）

今日とのつながり　ベルギー王国の首都ブリュッセルは第二次世界大戦後，ヨーロッパ有数の世界都市となり，NATO（北大西洋条約機構）の本部やEU（ヨーロッパ連合）の主要機関などがおかれている。

ラテンアメリカ諸国の独立 ～ラテンアメリカの環大西洋革命

ヒストリーシアター 独立革命を導いたのは…

◀①**シモン=ボリバル**(1783～1830) 独立戦争では，コロンビア・エクアドル・ベネズエラを解放し**大コロンビア構想**を実現しようとした。ボリビアに彼の名が残る。

▶②**サン=マルティン**(1778～1850) アルゼンチン生まれの**クリオーリョ**。**チリ**や**ペルー**の独立に活躍した。

よみとき シモン=ボリバルはどの階級の出身だろう。また，南米の独立革命はどの階級が導いたのだろうか。

ヨーロッパ本国からの白人(ペニンスラール) →・社会の最高位 ・特権階級 ・ラテンアメリカの大半を支配

クリオーリョ(植民地生まれの白人) →・本国生まれの白人から差別 ・**サン=マルティン**や**ボリバル**もクリオーリョ

・メスティーソ(白人と先住民の混血) ・ムラート(白人と黒人の混血) ・先住民・黒人 →・全人口の約80%を占める ・大土地所有の底辺を支える ・クリオーリョからも差別

この二つが中南米独立を推進

▲③スペイン統治下の社会構造

キーワード **アシエンダ制** 16世紀半ば，先住民が激減して増えた空き地をスペイン人が買い入れ，大農場経営を行ったのが始まり。エンコミエンダ(➡p.157)にかわって広がる。20世紀まで残存し，ラテンアメリカの近代化を阻害した。

黒人使用人 クリオーリョ

▲④クリオーリョと黒人使用人

ラテンアメリカの歴史

◀p.156 p.279▶

独立の動き 青字 メキシコの動き

征服と植民
- 16～17世紀 銀鉱山
- 17～18世紀 **砂糖プランテーション** 植民者，先住民，黒人奴隷の人種混交が進む→**クリオーリョ**(植民地生まれの白人)の台頭
- 1804 **ハイチ，フランスから独立** (指導者:**トゥサン=ルーヴェルチュール**とその後継者) **最初の黒人国家誕生**
- 10 メキシコで**イダルゴ**(1753～1811)の独立運動開始
- 11 **ベネズエラ独立宣言** (**シモン=ボリバル**ら)

独立の動き
- 16 **ラプラタ連邦独立宣言** **アルゼンチン独立** (指導者:**サン=マルティン**)
- 18 **チリ独立** (指導者:**サン=マルティン**)
- 19 **大コロンビア共和国成立** (コロンビア・ベネズエラ・エクアドル 指導者:**シモン=ボリバル**)
- 21 **ペルー独立** (指導者:**サン=マルティン**，**シモン=ボリバル**) **メキシコ独立**
- 22 **ブラジル，ポルトガルから独立**
- 23 中央アメリカ連邦成立
- 25 **ボリビア独立** (指導者:**シモン=ボリバル**)
- 26 **パナマ会議** シモン=ボリバルがパン=アメリカ主義を提唱 スペイン駐屯軍，南米大陸から撤退
- 28 **ウルグアイ独立**
- 30 大コロンビア解体
- 46 **アメリカ-メキシコ戦争**(～48)
- 58 **フアレス**，メキシコ大統領に(～72)
- 61 **メキシコ内乱**(～67)
- 64 マクシミリアン，メキシコ皇帝に(～67)
- 77 メキシコ，**ディアス**の独裁政治 (～80，84～1911)

アメリカの干渉
- 89 **第1回パン=アメリカ会議**
- 98 **米西(アメリカ-スペイン)戦争** →アメリカがキューバを支配下に
- 1901 プラット条項(1902 キューバ独立，アメリカの保護国に) ➡p.221
- 03 **パナマ，コロンビアから独立**
- 10 **メキシコ革命**(～17) (独裁者ディアス追放)
- 11 メキシコ，**マデロ**大統領(～13) (**サパタ**，**ビリャ**が農民派指導)
- 14 **パナマ運河**開通
- 17 メキシコ，カランサ大統領(～20)

欧米との関係
- 1701～13 **スペイン継承戦争**
- イギリスとの密貿易進む
- フランス革命の影響
- **ナポレオン戦争**で本国混乱 (**スペイン反乱** 1808～14)
- **ウィーン体制**の干渉失敗
- **カニング外交**(英) ➡p.195 独立運動を支援 **イギリスの経済支配下に**
- **モンロー宣言**(教書)(米)(1823) ➡p.206
- **ナポレオン3世のメキシコ出兵** (1861～67)
- **アメリカの経済支配下に**
- 欧米 工業化 →原料の需要増大 ↑輸出 植民地 **大規模プランテーション・モノカルチャー経済**

1 ラテンアメリカ諸国の独立

世界全図p.42-43 ➡p.171 2，➡p.221 2

▶⑤**トゥサン=ルーヴェルチュール**(1743～1803)

1810 イダルゴによるメキシコ独立運動

メキシコ 1821　キューバ 1902　ジャマイカ 1962　ドミニカ 1844　プエルトリコ 西→米1898　ハイチ 1804　ホンジュラス 1821　グアテマラ 1821　エルサルバドル 1821　ニカラグア 1821　コスタリカ 1821　パナマ 1903　トリニダード・トバゴ 1962　ベネズエラ 1811(1830)　コロンビア 1819　エクアドル 1822(1830)　ペルー 1821　ブラジル (1822～89帝国 1889共和国)　ボリビア 1825　パラグアイ 1811　チリ 1818　ウルグアイ 1828　アルゼンチン (1816ラプラタ連邦の独立国 1862アルゼンチン共和国)

英領ギアナ(1966ガイアナ共和国)　蘭領ギアナ(1975スリナム共和国)　仏領ギアナ

ラテンアメリカ諸国初の独立を達成 ➡⑤

運河の建設・管理権獲得をもくろむアメリカの援助で独立 ➡p.221

ボリビアの国名はシモン=ボリバルにちなんだもの

カラカス　ボゴタ　キト　グアヤキル　リマ　アヤクチョ　クスコ　ラパス　アスンシオン　サルバドル　リオデジャネイロ　サンパウロ　バルパライソ　サンティアゴ　ブエノスアイレス　モンテビデオ　パタゴニア　フォークランド諸島　アマゾン川　太平洋　大西洋

独立前の宗主国：スペイン　イギリス　ポルトガル　オランダ　フランス

大コロンビア共和国(1819～30)　ペルー・ボリビア国家連合(1836～39)　中央アメリカ連邦(1823～39)　赤数字 独立年次　シモン=ボリバルの進路　シモン=ボリバルの指導で独立した旧スペイン領の国　サン=マルティンの進路　サン=マルティンの指導で独立した旧スペイン領の国　サン=マルティンとシモン=ボリバルの指導で独立した旧スペイン領の国

0 1000km

2 独立後のメキシコ

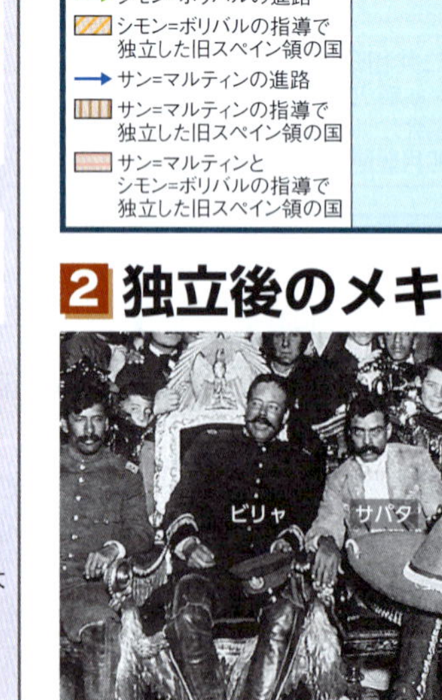

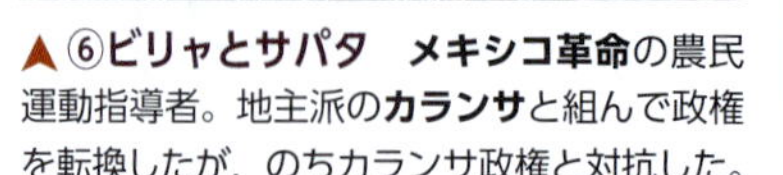
▲⑥**ビリャとサパタ** **メキシコ革命**の農民運動指導者。地主派の**カランサ**と組んで政権を転換したが，のちカランサ政権と対抗した。

スペインから独立(1821年)
↓
フアレスの自由党政権 任1858～72
ナポレオン3世の**メキシコ出兵**(1861～67年)
・墺大公マクシミリアンをメキシコ皇帝に擁立→失敗
↓
ディアスの独裁 任1877～80，84～1911
・アメリカの支援
・輸出の拡大と外資の流入 ・工業化の進展
↓

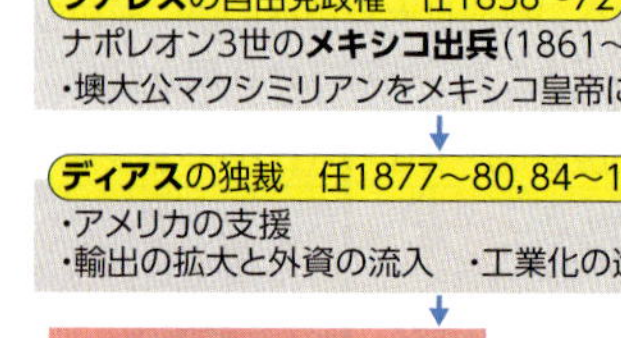
メキシコ革命(1910～17年)
マデロ 任1911～13 とサパタ，ディアスを追放
↓
サパタ，**ビリャ**ら革命家が政府軍を破る
↓
カランサ 任1917～20
・アメリカの支援 ・憲法制定

▲⑦メキシコの歴史

大英帝国の繁栄 ～イギリスの自由主義政策

ヒストリーシアター 大英帝国はヴィクトリアの時代

X

ヴィクトリア女王の日記
5月1日，…われるような歓声，どの顔にも見られる喜び，建物のすばらしさ，珍しい木や草花の数々，彫刻の群れ，噴水，そして音楽。地球上のすべての国々の工業を結び合わせたこの"平和の祭典"…

ヴィクトリア女王

ひと ヴィクトリア女王(位1837～1901)

18歳で即位，1840年アルバート公と結婚した。「**国王は君臨すれども統治せず**」の原則を維持し，議会政治がよく機能した。ヨーロッパ各王室と強いつながりをもち(➡③)，大英帝国繁栄の象徴となった。➡p.196

▲③ヨーロッパの祖母ヴィクトリア

▲①即位後まもないヴィクトリア女王
◀②第1回万国博覧会(ロンドン，1851年)の開会式

よみとき 図②の建物を明るくしたXは何だろう？写真③のY・Zの皇帝は誰だろう？

イギリス帝国の確立

◀p.180 p.234▶

青字 対外進出関連事項

ジョージ3世（工業化の進展）
- 1801 **アイルランド併合** →**グレートブリテン-アイルランド連合王国**
- 07 **奴隷貿易廃止**(ウィルバーフォースの尽力)
- 11 **ラダイト**(労働者による機械うちこわし)**運動**起こる
- 13 **東インド会社の対インド貿易独占権廃止**
- 15 ウィーン会議で**セイロン島・マルタ島・ケープ植民地**獲得

ジョージ4世（自由貿易主義への転換）
- 22 **カニング外交**(～27，ラテンアメリカ・ギリシアの独立を支援)
- 24 団結禁止法廃止
- 28 **審査法**(1673制定)**廃止**(非国教徒の公職就任認める)
- 29 **カトリック教徒解放法**

ウィリアム4世
- 32 **第1回選挙法改正** 政治面での宗教差別撤廃
- 33 **工場法制定**
  - **奴隷制度廃止**(砂糖の貿易自由化)
  - **東インド会社の対中国貿易独占権廃止**(34実施)
  - **東インド会社のインド内商業活動を全面禁止**
  - 東インド貿易の自由化
- 34 全国労働組合大連合成立(**ロバート＝オーウェン**指導)

1837 ヴィクトリア女王
- 38ごろ **チャーティスト運動**(「**人民憲章**」を掲げた労働者の政治運動)(～50年代) 史p.352
- 39 **コブデン，ブライト**ら，**反穀物法同盟**結成
- 40 **アヘン戦争**(～42)
- 46 **穀物法**(1815制定，輸入穀物への高関税)**廃止**(穀物の貿易自由化)
- 49 **航海法廃止** 貿易自由化の完成

（自由貿易の完成と植民地拡大）
- 51 ロンドン万国博覧会(第1回)
- 54 **クリミア戦争**に介入(～56) ➡p.204
- 56 **アロー戦争(第2次アヘン戦争**，～60) ➡p.229
- 57 **インド大反乱(シパーヒーの反乱**，～59) ➡p.224
- 58 **東インド会社解散**

第3次ダービー内閣(1866～68 **保守党**)
- 1867 **第2回選挙法改正**
  - **カナダ連邦**の自治領化(**自治領**の始まり)

第1次グラッドストン内閣(1868～74 **自由党**)
- 1870 **初等教育法**
- 71 **労働組合法**(労働組合を合法化)

第2次ディズレーリ内閣(1874～80 **保守党**)（「帝国主義の時代」）
- 1875 **スエズ運河会社株買収** ➡p.223
- 77 **インド帝国**成立(**ヴィクトリア女王**が**インド皇帝**を兼ねる)
- 78 **ベルリン会議 キプロス**の行政権獲得→**ロシアの南下阻止**
  - **第2次アフガン戦争**(～80) ➡p.205

第2次グラッドストン内閣(1880～85 **自由党**)
- 1882 **エジプト占領，保護国化** ➡p.222
- 84 **第3回選挙法改正**
  - **フェビアン協会**設立(**ウェッブ夫妻，バーナード＝ショー**らによる漸進的な社会主義団体) ➡p.183
- 1899 **南アフリカ戦争**(～1902) ➡p.220

1901

1 大英帝国と自由貿易 ➡巻頭20

大英帝国
イギリス本国 強制的な自由貿易

自治領
- 1867 カナダ連邦
- 1901 オーストラリア
- 1907 ニュージーランド
- 1907 ニューファンドランド
- 1910 南アフリカ連邦
- 1922 アイルランド

植民地
- 1801 アイルランド
- 1878 キプロス島
- 1882 エジプト
- 1895 ローデシア
- 1899 スーダン 他

直轄地
- 1877 インド帝国
- 1880 アフガニスタン
- 1886 ビルマ
- 1895 マレー連邦

中国　ラテンアメリカ　日本　ペルシア　トルコ

自由貿易とは…
輸入品に対する関税を廃止，あるいは引き下げる。商工業が発展していない国は自国の産業を保護できない。

テーマ アイルランド問題

▲④オコンネル(1775～1847)

イギリスの「喉に刺さった棘」とよばれるこの問題は，民族的(ケルト系)・宗教的(カトリック)な対立を背景に，政治的自治を求める運動であった。**クロムウェル**による征服を端緒に，苛酷な支配が始まった。

年	事項
5世紀	カトリック伝来
1603～	**アルスター地方**への**プロテスタント入植**
49	**クロムウェルの征服** ➡p.167 →土地の2/3はイングランド地主の所有に **イギリス植民地化**
18世紀	プロテスタント地主VSカトリック小作人の関係定着
1801	**イギリスに併合される** **イギリス領化**
28	**審査法廃止** ➡p.167
29	**カトリック教徒解放法**(**オコンネル**➡④らの解放運動結実)
45	**大飢饉(じゃがいも飢饉)**→100万人以上死亡，100万人以上英米に移住(～49)
48	**青年アイルランド党蜂起** ➡巻頭7
70	**アイルランド土地法**(小作権の安定，妥当な地代，～1903)
86	アイルランド自治法案**否決**
1905	**シン＝フェイン党結成**
13	アイルランド義勇軍結成(→19**アイルランド共和国軍IRA**に改称)
14	**アイルランド自治法**成立(→20公布)
16	シン＝フェイン党の反乱(**イースター蜂起**)
22	**アイルランド自由国**成立(自治領 北部はイギリスの統治) ➡p.241
37	**エーレ(エール)共和国**に改称(**イギリス連邦**内の独立国)
49	**アイルランド共和国成立** **イギリス連邦離脱**
69～	IRAのテロ活動頻発→94停止宣言
98	**北アイルランド和平合意** ➡p.281

▲⑤アイルランドの歴史

2 イギリスの政党

政党	保守党	自由党
前身	トーリ党	ホイッグ党
支持層	地主・貴族	産業資本家・労働者
政策	・伝統的制度維持 ・アイルランド自治に反対 ・**植民地拡大**(大英国主義＝帝国主義) ・保護関税	・自由主義的改革 ・アイルランド自治に賛成 ・植民地に自治(小英国主義) ・**自由貿易**
指導者	▲⑥**ディズレーリ**(1804～81) **ヴィクトリア女王**に**インド皇帝の称号**を与えた。	▲⑦**グラッドストン**(1809～98) **第3回選挙法改正**を実現。

3 選挙法改正

	内閣(党)	おもな改正点 数字は有権者全国民比(%)
第1回 1832	グレイ(ホイッグ)	腐敗選挙区廃止。**産業資本家**も選挙権を得る (5%)
第2回 1867	ダービー(保守)	**都市の労働者**と**中小商工業者**が選挙権を得る (9%)
第3回 1884	グラッドストン(自由)	**農業労働者，鉱山労働者**まで拡大 (19%)
第4回 1918	ロイド＝ジョージ(自由)	**男子普通選挙権**(21歳以上) **女子制限選挙権**➡p.242⑦(30歳以上) (46%)
第5回 1928	ボールドウィン(保守)	**男女普通選挙権**(21歳以上) (62%)
第6回 1969	ウィルソン(労働)	**18歳以上**の男女普通選挙権 (71%)

今日とのつながり アイルランド北部のアルスターが現在もイギリス連合王国に残留しているのは，17世紀以来イギリスの新教徒が多く入植してきたからで，アイルランド自治法案にも反対した。

 ➔巻頭15

1 大英帝国の覇権(はけん)

p.171 2

▼①工業化と世界の一体化

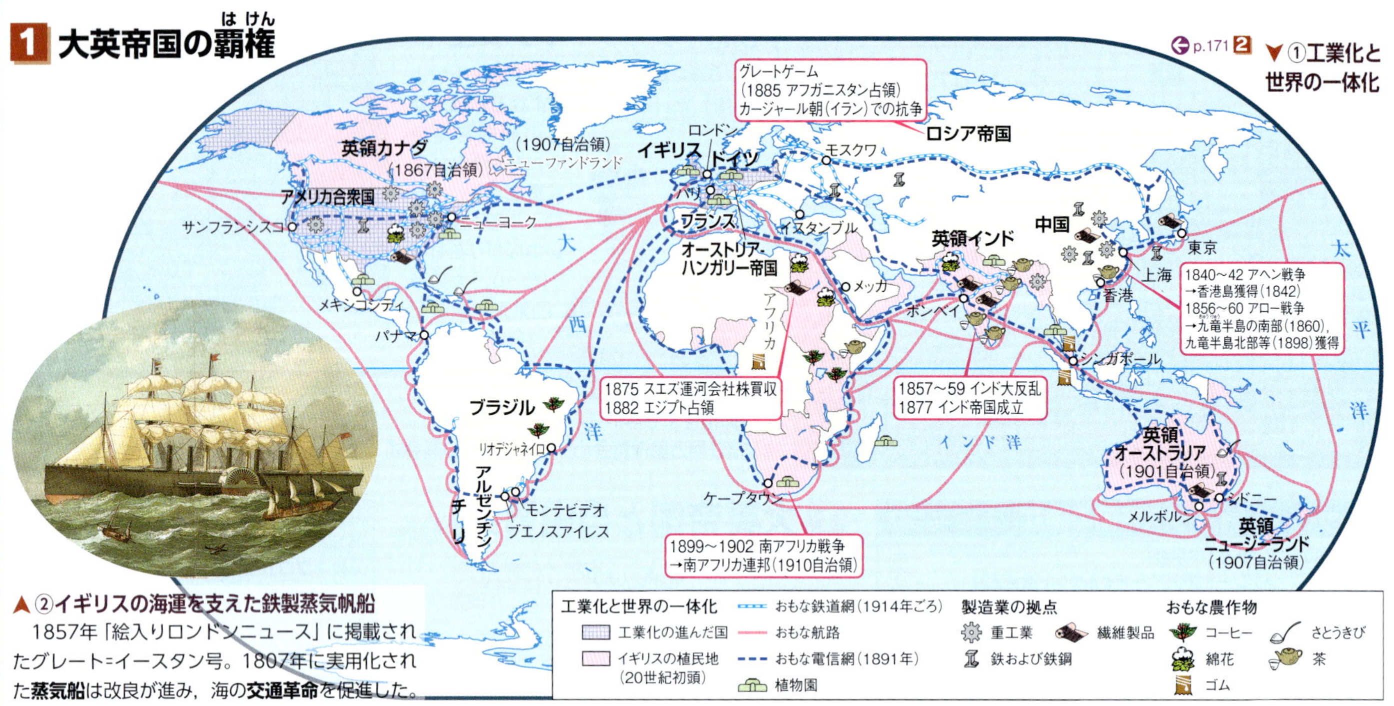

▲②イギリスの海運を支えた鉄製蒸気帆船 1857年「絵入りロンドンニュース」に掲載されたグレート=イースタン号。1807年に実用化された**蒸気船**は改良が進み，海の**交通革命**を促進した。

▲③世界金融の中心となったロンドンのシティ(金融街) ロンドン旧市街の約1マイル(1.6km)四方を占めるシティは，19世紀半ばから第一次世界大戦まで金融・貿易・保険・情報の中心として世界の経済や政治に大きな影響力をもった。イギリスは，製品輸出より世界各地へ投資することで利益を得るようになり，「**世界の工場**」から「**世界の銀行**」の役割を担(にな)うようになった。

ジェントルマン 16世紀以降のイギリスの支配階層で，数百人の貴族と数万人の**ジェントリ**(➔p.166)からなる。19世紀中ごろ以降は，シティの金融業者や専門職がその中心となった。**騎士道**に由来する思考や行動，生活様式をもち，肉体労働はせず，政治やチャリティをおもな活動とした。イギリスの帝国主義的拡張を，シティで働くジェントルマンの利害から理解する考え方を「**ジェントルマン資本主義**」という。

▶④典型的なジェントルマンの服装

テーマ 国際組織の誕生

世界に影響を及ぼす覇権(はけん)国家が成立すると，彼らは国際社会がよりよく機能するために国際組織を設立した。国際的な協力を理念とする一方で，自国に有利に働くルールづくりであるという一面もある。

1864	スイスの銀行家**デュナン**，**国際赤十字社**設立，**赤十字条約**に16か国加盟
65	**国際電信連合**設立，20か国加盟
74	**万国郵便連合**設立
94	フランスの教育家**クーベルタン**，国際オリンピック協会(IOC)設立
96	アテネで第1回**オリンピック大会**
99	**万国平和会議**開催(ハーグ)，ロシア皇帝**ニコライ2世**の提唱(1907年第2回)
1901	**国際仲裁裁判所**設置

▲⑤19世紀後半の国際組織

▲⑥グリニッジ天文台 19世紀から現在まで，経度と時間の基準がイギリスのグリニッジにあるのは，当時，高い航海技術をもったイギリス製の海図が世界各国で使用されていたことによる。

テーマ 2度にわたるジュビリー

大英帝国最盛期の女王ヴィクトリア(➔p.195)の即位記念式典(ジュビリー)は2度にわたって行われた。1度目は1887年の50周年のとき。2度目の97年の60周年記念式典は，イギリス帝国の一体化を世界に示す意図をもち，壮大にとり行われた。ロンドン市街の祝賀の行進には，帝国各地の制服を着た兵士や警官が5万名も動員され，国民の愛国心や「帝国意識」を高揚させた。

▶⑦ヴィクトリア女王の即位60周年を祝ってつくられたみやげ品

テーマ カナダの歴史

カナダには16世紀以降フランスが進出したが，1763年のパリ条約でイギリスの植民地となった。1867年，自治が認められ「カナダ連邦」となった。第二次世界大戦後，完全な独立主権国家「カナダ」となった。

1497	カボット(伊)，ニューファンドランドに到達	
1608	仏，**ケベック**を創設し，植民地経営を開始	フランス領に
1713	**ユトレヒト条約**でニューファンドランドなどを英に割譲	
63	**パリ条約**でイギリス領カナダ植民地成立	イギリス領に
1867	**自治**が認められ，「カナダ連邦」に	イギリスの自治領に
1931	**ウェストミンスター憲章**でイギリス連邦の一員に	実質的な独立国に
49	ニューファンドランドがカナダ連邦に NATO(ナトー)加盟 国名をカナダに変更	
65	カナダ国旗(メープルリーフ旗)制定	
82	カナダ憲法公布	

▲⑧カナダの歴史

2 通信業の発達

〈S.R.ラークソ著，玉木俊明訳『情報の世界史』〉

年	情報伝達の手段	情報伝達の日数(年平均)
1820	郵便用帆船	62.2日間
50	郵便用帆船	51.9日間
51	郵便用蒸気船	29.7日間
59	郵便用蒸気船	25.2日間
72	郵便用蒸気船	22.0日間
	イギリスからリスボンへの電信とリオデジャネイロへの蒸気船	～18日間
75	電信	～1日間

▲⑨**ブラジル**(リオデジャネイロ)**-イギリス**(ファルマス/サザンプトン)**間の帆船・蒸気船・電信による情報伝達の日数**　イギリスは英仏海峡に続き，1866年には大西洋を横断する海底ケーブルの開通に成功した。その後も，イギリスは自国の植民地帝国に沿って世界中に**海底電信ケーブル**を敷設した。この世界にのびる電信網によって，商業的・軍事的な情報をより早くより正確に伝えることができた。

▲⑩**駅の売店で新聞を買う人々**　通信革命によるマスメディアの発達と公教育の普及による識字率の上昇は購読者を増大させた。

歴史と技術　ニュースは商品

ロイターは，世界初のフランスの通信社アバス社での経験をもとにロイター通信社を創設。**海底電信ケーブル**を利用して世界中に情報網を敷いた。

▶⑪**P.J.ロイター**(1816～99)

▲⑫**1920年代のロイター通信社**

3 植物学の発達

▲⑬**キューガーデン(植物園)の大温室パームハウス**　**帝国主義**政策が推進される過程で，植民地で発見された有用な植物は採取されて，ロンドンの**キューガーデン**で品種改良などの研究が行われた。

▲⑭**キニーネ**　キナノキはアンデス山脈に自生する常緑の高木。樹皮から熱帯地方の風土病マラリアの特効薬キニーネを製造できることがわかり，ジャワ島などの植民地で栽培されるようになった。キニーネの発見によって，欧米の世界進出がうながされた。

4 娯楽の広がり

A 万国博覧会の始まり

▲⑮**ロンドンで開かれた第1回万国博覧会**(1851年)
ガラスと**鉄**でつくられた水晶宮(クリスタルパレス)に象徴される**ロンドン**万博は，**ヴィクトリア朝**の繁栄と新たな産業社会を象徴するものであった。➡p.195

▲⑯**民衆を万博に運ぶ乗合馬車**

▶⑰**万博の歴史**　万国博覧会は各国の産業・技術等を展示し，交流をはかる会合として始まった。参加国は国威発揚や競争心から最先端の技術をもちより，19世紀の自由競争の理念が如実に表れることになった。

年	開催地
1851年	ロンドン(英) ➡p.195
	・最初の万博(第1回)。約40か国が参加
1855年	パリ(仏)
	・**ナポレオン3世**によるフランス初の万博
1867年	パリ(仏) ➡p.199
	・日本が初めて参加 ・**クルップ社**(ドイツ)の大砲が出品
1876年	フィラデルフィア(米)
	・**ベル**の電話が初めて公開 ➡p.363
1889年	パリ(仏) ➡p.199
	・革命100年記念。**エッフェル塔**建設
1900年	パリ(仏)
	・電気によるイルミネーションが輝く電気館が登場し，電気時代の到来を告げた
1970年	大阪(日本)
	・アジアで初の万博
2005年	愛知(日本)
	・21世紀初の国際博覧会

B「世界旅行」の始まり

◀⑱**トマス=クック社の広告**　クックは宣伝にも力を入れ，色彩豊かで刺激的なポスターをつくった。

キーワード　オリエンタリズム　「オリエンタリズム」とは，元来**東方趣味**，**エキゾチシズム**という意味を含み，絵画では**ドラクロワ**画「アルジェの女たち」，アングル画「トルコ風呂」が有名である。しだいに東アジアまで拡大し，**中国趣味**(シノワズリ)や**ジャポニスム**も含まれるようになった。しかし後年，文学研究者の**サイード**は，この言葉には，「西洋から見た後進的な東洋」というイメージが含まれている，と主張した。➡p.211

◀⑲**イギリス領のエジプトを旅するイギリス人**　万博への見学旅行などが契機となり，ぜいたくと思われていた旅行が民衆にとっても娯楽の一つとして定着した。

ヨーロッパ
MAP P～Q
3部1章

19世紀後半のフランス　～めまぐるしく変わる政体

ヒストリーシアター　最後に来たのは？皇帝ナポレオン3世！

▲①フランス政体の風刺画　Ⓐ～Ⓓの順で，あとから来るものが前任者を権力の座から追い落としていくさまを風刺している。

よみとき　Ⓐの前とⓄのうしろを描き入れるとすれば，誰を描けばよいだろうか。

▲②シャム(タイ)王の使節と会う皇帝夫妻　**ナポレオン3世**は，伯父ナポレオン1世の名声を利用し，クーデターによって皇帝になった。この絵はナポレオン1世の戴冠式（➡p.190①）を思い起こさせる。また，フランスとイギリスの植民地の狭間で独立を維持するシャムの外交もうかがえる。

フランス政体の変化

◀p.190,192　　p.280▶

年	政体	主要事項	日本
	ブルボン朝(絶対王政)	1789　**フランス革命** ➡p.188	江戸時代
1792	第一共和政	93　**ルイ16世**処刑	
		皇帝:**ナポレオン1世**　位1804～14,15	
1804	第一帝政	1814　**ウィーン会議**(～15) ➡p.192	
14	ブルボン復古王政	国王:**ルイ18世**　位1814～24	
		国王:**シャルル10世**　位1824～30	
		1830　**アルジェリア出兵**	
		1830　**七月革命**　七月王政樹立	
30	七月王政	国王:**ルイ=フィリップ**　位1830～48	
		1848　**二月革命**　第二共和政確立	
48	第二共和政	臨時政府，**国立作業場**創設	
		四月普通選挙→六月暴動	
		大統領:**ルイ=ナポレオン**	
		1851　クーデタ	
		52　国民投票　帝政宣言	
52	第二帝政（権威帝政）	皇帝:**ナポレオン3世**　位1852～70	
		1853　パリ大改造(～70)	
		クリミア戦争(～56) ➡p.205	
		55　パリ万国博覧会	
		56　**アロー戦争**(～60) ➡p.229	
		58　**インドシナ出兵**(～67) ➡p.226	
		59　**イタリア統一戦争** ➡p.200	
	第二帝政（自由帝政）	61　**メキシコ出兵**(～67)	
		70　**普仏戦争**(～71，➡p.201)中，**セダン**で捕虜となり退位	明治時代
		対外進出の活性化	
70	第三共和政	1870　臨時国防政府成立	
		71　臨時政府(初代大統領**ティエール**，～73)	
		パリ=コミューン(3月～5月)	
		アルザス・ロレーヌをプロイセンに割譲	
		75　第三共和政憲法制定　第三共和政確立	
		81　チュニジア保護国化	
		87　**ブーランジェ事件**(～91)	
		仏領インドシナ連邦成立	
		89　**パリ万国博覧会**	
		91　露仏同盟成立(～94)	
		94　**ドレフュス事件**(～99) ➡p.202	
		1901　**急進社会党**結成	
		14　**第一次世界大戦**(～18)	大正
		36　**ブルム人民戦線**内閣(～37)	昭和時代
		39　**第二次世界大戦**(～45)	
		40　フランス降伏	
1940	ヴィシー政府	国家主席:**ペタン** ➡p.254	
44	臨時政府(共和政)	主席:**ド=ゴール**	
46	第四共和政	1946　第四共和政憲法制定	
		46　**インドシナ戦争**(～54) ➡p.294	
		54　**アルジェリア戦争**(～62) ➡p.284	
58	第五共和政	初代大統領:**ド=ゴール**	

1 ナポレオン3世の対外進出と政治

世界全図p.44～45

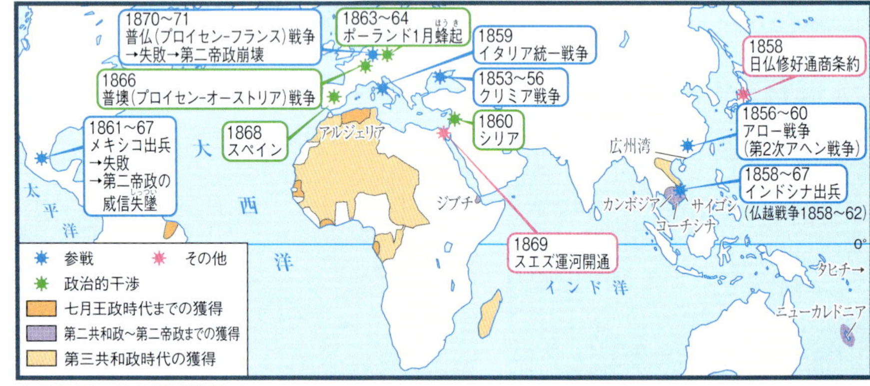

▲③フランスの対外進出

皇帝ナポレオン3世
・行政・軍事・外交権集中
・形式上は議会政治，普通選挙

①産業投資・植民地拡大*
　←**産業資本家の支持**
②公共事業(鉄道・道路拡張)*
　←**労働者の支持**
③土地所有権の保護
　←**農民の支持**
④皇帝として君臨
　←**カトリック教会の支持**

▲④ボナパルティズム　*ナポレオン3世は，①や②などサン=シモン(➡p.182)主義的な経済政策を行ったため，「馬上のサン=シモン」とよばれた。

ひと　皇妃ウージェニー（1826～1920）

スペインの名門貴族に生まれ，**ナポレオン3世**に嫁ぐ。1869年11月のスエズ運河開通式に彼女が主賓として招かれたのは，エジプト太守が彼女を思慕していたからだとされる。また，パリのオペラ座(オペラ=ガルニエ)を模したものがカイロにつくられ，ヴェルディ(➡p.200)に「アイーダ」の作曲が依頼されたが，式典には間に合わなかった。

2 史上初の労働者による自治政府

▲⑤赤い布を腰に巻くコミューン派　革命の色である赤い布を，仲間の結束と戦意高揚を示す目印とした。

◀⑥パリ=コミューンの最期　1871年3月，国民衛兵とパリ民衆による自治政府(**パリ=コミューン**)が成立した。**ティエール**臨時政府はドイツの支援を受け，自治政府を攻撃。コミューン派の市民や兵士を弾圧した。

今日とのつながり　現在，フランスでは日本のような新聞の宅配はされていないが，19世紀の新聞宅配先進国はフランスであった。第二帝政時代の鉄道普及が地方まで宅配を可能にしたのである。

3 パリの大改造

▲⑦凱旋門(➡p.72)から放射状にのびる12本の大通り

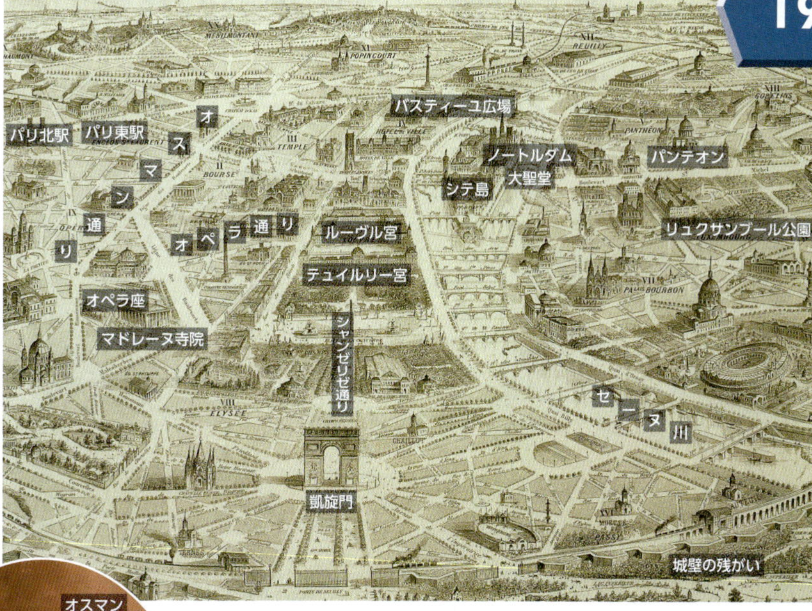

➤⑧改造後のパリ　1853年に始まるパリ大改造の要点は，大きく次の三つである。

1 疫病や犯罪の温床となる非衛生的なスラムを除去して風通しと採光のよい住宅を建設すること。
2 交通整備のため，鉄道駅や大きな広場を結ぶ幅広い大通りを機能的に通すこと。
3 軍隊の移動と大砲の使用を前提とした治安上の目的。民衆蜂起でバリケード戦を可能にした狭い路地を下層市民ごと排除。投石を防ぐため，石畳をアスファルトに変える(1848年の市街戦はのちのナポレオン3世に衝撃を与えた➡p.193)。

➤⑨オスマン(1809～91)に設計書を渡すナポレオン3世　ナポレオン3世は「光り輝く永遠の都ローマ」への崇拝から「光の都パリ」建設の構想を練っていた。具体的な実施は，セーヌ県知事オスマンにゆだねられた。

➤⑩オペラ座(オペラ=ガルニエ)　新しいパリには新しいオペラ座を，というオスマンの提案によりつくられた。オペラ座からルーヴル宮にいたる大通りは，はじめ「ナポレオン通り」と名づけられたが，彼の失脚により「オペラ通り」と変更された。

4 パリ万国博覧会の開催 ➡p.197

◀⑪エッフェル塔(第4回パリ万博，1889年)　**フランス革命**100周年と銘打って開催された万博であったため，立憲君主国は参加に積極的ではなかった。最大のよびものとして建造された約312mの**エッフェル塔**は，「鉄」の時代を象徴し，産業技術の高さを示すものであった。また，フランス植民地を紹介するパビリオン群も，フランス国民の帝国意識を高めた。

テーマ ナポレオン3世と日本

幕末の江戸幕府は，フランスから軍事顧問団を招聘するなど，フランスとの結びつきが強く，15代将軍徳川慶喜は，**ナポレオン3世**と友好関係にあった。また，1867年には慶喜の弟の徳川昭武が日本政府代表として第2回**パリ万博**に参加した。彼らが訪れたのは，ナポレオン3世によるパリ大改造後の都市であった。

◀⑫パリ万博日本展示場　茶店も展示され，着物姿の芸者は大変な人気であった。〈横浜開港資料館蔵〉

〈徳川慶喜肖像写真〉

▲⑬ナポレオン3世から贈られた軍服を着た15代将軍慶喜

テーマ アルザス・ロレーヌと国民意識

アルザス・ロレーヌ地方は，フランス北東部のドイツに接する地域。ライン川の豊かな流れと鉄鉱石・石炭の産地として知られた。**ウェストファリア条約**(➡p.169)で神聖ローマ帝国からフランスへ割譲されたこの地は，その後も独仏国境地域の戦乱に巻き込まれた。**普仏(プロイセン-フランス)戦争**(➡p.201)ではプロイセンに併合された。フランス国民にとって，アルザス・ロレーヌの喪失は屈辱的であり，国民意識がいっそう強まった。このことから，その後の**ヴェルサイユ条約**でフランスがこの地を取り戻したことには大きな意味があった。以降，一時的にナチス=ドイツの手に渡るも，戦後は再びフランス領となった。現在は，アルザスの**ストラスブール**に欧州評議会などの機関が多く存在する。

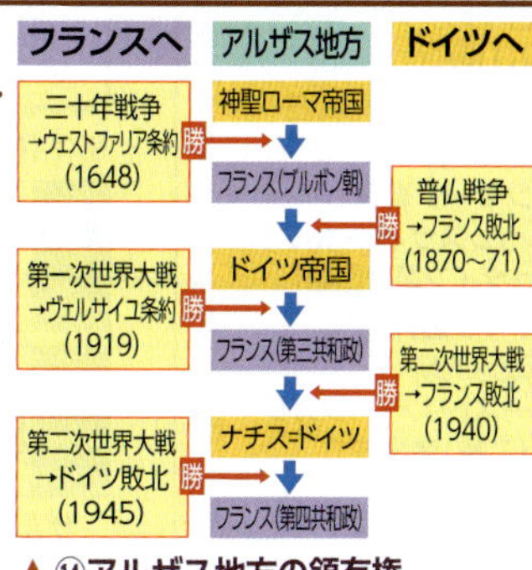

▲⑭アルザス地方の領有権

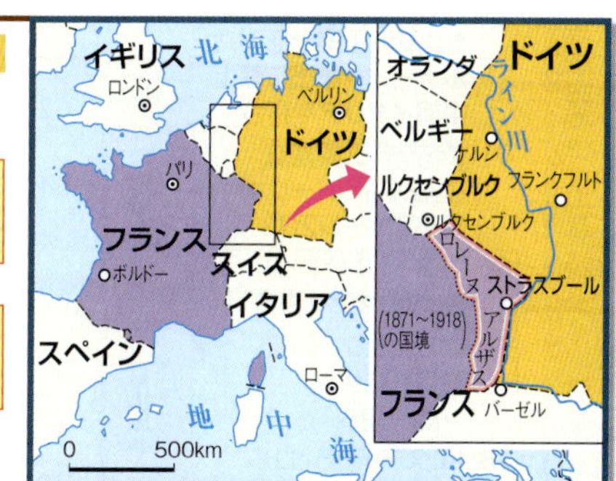

▲⑮アルザス・ロレーヌ地方

イタリア・ドイツの統一 ～大国の障壁をのりこえる統一

ヒストリーシアター 「ここにイタリア国王がおられるのだ！」

◀①ガリバルディ(1807～82)とヴィットーリオ＝エマヌエーレ2世(1820～78)の会見

サルデーニャ国王は，千人隊(赤シャツ隊)を率いて南イタリアを統一した**ガリバルディ**がどのような態度に出るか心配した。しかし，ガリバルディは「ここに(イタリア)国王がおられるのだ」と叫び，サルデーニャ国王が統一の主役であることを明言したといわれる。

よみとき 図②でガリバルディが国王に靴をはかせているのは何を意味しているか？

▼②サルデーニャ国王に「イタリア」という靴をはかせるガリバルディ

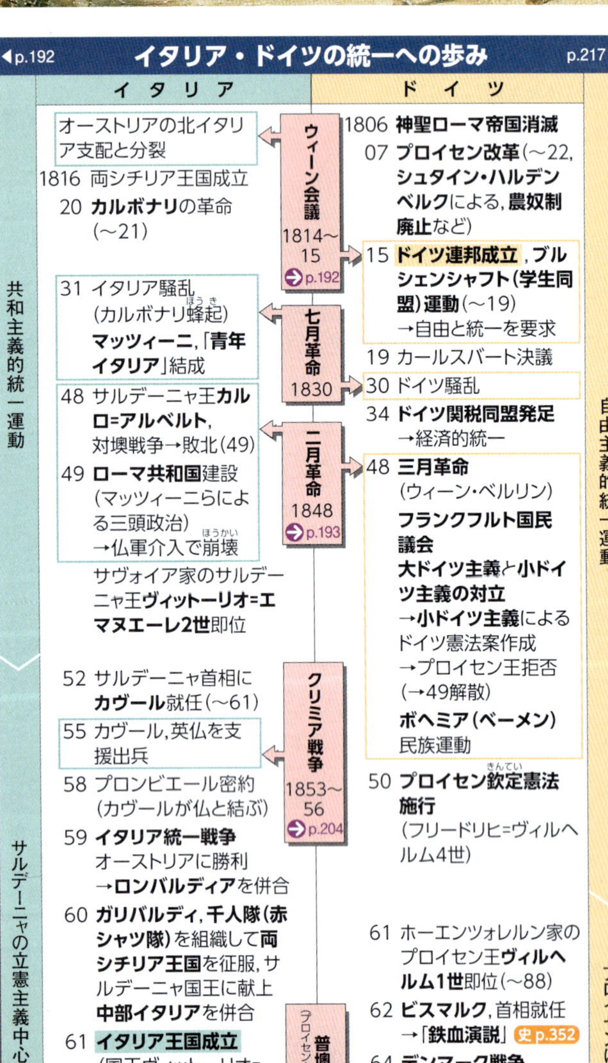

イタリア・ドイツの統一への歩み

◀p.192　p.217▶

イタリア		ドイツ
オーストリアの北イタリア支配と分裂	ウィーン会議 1814～15 ➔p.192	1806 **神聖ローマ帝国消滅**
1816 両シチリア王国成立		07 **プロイセン改革**(～22，**シュタイン・ハルデンベルク**による，**農奴制廃止**など)
20 **カルボナリ**の革命(～21)		15 **ドイツ連邦成立**，**ブルシェンシャフト(学生同盟)運動**(～19) →自由と統一を要求
31 イタリア騒乱(カルボナリ蜂起) **マッツィーニ**，「**青年イタリア**」結成	七月革命 1830	19 カールスバート決議
		30 ドイツ騒乱
48 サルデーニャ王**カルロ＝アルベルト**，対墺戦争→敗北(49)		34 **ドイツ関税同盟発足** →経済的統一
49 **ローマ共和国**建設(マッツィーニらによる三頭政治) →仏軍介入で崩壊	二月革命 1848 ➔p.193	48 **三月革命**(ウィーン・ベルリン) **フランクフルト国民議会** **大ドイツ主義と小ドイツ主義の対立** →**小ドイツ主義**によるドイツ憲法案作成 →プロイセン王拒否(→49解散) **ボヘミア(ベーメン)**民族運動
サヴォイア家のサルデーニャ王**ヴィットーリオ＝エマヌエーレ2世**即位		
52 サルデーニャ首相に**カヴール**就任(～61)	クリミア戦争 1853～56 ➔p.204	50 **プロイセン欽定憲法施行**(フリードリヒ＝ヴィルヘルム4世)
55 カヴール，英仏を支援出兵		
58 プロンビエール密約(カヴールが仏と結ぶ)		
59 **イタリア統一戦争** オーストリアに勝利 →**ロンバルディア**を併合		
60 **ガリバルディ**，**千人隊(赤シャツ隊)**を組織して**両シチリア王国**を征服，サルデーニャ国王に献上 **中部イタリア**を併合		61 ホーエンツォレルン家のプロイセン王**ヴィルヘルム1世**即位(～88)
61 **イタリア王国成立**(国王ヴィットーリオ＝エマヌエーレ2世)		62 **ビスマルク**，首相就任 →「**鉄血演説**」 史p.352
		64 **デンマーク戦争**(**シュレスヴィヒ・ホルシュタイン領有問題**)
66 プロイセンと同盟 **ヴェネツィアを併合**	普墺戦争(プロイセン-オーストリア) 1866	67 **北ドイツ連邦成立** →政治的統一 **オーストリア-ハンガリー(二重)帝国**成立(～1918)
70 プロイセンと同盟 **教皇領を併合** →統一完成 (トリエステ・南ティロルなど「**未回収のイタリア**」問題残る)	普仏戦争(プロイセン-フランス) 1870～71	70 エムス電報事件
		71 **ドイツ帝国成立**(第二帝国)

イタリア：共和主義的統一運動 → サルデーニャの立憲主義中心の統一運動
ドイツ：自由主義的統一運動 → プロイセンによる「上からの」統一運動

1 諸国家がひしめくイタリア

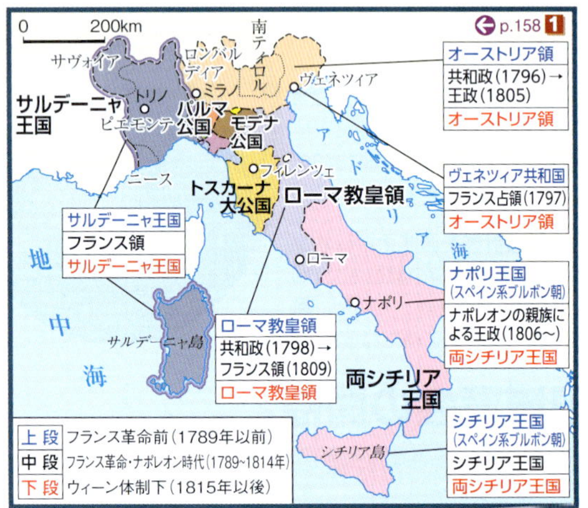

▲③統一前のイタリア～地域によって異なる歩み

▲④マッツィーニ(1805～72) 若いころ**カルボナリ**に参加し，のちに共和主義と民族統一を掲げて「**青年イタリア**」を組織した。国王を中心とする統一ではなく，共和政による統一をめざした。

歴史と音楽 統一はヴェルディの調べにのって

ヴェルディの出世作の歌劇「ナブッコ」の合唱曲〈行け，思いよ，金色の翼にのって〉は当時オーストリア治下の人々の自由を求める心情をかきたてた。時は流れ，サルデーニャによる**リソルジメント**(**統一**)が進むなか，ヴェルディもその渦中にいた。彼の名Verdiの綴りはそのまま**V**ittorio(ヴィットーリオ) **E**manuele(エマヌエーレ) **R**e(イタリア国王) **d'I**talia の略号になっていたのである。ミラノのスカラ座にこだまする"ヴェルディ万歳"の叫びは，イタリア統一の心の叫びであった。

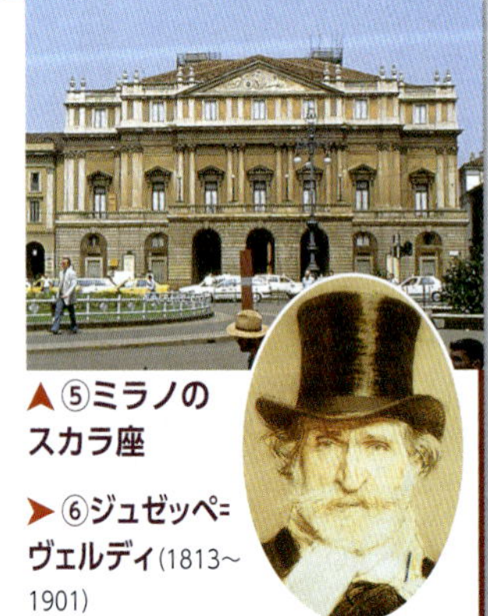

▲⑤ミラノのスカラ座

▶⑥ジュゼッペ＝ヴェルディ(1813～1901)

▼⑦「国旗」にみるイタリア・ドイツの統一

◀**現在の国旗** ナポレオン支配，カルボナリ・青年イタリアによる統一運動の旗印に由来。

◀**イタリア王国旗** 上の国旗の白地にサヴォイア家(サルデーニャ王家)の紋章を配置。

サルデーニャ王国の「上からの改革」と，ガリバルディの活躍など民衆の協力による「下からの改革」が結実。

▶**現在の国旗** ナポレオン軍と戦った義勇兵の「黒い服，赤い肩章，金ボタン」に由来。

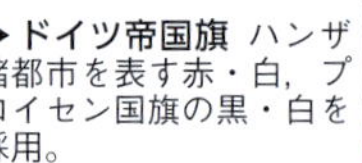

▶**ドイツ帝国旗** ハンザ諸都市を表す赤・白，プロイセン国旗の黒・白を採用。

ビスマルクの鉄血政策に象徴・代表されるプロイセン主導の武力による「上からの改革」で成功。

ヨーロッパ　MAP P～Q　3部1章

2 イタリア・ドイツの統一

A ドイツ関税同盟(1834年)

p.193 1

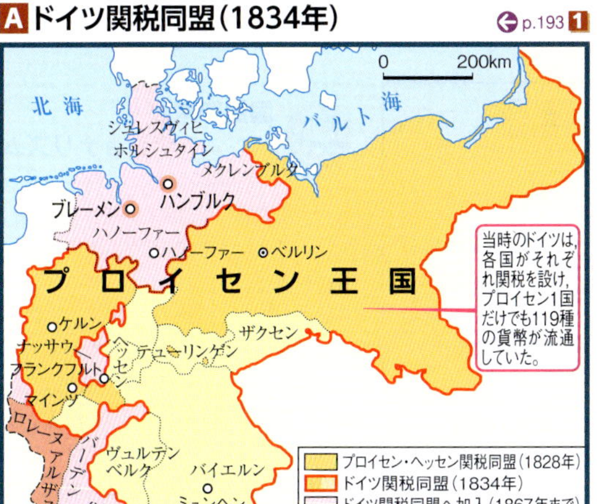

B イタリア・ドイツの統一

世界全図p.44~45 p.235 1

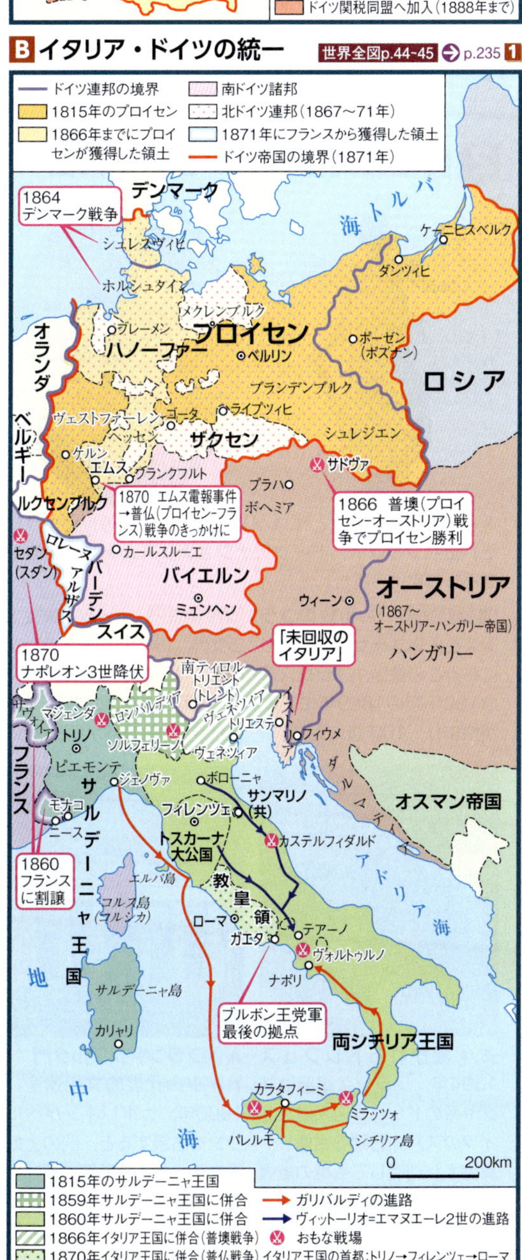

C 近隣諸国への対応

イタリア

対オーストリア
1859 ソルフェリーノの戦いで勝利
(イタリア統一戦争)

クリミア戦争参戦とニース・サヴォイアの割譲による支持とりつけ
(プロンビエール密約)

▲⑧カヴール(1810~61) サルデーニャ王国宰相。近代化を進め，**クリミア戦争**で英仏に加担しイタリアを強国として認知させた。

対フランス

▲⑨ナポレオン3世(1808~73)

ドイツ

対デンマーク
シュレスヴィヒ・ホルシュタインの帰属をめぐる争い
対オーストリア
1866 普墺(プロイセン-オーストリア)戦争

1870
エムス電報事件で挑発
↓
普仏(プロイセン-フランス)戦争

p.234

▲⑩ビスマルク(1815~98) ユンカー出身の**プロイセン**首相兼外相。鉄血政策でドイツの統一をおし進めた。のち**ドイツ帝国**宰相。

3 プロイセン主導のドイツ統一

⑪小ドイツ主義と大ドイツ主義

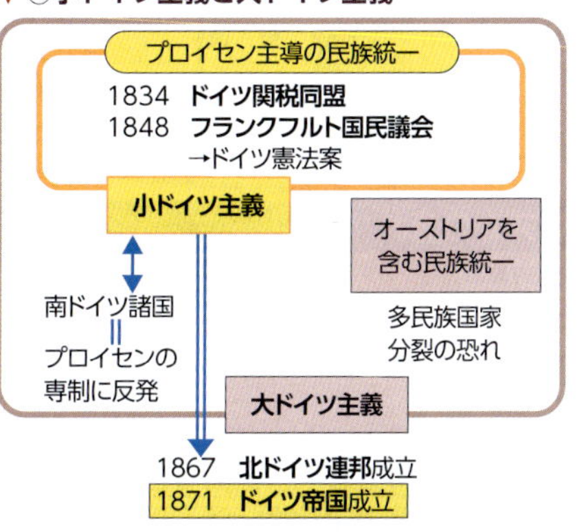

⑫ドイツ帝国の構造

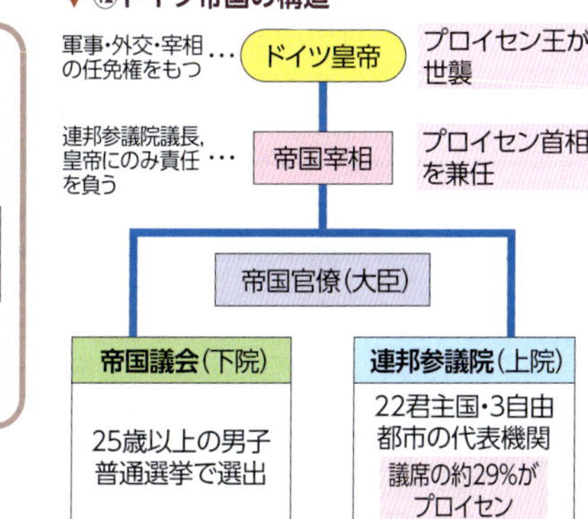

⑬ドイツ帝国の誕生

スペイン王位継承問題でのエムス電報事件をきっかけに起こった**普仏(プロイセン-フランス)戦争**(p.198)で，プロイセン軍は，参謀総長**モルトケ**の作戦により，1か月半で**ナポレオン3世**を降伏させた。プロイセン国王**ヴィルヘルム1世**は，パリ包囲中に，**ヴェルサイユ宮殿**(p.178)で，**ドイツ皇帝**として即位した。

⑭ビスマルクの政策

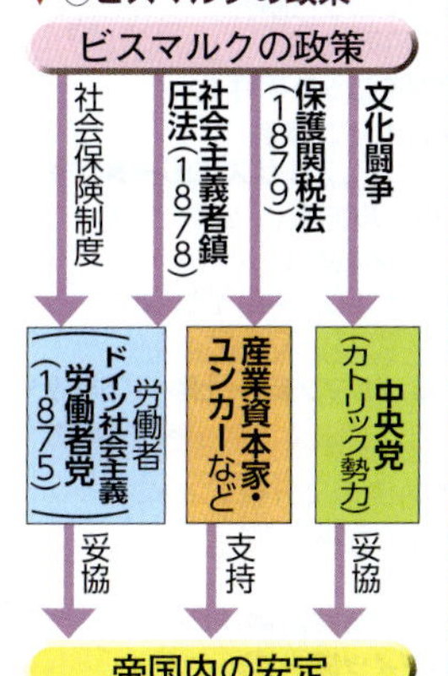

歴史と建築 ノイシュヴァンシュタイン城

ビスマルクは，統一の重大な障害である南ドイツの大国バイエルンに多くの特権を認め，国王ルートヴィヒ2世(位1864~86)にノイシュヴァンシュタイン城建設の資金提供をひそかに約束し，懐柔した。ルートヴィヒは，心酔する作曲家ワグナーの世界をつくることに熱中し，なぞの死をとげた。

◀⑮ルートヴィヒ2世

今日とのつながり 現在のイタリアやドイツにあるサッカーチームのファンが熱狂的なのは，もともと所属する国が異なっていたり，独立・自立したりしていたという歴史が関係している。

特集 ナショナリズム

1 19世紀のナショナリズムと国家統合の動き

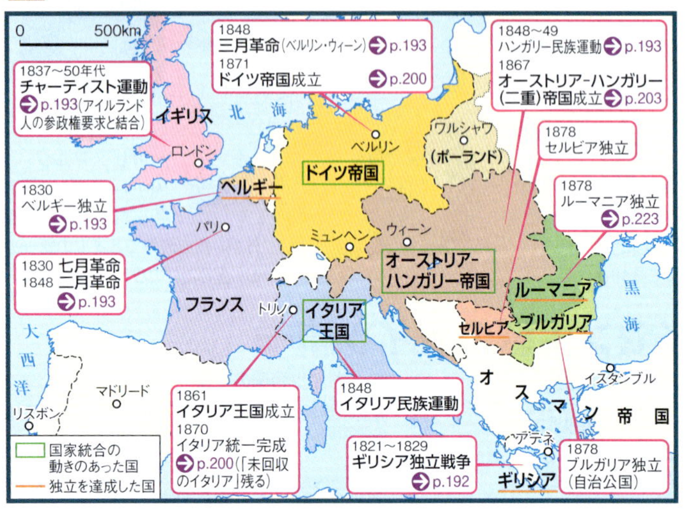

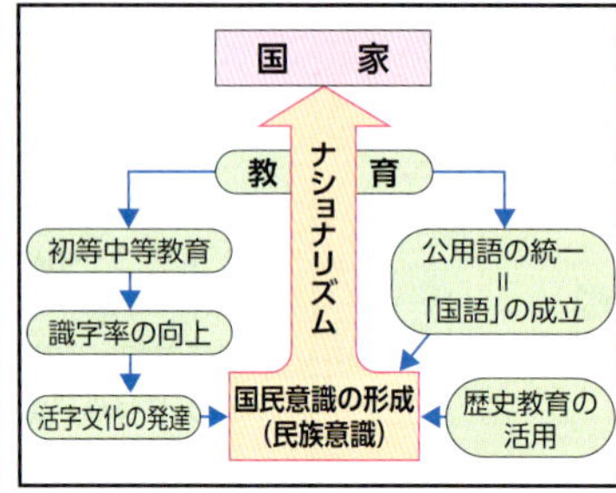

▲①**ナショナリズムと教育の関係** 国家は，自らが進める政策に一般民衆の力を結集するため，統一した「国語」や歴史教育など**教育**によって**国民意識**をつくりだそうとした。教育の普及による**識字率の向上**は，新聞などを通じた下からの国民意識の形成もうながした。

キーワード 国民国家とナショナリズム

国民国家とは，同一民族などの一つの均質な「国民」が一つの「国家」をつくるべきという理念。実現には困難を伴う。

ナショナリズムとは国民・民族のまとまりを重視し，その独立や発展をめざす考え方をいう。国旗や国歌はその統一を象徴するものの一つである。ナショナリズムは民主主義を支え，また**民族自決**の原則を確立させる反面，他国・他民族を排除する考えと結びつき，ファシズム(➡p.252)などの国家主義や民族紛争(➡p.272)を生み出した。

ナショナリズムの流れ

時期	国家統合の動き／脱植民地化の動き	フランス・ドイツのナショナリズム
18世紀末～1840年代 ナショナリズムの形成	植民地白人の「われわれ」意識(本国からの自立) →**アメリカ独立革命**➡p.186 **ラテンアメリカ**諸国の独立➡p.194 「国民」意識の覚醒(かくせい) ・1789 **フランス革命**➡p.188 …自由・平等な「われわれ」=「国民」の理念 ・1796～1815 **ナポレオン戦争**➡p.190 …欧州各地に国民意識(フランス支配への対抗) 1814 **ウィーン会議**(～15)➡p.192 →下からの「国民国家」要求 ・1821～29 **ギリシア独立戦争**(30 独立承認)➡p.192 ・ヨーロッパ各地に革命運動波及➡p.193 ・**「諸国民の春」・1848年革命**➡p.192～193	1789 ドイツ知識人に影響 94 エコール=ポリテクニク創設(仏) 1806 **ライン同盟**成立 **ナポレオン，ベルリン入城** 07 フィヒテ，「ドイツ国民に告ぐ」(～08)(独)➡p.177 10 ベルリン大学創設(独) 1815 ドイツ連邦成立➡p.193 1830 **七月革命**(パリ) 48 **二月革命**(パリ)－**三月革命**(ベルリン) (ナショナリズムの形成)
1850年代～ ナショナリズムの体制化	・西欧…上からの国家統合に利用 →1870 **イタリア統一**➡p.201 ・東欧…オスマン帝国からの独立始まる →1878 **サンステファノ条約・ベルリン条約**➡p.222～223	1862 **ビスマルク「鉄血演説」**➡p.200 66 普墺(プロイセン-オーストリア)戦争 70 **普仏(プロイセン-フランス)戦争**(～71) →プロイセン，**アルザス・ロレーヌ**獲得 1871 **ドイツ統一**➡p.201
1880年代～ 植民地への広がりと浸透	**帝国主義**➡p.217 →アジア諸地域…エリート・知識人層中心にナショナリズム覚醒 →列強…国内の労働者にナショナリズム浸透 1914～18 **第一次世界大戦**➡p.234→**総力戦体制**➡p.236 ↓ ・三帝国の解体(ロシア・オーストリア・オスマン) ・**「民族自決」**原則の登場➡p.240 →アジア各地 ・独立運動本格化 ・社会主義思想との結合 ↑レーニン『帝国主義論』 ↓ 東欧諸国・エジプト独立 独・伊ほか 1930年代 **ファシズム**➡p.252 ↓ 1939～45 **第二次世界大戦**➡p.254→**総力戦体制**➡p.236,256	1880 ケルン大聖堂完成(独) 87 **ブーランジェ事件**(～91)(仏) 94 **ドレフュス事件**(～99)(仏) (フランスが，ドイツに対抗意識をもやし生じた事件) 1905 **第1次モロッコ事件**(英仏協商vs独) (フランスがドイツをだし抜き，植民地化) 11 **第2次モロッコ事件**➡p.220 19 **ヴェルサイユ条約** →フランス，**アルザス・ロレーヌ**回復 23 仏，**ルール**占領(～25) 25 **ロカルノ条約**➡p.240 →ドイツ，国際連盟加盟(26) 1940 ドイツ軍，パリ入城➡p.254 1944 連合軍，**ノルマンディー上陸→パリ解放** (対立と抗争)
1945年～ 民族自決の確立と脱植民地化	旧植民地の独立… ・アジア各国の独立➡p.292 ・アフリカ各国の独立…1960**「アフリカの年」**➡p.266,284 東西冷戦	1949 ドイツ，東西に分裂➡p.262 55 西ドイツ主権回復 1958 EEC発足 67 **ヨーロッパ共同体(EC)** 90 **東西ドイツ統一**➡p.270
1991年～ ナショナリズムの多元化	東欧革命・ソ連解体➡p.270→民族紛争・地域紛争➡p.272	1993 **ヨーロッパ連合(EU)**発足 (協調へ)

2 独仏の対立とナショナリズム

▲②**マリアンヌ**(左)と◀③**ゲルマニア**(右) 19世紀末からそれぞれフランス，ドイツの**ナショナリズム**を鼓舞する象徴として用いられた。

マリアンヌ 共和政のフランスを象徴する女性像。パリにあるこの像は，フランス革命100年祭の1889年に工事が始まり，10年後に完成。

ゲルマニア ドイツを象徴する女神。1860年に描かれたこの絵では，右手に剣を持ち，ライン河畔に立ってフランスをにらみつける表情が見られる。

▲④**裁かれるドレフュス** 1894年，フランス軍部はユダヤ系のドレフュス大尉をドイツのスパイ容疑で逮捕し，真犯人が判明しても軍の威信と**反ユダヤ主義**から終身刑とした(**ドレフュス事件**)。1906年に無罪となったが，この事件は**シオニズム**(➡p.289,349)の発端となった。

▲⑤**ブランデンブルク門** ドイツの代表的文化遺産。1806年，ナポレオンがベルリンを占領すると，門の上の像をルーヴル美術館に運び込み，1815年にプロイセン軍がパリを占領すると，この像を元に戻した。このようにこの門は，独仏それぞれの国民意識の強化に関与した。

特集 ハプスブルク帝国 ～諸民族を束ねる帝国

1 複雑な民族構成

p.243 1

1814 **ウィーン会議**(～15) p.192
15 **ドイツ連邦**成立 **正統主義の中心に**
48 **三月革命**(ウィーン) **メッテルニヒ**失脚
ハンガリー・イタリア・チェコで民衆蜂起
スラヴ民族会議 **ナショナリズム運動激化**
59 **イタリア統一戦争**で大敗
66 **普墺(プロイセン-オーストリア)戦争**で大敗, ドイツ連邦解体
67 **「アウスグライヒ(妥協法案)」**が実現し, **オーストリア-ハンガリー(二重)帝国成立**
ハンガリー, 自治権獲得
71 ボヘミアとの「アウスグライヒ」, 不成立
78 **ベルリン会議**で**ボスニア・ヘルツェゴヴィナ**に対する行政権を獲得
1908 **ボスニア・ヘルツェゴヴィナ併合**
14 **第一次世界大戦**(～18) p.234
18 オーストリア-ハンガリー帝国解体

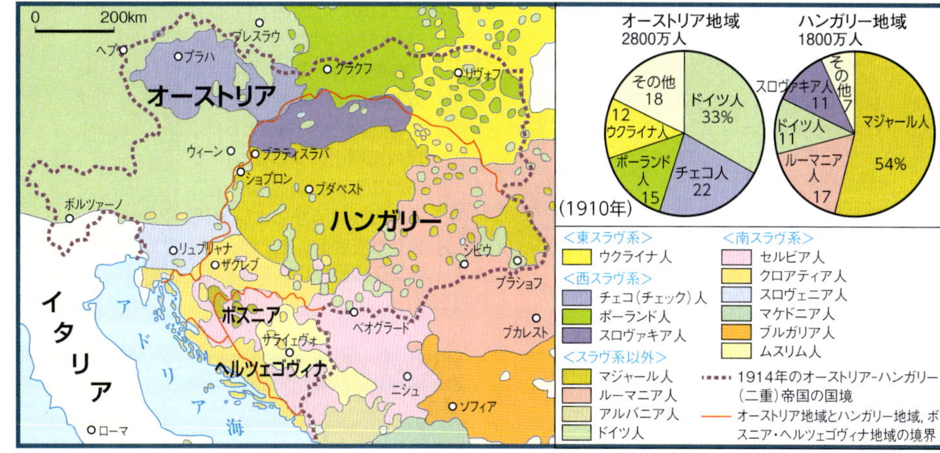

▲①19～20世紀初頭のハプスブルク帝国

◀②**ハンガリーの人々が敬愛した皇后エリーザベト**(1837～98) フランツ=ヨーゼフ1世の皇后であるエリーザベトは, かたくるしいウィーンの宮廷をきらい, その分, ハンガリーを愛した。ハンガリーの自治権獲得に尽力, 現在も"シシー"の愛称で親しまれている。

2 ハンガリーが勝ちとった自治～「二重帝国」

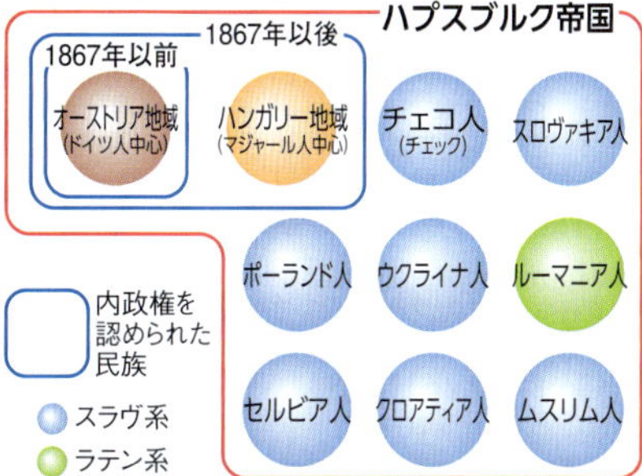

▶③**自治の象徴～ブダペストの国会議事堂**
1867年, ハンガリーとの**「アウスグライヒ(妥協法案)」**により, 二重帝国が成立, ハンガリーは独自に議会をもつことが許された。しかし, 外交・軍事・財政は帝国共通の政策とされた。

テーマ ウィーンの世紀末文化を担ったユダヤ人

世紀末ウィーンでは, 画家クリムトらにより,「ウィーン分離派」が生み出され, 多くのユダヤ系の人々も活躍した。1897年マーラー(1860～1911)は, ハンブルクよりウィーンオペラ座指揮者として着任し, ユダヤ系であった**フロイト**は, ヒステリー治療の研究から**精神分析学**の体系をつくりあげた。**ユダヤ人**であってユダヤ教徒ではないと自称する**カフカ**は, 神の不在や失われた人間関係からくる不安を描き出している。

▲④**フロイト**(1856～1939)

▲⑤**カフカ**(1883～1924)

歴史と芸術 「三重帝国」の夢 ～高揚するチェコ民族主義

「諸国民の春」はボヘミア(ベーメン)にも訪れ, ハプスブルク帝国内のドイツ人とチェコ(チェック)人の民族対立が激化した。1867年の**オーストリア-ハンガリー(二重)帝国**は, チェコ(チェック)人にとって受容できぬものであった。
1881年に落成したプラハの国民劇場では, スメタナやドヴォルザークなどチェコの「国民楽派」の音楽家たちの作品をチェコ語で上演し, 民族主義運動を高揚させようとした。

◀⑥**プラハの国民劇場**

▲⑦**スメタナ**(1824～84)

テーマ 多民族の共生をめざして ～「帝国」から「連邦」へ

ハプスブルク家の伝統をもつオーストリア伯爵**クーデンホーフ=カレルギー**(1894～1972)は, 1923年にその著書でヨーロッパの統一を訴え, 彼の**「パン=ヨーロッパ主義」**(連邦構想)は, のちの**EU**(p.280)誕生への大きなかけ橋となった。
彼の母は日本人の青山光子で, 1896年に, オーストリア伯爵と結婚し, 7人の子どもを育てた。忍耐と勇気に満ちた母をよりどころに成長した彼は,「母がいなかったら, 私は決してヨーロッパ統合運動を始めることはなかった」と語っている。

◀⑧**1994年カレルギー生誕100年を記念してオーストリアで発行された切手**

ヨーロッパ
MAP P～Q
3部1章

ロシアの反動と改革 ～上からの改革と南下政策

ヒストリーシアター 「解放皇帝」アレクサンドル2世

▲②トランプの賭けにされる農奴の風刺画(1854年)

▶①農奴解放令を読みあげるアレクサンドル2世 **クリミア戦争**の敗戦で,「上辺は金ぴかだが,中は腐っている」との体制批判を受け,皇帝は**農奴制の廃止**や検閲の廃止を軸に「大改革」を行おうとした。農奴制廃止については「下から起こるよりは,上から起こるほうがはるかによい」と貴族たちを説得した。➔p.219

農奴解放令
(1861年3月発表)
1. 農民は人格上自由の身になる。
2. 農地は,これを買い戻せば,農民のものとなる。
3. 買い戻し金は,政府が年6％の利子つきで農民に貸し出し,それを49年で返済していく。

よみとき 図①で皇帝に感謝している農奴は,本当に解放されたのだろうか。上の「農奴解放令」から判断してみよう。

キーワード **農奴制** 農奴は,領主の所有物であり,図②のように人格権も否定されていた。**農奴解放令**では領主制が廃止され,農奴に自由が与えられたが,土地は領主から**ミール**(農村共同体)が購入し,事実上,農民はミールにしばりつけられることとなった。

1 ロシアの国内問題

▲③**デカブリストの乱** ナポレオン戦争で自由主義思想に触発された青年将校たちが憲法制定や農奴解放を求めてサンクトペテルブルクで蜂起した。反乱は12月に起きたため,彼らは**デカブリスト**(12月党員)とよばれた。

スラヴ派(スラヴァノフィールィ)		西欧派(ザーパドニキ)
民族主義の高揚とロマン派の影響	思想背景	18世紀以降の西ヨーロッパでの革命運動に触発
ミール(農村共同体)を基盤とする社会。ツァーリの支配は容認するが**社会主義**を指向	理想とする社会	西ヨーロッパ型市民社会。**立憲制の導入**と**農奴制の廃止**を目標に
パン=スラヴ主義,**ナロードニキ運動**へ	後世への影響	改革派と,急進的な革命派に分裂

▲④ロシアの進路をめぐる2つの考え方

▲⑤**ナロードニキの逮捕**(レーピン画) 1870年代以後**インテリゲンツィア**の間に,「**ヴ=ナロード(人民の中へ)**」と唱え,農民と生活をともにして彼らを啓蒙し,農民の力で**ツァーリ**の打倒をめざす運動が起こった。彼らは**ナロードニキ**とよばれるが,農民はいまだツァーリへの親愛の情が強く,官憲の弾圧により運動は失敗した。

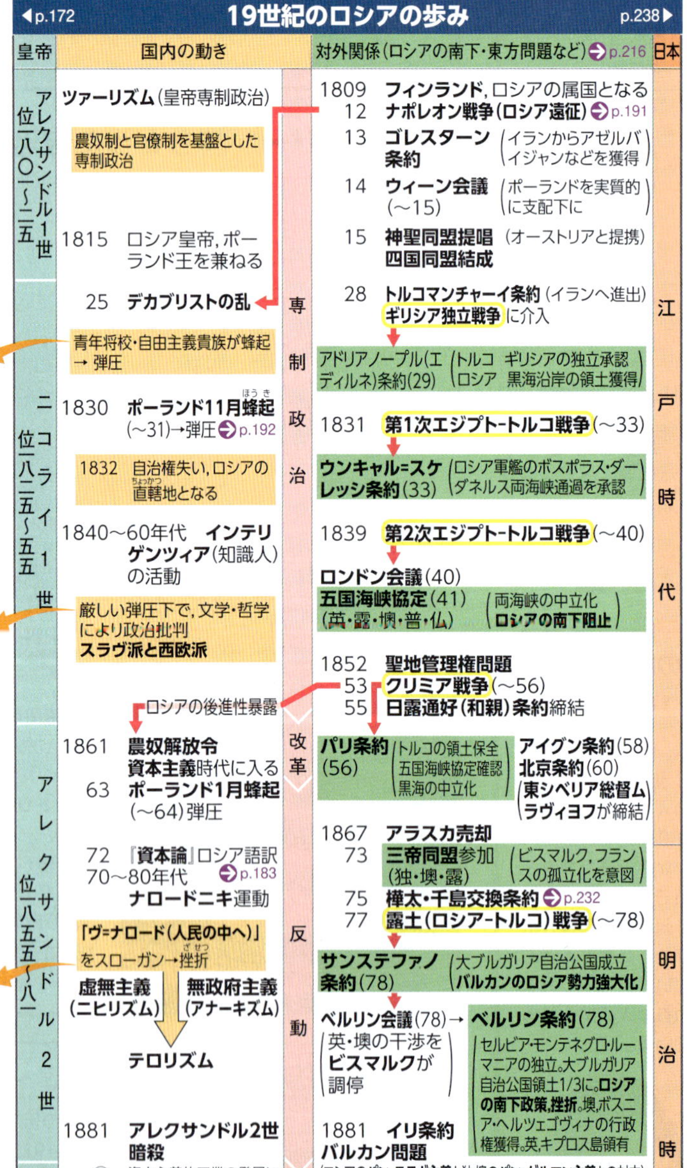

19世紀のロシアの歩み ◀p.172 p.238▶

皇帝	国内の動き		対外関係(ロシアの南下・東方問題など) ➔p.216	日本
アレクサンドル1世 位1801～25	**ツァーリズム**(皇帝専制政治) 農奴制と官僚制を基盤とした専制政治	専制政治	1809 **フィンランド**,ロシアの属国となる 12 **ナポレオン戦争(ロシア遠征)** ➔p.191 13 **ゴレスターン条約** (イランからアゼルバイジャンなどを獲得) 14 **ウィーン会議**(～15) (ポーランドを実質的に支配下に)	江戸時代
	1815 ロシア皇帝,ポーランド王を兼ねる		15 **神聖同盟提唱** (オーストリアと提携) **四国同盟結成**	
ニコライ1世 位1825～55	25 **デカブリストの乱** 青年将校・自由主義貴族が蜂起→弾圧		28 **トルコマンチャーイ条約**(イランへ進出) **ギリシア独立戦争**に介入 →アドリアノープル(エディルネ)条約(29) (トルコ ギリシアの独立承認 ロシア 黒海沿岸の領土獲得)	
	1830 **ポーランド11月蜂起**(～31)→弾圧 ➔p.192 1832 自治権失い,ロシアの直轄地となる		1831 **第1次エジプト-トルコ戦争**(～33) →**ウンキャル=スケレッシ条約**(33) (ロシア軍艦のボスポラス・ダーダネルス両海峡通過を承認)	
	1840～60年代 **インテリゲンツィア**(知識人)の活動 厳しい弾圧下で,文学・哲学により政治批判 **スラヴ派と西欧派**		1839 **第2次エジプト-トルコ戦争**(～40) →**ロンドン会議**(40) **五国海峡協定**(41)(英・露・墺・普・仏) (両海峡の中立化 **ロシアの南下阻止**)	
	ロシアの後進性暴露		1852 **聖地管理権問題** 53 **クリミア戦争**(～56) 55 **日露通好(和親)条約**締結	
アレクサンドル2世 位1855～81	1861 **農奴解放令** **資本主義**時代に入る 63 **ポーランド1月蜂起**(～64)弾圧	改革	**パリ条約**(56) (トルコの領土保全 五国海峡協定確認 黒海の中立化) **アイグン条約**(58) **北京条約**(60) (**東シベリア総督ムラヴィヨフ**が締結)	
	72 『**資本論**』ロシア語訳 70～80年代 **ナロードニキ**運動 ➔p.183 「**ヴ=ナロード(人民の中へ)**」をスローガン→挫折 **虚無主義**(ニヒリズム) **無政府主義**(アナーキズム)→**テロリズム**	反動	1867 **アラスカ売却** 73 **三帝同盟**参加(独・墺・露) (ビスマルク,フランスの孤立化を意図) 75 **樺太・千島交換条約** ➔p.232 77 **露土(ロシア-トルコ)戦争**(～78) →**サンステファノ条約**(78) (大ブルガリア自治公国成立 **バルカンのロシア勢力強大化**) →**ベルリン会議**(78) (英・墺の干渉を**ビスマルク**が調停)→**ベルリン条約**(78) (セルビア・モンテネグロ・ルーマニアの独立。大ブルガリア自治公国領土1/3に。**ロシアの南下政策,挫折**。墺,ボスニア・ヘルツェゴヴィナの行政権獲得。英,キプロス島領有)	明治時代
	1881 **アレクサンドル2世暗殺**		1881 **イリ条約** **バルカン問題**(ロシアの**パン=スラヴ主義**と独・墺の**パン=ゲルマン主義**との対立)	
アレクサンドル3世 位1881～94	○ 資本主義的工業の発展により,賃金労働者が革命の中心として期待される 92 **ヴィッテ**,**蔵相**に就任 **資本主義化**を推進	資本主義の発達	1887 **再保障条約**(独・露～90)→ビスマルク失脚 91 **露仏同盟**(94 完成) **シベリア鉄道**着工→極東進出(1904 開通) **第一次世界大戦へ**	
ニコライ2世 ➔p.238				

東方問題
オスマン帝国(トルコ)の衰退に乗じて**南下政策**をとるロシアと,地中海進出をはかる英・仏などの対立により生じた問題をさす。

ギリシア独立戦争(1821～29)
南下政策 **成功**

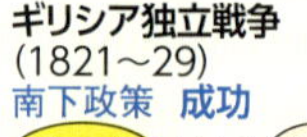

第1次エジプト-トルコ戦争(1831～33)
南下政策 **成功**

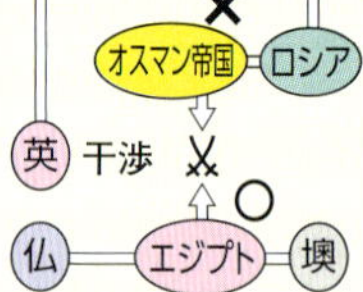

第2次エジプト-トルコ戦争(1839～40)
南下政策 **失敗**

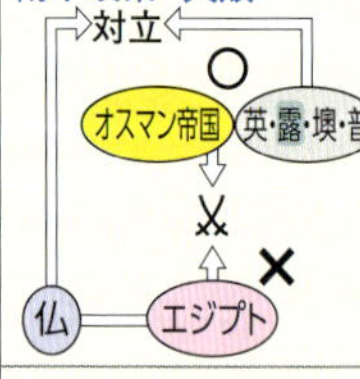

クリミア戦争(1853～56)
南下政策 **失敗**

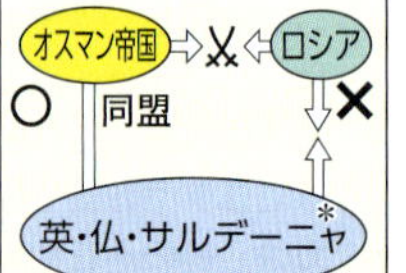

*最終盤に墺も参加(戦闘せず)

露土戦争(1877～78)
南下政策 **失敗**

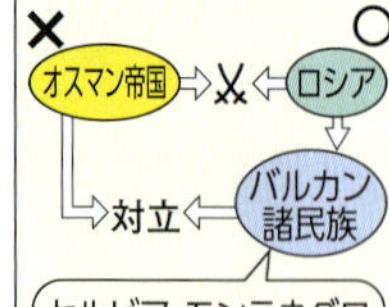

○は勝利 ✕は敗北

ヨーロッパ
MAP P～Q
3部1章

2 南下政策

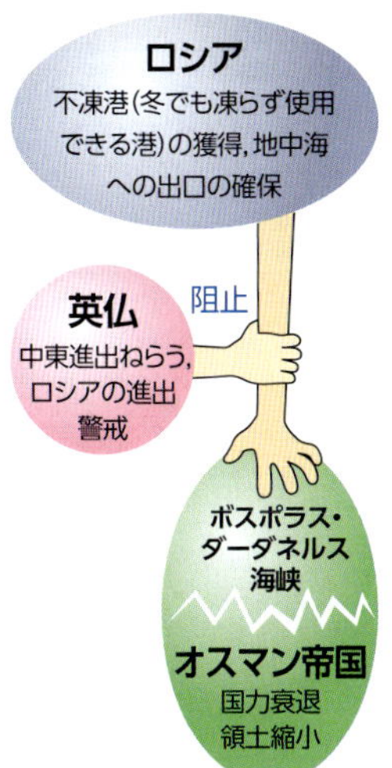

A バルカン半島(1815～55年) 世界全図p.42~43 ←p.191 4

B バルカン半島(1878年) →p.223 2

ひと ナイティンゲール(1820～1910)

イギリスのナイティンゲールは, **クリミア戦争**中の不衛生な前線で女性看護団を率いて敵味方の区別なく看護にあたり, クリミアの天使とよばれた。統計にもとづく医療衛生改革に取り組んだ彼女は, 看護学校を設立して近代看護法を確立した。のちの第一次世界大戦では, 戦争の後方支援などで女性を動員するための偶像とされた。→p.236

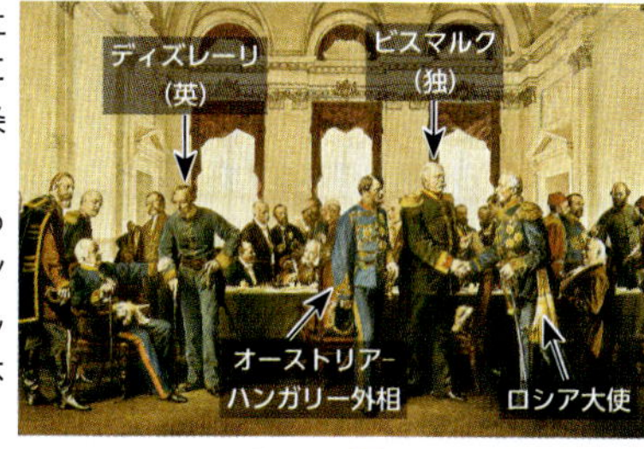

➤⑥**ベルリン会議** 露土戦争後, ロシアは列強によってサンステファノ条約の破棄を求められた。「誠実な仲買人」を称する**ビスマルク**は, ベルリン会議(1878年)を主催してロシアの南下政策をはばんだ。

3 東方への進出 →巻頭16 世界全図p.42~45

ロシアの東方進出

■ 清との条約

君主	年	できごと
イヴァン4世	1582	**イェルマーク**, シビル=ハン国の首都を占領 →p.172
ピョートル1世	1689	**ネルチンスク条約**(清・康熙帝) →p.118
	1727	**キャフタ条約**(清・雍正帝) →p.118
エカチェリーナ2世	92	ラクスマンを派遣 →p.173
アレクサンドル1世	1804	レザノフ, 長崎で通商要求
	21	アラスカ領有を宣言
ニコライ1世	28	トルコマンチャーイ条約 イラン方面への進出
	47	**ムラヴィヨフ**, 東シベリア総督となる
	53	プチャーチン, 長崎で国書提出
	55	日露通好(和親)条約
アレクサンドル2世	58	**アイグン条約** →p.228
	60	**北京条約** →p.228 ウラジオストク建設
	67	アラスカをアメリカに売却
	68	ブハラ=ハン国保護国化 (西トルキスタンのロシア化)
	73	ヒヴァ=ハン国保護国化
	75	**樺太・千島交換条約** →p.232
	76	コーカンド=ハン国併合 →p.223
	81	**イリ条約** →p.228
アレクサンドル3世	85	アフガニスタンを占領 イギリスとのグレートゲーム
	91	**シベリア鉄道**着工(1904開通)
ニコライ2世	96	**露清密約** 東清鉄道敷設権獲得
	98	東清鉄道南満支線の敷設権獲得, **旅順・大連租借** →p.231
	1904	**日露戦争**(～05) →p.231

←p.173 3, →p.223 2, 239 2

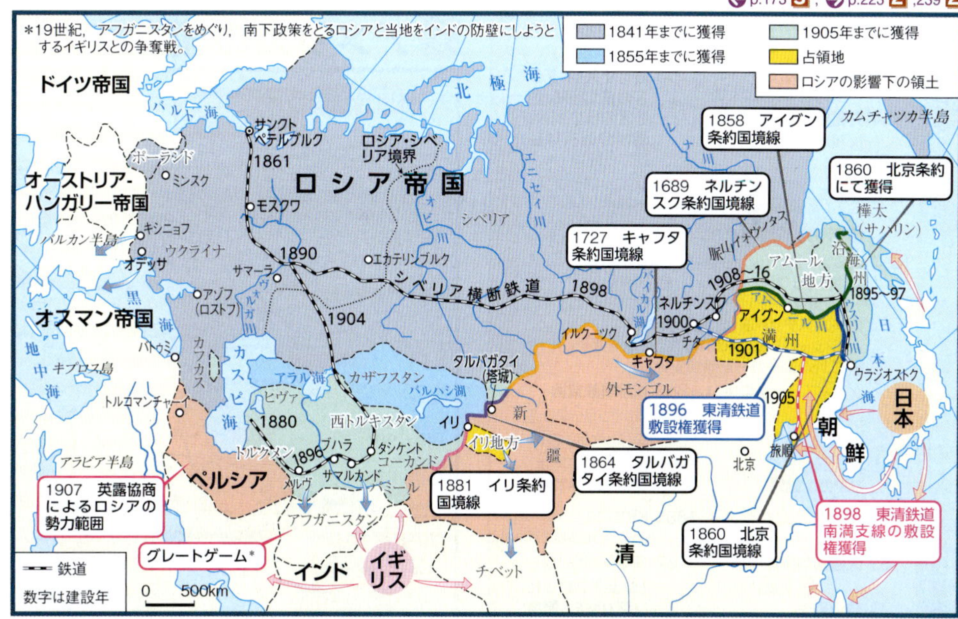

➤⑦**ロシアの対外進出に対する風刺画** ロシアの対外進出のルートには, 黒海からボスポラス・ダーダネルス海峡を通る南下政策, 次に中央アジアからイランや新疆に進出するルート, さらにシベリアおよび朝鮮や中国東方へ進出する三つのルートがあった。この画は, 東に勢力を伸ばすロシアへの脅威を, 当時の日本の視点で風刺している。

今日とのつながり 「カーディガン」は, クリミア戦争において英陸軍カーディガン7世が, 負傷した兵士が着やすいように考案した, 前開きのボタン付きセーターを起源とするといわれる。

アメリカ合衆国の発展 ～西部開拓と国家の真の統合

丸数字は大統領の代を示す

独立後のアメリカ合衆国

◀p.186　p.248▶

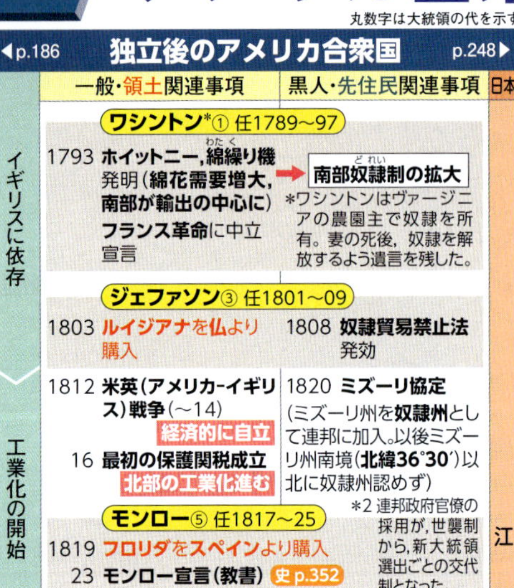

時期	一般・領土関連事項	黒人・先住民関連事項	日本
イギリスに依存	**ワシントン***① 任1789～97		江戸時代
	1793 **ホイットニー，綿繰り機**発明（**綿花需要増大，南部が輸出の中心に**）→ **南部奴隷制の拡大**	＊ワシントンはヴァージニアの農園主で奴隷を所有。妻の死後，奴隷を解放するよう遺言を残した。	
	フランス革命に中立宣言		
	ジェファソン③ 任1801～09		
	1803 **ルイジアナを仏より購入**	1808 **奴隷貿易禁止法**発効	
工業化の開始	1812 **米英（アメリカ-イギリス）戦争**（～14）**経済的に自立**	1820 **ミズーリ協定**（ミズーリ州を**奴隷州**として連邦に加入。以後ミズーリ州南境（**北緯36°30′**）以北に奴隷州認めず）	
	16 **最初の保護関税成立** **北部の工業化進む**	＊2 連邦政府官僚の採用が，世襲制から，新大統領選出ごとの交代制となった。	
	モンロー⑤ 任1817～25		
	1819 **フロリダをスペインより購入**		
	23 **モンロー宣言（教書）** 史p.352		
西部への発展・南北の対立	**ジャクソン**⑦ 民 任1829～37		
	○ **ジャクソニアン=デモクラシー**[*2]	1830 **先住民強制移住法**	
	白人男性普通選挙の導入	33 アメリカ奴隷制反対協会設立	
	1845 **テキサス併合**（36 メキシコより独立）	1838 チェロキー，**「涙の旅路」**を行く（～39）	
	46 **アメリカ-メキシコ戦争**（～48） オレゴン併合（英と協定）		
	48 **カリフォルニアをメキシコより獲得**，金鉱発見→**ゴールドラッシュ** 巻頭8	50 カリフォルニアを自由州とするかわりに，より厳しい逃亡奴隷法を可決	
		52 『**アンクル=トムの小屋**』発表	
	53 **ペリー**提督，日本へ（中国市場の拠点づくり）	54 **カンザス-ネブラスカ法**（将来，両地区の自由州・奴隷州の選択は住民に一任）	
	54 **共和党**（奴隷制拡大に反対）成立	59 ジョン=ブラウンの蜂起	
	リンカン⑯ 共 任1861～65		
	1861 南部11州，合衆国から離脱→**アメリカ連合国（大統領ジェファソン=デヴィス）結成**，首都:リッチモンド→**南北戦争**（～65）		
	62 **ホームステッド法（自営農地法）**（ミシシッピ川以西で5年間公有地を開墾した者に160エーカーを無償支給）		
	63 **ゲティスバーグの戦い**	1863 **奴隷解放宣言**	
		64 サンドクリークの虐殺（シャイアン族）	
	65 南北戦争終結 **リンカン暗殺**	65 奴隷制度の廃止（**憲法修正第13条**）	
資本主義の発展	1867 **アラスカをロシアより購入**	1865 **KKK**結成 p.248,277	明治時代
	69 **大陸横断鉄道開通** 巻頭8,p.219	67 南部「再建法」成立	
	73 経済恐慌 **独占企業増大**	**（シェアクロッピング（小作人制度の一種）の導入）**	
	○ **アメリカの工業生産が世界一に**	70 黒人の選挙権（憲法修正第15条）	
	86 **アメリカ労働総同盟（AFL）**結成	76 リトルビッグホーンの戦い（スー・シャイアン族）	
	90 **シャーマン反トラスト法**成立	77 再建時代終わる（南部の白人勢力復活）	
	「**フロンティア**[*3]**の消滅**」宣言 **西部開拓終了**	86 **アパッチの長ジェロニモ降伏**	
帝国主義	**マッキンリー**㉕ 共 任1897～1901	90 ウンデッド=ニーの虐殺（スー族）	
	98 **米西（アメリカ-スペイン）戦争**（フィリピン・プエルトリコ・グアム島獲得） p.221 **ハワイ併合** **帝国主義政策を具体化**	96「分離するが平等」の州法を最高裁が合憲とする→人種差別を実質的に合法化	

＊3 フロンティア（辺境）とは，開拓地と未開拓地との境界地で，1平方マイルにつき2～6人の地域をさす。

ヒストリーシアター 西部開拓の光と影

（米国議会図書館蔵）

キーワード　マニフェスト=デスティニー（明白な天命）
未開の地域に欧米の文化を広めることは，神がアメリカ人に与えた**明白な天命**であり，その実行は神の意思にそくしているとした言葉。

よみとき　この絵で，進歩の女神に率いられるものは何で，未開を象徴するものは何だろう。

▶①進歩の女神
▼②「涙の旅路」

▶③「涙の旅路」を行くチェロキー　**先住民強制移住法**により，先住民は，**ミシシッピ川以西**の不毛な居住区に閉じ込められた。移動中，多くの命が失われたので，そこへいたる道は「**涙の旅路**」といわれた。

1 アメリカの領土拡大

p.219　世界全図p.42～45　p.187

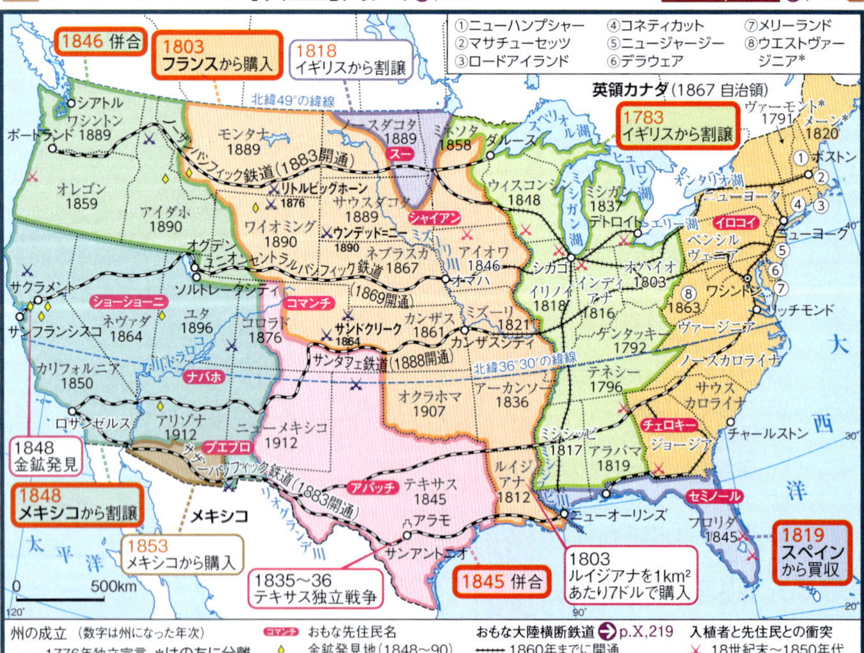

歴史と文学 『大草原の小さな家』

▶④西部開拓者たちの丸太小屋

ウィスコンシンの丸太小屋で生まれたローラ=インガルス=ワイルダーは，19世紀後半の**西部開拓**時代の日常をリアルに描いた自伝的小説を発表した。**フロンティア=スピリット**あふれる開拓民は「小さな家」で自律的な生活を送り，過酷な「大草原」を世界屈指の穀倉地帯に変えた。

アメリカ　MAP P-Q　3部1章

2 北部・南部の社会構造

A 北部と南部の違い

	北部(東部)		南 部
経済構造	ニューイングランド中心の商工業地帯		奴隷制にもとづく大農園中心の農業地帯
生産物	工業製品	●優位な経済力 ⇔ ●危機感増大	綿花
中心勢力	銀行家 産業資本家		プランター 大地主
貿易政策	保護貿易主義(高率の関税)	反攻・勝利 ⇔ 開戦	自由貿易主義(関税撤廃)
国家体制	連邦主義(中央集権主義)	●ホームステッド法(1862年) 西部の北部支持	州権主義(反連邦主義)
奴隷制度	拡大に反対	●奴隷解放宣言(1863年) 国際世論支持	肯 定
支持政党	共和党		民主党
外交政策	モンロー主義 中南米との関係重視		イギリスとの関係重視

	北部		南部
人口	67	1850万人	33(%) (900万人うち奴隷350万人)
工業生産	91	15億ドル	9(%) 1.5億ドル
動員兵力	70	約200万人	30(%) 約85万人
鉄道	69		31(%)
銀行預金高	80		20(%)

B 南部奴隷制

▶⑤ミシシッピの綿花プランテーション　**ホイットニー**の**綿繰り機**(➡p.180)の発明により，南部で生産される綿花の需要がいっそう高まった。大変な手作業を必要とする綿花の摘みとりには，黒人奴隷が必要とされた。

歴史と文学　奴隷の悲しみを描いたストウ

ストウは1852年，**黒人奴隷**の惨状を『**アンクル=トムの小屋**』で描いた。反響は大きく，発売後1年で32万部(当時アメリカの人口は推定2320万)以上が売れ，「聖書につぐベストセラー」といわれた。**南北戦争**中**リンカン**は「この戦争を引き起こしたご婦人があなたですね」と話しかけたという。

▶⑥ストウ(1811〜96)

▼⑦奴隷制を告発するパンフレット

C 外国との関係

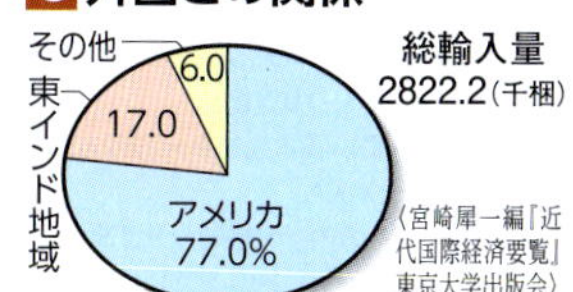

▲⑧イギリス原綿輸入に占めるアメリカの割合(1856〜60)

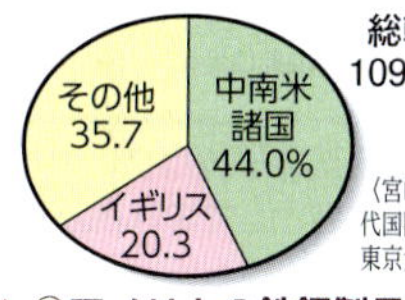

▲⑨アメリカの鉄鋼製品の地域別輸出(1867〜68)

3 北部と南部の内戦(南北戦争*)

*英語ではthe Civil War(内戦)，南部では今でもthe War between the States(州間戦争)，さらにはThe War of Northern Agression(北部による侵略戦争)などともよばれる。

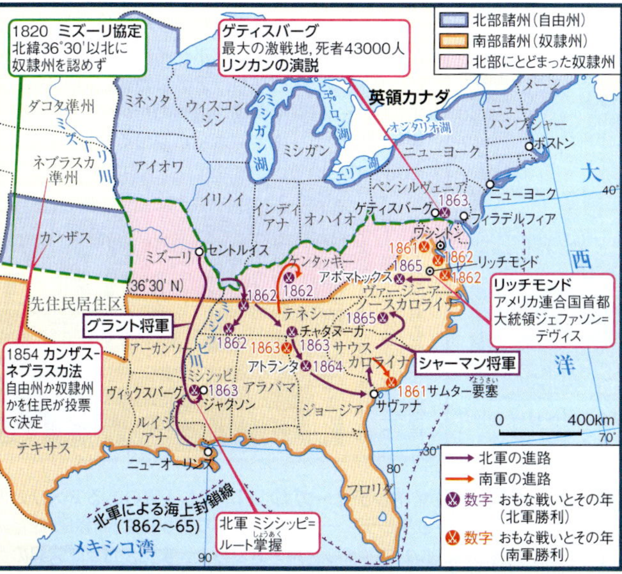

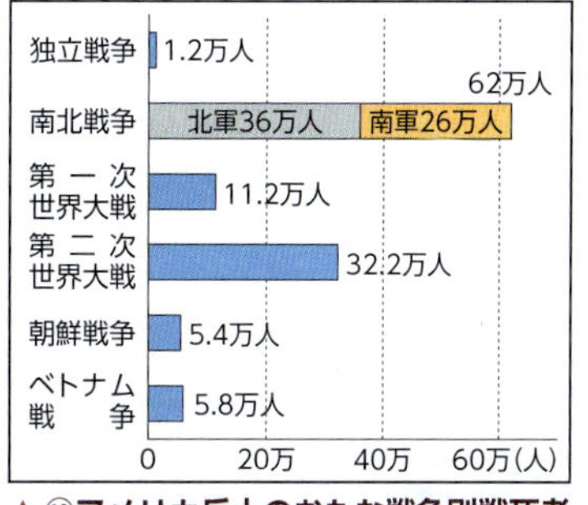

▲⑩アメリカ兵士のおもな戦争別戦死者

▲⑪南軍の旗(左)と現在のミシシッピ州の州旗(右)　南北戦争時に南軍として戦ったミシシッピ州の州旗には，現在も南軍の旗のデザインが入っている。

▼⑫政党の変遷

丸数字は大統領の代

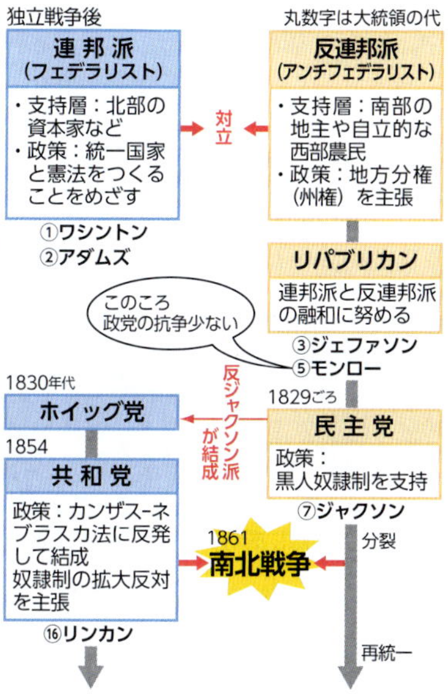

独立戦争後

連邦派(フェデラリスト)
・支持層：北部の資本家など
・政策：統一国家と憲法をつくることをめざす
①ワシントン
②アダムズ

⇔ 対立

反連邦派(アンチフェデラリスト)
・支持層：南部の地主や自立的な西部農民
・政策：地方分権(州権)を主張

リパブリカン
連邦派と反連邦派の融和に努める
③ジェファソン
⑤モンロー

このころ政党の抗争少ない

1829ごろ **民主党**
政策：黒人奴隷制を支持
⑦ジャクソン

反ジャクソン派が結成 →

1830年代 **ホイッグ党**

1854 **共和党**
政策：カンザス-ネブラスカ法に反発して結成　奴隷制の拡大反対を主張
⑯リンカン

1861 **南北戦争**

分裂 → 再統一

Government of the people, by the people, for the people...
人民の，人民による，人民のための政治

◀⑬ゲティスバーグで演説するリンカン
リンカンは「丸太小屋からホワイトハウスへ」という，アメリカの夢の実現者であった。彼は**南北戦争**中の1863年，激戦地**ゲティスバーグ**での追悼集会で，有名な演説を行った。ただしこの演説は数分の短いもので，カメラマンがまにあわないほどであった。また上記部分は他人のパンフレットからの引用でもあったが，民主主義の本質を示す名言となっている。

▲⑭ゲティスバーグの戦い

歴史と技術　日本史を動かした北部のライフル銃

鉄砲の性能は19世紀中ごろめざましい進歩をとげ，南北戦争では**ライフル銃**が使用された。幕末の長州藩は蘭学者大村益次郎の指導で，北軍の中古ライフル銃を長崎のイギリス人武器商人グラバーから坂本龍馬の仲介で大量に購入し，旧式銃中心の幕府軍を破った。

アメリカ　MAP P〜Q　3部1章

特集 移民の世紀 ～大移民の世界的なうねり ➔巻頭 8,18,20

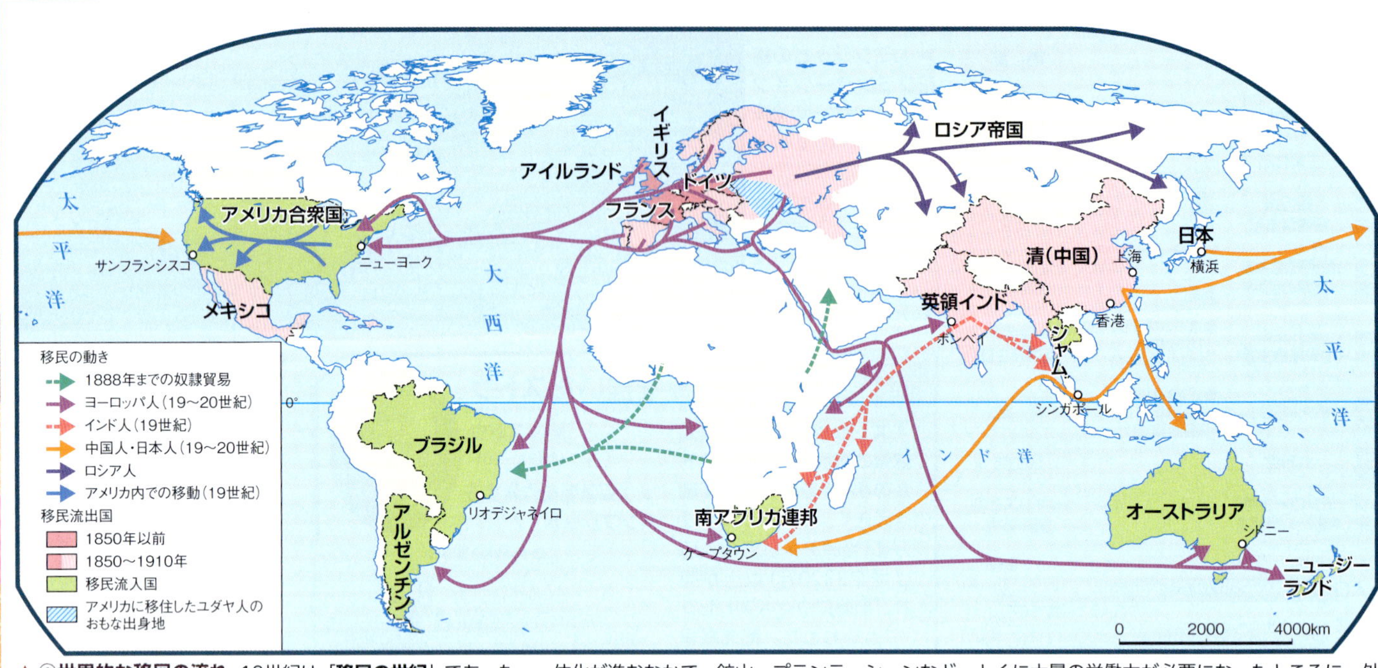

▲①**世界的な移民の流れ** 19世紀は「**移民の世紀**」であった。一体化が進むなかで，鉱山・プランテーションなど，とくに大量の労働力が必要になったところに，外部から労働者としての移民が流れ込んだからである。

1 最大の移民受け入れ国～アメリカへの移民

▲②**人種のるつぼ** カップの中の諸民族を自由の女神がかき混ぜている。

▲③**ニューヨークに到着したヨーロッパ移民** 移民たちは，アメリカに成功の夢(「**アメリカン=ドリーム**」)を見たが，実際に成功することはまれであった。

ひと 鉄鋼王カーネギー(1835～1919)

「**アメリカン=ドリーム**」を実現した者の典型は，鉄鋼王カーネギーである。スコットランドからの移民の子として貧しい少年時代を過ごした彼は，メッセンジャーボーイから身をおこして，鉄鋼業で大成功し，アメリカ有数の大富豪となった。教育や芸術の振興のために，カーネギー財団やカーネギーホールをつくったことでも知られている。➔p.219

▶④**カーネギーホール** カーネギーが改装したニューヨークにある音楽の殿堂。

「旧移民」	
時期	19世紀前半～後半
出身地	西欧・北欧
信仰	プロテスタント中心(アイルランド人はカトリック)

・**イギリス人移民**←旧宗主国(植民地時代～独立後)のため
・**アイルランド人移民**←じゃがいも飢饉(1845～49)による
・ドイツ人移民・ユダヤ人移民←ドイツ三月革命(1848)による
・中国系移民(**華僑**)←南京条約(1842)による

↓

「新移民」	
時期	19世紀後半～20世紀前半
出身地	東欧・南欧
信仰	カトリック中心

・**イタリア人移民**・ポーランド人移民の増加
・**ユダヤ系ロシア移民**←ロシアのユダヤ人排斥(1881)のため
・**日本人移民**の増加←中国人排斥法(1882)による
・移民の減少←**移民法**(1924，本格的移民制限)による

▲⑤「**旧移民**」と「**新移民**」

▲⑥**理想とされたWASP(ワスプ)の暮らし** 描かれているのは，イギリス出身の老銀行家夫婦と孫の生活。「新移民」は彼らのような生活にあこがれを抱いた。➔p.276

▼⑦**レディーガガ** 日本でも人気のあるアメリカ人歌手レディーガガは，イタリアからの「新移民」を祖先にもつイタリア系アメリカ人。また，ポップス界の女王とされるマドンナもイタリア系の3世である。ほかに両親がドイツ系移民である野球選手のベーブ=ルースなど，アメリカに渡った移民の子孫が活躍している。

〈Splash/アフロ〉

日本 東アジア 東南アジア ヨーロッパ アメリカ オセアニア MAP P～Q 3部1章

2 移民と先住民～オーストラリア・ニュージーランド

▲⑧**ゴールドラッシュ**　オーストラリアは，1788年にイギリスの囚人植民地として始まったが，金鉱の発見で各地から移民が流入した。のちに保護政策に転じたが，先住民である**アボリジニー**に対して迫害が行われた。ニュージーランドでも，移民は先住民である**マオリ**の土地を奪った。➔巻頭8

インングランド	アイルランド	スコットランド	ウェールズ	その他ヨーロッパ	アボリジニーなど	アジア	太平洋
47.1%	24.8	13.5	1.5	7.3	3.4	2.1	0.3

〈Australian Immigration,'79〉

▲⑨**オーストラリアの民族構成**（1891年）

◀⑩**白豪主義**　白人の移民はアボリジニーを迫害し，アジア系移民を差別して白豪主義を展開した。1860年以降に増加した中国人移民に対する憎悪はとりわけ強く，排外的な暴動にまで発展した。

▼⑪**現在のアボリジニー**　1967年に市民権が認められ，保護政策によって少しずつ人口も増えてきている。

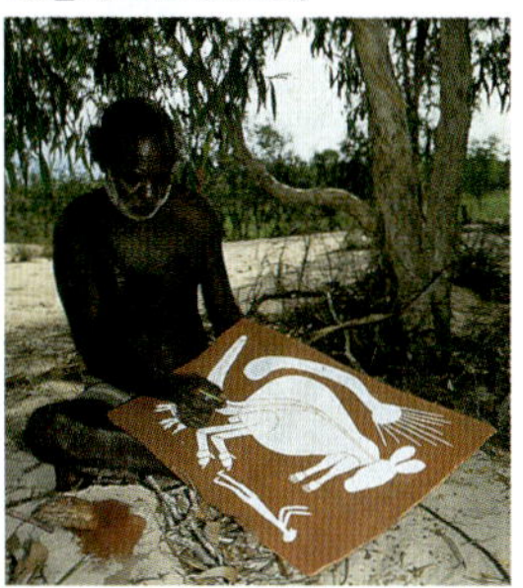

➔巻頭8

3 黒人奴隷の後継～アジアからの移民

▲⑫**フィジーでさとうきびの収穫を行うインド人移民**　奴隷貿易で非難を浴びたイギリスは，19世紀前半に奴隷制を廃止した。そのため，新たな労働力はアジアなどの移民で補われることとなった。

▶⑬**世界各地の中華街**（サンフランシスコ）　中国人は移民先でコミュニティをつくり，食文化をはじめ，中国文化を世界中に伝えた。

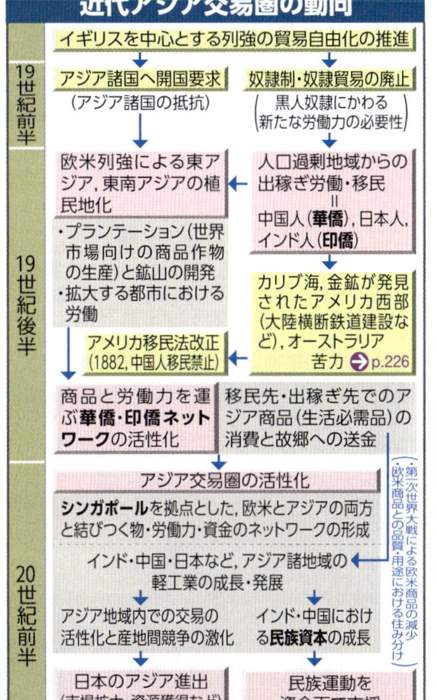

〈『わが国民の海外発展』ほか〉

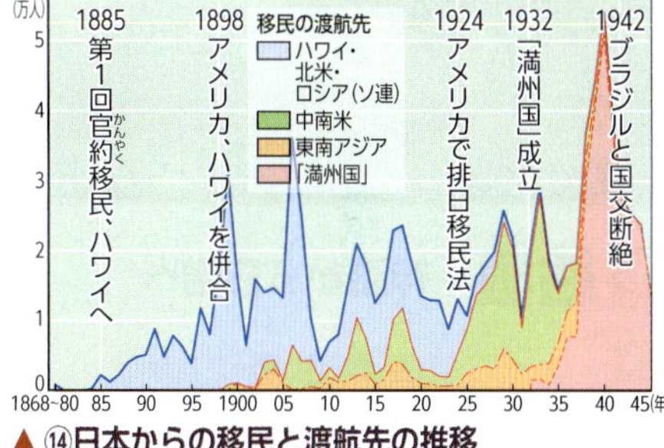

▲⑭**日本からの移民と渡航先の推移**

ブラジルの農園に渡った日本人 ～少年時代のアントニオ猪木（1943～）

世界各地で黒人奴隷制が廃止されていくなか，南米では多くのアジア人（おもに中国人・インド人・日本人）が移民として過酷な労働に従事するようになった。アントニオ猪木氏の一家も，猪木氏の少年時代に，ブラジルの農園に渡った。猪木氏が力道山と出会い，プロレス界入りしたのは，「ブラジル日本人移住50年祭」記念プロレスのときであった。

▶⑮**アントニオ猪木氏** ©週刊プロレス

4 ポグロムをのがれて～ユダヤ人移民

◀⑯**帝政ロシア時代のユダヤ人居留地**　19世紀末，ロシアや東欧では，「ポグロム」とよばれるユダヤ人迫害が起こった。町を追いやられたユダヤ人は，移民としてアメリカなどへ移住した。

ロシア帝国高官の発言
ユダヤ人の⅓は死に絶えるだろう。⅓は国外に移住するだろう。あとの⅓は改宗して，跡形もなく周囲の人民のなかに溶解するだろう。

◀⑰**衣服工場で働くユダヤ人移民**　ユダヤ人は衣服業界に従事する人が多かった。労働条件は劣悪で，低賃金で1日12～18時間も働かされた。

◀⑱**1928年のニューヨーク**　ユダヤ人（Jew）が多く住みついたため，「ジューヨーク」ともよばれた。

▲⑲**ベーグル**　ニューヨーク名物ベーグルは，ドーナツ型の粘性の強いパンで，もともとは，ユダヤ系の人々の朝食用であった。

日本 東アジア 南アジア ヨーロッパ アメリカ オセアニア MAP P〜Q 3部1章

近代市民と文化 ～19世紀の芸術

ヒストリーシアター **光あふれるパリ市民のカフェ**

◀①**ルノワール「ムーラン＝ド＝ラ＝ギャレット」** 19世紀末のパリの繁華街モンマルトルの踊り場を題材に描いた作品。正式な舞踏会に行くことができない庶民が気軽に踊りを楽しんだ。黒のスーツに身を包んだ紳士から，帽子をかぶっていない庶民の女性まで，さまざまな階級の人々がそれぞれおしゃれをして楽しんでいる。〈オルセー美術館蔵，131cm×175cm〉

キーワード **フランスのカフェ** 上流階級のサロンに対し，台頭しつつある**ブルジョワ階級**が集まり，政治議議をする場所として発展した。19世紀になると，サロンに入れない芸術家たちのつどう場所という性格が強くなり，ここから新しい芸術家たちが誕生した。

よみとき 絵の中でまだら模様のようになった斑点（右手前の男性の肩部分など）は何を表現したのだろうか。また，ここに描かれた人々とp.176のサロンに描かれた人々は同じ階級だろうか。

1 絵画～神話から日常へ

A 古典主義
ギリシア・ローマの神話画や歴史画を模範として理想的な美を描き，線描の正確さが特徴の絵画
背景 ポンペイ遺跡の発掘　フランス革命

B ロマン主義
文学やオリエント世界，同時代の事件を主題として，自由な想像力でさまざまな美を描き，色彩豊かな絵画
背景 自由主義運動・国民主義運動（七月・二月革命）

▲②**ダヴィド「サビニの女たち」** 娘たちを取り戻しに来たサビニ人と娘たちを奪ったローマ人との争いを，体を張って止める娘たち。〈ルーヴル美術館蔵，385cm×522cm〉

テーマ **世間を席巻したロマン主義**

ギリシア・ローマの形式美や理知・調和を尊重した古典主義を否定して，人間の個性や感情に着目して表現しようとした。その動きは，絵画だけではなく，文学・音楽など多くの分野に及んだ。背景には，各地域や国における自由主義やナショナリズムの盛り上がりがあった。

	19世紀前半		19世紀後半		19世紀末
絵画	古典主義	ロマン主義	自然主義	写実主義	印象派
文学	古典主義	ロマン主義	写実主義	自然主義	象徴主義 耽美主義
音楽	古典派	ロマン派	国民楽派		印象派・象徴派

▼③**ドラクロワ「民衆を導く自由の女神」**「自由」という理念を描いた寓意画。彼は**七月革命**にこの絵を描くことで応えた。〈ルーヴル美術館蔵，260cm×325cm〉

①	中央の女性はフランスの象徴マリアンヌ（➡p.202）で，かぶっているのは「自由」のシンボルである赤い帽子（➡p.189）
②	左端の男は労働者階級を，その右のシルクハットの男はブルジョワ階級を表している

▲④**鑑賞ポイント**

私は祖国のためには戦わなかった。だから少なくともそのために絵を描こうと思う。
（七月革命後に兄にあてた手紙より）

▲⑤**ドラクロワ**（1798～1863）

ヨーロッパ
MAP P～Q
3部1章

テーマ 画家たちの心をとらえた「異国」

オリエンタリズム

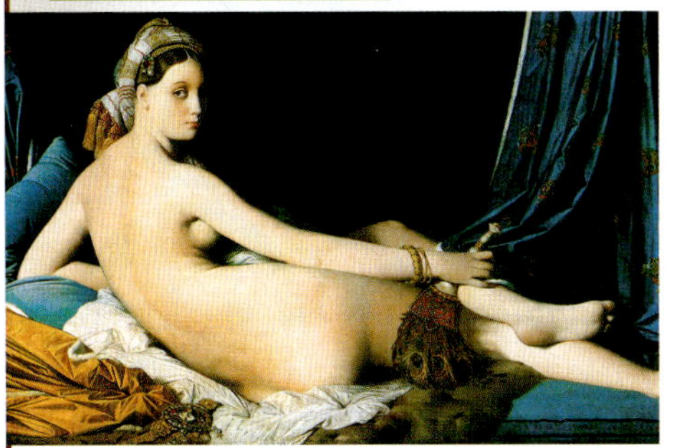

〈ルーヴル美術館蔵，91cm×162cm〉

▲⑥**アングル「グランド=オダリスク」**　古典主義のダヴィドの弟子アングルの代表作で，当時の批評家から脊椎骨の数が多いなどと酷評された。オリエンタリズム(➡p.197)を背景にトルコのハーレムの女性を描いた。

ジャポニスム

〈ゴッホ美術館蔵，73cm×54cm〉

▲⑦**安藤(歌川)広重「名所江戸百景　大橋あたけの夕立」**(左)と⑧**ゴッホ「雨の大橋」**(右)　明治維新前後，日本から大量の**浮世絵**などが流出し，大いにもてはやされた。マネ，モネ，ゴッホら**印象派**の画家たちは，浮世絵師の遠近法を無視した表現や大胆な色使いに感銘を受け，自身の画風に取り入れた。

「未開社会」への憧れ

〈オルセー美術館蔵，69cm×91.5cm〉

▲⑨**ゴーギャン「タヒチの女たち」**　ゴーギャンは晩年をフランス保護領のタヒチで過ごし，「未開社会」を描くことにより腐敗堕落した「文明社会」を批判した。しかし，この考え方には「文明化されていない未開社会」という**帝国意識**が反映されていた。

C 自然主義・写実主義

理想化・空想化した美ではなく，身のまわりの素材を題材に美を見いだし，目に見えるがままに描く絵画

背景 市民の台頭　カメラの発明

D 印象派

科学の発展に触発され，光の分析から光の変化に応じる色調の変化を描き，その一瞬の主観的印象を描く絵画

背景 パリ=コミューン　科学技術の発達　カフェの流行　ジャポニスム

テーマ 印象派を見る3つのポイント

①	光の3原色（赤・緑・青）を使った光の表現
②	戸外で制作
③	身近なもの・風景が題材

注）スーラの絵を一部拡大

自然主義

▲⑩**ミレー「晩鐘」**　夕刻の畑で鐘に合わせて祈った思い出をもとに制作。農民の平凡な暮らしに「造形の美」を探求した。

〈オルセー美術館蔵，55.5cm×66cm〉

▲⑫**モネ「印象・日の出」**　朝日に変化する風景。左の拡大図を見ると時間によって変わっていく光の表現がわかる。この絵の題名から**モネ**たちの作品を**印象派**とよぶようになった。〈マルモッタン美術館蔵，48cm×63cm〉

▲⑬**スーラ「グランドジャット島の日曜日の午後」**　スーラは，光の表現を追求した，濁りのない単色の点を集合させる「点描」という画風を確立した。〈シカゴ=アート=インスティテュートHP蔵，205cm×305cm〉

写実主義

▲⑪**クールベ「石割り」**　労働者や農民などの同時代の風俗を，写実主義的手法で描写した。労働の過酷さを隠さず表現することで，現実社会を鋭くあぶり出している。本作は第二次世界大戦中に焼失した。

2 文学～日常となったブルジョワ・庶民の読書

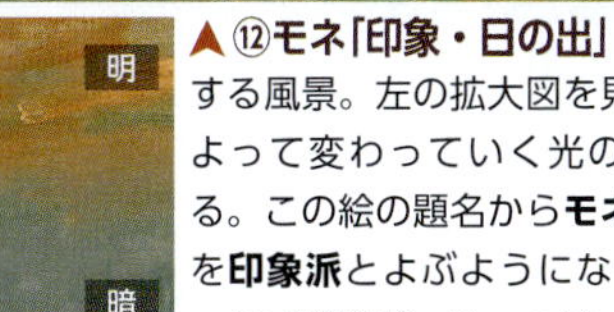

▲⑭**「本を読む少女」**　18世紀は，私室での「プライベートな読書」がブルジョワ階級の習慣となったといわれる。絵画でも一人静かに読書する姿は主題として好まれた。〈フラゴナール画，ワシントンナショナルギャラリー蔵，82cm×65cm〉

古典主義文学	ロマン主義文学	大衆文学と職業小説家の誕生
ギリシア・ローマの文化を理想とし，格調と形式のなかにおける美を追求。	古典主義を否定し，人間の個性と感情を尊重して描く。中世を理想とした。	①革命戦争により国民皆兵となり，識字率が向上した。②パトロンが消失し，不特定の大衆が相手となった。③萌芽的ながらジャーナリズムが勃興してきた。

ひと ゲーテ (1749～1832)

▲⑮**旅姿のゲーテ**

ドイツでは**啓蒙思想**を文芸上の解放としてとらえ，**「疾風怒濤」**の運動として展開された。**ゲーテ**は**シラー**とともに先頭に立ち，個人の意欲や自然を尊重して人間性の完成をめざす，**古典主義文学**を完成させた。人体解剖学や植物学，地質学でも業績をあげた。

テーマ 鉄道の旅と読書

19世紀，鉄道で旅行した人々は車内に長時間閉じ込められた。未知の乗客と一緒にいるために，各駅には読みやすく廉価な小説を売る書店が生まれ，読書が普及したといわれている。

◀⑯**宝石入りのステッキを持ったバルザック**　**バルザック**は借金癖があり，みえっ張りであったため，戯画の格好の餌食となった。しかし，借金取りに追われながらも**『人間喜劇』**などを書き続けた。〈バルザック記念館蔵〉

特集 19世紀の欧米文化

探検家 ➡p.44, 95 5

分野	人物	国	生没年	業績	分類
哲学	カント	独	1724-1804	ドイツ観念論の基礎を確立『純粋理性批判』	ドイツ観念論
	フィヒテ	独	1762-1814	主観的観念論『ドイツ国民に告ぐ』➡p.177	
	シェリング	独	1775-1854	客観的観念論『先駆的観念論の体系』	
	ヘーゲル	独	1770-1831	ドイツ観念論大成『歴史哲学』弁証法哲学を確立	
	フォイエルバッハ	独	1804-1872	唯物論哲学	
	コント	仏	1798-1857	実証主義哲学・社会学の創始	
	ベンサム	英	1748-1832	『功利論』「最大多数の最大幸福」功利主義	
	スペンサー	英	1820-1903	進化論を哲学に導入	
	キェルケゴール	デンマーク	1813-1855	実存主義哲学の先駆『死に至る病』	
	ショーペンハウエル	独	1788-1860	厭世哲学を展開	
	ニーチェ	独	1844-1900	『ツァラトゥストラはかく語りき』超人哲学	
経済思想	リスト	独	1789-1846	保護関税政策を主張 ➡p.251	歴史学派経済学
	アダム=スミス	英	1723-1790	『国富論』自由放任主義・自由貿易主義 ➡p.177	古典派経済学
	リカード	英	1772-1823	『経済学及び課税の原理』労働価値説 ➡p.251	
	マルサス	英	1766-1834	『人口論』	
	J=S=ミル	英	1806-1873	『経済学原理』	
社会主義思想	ロバート=オーウェン	英	1771-1858	「ニューハーモニー村」チャーティスト運動に発展 ➡p.182	空想的社会主義
	サン=シモン	仏	1760-1825	『産業者の政治的教理』勤労者の社会実現提唱	
	フーリエ	仏	1772-1837	生産協同組合建設提唱	
	ルイ=ブラン	仏	1811-1882	国立作業場設立主張,二月革命を指導 ➡p.193	
	バブーフ	仏	1760-1797	私有財産制を否定,共産主義を主張	
	プルードン	仏	1809-1865	私有財産制の廃止を主張	無政府主義
	バクーニン	露	1814-1876	『国家とアナーキー』	
	マルクス	独	1818-1883	『資本論』弁証法的唯物論,唯物史観 ➡p.183	科学的社会主義
	エンゲルス	独	1820-1895	『共産党宣言』(マルクスと共著)唯物史観	
	ラサール	独	1825-1864	『労働者綱領』	
法学	サヴィニー	独	1779-1861	『中世ローマ法史』歴史法学の祖	
	イェーリング	独	1818-1892	『ローマ法の精神』	
科学技術	ファラデー	英	1791-1867	(物理)電磁誘導の法則	
	モールス	米	1791-1872	(電気)通信機の発明	
	リービヒ	独	1803-1873	(化学)有機化学・農芸化学の祖	
	ダーウィン	英	1809-1882	(生物)進化論『種の起源』	
	マイヤー	独	1814-1878	(物理)エネルギー保存の法則発見	
	ヘルムホルツ	独	1821-1894	(物理)エネルギー保存の法則発見,立体望遠鏡発明	
	メンデル	墺	1822-1884	(生物)遺伝の法則発表	
	パストゥール	仏	1822-1895	(医学)細菌学の祖,乳酸菌・酵母菌の発見,狂犬病予防法開発	
	ノーベル	スウェーデン	1833-1896	(化学)ダイナマイト発明	
	ダイムラー	独	1834-1900	自動車発明	
	コッホ	独	1843-1910	(医学)細菌学開拓,結核菌・コレラ菌など発見	
	レントゲン	独	1845-1923	(物理)X線発見	
	ベル	米	1847-1922	(電気)電話機発明	
	エディソン	米	1847-1931	(電気)電灯・映写機・蓄音機など発明	
	ディーゼル	独	1858-1913	ディーゼル機関発明	
	キュリー夫妻	ポーランド・仏	夫1859-1906 妻1867-1934	(物理・化学)ラジウム・ポロニウム発見	
	ライト兄弟	米	兄1867-1912 弟1871-1948	動力飛行機発明	
	マルコーニ	伊	1874-1937	(電気)無線電信発明	
探検家	タスマン	蘭	1603-1659	タスマニア島・ニュージーランドに到達(1642年)	太平洋
	クック	英	1728-1779	1768年以降,太平洋方面探検 ➡p.221	
	リヴィングストン	英	1813-1873	宣教師 ナイル川の源流探検,ヴィクトリア瀑布発見(1855年)	アフリカ ➡p.220
	スタンリー	米	1841-1904	リヴィングストン発見,のちコンゴ探検	
	ヘディン	スウェーデン	1865-1952	中央アジア探検 楼蘭遺跡を発見	中央アジア ➡p.95 5
	スタイン	英	1862-1943	中央アジア探検 敦煌などを調査	
	ピアリ	英	1856-1920	北極点初到達(1909年)	極地
	アムンゼン	ノルウェー	1872-1928	南極点初到達(1911年)	
	スコット	英	1868-1912	アムンゼンの1か月後に南極点に到達も遭難	

▶①ニーチェ　▶②パストゥール　▲③レントゲン

分野	人物	国	生没年	業績	分類
歴史学	ランケ	独	1795-1886	『世界史概論』近代歴史学を確立	
	ドロイゼン	独	1808-1884	『ヘレニズム時代史』	
	ギゾー	仏	1787-1874	『ヨーロッパ文明史』	
文学	ゲーテ	独	1749-1832	『若きウェルテルの悩み』『ファウスト』	古典主義
	シラー	独	1759-1805	『群盗』『ワレンシュタイン』	
	グリム兄弟	独	兄1785-1863 弟1786-1859	『グリム童話』(ドイツ人の民族意識を高揚)	ロマン主義
	ハイネ	独	1797-1856	ユダヤ系詩人『歌の本』	
	シャトーブリアン	仏	1768-1848	『アタラ』『ルネ』	
	ユーゴー	仏	1802-1885	『レ=ミゼラブル』	
	アンデルセン	デンマーク	1805-1875	童話作家『即興詩人』	
	ワーズワース	英	1770-1850	詩人『叙情歌謡集』	
	スコット	英	1771-1832	歴史小説家『湖上の美人』『アイヴァンホー』	
	バイロン	英	1788-1824	『チャイルド=ハロルドの遍歴』ギリシア独立を支援 ➡p.192	
	ホーソン	米	1804-1864	『緋文字』	
	ノヴァーリス	独	1772-1801	詩人『青い花』	
	ホイットマン	米	1819-1892	『草の葉』	
	プーシキン	露	1799-1837	『大尉の娘』『スペードの女王』	
	スタンダール	仏	1783-1842	『赤と黒』	自然主義・写実主義
	バルザック	仏	1799-1850	『人間喜劇』	
	フロベール	仏	1821-1880	『ボヴァリー夫人』	
	サッカレー	英	1811-1863	『虚栄の市』	
	ディケンズ	英	1812-1870	『二都物語』『オリヴァー=トゥイスト』	
	ゴーゴリ	露	1809-1852	『検察官』『鼻』	
	ドストエフスキー	露	1821-1881	『罪と罰』『カラマーゾフの兄弟』	
	ゾラ	仏	1840-1902	『ナナ』『居酒屋』ドレフュス事件でドレフュスを弁護 ➡p.202	
	モーパッサン	仏	1850-1893	フロベールに師事『女の一生』	
	イプセン	ノルウェー	1828-1906	『人形の家』	
	ストリンドベリ	スウェーデン	1849-1912	『令嬢ジュリー』	
	トゥルゲーネフ	露	1818-1883	『父と子』(ニヒリストを描く)『猟人日記』	
	トルストイ	露	1828-1910	『戦争と平和』『アンナ=カレーニナ』	
	チェーホフ	露	1860-1904	戯曲『桜の園』	
	ボードレール	仏	1821-1867	詩人・批評家『悪の華』	象徴主義・耽美主義
	メーテルリンク	ベルギー	1862-1949	詩人・劇作家『青い鳥』	
	ワイルド	英	1854-1900	戯曲『サロメ』	
絵画・彫刻	ダヴィド	仏	1748-1825	「ナポレオンの戴冠式」「サビニの女たち」	古典主義
	ゴヤ	西	1746-1828	「1808年5月3日マドリード市民の処刑」➡p.191	ロマン主義
	ドラクロワ	仏	1798-1863	「キオス島の虐殺」➡p.192「民衆を導く自由の女神」	
	ミレー	仏	1814-1875	「晩鐘」「落ち穂拾い」「種まく人」	自然主義
	ドーミエ	仏	1808-1879	風刺画・版画「三等列車」「ドン=キホーテ」	写実主義
	クールベ	仏	1819-1877	「石割り」「オルナンの埋葬」パリ=コミューンに参加	
	マネ*	仏	1832-1883	「草上の昼食」「オランピア」　*「近代絵画の祖」として印象派の先駆者とみなされる。	印象派
	モネ	仏	1840-1926	「睡蓮」「印象・日の出」	
	ルノワール	仏	1841-1919	「ムーラン=ド=ラ=ギャレット」「ブランコ」	
	セザンヌ	仏	1839-1906	「水浴」「サント=ヴィクトワール山」	後期印象派
	ゴーギャン	仏	1848-1903	「タヒチの女たち」	
	ゴッホ	蘭	1853-1890	「糸杉」「ひまわり」	
	ロダン	仏	1840-1917	「考える人」	近代彫刻
音楽	ベートーヴェン	独	1770-1827	「運命」「田園」「第九(合唱)」	古典派*2
	シューベルト	墺	1797-1828	「冬の旅」「未完成」　*2 後期の作品はロマン派に分類。	ロマン派
	ショパン	ポーランド	1810-1849	「英雄ポロネーズ」「革命」➡p.193	
	ワグナー	独	1813-1883	楽劇を創始「ニーベルングの指輪」	後期ロマン派
	ドビュッシー	仏	1862-1918	「海」「月の光」	印象派・象徴派
	チャイコフスキー	露	1840-1893	「白鳥の湖」「悲愴」	国民楽派
	ドヴォルザーク	チェコ	1841-1904	「スラヴ舞曲」「新世界より」	

▶④ランケ　▲⑤グリム兄弟　▲⑥バイロン　▲⑦トルストイ　▶⑧ルノワール　▶⑨ワグナー

ヨーロッパ　アメリカ　MAP P~Q　3部1章

科学の進歩と第2次産業革命 ～今日につながる科学・技術

巻頭15 p.218

ヒストリーシアター 蒸気自動車からガソリン自動車へ

▲①**蒸気3輪自動車** フランスの砲兵将校キュニョーが大砲運搬用につくった蒸気自動車(1769)。これが歴史上第1号の自動車とされていたが，現在は否定されている。

▲②**ガソリン自動車第1号** ベンツ(1844～1929)が1885年に完成させ，翌年，特許を取得。1気筒576ccで4分の3馬力の4サイクルエンジンを積み込み，最高時速15kmを出した。

▲③**T型フォード** 1903年**フォード**(1863～1947)が設立したフォード自動車会社は，1909年から量産体制をとった。安価なT型フォードの出現で，アメリカは急速に自動車社会になっていった。自動車の型式を示すセダンやクーペという言葉は馬車の形と関連している。

p.249

よみとき 上の3つの図と写真から自動車の発達の経過を，内燃機関や車輪の形などに注目しながらたどってみよう。

1 科学の世紀

A 生物学の進歩

身近な医学 事始め

- 予防接種 → ジェンナー(英,1796)
- 低温殺菌法 → パストゥール(仏,1866)
- ABO式血液型 → ラントシュタイナー(墺,1901)

p.363

◀④**ジェンナーによる種痘** 1796年**ジェンナー**は牛痘接種による天然痘の予防法を確立したが，人々は牛痘を打つと牛になるのではという恐怖にとりつかれ，普及に時間を要した。「ワクチン」という用語はもともとラテン語で牛を意味する言葉である。

B 物理・科学の発展

p.363

▲⑤**ノーベル** 1866年に**ダイナマイト**を発明し，多くの工場の経営により巨万の富を築いた。この遺産がノーベル賞の基金となっている。

▲⑥**キュリー夫妻** マリは夫ピエールと協力して**ラジウム**とポロニウムを発見。1903年，夫妻でノーベル物理学賞を受賞した。マリは夫の死後も研究を続け1911年，ノーベル化学賞も受賞した。

テーマ 人間はサルから進化した

ダーウィンは南半球各地の調査後，1859年『**種の起源**』で**進化論**を唱えた。サルからヒトが進化したというこの学説は聖書の文言を歴史的事実と考える従来の人間観に大きな衝撃を与え，宗教界・学界から激しい非難を浴びた。環境に適したもののみが他の生物より有利になり，敗者は滅びるという，**自然淘汰**と**適者生存**がその原理である。しかしこの理論は，人間社会の理解にも応用され，社会に大きな影響を与えた(社会進化論)。その後，植民地政策や人種差別を擁護する理論にも利用されていく。

p.363

▲⑦**ダーウィンに対する風刺画**

2 発明の世紀～発明大国アメリカ

1868	電気投票記録機(初めての特許)
77	蓄音機
79	白熱電球
82	エディソン電灯会社を設立
89	映画(キネトスコープ)
1910	アルカリ蓄電池

▲⑨**エディソンの発明**

p.363

▲⑧**エディソンと蓄音機** 発明には，費用・時間などのリスクが伴う。アメリカでは科学を産業に直結させる実用的な発明が奨励され，18世紀には**特許制度**が整備された。この環境で成功をおさめた最大の発明家が**エディソン**である。彼は最初の発明で得た金を元手に世界最初の発明会社を設立し，多くの発明品を社会に供給していく。その代表である**電球**のフィラメントには日本の竹が使われた。

▲⑩**ナイロンストッキングの発売**(1946) デュポン(1771～1834)は，フランス革命をのがれアメリカに亡命し，火薬製造工場をおこした。彼の会社は，20世紀には企業と科学者の共同で新素材を開拓，絹に比べて安くじょうぶな**ナイロン**をつくり出した。

今日とのつながり 19世紀においても，自分の発明を守る特許争いが起こっていた。エディソンはその点でもすばやく行動し，生涯に1000件以上の特許を取得したという。

ヨーロッパ アメリカ MAP P～Q 3部1章

特集 ヨーロッパの工業化の進展と女性の地位

1 社会構造が生み出した良妻賢母

前工業化の時代（19世紀以前）

生産の場（職場） 消費の場（家庭）
同一
家族が労働単位（農業・手工業など）

工業化の進展した時代（19世紀以降）

生産の場（職場） 分離 消費の場（家庭）

・郊外の家から通勤
・収入を得る

・子育てと家事
・外で働く男性にとっての安らぎの場

ホワイトカラー（事務職）の出現

専業主婦 家庭を守る女性主婦の誕生

“男尊女卑”（女性＝自立できない者）の風潮
例〉○教育の機会不均等等
○女性は参政権なし

女性解放思想の展開

◀①工業化の進展による男女の分業

▲②**悲しみにくれる夫を支える妻** 当時の**中産階級**以上の女性にとって重要なのは「たしなみ」や家事をこなす能力で，高度な知識や思想は有害と考えられていた。

▼③『ナポレオン法典』にみる女性と子ども

ナポレオン法典（抜粋） ➲p.190

〔家族制度〕

A 夫が（家族）統率の主である。夫は配偶者の財産も素行もすべて管理し，監督する。213条 夫は妻を保護し，妻は夫に服従する義務を負う。

B 子は父親に服すべきである。371条 子は年齢のいかんを問わず，父親に対し尊敬の義務を負う。

テーマ ヴィクトリア女王にみる「理想の女性」像

公式の場では国家元首として君臨する**ヴィクトリア女王**も，公職を離れるとアルバート公のよき妻，子どもたちのよき母というイメージがつくられていた。9人の子どもをもうけ，国民に模範的な家庭生活を示した。

▲④ヴィクトリア女王と家族

2 専業主婦を取り巻く環境の変化

▲⑤**家事使用人** 妻は一家の男性の経済力を社会にアピールする消費者であり，その地位の象徴として家事使用人を雇って，自ら有閑化した。工業化により都市で男性労働者の需要が増えると，家事使用人は女性が担うようになっていった。

▶⑦子ども服の宣伝ポスター

AU BON MARCHÉ
Lundi 25 MARS
EXPOSITION SPÉCIALE DES
VÊTEMENTS pour ENFANTS
LAYETTES et COIFFURES

▼⑥**縫い物をする女性** 有閑化した女性が新しいファッションを追い求めた結果，服の需要が増え，彼女たちの仕事も増えたが，当時縫い物は低賃金でつらい仕事であった。

◀⑧**専業主婦の社交場 デパート** 生活にお金をかける余裕が生まれた中産階級の妻たちは，当時各国に登場したデパートに出かけて行った。図は世界初のデパート，パリのボン＝マルシェ。豪壮な建物の内部は**万国博覧会**さながらのウィンドウ＝ディスプレイとなっている。従来の商売方法にはない，欲望を掘り起こすしかけがいたるところにほどこされていた。

3 政治参加を求める女性たち

▼⑨**フランス革命期の女性クラブ** 彼女たちは新聞やパンフレットから革命の動きを知り，次の行動を話し合った。しかし，**公安委員会**は，女性には「高度な思考や真剣な熟慮」が欠けるとし，女性の政治クラブを禁ずる法令を**国民公会**で通させた。 ➲p.188

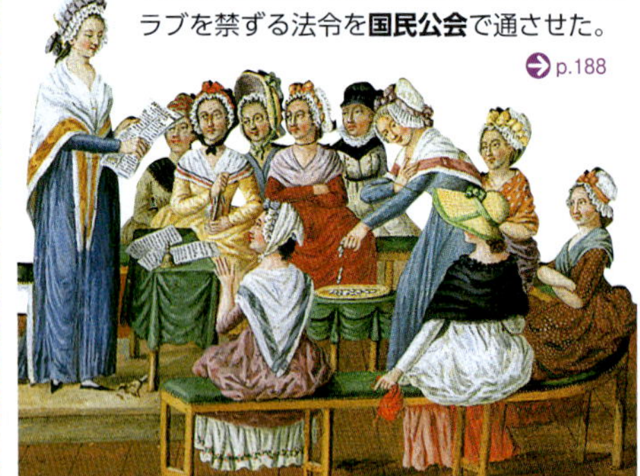

グージュ（1748～93）
メアリ＝ウルストンクラフト（1759～97）

フランス革命期に活躍した**グージュ**は，**人権宣言**を，男性のための宣言であると批判し，『女性と女性市民の権利宣言』（1791）を出版した。フェミニズムの先駆者として活躍するが，国王処刑に反対したため処刑された。

一方，イギリスの没落した家庭に生まれ育った**ウルストンクラフト**は，家庭教師などをして自活した。フランス革命に共感し，『女性の権利の擁護』を著して，反響をよんだ。

▲⑩**メアリ＝ウルストンクラフト**

▲⑪**女性参政権運動**（ロンドン，1909年） 19世紀後半，欧米で女性の権利を求める運動が展開された。**第一次世界大戦**で女性が労働力として貢献すると，社会進出の機会が増え，それにともない**女性参政権**も認められるようになった（➲p.242）。イギリスでは1928年に男女普通選挙権が実現した（➲p.195）。

特集 近現代政治制度・外交用語一覧

1 近代政治制度一覧

＊'政'は'制'と表記されることがあるが，意味は同じ。

用語	解　説
君主政（制）＊ （王政・帝政）	世襲の君主（国王）が支配権をもち統治する政治体制で，王政や帝政などの形態があった。君主政には，大きく以下の二つがある **専制君主政**:君主に主権が存在。自らの権力の絶対性を主張し，原則として法の拘束を受けず独断で思いのままに統治する **立憲君主政**:憲法の制限の下で，君主が支配権を行使する（名誉革命後のイギリスなど）
貴族政（制）＊	家柄や財産などにもとづいて社会的に特権を認められた少数者（貴族）が政治権力をにぎり行う政治体制。イギリスなどでは，社会的名誉の称号としてではあるが，貴族政の伝統が現在も残っている
民主政（制）＊	すべての人民の主体的な政治参加のもと，人民自らがその意思にもとづいて権力を行使する政治体制。古代ギリシアでは，ポリスという小規模な共同体での政治形態の一つとして機能したが，近代以降は，現実的に不可能であり，理念・象徴としての意味合いをもつ。市民革命の勃発と国の近代化に伴い，政治は国民の総意にもとづいて行われるべきと考えられるようになった。フランス革命，二月革命などは，民主政の実現を求めて起こった
共和政（制）＊	国家に君主をおかない政体のことで，人民による直接または間接的な選挙で選ばれた代表者が合議で統治する政治体制。世襲による君主政を否定して生まれ，フランス革命やアメリカ独立革命を契機とし，多くの国々が君主政から共和政へ移っていった。古代ローマの共和政は，人民主権や選挙にもとづく議会制度の保障がない点で近代以降の共和政と異なる
中央集権制	統治の権限を中央政府に集中させ，強力な統治を行う制度。ヨーロッパでは中世末期から国王により推進された **官僚制**:行政官吏が人民の上に立って中央集権化された国家の権力を行使する制度。絶対王政の時代には，王の手足として働き，国王に対してのみ責任を負ったが，その後，合理的な規則にもとづく，体系的な官僚制に進化していった
大統領制	人民の直接または間接選挙で選ばれた大統領（元首）が，所定の任期のもと，行政権を行使する政治体制。大統領は，議会に対してではなく，人民に対して直接責任を負う。アメリカ合衆国が典型。フランスなどは大統領制度をもつが，議院内閣制も取り入れた制度であり，国によってその性格も異なる
議院内閣制	議会の信任にもとづき，政府（内閣）が組織され，政府が議会に責任をもつ制度。人民が議会を通じて，国の行政を監視する。イギリスで，名誉革命のときに議会主権（議会が政治の中心）が確立した後に発展し，18世紀前半，ハノーヴァー朝の政治的無関心から成立した。現在，日本はこの制度を採用している
三権分立制	国家権力を議会（立法），政府（行政），裁判所（司法）の独立した三機関に分けて分担させ，相互の牽制により権力の濫用を防ごうとする政治的原理。絶対王政の権力の集中独占を解消し，人民の政治的自由を保障するため，とくにモンテスキューなどが主張し，合衆国憲法において制度として確立された

▼①「法の支配」と「議会主権」

1215 大憲章（マグナ=カルタ）（英）➔p.149
法による支配の成文化。課税に貴族の同意が必要など，貴族の特権を確認し王権を制限。

1628 権利の請願（英）➔p.167
王の専制政治に対し，議会の同意のない課税や不法逮捕への抗議。

1689 権利の章典（英）➔p.167
名誉革命の結果，立法や課税，言論の自由などに関し，王に対する議会の優位が確定（議会主権が確立）。

1776 独立宣言（アメリカ独立革命）（米）➔p.187
本国イギリスの課税への反対などから独立革命へ。基本的人権，革命権を取り入れ，人民は被統治者から統治者へ（共和政）。

1787 アメリカ合衆国憲法（米）➔p.187
世界初の近代的成文憲法。人民主権と連邦制，権力の分立制，大統領制の採用。

1789 人権宣言（フランス革命）（仏）➔p.189
人間の自由と平等，圧政への抵抗権，私有財産の不可侵，人民主権による権利の行使，法の支配，三権分立などを規定。1791年憲法。

1889 大日本帝国憲法（日）
プロイセン憲法を模範とし，天皇に強大な権限を認めた欽定憲法。議会は協賛機関にとどまる。

1911 議会法（英）
上院（貴族院）の拒否権を剥奪。下院（庶民院）の権限を強化した。

1919 ヴァイマル憲法（独）➔p.242
人民主権，男女普通選挙制の導入，労働者の権利保障を規定し，社会権の思想を盛り込む。当時の世界で最も民主的な憲法で現代福祉国家の原型を提示。

2 近代外交用語一覧

用　語	解　説	事例・条約
植民地＊	征服や移住・開拓により領地に組み入れられ，外交・軍事・内政などの政治権力を失い，宗主国（内政・外交の支配権をもつ国）の完全な支配下におかれた地域。近代では，宗主国の原料供給地・商品市場・軍事的拠点の性格をもつ。古代ギリシア・ローマの植民市は，国外に定住して開発に従事した地域のこと	インド大反乱（1857〜59）以後の**英領インド**←インド統治改善法（1858）➔p.224
保護国 （保護領）	条約にもとづき他国の主権によって保護された国または領土（地域住民にとっては，保護＝支配と認識されるのが一般的）。外交と軍事に関する政治権力を宗主国に奪われたり，干渉や制限を受けたりする（内政に関する政治権力・行政機構は維持）。自治領と違い，形の上では独立国の体裁は維持している	第2次アフガン戦争（1878〜80）以後の**アフガニスタン**←ガンダマク条約（1879）による　第2次日韓協約（1905）後の**朝鮮（大韓帝国）**➔p.232　エジプト（1914〜22）
自治領	ある国家の領土の一部であるが，内政・外交ともある程度の自治権が与えられた地域。イギリスの植民地は，1931年のウェストミンスター憲章以降，本国との平等・完全自治権を獲得した	**カナダ**（1867）➔p.196 **オーストラリア**（1901）
同君連合	二つ以上の国が同じ君主の下に連合すること	カルマル同盟（1397〜1523）（北欧三王国の国家連合）➔p.151
併合	ある国家の領土のすべてあるいは一部を，自国のものとすること	**ハワイ併合**←ハワイ併合条約（1898）➔p.221　**韓国併合**←韓国併合条約（1910）
割譲	条約によって，ある国の部分的な領域を，他国に譲り与えること	アヘン戦争（1840〜42）後の**香港**←南京条約（1842）➔p.228
租借	条約によって，ある国の部分的な領域を他国が期限つきで借りて統治すること。租借地における行政・立法・司法権は租借国がもつ	清からロシアが租借した**旅順，大連**（期限25年）　ドイツの膠州湾（期限99年）　イギリスの威海衛（期限25年）　フランスの広州湾（期限99年）
租界	ある都市の中で外国が行政・裁判・警察権を行使し，租借期間に期限がない地域（外国人居留地）。治外法権（→後述）によってその国の主権が及ばない地域	アヘン戦争後の上海の**イギリス租界**（1845）
勢力圏	ある強国が自国の領土外で政治的・経済的な優先権をもつ地域。勢力範囲も同一	20世紀初頭の**イラン（カージャール朝）**←英露協商（1907）➔p.222
同盟	他国と紛争が起こった場合には，互いに協力して防戦することを約束する	**三国同盟**（1882）　**露仏同盟**（1891）　**日英同盟**（1902）
協商	国家間で勢力範囲など特定の事項についての相互協力を非公式に取り決めること。一般的に同盟にいたらない親善協調関係をいうが，同盟としての性格を帯びることもある	英仏協商（1904）　英露協商（1907）　上記の協商に露仏同盟が加わり，**三国協商**と称される
協約	交渉や協議して約束すること。本質も効力も条約と同じ	**宗教協約**（コンコルダート）（1801）　**日露協約**（1907）
議定書	外交交渉や国際会議の議事録で国家間で署名の上，合意された文書	ウィーン議定書（1815）➔p.192　北京議定書（1901）➔p.229
連合（国）	二国以上が1つのグループになること。第一次世界大戦では，英・仏・露を中心に連合国グループを形成，第二次世界大戦では，反ファシズムで米・英・仏・ソ・中が連合国グループを形成	第一次世界大戦，第二次世界大戦で結成
中立（国）	国際法上の戦争状態になったとき，戦争に参加していない国家に生じる国際法上の地位。第一次世界大戦では，当時永世中立国であったベルギーの領土にドイツ軍が侵入，中立侵犯を行った。スイスはウィーン議定書で，オーストリアはオーストリア国家条約で永世中立が承認されている	**スイス**（1815〜）　ベルギー（1831〜1919） **オーストリア**（1955〜）←オーストリア国家条約
最恵国待遇	二国間で条約を結んだとき，締結国の一方が第三国に新たな特権を与えた場合，自動的に条約を結んだ相手国にも同様の特権を与えるとの取り決め。一方のみにその義務がある場合，片務的最恵国待遇という	アヘン戦争後の清とイギリス←**虎門寨追加条約**（1843） 日本とアメリカ←日米和親条約（1854） ｝片務的最恵国待遇の事例
治外法権 （領事裁判権）	特定の国の外国籍をもつ犯罪者などの裁判権を犯罪発生国ではなく犯罪者の国の領事がもち（領事裁判権），滞在国の裁判権に拘束されない権利	開国後の日本とアメリカ←**日米修好通商条約**（1858）…治外法権，関税自主権の放棄 朝鮮と日本←**日朝修好条規**（1876）➔p.232…治外法権
関税自主権	関税とは輸入品に対して輸入国が定める税で国内産業の保護のため定められる。関税自主権とは自国の関税率を自主的に決定する権利	

＊国際連盟成立後，その委任にもとづいて特定の国が旧ドイツ領と旧オスマン帝国領を統治した（委任統治）。第二次世界大戦後，国際連合の監督下で，信託統治領となり，その後の脱植民地化でほぼ消滅。

特集 近代ヨーロッパの国際関係と世界分割

→巻頭20

ーヨーロッパー　　ー世　界ー

注）国名略記号は巻頭の「世界史の基礎知識」を参照

ウィーン体制と正統主義（1815〜1848）

英　1822，離脱「光栄ある孤立」始まる　普　露　墺　軍事力で後援

警戒監視　仏

四国同盟(1815)

露の強大化抑止　→五国同盟(1818)

●フランス革命前の政治体制，領土(国境線)に戻す**正統主義**を原則とする保守反動＝**ウィーン体制**

●保守的な3君主国にイギリス・フランスを加えた勢力均衡(きんこう)（**四国同盟・五国同盟**）

イギリスの覇権（パクス=ブリタニカ）

ナショナリズム運動弾圧　アルジェリア出兵　東方問題　インド植民地化　セイロン　アヘン戦争　海峡植民地　制海権は英が掌握　ケープ植民地

イギリスの進出　フランスの進出　ロシアの進出

世界の工業生産各国シェア（1850年）

イギリス	約28%
フランス	19
ドイツ	12
アメリカ	12
ロシア	5

ロシアの南下政策の失敗とドイツ・イタリア統一（1853〜1871）

普　ドイツ帝国成立(1871)　英　普仏戦争(1870〜71)　勝利　普墺戦争(1866)　露　大敗

イタリア統一戦争(1859)　墺　孤立化　クリミア戦争(1853〜56)

仏　接近　サルデーニャ　イタリア王国成立(1861)

露の南下を警戒，援助　オスマン帝国

●**クリミア戦争**でのロシア大敗→ロシア消極化により保守のかなめのオーストリアが孤立化

●ウィーン体制の崩壊にともない，**ドイツ・イタリア統一**へ→p.200

●ロシアの南下を恐れるイギリスとフランスが協力，ロシアは極東からの南下に転じ，沿海地方へ進出

ナポレオン3世の野心

メキシコ遠征　アイグン条約　北京条約　クリミア戦争　アロー戦争　インドシナ出兵　インド大反乱鎮圧

イギリスの進出　フランスの進出　ロシアの進出

世界の工業生産各国シェア（1870年）

イギリス	約32%
フランス	10
ドイツ	13
アメリカ	23
ロシア	4

ビスマルク外交による欧州の現状維持（1871〜1890）

英　協調・親善関係維持　独　再保障条約(1887〜90)　露

縦断政策　アルザス・ロレーヌ問題　対立　対立

独墺同盟(1879)　三帝同盟(1873〜78)(1881〜87)　パン=スラヴ主義

三国同盟(1882〜1915)　対立

横断政策　孤立化　仏　→対立←　チュニジア問題　伊　墺　パン=ゲルマン主義

●**ビスマルク**による新生ドイツの安全保障

・ロシア・オーストリア・イタリアとの同盟
・イギリスとの友好　→フランスの孤立化，列強間の戦争なし

加速する植民地獲得競争

露土戦争　中央アジア制圧　横断政策　ビルマ併合　スエズ運河株買収　清仏戦争　仏領インドシナ(1887成立)　英領インド帝国　縦断政策

イギリスの進出　フランスの進出　ロシアの進出

世界の工業生産各国シェア（1880年）

イギリス	約27%
フランス	9
ドイツ	14
アメリカ	29
ロシア	3

ビスマルク体制の破綻（はたん）（1890〜1904）

英　日英同盟(1902):「光栄ある孤立」解消　日　日露戦争(1904〜05)

インド経営　対立　中央アジア進出　露

建艦競争　バルカン進出　対立

ファショダ事件(1898)　独　露仏同盟(1891,94)　パン=スラヴ主義

対立　三国同盟　対立

仏　仏伊協定(1902)　伊　対立(「未回収のイタリア」)　墺　パン=ゲルマン主義

●ドイツの工業躍進（第2次産業革命）と積極化（→イギリスとの**建艦競争**）

→バルカン進出開始によるドイツとロシアの関係悪化（**露仏同盟**の成立）

●露仏同盟は，当面，海外でイギリスと対決

日英同盟VS露仏同盟

バルカン進出　中央アジア　イランでの対立　日露戦争　中国分割　門戸開放通牒　ファショダ事件　米西戦争　オーストラリア連邦　南アフリカ戦争

イギリスの進出　フランスの進出　ロシアの進出　ドイツの進出　アメリカの進出

世界の工業生産各国シェア（1900年）

イギリス	約20%
フランス	7
ドイツ	17
アメリカ	30
ロシア	5

対ドイツ包囲網の形成（1904〜1914）

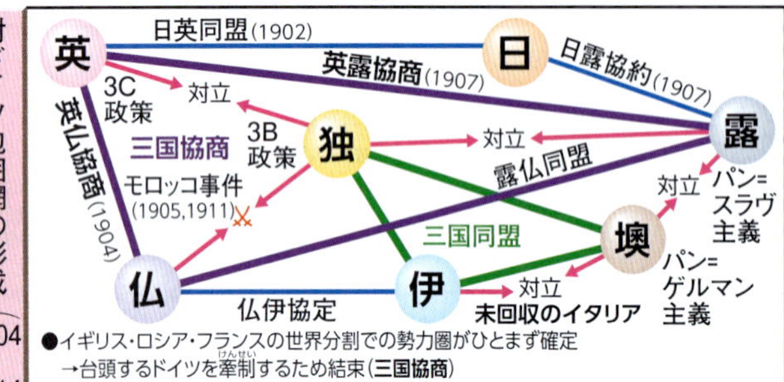

●イギリス・ロシア・フランスの世界分割での勢力圏がひとまず確定

→台頭するドイツを牽制(けんせい)するため結束（**三国協商**）

●イタリアは，オーストリアとの国境問題（「**未回収のイタリア**」）によりフランスとの関係を強化

ドイツの世界政策VS英・仏・露

バルカンでの対立　ベルリン　ビザンティウム(イスタンブル)　3B政策　バグダード　モロッコ事件　カイロ　カルカッタ　3C政策　南アフリカ連邦　ケープタウン

イギリスの進出　フランスの進出　ロシアの進出　ドイツの進出　アメリカの進出

世界の工業生産各国シェア（1914年）

イギリス	約14%
フランス	6
ドイツ	16
アメリカ	36
ロシア	6

MAP P〜Q

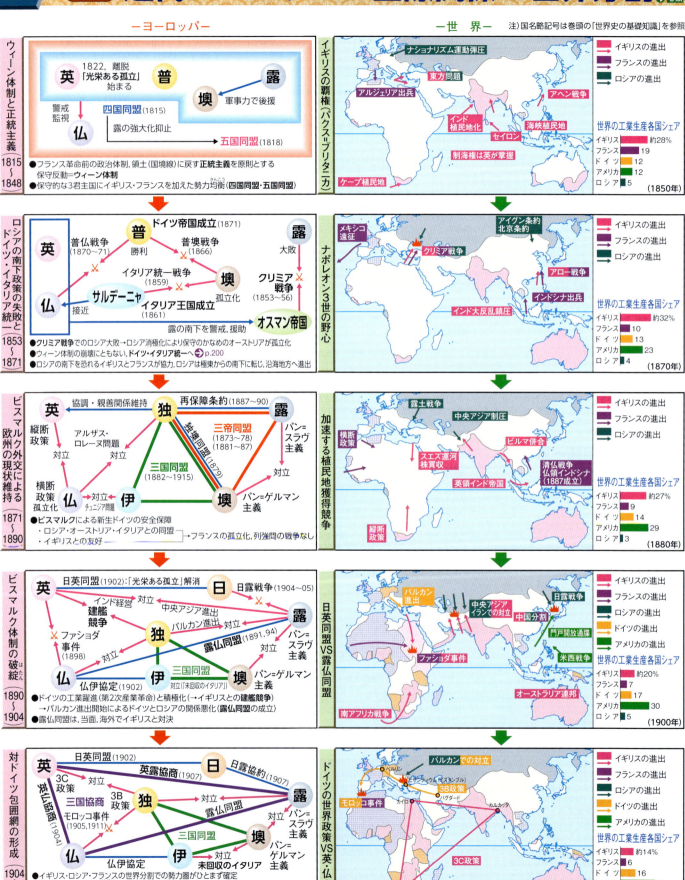

帝国主義の成立 ～列強による植民地確保

➔巻頭20

ヒストリーシアター イギリスの覇権に挑戦するドイツ

◀①3B政策の風刺画　ドイツはベルリン・ビザンティウム(イスタンブルの旧名)・バグダードの3都市を結ぶ鉄道建設によって中東への進出をめざし(**3B政策**)，イギリスの**3C政策**に対抗した。

よみとき 図①はイギリスで描かれたものである。どこの国のどのような行動を風刺したものだろうか。

▼②列強の侵略と対立 世界全図p.44~45

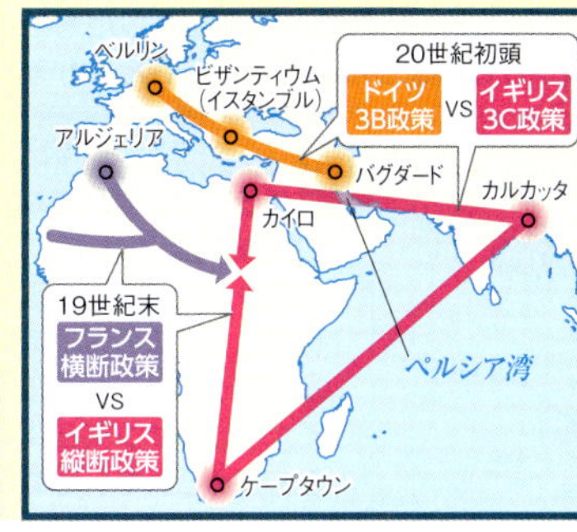

キーワード **帝国主義**　19世紀後半から，先進工業国(列強)が植民地や勢力圏の獲得競争を行い，強大な武力で世界を分割していった動きをいう。その背景には，欧米列強では，**第2次産業革命**によって成立した**独占資本主義**のもと，過剰な生産力と資本を抱える独占資本やそれが銀行と結びついて形成された金融資本が商品の販路と資本の投下(**資本輸出** ➔p.44)先を海外に求めるようになった，という要因がある。

1 帝国主義の形成

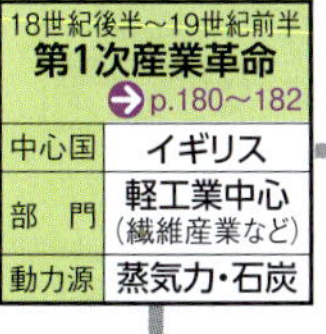

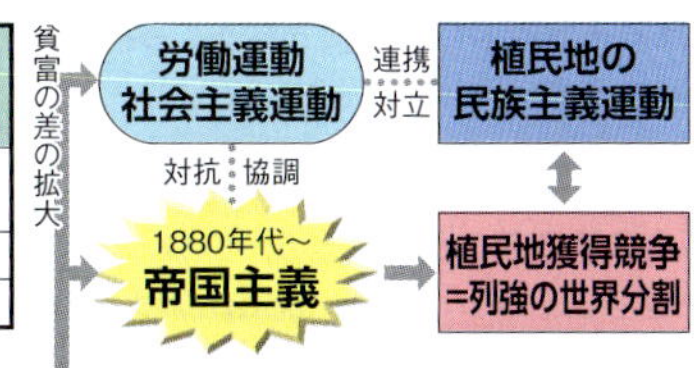

19世紀中ごろ 産業資本主義
- 個人の産業資本家中心
- 工場制機械工業による商品生産(綿工業など)
- 原料供給地・商品市場として植民地獲得 ➔p.184,196
- イギリスによる世界制覇

1870年代～ 独占資本主義 ➔p.219
- 巨額の設備投資の必要
- 企業の巨大化＝独占の進行
  - 独占資本・金融資本 ＞ 国家権力と結合
- 労働者の低賃金→狭い国内市場→生産力・資本の過剰
- 原料供給地・商品市場に加え，資本輸出先として植民地獲得(資本輸出…鉄道建設など)
- アメリカ・ドイツの成長

▶③**帝国主義の成立**　新たな植民地獲得や本国と植民地との連携強化のために，列強が武力で膨張政策を展開する帝国主義の時代が到来した。帝国主義は，世界の一体化を促進した反面，被支配地域での反帝国主義，民族主義運動をうながし，列強間の世界規模での対立も激化させた。

▶④**「文明化の使命」を語る新聞のさし絵**　欧米諸国では，文化的に劣るとみなしたアジア人やアフリカ人を文明化する使命があり，経済開発が現地住民の生活を向上させるという主張が広く支持されていた。欧米諸国はこの主張をもとに植民地支配を正当化し，植民地獲得を進めていった。➔p.206

2 各国の帝国主義政策

帝国主義列強の動向

国名	イギリス	フランス	ドイツ	アメリカ	ロシア	日本
時期	1870年代～	1880年代～	1890年代～	1880年代～	1890年代～	1900年代～
特徴	・「**世界の工場**」から「**世界の銀行**」へ➔p.196(海外投資の増大) ・自由主義の伝統強く，独占資本の形成遅れる	・第三共和政下で**金融資本**成長 「ヨーロッパの高利貸し」(おもにロシアに投資) ・イギリスにつぐ植民地領有	・ビスマルクの保護関税政策により，鉄鋼・電気機器・化学工業など独占資本成立 →**カルテル**形成➔p.219 例鉄鋼・兵器の**クルップ**	・高率保護関税政策と広大な国内市場により**独占資本**形成 →**トラスト**形成➔p.219 例ロックフェラーのスタンダード石油 モルガンのUSスティール	・ツァーリズムの保護下で成立 ・**フランス資本**の注入 ・英・仏に追従しながらも東アジア・中央アジア・バルカン半島に進出	・「殖産興業」「富国強兵」をスローガンとする政府主導型の資本主義化 ・**コンツェルン**の形成 例三井財閥・三菱財閥など➔p.219
政策	・**3C政策**…カイロ・ケープタウンを結ぶ**縦断政策**に，カルカッタを加える➔p.45,216 1875 **スエズ運河会社株買収**➔p.222 1877 **インド帝国**成立➔p.225 1882 **エジプト占領**➔p.223 1898 **ファショダ事件**➔p.220 1899～1902 **南アフリカ戦争** ・1898 **威海衛**(ウェイハイウェイ)・**九竜半島**(カオルン)租借➔p.231 ▲⑤**植民相ジョゼフ=チェンバレン**(任1895～1903)　帝国主義政策を推進した。	・アフリカ分割(**横断政策**)➔p.44,220 └1898 **ファショダ事件**➔p.220 ・1887 **仏領インドシナ連邦**成立➔p.226 ・1899 **広州湾**(コワンチョウ)租借➔p.231	・**ヴィルヘルム2世**の「**世界政策**」 ・**3B政策**…ベルリン・ビザンティウム(イスタンブル)・バグダードを結ぶ➔p.44,216 →イギリスと衝突 ・**パン=ゲルマン主義** →ロシアと衝突 ・1898 **膠州湾**(チャオチョウ)租借➔p.231 ▲⑥ヴィルヘルム2世(位1888～1918)	・**マッキンリー**大統領の帝国主義 1898 **米西**(アメリカ-スペイン)**戦争**→フィリピン領有 1898 **ハワイ併合** 1899 ジョン=ヘイの**門戸開放通牒** ・**セオドア=ローズヴェルト**大統領(任1901～09)の棍棒(こんぼう)外交➔p.221 └**カリブ海政策**➔p.221 ・1914 パナマ運河開通 ◀⑦マッキンリー(任1897～1901)	・**ニコライ2世**の帝国主義 ・バルカン半島に進出(**南下政策**) ・**パン=スラヴ主義**➔p.216 ・1891 **シベリア鉄道着工***➔p.205 ・1895 三国干渉 ・1898 **旅順**(リュイシュン)・**大連**(ターリエン)租借➔p.231 *着工時の皇帝はアレクサンドル3世 ▲⑧ニコライ2世(位1894～1917)	・朝鮮・中国へ進出➔p.230～233 1894～95 日清戦争 1895 **台湾領有** 1904～05 日露戦争 1910 **韓国併合** ▲⑨**韓国統監府初代統監 伊藤博文**(任1906～1909)
国内の事項	・1884 第3回選挙法改正 ・1884 フェビアン協会設立 ・1914 アイルランド自治法➔p.195	・1887～91 **ブーランジェ事件** ・1894～99 **ドレフュス事件**➔p.202 ・サンディカリスムの台頭	・1890 ビスマルク辞職 ・1896 ベルンシュタイン，**修正主義**を主張	・1886 アメリカ労働総同盟(AFL)結成➔p.206 ・1890 シャーマン反トラスト法成立，「フロンティアの消滅」宣言	・ツァーリズムの矛盾が表面化 ・1898 ロシア社会民主労働党結成➔p.238 ・1905 血の日曜日事件	・1889 大日本帝国憲法発布 ・1901 八幡製鉄所操業➔p.219,230 ・1901 社会民主党結成

日本　ヨーロッパ　アメリカ　MAP Q　3部2章

特集 読み解き演習⑥ グラフ資料 広がる産業革命と経済発展

下のグラフは19～20世紀初頭の世界の工業生産に占める各国の割合を表したものである。この約100年間にわたる長期統計からおおむね読み解ける傾向をあげ，各国の工業化における激しい競争がどのように繰り広げられたのか考えてみよう。

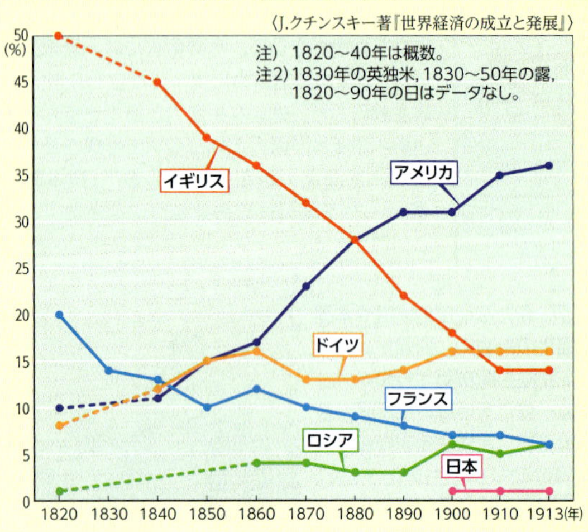

▲①工業生産に占める各国の割合

*統一前も統一後と同じ地域を示すと仮定。

よみとき グラフから何が読み解けるだろう

①19世紀初頭にはイギリスが抜きんでて高く，その後減少していく。→**1**なぜ工業化がイギリスで最初に起こり，その後イギリスは衰退したのだろうか。

②次に高い値を示すフランスはドイツ*に抜かれていく。→**1**フランスとドイツの工業化はどのような状況で進められていたのだろうか。

③アメリカは19世紀後半に急上昇し，1880年代にはイギリスにかわって世界第1位になる。→**2**アメリカの工業生産が急激に伸びた理由は何だろうか。

④日本・ロシアは欧米諸国よりも低調である。→**3**日本・ロシアの産業革命は欧米諸国と比べていつ・どのように始まったのだろうか。

▼②産業革命の変化 ➔巻頭15

第1次産業革命	
時期	18世紀後半～19世紀前半
工業原料	石炭・鉄鉱石
生産物	綿織物などの軽工業

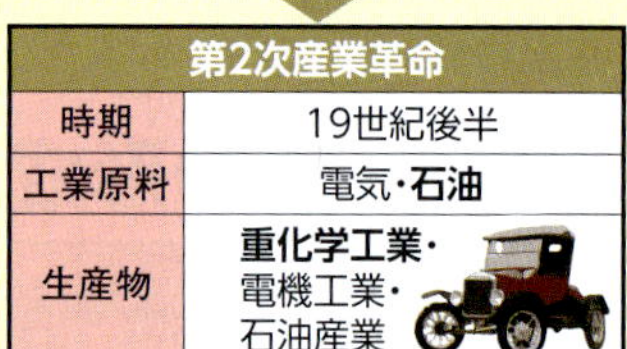

第2次産業革命	
時期	19世紀後半
工業原料	電気・石油
生産物	重化学工業・電機工業・石油産業

各国の産業革命の特色をつかむために，いつ・誰が・何を・どのように行ったのか着目してみましょう。また，グラフの値が割合を示していることに注意しましょう。

1 ヨーロッパの産業革命

あらすじ 18世紀後半のイギリスでは，資本投入による技術革新が起こり，綿織物などのアジア物産(国際商品)の国産化がはかられた。この工業化の動きは**産業革命**と称された。

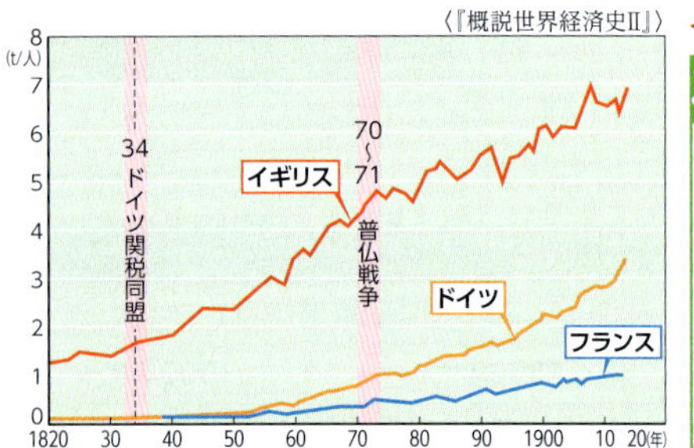

◀③1人あたりの石炭産出量

よみとき
①図①と対照的なイギリスの動きに注目→コークス製鉄法(➔④)とは？産業革命の工業原料はどう変化(➔②)した？
②1870年代以降のドイツの動きに注目→普仏戦争でドイツがフランスから獲得した場所は？

◀④**コークス高炉による製鉄** イギリスでは，綿工業分野で機械と動力が導入され，技術革新が開始された。**ダービー**が石炭を蒸し焼きにした**コークス**を利用する**製鉄法**を開発すると，製鉄業などの重工業にも技術革新の動きが波及した。鉄の生産は激増し，18世紀末には輸出が始まった。こうしてイギリスは他国に先がけて産業革命を達成し，**「世界の工場」**とよばれた(➔p.180～182)。

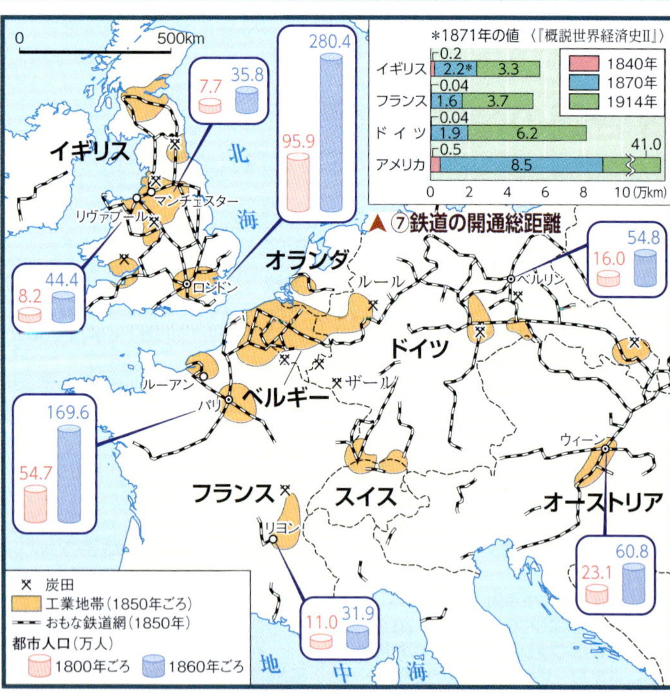

▲⑥**鉄道網の拡大と都市の成長** 産業革命により，農村にかわって都市が生産の表舞台となった。1850年代以降，都市人口は本格的に増加した。

◀⑤**ルーアンの織物工場を視察するナポレオン** ノルマンディーでは，フランス革命中に**ミュール紡績機**が導入されたが，フランスでは水力が豊かなため蒸気機関の普及が遅れた。ナポレオンの**大陸封鎖令**(➔p.191)により商品の自給をめざし，やがて1830年代に本格的に機械化が始まった。

ドイツ

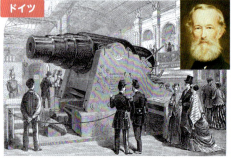

◀⑧**パリ万博**(1867年)**のクルップ砲** 1834年に18か国からなる**ドイツ関税同盟**(➔p.201)が成立し，2300万の人口をもつ地域が経済的に統一され，産業革命が進展した。以前の砲身は破裂しやすかったが，**クルップ**は頑丈(がんじょう)な鋼鉄砲の製造に成功し，万国博覧会で大評判となった。

日本 ヨーロッパ アメリカ MAP P～Q 3部2章

2 アメリカの産業革命

あらすじ アメリカの産業革命は1810年代から始まったが，開拓農民が多く労働力が不足した。**南北戦争**後，国内市場が統一され，産業革命が本格化して，1880年代に世界最大の工業国となった。

	銑鉄生産量 (百万t)	鋼生産量 (百万t)	うちUSスティールの生産量とシェア
イギリス	9.2	5.5	
フランス	3.0	2.1	
ドイツ	9.2	9.0	
アメリカ	19.8	17.2	43.2%（銑鉄），60.4%（鋼）

銑鉄生産量・鋼生産量（1900～09年平均），うちUSスティールの生産量とシェア（1901～09年平均）（『近代国際経済要覧』ほか）

◀ ⑨**各国の銑鉄・鋼の生産量とアメリカの独占企業の国内シェア**　1901年に銀行家のモルガンが鉄鋼トラストを結成。これにカーネギー製鉄が加わりUSスティールが誕生した。

よみとき　アメリカの独占企業と各国の生産量の値に注目➔アメリカの産業革命を進めた主体は？

アメリカ　サンフランシスコ　ニューヨーク　バッファロー　先住民

◀ ⑩**大陸横断鉄道**　アメリカの急激な経済成長を可能にしたのが鉄道建設であった。19世紀末までに，4本の**大陸横断鉄道**が敷設された（➔巻頭 8，p.206）。鉄道建設の労働者として西からは**中国系移民**が，東からは**アイルランド系移民**が工業化を支えた。

▲ ⑪「**上院の支配者たち**」　利益を得て巨体となった**独占資本**（➔p.217）が上院の傍聴席を占めて，議事をみつめている。議員たちは小さく描かれ，独占資本が国の内政や外交を支配していることを暗示している。

テーマ　現在まで続く大企業の登場

化学・電機・自動車などの新産業による**第2次産業革命**の展開は，新技術を生み，経済を活性化させた。その主体となったのが，巨額の資本を集め製品を大量生産・販売した大企業であった。カーネギー製鉄やペンシルヴェニア鉄道などのアメリカ企業，クルップ社やベンツ社などのドイツ企業は資本主義発展とともに成長した。

◀ ⑫**建設途中のロックフェラーセンター**（1932）　石油精製事業で大成功したロックフェラーは，ニューヨークのマンハッタンに超高層ビル群を建設した。ビル群は現在も同所に建ち，利用されている。

▼ ⑬**世界の大企業**

ジーメンス社	ドイツ	電機工業をドイツの基幹産業に
ロイター社	イギリス	通信業でイギリス経済を側面から支える
クルップ社*	ドイツ	鉄鋼メーカー。ドイツの兵器工場
カーネギー社*2	アメリカ	1900年には世界鉄鋼の4分の1を生産
スタンダード石油会社	アメリカ	**ロックフェラー**が設立。**トラスト**形成
ルノー社	フランス	自動車。高い技術と販売戦略で急成長
フォード社	アメリカ	流れ作業による自動車の大量生産

*コンツェルンを形成　*2 1901年，USスティールと合同化。

キーワード　独占資本 ➔p.217

不況期には多くの産業分野で，弱体企業の淘汰が進み，大資本の形成が進んだ。そうした大資本は多額の資金を調達するため銀行と結びつき，さらに集中と独占を進めた。19世紀後半に成立したそのような大資本を独占資本とよぶ。

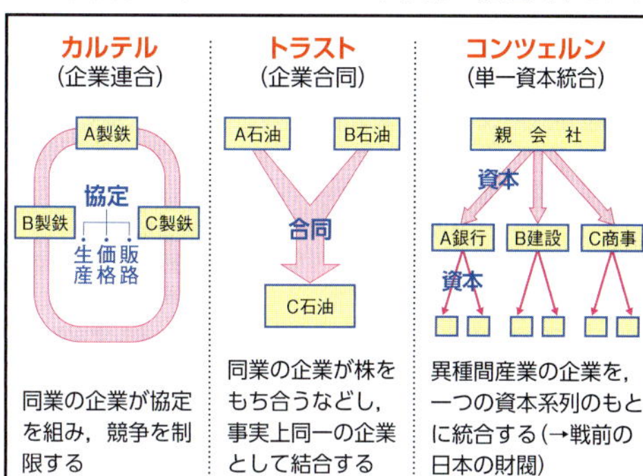

▲ ⑭**独占資本の形態**

3 日本・ロシアの産業革命 ➔p.181 5c

あらすじ 日本は**富国強兵**政策の下，戦争とともに産業革命を実現した。ロシアは**クリミア戦争**敗北後，アレクサンドル2世による上からの近代化で，産業革命に着手した。

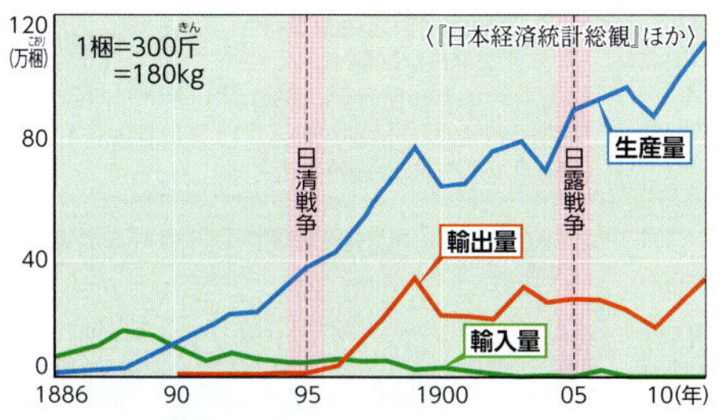

▲ ⑮**日本の綿糸の生産と輸出入**　日本では，**日清戦争**（➔p.230）前後に国家主導の産業革命が進展した。

よみとき　生産量が輸入量をこえた年，輸出量が輸入量をこえた年に注目➔国産化・貿易黒字とは，生産量・輸入量・輸出量がそれぞれどのような状態のこと？

▲ ⑯**日本の工業化**　日本の軽工業は，高性能な紡績機の導入により，低賃金の若年女性の労働で対応できた。このためインド綿糸に対して国際競争力がつき，中国・朝鮮への輸出が急増した。一方で重工業では，**官営八幡製鉄所**（➔p.230）が1901年に操業開始した。〈東洋紡提供〉

▲ ⑰**ロシアの工業化**（19世紀）　ロシアの産業革命は，1861年の**農奴解放令**（➔p.204）後に推進され，91～94年の露仏同盟によりフランス資本が導入されて本格化した。70年代には繊維工業，90年代には重工業が中心で，90年代の成長率は年8%と非常に高かった。

アフリカの分割 ～列強に引きさかれるアフリカ

巻頭20
世界全図p.44-45 ←p.171 2，→p.284 1

ヒストリーシアター 「私は遊星をも併呑したい」

ライフル
電信線
A
B

◀①セシル=ローズ (1853～1902) ダイヤモンド採掘や金鉱経営で巨富を得，ケープ植民地首相としてイギリスの**世界政策**を牽引した。彼は**トランスヴァール**に侵略を試みたが失敗した。史p.352

キーワード 3C政策

イギリスの世界政策は，図②の旗が示すように**カイロ・ケープタウン・カルカッタ**の3都市を結ぶことから，**3C政策**と称され，**ロシアの南下政策**，**フランスのアフリカ横断政策**，**ドイツの3B政策**と対立した。1884年に**ビスマルク**が主宰した**ベルリン会議**後には**アフリカ分割**が促進された。

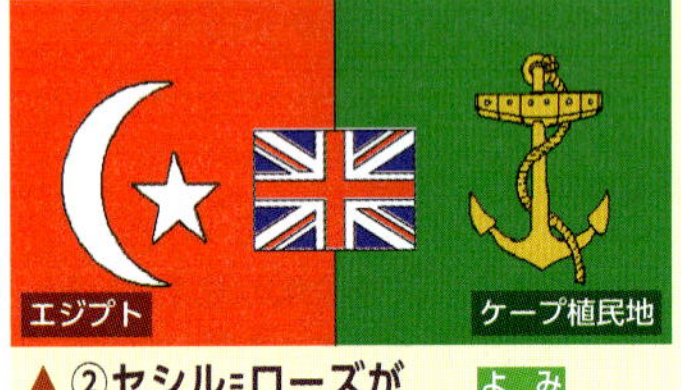

▲②セシル=ローズがアフリカ縦断政策を進めるために掲げた旗

よみとき 図①のAとBにはそれぞれ何という都市が位置するだろうか。

1830 フランス,アルジェリア出兵
1869 レセップスによりスエズ運河開通
1875 ディズレーリ,スエズ運河会社株買収
1905 第1次モロッコ事件(タンジール事件) フランス・ドイツの衝突
1911 第2次モロッコ事件(アガディール事件) フランス・ドイツの衝突
1911～12 伊土戦争 →ローザンヌ条約
1896 アドワの戦い エチオピア勝利 独立維持
1898 ファショダ事件
1847 リベリア独立 アメリカの解放奴隷が移住し建国 (リベリア国旗)
1905～07 マジ=マジの蜂起
1899～1902 南アフリカ(ボーア)戦争
アフリカ縦断政策
アフリカ横断政策

凡例：イギリス／フランス／ドイツ／ベルギー／ポルトガル／イタリア／スペイン／独立国／イギリスの進出方向／フランスの進出方向／ドイツの進出方向／スタンリー(米)／リヴィングストン(英)

近現代のアフリカの歴史

◀p.131 p.284▶

年	アフリカの動き	ヨーロッパの動き	日本
1800	19世紀前半，**西アフリカで**ジハード **イスラーム化**進む	18世紀末～ ・欧米で**奴隷貿易廃止** ・**キリスト教**，アフリカ布教 ・**アフリカ探検**	江戸時代
	47 **リベリア建国**		
50	○ イスラームによる抵抗運動		
	70年代 サモリ帝国(ギニア)(～98)	79 **ベルギー王レオポルド2世**，**コンゴ国際協会**創設	
80	81 **マフディーの反乱**(スーダン) 指導者ムハンマド=アフマド(～98)，**ゴードン**戦死 **オラービー革命**(エジプト)(～82)	81 仏，**チュニジア**保護国化 82 英，エジプト軍事占領 84 **ベルリン会議**(～85) ・**コンゴ自由国**(ベルギー王レオポルド2世の私領)の建設承認 ・列強の**先占権**(先に占領した国が領有できる)を確認 **植民地獲得競争激化** イギリス～**縦断政策** フランス～**横断政策**	明治時代
90	96 **アドワの戦い**	98 **ファショダ事件**	
1900	00 最初の**パン=アフリカ会議**	99 **南アフリカ(ボーア)戦争**(～1902)	
	05 **マジ=マジの蜂起**(～07)	05 **第1次モロッコ事件** 06 **アルヘシラス会議**	
10	12 **南アフリカ先住民民族会議**設立	10 **南アフリカ連邦**成立 11 **第2次モロッコ事件** 12 仏，**モロッコ保護国化**	
	1914～18 第一次世界大戦		大正
20	19 第1回パン=アフリカ会議 23 **アフリカ民族会議(ANC)**に改称 各地で民族主義団体結成	18 ドイツ敗戦 →植民地失う アフリカ経済の**モノカルチャー化** 29 世界恐慌始まる →**開発経済強化**	
30	35 アフリカ人のエチオピア支援団体結成	35 **イタリア，エチオピア戦争**開始(～36)	昭和
	1939～45 **第二次世界大戦**～アフリカ人，連合国側で参加		

（各地で抵抗運動／列強のアフリカ分割／パン=アフリカ主義／民族運動の萌芽／植民地再編成）

1 南アフリカ戦争

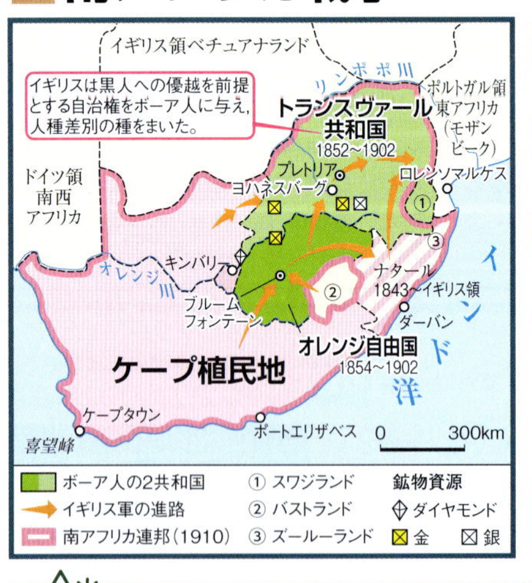

1652 オランダ連合東インド会社ケープ植民地建設
↓ ボーア人(オランダ系移民)入植
1814 ウィーン会議 ケープ植民地，英領に
↓ ボーア人，北方へ移動
1852 トランスヴァール共和国
1854 オレンジ自由国 建国
ダイヤモンド・金鉱発見 ← ねらう
1895 セシル=ローズによる侵攻
↓
1899～1902 **南アフリカ戦争**
英植民地相：**ジョセフ=チェンバレン** →p.217
↓
イギリス，**トランスヴァール共和国・オレンジ自由国**を併合
1910 南アフリカ連邦成立

◀③**南アフリカ戦争の流れ** 金やダイヤモンドが発見された**ボーア人**国家をイギリスが併合しようとして，1899年に戦争が勃発。早期終結の予想に反し，ボーア人は最新の武器と**ゲリラ戦**で抵抗。1902年にようやく終結したが，戦勝したイギリスは国際的に孤立した。

ひと **リヴィングストン**(1813～73)と**スタンリー**(1841～1904)

医師でキリスト教伝道師の**リヴィングストン**は，**ナイル川**源流を求める探検の途中で消息を絶った。アメリカの新聞記者**スタンリー**は会社から捜索を命じられ，1871年タンガニーカ湖付近で彼らを発見した。→p.131

今日とのつながり ダイヤモンドの独占巨大企業であるデ=ビアス社は，ロンドンのユダヤ人財閥ロスチャイルド(→p.258)の融資を得たセシル=ローズによって設立された。

ア アフリカ
MAP Q～R
3部2章

太平洋・カリブ海の分割 ～棍棒(こんぼう)外交とカリブ海政策

ヒストリーシアター 「優しく語り，棍棒を持って行け」

▶①セオドア=ローズヴェルト（米大統領任1901～09） 内政で革新主義，外政ではカリブ海における**棍棒外交**などの帝国主義政策をとった。**パナマ運河**建設と租借(そしゃく)のためパナマ地峡帯をコロンビアから独立させた。

よみとき 図①で軍艦が航行しているⓍは何という場所だろうか。また，下の地図で位置を確認しよう。

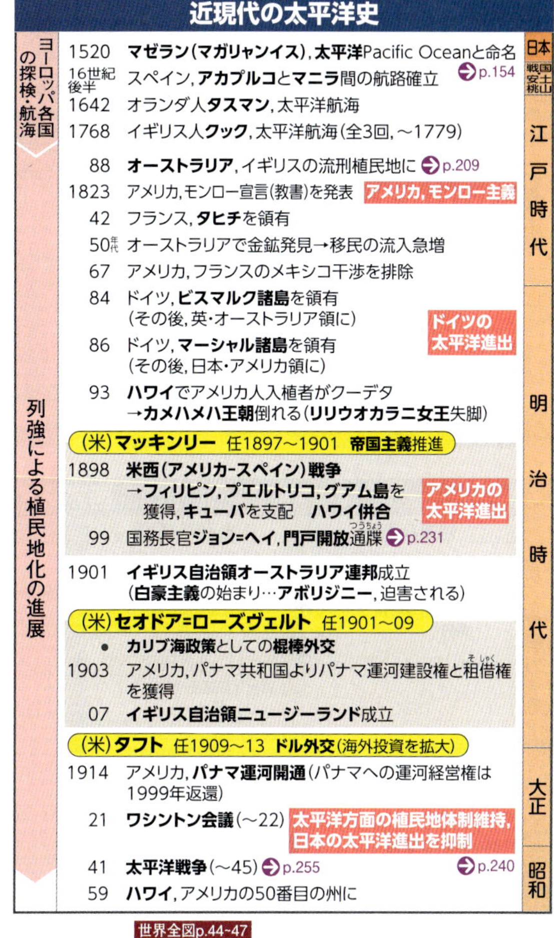

近現代の太平洋史

区分	年	出来事		日本
ヨーロッパ各国の探検・航海	1520	**マゼラン（マガリャンイス）**，太平洋Pacific Oceanと命名		日本
	16世紀後半	スペイン，**アカプルコ**と**マニラ**間の航路確立 ➲p.154		戦国安土桃山
	1642	オランダ人**タスマン**，太平洋航海		江戸時代
	1768	イギリス人**クック**，太平洋航海（全3回，～1779）		
列強による植民地化の進展	88	**オーストラリア**，イギリスの流刑植民地に ➲p.209		
	1823	アメリカ，モンロー宣言（教書）を発表	アメリカ，モンロー主義	
	42	フランス，**タヒチ**を領有		
	50年代	オーストラリアで金鉱発見→移民の流入急増		
	67	アメリカ，フランスのメキシコ干渉を排除		明治時代
	84	ドイツ，**ビスマルク諸島**を領有（その後，英・オーストラリア領に）	ドイツの太平洋進出	
	86	ドイツ，**マーシャル諸島**を領有（その後，日本・アメリカ領に）		
	93	**ハワイ**でアメリカ人入植者がクーデタ →**カメハメハ王朝**倒れる（**リリウオカラニ女王**失脚）		
		（米）マッキンリー 任1897～1901 **帝国主義**推進		
	1898	**米西（アメリカ-スペイン）戦争** →**フィリピン，プエルトリコ，グアム島**を獲得，**キューバ**を支配　**ハワイ併合**	アメリカの太平洋進出	
	99	国務長官**ジョン=ヘイ，門戸開放**通牒(つうちょう) ➲p.231		
	1901	**イギリス自治領オーストラリア連邦**成立（**白豪主義**の始まり…**アボリジニー**，迫害される）		
		（米）セオドア=ローズヴェルト 任1901～09		
		● **カリブ海政策**としての**棍棒外交**		
	1903	アメリカ，パナマ共和国よりパナマ運河建設権と租借(そしゃく)権を獲得		
	07	**イギリス自治領ニュージーランド**成立		
		（米）タフト 任1909～13 **ドル外交**（海外投資を拡大）		
	1914	アメリカ，**パナマ運河開通**（パナマへの運河経営権は1999年返還）		大正
	21	**ワシントン会議**（～22）	太平洋方面の植民地体制維持，日本の太平洋進出を抑制	
	41	**太平洋戦争**（～45）➲p.255	➲p.240	昭和
	59	**ハワイ**，アメリカの50番目の州に		

1 アメリカのハワイ併合

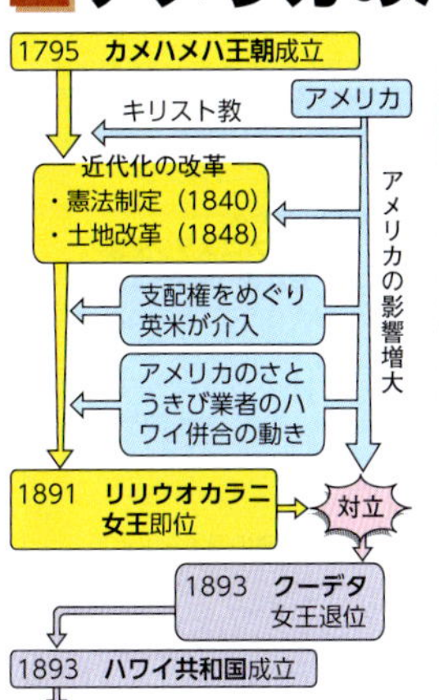

▲②ハワイ併合への道

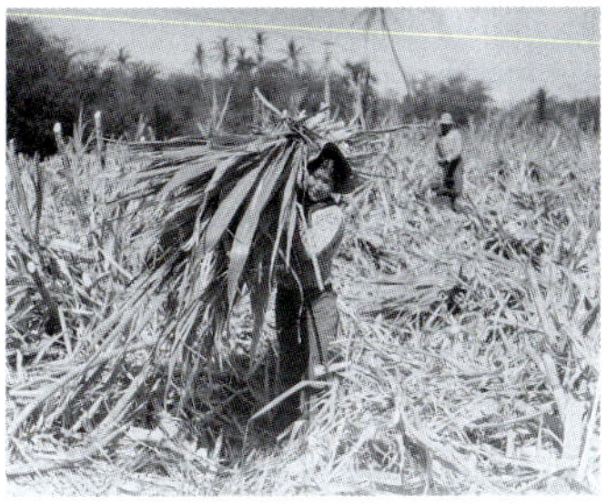

▲③さとうきび畑で働く日本人移民（1932） 19世紀後半，ハワイに欧米人が入植し，砂糖の**プランテーション**を展開した。労働力として**日系移民**が多くハワイに渡った（➲p.209）。経済力を付けたアメリカ人入植者が，女王を幽閉して，王政を廃止した。

▲④ハワイ最後の女王リリウオカラニ（位1891～93） アメリカ人入植者のクーデタののち，約20年間も軟禁された。民謡「アロハ=オエ」を作曲。

世界全図p.44～47

2 太平洋・カリブ海の分割

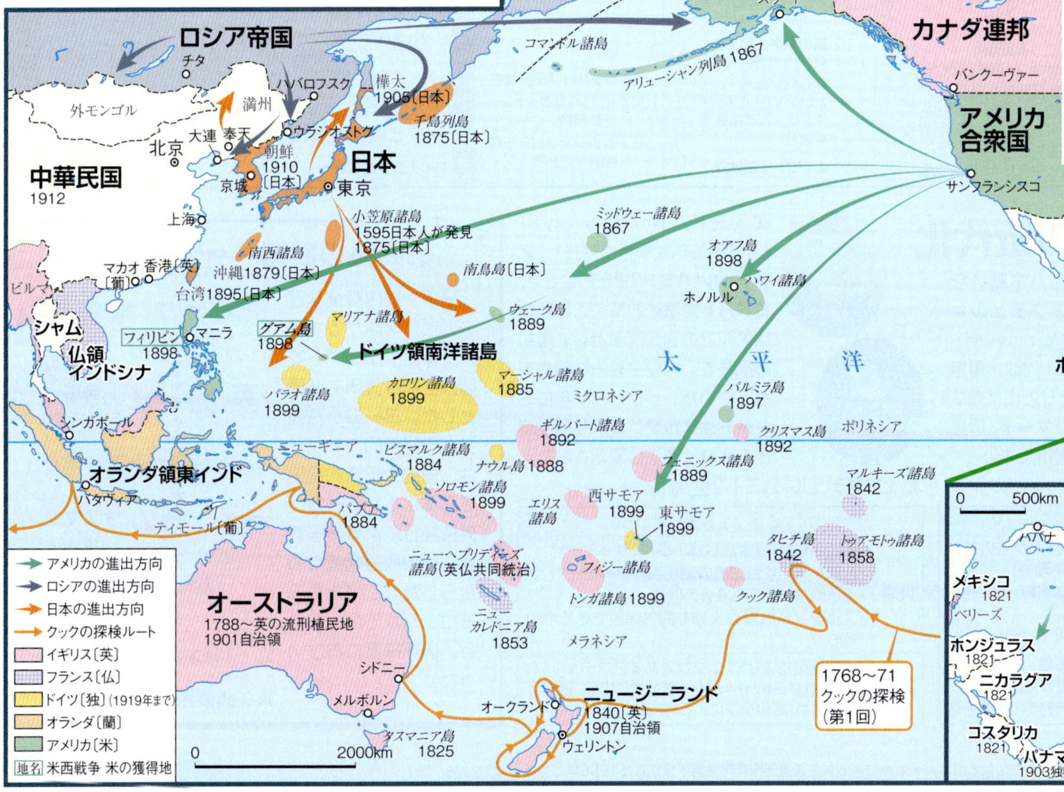

ロシア帝国　チタ　ハバロフスク　ウラジオストク　樺太1905［日本］　千島列島1875［日本］　コマンドル諸島　アリューシャン列島1867　アラスカ　スワード　カナダ連邦　バンクーヴァー　アメリカ合衆国　サンフランシスコ　外モンゴル　満州　北京　大連　奉天　朝鮮1910［日本］　京城　日本　東京　中華民国1912　上海　小笠原諸島 1595日本人が発見 1875［日本］　マカオ［葡］　香港［英］　沖縄1879［日本］　南西諸島　台湾1895［日本］　南鳥島［日本］　ミッドウェー諸島1867　オアフ島1898　ハワイ諸島　ホノルル　ビルマ　シャム　仏領インドシナ　フィリピン1898　マニラ　グアム島1898　マリアナ諸島　ウェーク島1889　ドイツ領南洋諸島　パラオ諸島1899　カロリン諸島1899　マーシャル諸島1885　ミクロネシア　太平洋　パルミラ島1897　クリスマス島1892　ポリネシア　シンガポール　ギルバート諸島1892　ビスマルク諸島1884　ナウル島1888　ニューギニア　フェニックス諸島1889　マルキーズ諸島1842　オランダ領東インド　バタヴィア　ソロモン諸島1899　エリス諸島　西サモア1899　東サモア1899　パプア1884　ティモール［葡］　ニューヘブリディーズ諸島（英仏共同統治）　フィジー諸島　トンガ諸島1899　タヒチ島1842　トゥアモトゥ諸島1858　クック諸島　ニューカレドニア島1853　メラネシア　オーストラリア 1788～英の流刑植民地 1901自治領　シドニー　メルボルン　タスマニア島1825　ニュージーランド 1840［英］1907自治領　オークランド　ウェリントン　1768～71 クックの探検（第1回）　メキシコ　メキシコ湾　大西洋　キューバ　ドミニカ　ハイチ　カリブ海　ベネズエラ　パナマ　ホンジュラス　ニカラグア　コスタリカ　コロンビア

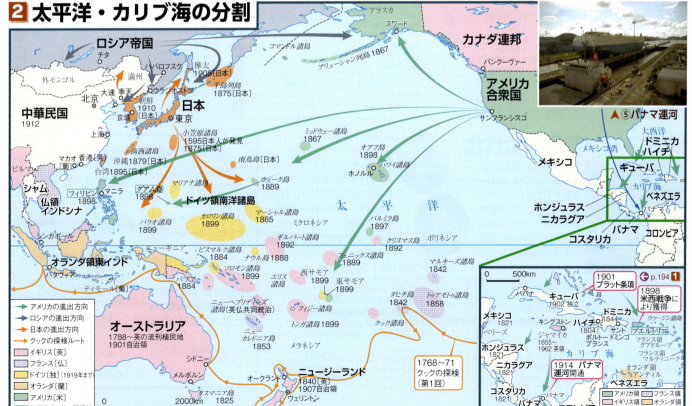

凡例：アメリカの進出方向／ロシアの進出方向／日本の進出方向／クックの探検ルート／イギリス［英］／フランス［仏］／ドイツ［独］（1919年まで）／オランダ［蘭］／アメリカ［米］／地名 米西戦争 米の獲得地

0　2000km

（拡大図）0　500km　メキシコ1821　ハバナ　キューバ1902独立　1901 プラット条項　➲p.194 1　1898 米西戦争により獲得　ベリーズ　キングストン　ジャマイカ1655～1962英領　ハイチ1804　ドミニカ1844　サントドミンゴ　ポルトープランス　プエルトリコ　ヴァージン諸島　フランス領グアドループ　フランス領マルティニーク　カリブ海　ホンジュラス1821　ニカラグア1821　コスタリカ1821　1914 パナマ運河開通　パナマ　パナマ1903独立　コロンビア　ベネズエラ　オランダ領アンティル　アメリカ領／フランス領／イギリス領／オランダ領／アメリカの進出

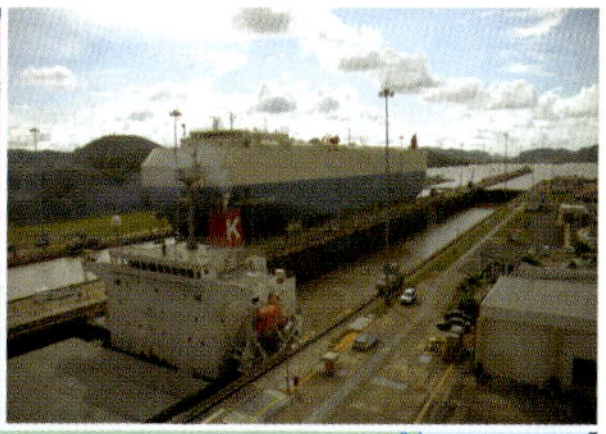

▲⑤パナマ運河

近代の西アジア ～西アジアの近代化とイスラームの団結

ヒストリーシアター 西アジアを襲った西洋の衝撃（ウエスタンインパクト）

◀①新式軍とセリム3世 **セリム3世**(位1789～1807)は，徴兵制による西洋式新式軍や近代的な軍需産業の創設，西欧諸国に常駐の大使館をおくなど改革を開始したが，保守派により廃位され，殺害された。

▶②列強代表と会談する**ムハンマド=アリー**(1769～1849) 保守派のマムルークや**イェニチェリ**を排除したエジプトは，西洋式の新軍や海軍を整備し，オスマン帝国内で大きな存在となった。

よみとき オスマン帝国やエジプトの軍隊はどのような点で近代化したのだろうか。図①と②から読み取ってみよう。

赤字 戦争・内紛関連事項　青字 条約・協定関連事項

西アジアの改革運動とヨーロッパ列強の進出

◀p.132　p.244▶

	列強の進出	オスマン帝国	エジプト	アラビア半島	イラン	アフガニスタン	日本
オスマン勢力後退	○ヨーロッパからオスマン勢力後退 1699 カルロヴィッツ条約 1718 パッサロヴィッツ条約 74 キュチュク=カイナルジャ条約 1821 ギリシア独立戦争(～29)➔p.192 1829 アドリアノープル条約	1683 第2次ウィーン包囲失敗 ハンガリーの大半を墺に割譲 ボスニア北部などを墺に割譲 黒海沿岸を露に割譲 1789 セリム3世の近代化政策(～1807) マフムト2世 位1808～39 近代化の継承・推進 1826 イェニチェリ軍団廃止 29 ギリシア独立承認	(英・仏の進出) 1798 ナポレオン軍,エジプト占領→(～1801)➔p.190 1805 ムハンマド=アリーの改革 11 オスマン帝国から事実上の独立	(イスラーム復興運動の高揚) 18世紀半ば **ワッハーブ派**,**サウード家**の保護を受け,勢力拡大 1744頃 **ワッハーブ王国**(スンナ派)成立 1818 ワッハーブ王国滅亡 ←エジプトの攻撃 23 ワッハーブ王国再建(第2次サウード朝)	(英・露の進出) 1796 **カージャール朝**創設(～1925) →露・英に利権提供 1813 ゴレスターン条約 26 イラン-ロシア戦争 1828 トルコマンチャーイ条約 ○ロシアの勢力拡大 アルメニアの割譲	(英・露の対立) 18世紀半ば **アフガニスタン王国**の独立(**ドゥッラーニー朝**) 1838 英,露の南下を阻止するためにアフガニスタン侵攻	江戸時代
弱体化	1831 第1次エジプト-トルコ戦争(～33)➔p.204 露の南下 **パン=スラヴ主義** ➔p.204 1839 第2次エジプト-トルコ戦争(～40)➔p.204 1840 **ロンドン会議** 英,露の南下封じ込め	(改革運動の進展) アブデュル=メジト1世 位1839～61 1839 **ギュルハネ勅令**発布 **タンジマート**開始 上からの近代化	1869 **スエズ運河**開通(仏) ○アフガーニー,パン=イスラーム主義を提唱➔p.223		1848 **バーブ教徒の乱**(～52) 52 国王暗殺未遂 →**バーブ教徒**大弾圧	38 **第1次アフガン戦争**(～42) 英,西北インド併合 69 露勢力,アム川まで南下	
列強の進出本格化	1853 **クリミア戦争**(～56)➔p.204 1877 **露土(ロシア-トルコ)戦争**(～78)➔p.204 1878 サンステファノ条約 1878 ベルリン条約(独仲介) ➔p.204	アブデュル=ハミト2世 位1876～09 1876 **ミドハト憲法**公布 (中断) 78 **憲法停止・議会閉鎖・専制政治** バルカン半島領土大半を失う 89 **青年トルコ**結成 (再開) 1906 ムスタファ=ケマル,「祖国と自由協会」設立 08 **青年トルコ革命** →**ミドハト憲法復活**	75 英,スエズ運河会社株買収 81 **オラービー革命**(～82) →失敗 82 **英の軍事占領下に**(1914保護国化) ○綿花栽培拡大 ○ムハンマド=アブドゥフ,イスラーム改革思想を普及 1922 **エジプト王国独立**	89 **ワッハーブ王国**滅亡 1902 **イブン=サウード**,王国再建 32 **サウジアラビア王国**と国号を定める	81 露と東北イランの国境協定 90 英,タバコ専売権獲得 91 **タバコ=ボイコット運動**(～92,反英・反国王感情高まる) 1905 **イラン立憲革命**(～11) 06/07憲法発布 1907 **英露協商**(独を牽制) ●イラン北部を露,南東部を英と二分 ●アフガニスタンは露の勢力外と規定 1909 **立憲君主政へ**	78 **第2次アフガン戦争**(～80) 80 **英の保護国**となる(～1919) 1919 **第3次アフガン戦争** **アフガニスタン王国独立**	明治時代

1 オスマン帝国の近代化

◀③ギュルハネ勅令を発布したアブデュル=メジト1世(位1839～61) 司法・行政・財政・軍事全般にわたり近代化をはかる**タンジマート**(恩恵改革)が本格化した。

◀④ミドハト=パシャ(1822～84) 1876年大宰相に就任し，**アブデュル=ハミト2世**を即位させ，**ミドハト憲法**を起草。この憲法はアジアの独立国家として最初の憲法で，自由主義的な理念をもっていた。しかし，77年にミドハトはスルタンにより国外追放とされ，憲法は凍結された。

▲⑤アブデュル=ハミト2世(位1876～1909)

タンジマート(恩恵改革)	
内容	・ムスリム・非ムスリムを問わず全臣民が法の前に平等であることを明示(**ギュルハネ勅令**) ・中央集権的な官僚機構,近代的な軍隊,近代的な法整備を実施 ・イギリスなどとの条約の締結(不平等条約)
結果	・近代国家としての内実が次第に定着 ・ミドハト=パシャなどの西欧化官僚の育成に成功 ・外国製品の流入により,国内の伝統的手工業が崩壊

ミドハト憲法	
内容	・正式名称は「基本法(カヌーヌ=エサーシー)」 ・宗教を問わず帝国内の諸民族の平等 ・上下両院からなる議会の開設 ・スルタンが危険な人物を国外追放できる権限をもつ
結果	・上記権限により,スルタンであるアブデュル=ハミト2世がミドハト=パシャを追放。78年,憲法は凍結され,スルタンによる専制政治が行われる

テーマ 列強の武器 ～外債

軍事や国内産業などの近代化をはかるオスマン帝国やエジプトでは，巨額な費用を必要とした。ヨーロッパ列強との経済的つながりは，国内の伝統的産業を弱体化させる一方，外債発行による外国資本に頼る収益構造をもたらした。このためヨーロッパが不況となると，国家破産におちいった。

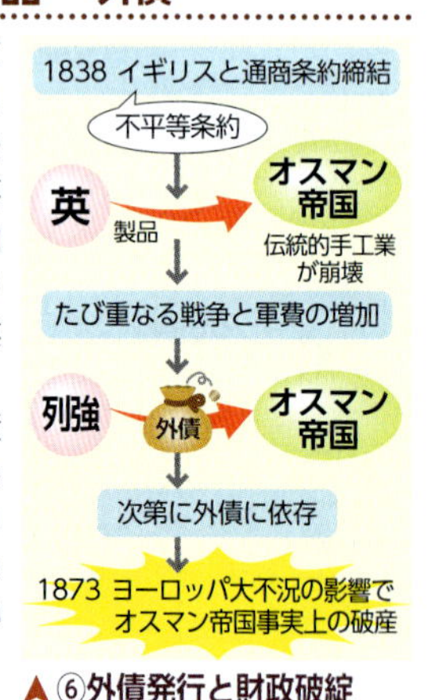

▲⑥外債発行と財政破綻

今日とのつながり スエズ運河が再びエジプトのものになるのは，ナセルによるスエズ運河国有化宣言がなされた1956年である。➔p.286～287

2 オスマン帝国の縮小

世界全図p.40~45　オスマン帝国の拡大 ➡p.133 2　ロシア南下政策 ➡p.205 2

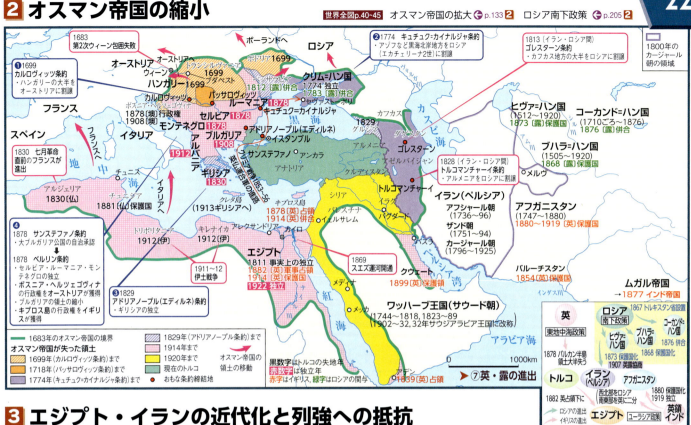

1683
第2次ウィーン包囲失敗

❶1699
カルロヴィッツ条約
・ハンガリーの大半をオーストリアに割譲

❷1774　キュチュク=カイナルジャ条約
・アゾフなど黒海北岸地方をロシア（エカチェリーナ2世）に割譲

1813（イラン・ロシア間）
ゴレスターン条約
・カフカス地方の大半をロシアに割譲

1800年のカージャール朝の領域

ポーランドへ　ロシア　オーストリア　オーストリアへ　ウィーン　トランシルヴァニア 1699　ブダペスト　ハンガリー1699　ポドリア1699　ベッサラビア 1812〔露〕併合　クリム=ハン国 1774 独立 1783〔露〕併合　セヴァストーポリ　カルロヴィッツ　パッサロヴィッツ　ルーマニア 1878　キュチュク=カイナルジャ　ボスニア・ヘルツェゴヴィナ 1878〔墺〕行政権 1908〔墺〕　セルビア 1878　モンテネグロ 1878　ブルガリア 1908　アドリアノープル（エディルネ）　イスタンブル　アルバニア 1912　ギリシア 1830　サンステファノ　アンカラ　アナトリア　クリミア戦争1853~56 英仏連合軍の進路　フランス　スペイン　イタリア　フランスへ　イタリアへ　地中海　チュニス　チュニジア 1881〔仏〕保護国　アルジェリア 1830〔仏〕　クレタ島（1913ギリシアへ）　キプロス島 1878〔英〕占領 1914〔英〕併合　トリポリタニア 1912〔伊〕　キレナイカ 1912〔伊〕　アレクサンドリア　カイロ　エジプト 1811 事実上の独立 1882〔英〕軍事占領 1914〔英〕保護国 1922 独立　黒海　カフカス　1829 グルジア　ダゲスタン　カスピ海　ゴレスターン　アルメニア　アゼルバイジャン　クルディスタン　トルコマンチャーイ　シリア　パレスチナ　イェルサレム　イラク　バグダード　バスラ　ペルシア湾　クウェート 1899〔英〕保護領　紅海　メディナ　メッカ　アデン 1839〔英〕占領　アラビア海　ヴォルガ川　ヒヴァ=ハン国（1512~1920）1873〔露〕保護国　コーカンド=ハン国（1710ごろ~1876）1876〔露〕併合　ブハラ=ハン国（1505~1920）1868〔露〕保護国　メルヴ　シル川　アム川　イラン（ペルシア）　アフシャール朝（1736~96）　ザンド朝（1751~94）　カージャール朝（1796~1925）　アフガニスタン（1747~1880）1880~1919〔英〕保護国　バルーチスタン 1854〔英〕保護国　インダス川　ムガル帝国 →1877 インド帝国　ワッハーブ王国（サウード朝）（1744~1818, 1823~89）（1902~32, 32年サウジアラビア王国に改称）

1830　七月革命直前のフランスが進出

1828（イラン・ロシア間）
トルコマンチャーイ条約
・アルメニアをロシアに割譲

❹
1878　サンステファノ条約
・大ブルガリア公国の自治承認
↓
1878　ベルリン条約
・セルビア・ルーマニア・モンテネグロの独立
・ボスニア・ヘルツェゴヴィナの行政権をオーストリアが獲得
・ブルガリアの領土の縮小
・キプロス島の行政権をイギリスが獲得

❸1829
アドリアノープル（エディルネ）条約
・ギリシアの独立

1911~12
伊土戦争

1869
スエズ運河開通

1683年のオスマン帝国の境界
オスマン帝国が失った領土
1699年（カルロヴィッツ条約）まで
1718年（パッサロヴィッツ条約）まで
1774年（キュチュク=カイナルジャ条約）まで
1829年（アドリアノープル条約）まで
1914年まで
1920年まで
現在のトルコ
オスマン帝国の領土の移動
おもな条約締結地

黒数字はトルコの失地年
赤数字は独立年
赤字はイギリス，緑字はロシアの関与

0　1000km

英　東地中海政策　1878 バルカン半島領土大半失う　ロシア　南下政策　1867 トルキスタン省設置　ヒヴァ=ハン国　ブハラ=ハン国　コーカンド=ハン国　1876 併合　1873 保護国化　1868 保護国化　1907 英露協商　トルコ　イラン（ペルシア）　西北部をロシア 南東部を英に二分　アフガニスタン　1880 保護国化 1919 独立　1882 英占領下に　エジプト　ユーラシア政策　英領インド　ロシアの進出　イギリスの進出

⑦英・露の進出

3 エジプト・イランの近代化と列強への抵抗

ムハンマド=アリーの近代化政策

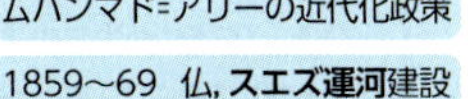
1859~69 仏，スエズ運河建設
多額の資金が必要
↓
財政難
列強 → 外債
↓
エジプト，外債への依存高まる
1875 英（ディズレーリ内閣）に スエズ運河会社株売却
↓
イギリスの直接影響下へ
↑抵抗
オラービー革命

⑧レセップス
（1805~94）

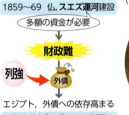

レセップスの乗ったヨット

⑨**スエズ運河開通のようす**　フランス人技師**レセップス**により，1869年に完成した運河は，戦略的に重要な地点となったが，財政状況が悪化したエジプト政府は「国際スエズ運河会社」の約1万7000株を英政府に400万ポンドで売却，以後スエズ運河のばくだいな収益は列強のものとなった。

ナーセロッディーン=シャー（位1848~96）

カージャール朝の第4代国王。1890年，彼は，イギリス政府に**タバコの独占販売権**を付与し，イラン国民の反発を招いた。それまで政治活動に関わらなかった各地の**ウラマー**（➡p.128）が**タバコ=ボイコット運動**を組織し，1896年の国王暗殺事件，1905年のイラン立憲革命へとつながる民族運動の発端となった。

⑩**正装したシャー**

4 青年トルコ革命

蜂起を率いた
ニヤーズィ=ベイ

⑪**青年トルコ革命**　**「統一と進歩委員会」（青年トルコ）**が**アブデュル=ハミト2世**の専制政治に反発し，**ミドハト憲法の復活**をめざして1908年蜂起（ほうき）し，政権を獲得した。革命後，**トルコ民族主義**の傾向が強まった。

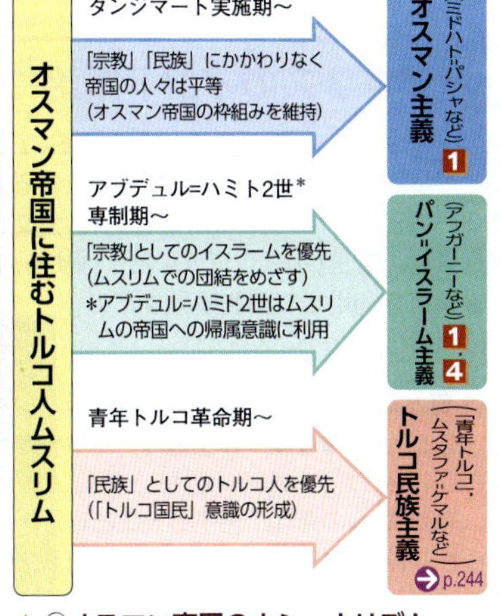
オスマン帝国に住むトルコ人ムスリム
タンジマート実施期～
「宗教」「民族」にかかわりなく帝国の人々は平等（オスマン帝国の枠組みを維持）
オスマン主義（ミドハト=パシャなど）1
アブデュル=ハミト2世* 専制期～
「宗教」としてのイスラームを優先（ムスリムでの団結をめざす）
*アブデュル=ハミト2世はムスリムの帝国への帰属意識に利用
パン=イスラーム主義（アフガーニーなど）1・4
青年トルコ革命期～
「民族」としてのトルコ人を優先（「トルコ国民」意識の形成）
トルコ民族主義（「青年トルコ」，ムスタファ=ケマルなど）➡p.244

⑫**オスマン帝国のナショナリズム**

テーマ　パン=イスラーム主義 ➡p.286

ムスリムによるイスラーム世界の統一をめざす思想や運動をいう。ムスリムの団結を主張する**アフガーニー**の弟子たちの多くが，エジプトの**オラービー革命**に参加。イランの**タバコ=ボイコット運動**の際には，アフガーニーは**ウラマー**（➡p.128）たちに手紙を送って闘争をうながした。

⑬**アフガーニー**
（1838~97）
イスラーム世界の復興のために，改革と**パン=イスラーム主義**によるイスラーム世界の統一を訴えた。

⑭**オラービー=パシャ**
（1841~1911）「**エジプト人のためのエジプト**」を訴え，立憲議会設立と外国人支配からの解放を求めた。

今日とのつながり　オスマン帝国の国旗もビザンティウムに由来する赤地に白の月と星をあしらっているが，現在のトルコ国旗（第一次世界大戦後に制定）とは月や星の形が少し異なっている。

MAP O~Q

近代の南アジア ～イギリスによる収奪と統治

ヒストリーシアター 大反乱の引き金を引いたもの

▶①シパーヒーの蜂起(ほうき)　**イギリス東インド会社**のインド人傭兵(ようへい)の**シパーヒー**は，上層カーストの**ヒンドゥー教徒**や**ムスリム**であったが，薬包(やくほう)の油脂が問題となって，1857年に蜂起，5月には**デリー**を占拠した。イギリス支配への不満とあいまって反乱は各地に広まり，インド大反乱となった。

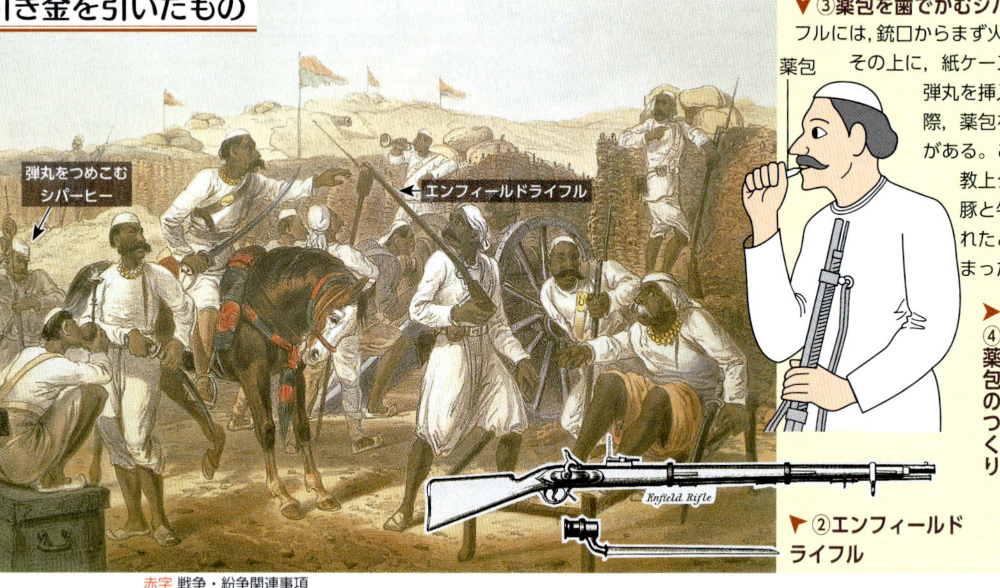

▼②エンフィールドライフル

▼③薬包を歯でかむシパーヒー　ライフルには，銃口からまず火薬を流し込み，その上に，紙ケースをつけたまま弾丸を挿入するが，その際，薬包をかみ切る必要がある。この薬包に，宗教上タブーとされる豚と牛の油脂が使われたとのうわさが広まった。

▶④薬包のつくり　紙ケース　火薬　弾丸　油脂

よみとき　シパーヒーにとって，薬包の油脂がなぜ問題となったのか，その理由を考えてみよう。

南アジア

赤字 戦争・紛争関連事項

イギリスのインド支配の進展 ◀p.134　p.245▶

ムガル帝国／英仏の争いとイギリスの優位

- 1707 アウラングゼーブ死去以後 **ムガル帝国弱体化** ｜ イギリス東インド会社(1600～1858)
- 44 **カーナティック戦争**(～48,50～54,58～61) ｜ ボンベイ・マドラス・カルカッタ → 拠点に
  - イギリス vs フランス
  - ・**デュプレクス**(仏)の活躍
  - ・**オーストリア継承戦争の影響** ｜ 貿易独占権所有 インド経営に専念(18世紀以降)
- 50年代 マラータ同盟成立(～1818) ➡p.134
- 57 **プラッシーの戦い**
  - イギリス(東インド会社) vs ベンガル太守(フランスのうしろだて)
  - ・**クライヴ**の活躍
  - ・**七年戦争の一環** ｜ 軍隊をもち，仏軍を攻撃 インド征服戦争開始
  - **イギリスの優位確立** ➡p.170

英植民地化の始まりと社会の発展

- 64 **ブクサールの戦い**
- 65 イギリス，ベンガル・ビハールの徴税権(ディーワーニー)獲得 ｜ 地税や関税を徴収する統治権所有(準政府的な組織へ)
  - **ベンガル地方植民地化**
- 67 **マイソール戦争**(～69,80～84,90～92,99)
  - **南インド植民地化**
- 75 **マラータ戦争**(～82,1803～05,17～18) ｜ 地主から地税入手
  - **中部インド(デカン高原)植民地化** ｜ 農民から地税入手
- 93 **ザミンダーリー制**導入(ベンガル州)
- 19世紀初 **ライーヤトワーリー**(ライヤットワーリー)**制**導入(マドラス・ボンベイ州など)
- 1813 ベンガル総督，インド総督に ｜ 東インド会社の対インド貿易独占権廃止
- 33 **インド政庁**設置(高級官職は英人が独占) ｜ 東インド会社の商業活動停止，インド統治機関に
- 45 **シク戦争**(～46,48～49)
  - **北西インド(パンジャーブ)の植民地化**
- 57 **インド大反乱〈シパーヒー(セポイ)*の反乱〉**(～59)　*東インド会社の傭兵
  - 旧支配層や農民も加わり，初の大規模な民族運動に発展
- 58 **ムガル帝国滅亡** ｜ 東インド会社解散
  - →ムガル皇帝，ビルマに流刑
  - インド統治改善法 **イギリス本国による直接統治**

インド帝国／植民地化完了

- 77 **インド帝国成立(皇帝：ヴィクトリア女王)** **英植民地化の完了** ➡p.195
  - 分割統治…宗教・カーストごとに支配
  - 鉄道建設・茶プランテーション開発など
  - インド経済にばくだいな負担を与えた
- 85 第1回**インド国民会議**開催(**ボンベイ**，親英的)
  - →のち，反英運動展開 ➡p.245

1 インド植民地化の始まり 世界全図p.40～41 ⬅p.134 1

A 18世紀後半

0　500km　清　カーブル　アフガニスタン　カンダハル　シク　ラホール　ムガル帝国　チベット　ラサ　デリー　アウド王国　ラージプターナ　ベンガル　1764 ブクサールの戦い　1757 プラッシーの戦い　ビハール　ダッカ　カルカッタ(B)　ガンジス川　マラータ同盟　オリッサ　ディウ(P)　ボンベイ(B)　ニザーム　ハイデラバード王国　シャンデルナゴル(F)(チャンダルナガル)　ヤナム(F)　ゴア(P)　1767～69,80～84,90～92,99 マイソール戦争　1744～48,50～54,58～61 カーナティック戦争　カーナティック　マイソール王国　マドラス(B)　ポンディシェリ(F)　キャンディ王国(オランダ領)　キャンディ　セイロン島　インド洋

イギリス獲得地　ヒンドゥー系勢力　イスラーム系勢力　ムガル帝国の最大版図　マラータ同盟　18世紀にフランスが失った領土　各国の領土　(B)イギリス領　(F)フランス領　(P)ポルトガル領

▼⑤プラッシーの戦い　商業権益をめぐって抗争していたイギリスとフランスは，**ベンガル太守**の後継(こうけい)争いに介入。クライヴ率いる**イギリス東インド会社軍**が，フランスと組む太守軍に大勝し，新太守をすえた。

イギリス軍　クライヴ　新太守ミール＝ジャーファル

テーマ イギリスのインド統治に利用された藩王国

18世紀初め，アウラングゼーブ帝死後にムガル帝国から独立し，**イギリス東インド会社**と軍事同盟を結んだ諸領邦を起源とする。**インド帝国**成立後も存続が認められたこれらの藩王国は，大小550程度あり，外交と国防を除く内政権のみが認められた。イギリスは，藩王(マハラジャなどと称する)を懐柔(かいじゅう)するとともに，彼らの封建的・保守的な性格を利用して民族運動などの抑圧に利用した。

▶⑥人質となるティプ＝スルタンの息子たち　南インドの**マイソール王国**は，イギリスとの4度にわたる戦争に負け，支配された。第3次戦争の時は，王子も人質として取られ，1799年以降は，イギリスの傀儡(かいらい)王国となった。

今日とのつながり　シパーヒーはウルドゥー語(➡p.135)で「兵士」を意味し，それが英語に読み変えられてセポイと表現された。

MAP O～Q　3部2章

2 イギリスによる植民地収奪とインド社会の変容

▶⑦インドの土地制度 ベンガル州の徴税権を得たイギリスは**ザミンダーリー制**を導入し，従来の徴税請負人であるザミンダールに土地所有権を認め，彼らに直接納税の義務を課した。そのため多くの農民は小作農に没落した。一方南インドでは小農民の土地所有権を認めて直接税を取る**ライーヤトワーリー制**とした。

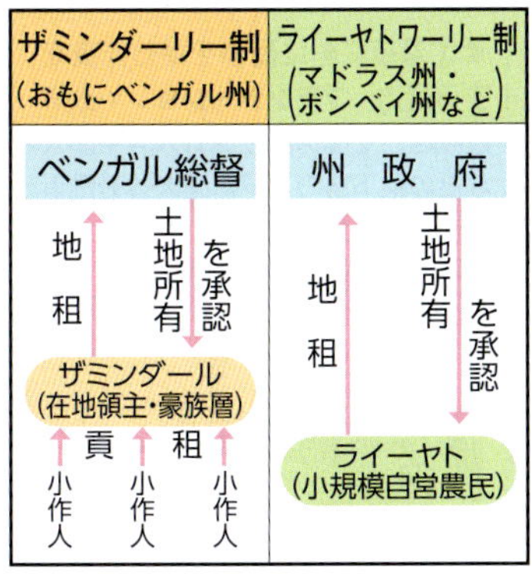

▼⑧19世紀のイギリス領インドの地税

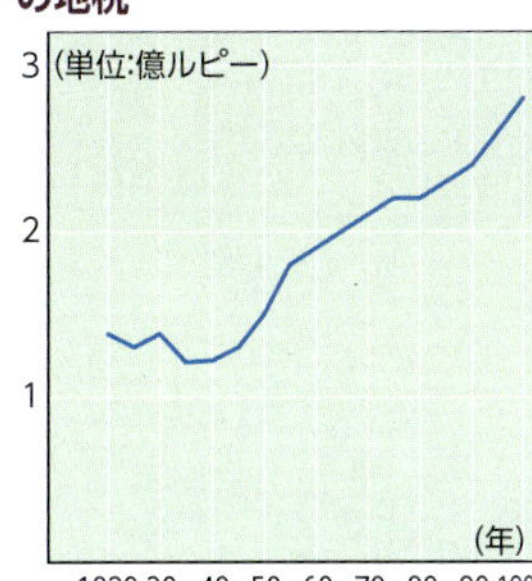

〈山本達郎編『インド史』〉

◀⑨飢えるインドの農民 イギリスによる過酷な収奪からのがれるため耕作が放棄されることや，輸出用作物の強制的な栽培などによって農業基盤が衰えたことにより，インドでは飢饉が多発した。

農民

1800 1850 1900 1950年

▲⑩飢饉の発生年（赤棒が発生年） 飢饉はとくに19世紀末から多発した。

3 植民地化への反抗 世界全図p.42~43

▶⑪ラクシュミー=バーイ（?～1858） 中部インドの**藩王国**の元王妃。王の没後，息子の死を理由に，領地はイギリスに併合された。**インド大反乱**が起こると，他人の子を腰にくくりつけ，奮戦したが戦死した。

◀⑫バハードゥル=シャー2世（位1837～58） ムガル帝国最後の皇帝。すでに実権はなかったが，反乱軍に擁立され復権を宣言。逮捕され，ビルマに流罪となり没した。

テーマ イギリス東インド会社

1813年に本国の産業資本家の要求で茶を除く対インド貿易独占権が廃止された。さらに，1833年にはインドでの全商業活動も停止され，インド統治のみの組織となった。**インド大反乱**後の1858年には，反乱を招いた責任で東インド会社は**解散**させられ，本国の政府による直接統治が始まった。また，東アジアにおいても，1833年に対中国貿易および全地域での茶貿易独占権が廃止された。

年	事項
1600	**東インド会社**設立 アジアでの**貿易独占権** 外交権・軍事権をもつ（**重商主義政策**）
1757	**プラッシーの戦い**
64	ブクサールの戦い 東インド会社の覇権確立（仏排除） →**貿易独占権**のほか**植民地支配権**をもつ
1813	対インド貿易独占権の廃止→（**自由貿易推進**）
33	**植民地支配権**のみもつ
58	**東インド会社解散**

▶⑬イギリス東インド会社の変遷

4 植民地化の完了とインド帝国の成立

▶⑭インド皇帝の冠を受けるヴィクトリア女王 **ディズレーリ英首相**はインド支配を円滑にするため，1877年**ヴィクトリア女王**を**インド皇帝**にし，ムガル皇帝の権威を受け継がせた（位1877～1901）。祝賀式典には，イギリス式に叙勲を受けたインド人有力者が参列した。 世界全図p.44~45 ➔p.291

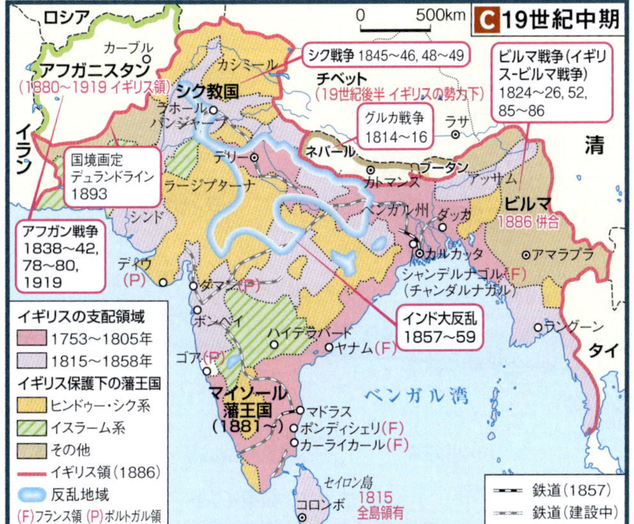

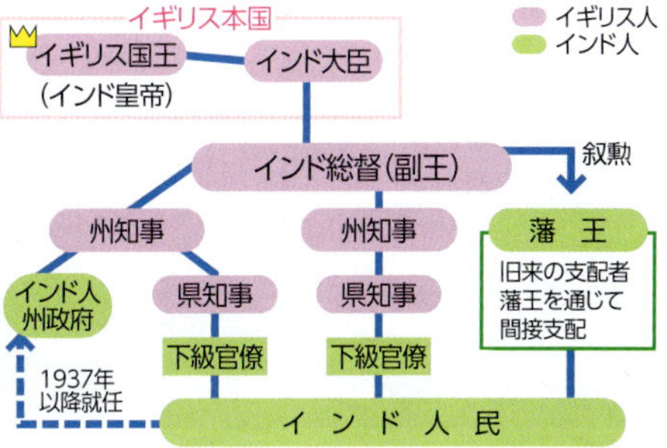

▲⑮インド大反乱後のイギリスの統治制度 **インド大反乱**の結果，イギリス本国による直接統治になり，**ムガル帝国は滅亡**した。本国のインド大臣から任命された**インド総督**が派遣され，国王の名代の意味で「副王」ともよばれた。完全な中央集権体制で，鉄道・電信の整備・発達とともに「多様なインド」に「鉄枠」をはめる統治制度が完成した。

テーマ イギリス統治とカースト制

イギリス植民地政府は，インド社会の**カースト制**や宗教的差異の廃止には消極的で，むしろ温存し，再編して支配に利用した。19世紀半ばまで植民地支配に抵抗した南インドの在地土豪層などを，新たに「**犯罪カースト**（クリミナル=カースト）」と定めて抑圧した例もある。イギリスは10年ごとの国税調査でインド人の宗教，カースト（ジャーティ）の実態を調べ続けた。

今日とのつながり イギリスは軍事目的や経済開発，そして有利な投資のためにも積極的にインドに鉄道を建設した。しかし，建設会社は利益優先・経費節約のため，路線によって異なるゲージを採用したことで，鉄道は各地で分断されてしまった。

南アジア
MAP O~Q

近代・戦間期の東南アジア ～植民地化と高まる民族運動

ヒストリーシアター **流通を支えるアジア系肉体労働者"苦力(クーリー)"** ➡巻頭20

◀①深夜に船に荷物を積む作業をする苦力 **プランテーション**や鉄道建設などで働いたインド人や中国人などの最下層のアジア系肉体労働者(➡p.209)は**苦力**とよばれた。

よみとき 働いている苦力の容姿に注目し，彼らがどこから来たか考えてみよう。

◀②シンガポールのチャイナタウン 中国人のシンガポールへの流入が増加し，チャイナタウンが生まれた。そこでは各国の商品や，日用雑貨を含む多くの商品が売買され，中国での出身地域や同姓・同業ごとに会館も建設された。

1 植民地化の時代

東南アジアの植民地化 ◀p.83 p.227▶

赤字 戦争・紛争関連事項 青字 条約・協定関連事項

タイ(シャム)	フランス → ベトナム・ラオス・カンボジア	オランダ → インドネシア	イギリス → マレー半島，ボルネオ	ミャンマー(ビルマ)	日本
アユタヤ朝(1351～1767)	北部:黎朝の鄭氏 南部:広南王国の阮氏 (対立)	1602 **オランダ連合東インド会社**設立➡p.165 19 ジャワに**バタヴィア**建設			江戸時代
	1771 **タイソン(西山)の反乱**で混乱 →**タイソン(西山)朝**(1788～1802)➡p.83	23 **アンボイナ事件**➡p.39,85	→以後，イギリスはインドへ進出		
	89 **黎朝滅亡**	1799 オランダ連合東インド会社解散(本国直接統治)	1786 イギリス，ペナン島を占領 1819 **ラッフルズ**(1781～1826)，シンガポール建設	**コンバウン朝**(1752～1885)(アラウンパヤー朝)➡p.83	
ラタナコーシン朝(1782～)(チャクリ朝，バンコク朝) 都:バンコク➡p.83	1802 **阮福暎**(位1802～20)，仏宣教師**ピニョー**の援助で南北統一し**越南国(阮朝)**建国 都:フエ	1811 英，ジャワ占領(～16)			
		1824 **英蘭(イギリス-オランダ)協定**(英，マラッカ海峡以北に進出)		1824 **第1次イギリス-ビルマ戦争**(～26)(英，インドとの国境地帯占領)	
		1825 **ジャワ戦争**(～30) 30 東インド総督**ファン=デン=ボス**(1780～1844) ジャワで**政府栽培制度**(強制栽培制度)を実施(～70)*(コーヒー，さとうきび，藍など) *1870年ごろまでにほぼ廃止	1826 **海峡植民地成立**(ペナン，マラッカ，シンガポール)	52 **第2次イギリス-ビルマ戦争**(英，下ビルマ占領)	
1855 **ボーリング条約** ラーマ4世，英と不平等通商条約	58 **仏越戦争**(～62)(ナポレオン3世，ベトナムへ派兵) 62 **コーチシナ**東部領有(**サイゴン条約**) 63 **カンボジア**を保護国化		58 イギリス東インド会社解散		
1868 チュラロンコーン(ラーマ5世)(位1868～1910)，近代化推進(チャクリ改革) ↓ 現王朝	83,84 **フエ(ユエ)条約**→**ベトナム**を保護国化 84 **清仏戦争**(～85)に勝利 85 **天津条約**(清，ベトナムの宗主権を放棄) 87 **フランス領インドシナ連邦成立** 99 **ラオス**をフランス領インドシナ連邦に編入	73 **アチェ戦争**(～1912)(チュ=ニャ=ディンら活躍)→ゲリラ戦続く 1910年代 **オランダ領東インド成立**	77 **インド帝国成立**➡p.225 88 北ボルネオ領有 96 **イギリス領マレー連合州成立** ・印僑・華僑の需要高まる ・ゴムのプランテーション，すずの開発 →1909年までに**イギリス領マレー成立**	85 **第3次イギリス-ビルマ戦争**(～86)(英，上ビルマ占領) **コンバウン朝滅亡** 86 **ビルマ併合(インド帝国に)**	明治時代

◀③ビルマ戦争(イギリス-ビルマ戦争) 3度にわたる戦争の結果，ビルマ(ミャンマー)はイギリスの植民地となった。ここで生産された米は，**イギリス領インド**や**印僑**向けに輸出された。

▼⑤東南アジアの植民地化 世界全図p.42-45 ⬅p.85 1E，➡p.255 1

ひと チュラロンコーン(ラーマ5世)(位1868～1910)

英仏の植民地抗争の緩衝(かんしょう)地帯にあるタイでは，国王**チュラロンコーン**が，先代からの列強均衡政策・開国政策を継承しつつ，教育の西欧化・鉄道の敷設(ふせつ)・電信設備の整備など近代化政策を進め，**独立を維持**した。ミュージカル映画「王様と私」の王様は，彼の父ラーマ4世がモデルとなっている。

▼④チュラロンコーンと学生たち

チュラロンコーン(ラーマ5世)

東南アジア MAP P～R 3部2章

2 植民地経営のしくみ

オランダ政府は，従来の米作地の5分の1に指定した商品作物(さとうきび・コーヒー・藍など)を栽培させ，安価で買い上げる**政府栽培制度**(強制栽培制度)を実施した(1830年)。そのため，インドネシアでは米不足となり，飢饉が続発，抵抗運動が生じ，独立運動に発展していった。

	さとうきび植付面積(バウ)*	砂糖生産量(ピコル)*2	1バウあたり平均生産量(ピコル)
1840年	4万4666	約75万2000	約14.6
1870年	5万4176	244万	45.38
1900年	12万8301	1205万544	93.75

▲⑥インドネシアの政府栽培時代の砂糖生産量

＊ 1バウ=7096.49㎡ …インドネシアの面積の単位
＊2 1ピコル=61.7613kg …インドネシアの重量の単位

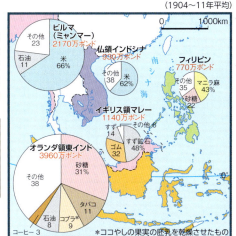

(1904～11年平均)

0 1000km

ビルマ(ミャンマー) 2170万ポンド：米 66%，石油 11，その他 23
仏領インドシナ 930万ポンド：米 62%，その他 38
フィリピン 770万ポンド：マニラ麻 43%，砂糖 22，その他 35
イギリス領マレー 1140万ポンド：すず鉱石 48%，ゴム 32，すず 14，その他 6
オランダ領東インド 3960万ポンド：砂糖 31%，タバコ 11，コプラ* 9，石油 8，コーヒー 3，その他 38
南シナ海
＊ココやしの果実の胚乳を乾燥させたもの

◀⑦各植民地の輸出商品　各植民地では，**モノカルチャー**型輸出貿易が発展。とくに優れた技術をもつインドネシアのさとうきび生産量はハワイ・キューバを抜いて世界第1位となった。一方で，メコンデルタ・エーヤワディーデルタの**プランテーション開発**も行われ，**米の流通も増加**した。

▲⑧さとうきびの刈り取り(インドネシア)

3 東南アジアの民族運動

東南アジアの民族運動の動き ◀p.226　p.292▶

ミャンマー(ビルマ)	タイ(シャム)	ベトナム	インドネシア	フィリピン	日本
1886 イギリス，ビルマをインド帝国に併合 ○ ビルマ全土に反英暴動 1906 青年仏教徒連盟	**ラーマ4世(チョームクラオ)** 位1851～68 ・不平等条約(ボーリング条約) →英・仏の均衡により独立維持 **チュラロンコーン(ラーマ5世)** 位1868～1910 ・近代化推進(チャクリ改革) ・独立維持 ・不平等条約撤廃	1887 **フランス領インドシナ**に(1904～05日露戦争) 1904 **ファン=ボイ=チャウ** 維新会結成 05 **ドンズー(東遊)運動** 日本へ留学 ↕ **ファン=チュー=チン**(1872～1926)，仏と協力，啓蒙的近代化をめざす 07 **日仏協約**(日本政府，日本国内から留学生を追放) 12 **ベトナム光復会**結成	19世紀末～ **サミン運動** ○ **カルティニ**(1879～1904)，ジャワ島で女性解放運動 1908 **ブディ=ウトモ**結成(知識人主体) 11 **イスラーム同盟**(**サレカット=イスラム**)結成	16世紀～**モロ戦争**(スペイン支配にムスリム抵抗) 19世紀後半 **ホセ=リサール**の啓蒙運動 スペインからの独立をめざす **フィリピン革命**(1896～1902) ・スペインの植民地支配打倒 ・アメリカの再植民地化阻止 1898 **米西**(アメリカ-スペイン)**戦争** →アメリカの植民地に **アギナルド**独立宣言 99 **フィリピン共和国**成立 フィリピン-アメリカ戦争 1901 アギナルド，米の捕虜に 1902 米による植民地化	明治時代
第一次世界大戦中(1914～18)に独立運動活発化					大正時代
1930 **タキン党**結成 30 **サヤサンの反乱**(～32) 31 サヤサン処刑 35 新インド統治法 37 ビルマ，インドから分離 **アウンサン**ら**独立運動** 1944 抗日運動開始(**反ファシスト人民自由連盟**)	1932 **タイ立憲革命** プリディ・ピブンら若手官僚・軍人がクーデタを起こす→立憲君主政へ **太平洋戦争**(1941～45)	1925 **ホー=チ=ミン**(1890～1969)ら，**青年革命同志会**を結成 27 **ベトナム国民党**結成 30 ホー=チ=ミンら，**インドシナ共産党**結成(ゲ=ティン=ソヴィエト運動) 1941 **ベトナム独立同盟(ベトミン)** 結成 ➡p.294	1920 **インドネシア共産党**(アジア初の共産党)結成→27 解散 27 **スカルノ**らインドネシア国民党結成 →31 解散 **ムルデカ(独立)運動** 日本軍，仏領インドシナ・マライ・ジャワ・スマトラ・	1916 ジョーンズ法成立(広範な自治を承認) 34 フィリピン独立法(F.ローズヴェルト，10年後の独立を約束) 35 自治政府発足 フィリピン占領(大東亜共栄圏構想)	昭和時代

▼⑪脱植民地化の動き

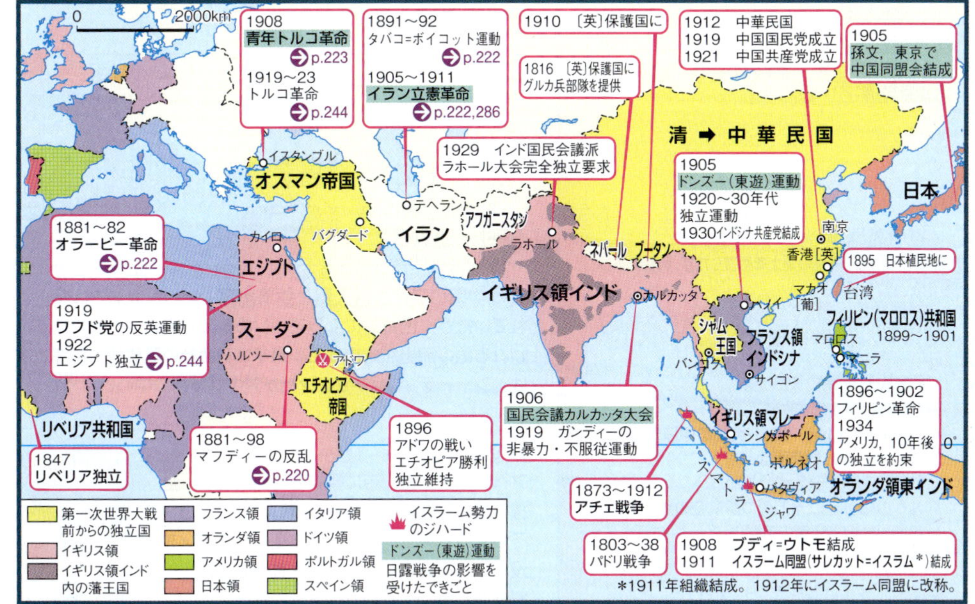

テーマ 民族運動の先駆者たち

▲⑨ホセ=リサール(1861～96)

▲⑩カルティニ(1879～1904) 史p.352

19世紀後半になると**フィリピン**や**ジャワ**など早くから植民地支配を受けていた地域では，西欧の教育を受けた新しい知識人が誕生した。フィリピンでは西欧留学の経験のある医師**ホセ=リサール**が小説でスペイン統治批判を展開し，のちに革命の首謀者として銃殺された。ジャワ島でも西欧の知識を学んだ**カルティニ**が女性教育による社会の変革をめざした。2人とも若くして死去したが，その後の民族運動に与えた影響は大きい。

ひと ファン=ボイ=チャウ(1867～1940)

1904年，維新会を結成し，翌年日本に渡る。日露戦争の影響を受け人材育成の重要性を痛感し，ベトナムの青年を日本に留学させる**ドンズー(東遊)運動**を開始した。運動は失敗に終わったが，ベトナムのナショナリズム運動を刺激した。日本政府は1909年，彼を追放したが，その際，彼が小村寿太郎外相に宛てた抗議の手紙が残されている。

小村寿太郎への手紙

…なぜならば，亜州(アジア)人が欧州人の牛馬となることを願わず，黄種人が白種人の奴隷となることを願わないからである。…

近代の東アジア① ～武力による強制的開国から西洋化運動へ

ヒストリーシアター イギリスの一発逆転打となったアヘン

➔巻頭16

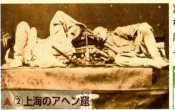

イギリスの鉄甲艦ネメシス号

清のジャンク船

ボートで脱出する清の水兵

▲①アヘン戦争

▲②上海のアヘン窟

➤③ケシの実 古来，中国で薬として用いられたアヘンは，ケシの乳液からつくられ，悪用すると身体や精神をむしばむ麻薬となる。イギリスは，対中国赤字の対策として，インド産アヘンを中国に輸出した。

よみとき 図①の戦争では，清とイギリスのどちらが優勢であるかに注目しよう。図②から，この戦争の原因と背景について考えよう。

赤字 反乱に関する事項　青字 革命に関する事項

中国の半植民地化の経過

◀p.118　p.230▶

皇帝	中国国内の動き	清をめぐる列強の動き	日本
乾隆帝	1757 西洋諸国との貿易を広州1港に限る	○ 貿易条件改善の要求	江戸時代
	公行（特許商人の組合）の設置	1793 マカートニー（英）の交渉 ➔p.97	
1795 嘉慶帝	96 白蓮教徒の乱（～1804）	1816 アマースト（英）の交渉 ➔p.225	
1820 道光帝		33 英，東インド会社の中国貿易独占権を廃止（34実施）	
	1839 林則徐，アヘン没収	40 アヘン戦争（英VS清）（～42）	
	41 平英団事件	42 南京条約（英：清）➔p.229 公行廃止・香港島を英に割譲	
	43 洪秀全，上帝会を組織	43 虎門寨追加条約（英：清） 南京条約を補足	
1850		44 望厦条約（米：清） 黄埔条約（仏：清） 南京条約・虎門寨追加条約とほぼ同じ内容 →英米仏に最恵国待遇と領事裁判権を与え，関税自主権を失う	
咸豊帝	1851 洪秀全，広西省金田村で挙兵 太平天国建国宣言 「滅満興漢」を主張		
	53 南京占領→天京と改称 「天朝田畝制度」発表（未実施）（土地均分・男女平等をうたう） 曾国藩，湘軍（郷勇）を組織	56 フランス人宣教師殺害事件（仏），アロー号事件（英） アロー戦争（第2次アヘン戦争）（英・仏VS清）（～60）	
	61 総理各国事務衙門を設置	58 アイグン条約（露：清）➔p.205 3 アムール川（黒竜江）以北をロシア領とし，沿海地方を共同管理とする 天津条約（英・米・仏・露：清）→清，条約批准を拒否	
1861 同治帝	○ 洋務運動始まる ➔p.230 ウォード（米），常勝軍を組織（63以後，ゴードン（英）が指揮）	60 北京条約（英・仏：清）天津条約の批准・追加 北京条約（露：清）➔p.229	
	62 李鴻章，淮軍（郷勇）を組織		
	64 洪秀全の死，天京陥落（太平天国の乱 鎮圧）		
	○ 同治中興		
	1866 左宗棠，福州船政局を設立		
1874	68 捻軍を鎮圧		
光緒帝	○ 仇教運動（反キリスト教）が各地で頻発	81 イリ条約（露：清）➔p.205 3 清はイリ地方の多くの領土を回復したが，利権は失う	明治時代
		84 清仏戦争（～85）	
	94 孫文，ハワイで興中会結成	85 天津条約（仏：清）➔p.226 1 清がベトナムの宗主権を失う	
	95 変法運動始まる ➔p.230	94 日清戦争（～95）	
	98 戊戌の変法→戊戌の政変（百日維新）	95 下関条約（日：清）➔p.232 清が朝鮮の宗主権を失う	
	99 山東で義和団蜂起，「扶清滅洋」を主張	98 列強租借地が急増（～99）→列強の中国分割	
	1900 義和団事件（～01）	99 ジョン=ヘイ（米），門戸開放通牒（～1900）	
	01 光緒新政始まる ➔p.230	1901 北京議定書（辛丑和約）➔p.229 列強への総額4億5千万両の賠償金の支払い 義和団事件の責任者の処罰 北京駐兵権を認める	
	05 中国同盟会結成（東京にて）		
1908	08 清，憲法大綱・国会開設発表		
宣統帝	11 辛亥革命（武昌で蜂起） 会党（天地会・哥老会など）が革命を支援		
	12 中華民国成立 清滅亡		

1 アヘン戦争

➔巻頭16 世界全図p.42～43 ←p.119 2

1840.6～41.1 沿岸中心の戦争

1842 南京条約

1841.8～42.8 英軍，運河をおさえ，北への食料を断つ

1843 虎門寨追加条約（清：英）
1844 望厦条約（清：米）
1844 黄埔条約（清：仏）

アヘン戦争時のイギリス軍の進路 （1840.6～1841.1）（1841.1～6）（1841.8～1842.8） ● 南京条約による開港場（5港）

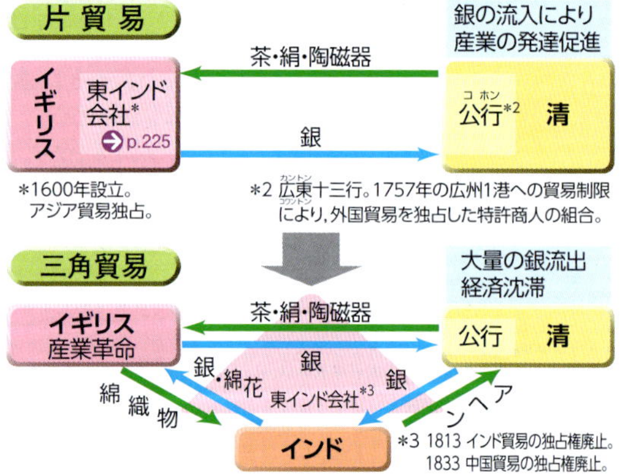

▲④イギリスと清の貿易の変化 ➔p.184

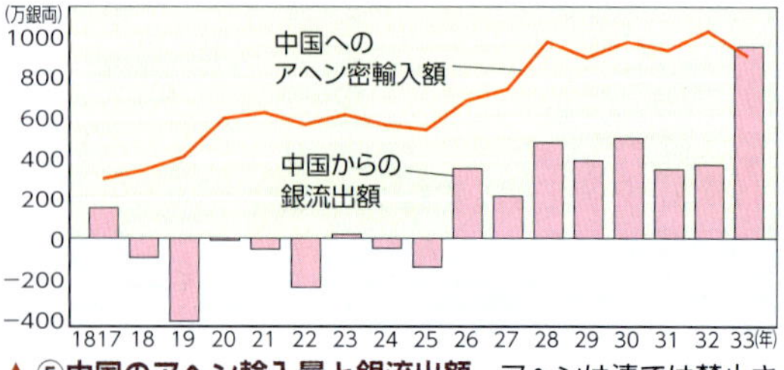

▲⑤中国のアヘン輸入量と銀流出額 アヘンは清では禁止されていたが，密貿易によるアヘンの輸入が増大し，それに支払われる銀の流出が始まった。東インド会社の貿易独占権廃止後は，ジャーディン=マセソン社が対中国貿易の中心となった。

➤⑥林則徐（1785～1850） 湖広総督のとき，アヘン厳禁を道光帝に具申して採用され，全権委任の欽差大臣として広州にのりこんだ。そして，イギリスなどがもち込んだアヘンを没収して廃棄したが，アヘン戦争を起こした罪を問われ，イリ地方へ左遷された。

2 太平天国とアロー戦争

A 太平天国の乱

◀⑦洪秀全(1813～64) **キリスト教**に触れ，**上帝会**を組織した**客家**出身の**洪秀全**は，1851年挙兵し，漢族王朝の復興(「**滅満興漢**」)，**辮髪・纏足**の廃止，土地の均分，男女平等などを掲げた。

▼⑧太平天国の玉璽(皇帝の印鑑)

(キリストを示す)

B アロー戦争(第2次アヘン戦争)

▲⑨破壊された円明園 **アロー戦争**の結果，調印された**天津条約**の批准を清が拒否したため，1860年に戦争が再開。**北京**に迫った英仏連合軍は，北京郊外の離宮**円明園**や**頤和園**を襲い，略奪・破壊を行った。➡p.121

世界全図p.42～43 ➡p.230 1

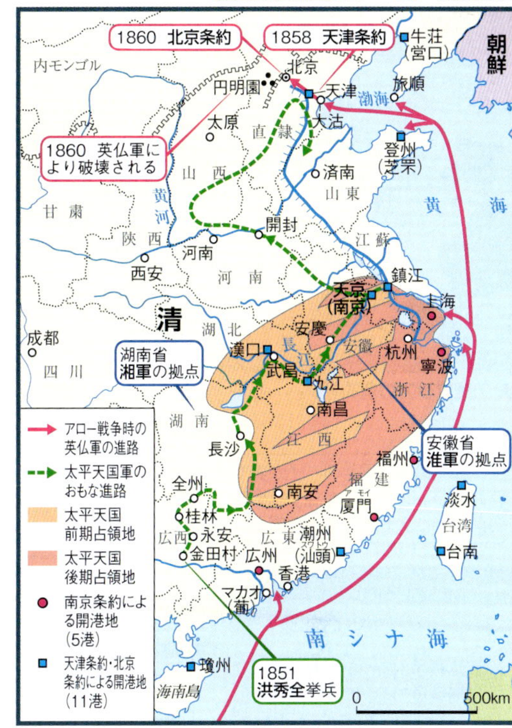

3 郷紳・郷勇の台頭と洋務運動

◀⑩曽国藩(1811～72) 科挙合格者の彼は，組織した湘軍(湘勇)で太平天国の乱鎮圧にあたり，1864年に太平天国軍の首都**天京**を陥落させた。また，清朝体制の存続と強化をめざし，洋務運動を進め，李鴻章や左宗棠などの人材を輩出した。

キーワード **郷紳・郷勇** 郷紳とは，科挙合格者を輩出し，地方の政治において指導的立場となった一族をいう。また郷勇とは，清中期以降に正規軍の八旗や緑営の戦力を補う目的で，地方官や郷紳により組織された義勇軍をいう。

▶⑪李鴻章(1823～1901) **李鴻章**は安徽省で**淮軍(淮勇)**を組織して太平天国を討伐した。**中体西用**の名のもとに軍需産業中心の**洋務運動**を推進し，アジア随一を誇った北洋艦隊の建設を担った。しかし，西太后による海軍費の頤和園改修への流用が財政を逼迫させ，艦隊の力は停滞した。日清戦争では清国全権として日本と**下関条約**を結んだ。➡p.230

▲⑫清の官僚と近代兵器

テーマ 朝貢・冊封関係の崩壊 ➡p.101

伝統的な朝貢・冊封関係をとって対等な関係を認めない清は，イギリスの**マカートニー**や**アマースト**らによる貿易の改善要求を拒否してきた(➡p.97)。しかし，アヘン戦争に敗北した清は，南京条約によって自由貿易を認めたことで，朝貢貿易を放棄せざるをえず，また，冊封関係も日清戦争の**下関条約**による朝鮮の独立で完全に崩壊してしまった。

4 南京・天津・北京条約，北京議定書

条約	南京条約(1842) 史p.352	天津条約(1858)，北京条約(1860)	北京議定書(1901)(辛丑和約)
原因	アヘン戦争	アロー戦争(第2次アヘン戦争)	義和団事件
対象国	英(外相パーマストン)	英，露，仏，米(天津条約のみ)	日・英・米・仏など出兵8か国と蘭・西・ベルギー
開港地	広州，上海，厦門，福州，寧波	漢口，南京など10港 天津(北京条約で追加)	―
その他の条項	①**香港島を英に割譲** ②**公行(特許商人の組合)の廃止と自由貿易の実施** ③賠償金2100万ドルを英に支払う ④対等の国交，開港地への領事駐在の承認 **虎門寨追加条約**(1843) 南京条約の追加条約 ・**領事裁判権**(治外法権)の承認(五港通商章程による) ・**関税自主権の放棄** ・条約締結国への一方的な最恵国待遇の付与 →**不平等条約**	①**外国公使の北京駐在** ②**外国人の中国内移動の自由** ③**キリスト教布教の自由** ④賠償金600万両を英・仏に支払う ⑤アヘン貿易の公認 **北京条約** 天津条約に追加・変更 対英仏・英・仏の賠償金を800万両に増加 ・**九竜半島南部を英に割譲** 対露・露にウスリー川以東の**沿海地方**を割譲 ➡p.205 ・中国人の海外渡航の自由	①責任者の処罰 ②**賠償金4億5000万両**を支払う(関税・塩税を担保) ③北京における外国公使館区域の設定 ④**各国軍隊の北京・天津への駐屯** ⑤日・独への謝罪使の派遣

テーマ 香港の歴史

年	出来事
1842	❶**南京条約→香港島割譲**
60	❷**北京条約→九竜半島南部割譲**
98	❸英，**新界租借**→**英領香港成立**
1941	**太平洋戦争→日本軍占領**(～45)
45	イギリス軍が再度占領
50年代～	工業化に成功し経済発展
67	中国の文化大革命が波及➡p.296
80年代～	アジアNIEsとして躍進
82	**香港返還交渉開始**(英サッチャー首相)
84	中英共同声明で返還に合意(**一国二制度**，50年間現状不変，香港人による統治)
97	イギリスより**香港返還**

▲⑬おもな事件と香港への影響

香港には，対岸の九竜半島と水深のある海峡があり，貿易拠点として絶好地であった。現在でも，かつて広州で活動していたロスチャイルド系のジャーディン=マセソン社の拠点がおかれている。

▶⑭**英領香港** 南京条約による香港島，北京条約による九竜半島南部，1898年に99年期限で租借した新界と島嶼部からなる。

今日とのつながり 香港は資本主義経済体制の下で国際金融・物流・情報の一大センターであったので，香港を有効に活用するためには中国に返還後も一国二制度(資本主義と自由主義を50年間維持する)という形をとらざるをえなかった。

東アジア MAP P～Q 3部2章

近代の東アジア② ～清朝の近代化・半植民地化と辛亥革命

ヒストリーシアター 満身創痍となった「眠れる獅子」

巻頭16

▲①東アジアの魚釣り（1887年，ビゴー筆）

▲②パイを分けあう列強（19世紀末にフランスで描かれたもの） 列強が**借款**や**鉄道敷設権**，鉱山採掘権などを獲得し，**半植民地化**を進めるようすを，パイの切り分けに見立てて風刺している。

よみとき 図①の魚，図②のパイが表す国をそれぞれ答えよう。また，①から②への変化を見て，①の魚を手に入れたのはどの国か考えてみよう。

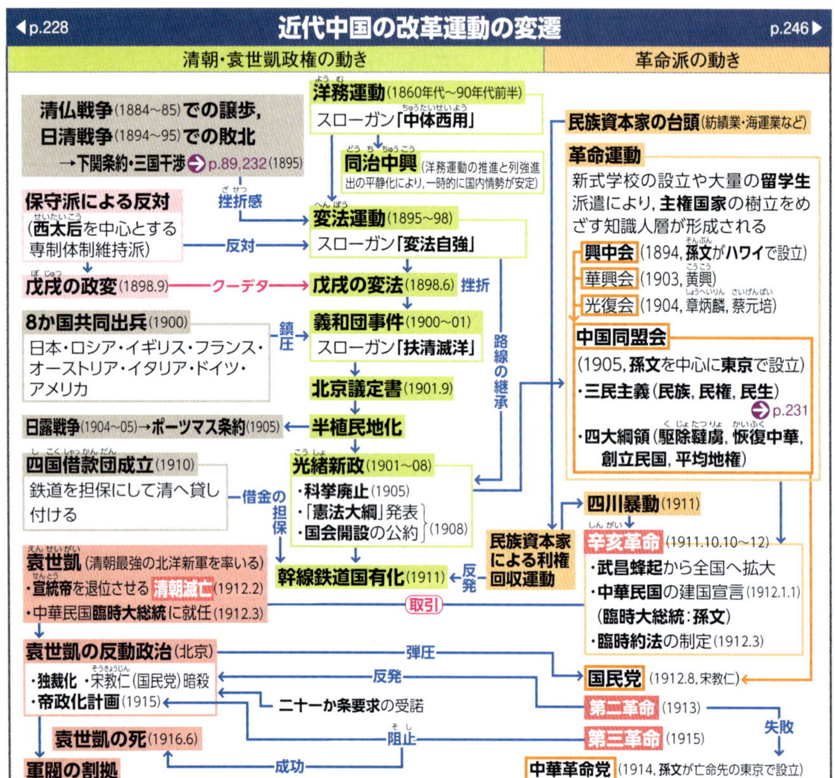

	洋務運動	変法運動	光緒新政
皇帝	同治帝	光緒帝	光緒帝
年代	1860年代～90年代前半	1895～98年	1901～08年
推進勢力	恭親王奕訢・曾国藩・李鴻章・左宗棠ら	光緒帝・康有為（公羊学派）・梁啓超ら	西太后・張之洞・袁世凱
改革の内容	・スローガン「中体西用」 ・**伝統的支配体制の温存を大前提とする富国強兵** ・軍需産業を中心とする近代的工場の設立 ・海軍の創設（李鴻章の北洋艦隊など） ・鉱山開発　・鉄道の敷設	・スローガン「変法自強」 ・**立憲君主政と議会制の樹立**をめざす（日本の明治維新がモデル） ・科挙の改革　・新官庁の創設 ・近代的学校の創設（京師大学堂など）	・**国政改革を加速** ・官制改革 ・学制の改革 ・西洋式陸軍の創設（新軍） ・**科挙の廃止**（1905） ・「**憲法大綱**」の発布（1908） ・9年以内の国会開設公約
結果	**清仏戦争・日清戦争の敗北**により挫折	**西太后**を中心とする保守派のクーデタにより挫折（**戊戌の政変**）	改革に対する民衆の不満と，革命運動の高まりにより，終焉（**辛亥革命**）

▲③近代中国の改革運動

1 中国の近代化と日清戦争

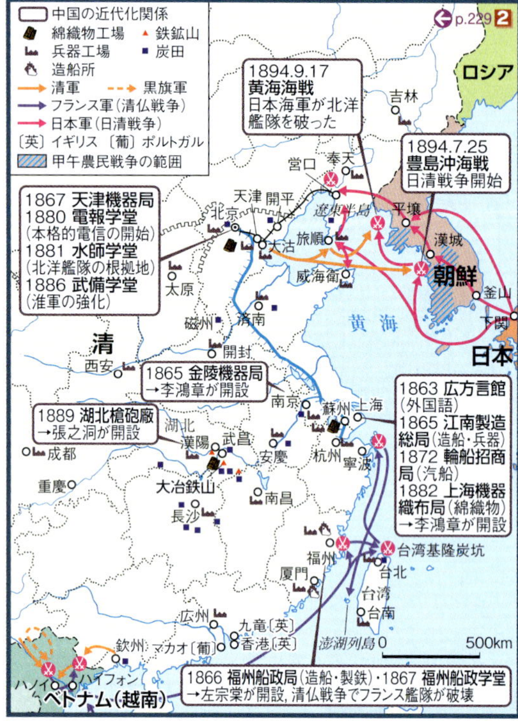

◀④下関講和会議 日清戦争の講和条約として下関で調印。日本側全権は**伊藤博文・陸奥宗光**，中国側全権は**李鴻章**・李経方。p.232〈永地秀太画 明治神宮外苑聖徳記念絵画館蔵（部分）〉

▶⑤官営八幡製鉄所（北九州） **日清戦争**は，日本の産業革命を大きく進展させた。八幡製鉄所は日清戦争の賠償金をもとに1897年に設立され，1901年操業を開始した。原料の鉄鉱石は，日本の借款契約にもとづき中国の大冶鉄山から供給された。

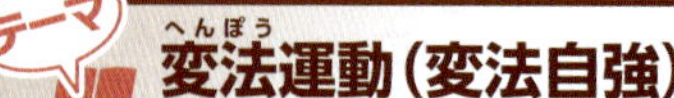

テーマ 変法運動（変法自強）

明治維新をモデルに立憲君主政，議会制，近代的教育などをめざした改革。**日清戦争**の敗北で**洋務運動**の限界が露呈し，公羊学派の**康有為**や**梁啓超**らが**光緒帝**に進言して実施。しかし，**西太后**らによる**戊戌の政変**（1898年）で挫折，康や梁は日本に亡命した。

◀⑥西太后（1835～1908）

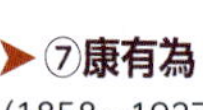

▶⑦康有為（1858～1927）

2 列強の中国侵略と日露戦争

巻頭16 世界全図p.44~45 p.232

◀⑧**義和団員** 義和団は白蓮教系の宗教結社。「**扶清滅洋**」を掲げて反キリスト教的排外運動(**仇教運動**)を展開，**義和団事件**へと発展した。

▶⑨**8か国共同出兵** 義和団事件には8か国の軍隊*が鎮圧にあたった。

英領インド 米 独 仏 伊 墺 日 英 日 露

*英が南アフリカ戦争(p.220)，米がフィリピン革命(p.227)に注力していたため，日・露主体に。

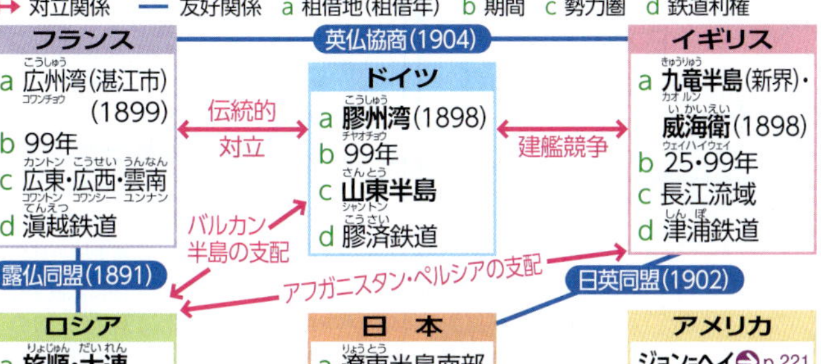

▲⑩**日露戦争時の列強間の利害** p.216

3 辛亥革命と軍閥の割拠

p.246 1

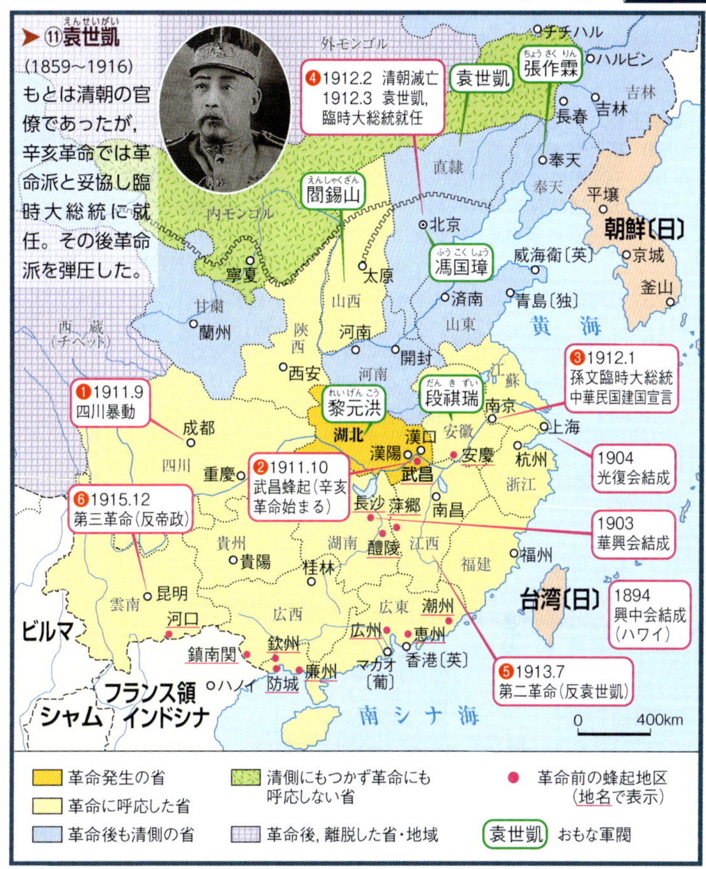

◀⑫**日本滞在中の孫文** 孫文(1866~1925)はマカオ近くの貧農の家に生まれたが，ハワイに渡り勉強し，医者となった。同時に革命運動に奔走し，1894年に革命組織 **興中会**をハワイでおこした。1905年には他の革命組織と連合して東京で**中国同盟会**を組織し，総理に就任，**三民主義**を唱えた。日本には宮崎滔天など支持者も多かった。

▶⑬**三民主義** 三民主義は時代を経るにつれ，主張の具体的な内容は変遷していった。とくに民生主義は，貧富の格差の是正を唱えたものだったが，ロシア革命ののちには社会主義の影響を受けた。 史p.352

三民主義		
	民族	異民族支配の打倒(民族の独立)
	民権	共和政国家の樹立(民権の伸長)
	民生	土地の均分化(民生の安定)

テーマ 中国の民族資本の成長

民族資本とは，外国資本に対し，自民族の資本を意味する。中国では，アジア間交易を通じて力を蓄えた商人が，利権回収運動などで外国資本や清朝と対抗し，民族資本として**辛亥革命**にも一定の影響を与えた。こうしたなかから，後に**孫文**や**蔣介石**を支援した**浙江財閥**(p.246)などが現れた。

▶⑭**浙江財閥 宋家の三姉妹** 次女慶齢は孫文と，三女美齢は蔣介石と結婚した。

今日とのつながり 2015年に官営八幡製鐵所旧本事務所などが「明治日本の産業革命遺産 製鉄・製鋼，造船，石炭産業」として世界遺産に登録された。

➡p.257

近代の朝鮮と日本の動き・日本の領域の変遷

◀p.122　p.298▶

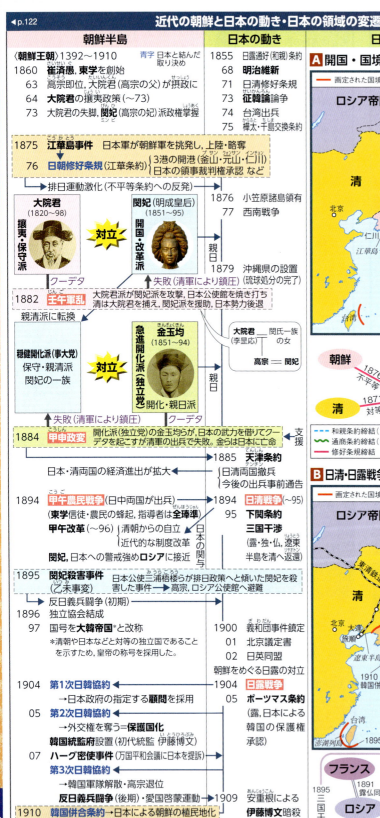

朝鮮半島 ／ 日本の動き

〈朝鮮王朝〉1392～1910　青字 日本と結んだ取り決め

朝鮮半島	日本の動き
1860 崔済愚(さいせいぐ), **東学**を創始	1855 日露通好(和親)条約
63 高宗即位, 大院君(高宗の父)が摂政に	68 **明治維新**
64 **大院君**の攘夷政策(～73)	71 日清修好条規
73 大院君の失脚, **閔妃**(ミンビ)(高宗の妃)派政権掌握	73 **征韓論**論争
	74 台湾出兵
	75 樺太・千島交換条約

1875 **江華島事件**(こうかとう) 日本軍が朝鮮軍を挑発し, 上陸・略奪
↓
76 **日朝修好条規**(江華条約) {3港の開港(釜山(プサン)・元山(ウォンサン)・仁川(インチョン)) 日本の領事裁判権承認 など}

→排日運動激化(不平等条約への反発)

朝鮮半島	日本の動き
大院君(1820～98) 攘夷・保守派 　**対立**　 **閔妃**(明成皇后)(1851～95) 開国・改革派 →親日	1876 小笠原諸島領有
	77 西南戦争
クーデタ ／ 失敗(清軍により鎮圧)	1879 沖縄県の設置(琉球処分の完了)

1882 **壬午軍乱**(じんご) 大院君派が閔妃派を攻撃, 日本公使館を焼き打ち 清は大院君を捕え, 閔妃派を援助, 日本勢力後退

親清派に転換

大院君(李昰応) ― 閔氏一族の女
高宗 ＝ 閔妃

穏健開化派(事大党) 保守・親清派 閔妃の一族　**対立**　**急進開化派(独立党)** **金玉均**(きんぎょくきん)(1851～94) 開化・親日派 →親日

失敗(清軍により鎮圧) ／ クーデタ

1884 **甲申政変**(こうしん) 開化派(独立党)の金玉均らが, 日本の武力を借りてクーデタを起こすが清軍の出兵で失敗。金らは日本に亡命 ←支援

朝鮮半島	日本の動き
	1885 **天津条約**(テンチン)
日本・清両国の経済進出が拡大←	{日清両国撤兵 今後の出兵事前通告}
1894 **甲午農民戦争**(こうご)(日中両国が出兵) (**東学**信徒・農民の蜂起, 指導者は**全琫準**(ぜんほうじゅん))	1894 **日清戦争**(～95)
甲午改革(～96) {清朝からの自立 近代的な制度改革} ←日本の関与	95 **下関条約**
閔妃, 日本への警戒強め**ロシア**に接近	**三国干渉** (露・独・仏, 遼東(りょうとう)半島を清へ返還(リャオトン))

1895 **閔妃殺害事件**(乙未事変(いつび)) 日本公使三浦梧楼(みうらごろう)らが排日政策へと傾いた閔妃を殺害した事件→高宗, ロシア公使館へ避難

朝鮮半島	日本の動き
→反日義兵闘争(初期)	
1896 独立協会結成	
97 国号を**大韓帝国***と改称	1900 義和団(ぎわだん)事件鎮定
*清朝や日本などと対等の独立国であることを示すため, 皇帝の称号を採用した。	01 北京議定書
	02 日英同盟
	朝鮮をめぐる日露の対立
1904 **第1次日韓協約**← →日本政府の指定する**顧問**を採用	1904 **日露戦争**
05 **第2次日韓協約**← →外交権を奪う=**保護国化**	05 **ポーツマス条約** (露, 日本による韓国の保護権承認)
韓国統監府設置(初代統監 伊藤博文(いとうひろぶみ))	
07 **ハーグ密使事件**(万国平和会議に日本を提訴)→	
第3次日韓協約← →韓国軍隊解散・高宗退位	
反日義兵闘争(後期)・愛国啓蒙運動→	1909 安重根(あんじゅうこん)による**伊藤博文**暗殺
1910 **韓国併合条約**→日本による朝鮮の植民地化	
○ **武断政治**(朝鮮総督府による強圧的支配, 韓国を朝鮮と改称)	
1919 **三・一独立運動** (「独立万歳」と叫ぶ反日独立運動, 日本軍により徹底的に弾圧)	
○ **文化政治**(統制の緩和, 産米増殖計画=日本本土の食糧問題への対応)	

日本の領域の変遷

A 開国・国境画定(1854～79年ごろ)

― 画定された国境　*日露通好条約では, 樺太は両国民雑居。

ロシア帝国　カムチャツカ半島　1855 日露通好条約(日露和親条約)　アムール地方(1858獲得)　樺太　沿海地方(1860獲得)　千島列島　得撫島　択捉島　1875 樺太・千島交換条約　清　北京　元山　漢城　仁川　釜山　江華島　朝鮮　日本海　日本　東京　太平洋　小笠原諸島　1876　1879 沖縄県を設置　台湾　0 1000km

朝鮮 1876 不平等　清 1871 対等　日本　ロシア 1854 開国　アメリカ　イギリス　オランダ　フランス

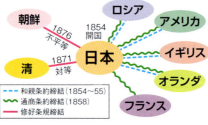

---- 和親条約締結(1854～55)
〰 通商条約締結(1858)
― 修好条規締結

B 日清・日露戦争, 韓国併合(1895～1910年ごろ)

フランス　1891 露仏同盟　ロシア　1895 三国干渉　支持　ドイツ　満州　朝鮮半島　1904-05 日露戦争　日本　アメリカ　支持　清　日清戦争 1894-95　1902 日英同盟　イギリス

日本と周辺諸国のおもな条約

樺太・千島交換条約(1875年)
①日本国皇帝は, **樺太**の一部を所領する権利および君主に属する一切の権利を全ロシア国皇帝に譲る。
②全ロシア国皇帝は, 樺太の権利を受けるかわりに, **クリル群島***の権利および君主に属する一切の権利を日本国皇帝に譲る。
*千島列島のこと
〈『旧条約彙纂』より一部要約〉

▲①1855年の日露通好条約では, 択捉島(えとろふ)と得撫島(ウルップ)の境が国境とされ, 樺太(からふと)は両国の雑居地とされたが, この条約で千島(ちしま)列島が日本領となり, 樺太はロシア領とされた。

日朝修好条規(1876年)
①朝鮮国は自主の国であり, 日本国と平等の権利を有する。
④すでに日本公館が存在する**釜山**(プサン)以外に, 2港(**仁川**(インチョン)・**元山**(ウォンサン))を開港し, 日本人が往来・通商するのを認めること。
⑩日本人が, 朝鮮国の指定した各港に在留している際に罪科をおかし朝鮮人と関係する事件を起こした場合, すべて日本国官員の審判にまかせること(日本の**領事裁判権**を認める)。
〈『旧条約彙纂』より一部要約〉

▲②江華島(こうかとう)事件ののちに結ばれた朝鮮に不利な不平等条約。

下関条約(1895年)
①清国は朝鮮国の独立を承認する。
②清国は, **遼東半島**(リャオトン)・**台湾**・**澎湖列島**(ほうこ)(ポンフー)(諸島)を永久に日本へ割譲する。
④清国は賠償金として銀2億両(テール)(当時の約3億円)*を日本へ支払う。
*当時の日本の国家予算の3.6倍。
〈『日本外交年表竝主要文書』より一部要約〉

▲③日本人の清での企業経営も認められ, 経済進出の道が開かれた。

ポーツマス条約(1905年)
②ロシア帝国は, 日本国が朝鮮半島において政治上・軍事上・経済上, 絶対的な利益を有することを認める。
⑤ロシア帝国は, **旅順**(りょじゅん)・**大連**(だいれん)並びにその付近(遼東半島南端部)の租借権を日本国へ譲渡する。
⑥ロシア帝国は, 長春(ちょうしゅん)(チャンチュン)-旅順港間の鉄道とその付属利権を日本国に譲渡する。
⑨ロシア帝国は, **北緯50度以南のサハリン(樺太)**とその付近の諸島を永久に日本へ譲渡する。
⑪ロシア帝国は, 沿海州とカムチャツカの漁業権を日本人に与える。
〈『旧条約彙纂』より一部要約〉

▲④南樺太の譲渡などの権益を得たものの賠償金が得られなかったため, 日比谷焼き打ち事件などの暴動が起きた。

1 朝鮮の開国と日本の介入

◀⑤**斥和碑**　**大院君**は，民衆がフランスやアメリカの侵攻を退けたことを受け，1871年，全国に斥和碑を建てて「西洋の蛮人と和親することは即，売国奴」と鎖国強化でのぞんだ。一方で，内政改革には目を向けなかった。

東学　崔済愚が，西学つまり天主教(キリスト教)に対抗して，在来の民間信仰に儒・仏・道の三教を融合して始めた宗教で，社会不安のなかで民衆に広まった。開化思想と外国の侵略への対抗，外国人の朝鮮退去を主張した。

〈国立国会図書館蔵〉

▲⑥**江華島事件**　1875年，朝鮮に開国を迫る日本は，江華島水域に軍艦を派遣して圧力をかけた。朝鮮側から砲撃を受けると，日本は仁川港対岸に報復攻撃を加え，近隣の役所や民家を焼き払った。日本は朝鮮に問罪の遣使を送り，翌76年，朝鮮側と不平等な**日朝修好条規**を締結し，開国させた。

テーマ　甲申政変と「脱亜論」

朝鮮独立と近代化をめざす開化派の指導者**金玉均**は，**清仏戦争**の勃発を機に，**壬午軍乱**以後強まる清朝の干渉に対し，1884年，日本と結んで**甲申政変**を起こしたが清国の軍に鎮圧され失敗した。**福沢諭吉**はこれに失望し，翌年「**脱亜論**」を書いたといわれる。この中で彼は，日本が朝鮮・中国と連帯することはもはや困難で，アジアから離れ，欧米を目標にすべきだと主張した。

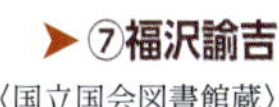

▶⑦**福沢諭吉**
〈国立国会図書館蔵〉

2 日清・日露戦争と進む朝鮮進出

◀⑧**甲午農民戦争の指導者 全琫準の逮捕**　**東学**を通じて農民を組織し，前近代的な社会秩序の改革と日本など外国勢力の排斥を目標として蜂起した。清と日本が鎮圧軍を派遣し，**日清戦争**に発展した。敗れた清は朝鮮の独立を認めたが，事実上日本の占領下におかれることになった。

テーマ　反日義兵運動

日本の閔妃殺害や，親日的な開化派政府の断髪令の推進を受け，各地で儒学者らの指導下に義兵の**反日義兵運動**が起こった。**日露戦争**をきっかけに日本による植民地化が進むと闘争は本格化し，全国に拡散した。義兵は外国人の侵略で国が危機に瀕した際に，指導者と民衆が自発的に立ち上げた軍をさす。16世紀末の豊臣秀吉の朝鮮出兵(➡p.122)の際にも，両班(➡p.123)が民衆を組織し義兵を起こした。朝鮮におけるこの義兵の伝統が，日本による閔妃殺害を契機に復活したのである。

▶⑨**義兵**　第3次日韓協約により解散させられた韓国軍の軍人が加わった。

3 韓国併合と抵抗運動

ひと　安重根(1879~1910)

開化派の**両班**であった彼は，日本の圧力が強まるなかで愛国啓蒙運動に取り組んだ。その後，**義兵運動**に進み，初代韓国統監の**伊藤博文**を1909年ハルビン駅で射殺(暗殺)し，翌年，死刑となった。左の写真は韓国の切手に表された安重根。安重根は，韓国では独立運動の英雄としてたたえられている。

＊1968年の正門(光化門)復元以降の写真。植民地統治下には，光化門は庁舎の東側に移築されていた。

▲⑫**朝鮮総督府**　1910年，**韓国併合**にともない韓国の王宮(景福宮)の敷地内に**朝鮮総督府**の庁舎が建設された(上)＊。総督府庁舎は景福宮をおおい隠していたが，1996年に解体され，かつての景観が回復された(下)。

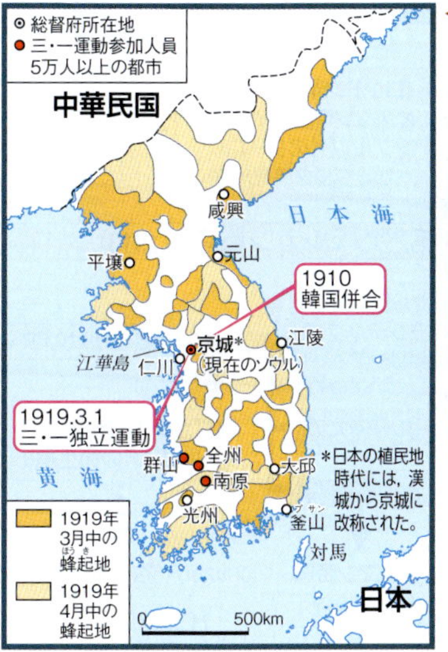

◀⑩**運動の波及**

ソウルで「独立万歳」を叫び行進する市民

▲⑪**三・一独立運動**　1919年3月1日，ソウル市内のタプコル公園で独立宣言が発表され，前国王の高宗追悼集会に集まった民衆が「独立万歳」を叫ぶデモを行った。万歳事件とも称されるこの事件をきっかけに，運動は全国の都市や農村に波及した。日本は徹底的な武力弾圧を行った。史p.353

▶⑬**ウィルソンと民族自決**　1918年，米大統領**ウィルソン**が提唱した「**十四か条の平和原則**」(➡p.240)には**民族自決**という言葉が盛り込まれた。この言葉に触発され，翌19年には朝鮮や中国，インド，エジプトなど，さまざまな地域で民族的な運動が展開された。➡p.348

第一次世界大戦① ～列強の緊張と世界大戦への突入

ヒストリーシアター　ヨーロッパをゆるがせたサライェヴォの銃声

➡巻頭11

◀①暗殺される直前のオーストリアの帝位継承者夫妻(左下)と▶②とりおさえられる暗殺犯(右)　当時**セルビア**は，中世セルビア王国の記憶から，バルカンのスラヴ民族の盟主だと自任していた(大セルビア主義)。そのため，1908年に**オーストリアがボスニア・ヘルツェゴヴィナを併合**したことに強い不満を抱いた。1914年6月28日，オーストリアの帝位継承者夫妻は，ボスニアの州都**サライェヴォ**でセルビア人青年(19歳)によって暗殺された(**サライェヴォ事件**)。

よみとき　なぜセルビア人青年はオーストリアの帝位継承者を暗殺したのだろうか。

▲③**バルカン情勢「ヨーロッパの火薬庫」**(1912年)　爆発寸前の「バルカン問題」という大釜をヨーロッパ列強が押さえ込んでいる。

第一次世界大戦の経過

◀p.195,198,200,204　p.240▶

茶色 日本の動き　青色 おもな戦い

区分	年月日	できごと	日本
	1882	**三国同盟**(独・墺・伊)	明治
	1907	**三国協商**(英・仏・露)	明治
大戦前夜	08	**オーストリア，ボスニア・ヘルツェゴヴィナを併合**	明治
大戦前夜	12～13	**第1次バルカン戦争**→オスマン帝国敗北	大正
大戦前夜	13	**第2次バルカン戦争**→ブルガリア敗北	大正
大戦前夜	14.6.28	**サライェヴォ事件**	大正
大戦前夜	7.28	**オーストリア，セルビアに宣戦** →**第一次世界大戦の始まり**	大正
ドイツの進攻	7.30	ロシア，総動員令	大正
ドイツの進攻	8. 1	ドイツ，ロシアに宣戦	大正
ドイツの進攻	8. 3	ドイツ，フランスに宣戦	大正
ドイツの進攻	8. 4	ドイツ，**中立国ベルギーに侵入** イギリス，ドイツに宣戦	大正
ドイツの進攻	8.23	日本，ドイツに宣戦(**日英同盟**にもとづく)	大正
ドイツの進攻	8.26	**タンネンベルクの戦い(東部戦線)**(～8.30) (独ヒンデンブルクの指揮)	大正
ドイツの進攻	9. 5	**マルヌの戦い(西部戦線)**(～9.12)	大正
ドイツの進攻	10.	日本，南洋諸島占領	大正
ドイツの進攻	11. 7	日本，**青島(膠州湾)**のドイツ軍事要塞占領	大正
連合国側の反撃	15.1.18	日本，**二十一か条要求**(対中国 袁世凱政府)	大正
連合国側の反撃	4.26	ロンドン秘密条約(英・仏・露・伊) (伊に「**未回収のイタリア**」併合を約束)	大正
連合国側の反撃	5. 7	ドイツ**潜水艦**，**ルシタニア号**(英)を撃沈	大正
連合国側の反撃	5.23	**イタリア，オーストリアに宣戦**	大正
連合国側の反撃	16.2.21	**ヴェルダン要塞攻防戦**(～12.18)	大正
連合国側の反撃	5.31	ユトランド沖海戦(～6.1)	大正
連合国側の反撃	7. 1	**ソンムの戦い**(～11.18) (英・仏軍総反撃，**飛行機・戦車**の使用)	大正
連合国側の反撃	12. 6	英，**ロイド=ジョージ挙国一致内閣**	大正
連合国側の反撃	17.1.22	**ウィルソン**「勝利なき平和」演説	大正
連合国側の反撃	2. 1	**ドイツ，無制限潜水艦作戦開始**	大正
連合国側の反撃	3. 8	ロシア，ロシア暦 **二月革命(三月革命)**	大正
連合国側の反撃	4. 6	**アメリカ合衆国，ドイツに宣戦**	大正
連合国側の反撃	11. 2	**石井-ランシング協定**	大正
連合国側の反撃	11. 7	ロシア，ロシア暦 **十月革命(十一月革命)**	大正
連合国側の反撃	11.17	**仏，クレマンソー挙国一致内閣**	大正
ドイツ後退へ	18.1. 8	ウィルソン「**十四か条の平和原則**」発表	大正
ドイツ後退へ	3. 3	**ブレストリトフスク条約**(ソの単独講和)	大正
ドイツ後退へ	8月	日本，シベリア出兵(～1922)	大正
ドイツ後退へ	9.30	**ブルガリア降伏**	大正
ドイツ後退へ	10.30	**オスマン帝国降伏**	大正
ドイツ後退へ	11. 3	**キール軍港の水兵反乱→ドイツ革命** **オーストリア降伏**	大正
ドイツ後退へ	11.11	ドイツ，**休戦協定**に調印 →**第一次世界大戦終結**	大正

1 第一次世界大戦前のヨーロッパ情勢

A ヨーロッパ列強の対立

➡p.216

(1) ビスマルク時代 (1871～90)

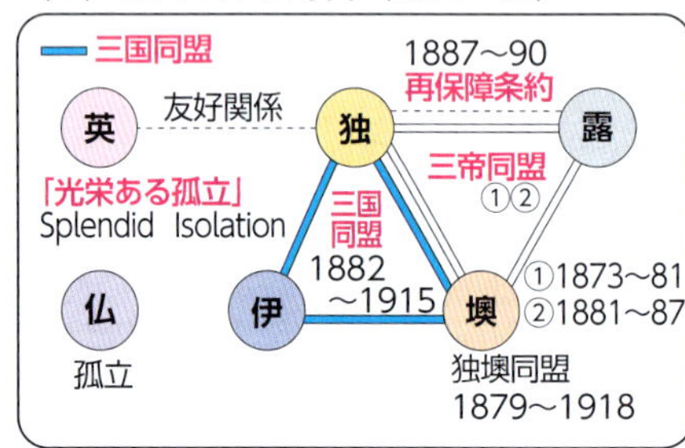

ビスマルクは三帝同盟・三国同盟・ロシアとの再保障条約により，フランスの孤立をめざした。

(2) 20世紀初頭

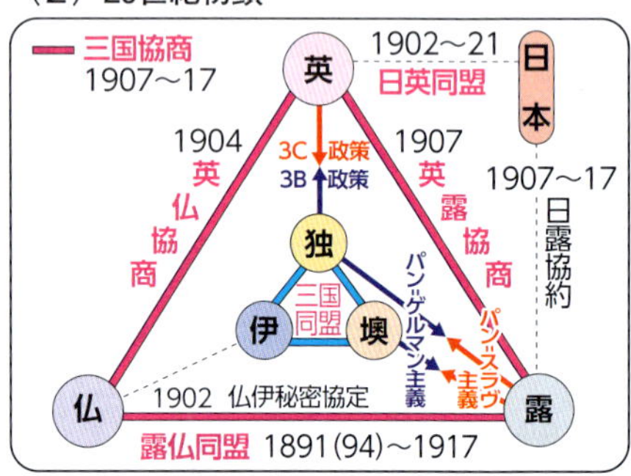

イギリス・フランス・ロシアの三国協商により，ドイツ包囲網が形成され，三国同盟と対立した。

B バルカン諸国間の対立

バルカン半島の民族分布 ➡p.243 1

▲④**1913年のバルカン半島**　**第2次バルカン戦争**の敗戦国ブルガリアは，戦勝国への領土割譲に強い不満を抱き，ドイツ・オーストリアに接近していった。

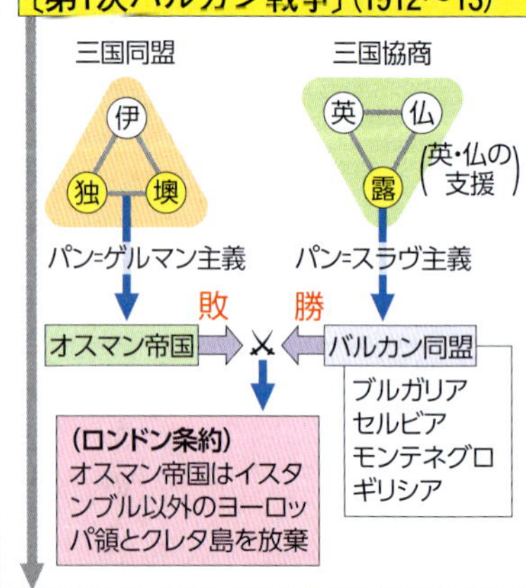

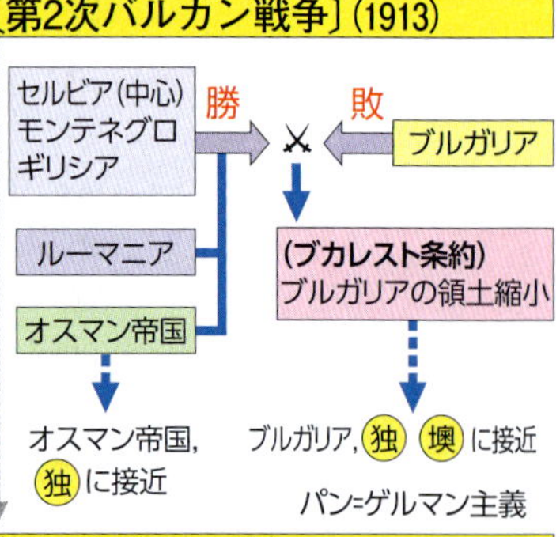

〔第一次世界大戦〕(1914～18)

西アジア　ヨーロッパ　MAP R　3部3章

第一次世界大戦②　～かつてない規模の戦力と被害

ヒストリーシアター　「クリスマスまでには帰ってくる」

◀①フランスへ出征するドイツ軍兵士　**第一次世界大戦**は，当時の人々にとってすぐ終わるはずの戦争であった。列車に書かれた文字に，ドイツが長期戦を予想せず，簡単にフランスを降伏させる意図がうかがえる。

▶②**塹壕戦**（1916年）　長びく戦局に，ドイツ軍兵士たちは1914年はおろか1916年のクリスマスも戦場で迎えた。いつ飛び込んでくるかもしれない敵の砲弾を警戒しながら，塹壕の中でクリスマスを祝った。

➔巻頭11

よみとき　出征する兵士たちはどのような表情でいるだろうか。また，それはなぜだろうか。

1 第一次世界大戦*下のヨーロッパ

＊英・仏では「大戦争」(Great War)ともよばれている。

p.193 1，p.241 3

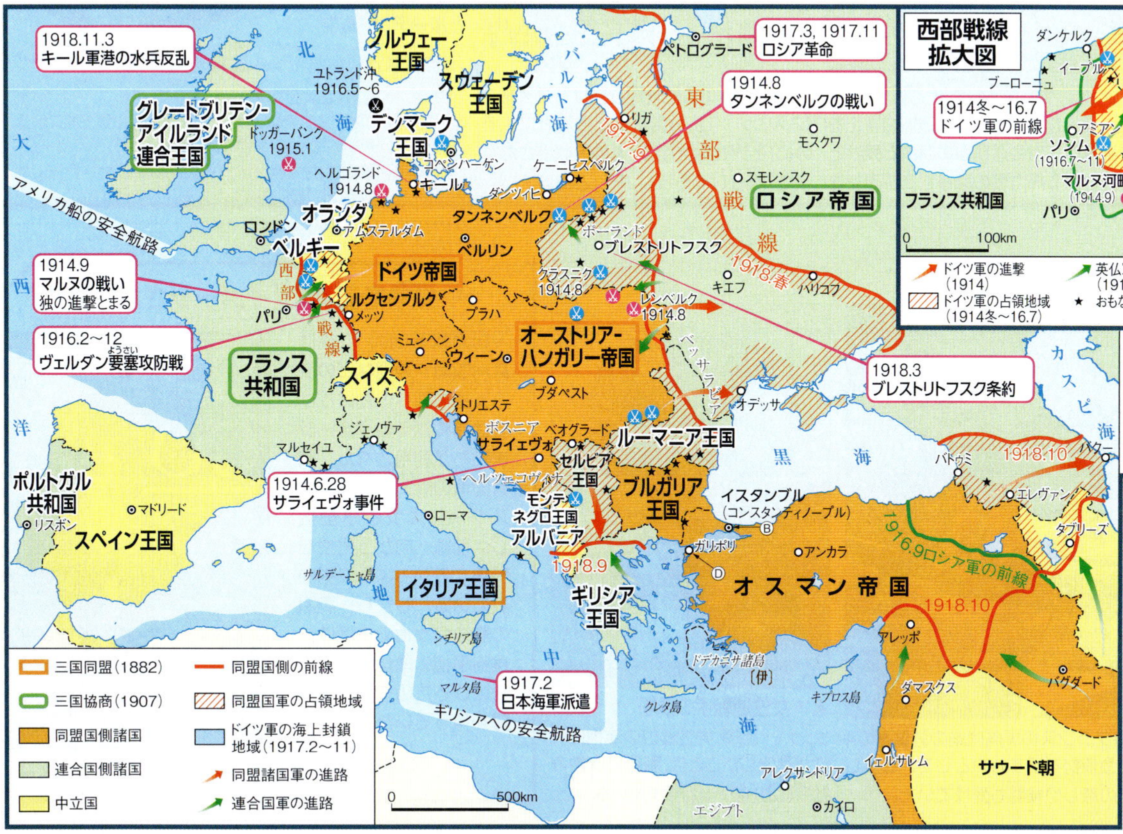

1918.11.3 キール軍港の水兵反乱

1917.3, 1917.11 ロシア革命

1914.8 タンネンベルクの戦い

1914.9 マルヌの戦い 独の進撃とまる

1916.2～12 ヴェルダン要塞攻防戦

1918.3 ブレストリトフスク条約

1914.6.28 サライェヴォ事件

1917.2 日本海軍派遣

ユトランド沖 1916.5～6

ドッガーバンク 1915.1

ヘルゴランド 1914.8

アメリカ船の安全航路

ギリシアへの安全航路

グレートブリテン－アイルランド連合王国

ノルウェー王国　スウェーデン王国　デンマーク王国　オランダ　ベルギー　ドイツ帝国　ロシア帝国　フランス共和国　スイス　オーストリア－ハンガリー帝国　ルーマニア王国　ブルガリア王国　セルビア王国　モンテネグロ王国　アルバニア　ギリシア王国　イタリア王国　スペイン王国　ポルトガル共和国　オスマン帝国　サウード朝

東部戦線　西部戦線

1917.9　1918春　1918.10　1918.9　1916.9ロシア軍の前線　1918.10

西部戦線拡大図

1914冬～16.7 ドイツ軍の前線

1918.11 休戦時の前線

1914.9 英仏軍の前線

ドイツ軍の進撃(1914)　英仏軍の進撃(1918.7以降)　ドイツ軍の占領地域(1914冬～16.7)　★おもな要塞

凡例：三国同盟(1882)　三国協商(1907)　同盟国側諸国　連合国側諸国　中立国　同盟国側の前線　同盟国軍の占領地域　ドイツ軍の海上封鎖地域(1917.2～11)　同盟諸国軍の進路　連合国軍の進路

★おもな要塞　おもな戦場（同盟国側の勝利）　おもな戦場（連合国側の勝利）

黒海付近　Ⓑボスポラス海峡　Ⓓダーダネルス海峡

▼③**ルシタニア号沈没を伝える新聞**（上）と④**出征するアメリカ兵**（下）　1915年5月，**イギリス客船ルシタニア号**がドイツ**潜水艦**＊によって撃沈され，アメリカ人128人が犠牲となった。以後，アメリカの世論はドイツ非難の声を強め，1917年2月のドイツによる**無制限潜水艦作戦**の宣言を受けて，同年4月，ドイツに宣戦布告した。

＊Uボート，U20

THE LUSITANIA IS SUNK; 1,000 PROBABLY ARE LOST

歴史と技術　戦争を激化させた新兵器の登場

19世紀以降の鋼鉄の普及，**無線電信**の実用化，内燃機関の発明などの技術は，いずれも戦争に利用された。飛行機・戦車・毒ガス・潜水艦などの新兵器により，大量の戦死者が出た。また，非戦闘員にも多大な犠牲をもたらした。

▲⑤**飛行機**　第一次世界大戦では，偵察機が肉眼で前線の状況や**大砲**の着弾点の観測を行った。

▲⑥**戦車（タンク）**　内燃機関を積み，キャタピラーで走る**戦車**は，1916年9月，**ソンムの戦い**でイギリス軍が初めて使用した。

▲⑦**毒ガス**　ドイツ軍が1915年4月，**イープルの戦い**で初めて使用した。写真は防毒マスク。

今日とのつながり　2014年にボスニア－ヘルツェゴヴィナの首都サライェヴォに暗殺犯プリンツィプの銅像が建設された。同国内には彼を英雄とみなす見解とテロリストとみなす見解がある。

西アジア　ヨーロッパ　アメリカ　MAPR　3部3章

特集 総力戦 ～一体化する「前線」と「銃後」

1 戦争をめぐる国民心理

▲①出征兵士を見送る女性(フランス) 自衛戦争という政府の宣伝を受け入れた若者たちは，戦争を平凡な日常生活からの解放と受けとめた。この写真からはのちに展開される**総力戦**の悲惨さを予想できない。そこに戦争の恐ろしさがある。

▲②海軍への入隊を呼びかけるポスター(アメリカ) 「私も男だったら海軍に入るのに」と大きな文字で，その下は小さな文字で「男らしくそうしよう」とある。

キーワード 総力戦 ドイツは当初，まずフランスを屈服させ，のちに全力でロシアを攻める作戦(シュリーフェン・プラン)を立てたが，結果として戦争はヨーロッパ全域に拡大し，ルーデンドルフの唱える「**総力戦**」に移行した。軍事力のみによって勝敗が左右された戦争と異なり，総力戦は**経済力・政治力，国民の心理**までも動員する。**第一次世界大戦**は初の総力戦であり，国民はいやおうなしに国家とかかわるようになった。**ヒンデンブルク**は**タンネンベルク**の戦いで名声を博し，ルーデンドルフとともに軍部独裁を行った。

➤③ヒンデンブルク(左)とルーデンドルフ

戦時下の統制 ～ドイツを例に～

1914. 9	「戦時金属会社」「戦時化学会社」を設立。原材料となる銅，鉛などを軍需産業に優先的に配分。
1915. 1	穀物の最高価格制度，パン配給制を導入。
1916.12	「愛国的労働奉仕法」の制定。女性を除く17～60歳の男子に軍需産業での労働義務を課す。

2 「銃後」の女性たち

▲④軍需工場で働く女性 当時フランスの軍需産業の労働者の4割が女性であった。戦時下の社会情勢を示すものとして，こうした写真がよく使われたが，政府の厳しい検閲も受けていた。

▲⑤女性運転手の登場(1917年，フランス) 当時，男性優位の職種に女性が進出したことは，**戦後の女性の社会進出**(➔p.242)の契機となった。

テーマ 戦争を支えた「イメージされた女性」

総力戦下では，女性は兵器製造や通信などの後方支援体制への動員だけではなく，そのイメージまでもが利用された。戦時国債の購入や募兵のポスターには女性が登場し，前線へ向かう男性を鼓舞するかのように描かれている。しかし，実際の銃後の女性の生活は，食料事情の悪化など，生きのびるために大きな困難を伴っていた。

◀⑥戦時下のイギリスで制作されたポスター

3 戦争と植民地の人々

▲⑦アフリカ兵戦意高揚のポスター(フランス制作) 英仏は兵士を植民地からも動員した。このポスターでは，アフリカ人兵士とフランス人兵士が共闘する姿が描かれている。

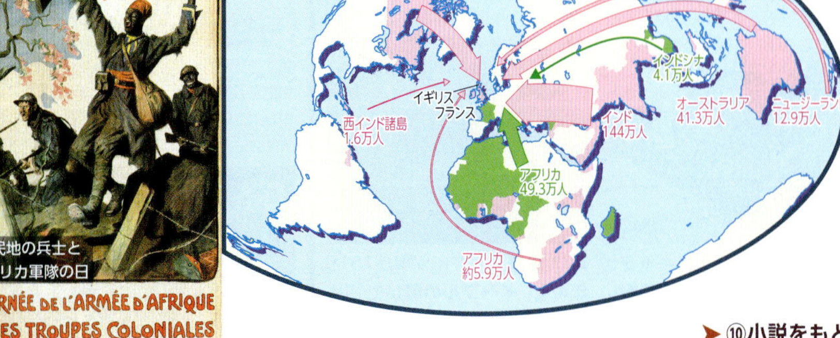

◀⑧英仏による植民地からの徴募兵員 ➔p.245

歴史と文学 その時前線では…『西部戦線異状なし』

従軍経験をもとにレマルクは小説『西部戦線異状なし』を書き，1929年に発表して当時ベストセラーとなった。**塹壕戦**の悲惨さにもかかわらず，前線から「異状なし」と報告されることへの批判がこのタイトルに込められている。

◀⑨レマルク(1898～1970)

➤⑩小説をもとにした映画「西部戦線異状なし」の一場面

第一次世界大戦③ ～戦争の終結と社会への影響

ヒストリーシアター 戦争を終わらせた兵と民衆

➤ ①パンを買う人々の行列（1917年，左）
第一次世界大戦中のロシアは経済基盤が弱く生活物資は底をついた。とくに食料危機は平和を希求させ，革命の原因となった（➡p.238）。

➤ ②キール軍港の水兵反乱（1918年，右）
ドイツの水兵らは海軍の出撃命令を「戦争を長びかせる無謀な命令」として拒否し蜂起した。この反乱は各都市に飛び火し，**ドイツの休戦**を決定的なものとした。

短期戦を信じていた兵士や民衆は，戦争をどう考えるようになったか，写真から考えてみよう。

1 世界中に及ぶ戦争の影響

国民・植民地の人々に大きな犠牲

総力戦

*労働者と兵士の評議会

労働者の政治的要求活発化	現政府への不満→革命勃発	植民地の独立運動活発化
イギリス **労働党**の台頭　9日間にわたるゼネスト発生（1926）	ロシア 帝国崩壊（1917）**社会主義革命**	インド **非暴力・不服従運動**（1919）➡p.245
イタリア 労働者による工場占拠（1919～20）	ドイツ 帝国崩壊，革命鎮圧　**独立社会民主党**（1917）　**レーテ***（1918）　**共和国政府の樹立**（1918）	エジプト **ワフド党**の反英運動（1919）➡p.244
		アイルランド **イースター蜂起**（1916）➡p.195

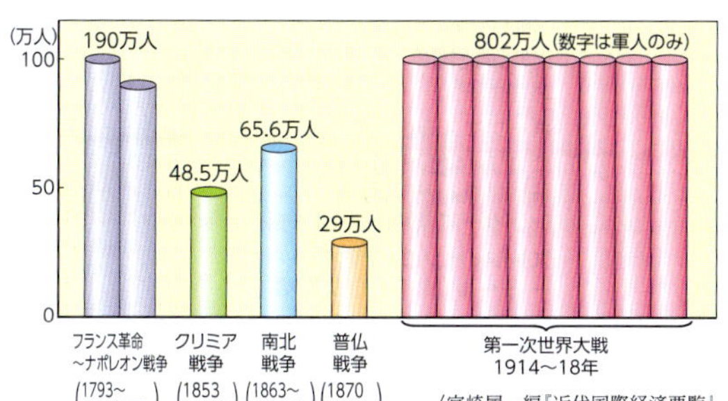

▲④19世紀の戦争と第一次世界大戦の戦死者比較

▼③第一次世界大戦にかかわった国々

凡例：同盟国側諸国／ドイツ植民地／同盟国軍占領地／連合国側諸国／連合国側の植民地／同盟国側に対し断交した諸国／中立諸国／赤数字 対独宣戦または交戦状態に入った年月／植民地 〔A〕アメリカ領 〔B〕イギリス領 〔Be〕ベルギー領 〔F〕フランス領 〔G〕ドイツ領 〔I〕イタリア領 〔P〕ポルトガル領

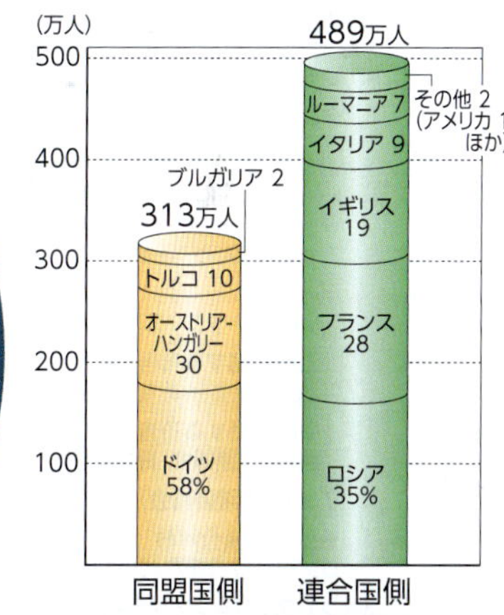

▲⑤第一次世界大戦の戦死者（軍人）

環境 戦争で変わった自然環境

第一次世界大戦では各国が**総力戦体制**をとり，前線に兵器が大量に投入された。最前線では，敵の攻撃をくいとめるために**塹壕**が深く掘られ，地形が大きく変化した。加えて火砲がさかんに使用され，砲弾を受けて燃えつきた街は廃墟と化し，森林破壊も進んだ。主戦場となったヨーロッパでは，多くの人命が失われただけでなく，人々が家も財産も失い，その痛手からなかなか立ち直ることができなかった。

枯れ木　塹壕

◀⑥激戦地ソワソン（フランス）の荒廃

▲⑦ウォー＝メモリアル＝アーチ（インド，デリー） 通称インド門。第一次世界大戦で戦死した9万人のインド兵の名前が刻まれている。➡p.245③

今日とのつながり フランスには現在でも第一次世界大戦による不発弾などにより汚染された立入禁止区域（ゾーン・ルージュ）がある。腕時計の使用（広い戦場で同じ時刻に作戦を始めるため塹壕戦で流行），サマータイムの採用などは，戦争中に始まった生活習慣である。

南アジア　ヨーロッパ　MAP R　3部3章

ロシア革命 ～社会主義革命の実現と国づくり

3 ➔巻頭11

ヒストリーシアター その時，ロシアの人々が望んでいたものは…？

時　期	件　数	参加者
1914(8～12月)	68件	3万4700人
1915(通年)	928	53万9500
1916(通年)	1284	95万1700
1917(1～2月)	1330	67万6300

▲①ロシア革命前のストライキ数

➤②ペトログラードでプラカードを掲げてデモをする人々(1917年6月)

ひと 帰ってきたレーニン

▲③レーニン (1870～1924)

スイスに亡命中の**レーニン**は**二月革命**の知らせを聞き，一刻も早い帰国を考えた。だがロシア政府が革命家を受け入れるはずはない。そこで交戦国のドイツ軍が用意した“封印列車”で帰国し，翌日**「四月テーゼ」** 史p.353 で**「すべての権力をソヴィエトへ」**と訴え革命の方針を提起した。そして**十月革命**で**ソヴィエト**政権を樹立，**「平和に関する布告」** 史p.348 **「土地に関する布告」**を出した。

よみとき デモに参加した人々は何を要求しているのだろうか。

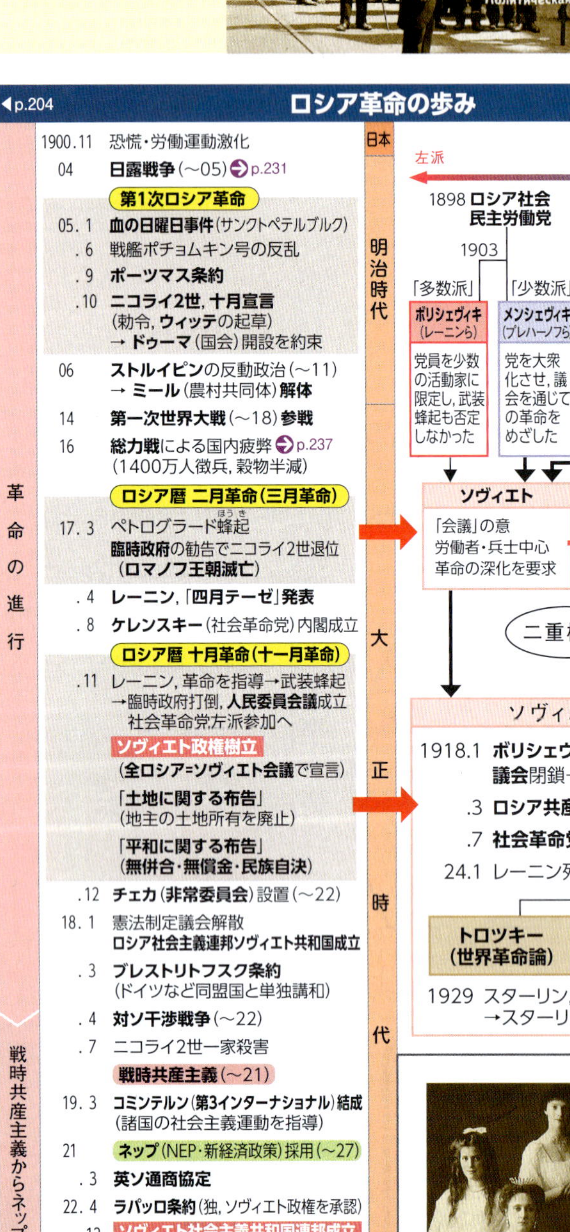

ロシア革命の歩み

◀p.204　　p.282▶

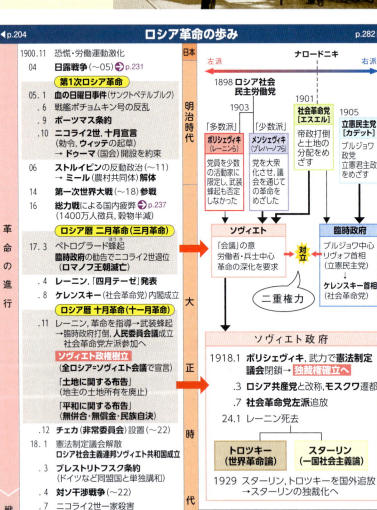

	年月	できごと	日本
	1900.11	恐慌・労働運動激化	明治時代
	04	**日露戦争**(～05) ➔p.231	
		第1次ロシア革命	
	05.1	**血の日曜日事件**(サンクトペテルブルク)	
	.6	戦艦ポチョムキン号の反乱	
	.9	**ポーツマス条約**	
	.10	**ニコライ2世，十月宣言**(勅令，**ウィッテ**の起草)→**ドゥーマ**(国会)開設を約束	
	06	**ストルイピン**の反動政治(～11)→**ミール**(農村共同体)**解体**	
	14	**第一次世界大戦**(～18)**参戦**	大正時代
	16	**総力戦**による国内疲弊 ➔p.237(1400万人徴兵，穀物半減)	
革命の進行		**ロシア暦 二月革命(三月革命)**	
	17.3	ペトログラード蜂起 **臨時政府**の勧告でニコライ2世退位(**ロマノフ王朝滅亡**)	
	.4	**レーニン**，**「四月テーゼ」発表**	
	.8	**ケレンスキー**(社会革命党)内閣成立	
		ロシア暦 十月革命(十一月革命)	
	.11	レーニン，革命を指導→武装蜂起→臨時政府打倒，**人民委員会議**成立 社会革命党左派参加へ **ソヴィエト政権樹立**(**全ロシア=ソヴィエト会議**で宣言) **「土地に関する布告」**(地主の土地所有を廃止) **「平和に関する布告」**(**無併合・無償金・民族自決**)	
	.12	**チェカ**(**非常委員会**)設置(～22)	
	18.1	憲法制定議会解散 **ロシア社会主義連邦ソヴィエト共和国成立**	
	.3	**ブレストリトフスク条約**(ドイツなど同盟国と単独講和)	
戦時共産主義からネップへ	.4	**対ソ干渉戦争**(～22)	
	.7	ニコライ2世一家殺害 **戦時共産主義**(～21)	
	19.3	**コミンテルン**(**第3インターナショナル**)**結成**(諸国の社会主義運動を指導)	
	21	**ネップ**(**NEP**・**新経済政策**)**採用**(～27)	
	.3	**英ソ通商協定**	
	22.4	**ラパッロ条約**(独，ソヴィエト政権を承認)	
	.12	**ソヴィエト社会主義共和国連邦成立**(**ロシア・ウクライナ・白ロシア・ザカフカース**)	
	24.1	**レーニン死去** **ソヴィエト社会主義憲法**採択	
五か年計画	28	**第1次五か年計画** 始まる(～32)	昭和時代
	33	**第2次五か年計画** 始まる(～37)	
	34	**スターリンの独裁** → **大粛清**始まる	
	.9	**国際連盟加盟**	
	36	**スターリン憲法制定**	

1 革命の勃発

◀④血の日曜日事件 日露戦争中の1905年1月，聖職者ガポン率いるデモ隊は戦争中止などを求めたが，近衛兵に発砲され，1000人の死傷者を出した。この事件で，ロシア民衆の素朴な皇帝崇拝の念はうち砕かれた。

▲⑤十月革命 西暦1917年11月7日，ボリシェヴィキは臨時政府がおかれた冬宮を攻撃，戦闘をほとんど行わずに権力を奪取した。

▼⑥世界初の社会主義革命

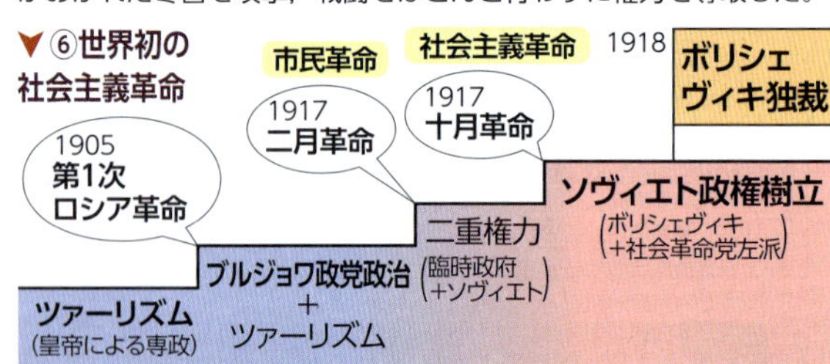

▲⑦ニコライ2世一家(ロンドンで撮影)
皇帝と英国王ジョージ5世はいとこどうしであった。

▼⑧ラスプーチン (1864？～1916)

ヴィクトリア女王(英)
ニコライ2世 ＝ アレクサンドラ(独ヘッセン大公国)
オリガ　タチアナ　マリア　アナスタシア　アレクセイ

ひと 最後の皇帝ニコライ2世の悲劇

「超能力者」ラスプーチンは，皇太子の病気(血友病)を癒したのを契機に皇帝**ニコライ2世**(1868～1918)に近づいて，政治的発言力を強め，政治的腐敗をもたらした。二月革命後，ニコライは退位し自由を奪われるが，他国の王族は，亡命を望む彼を受け入れようとはしなかった。内乱が続くなか，**反革命軍**による皇帝奪還をおそれたソヴィエト政権の命令で，皇帝は皇后および5人の子とともに殺された。

ヨーロッパ　MAP Q～R　3部3章

2 ロシア革命における内戦と干渉戦争

世界全図p.46~47 ←p.205 3，→p.270 2

内戦

▲⑨赤軍への加入をよびかけるポスター　十月革命後もロシア情勢は安定せず，革命軍（赤軍）と反革命軍（白軍）との内戦が勃発した。トロツキーは，労働者・農民の志願兵からなる赤軍に軍事練習をし，戦闘力を高めた。

君は義勇兵に登録したか？

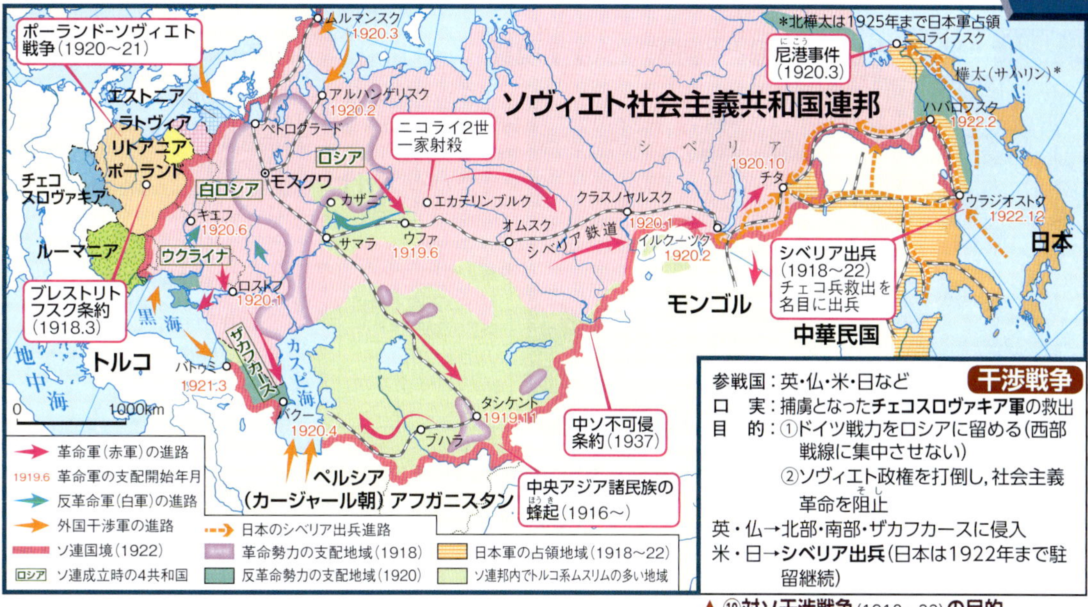

▲⑩対ソ干渉戦争（1918~22）の目的

3 ロシア革命の影響

◀⑪コミンテルンのポスター　世界革命をめざすロシア共産党は1919年3月，各国の共産党の指令塔としてコミンテルン（第3インターナショナル）を結成した（→p.183）。

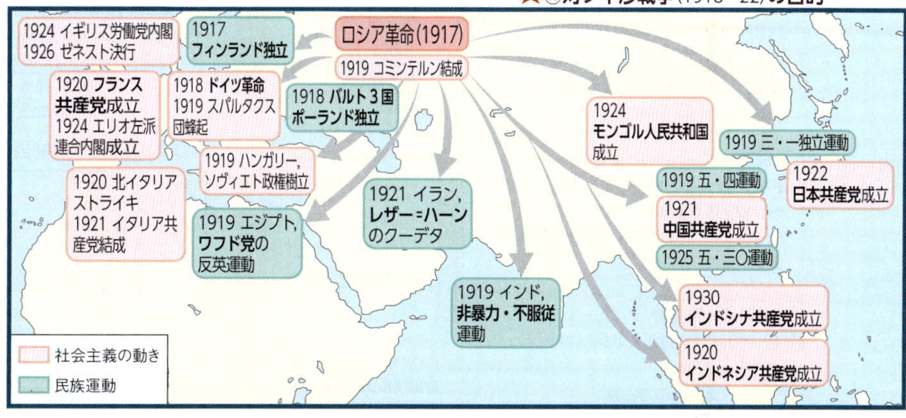

➤⑫ロシア革命が世界に与えた影響

4 国内における政策～人々の望みはかなったのか

経済政策の変化

政策	内容
戦時共産主義（1918~21）	目的 戦争遂行=共産主義完成のための合理化 穀物の徴発・配給制度 企業の国有化　労働の義務化 →生産力の衰退・中央集権化 指導者：レーニン
ネップ（新経済政策）（1921~27）	目的 農民との妥協・戦後経済の復興 農民の現物税制の導入 余剰農作物の販売認可 中小企業家の経済活動自由化 →生産力の回復，財政の安定 指導者：レーニン
第1次五か年計画（1928~32）	目的 全労働力の国家管理化 農業集団化（コルホーズ，ソフホーズ）・機械化 重工業の生産強化 →工業国家への大発展 ソヴィエト社会主義へ社会の変換 指導者：スターリン
第2次五か年計画（1933~37）	目的 搾取階級の一掃・国民生活の向上 量的拡大よりも質的改善めざす →農業の集団化の完成 大国として国際的地位向上 指導者：スターリン

（万トン）2000 1800 1600 1400 1200 1000 800 600 400 200 0
1890 1900 10 20 30 40（年）
ロシア＊（ソ連）
ドイツ＊2
イギリス

＊ 1890~1913年はロシア帝国全土の値，1914~40年はソ連1923年当時の国境による値。
＊2 1890~1918年の値はアルザス・ロレーヌを含む。1921~24年の値はザールラントを除く。1922年以降の値はシュレジエン東部を除く。

▲⑬銑鉄生産量の推移（『マクミラン新編世界歴史統計 ヨーロッパ編1750-1975』）

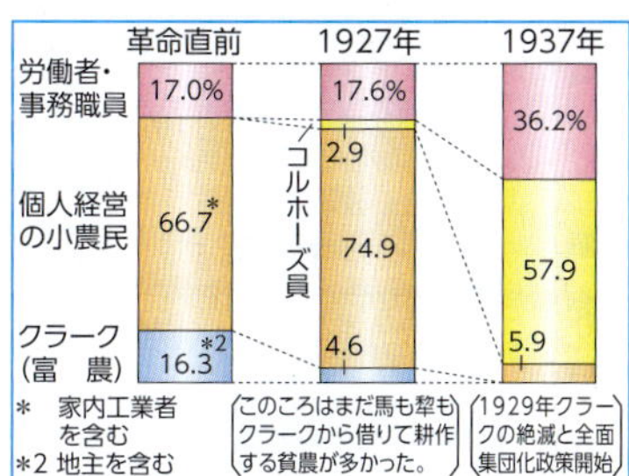

▲⑭土地所有者の変化

テーマ　レーニン死後の後継者争い

ネップ（新経済政策）をめぐり激しい論争が展開され，レーニンの死後，スターリン（本名ジュガシヴィリ，グルジア出身）らと，赤軍創設などで革命の功労者とされるトロツキーらが対立。後者が敗れ，スターリンの独裁体制が築かれた。独裁政治下では大粛清や強制収容所での労働が行われた。

対立

▲⑮トロツキー（1879~1940）

▲⑯スターリン＊（1879~1953）

世界革命論
工業後進国のソヴィエト政権が安定するには，ドイツなど西欧先進工業国と，ポーランドなど中欧の同時革命が必要だという考え。

一国社会主義論
ロシアは工業後進国だが広大な国土を有するので一国でも社会主義を実現できるという考え。

＊「鋼鉄の人」の意

▲⑰消されたトロツキー　トロツキーは，亡命先のメキシコでスターリンの指令により暗殺された。レーニンの後継者のようにトロツキーが写っていた写真からもその存在を消された。

今日とのつながり　2013年に改正されたベトナム社会主義共和国憲法第4条には「ベトナム共産党は…マルクス=レーニン主義及びホー=チ=ミン思想を思想的基礎として採用し…」とあり，現在でもロシア革命の影響が認められる。

ヴェルサイユ-ワシントン体制 ～戦勝国が描いた戦後体制

史p.348　史p.348

ヒストリーシアター “平和”という理想と“利害”という現実

◀①ヴェルサイユ条約の調印(ヴェルサイユ宮殿，鏡の間 ➡p.178)
▶②ウィルソンの「十四か条の平和原則」

よみとき　なぜ，ヴェルサイユ宮殿で講和条約が調印されたのだろうか。p.201⑬も見ながら考えてみよう。

十四か条のおもな内容
(1918年1月 アメリカ大統領ウィルソン発表)

①**秘密外交の廃止**
②海洋の自由
③自由貿易
④**軍備の縮小**
⑤植民地問題の公正な解決(**民族自決**)
⑥ロシアの国際社会への復帰
⑦ベルギーの領土の回復
⑧フランスの領土の回復
⑨イタリアの国境線の再調整
⑩オーストリア-ハンガリー帝国内の諸民族の自治
⑪バルカン諸国の復興
⑫オスマン帝国内の諸民族の自治
⑬ポーランドの独立
⑭**国際的な平和機構の設立**

ヴェルサイユ条約(1919.6)(対ドイツ)

1.国際連盟の設置
2.**アルザス・ロレーヌ**をフランスに割譲
3.近隣諸国への領土割譲(ポーランドへ**ポーランド回廊**など割譲)
4.**ザール地方**国際管理➡p.241 4
(ザール炭田の**採掘権**は**フランス**に)
5.**ダンツィヒ**国際管理➡p.241 4
6.**オーストリアとの合併禁止**
7.ドイツは**海外領土**のすべての権利・要求を**放棄**
8.ドイツ陸海軍の**軍備縮小**，空軍の禁止
9.**ラインラント**(ライン川両岸)**非武装化**➡p.241 4
10.**多額の賠償金**(1320億金マルク)
11.ロシア革命政府と締結した条約の無効

ヴェルサイユ-ワシントン体制の推移

◀p.234　p.252▶

時期	事項	ドイツ賠償問題	日本
	(赤字 国際協調の動き)		
戦後の混乱期	1918.1 「十四か条の平和原則」の発表		大正時代
	.3 **ブレストリトフスク条約**		
	.11 **第一次世界大戦**終結		
	19.1 **パリ講和会議**		
	.3 **コミンテルン**設立(～43)		
	.6 **ヴェルサイユ条約(英・仏中心)**		
	ヨーロッパにおける帝国主義的勢力の再編成→**ヴェルサイユ体制**	2つのシステムの成立	
	.8 ドイツ，**ヴァイマル憲法**制定		
	.9 **サンジェルマン条約**(対オーストリア)→イタリア，「**未回収のイタリア**」回復		
	.11 **ヌイイ条約**(対ブルガリア)		
	20.1 **国際連盟成立**		
	.6 **トリアノン条約**(対ハンガリー)		
	.8 **セーヴル条約**(対オスマン帝国)		
	21.4 ロンドン会議	ドイツの賠償総額**1320億金マルク**に決定(当時のドイツ歳入の25倍)	
	.11 **ワシントン会議**(～22.2)(アメリカ大統領ハーディング提唱)		
	アジアにおける帝国主義的勢力の再編成→**ワシントン体制**		
緊張高まる	.12 **四か国条約**(太平洋問題)	支払延期を要求	
	22.2 **九か国条約**(中国問題)	ドイツが	
	.4 **ラパッロ条約**(独，ソヴィエト政権を承認)		
	.10 イタリア，**ムッソリーニ**の**ローマ進軍**➡p.242		
	.12 **ソヴィエト社会主義共和国連邦成立**➡p.238	破極的**インフレ**進行	
	23.1 仏・ベルギー，**ルール占領**(～25.8)		
	.7 **ローザンヌ条約**(対トルコ)	**レンテンマルク**(不換紙幣)発行	
	.8 **シュトレーゼマン**内閣(～23.11)発足		
	.11 ドイツ，ナチ党の**ミュンヘン一揆**➡p.242		
相対的安定期	24.8 **ドーズ案採択**	支払い期限の延長　アメリカからの外資導入による打開策	
	独，ライヒスマルク(兌換紙幣)発行		
	.10 ジュネーヴ議定書(未発効)	暫定的に安定	
	25.12 **ロカルノ条約**	独→(賠償支払)→英・仏→(戦債支払)→米→(外資援助)→独	
	26.9 **ドイツ，国際連盟加盟**		
	27.6 **ジュネーヴ海軍軍縮会議**(失敗)		
	.11 イタリア，**アルバニアを保護国化**		昭和時代
暫定的に緊張やわらぐ	28.8 **不戦条約(ケロッグ-ブリアン協定)**		
	.10 ソ連，**第1次五か年計画**(重工業化)➡p.239		
	29.6 **ヤング案発表**	賠償額358億金マルクに	
	.10 **世界恐慌始まる**➡p.250		
	30.1 **ロンドン海軍軍縮会議**	支払い期限を1年猶予	
	31.6 **フーヴァー=モラトリアム**		
緊張高まる	32.2 **ジュネーヴ軍縮会議**(翌年，ドイツ脱退)	賠償額30億金マルクに	
	.6 **ローザンヌ会議**	ドイツが一方的に破棄	
	33.5 ナチ政権，賠償金支払いうち切り	ドイツが実際に支払った額は，約300億金マルク(1918～31年)	

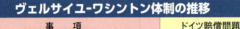

▲③**シュトレーゼマン**　1923年に首相。続く外相時代にロカルノ条約締結や国際連盟加盟を達成。➡p.242

1 国際連盟

＊**常任理事国**：英，仏，伊，日(のち独，ソ追加)
非常任理事国：4か国(のち9か国)

総会(本部ジュネーヴ　年1回開催)
理事会*
連盟事務局(ジュネーヴ)
常設国際司法裁判所(ハーグ)
国際労働機関(ILO)(ジュネーヴ)など
A国 ―侵略→ 連盟加盟国
全会一致で制裁
ある国(A国)の，連盟加盟国への侵略は，連盟全体で対応…集団安全保障

◀④**国際連盟のしくみ**　**全会一致**を原則とする総会，理事会などからなる。勢力均衡(きんこう)を改め，加盟国の安全を集団的に守る(**集団安全保障**)ため制裁を規定した。➡p.259

▼⑤**国際連盟への加盟**

	1920年	30	40	46
フランス・イギリス	1920年～46			
イタリア	1920年～37(脱退)			(22独)…ソ連を承認した年を示す
ドイツ	26～33(脱退)			
日本	1920年～33(脱退)			
ソ連	(22独)(24英伊仏)(25日)	(33米)34～39(除名)		
アメリカ	(上院の反対により不参加 孤立主義)			

(1930年前後：世界恐慌　1940年前後：第二次世界大戦)

2 2つのシステムの成立

集団安全保障・国際協調主義

ヴェルサイユ体制	ワシントン体制
ヨーロッパ内の平和・安全	アジア・太平洋地域の平和・安全
(ヴェルサイユ条約，ロカルノ条約など)	ワシントン会議(四か国条約など)

会議・条約		年	おもな締結内容
パリ講和会議 ヴェルサイユ条約		1919	第一次世界大戦の講和会議(27か国参加) **国際連盟**成立　独・ソは招かれず
ワシントン会議 ハーディング(米)提唱	ワシントン海軍軍備制限条約	1922	米・英・日・仏・伊5か国　主力艦保有制限 **米5・英5・日3・仏1.67・伊1.67**
	四(し)か国条約	1921	米・英・仏・日　太平洋上の各国の領土を尊重 **日英同盟の廃棄**
	九か国条約	1922	米・英・仏・日・伊・オランダ・ベルギー・ポルトガル・中国 中国の主権・独立の尊重と中国の領土保全→日本の中国への進出後退(青島など返還)→**石井-ランシング協定**破棄(1923)
ローザンヌ条約		1923	トルコと連合国間の条約　オスマン帝国に対する苛酷(かこく)な**セーヴル条約**にかわる条約，トルコの国際的地位を回復
ロカルノ条約		1925	英・仏・独・伊・ベルギー・ポーランド・チェコスロヴァキアの7か国による欧州集団安全保障条約 **ドイツの国際連盟加入を承認**(1926 加盟)　**シュトレーゼマン**〔独〕提唱
	ライン保障条約		**ラインラント非武装**の再確認 英・仏・独・伊・ベルギーの国境不可侵条約
ジュネーヴ海軍軍縮会議		1927	米・英・日の補助艦保有制限 米・英の対立で不成立　(**クーリッジ**〔米〕提唱)
不戦条約(ケロッグ-ブリアン協定)		1928	紛争解決手段としての戦争を放棄することを約束 (**ケロッグ**〔米〕・**ブリアン**〔仏〕提唱，当初15か国調印)
ロンドン海軍軍縮会議		1930	米・英・日の補助艦保有制限　仏・伊は不参加 (**マクドナルド**〔英〕提唱)　**米10・英10・日6.975***

▲⑥**二つの体制下でのおもな会議・条約**

*米の要望に応じて日本は0.025割を削ることで妥協した。

ヨーロッパ　アメリカ　MAP R　3部3章

3 ヴェルサイユ体制下のヨーロッパ

世界全図p.46-47 ←p.235 1，→p.253 3

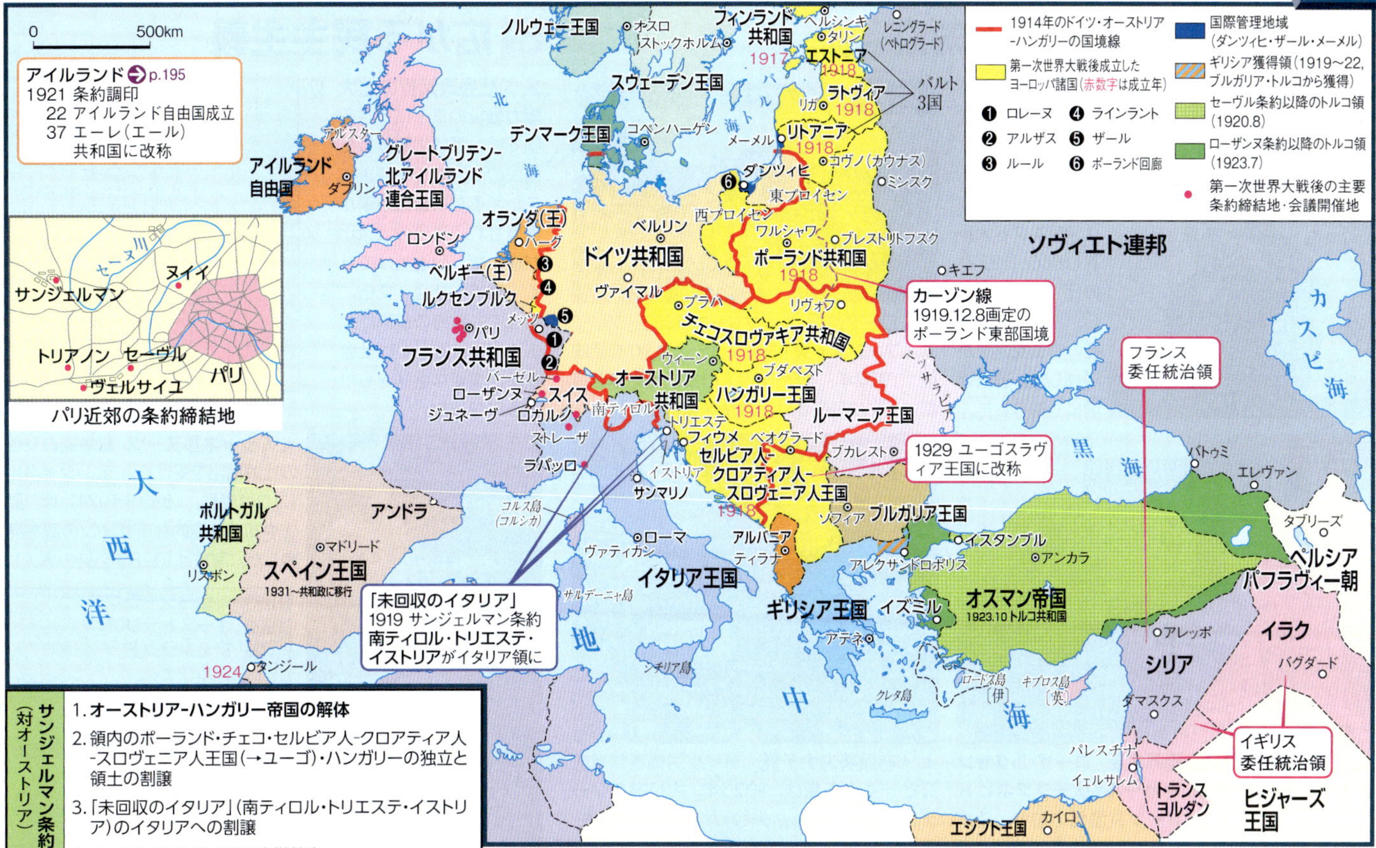

0　500km

アイルランド →p.195
1921 条約調印
22 アイルランド自由国成立
37 エーレ(エール)共和国に改称

1914年のドイツ・オーストリア-ハンガリーの国境線
第一次世界大戦後成立したヨーロッパ諸国(赤数字は成立年)
❶ ロレーヌ　❷ アルザス　❸ ルール　❹ ラインラント　❺ ザール　❻ ポーランド回廊
国際管理地域(ダンツィヒ・ザール・メーメル)
ギリシア獲得領(1919～22，ブルガリア・トルコから獲得)
セーヴル条約以降のトルコ領(1920.8)
ローザンヌ条約以降のトルコ領(1923.7)
第一次世界大戦後の主要条約締結地・会議開催地

ノルウェー王国　オスロ　ストックホルム　スウェーデン王国　フィンランド共和国 1917　ヘルシンキ　タリン　エストニア 1918　レニングラード(ペトログラード)　ラトヴィア 1918　リガ　バルト3国　リトアニア 1918　コヴノ(カウナス)　ミンスク　デンマーク王国　コペンハーゲン　メーメル　ダンツィヒ　東プロイセン　西プロイセン　グレートブリテン-北アイルランド連合王国　アルスター　アイルランド自由国　ダブリン　ロンドン　オランダ(王)　ハーグ　ベルギー(王)　ルクセンブルク　ベルリン　ドイツ共和国　ヴァイマル　ワルシャワ　ブレストリトフスク　ポーランド共和国 1918　キエフ　ソヴィエト連邦　カーゾン線 1919.12.8画定のポーランド東部国境　プラハ　リヴォフ　チェコスロヴァキア共和国 1918　メッツ　パリ　フランス共和国　バーゼル　ウィーン　オーストリア共和国　ブダペスト　ハンガリー王国 1918　ルーマニア王国　ベッサラビア　ローザンヌ　スイス　ジュネーヴ　ロカルノ　南ティロル　トリエステ　フィウメ　ベオグラード　ブカレスト　ストレーザ　ラパッロ　イストリア　セルビア人-クロアティア人-スロヴェニア人王国 1918　1929 ユーゴスラヴィア王国に改称　サンマリノ　コルス島(コルシカ)　ローマ　ヴァティカン　ソフィア　ブルガリア王国　アルバニア　ティラナ　イタリア王国　サルデーニャ島　シチリア島　アンドラ　マドリード　スペイン王国 1931～共和政に移行　ポルトガル共和国　リスボン　1924 タンジール　大西洋　地中海　黒海　カスピ海　バトゥミ　エレヴァン　タブリーズ　ペルシア パフラヴィー朝　イスタンブル　アンカラ　アレクサンドロポリス　イズミル　オスマン帝国 1923.10トルコ共和国　ギリシア王国　アテネ　クレタ島　ロードス島〔伊〕　キプロス島〔英〕　アレッポ　シリア　イラク　バグダード　ダマスクス　パレスチナ　イェルサレム　トランスヨルダン　ヒジャーズ王国　カイロ　エジプト王国　フランス委任統治領　イギリス委任統治領

「未回収のイタリア」
1919 サンジェルマン条約
南ティロル・トリエステ・イストリアがイタリア領に

サンジェルマン　ヌイイ　トリアノン　セーヴル　ヴェルサイユ　パリ　セーヌ川
パリ近郊の条約締結地

サンジェルマン条約(対オーストリア)(1919.9)	1. **オーストリア-ハンガリー帝国の解体** 2. 領内のポーランド・チェコ・セルビア人-クロアティア人-スロヴェニア人王国(→ユーゴ)・ハンガリーの独立と領土の割譲 3.「未回収のイタリア」(南ティロル・トリエステ・イストリア)のイタリアへの割譲 4. **オーストリアとドイツの合併禁止**
ヌイイ条約(対ブルガリア)(1919.11)	1. トラキアをギリシアへ割譲 2. 領土の一部をセルビア人-クロアティア人-スロヴェニア人王国へ割譲 3. 大戦中に獲得したドブルジャをルーマニアに返還
トリアノン条約(対ハンガリー)(1920.6)	1. **オーストリアからの分離と完全な独立** 2. スロヴァキアをチェコへ割譲 3. クロアティア・ボスニアをセルビア人-クロアティア人-スロヴェニア人王国へ割譲 4. トランシルヴァニアをルーマニアへ割譲
セーヴル条約(対オスマン帝国)(1920.8)	1. **ダーダネルス海峡・マルマラ海の非武装と国際化** 2. アルメニア・ヒジャーズ王国の独立 3. メソポタミアとパレスチナをイギリスの**委任統治領**とする 4. シリアをフランスの**委任統治領**とする

▲⑦ドイツ以外の敗戦国との条約

4 苛酷(かこく)な条件をしいられたドイツ

テーマ ルール占領(1923年)

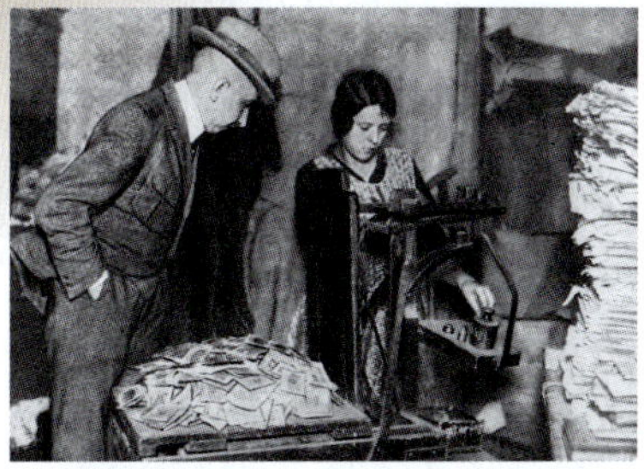

ドイツに課された賠償金1320億金マルクのうち，フランスの取り分は52%と最大であった。しかしドイツは支払延期を要求，しびれを切らしたフランスはベルギーとともに，ドイツ最大の工業地帯**ルールを占領**した。ドイツはサボタージュと不服従で対抗したが，経済への打撃も大きく，インフレが一気に加速した。

▲⑧古紙としてはかり売りされるドイツの紙幣

1kgのパンの値段(単位マルク)	
1914年12月	0.32
1918年12月	0.53
1922年12月	163.15
1923年 4月	474
6月	1,428
8月	69,000
10月	1,743,000,000
12月	399,000,000,000

▲⑨ドイツのパンの値段

A 第一次世界大戦後のドイツ

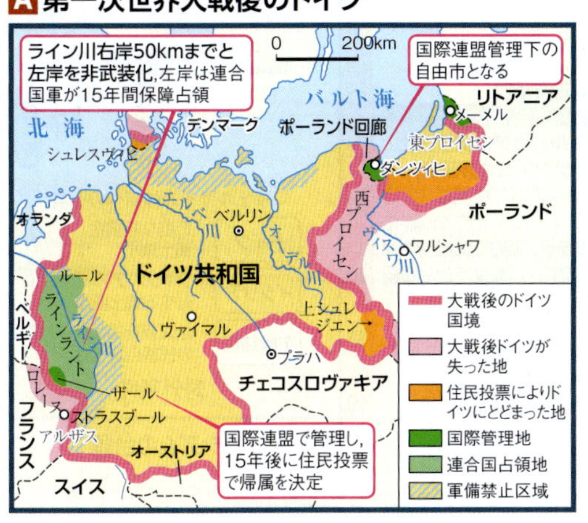

B ドイツが失った海外領土・勢力圏

世界全図p.46-47

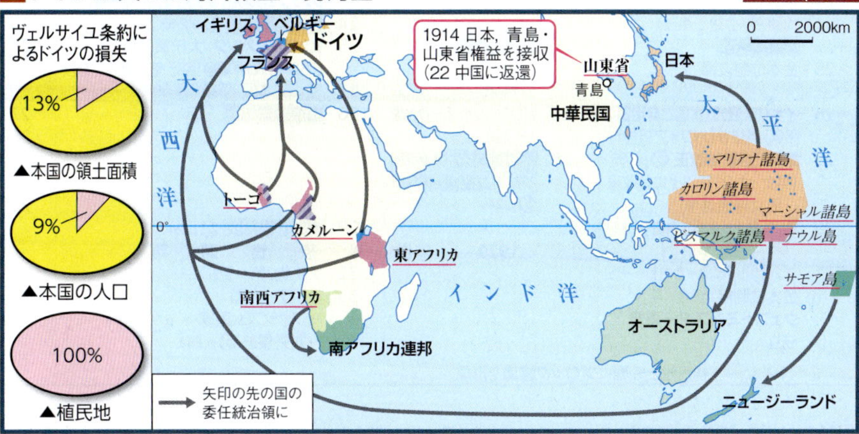

1920年代のヨーロッパ ～総力戦後のヨーロッパ社会

1 左派・右派の台頭と対立 ➡巻頭18

◀①第1次マクドナルド内閣の成立 第4回選挙法改正に伴う選挙権拡大により，**労働党**は党首**マクドナルド**(1866～1937)の下で勢力を増し，イギリス史上初の労働党内閣が成立した。国際協調にも寄与した。

▲②**ローマ進軍** **ムッソリーニ**(1883～1945)は，**ファシスト党**(国民ファシスト党)を結成後，1922年，2万5000人の武装行動隊を首都ローマに動員させ，政権を獲得した。

左派 ドイツ ローザ=ルクセンブルク

▲③ドイツでも社会主義革命を **ローザ=ルクセンブルク**(1871～1919)や**カール=リープクネヒト**(1871～1919)らは，**ドイツ共産党**の前身，**スパルタクス団**を結成したが，両者とも右翼の将校に殺害された。

▲④**右派勢力ナチ党** ドイツ労働者党を前身とする**ナチ党**は，1923年，共和国をクーデタで倒そうとし，失敗した(**ミュンヘン一揆**)。以後ヒトラーは宣伝や行動を通して選挙による政権掌握をめざした。

2 広がる民主主義

▶⑤**社会政策費の拡大** **総力戦**後のヨーロッパ各国では，戦争に貢献した国民の政治参加の要求にこたえるため**普通選挙**が実施され，政治の大衆化が進んだ。政治だけでなく，経済・社会・文化に関しても政府の役割は大きくなり，とりわけ社会政策が重要な意味をもつようになった。

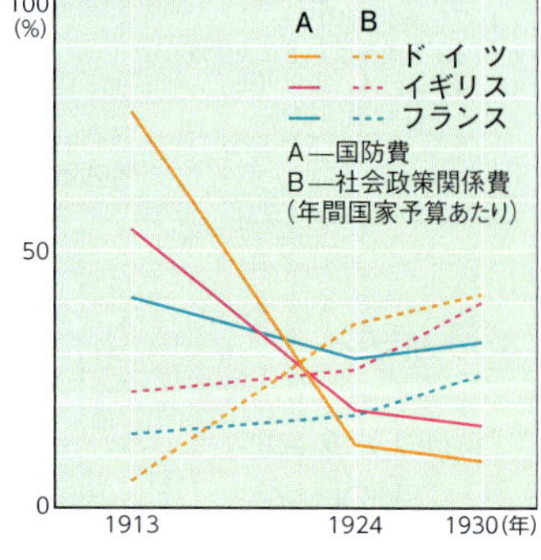

◀⑥**シャネルスーツ** 戦争期の女性の社会進出を受けて，ココ=シャネル(ココは愛称，1883～1971)は，動きやすく機能的なデザインの服を発表した。(写真は1928年当時の本人)

1893	ニュージーランド
1902	オーストラリア
06	フィンランド
13	ノルウェー
17	ソ連
18	イギリス
19	オーストリア・ドイツ・オランダ
20	アメリカ
32	スペイン
34	トルコ
44	フランス
45	イタリア・日本

▲⑦**おもな国の女性参政権の獲得年** ➡p.214

3 1920年代のヨーロッパ

青字 右派の動き　赤字 左派の動き　■ 国際協調の動き

◀p.234 **1920年代のヨーロッパ諸国** p.252▶

イギリス	フランス	ドイツ	イタリア	日本
1918 **第4回選挙法改正** ➡p.195 (男21歳以上，女30歳以上に参政権)		1917 **独立社会民主党結成** 18 ドイツ革命 **ドイツ共産党結成**		
1919 パリ講和会議				
19 アイルランド国民議会による独立宣言		19 ドイツ労働者党結成(**ヒトラー**入党) **スパルタクス団の蜂起**(失敗) **エーベルト**，大統領就任 **ヴァイマル国民議会** **ヴァイマル憲法** 史p.353 制定	1919 ファシスト党の前身結成 サンジェルマン条約(対墺)(「未回収のイタリア」獲得) 義勇軍，フィウメ占領(～20)	大正時代
20 アイルランド自治法公布	1920 **フランス共産党**成立 21 **ブリアン**内閣(～22) 22 **ポワンカレ内閣**(対独強硬外交)	20 ドイツ労働者党，**国民社会主義ドイツ労働者党(ナチ党)**に改称 カップ一揆(失敗) 21 ヒトラー，ナチ党首に ナチ党，突撃隊(SA)創設 22 **ラパッロ条約**(ソ連を承認)	**北イタリアで労働者の工場占拠・ストライキ**(～20) 21 **社会党左派，イタリア共産党**結成 **ファシスト党**結成 22 **ムッソリーニのローマ進軍ファシスト党**内閣成立	
22 **アイルランド自由国**成立(首相**デ=ヴァレラ**，自治領として独立→1937年**エール**と改称，事実上独立国家)	1923 フランス・ベルギーによる**ルール占領**(～25)	23 **シュトレーゼマン内閣** ➡p.240 レンテンマルク発行 ナチ党，**ミュンヘン一揆**(失敗)		
24 **第1次マクドナルド労働党内閣**(自由党と連立) **ソ連を承認** 25 金本位制復帰	24 **左派連合政府** エリオ内閣(～25) **ソ連を承認**	24 **ドーズ案**採択 ➡p.240 25 **ヒンデンブルク**，大統領就任 ヒトラー，『**わが闘争**』発行 親衛隊(SS)創設	24 **フィウメを併合** **ソ連を承認**	
1925 ロカルノ条約				
26 **イギリス連邦**(本国と**自治領**の平等)構想(バルフォア報告) 28 **第5回選挙法改正** ➡p.195 (男女とも21歳以上に参政権→男女普通選挙) 29 **第2次マクドナルド内閣**(～31)	26 ポワンカレ挙国一致内閣(～29) 28 **不戦条約(ケロッグ-ブリアン協定)**調印 ➡p.240	26 **国際連盟**加盟 29 **ヤング案**発表 ➡p.240	27 **アルバニアを保護国化** 28 **ファシズム大評議会**，国家の最高機関に→ファシスト党の独裁確立 29 **ラテラノ条約**でヴァティカン市国独立(教皇庁との和解)	昭和時代
1929 世界恐慌開始				
31 マクドナルド挙国一致内閣(～35) 金本位制停止 **ウェストミンスター憲章**成立		32 ナチ党，第一党に 33 **ヒトラー内閣** →ファシズム国家へ →対外侵略 ➡p.252	○ 社会の混乱 →ファシズム台頭 →対外侵略 ➡p.252	
1932～ 植民地との間に**ブロック経済**を形成				

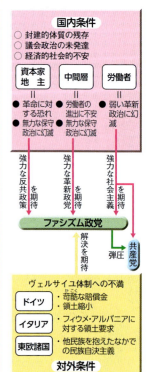

国内条件
○ 封建的体質の残存
○ 議会政治の未発達
○ 経済的社会的不安

資本家 地主	中間層	労働者
● 革命に対する恐れ ● 無力な保守政治に幻滅	● 労働者の進出に不安 ● 無力な保守政治に幻滅	● 弱い革新政治に幻滅
強力な反共政策を期待	強力な革新政党を期待	強力な社会主義を期待

ファシズム政党 → 弾圧 → 共産党
解決を期待

ヴェルサイユ体制への不満
- ドイツ：・苛酷な賠償金 ・領土縮小
- イタリア：・フィウメ・アルバニアに対する領土要求
- 東欧諸国：・他民族を抱えたなかでの民族自決主義

対外条件

▲⑧ファシズムの台頭

ヨーロッパ
MAP R
3部3章

今日とのつながり 労働党は保守党と並んで，イギリスの二大政党となっている。また，ヴァイマル憲法に規定された社会権(➡p.215)は，第二次世界大戦後，多くの国の憲法に継承された。

特集 戦間期の東欧 ～つくられ，引きさかれた「国民国家」

戦間期の東ヨーロッパ

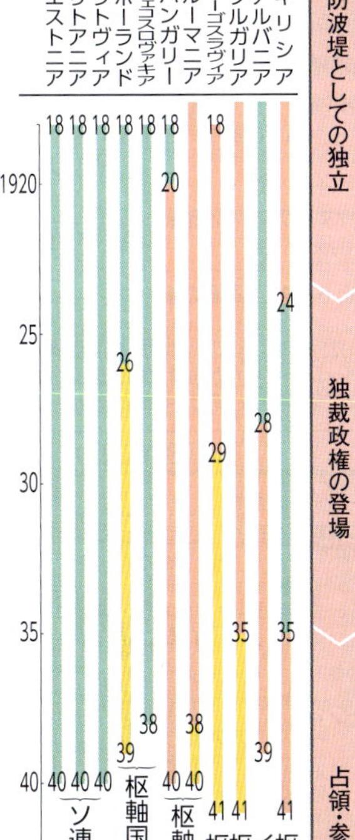

対ソ防波堤としての独立

1918 **ポーランド・チェコ・バルト3国独立宣言**
ハンガリーで民主主義革命
第一次世界大戦終結
19 ハンガリー，ソヴィエト政権（.8崩壊(ほうかい) 20.3王政）
ブルガリアで農民同盟が第一党に
20 ポーランド-ソヴィエト戦争（～21）
20～21 **ユーゴ・チェコ・ルーマニアで相互援助条約締結（小協商）**
23 **ローザンヌ条約**
ギリシア，トルコ，ブルガリアの住民交換協定
右派クーデタでブルガリア政権崩壊
26 ポーランドでクーデタ（ピウスツキ独裁）

独裁政権の登場

29 **セルビア人-クロアティア人-スロヴェニア人王国**，国王独裁開始
→**ユーゴスラヴィア**に国名改称
34 **バルカン協商成立**
（ユーゴ・ギリシア・ルーマニア・トルコ）
35 ブルガリア，国王独裁開始
ギリシア王政復活
38 ルーマニア，国王独裁開始
ミュンヘン会談 p.252,254
→**ズデーテン地方**をドイツに割譲

占領・参戦

39 **スロヴァキア独立，ドイツと保護条約締結**
アルバニア，イタリアに併合
英仏，対ポーランド相互援助条約締結
ドイツ，ポーランドに侵攻
第二次世界大戦勃発(ぼっぱつ) p.254
40 ソ連，**バルト3国併合**　ルーマニア侵攻
ルーマニア，三国同盟に加入
41 ブルガリア・ユーゴ，三国同盟に加入
枢軸(すうじく)国軍，ユーゴ・ギリシアを分割
44 **スターリン・チャーチル**会談
（バルカンの勢力圏取り決め）

1 各国の国境線と民族構成

p.203 1，p.272 5

▼①全人口に占める農林水産業従事者の割合　建国まもない東ヨーロッパ諸国の経済基盤は農林水産業であった。

アルバニア	80%
ユーゴスラヴィア	76
ブルガリア	75
ルーマニア	72
ポーランド*	64
ギリシア	60
チェコスロヴァキア*	
スロヴァキア	61
チェコ	32

*は1921年，その他は1930年前後

▼②戦間期にゆれた国々

ハンガリー	ポーランド
1918 ハンガリー共和国成立 **ハンガリー革命**（クン指導） 19 →**ハンガリー＝ソヴィエト共和国**（133日で崩壊）←**ホルティ**，反革命政権 20 →王政復活（ホルティ摂政に） →独裁へ **ホルティの独裁**（～44） **トリアノン条約** 領土の4分の3を，チェコスロヴァキア・ルーマニア・ユーゴスラヴィアに割譲 22 **国際連盟**加盟 27 イタリアと友好協力条約締結 34 ドイツと経済協定締結 39 **日独伊防共協定**に参加	1918 **ポーランド共和国** 20 ソ連に侵攻→**ポーランド-ソヴィエト戦争** **ピウスツキ**指揮，**ウクライナ・白ロシア**の一部を回復（～21） 21 ドモフスキ政権 23 **国際連盟**，ポーランド東方国境承認 26 **ピウスツキの五月クーデタ** →独裁へ **ピウスツキの独裁**（～28） 32 ソ連と不可侵条約 34 ドイツと不可侵条約 35 四月憲法制定 39 英仏と相互援助条約締結 **ドイツ，ポーランドに侵攻→第二次世界大戦**

2 民族の融合をめざして～チェコスロヴァキア

ユーゴスラヴィアの分裂 p.272

◀③「建国の父」マサリク（1850～1937）　**チェコスロヴァキア**の初代大統領。父はスロヴァキア人，母はチェコ（チェック）人。チェコ人が多く住むボヘミア（ベーメン）地方と，ハンガリー北部のスロヴァキア人地域をあわせた国土に，「チェコスロヴァキア人」を創設しようとした。「ヨーロッパ連合」という高い理想と，中欧での「勢力均衡(きんこう)」という現実路線で新国家を運営した。

チェコ・・・・
国土面積の66%
独立前はオーストリア領
工業中心（ガラス，兵器など）
ビール文化圏

国土面積の34%
独立前はハンガリー領
農業中心
ワイン文化圏
・・・・**スロヴァキア**

▲④少数民族ドイツ人～ヘンライン（1898～1945）　**ナチス**の支援を受け，ドイツ系住民の住む**ズデーテン地方**のドイツ併合を要求した。p.253

独立の獲得は，旧帝国を形成したすべての民族と地方に苦悩をもたらし，…これら諸民族のいずれも，…生まれかわったドイツとロシアの圧迫に直面して，自分自身を維持する力をもたなかった。…オーストリア－ハンガリー帝国の完全な解体は，悲劇であった。

▲⑤チャーチル（1874～1965）からみた東欧

▲⑥独立後の東欧をめぐる国際関係

3 国境線が生み出した「住民交換」

▲⑦トルコから脱出するギリシア人　ローザンヌ条約による住民交換により，ギリシアへ移住。

① 少数民族の権利保護（言語の使用，教育・就職の機会均等など）
→**現実には同化政策へ**
② 住民交換（多数を占める国への移住）

◀⑧少数民族問題の対策

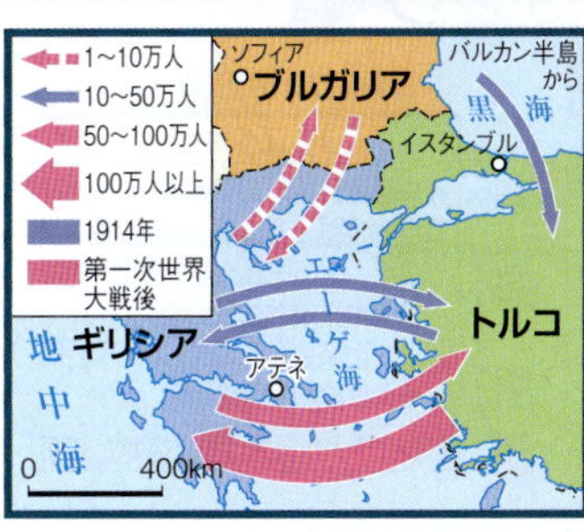

◀⑨ギリシア・トルコ・ブルガリアの住民交換　この地域での住民交換は，**第2次バルカン戦争**（p.234）後にさかのぼる。1923年，ギリシアとトルコの間で**ローザンヌ条約**（p.240）が結ばれると，これまでで最大規模の住民交換が行われた。

戦間期の西アジア　～民族運動と国家形成

赤字 戦争　青字 条約

ヒストリーシアター “トルコの父”とよばれた男　ムスタファ=ケマル

よみとき 黒板に書いてある字の種類はどのような文字だろうか？

◀①近代化を進めるケマル(1881～1938)　**ムスタファ=ケマル**は第一次世界大戦後，臨時政府を樹立，**セーヴル条約**に反対して連合軍を退けた。1923年に**トルコ共和国**を建国。初代大統領として，政治や公的なものからイスラームを排除したトルコ近代化に努め，**アタテュルク(トルコの父)**という姓が贈られた。

▼②トルコ共和国の成立

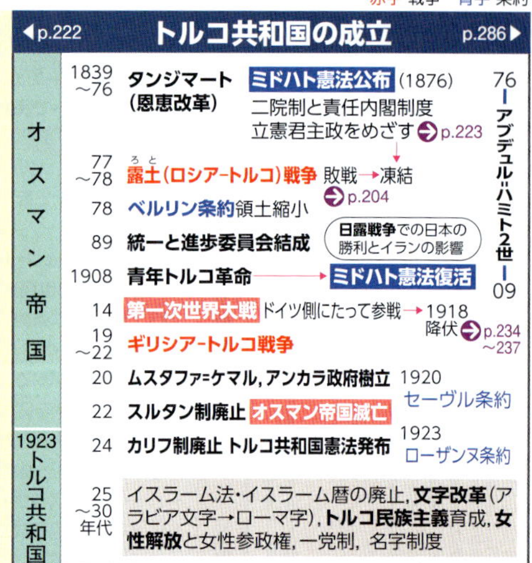

◀p.222　**トルコ共和国の成立**　p.286▶

	年	事項	
オスマン帝国	1839～76	**タンジマート(恩恵改革)** **ミドハト憲法公布**(1876) 二院制と責任内閣制度 立憲君主政をめざす ➡p.223	76 アブデュル=ハミト2世 09
	77～78	**露土(ロシア-トルコ)戦争** 敗戦→凍結 ➡p.204	
	78	**ベルリン条約**領土縮小	
	89	**統一と進歩委員会結成** (日露戦争での日本の勝利とイランの影響)	
	1908	**青年トルコ革命**→**ミドハト憲法復活**	
	14	**第一次世界大戦** ドイツ側にたって参戦→1918降伏 ➡p.234～237	
	19～22	**ギリシア-トルコ戦争**	
	20	**ムスタファ=ケマル，アンカラ政府樹立** 1920 **セーヴル条約**	
	22	**スルタン制廃止** **オスマン帝国滅亡**	
1923 トルコ共和国	24	**カリフ制廃止** **トルコ共和国憲法発布** 1923 **ローザンヌ条約**	
	25～30年代	イスラーム法・イスラーム暦の廃止，**文字改革**(アラビア文字→ローマ字)，**トルコ民族主義**育成，**女性解放**と女性参政権，一党制，名字制度	

世界全図p.46～47 ➡p.287 2

1 西アジアの独立運動

◀p.222　**西アジアの独立運動**　p.286▶

エジプト	トランスヨルダン	シリア・レバノン
1914 **英，保護領化** 19 **ワフド党**による反英運動 22 **独立**(外交権・軍事権などの利権は保留) 36 イギリス-エジプト条約で**完全独立**(英，**スエズ運河地帯**を除き撤兵)	1920 英委任統治領(セーヴル条約) 23 ヨルダン川の東側がトランスヨルダン首長国として成立 28 **ヨルダン王国**独立(軍事権などは保留) 46 委任統治終了，完全独立	1920 仏委任統治領(セーヴル条約) 26 レバノンとシリアが分離 41 仏，委任統治終了宣言 43 レバノン，独立宣言 46 **レバノンとシリアが完全独立**
イラク	**ペルシア(イラン)**	**アフガニスタン**
1920 英委任統治領(**セーヴル条約**) 21 ファイサル(ハーシム家)が王位に 32 委任統治終了，**完全独立**	1919 英，**カージャール朝**を保護国化 25 **レザー=ハーン**，王位に(**パフラヴィー朝**) 35 **国名を「イラン」に改称**	1880 **英，保護国化** 1919 **第3次アフガン戦争→独立** 26 **国名をアフガニスタン王国に改称**(～1973)

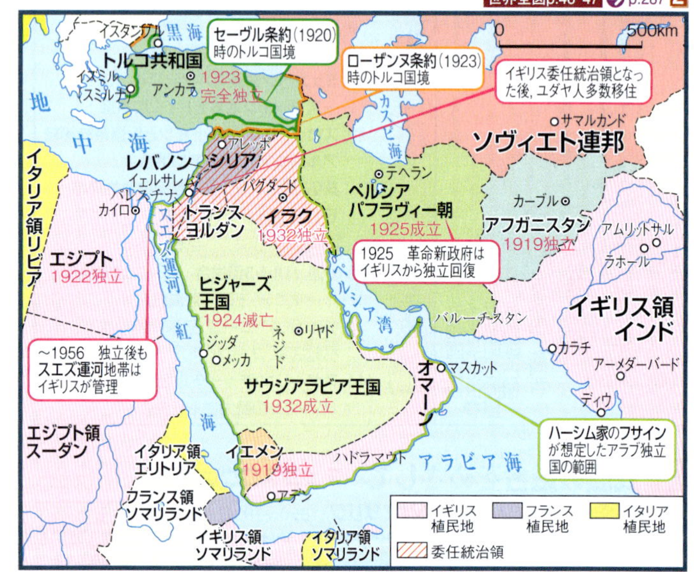

2 イギリスの矛盾する多重外交

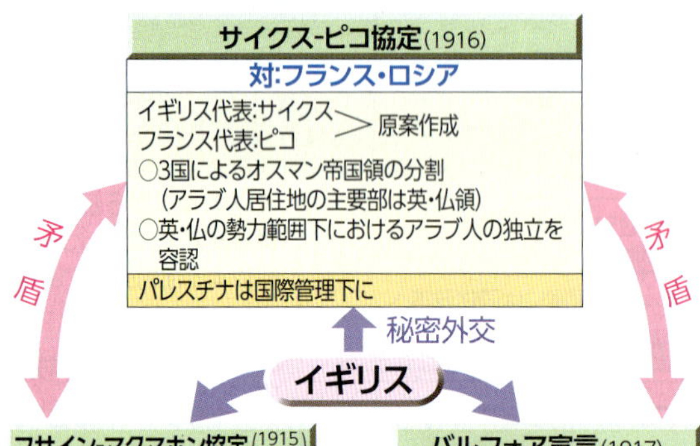

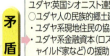

➡p.289

3 サウジアラビア王国の成立

➡巻頭19

▲③イブン=サウード(アブド=アルアジーズ)(1880～1953)　サウジアラビアの建国者。初代国王(位1902～53)。1902年にリヤドを征服し，第3次サウード朝を成立させた。

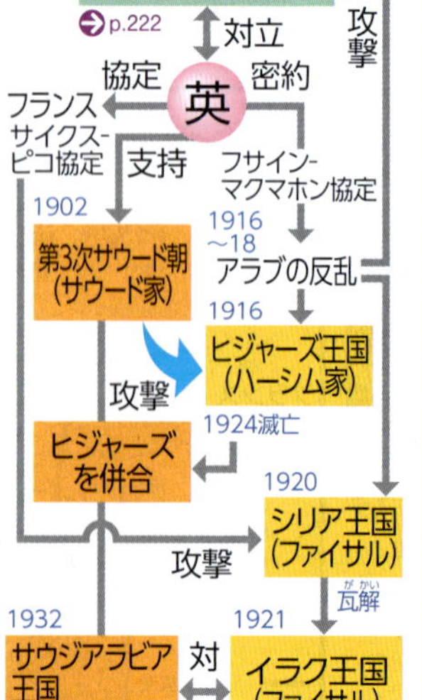

ひと　アラビアのローレンス

イギリスはオスマン領内のアラブの離反をはかり，**ハーシム家**に“アラビアのローレンス”を派遣した。ローレンスは，ファイサルと提携し，アラブの反乱を成功させたが，イギリス政府の多重外交に失望し，職を辞した。

▲④**ファイサル**(1885～1933)**とローレンス**(1888～1935)

現在トルコで使用されているトルコリラの紙幣には，すべてムスタファ=ケマルが描かれている。

戦間期の南アジア　～インド独立への歩み

ヒストリーシアター　弾圧には“非暴力・不服従”で抵抗

6 ➔巻頭12

ガンディー

つむぎ車(チャルカー)

◀①糸をつむぐガンディー(左)と②“塩の行進”(右)　つむぎ車で手つむぎしたり，自ら製塩したりするガンディーの姿は，インド大衆の感覚に根ざし，さまざまな対立をこえた独立運動へと発展する要素をもっていた。

よみとき　ガンディーの服装に注目してみよう。イギリスとインドの貿易の関係をp.228で確認し，彼が糸をつむぐ理由を考えてみよう。

インド独立への歩み

◀p.224　p.290▶

→イギリスのインドへの動き　←インドのイギリスへの動き

年	イギリス	インド	年	日本
1885	第1回インド国民会議(ボンベイ大会)(インドの代表諮問機関[穏健路線])	反英化(ティラクらの急進的なヒンドゥー=ナショナリストが台頭)		明治時代
1905	インド総督カーゾン，ベンガル分割令布告(ヒンドゥー教徒・ムスリムの分離策)	国民会議派(カルカッタ大会，反英的) 4綱領=・英貨排斥 ・スワデーシ(国産品愛用) ・スワラージ(自治獲得) ・民族教育	1906	
06	全インド=ムスリム連盟(親英的，国民会議派の分断をはかる)			
11	ベンガル分割令撤回	ティラク投獄→穏健路線へ		
	1914～18 第一次世界大戦			
	戦争協力を条件に自治権付与を約束	=対英協力 ➔p.234～237		大正時代
19	ローラット法*(弾圧強化) アムリットサル事件	反英感情高まる		
	インド統治法(州行政の一部しか委譲せず)	ガンディー(国民会議派)らの非暴力・不服従運動(サティヤーグラハ*2)	19	
		ムスリム派との提携(闘争の暴力化)		
22	ガンディーを投獄	ガンディー，闘争中止宣言	22	
		ヒンドゥー教徒の国民会議派とムスリム派の対立激化	23	
		インド共産党結成	25	
27	サイモン委員会設置(インド統治法改定を検討)	ボイコット運動	28	昭和時代
		国民会議派(ラホール大会)完全独立(プールナ=スワラージ)要求(指導者ネルー)	29	
30	ガンディーら6万人投獄 英印(イギリス-インド)円卓会議(～32)	第2次非暴力・不服従運動(～34) ガンディーの“塩の行進”	30	

* 令状なしでの逮捕，裁判抜きでの投獄を認めるもの。

*2 本来は不殺生と禁欲にもとづいて真理を追究するという意味。

35　**1935 新インド統治法**

〈新しい点〉
◇連邦制の樹立(外交権・軍事権はイギリスがにぎる)　←藩王国の不参加
◇各州の責任自治制の確立(州内閣の上に，イギリス国王が任命権をもつイギリス人知事が存在)　←1937年の州選挙で，11州中7州が国民会議派の州政府となる(ムスリム派との対立深まる)
〈変わらない点〉
◇インド総督が，インド財政と通貨政策の最終的権限を保持

1939～45 第二次世界大戦 ➔p.254～256

年	イギリス	インド	年
		国民会議派戦争非協力声明	
40	全インド=ムスリム連盟(指導者ジンナー)，イスラーム国家要求を決議	インド連邦成立	47
		インド・パキスタン分離独立	
		インド憲法施行 ➔p.290	50
		パキスタン=イスラム共和国に改称	56

1 戦間期のインド統治

◀③第一次世界大戦に動員されたインド兵(1914年8月)　イギリスが同盟国フランスを防衛するために，植民地であるインドから兵士をフランスに派遣。インドの兵士たちは自治を夢見て参戦した。

▶④第一次世界大戦後のイギリスによるインド統治の流れ　インドの自治獲得はなされず，ローラット法施行などにより弾圧が強化された。

1914～18　第一次世界大戦
↓
インド，戦争協力(非戦闘員も含め約150万人の出兵) ➔p.236
↓
見返り(戦後の自治権)要求　←ウィルソンの「民族自決」提議 ➔p.240
↓
1919 インド統治法 ↔ ローラット法(弾圧強化)

中央政府=イギリスが掌握
目的　反英的な国民会議運動(ヒンドゥー教徒が中心)の力を弱める。
→国民会議派の反英運動へ

地方行政=インドに一部移管
目的　地方の保守層に親英インド人層をつくる。地主・ムスリム・不可触民に個別で政治参加をさせ，どの州でも支配的な勢力にならないようバランスをとる。
→各勢力(ヒンドゥー教徒，ムスリムなど)間の対立へ

地方より選出

2 独立運動家たち ➔p.290～291

インド国民会議派
・結成時はインド人知識人・中間層が中心
・独立運動を展開する中でヒンドゥー教徒が中心的に

協力と対立

全インド=ムスリム連盟
・結成時は親英路線
・インド国民会議派と協力し，独立運動に参入
・1940年にムスリム国家建設を目標に掲げる

◀⑤ネルー(1889～1964)　近代的合理主義思想をもっており，伝統的農村を賛美するガンディーとはしばしば意見が対立するが，終生緊密な関係を保った。

◀⑥ジンナー(1876～1948)　はじめ国民会議派，のちに全インド=ムスリム連盟に加入。パキスタンの分離独立に成功し，初代総督となる。

国民会議派と協力していた全インド=ムスリム連盟は，しだいにムスリムとヒンドゥー教徒を分離する「二民族論」に傾き，1937年以降は国民会議派と対立するようになった。しかしガンディーは，ヒンドゥー教とイスラームの共存を訴え続けた。

アンベードカルによる改革の主張

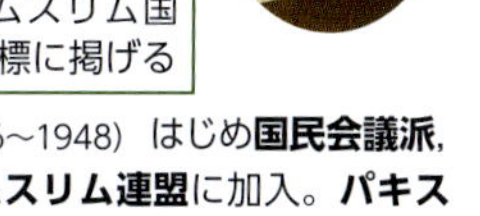

▶⑦アンベードカル(1891～1956)　不可触民カースト出身。一生を反カースト運動にささげた。独立後，ネルー内閣の法務大臣，憲法起草委員長。死の2か月前に仏教に改宗。彼の説いた仏教は新仏教とよばれる。

テーマ　民族資本家の成長

20世紀初めのスワデーシ(国産品愛用)運動と，第一次世界大戦での需要増大により，インド国内産業は発展し，民族資本家も成長していった。写真は，民族資本家(タタ財閥)が建てたインド初の国際ホテル。 ➔p.291

▶⑧タージマハルホテル(ムンバイ)

今日とのつながり　首相となったインディラ=ガンディーやラジブ=ガンディーは，ネルーの娘，孫であり，ガンディーと血のつながりはない。なお，ガンディーのみならず，インディラやラジブも暗殺された。

中国革命の進展 ～民族運動の大衆化と戦争の始まり

➔巻頭16

ヒストリーシアター 民衆を抗日に立ち上がらせたもの

▲①五・四運動に立ち上がる人々　これをきっかけに，全国的な反帝国主義・反封建主義運動が展開された。

➤②陳独秀(1879～1942)(上)と③胡適(1891～1962)(下)　陳独秀が創刊した『青年雑誌』は，1916年『新青年』と改称，中国の旧体制を批判するとともに，胡適・魯迅らを中心にやさしい口語で文学を語る文学革命(白話運動)を提唱し，抗日運動である五・四運動のすそ野を広げた。史p.348

よみとき　図①のなかの漢字のスローガンを読んでみよう。

ひと　魯迅(1881～1936年)

本名「周樹人」。浙江省紹興出身。1902年に官費留学生として来日。仙台の医学校で学ぶ途中，まず民族の精神を変革する必要があると感じ，文学に志望を変更した。帰国後，口語文の小説に取り組み，『狂人日記』『阿Q正伝』『故郷』など社会批判を含む作品を発表し続けた。

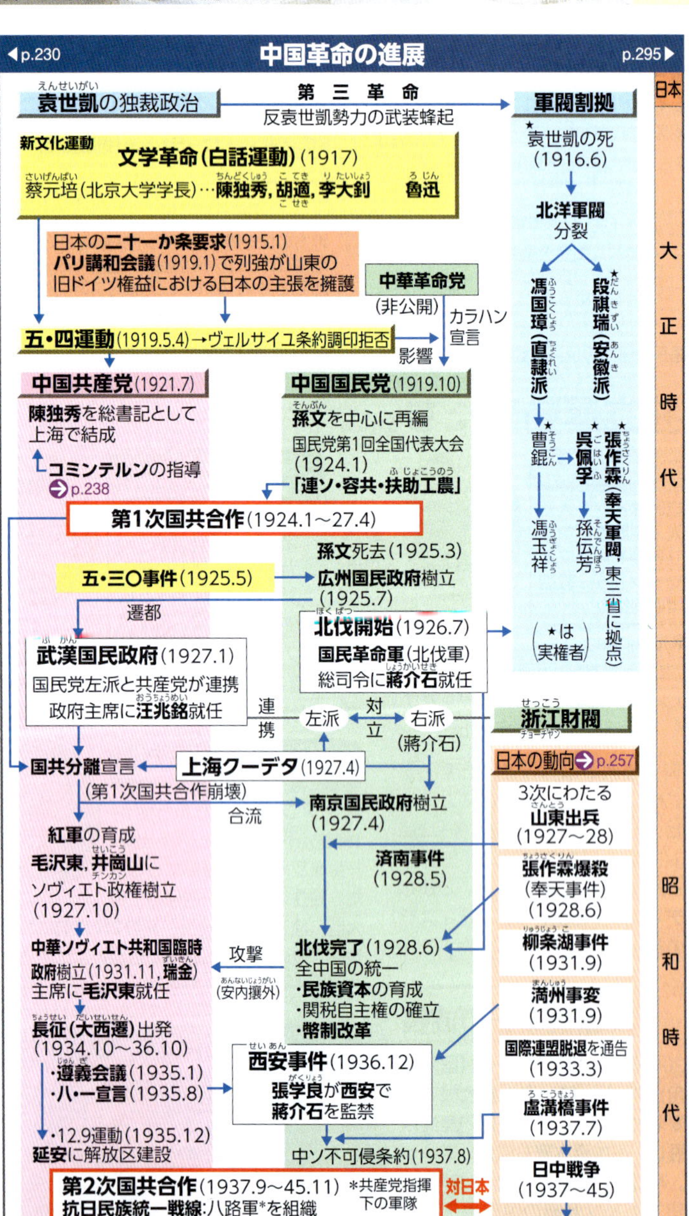

1 第1次国共合作と北伐(1919～28年)

➔p.231 3

軍閥支配下の地域
張作霖　北洋軍閥
軍閥の退路
国民党支配下の地域
1926年7月
1926年12月
1927年4月
蔣介石　国民革命軍
国民党の北伐
*国民革命軍に合流した軍閥

1924.11 チョイバルサンたちの活躍でモンゴル人民共和国設立
ソヴィエト連邦
モンゴル
❺1928.6 北伐完了
❶1919 五・四運動
1928.6 張作霖爆殺
1919 ➔p.233 三・一独立運動
チチハル　奉天(瀋陽)　張家口　北京　天津　寧夏(銀川)　閻錫山　張作霖　関東州　旅順　朝鮮　京城(ソウル)　蘭州　馮玉祥*　済南　青島　黄河　呉佩孚　張宗昌　黄海
1927～28 日本軍山東出兵
❹1927.4 南京国民政府
日本
中華民国
南京　上海　孫伝芳　武昌　重慶　長沙　杭州　浙江　周蔭人
❸1927.4 上海クーデタ 国共分裂
広州　香港　台湾　蔣介石　太平洋
❷1924.1 第1次国共合作 1926.7 北伐開始
ハノイ　フランス領インドシナ　シャム　南シナ海
0　500km

ソ連(コミンテルン)　労働者・農民

中国共産党
・1921年，コミンテルンの支援により成立
・マルクス-レーニン主義を掲げる
・労働者層・農民層の解放と無階級社会の確立をめざす

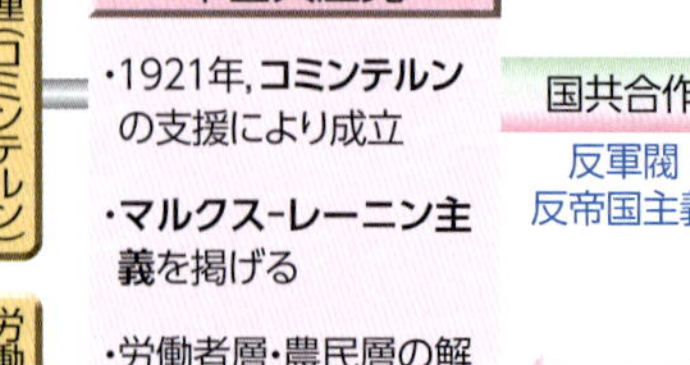

中国国民党
・1919年，中華革命党を前身に成立
・三民主義を掲げる
・ブルジョワ革命による民主政治の確立をめざす

アメリカ・イギリス　浙江財閥

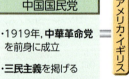

▲④共産党と国民党の対立

➤⑤蔣介石(1887～1975)と宋美齢(1897～2003)　日本の士官学校を出た蔣介石は，黄埔軍官学校長となって孫文亡きあとの国民党軍を掌握，軍閥打倒の北伐を指導した。さらに権力を固めるため，浙江財閥宋家の三女である美齢と結婚した。➔p.231

日本　東アジア　MAP R　3部3章

テーマ 日本の満州進出 ➔p.257

＊満州地方が山海関の東にあたることから「関東」と称した。

張作霖の爆殺

▲⑥張作霖爆殺の現場　奉天軍閥の**張作霖**が，北伐の国民政府軍に敗れて満州に拠点を移そうとした。日本は，満蒙権益の確保に利用してきた彼を奉天郊外で列車ごと爆殺した。

▲⑦張作霖

「満州国」の成立

▲⑧「満州国」執政となった溥儀　3歳で即位した清朝最後の皇帝**溥儀**(宣統帝)は，7歳のときに**辛亥革命**(➔p.231)が起こって退位したが，1932年新京を首都に五族協和や王道楽土を掲げた「**満州国**」が成立すると，日本の**関東軍**＊によってかつぎ出されて執政に就任し，34年には皇帝となった。

南満州鉄道の発展

▲⑨特急あじあ号と▶⑩時刻表　1906年に日本政府主導で設立された南満州鉄道株式会社(満鉄)は，「満州国」成立後の1934年に特急あじあ号の運転を開始した。当時の時刻表から，奉天が日本の大陸支配における交通の要衝であったことが読み取れる。

駅名＼列車番号	ひかり急行2	はと急行14	あじあ特急12
哈爾浜発	…	…	9.30
新京〃	8.00	9.30	13.40
四平街〃	9.44	11.11	15.04
奉天着	12.20	13.41	17.08

駅名＼列車番号	ひかり急行2	大陸急行10	のぞみ急行8
奉天発	12.28	22.48	23.18
蘇家屯〃	12.50	23.11	23.40
安東〃	18.30	4.50	5.43
平壌〃	22.35	8.48	9.38
京城〃	3.40	14.02	14.42
釜山着	11.05	21.50	22.10

駅名＼列車番号	急行18	はと急行14	あじあ特急12
奉天発	7.18	13.47	17.15
蘇家屯〃	7.38	14.08	レ
鞍山〃	8.38	15.08	18.21
大石橋〃	9.45	18.15	19.13
大連着	13.30	19.45	22.05

2 第1次国共合作の崩壊と長征(1927～36年)

3 日中戦争と第2次国共合作(1936～45年) ➔p.255 1

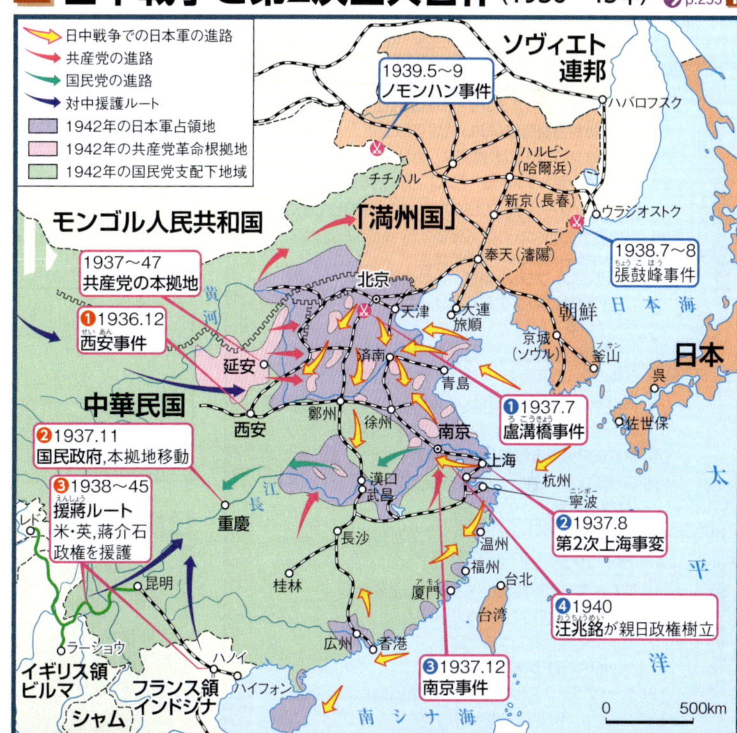

▲⑪長征(大西遷)　**第1次国共合作**の崩壊後，**蒋介石**は**共産党**攻撃を強化。1934年**毛沢東**(1893～1976)らは**瑞金**を脱出，大損害を出しながらも12500kmを移動し，37年に**延安**に拠点を構えた。この間，**抗日民族統一戦線**をよびかけた(**八・一宣言** 史p.353)。写真は難所の大雪山系を行く長征軍。

➔p.295
▲⑫長征直後の共産党指導者

▲⑬盧溝橋事件　1937年7月，北京郊外の盧溝橋で，日本軍が夜間練習中，中国軍と小ぜり合いを起こした。これがきっかけとなり日中全面戦争となっていった。

テーマ 西安事件

張作霖の長男で抗日の意識が強かった**張学良**は，**蒋介石**に延安の共産党攻撃を命じられた。しかし，張は西安を訪れた蒋を軟禁し，共産党との**抗日民族統一戦線**の結成を要求。**周恩来**の説得もあり，**第2次国共合作**を実現させた。

▲⑭張学良(1901～2001)

今日とのつながり　チャイナドレスは，中国服と洋服の長所と美点を取り入れたファッションとして，蒋介石が1929年に定めた女子公務員の制服，礼服であった。

日本 東アジア MAP R 3部3章

1920年代のアメリカ ～その光と影

4 ➔巻頭11

ヒストリーシアター ニューヨークのもつ二つの顔

よみとき 右の二つのニューヨークの写真から，そこに住む人々の暮らしを想像してみよう。図①と⑧の室内を比べてみよう。

➤①洋服の仕立てをする家族 ニューヨークには，出来高払いで働く移民が多くいた。彼らは狭いアパートで一家総出で仕事をしている。

➤②1920年ごろのニューヨーク 第一次世界大戦後に債権国となったアメリカの繁栄のシンボル，高層ビルが建ち並んでいる。エンパイアステートビルの建設が決まったのも20年代である（完成は1931年）。

丸数字は大統領の代を示す　**共** 共和党　**民** 民主党　青字 アメリカの対外政策

1880～1920年代のアメリカ

◀p.206　p.254▶

独占化の進行（日本：明治時代）

- 1882 **ロックフェラー**の**スタンダード石油会社**，トラストを形成 ➔p.219
- 86 **アメリカ労働総同盟（AFL）**結成 ➔p.206
- 89 第1回**パン=アメリカ会議**開催　**カリブ海政策** ➔p.217
- 90 **シャーマン反トラスト法**　「フロンティアの消滅」宣言
- **マッキンリー㉕ 共**，任1897～1901　**帝国主義政策**
- 98 **米西（アメリカ-スペイン）戦争** ➔p.221
  - →**キューバ**，スペインから独立（1901 **プラット条項**→米の保護国化）
  - →**フィリピン・グアム・プエルトリコ**を獲得
- **ハワイ併合**
- 99 国務長官ジョン=ヘイ，**門戸開放通牒（対中国）** ➔p.217,231
- 1901 **モルガン**，USスティール設立（鉄鋼トラスト結成） ➔p.219

革新と帝国主義の時代

- **セオドア=ローズヴェルト㉖ 共**，任1901～09　**棍棒外交**
- 03 **パナマから運河地帯の永久租借権を獲得** ➔p.221
- 05 **世界産業労働者同盟**（IWW）結成
- ローズヴェルト，ポーツマス条約を仲介
- **タフト㉗ 共**，任1909～13
- 11 最高裁，スタンダード石油会社に分割命令
- **ウィルソン㉘ 民**，任1913～21
- ○ **流れ作業によるT型フォード車大量生産開始**
- 14 **メキシコ革命**（1910～17）に介入（日本：大正時代）
- **第一次世界大戦**に中立を宣言
- クレイトン**反トラスト法**成立
- 15 **クー=クラックス=クラン（KKK）**復活（白人至上主義）
- 17 **アメリカ，ドイツに宣戦**（～18） ➔p.235
- 18 **「十四か条の平和原則」発表** ➔p.240
- 19 **禁酒法**成立（33廃止）　○チャップリンの無声映画
- 第1回**ILO（国際労働機関）**総会，ワシントンで開催

永遠の繁栄時代

- 20 ヴェルサイユ条約批准を上院で否決　**孤立主義外交**
- **（国際連盟不参加）** ➔p.240
- **女性参政権**を規定（憲法修正第19条発効）
- イタリア系移民の**サッコ**と**ヴァンゼッティ**逮捕（27処刑）
- **ハーディング㉙ 共**，任1921～23　**「平和への復帰」**
- 21 **ワシントン会議**（～22） ➔p.240
- **クーリッジ㉚ 共**，任1923～29
- 24 **移民法**（排日移民法）実施→**アジア系移民の事実上禁止**
- 27 **リンドバーグ，大西洋無着陸横断飛行に成功**（日本：昭和時代）
- **ジュネーヴ海軍軍縮会議** ➔p.240　○株式ブーム（～29）
- 28 **不戦条約（ケロッグ-ブリアン協定）** ➔p.240
- **フーヴァー㉛ 共**，任1929～33
- 29 フーヴァー，**「永遠の繁栄」**　○ギャング抗争最高潮
- **ウォール街で株価大暴落**（「暗黒の木曜日」）→**世界恐慌** ➔p.250

恐慌

- 31 **フーヴァー=モラトリアム**
- **フランクリン=ローズヴェルト㉜ 民**，任1933～45
- 33 **ニューディール（AAA・TVA・NIRA）**開始

1 国内に抱えるさまざまな矛盾

A 国内にくすぶる人種差別

●KKK会員が1万人以上の都市
反黒人暴動　1910～20年代　1940年代
黒人に対する集団暴力事件の報告数（1914～41年，州別）
150件未満　150～300件　300件以上
0　1000km
ポートランド　デトロイト　ニューヨーク　シカゴ　シンシナティ　デンヴァー　ロサンゼルス　ダラス　テキサス　ミシシッピ　アトランタ　ジョージア　大西洋　太平洋　メキシコ湾

▲③KKKの集会 南北戦争後，WASP（➔p.276）至上主義を背景に，反黒人のKKKが結成された。1915年に復活し，カトリック・ユダヤ・東洋人をも攻撃した。

B 禁酒法と犯罪組織の拡大

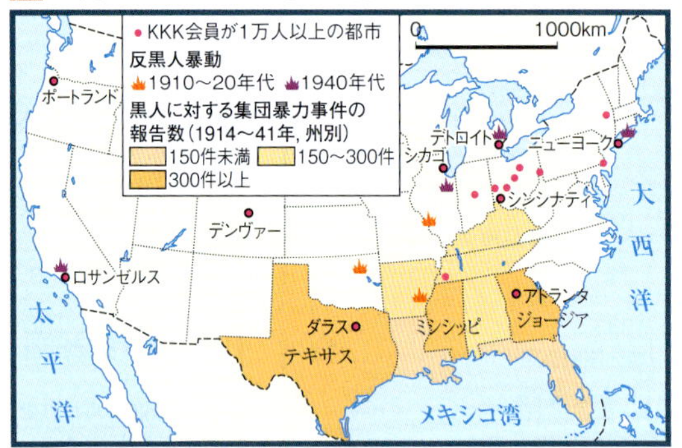

▲④下水道に捨てられる酒 1919年に成立した**禁酒法**には反対も多く，酒類の密造・密売・密輸がさかんに行われた。また，密売が大きな収入をもたらすためにギャングが介入した。

テーマ ギャングの暗躍

1920年代のアメリカで，闇の経済を支配したのがギャングである。その代表アル=カポネは，酒の密造・密売で巨額の利益をあげ，自動車とマシンガンを駆使して敵を倒し，なわ張りを拡大した。1929年の聖ヴァレンタインの虐殺は有名。

▲⑤アル=カポネ（1899～1947）

C 産業構造の変化

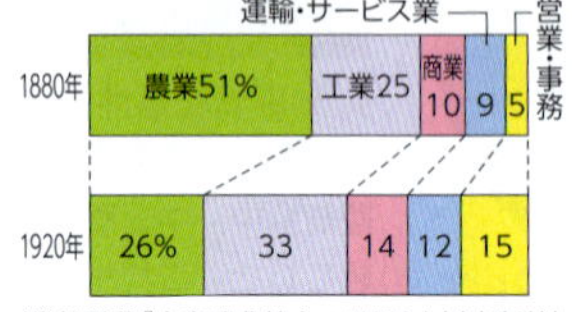

〈常松洋著『大衆消費社会の登場』山川出版社〉

▲⑥アメリカの産業構造の変化（就業人口の割合）

➤⑦不況にあえぐ農村 フーヴァーが「**永遠の繁栄**」とした1920年代，すでにアメリカの農業は不況にあえぎ，作物が収穫できても利益が残らない「**豊作貧乏**」におちいっていた。

＊1ブッシェルは約27kg

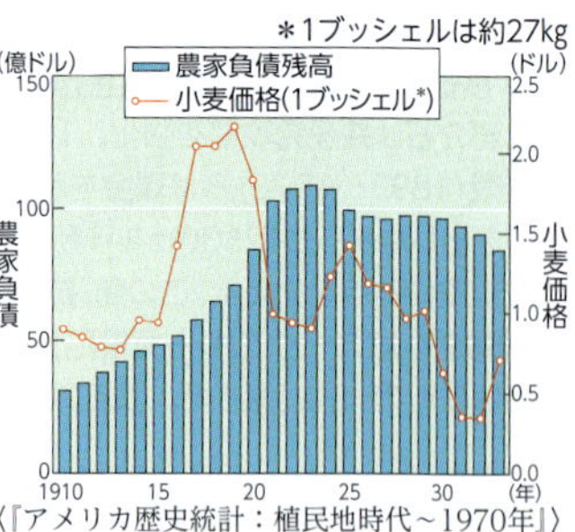

《アメリカ歴史統計：植民地時代～1970年》

アメリカ　MAP Q～R　3部3章

2 アメリカ的生活様式(American way of life)

◀⑧家電製品のある暮らし 冷蔵庫などの家電製品やシステムキッチンの普及は，便利で豊かな生活を象徴していた。急速に電気が家庭に引かれ，1929年には全米の家庭の7割に電気がついており，その約4分の1に洗濯機，8割にアイロンがあった。だが，農家への電気の普及率はわずか9%であった。写真はホームパーティーの準備。

大量生産・大量消費を特徴とする画一的であるが「豊かな」イメージの生活

- **T型フォードに代表される大衆車** ガソリンスタンド，ドライブイン，チェーンストア，駐車場のあるデパートを登場させる
- **家庭電化製品** 電気冷蔵庫，オーブンなど。家事労働の軽減により女性の社会進出を準備
- **購買意欲を高揚させる手段** 分割払いのクレジット，通信販売，広告産業が活発化
- **新しいメディア** ラジオ放送，映画，レコード，ジャズ

▲⑨この時代の生活・文化の特徴

A 大量生産・大量消費

➤⑩街にあふれる広告 **大量生産・大量消費**のシステムが浸透し，**大衆消費社会**を迎えたアメリカの企業は，大衆を相手にさまざまな商品広告を行った。左はコカ=コーラ，右はレコードプレーヤーのポスター。

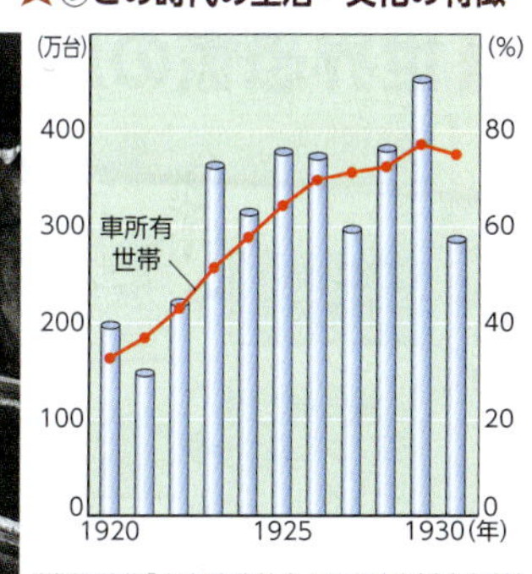

〈常松洋著『大衆消費社会の登場』山川出版社〉

▲⑪T型フォードの生産(左)と⑫車の販売台数・所有世帯の割合(右) **フォード社**はベルトコンベヤーに乗せた流れ作業方式を採用し，大量生産を開始した。**自動車**産業は，機械・鉄鋼・ゴム・ガラス・石油・土木建設などの関連分野を刺激し，20年代の繁栄を促進した。

➔巻頭15 ➔p.213

B ショービジネス・娯楽の登場

➤⑬ハーディング大統領と握手するプロ野球選手ベーブ=ルース (1895〜1948) 大リーグ屈指の強打者。3番・外野で活躍し，年間60本塁打の記録を樹立。生涯本塁打714本，打率3割4分2厘。

▲⑭「ダンスホールのある都市の活動」(原題"City Activities with Dance Hall"トマス=ハート=ベントン画) もともと黒人の間に生まれたジャズは，1920年代，アメリカ全土に広がった。ダンスホールでは男女が踊り，密造酒を売る闇の酒場も半ば公然と営業した。映画も人々の日常的な娯楽となり，ハリウッド映画がヨーロッパ映画にとってかわった。また，ミッキーマウスの生みの親であるウォルト=ディズニーはアニメ映画の製作で成功し，ディズニーランドを開くなどアメリカ大衆文化の代表者となった。

テーマ 航空機産業のパイオニア

➔p.363

アメリカは**航空機**の開発がさかんで，**ライト兄弟**の兄ウィルバーと弟オービルの2人は，実験を積み重ね，補助翼の原理を発見。1903年にキティホークで初の動力飛行に成功した。

➤⑮1927年大西洋横断飛行に成功したリンドバーグ スピリット=オブ=セントルイス号に乗って，ニューヨーク-パリ間を無着陸で飛行，国民的英雄となった。

年月	乗員	区間	距離/時間
1923.5	マクレディー，ケリー	ニューヨーク→サンディエゴ	5150km 約27時間
1927.5	リンドバーグ	ニューヨーク→パリ	5809km 約33時間
1927.6	ハーゲンバーガー，メートランド	オークランド→ホノルル	3890km 約26時間

▲⑯初期のころの長距離飛行

今日とのつながり ILO(国際労働機関)はその後，国際連合の最初の専門機関となった(➔p.259)。創立50周年にあたる1969年には，ノーベル平和賞を受賞した。

ア メリカ
MAP Q〜R
3部3章

世界恐慌　～その対応は民主主義の試金石(しきんせき)

ヒストリーシアター　それはニューヨーク，ウォール街から始まった

5 ➔巻頭12

▲①1929年10月ニューヨーク証券取引所につめかけた人々

▲②周辺で情報を集める人々

よみとき　当時高い生活水準をほこったアメリカで何が起こったのか，図①②から考えよう。

WORLD'S HIGHEST STANDARD OF LIVING
「世界最高の生活水準」
There's no way like the American Way

▲③パンの配給を待つ人々の行列(1932年)　背後にアメリカの高い生活水準をアピールするポスターがある。行列の人々は実際には洪水の被災者(ひさいしゃ)であるが，アメリカの「繁栄」を象徴する看板の内容とは裏腹(うらはら)に，パンの配給に並ぶ人々に，当時のアメリカの苦悩が表されている。

1 世界恐慌の原因とその波及

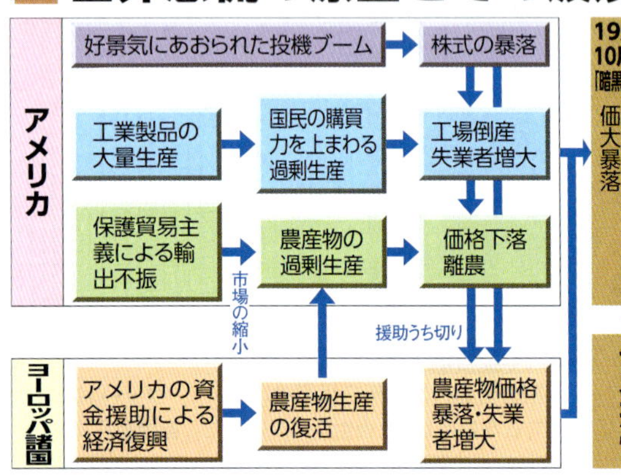

(1929年=100)　〈国際連盟『統計月報』〉　ソ連　日本　イギリス　ドイツ　アメリカ

▲④各国の工業生産

〈東洋書林『新編世界歴史統計』〉　(%)　(30.1)ドイツ　アメリカ　日本　イギリス

▲⑤各国の失業率

▲⑥ニューヨークの「フーヴァー村」　都市の公園やあき地には，人々があばら家を建てて住みつき，フーヴァー政権の無策を皮肉って「フーヴァー村」とよんだ。

2 各国の恐慌対策 ➔巻頭18

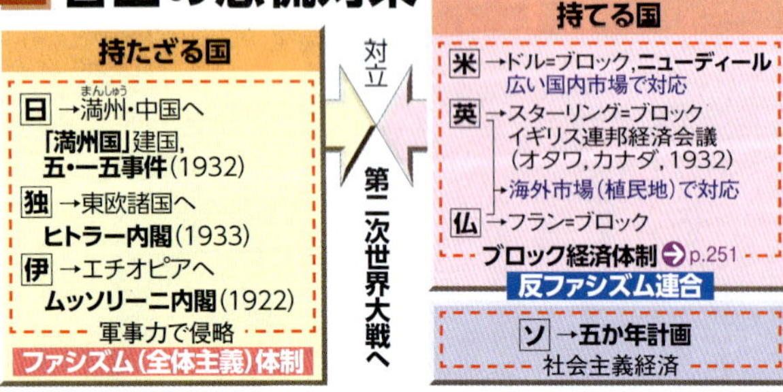

内政(3R政策)			外交
救済 Relief	復興 Recovery	改革 Reform	
1933年 **全国産業復興法(NIRA)** (全産業を政府の監督下に) 1935年　違憲判決 連邦緊急救済法 (失業の軽減のため援助金提供) **農業調整法(AAA)** (生産の制限，価格の調整) 1936年　違憲判決 緊急銀行法(EBRA) **金本位制廃止**		1933年 連邦証券法 **テネシー川流域開発公社(TVA)** (政府企業によるテネシー川流域の総合開発) 1935年 **ワグナー法** (団結権・団体交渉権保障) 1938年 **産業別組織会議(CIO)**	○対ラテンアメリカ**善隣外交** (高圧的外交→友好的外交) 1933年 **ソ連承認** ➔p.240 1934年 **フィリピン独立法** (10年後の完全独立を約束 ➔p.227) **キューバ独立承認** 1935年 中立法制定

▲⑦ニューディール(新規まき直し)

■影響力を強めるアメリカ経済

第一次世界大戦において，**連合国**を支えたアメリカは，戦後にはイギリスにかわり**世界最大の債権国**(さいけんこく)となっていた。西半球，とくに太平洋の秩序にはこだわったが，世界全体の秩序への関与は避けようとする傾向があった。ドイツの賠償問題 ➔p.240～241

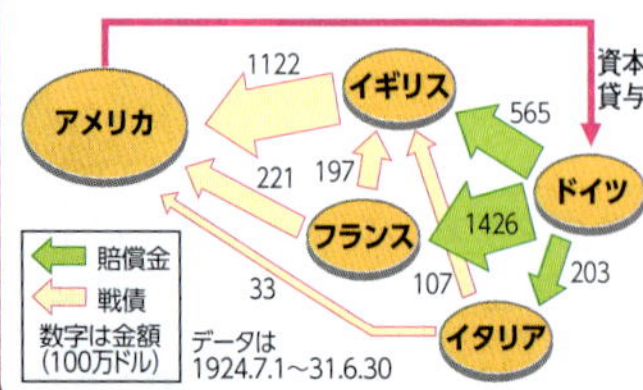

テーマ　アメリカ民主主義の危機

ニューディールを批判し，**ローズヴェルト**が最も恐れた男，ルイジアナ州知事ロングはルイジアナ州の独裁者といわれ，一定の額以上の私有財産の没収とすべての家庭に5000ドルを支給すると宣伝し，全米の権力掌握(しょうあく)にのりだした。諸悪の根源を少数の富者として階級対立をあおり，大衆の支持を獲得するロングの手法は**ファシズム**を連想させる。当時のアメリカは民主主義を体現していたが，権力者への圧倒的支持，巧妙な政治手法がそろえば，民主主義はたやすく崩壊(ほうかい)する可能性を秘めている。 ➔巻頭18

〈三宅昭良著『アメリカン・ファシズム』講談社をもとに作成〉

◀⑧フランクリン=ローズヴェルト(1882～1945)　1932年の大統領選で「**ニューディール**」を掲げて当選。ラジオ放送で国民に語りかけ(「**炉辺談話**(ろへんだんわ)」)，人気を集めた。米史上初の大統領4選を果たした。

▼⑨ヒューイ=ロング(1893～1935)

今日とのつながり　10億分の1秒という速さで株の取り引きを行うロボ=トレーダーの登場により，1929年の世界恐慌規模の株価の変動は，現在は分単位で生じている。

特集 19・20世紀前半の世界経済と経済学

1 「世界の工場」イギリスと「後発国」ドイツの経済学者

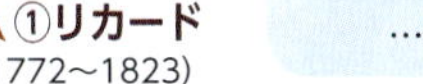

▲①リカード
(1772〜1823)

19世紀前半 イギリス

国際分業(世界分業体制)による自由貿易を主張

各国が得意な製品を輸出し購入し合うことがたがいに利益である。
…**比較生産費説**

←**批判**

▲②リスト
(1789〜1846)

19世紀半ば ドイツ

後進国の産業保護・育成のため保護貿易を主張

自由貿易は先進国を豊かにするが，途上国の経済発展を阻害する。

主張の背景 19世紀前半に工業化を達成したイギリスは，大量生産した工業品を世界各地に輸出して，各地の物産を購入していた。この方向をおし進めるために，各地がイギリスの欲する特産品の生産に専心し，貿易が自由になることが望ましかった。

主張の背景 後進資本主義国であったドイツでは，安くて質の高いイギリス工業製品が輸入されることによって，ドイツ国内の産業が発展しなくなることを危惧し，それを防ぐために**保護関税政策**が主張されるようになった。

2 世界恐慌後のスタンダード ケインズの理論

政府による経済への介入を主張

▲③ケインズ
(1883〜1946)

自由放任の下では失業問題は解消されないため，政府による金融政策と財政政策によって，人為的に新しい需要(有効需要)を創出し，生産量を完全雇用の水準に調整する必要がある。
…**有効需要の原理**

主張の背景 1929年の世界恐慌で世界経済は急激に降下した。ケインズは，それまで主流であった自由放任政策を否定し，政府介入による恐慌対策を主張したが，このことは革新的な主張であった。

個人主義と自由な経済を主張 ↑批判

◀④ハイエク(1899〜1992)

非合理的な人間が合理的に経済を計画することはできない。経済は自律的に形成される秩序であり，政府が介入する必要はない。

有効需要の原理
→ニューディールを理論的にあと押しし，第二次世界大戦後の欧米諸国の福祉国家政策の基盤となる
管理通貨制度を体系化
・金本位制を廃止し，通貨発行量を裁量的に管理・調整することで物価安定や雇用促進をはかることを主張 →1931 年以降，各国が採用
ヴェルサイユ条約を批判
・ドイツに過大な賠償金を課せば，混乱の果てに独裁者が現れると警告 →第二次世界大戦後の世界経済秩序の再構築に影響 ➔p.263

▲⑤ケインズの主張とその影響

キーワード **「小さな政府」と「大きな政府」** 近代国家では，政府は市場に介入せず，財政規模が小さいことが理想とされる「小さな政府」理論が一般的であった。だが，ケインズの「**有効需要**」以降，政府の市場への介入を強化した「**大きな政府**」の理論が普及するようになった。「大きな政府」では，市場の介入のほか，公共事業による雇用の創出や社会保障の充実なども包括する。

テーマ 金が通貨を支配する金本位制

20世紀初頭の世界各国の通貨制度は，金の価値の安定性によって通貨の価値を裏打ちし，その国が保有する金の量によって通貨発行量を制限するという，**金本位制**が採用されていた。金本位制は自国通貨の信用性を高めるなどメリットがあったものの，戦争時や恐慌時などの危機の時代には，金本位制が廃止されることがあった。世界恐慌後，各国は金本位制を廃止したが，第二次世界大戦後に，アメリカが**金ドル本位制**を採用した。➔p.263

▼⑥金本位制のしくみ(19世紀後半)

金の価値を基準にして取引
英：金 交換 ポンド ポンド ポンド（基軸通貨）
米：金⇔ドル
仏：金⇔フラン
日本：金⇔円
独：金⇔マルク

▼⑦金本位制のメリット・デメリット

メリット	・外国為替(かわせ)相場が安定する　・国内の物価が安定する ・自国通貨の信用性を高めることで，通貨の国際的地位を高めることができる
デメリット	・求めに応じて通貨から金に交換しなければならない →戦争時に敵国から交換要求があると，自国の金が敵国に流出するおそれがある ・通貨の発行量が金の保有量によって決定する →国内経済を活性化するために通貨が必要な際，充分な量を発行できない

経済学の流れ

18世紀 イギリスの世界進出

古典派経済学 ← イギリスをあと押しする自由主義経済学説

アダム=スミス(英)
1776『諸国民の富(国富論)』➔p.177

リカード(英)
1817『経済学及び課税の原理』
…比較生産費説→1
…古典派経済学を確立

19世紀 ドイツ・アメリカの台頭

歴史学派経済学 ← イギリス資本の侵入を防ぐ保護貿易主義 ↑批判

リスト(独)
1841『経済学の国民的体系』→1

(古典派経済学を批判的に摂取)

マルクス経済学

マルクス(独)
1867『資本論』➔p.183

マーシャル(英)

1914〜18 **第一次世界大戦**

レーニン(露)
1916『帝国主義論』
→ロシア革命へ➔p.238

20世紀前半

近代経済学

1929 **世界恐慌**

恐慌対策から政府介入による景気刺激を主張

ケインズ(英)
1936『雇用・利子および貨幣の一般理論』
…有効需要の原理→2

1939 **第二次世界大戦始まる**

テーマ 究極の保護貿易体制「ブロック経済」

世界恐慌後，「持てる国」の各国は自国の貿易保護策として排他的な広域経済圏**ブロック経済**を形成した。植民地を含む経済圏内では共通通貨を使用し，関税を排して本国の輸出を増やそうとする一方，経済圏外からの貿易には高関税率を設定することで，多角的で自由な貿易体制を否定した。➔p.250

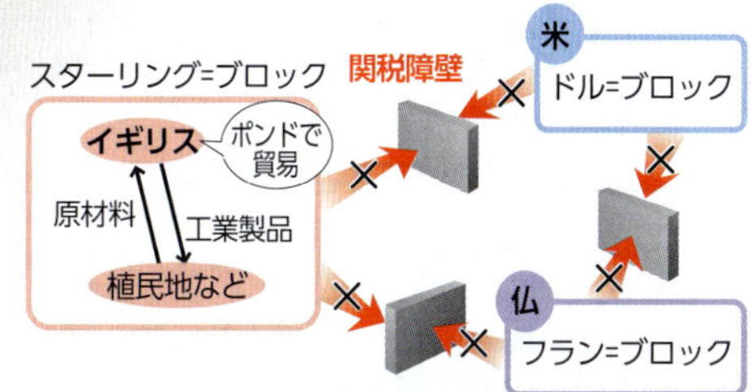

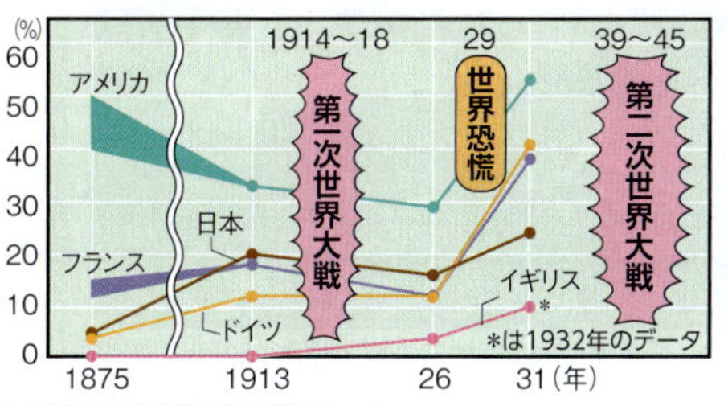

▲⑦各国の関税率の推移

今日とのつながり 日本の安倍晋三内閣が打ち出したアベノミクスの「三本の矢」政策である，金融緩和・財政政策・成長戦略は，ケインズ主義に立脚したデフレ脱却経済政策といわれる。

ヨーロッパ
アメリカ
MAP P〜R
3部3章

➡巻頭12

ヒストリーシアター 街にひびく「ハイルヒトラー（ヒトラー万歳）」

◀①「われら最後の望みヒトラー」と書かれたポスター（1932年） **ナチ党**は巧妙な大衆宣伝により勢力をのばし，大衆各層にわかりやすいポスターを作成した。

▶②支持者と握手するヒトラー **ヒトラー**は，大衆集会が政治宣伝として有効であると考えていた。この写真は，1937年10月，ハノーファー近郊での収穫祭に出席したときのもので，当時貴重であったカラーフィルムを使用している。

よみとき ヴァイマル共和国の状況をふまえ，図①の1932年のナチ党のポスターがどのような階層に何を訴えているのか考察しよう。

ファシズム国家（全体主義国家）の動き

◀p.242　p.254,255▶

	ドイツ	イタリア	日本	国際関係
	1929 世界恐慌始まる			
ファシズム国家の出現			31 **満州**(まんしゅう)**事変**	31 **フーヴァー=モラトリアム**（米） **ウェストミンスター憲章**（英）
	32 ナチ党，第一党となる（過半数達せず）		32 **「満州国」**を建国 **五・一五事件**	32 **リットン調査団** ➡p.257
	33 **ヒトラー内閣成立**（**ヒンデンブルク**大統領，ヒトラーを首相に指名） **国会議事堂放火事件** **→共産党解散** **全権委任法**（ナチス，独裁権確立） **第三帝国**成立 **国際連盟脱退**を通告		33 **国際連盟脱退**を通告	
	34 ヒトラー，**総統（フューラー）**に就任		34 **ワシントン海軍軍備制限条約破棄**	
	35 ❶**ザール編入** **再軍備宣言**（ヴェルサイユ条約破棄） **徴兵制**復活 **英独海軍協定**	35 エチオピア戦争		35 ストレーザ会議（英・仏・伊） **コミンテルン第7回大会**（ソ） →**人民戦線**（反ファシズム統一戦線）提唱
	36 ❷**ラインラント進駐**（**ロカルノ条約破棄**） **四か年計画始まる** **ベルリン-ローマ枢軸成立**	36 **エチオピア併合**	36 **二・二六事件** **日独防共協定**	36 **ブルム人民戦線内閣**（仏） スペインで**人民戦線内閣** →**フランコ**が反乱 **スペイン内戦**始まる
対外侵略		37 **日独伊防共協定** **国際連盟脱退**	37 **盧溝橋**(ろこうきょう)**事件** **→日中戦争** ➡p.247,257	
	38 ❸**オーストリア併合** **ミュンヘン会談** ➡p.254 →❹**ズデーテン地方併合**			38 **ミュンヘン会談**（英・仏・独・伊，対独**宥和**(ゆうわ)**政策**） ➡p.254
	39 ❺チェコスロバキア解体 **独ソ不可侵条約** ❽**ポーランド侵攻** →	39 **アルバニアを併合**	39 **ノモンハン事件**	
	1939 第二次世界大戦始まる			

（黄色マーカー）対外事項　❶～❽ **3** 地図に対応

ムッソリーニ　ヒトラー

1 ナチ党*の台頭(たいとう)

*国民社会主義ドイツ労働者党のこと。ナチズムはその思想原理。

▽ナチ党　▽共産党　▽社会民主党　赤数字は全議席数

- 1928.5月　ナチ党2.4%　共産党11.0%　社会民主党31.2%　491
- 1929年 世界恐慌開始
- 1930.9月　ナチ党18.5%　共産党13.3%　社会民主党24.9%　577
- 1932.7月　ナチ党37.8% 初めて第一党　共産党14.6%　社会民主党21.9%　608
- 1932.11月　ナチ党33.6%　共産党17.1%　社会民主党20.7%　584
- 1933.2 国会議事堂放火事件
- 1933.3月　ナチ党44.5%　共産党12.5%　社会民主党18.5%　647

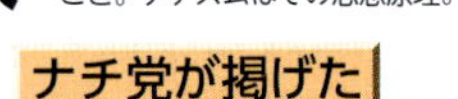

- **ヴェルサイユ体制の打破**
- **反共産主義**
- ドイツ民族の優位性と**ユダヤ人の排斥**(はいせき)
- 公共事業と軍需産業による**失業者の救済**
- 領土の拡大

◀③ナチ党の議席獲得数 ヴェルサイユ体制を批判して勢力を伸ばしたナチ党は，同様に勢力を拡大していた**共産党**を，**国会議事堂放火事件**の黒幕と見なして解散させることで一党独裁を実現させた。

▼④ナチ党員の職業別構成

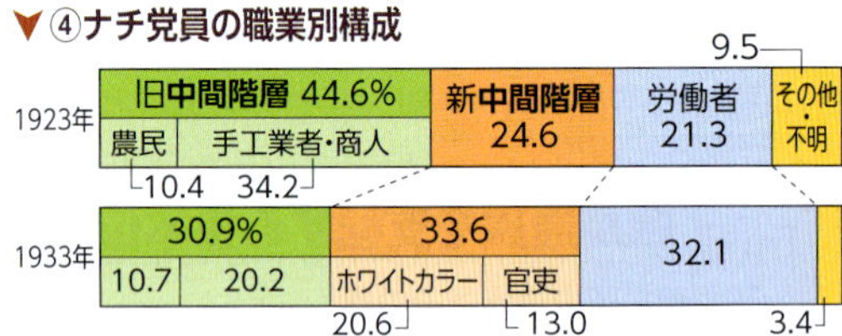

2 日常生活に入り込むナチズム

*右手を前方斜め上に伸ばすナチス式敬礼は，「ハイルヒトラー」のかけ声とともに行われることが多かった。

▲⑤ナチス式敬礼*を行うドイツのサッカー選手（1936，対イングランド） ナチ党は，民衆に人気の高いサッカー選手を取り込み，人心を掌握していった。

◀⑥ベルリンオリンピックの開催 1936年に行われた**オリンピック**はナチス=ドイツの国威発揚(こくいはつよう)の場となり，その成功はドイツ国民の自信を回復することとなった。

▼⑦ヒトラーユーゲント 青少年教育組織であるヒトラーユーゲントでは，キャンプなどの余暇活動を多く取り入れて青少年を引きつけ，徹底的な教育と集団行動を通じた同胞意識の形成によって，党とヒトラーに忠誠を誓う青少年を育成しようとした。

〈活動例〉

時刻	活動
6:30	起床・体操
8:00	団旗掲揚
8:15	朝食
9:00	点呼・テント整理
9:30	野外で訓練，制服を着て合唱しながら行進
12:30	景色のよいところへ行って合唱
13:00	昼食
13:40	自由行動
15:00	スポーツ
17:00	合唱・談話
19:00	夕食
20:00	ファイヤーストーム・劇・講演・合唱
21:30	団旗下降，静かに合唱しながら歩く
22:00	帰営

〈『近現代史の授業づくり（世界史編）』青木書店〉

今日とのつながり 聖火リレーや選手村の設置，オリンピック記念映画の制作は1936年のベルリンオリンピックから始まった。また，ピカソの意思によりアメリカに寄託されていた「ゲルニカ」は，1981年にアメリカからスペインに返還された。

3 侵略による解決の準備

p.241 3，p.254 1

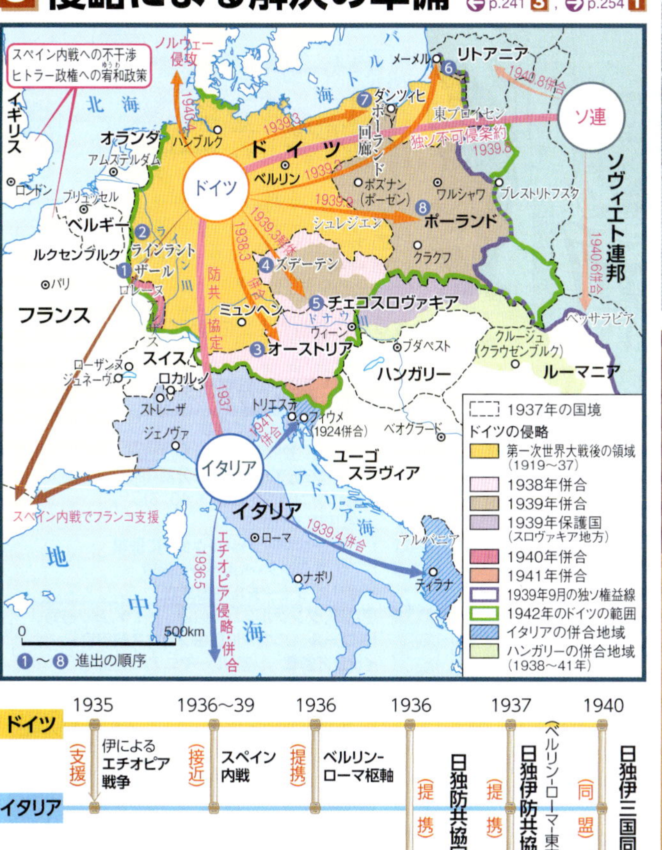

▲⑨枢軸の形成

	1935	1936〜39	1936	1936	1937	1940
ドイツ・イタリア	（支援）伊によるエチオピア戦争	（接近）スペイン内戦	（提携）ベルリン－ローマ枢軸			
ドイツ・日本				（提携）日独防共協定	（提携）日独伊防共協定（ベルリン－ローマ－東京枢軸）	（同盟）日独伊三国同盟

ヒトラー

◀⑧ウィーン市民に迎えられるドイツ軍　1938年3月，ナチス＝ドイツは**オーストリアを併合**した。このできごとは多くのオーストリア国民から歓迎を受け，これによってヒトラーの領土的欲求が加速することとなった。

テーマ　ヒトラーの野望「東方生存圏」とユダヤ人迫害

ヒトラーが東欧を侵略しようとした背景には「生存圏拡大」という概念があった。これはドイツが植民地をもたないため，人口過剰と食料不足に直面し，新しい土地なしには，国民の未来を確実なものにすることができない，という考え方であった。侵略の際には，「東欧にいるドイツ人を**ユダヤ人**から救い出さなければならない」という大義名分が使われた。

1925.	ヒトラー『**わが闘争**』（上巻，27年に下巻）史p.353
33. 1	**ヒトラー政権発足**
35. 9	**ニュルンベルク法**（ユダヤ人の公職追放，選挙権剝奪，ドイツ人との結婚禁止）
38.11	**「水晶の夜」事件**（ユダヤ人商店などの襲撃）
39. 9	**第二次世界大戦勃発**
42. 1	**ヨーロッパの全ユダヤ人の絶滅（ホロコースト）を決定** p.258 史p.353

◀⑩**ナチ党が人々に植え付けようとしたユダヤ人のイメージ**　ユダヤ人を「勤勉で健全なドイツ人」と相反する「敵」としてイメージさせようとした。

4 スペイン内戦

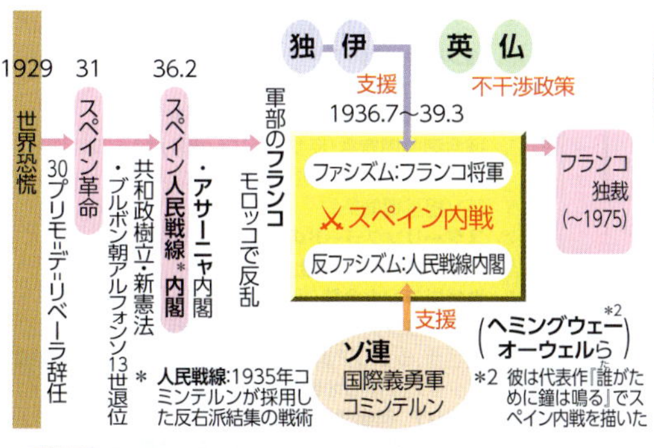

▲⑪**フランコ**（1892〜1975）　スペインの軍人・政治家。**人民戦線内閣**成立に対し，地主・資本家が彼を支持した。

▲⑫**スペイン内戦**　英・仏は**不干渉政策**を堅持。独・伊がフランコの反乱側を，ソ連が人民戦線内閣側を支援し，内戦はファシズムと反ファシズムの国際紛争に発展した。

▲⑬**人民戦線政府側の民兵**　服装はまちまちだが士気は高く，女性の姿も見られる。

歴史と絵画　名画に込められた怒りと平和への願い

1937年，**フランコ**を支援する独・伊の空軍により，スペインの古都**ゲルニカ**は史上初の**無差別爆撃**を受けて壊滅した。それに憤慨した**ピカソ**は，「ゲルニカ」を描き，戦争とファシズムを告発した。牛をファシズム（フランコ），馬を抑圧される人民とする説やその逆の解釈もある。

▲⑭**ドイツ軍の爆撃でがれきの山となったゲルニカ**

▶⑮**ピカソ「ゲルニカ」**〈349.3cm×776.6cm〉

第二次世界大戦① ～ヨーロッパ戦線

➔巻頭18

ヒストリーシアター ナチス=ドイツの侵略を許したもの

➤①ミュンヘン会談の風刺画　1930年代，**ナチス=ドイツ**の侵略的な領土割譲の要求に対し，英・仏は弱小国を犠牲にして要求に譲歩する**宥和政策**をとっていた。1938年のこの会談では，ドイツを反ソ・反共の防波堤とするため，その要求を認めた。

よみとき　図①で椅子に座らせてもらっていない人物は誰か，背後の地図はどこの国か，誰がこの国を欲しがったのかに注目しよう。

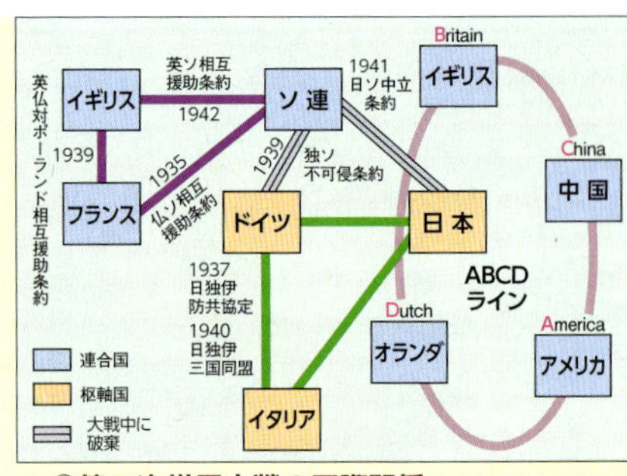

▲②第二次世界大戦の国際関係

1 大戦初期のヨーロッパ戦線(1939～42年)

➔p.253 3，➔p.256 1

大戦前のポーランド国境

連合国艦船2700余隻，Uボート730隻が撃沈

ドイツ作戦領域(1941.3～45.4)
ドイツ作戦領域(1940.8～41.3)

1943.5 コミンテルン解散

ドイツが1939年3月以降，ポーランド回廊の特権(通路)要求

1940.6 連合軍ダンケルクから撤退

1940.7 ヴィシー政府成立(ドイツに協力)

1942～43 スターリングラードの戦い

1939 フランコ政権成立

1939.4 イタリア，アルバニアを併合

1942.8～9 英独軍激戦区
1942.11 独軍撤退

1941.2 独ロンメル将軍，アフリカ遠征

40.9～10 ロンドン空襲
41.12 対米宣戦布告

凡例：1939年(開戦前)のドイツ領／1940年までの枢軸側占領地／1942年までの枢軸側占領地／1941年までの枢軸側参加国／1942年のイタリア領／中立国／連合国／▲ドイツが建設した絶滅収容所・強制収容所／枢軸国の最大勢力範囲(1942年)(イタリア・ドイツ)／1939年9月の独ソ権益線／→枢軸国側の侵攻

❶ラインラント　❷ザール

フィンランド　カレリア　レニングラード　ソヴィエト連邦　ノルウェー　スウェーデン　エストニア　ラトヴィア　リトアニア　モスクワ　イギリス　デンマーク　エーレ共和国(アイルランド)　オランダ　ドイツ　ベルリン　ダンツィヒ　ワルシャワ　ポーランド　ロンドン　ハーグ　ベルギー　ダンケルク　パリ　ドレスデン　プラハ　ベーメン・メーレン保護領　アウシュヴィッツ　キエフ　ロストフ　スターリングラード　カスピ海　マジノ要塞　ウィーン　スロヴァキア　ハンガリー　ルーマニア　ベッサラビア　スイス　ダッハウ　ヴィシー　ボルドー　フランス　トリエステ　ヤルタ　黒海　バクー油田　ベオグラード　ユーゴスラヴィア　ブルガリア　マルセイユ　イタリア　ポルトガル　スペイン　コルス島(コルシカ島)　マヨルカ島　アルバニア　イスタンブル　トルコ　ジブラルタル〔英領〕　セウタ　アルジェ　アルジェリア〔仏領〕　モロッコ〔仏領〕　シチリア島　チュニス　チュニジア〔仏領〕　マルタ島〔英領〕　ギリシア　ドデカネス〔伊領〕　クレタ島　キプロス島〔英領〕　シリア　イラク　バグダード　パレスチナ　イェルサレム　トランスヨルダン　エルアラメイン　カイロ　エジプト　トリポリ　サウジアラビア　アメリカへ　大西洋　地中海　500km

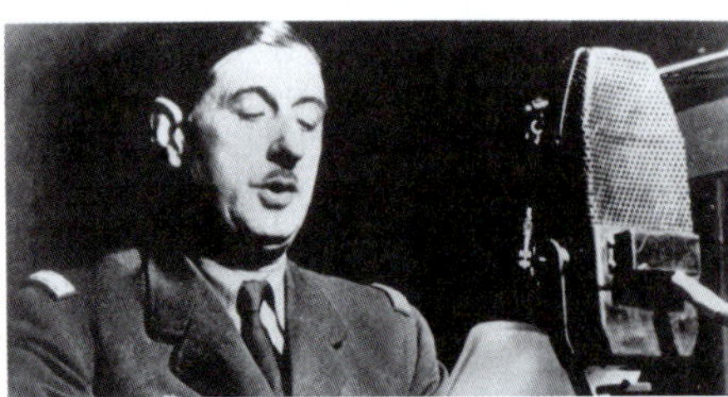

▲③抵抗運動をよびかけるド=ゴール(1940年)　ド=ゴールは，亡命先のロンドンで自由フランス政府をつくり，フランス国民に**レジスタンス**をよびかけた。

◀④ドイツ軍のギリシア占領(1941年)　バルカン半島への進出を画策していたドイツは，ユーゴスラヴィアで反枢軸国側の新政府が成立したことを契機に，ユーゴに侵入し，ギリシアまで一気に制圧した。

テーマ バルカン半島での強制収容所

ドイツのユーゴスラヴィア侵攻を機に，クロアティアでは，ファシスト政党ウスタシャがクロアティア共和国をつくった。彼らは1941年に，ヤセノヴァツ強制収容所をつくり，ユダヤ人のほかロマやセルビア人などを収監し，8万人を虐殺したといわれる。このユーゴスラヴィア連邦内での遺恨は，のちのユーゴ内戦での「民族浄化」の原因の一つとなった。➔p.258

▲⑤強制収容所の跡地での追悼式典に参列する人々(2015年，クロアティア)

ヨーロッパ戦線の経過

◀p.252　p.261▶

青字 ドイツの動き

1939.9 **ドイツ，ポーランドに侵攻**
→英・仏，独に宣戦布告　**第二次世界大戦始まる**
ドイツ・ソ連，ポーランドを分割・併合
.11 **ソ連-フィンランド戦争**(～40. 3)
.12 ソ連，国際連盟除名
1940.4 **ドイツ，デンマーク・ノルウェーに侵攻**
.5 **ドイツ，オランダ・ベルギーに侵攻**
イギリス，チャーチル内閣成立
.6 連合軍，**ダンケルク**から撤退　**ドイツ，パリ占領**
ド=ゴール，ロンドンに**自由フランス政府**樹立
イタリア参戦　ソ連，ルーマニアに侵攻

▲⑥パリに入城するドイツ軍騎兵(1940.6)

.7 フランス，**ヴィシー(ペタン)政府**成立　ドイツ，ロンドン空襲開始
.8 ソ連，**バルト3国**併合
.9 **日独伊三国同盟**
1941.3 アメリカ，**武器貸与法**可決
ドイツ軍，**バルカン制圧**(1941年春)
.6 **独ソ戦争開始**
.8 連合国，**大西洋憲章**発表 ➔p.259
.12 **ドイツ・イタリア，対アメリカ宣戦布告**
1942.1 **連合国共同宣言**(反ファシズム宣言) ➔p.259
ドイツ，ユダヤ人絶滅を決定 ➔p.258
.5 英ソ相互援助条約
.7 **スターリングラードの戦い**(～43) ➔p.256
.11 連合軍，**北アフリカ上陸**
1943.1 **カサブランカ会談**(米・英) ➔p.259
.2 **スターリングラードでドイツ軍降伏**
.7 連合軍，**シチリア島に上陸**　**ムッソリーニ**解任，逮捕
イタリア，**バドリオ政権**成立
.9 **イタリア，無条件降伏**
.11 **カイロ会談**(米・英・中)　**テヘラン会談**(米・英・ソ)
1944.6 **連合軍，ノルマンディーに上陸**

▲⑦ノルマンディー上陸

.8 **ダンバートン=オークス会議**(米・英・ソ・中)(～.10)
連合軍，**パリ解放**
1945.2 **ヤルタ会談**(米・英・ソ) ➔p.259
.5 ソ連軍により，**ベルリン陥落**　**ドイツ，無条件降伏**
.7 **ポツダム会談**(米・英・ソ)(～.8) ➔p.259

第二次世界大戦② ～アジア・太平洋戦線

➡巻頭16

ヒストリーシアター “共存共栄”がめざしたもの

◀①大東亜会議　1943年，東京で開催。欧米列強の支配を排除した大東亜の建設を掲げ，共同宣言を採択した。

▼②大東亜共栄圏を宣伝するビラ

よみとき　図①の会議に参加した地域を下の地図上で確認し，図②で追い落とされている国は，どの国か注目しよう。

茶字 日本の動き

アジア・太平洋戦線の経過

◀p.252　p.261▶

年月	できごと
1939.5	ノモンハン事件（「満州国」国境で日ソ両軍が衝突）
.7	アメリカ，日米通商航海条約破棄通告
1940.3	南京で汪兆銘政権成立
.7	日本，「大東亜共栄圏」構想を発表
.8	中国八路軍が大攻勢
.9	日本，北部仏領インドシナ進駐
	日独伊三国同盟
1941.4	日ソ中立条約
	日米交渉開始
.6	アメリカ，対中国武器貸与法発効
.7	日本，南部仏領インドシナにも進駐
	アメリカ・イギリスが日本資産を凍結
.8	アメリカ，対日石油輸出の全面禁止
○	日本への連合国による貿易制限 =ABCDライン形成（米・英・中・蘭）
.11	米，ハル=ノート提示
.12	日本，マレー半島上陸，真珠湾（パールハーバー）攻撃
	太平洋戦争始まる（～45） ➡巻頭12
	日タイ攻守同盟締結，マレー占領

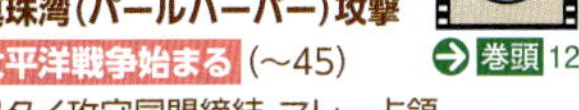

▲③真珠湾攻撃で炎上するアメリカの戦艦

年月	できごと
1942.1	日本，フィリピン（マニラ）占領
.2	日本，シンガポール占領
.3	日本，ビルマ・ジャワ・スマトラ占領 →オランダ領東インド降伏
.6	ミッドウェー海戦→日本軍大敗
.8	アメリカ，ガダルカナル島に上陸
1943.2	日本，ガダルカナル島撤退
.5	日本，アッツ島守備隊全滅
.11	東京で大東亜会議開催
.12	日本，学徒出陣始まる
1944.6	アメリカ，サイパン島に上陸
.10	アメリカ，レイテ島に上陸
	日本，神風特別攻撃隊（特攻隊）初出撃
○	日本本土空襲（1944.11～）
1945.1	アメリカ，ルソン島に上陸（フィリピン奪回）
.3	硫黄島の日本軍全滅
.4	米軍，沖縄本島に上陸
.8	広島に原爆投下（6日）➡p.256　長崎に原爆投下（9日）
	ソ連，対日宣戦（8日），南樺太と北方領土を含む千島列島に侵入（9日）
	日本，無条件降伏　ポツダム宣言受諾（米・英・中・ソ，14日）→国民に発表（15日）
.9	日本，降伏文書調印（2日）

1 アジア・太平洋戦線

➡p.226 1

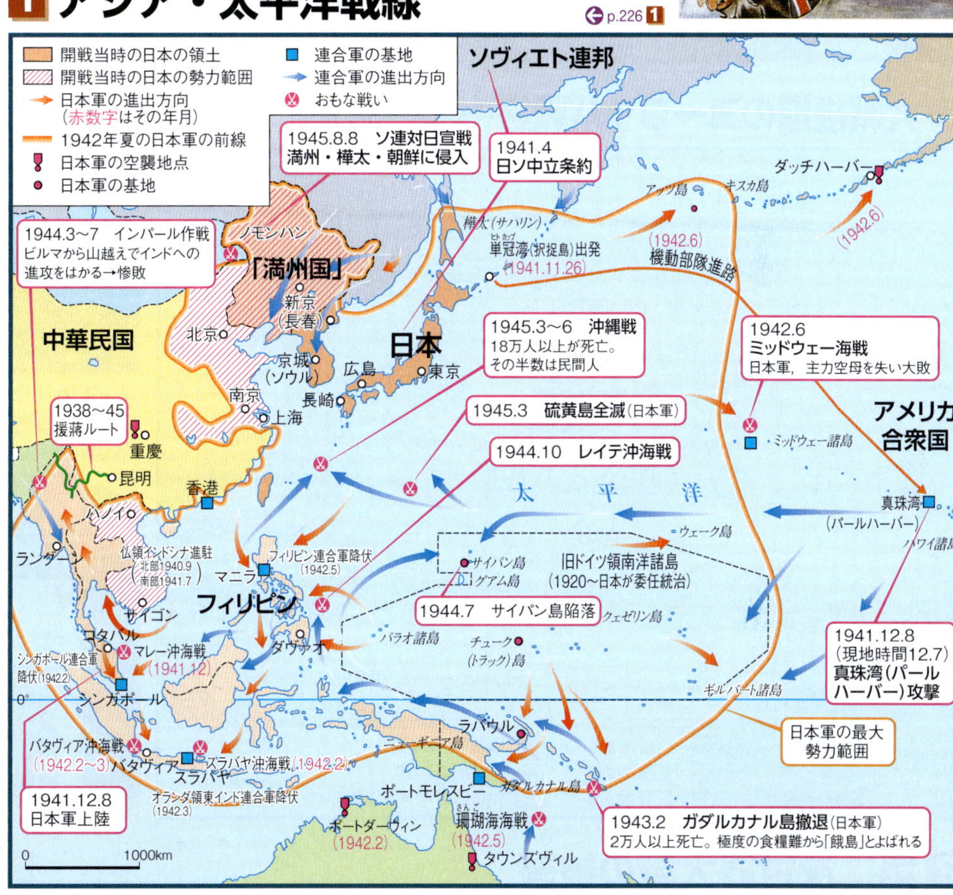

テーマ 沖縄戦

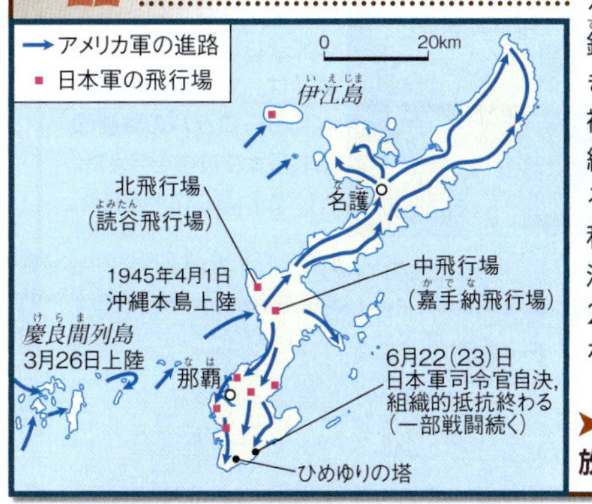

日本軍は本土決戦を準備するため沖縄本島南部で持久戦をとり，時間をかせごうとした。さらに兵力不足を学生の鉄血勤皇隊，ひめゆり学徒隊などで補うなど一般住民を巻き込んで徹底抗戦したが，米軍の圧倒的武力の前に多大な被害を出した。現在，沖縄戦最後の激戦地にある平和公園内には「平和の礎」が建てられ，沖縄戦で亡くなった約23万人の名が，国籍を問わず彫られている。

▶④壕に向かって火炎放射を行う米軍兵士

今日とのつながり　2016年，杉原千畝（➡p.258）のビザで救われたユダヤ人が多く移り住んだとされるイスラエルのネタニヤ市に，「スギハラ・ストリート」が誕生した。

第二次世界大戦③ ～大戦の傷あと

➔巻頭18

ヒストリーシアター 戦火は都市へ民衆へ

◀①ロンドン空襲で防空壕に避難する孤児(1940年)

◀②ワルシャワのゲットー(居住区)前で銃を向けられるユダヤ人(1943年) **ナチス=ドイツ**の強烈な人種主義によって，**ユダヤ人迫害**は，組織的かつ公然とおし進められた。 ➔巻頭20 ➔p.258

よみとき 図①の子どもたちはどこに避難し，図②の子どもを含む人々はどこに送られるのだろうか。

1 大戦後期のヨーロッパ戦線(1942～45年)

⬅p.254 1，➔p.262

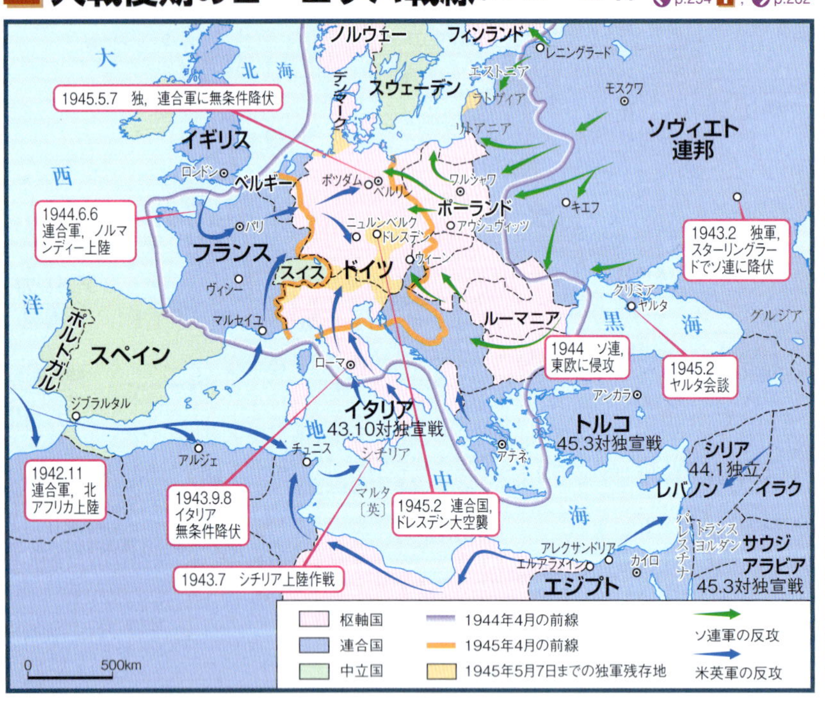

▲③**スターリングラードの戦い** スターリンの名を冠するこの街をソ連軍は死守し，ドイツ軍を撃退。この戦いによってヨーロッパ戦線の戦局は転換し，連合軍有利の状況となった。

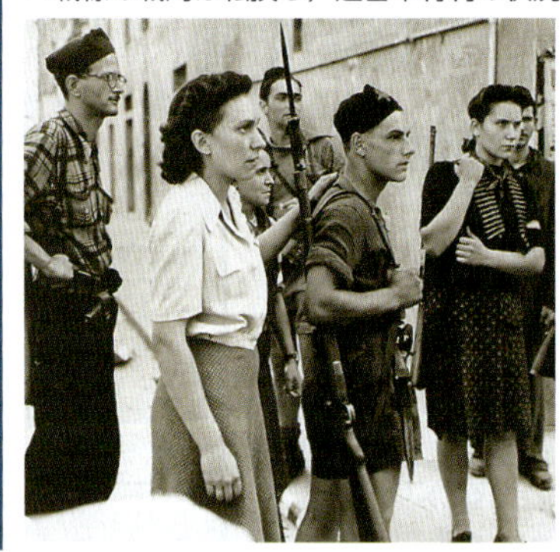

◀④**レジスタンス**(1944年，イタリア) **ファシズム**諸国の占領支配に対し，フランス・イタリアなどでは，武力闘争を展開した。**ユーゴスラヴィア**では**ティトー**(➔p.266,272)が**パルチザン**闘争を指導し，1945年には東欧初の共和国を建国して，首相に就任した。

2 第二次世界大戦の被害

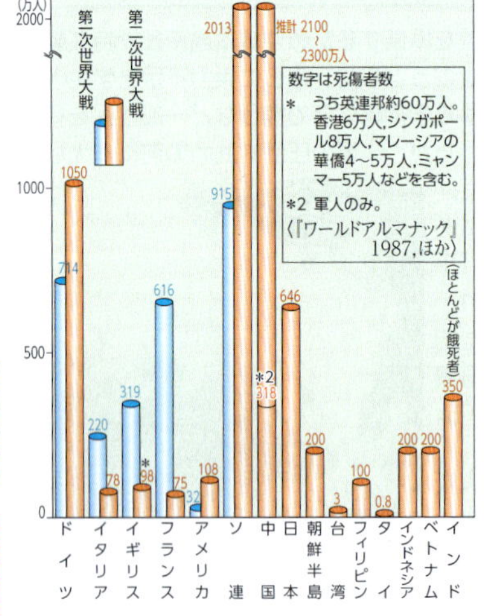

国	第一次世界大戦	第二次世界大戦
ドイツ	714	1050
イタリア	220	78
イギリス	319	*98
フランス	616	75
アメリカ	32	108
ソ連	915	2013
中国		推計2100～2300万人（*2 318）
日本		646
朝鮮半島		200
台湾		3
フィリピン		100
タイ		0.8
インドネシア		200
ベトナム		200
インド		350

◀⑤**ベルリンの陥落** 1945年5月のベルリン陥落により，ヨーロッパでの戦争は終結した。この戦争は，ドイツだけではなくヨーロッパの戦勝国にも甚大な被害を与えた。〈広島平和記念資料館提供，米軍撮影〉

▶⑥**原爆投下後の広島** 1945年8月6日，広島上空に飛来したアメリカのB29が原爆を投下し，一瞬のうちに広島全市の6割が破壊された。 ➔巻頭17

ひと アインシュタイン(1879～1955)

相対性理論で古典的物理学の常識をうち破った**アインシュタイン**は，ナチ党のユダヤ人迫害をのがれて1933年アメリカに移住した。第二次世界大戦が迫ると，ナチ党の原爆開発を恐れ，アメリカが先に開発するよう**ローズヴェルト**大統領に進言した。しかし，戦後は一貫して**核兵器**禁止運動に取り組んだ。

▼⑦**研究所のアインシュタイン** ➔p.267 ➔巻頭17

近代日本の大陸進出

1914. 7 **第一次世界大戦**(～18)
→**ドイツ領の南洋諸島・青島**(チンタオ)占領 p.241 ←日本の拡大を注視
15. 1 中国に**二十一か条要求** →中国における日本の利権拡大
18. 8 **シベリア出兵**(～22), 北樺太は25年まで
19. 6 **ヴェルサイユ条約** p.240 →赤道以北の南洋諸島領有
満洲に関東軍設置
21.11 **ワシントン会議**←日本を抑制
27. 5 **山東出兵**(～28に計3度) p.246
28. 6 **張作霖爆殺事件** p.247
31. 9.18 **柳条湖事件**→満洲事変
32. 1 **上海事変** 3 **「満洲国」**建国 p.247 →リットン調査団派遣
33. 3 **国際連盟脱退**を通告
37. 7.7 **盧溝橋事件→日中戦争**開始(～45) p.247
.11 **日独伊防共協定**
.12 **南京事件**
39. 5 **ノモンハン事件** ←日ソ両軍が戦闘
. 9 **第二次世界大戦**(～45)
40. 9 **日独伊三国同盟** ⟺ **ABCDライン(米・英・中・蘭)** p.254
. 9 **北部仏領インドシナへ進駐**
41. 7 **南部仏領インドシナへ進駐**
.12.8 **マレー半島上陸, 真珠湾(パールハーバー)攻撃** p.255 **太平洋戦争**
42 シンガポールをはじめ, 東南アジア・太平洋各地を占領
45. 8.14 **ポツダム宣言受諾** →終戦 p.255
51 **サンフランシスコ平和条約** p.263 →翌年, 日本独立回復
56.10 日ソ共同宣言調印→日ソ国交回復 p.265
65. 6 日韓基本条約調印→日韓国交樹立 p.299
72. 9 日中共同声明→日中国交正常化 p.269
78. 8 日中平和友好条約調印

満州

◀①**満洲への農業移民** 「**満洲国**」の建国後, 多くの日本人が農業移民として入植(**満蒙開拓団**)。その主力は, 耕地が少ない農村の次男・三男で, 村の人口を二分して一方の者を送り出す「分村移民」も行われた。また戦争末期の混乱から多くの残留孤児も出た。

1 日本の大陸進出と植民地経営

▲②**マニラへ進撃する日本軍** 1942年, フィリピンに上陸した日本軍は, マニラへ向けて一路前進した。米・英などの宗主国から東南アジアの植民地を解放する口実で, 進撃を正当化していた。

▲③**朝鮮神宮と「皇民化」政策** 日本は, 国際的に孤立化するなかで, 植民地である朝鮮・台湾との一体化を推進した。朝鮮でも神社建設と参拝の強制, 学校での日本語教育の強化, 名前の日本式改名(**創氏改名**)など, **「皇民化」政策**が行われた。

▶④**泰緬鉄道の建設** 日本軍が占領した東南アジアなどの南方地域でも, 日本文化が押しつけられた。また, 日本軍は, 多くの現地の人々や連合軍捕虜を, 鉄道建設などの過酷な労働に動員した。多くの犠牲者が出たとされ,「死の鉄道」ともよばれた。

▲⑤**抗日を訴える壁画** **盧溝橋事件**以降, 中国民衆は日本軍の破壊と略奪に抵抗し, 憎悪は激しくなっていった。

▲⑥**日本語を学ぶニューギニアの子どもたち**

2 日本の領域変遷 p.232

A 第一次・第二次世界大戦(1914～45年)

B 戦後(1950～90年)

サンフランシスコ平和条約(1951年)

・日本国は, **朝鮮**の独立を承認して, すべての権利を放棄する。
・日本国は, **台湾**および**澎湖諸島**に対するすべての権利を放棄する。
・日本国は, **千島列島**並びにポーツマス条約(p.232)で獲得した**樺太**の一部に対するすべての権利を放棄する。
・日本国は, 南西諸島(琉球諸島および大東諸島を含む), 南方諸島(小笠原群島(諸島), 西之島および火山列島を含む)ならびに沖ノ鳥島および南鳥島をアメリカの支配下に置く。
〈『主要条約集』より一部要約〉

▲⑦条約発効後の1952年に日本は主権を回復したが, ソ連や東欧諸国は調印を拒否し, 中国やインドは会議に参加しなかった。p.263

日ソ共同宣言(1956年)

・ソヴィエト連邦は, **歯舞群島**および**色丹島**を日本国に引き渡すことに同意する。ただし, 日本国とソヴィエト連邦との間に平和条約が締結されたのちに現実に引き渡されるものとする。
〈『わが外交の近況 昭和32年9月』より一部要約〉

◀⑧戦後の日本の領土は, サンフランシスコ平和条約で法的に画定された。その後, 奄美群島や小笠原諸島, 尖閣諸島を含む沖縄が本土復帰を果たした。

「民族浄化」による悲劇

テーマ 「民族浄化」とは

「**民族浄化**」（「ethnic cleansing」）」は，特定の領域から，ある特定の民族集団を強制的に追放することをさす。さらには，その民族集団が居住してきた痕跡をその領域から一掃し，その領域を支配する政治的な意図まで含まれる。

その方法は，その領域からの強制的な移送をさす。しかも，その移送方法は人道的ではないため，病気や飢えなどから追放された集団の多くを死にいたらしめる。さらには，その領域を離れない集団に対しては，直接的な大量虐殺「**ジェノサイド**（genocide）」へといたることが多い。1948年に，国連は，ジェノサイドを国際法上の犯罪とするジェノサイド条約を採択している。

「民族浄化」という言葉は，1990年代の旧ユーゴ内戦の際に，国際法上の犯罪を意味する用語として一般的に定着した。

（『民族浄化のヨーロッパ史』をもとに作成）

ユダヤ人の歴史

◀p.58,253　p.289▶

	年	事項
ユダヤ人解放の動き	17世紀	西ヨーロッパで富裕なユダヤ人が登場
	1656	クロムウェル，ユダヤ人のイギリス移住を認可
	1776	アメリカ合衆国，ユダヤ人解放
	91	フランス，ユダヤ人に平等の権利を認可
反セム主義（反ユダヤ主義）とシオニズム	1880ごろ	**反セム主義（反ユダヤ主義）**の別称が使われる
	81	**ロシアでのユダヤ人の迫害が激化（ポグロム）** →ユダヤ人の多くがアメリカに移住 ➡p.209
	94	**ドレフュス事件** ➡p.202
	97	**ヘルツル，第1回シオニスト会議**（バーゼル）開催
	1917	**バルフォア宣言** ➡p.244
	35	ドイツ，ニュルンベルク法制定により**ユダヤ人迫害**
	38	**「水晶の夜」事件**（ドイツで，ユダヤ人商店襲撃）
	42	ドイツ，「最終解決（ユダヤ人絶滅策）」を発表 **ホロコースト**（～45）
	47	**国連，パレスチナ分割案**を採択
	48	**イスラエル国建国宣言** 第1次中東戦争 ➡p.289

1 ユダヤ人迫害から「ホロコースト*」へ

➡巻頭18,20

＊ホロコーストは，一般的にナチ党によるユダヤ人大量虐殺をさす。

- ●イエスを処刑したユダヤ教徒への不信感
- ●古くよりキリスト教では禁止された金融業にたずさわる嫌悪感。近代では各国で商業・金融業で成功した富裕層への羨望
- ●近代国民国家成立の過程で，ユダヤ人を異質な集団とする考えの台頭
- ●市民社会のなかでは，ユダヤ人が，経済上の競争相手となったことへのいら立ち

▲①**近代欧米人がユダヤ人を迫害する心情的理由**　このような背景のもと，人種主義が台頭し，「ユダヤ人はその人種的特性のため，近代文明にとって不適格であり，隔離か根絶されるべき」という考えが生まれてきた。

ひと ロスチャイルド家

ヨーロッパ最大のユダヤ系金融資本家。その財力を背景に19世紀末に始まるユダヤ人の**パレスチナ**での**国家再建運動（シオニズム** ➡p.289）に影響力をもち，第一次世界大戦中にはイギリスへの戦費調達と引きかえに戦後のユダヤ人国家建設を認めさせた（1917年**バルフォア宣言** ➡p.244）。

▶②**ネイサン=ロスチャイルド**

A ナチ党によるユダヤ人排斥

ヨーロッパのドイツ占領地では，ドイツ国内と同様にユダヤ人迫害が行われた。収容所が建設され，強制労働が行われたほか，**ホロコースト**が始まってからは毒ガスなどによる虐殺が行われた。戦後，ナチス=ドイツによるユダヤ人虐殺の実態が明るみになることで，国際世論はユダヤ人に同情的になり，ユダヤ人の故郷を建設する**シオニズム**を支持する機運が高まった。➡p.289 史p.353

▶③**アウシュヴィッツ強制収容所**

（1929～45）

◀④**アンネ=フランク**　ユダヤ人として**強制収容所**へ移送され，そこで15歳の生涯を閉じた。オランダの隠れ家での生活をつづった**『アンネの日記』**からは，迫害下でも希望を失うことなく生きるアンネの姿が読み取れる。

『アンネの日記』

…なぜなら今でも信じているからです。たとえ嫌なことばかりだとしても，人間の本性はやっぱり善なのだと。…

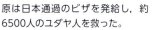

▶⑤**杉原千畝**（1900～86）　迫害をのがれてリトアニアの日本領事館につめかけたユダヤ人に，外交官の杉原は日本通過のビザを発給し，約6500人のユダヤ人を救った。

2 アルメニア人への「ジェノサイド」

◀⑥**アルメニア人の強制移送**（1915年）　アルメニア人ジェノサイドは，1915～23年にオスマン帝国の「**青年トルコ**」政権によって計画的に行われた。当時のアルメニア人口約250万人のうち150万人が殺害・追放された。現在のトルコ政府は，この事実を認めておらず，被害も30万人としている。

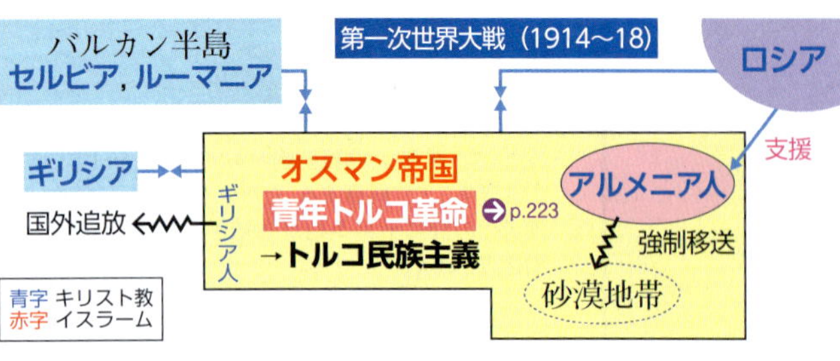

▲⑦**アルメニア人虐殺の背景**　**民族自決**の考えによるアルメニア独立の意向と，オスマン帝国の**トルコ民族主義**（➡p.223）の台頭がおもな原因となった。

3 旧ユーゴスラビア内戦と「民族浄化」

▲⑧**スレブレニツァの虐殺における被害者の埋葬**（2014年）　1995年，ボスニア-ヘルツェゴビナのスレブレニツァで，セルビア人がボシュニャク人男性約8000人を殺害した。これは，ジェノサイド条約が初めて適用された事案となった。旧ユーゴ内戦中において，各域内の少数派セルビア人を保護する名目でセルビア共和国が「民族浄化」に関与した場合が多い。しかしときには，加害者と被害者の立場が入れかわっていることも忘れてはならない。

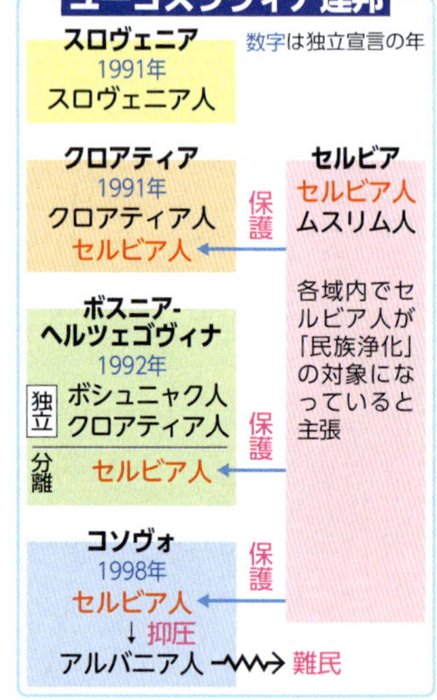

▲⑨**旧ユーゴスラビア内戦での「民族浄化」の背景** ➡p.272

西アジア
ヨーロッパ
MAP R～T
3部3章

特集 戦後処理会談と国際連合

1 連合国の戦争処理会談と裁判 巻頭18 p.254

—米・英・ソ・中の各国首脳— 米：**ローズヴェルト**(ポツダム会談のみトルーマン)
英：**チャーチル**(ポツダム会談では途中からアトリー) ソ：**スターリン** 中：**蔣介石**

会談	内容
❶1941.8(米・英) **大西洋上会談**	枢軸国との対決，対ソ連援助を明らかにし，**大西洋憲章**を発表
❷1943.1(米・英) **カサブランカ会談**	対イタリア作戦を協議，枢軸国，とくに独の無条件降伏方式を発表 →シチリア島上陸(1943.7)
❸1943.11(米・英・中) **カイロ会談**	**カイロ宣言**(満州・台湾の中国への返還，朝鮮の独立まで戦いぬく)を発表
❹1943.11～12(米・英・ソ) **テヘラン会談**	ドイツ総攻撃作戦決定 **第二戦線**の形成を協議→**ノルマンディー上陸作戦**の実施(1944)
❺1944.8～10(米・英・ソ・中)* **ダンバートン=オークス会議**	**国際連合憲章**の原案を作成。この原案をもとに，**サンフランシスコ会議**(1945.4～6)で採択された
❻1945.2(米・英・ソ) **ヤルタ会談**	**ヤルタ協定**(国際連合，対独戦争処理，**南樺太・千島列島**のソ連帰属を条件とする**ソ連の対日参戦**を決める)を結ぶ
❼1945.7～8(米・英・ソ) **ポツダム会談**	**ポツダム協定**(ドイツの占領方針決定…米，英，ソ) **ポツダム宣言**(日本に無条件降伏を要求…米，英，中，のちソも参加)

*各国首脳は出席せず外交事務レベルの会談

①ニュルンベルク裁判 1945年11月から，ドイツの戦争指導者の罪を裁く**国際軍事裁判**が開かれ，12人が死刑となった。残虐行為など通常の戦争犯罪に加え，初めて「平和に対する罪」と「人道に対する罪」の規定がつくられた。

▲②ヤルタ会談

③極東国際軍事裁判(東京裁判) 日本でも1946年5月から，東京で戦争指導者(A級戦犯)を裁く**極東国際軍事裁判**が開かれた。**ニュルンベルク裁判**と同じく，残虐行為のほか，平和や人道に対する罪が問われ，7人が死刑となった。このほかに通常の戦争犯罪を裁く裁判が各国で開かれた。

2 国際連合の成立 巻頭18

大西洋憲章(1941.8)
- 領土不拡大・民族自決・軍備縮小・**平和機構の再建**など8か条

↓

連合国共同宣言(1942.1)
- 米英ソなど26か国，反ファシズム宣言

↓

ブレトン=ウッズ会議(1944.7) p.263
- 連合国44か国
- **世界銀行**，**国際通貨基金(IMF)**設立を決定

↓

ダンバートン=オークス会議(1944.8～10)
- 国際連合憲章草案の作成

↓

サンフランシスコ会議(1945.4～6)
- **国際連合憲章**の採択(連合国50か国)
- **"拒否権"**の確認

↓

国際連合の発足(1945.10.24)
- 原加盟国51か国，2015年現在193か国加盟

▼④国際連合のしくみ —直接報告の関係 ---非従属の関係

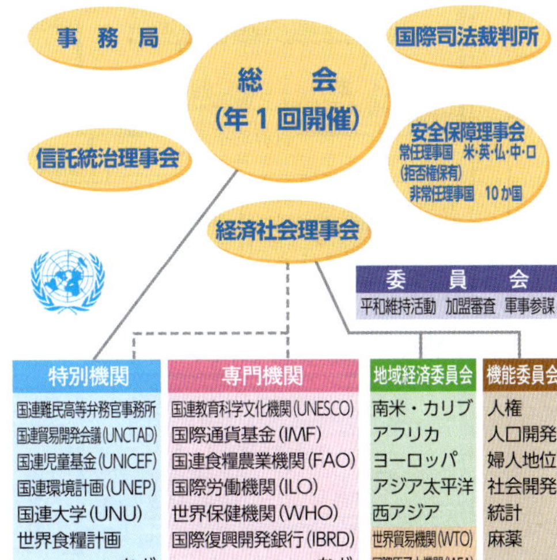

国際連盟(1920年) p.240		国際連合(1945年)
ジュネーヴ	本部	ニューヨーク
原加盟国42か国 **米の不参加・ソ連の加盟遅延** 日・独・伊の脱退	加盟国	原加盟国51か国 五大国(米・英・ソ・中・仏)が初めから参加* *常任理事国の交替 中華民国→中華人民共和国 ソ連→ロシア
総会における**全会一致主義**	表決	**安全保障理事会**における五大国一致主義(拒否権あり，総会にまさる権限をもつ)
金融・通商などの経済制裁	制裁	非軍事措置・裁判のほか**軍事措置**
・**軍事制裁ができない** ・全会一致のため迅速な対応ができない	問題点	・常任理事国が拒否権を発動した場合，採決が否決される

▲⑤国際連盟と国際連合の違い

3 現在の国連の活動

▲⑥**カンボジアで平和維持活動(PKO)を行う自衛隊**(1992年) 世界各地の紛争地域の平和の維持をはかる手段として**平和維持活動**が展開されている。活動は紛争地域の停戦や治安維持のほか，紛争後の復興支援，平和構築活動など多岐にわたる。p.272

▼⑦**国際原子力機関(IAEA)による北朝鮮核施設の査察** IAEAは原子力の平和利用の促進と核物質の軍事的転用の防止を目的として設立され，**核兵器**を開発している可能性の高い国に対して特別査察を行う権限をもっている。

テーマ 日本の常任理事国入りは可能か?

安全保障理事会の常任理事国は，第二次世界大戦中に「連合国」であったという状況を反映して定められている。しかし現在では，戦後に経済成長をとげた日本やドイツが，アメリカについで**国連分担金**を拠出している。そのためアナン事務総長の時期に国連改革の機運が盛り上がったが，近年日本の国連分担金は減少し，かわって中国の分担金が増加している。また，国連憲章の敵国条項*が日本の常任理事国入りを阻んでいるという見方もある。

1946年	アメリカ 39.9%	イギリス 12.0	ソ連 7.7	フランス 6.3	中国 6.3	その他 27.8

2017年	アメリカ 22.0	日本 9.7	中国 7.9	ドイツ 6.4	フランス 4.9	イギリス 4.5	ブラジル 3.8	イタリア 3.7	その他 37.1

〈外務省資料〉

▲⑧各国の国連分担金

*連合国の旧敵国に対する差別的規定。

20世紀後半から21世紀の世界情勢

世界の動向

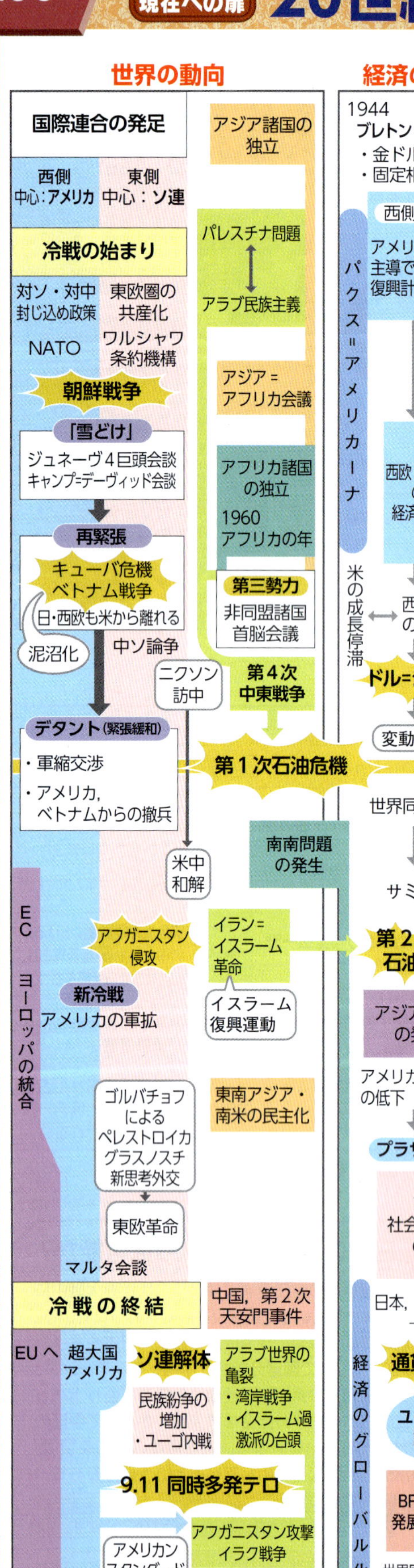

経済の流れ

1944
ブレトン=ウッズ会議
・金ドル本位制
・固定相場制

西側	東側
アメリカ主導での復興計画	社会主義経済圏の形成

パクス=アメリカーナ

西欧・日本の経済成長

米の成長停滞 ⟷ 西欧・日本の輸出増

ドル=ショック

変動相場制

世界同時不況

サミット

第2次石油危機

アジア NIEs の発展

アメリカの競争力の低下

プラザ合意

ソ連型社会主義経済の破綻

日本，バブル経済→崩壊

中国，社会主義市場経済導入

経済のグローバル化

通貨危機

ユーロの誕生

BRICs の台頭 発展著しい中国

世界同時不況
リーマン=ショック
欧州債務危機

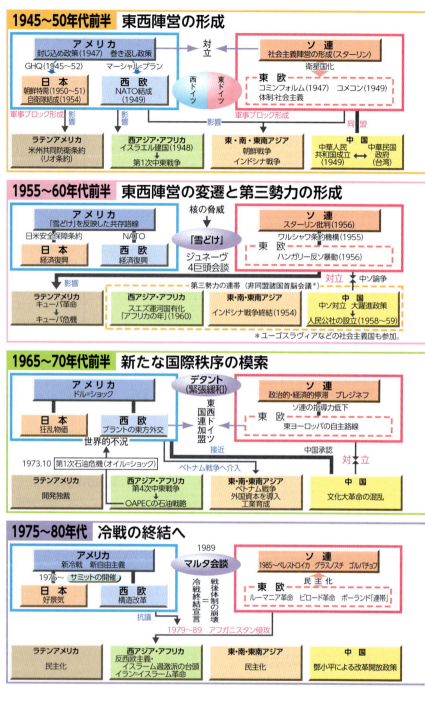

1945～50年代前半 東西陣営の形成

アメリカ 封じ込め政策(1947) 巻き返し政策 ⟶ 対立 ⟵ **ソ連** 社会主義陣営の形成(スターリン)

GHQ(1945～52) — **日本** 朝鮮特需(1950～51) 自衛隊結成(1954)

マーシャル=プラン — **西欧** NATO結成(1949)

西ドイツ / 東ドイツ

衛星国化 — **東欧** コミンフォルム(1947) コメコン(1949) 体制:社会主義

軍事ブロック形成 影響 / 影響 / 影響 / 軍事ブロック形成 / 同盟

- **ラテンアメリカ** 米州共同防衛条約(リオ条約)
- **西アジア・アフリカ** イスラエル建国(1948) → 第1次中東戦争
- **東・南・東南アジア** 朝鮮戦争 インドシナ戦争
- **中国** 中華人民共和国成立(1949) ⟷ 中華民国政府(台湾)

1955～60年代前半 東西陣営の変遷と第三勢力の形成

アメリカ 「雪どけ」を反映した共存路線

核の脅威 — 「雪どけ」 ジュネーヴ4巨頭会談

ソ連 スターリン批判(1956)

日米安全保障条約 — **日本** 経済復興

NATO — **西欧** 経済復興

ワルシャワ条約機構(1955) — **東欧** ハンガリー反ソ暴動(1956)

影響 / 対立 中ソ論争

第三勢力の連帯（非同盟諸国首脳会議*）

- **ラテンアメリカ** キューバ革命 → キューバ危機
- **西アジア・アフリカ** スエズ運河国有化 「アフリカの年」(1960)
- **東・南・東南アジア** インドシナ戦争終結(1954)
- **中国** 中ソ対立 大躍進政策 → 人民公社の設立(1958～59)

＊ユーゴスラヴィアなどの社会主義国も参加。

1965～70年代前半 新たな国際秩序の模索

アメリカ ドル=ショック

デタント（緊張緩和）

ソ連 政治的・経済的停滞 ブレジネフ

日本 狂乱物価

西欧 ブラントの東方外交 → 東西ドイツ国連加盟 ←

ソ連の指導力低下 — **東欧** 東ヨーロッパの自主路線

世界的不況

1973.10 第1次石油危機(オイル=ショック)

接近 / ベトナム戦争へ介入 / 中国承認 / 対立

- **ラテンアメリカ** 開発独裁
- **西アジア・アフリカ** 第4次中東戦争 → OAPECの石油戦略
- **東・南・東南アジア** ベトナム戦争 外国資本を導入 工業育成
- **中国** 文化大革命の混乱

1975～80年代 冷戦の終結へ

アメリカ 新冷戦 新自由主義

1989 マルタ会談

冷戦終結宣言＝戦後体制の崩壊

ソ連 1985～ペレストロイカ グラスノスチ ゴルバチョフ

1975～ サミットの開催

日本 好景気

西欧 構造改革

民主化 — **東欧** ルーマニア革命 ビロード革命 ポーランド「連帯」

抗議 / 1979～89 アフガニスタン侵攻

- **ラテンアメリカ** 民主化
- **西アジア・アフリカ** 反西欧主義・イスラーム過激派の台頭 イラン=イスラーム革命
- **東・南・東南アジア** 民主化
- **中国** 鄧小平による改革開放政策

1990年代～ グローバル化する世界

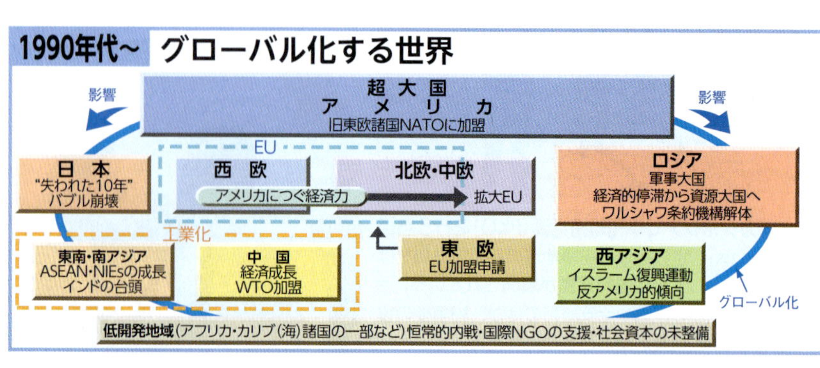

日本 東アジア 東南アジア 西アジア ヨーロッパ アメリカ アフリカ MAPS S～T 4部1章

巻頭17

第二次世界大戦終結から冷戦終結までの世界の流れ

世界平和の維持をはかる国際連合が発足したが，アメリカの「封じ込め政策」により，米ソを軸とした東西陣営の「冷たい戦争(冷戦)」が始まった。またアジア各地の欧米植民地では，民族独立運動が高揚し，独立を達成する国が多数現れた。

	資本主義陣営	国際関係	社会主義陣営	第三勢力
45年〜50年代前半 262〜263・276〜299	アメリカの指導による資本主義陣営の形成 トルーマン 46.3 「鉄のカーテン」演説 47.3 **トルーマン=ドクトリン**発表 .6 **マーシャル=プラン** .10 GATT(関税と貿易に関する一般協定)調印 48.3 西ヨーロッパ連合条約 49.4 **北大西洋条約機構(NATO)**成立 .5 ドイツ連邦共和国成立 51.9 **サンフランシスコ平和条約** **日米安全保障条約** 53.8 米韓相互防衛条約 54.9 東南アジア条約機構(SEATO)成立	45.10 国際連合成立 **冷戦の始まり** 冷戦体制の成立 48.4 朝鮮，南北に分裂 .6 **ベルリン封鎖**(〜49) 49.5 ドイツ，東西に分裂 50.6 **朝鮮戦争**(〜53) .10 中華人民共和国，義勇軍派遣 53.7 朝鮮休戦協定 54.4 ジュネーヴ会議 .7 ジュネーヴ協定 冷戦激化	ソ連の指導による社会主義陣営の形成 スターリン 47.9 **コミンフォルム**結成(〜56) 48.2 チェコスロヴァキアに共産党政権樹立 .6 コミンフォルム，ユーゴスラヴィアを除名 49.1 **コメコン(COMECON)**設立 .9 ソ連，核実験 .10 ドイツ民主共和国成立 中華人民共和国成立 50.2 中ソ友好同盟相互援助条約(〜80) 53.3 スターリン死去	アジア・アフリカ諸国の独立 46.12 インドシナ戦争(〜54.7) 47.8 インド・パキスタン分離独立 48.5 **イスラエル建国宣言** **第1次中東(パレスチナ)戦争** 49.12 インドネシア連邦共和国成立 51. イラン，石油国有化 53.6 エジプト共和国宣言

朝鮮戦争後，「雪どけ」とよばれる緊張緩和が進んだ一方で，スターリン批判後の東欧各国での反ソ暴動は最終的に抑え込まれてしまった。またアジア・アフリカの新興諸国は，東西陣営に属さない第三勢力として，独自の平和路線を追求していった。

	資本主義陣営	国際関係	社会主義陣営	第三勢力
55年〜60年代前半 264〜266・276〜299	アイゼンハウアー 55.5 西ドイツ，NATO加盟 .11 バグダード条約機構(中東条約機構，METO)，(59.8CENTOに改称) 58.1 ヨーロッパ経済共同体(EEC)発足 60.5 ヨーロッパ自由貿易連合(EFTA)発足 ケネディ 西欧 64.1 フランス，中国承認	55.7 **ジュネーヴ4巨頭会談** 「雪どけ」 57.7 パグウォッシュ会議 59.9 **キャンプ=デーヴィッド会談** 60.5 U2偵察機撃墜事件 61.8 **「ベルリンの壁」構築** 62.10 **キューバ危機** 63.8 **部分的核実験禁止条約** 再緊張	55.5 **ワルシャワ条約機構** ソ連の指導力低下 フルシチョフ 56.2 フルシチョフの**スターリン批判** .6 ポーランド，ポズナン暴動 .10 ハンガリー，反ソ暴動(〜.11) 59.1 **キューバ革命** 63. 中ソ論争公然化	第三勢力の形成 54.6 ネルー・周会談(平和五原則) 55.4 **第1回アジア=アフリカ(AA)会議(バンドン)** 56.7 エジプト，スエズ運河国有化宣言 .10 **第2次中東(スエズ)戦争** 60. **「アフリカの年」** .7 コンゴ動乱 61.9 第1回非同盟諸国首脳会議 63.5 アフリカ統一機構(OAU)結成 64.3 国連貿易開発会議(UNCTAD)発足

ベトナム戦争で大きな犠牲をはらったアメリカは，ソ連と対立を深めていた中国と関係を改善し勢力回復に努めた。一方，第4次中東戦争時にアラブ産油国がとった石油戦略は，石油危機をもたらし，その後の世界の産業構造の編成に影響を与えた。

	資本主義陣営	国際関係	社会主義陣営	第三勢力
65年〜70年代前半 268〜269・276〜299	と日本の復興 ジョンソン 66.7 フランス，NATO軍脱退 67.7 ヨーロッパ共同体(EC)発足 ニクソン 71.8 米，ドル防衛策(金・ドル交換停止)→**ドル=ショック** 73.1 拡大EC発足 .10 **第1次石油危機(オイル=ショック)**	65.2 **ベトナム戦争**(〜75) デタント(緊張緩和) 68.6 **核拡散防止条約調印** 72.2 ニクソン訪中(米中共同声明) .5 米ソ，SALTI調印 73.1 ベトナム(パリ)和平協定 .9 東西ドイツ国連加盟	65〜 ルーマニアの独自外交 66.5 中国，文化大革命始まる 中ソ対立と多極化 ブレジネフ 68.1 チェコ，「プラハの春」 .8 ワルシャワ条約機構軍，チェコに侵攻 71.10 中華人民共和国が国連の中国代表権獲得	67.6 **第3次中東戦争** .8 東南アジア諸国連合(ASEAN)発足 新植民地主義 73.10 **第4次中東戦争**

経済の停滞が深刻だったソ連ではペレストロイカが始まり，市場経済の導入もはかられた。その結果，東欧諸国に民主化が広がり，冷戦の終結につながった。また日本は冷戦の間に急速な経済発展をとげ，日米間での貿易摩擦が深刻となった。

	資本主義陣営	国際関係	社会主義陣営	第三勢力
75年〜80年代 270〜271・276〜299	アメリカの指導力低下と体制の動揺 フォード 75.11 第1回**主要先進国首脳会議(サミット)** カーター 79. 第2次石油危機 レーガン 82.4 フォークランド戦争 83.10 米，グレナダ侵攻 85. プラザ合意 ブッシュ(父) 89.11 アジア太平洋経済協力会議(APEC)	75.4 ベトナム戦争終結宣言 .7 全欧安保協力会議 79.1 米中国交正常化 .6 米ソ，SALTII調印 新冷戦 87.12 **INF全廃条約** 89.11 **「ベルリンの壁」崩壊** .12 **マルタ会談**(冷戦終結宣言) 冷戦終結 **冷戦の終結**	78.12 中国で改革開放政策の開始 79.12 **ソ連，アフガニスタンに侵攻** 80.9 ポーランドで「連帯」結成 社会主義崩壊 ゴルバチョフ 85. ソ連で**ペレストロイカ**(改革)開始(**ゴルバチョフ書記長**) 89. **東欧革命** .6 第2次**天安門事件** .12 ルーマニア革命(チャウシェスク処刑)	とのたたかい 76.7 ベトナム社会主義共和国成立 78.12 ベトナム，カンボジア侵攻 79.2 イラン=イスラーム革命 中越戦争(〜79.3) 80.9 イラン-イラク戦争(〜88) 82.6 イスラエル，レバノン侵攻 86. フィリピン政変

グローバル化の時代

ソ連解体後，経済の自由化と一体化が世界的に広がり，NGO活動や多国籍企業が勢力を伸ばす一方，グローバル化に反発するリージョナル(地域的)な活動も活発となっている。また唯一の軍事超大国となったアメリカに対しては，反対勢力によるテロ活動なども起こっている。

	広域統合とグローバル化	平和への取り組みと紛争	社会主義圏の再編	東アジアの経済発展
90年代〜 272〜273・276〜299	92.2 EC12か国，マーストリヒト条約調印 93.11 **ヨーロッパ連合(EU)**発足 95.1 世界貿易機関(WTO)発足(GATT，発展的解消) 97.6 EU15か国，アムステルダム条約採択 2004. EU，25か国に(07年27か国，13年28か国) 08.9 リーマン=ショック 09.10 **欧州債務危機** 16.6 イギリス，国民投票でEU離脱派が多数を占める	90.10 東西ドイツ統一 91.1 **湾岸戦争** .7 米ソ，STARTI調印 93.1 米露，STARTII調印 .9 パレスチナ暫定自治協定調印 98.5 インドとパキスタン，あいついで核実験 2001.9 **同時多発テロ** .10 米・NATO軍，アフガニスタン攻撃 03.3 イラク戦争 11.〜 **「アラブの春」**(〜12)，シリア内戦激化 14. IS(「イスラム国」)の台頭	91.6 コメコン解散 **ユーゴスラヴィア内戦** .7 ワルシャワ条約機構解体 .12 **ソヴィエト連邦解体** 92.3 ユーゴスラヴィア内戦激化 94.12 ロシア，チェチェン侵攻(〜96) 2012.8 ロシア，WTO加盟 14. ロシア，ウクライナのクリミアを編入表明 15.7 キューバ，アメリカと国交回復	91.9 韓国・北朝鮮，国連加盟 .10 カンボジア和平協定調印 92. 中国，社会主義市場経済を宣言 97.7 イギリスから中国へ香港返還 **アジア通貨危機** 99.4 ASEAN，10か国に 2001.12 **中国，WTO加盟** 10. 中国，GDP世界第2位に 15.12 ASEAN経済共同体発足

東西陣営の形成 ～冷戦の始まりとアジア諸国の独立 1945～50年代前半

ヒストリーシアター ヨーロッパを分断した「鉄のカーテン」

➔巻頭13

チャーチル

トルーマン

…バルト海の**シュチェチン**からアドリア海の**トリエステ**まで(欧州)大陸を横切る**鉄のカーテン**が降ろされた。この線の背後に中欧ならびに東欧の古い国々の首府すべてが存在する。**ワルシャワ・ベルリン・プラハ・ウィーン・ブダペスト・ベオグラード・ブカレスト・ソフィア**ーかかる有名な都市全部と，それらを中心とする住民は，私がソ連の勢力圏と呼ばねばならぬもののなかにあり，全部が何らかの形でソ連の影響ばかりか，非常に強く，また多くの場合増長してゆく，モスクワからの支配に左右される。(英米両国民は協力して共産主義の進出を阻止すべきである。)…

▲①**1946年3月ミズーリ州フルトンで演説を行うチャーチル**(1874～1965) イギリス前首相チャーチルは，東欧が「ソ連圏」となったと強調することで，米英同盟の強化をはかり，さらにイギリス国内での自らの勢力挽回をねらった。また長年の戦争による財政危機のなか，海外におけるイギリスの影響力の後退をくいとめるため，アメリカより援助を引き出す意図もあった。**トルーマン**米大統領(任1945～53)はこれに応じ，ソ連・共産主義の勢力拡大を防ぐ**「封じ込め政策」**を提起し，ソ連の対米不信が強まった。

よみとき 「鉄のカーテン」とは，何を比喩しているのだろうか。また，この演説の後に鉄のカーテンに組み込まれた地域があるが，それはどこだろうか。

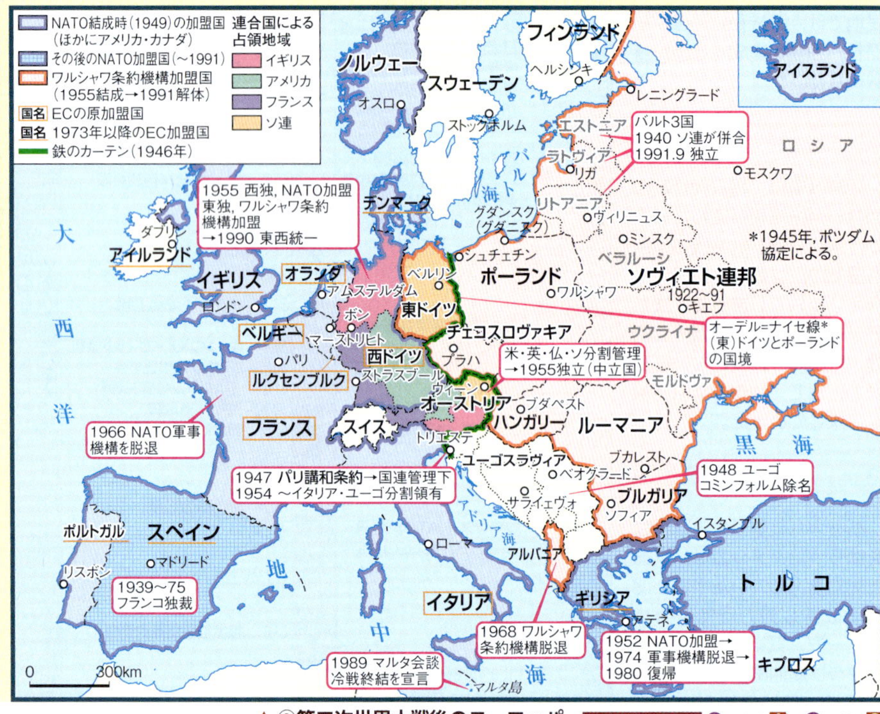

▲②**第二次世界大戦後のヨーロッパ** 世界全図p.48-49 ➔p.256 1，➔p.281 2

1 冷戦の象徴 ～ベルリンの東西分断

1945年

ドイツ敗戦
ベルリン4か国共同管理

西ドイツ：仏・英・米

東ドイツ：ソ連

対立

・西側地区を早く復興させてソ連に対抗
・そのために通貨発行量をコントロールしてインフレを抑える

・ベルリン全体をソ連の影響下におきたい
・ドイツの戦後復興には関心なし

1948年

西側管理地区通貨改革

反発

1948年

ベルリン封鎖

ベルリン封鎖

◀③**「空の架け橋」作戦** 1948年6月に西ドイツ単独の**通貨改革**を断行した米英仏は，ソ連が対抗措置として**西ベルリンを封鎖**すると，米軍機等による食料や燃料などの空輸作戦を展開した。封鎖は1年ほどで解除されたが，ベルリン分割は既成事実となり，ドイツの分裂が決定的となった。

1949年 **ドイツ，東西に分裂**
東：ドイツ民主共和国　西：ドイツ連邦共和国

亡命者の増加

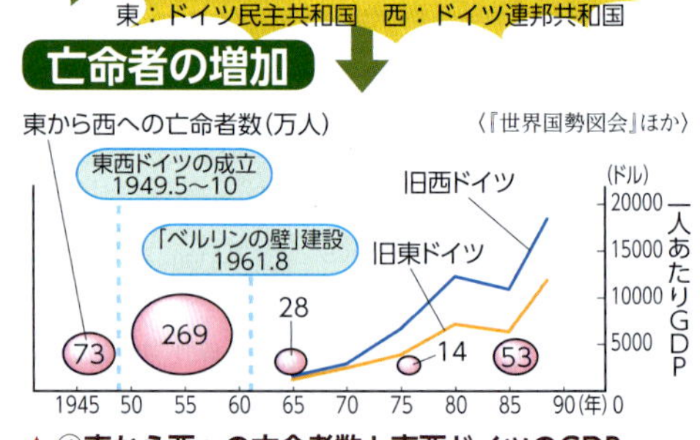

▲④**東から西への亡命者数と東西ドイツのGDP**

「ベルリンの壁」建設 (1961年)

➔巻頭13

◀⑤**築かれる「ベルリンの壁」** 1961年，急増していた西ベルリンへの流出者阻止のため，ソ連の承認で東ドイツが建設。当初の有刺鉄線から石造へ，最後はコンクリートとなった。総延長は155km。壁を越えようとした多くの者が逮捕，あるいは射殺され，東西対立の象徴となった。

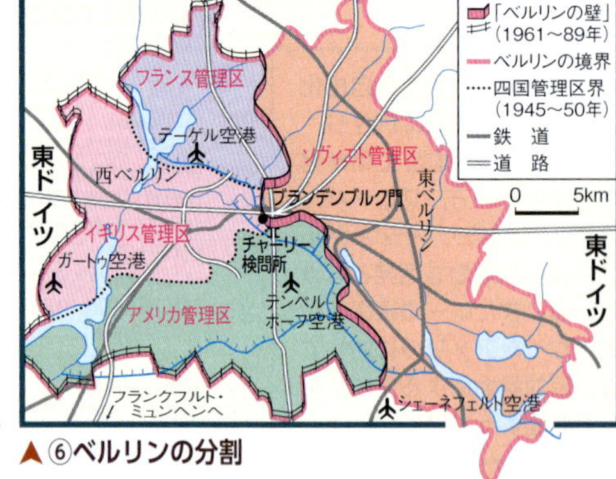

▲⑥**ベルリンの分割**

日本
東アジア
ヨーロッパ
アメリカ
MAPS
4部1章

その時経済は 資金の動きで加速する東西分断

・世界恐慌後のブロック経済が，第二次世界大戦の遠因となったことへの反省
・新しい国際経済秩序を形成する必要性の高まり p.251

↓

1944年7月 ブレトン=ウッズ会議 p.259

・IMF，IBRDの設立決定（ブレトン=ウッズ体制）
→経済的覇権がイギリスからアメリカへ移行

↓

冷戦が始まると…

▲⑦トルーマン大統領 史p.353

トルーマン=ドクトリン
・ギリシアとトルコへの軍事・経済援助を表明し，反ソ・反共を公然と宣言
→アメリカによるソ連「封じ込め政策」

↓

1947年 マーシャル=プラン VS 47 コミンフォルム／49 COMECON

↓

・米ソによる各国支援合戦
→東西分断の加速

金ドル本位制とブレトン=ウッズ体制

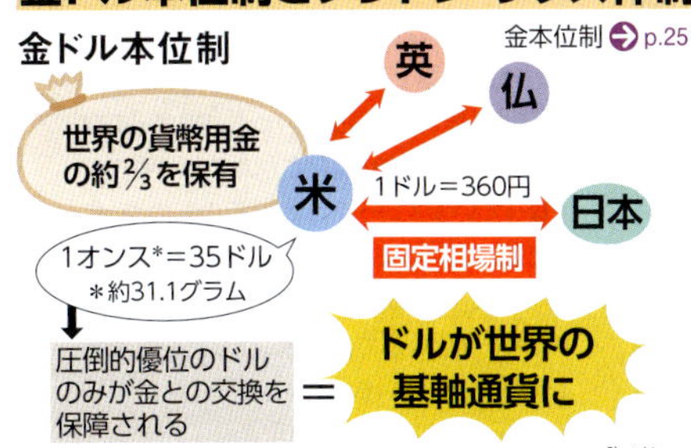

ブレトン=ウッズ会議では，各国が戦争で疲弊したなかで，唯一経済的損失の少なかったアメリカのドルを**基軸通貨**とすることが決定した。ドルのみが金との交換が可能であり，他国の通貨は，ドルとの関係で価値が決まる**固定相場制**となった。

国際通貨基金（IMF）	国際復興開発銀行（IBRD）*	関税と貿易に関する一般協定（GATT）*2
・1945年創設 ・加盟国の金融・経済政策の監視，技術支援 ・国際収支が悪化した国に対する融資 →通貨と為替の安定をめざす	・1945年創設 ・第二次世界大戦後の各国の経済面での復興を援助 *世界銀行ともよばれる。冷戦後は途上国への支援がメイン	・1947年創設 ・自由貿易，無差別貿易 ・ラウンド（多国間）交渉 →自由で多角的な貿易を推進 *2 1995年に世界貿易機関（WTO）へ

ブレトン=ウッズ体制

国際的な協力によって通貨価値の安定をはかり，世界的な規模で貿易の自由化を推進することが約された。しかしソ連は，国際収支や外貨準備の公表を条件とする**IMF**などに加盟しなかった。資本主義世界に限定されたこの体制のもとでは，アメリカ中心の経済秩序が形成された。

西側 マーシャル=プラン

1947年6月，アメリカ国務長官の**マーシャル**が，特定の国や主義にこだわらない全ヨーロッパの経済復興を訴えた。しかしソ連・東欧諸国が不参加だったため，ヨーロッパの分断が決定的となった。

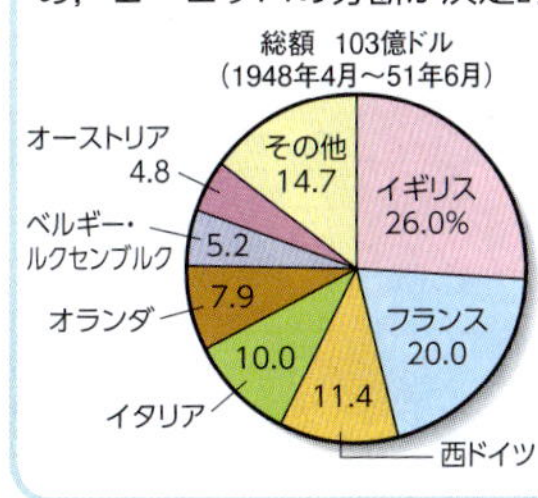

◀⑧**マーシャル=プランの配分比率** 1948年4月制定の対外援助法でアメリカは4年間で約130億ドルを支出し，西欧諸国を貿易自由化体制に組み込んだ。

VS

東側 COMECON

マーシャル=プランを拒否した社会主義諸国間での経済分業が目的であったが，実際はソ連中心の経済秩序といえた。

加盟国
ソ連・ポーランド・ハンガリー・チェコスロヴァキア・ルーマニア・ブルガリア・東ドイツ（のちにモンゴル・キューバ・ベトナム）

確認
①戦後，世界経済のリーダーとなったのはどの国か？
②①主体の経済秩序を支えた体制を何というか？
③アメリカがトルーマン=ドクトリンを打ち出したのはどのような背景からだろうか？

その時日本は アメリカによる占領から独立へ

巻頭17

1945～54年の日本の動き

1945 ポツダム宣言受諾（8.15受諾発表，9.2降伏文書調印）
↓
アメリカ占領下で民主化政策が始まる
・GHQ（連合国軍総司令部）による改革指令
46 極東国際軍事裁判
日本国憲法の公布
冷戦の始まり
↓
GHQによる占領政策の転換
民主化から，経済の自立と防共をめざす政策へ
50 朝鮮戦争 p.298
↓
・特需により復興へ
・警察予備隊の設置
→再軍備へ（のちの自衛隊）
51 サンフランシスコ講和会議
日米安全保障条約
→日本の独立と西側陣営への組み込み

◀⑨**連合国軍最高司令官マッカーサー** 戦争中は対日戦を指揮し，戦後は日本の**占領政策**を指導した。**朝鮮戦争**で国連軍を指揮したが，中国東北部への原爆を含む直接爆撃を進言し，トルーマン大統領と対立。1951年に解任された。

◀⑩**朝鮮戦争特需** 米軍の軍需が繊維・自動車・石炭部門を中心に急増し，多額のドルを得たことで，不況にあえいでいた日本経済は復興。1951年にはGNPと個人消費の総額が戦前の水準をこえた。

▼⑪**サンフランシスコ平和条約の調印** この条約により，日本は独立を回復し，日清戦争以来の獲得領などを放棄した。しかし，中国は代表権問題により会議に招請されず，ソ連や東欧諸国は安保条約との関連により調印を拒否した。日本国内では，戦争当事国全体との「全面講和」か，アメリカ主導の「単独講和」（東側陣営とは講和を結ばず，講和を受け入れる国々と結ぶ）をとるか議論になったが，吉田内閣は単独講和を選択した。p.311

調印拒否 ソ連・ポーランド・チェコスロヴァキア
理由 引き続き外国軍が駐留するべきでない，など
会議不参加 インド・ビルマ・ユーゴスラヴィアなど
理由① 中華人民共和国が会議に招かれるべきである
② 沖縄・小笠原は日本に返すべきである
③ アメリカ軍は駐留をやめるべきである
その他の批判
・日本への賠償請求権を放棄するべきではない，など

日米安全保障条約（要約） 1951年9月8日調印 52年4月28日発効
・米軍を日本に配備することを承諾する。
・米軍は，極東の平和と安全，内乱や外部からの武力攻撃など日本の安全確保に協力する（日本の安全を保障する義務はない）。
・アメリカ以外の国に軍事的権利を与えない。
・米軍の日本国における配備の条件は，**日米行政協定**で決定する。
（日米行政協定 ①基地はどこでもおける ②防衛分担金を日本が払う ③米軍関係者の犯罪は米軍に裁判権がある）
・日本が自衛力をもつことを期待する。

▲⑫アメリカ政府は，日本を西側陣営に確保するため講和を急いだが，軍部は**朝鮮戦争**勃発で**在日米軍基地**の重要性が高まったとして講和延期を主張した。両者の妥協として，沖縄を分離し，本土の米軍基地を維持できる形態がとられた。これによって，日本はアメリカの冷戦戦略のなかに編入された。

東西陣営の変遷 ～繰り返される緊張と緩和(かんわ) 1955～60年代前半

ヒストリーシアター ハンガリーが望んだ早すぎる「春」

スターリン批判(1956年)

スターリンは「人民の敵」という概念を作りました。…第17回党大会で選ばれた党中央委員と候補者139名のうち，98名(すなわち70%)が逮捕・銃殺されたことが明らかになっています。…この事実そのものが，すでに述べたように，第17回党大会参加者の大多数に対する反革命罪の告発がいかにでたらめで，無茶で，常識に反したものであるかを物語っているのです。…

◀①**ハンガリー反ソ暴動** **ブダペスト**での民衆蜂起(ほうき)の後，改革派の**ナジ**政権が成立した。しかしナジが，ソ連軍撤退・複数政党制・**ワルシャワ条約機構脱退**を表明したために，ソ連が軍事介入し，反ソ勢力は一掃された。

▼②**スターリン批判** ユーゴスラヴィアとの関係改善をはかった**フルシチョフ**(任1953～64)は，**スターリン**の専横的な政治・個人崇拝・大粛清(しゅくせい)などを明らかにしたため，世界に衝撃がはしった。

よみとき 図①で破壊されているのは誰(だれ)の像だろうか。また反ソ暴動はどのようなきっかけで起こったのだろうか。

1 緊張緩和の機運「雪どけ」

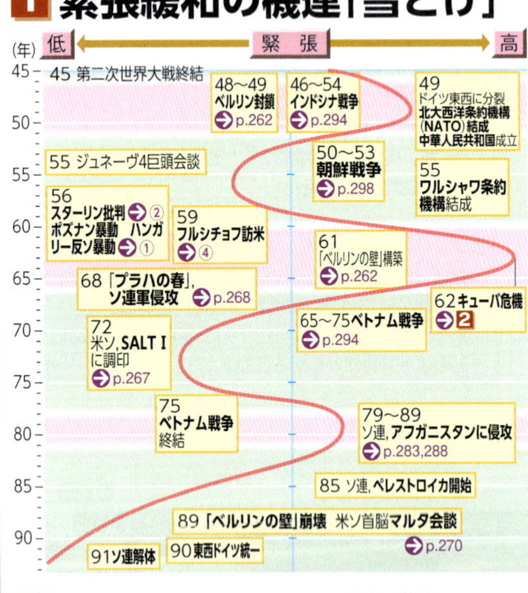

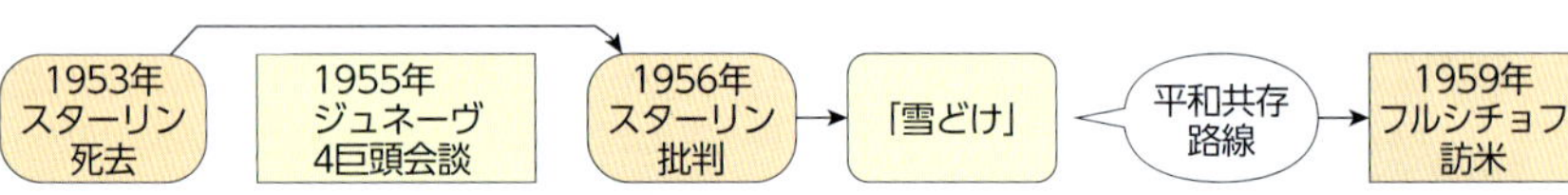

◀③**ジュネーヴ4巨頭会談** 1955年7月に開かれた会談は，**ヤルタ会談**以降初めての(そしてフランスも参加した)頂上会談であった。朝鮮戦争・インドシナ戦争終結後の米ソ間の**緊張緩和**(「**雪どけ**」と称された)の象徴となったが，実効的な成果はほとんどなかった。

▶④**フルシチョフ訪米** スプートニクの打ち上げ成功で対米優位を意識した**フルシチョフ**は1959年に訪米し，**アイゼンハウアー**(任1953～61)と会談。しかしアメリカの偵察機が撃墜(げきつい)される事件が起こり，次の会談の予定は中止された。

2 再緊張 キューバ危機

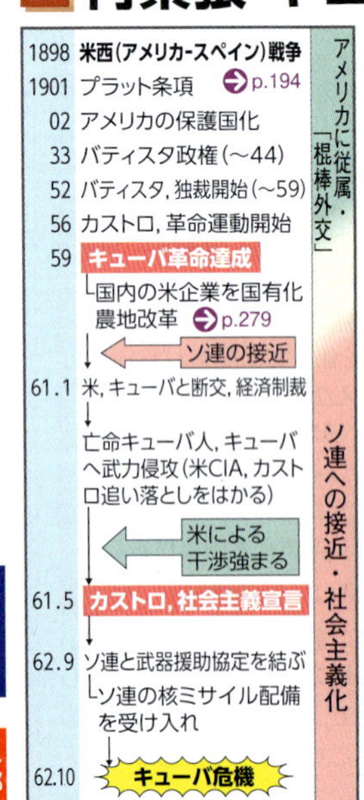

年	出来事
1898	米西(アメリカ-スペイン)戦争
1901	プラット条項 p.194
02	アメリカの保護国化
33	バティスタ政権(～44)
52	バティスタ，独裁開始(～59)
56	カストロ，革命運動開始
59	**キューバ革命達成**
	国内の米企業を国有化 農地改革 p.279
	ソ連の接近
61.1	米，キューバと断交，経済制裁
	亡命キューバ人，キューバへ武力侵攻(米CIA，カストロ追い落としをはかる)
	米による干渉強まる
61.5	**カストロ，社会主義宣言**
62.9	ソ連と武器援助協定を結ぶ
	ソ連の核ミサイル配備を受け入れ
62.10	**キューバ危機**

アメリカに従属・「棍棒外交」 / ソ連への接近・社会主義化

▲⑤キューバの動き

◀⑦**ソ連の輸送船を追尾するアメリカの偵察機** アメリカによるキューバの海上封鎖で米ソは衝突(しょうとつ)寸前となった。「世界を震撼(しんかん)させた13日」の後，ソ連のフルシチョフの譲歩で核戦争はまぬかれた。後日ホワイトハウスとクレムリンを結ぶ**ホットライン**がつくられた。

◀⑥**キューバのミサイル基地** 1962年，ソ連はキューバにミサイル基地を建設した。ワシントン・ニューヨークはその射程距離圏にあり，キューバは共産主義包囲網の外に位置していた(p.48)ことから，アメリカにとって非常な脅威(きょうい)に映った。最終的にはキューバへの不侵攻をケネディが確約し，ソ連がミサイルを撤去(てっきょ)した。

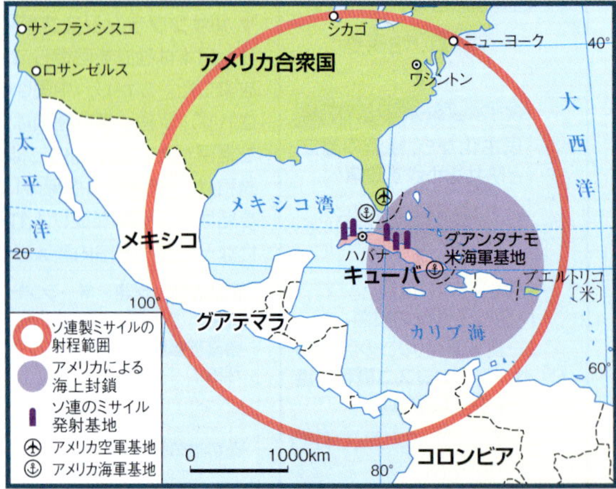

▲⑧アメリカとキューバの位置関係

世界全図p.48-49

日本 東アジア ヨーロッパ アメリカ MAPS 4部1章

その時経済は　西欧と日本の復興

パクス=アメリカーナ（1945～50年代前半）

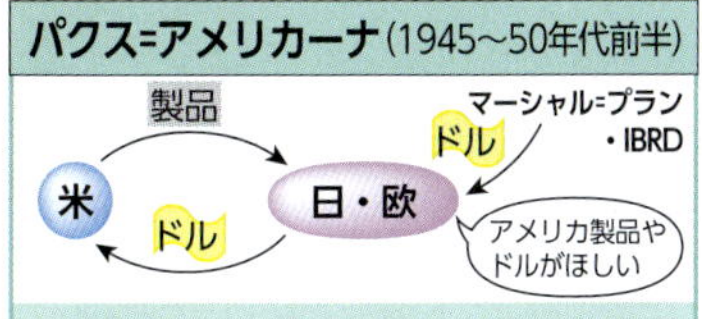

・復興に向けて，世界にアメリカ製品が流れ込む

↓

日本・西欧の復興（1950年代後半～）

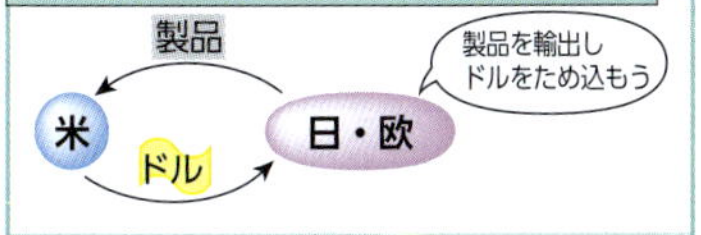

製品
製品を輸出しドルをため込もう
米　日・欧
ドル

・復興した日本や西欧が工業製品をアメリカに輸出し始める

↓

米の成長停滞（1960年代後半）

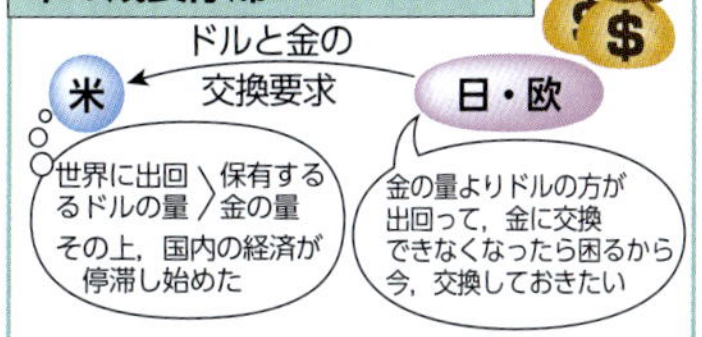

ドルと金の交換要求
米　日・欧
世界に出回るドルの量＞保有する金の量　その上，国内の経済が停滞し始めた
金の量よりドルの方が出回って，金に交換できなくなったら困るから今，交換しておきたい

・世界に出回るドルの量がアメリカの保有する金の量をこえ，各国が交換要求を始める
・成長の停滞したアメリカにとって，ドルの流通量を制限する金本位制が足かせに…

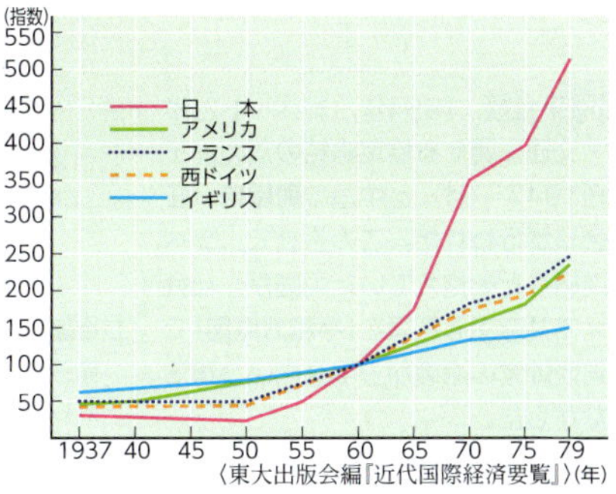

▲⑨主要資本主義国の鉱工業生産指数

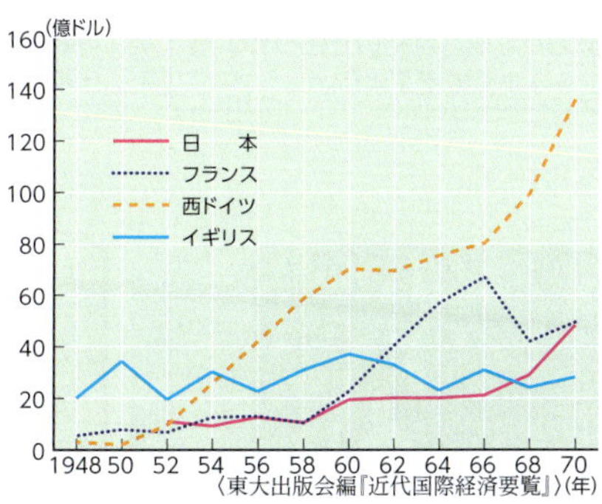

▲⑩主要資本主義国の外貨準備金の推移　ブレトン=ウッズ体制のもと，国際収支のバランスをコントロールすることが強く求められたアメリカは，諸外国がドルを獲得できるように輸入超過によって一定の割合でドルを世界経済全体に注入し続けた。こうして1960年代には，アメリカの国際収支は大幅な赤字になった。

テーマ　EECの発足

1950年，フランス外相シューマンが，独仏の石炭・鉄鋼を両国で共同管理することを提案した。この**シューマン=プラン**にベネルクス3国やイタリアも賛同し，52年に**ヨーロッパ石炭鉄鋼共同体**（**ECSC**）が発足した。石炭と鉄鋼は戦争に不可欠な資源であり，独仏によるこれらの共有は，敵対してきた両国の和解のみならず，第一次世界大戦後に掲げられたパン=ヨーロッパの理念を実現する第一歩とみなされたからであった。やがてこれを経済の全分野に拡大する**ローマ条約**が57年に締結され，58年に6か国が相互に経済的国境を取り払った**ヨーロッパ経済共同体**（**EEC**）が成立した。➔p.280

▼⑪EEC発足に合意するヨーロッパ諸国

確認
①この時期に経済復興をとげた国と地域はどこだろうか？
②これらの国がドルをため込んだ結果，アメリカはどのような問題を抱えることになっただろうか？

その時日本は　日本，国際社会へ復帰

1955年～60年代前半の日本の動き

1955　55年体制の始まり

自由民主党	日本社会党
改憲し，軍備の合法化をめざす安保を推進	護憲派　自衛隊の廃止を主張，安保には反対

56　日ソ共同宣言
日ソ間の戦争状態を終了，日本の国連加盟を支持
↓
日本，国連に加盟

○　高度経済成長期

60　「所得倍増」政策の始まり
新安保条約の調印
安保改定により，戦争に巻き込まれる危険が増すとして，再軍備反対・非武装中立をとなえて安保闘争が起こる

64　東海道新幹線（東京-新大阪）開通
東京オリンピック開催
（10月10日，のちに「体育の日」となる）

65　日韓基本条約調印 ➔p.299

▼⑫日ソ共同宣言の調印　外交路線の転換をはかったフルシチョフの提案により**日ソ交渉**が始まった。ソ連は歯舞（はぼまい）・色丹（しこたん）の返還を提案し，日本は四島返還を主張した結果，領土問題は棚上げのまま1956年に国交が回復された。

▼⑬日本の国連加盟　1956年の日ソ共同宣言とソ連との国交回復によって，社会主義諸国の反対がなくなり，同年12月に日本は**国際連合**に加盟した。

日本の国連加盟決る
全会一致で可決
安保理事会
80番目・宿

◀⑭東京オリンピック　アジアで初めての第18回オリンピック東京大会は，日本の戦後復興を印象づけ，**高度経済成長**に拍車をかけた。東海道新幹線が開幕9日前に開通した。日本が獲得した金メダルの数は16個。

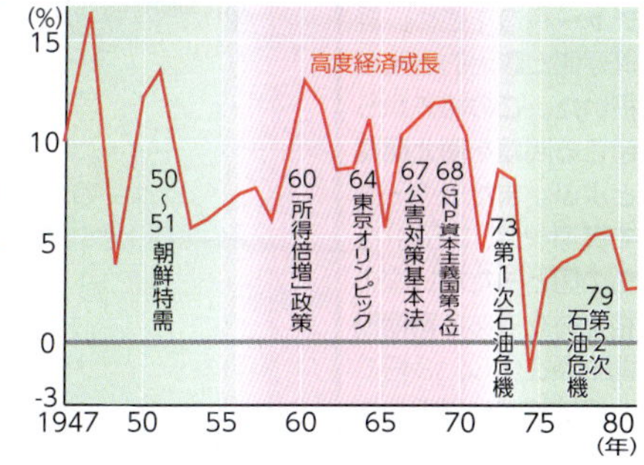

▲⑮日本の実質経済成長率の推移

第三勢力の形成 ～南北問題の顕在化 1955～60年代前半

ヒストリーシアター のちの大国の首脳たちの選択とは？

周恩来(中国)　ネルー(インド)

◀①ネルー・周恩来(しゅうおんらい／チョウエンライ)会談　1954年，チベットとインドの間の通商・交通に関する協定締結のため，インドの**ネルー**（任1947～64）と中国の**周恩来**（任1949～76）の会談が行われた。この会談で，チベット問題や国境問題などを抱えていた両国が，社会体制の相違を越えて共存する意思を**「平和五原則」**で示したことは，東西陣営の冷戦から中立を保つ**第三勢力**の結集をうながした。

よみとき　なぜ第三勢力が形成されたのだろうか。当時の世界の状況をふまえて考えよう。

「平和五原則」（1954）

(1)領土・主権の尊重　(2)相互不可侵　(3)内政不干渉　(4)平等互恵　(5)平和共存

第三勢力結束の背景

反帝国主義・反植民地主義の主張

第三勢力の共通点…第二次世界大戦後に植民地支配から独立し，東西陣営から距離を置いた国々
→再植民地化や脱植民地化に合わせて起こる戦争への抵抗

冷戦構造は形を変えた帝国主義だという認識

経済援助・安全保障・イデオロギーによって米ソいずれかの影響を多大にこうむる可能性
→独立維持の主張

1 第三勢力の連帯

1954.4　**コロンボ会議**（アジア=アフリカ会議開催宣言）

1954.6　**ネルー・周恩来会談**（平和五原則の確認）

「平和十原則」〔バンドン精神〕(1955)

(1)基本的人権と国連憲章の尊重
(2)**すべての国家の主権と領土の尊重**
(3)**すべての人種及び国家の平等の承認**
(4)**他国の内政不干渉**
(5)国連憲章による個別・集団的自衛権の尊重
(6)大国の特定の利益のために集団防衛の取り決めを利用しないこと
(7)**武力侵略の否定**
(8)**国際紛争の平和的手段による解決**
(9)相互の利益と協力の増進
(10)正義と国際義務の尊重

非同盟諸国の基準(1961)

(1)平和共存と非同盟の原則にもとづく自主的政策の追求
(2)民族解放運動の無条件支持
(3)いかなる集団的軍事ブロックにも不参加
(4)いかなる大国との双務的軍事条約も結ばない
(5)自国領内に外国の軍事基地不許可

▶②アジア=アフリカ会議　1955年，アジア・アフリカの新興国の指導者がインドネシアの**バンドン**に集まり**「平和十原則」**を採択。その後の国際社会での新興国家の発言力増大につながった。第2回会議が2005年に開かれた。

▲③**非同盟諸国首脳会議**　1961年，東西冷戦にさからって，平和的な国際秩序を積極的に確立するために**ティトー・ネルー・ナセル**が非同盟政策をとる諸国の連帯をよびかけた。第1回会議は**ベオグラード**で開催され，25か国が参加。

テーマ アフリカ黒人国家の独立

第二次世界大戦終結時のアフリカの独立国は4か国だった。しかし1950年代の北アフリカでの独立運動と**アジア=アフリカ会議**の成功を受け，57年に**ガーナ**が，サハラ以南で最初の独立国となった。17植民地が独立をした60年は**「アフリカの年」**とよばれた。だが植民地時代に形成されたモノカルチャーの経済構造は，独立だけでは解消できず，国内の部族問題，貧富の格差など問題は多い。

▶④ガーナの初代大統領エンクルマ（任1960～66）

その時経済は 顕在化する南北問題と南南問題

独立を達成した旧植民地では，自国の資源を経済的自立と発展に結びつける**資源ナショナリズム**が高まった。しかしそれが**モノカルチャー**構造を強め，経済停滞と政治的混乱を招いた。この格差から起こる問題を**南北問題**とよぶ。またその一方で資源（とくに石油）をもつ国ともたない国の格差対立である**南南問題**も顕在化し，今日でも経済格差は世界的な課題となっている。

➲p.284,286

*2013年

1人あたりのGNI －2014年－（国・地域別）
28000ドル以上　16000～28000　9000～16000　3000～9000　750～3000　750ドル未満　資料なし
地図中の数値の単位はドル
〈World Bank資料，ほか〉

スウェーデン 61600　ロシア 13210　スペイン* 29940　アメリカ合衆国 55250　日本 42000　中国 7380　韓国 27090　サウジアラビア* 25140　インド 1570　フィリピン 3470　ナイジェリア 2970　マラウイ 250（最低国）　ブラジル 11530　インドネシア 3630　南アフリカ 6800　オーストラリア 64680　アルゼンチン* 14160

▲⑤1人あたりのGNI（国民総所得）で見る世界 ➲巻頭折込

貿易相手国の赤字は旧宗主国

国名	年次	輸出品目（第1位）	貿易相手国（第1位）
ガーナ	1960年	ココア (63.3%)	イギリス (31.3%)
	2013年	金 (42.6%)	南アフリカ共和国 (22.4%)
ナイジェリア	1960年	ココア (21.7%)	イギリス (47.6%)
	2013年	原油 (82.8%)	インド (12.6%)
モロッコ	1960年	りん鉱石 (23.4%)	フランス (40.3%)
	2012年	機械 (15.9%)	フランス (21.5%)

〈国連貿易統計ほか〉

▲⑥アフリカの輸出の現状

確認

①旧植民地が独立して，経済的にどのような問題が噴出したか？
②途上国の中でも，経済格差が生まれたことを何というか？

特集 冷戦と核 ～核戦争の危機から管理強化へ

核開発と軍備管理の変遷

赤字 抑止　黒字 拡散・事故

各国による核開発競争

年	できごと	終末時計
1905	**アインシュタイン, 相対性理論**を発表 →核分裂を示唆 p.256	
42	**原子爆弾**製造計画(マンハッタン計画)	
45	米, 原爆実験成功 p.256 **8.6広島, 8.9長崎に原爆投下**	
	冷戦の始まり	3分前 1949
49	ソ連, 最初の原爆実験	
50	ストックホルム=アピール 世界中で5億人が署名「原子力兵器の無条件使用禁止」	
52	英, 最初の原爆実験	
53	ソ連, 水爆保有宣言	2分前 1953
54	米, **ビキニ環礁水爆実験** →**第五福竜丸事件**	

反核運動の高まり

年	できごと	終末時計
55	**ラッセル-アインシュタイン宣言** 第1回原水爆禁止世界大会開催(広島)	
57	国際原子力機関(IAEA)発足 p.259 ソ連, 大陸間弾道ミサイル(ICBM)開発 **パグウォッシュ会議**(核廃絶運動)	
60	仏, 最初の原爆実験 p.264	7分前 1960
62	**キューバ危機**←米ソ, ホットライン設置	

米ソによる軍備管理

年	できごと	終末時計
63	**部分的核実験禁止条約(PTBT)**調印 →108か国調印	
64	中国, 最初の原爆実験	10分前 1969
66	仏, ムルロア環礁で核実験 →南太平洋核汚染	
68	**核拡散防止条約(NPT)**調印	
72	**第1次戦略兵器制限交渉(SALT〔ソルト〕I)**調印	
74	インド最初の核実験 p.290	
75	全欧安全保障協力会議→**ヘルシンキ宣言**	
78	第1回国連軍縮特別総会(SSD I)開催	
79	**米ソ, SALT II**調印→発効せず p.270 スリーマイル島原子力発電所事故	3分前 1984
83	米, 戦略防衛構想(SDI)発表 p.278	
86	チェルノブイリ原子力発電所事故	
87	米ソ, **中距離核戦力(INF)全廃条約**調印	
89	冷戦の終結	17分前 1991

核削減とそろわぬ足並み

年	できごと	終末時計
91	米ソ, **第1次戦略兵器削減条約(START〔スタート〕I)**調印	
93	**START II**調印→発効せず 化学兵器禁止条約	
95	NPT, 無期限延長を採択	
96	**国連, 包括的核実験禁止条約(CTBT)**採択	
○	中国とフランスが核実験実施←各地で抗議	
97	対人地雷全面禁止条約(1999年発効)	
98	インド・パキスタンによる核実験	
2002	米露, 戦略攻撃能力削減(モスクワ)条約調印	7分前 2002
06	北朝鮮による核実験(09年, 13, 16, 17年にも)	
08	クラスター爆弾禁止条約(10年発効)	
10	米露, 第4次戦略兵器削減条約(新START)調印	
11	福島第一原子力発電所事故 p.301	2分前 2018
18	米, INF全廃条約離脱を表明	

▲①**ビキニ環礁水爆実験** アメリカは1940年代後半～60年代初めに太平洋地域で頻繁に核実験を行った(ビキニ環礁だけでも23回)。➡巻頭17

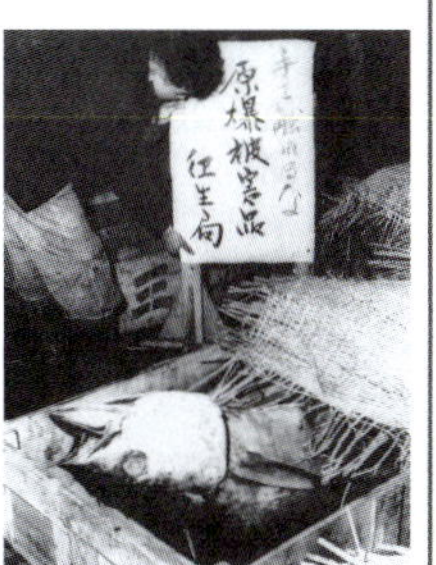

▲②**第五福竜丸がもち帰ったマグロ** 1954年, アメリカの水爆実験で日本の漁船が被災した。船には「死の灰」が降り注ぎ, その恐怖から反核運動がさかんになった。➡巻頭17

▲③**INF全廃条約調印** ヨーロッパでの反核運動を受け, 配備ずみの**中距離核戦力**(INF)**の全廃**に米ソが初めて合意した点が画期的だった。

1 核開発競争の始まり

▶④**長崎への原子爆弾の投下** アメリカは8月6日の広島へのウラン型原子爆弾に続き, ソ連の対日参戦通告後の9日にプルトニウム型原子爆弾を長崎に投じた。ソ連に対し軍事的優位を誇示するのと同時に, 原爆投下で日本は降伏したという「原爆神話」で戦後の極東への指導力を確保する意図も含まれていた。➡巻頭17

核で攻撃された場合報復を行う
抑止力
キューバ　核ミサイル　ソ連　ワルシャワ条約機構加盟国
日　核ミサイル　NATO加盟国　米

◀⑤**核抑止理論(核の傘)** 核兵器を保有することが, 対立する二か国(あるいは陣営)の間で, 核兵器の使用を抑止する状況を互いにつくり出し, 結果として核戦争につながる全面戦争が回避されるという考え方が**核抑止理論**(核の傘)で, 冷戦期の米ソの基本戦略でもあった。

2 米ソによる軍備管理

＊新STARTにもとづき, 2016年4月時点のICBM・SLBM・爆撃機の計はロシア521, アメリカ741と公表されている。

▼⑥**アメリカとロシアの核保有数の推移**

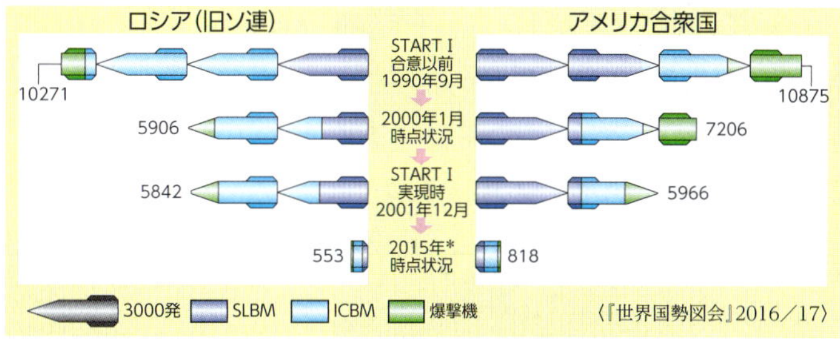

(『世界国勢図会』2016/17)

▼⑦**核拡散防止条約(NPT)と包括的核実験禁止条約(CTBT)**

核拡散防止条約(NPT)		包括的核実験禁止条約(CTBT)
・核保有国(米ソ英仏中)が他国へ核兵器を譲渡することを禁止 ・非核保有国の核兵器製造と取得を禁止	内容	・宇宙空間, 大気圏内, 水中, 地下を含むあらゆる空間での核兵器の爆発実験を禁止
・2013年現在190か国加盟 ・インド, パキスタン, イスラエル不参加 ・2003年に北朝鮮が脱退	加盟国	・2013年現在183か国署名, 158か国批准 ・アメリカ, 中国など5か国未批准 ・北朝鮮, インド, パキスタン未署名

NPT-CTBT体制の問題点
・軍事管理が前提で, 核兵器廃絶をめざしたものではない
・コンピュータ=シミュレーションや臨界前核実験は禁止されていない
・核兵器を保有する5か国のみが核開発を独占できる

イギリス　ベラルーシ　ウクライナ　ロシア　フランス　カザフスタン　アメリカ合衆国　朝鮮民主主義人民共和国　イラン　中国　大西洋　アルジェリア　リビア　パキスタン　シリア　インド　ミャンマー　太平洋　イスラエル　太平洋　ブラジル　インド洋　南アフリカ共和国　アルゼンチン

- 核兵器を保有している国
- 核兵器保有を疑われている国
- 過去に核兵器開発計画をもっていた, 現在もっている疑いのある国
- 核兵器を保有していたが廃棄した国
- 技術はあるが, 核兵器開発をしていない国・地域

▲⑧**核兵器保有状況**

3 冷戦後の核開発 ➡巻頭17

▲⑨**自国の核実験実施を要求する人々(パキスタン)** 1968年に結ばれた**核拡散防止条約(NPT)**では, 核兵器保有国を米ソ(露)英仏中の5か国に限定したが, それは核軍備に関する差別であるという意見も強かった。1998年5月に対立する**インド・パキスタン**があいついで核実験を行うと, 両国に国際的非難が集中した。➡p.290

ヒストリーシアター 米中の接近，双方のおもわくは？ ➔巻頭17

▲①**ニクソン訪中** ベトナムからの「名誉ある撤退(てったい)」を最優先とする米大統領**ニクソン**(任1969～74)は，対中政策の修正のためにまず大統領補佐官の**キッシンジャー**を訪中させ，自身も訪中した。中国も中ソ対立のなかで対米和解と国連加盟をねらったため，1972年に**米中和解**が実現した。頭越し外交をされた日本や，米中対立が外交の基軸であった朝鮮半島には激震がはしった。

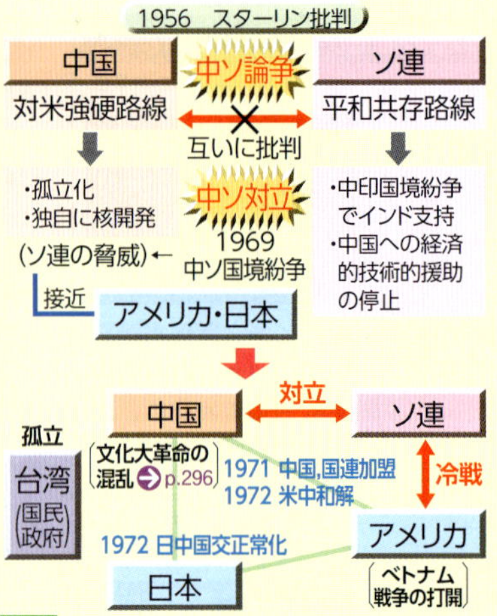

1956 スターリン批判

中国 ⟵中ソ論争⟶ ソ連
対米強硬路線 ✕ 平和共存路線
互いに批判

中国：・孤立化 ・独自に核開発 (ソ連の脅威)← 接近 → アメリカ・日本
中ソ対立 1969 中ソ国境紛争
ソ連：・中印国境紛争でインド支持 ・中国への経済的技術的援助の停止

中国 ⟷対立⟷ ソ連
中国：文化大革命の混乱 ➔p.296
孤立 台湾(国民政府)
1971 中国,国連加盟
1972 米中和解
1972 日中国交正常化
ソ連 ⟷冷戦⟷ アメリカ(ベトナム戦争の打開)
日本

▲②**中ソ国境紛争** 1960～70年代にかけて続発。とくに，中ソ国境のウスリー川にある珍宝島(ちんぽうとう)(ダマンスキー島)で1969年に起きた武力衝突では，戦死者も出て，**中ソ対立**は頂点に達した。1991年に中国領とすることで合意した。

よみとき ニクソンが訪中したとき，アメリカはどのような問題を抱えていただろうか。また，そのとき中国は国際関係のなかでどのような動きをしていただろうか。

1 東西陣営の動揺 史p.353

西側

▲③**ベトナム反戦運動** **ベトナム戦争**の泥沼(どろぬま)化と**反戦運動**の高まりのなか,アメリカでは銃口に花をさす**フラワーチルドレン**とよばれる若者も現れた。この戦争をアメリカは「正義の戦争」と定義づけたが,最終的に敗北,南北ベトナムの統一が実現した。➔p.277, 294

▼④**枯葉剤(かれはざい)の散布** **南ベトナム解放民族戦線**がジャングルに隠れ，ゲリラ作戦ができないようにするためアメリカ軍は枯葉剤をまいた。枯葉剤にはダイオキシンが混入しており，流産や奇形児が増加したといわれる。➔p.294

東側

▲⑤**「プラハの春」の弾圧** 1968年，**チェコスロヴァキア**共産党第一書記**ドプチェク**は事前検閲の廃止や市場原理の導入など，自由化路線を進めた。しかし，ソ連中心のワルシャワ条約機構軍の侵攻により（チェコ事件），ドプチェクらは逮捕され，短い「春」は終わった。チェコスロヴァキアへの内政干渉は，当時ソ連の書記長であったブレジネフがとなえた「社会主義諸国の全体利益は各国の個別利益よりも優先される」というブレジネフ=ドクトリン(制限主権論)によって正当化された。

2 石油危機 ➔巻頭19

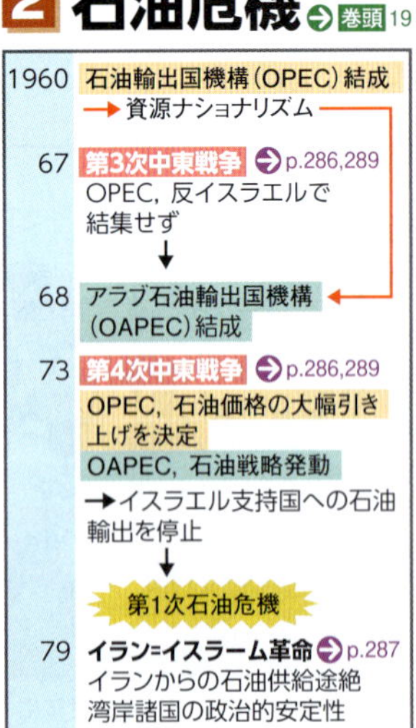

1960 石油輸出国機構(OPEC)結成
→資源ナショナリズム

67 **第3次中東戦争** ➔p.286,289
OPEC，反イスラエルで結集せず
↓
68 アラブ石油輸出国機構(OAPEC)結成

73 **第4次中東戦争** ➔p.286,289
OPEC，石油価格の大幅引き上げを決定
OAPEC，石油戦略発動
→イスラエル支持国への石油輸出を停止
↓
第1次石油危機

79 **イラン=イスラーム革命** ➔p.287
イランからの石油供給途絶
湾岸諸国の政治的安定性への危惧
↓
第2次石油危機

▲⑥**アラブ石油輸出国機構(OAPEC)の結成**

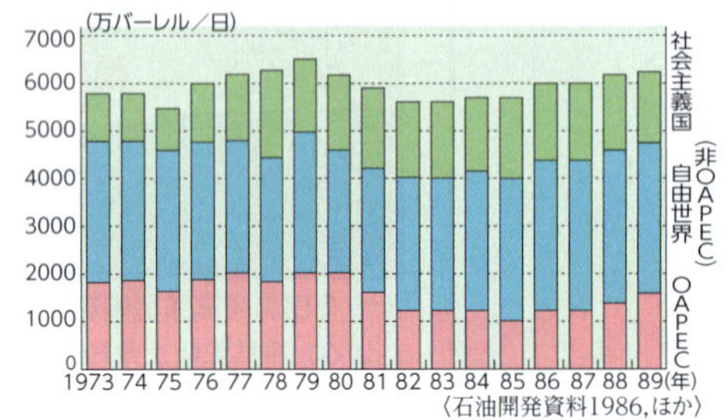

〈石油開発資料1986,ほか〉

▲⑦**世界の原油生産とOAPECのシェア**

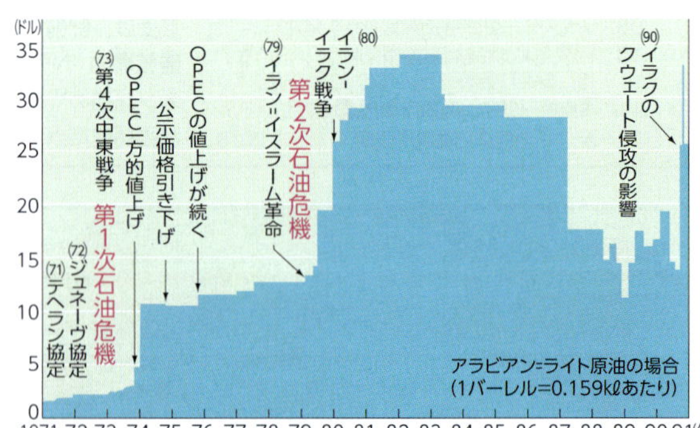

〈石油資料，ほか〉

▲⑧**石油価格の変動** 1973年の**第4次中東戦争**を契機に，**石油輸出国機構(OPEC)**湾岸6か国は原油価格を引き上げた。また，**アラブ石油輸出国機構(OAPEC)**も石油生産の削減や輸出制限による**石油戦略**を行使したことで，**資源ナショナリズム**が高まり，資源は武器となった。OAPECの世界の原油生産に占める割合は今でも大きく，90年のイラクによるクウェート侵攻時に値上がりしたように，中東情勢は原油価格に連動する。石油に依存する生活が続く限り，中東情勢は世界の注目を集め続けると考えられる。➔p.286

その時経済は ドル=ショックによる世界経済秩序の崩壊

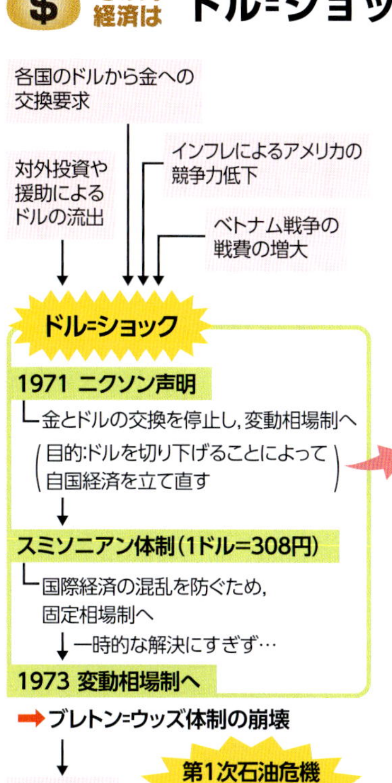

パクス=アメリカーナの終焉

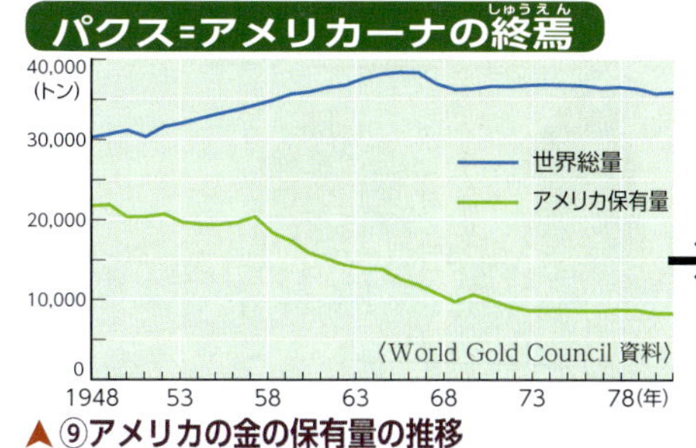

▲⑨アメリカの金の保有量の推移

ドル=ショック

◀⑩**米ドルと金の交換停止を発表するニクソン** 1944年以来,ドルは世界唯一の**兌換通貨**であったが,その国際的ルールが放棄され,国際経済は歯止めを無くした。

◀⑪**ドルをとりまく各国の状況** ニクソン声明の発表後,**金本位制**のくびきから解放されたアメリカは,国内のドルの流通量を増やすことで,国内の経済を活性化させようとした。しかし,ドルの供給量が急激に増えた分,インフレとなった。同時に,**石油危機**によって不況を招くこととなった。

キーワード スタグフレーション 石油危機は,不況による高止まりの失業率と,**インフレーション**が沈静化しない状況を併存させることとなった。stagflationとはinflationとstagnation(不景気)の合成語であり,1974年以降の経済状況を示す。旧来の財政政策では解決できず,各国は対応に苦慮した。

サミット開催

▲⑫**第1回主要先進国首脳会議** 1975年,石油危機・世界同時不況を西側先進国が経済協調により解決するために行われた「経済**サミット**」。フランス大統領ジスカールデスタンの呼びかけによる。

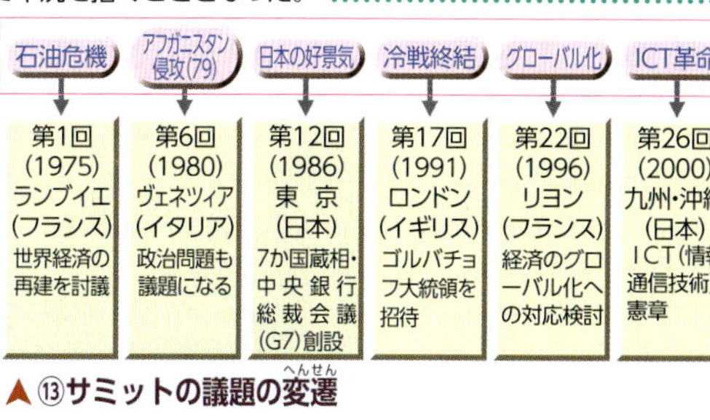

石油危機	アフガニスタン侵攻(79)	日本の好景気	冷戦終結	グローバル化	ICT革命
第1回(1975)ランブイエ(フランス)世界経済の再建を討議	第6回(1980)ヴェネツィア(イタリア)政治問題も議題になる	第12回(1986)東京(日本)7か国蔵相・中央銀行総裁会議(G7)創設	第17回(1991)ロンドン(イギリス)ゴルバチョフ大統領を招待	第22回(1996)リヨン(フランス)経済のグローバル化への対応検討	第26回(2000)九州・沖縄(日本)ICT(情報通信技術)憲章

▲⑬**サミットの議題の変遷**

確認
①金の保有量の少なくなったアメリカはどのような政策に踏み切ったか?
②この時期に起こった,石油価格の上昇を引き起こしたできごとを何というか?

その時日本は 日本を襲う2つのショックと沖縄復帰

60年代後半から70年代の日本の動き

60年代	沖縄の祖国復帰運動高まる
1968ごろ	GNPが資本主義国で第2位に ○学生運動がさかんになる ○ベトナム戦争反対 ○日米安保条約反対 を訴える
70	日本万国博覧会,大阪で開催
71	ニクソン訪中宣言(第1次ニクソン=ショック)(訪中は72年) ドル=ショック(第2次ニクソン=ショック) 1ドル=360円→308円に切り上げ
72	沖縄復帰 日中共同声明 中国との国交回復,台湾と断交
73	変動相場制に 第1次石油危機(オイル=ショック) 高度経済成長の終焉
75	第1回サミットへの参加
78	日中平和友好条約
79	第2次石油危機

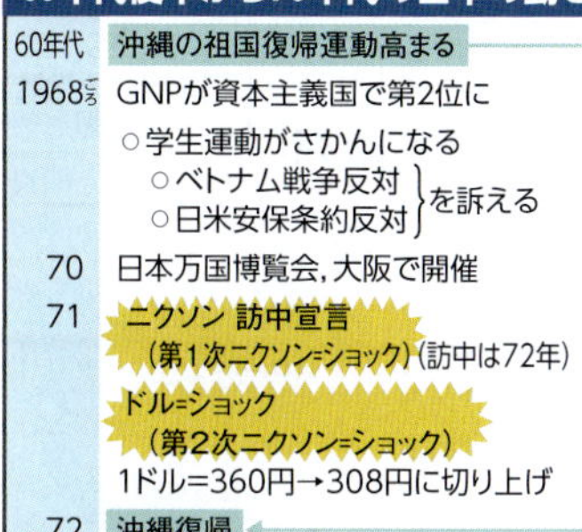

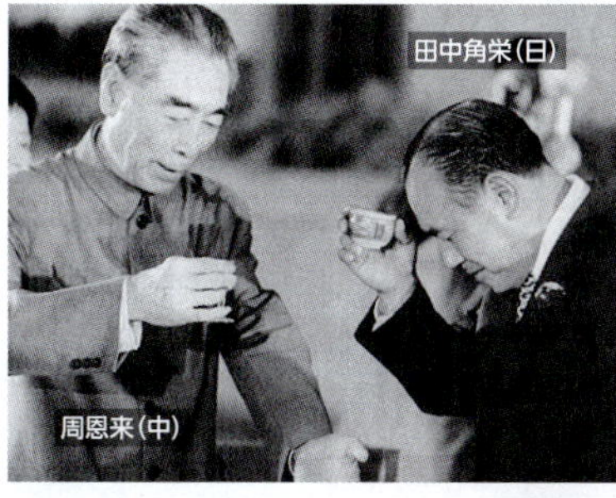

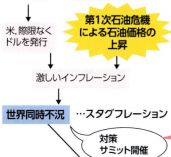

◀⑭**日中国交正常化** 田中角栄(任1972~74)内閣は日中関係を外交の最重要事項と位置づけ,1972年9月29日「日本国政府と中華人民共和国政府の共同声明(**日中共同声明**)」に調印。この後,日本は**中華人民共和国を唯一の中国政府と認め台湾**(中華民国国民政府)**と断交**した。

▶⑮**石油危機による品不足** 石油危機(オイル=ショック)によって,日本では広範な便乗値上げが行われ**狂乱物価**とよばれる物価高騰を招いた。この現象は人心の混乱を招くとともに**高度経済成長**の終わりを実感させた。大都市圏でトイレットペーパーや灯油の買い占めが起こった。

テーマ 沖縄復帰

沖縄はアメリカの極東政策の重要地であり,1965年春から**ベトナム**に出撃するB52の発進基地となっていた。しかしアメリカが,60年の**安保闘争**の再来を恐れたことや,ベトナムなどへの過剰な介入を避ける方針(ニクソン=ドクトリン)から返還に前向きであり,1972年に日本に返還された。

▼⑯**沖縄の位置関係** 世界全図p.50~51

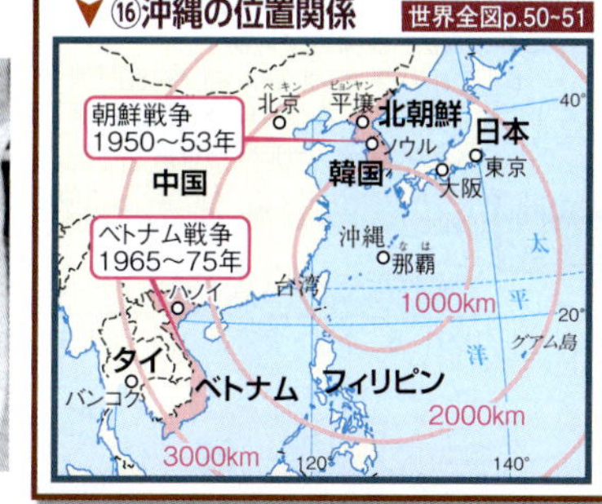

冷戦の終結へ　～民主化のうねりとソ連の解体　1975～80年代

ヒストリーシアター　「ベルリンの壁」崩壊！その後世界はどう変わった？　14 ➡巻頭14

ブランデンブルク門

◀①「ベルリンの壁」崩壊　1989年11月9日に壁は壊され開放された。それに伴い，**東西ドイツ統一**問題が国際政治の舞台に浮上。通貨統合を経て，東ドイツは西ドイツに吸収された。

▲②**ルーマニア革命**　ルーマニアでは武力によって社会主義体制が崩壊した。チャウシェスク大統領が公開処刑されるなど，激しい革命となった。

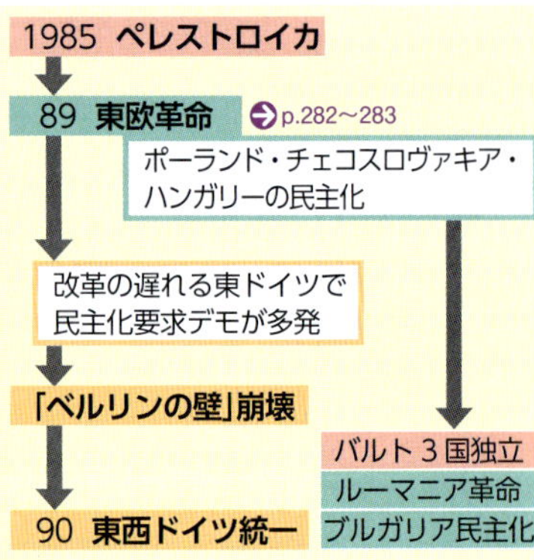

よみとき　図②で倒されているのは誰の銅像だろうか。また，ベルリンの壁の崩壊や図②のできごとは，この時期に起こったどのようなことを象徴しているだろうか。

1 デタントから新冷戦へ

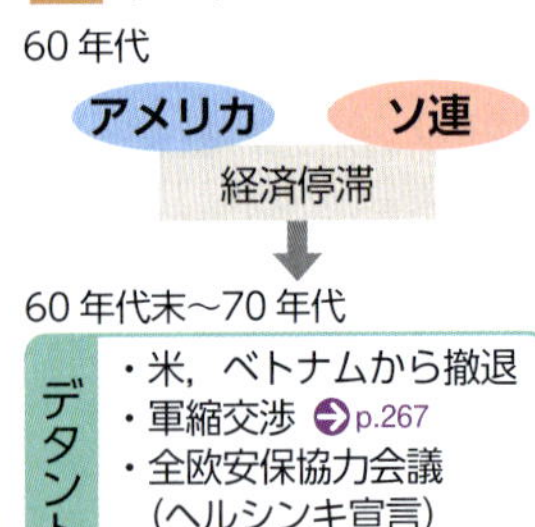

デタント（緊張緩和）

▲③**第2次戦略兵器制限交渉（SALTⅡ）の調印**　カーター米大統領は，ニクソン政権からの**デタント**路線をおし進めた。**SALTⅡ**には弾道ミサイル保有数のみならず，運搬手段の制限も盛り込まれ，1979年に米ソ両国は調印した。しかし，ソ連の**アフガニスタン侵攻**を理由としてアメリカ議会は批准を拒否した。

1979　ソ連，アフガニスタンに侵攻

新冷戦

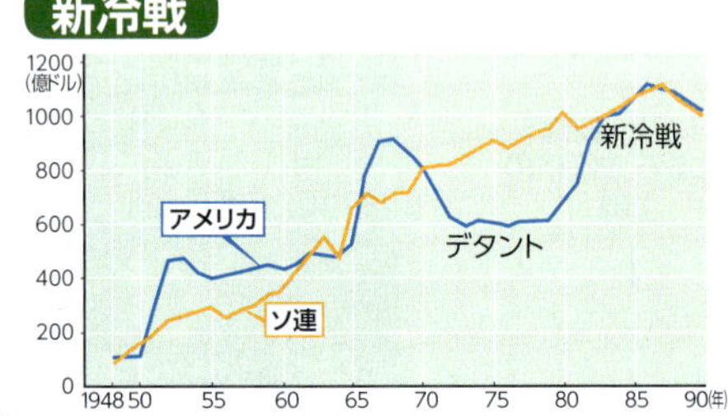

◀④**アメリカとソ連の軍事支出額の推移**　デタント時代にアメリカの軍事支出額の減少に対しソ連は増加。デタントは「ソ連を利しただけ」と批判された。

▶⑤**レーガン大統領**　「弱腰外交」との批判を浴びたカーター政権の後を受けた**レーガン**は，「**強いアメリカ**」の復活を掲げ，軍事費を増大させ，SDI（戦略防衛構想）を発表するなど，ソ連に対抗する姿勢を明確にした。➡p.278

2 冷戦の終結とソ連の解体

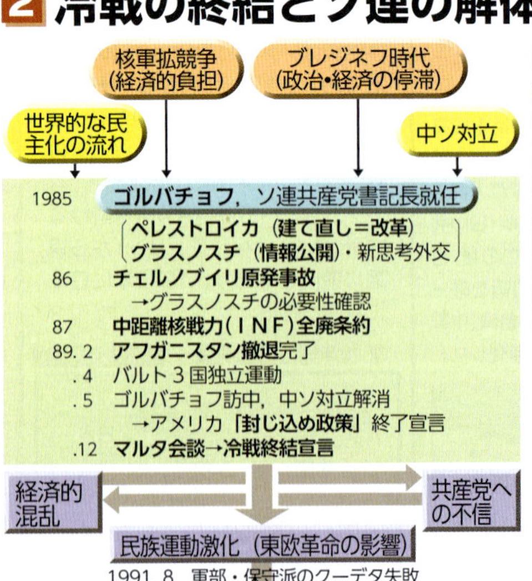

冷戦の終結

▲⑥**マルタ会談**　1989年12月，**冷戦終結宣言（マルタ宣言）**が出された歴史的会談。東欧6か国の自由化とドイツ統一が承認されたが，民族主義の高まりは，ソ連やユーゴスラヴィアの崩壊を誘発することになる。

▼⑦ソヴィエト連邦の解体　世界全図p.50-51 ⬅p.239 2，➡p.282

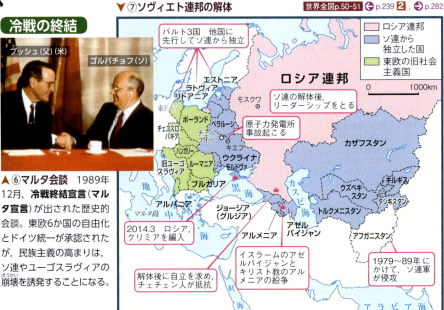

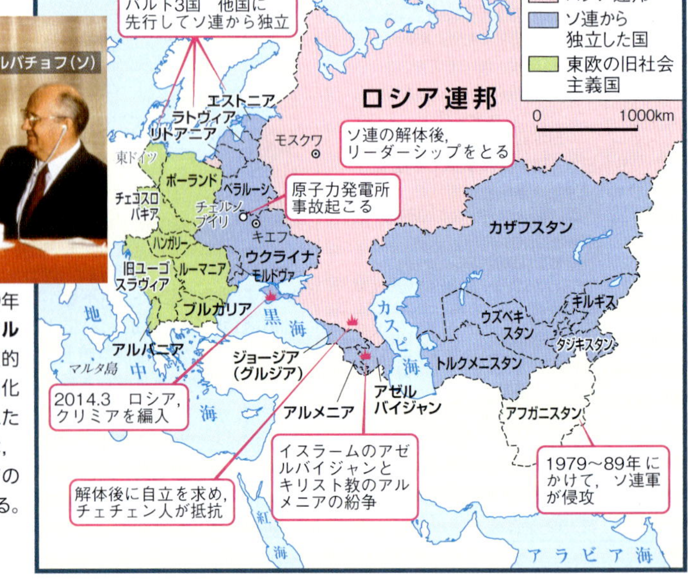

日本　東アジア　東南アジア　ヨーロッパ　アメリカ　MAPS　4部1章

その時経済は　ソ連が解体し，アメリカは勝利した？

アジア NIEs

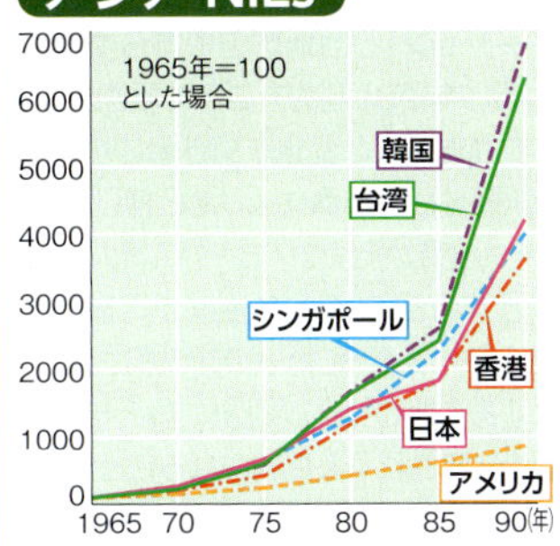

◀⑧**アジア各国のGDP成長率の推移**　東・東南アジア23か国は1965年から1991年にかけ，急速にGDPをのばした。とくに，日本と**アジアNIEs**（韓国・台湾・香港・シンガポール）は高度成長と不平等の減少を同時になしとげた最も公平な国々とされ，世界銀行はこれを「**東アジアの奇跡**」とよんだ。

ソ連型経済の終焉（しゅうえん）

◀⑨**買い物のための行列**　社会主義による経済の低迷，品不足のため，ソ連では行列が日常の風景であった。市場経済化によって，豊かになることが期待されたがインフレが起こり，品不足は解消されなかった。

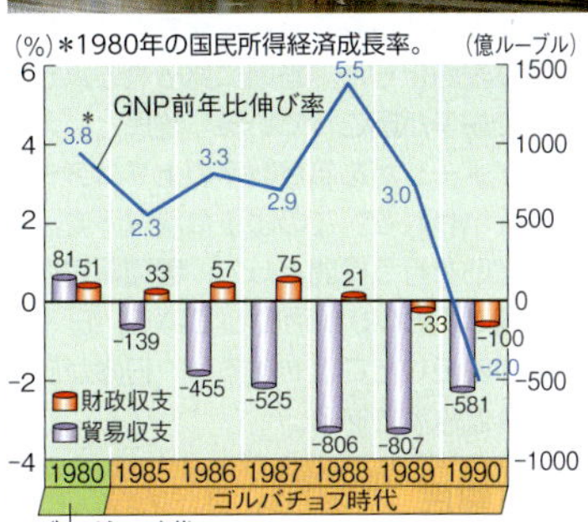

◀⑩**ソ連のGNP前年比伸び率**　ソ連経済は低迷していたが，1990年にはついにGNPの伸び率がマイナスになった。

新自由主義の推進

◀⑪**ヴェネツィアサミット**　1987年開催。写真の5人は5年連続の参加。そのうち，**レーガン**と**サッチャー**は，「**小さな政府**」を志向。公共部門の削減と，自由競争を推進。日本でも公社の民営化が行われた。経済は活性化したが，格差拡大などの問題は残った。

テーマ　プラザ合意と各国の思惑

アメリカは「**双子の赤字**」（➲p.278）に苦しんでいたが，日・欧も1970年代末期のようなドル危機の再発を恐れ，協調的な**ドル安**をはかった。とくにアメリカの対日貿易赤字が顕著であったため，日本に対し円高ドル安を容認させるものとなった。だが，自国通貨の価値を他国の介入により左右され，ドルは基軸通貨としての威信を傷つけられた。

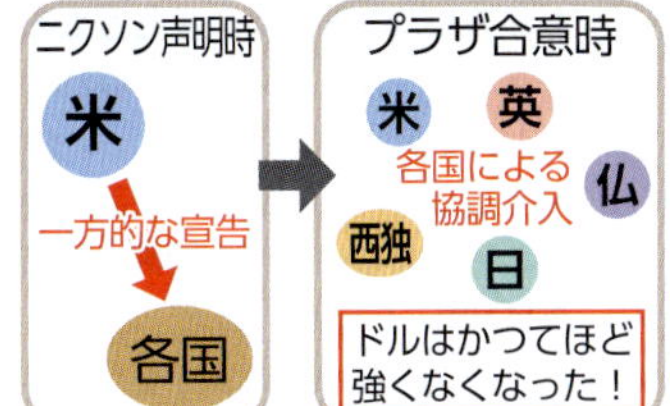

ドル高是正へ

▲⑫**プラザ合意**　1985年に日・米・英・仏・西独の代表が集まり，ドルに対して通貨を一律10～12%切り上げた。ドル安によりアメリカは輸出競争力を高め貿易赤字を減らすことになった。

確認
①80年代は世界各地でどのような経済の動きがあっただろうか？
②プラザ合意にはどのような意味が含まれていただろうか？

世界経済の動き／日本の動き

➲p.269　**不況の長期化**

世界経済の動き
- **アジア NIEs の台頭**（たいとう）　韓国・台湾・香港・シンガポール→「**東アジアの奇跡**」
- **アメリカ・西欧**　構造改革による打開　「小さな政府」‖
- **新自由主義**　自由主義経済を構築し，経済再建と景気回復をめざす
  - ・規制緩和
  - ・国営事業の民営化
  - ・税制改革
- しかしアメリカの貿易赤字は変わらず

日本の動き
- 公共事業拡大　技術革新　対米輸出増大
- ↓ **経済回復**　“Japan as No.1”
- （影響）中曽根（なかそね）内閣，民営化を発表　日本電電公社→NTT　専売公社→JT　国鉄→JR

1985 プラザ合意

- **ソ連**　経済の停滞　市場経済への移行　→超インフレによる混乱
- 円高不況 → **金融緩和**　輸出にたよらず，海外投資や国内需要拡大のために低金利政策を実施
- → **1986 バブル景気** → アジア諸国への投資→さらなる経済成長

その時日本は　Japan as No.1 と貿易摩擦

Japan as No.1

(年)	アメリカ	日本	ドイツ	フランス	その他
1975	26.9%	20.7	9.5	9.8	33.1
1980	20.6	28.4	10.0	8.7	32.3
1985	25.7	27.0	9.8	6.7	30.8
1990	20.0	27.6	10.2	7.7	34.5
1995	24.0	20.4	9.3	6.9	39.4

▲⑬**主要国の自動車生産占有率**　日本の対米自動車輸出の増大に伴い，日米自動車摩擦が激しくなった。アメリカ庶民は，アメリカ車より燃費のよい日本車を購入した。日本は輸出の自主規制とともに，現地生産を増やしていく。

『Japan as No.1』
この国はその少ない資源にもかかわらず，世界のどの国よりも脱工業化社会の直面する基本的問題の多くを，最も巧みに処理してきたという確信をもつにいたった。私が日本に対して世界一という言葉を使うのは，実にこの意味においてなのである。
〈エズラ＝ヴォーゲル著 広中和歌子・木元彰子 訳〉

▲⑭1979年に日本の経営力を高く評価する著作『Japan as No.1』が発表された。

日米貿易摩擦

▶⑮**日本製の自動車を壊すアメリカ人**

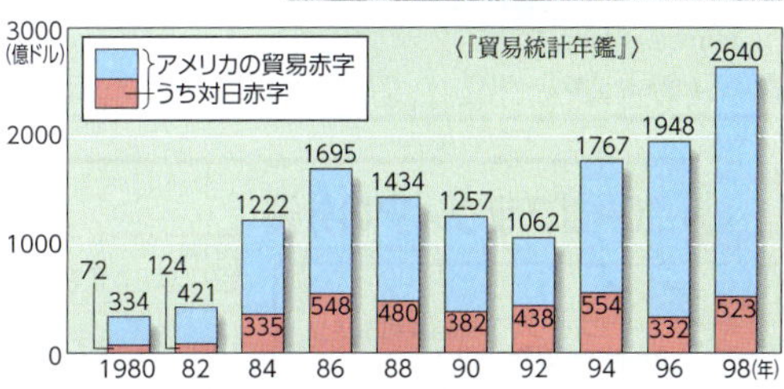

▲⑯**アメリカの貿易赤字と対日赤字**　1981年のレーガン大統領の「減税によって税収を増やす」政策によって，財政が赤字となり，貿易にもそれが及んだ。

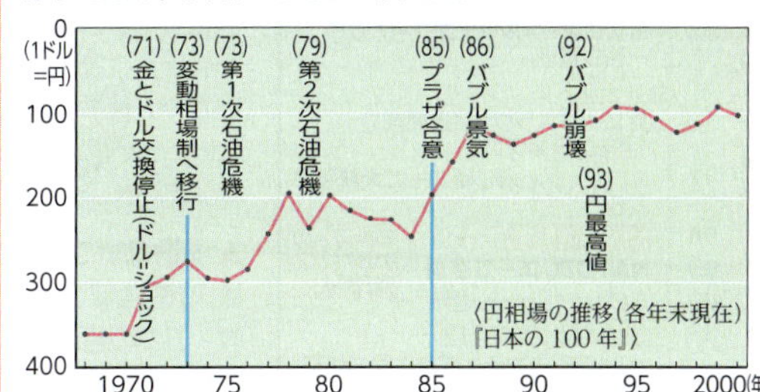

▲⑰**円相場の推移**　資源のない日本は輸出で経済を成り立たせるため，貿易黒字を出すことが命題となるが，そのため，円高傾向になりやすくなる（外圧がかかる）。

グローバル化する世界 ～東アジアの台頭(たいとう) 1990年代～

➡巻頭15

ヒストリーシアター 国境を越えてつながる世界

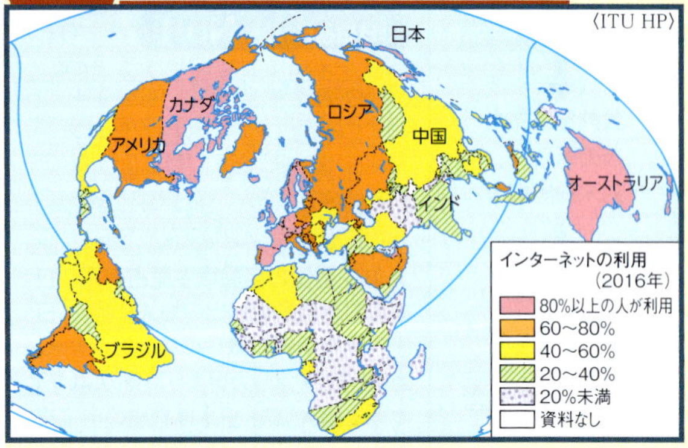

〈ITU HP〉

日本
カナダ
ロシア
アメリカ
中国
インド
オーストラリア
ブラジル

インターネットの利用（2016年）
80%以上の人が利用
60～80%
40～60%
20～40%
20%未満
資料なし

▲①インターネットによる世界の結びつき

▲②初代iPhone(アイフォン)の発表（アップル社CEOスティーブ=ジョブズ，2007年当時） WWW（ワールド=ワイド=ウェブ）とブラウザの普及とともに，インターネットは世界中に広まった。その後，iPhoneなどのスマートフォンが発売されると，インターネット端末は個人が携帯できるものとなった。

キーワード グローバル化 グローバル化（グローバリゼーション）とは地球上のあらゆる活動が，時間や場所の制約をこえて展開し，地球規模に拡大してさまざまな変化を引き起こす現象をいう。ICT（情報通信技術）**革命**によりあと押しされ，ビジネスモデルをも変化させた。グローバル化により国際的分業が進展すると，効率的な生産が可能になるなど，社会が豊かになる反面，唯一(ゆいいつ)の超大国 アメリカの文化が流入すること（アメリカ化）により，自国のシステムや文化が破壊されると批判されることがある。

よみとき インターネット利用率の高い国々にはどのような共通点があるだろうか。また，ICT革命は世界にどのような影響を与えただろうか。

1 グローバル化のなかで噴出する民族主義 ～各地であいつぐ紛争

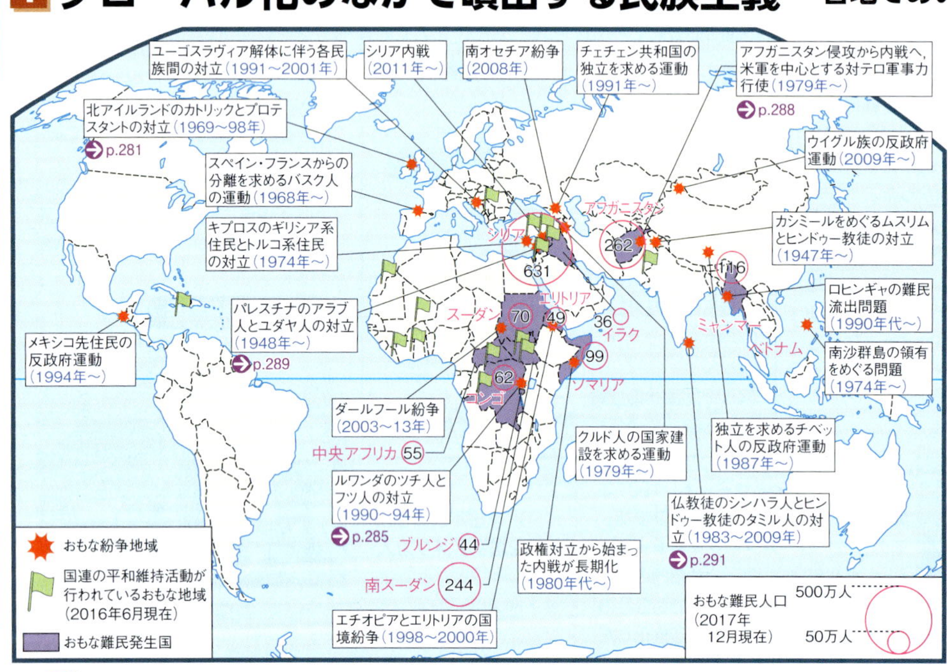

◀③**各地の地域紛争と難民** 東西対立のわく組みのなかで抑えられてきた民族主義は，冷戦の終結により表面化した。左図に見られるように，世界各地で紛争が起こっている。難民といえばアフリカのイメージがあるが数字の上ではアジアの方が多いといわれる。このような状況下で，難民の保護や援助を行う機関として，**国連難民高等弁務官事務所（UNHCR）**が活動している。日本人が事務局長に就任したこともあるが，日本が庇護(ひご)する難民数は低水準である。

キーワード 難民 狭義には，難民条約の定める「人種，宗教，国籍，政治的意見やまたは特定の社会集団に属するなどの理由で，自国にいると迫害を受けるか，あるいは迫害を受ける恐れがあるために他国に逃れた人々」をさす。近年は，国内にとどまってはいるが，武力紛争や自然災害などで家を追われ，避難生活を送る「国内避難民」も増加している。彼らへの適切な援助ができなければ，本当の難民となって国境を越え，国際社会はより大きな負担をしいられることとなる。

テーマ ユーゴスラヴィアの分裂

➡p.243 1

- 1945 **ユーゴ** **ユーゴスラヴィア連邦共和国**成立（**ティトー政権**～80）
- 89 **東欧革命** 東欧で民主化広がる
- 90 **ミロシェヴィッチ**，セルビア大統領に就任
- 91 →**クロアティア**，**スロヴェニア**独立宣言 連邦解体，内戦へ **マケドニア**独立*
- 92 →**ボスニア-ヘルツェゴヴィナ**戦争 →独立宣言
- **新ユーゴ** 新ユーゴスラヴィア連邦成立（含モンテネグロ）
- 97 ミロシェヴィッチ，新ユーゴ大統領に就任
- 98 **コソヴォ紛争**（～99）→数十万人のアルバニア難民発生
- 99 **NATO軍，ユーゴ空爆**
- 2000 ミロシェヴィッチ，退陣
- 03 **セルビア・モンテネグロ** セルビア・モンテネグロに国名変更
- 06 →**モンテネグロ**独立 ミロシェヴィッチ
- **セルビア共和国**
- 08 →**コソヴォ**独立

（91～2000年：内戦による荒廃）

▲④**ユーゴスラヴィアの変遷** ➡p.282

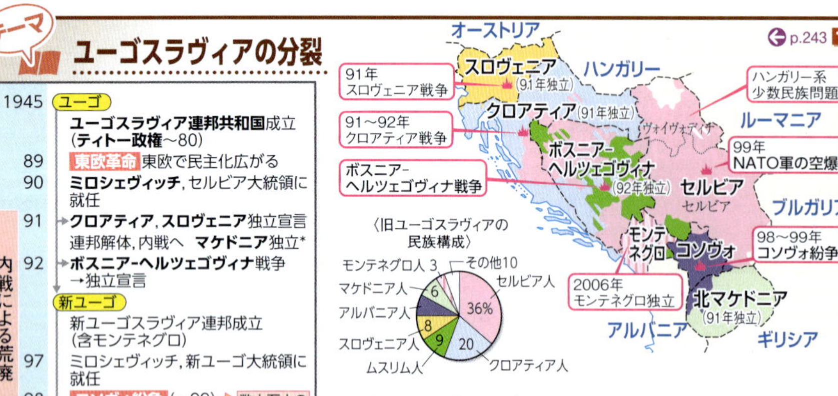

▲⑤**旧ユーゴスラヴィアの民族分布** ユーゴスラヴィアとは，「南スラヴ人の国」の意。内実は，二つの文字・三つの宗教・五つの言語など，おもに南スラヴの多民族がモザイク状に分布している。旧ユーゴは，かつては王政，第二次世界大戦後は**ティトー**のカリスマのもとで国家の統一が保たれていた。しかし，ティトーの死と冷戦終結後の民族意識の高まりのもとで連邦国家は解体し，民族対立や紛争があいついだ。

▲⑦**ミロシェヴィッチ大統領**（任1997～2000）

▲⑥**コソヴォ紛争** セルビアの自治州だが**アルバニア人**が多数を占めるコソヴォでは，独立をめざすアルバニア人とセルビア人の対立が激化し，内戦に発展した（➡p.258）。セルビア人のアルバニア人大量虐殺(ぎゃくさつ)への制裁として，**NATO軍**によるセルビア空爆が行われた。99年に和平が成立し，2008年にコソヴォは独立した。

＊2019年2月，北マケドニアに国名変更

その時経済は グローバル化する経済

通貨危機

▲⑧**世界に波及する通貨危機**　金融危機が一国で起こると，為替(かわせ)レートへの影響によって世界へ波及していく。危機発生国では，それまで過大に評価されていた為替レートに圧力がかかり，通貨の減価が起こる。それが地域的に近い国，ついで発展段階の似通った国へと影響を及ぼし，**通貨危機**が広がった。

BRICS(ブリックス)の発展

▶⑨**BRICs*のGDP成長率予測**　BRICsとは**ブラジル・ロシア・インド・中国・南アフリカ共和国**のこと。国土が広く，人口大国，資源大国である。GDPにおいて2039年にはG7を上回るとアメリカの民間企業が予測している。

(兆ドル) 50 / 40 / 30 / 20 / 10 / 0　2010 2020 2030 2040 2050(年)
中国 アメリカ インド 日本 ブラジル ロシア
中国が日本を超える　インドがアメリカを超える　中国がアメリカを超える

＊南アフリカ共和国以外の人口規模の大きい４か国を対象に，BRICsと表記することもある。

➔巻頭16

世界経済の動き	日本の動き
NIEs・ASEANの経済発展 ➔p.292 ←海外投資	バブル経済
地域経済統合の動き 1989 APEC発足 92 マーストリヒト条約 ➔p.281	バブル崩壊 長期の不況へ「失われた10年」 ↓ 不良債権の増加
ヘッジファンドによる通貨の空売り → 1997 アジア通貨危機 ➔p.293	日本資本の撤退 ← 1997 大手金融機関の経営破綻(はたん)
1999 欧州統一通貨ユーロ導入(実用2002年) ➔p.281	2001 小泉内閣による構造改革 不良債権の処理 「小さな政府」による政府支出の削減
BRICsの経済発展 ↓ 中国「世界の工場」へ	↓ 景気，一時回復
2007 サブプライムローン問題 2008 リーマン=ショック ➔p.278 ↓ 世界同時不況	
2009 2015 欧州債務危機 ➔p.281	2009 政権交代 2015 TPP協定加盟交渉大筋合意

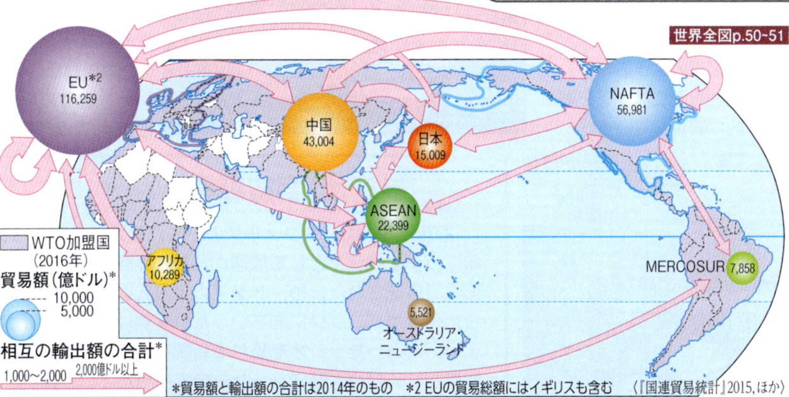

▲⑩**世界貿易の相互関係**

世界同時不況

▲⑪**世界でいっせいに暴落する株価**　2007年のサブプライムローン問題，2008年のリーマン=ショックに端を発し，アメリカで株が暴落した。ついで欧州・世界へと広まり，**国際的金融危機**となった。

確認
①経済がグローバル化した結果，どのようなことが起こるようになっただろうか？

▼⑫**仮想通貨**　インターネット上で流通する，通貨の機能をもった電子データ。中央銀行や国が発行・管理する通貨と異なり，取引記録を相互に閲覧することによって通貨としての信用を確立している。ドルや円などと交換することもでき，急速に資金が流れ込んでいるが，価格の変動が大きいなどの課題が残っている。

その時日本は バブル経済とその後

バブル景気

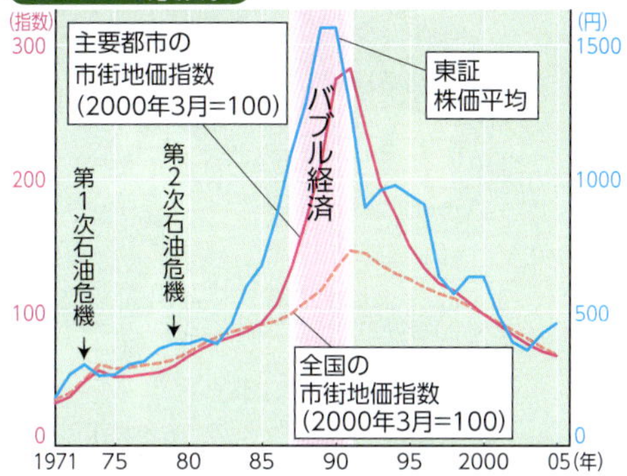

▲⑬**地価と株価の変化**　**プラザ合意**(➔p.271)後，円高による不況を避けるため低金利政策がとられた。そのため株や土地への過剰な投資が行われ，日本経済は一見好況であったが，それは実体経済からかけ離れた**バブル経済**であった。

企業買収

◀⑭**アメリカ映画会社の買収**　バブル経済のもと，日本の大手家電メーカー ソニーは豊富なコンテンツを目的に，アメリカの映画会社 コロンビア映画を買収した。**日米貿易摩擦**の時期と重なったため「外国資産の買いあさり」と批判を浴び，ジャパンバッシングが起きた。

▲⑮**山一証券の廃業**　90年代に入ると，株価と地価の下落が始まり，バブル経済は崩壊した。それを契機に日本は「**失われた10年**」とよばれる長い不況に突入することとなった。1997年には，銀行や証券会社などの大手金融機関の経営破綻(はたん)があいついだ。

◀⑯**東京がオリンピック・パラリンピックの会場に選出された瞬間**(2013年，ブエノスアイレス)　2020年開催予定のオリンピック・パラリンピックの会場が東京に決定した。東京での開催は，1964年(➔p.265)以来となる。会場建設費や暑さ対策などの課題が残るが，経済効果が期待される。

20世紀の文化　～技術の発展と文化の大衆化

ヒストリーシアター　「一人の人間にとっては小さな一歩だが，人類にとっては大きな躍進だ」

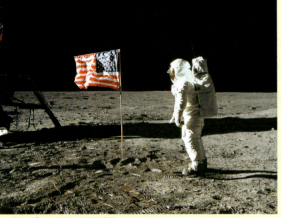

▲①アポロ11号の月面着陸　**宇宙開発**においてソ連に先行されていたアメリカは，ソ連に先がけて月に人類を送り込むことに成功した。しかしながら，アメリカは月面の領有に関しては明確に否定した。

▼②月面着陸の中継を見る人々（東京）　ジュール=ヴェルヌの小説『月世界旅行』刊行から100年後の1969年に人類は月面に到達した。月面からの生中継が放送され，街頭テレビを見守る人も多かった。日本での視聴率は50％をこえたといわれる。

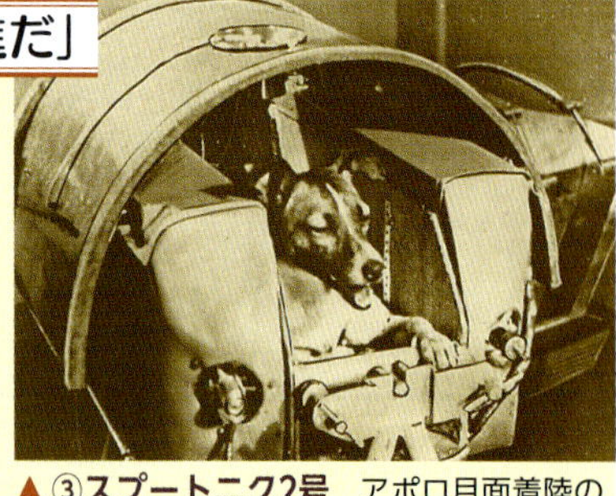

▲③スプートニク2号　アポロ月面着陸の12年前の1957年，ソ連はスプートニク2号で，史上初めて哺乳類を宇宙空間に送り込んだ。その1か月前のスプートニク1号うち上げ成功により「**スプートニク=ショック**」を受けたアメリカは，科学技術での優位性を取り戻すためにあらゆる努力をすることになる。

よみとき　20世紀の文化はどのような特徴をもっていたといえるだろうか。また，ソ連とアメリカが宇宙開発を競って行ったことにはどのような背景があっただろうか。

1 大衆文化の進展

19世紀後半
- 労働時間の固定化 → 余暇の発生（レジャー意識の高まり）
- 工業生産の増大 → 広告・宣伝の発達

20世紀前半
- レジャー産業
- 大衆の娯楽（映画・ロック）
- 大量消費社会

メディアの発達
- 1920 ラジオ放送の開始（米）
- 28 テレヴィジョン実験放送開始（米）
- 54 カラーテレビ放送開始（米）
- 60 カラーテレビ放送開始（日）
- 63 日米間の通信衛星放送成功 ➔⑤
- 1990年代 インターネットの普及

映画

◀④チャップリン（1889～1977）「**モダン=タイムズ**」　工場で働くチャーリー（主人公）はひたすらねじ回しを続け，おかしくなって病院送りとなる。工業化社会において，人間が歯車のようになり，人間性をそこなう姿を喜劇的に表現している。

大衆音楽

◀⑥ビートルズ　1960年代に活躍したイギリスのロックグループ。今では教科書にもその楽曲が掲載されるが，当時は若者の熱狂的な支持とは裏腹に，大人からはファッションも含め「不良文化」の代表とされた。

▶⑤ケネディ暗殺の報道映像　ケネディ大統領（任1961～63）暗殺のようすは映像で全世界に伝えられた。この日は日米間の**通信衛星**放送実験が始まる日で，大統領がスピーチするはずだったが，暗殺映像に変わった。

テレビ　ケネディ

テーマ　ラジオ「宇宙戦争」

『宇宙戦争』はH.G.ウェルズの小説。アメリカで1938年にラジオドラマとして放送された。実際のニュースの形式で放送されたため，ドラマの火星人襲来を現実と信じた人々がパニックにおちいった。実際は，当時の新メディアであったラジオを恐れる新聞各社が，ラジオに規制をかけるため大騒ぎをしたものであった。

2 科学技術の発展 ➔巻頭15

年	できごと
1903	ライト兄弟(米)が**飛行機**発明
05	**アインシュタイン**(独)が「**相対性理論**」を発表
13	フォード(米)が自動車の大量生産を始める
28	**ペニシリン**の発見(英)
35	レーダーの実用化成功(英)
40ごろ	**コンピュータ**が製作される(米)
42	マンハッタン計画開始(原爆製造)(米) 超音速ロケット**V2号**発射実験成功(独)
53	ワトソン(米)・クリック(英)が**DNA**のらせん構造を解明
54	**原子力発電**の実用化(ソ)
57	**人工衛星**スプートニク1号・2号のうち上げにあいついで成功(ソ)
61	ガガーリン(ソ)が有人宇宙飛行に成功
62	通信衛星うち上げ成功(米)
69	**アポロ11号**(米)が**月面着陸**に成功
81	**スペースシャトル**のうち上げに成功(米)
96	クローン羊ドリーが誕生(英)
2003	ヒトゲノム解読に成功
06	iPS(多能性幹細胞)の形成に成功

▲⑦コンピュータ登場　1946年にペンシルヴェニア大学のムーア校でつくられたENIAC（エニアック）が「最初の**コンピュータ**」とされている。1万8800本の真空管を用い，床面積は100㎡，重量は30t，消費電力150kwであった。写真はこわれた真空管の交換作業のようす。

テーマ　科学の進展と生命倫理

細胞分裂の際の母細胞から娘細胞への遺伝情報の受け渡しはDNAの複製によって行われる。そのため，**DNA構造の解析**および操作は生命情報の操作につながる。1996年には，イギリスで体細胞から**クローン**（無性生殖による複製）羊ドリーが誕生した。その後，科学技術の発達によりES細胞や**iPS細胞**が開発され，再生医療への道が開けた。一方で，人間の命を人間がどこまで操作してよいのかという，生命倫理上の課題が残っている。

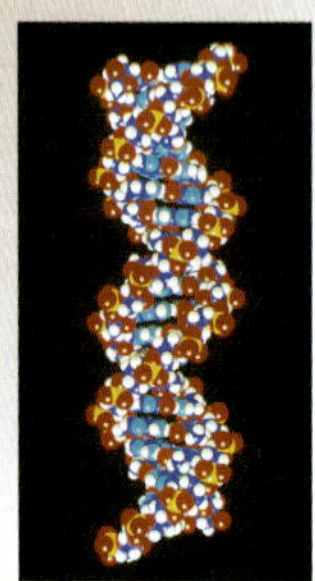

▲⑧DNAの構造模式図　二重らせん構造をしていることを発見した（1953年）。

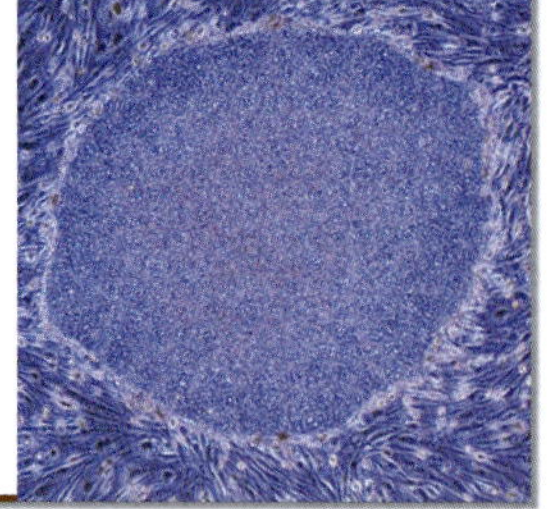

▶⑨iPS細胞　皮膚などの体細胞からつくられ，心臓や肝臓，神経などさまざまな細胞になり得る能力をもつ。
〈山中伸弥京大教授提供〉

3 現代の美術

野獣派(フォーヴィスム)
写実表現が消え，純粋色による荒いタッチや形状の単純化などを特徴とし，「野獣たち」と批評された。

▲⑩マティス

➤⑪マティス「ダンス」 大胆な色彩を特徴とする代表作。マティスの野獣派としての活動期間は3年ほどであった。

立体派(キュビスム)
ピカソとブラックは，視覚より概念を忠実に表現することを主張。写実的伝統から絵画を解放したとされる。

▲⑫ピカソ

▲⑬ピカソ「泣く女」

超現実主義(シュールレアリスム)
人間の精神に内在する夢や潜在意識を描写する。画家たちは，人間の抱える「無意識」や「深層心理」を表現した。

▲⑭ダリ

➤⑮ダリ「内乱の予感」 原題は「茹でた隠元豆のある柔らかい構造」。**スペイン内戦**を予言したと，ダリは自画自賛している。ダリは代表的画家だが，商業的部分を批判されてもいる。

ポップアート
1950年代にイギリスで生まれ，60年代にアメリカの大量生産や大衆文化を背景に展開された。

▲⑯A.ウォーホル

➤⑰A.ウォーホル「マリリン」 シルクスクリーンという手法で，イメージを用いた版画を「ファクトリー」で大量生産した。「マリリン」は女優マリリン=モンローをモデルとしている。

4 20世紀の文化 ➔p.309,363

赤字 女性

分野	人物	国	生没年	業績
哲学・神学	ベルクソン	仏	1859-1941	『創造的進化』生の不断の創造的進化を説く
	ヤスパース	独	1883-1969	実存主義哲学の基礎を築く『哲学』『理性と実存』
	ハイデガー	独	1889-1976	『存在と時間』実存主義　人間の存在のあり方を探求
	ジェームズ	米	1842-1910	アメリカ心理学の基礎確立『**プラグマティズム**』
	デューイ	米	1859-1952	『民主主義と教育』プラグマティズムを大成
	サルトル	仏	1905-1980	**現代実存哲学**(実存主義)『存在と無』小説『嘔吐』
	ボーヴォワール	仏	1908-1986	『第二の性』女性解放運動活動家
	レヴィ=ストロース	仏	1908-2009	文化人類学者　**構造主義**の代表的存在　『悲しき熱帯』
	フーコー	仏	1926-1984	**構造主義**の代表的存在　近代的思考を批判的に考察『知の考古学』
	シュペングラー	独	1880-1936	『西洋の没落』(第一次世界大戦後の西欧の喪失感を反映)
	バートランド=ラッセル	英	1872-1970	核兵器を批判　パグウォッシュ会議(1957)の開催につながる
経済思想	ホブソン	英	1858-1940	『帝国主義論』資本輸出を批判
	ケインズ	英	1883-1946	『雇用・利子及び貨幣の一般理論』近代経済学を確立 ➔p.251
社会主義	**レーニン**	ソ	1870-1924	『帝国主義論』『国家と革命』正統マルクス主義 ➔p.238
	ローザ=ルクセンブルク	ポーランド	1870-1919	スパルタクス団を指導『資本蓄積論』➔p.242
社会学	マックス=ヴェーバー	独	1864-1920	『プロテスタンティズムの倫理と資本主義の精神』
心理学	**フロイト**	墺	1856-1939	精神分析学創始『夢判断』『精神分析学入門』
	ユング	スイス	1875-1961	分析心理学を創始 集合的無意識や元型の概念を提唱
歴史学	マイネッケ	独	1862-1954	政治史と精神史の結合『歴史主義の成立』
	ピレンヌ	ベルギー	1862-1935	西欧中世史家『マホメットとシャルルマーニュ』
	ブロック	仏	1886-1944	アナール派の創始者　社会史を開拓『封建社会』
	ブローデル	仏	1902-1985	アナール派の全体史の代表的著作『地中海』
	トインビー	英	1889-1975	文明の視点からの世界史を提唱『**歴史の研究**』
	ウォーラーステイン	米	1930-	近代世界システム論『近代世界システム』➔p.184
自然科学	パブロフ	ソ	1849-1936	条件反射の理論「パブロフの犬」の実験
	オパーリン	ソ	1894-1980	生命の起源を探究
	フレミング	英	1881-1955	ペニシリン(抗生物質)発見
	ラザフォード	英	1871-1937	原子自然崩壊説の提唱
	アインシュタイン	独	1879-1955	相対性理論の発見「ラッセル-アインシュタイン宣言」➔p.256
	ボーア	デンマーク	1885-1962	量子崩壊論の提唱
	ハイゼンベルク	独	1901-1976	原子力学・原子核理論
	オッペンハイマー	米	1904-1967	原子爆弾の製造指揮(マンハッタン計画)
	湯川秀樹	日	1907-1981	中間子理論　日本人初のノーベル賞受賞(物理学賞)
文学	**ロマン=ロラン**	仏	1866-1944	『ジャン=クリストフ』『魅せられたる魂』人民戦線を支持
	アンドレ=ジイド	仏	1869-1951	『狭き門』『背徳者』禁欲主義と自由への衝動との葛藤
	プルースト	仏	1871-1922	『失われた時を求めて』20世紀文学の出発点
	マルタン=デュ=ガール	仏	1881-1958	『チボー家の人々』(第一次世界大戦を背景とした大河小説)
	コクトー	仏	1889-1963	『恐るべき子どもたち』心理小説・詩人・劇作家
	ブレヒト	独	1898-1956	『三文オペラ』『夜打つ太鼓』風刺の効いた社会主義的戯曲
文学	**カミュ**	仏	1913-1960	『異邦人』『ペスト』不条理の文学，**実存主義文学**
	バーナード=ショー	英	1856-1950	『人と超人』劇作家，批評家，フェビアン協会創設に参加
	H.G.ウェルズ	英	1866-1946	SF小説を確立『タイム=マシン』➔p.183『透明人間』
	ジュール=ヴェルヌ	仏	1828-1905	SF文学の始祖『海底2万マイル』『月世界旅行』
	モーム	英	1874-1965	『人間の絆』『月と六ペンス』20世紀を代表する通俗小説作家
	ローレンス	英	1885-1930	『チャタレー夫人の恋人』「生命の回復」をテーマに愛を描く
	オーウェル	英	1903-1950	『カタロニア讃歌』『動物農場』『1984年』(全体主義の批判)
	カフカ	チェコ	1883-1924	実存主義文学の先駆『変身』『審判』『城』
	トーマス=マン	独	1875-1955	『魔の山』『ブッデンブローク家の人々』『ファウスト博士』
	ヘルマン=ヘッセ	独	1877-1962	『車輪の下』『デミアン』『シッダルタ』マンとならぶドイツの文豪
	レマルク	独	1898-1970	新即物主義『西部戦線異状なし』➔p.236『凱旋門』
	ヘミングウェー	米	1899-1961	『老人と海』『武器よさらば』『誰がために鐘は鳴る』➔p.253
	マーガレット=ミッチェル	米	1900-1949	『風と共に去りぬ』(南北戦争期の南部上流女性の人生)
	スタインベック	米	1902-1968	『怒りの葡萄』(大恐慌下の貧農が題材)『エデンの東』
	パール=バック	米	1892-1973	『大地』(土に生きる中国の農民を力強く描く)
	ゴーリキー	ソ	1868-1936	『どん底』『母』社会主義リアリズムの先駆
	ショーロホフ	ソ	1905-1984	『静かなるドン』社会主義リアリズムの確立
	ソルジェニーツィン	ソ	1918-2008	反体制作家『収容所群島』『イワン=デニーソヴィチの一日』➔p.239
	シェンキェヴィチ	ポーランド	1846-1916	『クォ=ヴァディス』(ネロ帝のキリスト教迫害)
	タゴール	インド	1861-1941	『ギーターンジャリ』(詩集)民族主義とヒューマニズム精神
	魯迅	中	1881-1936	『阿Q正伝』『狂人日記』白話運動　文学革命 ➔p.246
	老舎	中	1899-1966	文化大革命で迫害される『駱駝祥子』
	川端康成	日	1899-1972	『伊豆の踊り子』『雪国』日本人初のノーベル文学賞
絵画・建築	ムンク	ノルウェー	1863-1944	「叫び」生命のフリーズをテーマとする
	マティス	仏	1869-1954	野獣派の中心　「ダンス」「赤い部屋(赤い調和)」
	ピカソ	西	1881-1973	立体派「ゲルニカ」➔p.253「泣く女」
	ブラック	仏	1882-1963	立体派「レスタック風景」「アトリエ」コラージュ
	ダリ	西	1904-1989	超現実主義「内乱の予感」「記憶の固執」
	ガウディ	西	1852-1926	建築家「聖家族教会」(サグラダ=ファミリア) ➔p.307
	ル=コルビュジエ	スイス	1887-1965	近代建築運動「サヴォア邸と庭師小屋」「国立西洋美術館」
	シケイロス	メキシコ	1896-1974	象徴主義　民衆の生活を描く　スペイン内戦に参加
	A.ウォーホル	米	1928-1987	ポップアート「マリリン」「キャンベルスープの缶」
音楽	ラヴェル	仏	1875-1937	印象主義「ボレロ」「スペイン狂詩曲」
	シェーンベルク	墺・米	1874-1951	十二音音楽の創始　「浄められた夜」
	ストラヴィンスキー	ソ・米	1882-1971	新古典主義音楽　「火の鳥」「春の祭典」
	ショスタコーヴィチ	ソ	1906-1975	社会主義リアリズム音楽　交響曲第7番「レニングラード」
	ガーシュイン	米	1898-1937	「ラプソディ=イン=ブルー」「パリのアメリカ人」
	シベリウス	フィンランド	1865-1957	国民楽派「フィンランディア」
	バルトーク	ハンガリー	1881-1945	ハンガリー民族音楽「コッシュート」「管弦楽のための協奏曲」

アメリカの覇権とそのかげり

アメリカ合衆国の動き

◀p.254,255

丸数字は代を示す　民 民主党　共 共和党

時期区分：45年〜50年代前半／55年〜60年代前半／65年〜70年代前半／75年〜80年代／90年代〜

- 根深く残る黒人差別 →1
- 改革の動きと国際経済体制のいきづまり →2
- 「強いアメリカ」の再生 →p.278 1
- 冷戦後軍事超大国へ(覇権とそのかげり) →p.278 2

大統領	国内の動き	外交政策
トルーマン㉝(民)	○ **フェアディール政策** (ニューディールを継承) 1950〜**マッカーシズム(赤狩り)** →反共産主義旋風	**冷戦の始まり** 1947 **トルーマン=ドクトリン** 「**封じ込め政策**」→p.263 **マーシャル=プラン** 49 **北大西洋条約機構(NATO)**成立 50 **朝鮮戦争**(〜53) →p.298
アイゼンハウアー㉞(共)	54 ビキニ環礁で水爆実験 ○ **黒人運動**の高まり ○ **軍産複合体**の成長 57 リトルロック高校事件 58 航空宇宙局(NASA)設立	53 **巻き返し政策** →p.264 55 ジュネーヴ4巨頭会談 59 **フルシチョフ訪米** →p.264 60 U2偵察機撃墜事件 61 キューバ国交断絶
ケネディ㉟(民)	○ **ニューフロンティア政策** 62 アポロ計画 63 「ワシントン大行進」 **ケネディ大統領, 暗殺**	「進歩のための同盟」による ラテンアメリカ反共経済支援 62 **キューバ危機** →p.264 63 部分的核実験禁止条約 →p.267
ジョンソン㊱(民)	64 **公民権法**成立 65 **「偉大な社会」計画** ○ **黒人解放運動, ベトナム反戦運動の高まり** →p.268 68 キング牧師暗殺 →p.277	65 **北ベトナム爆撃(北爆)** →本格介入 →p.294 68 ベトナム和平会談開始
ニクソン㊲(共)	71 ドル防衛策 →p.269 (1ドル360円→308円に) **ドル=ショック** ○ 変動相場制に 72 ウォーターゲート事件 73 **第1次石油危機** 74 弾劾決議を受け, 辞任	70 ニクソン=ドクトリン →p.294 (過剰なベトナム介入を避ける) 72 **ニクソン訪中** →p.268 訪ソ, 沖縄返還 73 **ベトナム和平協定** →p.294
フォード㊳(共)	ニクソン前大統領を特別恩赦	75 第1回主要先進国首脳会議(サミット) →p.269
カーター㊴(民)	79 スリーマイル島原子力発電所で事故 **第2次石油危機**	77 **人権外交**を強調 パナマ運河の返還を合意 78 国連軍縮特別国会開催 79 **米中国交正常化**
レーガン㊵(共)	81 **「レーガノミクス」** 減税・予算縮小(「小さな政府」)を実施 ○ 財政・貿易の赤字拡大 →p.278 →**「双子の赤字」** 87 ブラックマンデー(株価暴落)	81〜**「強いアメリカ」**を提唱 →第2次冷戦状態に 83 グレナダ侵攻 →p.279 85 **プラザ合意** →p.271 (→円高ドル安) 87 中距離核戦力(INF)全廃条約に米ソ調印 →p.267
ブッシュ(父)㊶(共)	89 コロンビア映画, ソニーが買収 →ジャパン=バッシング活発化 92 ロサンゼルスで黒人暴動(ロス暴動)	89 **マルタ会談** →p.270 **冷戦の終結** 米軍, パナマ侵攻 →p.279 91 湾岸戦争 →p.288 92 フィリピンの米軍基地閉鎖
クリントン㊷(民)	○ 巨額の財政赤字解消 (重化学工業からIT・金融中心へ) 95 ブラックパワー, ワシントンで「100万人大行進」	93 パレスチナ暫定自治協定調印 →p.289 94 北米自由貿易協定(NAFTA) 95 ベトナムと国交樹立
ブッシュ(子)㊸(共)	2001 **同時多発テロ** →p.278 ○ 新保守主義(ネオコン) 08 リーマン=ショック(金融危機) (カジノ資本主義への批判)	2001 **アフガニスタン攻撃** 02 イラン・イラクなどを「悪の枢軸」と非難 03 **イラク戦争** →p.288 ○ 反ブッシュ批判の高まり
オバマ㊹(民)	11 「ウォール街を占拠せよ」 (ウォール街デモ行進) ○ 貧富の差の拡大に抗議	09 核兵器廃絶演説(プラハ) 11 イラク撤退 15 キューバと国交回復 16 オバマ, 初の広島訪問
トランプ㊺(共)	17 移民制限(メキシコ国境に壁建設)	17 TPP永久離脱　パリ協定離脱

▼①歴代大統領　( )は在職年

- トルーマン(1945〜53)
- アイゼンハウアー(53〜61)
- ケネディ(61〜63)
- ジョンソン(63〜69)
- ニクソン(69〜74)
- フォード(74〜77)
- カーター(77〜81)
- レーガン(81〜89)
- ブッシュ(父)(89〜93)
- クリントン(93〜2001)
- ブッシュ(子)(01〜09)
- オバマ(09〜17)
- トランプ(17〜)

アメリカを知るための基礎知識

○二大政党制

シンボルマークは選挙などにキャラクターとして使用される。

	共和党(Republican Party)	民主党(Democratic Party)
政策の特色	「小さな政府」と「強いアメリカ」 ・大企業の利益を促進 (**保護関税政策**, 鉄道の建設, 金本位制) ・**経済の自由放任主義** ・積極的外交政策  共和党のシンボル:ゾウ	「大きな政府」 ・社会福祉政策の充実 ・経済への積極的介入政策 (**ニューディール**) ・国防強化 民主党のシンボル:ロバ
支持層	結成当初 ・東部の産業資本勢力 ・中西部の自営農民 現在 ・南部保守層 ・中南部サンベルト新興工業地域帯の中産階層	結成当初 ・南部の農園主 ・西部の小農民 現在 ・北東部・西部の大都市住民 ・労働組合 ・黒人*・ラティーノなどを含む低額所得者層

*民主党は南北戦争時は奴隷制肯定派であったが, フランクリン=ローズヴェルトのニューディール以来, 黒人の支持を得た。

○多様な人種構成

1970年代以降, アメリカの人種構成は急速に多様化が進んでいる。白人の割合が減少し, アジア系・ラティーノ(→p.278)が増加している。とくにラティーノの増加率が高く, 黒人を抜き最大のマイノリティ集団となった。

	白人	黒人	ラティーノ*	アジア系・太平洋諸島	先住民	その他
1940年(1億3167万人)	88.3%	9.8	1.4	0.2	0.3	
2009年(3億700万人)	65.1	12.3	15.8	4.6	0.8	1.4

*スペイン語を話す人々の総称であるヒスパニックは, ラティーノのなかに含まれる。

〈Statistical Abstract of the United States 2012, ほか〉

▲②アメリカの人種構成の変化

キーワード　**WASP**(ワスプ)　アメリカを建国したWhite-Anglo-Saxon-Protestantの人々の略語。東部出身のエリートや西欧・北欧からの移民も含む。建国以来, WASPのエリートがアメリカ社会を支配し, 彼らの生活様式がアメリカ的生活様式の典型とされてきた。アメリカ大統領についても, WASP出身者が多数を占めている。

テーマ　反共産主義運動(赤狩り)

1949年の**中華人民共和国の成立**は**トルーマン政権**にとって, 大きな失策とされた。政府内だけでなく, 社会全体でヒステリックな反共産主義運動が起きた。運動の主導者マッカーシー上院議員の名から**マッカーシズム**とよばれる。喜劇王**チャップリン**(→p.274)も「赤狩り」の標的となり, ハリウッドを追われた。

▶③マッカーシー(1908〜57)

1 根深く残る黒人差別

➔巻頭14

赤字 差別撤廃に向けた法

時期	年	できごと
人種隔離制度の完成	1863	奴隷解放宣言 ➔p.206～207
	65	**憲法修正第13条** **奴隷制廃止明文化**
		クー=クラックス=クラン（KKK）結成
	68	**憲法修正第14条** **黒人の市民権承認**
	70	憲法修正第15条 **黒人の選挙権承認**
		南部諸州で**ジム=クロウ（黒人分離）法**採択
	96	連邦最高裁判所判決「**分離しても平等ならば合憲**」
	1909	全米黒人地位向上協会（NAACP）創設
	20世紀前半	黒人が北部・西部（大都市）へ移動
公民権運動の高揚	54	**ブラウン判決**「公立学校における分離教育は違憲」
	55	**バス=ボイコット運動**（アラバマ州モントゴメリ）
	57	**キング牧師**，南部キリスト教指導者会議（SCLC）結成
		公民権法成立 **黒人投票権**
		リトルロック高校事件
	63	「**ワシントン大行進**」 **キング牧師演説**
	64	**公民権法**成立 **人種差別撤廃**
	65	**投票権法**成立 **マルコムX暗殺**
黒人問題の複雑化		ロサンゼルス暴動（ワッツ事件）→デトロイトなどで都市暴動「長く暑い夏」（64～68）
	68	**キング牧師暗殺**
	92	**ロサンゼルス暴動**（ロドニー=キング事件）
	2009	黒人大統領オバマ誕生

▲④**黒人差別と公民権運動の推移**

▲⑤**リンカン記念堂の前で演説するキング牧師**（1929～68） **公民権運動**の指導者として，1963年「**ワシントン大行進**」を指導した。このときの「**私には夢がある（I have a dream）**」演説はあまりにも有名であり，翌年ノーベル平和賞を受賞した。

「私には夢がある（I have a dream）」

…I have a dream that one day on the red hills of Georgia the sons of former slaves and the sons of former slave-owners will be able to sit down together at table of the brotherhood.（以下略）

…私には夢がある，いつの日にかジョージアの赤土の丘の上で，かつての奴隷の子孫たちとかつての奴隷主の子孫たちとが，ともに兄弟愛のテーブルに着くことができるようになるという夢が。

テーマ 2つの黒人解放路線

指導者	キング牧師（1929～68）	マルコムX（1925～65）
主義	人種統合主義	分離主義
思想背景	ガンディーの非暴力・不服従運動	ブラックナショナリズム（黒人ナショナリズム運動）
要求	非暴力的直接行動による社会における自由と平等を求める	暴力的公民権運動による黒人社会建設を求める

◀⑥**マルコムX** 黒人は黒人だけの国や地域に住み（分離主義），黒人の伝統や誇りを重視しようとするブラックナショナリズムを主張。

…われわれはキリスト教徒やムスリム，ユダヤ教徒，ヒンドゥー教徒，それに神を信じない人による国家だ。われわれは信じている。…古くからある憎しみはいつかなくなり，民族をへだてる線も消えると。

▶⑦**オバマ*** アメリカ史上初のアフリカ系大統領。**"Change"（変革）**と**"Yes, we can"（やればできる）**で選挙を戦い，当選した。

＊アフリカ系黒人とヨーロッパ系白人のあいだに生まれる。ハワイ州出身。父はイスラーム。

2 改革と危機の時代の到来

A ニューフロンティア政策

▲⑧**大統領に就任したケネディ** 初のアイルランド系，カトリックの大統領。当時史上最年少の43歳で就任。**公民権の拡大**，ラテンアメリカ諸国への援助をめざす「進歩のための同盟」などを掲げ，**ニューフロンティア政策**を追求した。遊説中のテキサス州ダラスで暗殺された。➔p.274

ケネディ大統領就任演説

…だからこそ，米国民の同胞の皆さん，あなたの国があなたのために何ができるかを問わないでほしい。あなたがあなたの国のために何ができるかを問うてほしい。世界の市民同胞の皆さん，米国があなたのために何をするかを問うのではなく，われわれが人類の自由のために，一緒に何ができるかを問うてほしい。…

B 泥沼化するベトナム戦争 ➔p.294

◀⑨**ベトナム反戦運動** 当時国防長官であったマクナマラは「国民の支持をつなぎとめておくことができなかったのは（ベトナムで）何が起きているのか，なぜこんなことをしているかを国民に十分に説明しなかったため」と回想した。黒人解放運動の側からも，多額の戦費支出は批判された。➔p.268 史p.353

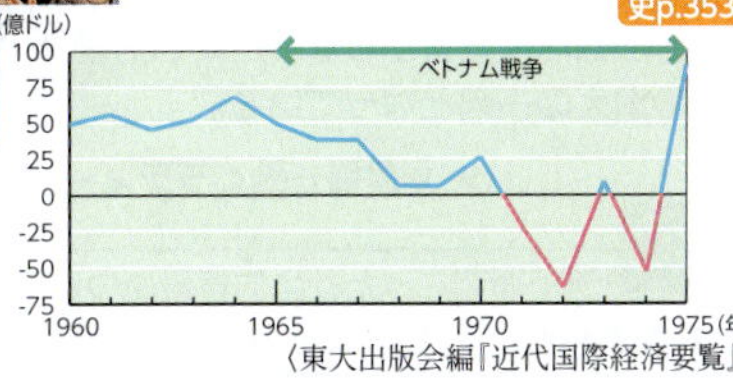

〈東大出版会編『近代国際経済要覧』〉

▶⑩**アメリカの貿易収支の推移** 年間250億ドルもの戦費を必要とした**ベトナム戦争**は，アメリカ経済にとって財政赤字を増大させ，貿易収支を悪化させた。

テーマ カウンターカルチャー（対抗文化）の台頭

1960年代に出現した，アメリカの中産階級が築いてきた文化に対抗する文化。学生たちはスチューデント・パワーを誇示し，既存の秩序に挑戦した。既婚，未婚を問わないよび名「ミズ」を生み出した。ベトナム戦争と関連させて，**愛・自由・平和**などを唱える一方，マリファナ吸引などの弊害も生んだ。

50年代 物質的豊かさの追求 ↓
戦争未経験世代の成長
60年代 カウンターカルチャー（大人や既存の文化への反抗）〈「人間性の復興」〉
↓ ベトナム戦争
60年代末～ ニューレフト（新左翼） ／ ヒッピーブーム
↓
反戦，反政府 反核，**公民権運動**など ／ 若者文化（ロック ➔p.274，ミニスカなど）

▶⑪**ヒッピー** 1960年代の対抗文化の運動を担った白人中産階級のこと。既存の体制や価値観からの脱却をめざし，原始的共同生活を営んだ。長髪やジーンズ，ミニスカートなどが流行した。

◀⑫「**イージー・ライダー**」（1969年*） オートバイで無計画なアメリカ横断の旅に出たヒッピーを描いた作品で，当時の社会への不信感や明るい「何か」を求めた若者のようすがうかがえる。

＊日本公開は1970年。

アメリカ
MAP S～T
4部2章

20世紀後半から21世紀の アメリカ②

「強いアメリカ」の光と影

1 「強いアメリカ」の再生

A 「小さな政府」への転換

「レーガノミクス」は労働者をしめ殺している

◀①デモをする労働者たち　政府支出の削減，インフレ抑制などをめざした**レーガン**政権下の1982年，失業率は世界恐慌以降，初めて10％をこえ，企業倒産件数も1932年以来最大を記録した。

国内　これまでの「大きな政府」路線への反発（国内の混乱の元凶）

1979　ソ連のアフガニスタン侵攻

レーガノミクス ➡p.270

「強いアメリカ」　反ソ・反共　軍備拡張

「小さな政府」　大幅減税

「双子の赤字」　財政赤字　貿易赤字 ◀ 西欧・日本の発展

1985　プラザ合意 ➡p.271

▲②レーガノミクスと「双子の赤字」

B 軍備拡張

◀③戦略防衛構想（SDI）の想像図　対ソ強硬策をとるレーガン政権は，ソ連の戦略ミサイルがアメリカに到達する前に，宇宙に配備した兵器が迎撃して破壊する計画（スターウォーズ計画）を発表したが，財政難で頓挫（とんざ）した。

2 世界一の軍事超大国へ

アメリカのおもな軍事介入地（赤字は長期戦争になったところ）

1950～53	朝鮮半島
53	イラン
54	グアテマラ
61	キューバ
64～73	ベトナム
65	ドミニカ共和国
70～73	チリ
80年代	アフガニスタン，ニカラグア
80～90年代	エルサルバドル
83	レバノン，グレナダ
86	リビア
87	ペルシア湾
89	パナマ
91	イラク
2001	アフガニスタン
03	イラク
14～	シリア・イラク

キーワード　**軍産複合体**　軍と産業界（研究部門も含む）が新兵器の研究・開発などで協力体制をとることをさす。アメリカでは，軍事産業の育成により航空宇宙やミサイルなどの先端技術産業が発展したが，一方で軍産複合体の肥大化をもたらし，その結果，海外市場を求めて武器の輸出も増大した。

➤④おもな国の国防費　第二次世界大戦後，アメリカは世界の自由主義・民主主義を守るとして，各地の紛争・内戦に介入し，「世界の警察官」を自負している。冷戦後も国防費は他国と比べ突出（とっしゅつ）しているが，米露の核戦力はほぼ互角とされる。

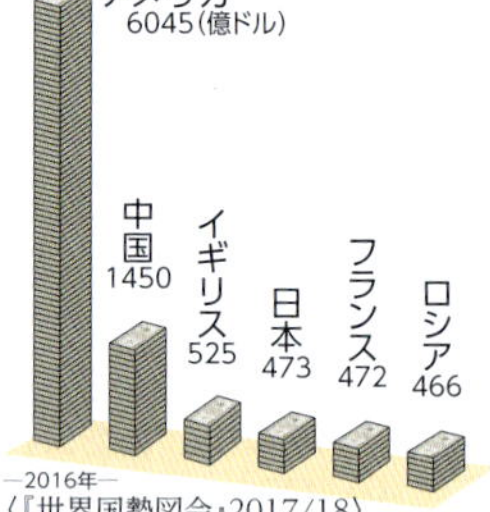

〈『世界国勢図会』2017/18〉

テーマ　テロとの戦い ➡巻頭19 ➡p.288

2001年9月11日，ニューヨークの世界貿易センタービルにハイジャックされた飛行機が激突するなどの**同時多発テロ**が起きた。実行犯は**オサマ=ビン=ラーディン**を指導者とする**イスラーム過激派**のアルカーイダのメンバーとされる。ブッシュ大統領は同年に，アルカーイダとそれを支援する**タリバーン**政権下のアフガニスタンに侵攻し，政権を追放した。その後，アルカーイダからIS（「イスラム国」）が分派し，シリア・イラクを拠点に各国でテロを繰り返した。

➤⑤ニューヨークでの同時多発テロ事件

現代を読みこむ　国民の1％が富を独占している！99％の声を集めよう！

▲⑥ウォール街を行進するデモ隊　リーマン=ショックにより，アメリカ国内の失業率は2009年10月には10％をこえ，GDPの伸び率も2008年12月期には前期比−6.3％となった。ノーベル経済学賞受賞者のポール=クルーグマンは「第2次世界恐慌の始まりのように思われる」と評した。

（万人）縦軸 0～1600；横軸 2000 01 02 03 04 05 06 07 08 09 10 11（年）；数値 566（2000年），759（05年），1483（10年）

〈『世界国勢図会』2012/13,ほか〉

▲⑦失業者の推移

○リーマン=ショック

投資銀行リーマン=ブラザーズはサブプライムローンで自己資本以上の貸し付けをし，回収困難となり倒産した。サブプライムローンは，経済的に安定し始めたラティーノやアジア系移民を貸し付けの対象としていた。➡巻頭15

1985.9　**プラザ合意**　ブラックマンデーで一時悪化するも，その後好転　アメリカ好況へ

2001.9.11　ニューヨーク証券取引所閉鎖　金融緩和政策→**バブル景気**

サブプライムローン　・低所得者向け住宅ローン（高利）→ ローンの焦げつき　・返済不能→不良債権化　・米金融機関にダメージ → リーマン=ショック　・米大手証券会社・投資銀行のリーマン=ブラザーズ破綻 → 信用不安　・証券やローンなどへの不安　・ローンに頼る米国消費への不安

2008.9.29　**株価暴落始まる→世界的に拡大**

➤⑧アメリカ金融危機の流れ

二極化

中間層　大半が貧困化 → **貧困層**（拡大化）

➤⑨貧困化する中産階級

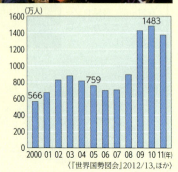

○ラティーノの増加

ラティーノとは，中南米からアメリカに渡ってきたラテン系言語を話す移民とその子孫で，人種的にも文化的にも多様な集団を形成し，経済的には底辺におかれている。その多くは英語が不自由で，非合法的な入国者からなる日雇い労働者層の増大の一因となっている。

➤⑩農場で働くラティーノ

読みこみキーワード　デモが起こった社会的背景について，次のキーワードも参考に学習を深めよう。
人種差別 ➡p.277 1　**レーガノミクス** ➡1

自立と発展への模索

◀p.194,219

ラテンアメリカの動き

45年～50年代前半　ポピュリズムの破綻 ➔1

1946 アルゼンチンで**ペロン政権**成立(～55)
47 **米州相互援助(リオ)条約**→米主導 反共強化
48 **米州機構(OAS)憲章**採択
51 グアテマラで左翼政権成立(～54)
52 キューバ, **バティスタ独裁政権**成立(～59)
54 米軍, グアテマラ侵攻

55年～60年代前半

55 アルゼンチン軍部クーデタ →ペロン追放
59 **キューバ革命　カストロ**指導
60年代, 社会革命を求める動きが強まる
62 **キューバ危機** ➔p.264

65年～70年代前半　社会主義革命とアメリカの介入 ➔2

65 ドミニカ内戦→親米政権成立
67 **チェ=ゲバラ**, ボリビアで殺害される
70 チリで**アジェンデ**左翼政権成立(～73)
73 アルゼンチンでペロン政権復活(～74)
チリ, 軍事クーデタ アジェンデ政権崩壊(ほうかい)

75年～80年代

74 **ピノチェト軍事独裁政権**成立(～90)
76 アルゼンチンで軍政始まる(～83)
79 **ニカラグア革命**, **ソモサ**独裁政権崩壊
→サンディニスタ民族解放戦線, 政権掌握
グレナダで左翼政権成立 (～83)
80年代, 民政移管への動きが強まる
82 **メキシコ経済危機**(対外債務危機)→**「失われた10年」**
フォークランド戦争(英,アルゼンチンの領土争い)
83 米軍, **グレナダ侵攻** **アルゼンチンで民政移管**
85 **ブラジル, ウルグアイで民政移管**
89 米軍, **パナマ侵攻**→ノリエガ政権崩壊

90年代～　民主化と経済の停滞 ➔3

90 **チリで民政移管** **ペルー**で日系人のフジモリが大統領に
94 北米自由貿易協定(NAFTA(ナフタ))発足
メキシコ経済危機(対外債務超過)
95 **南米南部共同市場(MERCOSUR(メルコスール))**発足 ➔p.50
→ブラジル・アルゼンチン・ウルグアイ・パラグアイ
99 **ベネズエラ**でチャベス反米左翼政権成立(～13)
ブラジル・チリ通貨危機
2001 **アルゼンチン**で経済危機
03 **ブラジル**でルラ左翼政権成立(～11)
06 **ボリビア**でモラレス政権成立(～15)
中南米左翼政権結束強化(キューバ・ベネズエラ・ボリビア)
→**米・世界銀行から自立の方向へ**
15 **キューバ, 米と国交回復**

赤字 左翼政権　青字 米国の干渉

▲**バティスタ**(キューバ)(1901～73)

▲**アジェンデ**(チリ)(1908～73)

▲**ピノチェト**(チリ)(1915～2006)

▲**フジモリ**(ペルー)(1938～)

ラテンアメリカを知るための基礎知識

○アメリカの裏庭

(1950～70年ごろのラテンアメリカ)

アメリカは, 1823年にモンロー宣言を唱えて以来, ラテンアメリカを裏庭として支配力を保持, ラテンアメリカに誕生した左翼政権にたびたび介入した。一方で, 大土地所有者や資本家を基盤とする親米政権の腐敗(ふはい)も進んだ。

○カトリック社会と「解放の神学」

カトリックは保守的な宗教とされるが, 1960年代に, 積極的に社会問題の解決をめざす, カトリック教徒の運動がさかんとなった。ラテンアメリカでは貧困と抑圧に苦しむ民衆の解放, 救済をめざす「**解放の神学**」が唱えられた。

1 ポピュリズムの破綻(はたん) ➔巻頭18

◀①**ペロンとエヴァ** アルゼンチンの**ペロン**(位1946～55,73～74)軍事政権は典型的な**ポピュリズム**政権で, 一次産品依存型経済から脱却し, 民族主義を掲げ, 工業化を推進した。しかしポピュリズムは権威主義的統治へと傾斜し, 衰退していった。

ポピュリズム 20世紀ラテンアメリカ諸国の都市化を背景とした政治動向で, 人民主義と訳されることがある。都市労働者, 中間層を支持基盤としたカリスマ的個人独裁が主流である。

2 社会主義革命とアメリカの介入 世界全図p.48-49

◀②**キューバ革命** 1959年, **カストロ**(1926～2016), **ゲバラ**(1928～67)らのゲリラ組織は, 米資本と結び腐敗していた**バティスタ**独裁政権を打倒した。この**キューバ革命**は土地改革などをめざしたが, 米系資本を接収して米政府と対立し, 1961年, 社会主義宣言を出した。 ➔p.264

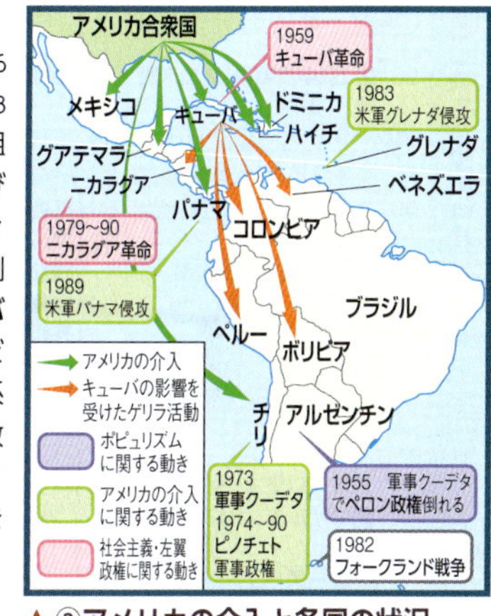

▲③**アメリカの介入と各国の状況**

3 民主化と経済の停滞

▲④**ピノチェト元大統領逮捕を喜ぶ人々**
1973年, アメリカから支援を受け, チリに軍事政権を樹立した**ピノチェト**は, 軍政時代に反対勢力への人権侵害を行った嫌疑(けんぎ)により, 1998年ロンドンで逮捕された。

テーマ　経済の停滞とIMFからの干渉

通貨危機などで経済破綻(はたん)したラテンアメリカ諸国は, **IMF**(国際通貨基金➔p.263)へ経済援助を要請した。IMFは借入国に対して, 輸入削減, インフレ抑制などの経済調整プログラムを課したが, 逆にインフレの加速, 労働者の所得配分率の不均衡(ふきんこう)などをもたらした。そのなかで, ブラジルは経済回復を果たし, 最終的には高い経済成長率を達成し, **BRICs**(➔p.273)の一国となるまでにいたった。

現代を読みこむ　反米左翼政権の行方(ゆくえ)は?

▲⑤**反米のイラン大統領(右)との親密さをアピールするベネズエラのチャベス大統領**(2012年)

キューバの**カストロ**を尊敬するチャベス (位1999～2013) は, 貧困層を中心に根強い支持があった。アメリカと距離をおくラテンアメリカ諸国やイラン, ロシア, 中国などと友好的関係を結び, 反米路線を広めようとし, その路線は彼の死後も継承されてきた。しかし近年, 深刻な経済不況に見舞われ, 情勢は混乱している。

対外債務危機
↓
IMFによる金融政策
↓
格差の拡大, 米国主導の新自由主義経済に対する不満
↓
反米左翼政権の誕生
「所得格差の是正」
「貧者救済」の公約

読みこみキーワード なぜ反米左翼政権が支持されてきたのか, 次のキーワードも参考に学習を深めよう。**アメリカの介入** ➔基礎知識, 2 **経済の停滞とIMFからの干渉** ➔3

アメリカ
MAPS～T
4部2章

ヨーロッパ統合への道

➔巻頭18

ヨーロッパ諸国の動き

◀p.254

革新系 保守系

時期	イギリス	フランス	旧西ドイツ→ドイツ	その他の国々
45年～50年代前半	(労)アトリー(任45～51) 1946 重要産業国有化	1944 ド=ゴール臨時政府成立 46 インドシナ戦争(～54) 第四共和政(46～58)	1945 ドイツ降伏, 4か国分割管理	1945 オーストリア, 4か国共同管理下に 46 イタリア王政廃止, 共和国に
47.6 マーシャル=プラン提案→48.3 西欧連合条約調印, 48.4マーシャル=プラン受け入れ機関 ヨーロッパ経済協力機構(OEEC)設立				
	49 エーレ(エール, アイルランド), 英連邦を離脱		48 ベルリン封鎖(～49) ➔p.262	49 コメコン設立
49.4 北大西洋条約機構(NATO)成立 米・英・仏・伊など12か国				
協調と独自路線の時代	50 中華人民共和国承認 (保)チャーチル(任51～55) 52 核兵器保有	50 シューマン=プラン 54 アルジェリア戦争(～62)	49 ドイツ連邦共和国・ドイツ民主共和国に分裂 アデナウアー(任49～63) 経済の奇跡(経済復興)に成功 54 パリ諸条約に調印(パリ協定) 55 NATOに加盟 ソ連と国交回復 56 徴兵制施行, 再軍備開始	52 ギリシア・トルコ, NATO加盟
55年～60年代前半	(保)イーデン(任55～57) 56 第2次中東戦争(スエズ戦争)に派兵 ➔p.289 (保)マクミラン(任57～63) ○ 英連邦アフリカ諸国の独立 60 ヨーロッパ自由貿易連合発足(EFTA) (保)ヒューム(任63～64) (労)ウィルソン(任64～70)	56 モロッコ・チュニジア独立 ＊フランスは大統領名 58 第五共和政(58～) ド=ゴール(任59～69)＊ 60 核兵器保有 62 アルジェリア独立 64 中華人民共和国承認 ソ連・東欧圏への接近 66 NATO軍事機構から脱退	61 東ドイツ,「ベルリンの壁」を構築 エアハルト(任63～66) キージンガー(任66～69) (キリスト教民主同盟・キリスト教社会同盟・社会民主党の大連合内閣)	55 オーストリア独立, 永世中立国に(オーストリア国家条約) 56 ハンガリー反ソ暴動 ➔p.264 60 キプロス独立 64 キプロスで内戦(ギリシア系住民とトルコ系住民) 67 ギリシアで軍事クーデタ(王政廃止)
67 ヨーロッパ共同体(EC)発足(西独・仏・伊・ベネルクス3国)				
65年～70年代前半	68 スエズ以東より撤兵 69 北アイルランド紛争 ➔p.195 (保)ヒース(任70～74)	68 パリ5月革命 ポンピドゥー(任69～74)	ブラント(任69～74) 東方外交推進 70 初の両独首脳会議 ソ連と武力不行使条約 ポーランドと国交正常化(オーデル=ナイセ線を暫定国境として承認)	68 「プラハの春」 ➔p.268
71.8 ドル=ショック				
	73 EC加盟	拡大EC発足(ベネルクス3国, 独, 仏, 伊, 英, アイルランド, デンマーク)	71 ベルリン4国協定(米・英・仏・ソ) 72 東西ドイツ基本条約 73 両独, 国際連合同時加盟 チェコと国交正常化条約	
73.10 石油危機(オイル=ショック)				
	(労)ウィルソン(任74～76)	ジスカールデスタン(任74～81)	シュミット(任74～82) ブラントの政策継承	74 ギリシア, 民政移管 トルコ軍のキプロス侵攻 ポルトガル革命(民主化)
75.7 全欧安保協力会議(ヘルシンキ宣言) 75.11 主要先進国首脳会議(第1回サミット, 仏・米・西独・日・伊・英) ➔p.269				
75年～80年代 統合にむかうヨーロッパ	75 北海油田開発 (労)キャラハン(任76～79) (保)サッチャー(任79～90) ・「イギリス病」の克服 ・新自由主義 ➔p.271 ・緊縮財政と国有企業の民営化 82 フォークランド戦争 ➔p.279 85 北アイルランド協定 (保)メージャー(任90～97)	ユーロコミュニズム(伊・西・仏共産党中心)＊2 ＊2 ソ連とは異なる社会主義勢力の多極化 左翼連合政権 ミッテラン(任81～95) 有給休暇の拡大, 労働時間の削減, 大学入試の廃止などの社会主義的政策 89 フランス革命200年祭開催	コール(任82～98) ドイツ統一政策推進 85 ヴァイツゼッカー大統領演説「過去に目を閉ざす者は, 現在に対しても盲目となる」 89 「ベルリンの壁」崩壊 ➔p.270 90.10 ドイツ統一 史p.353	75 スペインのフランコ死去, その後王政復古 78 ポーランドのヨハネ=パウロ2世, 教皇に即位 81 スペイン, NATOに加盟 83 トルコ占領地域,「北キプロス=トルコ共和国」独立を宣言 89 東欧の民主化始まる ➔p.282 91 ソ連解体 ➔p.270
93 ヨーロッパ連合(EU)へ改組 →マーストリヒト条約発効 ➔p.281				
90年代～	(労)ブレア(任97～07) 97 香港を中国に返還 98 IRA, 和平合意(北アイルランド紛争終結) 2003 イラク戦争に参加 (労)ブラウン(任07～10) (保)キャメロン(任10～16) 16 EU離脱, 国民投票可決 (保)メイ(任16～19) (保)ジョンソン(任19～)	シラク(任95～07) 95 核実験強行 97 ジョスパン左翼政権成立 2005 EU憲法批准を拒否 サルコジ(任07～12) 新自由主義経済政策路線提唱 オランド(任12～17) マクロン(任17～)	シュレーダー(任98～05) メルケル(任2005～) ～09 社会民主党との左右大連立 09～ 中道右派連立	93 アンドラ独立 99 ポルトガル, マカオを中国に返還 2004 バルト3国・旧東欧諸国, EUに加盟 09 ギリシア債務危機 15 ギリシア債務危機 17 スペインのカタルーニャ自治州, 独立を問う住民投票で9割が賛成

➔1 ➔2

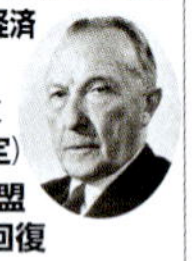

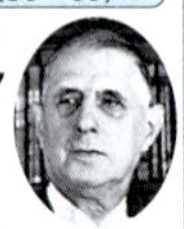

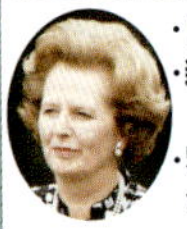

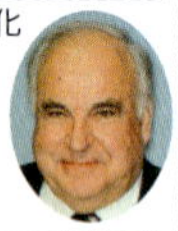

(労)＝労働党 (保)＝保守党

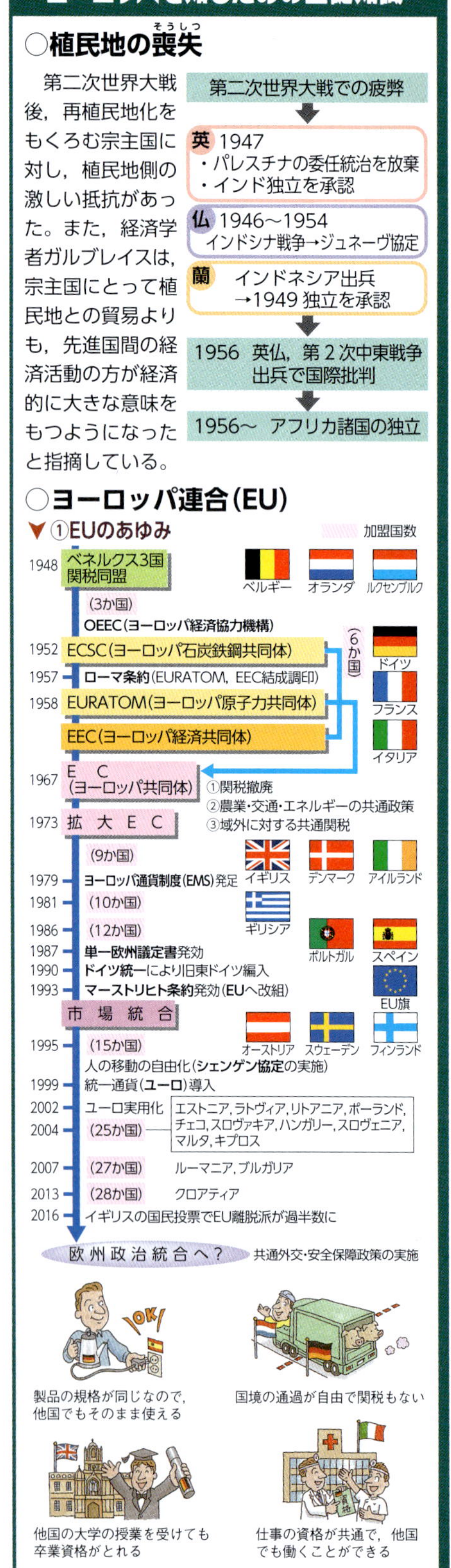

ヨーロッパを知るための基礎知識

○植民地の喪失（そうしつ）

第二次世界大戦後, 再植民地化をもくろむ宗主国に対し, 植民地側の激しい抵抗があった。また, 経済学者ガルブレイスは, 宗主国にとって植民地との貿易よりも, 先進国間の経済活動の方が経済的に大きな意味をもつようになったと指摘している。

第二次世界大戦での疲弊
↓
英 1947
・パレスチナの委任統治を放棄
・インド独立を承認
仏 1946～1954 インドシナ戦争→ジュネーヴ協定
蘭 インドネシア出兵 →1949 独立を承認
↓
1956 英仏, 第2次中東戦争出兵で国際批判
↓
1956～ アフリカ諸国の独立

○ヨーロッパ連合(EU)

▼①EUのあゆみ

加盟国数

- 1948 ベネルクス3国関税同盟 (3か国) — ベルギー オランダ ルクセンブルク
- OEEC(ヨーロッパ経済協力機構)
- 1952 ECSC(ヨーロッパ石炭鉄鋼共同体) (6か国) — ドイツ フランス イタリア
- 1957 ローマ条約(EURATOM, EEC結成調印)
- 1958 EURATOM(ヨーロッパ原子力共同体)
- EEC(ヨーロッパ経済共同体)
- 1967 EC(ヨーロッパ共同体) ①関税撤廃 ②農業・交通・エネルギーの共通政策 ③域外に対する共通関税
- 1973 拡大EC (9か国) — イギリス デンマーク アイルランド
- 1979 ヨーロッパ通貨制度(EMS)発足
- 1981 (10か国) — ギリシア
- 1986 (12か国) — ポルトガル スペイン
- 1987 単一欧州議定書発効
- 1990 ドイツ統一により旧東ドイツ編入
- 1993 マーストリヒト条約発効(EUへ改組) — EU旗
- 市場統合
- 1995 (15か国) — オーストリア スウェーデン フィンランド
- 人の移動の自由化(シェンゲン協定の実施)
- 1999 統一通貨(ユーロ)導入
- 2002 ユーロ実用化
- 2004 (25か国) — エストニア, ラトヴィア, リトアニア, ポーランド, チェコ, スロヴァキア, ハンガリー, スロヴェニア, マルタ, キプロス
- 2007 (27か国) ルーマニア, ブルガリア
- 2013 (28か国) クロアティア
- 2016 イギリスの国民投票でEU離脱派が過半数に
- 欧州政治統合へ? 共通外交・安全保障政策の実施

製品の規格が同じなので, 他国でもそのまま使える

国境の通過が自由で関税もない

他国の大学の授業を受けても卒業資格がとれる

仕事の資格が共通で, 他国でも働くことができる

▲②EU加盟国でできること EUでは, 人・モノ・サービスの移動に国境がなくなった。「欧州市民権」を確立し, 加盟国の国民なら他国に居住していても地方参政権が認められている。移住先の国では, 福祉などの点でも平等である。

1 協調と独自路線の時代

▲③**パリ5月革命**(1968年)　パリ大学での学生運動を機に，労働者のゼネストや全国的なデモに発展した。権威主義的な**ド=ゴール**は国民投票で信任されず，大統領を辞任した。

▲④**ブラントの東方外交**　1969年，西ドイツ首相となった**ブラント**は，東ドイツ・ソ連・ポーランドなどの東側諸国との国交改善を行った。写真では，ブラントがポーランドのワルシャワ=ゲットー跡前で，謝罪のためにひざまずいている。

▲⑤**イギリスのヨーロッパ経済共同体(EEC)加盟問題**　当初**EEC**に対抗するためイギリスは，**EFTA**(ヨーロッパ自由貿易連合)を結成した。のちにEECへの参加を表明したが，**ド=ゴール**に拒否され，**EC**(ヨーロッパ共同体)に参加したのは1973年であった。イギリスは国境管理を廃止したシェンゲン協定や統一通貨ユーロには参加していない。

テーマ ヨーロッパに残る紛争

◀⑥**北アイルランド問題**　英領北アイルランド(**アルスター**)でのアイルランド・カトリック系住民とイギリス・プロテスタント系住民は，1998年に和平に合意したが，散発的な紛争は続いている。

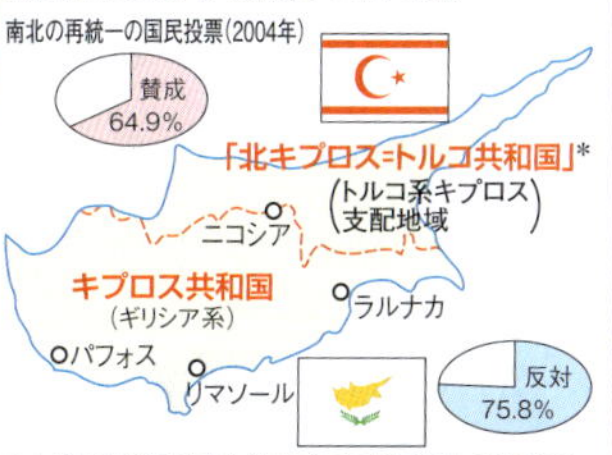

▶⑦**キプロス問題**　1960年の独立時の人口比は，ギリシア系住民80%，トルコ系住民20%であったが，1974年トルコが軍事介入し，北部3分の1を占領，1983年に独立宣言した。南北分断による対立が続いている。

2 統合にむかうヨーロッパ

◀⑧**マーストリヒト条約**(1992年調印)　これにより，欧州中央銀行の設立，基準を満たした国における**統一通貨**の導入などが規定された。史p.353

▲⑨**極右政党の台頭**　ヨーロッパが統合に向かう反面，既成政党の政策の行きづまりを背景に，移民問題などで強硬な姿勢をとる**極右政党**に一定の支持が集まっている。➡巻頭20

▲⑩**統一通貨ユーロの誕生**　ユーロ誕生の背景には，ドイツ統一が深く関わっている。統一によってドイツが再び脅威となるのを恐れたフランスなどの国々と，欧州各国と足なみをそろえたいというドイツの思惑が一致し，通貨統合がおし進められた。1999年に電子決済で導入，2002年に実用化され，欧州の経済統合は一気に加速した。

▼⑪**ヨーロッパ連合(EU)の拡大**　世界全図p.50-51

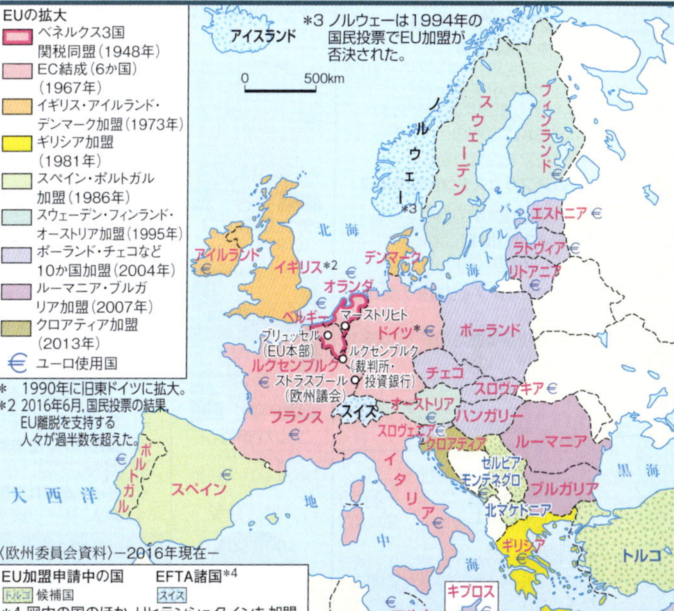

現代を読みこむ　EU枠組みの揺らぎ　ユーロ危機からイギリスのEU離脱 ➡巻頭18

▲⑫**EU離脱の支持者たち**　イギリスでは，2016年6月の国民投票でEU離脱を支持する人が過半数に達し，順次離脱交渉が進められている。この反EUの風潮は，ヨーロッパ各国で拡大している。

▼⑬**ギリシアへの金融支援を協議するEU首脳陣**(2015年7月)　2009年のギリシア財政破綻により，EU単一通貨**ユーロ**の信用が大きく下落した(**ユーロ危機**)。ギリシアは厳しい緊縮策の実施を条件にドイツなどのEU加盟国から援助を受けたが，双方の溝は深まった。また，EU分断につながりかねない深刻な経済格差も明らかになった。

▲⑭**ムスリム移民に反対するデモ**(ドイツ，2015年12月)　近年，東欧や中東からの移民が増大し，失業への危機感やテロへの不安が高まって，排外主義が台頭している。人の移動が自由に行えるEUの制度は，移民を抑えることができず，排外主義者はEUの枠組みに反発している。

読みこみキーワード　地域統合の是非について，次のキーワードも参考に学習を深めよう。
世界貿易の相互関係 ➡p.273　EUの拡大 ➡2

ロシアと東欧の再編

ソ連・ロシアの動き

◀p.238,261

青字 東欧諸国の動き

社会主義陣営の構築（45年～50年代前半）　書記長・大統領

年	できごと
	冷戦の始まり
1946	**第4次五か年計画**（戦後復興）
47.9	**コミンフォルム**結成（～56）
48.6	**ベルリン封鎖**（～49）➡p.262
49.1	**コメコン(COMECON)**設立
50.2	**中ソ友好同盟相互援助条約**
52	第5次五か年計画
53.3	**スターリン**死去 ➡p.239
55.5	**ワルシャワ条約機構**成立（～91）
.7	**ジュネーヴ4巨頭会談** ➡p.264

冷戦体制下での東欧の自由化の動き（55年～60年代前半）　フルシチョフ

年	できごと
56.2	**ソ連共産党20回大会**
	フルシチョフ，スターリン批判 平和共存路線へ ➡p.264
56.4	コミンフォルム解散
.6	**ポズナン暴動**
.10	**ハンガリー反ソ暴動** ➡p.264
57.8	大陸間弾道ミサイル実験成功
.10	**人工衛星打ち上げ**成功
59.9	フルシチョフ訪米 ➡p.264
	米ソ協調，中ソ対立
62.10	**キューバ危機** ➡p.264

（65年～70年代前半）　ブレジネフ

年	できごと
64.10	フルシチョフ解任，ブレジネフへ
68	**「プラハの春」** ➡p.268 →8月ソ連軍介入
○	**ブレジネフ=ドクトリン**
69.3	**中ソ国境紛争** ←珍宝島（ダマンスキー島）で武力衝突 ➡p.268
72.5	第1次戦略兵器制限交渉（SALT I）調印 ➡p.267
75.7	全欧安保協力会議
79.12	**アフガニスタンに軍事侵攻**

（75年～80年代）　ゴルバチョフ　➡1

年	できごと
85.3	**ゴルバチョフ政権** ➡p.270
	グラスノスチ（情報公開） **ペレストロイカ**（改革）
86.4	**チェルノブイリ原子力発電所事故**
87.12	**中距離核戦力(INF)全廃条約**調印
88.3	**「新ベオグラード宣言」** →東欧に対するソ連の指導性を否定
89	**東欧革命**
○	市場経済への移行
89.12	**マルタ会談**　**冷戦の終結**
90.3	複数政党制採用 ➡p.270

大国再生をめざすロシアと旧西側諸国に近づく東欧諸国（90年代～）　エリツィン・プーチン・メドヴェージェフ・プーチン　➡2

年	できごと
	ソ連解体 ➡p.270
90.3	ゴルバチョフ，ソ連大統領に
91.6	コメコン解散
.7	ワルシャワ条約機構消滅
.8	軍部・保守派のクーデタ →失敗，共産党解散宣言
.9	バルト3国独立
.12	**CIS（独立国家共同体）**創設　**ソ連解体**
	エリツィン，ロシア連邦大統領に就任
94.12	**第1次チェチェン紛争**（～96）
99.9	**第2次チェチェン紛争**（テロ化～2009）
2000.5	プーチン，露大統領に就任
06.7	露で初のサミット（サンクトペテルブルク）
08.5	メドヴェージェフ，露大統領に就任
.8	**南オセチア紛争** →露，ジョージアと断交
12.5	プーチン，再び大統領に就任
.8	露，WTO（世界貿易機関）に加盟
14.3	露，**クリミア編入**を表明

書記長（1966以前は第一書記）
（　）は在職年

フルシチョフ（1953～64）

ブレジネフ（1964～82）

アンドロポフ（1982～84）

チェルネンコ（1984～85）

ゴルバチョフ（1985～91）1990～91大統領

ロシア大統領

エリツィン（1991～99）

プーチン（2000～08，12～）

メドヴェージェフ（2008～12）

ロシア・東欧を知るための基礎知識

○東欧諸国の立場の変化

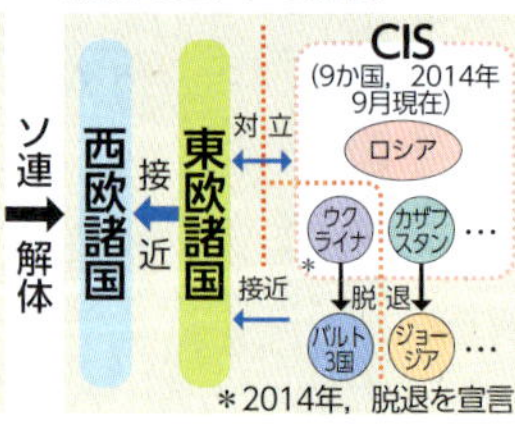

かつて東欧諸国は**コメコン**や**ワルシャワ条約機構**などを通じ，ソ連の衛星国に位置づけられていた。しかし**東欧革命**と**ソ連解体**により，東欧諸国でも共産党政権が倒れ，民主化が進んだ。一方解体したソ連では，共和国によるゆるやかな共同体であるCIS（独立国家共同体）が創設された。また旧ソ連の国連代表権などは，ロシア連邦に引きつがれた。

○ロシアの資源戦略

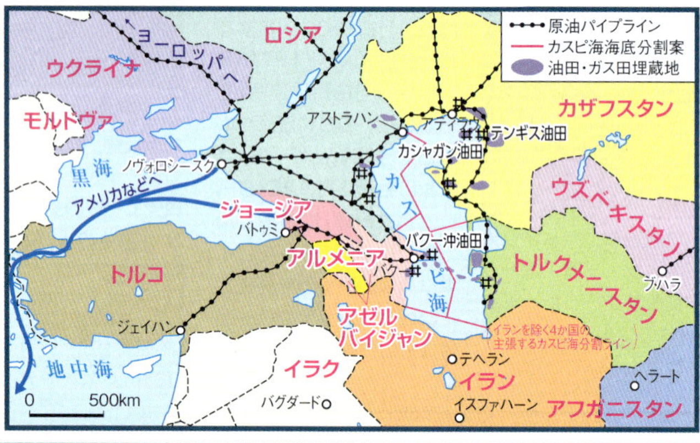

◀①中央ユーラシアのおもなパイプライン　この地域は石油と天然ガスの宝庫である。**プーチン**政権以降，ロシアはエネルギー資源を外交上のカードに使い，他国と競争しながら通過料の高いパイプラインを自国へ引かせようとしている。

東欧諸国の動き

◀p.243　ソ連の解体➡p.270　EUの拡大➡p.281

旧東ドイツ

年	できごと
1945	連合国軍により占領
48	**ベルリン封鎖**
49	**ドイツ民主共和国**成立
53	東ベルリン暴動
61	**「ベルリンの壁」構築** ➡p.262
71	ホーネッカー政権（～89）
72	**東西ドイツ基本条約**
89	**「ベルリンの壁」崩壊**
90	**ドイツ連邦共和国に編入→ドイツ統一**

ポーランド

年	できごと
1945	ソ連軍により解放
52	人民共和国成立
56	**ポズナン暴動**（反ソ暴動） ゴムウカ政権（～70）
80	**自主管理労組「連帯」発足**（議長**ワレサ**）
81	戒厳令→「連帯」弾圧
89	「連帯」再合法化 非共産政権発足
90	**ワレサ大統領**（～95）
2004	**EUに加盟**

旧チェコスロヴァキア

年	できごと
1945	連合国軍により解放
48	クーデタにより共産化
68	**「プラハの春」** ➡p.268 ドプチェク失脚
77	ハヴェルらの「憲章77」
89	「市民フォーラム」結成 ビロード革命
93	チェコとスロヴァキアに分離
2004	**チェコ・スロヴァキア，EUに同時加盟**

ハンガリー

年	できごと
1945	ソ連軍により解放
49	人民共和国成立
56	ブダペストで ➡p.264 **ハンガリー反ソ暴動** **ナジ=イムレ首相**失脚，カーダール政権（～88）
88	「民主フォーラム」結成
89	自由化と民主化進展
2004	**EUに加盟**

□ 東欧革命以降の動き

旧ユーゴスラヴィア

年	できごと
1945	**ティトー政権**（～80），ナチス撃退，自力解放 連邦人民共和国成立
48	**コミンフォルムから除名** →独自路線
80	ティトー死去，民族問題表面化
91	**連邦解体**，内戦へ
92	新ユーゴスラヴィア連邦成立（～2003），紛争激化 ➡p.272
2004	**スロヴェニアEU加盟**
13	**クロアティアEU加盟**

アルバニア

年	できごと
1944	ホッジャ政権（～85） イタリア勢力追放
46	人民共和国成立
61	ソ連と断交
78	中国と断交，「鎖国」体制で経済悪化
90	信仰の自由復活
92	非共産党政権発足

▲ティトー（旧ユーゴスラヴィア）

▲ワレサ（ポーランド）

▲ハヴェル（旧チェコスロヴァキア）

▲ナジ=イムレ（ハンガリー）

▲チャウシェスク（ルーマニア）

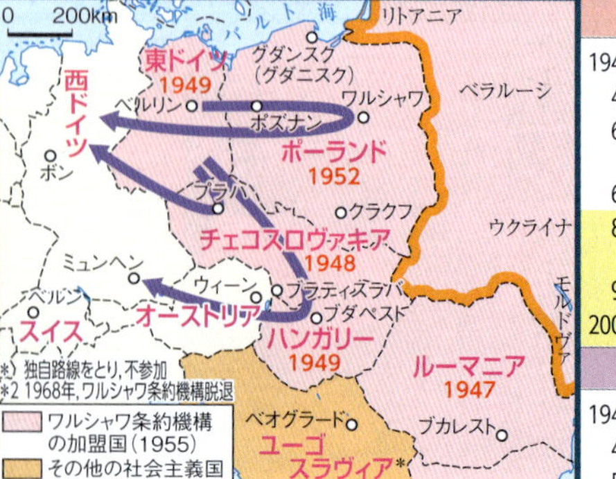

ルーマニア

年	できごと
1944	ソ連軍により解放
47	人民共和国成立
65	**チャウシェスク政権**（～89）
67	対ソ独自外交路線
89	**ルーマニア革命** →チャウシェスク処刑
90	共産党一党独裁体制崩壊
2007	**EUに加盟**

ブルガリア

年	できごと
1944	ソ連軍により解放
46	人民共和国成立
54	ジフコフ政権（～89），親ソ路線
89	民主化要求運動
90	共産党一党独裁放棄
2007	**EUに加盟**

1 ソ連の動揺と東欧の民主化

A ソ連の内憂外患

◀②**ソ連のアフガニスタン侵攻** アフガニスタン支配をめぐる内戦に，1979年，ソ連は政府支援のため軍事介入(➡p.288)。米ソ関係は急速に悪化し，ソ連経済も行きづまり，1989年**ゴルバチョフ**政権下で撤退した。アメリカの**ベトナム戦争**と対比される。

▶③**チェルノブイリ原発事故** 1986年に起きたこの事故は，広島型原爆の約500倍の放射能汚染を引き起こし，周辺地域での住民退去・甲状腺(こうじょうせん)がんの急増をもたらした。原発に対する不信感を高め，ヨーロッパでは原発推進政策が見直された。

B 東欧革命

◀④**ハンガリー「民主フォーラム」**(1988年) 議会制民主主義を掲げる「民主フォーラム」による自由化と民主化が進展し，**ハンガリー反ソ暴動**(➡p.264)後に処刑された首相**ナジ=イムレ**の名誉も回復された。

▶⑤**チェコスロヴァキアから西側へ亡命する東ドイツ国民** 東欧諸国の民主化が始まると，不正選挙への不満や基本的人権の要求から，東ドイツ国民の一部はチェコスロヴァキアやハンガリー経由で西ドイツへ亡命した。

2 大国再生をめざすロシアと東欧の旧西側諸国への接近

A チェチェン紛争

◀⑥**ロシアのチェチェン攻撃** 19世紀，激しい抵抗ののちに**ロシア帝国**に併合されたチェチェンには，ムスリムが多い。チェチェンは**ロシア連邦**から1991年に独立を宣言したが，**エリツィン**はこれを認めず，1994年武力介入した。

ロシアがチェチェン独立を認めない理由

- チェチェンを通るパイプラインと産出する石油の確保
- チェチェンの独立を認めることで，国内の他の共和国の独立気運が高まる可能性

カフカス地方の民族

黒海
アドゥイゲ(共)
カラチャイ・チェルケス(共)
カバルダ・バルカル(共)
北オセチア・アラニヤ(共)
チェチェン(共)
グロズヌイ
アブハジア(自共)
イングシェチア(共)
ツヒンヴァリ
南オセチア(自州)
ダゲスタン(共)
ジョージア
トビリシ
アジャール(自共)
アルメニア
エレヴァン
アゼルバイジャン
ナゴルノ・カラバフ(自州)
バクー
ナヒチェヴァン(自共)〔アゼルバイジャン飛地〕
カスピ海
チェチェン人は，ロシアから独立要求。イングシェチア人はロシア残留希望で対立，分離
ジョージアからの分離独立要求
アヴァール人とチェチェン人の対立
アルメニアへの帰属要求

インド=ヨーロッパ系：スラヴ系／アルメニア系／イラン系
アルタイ系(トルコ語系)
カフカス系
(共)…共和国
(自共)…自治共和国
(自州)…自治州
国境と首都
共和国・自治共和国の首都

ジョージア(2014年)：ジョージア人86.8%，アゼルバイジャン系6.3，アルメニア系4.5，その他2.4
アルメニア(2011年)：アルメニア人98.1%，クルド人1.2，ロシア系0.4，その他0.3
アゼルバイジャン(2009年)：アゼルバイジャン人91.6%，その他3.8，ダゲスタン系2.0，アルメニア系1.3，ロシア系1.3

0 100km

B NATOの東方拡大

▲⑦**東欧諸国のNATO加盟**(2004年) **ワルシャワ条約機構**解体後，東欧諸国はロシアの脅威(きょうい)に対する不安から**NATO**加盟を実現させた。ロシアはこうしたNATOの拡大を警戒している。

▶⑧**ロシアに抗議するジョージア人** 1992年，旧ソ連から独立したジョージアは，2008年，ロシアへの編入を求めるジョージア国内の南オセチアに軍を進めた。ロシアもジョージアに侵攻し，NATO加盟を希望するジョージア・NATO諸国とロシアとの対立を招いた。

現代を読みこむ 親ロシア派か親欧米派か，混迷のウクライナ

◀⑨**親露派政権へのデモ**(2013年12月) EUとの連合協定調印を政府が凍結したことをめぐり，親欧米派の野党支持者が反政府デモを行った。親露派のヤヌコヴィッチ政権は崩壊(ほうかい)した。

▶⑩**ウクライナ東部の親露派武装勢力**(2014年5月) 混迷が続くなか，ロシアがクリミアの編入を表明。その後，親欧米派政権が成立すると，東部に独立の気運が高まり，内戦の様相を呈している。

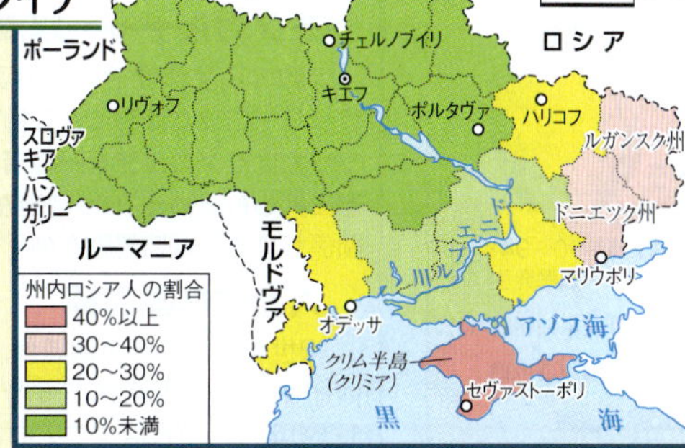

▲⑪**ウクライナの州別ロシア人の割合**(2001年)

読みこみキーワード ウクライナの分裂について，次のキーワードも参考に学習を進めよう。
ロシアの南下政策➡p.205 **ロシアの資源戦略**➡基礎知識
チェルノブイリ原発事故➡1

赤字 戦争・紛争関係

9世紀	オレーグ，**キエフ公国**建国 ➡p.140
989	ウラジーミル1世，ギリシア正教に改宗
1237	モンゴル軍，キエフを占領(〜40) ➡p.110
15世紀	クリム(クリミア)半島に**クリム=ハン国**建国
○	ロシア，南下政策 ➡p.133
1768	**第1次露土戦争**(〜74)
1853	**クリミア戦争**(〜56) ➡p.204〜205
1922	**ソヴィエト社会主義共和国連邦**の一員に
41	ドイツによるウクライナ占領(〜44)
54	ソ連，クリム半島をウクライナに編入
86	**チェルノブイリ原発事故** ➡p.270
91	**ウクライナ独立**，**ソ連解体**後，**CIS**創設
2004	**オレンジ革命**(親露派から親欧米派へ)
13	EU連携協定調印延期による反政府デモ
14	ロシアがクリミア*を連邦へ編入表明 親欧米派のポロシェンコ，大統領就任 **内戦の様相に**

*クリミア自治共和国および特別市セヴァストーポリをさす。

▲⑫**ウクライナの変遷(へんせん)**

アフリカ諸国の独立と内戦

アフリカの動き

◀p.220

赤字 独立・解放　青字 内戦

年	北アフリカ（サハラ以北）	ブラックアフリカ	年
1951	リビア独立　西アジア・アフリカ解放の皮切り		
52	エジプト革命		
53	エジプト，共和国宣言 ➔p.286		
54	アルジェリア民族解放戦線（FLN）結成 →アルジェリア戦争開始		
55	アジア=アフリカ（AA）会議（バンドン会議）		
56	スーダン・チュニジア・モロッコ独立		
		ガーナ独立（エンクルマ指導）➔p.266	1957
58	エジプト・シリア，一時期合併	ギニア独立（セク=トゥーレ指導）	58
60	「アフリカの年」 ナイジェリア・コンゴなど17か国独立		
60	アスワン=ハイダム建設開始（～70完成）		
		コンゴ動乱（60～65）	60
		初代首相ルムンバ殺害	61
		南アフリカ連邦が英連邦を離脱→共和国に	
62	エヴィアン協定 →アルジェリア戦争（1954～62）終結 →アルジェリア独立		
63	アフリカ統一機構（OAU）成立（本部：アディスアベバ）		
		マラウイ・ザンビア独立	64
		ローデシア（白人政権）独立宣言	65
		ガーナでクーデタ（エンクルマ失脚）	66
		ナイジェリア内戦（ビアフラ戦争，～70）	67
67	第1回発展途上国閣僚会議　アルジェ憲章採択		
69	リビアでクーデタ カダフィ政権成立	コンゴ，国名をザイールに変更	71
74	エチオピア革命 （75 皇帝ハイレ=セラシエ退位）	モザンビーク・アンゴラ独立	75
		ジンバブエ解放戦線結成	76
		→ジンバブエ独立 （ローデシアの白人支配終わる）	80
	80年代 アフリカの食料危機増大		
81	エジプト大統領サダト暗殺		
88	ソマリア内戦（無政府状態に）	アンゴラ内戦	89
		南アの黒人解放指導者マンデラ釈放 ナミビア独立	90
		南ア，アパルトヘイト根幹3法廃止	91
92	UNOSOMⅠ（第1次国連ソマリア活動，～93） ➔p.285		
93	UNOSOMⅡ（第2次，～95 失敗） エリトリア分離独立（エチオピアから）		
		ルワンダ内戦（90～94） →難民発生	94
		ザイールが国名変更→コンゴ民主共和国	97
98	エリトリアとエチオピアの対立	コンゴ内戦	
2002	OAUがアフリカ連合（AU）に発展改組 EU型の政治・経済統合をめざす		
	○南ア・ルワンダで民族融和の成功		
2006	ソマリアで「イスラーム法廷連合」首都制圧		
		南アでサッカーワールドカップ開催	2010
11	「アラブの春」 ←チュニジアの民主化運動が発端に	南スーダン独立（スーダンから）	11

45年～50年代前半／55年～60年代前半：アフリカ諸国の独立 ➔1 ～第三世界を構成

65年～70年代前半／75年～80年代／90年代～：各地で起こる内戦 ～地域紛争の激化と深刻化する貧困・飢餓 ➔2

▲エンクルマ（任1957～60，60～66）

▲セク=トゥーレ（任1958～84）

➤ルムンバ（任1960～61）

➤マンデラ（任1994～99）

1 アフリカの独立

世界全図p.48-51 ➔p.220

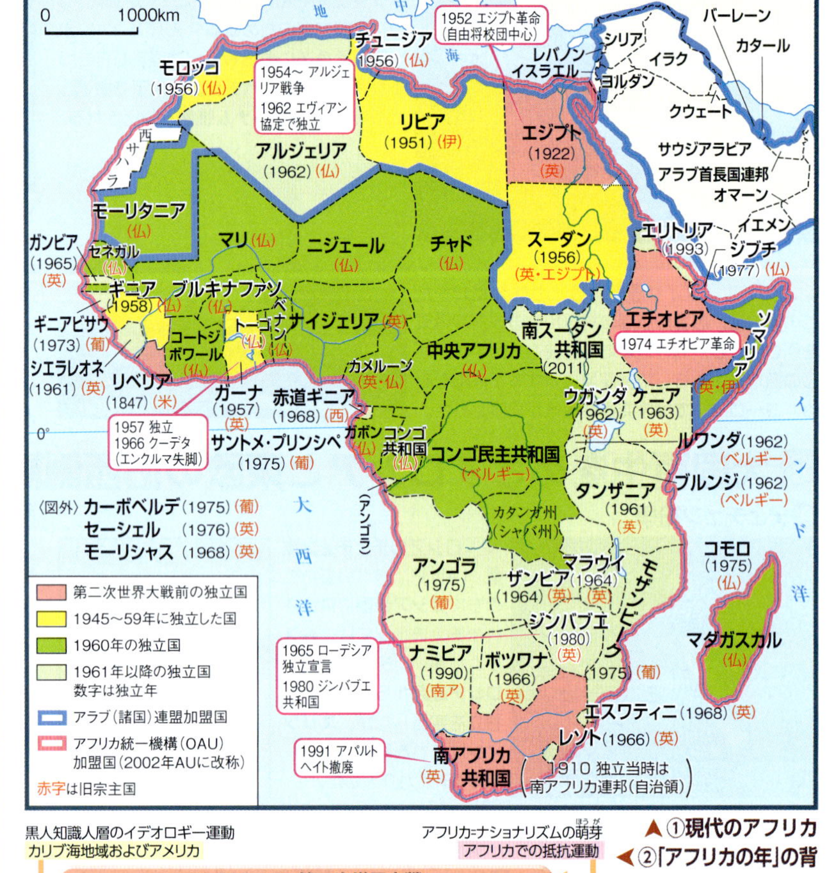

▲①現代のアフリカ

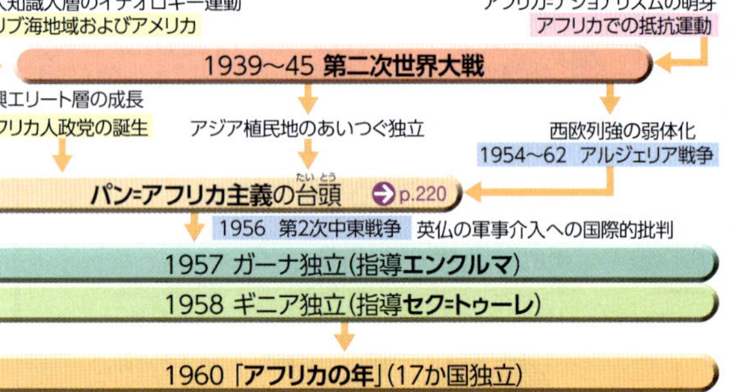

◀②「アフリカの年」の背景　アフリカで17か国が独立した1960年を，「アフリカの年」とよぶ。宗主国の弱体化，アジア植民地における独立国の誕生，独立運動を担う黒人指導者層の成長などが背景となって一挙に実現した。

アフリカを知るための基礎知識

○モノカルチャー経済

➔p.266

少数の商品作物や鉱物資源に依存する経済をいう。ヨーロッパ諸国による植民地支配のなかで，アフリカは**モノカルチャー経済**を強制され，低開発状態に押しとどめられた。独立達成後も旧宗主国との関係が続き，経済基盤を強化することが難しい。

アフリカ諸国がモノカルチャー経済に依存する理由

① 植民地時代のプランテーション農業を現在も外貨獲得の手段として行っている点
② 輸出の多くを現在も旧宗主国に頼る現状
③ 貿易収入が工業製品や食料の輸入にまわされるため，工業化が進みにくい点
④ 豊富な鉱物資源の産出

○人為的な国境線

19世紀末の帝国主義時代，ヴィクトリア湖以北はイギリス，以南はドイツの植民地とされた。1960年代，前者はケニアおよびウガンダ，後者はタンザニアおよびルワンダとして独立するが，ほぼ直線の境界は民族分布と一致しない**人為的国境線**であり，これが現在まで続く民族紛争の一因になっている。

➤③複雑な民族集団と一致しない国境線

2 各地で起こる内戦

▼④アフリカで起こったおもな内戦・紛争

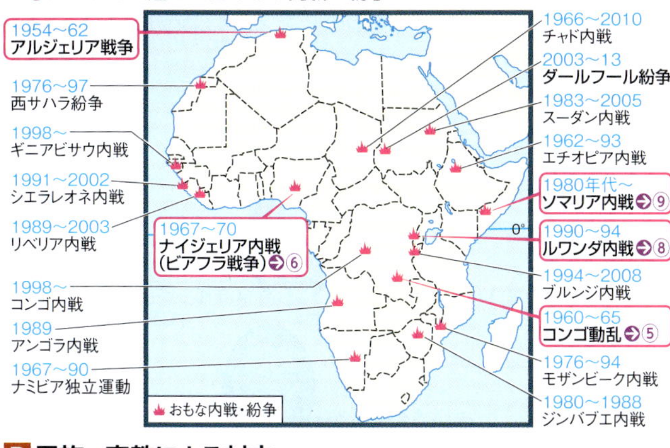

A 旧宗主国の介入

➤⑤コンゴ動乱 コンゴ独立直後，鉱業利権維持のため，カタンガ州の分離独立をねらうベルギーは軍隊を進駐させた。**ルムンバ**は国連に保護を求めるが，モブツ派により殺害された。ルムンバ派を支持するソ連と，モブツ派を支持するアメリカとの対立が背景としてあった。

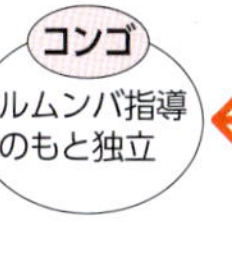

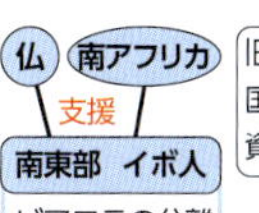
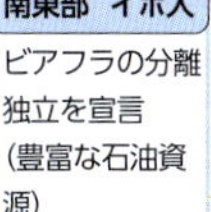
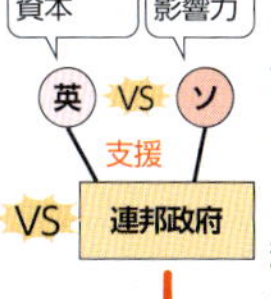

◀⑥ナイジェリア内戦 多民族国家ナイジェリアは，北部のハウサ，南西部のヨルバ，南東部のイボの3大民族を有する。1967年イボ人を中心とする東部州が「ビアフラ共和国」の独立を宣言するが，政府はこれを認めず，多数の餓死者や**難民**を出す内戦となり，70年まで混乱が続いた。

▲⑦ナイジェリアの難民

B 民族・宗教による対立

➤⑧ルワンダ内戦 ルワンダでは，1994年に多数派のフツ人が少数派のツチ人を100日間に約80万人殺害したため，ツチ人難民が大量に隣国へのがれた。同年にツチ人中心の政権が発足すると，報復を恐れたフツ人がザイール(現コンゴ民主共和国)などへ多数流入した。

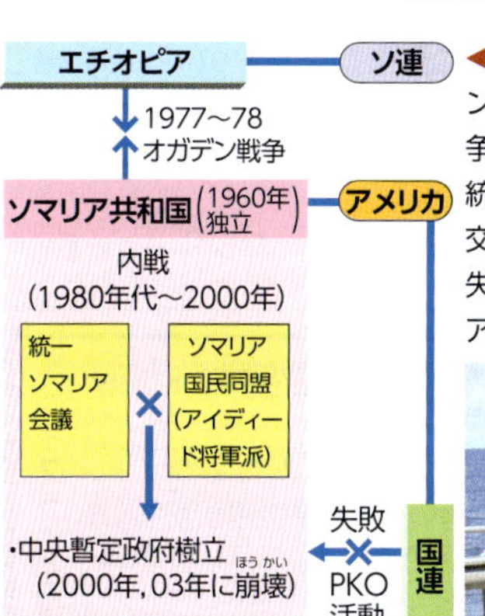

◀⑨ソマリア内戦 1970年代，オガデン地方の帰属をめぐるエチオピアとの戦争に敗北。80年代からは内戦が始まり，統一ソマリア会議とソマリア国民同盟の交戦で長期化し，2度の国連**PKO**活動も失敗に終わっている。また，ソマリア沖アデン湾では海賊行為が多発している。

▲⑩ソマリア沖海賊の検挙

テーマ 植民地時代の負の遺産 アパルトヘイト 史p.353

1940年代後半に南アフリカで**アパルトヘイト**(人種隔離)が法制化され，白人優遇・黒人差別の政策を徹底した。国際的な批判が高まり，1991年にデクラーク政権はアパルトヘイト根幹3法を廃止，94年にはANC(アフリカ民族会議)の**マンデラ**が大統領に就任した。

▲⑪会談するデクラークとマンデラ

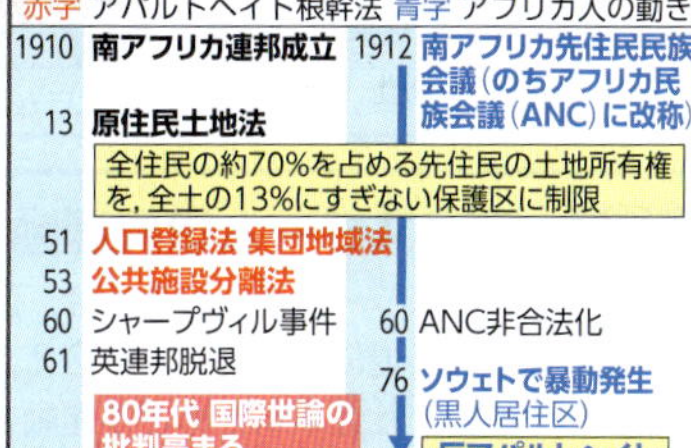
赤字 アパルトヘイト根幹法　青字 アフリカ人の動き

年	出来事	年	アフリカ人の動き
1910	**南アフリカ連邦成立**	1912	**南アフリカ先住民民族会議(のちアフリカ民族会議(ANC)に改称)**
13	**原住民土地法** 全住民の約70%を占める先住民の土地所有権を，全土の13%にすぎない保護区に制限		
51	**人口登録法 集団地域法**		
53	**公共施設分離法**		
60	シャープヴィル事件	60	ANC非合法化
61	英連邦脱退	76	**ソウェトで暴動発生**(黒人居住区)
	80年代 国際世論の批判高まる		**反アパルトヘイト闘争激化**
90	デクラーク，ANCを合法化		
91	**アパルトヘイト根幹3法廃止**		
94	**アパルトヘイト全廃**		**マンデラ，大統領に就任**

▲⑫白人・黒人用に区別された座席

現代を読みこむ 紛争から独立へ　新生国家南スーダン共和国の誕生

▲⑬独立を喜ぶ人々　政府軍とスーダン人民解放軍(SPLA)の対立が続いたが，2005年に南北包括和平合意が成立し，20年以上にわたる内戦が終結した。そして，11年に住民投票の結果を受け，新国家として「南スーダン共和国」が誕生した。

▼⑭スーダン北部と南部の対立 スーダン北部では，イスラームを信仰するアラブ人が多数を占める。一方，南部ではディンカ人などのアフリカ系諸民族が多く，宗教もキリスト教やアニミズムなどの伝統的信仰が多い。

スーダン		南スーダン共和国
186万km²	面積	64万km²
2993万人	人口	826万人
アフリカ系，アラブ人	おもな民族	アフリカ系
イスラーム，伝統的信仰	おもな宗教	伝統的信仰，キリスト教

輸出額90.8億ドル(2009年)

輸出品目　原油 76.6%　14.1(金(非貨幣用))　石油製品2.2　羊 2.4　その他 4.7

▲⑮分断前のスーダンの輸出品目

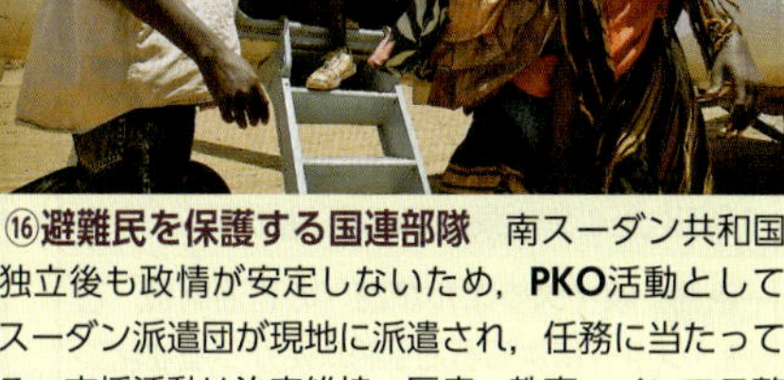
▲⑯避難民を保護する国連部隊　南スーダン共和国の独立後も政情が安定しないため，**PKO**活動として南スーダン派遣団が現地に派遣され，任務に当たっている。支援活動は治安維持・医療・教育・インフラ整備・農業など広い範囲にわたる。

読みこみキーワード スーダンで内戦が起こり，南スーダン共和国が独立にいたった背景について，次のキーワードも参考に学習を深めよう。 **モノカルチャー経済** ➲基礎知識 **人為的な国境線** ➲基礎知識

アラブ民族主義とイスラーム復興

➡巻頭20

西アジア・北アフリカの動き

◀p.244

赤字 戦争・紛争関係

時期	テーマ	エジプト・北アフリカ	イラクを除く中東諸国	イラク	イラン	アフガニスタン
45年～50年代前半	ナショナリズムの台頭と弾圧されるイスラーム復興運動 ➡1	1945 アラブ連盟結成(原加盟7か国〔エジプト・イラク・サウジ・シリアなど〕, 2017年現在21の国とPLO)(本部カイロ)				
			47 パレスチナ分割案採択			
		48 第1次中東戦争(パレスチナ戦争, ～49) ➡p.289				
		51 リビア独立 52 エジプト革命(ナセルらが国王追放) 53 エジプト共和国宣言 56 ナセル大統領就任 →スエズ運河国有化宣言			51 モサデグ政権, 石油国有化 53 クーデタによりモサデグ首相失脚	
55年～60年代前半			55 バグダード条約機構(中東条約機構, METO)成立(のち中央条約機構(CENTO))→1979解体			
		56 第2次中東戦争(スエズ戦争, ～57)				
		➤ナセル(任1956～70) 60 アスワン=ハイダム建設開始(～70完成)	59 METO, CENTOに改称(本部アンカラ)	58 イラク革命(王政廃止) 59 METO脱退	➤モサデグ(任1951～53)	
			60 石油輸出国機構(OPEC)結成(2019年1月現在14か国)(本部ウィーン)			60年代 ザーヒル=シャー立憲君主政
			64 パレスチナ解放機構(PLO)結成		63 パフラヴィー2世の白色革命 64 ホメイニ, 国外追放される	
65年～70年代前半		67 第3次中東戦争(エジプト敗退)				
	諸政権の強権統治 ➡2	68 アラブ石油輸出国機構(OAPEC)結成(2018年現在11か国*)(本部クウェート)				
		69 リビアでクーデタ, 王政廃止 →カダフィ政権成立 70 ナセル死去→大統領にサダト就任	*チュニジアは資格停止中 69 アラファト, PLO議長に就任 71 シリア, アサド(父)政権樹立	68 バース党による一党独裁	➤パフラヴィー2世(位1941～79)	
		73 第4次中東戦争→石油戦略(第1次石油危機) ➡p.268				73 クーデタ→共和政へ
75年～80年代	イスラーム改革と大国の干渉 ➡3	79 エジプト・イスラエル平和条約調印 81 ジハード団によりサダト暗殺 →ムバラク政権樹立 82 イスラエルよりシナイ半島返還 87 チュニジア, ベンアリ政権樹立	75 レバノン内戦(～89) 78 キャンプ=デーヴィッド合意 82 イスラエル, レバノン侵攻 83 レバノン, ヒズボラの活動が公然化 86 サウジアラビア「二聖都の守護者」を名のる 90 ヨルダン, 同胞団が第1党に	79 フセイン政権樹立 80 イラン-イラク戦争(～88) ○アメリカによる軍事援助 ▲フセイン(任1979～2003) 90 イラク, クウェートに侵攻	79 イラン=イスラーム革命(ホメイニ指導) 米大使館占拠事件 ▲ホメイニ(1902～89)	79 ソ連, アフガニスタン侵攻 →親ソ政権(カルマル)樹立 ➡p.283 ○ムジャヒディーンによるゲリラ活動(米, サウジアラビア, パキスタンが支援) 89 ソ連撤兵
90年代～	ペルシア湾岸の戦争と「アラブの春」 ➡p.288		91 湾岸戦争→中東和平会談			92 親ソ政権崩壊→内戦 96 タリバーン, 首都カーブル制圧→タリバーン政権成立
		▲サダト(任1970～81) ▲ムバラク(任1981～2011) 2010 チュニジアで格差是正を要求するデモ	93 パレスチナ暫定自治協定調印 97 ヘブロン合意 2000 シリア, アサド(子)政権樹立 04 PLO議長アラファト死去 →後任アッバス 06 イスラエル, レバノン侵攻(ヒズボラを攻撃)	2003 イラク戦争 →フセイン政権崩壊 06 マリキ政権発足	◀アフマディネジャード(任2005～13) 2002 核開発疑惑浮上	2001「9・11事件」➡p.278 →米, アフガン攻撃 →タリバーン政権崩壊 →暫定政権発足 02 暫定行政機構発足 04 カルザイ政権発足(～14)
		2011 「アラブの春」				14 ガーニ大統領とアブドッラー行政長官の国家統一政府が成立
			12 シリア内戦激化	←14 IS(「イスラム国」)イラク・シリアで勢力拡大→		

西アジアを知るための基礎知識

○石油と資源ナショナリズム

➡巻頭19

資源ナショナリズムとは，それまで資源の開発・管理権をにぎっていた先進国から，資源保有国が経済的自立をめざして，自国の資源を自国で管理・開発する動きをさす。アラブの産油国を中心に結成された**OAPEC**は，**第4次中東戦争**時(1973年)に石油戦略を実行し，先進国はその力を思い知らされた。➡p.268

▼①おもな資源ナショナリズムの例

1951 モサデグによる石油国有化宣言

目的 イギリスの支配下にあった石油利権を自国に取り戻す

結果 モサデグによる石油国有化は失敗するも，70年代以降，産油国の石油会社国有化が顕著に

1973 第4次中東戦争の石油戦略

目的 親イスラエル諸国への石油制裁，石油メジャーによる石油価格決定から産油諸国による価格決定へ ➡p.268

結果 産油国の世界への影響力の増大，西側先進国の対イスラエル政策の見直し

○イスラーム復興運動

イスラーム世界の衰退は，西欧列強の侵攻・支配と信仰の衰退に起因するととらえ，イスラームの教義にもとづいて社会革新をめざす運動をさす。そのなかには**ワッハーブ運動**や**パン=イスラーム主義**が含まれる。

▼②近現代のイスラーム復興運動に関連するおもな動向

パン=イスラーム主義を掲げてムスリムの団結をよびかけた**アフガーニー**(➡p.223)の活動は，世界各地に影響を及ぼした。彼の死後もその思想は受け継がれ，エジプトでは1928年にイスラーム復興をめざす大衆組織であるムスリム同胞団が結成された。

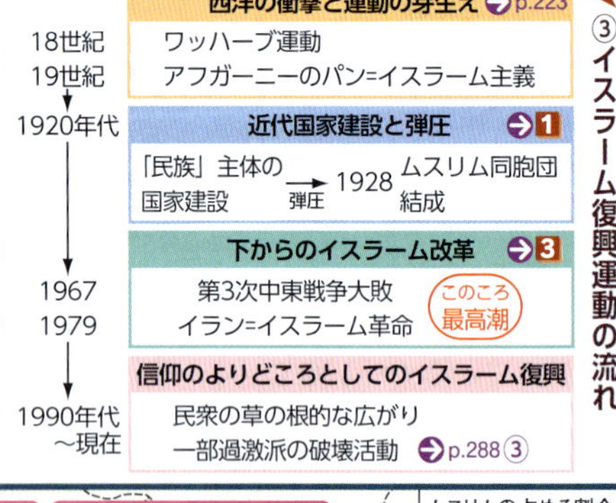

③イスラーム復興運動の流れ
18世紀
19世紀
1920年代
1967
1979
1990年代～現在
西洋の衝撃と運動の芽生え ➡p.223
ワッハーブ運動
アフガーニーのパン=イスラーム主義
近代国家建設と弾圧 ➡1
「民族」主体の国家建設
弾圧
1928 ムスリム同胞団結成
下からのイスラーム改革 ➡3
第3次中東戦争大敗
イラン=イスラーム革命
このころ最高潮
信仰のよりどころとしてのイスラーム復興
民衆の草の根的な広がり
一部過激派の破壊活動 ➡p.288③

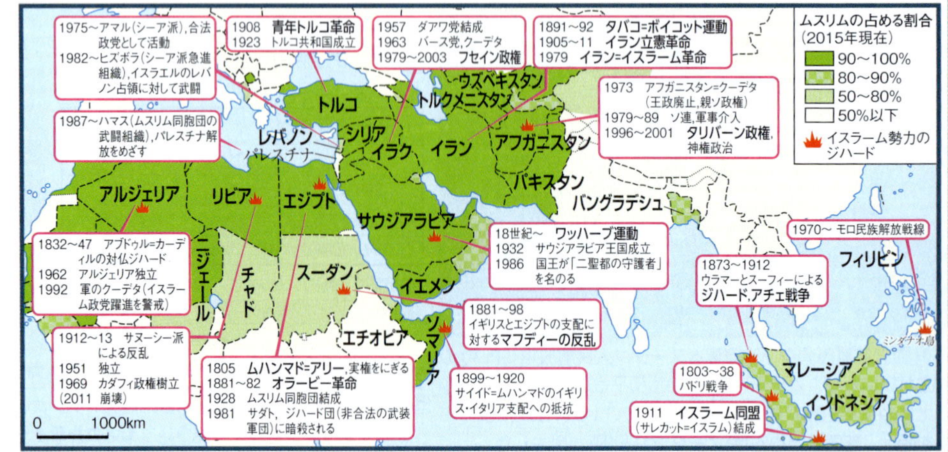

1 ナショナリズムの台頭と弾圧されるイスラーム復興運動

A スエズ運河の国有化

20世紀前半
ヨーロッパ諸国による**植民地化**
1928〜 ↓
ムスリム同胞団結成
1939 ↓
第二次世界大戦
1945終結 ↓
アラブ諸国による
国家建設
1948 ↓
イスラエル建国
アラブ民族主義の台頭
1956 ↓
ナセル大統領就任
スエズ運河国有化宣言

▲④**スエズ運河の国有化を宣言したナセル** アスワン=ハイダムの建設費援助を拒否された**ナセル**は，**スエズ運河国有化**を宣言し，その利益をダム建設に充てることを考えた。これに反発した英・仏はイスラエルとともにエジプトを攻撃したが，ナセルは国際世論を味方につけ，英・仏を撤退に追い込んだ。

キーワード アラブ民族主義 アラビア語とその文化伝統を基盤とするアラブの一体性を自覚し，アラブ人の統一を求める思想・運動をいう。**第2次中東戦争**で外交的勝利を得た**ナセル**は，アラブ民族主義の指導者となり，北アフリカ諸国の独立にともなって運動は盛り上がりをみせた。またアラブ民族主義は，反植民地主義（欧米的な資本主義への反対）から，社会主義的な傾向を帯びることが多い。

B 世俗政権から弾圧されるイスラーム

オスマン帝国滅亡後，イスラーム世界の政治的統合は難しくなり，かわって世俗政権が個別に近代国家として独立するようになった。経済開発や民族主義が主流となり，国家を越えた連帯を唱えるイスラーム復興運動は弾圧されるようになった。

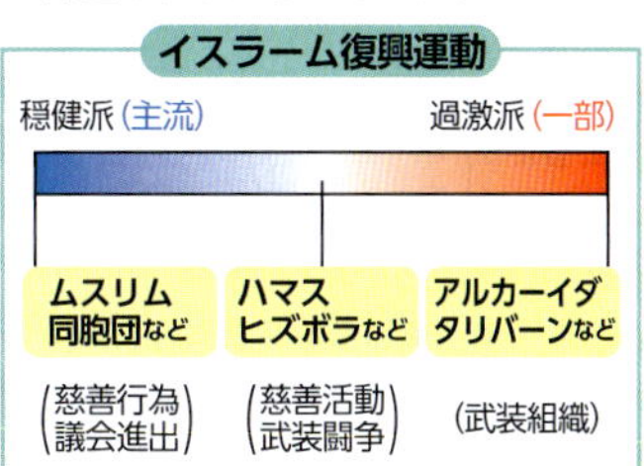

▲⑤**ムスリム同胞団のシンボルマーク**

◀⑥**イスラーム復興運動のなかの過激派** イスラーム復興運動（報道では「原理主義」と称される）のなかには，過激派も存在するが穏健派が多数であり，「原理主義」＝過激派ではない。

p.125 2

2 強権統治にはしる諸政権 巻頭19

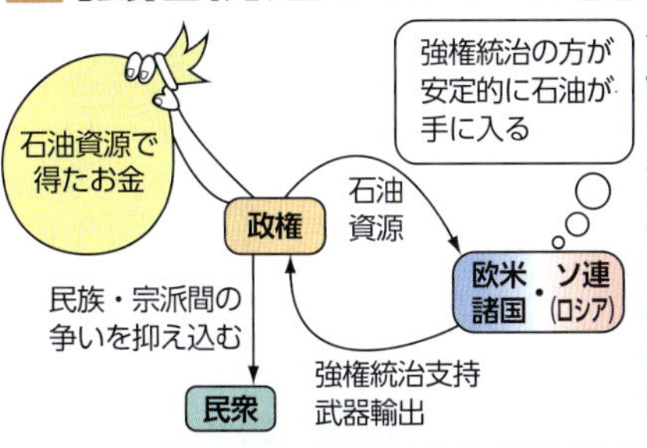

◀⑦**政権の強権統治が長期化した理由** 西アジア各国の政権は石油などの資源を欧米諸国やソ連に輸出し，その見返りとして政権の支援を受け続けた。その結果，かつては社会主義的思想を持ち，富の分配を行っていた政権も長期化する中で反体制派を弾圧し，富を独占するようになった。

カダフィ（リビア）　ポンピドゥー（仏）

◀⑧**フランス大統領と会談するリビアの指導者カダフィ**（1973年）

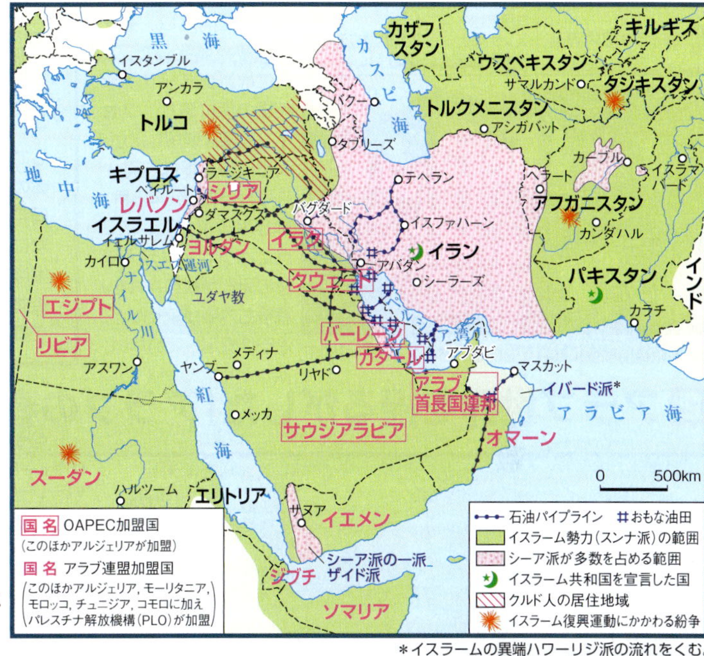

▶⑨**西アジアの国々と宗教分布**（2012年現在）

＊イスラームの異端ハワーリジ派の流れをくむ。

3 下からのイスラーム改革と諸外国の干渉 巻頭19

A イラン=イスラーム革命

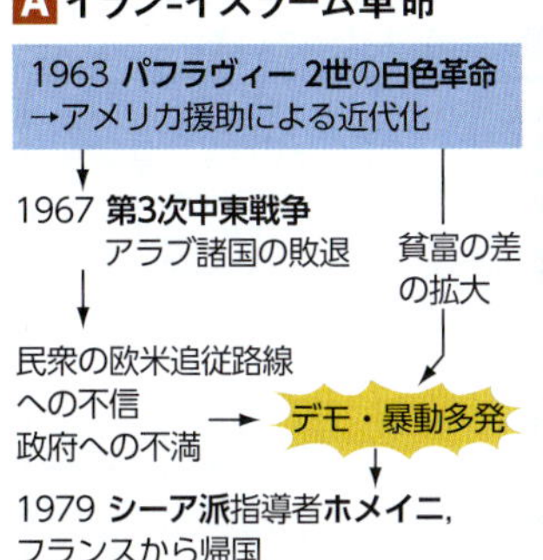

▲⑩**イランの指導者となったホメイニ**

第3次中東戦争でのアラブ陣営の敗北は，民衆の無力感と政府への不信感を招き，政府の威信は一挙に低下した。イランにおいては，アメリカと友好的なパフラヴィー王朝に対する不満が大きくなり，イスラーム復興を唱える**ホメイニ**に人々の支持が集まった。

B イラン-イラク戦争（1980〜88年）

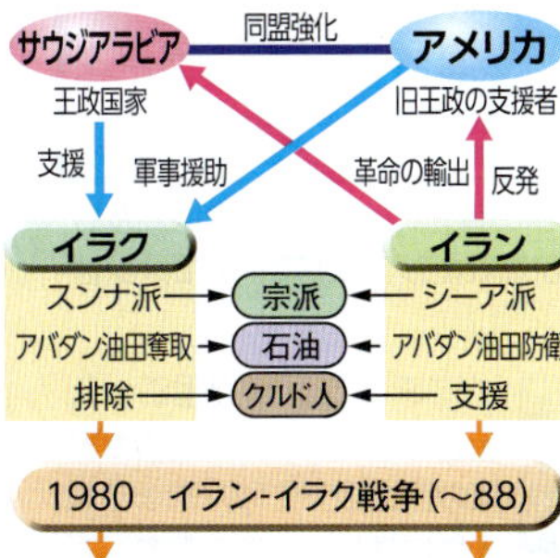

国境問題に端を発し，イランとイラクが対立した。**イラン=イスラーム革命**の拡大を恐れるサウジアラビアやアメリカがイラクの**フセイン**政権を支援し，戦争となった。

▲⑪**停戦発表後群衆に手を振るフセインとアラファト**（1988年10月）

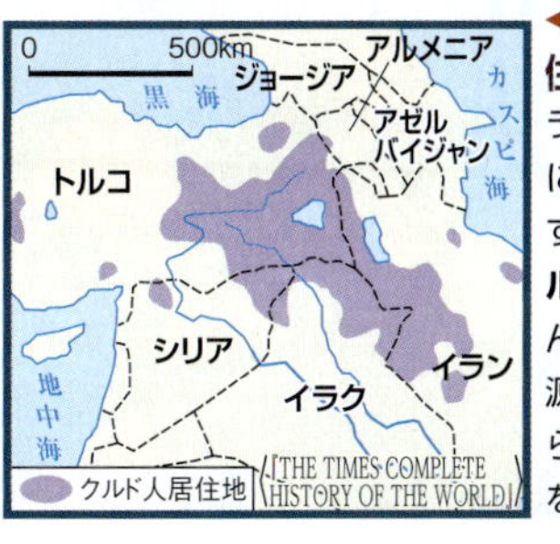

◀⑫**クルド人の居住地** トルコ・イラン・イラクなどにまたがって居住する山岳民族の**クルド人**は独立を望んでいるが，水資源と油田の存在から，関係国はそれを認めていない。

西 アジア
アフリカ
MAPS T
4部2章

混迷続く西アジア

➔巻頭20

1 ペルシア湾岸の戦争とアメリカの介入

A 湾岸戦争(1991年)

➔巻頭19

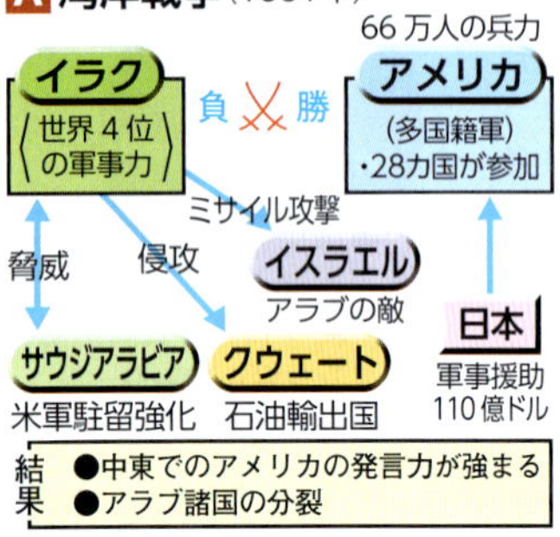

イラク
世界4位の軍事力
負 ⚔ 勝
66万人の兵力
アメリカ
(多国籍軍)
・28カ国が参加
ミサイル攻撃
脅威
侵攻
イスラエル
アラブの敵
日本
軍事援助110億ドル
サウジアラビア
米軍駐留強化
クウェート
石油輸出国
結果 ●中東でのアメリカの発言力が強まる
●アラブ諸国の分裂

イラン-イラク戦争(1980〜88年)後の財政難打開をはかるため，1990年8月にイラク軍が産油国クウェートに侵攻し，全土を制圧した。翌91年1月，アメリカ軍を中心とする多国籍軍がイラクに対して軍事行動を開始し，**湾岸戦争**が勃発(ぼっぱつ)した。6週間の戦闘で多国籍軍がイラク軍を破り，2月にクウェートは解放された。

B イラク戦争(2003年)

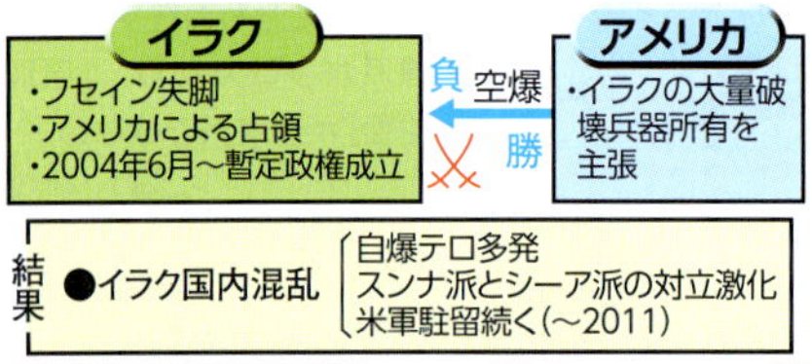

イラク
・フセイン失脚
・アメリカによる占領
・2004年6月〜暫定政権成立
負 空爆 勝
アメリカ
・イラクの大量破壊兵器所有を主張
結果 ●イラク国内混乱
自爆テロ多発
スンナ派とシーア派の対立激化
米軍駐留続く(〜2011)

2003年3月，イラクの大量破壊兵器所有を主張したアメリカが，イギリスとともにイラク攻撃を開始し，**イラク戦争**が勃発した。4月にはバグダードが米英軍の手に落ち，**フセイン**政権は崩壊(ほうかい)したが，大量破壊兵器は発見されなかった。06年5月，マリキ政権が発足，12月にはフセイン元大統領の死刑が執行された。戦後も内戦が続くなど，治安は安定していない。

▲①政権崩壊後に裁判を受けるフセイン(1937〜2006)

テーマ アフガニスタンで台頭(たいとう)したイスラームを掲げる武装組織

➔巻頭19

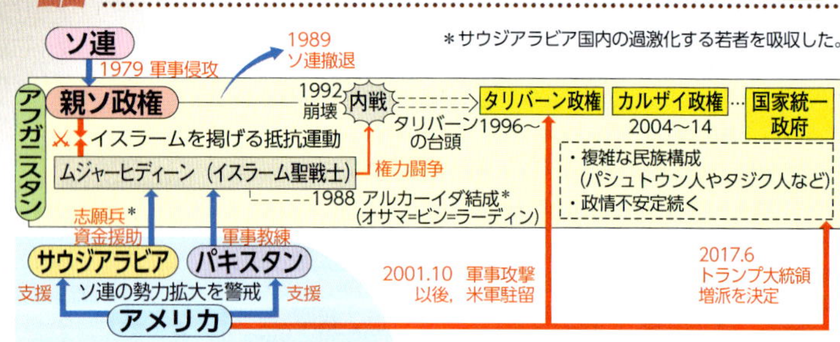

▲②**アフガニスタンの紛争の構造** 1979年，アフガニスタン侵攻(➔p.283)を開始したソ連に対し，サウジアラビアなどからの志願兵を含めたイスラーム聖戦士(ムジャーヒディーン)がゲリラ戦を展開した。アメリカの支援もあり，89年にソ連を撤退させたが，多様な民族を抱えるうえ，元々の政情不安に諸外国の介入も加わったことで社会の混乱がさらに深まり，イスラームを掲げる武装組織の台頭をもたらした。そうしたなかで，サウジアラビアの志願兵が組織したのが**アルカーイダ**である。

▶③**バーミアーンの石仏破壊** 2001年，**タリバーン**政権は，偶像崇拝を禁止するイスラームの教義に反するとして**バーミアーン**の2体の石仏を破壊した。同年，アメリカ軍の攻撃によりタリバーン政権は崩壊(ほうかい)したが，その後勢力を復活させテロを実行している。

2 アラブ世界を揺るがした「アラブの春」

➔巻頭19

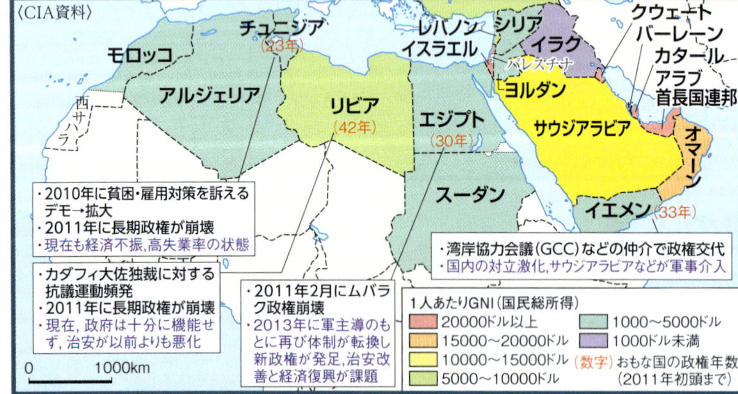

▲④**「アラブの春」の状況** チュニジアに端を発した「アラブの春」は，アラブ世界に波及した。チュニジアに続き，エジプトやリビアでも独裁政権が倒れたが，シリアやイエメンは諸外国の介入により，混迷が深まることとなった。

◀⑤**チュニジアで起こった若者のデモ** 一人の若者が野菜の路上販売を取り締まる役人に抗議して焼身自殺をした事が発端となり，反政府デモが連鎖的に広がった。この結果23年間続いたベンアリ政権が崩壊(ほうかい)した。(**ジャスミン革命**)

現代を読みこむ イランとサウジアラビアの関係の変化

1990〜2000年代前半までは，イランとサウジアラビアは共通の敵(イスラエルとイラクのフセイン政権)への対抗意識から，比較的良好な関係が続いていた。しかし2006年に，イラクでシーア派政権が成立すると，イランの影響力が中東で拡大し，両国の関係は悪化した。2011年**「アラブの春」**以降のシリア内戦では，イランは「アサド政権」を，サウジアラビアは「反政府勢力」を支援し，同じくイエメン内戦でも両国の代理戦争の様相をていするようになった。また，2016年に欧米諸国が「対イラン制裁解除」を実施し，イランと欧米諸国の関係が改善される直前，サウジアラビアがシーア派法学者をテロリストとして処刑した。処刑に抗議するイラン暴徒がテヘランのサウジアラビア大使館を襲撃し，両国は国交断絶にいたっている。

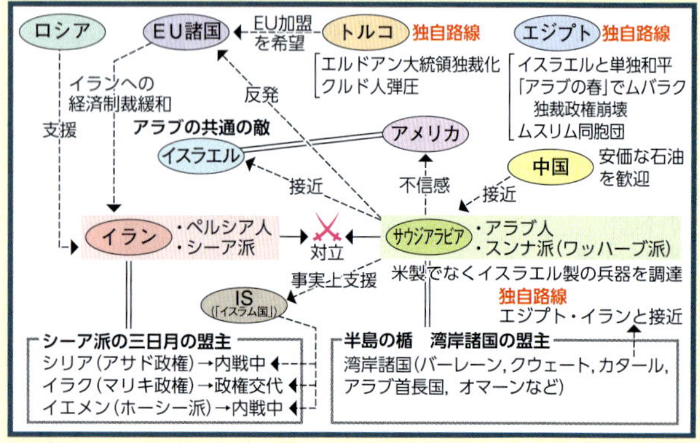

読みこみキーワード 石油価格が国際関係に影響を及ぼす背景について，次のキーワードも参考に学習を深めよう。**資源ナショナリズム** ➔p.266,268 **強権統治長期化の理由** ➔p.287

特集 パレスチナ問題 史p.349

ユダヤ人の歴史 ➡ p.58,258　イギリスの矛盾する多重外交 ➡ p.244

パレスチナ問題の変遷

（凡例：戦争・紛争関係／合意に向けた取り決め）

ユダヤ側	アラブ側
1897 第1回シオニスト(バーゼル)会議	
1916 **サイクス-ピコ協定**	1915 **フサイン-マクマホン協定** 英,アラブ人の独立を約束
17 **バルフォア宣言** 英,ユダヤ人国家建設支持を表明	➡ p.244 2
39 **第二次世界大戦**(~45)	
	45 **アラブ連盟**結成
受諾 → 47 **国連総会,パレスチナ分割案採択**	← 拒否
48 **イスラエル建国宣言**	
48 **第1次中東戦争(パレスチナ戦争)**(~49) 勝利	イスラエル建国にアラブ諸国反発
	パレスチナ難民激増
	56 エジプト,**スエズ運河国有化宣言**
56 **第2次中東戦争(スエズ戦争)** スエズ運河国有化に反対する英・仏・イスラエル軍の出兵→失敗	64 **パレスチナ解放機構**(PLO)結成
67 **第3次中東戦争(六日戦争)** イスラエル軍奇襲→シナイ半島など占領地拡大→圧勝	惨敗 68 アラブ石油輸出国機構(OAPEC)結成
73 **第4次中東戦争(十月戦争)**	シナイ半島返還をねらいエジプト・シリアが奇襲
	73 OAPEC,石油戦略発動
	74 PLO,国連オブザーバー代表権獲得
	75 **レバノン内戦**(~89)
78 **キャンプ=デーヴィッド合意** カーター米大統領が仲介	
79 **エジプト-イスラエル平和条約** (単独和平)	他のアラブ諸国反発 81 エジプト大統領**サダト暗殺**
82 イスラエル,エジプトに**シナイ半島返還**	
イスラエル,**レバノン侵攻** →	PLO,ベイルート退去
	87 **インティファーダ**(第1次) ガザ地区やヨルダン川西岸地区
	88 PLO,**パレスチナ国家独立宣言**
91 **中東和平会議**	
93 **パレスチナ暫定自治協定**に調印 クリントン米大統領が仲介	
94 **イスラエル-ヨルダン平和条約**	
95 **自治拡大協定**に調印	
イスラエル首相**ラビン暗殺**	
97 **ヘブロン合意** ヨルダン川西岸のヘブロンからイスラエル軍撤退	
2001 シャロン首相就任(~06)	2000 **第2次インティファーダ開始**
02 分離壁の建設開始	長期化
03 **中東和平計画(ロードマップ)**に合意	
	04 PLOのアラファト議長死去 →後任 アッバス議長
06 イスラエル,レバノン侵攻	
08 イスラエル,ガザ空爆	
	12 パレスチナ,国連オブザーバー国家に昇格
14 イスラエル,ガザ空爆	

パレスチナ問題の解決を阻む要因
- イェルサレムの管理問題(双方とも首都として要望)
- パレスチナ難民の帰還権(450万人以上とされる難民の帰還補償は困難)
- 和平に反対する過激派勢力の活動

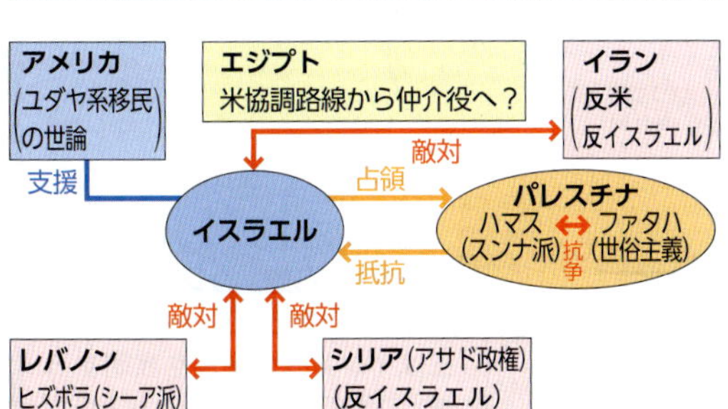

▲⑩**イスラエル・パレスチナを取り巻く環境**　反イスラエル諸国に囲まれたイスラエルは，アメリカの支援を背景に，自国を守る手段として攻撃を辞さない構えでいる。一方，パレスチナは内部抗争や周辺諸国からの孤立で弱い立場にあり，自治はなかなか進展しない。

1 イスラエルの建国と中東戦争

▶①**イェルサレムの旧市街**　**ユダヤ教**の「嘆きの壁」，**イスラーム**の「岩のドーム」，**キリスト教**の「聖墳墓教会」の聖地が近距離にある。イェルサレムの帰属は中東和平最大の焦点である。➡ p.144

ダヴィデの星　ヘルツル　初代首相ベン=グリオン

◀②**イスラエル国の建国**　古代末期以降迫害を受け続けてきたユダヤ人は，国連でパレスチナ分割案が可決された翌年の1948年，念願であった「民族的郷土」をパレスチナに建設した。後方に掲げられているのは**シオニズム**の創始者**ヘルツル**(1860~1904)。しかし，イスラエルの建国はパレスチナに住むアラブ人の住居地を奪い，長く続くユダヤ側とアラブ側の対立を生むこととなった。

▼③**パレスチナ分割案**　➡ p.74②
（ユダヤ人国家／アラブ人国家／イェルサレムは国連管理下／英委任統治領のパレスチナ境界線）

▼④**第1次中東戦争**
（ヨルダン川西岸地区(ヨルダン併合)／ガザ地区(エジプトの管理)）

▼⑤**第3次中東戦争**
（イスラエル占領地／イスラエルによるレバノン南部の「安全保障地帯」(1982年以降)／イスラエル軍の侵攻ルート(1967年)／シナイ半島(1982年,エジプトに返還)）

▼⑥**パレスチナ暫定自治**

2 つかのまの平和と憎しみの応酬

◀⑦**パレスチナ暫定自治協定の調印**　1993年，イスラエルの**ラビン**首相(任1974~77，92~95)とPLOの**アラファト**議長(任1969~2004)が調印し，占領地での暫定自治を認めた。これによりイスラエルの占領地はパレスチナ側に返還されたが，和平に反感を抱いたユダヤ人過激派がラビン首相を暗殺した。

▼⑧**ガザ空爆**　2008年，イスラエルはパレスチナのガザ地区に大規模空爆を行った。イスラエル側は対テロ戦争を主張するが，犠牲者の多くは民間人であったといわれる。14年にも，イスラエル・パレスチナ人青年の誘拐殺害事件に端を発した衝突が起こり，パレスチナ側に多くの死傷者が出た。

▲⑨**分離壁の構築**(2017年撮影)　テロ対策と称してイスラエル政府は高さ8m,全長約700㎞におよぶ「スマートフェンス」を建設している。占領地の一部を併合する形になっている。2004年には国際司法裁判所が違法との判断を下し,イスラエルと支援国アメリカの国際的孤立が明確になった。

貧困から繁栄へ

南アジアの動き

◀p.245

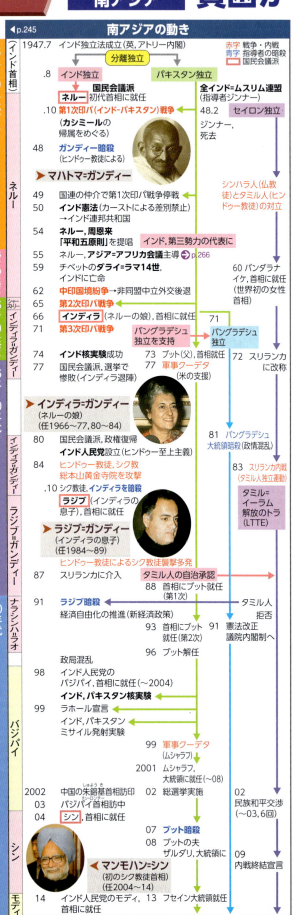

赤字 戦争・内戦　青字 指導者の暗殺　□ 国民会議派

(インド首相)

45年〜50年代前半

ネルー

1947.7 インド独立法成立(英, アトリー内閣)
分離独立
.8 インド独立 ／ パキスタン独立
国民会議派 ネルー 初代首相に就任 ／ 全インド=ムスリム連盟(指導者ジンナー)
.10 第1次印パ(インド-パキスタン)戦争 (カシミールの帰属をめぐる) ／ 48.2 セイロン独立
48 ガンディー暗殺(ヒンドゥー教徒による) ／ ジンナー, 死去

➤ マハトマ=ガンディー

49 国連の仲介で第1次印パ戦争停戦 ／ シンハラ人(仏教徒)とタミル人(ヒンドゥー教徒)の対立
50 インド憲法(カーストによる差別禁止)→インド連邦共和国
54 ネルー, 周恩来「平和五原則」を提唱　インド, 第三勢力の代表に

55年〜60年代前半

55 ネルー, アジア=アフリカ会議主導 ➔p.266
59 チベットのダライ=ラマ14世, インドに亡命 ／ 60 バンダラナイケ, 首相に就任(世界初の女性首相)
62 中印国境紛争→非同盟中立外交後退

65年〜70年代前半

シャーストリー

65 第2次印パ戦争

インディラ=ガンディー

66 インディラ(ネルーの娘), 首相に就任
71 第3次印パ戦争　バングラデシュ独立を支持 ／ 71 バングラデシュ独立

75年〜80年代

74 インド核実験成功 ／ 73 ブット(父), 首相就任 ／ 72 スリランカに改称
77 国民会議派, 選挙で惨敗(インディラ退陣) ／ 77 軍事クーデタ(米の支援)

➤ インディラ=ガンディー (ネルーの娘) (任1966〜77, 80〜84)

インディラ=ガンディー

80 国民会議派, 政権復帰 ／ 81 バングラデシュ大統領暗殺(政情混乱)
インド人民党設立(ヒンドゥー至上主義)
84 ヒンドゥー教徒, シク教総本山黄金寺院を攻撃 ／ 83 スリランカ内戦(タミル人独立運動)
.10 シク教徒, インディラを暗殺 ／ タミル=イーラム解放のトラ(LTTE)

ラジブ=ガンディー

ラジブ(インディラの息子), 首相に就任

➤ ラジブ=ガンディー (インディラの息子) (任1984〜89)

ヒンドゥー教徒によるシク教徒襲撃多発
87 スリランカに介入　タミル人の自治承認
88 首相にブット就任(第1次)

90年代〜

ナラシンハラオ

91 ラジブ暗殺 ← タミル人拒否
経済自由化の推進(新経済政策)
93 首相にブット就任(第2次) ／ 91 憲法改正 議院内閣制へ
96 ブット解任
政局混乱

バジパイ

98 インド人民党のバジパイ, 首相に就任(〜2004)
インド, パキスタン核実験
99 ラホール宣言
インド, パキスタンミサイル発射実験
99 軍事クーデタ(ムシャラフ)
2001 ムシャラフ, 大統領に就任(〜08)
2002 中国の朱鎔基首相訪印 ／ 02 総選挙実施 ／ 02 民族和平交渉(〜03, 6回)
03 バジパイ首相訪中

シン

04 シン, 首相に就任
07 ブット暗殺
08 ブットの夫ザルダリ, 大統領に ／ 09 内戦終結宣言

◀ マンモハン=シン (初のシク教徒首相) (任2004〜14)

モディ

14 インド人民党のモディ, 首相に就任 ／ 13 フセイン大統領就任

1 分離独立と印パ戦争

◀①インドとパキスタンの分離独立　第二次世界大戦後，**ガンディー**や**ネルー**を中心とする**インド国民会議派**は即時独立を要求したが，**ジンナー**らの**全インド=ムスリム連盟**はパキスタンの建国を求めていた。このため，インドとパキスタンは分離して1947年に独立した。➔p.245

➤②**紛争の国際的関係**　インドは**カシミール**をめぐってパキスタンと対立し，タミル人の分離独立問題をめぐってはスリランカと対立していた。また，東パキスタンがバングラデシュとして独立する際に，インドがそれを支持したため，**第3次印パ戦争**が勃発した。以後も印・パ両国の対立は続き，ともに**核兵器**を開発して相手を威嚇する戦略を継続している。

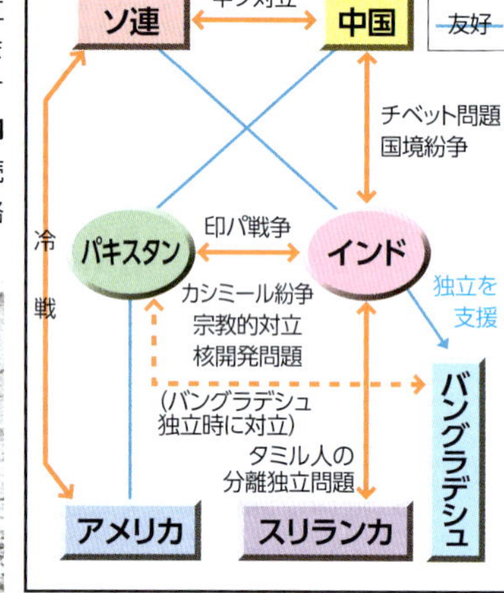

▲③**核実験**(1974年)**後，現地視察をするインディラ=ガンディー** ➔巻頭17

南アジアを知るための基礎知識

○多宗教

南アジア諸国のうち，インドはヒンドゥー教，パキスタン及びバングラデシュはイスラーム，スリランカ・ネパール・ブータンは仏教がそれぞれ多数を占める。しかし，いずれの国においても多数派以外の宗教も信仰され，少数派ながら集団を形成しており，これと民族の違いとが組み合わさって，しばしば紛争や衝突が発生する。

▼④南アジアの宗教分布

0 500km
イスラマバード　パキスタン　デリー　ネパール　ブータン　インド　ダッカ　バングラデシュ　モルディブ　コロンボ　スリランカ

パキスタン(2000年): イスラーム 96.1%，キリスト教 2.5，ヒンドゥー教 1.2，その他 0.2
インド(2011年): ヒンドゥー教 79.8%，イスラーム 14.2，キリスト教 2.3，シク教 1.7，仏教 0.7，その他 1.3
スリランカ(2012年): 仏教 70.3%，ヒンドゥー教 12.6，イスラーム 9.7，キリスト教 7.4
バングラデシュ(2013年): イスラーム 89.1%，ヒンドゥー教 10.0，その他 0.9

大集団を形成する教徒: ヒンドゥー教／イスラーム／仏教

〈Census India, ほか〉

○カシミール紛争

1947年のインドとパキスタンの分離独立の際，カシミール地方を治めていたヒンドゥー教徒の藩王はインドへの帰属を表明するが，住民の多数を占めるムスリムはこれに反対し，パキスタンへの帰属を望んだ。以後，**第1次・第2次印パ戦争**を経て現在にいたるが，両国の対立は解消していない。

0 200km
中国　カシミール　ギルギット　ラダク(アクサイチン)　イスラマバード　スリナガル　ジャンム　パキスタン　インド
ムスリムの多い地域／ヒンドゥー教徒の多い地域／仏教徒の多い地域／うすい色の地域は割合が低い／インド・パキスタン停戦ライン

▲⑤カシミール地方

2 パキスタン

A バングラデシュの独立(1971年)

➤⑥**バングラデシュの独立戦争** パキスタンの東パキスタン州であったが，1971年に分離独立を宣言し内戦が始まった。同年12月にインドの軍事介入で**第3次印パ戦争**が起こり，パキスタン軍の降伏により，バングラデシュが独立を達成した。

B 繰り返されるクーデタと軍事政権

◀⑦**軍の式典にのぞむムシャラフ大統領** 陸軍参謀(さんぼう)総長であった**ムシャラフ**は，1999年クーデタを起こし事実上の国家元首に就任した。その後大統領となり，それまでの親タリバーン路線から一転して親米路線をとって，アメリカのアフガニスタン空爆(2001年)などに際して，対テロ戦争に協力する姿勢を見せた。➔p.288

3 インド

A 国民会議派一党体制の動揺

➤⑨**インディラ=ガンディーの暗殺** ネルーの娘**インディラ**は，**シク教徒**によるパンジャーブ地方の分離独立運動を弾圧し，1984年にシク教徒過激派により暗殺された。写真は葬儀のようす。ついで首相となった**ラジブ**(インディラの息子)も91年にタミル人過激派により暗殺された。

B 「強いインド」～インド人民党の台頭(たいとう)

➤⑩**首相に就任したインド人民党のバジパイ**(右) 首相在任中は「強いインド」をめざして政策を展開した。1998年，インドで2回目の**核実験**を実施し(対抗してパキスタンも半月後に実施)，印パ対立の要因となった。一方，中国との関係改善をはかり，2003年に中国への訪問を実現した。

C 著しい経済発展

◀⑪**ニューヨーク株式市場に上場を果たしたインド企業** 2004年，民族資本のタタ自動車は，インド企業初のニューヨーク上場を果たした。09年に発売した小型乗用車「ナノ」は，新中間層の年収で購入可能な11万ルピーという廉価(れんか)な製品で，話題をよんだ。➔p.245

キーワード 新経済政策 市場経済原理や競争を重視し，自由化を柱とする政策で，1991年に始まった。産業の許認可制度撤廃(てっぱい)，公営企業独占部門への民間参入，関税引き下げ，外国企業の出資制限の緩和(かんわ)などがおもな内容。この結果順調に経済が発展し，BRICs(ブリックス)(➔p.273)の一国となった。

テーマ スリランカの反政府運動と内戦

多数派の**シンハラ人**(仏教徒)と少数派の**タミル人**(ヒンドゥー教徒)との対立を背景として，1983年に内戦が始まった。タミル人過激派の武装闘争やテロ活動が激化するが，2009年に政府軍がタミル人過激派の支配地域をすべて奪取(だっしゅ)し，内戦終結が宣言された。

▼⑧**内戦の終結を喜ぶ人々**

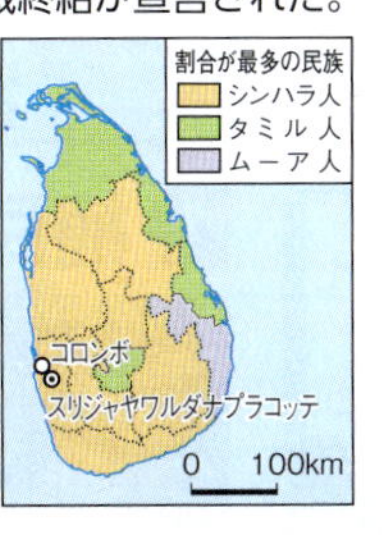

世界全図p.48-51 ➔p.225 4

▲⑫**現代の南アジア**

現代を読みこむ インドの経済発展を支えるICT(情報通信技術)産業

▲⑬**ICT企業で働く技術者** 小学校低学年で20×20までのかけ算の暗記をさせるほど数学に力を入れ，大学ではコンピュータのソフトウェア関連の授業が行われている。ICT企業に就職する学生も多く，技術者として活躍している。

○ICT産業の発展と新中間層

ICT産業の発達によりICT技術者の雇用が拡大し，購買力をもった彼らが中心となって国内市場が拡大している。ICT技術者に限らず，事務，サービス，販売関係業務に従事する賃金労働者が増加しており，彼らは新中間層とよばれる。年収9万～20万ルピーのこの階層が商品需要の牽引(けんいん)役である。

(億ドル) 1200 1000 800 600 400 200 0 〈ESC資料〉 1995 2000 05 10 15(年度)

➤⑭**インドのICT関連産業の輸出額**

読みこみキーワード インドでICT産業が発達した背景や理由について，次のキーワードも参考に学習を深めよう。
カースト制➔p.79 **イギリスによる植民地化**➔p.224 **ICT革命**➔p.272 **新経済政策**➔3

独立・戦乱から経済発展へ

◀p.227

東南アジアの動き

青字 東南アジア諸国の独立　赤字 戦争・内戦

時期		ベトナム	ラオス・カンボジア・ミャンマー	マレーシア・ブルネイ	シンガポール	タイ	フィリピン	インドネシア
45年～50年代前半	各国の独立	1945 **ベトナム民主共和国**独立宣言(**ホー=チ=ミン国家主席**) 46 **インドシナ戦争**(～54)	1945 **ラオス王国**独立宣言 48 **ビルマ連邦**成立			1946 プミポン国王即位(～2016)	1946 **フィリピン共和国**独立	1945 **インドネシア共和国**独立宣言(スカルノ大統領,任45～67) 49 ハーグ協定締結 蘭,インドネシアの独立承認
		54 **インドシナ3国***の独立承認(ジュネーヴ協定)						
55～60代前		55 **ベトナム共和国**成立(ゴー=ディン=ジエム大統領(任55～63)) 65 **ベトナム戦争**(～75)	*ベトナム・ラオス・カンボジアのこと。ラオス・カンボジアは1953年独立。 	1957 **マラヤ連邦**独立 63 **マレーシア連邦**成立	1965 **シンガポール共和国**分離独立(リー=クアンユー首相)	57 軍事クーデタ 軍政下で近代化	65 **マルコス大統領**就任→親米路線 ○ 開発独裁	55 **アジア=アフリカ会議**(バンドンで開催) 65 九・三〇事件 68 **スハルト独裁政権成立** ○ 開発独裁
		67 **東南アジア諸国連合(ASEAN)成立***3　*3 インドネシア・マレーシア・フィリピン・タイ・シンガポール						
65年～70年代前半 75年～80年代	開発独裁と経済危機	▶**ホー=チ=ミン**(任1945～69) 73 ベトナム(パリ)和平協定調印 75 サイゴン陥落	70 **カンボジア内戦**(～91) ▲**ポル=ポト**(任1975～79) 74 ビルマ大統領 ネ=ウィン(任74～81) ○ 独自の社会主義路線(「鎖国」政策)		○ 開発独裁	73 軍政崩壊	○ 長期政権下で腐敗進行	74 ジャカルタで反日暴動 75 東ティモールに軍事侵攻
		75 **インドシナ3国***2の親米政権解体						
		*2 南ベトナム・ラオス・カンボジア 76 **ベトナム社会主義共和国**成立 77 国連加盟 79 **中越戦争**	75 **ラオス人民民主共和国**成立 カンボジア,**ポル=ポト派**が政権掌握 76 **民主カンプチア**成立 78 ベトナム,カンボジアに侵攻	▲**マハティール**(任1981～2003) 81 マレーシア,**マハティール首相**就任 ○ ルック=イースト政策	▲**リー=クアンユー**(任1959～90) 友好関係	77 軍事復活 軍政が復活するも政党政治に移行 経済発展	▲**マルコス**(任1965～86) 83 ベニグノ=アキノ(父)暗殺	▲**スハルト**(任1968～98)
90年代～	民主化と改革をめざして	86 **ドイモイ(刷新)政策**→市場経済導入 95 米と国交正常化 ASEAN加盟	88 ビルマ,**軍事クーデタ**勃発 89 ビルマ,ミャンマーと改称 93 **カンボジア王国**(国王シハヌーク)	84 **ブルネイ**独立(英から) ブルネイ,ASEAN加盟	90 リー=クアンユー引退	92 民主化運動	86 **フィリピン政変,マルコス政権崩壊** →コラソン=アキノ政権成立(任86～92)	
		97 **アジア通貨危機**						
	急速な経済発展と格差拡大	2007 WTOに正式加盟 ▶**アウンサン=スーチー**(国家顧問 任2016～) 	97 ミャンマー・ラオス,ASEAN加盟 99 カンボジア,ASEAN加盟 2007 ミャンマー,反政府運動 11 ミャンマー,民政移管 15 **アウンサン=スーチー**が率いるNLD(国民民主連盟)が総選挙で勝利	2005 第1回東アジアサミット開催 06.5 **P4*4協定**→米主導でTPP協定へ→貿易自由化の進展 *4 シンガポール・ブルネイ・チリ・ニュージーランド	2004 リー=シェンロン首相就任(任04～)	2006 軍事クーデタ	2001 アロヨ大統領就任(任01～10) 10 ベニグノ=アキノ(子),大統領就任(任10～16)	98 **スハルト政権崩壊** 2002 **東ティモール**独立 ○ 民主化進む 04 ユドヨノ大統領就任(任04～14) 14 ウィドド大統領就任(任14～)
		15 **ASEAN経済共同体(AEC)発足**						
			16 ティン=チョウ大統領(NLD)政権発足			17 新憲法発布	16 ドゥテルテ大統領就任(任16～)	

東南アジアを知るための基礎知識

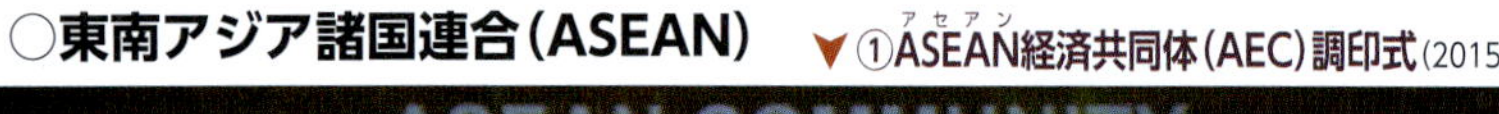

○東南アジア諸国連合(ASEAN)

▼①ASEAN経済共同体(AEC)調印式(2015)

ベトナム戦争中に親米・反共諸国が結成した**ASEAN**だが，冷戦終結後はベトナム，ミャンマーなども加わり地域協力機構として存在感を増している。また加盟諸国の経済発展とともにその影響力は強まり，域外の諸国・地域を加えた拡大外相会議，ASEAN地域フォーラム(日・中・韓・米・豪・EUなどが参加)を組織している。

1 植民地からの独立

◀②**訪日したインドネシア初代大統領スカルノ**(1966年)　1927年のインドネシア国民党結成以来，独立運動の指導者として活躍。独立後は初代大統領となり，国内の二大勢力，軍部と共産党のバランスの上にたち国政を運営，外交では**アジア=アフリカ会議**を主催した。

テーマ 東南アジア独立の志士たち

ビルマの**アウンサン**(1915～47)は1930年代以来イギリスからの独立運動を続け，第二次世界大戦中には日本軍に協力しビルマ独立義勇軍を率いた。のち抗日に転じ，独立直前の47年に暗殺された。ベトナムの**ホー=チ=ミン**(1890～1969)は留学中にフランス共産党に参加し，コミンテルンの活動に従事。インドシナ共産党やベトナム独立同盟を組織し，45年**ベトナム民主共和国**国家主席となり，**インドシナ戦争・ベトナム戦争**を指導した。

▲③アウンサン

▲④ホー=チ=ミン

2 開発独裁と経済危機

◀⑤経済発展するシンガポール リー=クアンユー首相の長期政権下で，工業都市国家として経済発展をとげた。一方，検閲や労働運動の制限があり，長髪やゴミ捨て禁止など市民生活の管理は厳しい。

キーワード **開発独裁** 経済の発展を優先課題とし，国内の政治的要求を強権的な手段で抑えた，中南米やアジアの独裁政権をさす。経済発展とともに，貧富の格差や対外債務が増大した。1960年代後半に現れ，80年代後半の民主化で崩壊(ほうかい)した。

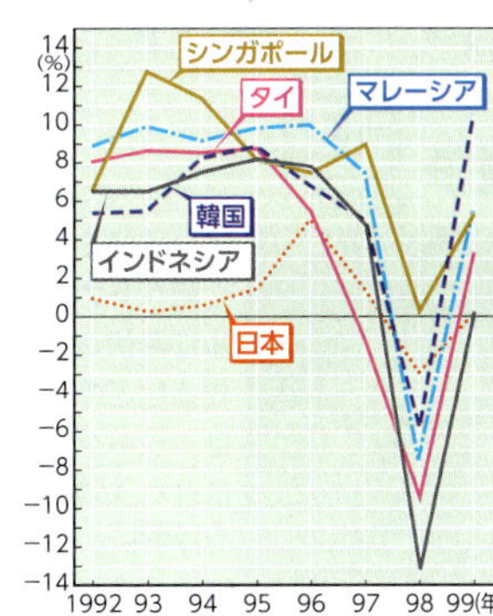

◀⑥経済成長率の変化 1997年タイの通貨バーツの下落をきっかけに各国の通貨が暴落した**アジア通貨危機**。タイ・韓国・インドネシアは深刻な経済危機におちいり，マレーシア・フィリピン・香港も打撃を受けたが，その後回復した。➡p.273

3 民主化と改革をめざして ⬅p.227 3

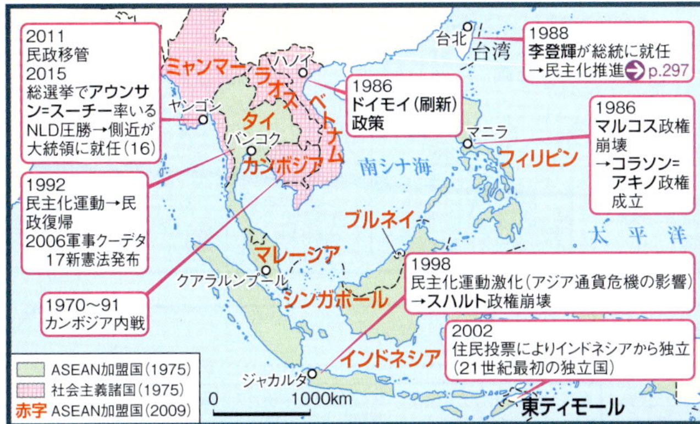

▲⑦東南アジア・台湾の民主化

▶⑧インドネシアの民主化 **スハルト**政権は，**開発独裁**と批判されながらも独裁的な権力で経済成長を達成してきた。しかし，1997年の**アジア通貨危機**を契機にインドネシア経済も崩壊(ほうかい)し，**民主化**の時代が始まり現在にいたる。

◀⑨フィリピン政変 1983年，独裁者**マルコス**の政敵**アキノ**が暗殺され，反マルコス運動が活発化した。86年の大統領選挙では，アキノ夫人の**コラソン=アキノ**が出馬，マルコスの選挙不正が発覚し，民衆と国軍の支持を受けて大統領に就任，マルコスは亡命した。

テーマ ドイモイ(刷新)政策

社会主義国ベトナムが採用した開放経済政策。背景には，ベトナム戦争後停滞の続いた南部経済の復興，タイをはじめとするASEAN(アセアン)諸国の経済発展，中国で1978年から始まった改革開放政策，ソ連からの援助の減少がある。**市場経済**を取り入れ，農業の個人経営を認め，外資を導入し,IMFの勧告も受け入れた。

▲⑩外国企業の看板が並ぶ市街(ベトナム)

4 急速な経済発展と格差

▶⑪ASEANと主要国のGDP(国内総生産)の変化 1990年代前半まで堅調にのびていたASEANのGDPは，97年の**アジア通貨危機**で落ち込み，域内で格差はあるものの，再び中国と並んで高い成長を続けている。日本との違いに注目。

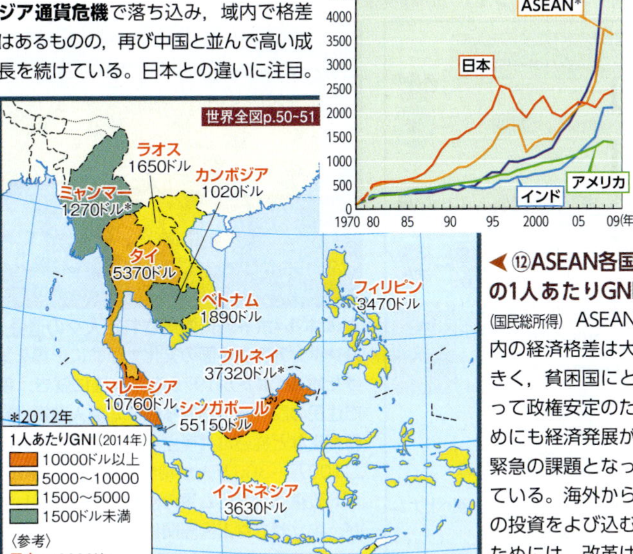

◀⑫ASEAN各国の1人あたりGNI(国民総所得) ASEAN内の経済格差は大きく，貧困国にとって政権安定のためにも経済発展が緊急の課題となっている。海外からの投資をよび込むためには，改革は避けられない。

現代を読みこむ ミャンマーの民主化改革はどうなる？

*国民民主連盟 赤字 アウンサン=スーチーの動き

年	できごと
1988	軍事クーデタ，軍政 →NLD*総書記長に就任 民主化運動激化→自宅軟禁
90	NLDが8割の議席獲得 →軍部により総選挙無効に
91	軟禁のままノーベル平和賞受賞
95	解放され，NLD議長に
2000	度重なる自宅軟禁(〜10)
11	民政移管
12	補選で国会議員に当選
15	総選挙でNLD圧勝
16	NLD政権獲得

▲⑬ミャンマーの民主化改革

▲⑭軟禁された自宅前で演説をするアウンサン=スーチー(1996年) 建国の父アウンサンの娘であり，軍事政権によって合計14年以上自宅軟禁されたスーチーは，民主化の象徴的存在となっていた。1991年にはノーベル平和賞を受賞した。

◀⑮避難するロヒンギャ(2017年9月) ミャンマー西部に住むイスラームの**ロヒンギャ**(➡p.272)は，1982年以降，軍事政権による迫害で多くがバングラデシュに逃れ，難民となっている。ミャンマー政府は，いまもロヒンギャの多くを「不法移民」と位置づけており，国際的な非難が集まっている。

読みこみキーワード ミャンマーの民主化改革について，次のキーワードも参考に学習を深めよう。
ASEAN➡基礎知識 **民主化**➡3 **急速な経済発展と格差**➡4

東南アジア
MAPS-T
4部2章

特集 インドシナをめぐる紛争

1 ベトナム戦争

13 ➔巻頭14

◀①ジャングルの民家を焼き払う米軍　**南ベトナム解放民族戦線**は，ジャングルに潜伏し，手製の地雷をつくって攻撃するなどのゲリラ活動を展開した。米軍は，ジャングルの家々を焼き払うだけではなく，枯葉剤を空中散布した(➔p.268)。1973年のベトナム和平協定で米軍は撤退し，75年には北ベトナムにより南北が統一された。

▶②「安全への逃避」　1965年，南ベトナム中部で米軍の攻撃からのがれて川を渡る2組の親子。日本人カメラマン沢田教一が撮影したこの写真は，全世界に**ベトナム戦争**の悲惨さを伝えることに成功した。70年代末には大量のベトナム・カンボジア難民が発生し，国際問題となった。

世界全図p.48~49

A インドシナ戦争(1946~54)　B ベトナム戦争(1965~75)

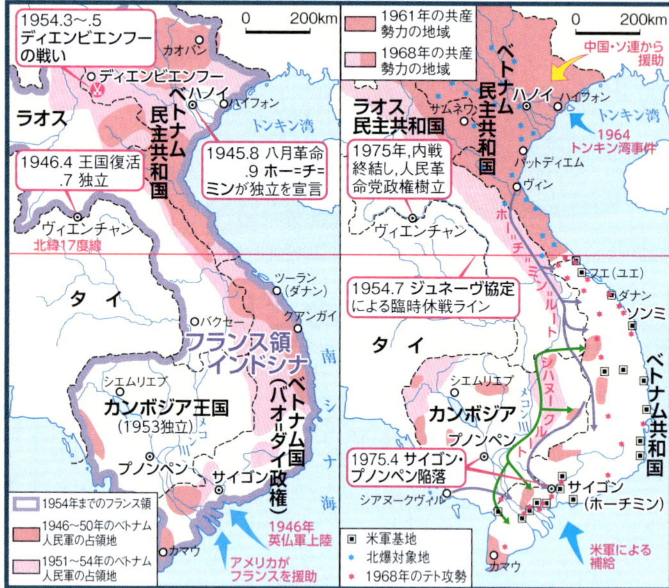

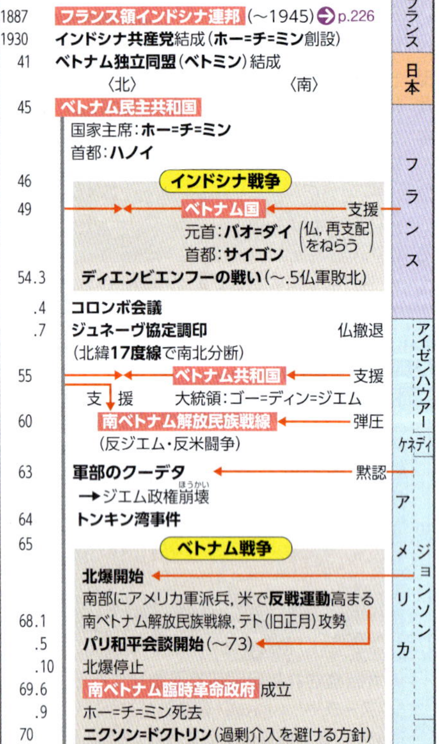

インドシナ戦争・ベトナム戦争の経過 p.292~293▶

年	事項	支配
1887	フランス領インドシナ連邦(~1945) ➔p.226	フランス
1930	インドシナ共産党結成(ホー=チ=ミン創設)	
41	ベトナム独立同盟(ベトミン)結成	日本
	〈北〉　〈南〉	
45	ベトナム民主共和国　国家主席:ホー=チ=ミン　首都:ハノイ	フランス
46	インドシナ戦争	
49	ベトナム国 ←支援　元首:バオ=ダイ　首都:サイゴン(仏,再支配をねらう)	
54.3	ディエンビエンフーの戦い(~.5仏軍敗北)	
.4	コロンボ会議	
.7	ジュネーヴ協定調印(北緯17度線で南北分断)　仏撤退	アイゼンハウアー
55	ベトナム共和国 ←支援　支援　大統領:ゴー=ディン=ジエム	
60	南ベトナム解放民族戦線 ←弾圧(反ジエム・反米闘争)	ケネディ
63	軍部のクーデタ ←黙認　→ジエム政権崩壊	アメリカ
64	トンキン湾事件	ジョンソン
65	ベトナム戦争　北爆開始　南部にアメリカ軍派兵,米で反戦運動高まる	
68.1	南ベトナム解放民族戦線,テト(旧正月)攻勢	
.5	パリ和平会談開始(~73)	
.10	北爆停止	
69.6	南ベトナム臨時革命政府成立	ニクソン
.9	ホー=チ=ミン死去	
70	ニクソン=ドクトリン(過剰介入を避ける方針)	
72	北爆再開←国際的非難高まる	
73.1	ベトナム(パリ)和平協定調印	
.3	米軍南ベトナム撤退	
75.4	サイゴン・プノンペン陥落	
76	ベトナム社会主義共和国　首都:ハノイ	中国・ASEANとの対立
78	ベトナム軍,カンボジア侵攻	
79.1	ベトナム軍,プノンペン占領(ヘン=サムリン派支持)	
.2	中越戦争(中国がベトナムへ侵攻)(~.3)	
86	ドイモイ(刷新)政策 ➔p.293 3　→市場経済導入	
89	ベトナム軍,カンボジアから撤退	グローバル化
95	米と国交正常化　ASEANに加盟	

テーマ　ベトナム戦争の膨大な損失

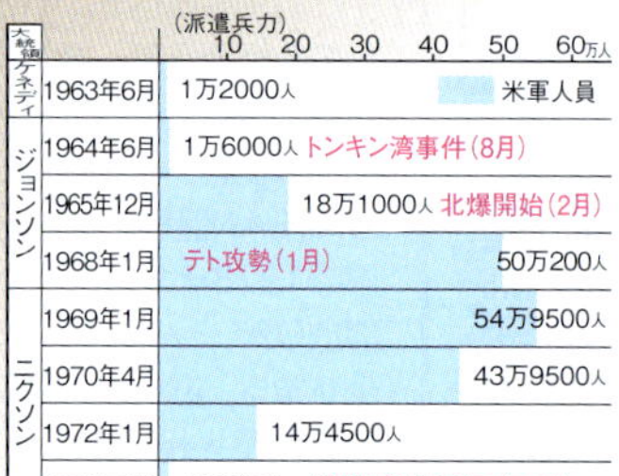

		派遣兵力(万人)　米軍人員
ケネディ	1963年6月	1万2000人
ジョンソン	1964年6月	1万6000人 トンキン湾事件(8月)
	1965年12月	18万1000人 北爆開始(2月)
	1968年1月	テト攻勢(1月) 50万200人
ニクソン	1969年1月	54万9500人
	1970年4月	43万9500人
	1972年1月	14万4500人
	1973年1月	1万5000人 米軍撤退終了(73年3月)

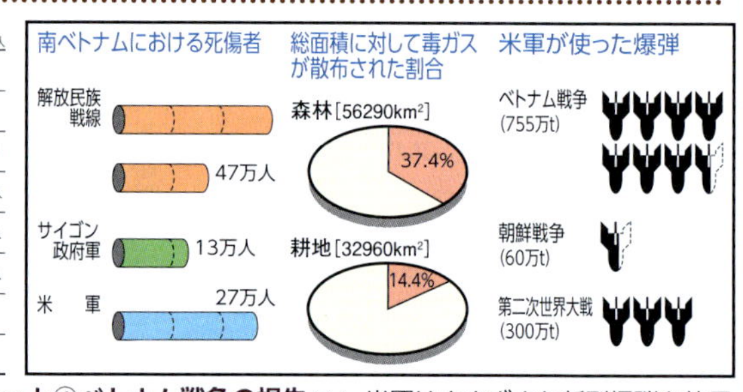

▲③南ベトナム派遣米軍人員の推移(左)と④ベトナム戦争の損失(右)　米軍はさまざまな新型爆弾を使用し，約300万人の戦死傷者と多数の難民を発生させた。国土には2000万個以上の穴があり，200万発もの不発弾や地雷の被害もあとを絶たない。枯葉剤の散布は今も深刻な影響を与えており，2012年に米・ベトナム両国政府が共同で枯葉剤の汚染除去作業を開始した。

2 カンボジア内戦(1970~91)

20世紀後半から21世紀の東南アジア ➔p.292~293

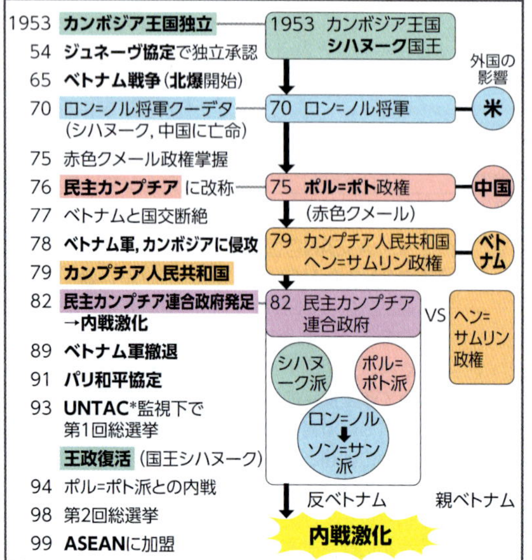

			外国の影響
1953	カンボジア王国独立	1953 カンボジア王国 シハヌーク国王	
54	ジュネーヴ協定で独立承認		
65	ベトナム戦争(北爆開始)		
70	ロン=ノル将軍クーデタ(シハヌーク,中国に亡命)	70 ロン=ノル将軍	米
75	赤色クメール政権掌握		
76	民主カンプチアに改称	75 ポル=ポト政権(赤色クメール)	中国
77	ベトナムと国交断絶		
78	ベトナム軍,カンボジアに侵攻	79 カンプチア人民共和国 ヘン=サムリン政権	ベトナム
79	カンプチア人民共和国		
82	民主カンプチア連合政府発足→内戦激化	82 民主カンプチア連合政府(シハヌーク派・ポル=ポト派・ロン=ノル→ソン=サン派) VS ヘン=サムリン政権	
89	ベトナム軍撤退		
91	パリ和平協定		
93	UNTAC*監視下で第1回総選挙　王政復活(国王シハヌーク)		
94	ポル=ポト派との内戦	反ベトナム　親ベトナム　内戦激化	
98	第2回総選挙		
99	ASEANに加盟		

▲⑤カンボジアの動き　＊国連カンボジア暫定統治機構

▲⑥ポル=ポト派に処刑された人々の遺骨　カンボジアでは中国の文化大革命に影響を受けた**ポル=ポト**が1975年に政権に就き，都市住民の農村への強制移住や知識人敵視，貨幣廃止など極端な共産主義政策で国民を弾圧し100万~300万人が犠牲となった。ポル=ポト政権はベトナム軍の侵攻にあい崩壊したが，中ソ対立など国際関係の影響がカンボジア内まで及び，内戦は90年代まで続いた。

革命から改革開放へ

◀p.246

中国の動き

時期区分：45年～50年代前半／55年～60年代前半／65年～70年代前半／75年～80年代／90年代～

- 社会主義体制の建設と大躍進政策の失敗 ➔1
- プロレタリア文化大革命 ➔2
- 改革開放への転換 ➔3
- 民主化の弾圧 ➔5
- めざましい経済発展 ➔4

〔国家主席〕毛沢東49～59／劉少奇59～68／（この間設置されず）／李先念(リーシエンニエン)83～88／楊尚昆(ヤンシャンクン)88～93／江沢民93～03／胡錦濤03～13／習近平13～

〔共産党主席（82年以降は総書記）〕毛沢東45～76／華国鋒76～81／胡耀邦(フーヤオバン)82～87／趙紫陽87～89／江沢民89～02／胡錦濤(フーチンタオ)02～12／習近平12～

〔首相〕周恩来49～76／華国鋒76～80／趙紫陽(チャオツーヤン)80～87／李鵬(リーポン)88～98／朱鎔基(チューロンチー)98～03／温家宝(ウェンチアパオ)03～13／李克強13～

国内の動き	対外関係
1949. 7 中国人民政治協商会議開催	
.10 **中華人民共和国成立**（1日）	
.12 中華民国政府（国民党政権）が台湾に移転 →国連の常任理事国の地位に残留	
▲毛沢東(もうたくとう／マオツォトン)	
50 土地改革法	1950. 2 中ソ友好同盟相互援助条約成立（～80）
51 三反五反運動（官僚主義・汚職・浪費の一掃）	.10 中国，**朝鮮戦争**に人民義勇軍派遣 ➔巻頭17
53 **第1次五か年計画**（～57）	
54 中華人民共和国憲法制定	54 **ネルー・周恩来会談（平和五原則）** ➔p.266
56 「百花斉放・百家争鳴(ひゃっかせいほう・ひゃっかそうめい)」（自由化政策）	56 **中ソ論争開始**（ソ連のスターリン批判）
57 反右派闘争が本格化（～58）	
▲周恩来(しゅうおんらい／チョウエンライ)	
58 **第2次五か年計画** **大躍進政策**(だいやくしん)（人民公社設立・鉄鋼増産など）→失敗	
59. 3 **チベット動乱**（**ダライ=ラマ14世**，インドに亡命）	59. 6 ソ連，中ソ国防用新技術協定破棄
.4 **劉少奇**，国家主席に就任 調整政策	.9 フルシチョフ訪米・訪中，**中ソ対立**深まる
	○ ソ連の技術者引き上げ
	62 **中印国境紛争** ➔p.290
64 初の原爆実験に成功	➔p.268
▲劉少奇(りゅうしょうき／リウシャオチー)	
66 **プロレタリア文化大革命**（～76）（劉少奇失脚）	69 **珍宝島(ダマンスキー島)事件**
71 林彪(りんぴょう／リンピャオ)失脚，死亡	71 **国連代表権**獲得
	72. 2 ニクソン米大統領，訪中 ➔p.268
	.9 日中共同声明（**日中国交正常化**） ➔p.269
73 「批林批孔(ひりんひこう)」運動展開	
▲華国鋒(かこくほう／ファ グォファン)	
75 新憲法を採択，周恩来「**四つの現代化**（農業・工業・国防・科学技術）」を提起	
76. 1 **周恩来死去**→.4 **第1次天安門事件**（鄧小平失脚）	
.9 **毛沢東死去**	
.10 **江青(こうせい／チァンチン)ら四人組逮捕**（**華国鋒体制**へ，**鄧小平復活**）	78 日中平和友好条約
78.12 華国鋒，**「四つの現代化」**を強調	79. 1 米と国交樹立
80年代 **改革開放政策**を推進	.2 ベトナムに出兵 **中越戦争**
81 **鄧小平・胡耀邦(こようほう／フーヤオバン)体制確立**（文革を全面否定）	
82 新憲法採択（**人民公社解体**など）	
▲鄧小平(とうしょうへい／トンシャオピン)	
89. 4 胡耀邦死去，民主化要求高まる	89 **ゴルバチョフ訪中 中ソ関係正常化**
.6 **第2次天安門事件** **江沢民**，総書記	
92 鄧小平の南巡講話	92 韓国との国交樹立
93 **社会主義市場経済**を導入	
97. 2 鄧小平死去	
▲江沢民(こうたくみん／チャンツォミン)	
.7 イギリスより**香港返還** ―**一国二制度***➔p.229	*香港・マカオを特別行政区とし，資本主義制度を並存させること。
99 ポルトガルより**マカオ返還**	01 WTO（世界貿易機関）に正式加盟
2003 有人宇宙ロケット「神舟」打ち上げ成功	
08 チベット人の反中国運動	
09 ウイグル人の反中国運動	
10 GDP，世界第2位となる	
▲習近平(しゅうきんぺい／シー チンピン)	
12 習近平，総書記に（13年から国家主席就任）	15 アジアインフラ投資銀行（AIIB）発足

中国を知るための基礎知識

○社会主義国家 ➔巻頭16

◀①中華人民共和国建国を宣言する毛沢東(もうたくとう／マオツォトン)　**中国共産党**は，抗日戦を通じて根拠地を拡大，1946年からの国民党との内戦に勝利し，49年に**中華人民共和国**の成立を宣言した。ソ連の支援にたよらず，**毛沢東**の独創的戦略から達成された社会主義革命であった。ソ連の衛星国ではない社会主義国家誕生に世界は注目した。

○共産党による一党独裁体制 ➔巻頭16

共産党 ―実質的に政府と一体化―
国家主席　任期5年
行政：任命↓ 指名 → 総理 国務院
立法：選出↑ 常務委員会 全国人民代表大会 → 任命 → 司法：最高人民法院

マルクス・レーニン主義の理論では，社会主義の政治体制は労働者・農民の階級的利害を代表する共産党による独裁が正しいとされていた。これに加えて中国共産党は，内戦を戦い自ら国家権力を勝ち取ったのだから，権力を独占するのは正当だと考えている。5年に1度の中国共産党大会は，国の最高意思決定機関で，2017年10月に19回目の大会が開催された。

○漢民族と少数民族

中国の民族構成（2010年）〈中国統計年鑑2016〉

総人口 13億3972万人：漢民族 91.5%／その他の民族 8.5

少数民族計 1億1379万人：チョワン族 1.3／満州族 0.8／ホイ族 0.8／ウイグル族 0.8／ミャオ族 0.7／イ族 0.7／トゥチャ族 0.6／チベット族 0.5／モンゴル族 0.4／その他 1.9

中国は56の民族からなる多民族国家である。92%を漢民族が占めるが，各民族は平等とされ，固有の文化の尊重がうたわれている。少数民族居住地域には各級自治区がおかれているが，分離独立につながる運動は厳しく弾圧されている。

テーマ　弾圧される民主化運動

2008年，**劉暁波(りゅうぎょうは／リウシャオボー)**は民主的立憲政治を求める「**零八憲章(ぜろはち)**」を起草，民主化運動を推進しようとしたが，中国政府に「国家政権転覆(てんぷく)扇動罪」によって拘束された。2010年**ノーベル平和賞**を受賞，初の中国人ノーベル賞受賞者となり，受賞直後から世界各国で彼の釈放を求める要求が出されたが，有罪判決はくつがえらなかった。懲役11年の判決により，2020年まで遼寧(りょうねい)省の錦州(きんしゅう／チンチョウ)監獄で服役を命じられたが，末期の肝臓がんで2017年7月に死去した。

➤②本人不在のノーベル賞受賞者席（2010年）

東アジア
MAPS S～T
4部2章

大国への道を歩む中国

1 社会主義体制の建設と大躍進政策の失敗

キーワード 大躍進政策
毛沢東が主導した農工業の大増産運動。過重なノルマは生産現場での虚偽報告や，ノルマにこたえるための粗悪品の大量生産を招いた。合理性を欠く生産方法の導入もあり，生産は低下し，国民生活は疲弊した。天災も重なり2000万ともされる餓死者を出し，大躍進政策は失敗，毛は国家主席を辞任した。

▲①**鉄鋼の増産** 1958年，**大躍進政策**で鉄鋼の増産が掲げられ，全国各地で土法炉(原始的な溶鉱炉)がさかんに建てられた。しかし，生産された鉄の大半は使い物にならず，労働力と資源の浪費に終わった。

▼②**人民公社設立** **人民公社**は行政組織と集団農業の生産組織を兼ねた共同体。学校・病院・工場なども経営し，社会の基礎単位となった。大躍進政策の際に設立され，1982年以後解体した。➡巻頭16

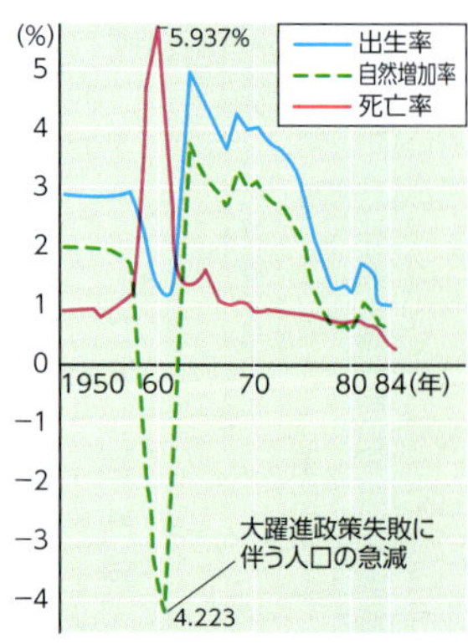

▲③**四川省の人口の増減**

2 プロレタリア文化大革命の勃発 ➡巻頭16 11 ➡巻頭13

年	できごと
1956	中ソ論争開始
59	**大躍進政策**の失敗 ↓ **毛沢東主席辞任** ↓ **劉少奇**による国民経済の立て直し
66	**文化大革命開始**(毛沢東復活) 紅衛兵による批判や運動の展開 ↓ **劉少奇**・**鄧小平**ら資本主義の道を歩む**実権派**(走資派)を失脚させる
71	林彪失脚，死去
76	**毛沢東死去** ⇒四人組(毛夫人江青ら)逮捕
77	**文化大革命終結宣言**(**鄧小平復活**)

(66〜76 十年の動乱)

◀④『**毛沢東語録**』**を掲げる紅衛兵** **劉少奇**の政策に不満を抱く**毛沢東**は，自らの革命路線を実現するため**文化大革命**を呼びかけた。これに動員されたのは学生・青少年からなる**紅衛兵**だった。彼らは毛沢東の短い言葉を集めた『毛沢東語録』を掲げ，「反革命」とみなした各級幹部や知識人を糾弾し，暴力や精神的屈辱を加えた。ついには劉少奇も標的となり失脚した。

▲⑤**過激化する紅衛兵による弾劾** 紅衛兵はしだいに過激化し，分派間の武力闘争にまで発展することもあった。文化大革命指導層は統制不能になった紅衛兵を地方に送り労働に従事させること(下放)で混乱を収拾した。

3 改革開放政策への転換 ➡巻頭16

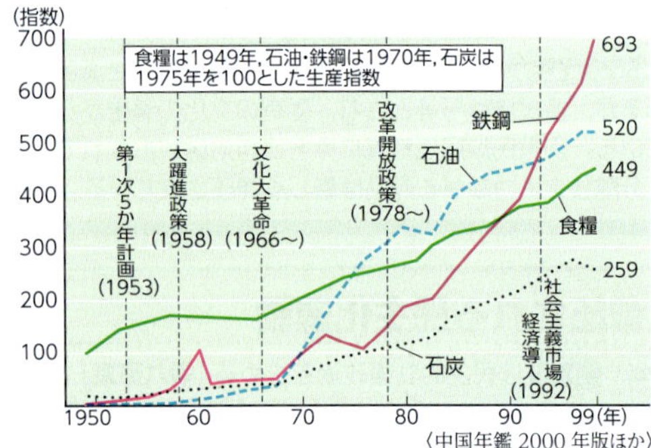

〈中国年鑑 2000 年版ほか〉
◀⑥**中国経済の変遷**

キーワード 「四つの現代化」
文化大革命による経済や科学技術などの立ち遅れが明らかになった1975年，**周恩来**は「**四つの現代化**」(農業・工業・国防・科学技術の近代化)で現実路線を掲げ，この路線は**鄧小平**に引きつがれた。

ひと 鄧小平(1904〜97)
1924年，フランス留学中に中国共産党に入党。帰国後，長征に参加し実績をあげるが，**文化大革命**で**実権派**(**走資派**)として失脚。1973年に復活し，周恩来とともに経済再建をめざしたが，文化大革命派により76年の第1次天安門事件で再失脚。文化大革命の終結とともに再び復活し，80年代に大胆な**改革開放**政策を主導，現在の経済発展をもたらした。「白猫であれ黒猫であれ，ねずみを捕える猫がよい猫である」という彼の発言は，文化大革命時には集中的な批判の的となったが，彼の経済重視の考え方が表れている。

▲⑦**深圳に掲げられた鄧小平の看板**

4 めざましい経済発展 ➡巻頭16

◀⑧**急速に発展する上海**(2010年) **鄧小平**による改革開放の一環として**経済特区**や**経済技術開発区**が設置され，90年代には経済活動が活発化，**社会主義市場経済**は年率12%の急速な成長を実現した。

▶⑨**中国のWTO加盟**
2001年のWTO(世界貿易機関)加盟により，国際経済に本格的に参入。関税引き下げや金融の規制緩和などにより対外開放は一段と進み，2000年からの10年間でGDPは4倍となり，日本を抜いて世界第2位の経済大国となった。

中国加入世界贸易组织签字仪式
SIGNING CEREMONY ON CHINA'S ACCESSION TO THE WTO
11 November 2001, Doha

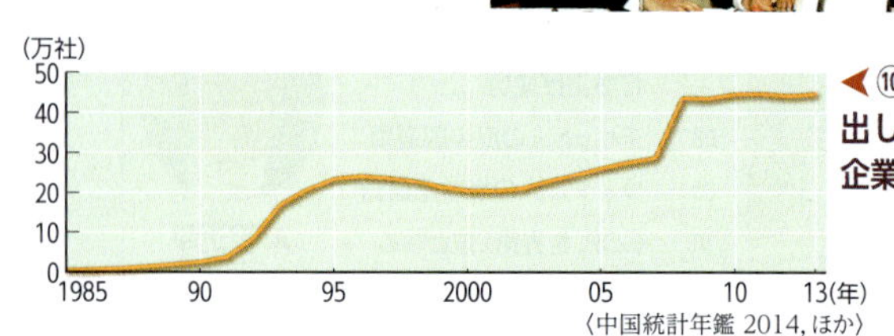

〈中国統計年鑑 2014，ほか〉
◀⑩**中国へ進出した外資系企業数の推移**

5 民主化運動と民族独立運動

▲⑪**第２次天安門事件**　東欧諸国の民主化が劇的に進展した1989年，中国でも民主化要求が高まり，学生らが天安門広場を占拠し，街頭に100万人を超える市民が繰り出す事態となった。政府は軍隊を出動させ，これを鎮圧し，国際社会から批判を浴びた。

1949	中国軍，東トルキスタン侵攻
50	中国軍，チベット侵攻
51	チベット，中華人民共和国に編入
55	**新疆ウイグル自治区成立**
59	ダライ=ラマ14世，インドに亡命政府樹立
65	**チベット自治区成立** **漢人の移住と同化政策を進める**
88	タリム盆地で油田発見
89	**第2次天安門事件**
90年代	ウイグル独立運動活発化 （言語統制やイスラームへの介入に対する反発）
2008	北京オリンピック開催 反中国運動活発化
○	チベットで反政府暴動
09	ウルムチで反政府暴動
14	ウルムチ駅で爆発テロ事件

▲⑫**ウイグル・チベットの民族独立運動年表** ➔p.119

▲⑬**ダライ=ラマ14世**（1935～）

▲⑭**ウイグル民族運動の指導者ラビア=カーディル**（1947～）

▲⑮**厳戒態勢下のウルムチ**（2009年）　新疆ウイグル自治区では，1970年代以降の漢族の流入，豊富な地下資源の搾取に加え，宗教（イスラーム）への規制を不満としてトルコ系民族の独立運動が活発化した。2009年に大規模な衝突が起きて以降，厳戒態勢がとられているが，市民の鎮圧にあたる兵団の88％が漢族で構成されていることから，緊張関係はさらに強まっている。

6 台湾の経済発展と対中関係

1874	日本の台湾出兵 ➔p.232
95	**日本の植民地に**（下関条約）
1945	終戦 台湾，中華民国に編入
49	国民党政権，国共内戦に敗れる→**台湾へ移転（蔣介石独裁）**
○	本省人と外省人の対立
71	国連代表権を失う
88	**李登輝が総統に**（初の本省人）
○	中国との緊張緩和
96	初の総統直接選挙で李登輝圧勝
2000	陳水扁，総統に就任 台湾独立派
03	中国への航空機直行チャーター便開設
08	馬英九，総統に就任 対中融和派
16	蔡英文，総統に就任 台湾独立派

▲⑯**台湾の変遷** ➔p.119

▲⑰**李登輝の総統就任**　蔣経国（**蔣介石**の長男）死後，台湾出身の**李登輝**（任1988～2000）が台湾総統・国民党主席となった。国民党=大陸出身者（外省人*）による台湾人支配という政治構造の大転換で，開発独裁の終わりでもあった。

*1945年以前から台湾に本籍をもつ人を本省人，45年以降に中国大陸から移住した人を外省人とよぶ。

蔡英文（1956～）

2016年１月の**総統選挙**で**国民党**を破り，初の女性総統に就任。台湾独立派で，アメリカの主張に従い，中台関係では現状維持を主張している。しかし，中国政府は「台湾は中国中央政府直轄の特別行政区になる」との従来の主張を変更せず，中国本国と台湾との緊張関係は続いている。

▲⑱蔡英文

▼⑲**台湾企業の電気機械工場**　1970年代以降工業輸出地として発展した。台湾最大の**鴻海精密工業**は，経営再建中のシャープ（日本企業）を2016年に買収するなど，ICT関連の電子部品産業の発展が著しい。政治的対立が続く中国との相互浸透も進んでいる。

現代を読みこむ　世界に影響を強める“大国”中国 ➔巻頭16

▼⑳**中国の北京で開催されたアジアインフラ投資銀行の設立協定の署名式**（2015年６月）　2015年12月，中国の提唱による新たな国際金融機関である**アジアインフラ投資銀行（AIIB）**が発足した。中国はかつてのシルク=ロードをイメージし，ユーラシアをまたにかけた新たな経済圏をつくる「一帯一路」構想を掲げ，中国主導の世界経済体制の確立をめざしている。しかし，近年のトランプ米政権が中国製品に45％の関税をかけるとした政策などの要因で景気は減速，AIIBの活動も停滞ぎみである。

THE SIGNING CEREMONY OF THE ARTICLES OF AGREEMENT OF THE ASIAN INFRASTRUCTURE INVESTMENT BANK
《亚洲基础设施投资银行协定》签署仪式

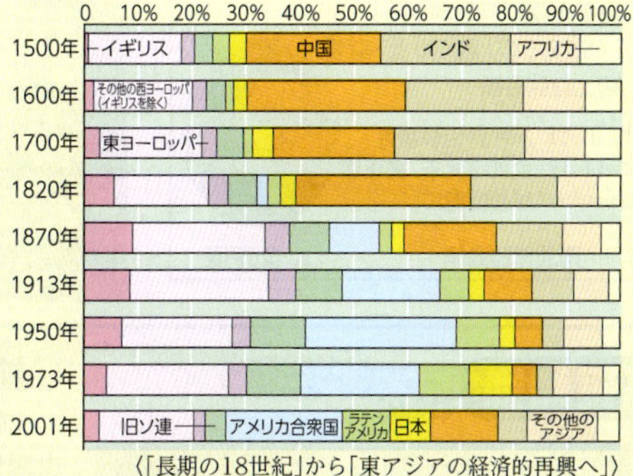

〈「長期の18世紀」から「東アジアの経済的再興へ」〉

▲㉑**16世紀以降の世界GDP比率の変遷**
アジア（中国・インド・日本・東南アジアなど）のGDPは，19世紀前半までは50％を超え，とくに中国は単独でも20～30％を占めていた。その後，西ヨーロッパに加え，アメリカの急激なGDPの増大により，アジアと欧米の立場が逆転したが，20世紀後半から復興が始まったといえる。

▼㉒**海洋覇権を強める中国**
1970年代，石油や天然ガスの埋蔵が判明したことを受け，中国は南シナ海に位置する南沙（スプラトリー）群島，西沙（パラセル）群島の領有を主張し，人工島を造成し軍事基地を建設している。この動きに対し，周辺各国が領有権を主張し，緊張が高まっている。

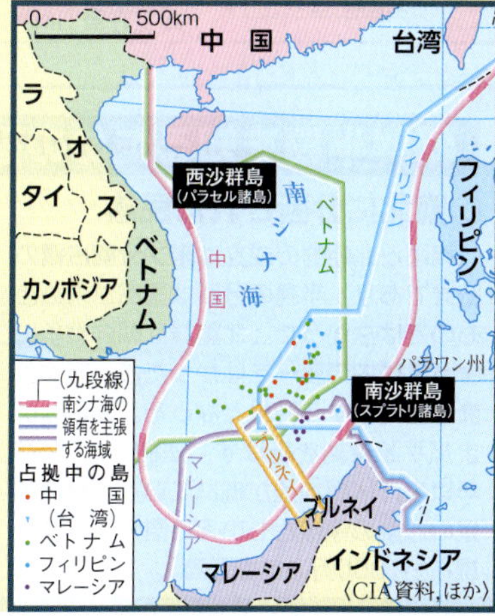

〈CIA資料，ほか〉

読みこみキーワード　中国の対外政策や民主化，独立運動を弾圧する背景について，次のキーワードも参考に学習を深めよう。**共産党による一党独裁** ➔p.295基礎知識　**民族独立運動と同化政策** ➔5　**天安門事件** ➔5　**経済発展** ➔4

南北の分断と深まる格差

◀p.232

朝鮮半島の動き

□韓国大統領（□軍部出身者）

年	韓国（大韓民国）	北朝鮮（朝鮮民主主義人民共和国）
1945	45. 8 **日本の敗戦→北緯38度線**を境に米ソが南北分割占領	
	. 9 **建国準備委員会**，朝鮮人民共和国成立宣言→米否認	
	48. 8 **大韓民国**成立	48. 9 **朝鮮民主主義人民共和国**成立
	李承晩(任1948～60)	(金日成首相(任1948～72) →主席(任72～94))
		49. 6 朝鮮労働党結成
	50. 6 **朝鮮戦争勃発**(1953 **板門店**で**休戦協定**)	
	53. 8 **米韓相互防衛条約調印**	
	61. 5 **朴正煕**，**軍事クーデタ**で政権掌握	61. 7 ソ連・中国との友好協力相互援助条約調印
	朴正煕(任63～79)	＊ ベトナム戦争参戦によるドル資金と，日本からの円借款により経済復興が促進された。
	65. 6 **日韓基本条約**調印 ○開発独裁 ○「漢江の奇跡＊」による高度経済成長(～90年代)	＊2 社会主義建設のため，思想・技術・文化の3つの革命を推進する大衆運動。
	72. 7 南北共同声明(7・4声明)，南北対話開始	
	73. 8 金大中拉致事件	73. 3 三大革命運動＊2決定，主体思想を強化
	79.10 **朴正煕大統領暗殺**	79.10 **金正日**，正式に金日成の後継者に
	80. 5 **光州事件**(韓国軍，デモを武力弾圧)	
	全斗煥(任80～88)　盧泰愚(任88～93)	87.11 大韓航空機爆破事件
	88. 9 ソウルオリンピック開催(～.10)	88. 9 ソウルオリンピック不参加
	90. 9 **ソ連と国交樹立**	
	91. 9 **国連に南北同時加盟**	
	92. 8 **中国と国交樹立**　.12 ベトナムと国交樹立	92. 1 核査察協定に調印
	金泳三(任93～98)	93. 3 **核拡散防止条約(NPT)**脱退宣言(保留)
		94. 7 金日成死去
	97. 7 アジア通貨危機 ➜p.273,293	97.10 金正日，労働党総書記に就任
	金大中(任98～2003)	
	98.10 日本大衆文化を開放 ○**太陽政策**(対北宥和政策)	
	2000. 6 **南北首脳会談**	南北共同宣言 南北の歩みより
	2000.10 金大中大統領，ノーベル平和賞受賞	
	02.5-6 サッカーワールドカップ日韓共催	02. 9 小泉首相(日本)が訪朝→平壌宣言
	盧武鉉(任03～08)	03. 1 核拡散防止条約脱退を再度表明
	03. 8 **6か国協議**(韓・朝・中・ソ・日・米)	
		06. 7 テポドン発射 .10 地下核実験
	07.10 南北首脳会談	
	李明博(任08～13)	10.11 延坪島砲撃事件
	朴槿恵(任13～17)	11.12 金正日死去，**金正恩**が後継者に
	文在寅(任17～)	
	18. 4,5,9 **南北首脳会談**	

▶李承晩

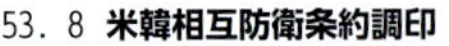

▲金日成

▶朴正煕

▲金大中

▲金正日

▲文在寅

▲金正恩

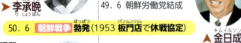

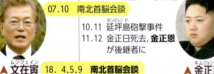

1 朝鮮戦争による半島の分断

➜巻頭17 世界全図p.48～49

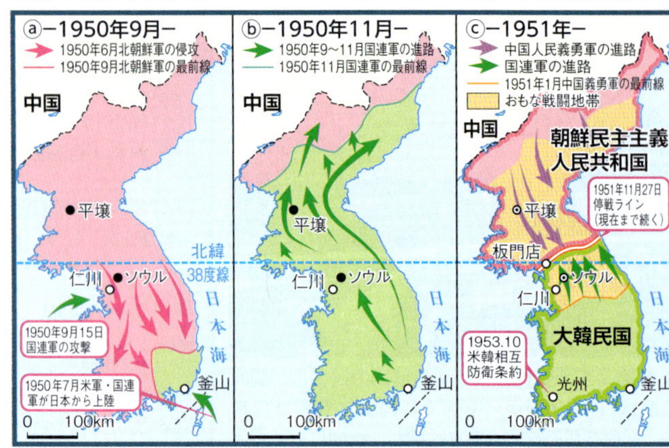

▶①**朝鮮戦争で焼け野原となったソウル**　北朝鮮軍の南下で始まった**朝鮮戦争**は，国連軍＊(アメリカ軍中心)と**中国人民義勇軍**がそれぞれ韓国・北朝鮮側に立って参戦したことで，戦局が二転三転した。前線は朝鮮半島全土を南北に移動し，同胞同士が敵となり，多くの都市が破壊された。

＊国連安全保障理事会の決議によって編成されたアメリカを中心とする多国籍軍。国連憲章の規約に従って組織された軍ではない。

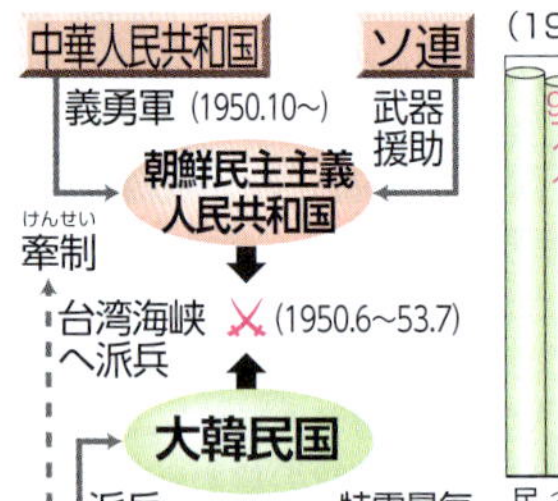

▲②朝鮮戦争の構造

(1950年～53年，負傷者・行方不明者含む)(万人)

民間人(韓国)	99万人
軍人(韓国)	99万人
国連軍	16万人
民間人(北朝鮮)	268万人
軍人(北朝鮮)	61万人
義勇軍(中国)	92万人

▲③朝鮮戦争の犠牲者

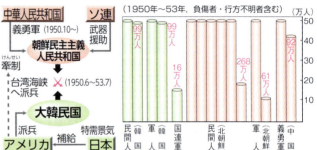

◀④**避難する民間人**　国土のほぼ全域が戦場になったことで，民間人の犠牲者も多く出た。また，敵側の協力者と疑われて市民が軍に虐殺される事件もしばしば発生した。さまざまな推計があるが，民間人犠牲者は南北あわせて300万人をこえるともいう。写真は避難するソウル市民。

朝鮮半島を知るための基礎知識

➜巻頭17

○南北に分断された民族

韓国と北朝鮮の成立は**米ソ分割占領**の結果であり，半島の分断は国民が求めたものではなかった。北朝鮮は朝鮮戦争によって国内の統一をはかったが，南北分断が固定化する結果となった。両国はいまだ平和条約を結ばず，法的には1953年以来，休戦状態が続いている。**分断国家**の悲劇の象徴ともいえる離散家族は，現在も1000万人を数える。

▲⑤板門店での南北会談

○拡大する南北間の格差

北朝鮮は指導者の世襲や個人崇拝という特殊な政治体制を守ってきた。そのため中国のような改革開放路線をとれず，ソ連解体でその援助もなくなり，民主化と経済発展をとげた韓国との経済格差は広がっている。

＊国民総所得

	人口	1人あたりGNI＊	総貿易額
北朝鮮	2450万人(2010年)	約1250ドル(2013年)	輸出32億ドル・輸入41億ドル(2013年)
韓国	5022万人(2013年)	25920ドル(2013年)	輸出5596億ドル・輸入5156億ドル(2013年)

2 北朝鮮

A 主体思想による国家建設

◀⑥主体思想塔前の銅像(平壌) 労働者・知識人・農民を表す像の背後には，金日成70歳の誕生日を記念した170mの主体思想塔が建つ。これらの建造物は金日成・正日親子の「不滅の業績」などを物語っているとされる。

キーワード 主体思想 金日成が中ソと一線を画す社会主義をめざし，1960年代半ばに唱え始めた**主体思想**は，「唯一思想体系」として採択された。革命と建設の主人は人民大衆であると説きながら，党は首領に従属するとして個人独裁を正当化している。現在も北朝鮮の指導思想である。

B 軍事最優先の先軍政治

▼⑦軍事パレードと▶⑧パレードを観閲する金正恩 先軍政治は，**社会主義国**としては異例の世襲で権力を継承した**金正日**が掲げた。権力基盤を軍組織に求めたとされる。金正恩もこの政策を継承し，兵力120万の軍事力を保持する。近年は最新のミサイルや核開発にも力を注いでいる。

3 韓国

A 軍部による政権掌握と開発独裁

ひと 朴正熙(1917～79)

1961年に軍事クーデタで権力をにぎり，63年大統領となった**朴正熙**は，独裁体制をしき，民主化運動や労働運動を徹底的に弾圧した。一方で，**日韓基本条約**を結び，国交を回復した日本から多大な経済援助を引き出すなどして，経済発展・工業化を進めた。開発独裁の典型とされる。娘はのちの韓国大統領の朴槿恵。

▲⑨大統領就任式での朴正熙

◀⑩光州事件 1979年，**朴正熙**大統領が暗殺され，全国で民主化運動が活発化するなか，クーデタで権力を掌握した軍人の**全斗煥**は，80年5月，光州市に軍隊を派遣し民主化運動を弾圧。多数の死者を出した。全斗煥はその後大統領に就任した。

B 民主化とめざましい経済発展

▲⑪ソウルオリンピック(1988年) 日本につぐアジアで2番目のオリンピック夏季大会開催は，韓国経済の発展ぶりを世界に示した。開催の前年1987年には大統領直接選挙を実施し，軍部出身ではあるものの**盧泰愚**が大統領に選出され，民主化の達成も印象づけた。

▼⑫世界的企業に急成長したサムスン 1960年代後半からの経済発展で，サムスン，LG，ヒュンダイなどの財閥が急成長した。サムスングループはその代表格で，韓国のGDP・輸出の約2割を占める。電機製品では世界市場において日本企業にとってかわった。

現代を読みこむ 太陽政策と南北関係

韓国の金大中大統領は，北朝鮮に人道的・経済的援助を行うことで対話の道を開き，将来の統一をめざす**太陽政策**をとった。2000年の南北首脳会談や開城工業団地事業などの成果をあげたが，06年に北朝鮮が核実験を強行し，南北の友好関係は頓挫した。

▲⑬手をつなぐ金大中と金正日(2000年)

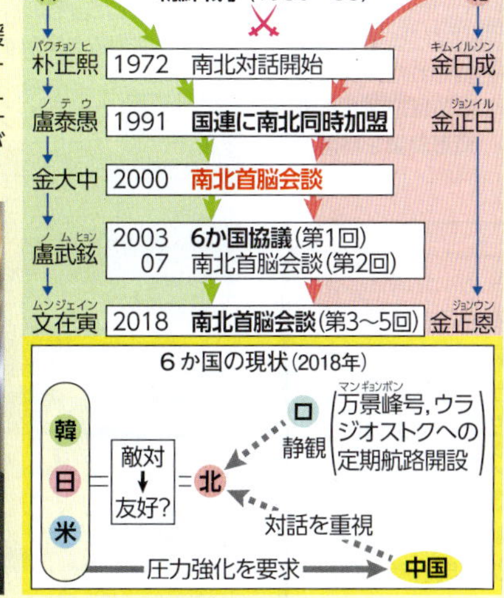

▲⑭南北朝鮮の関係

▲⑮平昌オリンピック開会式の入場行進 2017年，北朝鮮への宥和政策を掲げる**文在寅**政権が誕生した。18年2月に韓国で行われたオリンピックでは，韓国・北朝鮮の南北合同による入場行進が行われたり，女子アイスホッケーで南北合同チームが結成されたりした。さらに，同4月には**南北首脳会談**が実現する(➡巻頭17)など，南北は対話路線に転じている。

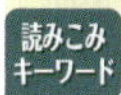

読みこみキーワード 北朝鮮の孤立化について，次のキーワードも参考に学習を深めよう。**主体思想**➡2A **先軍政治**➡2B **開発独裁**➡3A

東アジア
MAP S～T
4部2章

風土 自然災害・気候変動から見る世界史

最温暖期　温暖期　移行期　寒冷期　氷河期

*3 ヴァイキング

*	氷河期	移行期	最温暖期	温暖期	移行期	寒冷期	温暖期	移行期	寒冷期	温暖期
*2	氷河期	1万3000年前	1万年前	前2142	前1401	前1056	前580	前113	後246	732

自然災害・気候変動にかかわる世界の動き

- ○ サハラの砂漠化
- ○ **世界各地で定住・農耕開始**
- ○ ナイル川や黄河などの大河の氾濫
- ○ **大河周辺の大規模灌漑農耕**
- 前3500〜1600 **都市文明発生、文明の形成**（エジプト文明・メソポタミア文明・黄河文明・インダス文明など）
- 前20世紀 **インド=ヨーロッパ語族諸族の移動開始** ➡p.4
- 前20世紀 太平洋諸島への人類進出開始
- ○ **フェニキア人・アラム人**の活動 ➡p.57
- ○ **アーリヤ人**のガンジス川流域進出 ➡p.79
- ○ **ギリシア人**の地中海各地への植民
- ○ **巨大帝国の出現と諸地域世界の成立**（**アケメネス朝・マウリヤ朝・漢・匈奴・ローマ**）
- ○ **北方民の異変**（**匈奴**の分裂、ローマのケルト征服）
- 後79 ヴェズヴィオ火山が噴火 ➡p.76（火砕流によりポンペイが埋没）
- **「3世紀の危機」** ➡p.73
- 3〜6世紀 **民族の大移動と古代帝国の崩壊・混乱**（**フン人・ゲルマン人の大移動**、五胡の侵入）➡p.14〜15, 137
- ○ ビザンツ帝国でペスト（黒死病）がひんぱんに流行
- 7世紀 **隋唐帝国・アラブの大征服による秩序回復**
- **温暖期**
- ○ **世界各地で開発ブーム**（ヨーロッパの**大開墾時代**、中国の**江南開発**、東南アジアで農業を基盤とする国家の成長）
- ○ **各地の経済発展・交易の拡大**
- ○ イスラームの広域ネットワーク出現 ➡p.22
- ○ ヨーロッパで人口増加
- ○ **北方民の活発化** ➡p.140（**ノルマン人**[*3]、トルコ・モンゴル系遊牧民の拡大）
- ○ ノルマン人のグリーンランド入植（14世紀に撤退）

* 気候変動のデータは，前2400〜後1900年は，尾瀬ヶ原の泥炭層の花粉分析（阪口豊氏1993）による〈『講座文明と環境6歴史と気候』朝倉書店〉。

*2 年次は，その花粉分析の示す数値の転換年。

1 自然災害と世界史

古代の多くの文明は，豊かな水をたたえる大河の流域で発展した。大河は，ひんぱんに洪水を引き起こし，人類に対する試練となったが，水を制御し活用するために人類が考え出した治水の技術は，文明の発祥と発展の礎となるとともに，その命運をも左右した。また，地震や噴火などの地殻の変動は，その震源域や周辺の文明を破壊するなど，人類の営みに大きな影響と衝撃を与え，社会の再編をもたらすことがあった。

洪水　メソポタミア文明の盛衰を左右した水との戦い

▲①**ウル**（CG復元図）　ユーフラテス川の河畔の丘陵にれんがで築かれたメソポタミア文明の都市。ユーフラテス川は，流れが変わりやすく，しばしば氾濫する天井川で，大規模な**治水**と**灌漑**の必要から，強い王権が誕生し，**灌漑農業**を基盤とした都市国家へと発展した。➡p.55

テーマ　塩害と文明の衰退 ➡p.54

灌漑は，管理を怠ると塩類を含む地下水面が上昇し，水分の蒸発で塩類が残り，土地の荒廃をもたらす。**メソポタミア**の粘土板からは，前24〜前22世紀にかけて，小麦の生産量が急激に減少したことがわかり，過剰な灌漑による塩害が，文明衰退の一因と考えられている。

◀②**塩害で荒廃したオアシスの農作地**

地震　ポルトガル衰退の決定打となった大地震

▲③**リスボン地震**　1755年，東北地方太平洋沖地震（東日本大震災）と同規模の大地震と大津波がポルトガルの南西部を襲った。この地震は，海洋交易でポルトガル経済を支えていたリスボンに壊滅的な被害を与え，当時，イギリスなど新興国との競争にさらされていたポルトガルの国際的地位を低下させる一因となった。

▶④**カント**（1724〜1804）　リスボンの惨事は，当時のヨーロッパの思想家たちにも大きな衝撃を与えた。カントは，人はただ自然の脅威に屈服するのではなく，理性によって自然現象を解明する必要がある，と主張した。➡p.177

噴火　フランス革命に影響を与えた大噴火

◀⑤**浅間山の大噴火**　1783年に，ほぼ同時期に浅間山とラーキ火山（アイスランド）が大噴火し，二つの火山による大量の噴煙は，北半球の各地に天候不順と大凶作をもたらした。日本では前年より起こっていた天明の大飢饉を深刻化させ，ヨーロッパでは小麦の不作をもたらし**フランス革命**の遠因となったとされる。〈群馬県立歴史博物館蔵〉

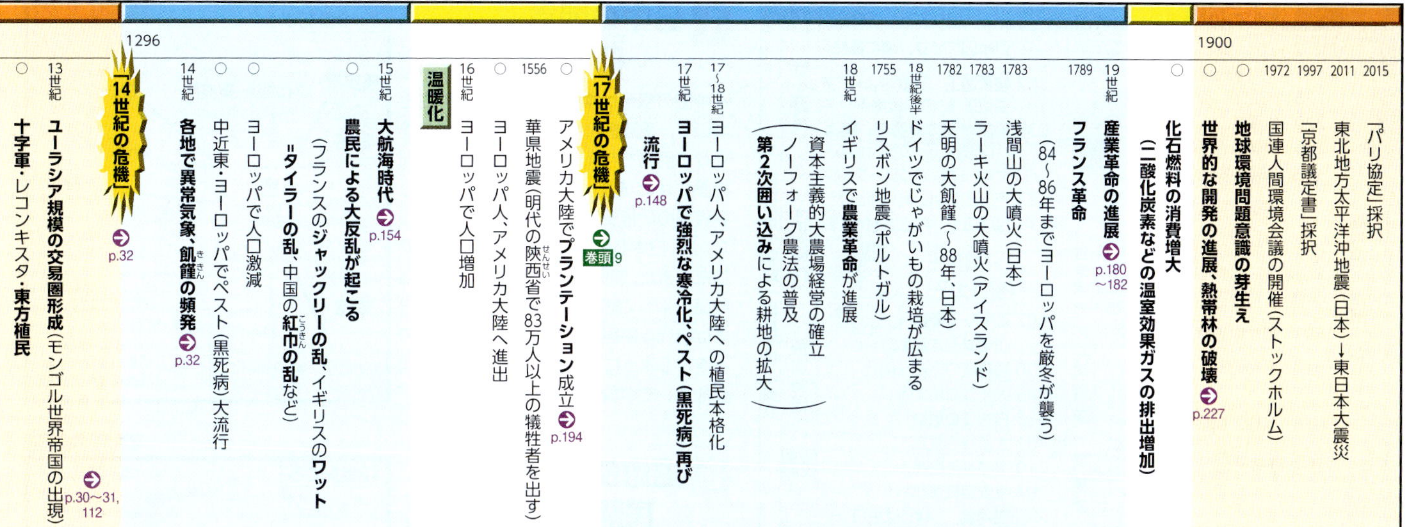

2 気候変動と世界史

気候の変動は，人類の営みを大きく左右した。温暖期には，人間活動が活発化して社会の安定がもたらされたが，寒冷期には，大規模な民族移動や，農業生産の低下による飢饉や食料をめぐる争い，また広範囲に及ぶ伝染病の蔓延が起こり，それは，ときに世界史の大きな転換点となった。17世紀以降になると，自然に積極的に働きかけ，人類の営みに合う形に自然を改変する地球規模での開発の時代が到来した。

「14世紀の危機」 寒冷化による人口激減

▶⑥**中世の気候変動とヨーロッパ人口の推移** 9～12世紀にかけてのヨーロッパは，長期間温暖な気候が続き，農業生産も安定して人口も増加した。しかし，14世紀に入ると気候は寒冷化していき，飢饉の発生や，**ペスト（黒死病）**の大流行により，人口が激減した（「**14世紀の危機**」）。 p.148

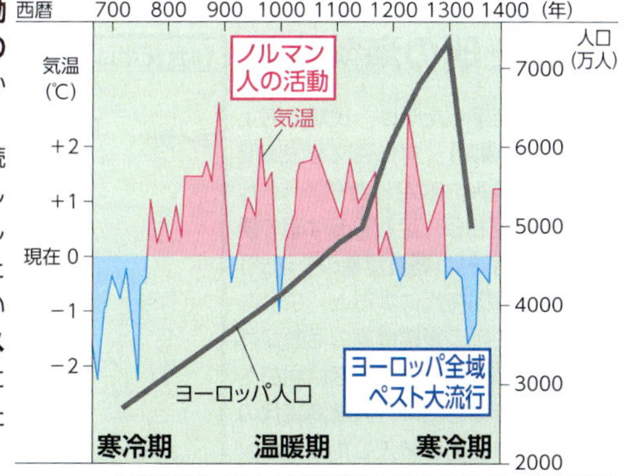

〈安田喜憲「ペスト大流行」『講座文明と環境7』 朝倉書店〉

「17世紀の危機」 ヨーロッパの再度の危機 巻頭9, p.169

▼⑦**凍結したテムズ川のようす** 17世紀には再び寒冷化が進み（**小氷期**），ロンドンのテムズ川やアムステルダムの港はしばしば凍結した。穀物生産は低下し，社会不安の増大から，**魔女狩り**なども横行した。

3 「環境問題」の認識

1962	**レイチェル=カーソンの『沈黙の春』刊行**	89	バーゼル条約採択
70	グリーンピース（NGO）誕生	90	IPCC（気候変動に関する政府間パネル），温室効果ガス削減をアピール
72	**国連人間環境会議**（ストックホルム） **国連環境計画**（UNEP）発足（本部：ナイロビ）	91	**湾岸戦争**→石油流出による海洋汚染・劣化ウラン弾の使用
75	**ラムサール条約発効** **ワシントン条約発効**	92	**地球サミット・リオ宣言「アジェンダ21」**を採択
77	UNCOD（国連砂漠化防止会議）開催	95	IPCC，**地球温暖化**を警告
79	**スリーマイル島原発事故**（アメリカ）	97	**「京都議定書」採択**
82	「ナイロビ宣言」採択	2001	アメリカ，「京都議定書」から離脱
85	南極の**オゾンホール**発見	02	持続可能な開発世界サミット（WSSD）開催
86	**チェルノブイリ原発事故**（ソ連）→越境汚染の認識深まる	11	**福島第一原発事故**
87	「オゾン層を破壊する物質に関するモントリオール議定書」採択	12	国連：持続可能な開発会議（リオ+20）
		15	**「パリ協定」採択（COP21）**
		17	アメリカ，「パリ協定」から離脱を表明

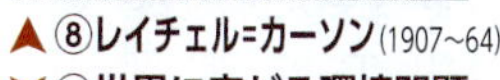

▲⑧**レイチェル=カーソン**（1907〜64）

▲⑨**福島第一原子力発電所の事故** 2011年3月11日，東日本大震災後の津波により，史上最悪の原発事故が起きた。きっかけは自然災害だったが，原発の炉心溶融という事態を引き起こし，多量の放射能が放出された。

▼⑩**世界に広がる環境問題**

特集 日本と世界のつながり① ～日中関係を軸に

日本 / 東アジア / ヨーロッパ

日本のおもな 〔 〕輸入品 〔 〕輸出品

東アジアのおもな動き

中国	朝鮮	東アジアのおもな動き
前漢		前202 劉邦，**漢**を建国(**前漢**) ➡p.92
		前37ごろ 高句麗建国
後漢		25 光武帝，漢を再興(**後漢**)
三国		220 後漢滅亡し，三国時代 ➡p.98
晋・南北朝	高句麗・百済・新羅	346ごろ 馬韓に百済おこる 〔鉄〕
		356ごろ 辰韓に新羅おこる
		○ 中国，南北朝時代へ
		〔漢字・須恵器の焼成技術 鍛冶技術・土木技術・機織り 仏教・暦・医学・易〕 **渡来人**
隋		589 **隋**が中国統一 ➡p.100
		618 隋が滅亡，**唐**が成立
唐	統一新羅	676 新羅，朝鮮半島を統一
		〔律令・仏教文化〕 **遣隋使・遣唐使**
		➡p.104
		907 唐が滅亡，五代十国が成立
五代	高麗	918 王建，高麗を建国
北宋		979 **宋**(**北宋**)，中国を統一 ➡p.105
		1127 宋(北宋)滅亡，**南宋**成立
南宋		〔銅銭・陶磁器・書籍・経典〕〔砂金・扇・蒔絵・硫黄〕 **日宋貿易**
		1206 チンギス=ハン，モンゴル帝国を建国 ➡p.110
元		71 フビライ，**元**を建国 ➡p.111
		〔銅銭・陶磁器・書籍・経典〕〔砂金・扇・蒔絵〕 **日元貿易**
		○ 倭寇の活動，活発化(**前期倭寇**)
		1367 高麗，倭寇の禁圧を日本に要請
明		68 朱元璋，**明**を建国 ➡p.114
		69 明，倭寇の禁圧を日本に要請
		○ 明，**海禁**を実施 ➡p.115
	朝鮮	92 李成桂，朝鮮を建国 ➡p.122
		〔銅銭・陶磁器・生糸・絹織物〕〔刀剣・銅・硫黄〕 ➡p.154 **勘合貿易**
		1498 ポルトガル，インド航路開拓
		○ 倭寇の活動，活発化(**後期倭寇**)
		〔鉄砲・火薬・生糸・絹織物〕〔銀〕 **南蛮貿易**
		○ 明，**互市貿易**を認める
		1602 オランダ連合東インド会社設立 ➡p.165
		○ 東南アジアで日本町繁栄 ➡p.85
		〔生糸・絹織物〕〔銀・銅・陶磁器・漆器〕 **朱印船貿易**
		1619 オランダ，バタヴィア建設
		*江戸時代前期の輸出入品
		〔生糸・絹織物(長崎・薩摩・対馬) 鮭・鷹(松前)*〕〔金・銀・銅・俵物(長崎・薩摩・対馬) 米(松前)*〕 **「四つの口」**
清		1644 明が滅亡，**清**が中国統一 ➡p.118
		83 清，台湾の鄭氏を鎮圧 ➡p.119
		1757 西欧諸国との貿易を広州に限定

日本のおもな動き

日本のおもな動き	時代	対応
○ 百余国に分立，漢に遣使	弥生時代	
57 **倭奴国王**，光武帝より「漢委奴国王」の印綬賜る		
239 邪馬台国の**卑弥呼**，**魏**より「親魏倭王」の称号賜る		
○ ヤマト王権による統一が進む	古墳時代	1 日中の朝貢・冊封関係の成立
○ 百済と連合し，高句麗と戦う		
413～「**倭の五王**」，中国に**冊封**される		
➤**厩戸王(聖徳太子)** 		
607 **厩戸王**，**遣隋使**(**小野妹子**)を派遣 ➡p.100	飛鳥時代	
630 **遣唐使**の派遣を開始		
645 大化改新始まる		
663 **白村江の戦い**		
701 大宝律令制定		
710 平城京に遷都	奈良時代	
794 平安京に遷都	平安時代	
○ **渤海使**，しばしば来日		
894 遣唐使派遣を停止		2 遣唐使の停止と民間貿易の活性化
1019 刀伊(女真)，対馬・壱岐に来襲		
1167 **平清盛**，太政大臣となる		
○ 清盛，大輪田泊を修築		
○ **日宋貿易**さかん		
➤**平清盛** 		
92 **源頼朝**，征夷大将軍となる	鎌倉時代	
1268 **フビライ**，朝貢と服属を日本に求める		
74 **文永の役**・81 **弘安の役** ― **蒙古襲来**(**元寇**) ➡p.110		
1336 足利尊氏，建武式目発表	南北朝時代	
➤**足利義満**		
92 義満，南北朝合体		
1401 義満，明に遣使	室町時代	3 倭寇と明の海禁政策
02 **義満**，**明に冊封**される		
04 **勘合貿易**始まる		
29 琉球王国成立		
67 応仁・文明の乱(～77)	戦国時代	
1543 **ポルトガル人**，**鉄砲**を伝える		
47 **最後の勘合貿易船派遣**		
49 ザビエル，**キリスト教**を伝える		
90 豊臣秀吉，天下統一	安土桃山時代	
92 **朝鮮出兵**(～93，97～98) ➡p.115,122		
1603 江戸幕府成立	江戸時代	4 国交断絶から「鎖国」へ
○ **朱印船貿易**さかん ➡p.85		
07 朝鮮使節が来日再開(1636より通信使)，国交回復		
09 オランダ，平戸に商館開設		
13 全国でキリスト教を禁止		
23 イギリス，日本貿易から撤退		
24 スペイン船の来航禁止		
35 明船の入港を長崎に制限		
39 **ポルトガル船**の来航を禁止		
41 **オランダ商館**を**出島**に移す(「**鎖国**」完成)		
○ たびたび貿易を制限(金銀流出抑制のため)		
89 長崎に**唐人屋敷**を設置		

1 日中の朝貢・冊封関係の成立

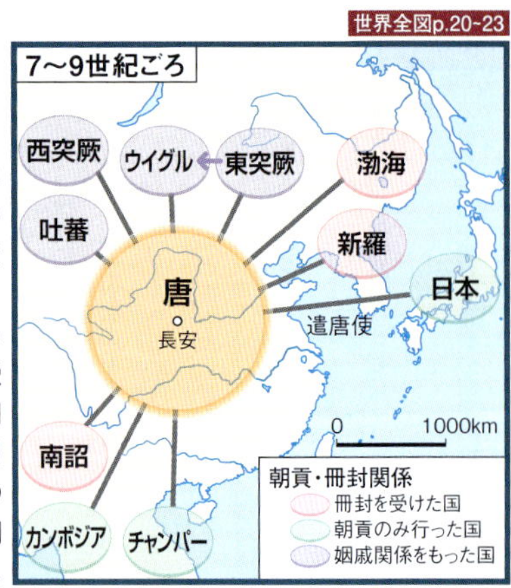

中国の皇帝は**中華思想**(➡p.97)にもとづいて，周辺国に臣従の形をとらせるかわりに回賜を与えて王に**冊封**し，貢物を持参させた(**朝貢**)(➡p.11,101)。冊封は，朝貢国の政権安定や対外的優越を保障したため，日本も5世紀には中国の冊封を受けた。また，朝貢は，朝貢品を上まわる回賜品によって経済的利益が得られた。日本は隋代以降臣従の形をきらい，朝貢のみを行うようになった。唐代には，朝貢関係を通して中国の制度・文化が伝播した。

2 遣唐使の停止と民間貿易の活性化

894年，菅原道真が唐の疲弊などを理由に**遣唐使の停止**を進言し，公的な外交はとだえた。一方で，**博多**などを拠点とした**民間交易**(私貿易)はさかんとなり，日宋・日元貿易では**中国海商**によって多くの中国産品が引き続きもたらされた。中国では宋代の文治主義のもと周辺勢力が自立し外圧に苦しんだが，貨幣経済と文化は発展した(➡p.108)。モンゴル帝国はユーラシア規模の交易を成立させ，銀・貨幣の経済が浸透した(➡p.112)。

3 倭寇と明の海禁政策

世界全図p.32-37

14世紀半ば～16世紀半ば 0 1000km

オイラト　モンゴル　女真　北京　朝鮮　明　日本　石見銀山　南京　琉球

明への朝貢・冊封国　遊牧民勢力　海禁政策を行った国

前期倭寇に苦慮した明は，民間の海上貿易を禁止し(**海禁**)，対外通交を国家間の朝貢・冊封関係に限定した(➡p.115)。そのため15世紀初頭，足利義満は明の**冊封**を受け，勘合貿易(**朝貢貿易**の一形式)を開始した。戦国時代になると，禁令を破って私貿易を行う**後期倭寇**の活動が再び活発化した(**南倭**)。戦国大名は利益を求めて活発に貿易を始め，**大航海時代**のなかで東アジア貿易に参入したヨーロッパと**南蛮貿易**を行った(➡p.154)。

4 国交断絶から「鎖国」へ

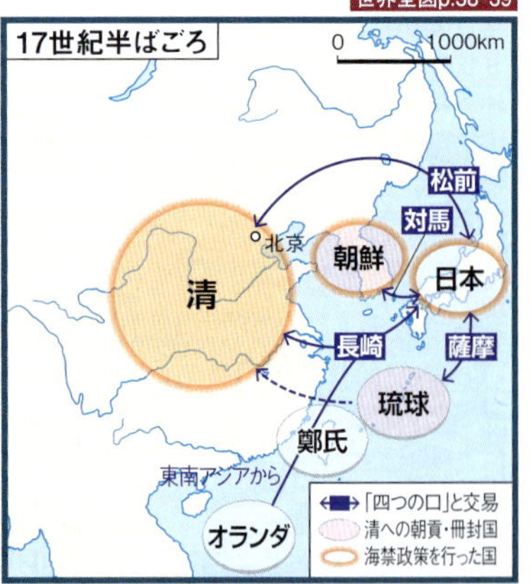

豊臣秀吉の**朝鮮出兵**により明と公的な貿易ができなくなった日本は，東南アジア経由でヨーロッパや中国商人と**朱印船貿易**を行った(➡p.39)。その後，徳川政権は禁教と貿易統制を目的に，「**四つの口**」のうち長崎口にのみオランダ人と中国人の寄港を許す「**鎖国**」政策をとった(海禁政策)。17世紀半ば，中国を支配した清は明代後期に行われた公的な朝貢貿易と民間の**互市貿易**を踏襲したため，日本は公式な外交関係をもたず，民間貿易が続いた。

アクティブラーニング　日本と中国の間の外交と貿易の関係は，どのように変遷していったのだろう。また，あなたが中国とつながりをもちたい場合，この外交・貿易関係の変遷のなかで"国の代表""民間の商人"のどちらの立場を選択するか話し合い，まとめてみよう。

〈福岡市博物館蔵〉

▲①金印　日本にとって朝貢し冊封されることは政権安定の面で重要であり，のちに朝鮮半島の**鉄**（➡p.15）を獲得する上でも必要となった。

〈正倉院宝物・正倉〉

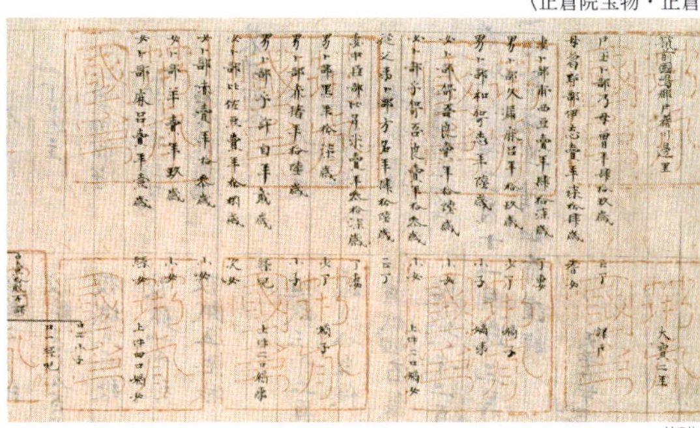

▲②**奈良時代の戸籍**　朝貢使節として派遣された遣唐使は，**律令制度**や多くの技術・文物を日本にもち帰った。戸籍は律令制度で必要な徴税の基礎となった。

〈三島村役場提供〉

▲④**銅銭**（宋銭，左）と⑤**硫黄を産出した硫黄島**（鹿児島，右）　宋と金との戦い（➡p.107）に火器が使われ，火薬の原料である**硫黄**の需要が高まったため，硫黄は日本の代表的な輸出品となった。一方日本では，本朝十二銭以降，銭貨が鋳造されず，商業の活性化にともない**宋銭**が大量に輸入された。宋銭は中国から日本へ戻る船のバラスト（重し）にもなった。

〈ポーラ美術館蔵〉

▲⑦**赤絵**　白磁に赤を主調として黄・緑・青・黒など文様を描いて絵付けした**陶磁器**で，生糸と並ぶ中国の重要な交易品。15世紀以降，生産量で染付を凌駕。ヨーロッパ商人が交易品として買い求めた（➡p.120）。

〈滋賀大学経済学部附属史料館蔵〉

▲⑧**那覇港の進貢船**　1429年に**琉球**を統一した中山王は明の**冊封**を受け，171回という朝貢国の中で最も多い進貢船を送り，ばくだいな利益をあげた（➡p.35）。

〈神戸市立博物館蔵〉

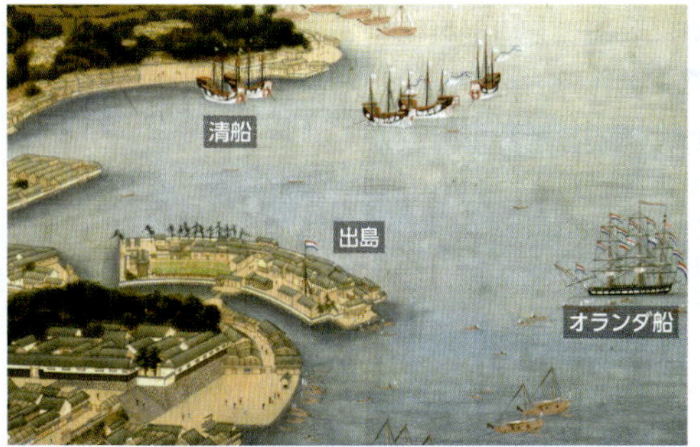

▲⑩**長崎の出島**　1641年に平戸のオランダ人を移転させ，出入を厳しく統制した。この**長崎口**の他に開かれた**対馬口**・**薩摩口**・**松前口**を，「**四つの口**」と称する（➡p.41）。

〈写本，国立国会図書館蔵〉

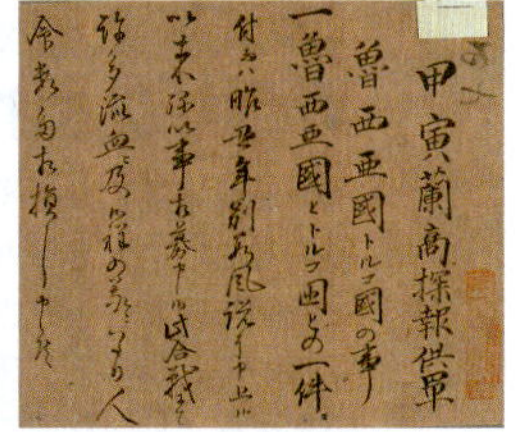

▲⑪**オランダ風説書**　オランダ船が入港するたびに，オランダ商館長が老中に提出した海外情報書。写真は1854年の口書きで，クリミア戦争のことなどが書かれている。

時を支配する君主　～暦と元号

〈早稲田大学図書館蔵〉

暦は天体観測や占星術と結びつきながら発達し，その正確さが農作業にも影響したことから，暦を支配する中国の皇帝は時をも支配すると考えられた。また**元号**は，中国の皇帝の治世を表すものとして定められた。そのため冊封国は中国の元号と暦の使用を義務づけられた。日本が唐代以降独自の元号を用い，のちに暦を開発したことは，中国の権威を否定し，独立した国家としての意志表明でもあった。逆に朝鮮は，19世紀まで中国の元号を使い続けた。

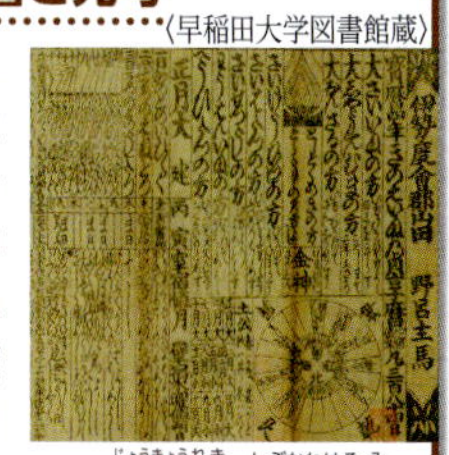

▲③**貞享暦**　渋川春海が完成させた，初めての日本独自の暦。1685～1754年に使用された。

➡p.52

宋を囲む武人政権

〈『男衾三郎絵詞』東京国立博物館蔵〉

宋は文治政治をめざしたが，宋を囲む東アジア諸地域では武人政権が誕生した。渤海が遊牧騎馬民の**キタイ**（**契丹**）に併合され，**高麗**でもクーデタにより武人政権が成立した。それらは**金**の南宋攻撃の軍事力，あるいはモンゴルに抵抗した**三別抄**としてのちに痕跡を残した。日本でも，平将門・藤原純友らの乱の鎮圧に端を発した武士勢力が，源氏・平氏ら武門の棟梁に統合され，12世紀の**平清盛**政権，そして**源頼朝**の**鎌倉幕府**開設へと結びついていった。

▲⑥**武芸の訓練をする鎌倉時代の武士**

世界に知れ渡る日本銀　➡p.113

1530年代に博多商人が朝鮮伝来の**灰吹法**という精錬技術を**石見銀山**に導入すると，効率よく銀を採取できるようになった。この精錬技術が広まり，17世紀初めには日本は世界の銀の3分の1を産出するほどになった（➡p.37）。日本銀は中国に運ばれたが，豊臣秀吉の朝鮮出兵以降，日本船が中国に渡航できなくなると，ポルトガル船が仲介して大きな利益をあげた。

▲⑨**ポルトガル人が描いた日本地図**　「Hivami」＝石見，「Argenti fodina」＝銀鉱山と表記される。

長崎と広州

長崎は1641年に，**広州**（➡p.117）は西洋諸国に対し1757年に，対外的に唯一の貿易港となった。両港は国家が管理して，さかんに交通・通商が行われた。広州は長崎を参考にしたと考えられ共通点も多いが，両者には違いもある。長崎では末端の人々まで何らかの交易の利益を受けたが，高官と商人が結託する広州ではそうならなかった。さらに長崎では，中国人やオランダ人は上流階級や知識層の間で敬意をもたれたが，広州の人々は中華思想（➡p.97）にもとづき外国人を見下したとされる。

▲⑫**清朝のヨーロッパとの窓口 広州**

日本と世界のつながり② ～日米関係を軸に

日本 東アジア ヨーロッパ アメリカ

日本のおもな［輸入品］［輸出品］

世界のおもな動き(アメリカ中心)	日本のおもな動き	時代	対応
	1792 ロシア使節ラクスマン来航	江戸時代	1 近代世界システムに組み込まれる日本
○ アメリカ北部の工業化進む	1825 異国船打払令		
1840 **アヘン戦争**(～42) ➡p.228	53 **ペリー**，浦賀に来航 ➡p.42～43		
➤**ペリー** 日本に来航し開国を要求。	54 **日米和親条約**締結 蘭・露・英と同様の条約締結(～55)		
57 インド大反乱(～59) ➡p.224	58 **日米修好通商条約**締結 蘭・露・英・仏と同様の条約締結(安政の五か国条約)		
61 アメリカ，**南北戦争**(～65) ➡p.207	○ 尊王攘夷運動さかん		
〈開国後の貿易〉輸出品：金・生糸・茶	63 長州藩，下関で外国船を砲撃 薩英戦争		
輸入品：綿織物・毛織物・武器 西洋の近代文明 (制度・技術・文化・思想・風俗)	64 四国連合艦隊，下関を砲撃 67 大政奉還		
	68 戊辰戦争(～69) ○ 明治維新	明治時代	
	71 **日清修好条規**締結 岩倉使節団派遣(～73) 74 台湾出兵 ▲**伊藤博文** 初代内閣総理大臣。		
75 江華島事件 ➡p.233	76 **日朝修好条規**締結		
	79 琉球を領有し，沖縄県設置		
○ アメリカ，工業生産世界一に	81 国会開設の勅諭		
○ **帝国主義**の時代へ ➡p.217	89 **大日本帝国憲法**発布		
1890 「フロンティアの消滅」宣言 ➡p.206	94 **日清戦争**(～95) ➡p.230 日米通商航海条約調印		2 日本の産業革命と帝国主義のめばえ
98 列強の中国分割(～99) ➡p.230 米西戦争，アメリカがフィリピン等領有，ハワイ併合	95 下関条約締結→三国干渉 ○ 日本の産業革命の進展		
〈産業革命後の貿易〉輸出品：繊維産業(軽工業)	1902 **日英同盟**締結		
輸入品：綿花・米・機械	04 **日露戦争**(～05) ➡p.231		
○ 日本人移民排斥運動の激化	05 ポーツマス条約締結 10 **韓国併合** ➡p.233		
1912 中華民国成立 ➡p.230	11 日米通商航海条約改正		
1914 **第一次世界大戦**(～18) ➡p.234～237		大正時代	
〈大戦景気〉輸出品：製糸・鉄鋼産業(重工業)	1915 二十一か条要求		
輸入品：鉄鉱石・石炭	17 石井-ランシング協定締結		
1918 「十四か条の平和原則」発表	18 米騒動 シベリア出兵(～22)		
19 **ヴェルサイユ条約**調印 ➡p.240 21 **ワシントン会議**開催(～22)	19 ヴェルサイユ条約で旧ドイツ領南洋諸島の委任統治権獲得		
24 アメリカで排日移民法成立	31 **満州事変**起こる ➡p.247	昭和時代	3 アメリカの覇権に挑戦する日本
29 **世界恐慌**始まる ➡p.250	33 国際連盟脱退を通告 37 **日中戦争**(～45) ➡p.247		
39 アメリカ，日米通商航海条約破棄を通告	39 ノモンハン事件		
1939 **第二次世界大戦**(～45) ➡p.254～256			
1941 米英蘭，日本資産を凍結 「ABCDライン」形成	1940 日独伊三国同盟締結 41 **日ソ中立条約**締結 真珠湾奇襲，**太平洋戦争**(～45) ➡p.255		
44 ブレトン=ウッズ会議 ➤**フランクリン=ローズヴェルト** 世界恐慌や第二次大戦期の大統領。	45 広島・長崎に原爆投下 ➡p.256 **ポツダム宣言**受諾 46 日本国憲法公布		
○ **冷戦**開始			4 アメリカの覇権と取り込まれる日本
1950 **朝鮮戦争**(～53) ➡p.298	1951 **サンフランシスコ平和条約・日米安全保障条約**調印 ➡p.257,263		
〈高度経済成長期〉輸出品：重化学工業	54 自衛隊発足		
輸入品：原材料・資源・エネルギー	56 **日ソ共同宣言**調印 ➡p.257 日本の**国連加盟**承認 ➡p.265		
1962 キューバ危機 ➡p.264	60 日米新安全保障条約調印		
65 **ベトナム戦争**(～75) ➡p.294	65 **日韓基本条約**調印		
71 金・ドル交換停止(ドル=ショック)	68 日本に小笠原が返還される		
73 石油危機(オイル=ショック)	72 日本に**沖縄**が返還される		
79 第2次石油危機 ➡p.269	78 **日中平和友好条約**調印		
1989 冷戦終結 ➡p.270		平成時代	
1991 湾岸戦争 ➡p.288	1991 多国籍軍へ支援		
93 EU発足 ➡p.280	92 PKO協力法成立		
2001 米，**同時多発テロ事件** ➡p.278			
03 イラク戦争	2016 **安全保障関連法**施行		

1 近代世界システムに組み込まれる日本

世界全図p.42~45

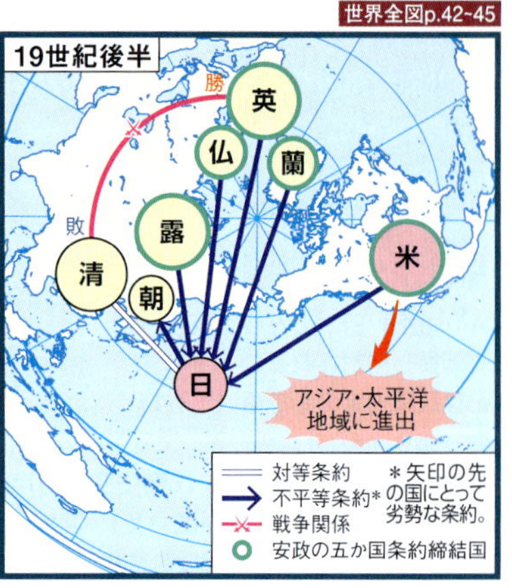

アヘン戦争に敗れた清が開国した後，アジア・太平洋地域に市場や資源を求めたアメリカは，**日米和親条約**により日本を開国させた。さらに日本は，関税自主権がなく治外法権を定めた，不平等な修好通商条約を欧米諸国と結び，**近代世界システム**(➡p.184)に組み込まれた。**日清修好条規**は対等であったが，江華島事件を機に朝鮮を開国させた**日朝修好条規**は朝鮮に不平等であった。この間，日本は欧米諸国をめざす近代化を推進した。

2 日本の産業革命と帝国主義のめばえ

世界全図p.44~47

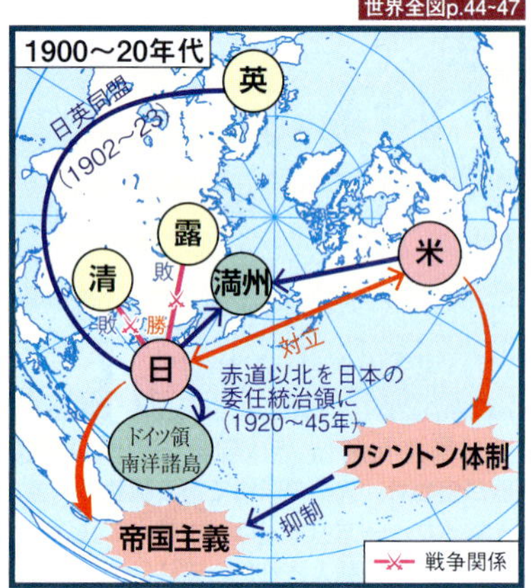

日清・日露戦争に勝利した日本は，中国・朝鮮への**帝国主義**的進出を強め，欧米諸国と結んだ不平等条約を改正し，**産業革命**を達成した。日露戦争後，**満州**をめぐり日米は対立し，さらに第一次世界大戦後，アメリカ主導の**ワシントン体制**が形成され，日本の帝国主義は完全に抑えこまれた。アメリカ国内では増加した日系**移民**への反発が強まったが，日本経済は対米貿易に大きく依存していた。

3 アメリカの覇権に挑戦する日本

世界全図p.46~47

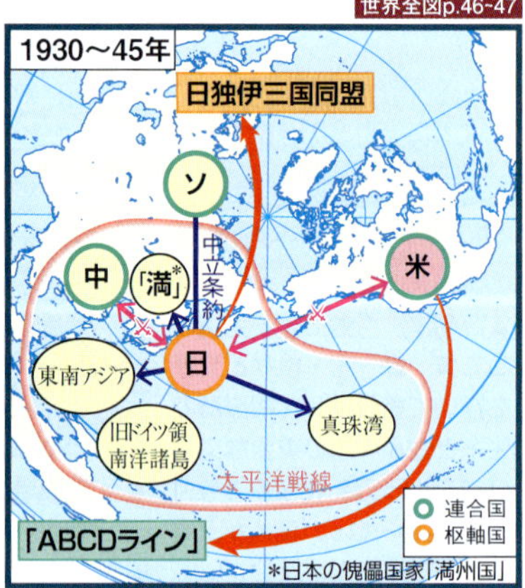

満州事変後，外交的に孤立した日本は中国への侵略を進めた。日本はその後勃発した**日中戦争**の長期化を打開するため，資源を求めて東南アジアへ進出した。アメリカは「**ABCD**(米・英・中・蘭)**ライン**」を形成し，東アジアにおける日本の軍国主義的膨張を抑えようとした。日本はハワイ真珠湾を奇襲攻撃し，**太平洋戦争**が始まった。**日独伊三国同盟**にもとづき，独・伊も対米参戦し，**第二次世界大戦**は全世界規模に拡大した。

4 アメリカの覇権と取り込まれる日本

世界全図p.48~51

〈講談社『興亡の世界史⑲』〉

中国や朝鮮半島での共産党政権の成立に危機感をもったアメリカは，**朝鮮戦争**勃発を契機に日本を独立させ，共産主義に対する防壁として西側陣営に組み込んだ。日本は**日ソ共同宣言**により**国際連合**へ加盟し，国際社会に復帰した。**冷戦**終結後もアメリカ軍の基地や施設は世界の約150か国に配備されており，日本もアメリカ軍にとっての要衝になっている。アメリカ軍は，中国・ロシア等の旧東側諸国を包囲するかのように配備されている。

アクティブラーニング アメリカが覇権をにぎる過程で，日本との外交関係はどのように変遷していっただろう。また，日本はアメリカにとってどのような立ち位置にあったか，各国との関係性を考慮して話し合い，発表してみよう。

〈神奈川県立歴史博物館蔵〉

〈加藤祐三著『黒船前後の世界』〉

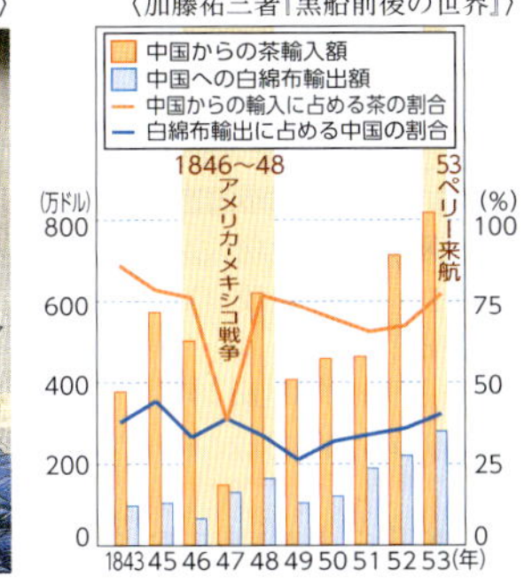

▲①**黒船**(左)と②**アメリカの対清国貿易**(右) 19世紀前半から茶の輸入や綿布の輸出を軸とする対清国貿易を重視したアメリカは，太平洋航路や捕鯨船の寄港地を求め，日本を開国させた。図①は当時の日本人が想像で描いた，**ペリー**艦隊の旗艦とみられる風刺画。

テーマ アメリカの産業革命の原動力 鯨油

当時進行していたアメリカの産業革命において，鯨油は石油精製以前の油として，街灯や機械の潤滑油などに不可欠であった。南部の綿糸製造者にとっても，昼夜工場を稼働させてイギリスに綿糸を供給するために鯨油が必要だった。アメリカの捕鯨業は，薪水給与のための寄港地として日本を必要とした。ペリーは，アメリカの街灯を灯し，近代化を進めるために日本に来航したともいえる。

▲③**アメリカの捕鯨** 最盛期には700隻もの捕鯨船があったとされ，鯨油は重要な外貨獲得の手段でもあった。

〈三菱重工㈱長崎造船所提供〉

▲④**長崎造船所** 1887年，三菱に払い下げられ，重工業部門の**産業革命**を主導した。

➤⑤**排日を訴えるアメリカの選挙ポスター**(1920年) カリフォルニアに手を伸ばす日本を，アメリカがはばんでいる。

テーマ 鳥類資源の宝庫 南洋諸島

この地域の鳥類の羽毛やはく製は，日本にとって重要な輸出品であった。羽飾りが使用された婦人帽はフランスへ輸出され，ファッションとしても流行した。フィリピンやグアムを領有し，太平洋地域への支配欲をふくらませるアメリカは，旧**ドイツ領南洋諸島**を獲得した日本を警戒した。窒素やリン鉱などを含む海鳥糞(グアノ)は農地の地力回復に有効で，アメリカはその獲得をめざした。日米の太平洋地域進出は，鳥類資源や軍需資源ともなるリン鉱の獲得という側面があった。

▲⑥**鳥類資源 アホウドリ** 羽毛から製作される衣服は軽くて暖かく，捕獲対象にされた。

〈森武麿著『日本の歴史⑳』〉

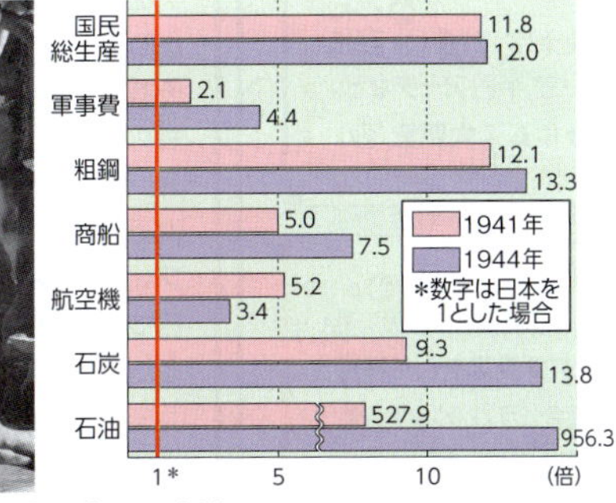

▲⑦**世界恐慌のあおりを受ける農家**(左)と⑧**日米の国力比**(右) **世界恐慌**により生糸の対米輸出がとだえ，養蚕農家は大打撃を受けた。世界恐慌によってアメリカの経済も大きくゆらいだ。日本は対米戦争の短期戦を想定したが，日米の国力の格差は明らかであった。

テーマ SEA PowerからSKY Powerへ

第一次世界大戦後のワシントン体制での海軍軍縮条約にみられるように，1920年代は戦艦保有量(t数)が軍事力を左右したが，その後アメリカは空軍を充実させ，爆撃機を大量に保有した。一方，日本は依然として，戦艦を主とした戦略をとった。アメリカは**太平洋戦争**中，日本から遠く離れたグアムやサイパンから日本へ爆撃機を発進させており，日米の主力軍備の違いが勝敗を分けたといえる。以後，SKY Powerを手に入れたアメリカが世界の覇権をにぎっていく。

▲⑨**長崎への原爆投下** テニアン島を離陸したB29爆撃機が投下した。

▲⑩**サンフランシスコ平和条約調印式**(1951年) **サンフランシスコ平和条約**と同時に締結された**日米安全保障条約**により，日米の同盟関係が成立した。

〈2015年撮影〉

▲⑪**握手を交わす日米首相**(2015年) 日本の**安全保障関連法**は，アメリカに歓迎されたが，日本国内の賛否は分かれている。

テーマ 米戦略上の沖縄 ～「太平洋の要石」

沖縄の米軍基地は，海外に駐留するアメリカ最大の基地であり，アメリカは沖縄を**「太平洋の要石」**と称して極東戦略の拠点とした。実際に，**朝鮮戦争・ベトナム戦争**は，沖縄なくしてはありえなかった。「核抜き・本土なみ」の**沖縄返還**がようやく1972年に実現したが，日本の米軍専用施設の約71％が沖縄県に集中し，沖縄本島の約８％が米軍専用施設に占められている。

▲⑫**嘉手納基地からベトナムへ飛び立つB52** 沖縄では，祖国復帰運動の高まりとともに，撤去要求のデモが行われた。

特集 西洋建築史完全整理

〈円形本堂内径・天井の高さとも43.2m〉
➤①パンテオン(万神殿，ローマ) ハドリアヌス帝(➡p.72)によって建てられた神殿。ローマ最大の円蓋建築。

1 神々のための建築

注)( )の表記のイタリアは，所在地で記載

エジプト建築 前27世紀～

- **背景** 王権(中央集権制)の成立
- **特色** 住宅はれんがであるが，王権を象徴するピラミッドや多くの神殿は大規模で，石灰岩，花崗岩などの石造である。
- **建築** ギザの**ピラミッド**(前26世紀ごろ) ➡p.56
  カルナックのアメン大神殿(前14世紀ごろ)

ギリシア建築 前7世紀～

- **背景** アクロポリスの丘を中心とした都市国家
- **特色** 円柱の根元の半径を基準とした比例の定式(オーダー)で建造されている神殿建築と，神殿を中心とした都市計画。➡p.65
- **建築** コンコルディア神殿(シチリア，前6世紀ごろ)
  パルテノン神殿(ギリシア，前5世紀ごろ)➡p.65,68

エトルリア建築 前8世紀～

- **背景** 地中海での交易
- **特色** 石造城壁の都市，**アーチ工法**採用。➡p.70

ローマ建築 前1世紀～

- **背景** 世界帝国ローマの成立
- **特色** ローマ時代には，共同住宅，浴場，劇場，競技場など巨大建築物が建てられた。れんがと**コンクリート**で本体をつくり，仕上げに石を使うという方法がとられ，ローマ支配下の各地に広まった。
- **建築** **コロッセウム，水道橋，凱旋門，公共浴場，道路，パンテオン** ➡p.75,76～77

▲②**聖マルコ大聖堂**(ヴェネツィア) **聖ソフィア大聖堂**(➡p.139)の影響を受けて建造されている。

オリエント建築 前21世紀～

- **背景** 乾燥した気候 民族の激しい興亡
- **特色** 迫り出し式**アーチ工法**を利用し，泥れんがで城壁・神殿・家屋を建て，戦時を意識している。
- **建築** **ジッグラト**(イラク，前25世紀ごろ)➡p.55
  ペルセポリス(イラン，前5世紀ごろ)➡p.60

ヘレニズム建築 前4世紀～

- **背景** アレクサンドロスの遠征
- **特色** 新都市を建設し，劇場・図書館などもつくる。建物の配置に対称性を重んじる。➡p.69

ビザンツ建築 4世紀～

- **背景** ローマとオリエントの技術を統合 ➡p.152
- **特色** 教会は上から見ると，ギリシア十字型(正十字)が多く，**ドーム**と**モザイク壁画**が特徴。
- **建築** 聖マルコ大聖堂(ヴェネツィア)，**聖ソフィア大聖堂**(トルコ)

初期キリスト教建築 4世紀～

- **背景** ローマのキリスト教公認 ➡p.152
- **特色** ローマ公共建築の様式である。上から見ると長方形の**バシリカ様式**の教会堂が特徴。
- **建築** 聖マリア=マッジョーレ聖堂(ローマ)

イスラーム建築 6世紀～

- **背景** **イスラームの拡大，偶像崇拝の禁止**
- **特色** タマネギ型のドーム，ミナレット(尖塔)，アラベスク装飾。
- **建築** **アルハンブラ宮殿**(スペイン)➡p.127
  岩のドーム(イェルサレム)➡p.144

ロマネスク建築 11世紀～

- **背景** 中世世界の成立 ➡p.152
- **特色** 教会はラテン十字型(長十字)が多い。石造**ヴォールト**，厚い壁，小さい窓，半円**アーチ**など。
- **建築** **ピサ大聖堂**(ピサ) **ヴォルムス大聖堂**(独)

ゴシック建築 12世紀～

- **背景** 「見る聖書」としての役割 ➡p.152
- **特色** 12世紀以降，北フランスから西欧に普及。高い尖塔，**尖頭アーチ**，**ステンドグラス**などが特徴。
- **建築** シャルトル大聖堂(仏)，ミラノ大聖堂(ミラノ)，ランス大聖堂(仏)，ケルン大聖堂(独)，ノートルダム大聖堂(仏)，ブールジュ大聖堂(仏)

ルネサンス建築 15世紀～

- **背景** ルネサンスの隆盛 建築家の誕生 ➡p.158
- **特色** 点対称の平面をもつ集中形式の建築が理想とされ，大**ドーム**と列柱が特徴。
- **建築** **聖マリア=デル=フィオーレ大聖堂**(フィレンツェ)
  聖ピエトロ大聖堂(ヴァティカン)

右ページに続く

▲③**岩のドーム**(イェルサレム) ウマイヤ朝期の建築。内部は華麗な**アラベスク**と**モザイク**で装飾されている。ドームや外壁のタイルはオスマン朝時代に修復されたもの。

◀④**ガーゴイル** ヨーロッパの教会の外壁には，しばしばグロテスクな怪物やユーモラスな人間の像がついている。これらはガーゴイルとよばれ，13世紀以降さかんに取りつけられた。その用途は**排水口**である。

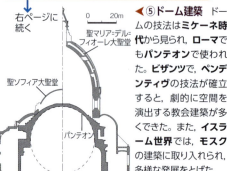

0 20m
聖マリア=デル=フィオーレ大聖堂
聖ソフィア大聖堂
パンテオン

◀⑤**ドーム建築** ドームの技法は**ミケーネ時代**から見られ，**ローマ**で**パンテオン**で使われた。**ビザンツ**で，**ペンデンティヴ**の技法が確立すると，劇的に空間を演出する教会建築が多くできた。また，**イスラーム世界**では，**モスク**の建築に取り入れられ，多様な発展をとげた。

テーマ 重力との戦い

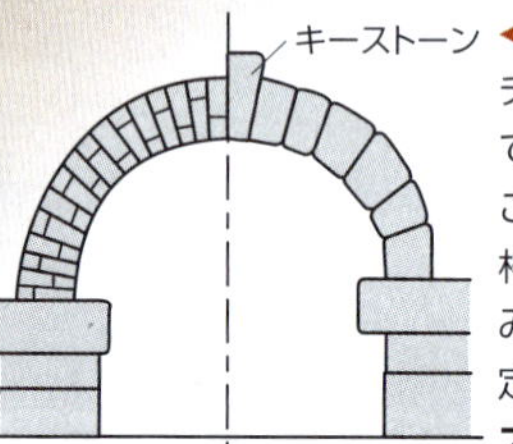

◀⑥**アーチ工法** アーチ工法では自由な大きさで頑丈な開口部をつくることができる。築くには枠をあて両側から石を積み，最後に中央の石で固定するので，これを**キーストーン**とよぶ。

➤⑦**交差ヴォールト**(交差穹窿)・**リブヴォールト**(肋骨穹窿) アーチを横方向に連続させたものが**ヴォールト**，それを2つ直交させたものが交差ヴォールト。ゴシック期には，骨組みを示す線状の**リブ**(肋骨のような形からつけられた)が発達した。

飛梁

◀⑧**飛梁**(フライング=バットレス) ヴォールトは必然的にアーチより多く横力を生むため，壁は厚くして，その力を抑える必要があり，そのため窓は小さくつくらざるをえなかった。**飛梁**の採用によって，その力が壁にかからないようになり，大きな窓やより高い聖堂建設が可能になった。

➤⑨**ドームとペンデンティヴ** 中世には，円は天上，正方形は地上を象徴した。四角と円形ドームの組み合わせ問題をビザンツは**ペンデンティヴ**で解決した。正方形の外接円上に半球を乗せ，さらに高いドームを重ねる。

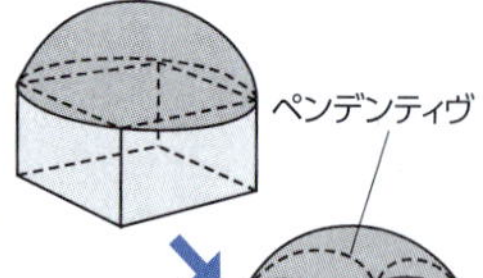

2 国王のための建築

ルネサンス建築

17世紀～

バロック建築

背景 **反宗教改革，絶対王政期**

特色 教会や国王の威光を誇示する，豪壮・躍動的文化。スペインを通じて中南米にも広まった。都市においては，壮麗な道路・広場・噴水なども意図的に造営された。➡p.178

建築 **ヴェルサイユ宮殿**(仏)
リュクサンブール宮殿(仏)

➤ ⑩ヴェルサイユ宮殿

18世紀～

ロココ建築

背景 **フランスにおけるサロンの流行**

特色 繊細・優雅な様式。重厚なバロック様式に対し，白を基調とした上品な室内装飾や，家具調度品などが重視されるようになった。➡p.179

建築 **サンスーシ宮殿**(独)
スービーズ館(仏)

世界遺産

➤ ⑪サンスーシ宮殿(ポツダム)

バシリカ様式
❶聖マリア=マッジョーレ聖堂(ローマ)
❷聖パオロ=フォーリ=レ=ムーラ聖堂(ローマ)

ビザンツ様式
❸聖マルコ大聖堂(ヴェネツィア)
❹聖ソフィア大聖堂(イスタンブル)
❺聖ヴィターレ聖堂(ラヴェンナ)

ロマネスク様式
❻ロンドン塔(ロンドン)
❼ピサ大聖堂(ピサ)
❽クリュニー修道院(マコン近郊)
❾ヴォルムス大聖堂(ヴォルムス)
❿マインツ大聖堂(マインツ)

ゴシック様式
⓫シャルトル大聖堂(シャルトル)
⓬ミラノ大聖堂(ミラノ)
⓭ケルン大聖堂(ケルン)
⓮アミアン大聖堂(アミアン)
⓯ノートルダム大聖堂(パリ)
⓰聖ドニ大聖堂(サンドニ)
⓱ブールジュ大聖堂(ブールジュ)
⓲カンタベリ大聖堂(カンタベリ)
⓳ランス大聖堂(ランス)

ルネサンス様式
⓴聖マリア=デル=フィオーレ大聖堂(フィレンツェ)
㉑聖ピエトロ=イン=モントリオのテンピエット(ローマ)
㉒サンタンドレア教会(マントヴァ)
㉓シュノンソー城(ロワール地方)

近代建築
㉗マジョリカハウス(ウィーン)
㉘サグラダ=ファミリア(バルセロナ)
㉙バウハウス(ヴァイマル)

バロック・ロココ様式
㉔ヴェルサイユ宮殿(ヴェルサイユ)
㉕リュクサンブール宮殿(パリ)
㉖サンスーシ宮殿(ポツダム)

▲⑫ヨーロッパの建築

3 人々のための建築

世界遺産

▲⑭**ウィーンの集合住宅**　歴史様式から脱するために合目的性を唱えた，オーストリアのオットー=ヴァーグナーの代表作。通称マジョリカハウス。とくにマジョリカ焼のタイルを使った花模様の壁面装飾は有名で，世紀末ウィーンを代表するもの。

19世紀末～

近代建築運動

背景 **産業革命後の社会の近代工業化**
19世紀後半に，鉄・ガラス・コンクリートなどの新建材登場

特色 近代工業社会は従来の生活を大きく変え，伝統的な建築様式では対応が困難になったとき，新社会にふさわしい建築をめざし，伝統を発展的に継承しようという動きと，伝統を否定し新たに理想的社会をつくろうという動きが**社会主義**と連動して起こってきた。

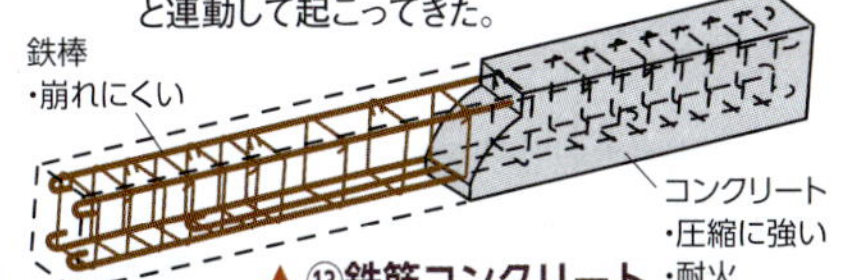

▲⑬**鉄筋コンクリート**

伝統の継承と新たな着想

世界遺産

伝統を無視した近代運動が画一的で無味乾燥におちいり非人間的な都市をつくり出す一方，地方では伝統を引きついだ**ガウディ**などが現われ，やがて近代を批判する**ポストモダン**へとつながっていった。

◀⑮**サグラダ=ファミリア**　ガウディがバルセロナに残した未完の聖堂。

伝統の否定的展開

背景 **工業化時代にふさわしい機能的・合理的な都市計画**

特色 新素材を使用し，装飾よりも機能性を重視した建築。先駆者の一人である**ベーレンス**の影響を受け，グロピウスやル=コルビュジエなどが多くの提言と建築を行った。

➤⑯**バウハウス校舎**　グロピウスがヴァイマルにつくった建築学校。鉄筋コンクリート，無装飾な壁面，大きなガラス窓などを特色とする様式。**国際様式**として各国に普及。

世界遺産

テーマ
曲線美と直線美

アール=ヌーヴォー　流れるような曲線による新しい様式。19世紀末のパリで発展した。各種分野の工芸デザインに及び，ジャポニスムとの関係も深い。

◀⑰**パリ地下鉄の入り口**

アール=デコ　アール=ヌーヴォーの過剰な曲線装飾に対し，対称的・直線的な装飾様式。1925年のパリ工芸美術博覧会に由来する。アメリカで発展し，摩天楼やデパートが建てられた。

➤⑱**クライスラービル**
(ニューヨーク)

世界遺産

特集 西洋思想史完全整理

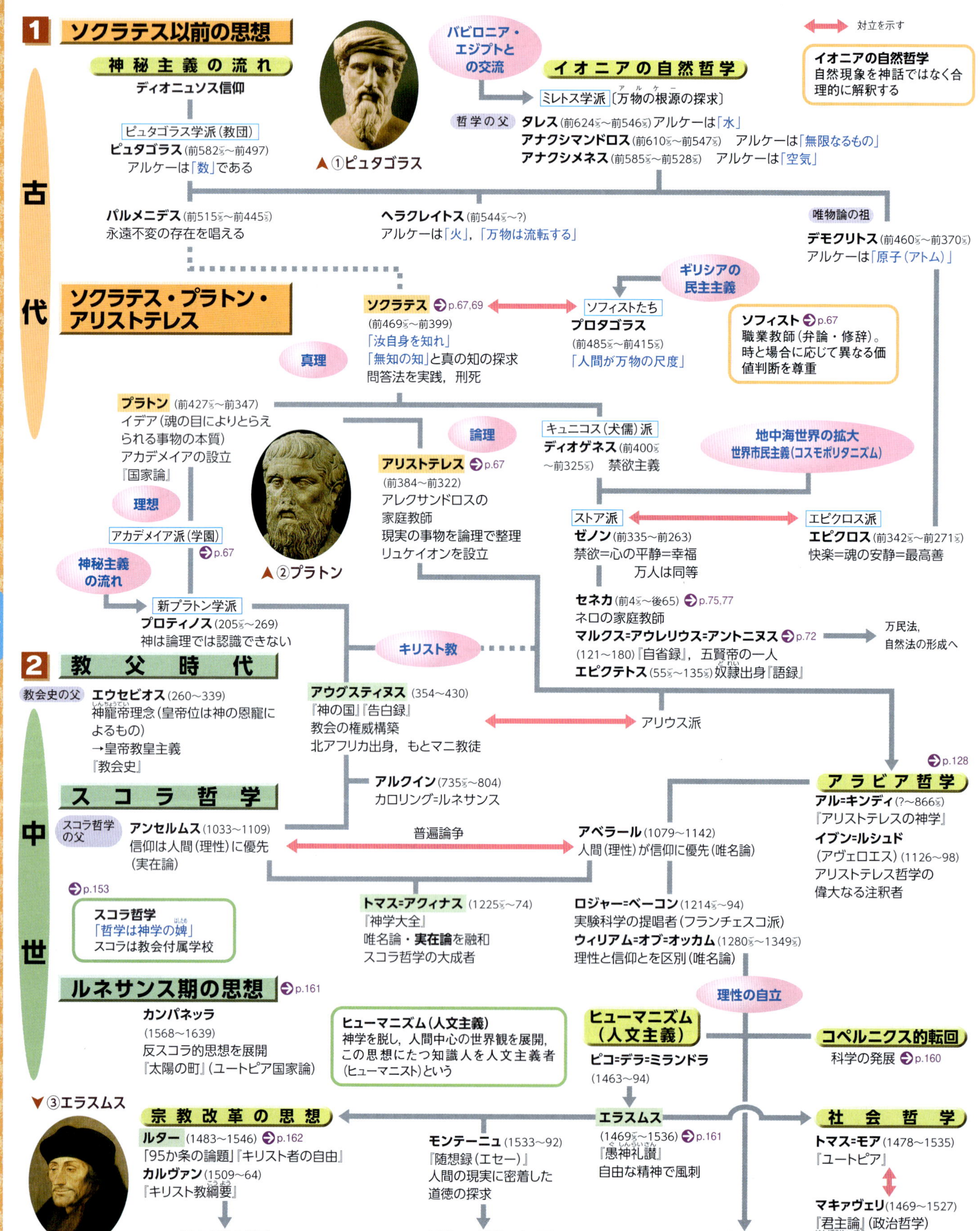

⟷ 対立を示す
1 ソクラテス以前の思想
古代
神秘主義の流れ
ディオニュソス信仰
ピュタゴラス学派(教団)
ピュタゴラス(前582?～前497)
アルケーは「数」である
▲①ピュタゴラス
バビロニア・エジプトとの交流
イオニアの自然哲学
ミレトス学派〔万物の根源の探求〕
哲学の父 タレス(前624?～前546?)アルケーは「水」
アナクシマンドロス(前610?～前547?) アルケーは「無限なるもの」
アナクシメネス(前585?～前528?) アルケーは「空気」
イオニアの自然哲学
自然現象を神話ではなく合理的に解釈する
パルメニデス(前515?～前445?)
永遠不変の存在を唱える
ヘラクレイトス(前544?～?)
アルケーは「火」,「万物は流転する」
唯物論の祖
デモクリトス(前460?～前370?)
アルケーは「原子(アトム)」
ソクラテス・プラトン・アリストテレス
ギリシアの民主主義
ソクラテス p.67,69
(前469?～前399)
「汝自身を知れ」
「無知の知」と真の知の探求
問答法を実践,刑死
真理
ソフィストたち
プロタゴラス
(前485?～前415?)
「人間が万物の尺度」
ソフィスト p.67
職業教師(弁論・修辞)。
時と場合に応じて異なる価値判断を尊重
プラトン(前427?～前347)
イデア(魂の目によりとらえられる事物の本質)
アカデメイアの設立
『国家論』
理想
アカデメイア派(学園)
p.67
神秘主義の流れ
▲②プラトン
論理
アリストテレス p.67
(前384～前322)
アレクサンドロスの家庭教師
現実の事物を論理で整理
リュケイオンを設立
キュニコス(犬儒)派
ディオゲネス(前400?～前325?) 禁欲主義
地中海世界の拡大
世界市民主義(コスモポリタニズム)
ストア派
ゼノン(前335～前263)
禁欲=心の平静=幸福
万人は同等
エピクロス派
エピクロス(前342?～前271?)
快楽=魂の安静=最高善
新プラトン学派
プロティノス(205?～269)
神は論理では認識できない
キリスト教
セネカ(前4?～後65) p.75,77
ネロの家庭教師
マルクス=アウレリウス=アントニヌス p.72
(121～180)『自省録』,五賢帝の一人
万民法,自然法の形成へ
エピクテトス(55?～135?)奴隷出身『語録』
2 教父時代
中世
教会史の父 エウセビオス(260～339)
神寵帝理念(皇帝位は神の恩寵によるもの)
→皇帝教皇主義
『教会史』
アウグスティヌス(354～430)
『神の国』『告白録』
教会の権威構築
北アフリカ出身,もとマニ教徒
アリウス派
p.128
アラビア哲学
アル=キンディ(?～866?)
『アリストテレスの神学』
イブン=ルシュド
(アヴェロエス)(1126～98)
アリストテレス哲学の偉大なる注釈者
スコラ哲学
アルクイン(735?～804)
カロリング=ルネサンス
スコラ哲学の父
アンセルムス(1033～1109)
信仰は人間(理性)に優先
(実在論)
普遍論争
アベラール(1079～1142)
人間(理性)が信仰に優先(唯名論)
p.153
スコラ哲学
「哲学は神学の婢」
スコラは教会付属学校
トマス=アクィナス(1225?～74)
『神学大全』
唯名論・実在論を融和
スコラ哲学の大成者
ロジャー=ベーコン(1214?～94)
実験科学の提唱者(フランチェスコ派)
ウィリアム=オブ=オッカム(1280?～1349?)
理性と信仰とを区別(唯名論)
ルネサンス期の思想 p.161
カンパネッラ
(1568～1639)
反スコラ的思想を展開
『太陽の町』(ユートピア国家論)
ヒューマニズム(人文主義)
神学を脱し,人間中心の世界観を展開,この思想にたつ知識人を人文主義者(ヒューマニスト)という
理性の自立
ヒューマニズム(人文主義)
ピコ=デラ=ミランドラ
(1463～94)
コペルニクス的転回
科学の発展 p.160
▼③エラスムス
宗教改革の思想
ルター(1483～1546) p.162
「95か条の論題」『キリスト者の自由』
カルヴァン(1509～64)
『キリスト教綱要』
個人主義の発展
モンテーニュ(1533～92)
『随想録(エセー)』
人間の現実に密着した道徳の探求
因習への懐疑・合理論へ
エラスムス
(1469?～1536) p.161
『愚神礼讃』
自由な精神で風刺
イギリス経験論へ
社会哲学
トマス=モア(1478～1535)
『ユートピア』
マキァヴェリ(1469～1527)
『君主論』(政治哲学)
権謀術数 p.158

3 17～18世紀の思想

p.176,177

近代

▲④デカルト

大陸合理論

デカルト (仏,1596～1650)
「われ思う，ゆえにわれあり」『方法序説』
「困難は分別せよ」

合理論
人間の理性を重視し論理的に結論を導く(演繹法)
フランスを中心に発展

経験論
実験と観察を重ね，現実に即した認識を得る(帰納法)
イギリスを中心に発展

パスカル(仏,1623～62)
『パンセ』
「人間は考える葦である」

スピノザ(蘭,1632～77)
『倫理学(エチカ)』(汎神論)

ライプニッツ
(独,1646～1716)
『単子(モナド)論』
記号論理学

汎神論
すべての物体や概念・法則が神のもっている性質のあらわれとする考え方

啓蒙思想
キリスト教を背景とした伝統的権威や制度に対し，人間の理性をもとにした合理的批判を行い，人間生活の進歩を勧める考え方

観念論
世界のものごとは，自分の心がそれを認めたとき存在するという考え方

イギリス経験論

フランシス=ベーコン (英,1561～1626)
帰納法，『新オルガヌム』『随筆集』
「知は力なり」

ホッブズ(英,1588～1679)
「万人の万人に対する闘争」
『リヴァイアサン』(「契約による絶対主権」をもつ国家の必要性を主張)

ロック (英,1632～1704)
「人民の抵抗権」(革命権)
『人間悟性論』，『統治二論(市民政府二論)』「心」は白紙状態(タブラ=ラサ)で，経験を通じて認識される。p.176

バークリ(英,1685～1753)
『人知の原理』

ヒューム(英,1711～76)
『人間本性論』(懐疑論)

海外進出と世界観の拡大

国際法

国際法の父
グロティウス(蘭,1583～1645)『海洋自由論』
『戦争と平和の法』
p.169

ボーダン(仏,1530～96)
ユグノー戦争のなかで寛容を主張，国家主権強化を通じて解決を説く『国家論』

ボシュエ(仏,1627～1704)
王権神授説　ルイ14世に仕える

経済思想

フランス啓蒙哲学

モンテスキュー
(仏,1689～1755)
『法の精神』(三権分立論)

ヴォルテール(仏,1694～1778) p.174,176
『哲学書簡(イギリスだより)』

百科全書派
ディドロ
(仏,1713～84)
ダランベール
(仏,1717～83)

ルソー (仏,1712～78)
「自然(各人が自由・平等・独立・自足の状態)に帰れ」
『社会契約論』p.176
『人間不平等起源論』

社会主義 p.182,183
資材や利益は労働者の共有とし，階級的差別のない社会をつくろうとする考え

ドイツ観念論哲学

批判哲学の祖
カント (独,1724～1804)
『純粋理性批判』『実践理性批判』『判断力批判』
『永遠平和のために』

ショーペンハウエル(独,1788～1860)厭世哲学(ペシミズム)
「世界の本質は盲目的な生への意志である」

イギリス功利主義

ベンサム(英,1748～1832)
「最大多数の最大幸福」

4 19世紀の思想

弁証法
対立する理論を統一し，さらに高度な新しい境地を生み出そうとする方法

歴史学派
各地域固有の歴史的経緯を重要視。ナショナリズムをあと押しする

ナショナリズム
p.202

フィヒテ(独,1762～1814)
『ドイツ国民に告ぐ』p.177,190,202
ベルリン大学初代総長

シェリング
(独,1775～1854)
自我と自然の合一

ヘーゲル (独,1770～1831)
『精神現象学』『歴史哲学』
弁証法哲学を提唱

ジョン=ステュアート=ミル
(英,1806～73)社会改良主義

功利主義
個人の利害と社会一般の利害を合致させようとする思想

工業化
p.182

初期(空想的)社会主義

サン=シモン(仏,1760～1825)
フーリエ(仏,1772～1837)
ロバート=オーウェン(英,1771～1858)
p.182

フォイエルバッハ(独,1804～72)
唯物論哲学『キリスト教の本質』

社会学の祖
コント(仏,1798～1857)
実証主義哲学

科学的社会主義

マルクス (独,1818～83) p.183
エンゲルス (独,1820～95)
『資本論』『共産党宣言』

スペンサー (英,1820～1903)
社会進化論(社会ダーウィニズム)

歴史学・歴史法学

ランケ(独,1795～1886)
サヴィニー (独,1779～1861)
国民固有の歴史的法制度

実存主義

キェルケゴール
(デンマーク,1813～55)
『死に至る病』

ニーチェ (独,1844～1900)「神は死んだ」
『ツァラトゥストラ(ゾロアスター)はかく語りき』p.212

20世紀の思想

現代

実存主義
観念的な人間把握ではなく，人間の主体的・自覚的なあり方に重点をおく考え方

構造主義
事物そのもののみでなく，事物と事物の間に作用しあう関係性(構造)に着目する考え方

現象学

フッサール
(独,1859～1938)
『デカルト的省察』

現象学
超越的な観念や理論を考えず，純粋な意識体験としての世界や生活の存在を考える

ヤスパース(独,1883～1969)
『理性と実存』

ハイデガー (独,1889～1976)
『存在と時間』

サルトル(仏,1905～80)
実存主義を文学に適用
『実存哲学』『存在と無』

構造主義

レヴィ=ストロース(仏,1908～2009)
『悲しき熱帯』
フーコー (仏,1926～84)
『知の考古学』

精神分析学

フロイト p.203
(墺,1856～1939)
『夢の解釈』

プラグマティズム
実用主義と訳し，真理の基準を人生における実用的価値としておく考え方

プラグマティズム

デューイ
(米,1859～1952)
『民主主義と教育』
道具主義

マックス=ヴェーバー (独,1864～1920)『プロテスタンティズムの倫理と資本主義の精神』

カウツキー
(独,1854～1938)
p.242

ローザ=ルクセンブルク
(1871～1919)
スパルタクス団を指導

カール=リープクネヒト
(1871～1919)
スパルタクス団を指導

レーニン p.238
(露,1870～1924)
『帝国主義論』

毛沢東 p.247
(中,1893～1976)
『新民主主義論』
『矛盾論』

現代ヒューマニズム

ロマン=ロラン(仏,1866～1944)
絶対平和主義　『ジャン=クリストフ』

バートランド=ラッセル(英,1872～1970) p.267
核兵器批判，パグウォッシュ会議につながる

シュヴァイツァー (仏,1875～1965)
生命への畏敬　アフリカでの医療

ヨーロッパ

1 主権国家体制確立からウィーン体制成立まで

注）地図中の❶～㉛は表中の番号と対応し，国境線や領域の変遷に関わる内容を示す。
条約解説文中の各国名略称は巻頭の「世界史の基礎知識」を参照。

- **ウェストファリア条約（1648）** ❶ 三十年戦争の講和条約。主権国家体制の確立。神聖ローマ帝国内の領邦君主の主権確立と独立国化。カルヴァン派の公認。仏がアルザス獲得。スウェーデンが西ポンメルンを獲得。スイス・蘭の独立承認。➡p.169
- **カルロヴィッツ条約（1699）** ❷ 第2次ウィーン包囲に失敗したオスマン帝国と墺・ヴェネツィア・ポーランド間の条約。オスマン帝国の衰退が決定的になった。墺がハンガリーの大半とトランシルヴァニアを獲得。➡p.132,223
- **ユトレヒト条約（1713）** ❸ スペイン継承戦争の講和条約。ブルボン家のスペイン王位継承を承認するが，仏とスペインの合邦を永久禁止。英はスペインからジブラルタル・ミノルカ島を，仏からハドソン湾地方とアカディア，ニューファンドランドを獲得。➡p.168,186
- **ラシュタット条約（1714）** ❹ 神聖ローマ皇帝カール6世と仏のルイ14世が締結。スペイン継承戦争の完全終結。墺がスペイン領ネーデルランド・ミラノ・ナポリ・サルデーニャを獲得。➡p.170
- **アーヘン和約（1748）** ❺ オーストリア継承戦争の終結。マリア=テレジアのハプスブルク家継承を承認。普がシュレジエンを獲得。➡p.174
- **フベルトゥスブルク和約（1763）** ❻ 七年戦争の終結。マリア=テレジアの子ヨーゼフの皇帝位の継承を承認。普のシュレジエン領有を再確認。➡p.174
- **パリ条約（1763）** 七年戦争とフレンチ-インディアン戦争の講和条約。英の北米支配が確定。英は，仏からカナダとミシシッピ川以東のルイジアナ，スペインからフロリダを獲得。スペインは，仏からミシシッピ川以西のルイジアナを獲得。➡p.186
- **パリ条約（1783）** アメリカ独立戦争後に締結された英と米の講和条約。英が米の独立を承認し，ミシシッピ川以東のルイジアナを割譲。仏は北米より一時撤退。➡p.187
- **ウィーン議定書（1815）** ❼ フランス革命・ナポレオン戦争後の国際秩序再建。近代外交手続きが確立。露はポーランド，普はザクセン北半分とラインラントを獲得。墺は，蘭に南ネーデルランド（ベルギー）を割譲し，ヴェネツィアとロンバルディアを獲得，英は，蘭領のセイロン島とケープ植民地を領有。スイスは永世中立国に。➡p.192

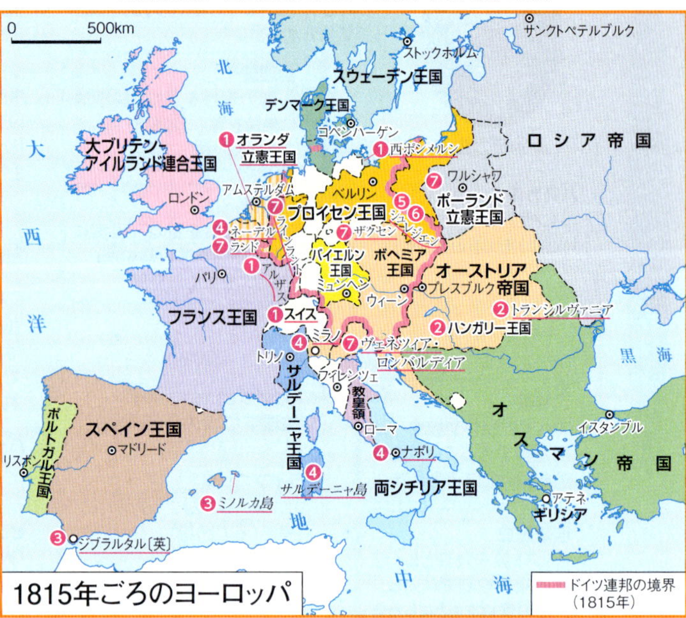

1815年ごろのヨーロッパ

2 列強の世界進出開始から第一次世界大戦まで

- **イギリス-オランダ協定（1824）** ❽ マラッカ海峡をはさみ，英がマレー半島とシンガポールを，蘭がスマトラ・ジャワをそれぞれ勢力圏にすることを相互承認。現代のインドネシアとマレーシアの国境のもとに。➡p.226
- **南京条約（1842）** ❾ アヘン戦争の講和条約。その翌年の追加条約により，中国（清）の最初の不平等条約となった。清が広州など5港を開港し，公行廃止。英へ香港島を割譲。➡p.229
- **プロンビエール密約（1858）** ❿ 仏とサルデーニャ王国の密約による協定。仏がサルデーニャのイタリア統一戦争の支援を，サルデーニャはサヴォイアとニースの仏への割譲を約束。➡p.200
- **北京条約（1860）** ⓫ アロー戦争の講和条約。清と英・仏・露との間で結ばれた条約。清は天津を開港，英へ九竜半島南部を割譲。露へウスリー川以東（沿海地方）を割譲。➡p.205,229
- **ベルリン条約（1878）** ⓬ 露土戦争後のサンステファノ条約の露有利の内容に英と墺が反発し，ビスマルクの調停によるベルリン会議で締結。ルーマニア，セルビア，モンテネグロの独立承認。ボスニア・ヘルツェゴヴィナの統治権は墺へ。英はキプロス島の行政権をトルコより獲得。ブルガリアの領土は大幅縮小され，半独立の自治公国として独立。ロシアの南下政策は挫折。➡p.223
- **ベルリン（西アフリカ）会議（1884～1885）** ⓭ アフリカ分割に対するヨーロッパ列強間の会議。先占権（先に占領した国が領有できる権利）の確認。アフリカ分割が加速化。コンゴ川流域の統治権をベルギーが獲得し，コンゴ自由国が成立した。➡p.220
- **露仏同盟（1891（94）～1917）** 1891年に政治協定，1892年に軍事協定に発展し，1894年に完成。ビスマルク辞任後に締結された，独に対抗するための秘密条約。➡p.204,216
- **下関条約（1895）** ⓮ 日清戦争の講和条約。朝鮮の独立を確認し，清は遼東半島・台湾・澎湖列島を日本に割譲。露・独・仏の三国干渉により遼東半島は返還。➡p.230
- **北京議定書（辛丑和約）（1901）** 義和団事件収拾のため，清と日・露・英・仏・米・独など11か国との条約。各国軍隊の北京駐兵が認められ，列強による中国進出が加速。➡p.228,229
- **日韓協約（1904・1905・1907）** ⓯ 日本による大韓帝国植民地化のための3次にわたる協約。日本は，第2次日韓協約（韓国保護条約）で大韓帝国の外交権を奪い，保護国化。➡p.232
- **英仏協商（1904）** ⓰ ファショダ事件の平和的解決から協力関係へ転換し，締結。英のエジプト支配，仏のモロッコ支配を互いに保障し，独の進出に対抗。➡p.234
- **アルヘシラス会議（1906）** ⓱ 第1次モロッコ事件（1905）をおさめるために独が要求した国際会議。独は孤立し，モロッコは仏の勢力範囲へ。➡p.220
- **英露協商（1907）** ⓲ イランやアフガニスタンなどにおける英と露の勢力範囲を画定し，協力関係形成。イラン南東部は英，北部は露，中部は緩衝地帯へ。アフガニスタンは英の勢力範囲となり，チベットは清の宗主権を承認し，内政不干渉を決定。➡p.205,222,234
- **韓国併合条約（1910）** ⓳ 日本が大韓帝国に要求した完全植民地化のための条約。大韓帝国は日本の領土に編入。➡p.232～233
- **ローザンヌ条約（1912）** ⓴ 伊土戦争の講和条約。トリポリとキレナイカが伊領へ。➡p.220
- **ロンドン条約（1912）** ㉑ 第1次バルカン戦争の講和条約。バルカン同盟とオスマン帝国間で締結。オスマン帝国は，イスタンブルを除くバルカン半島とクレタ島を失う。➡p.234
- **サイクス-ピコ協定（1916）** ㉒ 英・仏・露によるオスマン帝国分割の秘密条約。三国の勢力範囲を決定し，パレスチナを国際管理地域へ。フサイン-マクマホン協定（1915）やバルフォア宣言（1917）と内容的に矛盾。➡p.244
- **ブレストリトフスク条約（1918）** ㉓ 第一次世界大戦中のソヴィエト政権と独の単独講和条約。ソヴィエト政権は独の要求でポーランド・ウクライナ・フィンランドなど広大な領土を失い，戦争から離脱したが，大戦後，独の敗戦により破棄された。➡p.234,235,238

1910年ごろの世界

3 ロシアの領土の拡大

- **ネルチンスク条約(1689)** 露と清が，スタノヴォイ山脈(外興安嶺)とアルグン川を結ぶ線を国境に画定。➡p.173,205
- **ニスタット条約(1721)** 1700年からの北方戦争の講和条約。露はバルト海沿岸部(エストニアなど)を獲得。スウェーデンはフィンランドを回復。➡p.172
- **キャフタ条約(1727)** 清と露がモンゴル方面の国境を画定し，通商事項を定めた。➡p.173,205
- **キュチュク=カイナルジャ条約(1774)** 第1次露土(ロシア-トルコ)戦争後のオスマン帝国と露の講和条約。ロシアが，アゾフなど，黒海北岸地方を獲得し，オスマン帝国はギリシア正教徒への保護権，クリム=ハン国の宗主権と黒海の支配権を失う。➡p.172,223
- **トルコマンチャーイ条約(1828)** イラン-ロシア戦争後，カージャール朝イランが露に治外法権を認めた不平等条約。イランの半植民地化の出発点。イランが，露にアルメニアを割譲。➡p.204,222〜223
- **パリ条約(1856)** クリミア戦争後の講和条約。ボスポラス・ダーダネルス海峡の通行禁止，黒海の中立化により，露の南下政策が阻止される。オスマン帝国の領土保全。列強の利害を調整する。➡p.204
- **アイグン条約(1858)** 露と清の国境条約。露が黒竜江(アムール川)以北を領有，ウスリー川以東(沿海地方)を両国の共同管理地と画定。➡p.205,228
- **北京条約(1860)** 清が露へ，ウスリー川以東(沿海地方)を割譲。➡p.205,229
- **樺太・千島交換条約(1875)** 露と日本が国境を画定。樺太全島を露領，全千島列島を日本領に。➡p.204,232
- **サンステファノ条約(1878)** 露土(ロシア-トルコ)戦争の講和条約。ブルガリアは自治が承認され露の事実上の保護国へ。露の南下成功に英・墺が猛反対し，国際危機を招くが，ベルリン条約により，露の南下は再び阻止された。➡p.205
- **イリ条約(1881)** 露と清が国境を画定。露は，イリ地方を清に返還するが，通商上の利権を獲得。➡p.205,228
- **ポーツマス条約(1905)** 日露戦争の講和条約。韓国の保護権，遼東半島南部，北緯50度以南の樺太を日本が獲得。➡p.232

条約が成立するまで

＊日本では国会での採決による承認

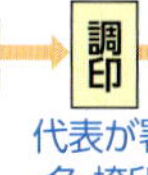
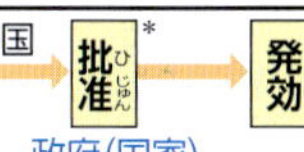

外交関係を結ぶということは，相手国を主権国家として認めることである(近代外交の基本)。国家間で条約を締結する際には，全権委任状を持った全権委員(ただし，大統領・総理・外務大臣は国家代表と見なされ，委任状は必要なし)が国際会議での交渉にのぞむ。会議での採択が終わると，代表者による条約の署名(調印)が行われ，その条約が効力をもつには(発効)，国家の承認(批准)が必要になる。

◀①サンフランシスコ平和条約調印式　署名を行う吉田首相以下の全権委員(1951年9月8日)。同時に，**日米安全保障条約**も結ばれ，10月の国会批准で，あまりのアメリカ一辺倒の内容のため，反対が続出，西側陣営入りの是非をめぐって日本に深い亀裂を残した。

4 ヴェルサイユ体制から第二次世界大戦後(1951年)まで

- **ヴェルサイユ条約(1919)** ㉔ 第一次世界大戦後の独と連合国の講和条約。独への厳しい軍備制限と賠償義務，領土の大幅削減。国際連盟の設立。アルザス・ロレーヌは仏領。西普(ポーランド回廊)はポーランド領へ。ダンツィヒは自由市として国際連盟管理下へ。ラインラントの非武装化。海外の全植民地の放棄。➡p.240
- **サンジェルマン条約(1919)** ㉕ 第一次世界大戦後の墺と連合国の講和条約。オーストリア-ハンガリー帝国の領土がいくつかの民族国家に分割され，帝国は解体。軍備が厳しく制限され墺と独の合併を禁止。「未回収のイタリア」はイタリア領に。➡p.241
- **ヌイイ条約(1919)** ㉖ 第一次世界大戦後のブルガリアと連合国の講和条約。ブルガリア領のうち，西トラキアがギリシア領となりエーゲ海への出口を失う。ユーゴスラヴィアに領土の一部を割譲。ドブルジャをルーマニアへ返還。➡p.241
- **トリアノン条約(1920)** ㉗ 第一次世界大戦後のハンガリーと連合国の講和条約。ハンガリー領のうち，スロヴァキアがチェコ領となる。クロアティア，ボスニアがユーゴスラヴィア領に。トランシルヴァニアがルーマニア領へ。➡p.241
- **セーヴル条約(1920)** ㉘ 第一次世界大戦後のオスマン帝国と連合国の講和条約。メソポタミアとパレスチナを英，シリアを仏の委任統治領とする。➡p.241,244
- **ワシントン会議(1921〜1922)** 米の提唱で開催された国際会議。中国の主権の尊重と門戸開放を決めた九か国条約，太平洋の現状維持と日英同盟の破棄を定めた四か国条約，海軍主力艦の保有比率を定めた海軍軍備制限条約を締結。➡p.240
- **ローザンヌ条約(1923)** ㉙ ムスタファ=ケマルのトルコ新政権と連合国との講和条約。治外法権を認めたセーヴル条約を破棄し，主権を回復。イズミル・イスタンブル周辺・トラキア東部を回復し，治外法権を撤廃させ独立を守る。➡p.240,244
- **ロカルノ条約(1925)** ヨーロッパの安全保障条約。独と仏・ベルギー国境の安全保障を約し，ラインラントの非武装化を再確認，仏とポーランド・チェコスロヴァキアとの安全保障を約す。➡p.240
- **不戦条約(ケロッグ-ブリアン協定)(1928)** ケロッグ(米)とブリアン(仏)が提唱。紛争解決の手段としての戦争を放棄することを約束。15か国が調印。➡p.240
- **ロンドン海軍軍縮会議(1930)** 海軍補助艦の比率を英米10に対し，日本を7弱と定める。日本国内では反発があり，軍国主義化が進む。➡p.240
- **イギリス連邦経済会議(1932)** 英とその連邦諸国の間の大恐慌に対するブロック経済方式(スターリング=ブロック)の採用。世界のブロック経済化やその形成化が加速。➡p.250
- **ミュンヘン会談(1938)** ㉚ 独・伊・英・仏の4首脳会談。対独の宥和政策の典型。ヒトラーの領土要求を認め，チェコスロヴァキアのズデーテン地方の独への割譲を決定。➡p.254
- **独ソ不可侵条約(1939)** 独とソ連間の相互不可侵条約。独はポーランドへ侵攻し，第二次世界大戦が勃発。秘密条項で，ポーランドとバルト3国の分割，東欧での互いの権益圏を定めた。➡p.252〜253
- **日ソ中立条約(1941)** 日本とソ連の間で，互いの中立を守ることを約した条約。日本の南進政策が決定。➡p.255
- **ダンバートン=オークス会議(1944)** 米・英・ソ連・中国の代表が，第二次世界大戦後の国際連合の原則(国連憲章)を決定した会議。➡p.254,259
- **ヤルタ会談(1945)** 米・英・ソ連の代表により，第二次世界大戦後の体制の大枠と枢軸国の戦後処理が定められたヤルタ協定が成立。➡p.259
- **パリ講和条約(1947)** 連合国と伊・ルーマニア・ハンガリー・ブルガリア・フィンランドとの間で結ばれた講和条約。➡p.262
- **西ヨーロッパ連合条約(1948)** 英仏とベネルクス3国の連合条約。NATOの原形。➡p.261
- **サンフランシスコ平和条約(1951)** ㉛ 第二次世界大戦後の日本と共産圏などを除く48連合国との単独講和条約。日本は独立を回復し，朝鮮・台湾・南樺太・千島列島を正式に放棄。同時に，日米安全保障条約を締結し，日本は米陣営へ。➡p.263

1950年ごろの世界

イギリス

①ウィリアム1世（征服王） ➔p.140
（1066〜87）

ノルマン朝

＊最初仏王ルイ7世妃，離婚して英王妃に。

ロバート2世（ノルマンディー公）
②ウィリアム2世（1087〜1100）
アデラ（ブロワ伯妃）
マティルダ（スコットランド王女）＝③ヘンリ1世（1100〜35）
④スティーヴン（1135〜54）
ジョフロア（アンジュー伯）＝マティルダ

プランタジネット朝

①ヘンリ2世（1154〜89）＝エレオノール＊
②リチャード1世（獅子心王）（1189〜99） ➔p.144
③ジョン（欠地王）（1199〜1216） ➔p.149
④ヘンリ3世（1216〜72）
⑤エドワード1世（1272〜1307） ➔p.149
⑥エドワード2世（1307〜27）＝イザベル（仏王フィリップ4世娘）
⑦エドワード3世（1327〜77）

▲①ウィリアム1世
ヘースティングスの戦いで勝利し王位につく。「峻厳にして残酷」と評された。

百年戦争の英軍の英雄。甲冑が黒色であったため，「黒太子」とよばれた。

エドワード（黒太子）
ジョン（ランカスター公）
エドモンド（ヨーク公）
⑧リチャード2世（1377〜99）

ランカスター朝

①ヘンリ4世（1399〜1413）
②ヘンリ5世（1413〜22）
③ヘンリ6世（1422〜61）（1470〜71）
エドモンド＝テューダー

ヨーク朝

①エドワード4世（1461〜70）（1471〜83）
②エドワード5世（1483）
③リチャード3世（1483〜85）

テューダー朝

①ヘンリ7世（1485〜1509）＝エリザベス
（スペイン王女）キャサリン（カタリナ）＝②ヘンリ8世（1509〜47） ➔p.162＝ジェーン＝シーモア
アン＝ブーリン
④メアリ1世（1553〜58） ➔p.166
⑤エリザベス1世（1558〜1603） ➔p.166
③エドワード6世（1547〜53）
マーガレット＝ジェームズ4世（スコットランド王）
ジェーン＝グレー（1553）
メアリ＝ステュアート ➔p.166

ステュアート朝

①ジェームズ1世（1603〜25）（スコットランド王ジェームズ6世）
②チャールズ1世（1625〜49） ➔p.167
③チャールズ2世（1660〜85）
メアリ＝ウィレム2世（オラニエ公）
④ジェームズ2世（1685〜88）
ウィリアム3世（1689〜1702）＝⑤メアリ2世（1689〜94）
（共治） ➔p.167
⑥アン（1702〜14）
エリザベス＝フリードリヒ（フレデリック）（プファルツ侯）
ソフィア＝ハノーファー選帝侯

ハノーヴァー朝

①ジョージ1世（1714〜27）
②ジョージ2世（1727〜60）
③ジョージ3世（1760〜1820）
④ジョージ4世（1820〜30）
⑤ウィリアム4世（1830〜37）
⑥ヴィクトリア女王（1837〜1901） ➔p.195
⑦エドワード7世（1901〜10）

ウィンザー朝

（1917以降改称）
⑧ジョージ5世（1910〜36）
⑨エドワード8世（1936）（ウィンザー公）
⑩ジョージ6世（1936〜52）
⑪エリザベス2世（1952〜）

フランク王国

カール＝マルテル（宮宰，714〜741）

①〜⑪の番号がついた人物は，ローマ皇帝位を得た

カロリング朝

①ピピン3世（ピピン（小），短軀王）（国王，751〜768） ➔p.138
②カール大帝（シャルルマーニュ）（フランク王，768〜814，皇帝，800〜814）
③ルートヴィヒ1世（敬虔王，ルイ1世）（814〜840）

在位46年で53回も出征したとされ，一大帝国を築いた。

①ロタール1世（イタリア王，皇帝，840〜855）
①ルートヴィヒ2世（東フランク王，843〜876）
①シャルル2世（禿頭王）（西フランク王，843〜877，皇帝，875〜877）
②ルートヴィヒ2世（イタリア王，844〜75，皇帝，855〜75）
②カール3世（肥満王）（東フランク王，876〜887，皇帝，881〜887，西フランク王，884〜887）
④アルヌルク（東フランク王，887〜899，皇帝，896〜899）
ルートヴィヒ4世（899〜911，絶）
⑪ルイ5世（986〜987，絶）

フランス

カペー朝

①ユーグ＝カペー（987〜996）
②ロベール2世（敬虔王，996〜1031）
③アンリ1世（1031〜60）
④フィリップ1世（1060〜1108）
⑤ルイ6世（肥満王，1108〜37）
⑥ルイ7世（若年王，1137〜80）
⑦フィリップ2世（尊厳王，1180〜1223）
⑧ルイ8世（獅子王，1223〜26）
⑨ルイ9世（聖王，1226〜70）
⑩フィリップ3世（勇胆王，1270〜85）
⑪フィリップ4世（端麗王，1285〜1314） ➔p.150

▶⑨ルイ9世
第6回，第7回十字軍を主導。死後列聖され，理想の君主とみなされた。 ➔p.144

▶⑪フィリップ4世
聖職者課税問題で教皇ボニファティウス8世と対立。三部会の支持を背景に，教皇庁をアヴィニョンに移し，直接支配した。 ➔p.148

⑫ルイ10世（強情王，1314〜16）
⑬ジャン1世（1316）
⑭フィリップ5世（長身王，1316〜22）
⑮シャルル4世（端麗王，1322〜28）
イザベル（英王エドワード2世妃）

ヴァロワ朝

シャルル（ヴァロワ伯）
①フィリップ6世（1328〜50）
②ジャン2世（1350〜64）
③シャルル5世（1364〜80）
④シャルル6世（1380〜1422）
⑤シャルル7世（1422〜61）
⑥ルイ11世（1461〜83）
⑦シャルル8世（1483〜98）
⑧ルイ12世（1498〜1515）
⑨フランソワ1世（1515〜47）
カトリーヌ＝ド＝メディシス＝⑩アンリ2世（1547〜59）
⑪フランソワ2世（1559〜60）
⑫シャルル9世（1560〜74）
⑬アンリ3世（1574〜89）
マルグリート

ブルボン朝

①アンリ4世（1589〜1610） ➔p.168＝マリ（マリーア）（メディチ家）
②ルイ13世（1610〜43）＝アンヌ（アンナ）（スペインのハプスブルク家）
マリ＝テレーズ（スペインのハプスブルク家）＝③ルイ14世（太陽王）（1643〜1715） ➔p.168
スペイン＝ブルボン朝
フィリップ（オルレアン家）
④ルイ15世（1715〜74）
⑤ルイ16世（1774〜92，1793 刑死）
⑥ルイ18世（1814〜24） ➔p.190
⑦シャルル10世（1824〜30）

オルレアン朝

ルイ＝フィリップ（1830〜48） ➔p.193

（ボナパルト家）
ナポレオン1世（1804〜14,15 フランス皇帝） ➔p.190
ナポレオン3世（1852〜70 フランス皇帝） ➔p.198

第一帝政の復活を夢み，積極的な対外進出を行い人気とりに努めた。普仏戦争に敗れ廃位。

スペイン

（ブルボン朝以降）
ルイ14世（フランス王）＝マリ＝テレーズ（スペインのハプスブルク家）
ルイ

ブルボン朝

マリア＝ルイザ＝①フェリペ5世（1700〜24）（1724〜46）＝エリザベート
ルイ
ルイ15世（フランス王）
②ルイス1世（1724）
③フェルナンド6世（1746〜59）
（略）
⑩ファン＝カルロス1世（1975〜2014）
⑪フェリペ6世（2014〜）

プロイセン・ドイツ

ホーエンツォレルン家

フリードリヒ1世（ブランデンブルク辺境伯，1415〜40）
（6代略）
ヨハン＝ジギスムント（プロイセン公，1618〜20）
ゲオルグ＝ヴィルヘルム（1620〜40）
フリードリヒ＝ヴィルヘルム（大選帝侯，1640〜88）

ポーランドの宗主権を退け，王国の基礎を固めた。

①フリードリヒ3世（1688〜1713）（プロイセン王としてはフリードリヒ1世，1701〜1713）
②フリードリヒ＝ヴィルヘルム1世（1713〜40）
③フリードリヒ2世（大王）（1740〜86） ➔p.174
④フリードリヒ＝ヴィルヘルム2世（1786〜97）

軍事力で強国化を達成した啓蒙専制君主。音楽好きの一面もあった。

⑤フリードリヒ＝ヴィルヘルム3世（1797〜1840）
⑦①ヴィルヘルム1世（1861〜88，ドイツ皇帝，1871〜88）
⑥フリードリヒ＝ヴィルヘルム4世（1840〜61）
②フリードリヒ3世（1888）＝ヴィクトリア（イギリス女王ヴィクトリアの娘）
③ヴィルヘルム2世（1888〜1918，退位）

赤字は女性
( )内の数字は在位年

神聖ローマ帝国

ザクセン(サクソニア)朝
①ハインリヒ1世(ドイツ王, 919~936)
②オットー1世(大帝)(ドイツ王, 936~973 962~, 神聖ローマ皇帝)
ハインリヒ(バイエルン公)
⑤ハインリヒ2世(1002~24)
コンラート(フランク大公家) ＝ ルイトガルト
オットー
ハインリヒ
③オットー2世(973~983)
④オットー3世(983~1002)

ザリエル朝
①コンラート2世(1024~39)
②ハインリヒ3世(1039~56)
③ハインリヒ4世(1056~1106) ➡p.143
教皇グレゴリウス7世に破門(カノッサの屈辱)。
④ハインリヒ5世(1106~25)
アグネス ＝ フリードリヒ(シュタウフェン家 シュヴァーベン)
フリードリヒ(シュヴァーベン公)

ホーエンシュタウフェン朝
②フリードリヒ1世(赤髭王 1152~90)
①コンラート3世(1138~52)(シュヴァーベン大公家)
赤髭(バルバロッサ)のあだ名をもち，ドイツの危機に際して現われるという伝説のもち主。
③ハインリヒ6世(1190~97)
④フィリップ(1198~1208)
⑥フリードリヒ2世(1215~50) シチリア王国を領有。ドイツ領内では領邦国家の形成促進。
ベアトリックス ＝ ⑤オットー4世(1208~15)
⑦コンラート4世(1250~54)

ヴェルフェン朝
ハインリヒ(獅子公)
⑤オットー4世(1208~15)

大空位時代　1254(1256)~73
(ハプスブルク朝ルドルフ1世へ)

(諸王家の交代)

ハプスブルク家
①ルドルフ1世(1273~91)
③アルブレヒト1世(1298~1308)

ナッサウ家
②アドルフ=フォン=ナッサウ(1292~98)

ルクセンブルク家
ハインリヒ7世(1308~13)
カール4世(1346~78) ＝ アン
ジギスムント(1411~37)
ヴェンツェル(1378~1400)

①アルブレヒト2世(1438~39)
②フリードリヒ3世(1439~93)
マリア(ブルゴーニュ公女) ＝ ③マクシミリアン1世(1493~1519)
フェルナンド2世(アラゴン王) ＝ イサベル(カスティリャ王女) ➡p.151
カタリナ(キャサリン)(イギリス王 ヘンリ8世妃)
(スペイン王 フェルナンド5世)
フアナ(ジョアンナ) ＝ フィリップ(オーストリア大公)(カスティリャ王 フェリペ1世)
イサベル(ポルトガル王女) ＝ ④カール5世(スペイン王 カルロス1世)(1519~56)(1516~56)
⑤フェルディナント1世(1556~64)
メアリ1世(英女王) ＝ フェリペ2世(スペイン王 1556~98) ＝ マリア
➡p.165
➡p.165
フェリペ3世(1598~1621)
フェリペ4世(1621~65)
カルロス2世(1665~1700)
スペイン王 ブルボン家へ
⑥マクシミリアン2世(1564~76)
⑦ルドルフ2世(1576~1612)
⑧マティアス(1612~19)
⑨フェルディナント2世(1619~37)
⑩フェルディナント3世(1637~57)
マルガレーテ=テレサ(スペイン王女) ＝ ⑪レオポルト1世(1658~1705) ＝ エレヤノル
⑬カール6世(1711~40)
⑫ヨーゼフ1世(1705~11)
マクシミリアン2世(バイエルン選帝侯) ＝ クニグンダ=ソビエスカ

ヴィッテルスバハ朝
⑭カール7世(1742~45) ＝ マリア=アマリア
マリア=ヨゼファ(ヨーゼフ2世妃)

ハプスブルク=ロートリンゲン朝
①フランツ1世(ロートリンゲン公 1745~65) ＝ マリア=テレジア(オーストリア大公 1740~80) ➡p.174
啓蒙専制君主で，農奴解放や病院・学校の建設など大胆な諸改革を行うが，封建貴族などの反対で成功せず。
➡p.188
②ヨーゼフ2世(1765~90) ➡p.174
③レオポルト2世(1790~92)
マリ=アントワネット(フランス王 ルイ16世妃)
④フランツ2世(1792~1806)
神聖ローマ帝国終焉
同一人物
①フランツ1世(1804~35)(オーストリア皇帝)
マリア=ルイザ(マリ=ルイーズ)(ナポレオン1世后) ➡p.190
②フェルディナント1世(1835~48)
フランツ=カール=ヨーゼフ
エリーザベト ＝ ③フランツ=ヨーゼフ1世(1848~1916)
マクシミリアン(メキシコ皇帝)
カール=ルートヴィヒ
ルドルフ
◀エリーザベト
フランツ=ヨーゼフ1世の妃。美貌で知られ，後期印象派文学に理解を示す。アナーキストに暗殺される。➡p.203
オットー大公
フランツ=フェルディナント(トロンフォルガー公, 1914, サライェヴォ事件で暗殺) ➡p.234
④カール1世(1916~18, 退位)

ロシア

リューリク朝
イヴァン3世(1462~1505 モスクワ大公)
イヴァン4世(1533~84 雷帝) ➡p.172

ロマノフ朝
①ミハイル=フョードロヴィッチ=ロマノフ(1613~45)
②アレクセイ(1645~76)
③フョードル3世(1676~82)
ソフィア ➡p.172
④イヴァン5世(1682~89 のち廃位)
エヴドキア ＝ ⑤ピョートル1世(大帝)(1682~1725) ＝ ⑥エカチェリーナ1世(1725~27)
アレクセイ
⑦ピョートル2世(1727~30)
⑧アンナ=イヴノヴナ(1730~40)
⑨イヴァン6世(1740~41)
カール=フリードリヒ(ドイツ辺境伯) ＝ アンナ
⑩エリザヴェータ(1741~62)
⑪ピョートル3世(1762, 廃位, 暗殺) ＝ ⑫エカチェリーナ2世(1762~96)
⑬パーヴェル1世(1796~1801) ➡p.173
⑭アレクサンドル1世(1801~25)
⑮ニコライ1世(1825~55)
⑯アレクサンドル2世(1855~81,1881暗殺) ➡p.204
コンスタンティン
オルガ(ギリシア王 ゲオルグ1世妃)
⑰アレクサンドル3世(1881~94)
⑱ニコライ2世(1894~1917, 翌年刑死) ➡p.238
ミハイル

ローマ教皇
(おもな教皇のみ)

代	在位	教皇
初代	?~64?	**ペテロ**
第45代	440~461	**レオ1世**
第64代	590~604	**グレゴリウス1世**
第70代	625~638	ホノリウス1世
第96代	795~816	**レオ3世**
第103代	847~855	レオ4世
第105代	858~867	ニコラウス1世
第107代	872~883	ヨハネス8世
第130代	955~964	ヨハネス12世
第152代	1049~54	レオ9世
〔1054	東西教会の分裂確定〕	
第154代	1057~58	ステファヌス9世
第155代	1059~61	ニコラウス2世
第157代	1073~85	**グレゴリウス7世**
第159代	1088~99	**ウルバヌス2世**
第160代	1099~1118	パスカリス2世
第162代	1119~24	カリストゥス2世
第163代	1124~30	ホノリウス2世
第167代	1145~53	エウゲニウス3世
第170代	1159~81	アレクサンデル3世
第171代	1181~85	ルキウス3世
第174代	1187~91	クレメンス3世
第176代	1198~1216	**インノケンティウス3世**
第178代	1227~41	グレゴリウス9世
第181代	1243~54	インノケンティウス4世
第183代	1265~68	クレメンス4世
第193代	1294~1303	**ボニファティウス8世**
〔1309~77	「教皇のバビロン捕囚」➡p.148〕	
第195代	1305~14	クレメンス5世
第196代	1306~34	ヨハネス22世
第198代	1342~52	クレメンス6世
第202代	1370~78	グレゴリウス11世
〔1378~1417	教会大分裂(大シスマ)〕	
第214代	1492~1503	アレクサンデル6世(ボルジア家)
第216代	1503~13	ユリウス2世
第217代	1513~21	**レオ10世**(メディチ家)
第231代	1592~1605	クレメンス8世
第234代	1605~21	パウルス5世
第251代	1800~23	**ピウス7世**
第255代	1846~78	ピウス9世
第256代	1878~1903	レオ13世
第259代	1922~39	ピウス11世
第261代	1958~63	ヨハネス23世
第262代	1963~78	パウルス6世
第264代	1978~2005	**ヨハネ=パウロ2世(ヨハネス=パウルス2世)**
第265代	2005~13	ベネディクト16世
第266代	2013~	**フランシスコ**

初の南米出身の教皇。

国連事務総長

	在任	氏名
①	1946~52	トリグブ=リー(ノルウェー)
②	1953~61	ハマーショルド(スウェーデン)
③	1961~71	ウ=タント(ミャンマー)
④	1972~81	ワルトハイム(オーストリア)
⑤	1982~91	デクエヤル(ペルー)
⑥	1992~96	ブトロス=ガーリ(エジプト)
⑦	1997~2006	アナン(ガーナ)
⑧	2007~16	潘基文(韓国)
⑨	2017~	グテーレス(ポルトガル)

イスラーム帝国

アッバース朝

ハーシム家

アッバース（略）　アブド=アッラーフ

- ①アブー=アル アッバース（750～754）
- ②マンスール（754～775）
- ③マフディー（775～785）
- ムハンマド（イスラーム創始者）→p.124
- ④ハーディー（785～786）
- ⑤ハールーン=アッラシード（786～809）
- ⑥アミーン（809～813）
- ⑦マームーン（813～833）
- ⑧ムータスィム（833～842）
- ⑨ワーシク（842～847）
- ⑩ムタワッキル（847～861）
- ⑫ムスタイーン（862～866）
- ⑭ムフタディー（869～870）
- ⑪ムンタスィル（861～862）
- ⑬ムータッズ（866～869）
- ⑮ムータミド（870～892）
- ⑯ムータディド（892～902）
- （略）
- ㊲ムスタースィム（1242～58）

トルコ

オスマン帝国

- ①オスマン1世（1299～1326）→p.132
- ②オルハン（1326～62）
- ③ムラト1世（1362～89）
- ④バヤジット1世（1389～1402）
- （10年空位）
- ⑤メフメト1世（1413～21）
- ⑥ムラト2世（1421～44）（1446～51）
- ⑦メフメト2世（1444～1446）（1451～1481）→p.133
- ⑧バヤジット2世（1481～1512）
- ⑨セリム1世（1512～20）→p.132
- ⑩スレイマン1世（1520～66）→p.133
- ⑪セリム2世（1566～74）
- ⑫ムラト3世（1574～95）
- ⑬メフメト3世（1595～1603）
- ⑭アフメト1世（1603～17）
- ⑮ムスタファ1世（1617～18）（1622～23）
- ⑯オスマン2世（1618～22）
- ⑰ムラト4世（1623～40）
- ⑱イブラヒーム（1640～48）
- ⑲メフメト4世（1648～87）
- ⑳スレイマン2世（1687～91）
- ㉑アフメト2世（1691～95）
- ㉒ムスタファ2世（1695～1703）
- ㉓アフメト3世（1703～30）→p.132
- ㉔マフムト1世（1730～54）
- ㉕オスマン3世（1754～57）
- ㉖ムスタファ3世（1757～74）
- ㉗アブデュル=ハミト1世（1774～89）
- ㉘セリム3世（1789～1807）→p.222
- ㉙ムスタファ4世（1807～08）
- ㉚マフムト2世（1808～39）
- ㉛アブデュル=メジト1世（1839～61）→p.222
- ㉜アブドゥル=アジズ（1861～76）
- ㉝ムラト5世（1876）
- ㉞アブデュル=ハミト2世（1876～1909）→p.222
- ㉟メフメト5世（1909～18）
- ㊱メフメト6世（1918～22）

朝鮮

朝鮮王朝

- ①太祖（李成桂）（1392～98）
- ②定宗（1398～1400）
- ③太宗（1400～18）
- ④世宗（1418～50）→p.123
- ⑤文宗（1450～52）
- ⑦世祖（1455～68）
- ⑥端宗（1452～55）
- ⑧睿宗（1468～69）
- ⑨成宗（1469～94）
- ⑩燕山君（1494～1506）
- ⑪中宗（1506～44）
- ⑫仁宗（1544～45）
- ⑬明宗（1545～67）
- ⑭宣祖（1567～1608）
- ⑮光海君（1608～23）
- ⑯仁祖（1623～49）
- ⑰孝宗（1649～59）
- ⑱顕宗（1659～74）
- ⑲粛宗（1674～1720）
- ⑳景宗（1720～24）
- ㉑英祖（1724～76）
- →p.232
- 養子　大院君
- ㉒正祖（1776～1800）
- 閔妃＝㉖高宗（李太王）（1863～1907）→p.232
- ㉓純祖（1800～34）
- 養子
- ㉕哲宗（1849～63）
- ㉗純宗（1907～10）
- ㉔憲宗（1834～49）

インド

ムガル帝国

→p.134

- ①バーブル（1526～30）
- ②フマーユーン（1530～56）
- ③アクバル（1556～1605）→p.135

ジズヤを廃止するなどヒンドゥー教に寛容な政策をとる。ムガル帝国の真の建設者とされる。

- ④ジャハーンギール（1605～27）
- ムムターズ=マハル→p.134＝⑤シャー=ジャハーン（1627～58）→p.134
- ⑥アウラングゼーブ（1658～1707）→p.135
- ⑦シャー=アーラム（バハードゥル=シャー）（1707～12）
- ⑧ジャハーンダール（1712～13）
- ⑩ラフィー=アッダラジャート（1719）
- ⑨ファッルフシヤル（1713～19）
- ⑪ラフィー=アッダウラ（1719）
- ⑫ムハンマド=シャー（1719～48）
- ⑭アーラムギール（1754～59）
- ⑬アフマド=シャー（1748～54）
- （略）
- ⑰バハードゥル=シャー2世（1837～58）

中国

秦 嬴氏

→p.91

- 荘襄王
- ①始皇帝（政）（前221～前210）
- ③三世皇帝（子嬰）（前207～前206）
- ②二世皇帝（胡亥）（前210～前207）

前漢 劉氏

- ①高祖（劉邦）（前202～前195）→p.92
- ②恵帝（前195～前188）
- ③少帝恭（前188～前184）
- ④少帝弘（前184～前180）
- ⑤文帝（前180～前157）
- ⑥景帝（前157～前141）
- →p.92 ⑦武帝（前141～前87）
- ⑧昭帝（前87～前74）
- ⑨廃帝（賀）（前74）
- ⑩宣帝（前74～前49）
- ⑪元帝（前49～前33）
- ⑫成帝（前33～前7）
- ⑬哀帝（前7～前1）
- ⑭平帝（前1～後5）
- ⑮孺子嬰（後6～8）

内外で実績を上げ，漢の最盛期を現出。一方，外征のための重税を課し，塩鉄専売を実施。

（略）

後漢 劉氏

- ①光武帝（劉秀）（25～57）→p.92
- ②明帝（57～75）
- ③章帝（75～88）
- ④和帝（88～105）
- ⑤殤帝（105～106）
- ⑥安帝（106～125）
- ⑦少帝（125）
- ⑧順帝（125～144）
- ⑨冲帝（144～145）
- ⑩質帝（145～146）
- ⑪桓帝（146～167）
- ⑫霊帝（167～189）
- ⑬少帝（弘農王）（189）
- ⑭献帝（189～220）

三国

魏 曹氏

- 曹操→p.98
- ①文帝（曹丕）（220～226）
- ⑤元帝（260～265）
- ②明帝（226～239）
- ③廃帝（芳）（239～254）
- ④廃帝（髦）（254～260）

蜀 劉氏

- 景帝（前漢）
- ①昭烈帝（劉備）（221～223）
- ②後主禅（223～263）

呉 孫氏

- 孫堅
- ①大帝（孫権）（222～252）
- ②廃帝（亮）（252～258）
- ③景帝（258～264）
- ④烏程侯皓（264～280）

晋 司馬氏

- 高祖宣帝
- 太祖文帝
- 【西晋】①武帝（司馬炎）（265～290）
- 【東晋】
- ②恵帝（290～306）
- ③懐帝（306～313）
- ④愍帝（313～316）
- ①元帝（司馬睿）（317～322）
- ②明帝（322～325）
- ③成帝（325～342）
- ④康帝（342～344）
- ⑧簡文帝（371～372）
- ⑤穆帝（344～361）
- ⑥哀帝（361～365）
- ⑦廃帝（奕）（365～371）
- ⑨孝武帝（372～396）
- ⑩安帝（396～418）
- ⑪恭帝（418～420）

北魏 拓跋氏

- ①道武帝（386～409）
- ②明元帝（409～423）
- ③太武帝（423～452）
- ④文成帝（452～465）
- ⑤献文帝（465～471）
- ⑩長広王曄（530～531）
- ⑫廃帝（朗）（531～532）
- ⑥孝文帝（471～499）→p.98
- ⑨孝荘帝（528～530）
- ⑪節閔帝（531）
- ⑦宣武帝（499～515）
- ⑧孝明帝（515～528）
- 西魏 1文帝（535～551）
- 2廃帝（欽）（551～554）
- 3恭帝（554～556）
- ⑬孝武帝（532～534）
- 東魏 1孝静帝（534～550）

隋 楊氏

- ①文帝（楊堅）（581～604）
- ②煬帝（604～618）→p.100
- ③恭帝（侑）（618）
- ④恭帝（侗）（618～619）

唐 李氏

- ①高祖（李淵）（618～626）
- ②太宗（李世民）（626～649）→p.101
- ③高宗（649～683）＝則天武后（武則天）（690～705）（国号：周）
- 韋后＝④中宗（683～684）（705～710）
- ⑤睿宗（684～690）（710～712）
- 楊貴妃＝⑥玄宗（712～756）→p.103
- ⑦粛宗（756～762）
- ⑧代宗（762～779）
- ⑨徳宗（779～805）
- ⑩順宗（805）
- ⑪憲宗（805～820）
- ⑫穆宗（820～824）
- ⑬敬宗（824～826）
- ⑭文宗（826～840）
- ⑮武宗（840～846）
- ⑯宣宗（846～859）
- ⑰懿宗（859～873）
- ⑱僖宗（873～888）
- ⑲昭宗（888～904）
- ⑳哀帝（昭宣帝）（904～907）

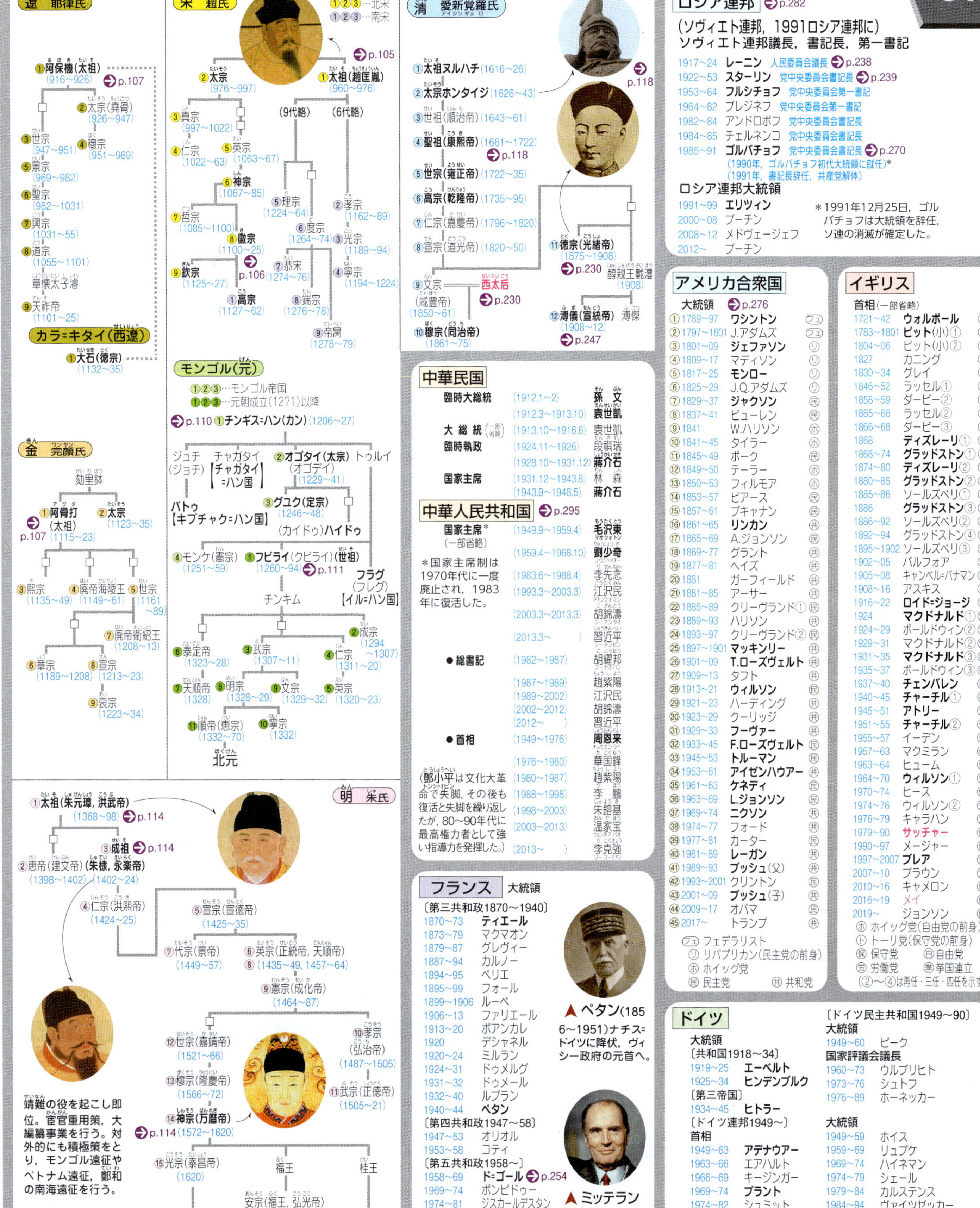

遼 耶律氏

1 阿保機(太祖)(916~926) ➔p.107
2 太宗(尭骨)(926~947)
3 世宗(947~951)
4 穆宗(951~969)
5 景宗(969~982)
6 聖宗(982~1031)
7 興宗(1031~55)
8 道宗(1055~1101)
章懐太子濬
9 天祚帝(1101~25)

カラ=キタイ(西遼)

1 大石(徳宗)(1132~35)

金 完顔氏

劾里鉢
1 阿骨打(太祖)(1115~23) ➔p.107
2 太宗(1123~35)
3 熙宗(1135~49)
4 廃帝海陵王(1149~61)
5 世宗(1161~89)
6 章宗(1189~1208)
7 廃帝衛紹王(1208~13)
8 宣宗(1213~23)
9 哀宗(1223~34)

宋 趙氏

①②③…北宋
①②③…南宋

1 太祖(趙匡胤)(960~976) ➔p.105
2 太宗(976~997)
3 真宗(997~1022)
4 仁宗(1022~63)
5 英宗(1063~67)
6 神宗(1067~85)
7 哲宗(1085~1100)
8 徽宗(1100~25) ➔p.106
9 欽宗(1125~27)
1 高宗(1127~62)
(9代略)　(6代略)
2 孝宗(1162~89)
3 光宗(1189~94)
4 寧宗(1194~1224)
5 理宗(1224~64)
6 度宗(1264~74)
7 恭宗(1274~76)
8 端宗(1276~78)
9 帝昺(1278~79)

モンゴル(元)

①②③…モンゴル帝国
①②③…元朝成立(1271)以降

➔p.110 1 チンギス=ハン(カン)(1206~27)
ジュチ(ジョチ)　チャガタイ【チャガタイ=ハン国】　2 オゴタイ(太宗)(オゴデイ)(1229~41)　トゥルイ
バトゥ【キプチャク=ハン国】
3 グユク(定宗)(1246~48)
(カイドゥ)ハイドゥ
4 モンケ(憲宗)(1251~59)
1 フビライ(クビライ)(世祖)(1260~94) ➔p.111
フラグ(フレグ)【イル=ハン国】
チンキム
2 成宗(1294~1307)
3 武宗(1307~11)
4 仁宗(1311~20)
5 英宗(1320~23)
6 泰定帝(1323~28)
7 天順帝(1328)
8 明宗(1328~29)
9 文宗(1329~32)
10 寧宗(1332)
11 順帝(恵宗)(1332~70)
北元

清 愛新覚羅氏(アイシンギョロ)

1 太祖ヌルハチ(1616~26)
2 太宗ホンタイジ(1626~43) ➔p.118
3 世祖(順治帝)(1643~61)
4 聖祖(康熙帝)(1661~1722) ➔p.118
5 世宗(雍正帝)(1722~35)
6 高宗(乾隆帝)(1735~95)
7 仁宗(嘉慶帝)(1796~1820)
8 宣宗(道光帝)(1820~50)
9 文宗(咸豊帝)(1850~61)＝西太后 ➔p.230
10 穆宗(同治帝)(1861~75)
11 徳宗(光緒帝)(1875~1908) ➔p.230
醇親王載灃(1908)
12 溥儀(宣統帝)(1908~12) ➔p.247　溥傑

明 朱氏

1 太祖(朱元璋，洪武帝)(1368~98) ➔p.114
3 成祖(朱棣，永楽帝)(1402~24) ➔p.114
2 恵帝(建文帝)(1398~1402)
4 仁宗(洪熙帝)(1424~25)
5 宣宗(宣徳帝)(1425~35)
6 英宗(正統帝，天順帝)
8 (1435~49，1457~64)
7 代宗(景帝)(1449~57)
9 憲宗(成化帝)(1464~87)
10 孝宗(弘治帝)(1487~1505)
11 武宗(正徳帝)(1505~21)
12 世宗(嘉靖帝)(1521~66)
13 穆宗(隆慶帝)(1566~72)
14 神宗(万暦帝)(1572~1620) ➔p.114
15 光宗(泰昌帝)(1620)
福王　桂王
安宗(福王，弘光帝)(1644~45)
永明王(永暦帝)(1646~61)
16 熹宗(天啓帝)(1620~27)
17 毅宗(崇禎帝，荘烈帝)(1627~44)

靖難の役を起こし即位。宦官重用策，大編纂事業を行う。対外的にも積極策をとり，モンゴル遠征やベトナム遠征，鄭和の南海遠征を行う。

中華民国

臨時大総統	(1912.1~2)	孫文
	(1912.3~1913.10)	袁世凱
大総統(一部省略)	(1913.10~1916.6)	袁世凱
臨時執政	(1924.11~1926)	段祺瑞
	(1928.10~1931.12)	蔣介石
国家主席	(1931.12~1943.8)	林森
	(1943.9~1948.5)	蔣介石

中華人民共和国 ➔p.295

国家主席*(一部省略)	(1949.9~1959.4)	毛沢東
	(1959.4~1968.10)	劉少奇
	(1983.6~1988.4)	李先念
	(1993.3~2003.3)	江沢民
	(2003.3~2013.3)	胡錦濤
	(2013.3~　)	習近平
●総書記	(1982~1987)	胡耀邦
	(1987~1989)	趙紫陽
	(1989~2002)	江沢民
	(2002~2012)	胡錦濤
	(2012~　)	習近平
●首相	(1949~1976)	周恩来
	(1976~1980)	華国鋒
	(1980~1987)	趙紫陽
	(1988~1998)	李鵬
	(1998~2003)	朱鎔基
	(2003~2013)	温家宝
	(2013~　)	李克強

*国家主席制は1970年代に一度廃止され，1983年に復活した。

鄧小平は文化大革命で失脚，その後も復活と失脚を繰り返したが，80~90年代に最高権力者として強い指導力を発揮した。

ロシア連邦 ➔p.282

(ソヴィエト連邦，1991ロシア連邦に)
ソヴィエト連邦議長，書記長，第一書記

1917~24	レーニン	人民委員会議長 ➔p.238
1922~53	スターリン	党中央委員会書記長 ➔p.239
1953~64	フルシチョフ	党中央委員会第一書記
1964~82	ブレジネフ	党中央委員会第一書記
1982~84	アンドロポフ	党中央委員会書記長
1984~85	チェルネンコ	党中央委員会書記長
1985~91	ゴルバチョフ	党中央委員会書記長 ➔p.270

(1990年，ゴルバチョフ初代大統領に就任)*
(1991年，書記長辞任，共産党解体)

ロシア連邦大統領

1991~99	エリツィン
2000~08	プーチン
2008~12	メドヴェージェフ
2012~	プーチン

*1991年12月25日，ゴルバチョフは大統領を辞任，ソ連の消滅が確定した。

アメリカ合衆国

大統領 ➔p.276

①	1789~97	ワシントン	フェ
②	1797~1801	J.アダムズ	フェ
③	1801~09	ジェファソン	リ
④	1809~17	マディソン	リ
⑤	1817~25	モンロー	リ
⑥	1825~29	J.Q.アダムズ	リ
⑦	1829~37	ジャクソン	民
⑧	1837~41	ビューレン	民
⑨	1841	W.ハリソン	ホ
⑩	1841~45	タイラー	ホ
⑪	1845~49	ポーク	民
⑫	1849~50	テーラー	ホ
⑬	1850~53	フィルモア	ホ
⑭	1853~57	ピアース	民
⑮	1857~61	ブキャナン	民
⑯	1861~65	リンカン	共
⑰	1865~69	A.ジョンソン	民
⑱	1869~77	グラント	共
⑲	1877~81	ヘイズ	共
⑳	1881	ガーフィールド	共
㉑	1881~85	アーサー	共
㉒	1885~89	クリーヴランド①	民
㉓	1889~93	ハリソン	共
㉔	1893~97	クリーヴランド②	民
㉕	1897~1901	マッキンリー	共
㉖	1901~09	T.ローズヴェルト	共
㉗	1909~13	タフト	共
㉘	1913~21	ウィルソン	民
㉙	1921~23	ハーディング	共
㉚	1923~29	クーリッジ	共
㉛	1929~33	フーヴァー	共
㉜	1933~45	F.ローズヴェルト	民
㉝	1945~53	トルーマン	民
㉞	1953~61	アイゼンハウアー	共
㉟	1961~63	ケネディ	民
㊱	1963~69	L.ジョンソン	民
㊲	1969~74	ニクソン	共
㊳	1974~77	フォード	共
㊴	1977~81	カーター	民
㊵	1981~89	レーガン	共
㊶	1989~93	ブッシュ(父)	共
㊷	1993~2001	クリントン	民
㊸	2001~09	ブッシュ(子)	共
㊹	2009~17	オバマ	民
㊺	2017~	トランプ	共

フェ フェデラリスト　リ リパブリカン(民主党の前身)　ホ ホイッグ党　民 民主党　共 共和党

イギリス

首相(一部省略)

1721~42	ウォルポール	ホ
1783~1801	ピット(小)①	ト
1804~06	ピット(小)②	ト
1827	カニング	ト
1830~34	グレイ	ホ
1846~52	ラッセル①	ホ
1858~59	ダービー②	保
1865~66	ラッセル②	自
1866~68	ダービー③	保
1868	ディズレーリ①	保
1868~74	グラッドストン①	自
1874~80	ディズレーリ②	保
1880~85	グラッドストン②	自
1885~86	ソールズベリ①	保
1886	グラッドストン③	自
1886~92	ソールズベリ②	保
1892~94	グラッドストン④	自
1895~1902	ソールズベリ③	保
1902~05	バルフォア	保
1905~08	キャンベル=バナマン	自
1908~16	アスキス	自
1916~22	ロイド=ジョージ	挙
1924	マクドナルド①	労
1924~29	ボールドウィン②	保
1929~31	マクドナルド②	労
1931~35	マクドナルド③	挙
1935~37	ボールドウィン③	挙
1937~40	チェンバレン	挙
1940~45	チャーチル①	挙
1945~51	アトリー	労
1951~55	チャーチル②	保
1955~57	イーデン	保
1957~63	マクミラン	保
1963~64	ヒューム	保
1964~70	ウィルソン①	労
1970~74	ヒース	保
1974~76	ウィルソン②	労
1976~79	キャラハン	労
1979~90	サッチャー	保
1990~97	メージャー	保
1997~2007	ブレア	労
2007~10	ブラウン	労
2010~16	キャメロン	保
2016~19	メイ	保
2019~	ジョンソン	保

ホ ホイッグ党(自由党の前身)　ト トーリ党(保守党の前身)　保 保守党　自 自由党　労 労働党　挙 挙国連立
(②~④は再任・三任・四任を示す)

フランス

大統領

〔第三共和政1870~1940〕

1870~73	ティエール
1873~79	マクマオン
1879~87	グレヴィー
1887~94	カルノー
1894~95	ペリエ
1895~99	フォール
1899~1906	ルーベ
1906~13	ファリエール
1913~20	ポアンカレ
1920	デシャネル
1920~24	ミルラン
1924~31	ドゥメルグ
1931~32	ドゥメール
1932~40	ルブラン
1940~44	ペタン

〔第四共和政1947~58〕

1947~53	オリオル
1953~58	コティ

〔第五共和政1958~〕

1958~69	ド=ゴール ➔p.254
1969~74	ポンピドゥー
1974~81	ジスカールデスタン
1981~95	ミッテラン
1995~2007	シラク
2007~12	サルコジ
2012~17	オランド
2017~	マクロン

▲ペタン(1856~1951)ナチス=ドイツに降伏，ヴィシー政府の元首へ。

▲ミッテラン(1916~96)ユーロ=コミュニズムの動きのなかで当選。

ドイツ

大統領
〔共和国1918~34〕

1919~25	エーベルト
1925~34	ヒンデンブルク

〔第三帝国〕

1934~45	ヒトラー

〔ドイツ連邦1949~〕
首相

1949~63	アデナウアー
1963~66	エアハルト
1966~69	キージンガー
1969~74	ブラント
1974~82	シュミット
1982~98	コール
1998~2005	シュレーダー
2005~	メルケル

〔ドイツ民主共和国1949~90〕
大統領

1949~60	ピーク

国家評議会議長

1960~73	ウルブリヒト
1973~76	シュトフ
1976~89	ホーネッカー

大統領

1949~59	ホイス
1959~69	リュブケ
1969~74	ハイネマン
1974~79	シェール
1979~84	カルステンス
1984~94	ヴァイツゼッカー
1994~99	ヘルツォーク
1999~2004	ラウ
2004~12	ケーラー
2012~17	ガウク
2017~	シュタインマイヤー

世界史年表(前5000年～前400年)

使い方　赤字　戦争・紛争に関すること　青字　文化に関すること

B.C.＝Before Christ の略 A.D.＝Anno Domini の略 C.＝Circa(このころ)の略

紀元前(B.C.)	ヨーロッパ	ギリシア	小アジア	エジプト	シリア・パレスチナ
	○西ヨーロッパ巨石文化 インド=ヨーロッパ語族諸族の移動	C.3000　エーゲ文明始まる(青銅器文化)	C.2600　トロイア文明(～1200)	C.4000　ナイル川流域に都市国家(ノモス)分立(エジプト人) ○ヒエログリフ(神聖文字)発明 **エジプト王国** C.3000～341 C.3000　メネス，上下エジプトを統一，第1王朝始まる C.2800　太陽暦　アメン神を信仰 前27世紀　古王国(都:メンフィス，～前22世紀) ○クフ王，ギザにピラミッド 前21世紀　中王国(都:テーベ，～前1世紀)	C.2800　フェニキア人，エジプトと交易
2000	C.1600　ドナウ川流域に青銅器文化 ○イタリア，鉄器使用	C.2000　アカイア人，バルカン半島南下 C.2000　クレタ文明栄える(クノッソス宮殿，～C.1400) ○クレタ象形文字 ○線文字A使用 C.1600　ミケーネ文明(ミケーネ，ティリンス，～C.1200) ○線文字B使用　アカイア人，小アジア西岸に移住 C.1627～C.1450　サントリーニ島で火山爆発 C.1400　クレタ文明滅亡 C.1100　ドーリス(ドーリア)人，ギリシアに侵入　ギリシア人，小アジア西岸に移住(～C.1000) C.1100　ギリシア，鉄器使用 ○海の民来襲	**ヒッタイト王国** 前17世紀～前12世紀 ○鉄器の使用 C.1380　全盛期 C.1286　カデシュの戦い C.1200　トロイア戦争 ヒッタイト王国崩壊	C.1720　ヒクソスの侵入 前16世紀　第18王朝ヒクソスを撃退し，新王国建設(～前11世紀) C.1504～C.1450　トトメス3世 C.1379～C.1362　アメンホテプ4世(イクナートン)アテン神(唯一神)を信仰(都:アマルナ[アケトアテン]に遷都) ○アマルナ美術 C.1361～C.1352　ツタンカーメン C.1304～C.1237　ラメセス(ラメス)2世 C.1286　カデシュの戦い	C.1482　メギドの戦い 前13世紀ごろ　モーセ，出エジプト C.1150　フェニキア人の交易活動の最盛期(シドン・ティルス繁栄，～C.850) ○フェニキア文字 C.1100　アラム人，ダマスクス中心に交易活動を行う(～C.800) **ヘブライ王国** C.前10世紀～C.前922 都:イェルサレム
1000	C.900　エトルリア人，北イタリアへ南下		**フリュギア王国** C.前1000～C.前675	○前10世紀　ナイル川上流にクシュ王国(～C.571)	C.前10世紀～C.960　ダヴィデ C.960～C.922　ソロモン C.922　ヘブライ王国分裂 **イスラエル王国** C.前922～前722　**ユダ王国** C.前922～前586 C.814　フェニキア人，カルタゴ植民市建設
800	○エトルリア文化発達 **ローマ** 前753～後395 753　ロムルスとレムス，ローマ建国(伝説)	776　第1回オリュンピア競技開催 前8世紀　ポリス(都市国家)成立(集住) C.750　ギリシア人，黒海沿岸・南伊・南仏・キレナイカ地方で植民市を建設(～C.550)　アルファベット，フェニキアより伝わる ○ギリシア神話(オリュンポス12神) C.730　ホメロス『イリアス』『オデュッセイア』		C.747　クシュ王国がエジプト征服	C.730　預言者イザヤの活動(『旧約聖書』) 722　イスラエル，アッシリアに滅ぼされる
700	○エトルリア人，ローマを支配	C.700　リュクルゴスの制(スパルタ) C.700　ヘシオドス『神統記』『労働と日々』 ○アゴラ(公共の広場)中心に市民生活，手工業が発達 ○重装歩兵，戦闘力の中心となる(貴族政治の動揺) ○リュディアの貨幣伝わる ○アテネ(イオニア人)，民主政治への歩み始まる C.621　ドラコンの成文法(アテネ)	**リュディア王国** C.前7世紀～前546 ○最古の硬貨(コイン)製造 ○ギリシア・アッシリアと交易 C.670　キンメリア人の圧迫を受ける	671　アッシリア，下エジプト征服 663　アッシリア，テーベ占領 655　アッシリアから独立 612　アッシリア滅亡 4王国分立(エジプト・リュディア・メディア・新バビロニア) 605　カルケミシュの戦い(新バビロニアに敗れる)	677　シドン市破壊される C.626　預言者エレミヤの活動(『旧約聖書』)
600	○エトルリアにケルト人侵入 **共和政ローマ** 前509～前27 509　ラテン人，エトルリア人の王を追放し，共和政始まる	594　ソロンの改革(財産政治，市民の債務奴隷化禁止) 585　タレス(C.624～C.546)日食を予言 ○女流詩人サッフォー(C.612～?) 前6世紀中ごろ　ペイシストラトス，アテネに僭主政治確立 ○イソップ『寓話』 ○ピュタゴラス(C.582～C.497)自然哲学 ○抒情詩人ピンダロス(C.518～C.438) 510　僭主ヒッピアス追放(僭主政治終わる) 508　クレイステネスの改革(陶片追放・部族制の改革)	**アケメネス朝ペルシア** 前550～前330 546　ペルシアに征服される 525　アケメネス朝ペルシアのオリエント統一	525　ペルシアに征服される	C.593　預言者エゼキエルの活動(『旧約聖書』) 586　ユダ，新バビロニアに滅ぼされる 597 586～538　バビロン捕囚 538　ユダヤ人，キュロス2世に解放される C.前6世紀　ユダヤ教成立(唯一神ヤハウェ信仰，選民思想，律法主義)
500	494　聖山事件(貴族と平民の争い)護民官設置，元老院とコンスル職，貴族が独占 C.471　平民会設置 C.450　十二表法成立(市民法) 445　カヌレイウス法制定(貴族と平民の通婚を認める)	○アテネ民主政治の発達 500～449　ペルシア戦争　(492第1回　ペルシア軍難破　490第2回　マラトンの戦い　480～479第3回　テルモピュライの戦い・サラミスの海戦・プラタイアイの戦い・ミュカレ岬の戦いでペルシア敗北) 478 デロス同盟(～前404) ○アイスキュロス(525～456) ○ソフォクレス(C.496～406) C. 447～432　パルテノン神殿(フェイディアスC.490～C.430) 443　ペリクレス時代(～429) ○プロタゴラス(C.485～C.415)，ヘロドトス(C.484～C.425)『歴史』，エウリピデス(C.485～C.406) 431　ペロポネソス戦争(～404) ○トゥキュディデス(C.460～C.400)『歴史』 ○ソクラテス(C.469～399) ○衆愚政治	480　ペルシア戦争3度目の遠征失敗(～479) 449　カリアスの和約(ギリシア人カリアス，スサでペルシアと勢力圏を決定)	C.455　エジプトの反乱 404　第28王朝樹立(ペルシアより独立，～398)	○シリア・メディアで反乱
400					

メソポタミア	イラン	インド・東南アジア	中国・日本	
C.3500　シュメール人の都市国家 (ウルク期)太陰暦，六十進法(～C.3100) C.2500　ウル第1王朝(～C.2400) 前24世紀　アッカド王国(アッカド人，～前22世紀) 前24世紀　サルゴン1世 (メソポタミア南部を統一) 前22世紀　ウル第3王朝(～前21世紀) C.2050　シュメール文化最後の繁栄		C.2600　インダス文明繁栄　インダス川流域，モヘンジョ=ダロ，ハラッパーなどの都市文明，(～C.1900)　○インダス文字(未解読) C.2000　アーリヤ人，西北インド移住，(～C.1500)	C.5000　原中国人，**黄河流域に新石器農耕を開始** C.5000　長江下流域に稲作農耕文化(河姆渡文化) **黄河文明** C.5000　**仰韶文化繁栄** (**彩陶**を特色とする黄河流域の農耕文化～C.3000) C.3000　竜山文化繁栄 (**黒陶・灰陶**を特色とする～C.1500) C.3000　**良渚文化繁栄**(長江流域～C.2000)	紀元前 (B.C.) 2000
アッシリア王国　前2000初め～前612 **古バビロニア王国**(バビロン第1王朝，アムル人) C.前20世紀末～前16世紀 C.1792～1750　**ハンムラビ王**(メソポタミア統一) C.1760　**ハンムラビ法典**(**楔形文字**) C.1595　ヒッタイト人侵入 前16世紀　カッシート人がカッシート朝を建てる(～前12世紀) 前16世紀　メソポタミア北部にミタンニ王国成立	C.1500　アーリヤ人の進出 ○ルリスタン青銅器文化	C.1500　**アーリヤ人，パンジャーブ地方に移住** (ヴェーダ時代，～C.600) ○東北タイ，北部ベトナムに青銅器文化 C.1200　『リグ=ヴェーダ』成立 (『ヴェーダ』はバラモン教の聖典の総称，～1000)	**夏** C.前2070～C.前1600 ○縄文後期(C.2000) ○環状列石(大湯) ○灰陶多く作られる(鬲・鼎などの三足土器) **殷(商)** C.前16～C.前11世紀 ○邑の発達 (夏の桀王，殷の湯王に滅ぼされる) ○**甲骨文字**，青銅器　○縄文晩期(～B.C.300) **周** C.前11世紀～前256 C.前11世紀　周の武王，殷の紂王を討ち，周を建てる **西周** C.前11世紀～前770 ○周公旦，成王の摂政となり周室の基礎を確立，**渭水盆地**("関中"の地)に定住	1000
前14世紀　アッシリア，ミタンニから独立 C.1350　アッシリアの発展期(都：アッシュル) C.1115　アッシリア帝国時代始まる C.877　フェニキアにしばしば遠征(～625)		C.1000　**アーリヤ人，ガンジス川流域に進出** ○鉄器使用 C.900　ガンジス川流域に都市国家成立	都：**鎬京** ○封建制実施 (**卿・大夫・士**) 841　**共伯和**が執政，共和と号する(～828)	800
○鉄製武器装備の農民軍活躍 744～727　**ティグラトピレセル3世** ○アッシリア，世界帝国へ発展 722～705　**サルゴン2世** 710　メソポタミアへ遠征		C.800　部族統合の進展 ○**バラモン教，種姓(ヴァルナ)制発達** (バラモン，クシャトリヤ，ヴァイシャ，シュードラ)	C.771　犬戎の侵入，幽王敗死，西周滅亡 **東周　春秋時代** 前770～前403 770　**周室，洛邑に遷都** **春秋の五覇**(諸説あり) **斉の桓公**(685～643) **晋の文公**(636～628) **秦の穆公**(659～621) **宋の襄公**(651～637) **楚の荘王**(613～591) **呉の夫差**(495～473) **越の勾践**(496～465)	700
704～681　**センナヘリブ**(都：ニネヴェ) 671　下エジプトを征服 ○**アッシリアのオリエント統一** 668～627　**アッシュル=バニパル** **新バビロニア王国**(カルデア人) 前625～前538 612　ニネヴェ陥落，アッシリア滅亡 625　アッシリアから自立	○ゾロアスター(C.前7世紀) ○南ロシアにスキタイが遊牧国家を建設 **メディア王国** 前7世紀～前550 612　新バビロニア・メディア連合軍，アッシリアを滅ぼす	C.700　インド各地に十六王国並存 コーサラ・マガダなどがとくに有力 ○**ウパニシャッド哲学成立**(前7世紀ごろ)	○**覇者**(諸侯)の活躍　**尊王攘夷** 651　**斉の桓公**，初めて覇者となる C.632　**晋の文公**，覇者となる 623　**秦の穆公**が西方で覇を唱える 606　**楚の荘王**，北進し周室に対し鼎の軽重を問う	600
605～562　**ネブカドネザル2世** 538　ペルシアに征服される	○ゾロアスター教さかん，アーリマン(悪)に対するアフラ=マズダ(善)の神を信仰，最後の審判の思想 **アケメネス朝ペルシア** 前550～前330　都：スサ イラン(ペルシア)人による王朝 559～530　**キュロス2世** 530～522　**カンビュセス2世** 522～486　**ダレイオス1世**	C.563　**ガウタマ=シッダールタ**(ブッダ，釈迦牟尼)生誕，**仏教を創始**(～483*) **マガダ国**(シスナーガ朝) ?～前413 C.549　ヴァルダマーナ(マハーヴィーラ)ジャイナ教を創始(～C.477*2) C.545～494　**ビンビサーラ**，マガダ王となり，国力強大 C.519　ペルシア王ダレイオス1世，ガンダーラに侵入	孔子(C.551～479) 510　呉，初めて越を討つ(呉越攻防の始まり) ○**諸子百家の活躍始まる** ○**鉄器の使用(農具)が普及**	500
○ペルシア，中央アジアに属州をおく	○王の道整備 "王の目・王の耳"，各州を巡察 ○帝国を20余州に分け，サトラップ「王の代理人」を設置 486～465　**クセルクセス1世** 465～424　**アルタクセルクセス1世** 404～358　**アルタクセルクセス2世**	C.494～459　**アジャータシャトル王**，マガダ国の領域をガンジス川流域に拡大し，コーサラ国併合 C.477　**第1回仏典結集(上座仏教)** C.430　ガンジス川流域を統一 **マガダ国(ナンダ朝)** 前413～C.前322	473　**越の勾践**，呉を滅ぼし，覇者を称する 453　晋の三大夫(韓・魏・趙)，晋の地を3分する ○**青銅貨幣** 403　韓・魏・趙，諸侯となる **東周　戦国時代** 前403～前221 ○**詩経**(儒家が編集，最古の詩集)	400

＊463～383という説もある。＊2　539～437，442～372という説もある。

使い方　赤字　戦争・紛争に関すること　青字　文化に関すること

年	ヨーロッパ	ギリシア	エジプト・小アジア（オリエント）	シリア・イラン
	共和政ローマ 前509〜前27		**アケメネス朝ペルシア** 前550〜前330	
400	396 ウェイイ征服（エトルリア人の都市征服） 390 ケルト人，ローマ市に侵入 367 リキニウス-セクスティウス法制定 343 サムニウム戦争（3回，〜290） 340 ラティニ戦争（ラテン都市同盟を解体し，ラティウム諸都市を支配，〜338） 326 ポエティリウス法（市民の債務奴隷化禁止） 312 アッピア街道着工（〜C.224）	**マケドニア王国** 前7世紀半ば〜前168 395 コリントス戦争（〜386）　ヒッポクラテス（C.460〜C.370）医学の父 C.387 プラトン（427〜347）アテネにアカデメイア開設『国家論』 386 アンタルキダスの和約（大王の和約） 371 レウクトラの戦い（テーベ，ギリシアを制覇） ○デモクリトス（C.460〜C.370）原子論を唱える 359〜336 **フィリッポス2世**　338 カイロネイアの戦い 337 コリントス同盟　336〜323 **アレクサンドロス** 335 アリストテレス（384〜322）アテネにリュケイオン開設 334〜323 東方遠征（333 イッソスの戦い　各地にアレクサンドリア市建設　331 アルベラ〔ガウガメラ〕の戦い） **アレクサンドロスの帝国** ○アレクサンドロスの死後，将軍間の争い（ディアドコイ戦争） 306 **リュシマコス**，王号を称する　301 イプソスの戦い	396 スパルタの侵入（〜395） 378 エジプトの独立（第30王朝〜341） 341 エジプト第30王朝を征服 336〜330 **ダレイオス3世**（イッソスの戦い，アルベラの戦いで敗北） 331 ナイル川河口にアレクサンドリア建設始まる 330 ダレイオス3世，部下に殺され，ペルシア帝国滅亡 アレクサンドロスの帝国の分裂　→イプソスの戦い	
300	287 ホルテンシウス法（平民会の立法権承認，貴族と平民の法的平等） 272 ピュロス戦争　ギリシア植民市タラス（タレントゥム）を占領　イタリア半島統一完成 264 第1次ポエニ戦争（〜241） 241 シチリア島，ローマの属州となる 218 第2次ポエニ戦争（ハンニバル戦争，〜201）（216 カンネーの戦い　202 ザマの戦い）	C.280 アカイア同盟　○ヘレニズム文化 306〜168 アンティゴノス朝マケドニア ○コスモポリタニズム（世界市民主義）広まる ヘレニズム時代 ○エウクレイデス　平面幾何学 ○エピクロス（C.342〜C.271）エピクロス派 ○ゼノン（335〜263）ストア派 215 第1次マケドニア戦争（〜205） 200 第2次マケドニア戦争（〜197）	**プトレマイオス朝エジプト** 前304〜前30 C. 304〜283 **プトレマイオス1世** C. 290 アレクサンドリアにムセイオン創立 C. 298 ポントゥス王国（〜63）　262 ペルガモン王国，シリアから自立 ○アリスタルコス（C.310〜C.230）地動説 ○アルキメデス（C.287〜212） ○エラトステネス（C.275〜C.194）	**セレウコス朝シリア** 前312〜前63 277 第1次シリア戦争（〜272）（エジプトとパレスチナを争う） 260 第2次シリア戦争（〜255） 247 第3次シリア戦争（〜241） **パルティア王国** C.前248〜後226 C.248〜214 **アルサケス** ○ギリシア風文化さかん 219 第4次シリア戦争（〜216）
200	○ラティフンディウム広まり始める 192 シリアのアンティオコス3世と戦う（〜188） ○中小農民の没落 C.150 騎士階級出現 ○**カトー（大）**（234〜149）ラテン国粋主義を唱える 149 第3次ポエニ戦争（カルタゴ滅亡，〜146） C.140 ポリュビオス（C.201〜120）『歴史』 135 シチリアの第1回奴隷反乱（〜132） 133 スペイン全土征服，ペルガモン領有 133〜121 **グラックス兄弟（ティベリウスとガイウス）**の改革 107 **マリウス**の兵制改革（傭兵制採用） ○ローマ，地中海地域へ発展 111 ユグルタ戦争（ヌミディア王ユグルタ，ローマと戦う）（〜105） 104 シチリアの第2回奴隷反乱（〜99）	○ミロのヴィーナス 171 第3次マケドニア戦争（〜168）（168 ピュドナの戦いに敗北） 149 第4次マケドニア戦争（ローマと戦う）（〜148） 146 マケドニア，ローマの属州に　アカイア同盟壊滅し，全ギリシア，ローマの属州に	○ローマ勢力の進出 ○ローマと結び，セレウコス朝と戦う ○小アジアでペルガモン市全盛 C. 170 ラオコーン像 133 ペルガモンのアリストニコスがローマに反乱を起こす	190 マグネシアの戦い（セレウコス朝，ローマに敗北） 171〜138 **ミトラダテス1世**　セレウコス朝からメソポタミアを奪う 167 マカベア戦争　ユダヤ人，シリアに反乱（〜142） 142〜63 ユダヤのハスモン朝 124〜88 **ミトラダテス2世**　ローマ軍とユーフラテス川領域で戦う
100	91 同盟市（ソキイ）戦争（〜88）90 ローマ市民権，イタリア全土に普及 88 マリウス（平民派）とスラ（閥族派）の戦い（〜82）（82〜79スラ，独裁） 73 スパルタクスの反乱（〜71） 67 ポンペイウスの東地中海海賊征討 65 ポンペイウス，地中海域よりシリア方面まで征服（〜62） 60 第1回三頭政治（**ポンペイウス・クラッスス・カエサル**） 58 カエサル（C.100〜44）ガリア遠征（〜51）　（〜53） C.50 『ガリア戦記』 48 ファルサロスの戦い（カエサル，ポンペイウスを破る） 46 カエサル独裁（〜44，44 カエサル暗殺）　45 ユリウス暦制定（エジプトの太陽暦を改良） 43 第2回三頭政治（**オクタウィアヌス・アントニウス・レピドゥス**）（〜36） 31 アクティウムの海戦（アントニウス・クレオパトラ敗北）　30 エジプト征服 27 オクタウィアヌス，元老院よりアウグストゥスの称号をうけ，元首政を開始　○ゲルマン人，ローマに移住	○キケロ（106〜43）『国家論』 ○ウェルギリウス（70〜19）『アエネイス』 ○詩人ホラティウス（65〜8） ○エピクロス派の詩人ルクレティウス（C.99〜55） ○地理学者ストラボン（C.前64〜後21）『地理誌』 ○歴史家リウィウス（前59〜後17）『ローマ建国史』	88 ミトリダテス戦争（ポントゥス王ミトリダテス6世，ローマと戦う）（〜63） 63 セレウコス朝，ポンペイウスに滅ぼされる 63 ポントゥス王国滅ぶ 51〜30 **クレオパトラ** 37 クレオパトラ，**アントニウス**と結婚 31 アクティウムの海戦 30 アレクサンドリアをローマに占領され滅亡 C.4 イエス誕生	○イラン民族文化さかん 63 ポンペイウス，ユダヤを征服する 53 カルラエの戦い（パルティア軍ローマのクラッススの軍を壊滅） 37 **ヘロデ**，ローマの援助でユダヤ王となる
紀元前（B.C.） （A.D.）紀元後	**帝政ローマ** 前27〜後395　**ローマ，地中海世界を統一** 前27〜後14 **オクタウィアヌス** 14〜37 **ティベリウス** 37〜41 **カリグラ** 41〜54 **クラウディウス** 54〜68 **ネロ** 69〜79 **ウェスパシアヌス** 79〜81 **ティトゥス** 81〜96 **ドミティアヌス** 96〜98 **ネルウァ** 98〜117 **トラヤヌス**（スペイン出身）	○属州を2種に分け，治安上不安な州を皇帝，他を元老院の統治下におく　共和政治の伝統尊重　ローマ精神振興 9 トイトブルクの森の戦い（ローマ軍，ゲルマン人に惨敗） ○ローマ市民権，属州の一部に拡大 43 ブリタニア州創設　46 トラキア州創設 64 ローマ市の大火　ネロの迫害　キリスト教徒殉教 69 東方属州軍，**ウェスパシアヌス**を擁立 ○皇帝権力強化　財政再建　辺境防備強化 79 ヴェズヴィオ火山噴火，ポンペイ，ヘルクラネウム等が埋没，プリニウス死去（C.23〜79）『博物誌』 ○皇帝と元老院の協調成立　83 ライン・ドナウ両川上流に防塁（リメス）構築始まる 96 元老院，ネルウァを推挙	○ラテン文学黄金時代 ○セネカ（C.前4〜後65）ストア派『幸福論』 C.45〜64 ペテロ・パウロら使徒の伝道 80 コロッセウム，公共浴場建設 ○ガール水道橋建設 C.30 イエス刑死 ○キリスト教の成立（イエスをキリスト〔メシア，救世主〕とする） 44 ユダヤ，再びローマ領となる 66 ティトゥスのローマ軍，イェルサレムを破壊（ユダヤ人流浪始まる）（〜70） ○『エリュトゥラー海案内記』	6 ユダヤ，ローマの属州に 58 ローマと戦い，アルメニアを失う（〜63） C.97 後漢の班超の部下甘英，条支（シリア？）に到着
100				

年	中央アジア	インド・東南アジア	中央ユーラシア	中　国	朝鮮・日本
400	329 アレクサンドロス，中央アジアを征服	○『マハーバーラタ』『ラーマーヤナ』の原型成立 C.377 第２回仏典結集 C.326 アレクサンドロス，西北インドへ進攻 ○東南アジアでドンソン文化(～後1世紀) **マウリヤ朝** C.前317～C.前180 C.317～296 チャンドラグプタ	C.500 オルドス青銅器文化盛期(～100) **匈奴**	○牛犂耕，普及する 戦国の七雄(斉・楚・秦・燕・韓・魏・趙) 386 斉の田氏，その主にかわる ○公孫竜(名家) 359 秦の孝公，商鞅の策を入れ，変法実施 350 秦，咸陽に遷都 333 蘇秦，合従策を説き，6国の宰相となる ○墨子(C.480～C.390)(兼愛を唱える) ○呉子(？～381) ○孫子(孫武・孫臏，前500ごろ) ○商鞅(？～338) ○申不害(？～C.337) ○老子(？～？) ○楊子(C.395～335) ○蘇秦(？～？)縦横家 ○張儀(？～310) ○匈奴の騎馬戦術を採用 311 張儀，連衡策を説くが，のち崩壊	
300	**バクトリア王国** 前3世紀半ば～C.前139 C.255 シリアより独立	○カウティリヤ『アルタ=シャーストラ』(実利論) C.268～C.232 アショーカ王，インド統一(マウリヤ朝全盛) C.260 アショーカ王，カリンガ征服，このころより仏教を保護 ○仏教圏の拡大 C.256 スリランカに仏教伝わる アショーカ王磨崖碑 ○サーンチーの仏塔建立 C.244 第３回仏典結集 前3世紀 南インドにチョーラ朝(～後13世紀)	匈奴(オルドス)，月氏(甘粛)，キルギス・丁零(南シベリア)，烏孫(天山北方)，鮮卑(モンゴリア)，フェルガナ(シル川上流)，康居(アラル海北東)などの活躍始まる ○万里の長城建設 215 匈奴，秦の将軍蒙恬に討たれ，オルドスから後退 209～174 冒頓単于(匈奴)，大遊牧帝国建設 200 白登山の戦い(匈奴，漢の高祖を囲む)	C.270 鄒衍，五行説を唱える(陰陽家) 256 秦，東周を滅ぼす 247 秦王政即位 ○荘子(？～？) ○孟子(C.372～C.289) ○屈原(C.340～C.278)『楚辞』 ○荀子(C.298～C.235) ○韓非(韓非子，？～234) **秦** 前8世紀～前206 都：咸陽 221 秦王政，天下統一 皇帝と称する 郡県制実施 ○中国古代帝国の成立 221～210 始皇帝(秦王政) 213 焚書・坑儒(～212) 209 陳勝・呉広の乱(～208) 206 項羽・劉邦の争い(～202) 206 秦滅亡 203 南越建国(～111) 202 垓下の戦い	日本の北九州に弥生文化生まれる
200	C.190～167 デメトリオス２世西北インドに侵入 C.176 月氏，匈奴に追われ西遷(～160) C.163 メナンドロス(ミリンダ)西北インド支配 C.140 月氏，烏孫に追われオクソス(アム)川北岸へ移動(～C.129) C.139 バクトリア，トハラ(大夏)により滅亡 **大月氏** C.前140～後1世紀 C.130 バクトリアの地を併合	C.180 マウリヤ朝崩壊 ○分裂時代 オアシスの道さかんになる(シルク=ロード)	176 月氏を滅ぼし，西域を支配 174～161 老上単于，匈奴を支配 129 漢将衛青，匈奴討伐(７回)(西域の経営) 121 漢将霍去病，匈奴を討つ ○漢，敦煌・張掖などの河西４郡設置 104 漢の李広利，フェルガナ(大宛)遠征(～102)	**前漢** 前202～後8 202～195 高祖(劉邦) 郡国制実施 195 高祖死に，呂太后専制始まる(～180) 154 呉楚七国の乱 ○董仲舒(C.176～104)『春秋繁露』 141～87 武帝(漢の全盛) 139 武帝，匈奴挟撃のため張騫を大月氏に派遣(～126) 136 五経博士をおく(儒学の官学化) 134 郷挙里選 127 推恩の令(諸侯弱体化，集権強まる) 匈奴の渾邪王，漢に降る C.123 淮南王劉安『淮南子』 119 五銖銭鋳造，塩・鉄・酒専売 115 均輸法 111 南越を滅ぼし，南海９郡設置 110 平準法	**衛氏朝鮮時代** C.前190～前108 C.190 衛満，古朝鮮の王となる 108 漢，古朝鮮(衛氏)を滅ぼし楽浪・玄菟・真番・臨屯の朝鮮４郡をおく
100	65 大月氏，５翕侯を封じてバクトリア地方を分治させる	**サータヴァーハナ朝(アーンドラ朝)** 前1世紀～後3世紀 都：プラティシュターナ	ノインウラの匈奴文化 C.65 匈奴乱れ五単于並立 54 匈奴，東西に分裂 58～31 呼韓邪単于(東匈奴) 56～36 郅支単于(西匈奴) ○西匈奴，康居方面へ移る(36滅亡) 33 王昭君，呼韓邪単于に嫁ぐ	○桓寛『塩鉄論』 ○司馬遷(C.145*～86*2)『史記』 60 西域都護府をおく(～後107) 54 常平倉をおく(～44) 8 王莽，大司馬となる 7 限田法(大土地所有者の反発で実施されず) 1 哀帝死に，王莽政権を握る	82 漢，真番・臨屯の２郡を廃止(漢の勢力後退) **高句麗** C.前37～後668 C.37 朱蒙，高句麗を建国と伝えられる
紀元前(B.C.) (A.D.)紀元後	**クシャーナ朝** 1世紀～3世紀 1世紀半ば カドフィセス１世，４翕侯をあわせ覇を称す ○パルティア衰え，クシャーナ朝西北インドに勢力拡大 C.60 ガンダーラ地方支配 1世紀末～2世紀初 カドフィセス２世	**ローマとの季節風貿易さかん(海の道)** ○『マヌ法典』 ヒンドゥー教成立 ヴィシュヌ・シヴァ神(信仰) ○サータヴァーハナ美術 ○サータヴァーハナ朝，領域最大に C.100 メコン川下流に扶南おこる	1世紀半ば 匈奴，南北に分裂 49 鮮卑・烏桓ら後漢に朝貢 73 後漢の将竇固北匈奴を討つ(～75) 89 後漢の将竇固北匈奴を撃破(～91) 91 北匈奴，イリ地方に移動開始 93 鮮卑，北匈奴の故地に移る	**新** 8～23 8 外戚の王莽，前漢を奪い，新建国 18 赤眉の乱(～27) 23 王莽敗死し，新滅びる **後漢** 25～220 25 劉秀，後漢建国(都：洛陽) 25～57 光武帝(劉秀) 36 後漢，中国を統一 40 ベトナムでチュン(徴)姉妹の反乱(～43) 57～75 明帝 ○仏教伝わる*3 ○豪族の台頭 ○班固(32～92)『漢書』(班昭が完成) 73 班超，西域に派遣される 88～105 和帝 91 班超，西域都護となりクチャ(亀茲)に駐屯 94 班超，カラシャールを討ち，西域諸国，後漢に服属 97 班超，甘英を大秦に派遣 ○許慎『説文解字』	21 高句麗，扶余に出兵 32 高句麗，後漢に朝貢 57 倭の奴国王の使者，洛陽にいたり，光武帝より印綬を受ける
100					

＊前135年という説もある。　＊2 前87年という説もある。　＊3 一説では前２世紀ごろとも。

(使い方) 赤字 戦争・紛争に関すること 青字 文化に関すること

ヨーロッパ・北アフリカ / 西アジア・イラン

100年～200年

帝政ローマ 前27～後395

パクス=ロマーナ

五賢帝時代(96～180)
117～138 ハドリアヌス
138～161 アントニヌス=ピウス
161～180 マルクス=アウレリウス=アントニヌス(哲人皇帝)

180～192 コンモドゥス(悪帝)

193～211 セプティミウス=セヴェルス

101 ダキア占領(～106)
113 トラヤヌスの大遠征，アルメニア・メソポタミア服属(～117)
122 ブリタニアにハドリアヌスの城壁(リメス)建設(～127)
○官僚制・軍制整備 救貧事業・公共建造物に尽力
○ゲルマン諸族，しばしば領内に侵入
C.166 ペスト大流行，大飢饉で人口急減(～167)
168 ゲルマンのマルコマンニ人，北イタリアへ侵入，撃退される(～175，177～180)
○ラティフンディア衰退
C.180 ゲルマン人の領内居住始まる
○貨幣経済の危機始まる

C.98 タキトゥス(C.55～C.120)『ゲルマニア』
○プルタルコス(C.46～C.120)『対比列伝(英雄伝)』
120 ローマのパンテオン建設
○エピクテトス(C.55～C.135)ストア派『語録』
○プトレマイオス(C.2世紀)『天文学大全』
○ガイウス(C.110～C.180)『法学提要』
○マルクス=アウレリウス=アントニヌス(121～180)『自省録』
○医師ガレノス(C.130～200)

○凱旋門(トラヤヌス帝)
132 ユダヤ人の反乱鎮圧(第2次ユダヤ戦争，ユダヤ人，完全に流浪民化，～135)
161 ローマ，パルティアと戦う(～165)
C.2世紀末 『新約聖書』

パルティア王国 C.前248～後226
115 トラヤヌス帝にクテシフォンを占領される
116 ローマ，ティグリス川を国境とする
○パルティアの衰退

200年～300年

「3世紀の危機」

211～217 カラカラ

軍人皇帝(26名)時代
235～238 マクシミヌス1世
253～260 ウァレリアヌス
283～284 ヌメリアヌス

284～305 ディオクレティアヌス(東)
286～305 マクシミアヌス(西)

212 アントニヌス勅令(ローマ市民権，帝国全土に拡大)
○ローマ支配体制の動揺
○キリスト教徒の迫害激化
249 デキウス帝，キリスト教徒を迫害(～251)
C.250 ゴート人，ドナウ川を越え侵入 ゲルマン人・フランク人の侵入 国境地帯防衛を強化
293 ディオクレティアヌス，帝国四分統治始める ドミヌスの称号採用(専制君主政〔ドミナトゥス〕) ニコメディアに遷都(皇帝崇拝強制)
○現物税・農民の土地束縛(コロナトゥス)始まる
296 マニ教迫害

216 カラカラ浴場完成
○プロティノス(C.205～C.269)新プラトン主義
○キリスト教教会各地に成立
260 ウァレリアヌス，シャープール1世と戦い捕虜となる(エデッサの戦い)

ササン朝ペルシア 224～651
224～C.241 アルダシール1世
226 パルティアを滅ぼす
○ゾロアスター教，国教となる
241～272 シャープール1世
C.245 マニ，マニ教を創始
○『アヴェスター』編纂
○対ローマ抗争激化
276 マニ処刑

300年～400年

306～337 コンスタンティヌス帝(1世)
324 東西ローマを再統一(単独の支配者に)
330 ビザンティウムに遷都(コンスタンティノープルと改称)
361～363 ユリアヌス(背教者)
364～375 ウァレンティニアヌス(西)
364～378 ウァレンス(東)
379～395 テオドシウス帝(1世)

301 最高価格令 302 マニ教禁止
303 キリスト教徒への最後の大迫害(ディオクレティアヌス帝の大迫害，～305)
312 マクセンティウスを破る
313 ミラノ勅令(キリスト教公認)
325 ニケーア公会議(アタナシウス派を正統とし，アリウス派は異端とされる)
332 職業世襲化勅令 コロナトゥスの完成
361 ユリアヌス，異教復興し，キリスト教弾圧
364 東西分治制始まる
369 ゴート人を撃退
375 フン人ヴォルガ川を越え東ゴートを支配 西ゴート，移動開始(ゲルマン人の大移動)
376 西ゴート，ドナウ川を渡る
378 アドリアノープルの戦い→ウァレンス帝敗死(ローマ，ゲルマン人との戦いに敗北)
380 キリスト教信仰を強制する勅令を発する
381 コンスタンティノープル公会議
392 キリスト教，ローマ帝国の国教となる(他のすべての異教信仰を厳禁)

305～306 エジプトにキリスト教最初の修道院 アタナシウス(C.295～373)三位一体説
326 聖ピエトロ寺院(バシリカ式)
363 ユリアヌス帝「キリスト教徒駁論」
393 古代最後のオリュンピア競技

西ローマ帝国 395～476
395～423 ホノリウス 都：ミラノ (402 ラヴェンナ)

395 ローマ帝国，東西に分裂

395～408 アルカディウス 皇帝教皇主義 都：コンスタンティノープル

東ローマ帝国 395～1453

309～379 シャープール2世
337 ローマ軍，メソポタミアに侵入(～350)
371 ローマと戦う(～376)
○ミトラ教さかん

400年～500年

イギリス(イングランド)
449 アングロ=サクソン人・ジュート人侵入
○アングロ=サクソン七王国(ヘプターキー)時代(449～829)

C.409 ヴァンダル・スエヴィ・アラン人の侵入開始

西ゴート王国 418～711
415～419 ワリア王(418 ローマ皇帝から南ガリア支配権承認される)
470 イスパニア大半を占領

○各地にゲルマン諸国家建設
451 カタラウヌムの戦い

フランク王国(メロヴィング朝) 481～751
○クローヴィス(481～511)
486 ソワソンの戦い
496 クローヴィス，アタナシウス派(カトリック)に改宗(ゲルマン布教)

ブルグント王国 443～534
443 ローヌ川上流に建国

教父哲学 ○アウグスティヌス(354～430)『神の国』『告白録』
C.433ごろ～453 アッティラの大帝国(仏～東欧)(フン人)
438 『テオドシウス法典』発布
452 教皇レオ1世，アッティラを退去させる
476 西ローマ帝国滅亡
476～493 オドアケルの王国
○恩貸地制
C.473～526 テオドリック

東ゴート王国 493～555

ヴァンダル王国 429～534
429～477 ガイセリック
429 ヴァンダル，北アフリカに建国
439 カルタゴの故地に移る
455 ローマ略奪

431 エフェソス公会議(ネストリウス派，異端となる)
451 カルケドン公会議(単性論派，異端となる)
488 皇帝ゼノン，テオドリックにイタリア回復を命ずる
499 ブルガール人侵入

420～421 東ローマ，ササン朝と戦う
421 東ローマに敗れ，キリスト教徒に信仰の自由を認める
○このころネストリウス派キリスト教流入
C.450 エフタルの活躍
484 エフタルに敗れ，以後その影響下にはいる

500年～600年

560 ケント王エセルベルト優勢(～616)
C.597 ブリタニアにキリスト教布教

508 トロサをフランクに占領されトレドに遷都
554 東ローマ，イスパニア南部征服
585 スエヴィ王国併合

511 『サリカ法典』
511 クローヴィス死後王国分裂
511～561 クロタール1世(558 フランク再統一)
534 ブルグント王国を併合
561 クロタール1世の死後，再び分裂
584～628 クロタール2世(613 王国統一)
○ピピン(大)(C.580～640) アウストラシア王国の宮宰(カロリング朝の祖)
○分割相続により王国分裂，王権弱体化

C.529 ベネディクトゥス，モンテ=カッシーノに修道院創設「ベネディクトゥス戒律」
547 聖ヴィターレ聖堂完成
555 東ゴート王国，東ローマに征服される

ランゴバルド(ロンバルド)王国 568～774
568 アルボイン，北イタリアに建国
590～604 教皇グレゴリウス1世

東ローマ帝国(ユスティニアヌス朝) 518～610
527～565 ユスティニアヌス1世
529 アテネのアカデメイア閉鎖
532 ニカの反乱鎮圧
528 『ローマ法大全』編纂(～534)
534 東ローマ，ヴァンダルを征服
537 聖ソフィア大聖堂改築完成 モザイク壁画
549 アンティオキア回復 (ビザンツ式)
565 アヴァール人の王国さかん(～602)
C.583 スラヴ人，バルカン半島への移動開始

524 東ローマと戦う(～531)
531～579 ホスロー1世
540 東ローマと戦い，アンティオキア，コーカサス，エジプト占領(～562)
○最大版図実現
○ササン朝美術発達
562 ホスロー1世，エジプト遠征
581 東ローマと戦う(～591)
591～628 ホスロー2世

中央アジア	インド・東南アジア	中央ユーラシア	中国	朝鮮	日本	
クシャーナ朝 1世紀〜3世紀 ○ガンダーラ美術隆盛(仏像彫刻) C.128〜C.155 カニシカ王(クシャーナ朝最盛期) C.150 第4回仏典結集 ○ソグド地方に住むソグド人，東西交易に活躍 ○仏教詩人アシュヴァゴーシャ(馬鳴，100〜C.160) ○オアシス都市を結んでオアシスの道発達	サータヴァーハナ朝 前1世紀〜後3世紀 C.125 インダス川下流にサカ族建国(〜C.390) ○ナーガールジュナ(竜樹)大乗仏教確立 C.192 中部ベトナムにチャンパー(チャム人の国)成立	匈奴 鮮卑 156〜 156 鮮卑の檀石槐，モンゴル統一 158 鮮卑，遼東に侵入，領土拡大 C.178 鮮卑のモンゴル統一崩れる(〜C.184)	後漢 25〜220 105 蔡倫，製紙法を改良 107 西域諸国離反，西域都護廃止 120 西域都護復活 124 班勇，匈奴を討ち，西域諸国再び服属 125 宦官19人列侯となる(宦官の弊しだいに著しくなる) 146〜167 桓帝 ○候風地動儀(張衡) 148 パルティアの僧安世高，洛陽にいたり仏典漢訳 166 党錮の禁(，169) 166 大秦王安敦(マルクス=アウレリウス=アントニヌス帝？)の使者，海路日南(ベトナム)に到着 184 黄巾の乱起こる(太平道の開祖張角が指導) 189 董卓，洛陽に入り献帝を擁立 ○張陵が四川地方で五斗米道を始める 192 曹操(155〜220)挙兵 ○訓詁学 馬融(79〜166) 鄭玄(127〜200)	高句麗 C.前37〜668 105 高句麗，遼東に侵入	107 倭王帥升，後漢に生口献上	100
3世紀 ササン朝の勢力西北インドに及び，クシャーナ朝滅亡	○サータヴァーハナ朝衰えインド分裂 C.300 インド南東岸にパッラヴァ朝成立(〜9世紀) ○バクティ信仰普及(ヒンドゥー教)	206 烏桓，華北に侵入 224 鮮卑，華北に侵入 ○鮮卑分裂(慕容部，宇文部，段部，拓跋部など) 281 慕容部台頭 289 慕容部，西晋に降る	207 劉備，諸葛亮を宰相とする 208 赤壁の戦い 以後天下3分の形勢(三国時代) 220 魏晋南北朝(〜589) 魏 220〜265 220 曹丕，後漢を滅ぼす ○三国鼎立 220〜226 曹丕(文帝) 220 九品官人法(九品中正) ○屯田制 ○竹林の七賢，清談流行 263 魏，蜀を滅ぼす ○羌・氐・羯，中国西北辺に進出 蜀 221〜263 221〜223 劉備 227 諸葛亮『出師表』 呉 222〜280 222〜252 孫権 西晋 265〜316 265 司馬炎，魏を奪う 265〜290 武帝(司馬炎) 280 西晋，呉を滅ぼす ○西晋の中国統一 ○占田法・課田法実施 291 八王の乱(〜306) ○陳寿(233〜297)『三国志』	C.204 遼東の公孫氏，帯方郡設置 209 高句麗，丸都城(国内城)に遷都 238 魏，遼東を占領 244 魏，高句麗の丸都を攻略(〜245) C.3世紀 朝鮮中南部，三韓時代(馬韓・辰韓・弁韓)	239 邪馬台国女王卑弥呼，魏に遣使 266 倭女王(壱与?)，西晋に遣使	200
	○インドの再統一 グプタ朝 C.318〜C.550 318〜C.335 チャンドラグプタ1世 C.335〜376 サムドラグプタ ○バラモン教復興 ○アジャンター・エローラ石窟寺院(グプタ美術) ○ブッダガヤの大塔建造始まる C.375〜C.414 チャンドラグプタ2世(超日王)このころグプタ朝最盛期 390 サカ王朝を滅ぼす ○東南アジアにインド系文化広がる 4世紀 中国の僧法顕，インド訪問	319 慕容部，遼東占領 337 慕容皝，燕王と称する(前燕，〜370) 柔然 ?〜555 ○柔然，拓跋部の支配を脱する 391 柔然，北魏に敗れる	306〜312 懐帝 310 西域僧仏図澄(ブドチンガ)(C.232〜348)，洛陽に来る ○神仙思想 311 永嘉の乱(匈奴劉聡ら，西晋を滅ぼす，〜316) ○老荘思想 五胡十六国 304〜439 ○五胡(匈奴・羯・鮮卑・氐・羌)の中国侵入 ○仏図澄(ブドチンガ)，後趙の保護を受け，仏教を広める 351 氐の苻健，前秦建国 366 敦煌千仏洞開掘 376 前秦の苻堅，華北統一 382 前秦，西域を討つ 383 淝水の戦い，前秦，東晋に敗れ，覇業失敗 ○西域僧鳩摩羅什(クマラジーヴァ)(344〜413)，仏典を漢訳 北魏 386〜534 386 鮮卑の拓跋珪建国 386〜409 道武帝(拓跋珪) 東晋 317〜420 317 司馬睿(元帝)江南に建国 都：建康 江南の開発 ○葛洪(C.283〜363)『抱朴子』 ○王羲之(C.307〜C.365)『蘭亭序』 ○王献之(344〜388) ○陶淵明(365〜427)『帰去来辞』 ○謝霊運(385〜433) 364 土断法制定 ○顧愷之(C.344〜C.405)『女史箴図』 390 慧遠(334〜C.416)，廬山で白蓮社を結社 4〜5世紀 法顕(C.337〜C.422)インド旅行『仏国記』 六朝文化 222〜589	313 高句麗，楽浪郡を滅ぼす 百済 C.346〜660 新羅 C.356〜935 369 百済・倭国連合軍，新羅を破る 372 高句麗に仏教伝来 384 百済に仏教伝来 391〜412 高句麗広開土王(好太王)(高句麗と倭国の南朝鮮での対立激化) 391 このころから倭国何回か朝鮮侵入	○古墳文化 C.350 ヤマト王権の成立	300
エフタル C.5世紀〜6世紀 C.450 中央アジアに台頭	○サンスクリット文学黄金時代 ○カーリダーサ『シャクンタラー』 ○『マハーバーラタ』『ラーマーヤナ』完成 ○ナーランダー僧院建立 ○グプタ様式仏像 彫刻さかん(アジャンター・エローラ石窟寺院) ○エフタルの侵入	402 柔然の社崙，可汗を称する 449 柔然，北魏に敗れ急速に衰退 450 高昌国おこる(〜640) C.485 高車，柔然より独立し，天山北麓に建国	南北朝時代 北朝 439〜581 423〜452 太武帝 439 華北を統一(都：平城) ○寇謙之(363〜448)道教を大成 446 廃仏 450 文帝北征し，北魏と関中で戦う 460 雲崗石窟開掘 471〜499 孝文帝(漢化政策) ○禅宗 485 均田制を実施 486 三長制実施 494 洛陽に遷都 竜門石窟開掘 南朝 420〜589 ○山水画 宋 420〜479 420〜422 武帝(劉裕) 424〜453 文帝 元嘉の治 『後漢書』(范曄撰) 斉 479〜502 479〜482 高帝(蕭道成)	414 高句麗，広開土王碑を建立 427 高句麗，平壌遷都 475 高句麗，百済の都漢城を攻める	404 帯方郡に進出し，高句麗と戦う 413 倭王讃，東晋に朝貢 以後倭の五王の使者，宋にいたる	400
○アヴァール人，中央ヨーロッパに侵入 6世紀 突厥，ペルシアと結んでエフタルを滅ぼす	C.520 エフタルの侵入によりグプタ朝分裂 C.550 南インドにチャールキヤ朝(〜642) ○カンボジアにクメール人の真臘おこり，扶南衰退	突厥 552〜744 552 柔然を破り建国 555 柔然滅亡 583 突厥，東西に分裂 ○タングート，青海地方に居住	祆教伝来 ○酈道元(469〜527)『水経注』 532 賈思勰『斉民要術』完成(〜544) 西魏 535〜556 534 北魏，東西分裂 東魏 534〜550 ○府兵制採用 北周 556〜581 北斉 550〜577 574 武帝の廃仏 577 北周，北斉を滅ぼす 隋 581〜618 581 楊堅，北周を奪い建国 589 陳を滅ぼし，中国統一 梁 502〜557 502〜549 武帝(蕭衍) ○昭明太子(501〜531)『文選』 548 侯景の乱(〜52) 陳 557〜589 557〜559 武帝(陳覇先)	520 新羅，律令を制定(都：慶州) 6世紀 新羅，骨品制確立 527 新羅初めて仏法を行う 532 新羅，金官加耶を滅ぼす 538 百済，泗沘(扶余)に遷都 562 新羅，大加耶を滅ぼす	513 百済より五経博士来朝 538(552) 百済より仏教伝わる(大乗仏教) 587 蘇我氏，物部氏を滅ぼし政権掌握 飛鳥時代 〜710 593〜622 厩戸王(聖徳太子)	500 600

世界史年表(600年～1100年)

(使い方) 赤字 戦争・紛争に関すること　青字 文化に関すること

年	イギリス	イベリア半島	フランス	ドイツ・イタリア	東欧・北欧・ロシア	西アジア・北アフリカ
		西ゴート王国 418～711	フランク王国(メロヴィング朝) 481～751	ランゴバルド王国 568～774	東ローマ帝国 518～610 (ユスティニアヌス朝)	ササン朝ペルシア 224～651
600	601 カンタベリ大司教座設置	C.630 東ローマをイスパニア南部から撃退	C.640 王国東西分裂のきざし ○ピピン(中)，全フランクの宮宰となり，王国の実権掌握	○グレゴリオ聖歌成立 ○ランゴバルド王国のローマ化進む ○都市ヴェネツィアの共和政始まる ○ランゴバルド全盛	○ビザンツ世界の成立(ラテン語の公用化)　○ビザンツ文化 ビザンツ帝国(東ローマ帝国) (ヘラクレイオス朝)610～717 610～641 ヘラクレイオス1世 617 ペルシア軍，コンスタンティノープルに迫る ○軍管区制・屯田兵制を採用 626 アヴァール人を撃退 628 ヘラクレイオス1世，ペルシアと講和 634 イスラームの侵入始まる ○エジプト，イスラーム軍により征服される アレクサンドリアの図書館焼失 668～685 コンスタンティヌス4世 673 イスラーム軍，コンスタンティノープル包囲 678 「ギリシアの火」でイスラーム軍撃退される 680 コンスタンティノープル公会議(キリスト両性説確立，～81) 697 イスラーム軍，カルタゴ占領 ○自由農民形成による帝国強化	603 東ローマと戦い，ダマスクス・イェルサレム・エジプト占領(～619) C.610 ムハンマド(C.570～632)アッラーの教え(イスラーム)を説く 622 ヒジュラ(聖遷)，イスラーム暦元年 630 ムハンマド，メッカを占領，アラビア半島統一 正統カリフ時代 632～661 642 ニハーヴァンドの戦い 651 ササン朝ペルシア滅亡 653 『クルアーン(コーラン)』 661 アリー暗殺(正統カリフ時代終わる)→シーア派 ウマイヤ朝 661～750 (アラブ帝国) 661～680 ムアーウィヤ(カリフ世襲制)(都：ダマスクス)
700	C.700 『ベオウルフ』成立 731 ベーダ(673～735)『イングランド教会史』	711～ ヘレスの戦い(西ゴート王国滅亡，イスラーム支配開始) 711 ウマイヤ朝支配(～750) 718 西ゴート人，アストゥリアス王国建設 後ウマイヤ朝 (西カリフ国) 756～1031 都：コルドバ 756～788 アブド=アッラフマーン1世	714～741 宮宰カール=マルテル 732 トゥール-ポワティエ間の戦い(イスラーム軍撃退) ○荘園制の発達始まる フランク王国(カロリング朝) 751～843 751 宮宰ピピン(小)，フランク王位を簒奪 ピピン3世(～768) 756 ピピンの寄進，ランゴバルドを破り，教皇領を献上(ラヴェンナ 教皇領の始まり) 768～814 カール大帝 774 ランゴバルド王国征服(カール大帝，イタリア王を兼ねる) 8世紀末 アヴァール人を撃退 ○アルクイン，宮廷に招聘される(カロリング=ルネサンス) 800 カール大帝皇帝の帝冠うける(西ローマ帝国の復興，～814)	715～731 教皇グレゴリウス2世 739 ランゴバルド，ローマ包囲 751 ランゴバルド，東ローマ領のラヴェンナ攻略 ローマ教皇領 795～816 教皇レオ3世 ○神学者アルクイン(C.735～804)	ビザンツ帝国 (イサウロス朝) 717～802 717～741 レオン3世 717 イスラーム軍，コンスタンティノープルを包囲し敗退(～718) 726 聖像禁止令(聖像崇拝問題の論争) 746 キプロス島をウマイヤ朝より回復 C.760 ブルガール人と戦う 787 摂政イレーネ，聖像崇拝を復活 797～802 女帝イレーネ	○サハラ南縁にガーナ王国(～11世紀) ○イスラーム世界の拡大 アッバース朝(東カリフ国) 750～1258(アッバース家) (イスラーム帝国)(カリフ制) 750～754 アブー=アルアッバース 751 唐とタラス河畔で戦う 製紙法，唐から伝わる 754～775 マンスール 756 ウマイヤ朝の遺族コルドバに後ウマイヤ朝おこす 762 新都バグダード建設開始 786～809 ハールーン=アッラシード ○イスラーム文化最盛
800	829 ウェセックス王エグバート(775～839)のイングランド統一 C.850 デーン人の侵入始まる 878 アルフレッド大王，デーン人を撃退 ○ヴァイキングの侵入	822～852 アブド=アッラフマーン2世 852～886 ムハンマド1世	812 アーヘン条約(東ローマ皇帝，カールの西ローマ帝位を承認) ○ノルマン人，ヨーロッパ各地に侵入(第2次民族移動，9～11世紀) 814～840 ルートヴィヒ1世(敬虔帝) 840～855 ロタール1世 843 ヴェルダン条約(東・西・中部フランクに3分) 西フランク王国 843～987 843～877 シャルル2世(875皇帝) 870 メルセン条約 879～882 ルイ3世 884～887 カール3世の東西フランク合同 898～923 シャルル3世	○アインハルト(C.770～840)『カール大帝伝』 ○階層制(ヒエラルヒー)司教制度 東フランク王国 843～911 843～876 ルートヴィヒ2世(ドイツ人王) 876～887 カール3世(881皇帝) ロタール王国 (イタリア王国) 843～75 840～855 ロタール1世 855～870 ロドヴィコ2世 875 カロリング朝断絶	843 コンスタンティノープル公会議(聖像崇拝承認) 867 コンスタンティノープル総主教，ローマ教皇を破門 ノヴゴロド国 C.862～1478 C.862 リューリク建国(伝説) ビザンツ帝国 (マケドニア朝) 867～1056 キエフ公国 9世紀後半～13世紀 C.9世紀 ノルウェー王国・デンマーク王国成立 895 マジャール人，ハンガリー侵入	813～833 マームーン 832 バグダードにバイト=アル=ヒクマ(知恵の館)開設(ギリシア文化の移入) 外来の学問のイスラーム化 ○フワーリズミー(780～C.850)代数学を創始 ○錬金術 833 トルコ人親衛隊創設 868 エジプトにトゥールーン朝成立(～905) 8～9世紀 『千夜一夜物語』
900	○『アングロ=サクソン年代記』の編集 C.950 ウェセックス朝による全イングランド統一 C.980 デーン人の侵入激化	905 ナヴァル王国成立 912～961 アブド=アッラフマーン3世 929 カリフを称する(西カリフ国) ○後ウマイヤ朝全盛 カスティリャ王国 C.930～1479 C.930 成立 レコンキスタ(国土再征服運動，～1492)	910 クリュニー修道院設立 911 ノルマン首長ロロ，ノルマンディー公に封ぜられる(ノルマンディー公国成立) 987 カロリング朝断絶 カペー朝 (フランス王国) 987～1328 987～996 ユーグ=カペー(パリ伯)	900～911 ルートヴィヒ4世(カロリング朝断絶) 911～918 コンラート1世 ザクセン朝 919～1024 919～936 ハインリヒ1世 ○イスラーム，南イタリア侵入 ○マジャール人，ドイツ・北イタリア侵入 936～973 オットー1世 951～ 3回のイタリア遠征 955 レヒフェルトの戦い(マジャール人撃退) 955～964 教皇ヨハネス12世 神聖ローマ帝国 962～1806 962 オットー1世，神聖ローマ皇帝に即位 996～999 教皇グレゴリウス5世(初めてのドイツ人教皇)	○セルビア・ブルガリアのキリスト教化 ○西スラヴ系民族自立運動始まる 910 ダルマティアのトミスラヴ，クロアティア公になる 924 トミスラフ，クロアティア王を名乗る 966 ポーランド，カトリック化 980～1015 ウラジーミル1世(キエフ公国) 989 ウラジーミル1世，ギリシア正教に改宗	ファーティマ朝 909～1171 909 チュニジアに成立 ブワイフ朝 932～1062 バグダードで実権掌握 ○イクター制 969 エジプト征服 首都カイロ建設 ○アズハル学院設立
1000	デーン朝 1016～42 1016 デーン人のクヌート(～35)イングランド王に ノルマン朝 1066～1154 1066～87 ウィリアム1世 1066 ノルマン=コンクェスト(ヘースティングズの戦いで勝利) 1086 ドゥームズデー=ブック編纂	1031 後ウマイヤ朝断絶 アラゴン王国 1035～1479 ムラービト朝 1056～1147 1076 アラゴン，ナヴァル合同(～1134) 1091 ムラービト朝イベリア半島南部を支配	○封建制度の完成 ○吟遊詩人の活動(騎士道) C.1065 『ローランの歌』成立(騎士道物語) ○ロマネスク式建築隆盛 1096～99 第1回十字軍 (聖地イェルサレム奪回のため遠征) 1098 シトー派修道会設立	1002～24 ハインリヒ2世(3回のイタリア遠征)(歴代の皇帝，イタリア政策) ザリエル朝 1024～1125 1024～39 コンラート2世 1041 ボヘミア服属 1044 ハンガリー服属 1056～1106 ハインリヒ4世 1070 ノルマン人，南イタリア征服 1073～85 教皇グレゴリウス7世 1075 聖職叙任権闘争(～1122) 1075 グレゴリウス7世，聖職売買禁止 1077 カノッサの屈辱 1088 ボローニャ大学成立　○ピサ大聖堂 1088～99 教皇ウルバヌス2世 1095 ウルバヌス2世，クレルモン教会会議召集	1000 ハンガリー王国のイシュトヴァーン，教皇より王号を許可される 1018 ビザンツ，ブルガリア征服 1054 キリスト教会東西分裂(ギリシア正教会) ビザンツ帝国 (コムネノス朝) 1081～1185 ○プロノイア制の導入 1081～1118 アレクシオス1世 1071 マンジケルトの戦い，セルジューク朝，イェルサレムを占領 1082 ヴェネツィア，東ローマの商業権獲得 東方(レヴァント)貿易活発化　○大地主制の進展 1095 ローマ教皇に救援要請	セルジューク朝 (大セルジューク朝)1038～1194 1038～63 トゥグリル=ベク ○哲学者イブン=シーナー(アヴィケンナ，980～1037)『医学典範』 1055 バグダード入城 スルタンの称号を獲得 1099 十字軍，イェルサレム占領 1099 イェルサレム王国(～1291) 『ルバイヤート』オマル=ハイヤーム(1048～1131)
1100						

インド・東南アジア	中央ユーラシア	中　国	朝　鮮	日　本	
ヴァルダナ朝 606～7世紀後半 C.606～C.647 ハルシャ=ヴァルダナ(戒日王) 612 北インドを統一，都カナウジ(曲女城) ○唐の玄奘，ナーランダー僧院で修学 C.655 南インドにチャールキヤ朝復活(～C.970) ○地方政権の抗争激化 C.7世紀 スマトラにシュリーヴィジャヤ成立(～C.8世紀)	突厥 552～744 629～649 ソンツェン=ガンポの吐蕃支配 630 東突厥，唐に服属 639 西突厥，南北に分裂 641 唐太宗の娘文成公主が吐蕃に降嫁 657 唐に討たれ，西突厥唐に服属 669 瀚海都護府を安北都護府と改称 682 東突厥復興 698 靺鞨人の大祚栄，震国建設	隋 581～618　都:大興城(長安)　581～604 文帝(楊堅) 590 府兵制　592 均田制・租庸調制　598 科挙制 604～618 煬帝　584～610 大運河建設(通済渠・邗溝・永済渠・江南河) 612 高句麗遠征(612 第1次　613 第2次　614 第3次)失敗 唐 618～907 618 李淵，長安を落とし建国 618～626 高祖(李淵) 622 ハノイに交州大総管府をおく(679 安南都護府と改称) 624 均田制・租庸調制　雑徭・州県制 626～649 太宗(李世民)　○貞観の治　627 天下を十道に分ける 629 玄奘(602～664)のインド旅行(～645)『大唐西域記』 635 景教(ネストリウス派キリスト教)伝来 636 府兵制完備(～749)　637 新律令制定　三省，六部，御史台整備 640 高昌国を滅ぼす，安西都護府設置　○欧陽詢(557～641) 653 孔穎達(574～648)『五経正義』　644，645 太宗，高句麗遠征 649～683 高宗　660 新羅と結んで百済の扶余を攻め，百済滅亡 663 白村江の戦いで倭軍に勝利　百済再興失敗 668 新羅と結んで平壌を落とし，高句麗を滅ぼす　平壌に安東都護府設置 671 義浄(635～713)のインド旅行(～695)　675 新羅，唐に反抗 『南海寄帰内法伝』　676 安東都護府を遼東に移す(朝鮮半島放棄) 683～684 中宗(則天武后によって廃位)　684～690 睿宗	新羅 C.356～935 614 高句麗，隋軍の侵入を撃退 643 新羅，唐に援を請う 647 毗曇の内乱 676 新羅，朝鮮半島統一	飛鳥時代 ～710 600 遣隋使派遣(『隋書』による) 604 十七条憲法制定 607 小野妹子を隋に派遣 ○法隆寺建立　○飛鳥文化 630 遣唐使の始まり(～894) 645 蘇我氏滅亡　大化改新始まる 652 班田収授の法実施 ○律令国家の形成 668～71 天智天皇 672 壬申の乱 673～86 天武天皇 ○白鳳文化 ○日本最古の貨幣富本銭鋳造 689 飛鳥浄御原令	600
712 イスラーム勢力，西北インド進出 C.739 雲南地方で南詔が周辺を統一(～902) C.750 ベンガルにパーラ朝成立(～12世紀末) C.753 南インドにラーシュトラクータ朝(～973) 8世紀半ば ジャワにシャイレーンドラ朝(～9世紀前半) C.800 北インド地方にプラティハーラ朝成立(～1019) ○インド分裂状態続く	渤海 698～926 ○突厥文字創始 713 大祚栄，渤海郡王となり国号を渤海と改称 ウイグル 744～840 744 ウイグルおこり東突厥滅亡 C.750 チベット仏教成立 754 吐蕃最盛期(～797) ○イスラーム勢力の優勢(トルキスタン地方)	690～705 則天武后，国号を周と改める　○武韋の禍　○浄土宗 C.694 マニ教伝来　○イスラーム伝わる(海路経由)　○閻立本(？～673)『歴代帝王図巻』 705 中宗復位し，国号を唐に戻す　710 劉知幾(661～721)『史通』 710 韋后，中宗を殺す　李隆基，韋后を倒し睿宗復位　唐詩，さかんになる 710 逐次十節度使を置く(～742)　711 按察使設置　○呉道玄(680～750) 712～756 玄宗(李隆基)　713 開元の治(～41)　○王維(C.701～761) 722 募兵制(兵農分離)　○均田制・租庸調制・府兵制崩壊　○李白(701～762) 734 天下を15道に分ける　745 玄宗，楊太真を貴妃とする(楊貴妃) 751 安禄山,平盧・范陽・河東節度使を兼ねる　8世紀 広州に市舶司設置 751 タラス河畔の戦い(唐将高仙芝，アッバース朝と戦い敗北)(製紙法西伝) 755 安史の乱(756 楊国忠・楊貴妃死す　757 安慶緒，安禄山を殺す　759 史思明，安慶緒を殺す　761 史朝義，史思明を殺す，～763) 763 吐蕃，長安に侵入　765 ウイグル侵入　○杜甫(712～770) ○節度使勢力の拡大(藩鎮)　○顔真卿(709～786) 779～805 徳宗　○均田制崩壊進む 780 楊炎，両税法献策，実施　781 大秦景教流行中国碑建立 ○安史の乱後，国内にも節度使配置　藩鎮の弊害高まる　○荘園の発達	735 唐より浿水(大同江)以南の領有を承認される(半島統一完成) 751 仏国寺建立 C.780 このころより，王位争奪激化し，集権体制崩れる	701 大宝律令なる 708 和同開珎鋳造 710 平城京遷都 奈良時代 710～784 712 『古事記』なる 717 阿倍仲麻呂渡唐 718 養老律令なる　720 『日本書紀』なる 724～749 聖武天皇　○正倉院 ○天平文化 727 渤海の使者初めて来朝 752 東大寺大仏開眼供養 754 鑑真入京　○『万葉集』 784 長岡京遷都 788 最澄，延暦寺創建 平安時代 794～12世紀末 794 平安京遷都 ○唐文化の摂取	700
802 カンボジア，アンコール朝始まる(～1432) C.830 パーラ朝ガンジスに勢力を拡大 C.846 チョーラ朝，南インドに再興(～C.1279) ○ボロブドゥール(ジャワ)つくられる(大乗仏教)	ターヒル朝 821～873 ○キルギス(結骨)，中央アジアに分布 840 ウイグル帝国，キルギスの急襲を受け崩壊 サッファール朝 867～903 873 ターヒル朝を滅ぼす	820 宦官，憲宗を殺す　○唐朝の衰退 821 太和公主(穆宗の実妹)，ウイグル可汗に嫁する 821 唐蕃会盟(唐，チベットと和睦)　○柳宗元(773～819) 826 宦官，敬宗を殺す　○韓愈(768～824) 830 牛李の争い(牛僧孺・李徳裕の党争，～844) 845 会昌の廃仏(武宗の仏教弾圧)　○白居易(772～846)『長恨歌』 859 雲南に南詔独立 ○キルギスの支配力弱く，モンゴルに小国分立　873 王仙芝の乱　875 黄巣の乱(～884) ○北方民族の中国圧迫 五代:後梁・後唐・後晋・後漢・後周	822 金憲昌，独立をはかり長安国建設 892 甄萱反し，後百済国建設(～936) ○新羅・摩震・後百済の3国分立	○渤海使，しばしば来日 816 空海，金剛峯寺創建 839 最後の遣唐使帰朝 ○円仁『入唐求法巡礼行記』 858 藤原良房に摂政の詔(人臣摂政の初め) 884 藤原基経に関白の詔 894 遣唐使を停止	800
C.928 東部ジャワにクディリ朝成立(～1222) 937 雲南に大理国(～1253) C.966 ベトナムの丁部領，皇帝となる 973 南インドにチャールキヤ朝再興(～1189) 981 ベトナムに前黎朝(～1009) ○チャウハーン王国(～1192)	サーマーン朝 875～999 903 サッファール朝を滅ぼす カラ=ハン朝 10世紀中ごろ～12世紀中ごろ ガズナ朝 962～1186 962 アフガニスタンに成立 999 カラ=ハン朝がサーマーン朝を滅ぼす	907 朱全忠，唐を滅ぼす 遼(キタイ) 916～1125 907 耶律阿保機，モンゴルを統一 キタイ，華北北辺を領有 916 阿保機，帝を称する(太祖，～926) ○二重統治体制 920 キタイ文字 926 渤海を滅ぼす 947 国号を遼と改める 982 国号をキタイに復す 984 キタイ，北宋に侵入(岐溝の戦い)　993 高麗遠征 五代十国 907～979 907 朱全忠，後梁建国(～923) 923 李存勗，後唐建国(～936) C.930 馮道，経書の印刷を実施 936 石敬瑭，キタイ(契丹)の助けにより後唐を滅ぼし，後晋建国(～946)　キタイに燕雲十六州割譲 946 キタイにより後晋滅亡　947 劉知遠，後漢建国(～950) 951 郭威自立し，後周建国(～960) 宋(北宋) 960～1127 960 趙匡胤，北宋建国(都:開封) 960～976 太祖(趙匡胤)(文治主義的君主独裁制) 971 広州に市舶司設置　976～997 太宗 979 北漢を滅ぼし，中国統一完成　○科挙(三試制) 983 『太平御覧』なる　○文治的官僚国家形成(官戸・形勢戸の出現)　○交子発行　○羅針・火薬・木版印刷の発明	高麗 918～1392 918～943 王建　摩震を奪い高麗建国　都:開城 935 王建，新羅征服 936 王建，後百済征服　朝鮮半島統一 958 科挙制度の実施 962 宋に朝貢 976 田柴科を定める 994 キタイに朝貢	905 『古今和歌集』 ○武士団の形成 935 承平・天慶の乱(～941) 972 高麗使，対馬に来る 997 高麗の賊，九州に侵寇	900
1000 ガズナ朝のインド侵入激化 1009 ベトナムに李朝(大越国，～1225) 1019 ガズナ朝，カナウジ占領，プラティハーラ朝を滅ぼす ○チョーラ朝最盛期 1044 ビルマにパガン朝(～1299) ○パガン仏教遺跡群	1016 ガズナ朝，サマルカンド・ブハラ占領 1041 カラ=ハン朝，東西分裂(～42) 1077 ホラズム朝，セルジューク朝から自立(～1231) ○西カラ=ハン朝にセルジューク朝勢力拡大	1010 高麗に侵入し開京攻略 1036 西夏文字 西夏 1038～1227 李元昊(1038～48) 1044 慶暦の和約　宋，西夏間に君臣関係成立　李元昊を大夏国王とする 1066 キタイ，再び国号を遼と改称 ○西夏しばしば宋に入寇 1004 澶淵の盟 1006 諸州に常平倉をおく 1039 李元昊さかんに侵入する(～42) ○坊制，市制崩壊 ○畢昇，活字印刷術発明 1067～85 神宗 1069 王安石，新法開始 ○士大夫階級の出現 1076 王安石失脚 1084 司馬光(1019～86)『資治通鑑』 1085～1100 哲宗，司馬光を宰相とし新法廃止 ○旧法党と新法党の党争激化 ○鎮・市の成立 ○行(商人同業組合) ○作(手工業組合) ○瓦子(盛り場)隆盛 詞(楽曲)の発達 ○蘇洵(1009～66) ○欧陽脩(1007～72)『新唐書』『新五代史』 ○周敦頤(1017～73) ○曾鞏(1019～83) ○程顥(1032～85) ○程頤(1033～1107) ○蘇軾(1036～1101) ○蘇轍(1039～1112) ○李公麟(？～1106) ○米芾(1051～1107)	1009～31 顕宗 1010 キタイにより首都開城陥落 1018 キタイ，3度高麗を討つ ○このころキタイに備え長城築造 11世紀 高麗版大蔵経(第1回)	1017 藤原道長，太政大臣となる ○摂関政治全盛 1019 刀伊の入寇 1051 前九年合戦(～62) 1083 後三年合戦(～87) 1086 院政始まる(白河上皇) 1095 白河上皇，北面の武士設置	1000 1100

世界史年表(1100年〜1500年)

使い方　赤字　戦争・紛争に関すること　青字　文化に関すること

年	スペイン・ポルトガル	イギリス	フランス	ドイツ・イタリア	東欧・北欧・ロシア	西アジア・北アフリカ
	カスティリャ C.930〜1479 アラゴン 1035〜1479		カペー朝 987〜1328	ザリエル朝 1024〜1125	ビザンツ帝国(コムネノス朝) 1081〜1185	アッバース朝 750〜1258 イェルサレム王国(1099〜1291)
1100	ムワッヒド朝 1130〜1269 ポルトガル王国 1143〜1910 1147 ムワッヒド朝，ムラービト朝を滅ぼす 1157 ムワッヒド朝イベリア半島南部を支配(〜1225) ○哲学者イブン=ルシュド(アヴェロエス，1126〜98)	○スコラ学者アンセルムス(1033〜1109) プランタジネット朝 1154〜1399 1154 アンジュー伯アンリ英国王即位(ヘンリ2世，〜89) ○『アーサー王物語』成立 1167 オックスフォード大学創立 1189〜99 リチャード1世(獅子心王) ○ロンドン，自治都市となる	1108〜37 ルイ6世 ○スコラ哲学者アベラール(1079〜1142) ○三圃制開始 ○遠隔地商業活発化 1137〜80 ルイ7世 ○商人ギルドの成立 1147 第2回十字軍(〜49) 1163 ノートルダム大聖堂建築開始(〜C.1245) ○ゴシック式 1180〜1223 フィリップ2世 ○シャンパーニュで定期市 ○パリ大学創立 1189 第3回十字軍(〜92) ○南仏にアルビジョワ派	1106〜25 ハインリヒ5世 1113 ヨハネ騎士団成立 1122 ヴォルムス協約 ○ドイツ人の東方植民 1130 シチリア王国成立(ルッジェーロ2世) ホーエンシュタウフェン朝 1138〜1254 ○イタリアで皇帝党(ギベリン)教皇党(ゲルフ)両党抗争 1152〜90 フリードリヒ1世(6回のイタリア遠征) 1167 ロンバルディア同盟結成 ○封建制度の完成 1198〜1216 教皇インノケンティウス3世 ○サレルノ大学隆盛	1134 ビザンツ，小アジア占領 1143〜80 マヌエル1世(1176 ルーム=セルジューク朝に敗北) 1185 ノルマン侵入 ビザンツ帝国(アンゲロス朝) 1185〜1204	○スーフィズム 1157 セルジューク朝分裂 アイユーブ朝 1169〜1250 1169〜93 サラディン 1187 イェルサレムを征服，サラディン，十字軍と戦う
1200	ナスル朝 1232〜1492 都：グラナダ 1230 カスティリャ・レオンの最終的合同 1236 カスティリャ，コルドバを占領	1199〜1216 ジョン王 1209 ジョン破門 ケンブリッジ大学創立 1214 ブーヴィーヌの戦い(仏，英独連合軍を破る) 1215 大憲章(マグナ=カルタ)制定 ○都市の自治権拡大 1216〜72 ヘンリ3世 1265 シモン=ド=モンフォールの身分制議会(イギリス議会の始まり) ○農奴の解放進む 1272〜1307 エドワード1世 1284 ウェールズ併合 ロジャー=ベーコン(C.1214〜1294) 1295 模範議会召集	1202〜04 第4回十字軍(コンスタンティノープル占領) 1209 アルビジョワ十字軍(〜29) 1212 少年十字軍 1215 ドミニコ修道会設立 1226〜70 ルイ9世 1248 第6回十字軍(〜54) 1253 ルブルクをモンゴル帝国へ派遣(〜55) 1270 第7回十字軍 1285〜1314 フィリップ4世 1296 教皇との対立始まる ○封建制度の動揺 ○貨幣経済の普及	○ドイツ騎士団領形成 ○『ニーベルンゲンの歌』 ○ヴェネツィア，東地中海の制海権掌握 ○教皇権の絶頂期 1215〜50 フリードリヒ2世 1209 フランチェスコ修道会設立 1226 ドイツ騎士団のプロイセン植民始まる 1243〜54 インノケンティウス4世 1228 第5回十字軍(〜29) 1245 プラノ=カルピニをモンゴルへ派遣(〜47) 1241 ハンザ同盟結成 1248 ケルン大聖堂起工 1266 トマス=アクィナス(C.1225〜74)『神学大全』(〜67) ○帝権の衰退 1254 ライン都市同盟 1266 フランスのアンジュー家，シチリア王国支配(〜82) 1254(1256) 大空位時代(〜73) 1282 「シチリアの晩鐘」(反仏反乱) アラゴン，シチリア王位獲得 1273〜91 ルドルフ1世(ハプスブルク家出身) 1289 モンテ=コルヴィノを元に派遣 1295 アラゴン，サルデーニャを支配(〜1326) 1278 オーストリア，ハプスブルク家領に ○マルコ=ポーロ(1254〜1324)『世界の記述(東方見聞録)』完成 1291 スイス独立闘争始まる 1294〜1303 ボニファティウス8世	(ノヴゴロド国) C.862〜1478 1204 第4回十字軍，コンスタンティノープル占領，ラテン帝国建設(〜61) 1237 モンゴル軍，モスクワ，キエフを占領(〜40) 1241 ワールシュタット(リーグニッツ)の戦い キプチャク=ハン国 1243〜1502 1243 バトゥ(〜55)建国 ビザンツ帝国(パレオロゴス朝) 1261〜1453 1261 ビザンツ再興	○西サハラにマリ王国成立(〜15世紀) マムルーク朝 1250〜1517 1258 アッバース朝滅亡 1260〜77 バイバルス イル=ハン国 1258〜1353 1258 フラグ(〜65) ○サーディー(C.1184〜1291)詩人 1291 マムルーク朝，アッコ(アッコン)攻略，イェルサレム王国終わる オスマン帝国 1299〜1922 1299〜1326 オスマン1世
1300 「14世紀の危機」	C.1333 アルハンブラ宮殿建設(アラベスク) 1341 ポルトガル人カナリア諸島にいたる 1342 カスティリャ，アルヘシラス占領 1385〜1433 ジョアン1世 ○ポルトガル，エンリケ航海王子のもとで大西洋・アフリカ進出を始める ○大航海時代へ	1327〜77 エドワード3世 1337〜1453 百年戦争 1343 議会，二院制となる 1346 クレシーの戦い 1347 全欧にペスト(黒死病)の流行(人口の3分の1を失う，〜51) 1356 ポワティエの戦い 1360 ブレティニーの和約 1376 エドワード黒太子死 ○貨幣地代普及，ヨーマン台頭，農奴制崩壊 ○チョーサー(C.1340〜1400)『カンタベリ物語』 1378 ウィクリフ，教会批判 1381 ワット=タイラーの乱(農民一揆) ランカスター朝 1399〜1461 1399〜1413 ヘンリ4世	ヴァロワ朝 1328〜1589 1302 三部会召集 1303 アナーニ事件 ○ユダヤ人迫害 1328〜50 フィリップ6世 1358 ジャックリーの乱(農民一揆) 1363 ブルゴーニュ公領の成立(〜1477) 1378 教会大分裂(大シスマ，〜1417) 1380〜1422 シャルル6世	○ハンザ同盟の商人の北方商業独占 1303 アナーニ事件 1309 教皇庁，アヴィニョンへ(〜77)「教皇のバビロン捕囚」 ルクセンブルク朝 1346〜1437 ○イタリア都市の隆盛(自治都市) 1346〜78 カール4世 イタリア=ルネサンス 1348 プラハ大学創立 1303 ローマ大学創立 1356 金印勅書(7選帝侯を定め，皇帝選挙制を確立) ○ダンテ(1265〜1321)『神曲』トスカナ語 ○ジョット(C.1266〜1337) 1365 ウィーン大学創立 ○ペトラルカ(1304〜74) ○自由都市 ○ボッカチョ(ボッカチオ)(1313〜75)『デカメロン』 ○ファン=アイク兄弟(蘭，フランドル派) 1354 独皇帝カール4世侵入 1378 チオンピの乱(フィレンツェ) 1386 ゼンパハの戦い 1381 ヴェネツィア，ジェノヴァを破り地中海貿易掌握	1313〜40 ウズベク=ハン(キプチャク=ハン国最盛期) 1325 イヴァン1世，モスクワ大公となる(〜40) ○セルビアの繁栄 ○ポーランドの繁栄 ○ハンガリー王国強大 C.1361 オスマン帝国，アドリアノープル(エディルネ)占領 1386〜1572 ポーランド，ヤギェウォ朝 リトアニア-ポーランド王国 1389 コソヴォの戦い，セルビア人，オスマン帝国に服属 1397 北欧3国，カルマル同盟(〜1523)	1307 ルーム=セルジューク朝滅亡 ○ラシード=ウッディーン(C.1247〜1318)『集史』 1326 ブルサ征服 ○イェニチェリ制度創設 1366 オスマン帝国，セルビア・マケドニア・ブルガリア征服 1389〜1402 バヤジット1世 ○イブン=バットゥータ(1304〜C.77)『三大陸周遊記』 ○イブン=ハルドゥーン(1332〜1406)『世界史序説』 1389 コソヴォの戦い 1396 ニコポリスの戦い(オスマン軍，ハンガリー王を撃破)
1400	1445 ヴェルデ岬発見(葡) 1469 カスティリャのイサベル，アラゴンのフェルナンドと結婚 1479 スペイン王国成立 1474〜1504 イサベル(西) 1479〜1516 フェルナンド5世(西) 1481〜95 ジョアン2世(葡) 1488 バルトロメウ=ディアス，喜望峰到達 1492 ナスル朝滅亡(レコンキスタ完了) コロンブス，サンサルバドル島に到達 1493 教皇子午線設定 1494 トルデシリャス条約 1498 ヴァスコ=ダ=ガマ，インド航路開拓 1499，1501 アメリゴ=ヴェスプッチ南米探検(〜02)	1413〜22 ヘンリ5世 1415 アザンクールの戦い(仏の敗北) 1420 トロワの和約 1453 百年戦争終結 1455 ばら戦争(〜85) ヨーク朝 1461〜85 ○独立自営農民 テューダー朝 1485〜1603 1485〜1509 ヘンリ7世 15世紀末 囲い込み運動(第1次)開始 1487 星室庁整備 1497 カボット北米沿岸探検(〜98)	1422〜61 シャルル7世 1429 オルレアン解放，ジャンヌ=ダルクの活躍(英，カレーを保つ) 1461〜83 ルイ11世 1477 ナンシーの戦い 1483〜98 シャルル8世 1494 イタリア戦争始まる(〜1559) 1498〜1515 ルイ12世	1403 フス，教会批判 1406 フィレンツェ，ピサを征服 1411〜37 ジギスムント 1409 ピサ公会議 1419 フス戦争(〜36) 1414 コンスタンツ公会議(〜18) 1415 フス(C.1370〜1415)火刑に処せられる ○ブルネレスキ「聖マリア大聖堂大円蓋」 1442 アラゴン王，ナポリ王国併合 ハプスブルク朝 1438〜1740 1434〜94 メディチ家，フィレンツェ支配 1438〜39 アルブレヒト2世 1441 フィレンツェにプラトン=アカデミア設立 C.1445 グーテンベルク活版印刷術改良 1463 ヴェネツィア，オスマン帝国と海戦(〜79) 1466 ドイツ騎士団領ポーランドに譲渡 ○ボッティチェリ(C.1444〜1510) ○トスカネリ(1397〜1482) 1493〜1519 マクシミリアン1世 1492〜1503 アレクサンデル6世 1494〜95 仏王シャルル8世侵入，メディチ家追放 1499 スイス，事実上の独立 1498 サヴォナローラ刑死	1410 タンネンベルクの戦い(ドイツ騎士団敗北) C.1430 クリム=ハン国(〜1783) 1453 オスマン帝国，コンスタンティノープル征服 ビザンツ帝国滅亡 1462 イヴァン3世(〜1505)，モスクワ大公となる 1472 イヴァン3世，最後のビザンツ皇帝の姪と結婚 1478 イヴァン3世，ノヴゴロド併合 モスクワ大公国 1480〜1613 1480 イヴァン3世(1462〜1505)キプチャク=ハン国より独立	1402 アンカラ(アンゴラ)の戦い(オスマン帝国，ティムールに敗北) 1413 オスマン帝国再統一 1413〜21 メフメト1世 1421〜51 ムラト2世 1444 ヴァルナの戦い(オスマン帝国，ハンガリー・ポーランドを破る) ○ジンバブエにモノモタパ王国(〜19世紀) 1444〜46，51〜81 メフメト2世 1453 コンスタンティノープル征服，イスタンブルと改称 1460 ギリシア全土征服 1466 アナトリア征服 ○トプカプ宮殿造営 1475 クリム=ハン国を服属させる 1481〜1512 バヤジット2世 ○サハラ南縁にソンガイ王国(〜16世紀)
1500						

年	インド・東南アジア	(中央アジア) 中央ユーラシア	(北アジア)	中国	朝鮮	日本
			西夏 1038～1227	**宋(北宋)** 960～1127	**高麗** 918～1392	**平安時代** 794～12世紀末
1100	○アンコール=ワット建設(ヒンドゥー教のち上座仏教) 12世紀 ゴール朝の北インド侵入 1192 ゴール朝，ラージプート軍を破る ○アンコール朝，王都アンコール=トム建設	**カラ=キタイ(西遼)** 1132～1211 1132～43 **耶律大石**，カラ=キタイ(西遼)建国 **ゴール朝** C.1148～1215 C.1148 ゴール朝の独立(アフガニスタン～1215) 1186 ガズナ朝を滅ぼし，アフガニスタン統一	**金** 1115～1234 ○女真人 1115～23 **太祖(完顔阿骨打)**猛安・謀克制 1119 女真文字創始 1124 西夏服属 1125 遼を滅ぼす 1126 靖康の変(金，北宋都開封(汴州)を落とし，北宋滅びる，～27) 1142 紹興の和約(南宋，金に臣下の礼をとる) 1153 燕京(北京)遷都 1161 金，南宋に侵入し大敗 1167 全真教おこる(王重陽 1113～70)	1100～25 **徽宗** "蘇湖熟すれば天下足る" ○院体画さかんになる ○景徳鎮で白磁・青磁生産 ○文人画 1120 方臘の乱(～21) ○異民族との抗争激化 **宋(南宋)** 1127～1276 1127～62 **高宗** 都：臨安(杭州) 1131 秦檜，宰相となる ○広州・泉州・杭州繁栄 ○主戦・和平論(岳飛・秦檜対立) 1142 紹興の和約(金と和議締結。大散関・淮水を国境とする) 1160 南宋，初めて会子(紙幣)発行 ○朱熹(1130～1200)朱子学を大成『通鑑綱目』 ○陸九淵(1139～92)	1126 金に臣礼 1135 妙清の乱 1145 『三国史記』(金富軾) ○高麗青磁 1196 将軍崔忠献政権掌握，以後崔氏独裁(武人政権，～1258)	○武士の台頭 1156 保元の乱 1159 平治の乱 1167 平氏全盛 **清盛**，太政大臣となる ○日宋貿易 (中国から銅銭流入) 1180 源氏挙兵 1185 平氏滅亡 源頼朝，各地に守護・地頭をおく **鎌倉時代** 12世紀末～1333 1192 **源頼朝**，征夷大将軍
1200	**奴隷王朝** 1206～1290 ○インドにおけるイスラーム政権 1206～10 **アイバク** 1215 ゴール朝崩壊 1221 モンゴル軍のインド侵入を撃退 1222 ジャワにシンガサリ朝(～1292) 1225 大越に陳朝成立(～1400) ○チューノム(字喃) ○インドシナ北部にタイ人諸国家が成立(～15世紀) 1284 元，大越・チャンパーを討つ 1287 元，パガン朝に侵攻 **ハルジー朝** 1290～1320 1293 ジャワにマジャパヒト朝成立(～C.1527)	1206 モンゴル帝国成立 1211 ナイマン部，カラ=キタイを滅ぼす 1220 チンギス=ハン，ホラズムを攻略 1236 バトゥの西征(ヨーロッパ遠征，～42)	**テムジン**，モンゴル統一，**チンギス=ハン**(～27)と称す 1214 金，汴京(開封)遷都 1227 モンゴル，西夏を滅ぼす 1234 モンゴル，金を滅ぼす **(オゴタイ=ハン国)** C.1225～1252 1246 プラノ=カルピニ，カラコルムにいたる 1254 ルブルク，カラコルムにいたる ○フビライ，大理を征服 1258 **フラグ**，アッバース朝征服(イル=ハン国) 1266 ハイドゥの乱起こる(～14世紀初め)	1229～41 **オゴタイ(太宗)** 1235 カラコルムに首都建設 1236 交鈔を発行 1246～48 **グユク(定宗)** 1251～59 **モンケ(憲宗)** 1260～94 **フビライ(世祖)** 1264 中都(72 大都に改称)に遷都 画家 梁楷 牧谿 ○馬致遠『漢宮秋』 ○王実甫・関漢卿『西廂記』 ○高則誠『琵琶記』 元曲(雑劇) ○書家趙孟頫(趙子昂) 1276 元軍，臨安を占領，南宋滅亡 1279 厓山の戦い **元** 1271～1368 1271 フビライ，国号を元とする 1275 マルコ=ポーロ，大都に到着 1280 郭守敬，「授時暦」制定 ○駅伝制(ジャムチ) ○元末四大画家 黄公望(1269～1354) 呉鎮(1280～1354) 倪瓚(1301～1374) 王蒙(1298～1385) 1294 モンテ=コルヴィノ，大都でカトリック布教 ○白蓮教 ○染付磁器の発明	1213～59 **高宗** 1219 キタイの遺民をモンゴルと挟撃 1231 モンゴル侵略開始 1232 江華島遷都(～35) 1236 高麗版大蔵経(～52) ○金属活字印刷始まる 1258 モンゴル，永興に雙城総管府設置，直接支配 1259 モンゴルに服属 1270 三別抄の抗争(～73) 1274～1308 **忠烈王** 1274 元の日本遠征に高麗参加(元寇，文永の役) 1281 元の日本遠征に高麗参加(元寇，弘安の役)	1203～05 **北条時政**(執権) 1219 将軍実朝暗殺 源氏の正統断絶 1221 承久の乱，六波羅探題設置 1224～42 **北条泰時** 1227 道元，宋より帰朝(曹洞宗) 1253 日蓮，法華宗を始める 1268 高麗使，フビライの国書をもたらす 1268～84 **北条時宗** 1275 元使杜世忠らを斬る 1297 永仁の徳政令
1300	**トゥグルク朝** 1320～1413 1333 イブン=バットゥータ，デリー滞在(～42) 1336 南インドにヴィジャヤナガル王国(～1649) 1347 デカン地方にバフマニー朝(～1527) 1351 シャム(タイ)にアユタヤ朝(～1767) ○東南アジア大陸部の上座仏教化 1398 ティムール，インドに侵入しデリー占領，トゥグルク朝分裂混乱	**チャガタイ=ハン国** 1307～14世紀 (～16世紀) 14世紀 チャガタイ=ハン国，東西分裂 **ティムール帝国** 1370～1507 1370～1405 **ティムール** ○サマルカンド繁栄 1380 イラン，インドへ侵入開始 1389 東チャガタイ=ハン国併合 1395 キプチャク=ハン国を圧迫	1368 明軍により大都陥落，元，北方に逃れ，北元と称す **北元** 1371～1388 ツォンカパ(1357～1419)ゲルク(黄帽)派の開祖 1388 明将藍玉，北元を滅ぼす	C.1313 仁宗，科挙を復活させる C.1345 イブン=バットゥータ，泉州・大都にいたる 1351 紅巾の乱(このころ各地に反乱，～66) **明** 1368～1644 ○漢族国家の再建 1368 **朱元璋**，南京(応天府)に即位し，明を建てる 1368～98 **太祖(洪武帝・朱元璋)** ○衛所制(軍戸) 1367 明律 1368 明令 1380 胡惟庸の獄 中書省の廃止(皇帝独裁制を確立) ○魚鱗図冊 1381 里甲制実施，賦役黄冊 1384 科挙復活 1397 六諭発布 1398～1402 **恵帝(建文帝)** 1399 燕王朱棣(太祖の第4子)挙兵(靖難の役～1402)	1350 庚寅の倭寇(倭寇始まる) ○倭寇，高麗の全羅道を侵す 1356 高麗，元の雙城総管府攻略 1385 李成桂，倭寇を撃退 1388 **李成桂**，実権掌握 1391 科田法制定 **朝鮮(李氏)** 1392～1910 1392～98 **太祖(李成桂)**	1318～39 **後醍醐天皇** 1325 建長寺船を元に派遣 1333 鎌倉幕府滅亡 建武の新政 **室町時代** 1338～1573 **南北朝時代** 1336～92 1338 **足利尊氏**，征夷大将軍となる(室町幕府) 1341 足利尊氏，天竜寺船を元に派遣 1368～94 **足利義満** 1392 南北朝統一 1397 義満，金閣造営
1400	○マラッカ王国(14世紀末～1511)繁栄，東南アジア島嶼部のイスラーム化進む 1407 明が大越を支配(～27) **サイイド朝** 1414～1451 1414 ティムールの武将**ヒズル=ハン**が建国 1428 大越に黎朝(～1527，1532～1789) ○ベトナムの南進(～18世紀) 15世紀後半 マラッカ王，イスラームに改宗 **ロディー朝** 1451～1526 1451 アフガン系のロディー朝建国 1498 ヴァスコ=ダ=ガマ，カリカット到達	1402 アンカラの戦い(ティムール，バヤジット1世をとらえる) 1405 ティムール，中国遠征途上，オトラルで病死 1409～47 **シャー=ルフ**，ティムール帝国統一 1447～49 **ウルグ=ベク**(天文学の発達)	○モンゴル高原に，モンゴル(韃靼)・オイラト台頭 1410 永楽帝の北征(モンゴル・オイラトの討伐，～24) 1439 オイラトに**エセン**立ち，勢力拡大 1487～1524 モンゴル(韃靼)の**ダヤン**，内モンゴルに覇権確立	1402 燕王，金陵を落とし即位，**成祖(永楽帝**～24) 1405 鄭和の南海遠征(7回，朝貢貿易さかん，～33) ○明の対外発展 1408『永楽大典』 ○内閣大学士設置 ○『四書大全』 ○『五経大全』 ○『性理大全』 1421 **永楽帝**，北京に遷都 ○羅貫中『三国志演義』 1435～49 **英宗(正統帝)**(宦官王振の専横) 1448 鄧茂七の乱(～49) ○抗租運動 1449 土木の変(オイラト侵入し，英宗をとらえる) 1449～57 **代宗**(景泰帝) 1450 明，オイラトのエセンと和約 1457～64 **英宗(重祚，天順帝)**(宦官曹吉祥の専横) 1461 『大明一統志』完成 1464～87 **憲宗(成化帝)**(宦官汪直の専横，政治紊乱) 1487～1505 **孝宗(弘治帝)**(中興の英主とされる)	(都：漢城) 1403 銅活字鋳造 ○朱子学の採用 1418～50 **世宗**(最盛期) 1419 朝鮮，対馬を侵す(応永の外寇) 1443 朝鮮，対馬の宗氏と癸亥(嘉吉)約条 1446 「訓民正音」公布 1451 『高麗史』編纂 1467 李施愛の乱 1474 『経国大典』頒布 1481 『東国輿地勝覧』成る 1494～1506 **燕山君** 1498 戊午の士禍	1401 義満，明に遣使 1404 義満，明より勘合を獲得 勘合貿易始まる 1429 **中山王**琉球を統一 1438 永享の乱 1457 コシャマイン戦争 1467 応仁・文明の乱(～77)(戦国時代～1568) ○雪舟(1420～1506) 1475 幕府，銅銭・書籍を明に求める 1483 義政，銀閣建立 1485 山城の国一揆(～93) 1488 加賀の一向一揆(～1580) 1495 北条早雲，小田原城攻略
1500						

世界史年表(1500年～1600年)

(使い方) 赤字 戦争・紛争に関すること 青字 文化に関すること

	スペイン・ポルトガル・ネーデルランド	イギリス	フランス	ドイツ	イタリア・ローマ教会	北欧・東欧・ロシア
	スペイン王国 1479～1931 ポルトガル王国 1143～1910	テューダー朝 1485～1603	ヴァロワ朝 1328～1589	ハプスブルク朝 1438～1740		モスクワ大公国 1480～1613
1500	1500 カブラル，ブラジルに到着(葡) 1501 アメリゴ=ヴェスプッチ，ブラジル沿岸到着(～02) 1503 エンコミエンダ制開始 1504 コロンブス，パナマ地峡に到達 1505 ポルトガル，キルワ・モンバサを掠奪 1510 ポルトガル，ゴア占領 1511 ポルトガル，マラッカ占領 1513 スペイン人バルボア，太平洋に到達 1516～56 カルロス1世(カール5世)(スペイン=ハプスブルク家) 1517 ポルトガル人広州到着 1518 スペイン，黒人奴隷輸入の最初の独占的許可状発行 1519 マゼラン(マガリャンイス)艦隊の世界周航(～22) 1521 マゼラン死 1519 スペイン人，パナマ市建設 1519 コルテス，アステカ王国征服(～21) 1521～57 ジョアン3世(葡)	○絶対主義進展 1509～47 ヘンリ8世 1514 ロンドン近郊の囲い込み反対暴動 1515 囲い込み制限令 1516 トマス=モア(1478～1535刑死)『ユートピア』 1521 ヘンリ8世，ルターを非難	1506 セントローレンス湾探検 1508 カンブレー同盟(仏王・独帝・教皇・スペイン王の対ヴェネツィア同盟，～10) 1515～47 フランソワ1世 ○アルプス以北のルネサンスおこる 1521 イタリア戦争激化(～44，59終結)	○フッガー家最盛期 1509 エラスムス(蘭1469ごろ～1536)『愚神礼讃』 1517 ルター(1483～1546)「95か条の論題」 1519～56 カール5世 1519 ライプツィヒ討論 1520 ルター『キリスト者の自由』発表 1521 ローマ教皇 ルター破門 1521 ザクセン選帝侯フリードリヒ，ルターを保護する 『新約聖書』のドイツ語訳 1523～31 ツヴィングリの宗教改革 1524 ドイツ農民戦争(トマス=ミュンツァー死，～25)	○レオナルド=ダ=ヴィンチ(1452～1519)「モナ=リザ」「最後の晩餐」 1503～13 教皇ユリウス2世 1512 メディチ家，フィレンツェに復帰 1513 マキァヴェリ(1469～1527)『君主論』 1513 教皇レオ10世 贖宥状(免罪符)販売(～21) ○ブラマンテ(1444～1514) ○ラファエロ(1483～1520)「アテネの学堂」 聖ピエトロ大聖堂大修築	○ウズベク人，ブハラ=ハン国，ヒヴァ=ハン国，コーカンド=ハン国を建国 1505～33 ヴァシーリー3世 1523 カルマル同盟を解消し，スウェーデンがデンマークより独立
1525	○西・葡の海外発展 アフリカ東岸(ザンジバル，キルワ，マリンディ)にポルトガル人進出 1529 サラゴサ条約 1530 異端禁止令，宗教裁判所設置 1532 ポルトガル，ブラジル領有 1532 ピサロ，インカ帝国征服(～33)(1533 インカ帝国の首都クスコ破壊) 1534 ロヨラ，イエズス会を設立 ○イグナティウス=ロヨラ(1491～1556) 1545 スペイン，ポトシ銀山採掘開始(16世紀後半価格革命起こる)商業革命 ○ラス=カサス(1484～1566)	○絶対主義体制固まる(毛織物工業発達) 1533 ヘンリ8世，キャサリンと離婚，アン=ブーリンを王妃に 1534 国王至上法(首長法)発布 イギリス国教会成立 1536 ウェールズを正式に併合 1536,39 修道院解散法発布 1547～53 エドワード6世 1549 礼拝統一法制定，一般祈禱書承認 1549 ケットの反乱起こる(囲い込みに反対)	1534 ラブレー(C.1494～1553)『ガルガンチュアとパンタグリュエルの物語』 1534 イエズス会設立 1535 オスマン帝国と同盟結ぶ 1536 カルヴァン『キリスト教綱要』発表 1541 カルヴァン，ジュネーヴにて神権政治(～64) 1544 クレピー和約(イタリアでのドイツ・スペインの優位確立) 1547～59 アンリ2世(妃はカトリーヌ=ド=メディシス)	○ロイヒリン(1455～1522) ○画家デューラー(1471～1528) 1525 プロイセン公国成立 1526 第1回シュパイアー帝国議会 1529 第2回シュパイアー帝国議会(新教徒，皇帝に抗議しプロテスタントとよばれる) オスマン軍，第1次ウィーン包囲 1530 シュマルカルデン同盟結成 1546 シュマルカルデン戦争(～47) ○メランヒトン(1497～1560)	1526 対独帝同盟(コニャック神聖同盟) 1527 ドイツ軍によるローマの劫掠 1527 メディチ家再び追放 1529 ジェノヴァ，共和国となる 1534～49 教皇パウルス3世 1535 スペイン，ミラノを支配 ○ヴェネツィア衰退 1540 イエズス会公認 1545 トリエント公会議(反宗教改革会議，～63)	○北欧3国ルター派採用し，中央集権化の進行 1526 モハーチの戦い(ハンガリーの一部，オスマン帝国に併合される) 1533～84 イヴァン4世(雷帝) 1543 コペルニクス(1473～1543)『天球の回転について』(地動説) 1547 イヴァン4世，ツァーリの称号を正式に採用 ○イヴァン4世，貴族を抑え帝権強化をはかる
1550	○宗教裁判頻発 1556～98 フェリペ2世(西)(スペイン=ハプスブルク家) 1557 ポルトガル人，マカオに居住権を得る 1557～78 セバス ○ブリューゲル(1528～69) 1566 ゴイセン，スペイン支配に抵抗 1567～73 ネーデルランド総督アルバ公 1568 オランダ独立戦争始まる(～1609) 1569 メルカトル(1512～94)世界図完成 1571 レパントの海戦(スペイン・教皇・ヴェネツィア連合艦隊，オスマン海軍撃破) 1572 オラニエ公ウィレム1世，ホラント州総督に就任	1553～58 メアリ1世(55 カトリック復活) 1554 メアリ1世スペイン王子フェリペと結婚 1558 フランスのカレー市を失う 1558～1603 エリザベス1世 1559 統一法公布 イギリス国教会確立 1560 グレシャムの意見により幣制改革 1563 徒弟法 信仰箇条制定	1559 カトーカンブレジ条約(イタリア戦争終結) 1560～74 シャルル9世 1562 ユグノー戦争始まる(～98) 1572 サン=バルテルミの虐殺 1574～89 アンリ3世	1555 アウクスブルクの宗教和議 ○ブリューゲル(C.1528～69)「農民の踊り」 1556 フェルディナント1世即位(～64)ハプスブルク家，スペインとオーストリアに分離 1561 ドイツ騎士団領，ポーランドに奪われる 1564～76 マクシミリアン2世	○ミケランジェロ(1475～1564)「最後の審判」「ダヴィデ像」「ピエタ」など ○イタリア都市の衰退 1559 ローマ教会禁書目録制定 1572～85 教皇グレゴリウス13世 1569 フィレンツェ，トスカーナ大公国となる(メディチ家コシモ1世支配) 1571 レパントの海戦	1550 全国会議開催 1552 ロシア，カザン=ハン国併合 1558 リヴォニア戦争(ロシアのバルト海進出の企て，～83) 1564 オプリーチニナ制(直轄領，～72) ○イヴァン4世の貴族に対する恐怖政治 1569 ルブリンの合同(ポーランド・リトアニア) 1571 クリム=ハン国，モスクワ劫掠 1572 ヤギェウォ朝断絶(ポーランド選挙王政)
1575	○西，絶対主義の最盛期 1576 ネーデルランドのヘント(ガン)の盟約(諸州連合なる) 1579～84 オラニエ公ウィレム1世 1579 ユトレヒト同盟(北部7州の連合) 1580 フェリペ2世，ポルトガル併合(～1640) 1581 オランダ(ネーデルランド連邦共和国)独立宣言，オランダ総督の地位，オラニエ家が世襲(～1802) 1585 スペイン軍，アントウェルペンを破壊，アムステルダムが発展 日本少年使節フェリペ2世に謁見 1588 アルマダの海戦(スペイン敗北) 1590 ヤンセン(蘭)，顕微鏡発明	1577 ネーデルランドと同盟 1577 ドレークの世界周航(～80) 1584 ローリ，ヴァージニアに植民(失敗) 1585 オランダに援軍 1587 メアリ=ステュアート処刑 1593 国教忌避者処罰法制定 ○シェークスピア(1564～1616)『ロミオとジュリエット』『ヴェニスの商人』	○都市・農村荒廃し国力衰退 1576 ボーダン(1530～96)『共和国論』 1580 モンテーニュ(1533～92)『随想録』 ブルボン朝 1589～1792 1589～1610 アンリ4世 1593 アンリ4世，旧教(カトリック)に改宗 1598 ナントの王令 1599 シュリーの財政改革始まる	○ルター派の拡大 1576～1612 ルドルフ2世 1590 ルールの石炭，初めて使われる 1593～98 オスマン軍，オーストリアへ侵入	○ティツィアーノ(1490～1576) 1575 タッソー(1544～1595)『解放されたイェルサレム』 1582 グレゴリウス13世の暦法改正(現行太陽暦) 1583 ガリレオ=ガリレイ(1564～1642)地動説を立証 1585 日本少年使節，グレゴリウス13世に謁見	○デンマークのティコ=ブラーエ(1546～1601)，天体観測 ○コサック，辺境を防備 1582 イェルマーク，シビル=ハン国の首都占領 ○ロシアのシベリアへの発展始まる 1583 リヴォニア戦争終結(バルト海進出失敗) 1588～1648 クリスチャン4世(デンマーク) 1589 モスクワにギリシア正教総主教管区設置 1598 リューリク朝断絶
1600						

西アジア	インド・東南アジア	中央ユーラシア	中国	朝鮮	日本	
オスマン帝国 1299～1922	ロディー朝 1451～1526		明 1368～1644	朝鮮(李氏) 1392～1910	室町時代 1333～1573	
サファヴィー朝 1501～1736 1501 イスマーイール1世, イランにサファヴィー朝樹立(～1736) 1505 ブハラ=ハン国(～1920) 1511 ポルトガル人ホルムズ占領 1512～20 セリム1世 1512 ヒヴァ=ハン国(～1920) 1517 シリア・エジプト占領(マムルーク朝滅亡) 1520～66 スレイマン1世 1521 ベオグラード占領 1522 ロードス占領 ○オスマン帝国発展	1504 バーブル, カーブルに拠り南進 1505～09 ポルトガル初代インド総督アルメイダ 1509 ディウ沖の海戦 1510 ポルトガル, ゴア占領 1511 ポルトガル, マラッカ占領 マラッカ王室はのがれてジョホール王国を建てる ○カビール(1440～1518)ヒンドゥー教改革 1512 モルッカ諸島にポルトガル人到達 オスマン軍, ディウの攻撃に失敗 1518 ポルトガル, セイロン占領 1519 バーブル, パンジャーブ占領 1521 マゼラン, フィリピンにいたって戦死	1500 ウズベク人, トランスオクシアナ占領 1501 ダヤン=ハン, モンゴル統一 ダヤン, 華北に侵入 C.1520 ダヤン, 山西の大同に入寇	1502 「大明会典」なる 1505～21 武宗(正徳帝) ○施耐庵・羅貫中『水滸伝』 ○四大画家 沈周(1427～1509) 唐寅(1470～1523) 文徴明(1470～1559) 仇英(?～?) 1517 ポルトガル人広州にいたる, 貿易開始 1519 寧王宸濠の乱, 王守仁, 寧王を破り乱を鎮定(～20) 1521～66 世宗(嘉靖帝) ○王陽明(王守仁1472～1528)陽明学を説く(知行合一)	1506 燕山君を廃し, 中宗即位(中宗反正) 1506～44 中宗 1510 三浦の乱(三浦の日本居留民の反乱) 1512 三浦の日本人居留地廃止	1503 幕府, 朝鮮に通信符を求める 1506 大内氏, 使僧を朝鮮に派遣 1508～21 足利義稙 1512 宗氏, 朝鮮と永正条約締結 1516 幕府, 大内義興に遣明船の管掌を委託 1521～46 足利義晴 1523 寧波の乱(細川氏, 大内氏, 明に遣使, 両使節が寧波で争う)以後大内氏貿易独占	1500
1526 モハーチの戦い(ハンガリー, 一部併合) 1529 第1次ウィーン包囲 1534 バグダード占領 1535 フランスと同盟結ぶ 1538 プレヴェザの海戦(スペイン・教皇連合艦隊撃破) 1541 アルジェリア征服 1546 イエメン占領	○シク教祖ナーナク(1469～1538) ムガル帝国 1526～1858 1526 第1次パーニーパットの戦い, バーブル, デリーを占領し建国 1526～30 バーブル 1527 大越の莫氏(～1592), 黎朝を簒奪 1529 モルッカ諸島, ポルトガルの勢力圏に 1530～56 フマーユーン 1531 ビルマにタウングー朝成立(～1752) 1540 フマーユーン, アフガンのシェール=シャーに敗れ, ペルシアに亡命(ムガル中絶, スール朝, ～55) 1542 ザビエル, ゴアにいたる(キリスト教布教)	1542～82 モンゴルのアルタン=ハーン活躍 1546 アルタン, 延安・慶州に侵入	○北虜南倭(モンゴル族と倭寇の侵入さかん) 1528 王守仁, 両広諸蛮を平定 ○このころより一条鞭法実施 1533～34 山西大同の兵反乱 1535 ポルトガル人, マカオで商業活動始める 1541 明, 安南国を改めて安南都統使司とする, 以後, 安南2分される, 莫氏・黎氏の対立 1549 倭寇, 浙江を侵す, これより倭寇激化(海禁策強化)	1530 『新増東国輿地勝覧』なる 1545～67 明宗 1545 乙巳の士禍	1531 一向一揆起こる(越前) 1532 石見銀山開発 1543 ポルトガル人, 種子島漂着(鉄砲伝来) 1546～65 足利義輝 1547 最後の勘合貿易船 1549 ザビエル, 鹿児島にいたりキリスト教布教	1525
1565 トリポリ支配(～1911) 1565 マルタ島を攻撃して失敗 1566 スレイマン1世西部ハンガリー征服途中陣没 1566～74 セリム2世 1571 レパントの海戦で敗北 1574 チュニジア併合 1574～95 ムラト3世	1555 フマーユーン, アフガンのスール朝よりデリー回復 1556～1605 アクバル 1556 第2次パーニーパットの戦い, アフガンを打倒 1560 アクバル, アグラに遷都し, アグラ城建設 1564 アクバル, ジズヤ(非ムスリムへの人頭税)を廃止 1571 スペイン, マニラを建設(メキシコとのガレオン貿易でアジアに新大陸銀流入) 1574 アクバル, ベンガル・ビハール・オリッサを征服(～76)	1550 アルタン, 直隷に入寇し北京を包囲(庚戌の変) 1551 明朝, 大同・宣府に馬市を開く, 翌年廃止 1553 アルタン, 直隷北部に入寇, 以後しばしば侵入 1570 アルタンの孫, 明に降る 1571 明, アルタンを順義王に封じる	1552 ザビエル, 上川島で没 1553 王直, 倭寇を糾合して沿海諸郡を劫掠 1555 倭寇, 南京に迫る 1555 明将兪大猷, 江口付近の倭寇を撃破(～56) 1557 ポルトガル人のマカオ居住を許す 1559 明将胡宗憲, 倭寇の頭目王直を誘殺 ○李攀竜(1514～70)『唐詩選』 1563 戚継光, 倭寇を福建に破る 1566～72 穆宗(隆慶帝) 倭寇衰退 1567 張居正入閣, 政務をとる 海禁を緩和 1570 呉承恩(1500～82)『西遊記』 1572～1620 神宗(万暦帝) 1572 張居正(1525～82)『帝鑑図説』献上 1573 張居正の改革政治(～82) ○新安商人, 山西商人活躍 ○景徳鎮中心(赤絵, 染付)	1555 倭寇, 全羅道を侵す(乙卯の倭変) 1567～1608 宣祖	1550 葡, 平戸に商館設置(～1639) 1551 大内氏滅び, 勘合貿易終わる 1556 明, 倭寇の禁圧を要求 ○西洋医学伝来 1560 織田信長, 桶狭間に今川義元を破る 1568 信長(1534～82), 足利義昭を奉じて入京 1568～73 足利義昭 1569 信長, 宣教師の京都在住と伝道を許す 1570 日葡貿易始まる 1573 信長, 義昭追放(室町幕府滅亡) 安土桃山時代 1573～1603	1550
1580 イギリスに恩恵的特権貿易を許す 1587 イラク・ルリスタンを占領 1587～1629 アッバース1世(サファヴィー朝最盛期) 1595～1603 メフメト3世 1597 サファヴィー朝, イスファハーンに遷都	1579 イギリス人初めてインドにいたる 1581 アクバル, カーブルに遠征 1582 アクバル, 新宗教ディーネ=イラーヒー(神聖宗教)を公布する 1586 アクバル, カシミール進撃 1590 シンド征服 1592 黎朝, ハノイを奪還 1593 デカン征服 1596 オランダ人, ジャワ到達, ポルトガル人と抗争 1599 デカン遠征(～1601) ○ジャワのマタラム王国, スマトラのアチェ王国などイスラーム勢力拡大	1578 第3代ダライ=ラマ, モンゴルにいたる チベット仏教の拡大 1582 コサックの首長イェルマーク, シビル=ハン国の首都占領 1583 建州女真ヌルハチ挙兵 ○満州族の勃興 1593 ヌルハチ, 女真諸部を制圧 1599 満州文字作成	○会館・公所発達 1578 戸口調査, 民田検察 冗官淘汰 ○華僑増大 1581 一条鞭法, 全国で実施 1582 マテオ=リッチ(利瑪竇1552～1610), マカオに到着(83広東, 87南京, 1601北京で神宗に謁見) ○李贄(李卓吾1527～1602)陽明学左派 1592 モンゴルの降将ボバイ, 寧夏に拠って反する 1592 明軍, 朝鮮を救援(～98) ○詩人王世貞(1529～93) 1594 東林派, 非東林派の党争開始 1596 李時珍(C.1523～96)『本草綱目』 1597 楊応竜, 苗族を糾合して播州で反乱 1598 湯顕祖(1550～1617)『牡丹亭還魂記』	1575 両班, 東西に対立し, 党争始まる 1592 壬辰倭乱(豊臣秀吉の朝鮮出兵, 文禄の役, ～93) 1593 碧蹄館の戦い(日本軍, 明軍を撃破) 1597 丁酉倭乱(再度の朝鮮出兵, 慶長の役, ～98) 1598.8 秀吉没し, 日本軍撤退開始 .11 李舜臣戦死(1545～)	1582 大友・大村・有馬, 教皇に少年使節派遣(～90) 1582 本能寺の変 1582～98 豊臣秀吉 1582 初めて太閤検地が行われる 1588 刀狩令 1590 秀吉, 全国統一 1592 朱印船貿易始まる 1596 スペイン船, 土佐に漂着 26聖人の殉教	1575
						1600

世界史年表(1600年〜1725年)

(使い方) 赤字 戦争・紛争に関すること 青字 文化に関すること

年	アメリカ	イギリス	オランダ	フランス	ドイツ・イタリア	スペイン・ポルトガル	北欧・東欧・ロシア
		ステュアート朝 1603〜49, 1660〜1714 重商主義政策	ネーデルランド連邦共和国 1581〜1795	ブルボン朝 1589〜1792	ハプスブルク朝 1438〜1740	スペイン王国 1479〜1931	スウェーデン 1523〜 王国
1600 「17世紀の危機」	1603 セントローレンス川を探検(仏) 1607 ジェームズタウンの建設 ヴァージニア植民地(英) 1608 ケベック市建設(仏) 1619 ヴァージニアに植民地議会成立 1620 メイフラワー契約, ピルグリム=ファーザーズ(ピューリタン)プリマス上陸(ニューイングランド)	1600 東インド会社設立 1601 救貧法 1603 アルスター地方へプロテスタント入植 1603〜25 ジェームズ1世 1605 火薬陰謀事件 1606 ロンドン・プリマス両会社に北米特権許可 1607 囲い込み反対の暴動 ジェントリ, 議会に進出 ○ジェームズ1世, 王権神授説を強調 ヴァン=ダイク(1599〜1641)肖像画 1611 聖書の欽定訳完成 1620 フランシス=ベーコン(1561〜1626)『新オルガヌム』帰納法, 経験論 1621 下院, ジェームズ1世の専制に大抗議	1602 連合東インド会社設立 重商主義政策 1609 スペインと休戦, アムステルダム銀行設立 1619 ジャワにバタヴィア市建設 1621 西インド会社設立	1604 東インド会社設立(まもなく中断) 1604 カナダ植民開始 1610 アンリ4世, 旧教徒に暗殺される 1610〜43 ルイ13世(母后マリ=ド=メディシス摂政) 1614 三部会召集(〜15, 以後1789まで中断) 1624〜42 宰相リシュリュー	1600 哲学者, ブルーノ火刑 1608 プロテスタント諸侯同盟 1609 カトリック諸侯連盟 1609〜19 ケプラー(1571〜1630)惑星運行の三法則 1616 ローマ宗教裁判所, 地動説を異端と判決 1618 ボヘミア(ベーメン)反乱 1618〜48 三十年戦争 1618〜23 ボヘミア-プファルツ戦争ヴァレンシュタイン活躍 1623 カンパネラ(1568〜1639)『太陽の国』	1609 スペイン・オランダ間休戦条約成立 ○エル=グレコ(C.1541〜1614) 1615 セルバンテス(1547〜1616)『ドン=キホーテ』第2部	ロマノフ朝 1613〜1917 1611〜32 グスタフ=アドルフ(バルト海・リヴォニアを獲得) 1613〜45 ミハイル=ロマノフ
1625	1626 ニューアムステルダム建設(蘭) 1630 イギリス人マサチューセッツ植民(ボストン建設) 1636 ハーヴァード大学設立 1639 コネティカット基本法成立 1642 モントリオール市建設(仏) 1649 メリーランド信教自由法発布	1625〜49 チャールズ1世 1628 「権利の請願」 1629 チャールズ1世, 議会を解散 1639 スコットランドの反乱 1640 短期議会(.4〜.5) 長期議会(.11〜53) 1641 議会,「大諫奏」提出 1642〜49 ピューリタン(清教徒)革命 1643 クロムウェル, 鉄騎兵を組織 1644 マーストンムーアの戦い 1645 ネーズビーの戦い(王党派敗北) 1649 チャールズ1世処刑 共和政宣言(〜60)平等派, 弾圧	1625 グロティウス(1583〜1645)『戦争と平和の法』自然法 ○ルーベンス(1577〜1640) ○バロック式 1639 オランダ海軍, スペインに勝利 ○オランダの海外発展 1642 タスマン, タスマニア・ニュージーランド探検 1648 ウェストファリア条約(三十年戦争終結, スイス・オランダの独立承認)(カルヴァン派公認)	1635 リシュリュー, アカデミー=フランセーズ創設 1635 三十年戦争介入 1637 デカルト(1596〜1650)『方法序説』 ○合理論 演繹法 1642〜61 宰相マザラン(1602〜61) 1643〜1715 ルイ14世 「朕は国家なり」 1648 フロンドの乱(〜53)	1625〜29 デンマーク戦争(三十年戦争にデンマーク介入 1629 リューベク条約) 1630 スウェーデン戦争(スウェーデン, ドイツに侵入,〜35) 1633 ガリレイ宗教裁判を受ける(地動説) 1635 スウェーデン-フランス戦争(仏, スウェーデンと同盟し三十年戦争に介入,〜48) 1640〜88 フリードリヒ=ヴィルヘルム大選帝侯(普) ○帝国の実質的解体	1629 モノモタパ王国を属国に 1640 ポルトガル, スペインより独立 ○ベラスケス(1599〜1660)	1632 グスタフ=アドルフ戦死(リュッツェンの戦い) 1632〜54 クリスティナ女王 1638 太平洋岸に到達(シベリアに進出) 1645〜76 アレクセイ
1650	1655 イギリス, ジャマイカ島占領 1664 イギリス, ニューアムステルダムを占領し, ニューヨークと改称	1649〜58 クロムウェル独裁 1649 アイルランド征服 1651 ホッブズ(1588〜1679)『リヴァイアサン』社会契約説 1651 航海法制定 1652 第1次英蘭(イギリス-オランダ)戦争(〜54) 1653 クロムウェル, 護国卿となる 1660 王政復古(〜85 チャールズ2世) ○ニュートン, 万有引力の法則発見 1665 第2次英蘭戦争(〜67) 1667 ミルトン(1608〜74)『失楽園』 1670 ドーヴァー密約(英仏間) 1672 第3次英蘭戦争(〜74) 1673 審査法制定 ○このころトーリ・ホイッグの2大政党おこる	1652 ケープ植民地建設 ○レンブラント(1606〜69) ○スピノザ(1632〜77) 1667 南ネーデルランド継承戦争(〜68)	1659 ピレネー条約 1661 ルイ14世親政始まる ルイ14世, 王権神授説を唱える 1664 東インド会社再建 1665 財務総監コルベール 1666 フランス科学アカデミー創設 ○絶対王政の完成 ○古典主義文学 コルネイユ(1604〜84) ラシーヌ(1639〜99) モリエール(1622〜73) 1670 パスカル(1623〜62)『パンセ』	1658〜1705 レオポルト1世 1661 オスマン軍, オーストリア攻撃再開 1663 オスマン軍, ハンガリー侵入 1667 ポーランド, プロイセンの独立承認	1655 ポルトガル, オランダにコロンボ(セイロン島)を奪われる 1665〜1700 カルロス2世	1655 ポーランドに侵入(〜60) 1652 清と初めて衝突 1654 ポーランドと戦う 1655 清に使節を送る 1667 ウクライナをポーランドより獲得 1670 ステンカ=ラージンの反乱(〜71)
1675	1679 フランス人ラ=サール, ミシシッピ川探検(〜82) 1681 ウィリアム=ペン, ペンシルヴェニア植民地建設 1682 フィラデルフィア建設 ラ=サール, ミシシッピ流域をルイジアナと命名 1689 ウィリアム王戦争(〜97) (英・仏植民地戦争) 1699 羊毛品法	○重商主義政策続く 1675 グリニッジ天文台 1679 人身保護法制定 1685〜88 ジェームズ2世 1687 ニュートン(1642〜1727)『プリンキピア』 1688〜89 名誉革命(オランダ総督ウィレム3世を国王として招く) 1689 ウィリアム3世(〜1702)・メアリ2世(〜94)の共同統治 1689 「権利の宣言」→「権利の章典」 1690 ロック(1632〜1704)『統治二論(市民政府二論)』 1694 イングランド銀行設立	1672 オランダ侵略戦争(ルイ14世オランダに侵入,〜78) 1677 オランダ総督ウィレム3世, 英王女メアリと結婚 1688 プファルツ継承戦争(アウクスブルク同盟戦争, 仏対蘭・独帝・英・バイエルン・ザクセン 1697 ライスワイク条約,〜97) 1689 ウィレム, 英王即位(英・蘭同君連合)	1682 ルイ14世, ヴェルサイユに移る 1685 ナントの王令廃止(ユグノー, 英・蘭・プロイセンに逃亡) ○ハイチに進出(サントドミンゴ) ○スペイン王位継承問題	1680 ライプニッツ(1646〜1716)微積分法考案 1683 オスマン軍, 第2次ウィーン包囲 ○大選帝侯のユグノー招致(プロイセンの産業発展) 1687 モハーチの勝利(オスマン帝国よりハンガリー奪還) 1699 カルロヴィッツ条約		1677 オスマン 1682〜89 イヴァン5世, ピョートル1世(〜1725)と共治 1689 ネルチンスク条約 1697〜1718 カール12世 1697 ピョートル1世, 西欧視察(〜98)
1700	1701 エール大学創立 1702 アン女王戦争(〜13) 1713 ユトレヒト条約(英は仏よりニューファンドランド・アカディア・ハドソン湾地方を獲得) ○西領植民地への英船による黒人奴隷貿易開始 1717 ニューグラナダ副王領成立	1701 スペイン継承戦争(英・墺・普・蘭対仏・西,〜13) 1702〜14 アン女王 1707 グレートブリテン王国成立(スコットランドと合同) 1712 ニューコメン, 蒸気機関発明(炭坑排水用) 1713 ユトレヒト条約(ジブラルタルなど英取得) ハノーヴァー朝 1714〜1917 1714〜27 ジョージ1世 1719 デフォー(1660〜1731)『ロビンソン=クルーソー』 1720 南海泡沫事件 1721〜42 ウォルポール内閣 →責任内閣制の確立(「王は君臨すれども統治せず」)		1704 ブレンハイムの戦いに敗北 1710 ヴェルサイユ宮殿完成 1714 ラシュタット条約(墺, 西領ネーデルランドを領有) 1715〜74 ルイ15世 1720 イギリス人ロー, 蔵相となる ○ロココ画家ワトー(1684〜1721)	1705〜11 ヨーゼフ1世 1711〜40 カール6世 1714 ライプニッツ(1646〜1716)『単子論』 1716〜18 墺・ヴェネツィア, オスマン帝国と交戦 1720 サヴォイア公国, サルデーニャ王国となる(〜1861) プロイセン王国 1701〜1871 1701 プロイセン公国, 王国となる(ホーエンツォレルン家) 1701〜13 フリードリヒ1世 1713〜40 フリードリヒ=ヴィルヘルム1世	1700 スペインのハプスブルク家断絶 1700〜24.24〜46 フェリペ5世(ブルボン家)	1700〜21 北方戦争 1702 デンマーク, 農奴解放 1709 ポルタヴァの戦い(スウェーデン, 露に敗北) 1718 カール12世(スウェーデン)戦死 1721 ニスタット条約(露, バルト海沿岸を獲得) 1703 サンクトペテルブルク建設開始 1707 カムチャツカを領有 1710 露, オス 1711 プルート(露, アゾフ 1712 バルト海沿岸を占領 1712 サンクトペテルブルク遷都
1725							

西アジア	インド・東南アジア	中央ユーラシア	中国	朝鮮	日本	
オスマン帝国 1299～1922 サファヴィー朝 1501～1736	ムガル帝国 1526～1858		明 1368～1644	朝鮮(李氏) 1392～1910	江戸時代 1603～1867	
1603～17 アフメト1世 1612 オランダに恩恵貿易を許す 1622 サファヴィー朝，ポルトガルからホルムズ島奪回 1623～40 ムラト4世 1623 イェニチェリ，反乱を起こす	1600 英，東インド会社設立 1602 蘭，連合東インド会社設立 1604 仏，東インド会社設立 1603 江戸幕府の朱印船貿易(～35) ○東南アジア各地に日本町成立 1605～27 ジャハーンギール 1612 英，スーラトに商館設置 1619 蘭，ジャワにバタヴィア市を建て総督府をおく 1622 王子シャー=ジャハーンの反乱 1623 アンボイナ(アンボン)事件(英勢力の駆逐) ○鄭氏(トンキン)と阮氏(コーチシナ)の抗争	○満州族の発展 1601 ヌルハチ，海西諸部討滅(～13) 1615 八旗制拡充 後金(清) 1616～1912 1616～26 太祖(ヌルハチ) 1619 サルフの戦い(後金，明軍を撃破) 1621 後金，遼陽に遷都	1600 在朝鮮の明軍帰還 1601 マテオ=リッチ(利瑪竇)，北京にいたり万暦帝に謁見 1602 マテオ=リッチ，「坤輿万国全図」刊行 1607 マテオ=リッチ，徐光啓『幾何原本』漢訳 1610 『金瓶梅』刊行　○郷紳，地方社会で活躍 1611 東林・非東林派の党争激化 1620 光宗(泰昌帝) 1620～27 熹宗(天啓帝) ○宦官魏忠賢の専権 1622 アダム=シャール(湯若望1591～1666)来朝 1624 オランダ，台湾を占領(ゼーランディア城，～61)	1607 回答兼刷還使を日本に派遣 1609 己酉約条(対馬の宗氏，朝鮮と通商条約を結ぶ) 1619 姜弘立，サルフの戦いで降服，抑留される 1623 光海君を廃し，仁祖即位 (仁祖反正)	1600 関ヶ原の戦い 家康，江戸幕府を開く 1603～05 徳川家康 1605～23 徳川秀忠 1609 オランダ，平戸に商館設置　島津氏，琉球を征服 1613 イギリス船来航，通商開始(～23) 1616 外国貿易を長崎・平戸に限定 1623～51 徳川家光 1624 スペイン船の来航禁止	1600
1630 イランのハマダーン獲得 1638 バグダードを奪回 イラク併合 1645 ヴェネツィアと戦う(～69) 1648～87 メフメト4世	1628～58 シャー=ジャハーン 1630 山田長政，シャムで毒殺される 1632 タージ=マハル造営(インド=イスラーム文化，～53) 1633 英，ベンガルに植民 1640 英，マドラスに要塞建設 1641 蘭，マラッカをポルトガルより奪う 1645 英にベンガルにおける貿易上の特権を与える 1648 デリー遷都 1649 ヴィジャヤナガル王国滅亡	1625 後金，瀋陽に遷都 1626～43 太宗(ホンタイジ) 1628 露，クラスノヤルスク築城 1635 チャハル征服 1636 国号を清と改称 1636 朝鮮遠征(～37) 1638 理藩院設置 1643～61 世祖(順治帝) 1643 ポヤルコフ(露)，黒竜江探検(～46) 1648 露，オホーツク市建設	1625 大秦景教流行中国碑発見 1627～44 毅宗(崇禎帝) 1629 後金軍大挙して侵入 1631 李自成の乱(～45) 1632 徐光啓，国政に参与 C.1633～C.44 抱甕老人「今古奇観」 1633 孔有徳・耿仲明ら後金に降る 1644 李自成(1606～45)北京占領，崇禎帝自殺し明朝滅ぶ　清，北京に遷都 1645 辮髪令 1646 鄭芝龍，清に降るも子の成功は明・唐王に従う ○実学さかんとなる ○徐光啓(1562～1633)『農政全書』『崇禎暦書』 ○董其昌(1555～1636) 南宗画大成 ○宋応星(C.1590～C.1650)『天工開物』 明の赤絵(磁器)発達 ○満州族の中国支配 ○満漢併用制	1627 後金に侵略され，仁祖が江華島へのがれる 1636 清軍のホンタイジ，朝鮮に侵略 日本に正式に朝鮮通信使を派遣 1637 朝鮮，清に服属	○「鎖国」政策 ○寛永文化 1629 絵踏始まる 1633 奉書船(朱印船)以外の海外渡航禁止 1635 日本人の海外渡航・帰国禁止　参勤交代制確立 1636 朝鮮通信使来日 1637 島原・天草一揆(～38) 1639 鎖国令(蘭・中国・朝鮮のみ通商可) 1641 オランダ商館を出島に移す	1625
1661 オーストリアを攻撃 1669 クレタ島をヴェネツィアより獲得	1655 オランダ，葡領セイロン島を占領(～58) 1658～1707 アウラングゼーブ 1661 ポルトガル，ボンベイを英に割譲 1664 コルベール，仏東インド会社を再建 1668 ボンベイ，英王より東インド会社に付与 1669 ヒンドゥー教抑圧 1673 仏，シャンデルナゴル獲得 1674 仏，ポンディシェリ獲得　マラータ王国成立 1674～80 シヴァージー(マラータ族)デカン高原に勢力拡大	○緑営設置 1658 露，ネルチンスク築城 1663 露，アルバジン築城 1676～97 ジュンガルのガルダン活躍	1652 ロシアと衝突し，松花江上に戦う 1659 清軍，雲南攻略　フェルビースト(南懐仁1623～88)来朝 1661～1722 聖祖(康熙帝) 1661 鄭成功，台湾占領(鄭氏台湾，～83) 1661 遷界令(対台湾，～84) 1662 呉三桂(1612～78)永明王を殺し，明完全に滅びる 1667 康熙帝による親政が始まる 1669 フェルビースト，欽天監副(副天文台長)となる 1673 三藩の乱(呉三桂ら藩王が鎮圧される，～81) 1674 フェルビースト，軽利の火砲鋳造，「坤輿全図」作成	1653 初めて時憲暦を行う 1660 礼論おこり党争激化	1651～80 徳川家綱 1651 慶安の変(由井正雪の乱) 1657 『大日本史』の編集始まる(～1906) 1658 鄭成功，援助を求める 1669 シャクシャインの戦い平定 1670 末次平蔵，蘭式船を製造 1673 英船，通商を要求 1674 関孝和『発微算法』	1650
軍と戦う(～81) 1683 第2次ウィーン包囲失敗 1687～91 スレイマン2世 1691～95 アフメト2世 1696 アゾフ海を失う 1699 カルロヴィッツ条約	1679 アウラングゼーブ，ジズヤ(非ムスリムへの人頭税)復活，ラージプート族抵抗 1681 アウラングゼーブ，デカン遠征，マラータ制圧 1687 アウラングゼーブ，ゴールコンダ王国併合(領土最大) 1690 イギリス，カルカッタを占領 1696 蘭，ジャワでコーヒーを導入，義務供出制をしく 1697 ベトナムの阮氏，カンボジアからサイゴンを奪う	1685 アルバジンで露・清戦う(～86) 1688 ガルダン，外モンゴル侵入，清，内モンゴル防備強化 ○ロシア人，黒竜江沿いに南下 1689 ネルチンスク条約 1696 康熙帝，青海・外モンゴル遠征 1697 ガルダン自殺，外モンゴル，清に服属	1678 呉三桂が死に，三藩の勢力弱体化 1679 蒲松齢(1640～1715)『聊斎志異』 1683 鄭氏を討ち，台湾を領有 1684 遷界令を解く，4海関(上海・定海・厦門・広州)設置 1690 『大清会典』(『康熙会典』)なる 1699 英に広州貿易を許す ○考証学発達 ○顧炎武(1613～82)『日知録』 ○黄宗羲(1610～95)『明夷待訪録』	1678 常平通宝を鋳造 ○党争続く 1693 日本・朝鮮間に竹島問題発生	1675 オランダ風説書の初め 1680～1709 徳川綱吉 1684 貞享暦完成 1685 長崎貿易を一定額以下に制限 1687 生類憐みの令 1689 長崎に唐人屋敷を建設 ○元禄文化 1690 昌平坂学問所創立	1675
C.1710 コーカンド=ハン国(～1876) ○オスマン，チューリップ時代 マン帝国と交戦(～11) 条約 海をオスマン帝国に返還) 1716 墺・ヴェネツィアと交戦(～18) 1718 パッサロヴィッツ条約(セルビア・ワラキアを墺に譲渡) 1723 サファヴィー朝，露にカスピ海南岸を奪われる 1724 イラン領奪取	1700 英，カルカッタに城塞建設 1707 アウラングゼーブ死後，ムガル継承戦争起こる ○ランサン王国(タイ系ラオ人)の分裂 1710 シク教徒の反乱 1713～19 ファルーク 1714～20 バーラージ，マラータ王国宰相となり，連合王国形成 1719～48 ムハンマド=シャー 1724 デカン地方のニザーム独立　ムガル宰相サアダッド=ハン，オードに独立	1709 カンダハルのミール=ワイスの独立(ギルザーイ朝) 1722 ワイスの子マフムード，イスファハーンを占領し，ペルシア王を称する(～29)	1702 広州・厦門に行商制度 1704 典礼問題 1709 円明園造営始まる 1711 『佩文韻府』 1713 盛世滋生人丁を施行，丁銀の額を一定とする 1715 英東インド会社，広東に商館設置　カスティリオーネ(郎世寧1688～1766)北京にいたる 1716 『康熙字典』 1717 地丁銀，広東省に実施　ジュンガル，チベットに侵入 1720 清，ラサ攻略，チベットに宗主権確立　広州に公行制度 1722～35 世宗(雍正帝)　○地丁銀，全国に広まる 1724 キリスト教布教禁止 ○万斯同(1638～1702) ○閻若璩(1636～1704)	1712 白頭山を清との国境と定める 1721 辛丑の獄(～22)	1709～12 徳川家宣 1709 新井白石(1657～1725)を幕政に登用(正徳の治) 1711 朝鮮通信使の待遇是正 1712～16 徳川家継 1715 長崎新令を発布し，金銀の海外流出制限 1716～45 徳川吉宗(享保の改革) 1720 禁書の令ゆるむ 1724 倹約令発布	1700 1725

世界史年表(1725年～1810年)

(使い方) 赤字 戦争・紛争に関すること　青字 文化に関すること

年	アメリカ	イギリス	フランス・オランダ	ドイツ・オーストリア	プロイセン	南欧
		ハノーヴァー朝 1714～1917	ブルボン朝 1589～1792 ネーデルランド連邦共和国 1581～1795	ハプスブルク朝 1738～1740	ホーエンツォレルン朝 1701～1918	スペイン王国 1479～1931
1725	1732 ジョージア植民地建設(13植民地成立) 英, 帽子法 1733 英, 糖蜜法発布 1739 ジェンキンズの耳の戦争(英西戦争, ～48) 1744 ジョージ王戦争(～48) 1750 フランクリン, 避雷針を発明	1726 スウィフト(1667～1745)『ガリヴァー旅行記』 1727 英・西間の戦争(～29) 1733 ジョン=ケイ, 飛び梭を発明 1740 オーストリア継承戦争(墺・英対仏・西・普, ～48)	1733 ポーランド継承戦争(仏対墺・露, ～35) 1748 アーヘン和約(普のシュレジエン領有承認, 諸国による墺の国事詔書承認) ○啓蒙思想広まる モンテスキュー(1689～1755)『法の精神』 三権分立論	○バッハ(1685～1750) バロック音楽 1736 対オスマン帝国戦争(～39) ハプスブルク=ロートリンゲン朝 1740～1806 1740～80 マリア=テレジア 1740 第1次シュレジエン戦争(～42) 1744 第2次シュレジエン戦争(～45) 1745～65 フランツ1世(共治)	○プロイセンの発展 1740～86 フリードリヒ2世(啓蒙専制君主) 1745～51『フリードリヒ法典』 1745 サンスーシ宮殿建造(～47)	1727 英・西間の戦争(～29) 1729 セビーリャ条約 1735 ナポリ・シチリア領有
1750	1755 フレンチ-インディアン戦争(～63) 1759 英, ケベック占領 1760 英, モントリオール占領(英のカナダ支配) 1763 パリ条約 1764 英, 砂糖法発布 1765 英, 印紙法発布 ヴァージニア決議(植民地人反対, 66撤廃)"代表なくして課税なし" 1767 英, タウンゼンド諸法(鉛・紙・ガラス・茶などに課税)	1753 大英博物館創立 ○農業革命 1756 七年戦争(英・普対墺・仏・露・スウェーデン, 第3次シュレジエン戦争, ～63) 1760～1820 ジョージ3世 1763 パリ条約(仏, ミシシッピ川以東のルイジアナを英に割譲) 1764 ハーグリーヴズ, ジェニー紡績機 1765 ワット, 蒸気機関改良(～69) 1769 アークライト, 水力紡績機 ○第2次囲い込み運動	1751 ディドロ・ダランベールらの『百科全書』出版始まる(～72) 1755 ルソー(1712～78)『人間不平等起源論』 1758 ケネー(1694～1774)『経済表』(重農主義) 1762 ルソー『社会契約論』 1765 ルイ15世, イエズス会解散 ○ヴォルテール(1694～1778)『哲学書簡』 ○ロココ画家ブーシェ(1703～70)	○ヘンデル(1685～1759) バロック音楽 1756 外交革命(オーストリア, フランスと同盟) 1757 ロスバッハ・ロイテンの戦い(普の勝利) 1759 クネルスドルフの戦い(普, 露・墺連合に敗北) 1763 フベルトゥスブルク和約(普のシュレジエン領有確定) 1765～90 ヨーゼフ2世 1766 レッシング(1729～81)『ラオコーン』	1750 ヴォルテールを招く(～53) 「君主は国家第一の下僕」 1760 露, 一時ベルリンを占領 1762 露と和議 1765 ベルリン銀行設立	1755 リスボン地震 1762 ナポリに宣戦(七年戦争の一環) 1767 イエズス会追放
1770	1773 英, 茶法発布 ボストン茶会事件 1774 第1回大陸会議 1775～83 アメリカ独立戦争 1775 第2回大陸会議 アメリカ合衆国 1776～ 1776.7.4 独立宣言 1777 サラトガの戦い 1780 武装中立同盟結成 1781 ヨークタウンの戦い 1783 パリ条約(英, 米の独立承認) 1787 アメリカ合衆国憲法制定(88発効) 1789～97 初代大統領ワシントン	○イギリス産業革命(機械工業確立) 1775 レキシントン-コンコードの戦い ○古典派経済学 1776 アダム=スミス(1723～90)『諸国民の富』 1779 クロンプトン, ミュール紡績機 1782 アイルランドの独立運動 1783～1801 第1次ピット(小)内閣 1785 カートライト, 力織機 1788 オーストラリア, 流刑植民地に	1770 東インド会社解散 1774～92 ルイ16世 1774～76 財務総官テュルゴー 1777～81 財務総官ネッケル ○ラヴォワジェ(1743～94)燃焼理論確立 1778 米の独立承認, 対英宣戦(～83) 1779 農奴廃止令 ○アンシャン=レジーム(旧制度)の矛盾深まる 1785 マリ=アントワネットのダイヤモンド首飾り事件 1787 名士会開催 ○特権身分と第三身分対立 1788 ネッケル財務総官に再任(～89) 1789～99 フランス革命 1789.5 三部会召集 .6 国民議会結成, 球戯場(テニスコート)の誓い .7 バスティーユ牢獄襲撃 .8 封建的特権廃止, 人権宣言 .10 ヴェルサイユ行進	1772 第1回ポーランド分割(露は白ロシア, 普は西プロイセン, 墺はガリティア) ○疾風怒濤時代 ○古典主義 1774 ゲーテ(1749～1832)『若きウェルテルの悩み』 1778 バイエルン継承戦争(～79) 1781 シラー(1759～1805)『群盗』 宗教寛容令 農奴制廃止 1782 武装中立同盟に参加 1784～91 ヘルダー(1774～1803)『歴史哲学』 1788 露土戦争に参加 ○モーツァルト(1756～91)	ドイツ観念論 1781 カント(1724～1804)『純粋理性批判』 1786～97 フリードリヒ=ヴィルヘルム2世	1773 教皇クレメンス14世, イエズス会解散 1779 米と同盟, 英と開戦(～83) 1787 ギルド諸法廃止
1790	1790 フィラデルフィア首都(～1800) 1791 憲法10か条修正 合衆国銀行設立 1793 ホイットニー(1765～1825)綿繰り機を発明 仏革命に中立を宣言, 連邦派形成 1794 消費税反対のウィスキー反乱 1797～1801 J.アダムズ(フ)	1791 トマス=ペイン(1737～1809)『人権論』 1793 第1回対仏大同盟(英・普・墺・西・サルデーニャ, ～97) 1795 救貧法(英) 1796 ジェンナー(1749～1823)種痘法発見 1798 マルサス(1766～1834)『人口論』 1798 第2回対仏大同盟(英・露・墺・土・ナポリ, ～1802) 1799 アイルランド反乱 ○機械うちこわし運動	1791.6 ルイ16世亡命失敗(ヴァレンヌ逃亡事件) .9 憲法制定 .10 立法議会成立(～92) 1792.3 ジロンド派内閣成立 .4 対墺宣戦布告, 墺・普連合軍, 仏に侵入, 義勇軍結成, 義勇兵活躍 .8 8月10日事件(テュイルリー宮殿襲撃)王権停止 .9 ヴァルミーの戦い, 国民公会召集(～95), 共和政宣言 第一共和政 1792～1804 1793.1 ルイ16世処刑 .2 徴兵制 .3 革命裁判所創設 .4 公安委員会設置 .5 最高価格令 .6 ジロンド派追放(山岳派独裁) .7 マラー暗殺 .10 王妃処刑, 共和暦(革命暦)採用 1793 ロベスピエールの恐怖政治(～94) 1794.4 ダントン処刑 .7 テルミドールの反動(ロベスピエール処刑) 1795 蘭, 仏に征服され, バタヴィア共和国成立 1795.10 国民公会解散, 総裁政府成立(～99) バタヴィア共和国 1795～1806 1796 バブーフ陰謀発覚, ナポレオン, イタリア遠征(～97) 1798 ナポレオン, エジプト遠征(～99) 1799 オランダ連合東インド会社解散 1799 ブリュメール18日のクーデタ, 統領政府(～1804)	1790～92 レオポルト2世 1791 ピルニッツ宣言(皇帝と普王の対仏警告) 1792～1806 フランツ2世 1793 第2回ポーランド分割(普・露) 1795 第3回ポーランド分割(墺・普・露) 1797 カンポ=フォルミオの和約	1792 ヴァルミーの戦い(普, 敗退) 1797～1840 フリードリヒ=ヴィルヘルム3世	1793 西, 仏と戦う(～95) 1794 ボローニャ暴動 1795 バーゼルの和約(伊, 普・仏に中立を約す) 1796 サンイルデフォンソ条約(西, 仏の対英戦争に参加) 1799 ヴォルタ(伊, 1745～1827)電池を発明
1800	1800 首都ワシントン 1801～9 ジェファソン(リ) 1803 ルイジアナ西部を仏より購入 1804 ハイチ, 仏より独立(トゥサン=ルーヴェルチュール) 1807 ポルトガル王室, ブラジルへ亡命 フルトン, 蒸気船を試運転(ハドソン川) 1808 奴隷貿易禁止法 1809～17 マディソン(リ)	1800 英, マルタ島占領 1801 アイルランド併合(グレートブリテン-アイルランド連合王国の成立) 1802 アミアンの和約(英・仏, ～03) 最初の工場法 1804～06 第2次ピット(小)内閣 1805.8 第3回対仏大同盟(英・露・墺) .10 トラファルガーの海戦(ナポレオンの英上陸作戦失敗) 1807 奴隷貿易廃止法	1800 ナポレオン, 第2次イタリア遠征 フランス銀行設立 1801 宗教協約(ナポレオンと教皇ピウス7世) 1802 アミアンの和約(～03) ナポレオン, 終身統領となる 1804 フランス民法典(ナポレオン法典)制定 第一帝政 1804～14 1804.5～14.4, 15 ナポレオン1世(コルシカ島出身) 1805.12 アウステルリッツの戦い 1806 イエナの戦い ナポレオン, ベルリン入城 大陸封鎖令(ベルリン勅令) ナポレオンの弟ルイ, オランダ王となる(～10) オランダ王国 1806～1810 1807 ティルジット条約(対普・露)スペインを占領 ミラノ勅令(大陸封鎖令を強化)	1800 マレンゴの戦い 1801 リュネヴィルの和約 オーストリア帝国 1804～1867 1804 ハンガリーを合併して成立 1804～35 フランツ1世 1806 ライン同盟成立(神聖ローマ帝国消滅) 1807 ヘーゲル(1770～1831)『精神現象学』 1809 ワグラムの戦い メッテルニヒ, 外相就任	1801～08 ゲーテ『ファウスト』第1部 1804 シラー(1759～1805)『ヴィルヘルム=テル』 1807 ティルジット条約(普降伏, 領土半減, ワルシャワ公国成立)シュタインの改革, 農奴制廃止 フィヒテ(1762～1814)「ドイツ国民に告ぐ」(～08)	1800 西, ルイジアナを仏に割譲 1802～21 ヴィットーリオ=エマヌエーレ1世(サルデーニャ) 1808 ナポレオンの兄ジョゼフ, 西王となる(～13) スペイン反乱(半島戦争, ～14) 英, ポルトガルに上陸
1810						

アメリカ大統領の所属政党 (フ)…フェデラリスト, (リ)…リパブリカン(民主共和派)

アメリカ独立戦争 重要なできごと　ワシントン おもな治世者　太字 重要事項　○このころ

ロシア・東欧	西アジア・アフリカ	インド	東南アジア・太平洋	中国	朝鮮	日本	
ロマノフ朝 1613～1917	オスマン帝国 1299～1922	ムガル帝国 1526～1858 ・英のインド進出		清 1636～1912	朝鮮(李氏) 1392～1910	江戸時代 1603～1867	
1725～27 エカチェリーナ1世 1727～30 ピョートル2世 1727 キャフタ条約 1733 ポーランド継承戦争(～35) 1735 リンネ(スウェーデン, 1707～78)『自然の分類』 1739 ベオグラード和約(オスマン帝国, セルビア, 小ワラキアを墺より回復) 1741～62 エリザヴェータ 1741 スウェーデン, 露と交戦(～43) ベーリング, アラスカに到達 1742 フィンランド占領(翌年返還)	1730～54 マフムト1世 ○ワッハーブ(1703～87)イスラーム復興運動を起こす(ワッハーブ運動) 1736～47 ナーディル=シャー アフシャール朝 1736～96 1739 ナーディル=シャー, デリー占領 C.1744 ワッハーブ王国(第1次サウード朝, ～1818)	1737 マラータ勢力, デリーに迫る 1739 ナーディル=シャー, デリー占領 1742 デュプレクス, ポンディシェリ総督就任(～54) 1744 クライヴ来る(～53) 1744 第1次カーナティック戦争(～48) ○マラータ同盟 1748～54 アフマド=シャー	○東南アジア各地に中国人の小政権(～19世紀後半)	1725 『古今図書集成』 1727 キャフタ条約(モンゴル・シベリアの国境画定) 1728 安南, 清と国境を画定 1729 軍機房を設置 1732 軍機処設置 1735～95 高宗(乾隆帝) 1737 帰化城建設 1739 『明史』完成 ○禁書(文字の獄) 1740 『大清律令』完成 1742 イエズス会布教禁止 1743 『大清一統志』完成 1747 外国人宣教師の清国内居住を禁ずる	1728 李麟佐の乱起こる 1729 英祖, 蕩平策(党争の禁止)を本格的に 1744 『続大典』なる	1727 カンボジア船, 長崎で貿易要求 1741 農民の強訴逃散を禁止 1742 公事方御定書 1744 青木昆陽(1698～1769)蘭学を講じる 1745～60 徳川家重 1746 貿易船を清10蘭2に制限	1725
1755 モスクワ大学創立 1756 スウェーデン, 普に宣戦(七年戦争) 1761～62 ピョートル3世(62普と単独講和) 1762～96 エカチェリーナ2世(啓蒙専制君主) 1768 ロシアとオスマン帝国の戦い(第1次, ～74)	ザンド朝 1751～94 1750～79 カリーム=ハン 1754～74 ムスタファ3世(土) 1761 第3次パーニーパットの戦い 1769 ドニエストルの戦い(オスマン帝国敗れる)	○英の支配体制強化 1750 第2次カーナティック戦争(～54) 1757 プラッシーの戦い 1758 第3次カーナティック戦争(～61) 1765 アラハバード条約(英東インド会社, ベンガル・オリッサ・ビハールの地租徴収権獲得) 1767 第1次マイソール戦争(～69)	1752 ビルマにコンバウン(アラウンパヤー)朝(～1885) 1758 オランダ勢力, ジャワ全域に拡大 1767 ビルマ, タイのアユタヤ朝を滅ぼす 1768 クック(英), 第1次太平洋探検(～71)	1750 清, チベットの反乱鎮定 1757 西欧諸国との貿易を広州に限定 ○呉敬梓(1701～54)『儒林外史』 1758 ジュンガル併合 ○恵棟(1697～1758) 1759 東トルキスタン併合, 天山山脈以北とあわせ新疆と命名 ○曹雪芹(C.1724～63)『紅楼夢』 ○カスティリオーネ(1688～1766)西洋画法を伝える	1750 均役法を実施(軍制・財政改革)	1756 米価高騰のため蓄米を禁止 1758 宝暦事件 1760～86 徳川家治 1763 対清貿易に銀支払いを停止 1767 明和事件	1750
1771 クリミア半島占領 1773 プガチョフの乱(～75) 1774 キュチュク=カイナルジャ条約(露, 黒海北岸を獲得) 1780 武装中立同盟(露の提唱でスウェーデン・デンマーク等, 英に対抗) 1783 クリム=ハン国を併合, 黒海に進出 1787 ロシアとオスマン帝国の戦い(第2次, ～92)	1770 英, バスラに拠点をおく 1774～89 アブデュル=ハミト1世 1779 カリーム=ハン死後, 同族争い激化 1783 クリム=ハン国, 露に併合 1789 セリム3世の近代化政策	1774～85 初代ベンガル総督ヘースティングズ 1775 第1次マラータ戦争(～82) 1780 第2次マイソール戦争(～84) 1782 サルバイ条約 1784 小ピットのインド条令 1786～93 ベンガル総督コーンウォリス	1771 タイソン(西山)の反乱(～1802)阮氏・鄭氏(黎朝)を滅ぼし, ベトナムを統一, のち阮福暎サイゴンに復帰 1782 ラーマ1世ラタナコーシン(バンコク)朝成立 1786 英, ペナン島を占領, 阮福暎, 仏と結ぶ(宣教師ピニョーの援助) 1789 タイソン(西山)の阮恵, 侵入した清軍を破る	1771 小金川, 大金川の乱(～76) ○戴震(1723～77)『孟子字義疏証』 1773 『四庫全書』(1782完成) 1776 和珅, 軍機大臣となる 1781 甘粛のムスリム反乱(～84) ○中央官僚の堕落と満州貴族の弱体化 1784 米船, 初めて広州にいたり通商	1770 『東国文献備考』編纂始まる 1784 李承薫, 北京でキリスト教の洗礼を受ける	1772～86 田沼意次の政治 1774 杉田玄白『解体新書』 1778 露人, 根室半島に来航し通商要求 1782 天明の大飢饉(以後農民一揆激化, ～88) 1786 最上徳内, 千島探検 1787～1837 徳川家斉 1787 天明のうちこわし 1787～93 松平定信(寛政の改革)	1770
1791 ポーランド新憲法公布 1792 ヤシ条約 1794 コシューシコの蜂起(ポーランド)	1795 英, 蘭領ケープ植民地占領 カージャール朝 1796～1925 1796 カージャール朝イラン統一(アフシャール朝滅亡) 1798 ナポレオンのエジプト遠征(ロゼッタ石発見, ～99)	1790 第3次マイソール戦争(～92) 1792 イギリス, カリカットを領有 1793 ベンガル・ビハール・オリッサにザミンダーリー制施行 英, ポンディシェリ占領(～1802) ドゥッラーニー朝インド侵入(～98) 1795 英, 蘭よりセイロン島獲得 1799 第4次マイソール戦争	1799 蘭, 連合東インド会社解散, 本国の直接統治へ(オランダ領東インド)	1790 グルカ, チベット侵入 1791 グルカ遠征 1792 『紅楼夢』刊行 1793 英使節のマカートニーが北京にいたり通商要求 1794 蘭使節, 来朝 1795 貴州・湖南のミャオ族の反乱(～98) 1796～1820 仁宗(嘉慶帝) 1796 白蓮教徒の乱(～1804) アヘン輸入の禁止 1799 嘉慶帝親政, 和珅死罪	1791 キリスト教・洋学禁止 1797 英軍艦来航	1790 寛政異学の禁 1791 大黒屋光太夫, エカチェリーナ2世に謁見 1792 林子平禁固(『海国兵談』) 露使節, ラクスマン, 光太夫を送り根室にいたり通商要求 1798 近藤重蔵らエトロフ島を探検 ○通商を求め, 各国船来航	1790
1801 露, オスマン帝国よりグルジア獲得 1801～25 アレクサンドル1世 1804 ロシア-ペルシア戦争(～13) 1805 露, 第3回対仏同盟加盟, アウステルリッツの戦いで敗北 1806 ロシアとオスマン帝国の戦い(第3次, ～12) 1807 ティルジット条約 ワルシャワ公国成立(～15) 1808 露, スウェーデンと戦い, フィンランド併合(～09)	1804 ワッハーブ派メディナ占領(第1次サウード朝) 1805 エジプト太守ムハンマド=アリーの改革 1808～39 マフムト2世(オスマン帝国西欧化推進) ○オスマン帝国支配下諸民族の独立運動	1801 英, オードの一部とカーナティックを併合 1803 第2次マラータ戦争(～05) 1804 英, ムガル帝国を保護国化 1809 英・シク教徒間にアムリットサル条約成立	1802 阮福暎がベトナム統一(越南国阮朝, ～1945) 1802～20 嘉隆帝(阮福暎) 1802 阮攸「金雲翹」 1809 英, マニラに商館設置	1800 アヘン輸入禁止 ○銭大昕(1728～1804)『二十二史考異』 1803 海賊蔡牽ら, 東南海岸を騒がす(～04) 1805 欧人の書籍印刷とキリスト教布教を禁じる(刻書伝教の禁) 1806 江蘇・浙江の米の輸出禁止 1807 英人モリソン, 中国に初めて新教布教 1808 英船, マカオを攻撃 1809 広東互市章程を定める	1801 キリスト教伝道者をとらえ, 信徒処刑(辛酉迫害)	1800 伊能忠敬, 蝦夷地を測量 1801 富山元十郎らウルップ島探検 1802 蝦夷奉行設置 1804 露使節, レザノフ長崎で通商要求(幕府拒否) 1806 外国船への薪水給与令発布 露人, 樺太・千島攻撃 1808 間宮林蔵, 樺太探検 フェートン号事件	1800 1810

（使い方） 赤字 戦争・紛争に関すること　青字 文化に関すること

年	アメリカ	イギリス	フランス・オランダ・ベルギー	ドイツ	南欧
	アメリカ合衆国 1776～ ○西漸運動時代 西部開拓	**ハノーヴァー朝** 1714～1917	**第一帝政** 1804～14 **オランダ王国** 1806～1810	**オーストリア帝国** 1804～1867 **ホーエンツォレルン朝** 1701～1871	**スペイン王国** 1479～1931 **サルデーニャ王国** 1720～1861
1810	1810 イダルゴの独立運動(メキシコ) 1811 ベネズエラ・パラグアイ独立宣言(シモン=ボリバルら) 1812 米英(アメリカ・イギリス)戦争(～14) 1814 ヘント(ガン)条約 マサチューセッツに最初の紡績工場設立 1816 サン=マルティン，ラプラタ連邦(アルゼンチン)の独立宣言 1817～25 モンロー(リ) 1818 チリ独立 サヴァンナ号，米英間大西洋初航海 1819 フロリダ買収，大コロンビア共和国成立 ○アーヴィング(1783～1859)『スケッチブック』	1810 スコット(1771～1832)『湖上の美人』 1811 ラダイト(機械うちこわし)運動最高潮 1812 治安維持法制定 1813 オーウェン(1771～1858)『新社会観』 ○空想的社会主義 ヨーロッパ解放戦争(.10 ナポレオン，ライプツィヒの戦いに敗れる) 1814 スティーヴンソン，蒸気機関車発明 .9 ウィーン会議(メッテルニヒ主宰，～1815.6) 1815 穀物法制定 セイロン・マルタ島・ケープ植民地獲得 1817 リカード(1772～1823)『経済学及び課税の原理』 1819 ピータールー事件	1810 オランダ併合 ナポレオン，オーストリア皇女マリ=ルイーズと結婚 1812.6 ロシア遠征 .9 モスクワ占領(.10 退却開始) .5 ナポレオン，エルバ島に流刑 タレーラン，正統主義を主張 **ブルボン朝** 1814～30　蘭，ベルギー合併　**オランダ立憲王国** 1815～ 1814～24 ルイ18世 ○反動政治期 1815.3 ナポレオン，パリ入城，百日天下 .6 ワーテルローの戦い .10 ナポレオン，セントヘレナ島に流刑 1818 アーヘン列国会議で四国同盟に加入(五国同盟) 1819 言論・出版の自由の弾圧始まる	1810 フンボルト，ベルリン大学創立(学長フィヒテ) ハルデンベルクの改革(普) 1813 ライン同盟解体 1814 シャルンホルスト，国民皆兵実施 1814.9 ウィーン会議(～15.6) 1815 ウィーン議定書 ドイツ連邦成立(35君主国と4自由市)ブルシェンシャフト(学生同盟)運動(～19) スイス永世中立 神聖同盟(墺・普・露中心) 四国同盟(英・墺・普・露) 1816 フランクフルト連邦議会 1817 ヴァルトブルクの祭典(大学生の自由改革運動) 1819 カールスバート決議	1811 アヴォガドロ(1776～1856)気体に関する仮説発表 1814 ゴヤ(1746～1828)「1808年5月3日マドリード市民の処刑」 1815 伊，ミラノ王ミュラー，トレンティノで墺に敗北(墺の伊支配強まる) 1816 両シチリア王国成立
1820	○民主党成立 1820 ミズーリ協定 1821 メキシコ独立，ペルー独立 1822 ブラジル帝国独立 1823 中央アメリカ連邦成立(～39) モンロー宣言(教書) 1825 ボリビア独立 1825～29 J. Q. アダムズ(リ) 1828 メキシコとの国境画定 1829～37 ジャクソン(民) ○ジャクソニアン=デモクラシー	1820～30 ジョージ4世 ロマン派詩人シェリー(1792～1822) ロマン派詩人キーツ(1795～1821) 1822～27 カニング外相(諸国の独立運動を支援) ○詩人バイロン(1788～1824) 1824 団結禁止法廃止 1825 ストックトン-ダーリントン間に最初の鉄道開通 1826 中南米諸国の独立承認 1827 ブラウン(1773～1858)ブラウン運動発見 1828 審査法廃止 1829 カトリック教徒解放法	ウィーン(反動) 1821 ナポレオン，セントヘレナ島で死亡 1822 シャンポリオン(1790～1832)ロゼッタストーンなどによりエジプト神聖文字解読 1823 仏軍，スペイン革命鎮圧のため出兵 1824～30 シャルル10世 ○自由主義運動 ○サン=シモン(1760～1825)空想的社会主義 ○ドラクロワ(1798～1863)ロマン主義絵画「キオス島の虐殺」 1829 ポリニャック内閣	1821 ナポリに出兵 メッテルニヒ，首相兼外相となる(～48) ○ロマン派音楽 1822 シューベルト(1797～1828)「未完成交響曲」 1823 ベートーヴェン(1770～1827)「交響曲第9番」 1827 ハイネ(1797～1856)「歌の本」ロマン主義 オームの法則	1820 スペイン立憲革命(～23) ナポリにカルボナリの革命(墺により鎮圧，～21) 1821 ピエモンテ革命(サルデーニャ王追放) 1823 仏軍，マドリードを占領(スペイン革命失敗) 1829 ロッシーニ(1792～1868)「ウィリアム=テル」
1830	1830 先住民強制移住法 大コロンビア解体 ベネズエラ・エクアドル独立 1831 ヴァージニアでナット=ターナーの奴隷暴動起こる 1833 アメリカ奴隷制反対協会設立 ○奴隷解放運動(南部，奴隷制度) 1835 ペルー・ボリビア国家連合成立 1836 テキサス共和国の独立承認 1837～41 ビューレン(民) 1837 モールス(1791～1872)有線電信機発明 ○1830年代 アメリカ産業革命始まる 1838 チェロキー族強制移住(涙の旅路，～39) 1839 中央アメリカ連邦解体，諸国分立(グアテマラ，エルサルバドル，ニカラグア，ホンジュラスなど) ペルー・ボリビア国家連合解体	1830 マンチェスター-リヴァプール間の鉄道開通 1830～37 ウィリアム4世(英) 1832 第1回選挙法改正 ○ベンサム(1748～1832)功利主義哲学「最大多数の最大幸福」 ○トーリ党，保守党に改称 1833 英帝国内の奴隷制廃止 工場法制定(児童労働・週48時間制) 英，東インド会社の対中国貿易独占権廃止(34実施) ○ホイッグ党，自由党に改称 1834 英・仏・西・葡の四国同盟(西，葡の憲政援助) ファラデー(1791～1867)ファラデーの法則発見 1837～1901 ヴィクトリア女王 1837 カーライル(1795～1881)『仏革命史』 C.1838 チャーティスト運動(～50年代) 1839 人民憲章，議会に提出 反穀物法同盟結成(コブデン，ブライト)	**七月王政** 1830～1848 1830 ロンドン議定書(露土紛争への仏干渉承認) 仏軍，アルジェリア出兵 **1830 七月革命** (ラ=ファイエット活躍) スタンダール(1783～1842)『赤と黒』 写実主義 1830～48 ルイ=フィリップ(オルレアン家) 1830 ベルギー独立宣言 1831 ベルギー王にレオポルド1世即位 ○産業革命進展 1834 リヨン絹織物工の反乱鎮圧される 1836 ティエール内閣 1836，40 ルイ=ナポレオン反乱失敗(英に亡命) ○フーリエ(1772～1837)空想的社会主義 ○選挙法改正運動 ○プルードン(1809～65)無政府主義 1839 蘭，ベルギー独立を承認(五列強によるベルギー永世中立の保証)	1830 ベルギー，独立達成 ドイツ騒乱(自由主義運動) ザクセン・ハノーファーの農奴解放 ○ヘーゲル(1770～1831)ドイツ観念論 1831 ゲーテ『ファウスト』完成 1834 ドイツ関税同盟 ○サヴィニー(1779～1861)歴史法学 1837 ハノーファー公国，英王室より分離	1831～49 カルロ=アルベルト(サルデーニャ) 1831 マッツィーニ，「青年イタリア」結成，イタリア騒乱(パルマ・モデナ・教皇領のカルボナリ蜂起，墺による弾圧) 1833 スペインのカルリスタ戦争(～39) 1836 スペイン，南米諸国の独立承認
1840	1841 W. ハリソン(ホ) 1841～45 タイラー(ホ) ○フロンティアの拡大，マニフェスト=ディスティニー 1842 ウェブスター=アシュバートン条約(英領カナダ・合衆国間の東部国境画定) 1844 モールスの電信機実用化 1845 テキサス併合 1845～49 ポーク(民) 1846 アメリカ-メキシコ戦争(～48) 英とオレゴン協定締結，オレゴン併合 1848 グアダルーペ=イダルゴ条約(メキシコよりカリフォルニア獲得) カリフォルニアに金鉱発見，ゴールドラッシュ 1849～50 テーラー(ホ)	○自由主義経済の進展(産業資本家) 1840 ロンドン四国条約(英・露・墺・普) 1841 ピール内閣(保) 1842 英，第1回関税改革(自由貿易政策に踏み出す) 1843 オコンネルのアイルランド分離運動 1845 アイルランドじゃがいも大飢饉(～49) 1846 穀物法廃止 1847 工場法(女性・少年の10時間労働)成立 1848 チャーティスト大示威運動(運動失敗する) J. S. ミル(1806～73)『経済学原理』 1849 航海法廃止 青年アイルランド蜂起	1841 少年保護法 1842 アルジェリアを直轄領に コント(1798～1857)『実証哲学講義』実証主義哲学 ○バルザック(1799～1850)『人間喜劇』 1846 大不況，物価騰貴(～47) 1847～48 ギゾー内閣 **第二共和政** 1848～52　**1848 二月革命** 1848 臨時政府，ルイ=ブランら，国立作業場開設，のち廃止 .4 四月普通選挙 .6 六月暴動(労働者の反乱) .12 ルイ=ナポレオン大統領となる(～52)	1840～61 フリードリヒ=ヴィルヘルム4世(普) 1840 ロンドン四国条約(仏を出しぬいて，英・露・墺・普のエジプト圧迫) 1841 リスト(1789～1846)『経済学の国民的体系』歴史学派経済学 1842 マイヤー(1814～78)エネルギー保存の法則 1847 ヘルムホルツ(1821～94)エネルギー保存の法則確立 1848 マルクス・エンゲルス『共産党宣言』 三月革命(ウィーン・ベルリン) ハンガリー民族運動，メッテルニヒ失脚，フランクフルト国民議会開催(～49大ドイツ主義・小ドイツ主義の対立) ボヘミア(ベーメン)民族運動 1848～1916 フランツ=ヨーゼフ1世(墺)	1843 ナポリ・トスカーナ地方で民衆蜂起の企図 1848 イタリア諸邦に自由主義的憲法発布 イタリア民族運動 サルデーニャ，対墺戦争(49敗北) 1849 マッツィーニ，ローマ共和国建設失敗(ノヴァラの戦いで仏・墺に敗北) 1849～61 ヴィットーリオ=エマヌエーレ2世(サルデーニャ)
1850					

アメリカ大統領の所属政党　(リ)…リパブリカン(民主共和派)，(ホ)…ホイッグ党，(民)…民主党　イギリス首相の所属政党　(保)…保守党，(自)…自由党

年	ロシア・東欧	西アジア・アフリカ	西アジア・アフリカ(オスマン帝国・カージャール朝)	インド・東南アジア・太平洋	インド・東南アジア・太平洋	中国	朝鮮	日本
	ロマノフ朝 1613～1917	○エジプトの台頭と列強の東方政策	オスマン帝国 1299～1922 カージャール朝 1796～1925	ムガル帝国 1526～1858	○英の支配強化	清 1636～1912 ○アヘン問題の深刻化	朝鮮(李氏) 1392～1910	江戸時代 1603～1867
1810	1810 大陸封鎖令を破棄 1812 ブカレスト和約(露,ベッサラビア獲得) ナポレオン,ロシアに遠征 モスクワ炎上 1813 ゴレスターン条約(露・イラン間) 1814 デンマーク,ノルウェーをスウェーデンに割譲 1815 ロシア皇帝,ポーランド王を兼任 1818 ドン地方の農民反乱(～20) 1819 ペテルブルク大学創立	1811 **エジプト事実上独立**(ムハンマド=アリー) 1815 英のケープ領有承認される(ケープ植民地) 1818 ムハンマド=アリー,ワッハーブ王国(第1次サウード朝)を滅ぼす	1813 ゴレスターン条約(カフカス地方の大半をロシアに割譲) 1817 セルビア公国成立	1813 **英,東インド会社特許状更新(対インド貿易独占権廃止)** 1814 グルカ(ネパール)戦争(～16) 1815 英,セイロン全島領有 1816 ビルマ軍,アッサム侵入(～26占領) 1817 第3次マラータ戦争(～18)	1811 英のジャワ支配(～16) 1814 英,ニュージーランドに植民 1816 オランダ,ジャワ回復 1819 ラッフルズ,シンガポール建設	1811 欧人のキリスト教布教と居住を厳禁 ○趙翼(1727～1814)『二十二史箚記』 ○アヘンの弊害問題化 1813 アヘン販売,吸煙に関する法令制定 天理教徒の乱 ○段玉裁(1735～1815)『説文解字注』 1815 アヘン輸入禁止 1816 英使節,アマースト来る(三跪九叩頭の礼を拒否)	1811 洪景来の乱 1815 疫病流行 キリスト教徒の処刑 1816 英艦来航	1811 露艦長ゴローニンをとらえる 1812 露艦,高田屋嘉兵衛をとらえる 1815 杉田玄白『蘭学事始』 1816 英船,琉球に来航し貿易要求(幕府拒否) 1817 英船しばしば浦賀に来る(～22)
1820	体制 1821 露,アラスカ領有宣言 1824 北米大陸における米露国境画定 1825～55 ニコライ1世 1825 デカブリストの乱 1826 イラン-ロシア戦争(トルコマンチャーイ条約で露,アルメニア獲得,～28) 1828 ロシアとオスマン帝国の戦い(第4次,～29)	1820 ムハンマド=アリー,スーダンを征服 1823 ワッハーブ王国再建 第2次サウード朝(～89) 1825 エジプト軍,ギリシアを撃破 1829 **アドリアノープル(エディルネ)条約(ギリシア独立承認)**	○国民主義運動 1821 ギリシア独立戦争(～29) 1822 **ギリシア独立宣言** 1826 イラン-ロシア戦争(～28) 1825 ミソロンギの戦い(～26) 1826 イェニチェリ廃止	1822 ビルマ軍,ベンガル侵入 1823～28 ベンガル総督アマースト 1828～33 ベンガル総督ベンティンク 1829 サティ(寡婦の殉死)の禁止	1824 英蘭協定 1824 第1次イギリス-ビルマ戦争(～26) 英,マラッカ獲得 1825 ジャワ戦争(～30) 1826 英領海峡植民地成立 1828 蘭,ニューギニアに植民開始	1820～50 宣宗(道光帝) 1820 ムスリムのジャハーンギールの乱(～28) 1821 英人モリソン,『漢英辞典』をあらわす 1822 火器の私蔵を禁じる 1823 民間のケシ栽培,アヘン製造を禁じる 1827 満州人の漢風俗同化を禁じる 1829 銅版画「平回得勝図」成る 外国商人との内地通商禁止		1820 相模沿岸の警備を命じる 1821 伊能忠敬「大日本沿海輿地全図」 1823 独人シーボルト,長崎にいたる 1825 **異国船打払令** 1827 頼山陽『日本外史』 1828 シーボルト事件
1830	1830 ポーランド11月蜂起(ワルシャワ革命,～31) 1830 ロンドン議定書(英仏など,ギリシア承認) 1832 ポーランド,自治権失い露直轄地となる ○プーシキン(1799～1837)『大尉の娘』	1831 第1次エジプト-トルコ戦争(ムハンマド=アリー,シリアに侵入,～33) 1832 エジプト軍,オスマン軍をコンヤに破りシリアを征服 1833 ウンキャル=スケレッシ条約(露土間) ○フランス人,サハラ砂漠探検 1833 オスマン朝,ムハンマド=アリー(エジプト)のシリア領有を認める 1835 ボーア人,ケープ植民地より奥地に移動開始 1839 第2次エジプト-トルコ戦争(～40)	1830 仏,アルジェリア占領 1837 イラン,ヘラートを占領 1838 第1次アフガン戦争(～42) 1839 英,アデン占領 1839～61 アブデュルメジト1世(土) 1839 **ギュルハネ勅令発布,タンジマート(恩恵改革)の開始**	1831 英東インド会社,マイソールを支配 1833 **英,東インド会社の商業活動停止** 1833～35 初代インド総督ベンティンク 1837～58 バハードゥル=シャー2世(最後の皇帝) 1838 英,シク教徒と同盟を結ぶ 英,ニュージーランド会社を設立	1830 ファン=デン=ボス(蘭)総督,**ジャワに政府栽培制度実施**	1830 回部の乱鎮定 アヘン禁止令を頻発 ○イギリス,三角貿易を行う 1831 アヘン輸入,重ねて厳禁 1832 湖南・広州のヤオ族の反乱 福建・台湾の反乱(～33) 1833 英,東インド会社の対中国貿易独占権廃止 1834 英使節ネーピア,広州到来 外国船を駆逐し,アヘンの運搬販売を厳禁 1836 アヘン吸煙罪を定める 1839 **林則徐を欽差大臣として広州派遣 林則徐,アヘン2万余箱没収,英船広州入港禁止**	1832 英船,貿易を要求 1836 仏人宣教師,漢城に潜入 1839 キリスト教徒の大迫害	1830 薩・長の近代改革始まる 1833 天保大飢饉(～36) ○**諸外国の圧迫と対外基本政策の動揺** 1837 大塩平八郎の乱 米船モリソン号,浦賀に入港 1837～53 徳川家慶 1838 徳川斉昭,将軍に内外の危機を説く 1839 蛮社の獄
1840	1840 露,列強とともにエジプトを圧迫(ロンドン四国条約) 1841 土地付農奴の売買禁止,五国海峡協定(英・仏・露・普・墺,露の南下政策阻止) 1846 ポーランドの独立運動 1847 ムラヴィヨフ,東シベリア総督となる 1848 ボヘミア・ハンガリー民族運動失敗 ○ショパン(1810～49)(ポーランド)	1841 ムハンマド=アリー,シリア放棄 1845 英,ナタールを植民地化 1847 黒人共和国リベリアの建設 1849 リヴィングストンのアフリカ探検開始(～56)	1844 ギリシア,立憲政となる ○バーブ教徒迫害 1848 バーブ教徒の乱(～52)	1840～93 ハワイ王国 1840 ニュージーランド,英領に 1842 仏,タヒチ領有 英,カーブル占領 1843 英,シンド地方を征服併合 1845 第1次シク戦争(～46) 1848 第2次シク戦争(～49) 1849 パンジャーブ併合		1840～42 **アヘン戦争** 1841 和議破れ,英軍,厦門・寧波を占領,平英団事件 1842 魏源(1794～1857)『海国図志』 **南京条約(5港の開港,香港島割譲,公行の廃止)** 1843 五港通商章程(**領事裁判権**) 虎門寨追加条約(**最恵国待遇**) 洪秀全,上帝会を組織 1844 **対米望厦条約,対仏黄埔条約** 1845 カシュガルのムスリム反乱 1846 雲南でムスリムの乱 1847 スウェーデン・ノルウェーと通商条約 新疆回部の乱	1842 千歳暦を刊行 1844 『東国文献備考』刊行 1848 『三朝宝鑑』	1841 **天保の改革**(水野忠邦)(～43) 1842 異国船打払令を緩和(薪水給与令) 1844 オランダ国王,開国勧告 1845 英船,長崎来航 1846 米船・デンマーク船,来航 1849 英船,浦賀に入港 沿岸警備強化
1850								

世界史年表(1850年～1890年)

使い方　赤字　戦争・紛争に関すること　青字　文化に関すること

年代	アメリカ	イギリス	フランス・オランダ・ベルギー	ドイツ	南欧
	アメリカ合衆国 1776～	**ハノーヴァー朝** 1714～1917	**第二共和政** 1848～52	**ホーエンツォレルン朝** 1701～1871	**スペイン王国** 1479～1931
1850	1850　クレイの妥協(南北対立の危機一時的に避)　カリフォルニア，州に昇格 1850～53　フィルモア(ホ) 1852　ストウ(1811～96)　『アンクル=トムの小屋』発表 1853～57　ピアース(民) 1854　カンザス-ネブラスカ法成立　共和党結成(ミズーリ協定廃止) 1855　ホイットマン(1819～92)『草の葉』 1857　ドレッド-スコット判決　アメリカ・西ヨーロッパに恐慌広まる 1857～61　ブキャナン(民) 1859　ジョン=ブラウンの蜂起	1851　第1回万国博(ロンドン) **○イギリス，「世界の工場」に** 1853　クリミア戦争(54英・仏，露に宣戦，～56) 1855～58，59～65　パーマストン内閣(自) 1856　パリ条約(クリミア戦争終結)(ダーダネルス・ボスポラス両海峡閉鎖の再確認，黒海の中立化，トルコの独立と保全，ドナウ川自由航行の原則，露の南下政策阻止) 1858　東インド会社解散 1859　ダーウィン(1809～82)　『種の起源』(進化論)	1851　ルイ=ナポレオンのクーデタ **第二帝政** 1852～70 1852～70　ナポレオン3世(ルイ=ナポレオン) 1855　パリ万国博 1857　フロベール(1821～80)　『ボヴァリー夫人』　ボードレール(1821～67)『悪の華』 1858　インドシナ出兵　プロンビエール密約(仏，サルデーニャのイタリア統一を援助，～67) 1859　ヴィラフランカ和約(仏・墺)	1850　普，欽定憲法　オルミュッツ会議 ○産業革命進展 ○キェルケゴール(1813～55)『死に至る病』 ○ランケ(1795～1886)近代歴史学 1854　普・墺，対露同盟締結　ドイツ関税同盟完成(墺を除き全領邦加入) ○数学者ガウス(1777～1855) ○地理学者フンボルト(1769～1859) ○ショーペンハウアー(1788～1860) 1859　イタリア統一戦争(サルデーニャ，仏の援助のもとに墺と戦う)　サルデーニャ，ロンバルディア併合	1852～61　サルデーニャ首相カヴール 1855　サルデーニャ，クリミア戦争に参加 1858　プロンビエール密約
1860	1861　メキシコ内乱(英・仏・西のメキシコ遠征，～67) 1861～65　リンカン(共) 1861　南部11州，合衆国を離脱　アメリカ連合国(首都リッチモンド，～65) **1861～65　南北戦争** 1862　ホームステッド法 1863　リンカン，奴隷解放宣言　ゲティスバーグの戦い　ゲティスバーグ演説 1865　リンカン暗殺(1809～)　クー=クラックス=クラン(KKK)結成 1865～69　ジョンソン(民) 1866　大西洋横断海底電線敷設 1867　南部「再建法」　露よりアラスカ購入　フランスのメキシコ干渉を排除 1869　大陸横断鉄道開通 1869～77　グラント(共)	1860　英仏通商条約 1862　スペンサー(1820～1903)　『第一原理』(社会進化論) 1863　ロンドンに地下鉄開通 1864　第1インターナショナル結成(国際労働者協会，ロンドンにて，～76) ○第2次産業革命始まる 1867　カナダ連邦，自治領となる　第2回選挙法改正 1868　第1次ディズレーリ内閣(保) 1868～74　第1次グラッドストン内閣(自)	1860　サヴォイア・ニース獲得 1861　メキシコ出兵(～67) 1862　ユーゴー(1802～85)『レ=ミゼラブル』　越南とサイゴン条約締結 ○クールベ(1819～77)「石割り」写実主義絵画 1864　団結法 1867　パリ万国博覧会開催　ルクセンブルク公国，永世中立国となる 1868　スペイン王位継承をめぐる普仏紛争(～70)	1861～88　ヴィルヘルム1世(普) 1862　ビスマルク，プロイセン首相に就任 **"鉄血"政策** 1864　デンマーク戦争(対普・墺　デンマーク，2州を放棄)　国際赤十字条約成立(ジュネーヴ) 1866　普墺(プロイセン-オーストリア)戦争(プラハの和約) 1867　北ドイツ連邦成立(～71) **オーストリア-ハンガリー帝国** 1867～1918 1867　マルクス(1818～83)『資本論』第1巻	1860　サルデーニャ，中部イタリア併合　ガリバルディ，両シチリア王国征服，ナポリ王国崩壊 **イタリア王国** 1861～1946 1861～78　ヴィットーリオ=エマヌエーレ2世(伊) 1866　伊，普と同盟，墺と戦いヴェネツィア併合
1870	1871　ニューヨークに地下鉄開通 1873　経済恐慌，独占企業増大(米)　チリ硝石の採掘開始　グレンジャー運動最盛期 1874　グリーンバック党結成 1875　ハワイと互恵通商条約　市民権法制定 1876　ベル(1847～1922)電話機発明 1877　社会主義労働者党の結成　メキシコでディアスの独裁始まる　モルガン(1818～81)『古代社会』 1877～81　ヘイズ(共) 1877　エディソン(1847～1931)蓄音機発明 1879　エディソン，白熱電球発明　イーストマン(1854～1932)写真フィルムの製造に成功 ○独占資本の形成(カルテル・トラスト・コンツェルン)	1870　アイルランド土地法制定　初等教育法制定 1871　労働組合法 1872　秘密投票法 1874～80　第2次ディズレーリ内閣(保) 1875　スエズ運河会社株式を買収 1877　インド帝国成立，ヴィクトリア女王，インド皇帝を兼任 1878　ベルリン会議(ベルリン条約，セルビア・モンテネグロ・ルーマニアの独立承認，墺のボスニア・ヘルツェゴヴィナ行政権獲得，英のキプロス行政権獲得) 1879　アイルランド土地同盟(～82) ○自由・保守両党による政党政治の黄金時代	1870　普仏(プロイセン-フランス)戦争(～71)　ナポレオン3世，セダンで降伏　.9 第三共和政宣言 **第三共和政** 1870～1940 1871～73　大統領ティエール　臨時政府 1871.3　パリ=コミューン(～.5) 1871　フランクフルト条約(普，アルザス・ロレーヌ獲得) 1873～79　マクマホン ○ミレー(1814～75)「晩鐘」 ○ゾラ(1840～1902)　自然主義 1875　第三共和政憲法制定 1875　ビゼー(1838～75)「カルメン」　印象派の画家活躍 ○マネ(1832～83)「草上の昼食」 ○モネ(1840～1926)「日の出」「睡蓮」 1879～87　グレヴィ 1879　ラ=マルセイエーズ，フランスの国歌となる	1870　エムス電報事件 1870　普仏戦争(～71)　○ドイツ産業革命 **ドイツ帝国**　1871～1918 1871～88　ヴィルヘルム1世 1871～90　宰相ビスマルク　○帝国議会 1871　フランスよりアルザス・ロレーヌ地方を獲得 1871　文化闘争(ビスマルク，カトリック中央党と対立，～80) 1873　三帝同盟(独・墺・露)成立(～87) ○ワグナー(1813～83)「さまよえるオランダ人」 1875　社会主義労働者党結成(90～ドイツ社会民主党) C.1877　コッホ(1843～1910)細菌培養法発明 1878　社会主義者鎮圧法制定(～90)　ベルリン会議，ベルリン条約 ○資本主義の発展 1879　独墺同盟締結(～1918)　ビスマルクの保護関税政策(～1918)	1870　伊，普仏戦争に乗じ教皇領併合 「未回収のイタリア」問題(トリエステ，南ティロルなど) 1871　伊，ローマに遷都 1873　スペイン，共和国となる 1874　スペイン，王政復古 1874～85　アルフォンソ12世(西) 1878～1900　ウンベルト1世(伊) 1879　アルタミラの洞窟絵画発見
1880	1880　鉄道の建設時代(～90) 1881　ガーフィールド(共) 1881～85　アーサー(共) 1882　ロックフェラーの石油トラスト発足(スタンダード石油) 1885～89　クリーヴランド(民) 1886　アメリカ労働総同盟(AFL)成立　アパッチの長ジェロニモ降伏 1889　ブラジル連邦共和国成立　第1回パン=アメリカ会議 1889～93　ハリソン(共)	1880～85　第2次グラッドストン内閣(自) 1881　アイルランド土地法制定 1882　エジプト占領(～1914)，スエズ運河地帯，駐兵権獲得 1884　フェビアン協会設立　第3回選挙法改正　労働組合法 1885～86　ソールズベリ内閣(保) 1886　第3次グラッドストン内閣(自)　アイルランド自治法案否決 1887　第1回植民地会議開催　炭坑法(少年労働禁止)	1880～81　首相J.フェリー 1883　モーパッサン(1850～93)『女の一生』 1883～85　首相J.フェリー(再任) 1885　パストゥール(1822～95)狂犬病のワクチン治療に成功 1886～87　陸相ブーランジェ 1887～94　カルノー 1887　ブーランジェ事件(～91) 1888　パストゥール研究所設立 ○ゾラ(1840～1902)『ナナ』 ○ゴッホ(1853～90)(蘭) 1889　パリにエッフェル塔建設　パリ万国博覧会　第2インターナショナル結成(～1914)	1880　ケルン大聖堂完成 1881　独・墺・露の新三帝同盟(～87) ○ランケ(1795～1886)近代歴史学の祖 1882　三国同盟(独・墺・伊～1915) ○コッホ，結核菌(1882)・コレラ菌(1883)発見 1883～91　ニーチェ(1844～1900)『ツァラトゥストラはかく語りき』 ○ダイムラー(1834～1900)内燃機関発明 1884　アフリカに関するベルリン会議(～85) 1886　独・英，アフリカ分割協定　万国著作権協定成立(スイス) ○プランク(1858～1947)エネルギー保存の原理確証　○独占資本の形成 1887　独露，再保障条約(～90) 1888～1918　ヴィルヘルム2世 1889　社会民主労働党設立(スウェーデン) ○フロイト(1856～1939墺)精神分析学	1881　スペイン労働者連盟結成 1882　伊，エリトリア占領 1885　英伊協商 ○伊の海外進出始まる 1886～1931　アルフォンソ13世(西) 1887　近東協約(英・伊・墺) イタリア-エチオピア戦争(～89) 1889　伊，ソマリランドの一部を獲得
1890					

アメリカ大統領の所属政党　(ホ)…ホイッグ党，(民)…民主党，(共)…共和党　　イギリス首相の所属政党　(保)…保守党，(自)…自由党

ロシア・東欧・北欧	アフリカ	西アジア	インド・東南アジア・太平洋	中国	朝鮮	日本	
ロマノフ朝 1613～1917		オスマン帝国 1299～1922 カージャール朝 1796～1925	○英，インド周辺に勢力拡大	清 1636～1912	朝鮮(李氏) 1392～1910	江戸時代 1603～1867	
1851 モスクワ-サンクトペテルブルク間に鉄道開通 1852 モンテネグロ，反乱をおこす ○反動体制行きづまり 1852 聖地管理権問題 1853 クリミア戦争(～56) 1855～81 アレクサンドル2世 1855 セヴァストーポリ陥落 1856 パリ条約(黒海の中立化) 1840 インテリゲンツィア，体制批判(～60年代) 1858 アイグン条約 1859 モルドヴァ・ワラキア，連合公国を形成	1852 ボーア人のトランスヴァール共和国成立(～1902) 1853 豪州の囚人植民地制廃止 1854 ボーア人のオレンジ自由国成立(～1902) 仏のセネガル支配確立 1856 リヴィングストン，アフリカ大陸横断 1859 仏人レセップス，スエズ運河着工(～69)	1850 イランでバーブ処刑 1852 アフガン人，ヘラート占領 1853 クリミア戦争(～56) 1855 ペシャーワル条約 1856 カージャール朝のナーセレッディーン，ヘラートを占領	1850年代 豪州で大金鉱発見 1852 第2次イギリス-ビルマ戦争 1853 英，東インド会社特許状更新 1856 英，アウド併合 1857 カルカッタ・ボンベイ・マドラスに大学設置 **1857～59 インド大反乱(シパーヒーの反乱)** 1858 ムガル帝国滅亡 英領インド 1858～77　英，東インド会社解散 1858～62 総督カニング 1858 インド統治改善法 仏越戦争(～62)	1850～61 文宗(咸豊帝) **1851～64 太平天国の乱** 1851 洪秀全，広西省金田村に挙兵 対露イリ通商条約 1853 太平軍，南京占領，首都とし天京と称す　**曾国藩，湘軍を組織**　太平軍，天朝田畝制度を発表 ○纏足禁止 1854 曾国藩，湖南・湖北で太平軍を撃破 1856 フランス人宣教師殺害事件　アロー号事件(～60アロー戦争) 1857 英仏軍，広州を攻略 1858 アイグン条約(黒竜江以北を露領にする)　天津条約(対英仏米露)	1851 『憲宗実録』 1855 『西賢伝心録』 1859 書院の私設禁止	○開国政策への転換 1852 露船，下田入港 1853～58 徳川家定 1853 米使節ペリー，浦賀で開国を要求　露使節プチャーチン，長崎で国書提出 1854 日米和親(神奈川)条約 1855.2.7 日露通好(和親)条約 1858～66 徳川家茂 1858 日米修好通商条約 安政の大獄(～59) 1859 横浜開港	1850
1860 北京条約(沿海州獲得)，ウラジオストク建設 1861 農奴解放令 1862 トゥルゲーネフ(1818～83)『父と子』 1863 ポーランド1月蜂起(～64) 1866 ドストエフスキー(1821～81)『罪と罰』　ノーベル，ダイナマイト発明 1867 アラスカを米に売却 1868 ブハラ=ハン国保護国化 1869 露，メンデレーエフ(1834～1907)元素の周期律発見 トルストイ(1828～1910)『戦争と平和』	1867 オレンジ自由国でダイヤモンド鉱山発見 1869 スエズ運河開通	1861～76 アブデュル=アジズ1世，トルコの内政改革 1863 アフガン人，ヘラートよりペルシア人駆逐	1860 ニュージーランドのマオリ人反乱(～72) 1862 第1次サイゴン条約(仏，コーチシナ東部領有) 1863 仏，カンボジアを保護国化 1864 ブータン戦争 1865 インド・ヨーロッパ間に電信連絡開始 1867 英，海峡植民地を直轄とする 1868～1910 シャム王チュラロンコーン(ラーマ5世)(近代化推進)	1860 英仏軍，北京占領　円明園焼失 北京条約(.8 対英仏 .11 対露)締結 1861～74 穆宗(同治帝)　○西太后 1861 総理各国事務衙門設置　ウォード(米)常勝軍を組織 1860年代 洋務運動(中体西用，～90年代前半) 1862 李鴻章，淮軍を組織 1863 英人ゴードン，常勝軍指揮 1864 洪秀全死亡，太平天国滅亡 ○同治中興 1865 捻軍，山東・陝西侵入(～68) 李鴻章，上海に江南機器製造局を設置 1866 左宗棠，福州船政局を設立 1867 左宗棠，甘粛ムスリムの鎮定に尽力(～78)	1860 崔済愚，東学を創始 1862 壬戌民乱 1863～1907 高宗 1863～73 大院君摂政 1865 『大典会通』 1866 米船シャーマン号事件　キリスト教弾圧　仏軍艦，江華島攻撃	1860 桜田門外の変 1862 生麦事件 1863 薩英戦争 1864 四国連合艦隊，下関砲撃 1866 薩長連合成立 1866～67 徳川慶喜 1867 大政奉還　王政復古 1867～1912 明治天皇 明治時代 1868～1912　○明治維新 1869 版籍奉還	1860
1870 ヴ=ナロード(ナロードニキ運動，～80年代) 1873 三帝同盟成立(～87) ○アンデルセン(1805～75)(デンマーク) 1877 露土(ロシア-トルコ)戦争(～78) 1878 ベルリン会議(セルビア・ルーマニア・モンテネグロの独立承認)サンステファノ条約 ○テロリズム横行 1879 イプセン(ノルウェー)(1828～1906)『人形の家』 ドストエフスキー『カラマーゾフの兄弟』(～80)	1871 リヴィングストン，ウジジでスタンリーと会見 1874 スタンリー，アフリカ大陸横断(～77) 1875 英，エジプトよりスエズ運河会社の株式買収，実権掌握 1876 英仏，エジプトの財政を管理 1877 英，トランスヴァールを併合 1879 コンゴ国際協会 ○エチオピア帝国，西欧列強の干渉を受ける	1871 シュリーマン，トロイア(トロヤ)遺跡発掘 1875 ボスニアのギリシア正教徒反乱 1876～1909 アブデュル=ハミト2世 1876 トルコ，新憲法発布(ミドハト憲法，～78) 1877 露土戦争(～78) 1878 サンステファノ条約　ベルリン条約(英，キプロス行政権獲得　モンテネグロ独立)	C.1870 蘭領東インドの政府栽培制度廃止 1873 アチェ戦争(蘭，スマトラのアチェ王国征服，～1912) 1874 第2次サイゴン条約 仏，トンキン出兵 1875 アーリヤ=サマージ設立(ヒンドゥー教改革運動) 1876 英，バルティスタンを保護国化 1876～80 インド総督リットン 1876 バネルジー，インド人協会設立 インド帝国 1877～1947 1877 ヴィクトリア女王，インド皇帝を宣言	1870 天津でカトリックの教会襲撃(仇教運動) 1871 露，イリ地方占領(～81)　日清修好条規成立(辛未条約) 1873 陝西，甘粛のムスリム平定 1874 日本，台湾に出兵　日清天津条約成立(台湾問題) 1875～1908 光緒帝(徳宗) 1876 英と芝罘条約　英人，上海・呉淞間に鉄道を敷設するが，撤去される　留学生を英・仏に派遣 1878 左宗棠，甘粛・新疆のムスリムの反乱鎮定　銭貨の私鋳を厳禁 1879 ロシアとイリ還付条約	1871 寧海の農民反乱　米艦，江華島砲撃 1873 大院君の失脚→閔妃派が政権掌握 ○日本の大陸侵略開始 1875 江華島事件 1876 日朝修好条規(江華条約)締結 朝鮮開国 釜山開港	1871 廃藩置県　日清修好条規　岩倉使節団派遣 1872 田畑永代売買禁止令廃止　新橋・横浜間鉄道開通　太陽暦採用 1873 徴兵令公布　地租改正 1874 民撰議院設立建白書　台湾出兵 1875 露と樺太・千島交換条約 1877 西南戦争 1879 琉球を領有(沖縄県とする)	1870
1881 イリ条約　アレクサンドル2世の暗殺 1881～94 アレクサンドル3世 1881 ルーマニア王国成立 1882 バクーニン(1814～76)『神と国家』　セルビア王国成立 1885 アフガニスタンを占領，英に対抗　ブルガリア，東ルメリア併合 1887 独露，再保障条約(～90) 1888 トランスコーカサス横断鉄道開通	1880 トランスヴァール共和国を宣言 1881 仏，チュニジアを保護国化 オラービー(ウラービー)革命(エジプト，～82)　マフディーの反乱(スーダン，～98)英ゴードン将軍，戦死 1884 独，トーゴランド・カメルーンを保護国化 1885 仏，マダガスカル征服始まる コンゴ自由国成立(ベルギー王私有地，～1908) 1886 トランスヴァールに金鉱発見 1889 伊，ソマリランド領有　ワッハーブ王国滅亡	1880 英，アフガニスタンを保護国化 1881 ロシアと東北イランの国境協定 1887 英・露，アフガニスタンの国境画定 1888 露のトランスコーカサス鉄道，サマルカンドに達す　独・トルコ協約　独，アナトリア鉄道建設(～93) 1889 青年トルコ結成	1881 工場法(インド最初の労働法)成立 1883 全インド国民議会発足 1883,84 フエ条約(仏，ベトナムを保護国化) 1884 東部ニューギニアに英・独進出　独，ビスマルク諸島領有 1885 インド国民会議結成(ボンベイ) 1885 第3次イギリス-ビルマ戦争(英，ビルマ併合，～86) 1886 独，マーシャル諸島領有 ○ナオロジー(1825～1917) 1887 仏領インドシナ連邦成立(～1945) 1888 英，北ボルネオ(サバ・ブルネイ・サラワク)を保護領化	1880 李鴻章，海軍創設 1881 イリ条約(サンクトペテルブルク条約) 1883 露とキャフタ新条約 1884 新疆省を新設　露とカシュガル西北界約 ○趙子謙(1829～84) 1884 清仏戦争(ベトナムの宗主権を争う，～85) 1885 朝鮮問題に関し，日清間に天津条約　仏と天津条約締結，清はベトナムの宗主権を放棄 1887 マカオ，ポルトガル領となる 1888 天津・塘沽鉄道成る　北洋海軍成立 1889 西太后摂政をやめ，光緒帝の親政が始まる　雲南で反乱起こる	1880 元山開港 1882 米英独と修好通商条約 壬午軍乱(朝鮮軍隊の反乱，大院君が一時復権)→清・日本ともに出兵 1884 甲申政変(開化派の金玉均ら，日本の武力により政権掌握めざす) 1885 袁世凱，朝鮮に常駐 英，巨文島占領(～87) 1886 朝仏修好通商条約 1888 露と通商条約締結 1889 防穀令事件(～93)	1881 国会開設の勅諭　自由党結成 1882 立憲改進党結成　日本銀行創立 1883 鹿鳴館落成　(欧化政策) 1885 内閣制度成立　天津条約 1885～88 第1次伊藤博文内閣 1887 保安条例公布(自由民権運動弾圧) 1888 メキシコと対等通商条約 1888～89 黒田清隆内閣 1889 大日本帝国憲法発布　東海道本線開通 1889～91 第1次山県有朋内閣	1880 1890

世界史年表(1890年〜1920年)

使い方　赤字　戦争・紛争に関すること　青字　文化に関すること

	国際関係	アメリカ	イギリス・オランダ	フランス・ベルギー	ドイツ・オーストリア	イタリア・スペイン
	露仏同盟 1891〜	アメリカ合衆国 1776〜	ハノーヴァー朝 1714〜1917	第三共和政 1870〜1940	ドイツ帝国 1871〜1918 オーストリア-ハンガリー帝国 1867〜1918	イタリア王国 1861〜1946 スペイン王国 1479〜1931
1890	1891　露仏同盟(94完成) 1894　日清戦争(〜95) ○帝国主義 1894　クーベルタン，国際オリンピック協会設立 1895　三国干渉 1897　第1回シオニスト会議(スイス，バーゼル) 1898　ファショダ事件 1899　ハーグ国際平和会議　南アフリカ戦争(〜1902)	1890　ウンデッド=ニーの虐殺 1890　シャーマン反トラスト法成立　「フロンティアの消滅」宣言 1893　ハワイ革命　カメハメハ王朝転覆 1893〜97　クリーヴランド(民) ○海外への膨張始まる(帝国主義政策) 1895　キューバの独立運動(米援助，〜98) 1897〜1901　マッキンリー(共) 1898　米西(アメリカ-スペイン)戦争　パリ条約(キューバ独立　米，フィリピン・グアム島・プエルトリコ領有) ハワイ併合 1899　中国の門戸開放通牒(国務長官ジョン=ヘイ，〜1900)	1890〜96　ケープ植民地首相セシル=ローズ 1890　ローデシア占領(95植民地化，〜94) 1892〜94　第4次グラッドストン内閣(自) 1893　アイルランド自治法案上院否決　独立労働党結成 1894　第2回植民地会議　8時間労働制を承認 アフリカ縦断政策⇨ ○3C政策 1895〜1903　ジョゼフ=チェンバレン植民相 1897　労働者保護法(8時間労働) 1898　ファショダ事件(英仏の衝突) 1899　南アフリカ(ボーア)戦争(〜1902)	1891　露仏同盟(94完成) ○金融資本の形成 1894　ドレフュス事件(〜99) 1895〜99　フォール大統領 1895　労働総同盟(CGT)結成 ○ルノワール(1841〜1919) ○ゴーギャン(1848〜1903) ○セザンヌ(1839〜1906) 1896　仏，マダガスカル領有 ⇦アフリカ横断政策 1897　仏・独，アフリカ植民地境界を画定 1898　キュリー夫妻，ラジウム発見　ゾラ，「私は弾劾する」を発表 1899　ハーグ条約(欧州列国，毒ガス使用禁止決定) 1899〜1906　ルーベ大統領	1890　コッホ，ツベルクリン創製　ビスマルク辞職　社会民主党成立 1891　ドイツ社会民主党エルフルト大会(エルフルト綱領) 1892　ディーゼル(1858〜1913)　ディーゼル機関発明(97完成) 1893　独議会，軍拡法案可決　自由労働組合連合結成(墺) 1894　エンゲルス『資本論』完成，唯物史観 1895　レントゲン(1845〜1923)　X放射線発見 1896　ベルンシュタイン，修正主義主張 1897　言語令(ボヘミアにおいてドイツ語とチェコ語を同等とする)　ティルピッツ，海軍拡張を主張 1899　バグダード鉄道敷設権獲得	1890　スペイン，普通選挙法成立 1892　イタリア社会党結成 1894　社会主義団体・労働組合等弾圧令(伊)　スペイン-モロッコ紛争 1895　イタリア軍のエチオピア侵入(伊，アドワで敗北，〜96)　マルコーニ(1874〜1937)無線電信発明 1896　アテネで第1回国際オリンピック大会開催 1898　米西(アメリカ-スペイン)戦争
1900	1901　ノーベル賞設置される 国際仲裁裁判所設置 1902　日英同盟成立 ○金融資本の形成(銀行による企業支配) 1904.2　日露戦争(〜05.9) .4　英仏協商成立 ○英独の市場争奪戦 1905　第1次モロッコ事件(タンジール事件) 1906　アルヘシラス会議(モロッコ問題を討議) 1907　ハーグ第2回平和会議(軍備制限協定の必要要請)　.8　英露協商 三国協商(英・仏・露)	1900　金本位制 1901　モルガン，鉄鋼トラスト結成　アメリカ社会党結成 1901〜09　セオドア=ローズヴェルト(共) ○カリブ海政策(棍棒外交) 1902　キューバ，米の保護国化 ○米帝国主義の発展 1903　パナマ，コロンビアより独立　米，パナマ運河建設権獲得，運河地帯を永久租借　ライト兄弟，初飛行に成功 1904　米，パナマ運河建設着工 1905　世界産業労働者同盟(IWW)結成 1908　移民に関する日米紳士協定成立 1909　ピアリ，初めて北極点に到達 1909〜13　タフト(共) ○ドル外交(海外投資を拡大)	1900　労働代表委員会設立 1901〜1910　エドワード7世 1901　オーストラリア連邦成立 1902　日英同盟成立　"光栄ある孤立"政策放棄　トランスヴァール・オレンジ両国をケープ植民地に併合 ○ラザフォード(1871〜1937)『原子核崩壊の原理』 1904　英仏協商(英のエジプト，仏のモロッコでの権益を承認) 1905　アイルランドでシン=フェイン党結成 1906　ラザフォード，ガンマ線を発見　労働党成立(労働代表委員会改組) 1907　英自治領ニュージーランド成立　英露協商成立(チベットの中国主権承認　アフガニスタン・ペルシア南部の英，ペルシア北部の露権益を承認) 1908　女性参政権要求運動 1908〜16　アスキス内閣(自)	1900　仏伊協商(相互の中立とチュニジア・トリポリに関する秘密協定) 1901　急進社会党結成 1905.3　第1次モロッコ事件(独帝ヴィルヘルム2世のタンジール上陸，仏のモロッコへの独占的進出を非難) 政教分離法の成立　フランス社会党結成 1906〜09　クレマンソー内閣 1907　三国協商(英・仏・露) ○ピカソら立体派を創始 1908　カサブランカ事件 ベルギー，コンゴ自由国を併合 1909　メーテルリンク(1862〜1949)『青い鳥』，ジイド(1869〜1951)『狭き門』 モロッコに関するドイツ-フランス協定	1900　ツェッペリン，飛行船発明 ○マックス=ヴェーバー(1864〜1920)『プロテスタンティズムの倫理と資本主義の精神』 プランク(1858〜1947)，量子力学の基礎を確立 1903　トルコとバグダード鉄道をペルシア湾まで延長する条約に調印 ○3B政策 ○ドヴォルザーク(1841〜1904)「新世界交響曲」(チェコ) 1905　アインシュタイン(1879〜1955)『特殊相対性理論』を発表 1906　パン=ゲルマン会議　ハーバー，アンモニア合成法を発明 1907　男子普通選挙法(墺) 1908　オーストリア，ボスニア・ヘルツェゴヴィナを併合	1900〜46　ヴィットーリオ=エマヌエーレ3世(伊) ○ヴェルディ(1813〜1901)　歌劇「椿姫」 1902　仏伊協商(モロッコ問題に関する秘密協定) 1903〜14　教皇ピウス10世 1904　ミラノ暴動 1906　イタリア労働総同盟結成 1908　ポルトガル王暗殺 1909　バルセロナで共和主義者の反乱
1910	1911　第2次モロッコ事件 1911　伊土戦争(〜12) 1912　タンジール協定 1912.10　第1次バルカン戦争(〜13.5) ○バルカン半島"ヨーロッパの火薬庫"に 1914.6.28　サライェヴォ事件 .7〜18.11　第一次世界大戦(総力戦の始まり) 1914.8　タンネンベルクの戦い 1916.7　ソンムの戦い(〜.11) ○航空機・戦車・毒ガス兵器の出現 1917.4　アメリカの参戦 1918.3　ブレストリトフスク条約(ロシア単独講和)　.8　シベリア出兵(英・米・日・仏の対ソ干渉戦争) .11　ドイツ休戦協定 1919.1　パリ講和会議開催(〜.6) .3　コミンテルン結成 .6.28　ヴェルサイユ条約調印	1910　メキシコ革命(11ディアスの失脚，〜17) 1913〜21　ウィルソン(民) 1913　カリフォルニア排日土地法制定 1914　メキシコ革命に介入　第一次世界大戦に中立を宣言 .8　パナマ運河開通 1915　クー=クラックス=クラン(KKK)復活 1916　フィリピンの自治承認，大戦により債務国から債権国へ転換 1917.1.22　ウィルソン「勝利なき平和」を上院で発表　.4　ドイツに宣戦　中南米諸国，ドイツに宣戦 1917〜20　カランサ大統領(メキシコ) 1917　石井-ランシング協定 1918.1.8　ウィルソン，「十四か条の平和原則」 1919　禁酒法成立(33廃止)	1910〜36　ジョージ5世 1910　英領南アフリカ連邦成立 1911　議会法(上院の拒否権を2回に制限，下院の優位確定) 1912.3　スコット南極点到達　.4　タイタニック号氷山に衝突 1913　アルスター暴動(北アイルランド分離運動) 1914.8　対独宣戦　.9　アイルランド自治法成立 1915　ロンドン秘密条約(英・仏・露・伊，「未回収のイタリア」の解決) フサイン-マクマホン協定 1915〜16　アスキス連立内閣 1916.4　アイルランドでイースター蜂起(シン=フェイン党) .5　サイクス-ピコ協定(英・仏・露，トルコを分割) 1916〜22　ロイド=ジョージ挙国一致内閣(外相バルフォア) ウィンザー朝 1917〜 1917　英王室名をウィンザーと改名 .11　バルフォア宣言 1918　第4回選挙法改正(男子普通選挙，女性参政権成立) 1919　シン=フェイン党，アイルランド共和国の独立宣言 ○H.G.ウェルズ(1866〜1946)『世界文化史大系』	1910　ファーブル(1823〜1915)『昆虫記』 1911　第2次モロッコ事件(独の軍艦，アガディール港入港) 1912　モロッコを保護国化 ロマン=ロラン(1866〜1944)『ジャン=クリストフ』 1913〜20　ポワンカレ内閣 1913　プルースト(1871〜1922)『失われた時を求めて』 1914.8　ドイツに宣戦　.9　マルヌの戦い 1916.2　ヴェルダン要塞攻防戦(西部戦線，〜.12) .7　ソンムの戦い(〜.11) 1917〜20　クレマンソー挙国一致内閣 ○ロダン(1840〜1917)彫刻家 ○ドガ(1834〜1917)画家 1918.7　連合軍の総反撃開始	1910　フロイト(1856〜1939)『精神分析学入門』 1912　独社会民主党，総選挙勝利 1914.7.28　墺，セルビアに宣戦　.8　独，露・仏に宣戦，ベルギーの中立侵犯，タンネンベルクの戦い 1916　アインシュタイン，一般相対性理論を発表　.1　スパルタクス団結成 1917.2　無制限潜水艦作戦開始 1918.11　キール軍港の水兵反乱，オーストリア-ハンガリー帝国，革命起こり降伏　ドイツ革命，皇帝退位　休戦協定，ドイツ共和国宣言 ヴァイマル共和国 1918〜33 オーストリア共和国 1918〜38 1919.1　ドイツ労働者党結成(ヒトラー入党)　スパルタクス団の蜂起鎮圧　.6　ヴェルサイユ条約　.8　ヴァイマル憲法制定 .9　サンジェルマン条約	1910　ポルトガル共和国宣言 1911　伊土戦争(トリポリ戦争，〜12) 1912　ローザンヌ条約(伊，トリポリ・キレナイカ獲得)→伊領リビア 1914〜22　教皇ベネディクトゥス15世 1914　伊全土にストライキ，伊社会党参戦反対　スペイン・ポルトガルの中立宣言 1915.5　伊，三国同盟を破棄し，墺に宣戦(第一次世界大戦に参戦) 1916.8　伊，独に宣戦　ポルトガル連合国側に参戦 1919.3　ムッソリーニ，「戦士のファッシ」(ファシスト党の前身)結成(ミラノ)　トリエステ，イタリア領に　.9　ダヌンツィオの率いる義勇軍，フィウメ占領(〜20)
1920						

アメリカ大統領の所属政党　(民)…民主党，(共)…共和党　　イギリス首相の所属政党　(保)…保守党，(自)…自由党

	ロシア・東欧・北欧	アフリカ・西アジア	インド・東南アジア	中国	朝鮮	日本
	ロマノフ朝 1613～1917	オスマン帝国 1299～1922 カージャール朝 1796～1925	インド帝国 1877～1947	清 1636～1912	朝鮮(李氏) 1392～1910 (1897～大韓帝国)	明治時代 1868～1912
1890	1891 **露仏同盟**(94完成) **シベリア鉄道建設開始**(04開通) ○**露仏関係の密接化** 1893 チャイコフスキー(1840～93)「悲愴」 ○**ロシア産業革命** 1894～1917 **ニコライ2世** 1895 ナンセン，北極探検(北緯86°4′到達，ノルウェー) 三国干渉 1896 露清密約(東清鉄道契約) 1898 **ロシア社会民主労働党**結成(プレハーノフ，レーニン) 1899 トルストイ『復活』 中部・南東部ロシア大凶作 ウラジオストクに東洋語学校設立	1890～96 **ケープ植民地**首相にイギリスの**セシル=ローズ** 1891 イランでタバコ=ボイコット運動(～92) 1894 「統一と進歩委員会」 1895 列強，トルコに内政改革案を提出 1896 仏，マダガスカル領有を宣言 伊，アドワの戦いに敗れ，エチオピア独立承認 1897 ギリシア，トルコと戦い敗北 1898 ファショダ事件 1899 **独，バグダード鉄道敷設権獲得(3B政策)** 南アフリカ(ボーア)戦争(～1902)	1890 シッキム王国，英保護領に 1891 第2回工場法制定 ジャワ原人発見(トリニール) 1893 **仏，ラオスを保護国化** 1894 英露間のパミール問題解決 英清間のビルマ国境問題解決 1895 英露清，パミールにおける勢力圏画定 1896 **英領マレー連合州**成立 英仏，シャムの領土保全に関する協定 フィリピン独立戦争(フィリピン革命)始まる(～1902) 1898 米西戦争(フィリピン，米領となる) **アギナルド**，フィリピンの独立宣言(米軍が鎮圧) 1899～1905 インド総督**カーゾン** ○カルティニ，啓蒙運動開始	1891 **康有為**(1858～1927)『大同書』『新学偽経考』刊行 哥老会，宣教師を殺し教会を焼く(仇教運動) 1894 **日清戦争**(～95) **孫文，ハワイで興中会を結成** 1895 下関条約調印 **三国干渉(露・仏・独)日本，遼東半島返還** 康有為，変法自強策上奏 興中会，広州で挙兵し失敗 孫文，日本に亡命 台湾民主国，日本軍の鎮圧で消滅 1896 露との密約成立 1897 山東でドイツ人宣教師殺される(仇教運動) 1898 **列強租借地が急増**(～99) **戊戌の政変(変法運動失敗) 福建不割譲条約 雲南・広西不割譲条約** 1899 **山東で義和団蜂起 仏，広州湾租借 安陽で甲骨文字発見 米の対中門戸開放通牒**(～1900)	1894 **甲午農民戦争起こる(東学党の乱)** 金玉均，上海で暗殺 甲午改革(～96) 1895 全琫準処刑される，閔妃暗殺 1896 **高宗**，露公使館へ移る 1897 国号を大韓帝国とし皇帝号採用 1898 馬山など開港 独立協会活動	1890 第1回帝国議会開会 1891～92 第1次**松方正義**内閣 1892～96 第2次**伊藤博文**内閣 1893 陸奥宗光，条約改正交渉開始 1894 日英改正通商航海条約調印 日清戦争(～95) 1895 **下関条約**(台湾領有) 三国干渉 1896～98 第2次**松方正義**内閣 1896 日露協商(朝鮮の協同保護) ○**産業革命** 1898～1900 第2次**山県有朋**内閣 1898 福建省不割譲条約調印 1899 改正条約実施(治外法権の撤廃)
1900	1901 シベリア鉄道と東清鉄道が結ばれる **社会革命党**結成 ○チェーホフ(1860～1904)『桜の園』など 1903 社会民主労働党，ボリシェヴィキとメンシェヴィキに分裂 1904 **日露戦争**(～05) ○**帝政ロシアの矛盾表面化** 1904 シベリア鉄道完成 1905.1 **血の日曜日事件，第1次ロシア革命の始まり**(～07) ソヴィエト誕生 .6 ノルウェー，スウェーデンから独立 戦艦ポチョムキン号の反乱 .9 ポーツマス条約 .10 ニコライ2世，「十月宣言」発表 **立憲民主党**設立 1906 **ストルイピン**の改革，ドゥーマ(国会)開設 1907 **英露協商**成立 1908 **パン=スラヴ会議**(プラハ) **ブルガリア独立宣言** 1909 ブルガリアの独立承認	1901 イラン，石油採掘権を英に与える 1903 **オスマン帝国，独とバグダード鉄道条約締結** 1904 マケドニアの改革問題で墺露のオスマン帝国干渉 ○**列強の帝国主義的進出**(**アフリカ分割**) 1905 マジ=マジの蜂起(～07) イラン立憲革命(～11) 1906 国会開設，ペルシア憲法発布 1908 **青年トルコ革命**，国会開設，**ミドハト憲法復活**を約束，ベルギー領コンゴ成立 1909 **アングロ=イラニアン石油会社設立** イラン国民軍の蜂起，立憲君主政へ 1909～18 **メフメト5世** (オスマン帝国) ○**バルカン問題の緊迫化**	1904 英，チベット問題で清とラサ条約締結 ○インド民族運動激化 1905 **カーゾン，ベンガル分割令布告**(**ヒンドゥー教徒・ムスリムの分離策**) 国民会議派，反英運動を開始(ティラクの指導) ベトナムで東遊運動 1906 **国民会議派カルカッタ大会 英貨排斥・スワデーシ・民族教育・スワラージ要求決議，全インド=ムスリム連盟結成** 1907 国民会議派分裂 1908 インドネシアでブディ=ウトモの第1回大会 1909 インド参事会(モーリー=ミント)法 会議派とムスリム連盟提携	1900 **義和団事件**(～01) 8か国共同出兵 1901.6 各国の軍隊の北京撤退 .9 **北京議定書**(辛丑和約，義和団事件最終議定書) 1903 黄興ら華興会組織 1904.2 日露戦争に局外中立宣言 .5 山東鉄道開通 .9 ラサ条約 .11 ハーグ国際仲裁裁判に加盟 1905.8 **孫文，東京で中国同盟会結成 三民主義** .9 **科挙廃止** .10 **立憲大綱準備に着手** 1906.4 英と清間にチベット条約締結 .7 立憲予備の詔勅 1908 **憲法大綱・国会開設公約発表** .11 徳宗，西太后死去 1908～12 **宣統帝(溥儀)** 1909.2 万国アヘン会議(上海) .9 満州・間島に関する日清協約成立 .12 各省諮議局連合して国会早期開設を請う	1900 京仁鉄道開通，馬山浦事件 (露の買収計画失敗) 1903 義州・竜岩浦にロシア拠点設置 1904 **第1次日韓協約** 1904.8 一進会おこる 1905 京釜鉄道開通 .11 **第2次日韓協約**(日本，韓国の外交権を奪う) .12 日本，**韓国統監府設置** 初代統監**伊藤博文** 1907 ハーグ密使事件 新民会結成(愛国啓蒙運動) .7 **第3次日韓協約**(日本内政監督権) ○反日義兵闘争さかん 1909 安重根，ハルビンで伊藤博文を暗殺	1900 治安警察法公布 立憲政友会結成 1900～01 第4次**伊藤博文**内閣 1901.6～06 **桂太郎**内閣 1901 社会民主党結成 1902.1 日英同盟成立(～21) 1903 内村鑑三・幸徳秋水ら反戦運動展開 1904.2 日露戦争始まる(～05)日韓議定書調印 1905.9 **ポーツマス条約**(南樺太を獲得) 1906.1～08 **西園寺公望**内閣 1906.11 **南満州鉄道株式会社設立** 1907.7 **日露協約** 1908.7～11 第2次**桂**内閣 1909.10 伊藤博文，安重根にハルビンで暗殺される
1910	1911 アムンゼン(ノルウェー)南極に到達 1912.10 第1次バルカン戦争(～13.5) .11 アルバニア独立宣言 1913.5 ロンドン条約(オスマン帝国がバルカン4国に領土を割譲) .6 第2次バルカン戦争(～.8) .8 ブカレスト条約でブルガリア領土を割譲 1914.6 サライェヴォ事件 .8 独軍ワルシャワ占領(東部戦線) 1915.10 ブルガリア，同盟国側に参戦 1916.9 ルーマニア，連合国側に参戦 **1917 ロシア革命** 1917.3 ペトログラード蜂起 ロシア暦二月革命(ロマノフ朝滅亡) 臨時政府 .4 レーニン「四月テーゼ」 .8 **ケレンスキー内閣成立** .11 フィンランド独立宣言 **レーニン**，**ソヴィエト政権樹立(十月革命)「平和に関する布告」** 1918 対ソ干渉戦争(～22)，戦時共産主義(～21) .2 エストニア独立 .3 **ブレストリトフスク条約** .10 **チェコスロヴァキア独立** .11 **ポーランド独立，ラトヴィア独立** 1919.3 **コミンテルン結成** .11 **ヌイイ条約**(対ブルガリア)	1910 **南アフリカ連邦成立**，英自治領に 1911 アガディールで第2次モロッコ事件 1911 伊土戦争(～12) 1912 第1次バルカン戦争(～13) ローザンヌ条約 南アフリカ先住民民族会議 1913.5 ロンドン平和会議 1914.10 オスマン帝国，第一次世界大戦に参戦 **エジプト，英の保護国に** 1915.10 **フサイン-マクマホン協定**(英がアラブのハーシム家とアラブ独立について協定) 1916.5 **サイクス-ピコ協定**(英・仏・露，オスマン帝国分割，パレスチナの国際管理) 1917.11 **バルフォア宣言**(英，パレスチナのユダヤ人国家建設支持を表明) 1918.10 オスマン帝国降伏，エジプトでワフド党成立 1919 ギリシア-トルコ戦争(～22) ギリシア軍イズミル占領 **第1回パン=アフリカ会議** .5 第3次アフガン戦争 .7 **アフガニスタン王国独立**	1911 **インドネシアでイスラーム同盟**(**サレカット=イスラム**)結成 ジョージ5世，インド訪問 ベンガル分割令取消し宣言 1912 インド政府，首都をデリーへ移す(カルカッタから) 1913 チベット独立を宣言 タゴール(1861～1941)叙事詩『ギーターンジャリ』でノーベル文学賞受賞 1914 ガンディーら大戦に際し対英協力声明を発表 1915 ガンディー帰国 インド国防法・インド統治法 1916 インド国民会議派自治を要求 1917 英インド相**モンタギュー**，下院でインドに漸次自治を認める宣言(モンタギュー-チェルムスフォード報告) 1919.3 **ローラット法発布** .4 アムリットサル事件 .5 **非暴力・不服従運動**(ガンディーら) .12 インド統治法成立	1910.5 幣制改革 .11 英米仏独の四国借款団成立 1911.5 幹線鉄道国有化 .9 四川暴動 .10 **武昌挙兵** **～12 辛亥革命** 中華民国 1912～ 1912.1 中華民国成立，首都南京，**孫文**，臨時大総統 .2 **宣統帝退位，清朝滅亡** .3 **袁世凱，臨時大総統となる** 臨時約法制定 .8 **中国同盟会，国民党と改称** 1913.10～16 大総統袁世凱 1913.7 第二革命失敗 .8 孫文，日本へ亡命 1914 孫文，中華革命党結成 1915.1 **日本，中国に二十一か条要求** .5 袁世凱，二十一か条要求承認(五・九国恥記念日) .12 **袁世凱の帝政化計画** 各省に帝政反対運動(第三革命) 1916 袁世凱，帝政取消し宣言 .6 袁世凱死去 1916 **軍閥政権**(～28) 1917 **文学革命(胡適・陳独秀ら)** 1917.8 対独墺宣戦 .9 孫文，広東軍政府を組織し大元帥となる 1918.1 南北軍閥抗争の開始 .2 張作霖，満州から北京進出 魯迅『狂人日記』 ○**中国民衆運動の発展** 1919.5 **北京大学生ら抗日デモ(五・四運動)** .7 カラハン宣言 .10 中華革命党，**中国国民党と改称**	1910.8 **韓国併合** 韓国を朝鮮と改称 朝鮮総督府設置 初代総督**寺内正毅** 1911 朝鮮教育令公布 1912 土地調査事業本格化 1919.1 高宗死去 .3 三・一独立運動 .4 上海に大韓民国臨時政府樹立 ○日本が宥和をはかり，"文化政治"始まる	1910.5 **大逆事件** 1911 西田幾太郎『善の研究』 1911.2 **関税自主権回復** .7 日英同盟改訂 .8～12 第2次**西園寺**内閣 大正時代 1912～1926 ○日本の中国侵略 1912.7～26 **大正天皇** 1912.12～13 第3次**桂**内閣 1912 **護憲運動起こる** 1913.2～14 **山本権兵衛**内閣 1914.4～16 第2次**大隈**内閣 1914.8.23 日本の参戦 1915.1 **中国に二十一か条要求 遼東半島南部租借** 1916.10～18 **寺内正毅**内閣 1917.11 **石井-ランシング協定** 1918.8 日本軍，シベリア出兵(～22) 米騒動起こる 1918.9～21 **原敬**内閣 1919 旅順に関東軍司令部設置
1920						

世界史年表（1920年～1940年）

使い方　赤字　戦争・紛争に関すること　青字　文化に関すること

年	国際関係	アメリカ	イギリス・オランダ	フランス・ベルギー	ドイツ・オーストリア	イタリア・スペイン
	○アメリカ　債務国から債権国へ	アメリカ合衆国 1776～	ウィンザー朝 1917～	第三共和政 1870～1940	ヴァイマル共和国 1918～33 オーストリア共和国 1918～38	イタリア王国 1861～1946
1920	ヴェルサイユ体制					
	1920.1　国際連盟成立 1921.11　ワシントン会議(～22.2) .12 四か国条約 (ワシントン体制) 1922.2　九か国条約 ワシントン海軍軍縮条約 国際司法裁判所設置(ハーグ) .5　ジェノヴァ国際経済復興会議(失敗)　.11 第1回ローザンヌ会議 ○世界平和への希望強し 1923.4　第2回ローザンヌ会議(ローザンヌ条約,～.7) 1924.7　ロンドン賠償会議(ドーズ案採択,～.8)　.9　ドーズ案実施 1925.10　ロカルノ会議(～.12) .12　ロカルノ条約 1926.9　ドイツ,国際連盟に加盟 1927.5　ジュネーヴで第1回世界経済会議(50か国) 1928　不戦条約(ケロッグ-ブリアン協定,15か国調印,1929年までに54か国) 1929.2　ソ連・ルーマニア・ポーランド・エストニア・ラトヴィア間に不可侵条約 .6 ヤング案発表(30正式決定) **1929.10.24　世界恐慌始まる(暗黒の木曜日)**	1920　ヴェルサイユ条約批准を上院で拒否　(国際連盟不参加) ○"孤立主義"外交 1920　サッコ・ヴァンゼッティ事件 ラジオ放送開始 1921～23　ハーディング(共) ○米の繁栄・ドル外交 1923～29　クーリッジ(共) 1923　第5回パン=アメリカ会議(サンティアゴ) ヨーロッパ諸国の米に対する戦債支払い協定(総額103億ドル) 1924　移民法(排日移民法)の実施,アジアからの移民を禁止 1925　オレゴン州に排日暴動 1926　ニカラグアの自由主義革命,米の干渉 ブラジル,国際連盟脱退 1927　メキシコ,カトリック教会の財産国有化　リンドバーグ,大西洋無着陸横断飛行に成功　.5 サッコとヴァンゼッティに死刑判決(.8 処刑) 1929　チリ・ペルー間にリマ条約成立 1929～33　フーヴァー(共) 1929　ヘミングウェー(1899～1961)『武器よさらば』 .10.24　ウォール街の株価大暴落「暗黒の木曜日」	1921　炭坑大ストライキ,日英同盟解消 1922　ジョイス(1882～1941)『ユリシーズ』.12　アイルランド自由国成立 ○エリオット(1888～1965)『荒地』など 1924.1～.10　第1次マクドナルド内閣(労),初の労働党内閣 1924.2　ソ連を承認 1924.11～29　第2次ボールドウィン内閣(保) 1925　キプロス,英の直轄植民地となる　ベアード(1888～1946)テレビ実験開始　.4 金本位制復帰 1926.10　英帝国会議,バルフォア報告発表(本国と自治領の平等),「イギリス帝国」から「イギリス連邦」の名称に(～.11) 1927.5　対ソ断交　.6　労働争議および労働組合法(ゼネストの禁止) 1928　第5回選挙法改正(男女とも21歳以上)　フレミング(1881～1955)ペニシリン発見 1929～31　第2次マクドナルド内閣(労) 1929.10　対ソ国交回復	1921～22　ブリアン内閣 1922～24　ポワンカレ内閣 1922　マルタン=デュ=ガール(1881～1958)『チボー家の人々』 1923.1　仏・ベルギー軍,ルール地方の保障占領(～25) 1924　チェコと相互援助同盟締結　左派連合政府(エリオ内閣,～25)　.10　ソ連を承認 1925.7　仏軍,ルール撤兵開始 1926～29　ポワンカレ挙国一致内閣 1927.11　ユーゴと同盟条約を締結 1928.6　フラン平価切り下げ(約1/6に)金本位制復帰 .8 不戦条約(ケロッグ-ブリアン協定)調印	1919～25　エーベルト大統領(独) 1920.2　国民社会主義ドイツ労働者党(ナチ党)綱領採択 .3 カップ一揆 1921.4　賠償総額1320億金マルクと決定(ロンドン会議) .7 ヒトラー,ナチ党首に 1922　シュペングラー(1880～1936)『西洋の没落』　.4 ラパッロ条約(独ソ通商条約,ソヴィエト政権を承認) 1923.1　独,賠償支払い拒否 ○インフレーション進行 1923.8　シュトレーゼマン内閣(独)　.11 ナチ党,ミュンヘン一揆　レンテンマルク発行 1924　トーマス=マン(1875～1955)『魔の山』　.9　ドーズ案実施 1925～34　ヒンデンブルク大統領(独) 1925　ヒトラー(1889～1945)『わが闘争』　.6 独ソ中立条約　.12 ロカルノ条約調印 1926.9　独,国際連盟加盟(常任理事国) ○経済復興の気運 1927　ハイデガー(1889～1976)『存在と時間』 1928.5　墺,社会民主党総選挙に勝利 1929.6　ヤング案調印(30.1　正式決定)	1920　伊でゼネスト　ラパッロ条約(伊,フィウメ市を自由市とする) 1921.11　ムッソリーニ,ファシスト党結成 1922～39　教皇ピウス11世 1922.10　ムッソリーニのローマ進軍　.11 ファシスト党内閣成立 1923.9　スペインでプリモ=デ=リベラの独裁始まる(～30) .11 ムッソリーニの選挙法改正(得票数1/4以上の第1党に2/3議席を与える) 1924.1　伊,フィウメ併合 1926　伊,ファシスト党以外の政党の解散令を出す .9 スペイン,国際連盟脱退(1928.3復帰)　.11 伊・アルバニア間に第1次ティラナ条約(伊,現状維持と相互援助) 1927.11　伊,アルバニアを保護国化(第2次ティラナ条約) 1928.9　伊,ファシズム大評議会が国家最高機関となる,ファシスト党の独裁確立 1929.2　ラテラノ条約でヴァティカン市国独立を承認(伊・ローマ教皇間のコンコルダート)
1930	○ファシズム陣営の進出(全体主義) 1930.1　ロンドン海軍軍縮会議(ワシントン軍縮条約の5か年延長,米・英・日の補助艦の保有制限,～.4)　.3 ジュネーヴ国際経済会議 1931.9　満州事変起こる 1932.2　ジュネーヴ軍縮会議(失敗,～34.5)　.6 ローザンヌ会議(ヤング案修正,～.7)　.7 イギリス連邦経済会議(オタワ,～.8) 1933.6　ロンドン世界経済会議(失敗,～.7) 1934.9　ソ連,国際連盟に加盟 1935.4　ストレーザ会議 .10　エチオピア戦争(～36.5) ○枢軸国対反枢軸国(連合国)の対立 1936　ワシントン・ロンドン両軍縮条約が満期になる(軍備制限時代終了)　.7　スペイン内戦(～39) 1937.11　日独伊防共協定　(枢軸国) 1938.9　ミュンヘン会談(英・仏・独・伊,対独宥和政策) **1939.9～45　第二次世界大戦**	1931.6　フーヴァー=モラトリアム 1932.2　復興財団設立 1933～45　F.ローズヴェルト(民) 1933.3　大統領緊急命令(銀行の4日間休業と金輸出禁止) **1933～36　ニューディール** 1933.5　農業調整法(AAA),テネシー川流域開発公社(TVA)法　.6 全国産業復興法(NIRA)　.11 ソ連を承認 1934.3　フィリピン独立法成立　.5 キューバ完全独立承認(プラット修正条項廃止) 1935.7　ワグナー法(労働者の団結権保障)　.8 社会保険　中立法制定　.11 CIO成立 1936.3　パナマ新条約 1937　ブラジル,ヴァルガス独裁 1938.3　メキシコ,石油国有化宣言　.5 海軍拡張法の成立　.12 第8回パン=アメリカ会議(リマ) 1939.7　日米通商航海条約破棄を通告　.9 米・中立を宣言　カナダ,独に宣戦　.10 パン=アメリカ会議(パナマ)・米州諸国中立宣言　.11 米,中立法を修正(武器禁輸解除)	1931.8～35.6　マクドナルド挙国一致内閣 1931.9　金本位制停止　失業保険の削減　.12 ウェストミンスター憲章(英連邦成立) 1932　チャドウィック(1891～1974)中性子発見　.7　イギリス連邦経済会議(オタワ,～.8)　連邦内の保護関税制度を採用,スターリング=ブロック形成 1934　トインビー(1889～1975)『歴史の研究』 1935.4　ストレーザ会議(ドイツに対する英・仏・伊の提携) .6～37　ボールドウィン挙国一致内閣 1935.6　英独海軍協定 1936.1～.12　エドワード8世 1936　ケインズ(1883～1946)『雇用・利子および貨幣の一般理論』 .9 スペイン内乱不干渉政策(英・仏中心) 1936～52　ジョージ6世 1937.5～40　N.チェンバレン挙国一致内閣　.6　アイルランド自由国,エーレ(エール)共和国と改称 1938.4　アイルランドの独立を承認 1939.8　英仏の対ポーランド相互援助条約　.9.1 総動員令布告 .9.3　英・仏,ドイツに宣戦,第二次世界大戦始まる .11 英・仏,スペインのフランコ政権承認	1930.6　仏軍ラインラントの撤兵終了 1932.11　仏ソ不可侵条約 ○ベルグソン(1859～1941)『生の哲学』など 1933.2　仏英独伊四国協定調印(国際連盟規約尊重の協定) ○ロマン=ロラン『魅せられたる魂』 1934　ジョリオ=キュリー(1867～1934)人工放射能放出に成功 1935.5　仏ソ相互援助条約　.11 人民戦線結成 1936.6～37.6　ブルム人民戦線内閣(第1次) 1936.6 週40時間労働制　.10　フラン再切り下げ 1938.4～40　ダラディエ内閣 1938.4 サルトル(1905～1980)実存主義を提唱　.11 人民戦線崩壊 1939.9.1　総動員令布告	1931.5　墺,中央銀行破産,経済恐慌広がる 1932.6　ローザンヌ会議　.7 ナチ党,第一党になる 1933.1.30～34　ヒトラー内閣 1933.2　国会議事堂放火事件 **ナチス=ドイツ 1933～45** 1933.3　独,全権委任法成立　.5 賠償金支払い打ち切り　.10 独,国際連盟脱退を通告 1934.6　レーム事件　.7 墺でドルフス首相暗殺　.8 ヒトラー総統就任(～45) 1935.1　ザール人民投票,独に編入　.3 独,再軍備宣言,徴兵制復活　.6 英独海軍協定　.9 ニュルンベルク法(ユダヤ人迫害法) 1936　四か年計画(ゲーリング)　.3 独,ロカルノ条約破棄,ラインラント進駐　.6 独墺修好条約　.8　ベルリンオリンピック　.10 ベルリン-ローマ枢軸成立　.11 日独防共協定,独フランコ政権承認 1937.11　日独伊防共協定 1938.3　独,オーストリア併合　.9 ミュンヘン会談(英仏独伊),ズデーテン地方併合 1939.3　チェコスロヴァキア解体,ダンツィヒ割譲を要求　.8 独ソ不可侵条約　.9 独軍ポーランド侵攻　独ソ,ポーランド分割	1931.4　スペイン革命,ブルボン朝倒れ共和政樹立　.12 スペイン共和国憲法 1931～36　サモーラ大統領(スペイン) 1932～68　サラザール,ポルトガル首相独裁化 1933.9　伊,ソ連と不可侵友好条約 1934　フェルミ(1901～1954)中性子による原子核破壊連鎖反応実験　.1　伊,国家組合法 1935.10　伊,エチオピア戦争(～36) 1936.5　伊,エチオピア併合 .2 スペイン人民戦線内閣成立(アサーニャ首相)　.7 スペイン内戦(～39)　.10 フランコ,スペイン国家主席を称する　国際義勇軍,フランコ軍と戦う ○独・伊,スペイン内戦に干渉(～39) 1937　ピカソ(1881～1973)「ゲルニカ」発表　.4　独空軍,ゲルニカ爆撃　.8 教皇庁,フランコ政権を承認　.12 伊,国際連盟脱退 1938.4　英伊協定　(伊のエチオピア併合承認) 1939.3～58　教皇ピウス12世 1939.4　伊,アルバニア侵入　伊,アルバニア併合　.9 伊,中立宣言
1940						

アメリカ大統領の所属政党　(民)…民主党,(共)…共和党　　イギリス首相の所属政党　(自)…自由党,(保)…保守党,(労)…労働党

年	ソ連・北欧・東欧	アフリカ・西アジア	インド・東南アジア	中国	朝鮮	日本
	ソヴィエト連邦 1922～91 ○ソヴィエト連邦の発展	オスマン帝国 1299～1922 カージャール朝 1796～1925	インド帝国 1877～1947	中華民国 1912～		大正時代 1912～26
1920	1920.6 トリアノン条約(対ハンガリー) ポーランド-ソヴィエト戦争(～21, 1921.3正式講和) バルカンに小協商(ユーゴ・ルーマニア・チェコ間に相互援助条約締結, ～21) トロツキー『世界革命論』 1921.3 ソヴィエト，ネップ開始 **1922.4 ロシア=ソヴィエト・独間ラパッロ条約(独のソヴィエト政権承認) .12 ソヴィエト社会主義共和国連邦成立(ロシア・ウクライナ・白ロシア・ザカフカースで構成)** 1924 列国，ソ連を承認 .1 レーニン死去，ペトログラードをレニングラードと改称 .3 ギリシア，共和政宣言 1925.1 **トロツキー失脚，スターリン権力掌握，一国社会主義論** 1926.5 ポーランドでクーデタ(ピウスツキの独裁) 1927.5 英・ソ断交 .12 ジノヴィエフ・トロツキー，共産党中央委より除名 ネップ打ち切り，コルホーズ・ソフホーズの建設 1928.10 **第1次五か年計画**(～32) 1929.1 トロツキー国外追放 ○計画経済の躍進	1920 **ムスタファ=ケマル，アンカラでトルコ大国民会議開催 セーヴル条約** イラク，英委任統治領に 1921 レザー=ハーンのクーデタ(イラン) イラク国王にファイサル(～1933) 1922 エジプト王国(～52) .11 **オスマン帝国滅び，スルタン制廃止** トルコ共和国 1923～ 1923～38 **大統領ムスタファ=ケマル**(アタテュルク) 1923 **ローザンヌ条約** 1924 アフリカ各地で猿人の化石発掘(アウストラロピテクス) .3 トルコ，**カリフ制廃止** ○トルコ革新 パフラヴィー朝 1925～79 1925～41 **レザー=ハーン** 1928 トルコ，ローマ字採用 イラン治外法権撤廃 1929 トルコ関税自主権獲得	1920 **インドネシア共産党結成** 1922 ネルー・ダースらスワラージ党結成 ○モヘンジョ=ダロの発掘 1923 スワラージ党，選挙で大勝 ネパール，英と永久修好条約(独立を達成) 蘭領東インドにインドネシア協会結成 1925 インド共産党結成 スワラージ党党首ダース死 ホー=チ=ミンら，青年革命同志会を結成 1926 ムスリムとヒンドゥー教徒，カルカッタで衝突 1927 スカルノ，インドネシア国民党結成 ベトナム国民党結成 サイモン委員会(インド行政調査委員会) 1928 インドネシアで「青年の誓い」(国旗・国歌・国語を決定) ネルー・ボースら，インド独立連盟結成 1929 国民会議派ラホール大会(プールナ=スワラージ要求)	1920 アンダーソン，仰韶で彩陶発見 .7 安直戦争(安徽派敗退) .11 治外法権撤廃運動起こる 1921 **北京原人の発見(周口店)** 魯迅『阿Q正伝』 .3 外モンゴル人民政府成立 .4 広東新政府 .7 **中国共産党結成** 1923.1 孫文・ヨッフェ会談 .2 孫文，大元帥に就任 1924.1 **第1次国共合作**(～27.4) **孫文，国民党改組と「連ソ・容共・扶助工農」三大政策発表** .11.26 **モンゴル人民共和国成立** 1925.3 孫文死 .5 **五・三〇事件**(反帝運動) .7 **広州国民政府成立** 1926.4 張作霖，北京占領 .7 **蔣介石，国民革命軍総司令として北伐開始**(～28.6)浙江財閥の援助による 1927.1 **汪兆銘**，武漢国民政府樹立 .3 国民軍，上海・南京占領 .4 **蔣介石，上海クーデタ(国共分離)** 南京国民政府 .5 **日本，第1次山東出兵** .8 **共産党，南昌蜂起** .9 南京・武漢両政府の合体 .10 毛沢東，江西省井崗山に革命根拠地を樹立 1928.4 **北伐再開** .5 **日本，第2次山東出兵**(済南事件) 第3次山東出兵(～29.5) .6 **北伐完了(北伐軍の北京入城) 張作霖爆殺事件** .12 東三省，国民政府に合体 1928.10～31 **蔣介石**(国民政府首席) 1929 国共内戦開始(～36) .7 鉄道・国境問題で中ソ抗争，国交断絶	1920 東亜日報・朝鮮日報等創刊 1923 衡平社結成 1925 朝鮮共産党創設 1926 六・一〇万歳事件 1927 新幹会結成 1929 光州学生事件	1920.1 国際連盟正式加入(常任理事国) .3 ニコライフスク(尼港)事件 .5 日本最初のメーデー 1921.4 メートル法採用 .11 原敬，暗殺される 1921.11～22 **高橋是清**内閣 1921.12 **四か国条約(日英同盟解消)** 1922.2 **ワシントン海軍軍縮条約，九か国条約調印** .3 全国水平社創立 1922.6～23 **加藤友三郎**内閣 1922.7 日本共産党結成 .10 シベリア撤兵 1923.9 **関東大震災** 1924.6～25 **加藤高明**内閣(護憲三派連立) 1925.1 日ソ基本条約(日ソ国交樹立) .4 **治安維持法公布** .5 **男子普通選挙法公布** 1926.1～27 **若槻礼次郎**内閣 1926.12 大正天皇没 昭和時代 1926～89 1926.12～89 **昭和天皇** 1927.3 **金融恐慌起こる** 1927.4～29 **田中義一**内閣 1927.6 **ジュネーヴ海軍軍縮会議** 1928.2 第1回普通選挙 1929.4 四・一六事件(共産党弾圧) 1929.7～31 **浜口雄幸**内閣
1930	1932.2 ソ連，ポーランド・ラトヴィア・エストニア・フィンランドと不可侵条約 .11 仏ソ不可侵条約 .12 クラーク追放令公布 1933.1 **第2次五か年計画**(～37) 1934～41 **スターリン**独裁確立 1934 **スターリンの大粛清**(～38) バルカン協商成立(トルコ・ルーマニア・ユーゴスラヴィア・ギリシア) .9.18 **ソ連，国際連盟加盟** 1935.5.2 **仏ソ相互援助条約 .8 コミンテルン第7回大会，人民戦線戦術提唱** 1936.12 **スターリン憲法制定** 1937 オパーリン(1894～1980)『生命の起源』 .8 中ソ不可侵条約 1938 ソ連-ポーランド不可侵条約更新 .3 第3次五か年計画 1939.5 外相にモロトフ就任 .8 **独ソ不可侵条約成立** .9 **ソ連，ポーランド侵入** .11 **ソ連-フィンランド戦争**(～40.3) .12 **ソ連，国際連盟から除名される**	1930 イラク，対英条約批准 1932 **イラク王国独立**(ファイサル1世，～33) **サウジアラビア王国**成立(イブン=サウード，～53) 1933 パレスチナにアラブ人によるユダヤ人排撃運動起こる 1935.3 **ペルシア，国号をイランと改称** .10 **伊によるエチオピア戦争**(～36) 1936 英・エジプト条約(国王ファルーク1世) 1937 イラン・トルコ・アフガニスタン・イラクの相互不可侵条約 1938 イラン縦貫鉄道完成 1938～50 トルコ大統領イノニュ	1930 ベトナム共産党成立(のちにインドシナ共産党と改称) **ガンディー，第2次非暴力・不服従運動開始**("塩の行進"，ガンディー逮捕，～34) ビルマでサヤサンの反乱(～32) **第1回英印(イギリス-インド)円卓会議**(ロンドン，～32) 1931 **第2回英印円卓会議** 1932 シャム(タイ)立憲革命 国民会議派非合法化，ガンディー再び逮捕 第3回英印円卓会議 1934 フィリピン独立法，米議会で可決 .10 インドの不服従運動停止，国民会議派の合法化，ガンディー引退 ネルー国民会議派を指導 1935.8 **新インド統治法公布** .11 フィリピン連邦共和国成立(10年間の独立準備政府，大統領ケソン) 自治政府発足 1937 インド第1回州議会選挙(国民会議派の圧勝) ビルマ，インドより分離 タキン党の独立運動 1939 インド総督，インドの大戦参加を宣言，国民会議派全閣僚辞職 .6 シャム，不平等条約を改正，国号をタイと改称(ピブン政権)	1931.5 国民党左派(汪兆銘ら)，広東国民政府樹立 .9.18 **柳条湖事件，満州事変起こる** .11 **中華ソヴィエト共和国臨時政府，江西省瑞金に成立**(～34) 1932.1 **上海事変** .3 **「満州国」建国宣言**(執政に**溥儀**就任) .10 **リットン調査団，報告書を発表** 1933.2 日本軍，熱河侵入(～.3) 1933 周口店上洞人発見 1934.10 **中国共産党の長征**(～36.10)・**国共対立の激化** 1935.1 遵義会議(毛沢東，中国共産党の指導権確立) .8 **八・一宣言**(「抗日救国のために全同胞に告ぐる書」) .11 国民政府，幣制改革(～36.5) 1936.1 内モンゴル自治政府成立 .12 **西安事件(張学良，蔣介石を監禁)** 1937.7.7 **盧溝橋事件，日中戦争始まる** 1937.8 中ソ不可侵条約成立 .9 **第2次国共合作(抗日民族統一戦線，～45.11)** .11 国民政府，**重慶遷都** .12 **南京事件**(日本軍，南京占領，～45.11) 1938.3 中華民国維新政府，南京に成立 .4 国民党抗戦建国綱領採択 .7 張鼓峰事件 .10 日本軍，武漢三鎮占領 .12 汪兆銘，重慶脱出 1939.5 ノモンハン事件(日ソ両軍衝突)	1936.2 朝鮮民族独立運動，義烈団を弾圧 .5 在満韓人祖国光復会結成 .8 孫基禎，ベルリンオリンピックのマラソンに優勝 1937 皇国臣民の誓詞制定 1939 創氏改名公布	1930.1 金輸出解禁 **ロンドン海軍軍縮会議** 1931.4～.12 第2次**若槻**内閣 1931.9 柳条湖事件，満州事変起こる(～33.5) 1931.12～32 **犬養毅**内閣 1932.5 五・一五事件 (政党内閣終焉) ○軍国主義の躍進と大陸侵略 1932.5～34 **斉藤実**内閣 1933.3 **国際連盟脱退を通告** 1934.7～36 **岡田啓介**内閣 1934.12 ワシントン海軍軍備制限条約破棄 1935.1 美濃部達吉の天皇機関説問題化 .6 梅津・何応欽協定 1936.2 二・二六事件 ○戦時体制の強化 1936.3～37 **広田弘毅**内閣 1936.11 日独防共協定 1937.6～39 **近衛文麿**内閣 1937.11 **日独伊防共協定** 1938.1 近衛声明「国民政府を対手とせず」 .4 **国家総動員法公布** .12 東亜新秩序建設声明 1939.5～.9 ノモンハン事件(日・ソ両軍衝突) .7 米，日米通商航海条約破棄通告
1940						

使い方 赤字 戦争・紛争に関すること 青字 文化に関すること

年	国際関係	アメリカ	イギリス	フランス	ベネルクス	ドイツ・オーストリア	南欧
	1939.9～45 第二次世界大戦	アメリカ合衆国 1776～	ウィンザー朝 1917～			○ドイツ軍支配地域で強制収容所建設（アウシュヴィッツなど）	イタリア王国 1861～1946
1940	1940.9 日独伊三国同盟 1941.8 大西洋上会談（米・英），大西洋憲章発表 .12太平洋戦争（～45） 1943.1 カサブランカ会談（米・英） .10 モスクワ外相会議（米・英・ソ，国際平和機構設立を提唱） .11 カイロ会談（米・英・中），カイロ宣言，テヘラン会談（～12，米・英・ソ） 1944.7 ブレトン=ウッズ会議（世界銀行，IMF設立へ=IMF体制） 1944.8 ダンバートン=オークス会議（国連憲章原案作成，～.10）	1940.7 ハバナ宣言（米州諸国共同行動の方針） 1941.1 ローズヴェルト「4つの自由」演説 3.武器貸与法 .5 国家非常事態宣言 .8 対日石油全面禁輸 .12 対日宣戦，伊独の対米宣戦，中南米諸国の対枢軸国宣戦 1942.1 米州21か国外相会議 .6 ミッドウェー海戦（戦局米に有利に転換） .12 フェルミ，米にてウラン原子核分裂実験に成功 1943.5 鉱山労働者のストライキ，大統領鉱山接収命令 1944 アルゼンチン，対枢軸断交 .11 ローズヴェルト4選	1940.5～45 チャーチル戦時内閣 .6 連合軍ダンケルク撤退 .7 独によるロンドン空襲開始 1941 レーダー実用化 .7 英ソ間に対独共同行動協定 .12 対日宣戦 1943.8 米英のケベック会談 1944.7 独，V1号で英を攻撃 .9 第2次ケベック会談	1940.5 独軍，マジノ線突破 .6 独軍，パリ占領 ペタン政権，独に降伏 ド=ゴール，自由フランス政府（ロンドン） .7 ヴィシー政府（～44） 1943.6 アルジェリアに仏国民解放委員会成立 レジスタンス活動激化 1944.6 連合軍ノルマンディー上陸 .8 パリ解放 .9 臨時政府（ド=ゴール主席，～46）	1940.5 独軍，ベルギー・オランダ・ルクセンブルクに侵攻	1940.3 ヒトラー・ムッソリーニのブレンネル峠会談 .4 デンマーク・ノルウェー侵攻 .5 オランダ・ベルギー侵攻 .9 日独伊三国同盟成立 1941春 ブルガリア・ユーゴ・ルーマニア・ギリシア・クレタ島占領，バルカン制圧 .6 独ソ戦争開始（独伊，対ソ宣戦） .10 枢軸軍，モスクワに近づく .12 独伊，対米宣戦 1942.1 独軍，北アフリカで反撃（～2） .7 独軍，カフカス進撃 .11 英軍，キレナイカ再占領，独軍，チュニジア上陸 1944.1 東部戦線で撤退開始 .9 V2号使用開始（～.11）	1940.6 伊，参戦，英領ソマリランド侵入 1941.1 英軍，エチオピア占領 1943.7 連合軍，シチリア島上陸，ムッソリーニ逮捕，バドリオ内閣成立 .9 連合国，伊上陸，伊，無条件降伏 1944.6 ローマ解放
1945	1945.2 ヤルタ会談（米・英・ソ） .4 サンフランシスコ会議（～6） .6 国際連合憲章調印 .7 ポツダム会談（～.8） .7 ポツダム宣言（米・英・中・ソ） .10 世界労連成立 .10.24 国際連合発足 1946.1 第1回国連総会 ○"冷たい戦争"（米ソ対立） 1946～52 国連事務総長トリグブ=リー .7 パリ平和会議 1947.2 パリ講和条約 .3 モスクワ4国外相会議（米・ソ対立の開始，～4） .4 国連特別総会（.11パレスチナ分割案採択） .7 ヨーロッパ経済復興会議開催 .9 コミンフォルム結成（～56） .10 GATT（関税と貿易に関する一般協定）調印 1948.3 西ヨーロッパ連合条約（ブリュッセル条約）.6 ベルリン封鎖（～49.5） ヨーロッパ経済協力機構（OEEC） .12.10 世界人権宣言発表（国連） 1949.4 北大西洋条約機構（NATO）成立 .11 国際自由労連成立	1945.4 ローズヴェルト死去，トルーマン大統領昇格（民，～53） .7 原子爆弾開発に成功 1946.3 チャーチル「鉄のカーテン」演説（フルトンで） デューイ（1859～1952），プラグマティズム ○対ソ「封じ込め政策」 1947.3 トルーマン=ドクトリン .6 マーシャル=プラン提案 タフト-ハートレー法成立 .9 米州相互援助条約（リオ条約，米州19か国参加） 1948.4 対外援助法成立，米州機構（OAS）発足（ボゴタ憲章） 1949.1 トルーマン，フェアディール政策，ポイント=フォア計画発表 .3 カナダ，英連邦内の完全独立国となる .9 ユーゴに借款供与 .11 対共産圏輸出統制委員会（COCOM）設置（15か国参加）	1945.7～51 アトリー内閣（労） 1946.2 社会保障法 .3 重要産業国有化 イングランド銀行国有化を実施 1947.1 炭坑国有化 .7 インド独立法 .12 英ソ通商協定調印 1948.3 西ヨーロッパ連合条約（英・仏・ベネルクス3国）調印（ブリュッセル条約） .9 労働組合会議，世界労連を脱退 1949.4 エーレ（エール）英連邦離脱しアイルランド共和国となる .4 ガス産業国有化 .9 ポンド切り下げ .11 国際自由労連ロンドンで結成	1945.10 制憲議会で共産党第1党 第四共和政 1946～58 1946 第四共和政憲法制定 1947.1～54 オリオル大統領 1947.11 大規模ゼネスト 1948.1 フラン切り下げ .10 全国でストライキ 1949.4 パリで第1回平和擁護世界大会 .3 ベトナム国樹立 .9 フラン切り下げ	1946.11 オランダ・インドネシア休戦協定 1947.7 オランダがジャワ，スマトラの半分を占領（～8） 1948.1 ベネルクス3国関税同盟発効 .12 オランダのインドネシア第2次侵攻 1949.11 ハーグ協定 .12 インドネシアの主権譲渡	1945.4 ソ連軍ベルリン包囲，ヒトラー自殺 .5 ベルリン陥落，ドイツ無条件降伏 .6 米英仏ソでベルリン分割占領，4か国分割管理 .7 オーストリア4か国共同管理 .11 ニュルンベルク国際軍事裁判（～46.10） .12 オーストリア共和国成立 1947.6 全ドイツ諸州首相会議（ミュンヘン） 1948.6 西独で通貨改革 ソ連，ベルリン封鎖（東西ドイツの分裂決定的となる，～49.5） ドイツ連邦共和国 1949～ ／ ドイツ民主共和国 1949～90 1949.5 ドイツ連邦共和国（西独），連邦共和国基本法公布 1949.9～63 アデナウアー内閣（キリスト教民主同盟） 1949.10 ドイツ民主共和国（東独）成立，グローテヴォール臨時政府 ○実存哲学	1945.4 ムッソリーニ処刑 .12 ガスペリ内閣（～53） イタリア共和国 1946～ 1946.6 伊・王政廃止，国民投票で共和政に .9 ギリシア，国民投票で王政復活，ブルガリア王政廃止 1947.2 伊，連合国と平和条約 .3 フランコ終身総統となる（～75，西） 1948.4 伊・第1回総選挙でキリスト教民主党勝利
1950	1950.3 平和擁護世界大会，「ストックホルム=アピール」採択 .6 朝鮮戦争（～53） .7 安全保障理事会，国連軍の朝鮮派遣決議 .9 国連軍出動 1951.9 サンフランシスコ講和会議 1953.4～61 国連事務総長ハマーショルド 1954.4 ジュネーヴ会議（～.7） .7 ジュネーヴ協定 .10 パリ諸条約	1950.1 トルーマン，水爆製造を指令 .2 マッカーシズム（反共攻撃，～54） 1951.4 マッカーサー国連軍総司令官解任，欧州統一軍最高司令官にアイゼンハウアー就任 .8 米比相互防衛条約 .9 オーストラリア・ニュージーランドと太平洋安全保障条約（ANZUS）調印，マッカラン-ウォルター移民法成立 .10 相互安全保障法 1952.2 キューバでバティスタ独裁政権成立 .4 ボリビア革命 .7 プエルトリコ自治領となる 1953～61 アイゼンハウアー大統領（共） 1953.1 ダレス国務長官の「巻き返し政策」 .6 ローゼンバーグ夫妻処刑 .8 米韓相互防衛条約 1954.3 ビキニ環礁で水爆実験 .10 ロンドン協定・パリ協定に調印，西ヨーロッパ連合（WEU）結成	1950.1 中華人民共和国承認 .2 総選挙で労働党が辛勝 .12 アトリー首相訪米，トルーマンと会談（原爆使用に反対） 1951.2 鉄鋼国有化 1951.10～55 第2次チャーチル内閣（保） 1952.2 ジョージ6世死去，エリザベス2世即位，チャーチル首相原爆保有宣言 .5 米・英・仏と西独間にボン協定，ヨーロッパ防衛共同体（EDC）条約調印 .10 原爆実験成功 .11 ロンドン英連邦経済会議 1954.1 イランと外交復活	1950.5 シューマン=プラン発表 1951.4 ヨーロッパ石炭鉄鋼共同体（ECSC）条約調印（シューマン=プランにもとづく） .6 ド=ゴール派総選挙圧勝 ○政情不安定 1952.3 ピネー内閣成立（ド=ゴール派分裂） .7ECSC発足 1954～59 コティ大統領 1954.11 アルジェリア戦争（アルジェリア民族解放戦線，FLN，～62）		1950.3 仏・西独間ザール国境協定 .7 東独・ポーランド国境画定（オーデル=ナイセ線，西独不承認） 1951.7 英米仏など西独と戦争状態終結宣言 1952.9 東独，国防軍創設声明 1953.6 東ベルリンで，反ソ暴動 1954.2 西独，国防関連立法権限を連邦に認める基本法改正 .8 ソ連，東独の主権完全承認 .10 パリ諸条約調印	1950.4 国連がソマリア南部を伊の信託統治領とすることを承認 .11 スペインの国際復帰 1951.12 伊の講和条約改訂 旧イタリア領リビア独立（王政） 1952.9 トリエステを伊へ返還 ○クローチェ（1866～1952）『精神の哲学』など 1953.9 イタリア，ユーゴとトリエステ紛争 1954.10 トリエステ協定成立
1955	○平和共存への歩み						

アメリカ大統領の所属政党 （民）…民主党，（共）…共和党　イギリス首相の所属政党 （労）…労働党，（保）…保守党

ソ連・北欧・東欧	アフリカ・西アジア	インド・東南アジア	中国	朝鮮	日本	
ソヴィエト連邦 1922～91	トルコ共和国 1923～ パフラヴィー朝 1925～79	インド帝国 1877～1947	中華民国 1912～		昭和時代 1926～89	
1940.3 ソ連-フィンランド講和条約 .6 ソ連軍ルーマニアを一部占領 エストニア・ラトヴィアにソ連軍侵入 .8 バルト３国併合 トロッキー暗殺(メキシコ) .10 独軍，ルーマニア侵入 .11 ハンガリー・ルーマニア，三国同盟に加入 1941.4 ソ連・ユーゴ友好不可侵条約，日ソ中立条約調印 1941.5～53 スターリン 1941.6 独ソ戦争開始 .7 英ソ，対独共同行動協定 .11 米英ソ，武器貸与借款成立 1942.5 英ソ相互援助条約 .6 米ソ相互援助協定 .7 スターリングラードの戦い(～43.2独軍降伏) 1943.5 コミンテルン解散 1944.8 ワルシャワ蜂起	1941.3 トルコ，ソ連と中立に関する共同声明 .6 独と友好不可侵条約 レバノンで仏委任統治終了宣言 .8 英ソ両軍，イラン侵入 1941～79 ムハンマド=レザー=パフラヴィー２世(イラン) 1942.1 イラン，英ソと軍事同盟 .11 英米連合軍，北アフリカ(モロッコ・アルジェリア)上陸 1943.9 イラン，対独宣戦 .11 レバノン，独立宣言	1940.7 会議派全国委員会，完全独立を求める決議を採択 .9 日本軍，北部仏領インドシナ進駐 1941.5 ベトナム独立同盟(ベトミン)結成 .7 日本軍南部仏領インドシナ進駐 .12 日本軍，マレー半島上陸，日タイ攻守同盟を強要 1942.1 日本軍マニラ占領 .2 シンガポール占領 .5 フクバラハップ団(抗日ゲリラ組織)活動 1943.8 ビルマ独立宣言 .10 フィリピン，対日協力政権成立 チャンドラ=ボース，自由インド仮政府樹立(シンガポール)	1940.1 毛沢東「新民主主義論」 .3 汪兆銘による政権成立 1941.12 国民政府，対日独伊宣戦布告 1942.10 米英，対華不平等条約廃棄を発表 1943.1 国民政府，米英と治外法権撤廃条約に調印 .9 蔣介石，国民政府主席となり軍政両権掌握(～48) .11.27 カイロ宣言署名 1944.6 ウォーレス・蔣介石会談	1940.2 創氏改名実施 .8 東亜日報，朝鮮日報を廃刊処分 1942.10 朝鮮語学会事件 1944.2 国民徴用令による徴用 .8 女子挺身勤労令公布	1940.7 大東亜共栄圏構想 1940.7～41 第２次近衛内閣 1940.9 北部仏領インドシナ進駐，日独伊三国同盟 1941.4 日ソ中立条約，日米交渉始まる 1941.10～44 東条英機内閣 1941.12.8 日本軍，真珠湾(パールハーバー)奇襲，太平洋戦争始まる 1942.3 ラングーン占領 .6 ミッドウェー海戦 1943.2 ガダルカナル島撤退 .5 アッツ島守備隊全滅 .12 学徒出陣 1944.7 サイパン島陥落 1944.7～45 小磯国昭内閣 1944.11 サイパン基地の米空軍，日本本土空襲開始	1940
1945.8 ソ連，対日宣戦 .11 ユーゴにティトー政権成立(～80，首都ベオグラード) 1946.2 千島・南樺太領有宣言 1947.3 モスクワ４国外相会議(米ソ対立，～.4) .5 ハンガリー政変(ナジ退陣) .9 東欧９か国コミンフォルムを結成(～56) 1948.2 チェコスロヴァキアクーデタ(共産党政権樹立) .6 ユーゴ共産党，コミンフォルムから除名される 1949.1 経済相互援助会議コメコン(COMECON)設立 .2 ハンガリー人民共和国成立 .9 原子爆弾保有宣言 .10 中華人民共和国承認	1945.2 トルコ，対日独宣戦 .2 エジプト，対日宣戦 .3 アラブ連盟結成 .10 第５回パン=アフリカ会議 1946.3 英，トランスヨルダンの独立承認 .4 シリア共和国からフランス軍撤退 .8 レバノンからフランス軍撤退，シリア・レバノン独立 1947.11.29 国連，パレスチナ分割案採択 1948 南ア共和国でアパルトヘイト政策 .5.14 イスラエル国建国宣言 .5 第１次中東戦争(パレスチナ戦争，～49)パレスチナ難民流出 1949.2 イスラエル-エジプト停戦協定 .5 イスラエルの国連加盟	1945.3 日本軍，仏軍を武装解除しインドシナ３国に独立宣言させる .8 インドネシア共和国独立宣言(大統領スカルノ～67) .9 ベトナム民主共和国独立宣言(国家主席ホー=チ=ミン) 1946.5 英・印のシムラ会議決裂 .7 フィリピン共和国独立宣言 .8 ネルー，臨時政府樹立 .12 インド憲法制定会議開催 インドシナ戦争起こる(～54) 1947.7 インド独立法成立 インド連邦 1947～50 1947.8.14 パキスタン独立 .8.15 インド連邦独立(首相ネルー，～64) .10 第１次印パ(インド-パキスタン)戦争(カシミール帰属問題，～49) 1948.1 ガンディー暗殺 .2 セイロン独立 1949.3 ベトナム国，フランスが樹立 .12 ハーグ協定でインドネシア独立	1945.4 中共７全大会(延安) .4 毛沢東「連合政府論」発表 .8 中ソ友好同盟条約 .11 国共内戦始まる(～49.10) 1946.5 国民政府，重慶より南京遷都 .9 国共両軍の全面的内戦始まる .10 マーシャル米特使・周恩来会談(ものわかれ) 1947.1 国府，新憲法公布 .9 中共，満州に人民政府を樹立，総反攻宣言 .10 中共，中国土地法大綱公布 1948.3 米，対国府軍事援助決定 .4 蔣介石総統となる(～49) .10 中共軍，長春占領 .12 中共軍，北平(北京)へ進出 1949.1 国府，米英仏ソ４国に内戦調停を依頼 蔣介石下野 1.31 中共軍，北京入城 ○中共の中国支配 .9 中国人民政治協商会議 中華人民共和国 1949～	○米・ソ占領下の朝鮮 1945.8 朝鮮建国準備委員会結成(ソウル) .8 38度線を境に米ソが占領 .9 朝鮮建国準備委員会，朝鮮人民共和国成立を宣言 1946.2 北朝鮮臨時人民委員会(主席金日成)，大韓独立促成国民会(議長李承晩)成立 1947.2 北朝鮮人民委員会成立 南朝鮮過渡政府成立 .11 米，国連に朝鮮問題を提案 1948.2 南朝鮮でゼネスト .4 統一朝鮮協商会議 大韓民国 1948～ 朝鮮民主主義人民共和国 1948～ 1948.8 大韓民国成立(韓国，大統領に李承晩) .9 朝鮮民主主義人民共和国成立(北朝鮮，首相に金日成) .12 ソ連軍撤退 1949.6 米軍撤退	1945.1 米軍，フィリピン奪回 .4 米軍，沖縄本島上陸 1945.4～.8 鈴木貫太郎内閣 1945.8.6 広島に原子爆弾投下 .8.8 ソ連宣戦 .8.9 長崎に原子爆弾投下 .8.14 ポツダム宣言受諾 .8.15 無条件降伏の発表 .8.30 マッカーサー着任 .9.2 ミズーリ号上で降伏文書調印，GHQ設置 1945.10～46.5 幣原喜重郎内閣 1946.1 昭和天皇，神格否定宣言 .2 農地改革 .5 東京(極東国際軍事)裁判始まる 1946.5～47 第１次吉田茂内閣 1946.11.3 日本国憲法公布 1947.3 教育基本法公布 .4 独占禁止法・地方自治法公布 1947.5～48 片山哲内閣 1948.10～54 第２次吉田内閣 1948.11 東京裁判終わる(東条英機ら７人絞首刑) 1949.1 法隆寺金堂炎上 .3 ドッジ=ライン発表(日本経済安定策) .8 シャウプ勧告(税制の根本的改革) .11 湯川秀樹，ノーベル物理学賞受賞	1945
1950.2 中ソ友好同盟相互援助条約(～80.4) .3 ストックホルム=アピール .10 東欧８か国外相会議 .11 平和擁護世界大会(ワルシャワ) 1951.3 ユーゴ，ソ連を批判 .9 プラハ世界平和会議 1952.4 モスクワ国際経済会議 ○集団指導制 1953.1 ユーゴ，ティトー大統領 .3 スターリン死去 1953.3～64 フルシチョフ第一書記長 1953.3～55 マレンコフ首相 1953.6 東ベルリン反ソ暴動 .7 ベリヤ副首相追放(.12処刑) .8 水爆保有を宣言 1954.3 東欧８か国経済会議 .8 バルカン同盟(ギリシア・トルコ・ユーゴ) .12 東欧８か国モスクワ共同宣言	1950.6 アラブ集団安全保障条約締結 1951.3 イラン，石油国有化宣言 .5 アングロ=イラニアン石油会社接収 .10 エジプト，対英同盟条約破棄 .12 リビア連合王国独立 1952.7 エジプト革命(自由将校団ナギブのクーデタ) 1953.6 エジプト共和国宣言(大統領ナギブ～54) .8 イランでクーデタ(モサデグ失脚) 1954.2 ナセル，エジプト首相となる .11 アルジェリア戦争(アルジェリア民族解放戦線，FLN，～62)	インド連邦共和国 1950～ 1950.1 インド憲法施行(大統領プラサド・首相ネルー) 1951.1 インド第１次五か年計画 .7 コロンボ計画発足 .8 米・比相互防衛条約 .9 ANZUS条約 1953 仏，カンボジア独立承認 1954.4 東南アジア５か国首脳会議(コロンボ会議)，インドシナ休戦を決議 .5 ベトナム人民軍，ディエンビエンフー占領 .6.28 ネルー・周恩来，「平和五原則」を提唱 .7 ジュネーヴ協定でベトナム(北緯17度線で南北分断)とラオスの独立承認 .9 東南アジア条約機構(SEATO)成立(～77)	1949.10.1 中華人民共和国成立 1949 主席毛沢東(～59)，首相周恩来(～76) 1949.12 国府，台湾に移る(～71) 1950.1 英，中国を承認 .2 中ソ友好同盟相互援助条約成立(～80) .6 労働組合法・土地改革法公布 .10 中国義勇軍，朝鮮半島出兵 1951.5 チベット自治準備委員会設置 .12 三反五反運動(～52.6) 1952.5 対日講和条約不承認を声明 1953.1 第１次五か年計画開始 1954.4 チベットに関する中印協定 .6 周恩来，ビルマ首相ウ=ヌーと会談し，「平和五原則」を確認 .9 中華人民共和国憲法制定 .10 中ソ共同宣言 「紅楼夢」論争起こる .12 米華(国府)相互防衛条約締結	1950.6.25 朝鮮戦争勃発 1950.9 国際連合軍出動 .10 国連軍，38度線突破 1951.1 北朝鮮・中国軍，38度線を越えて南下 .7.10 朝鮮休戦会談始まる(開城→板門店) 1952.1 李承晩，海洋主権宣言(李ライン) .5 巨済島捕虜収容所事件 .10 板門店政治予備会談開始 1953.2 李承晩，竹島領有を声明 .7 朝鮮戦争休戦協定調印 .8 米韓相互防衛条約 1954.11 韓国，憲法改訂	1950.6 共産党幹部追放指令 .7 レッド=パージ拡大 .8 警察予備隊発足，朝鮮特需 1951.4 マッカーサー解任 .9 サンフランシスコ講和会議(.9.8対日平和条約・日米安全保障条約調印) 1952.2 日米行政協定 .4 日華(国府)平和条約 .5 メーデー事件 .6 日印平和条約 1953.4 日米友好通商航海条約 .12 奄美諸島返還協定締結 1954.3 日米相互防衛援助協定 .3 第五福竜丸水爆被災事件 .7 自衛隊発足 1954.12～56 鳩山一郎内閣	1950 1955

世界史年表(1955年～1970年)

使い方　赤字 戦争・紛争に関すること　青字 文化に関すること

年	国際関係	アメリカ	イギリス	フランス	ベネルクス	ドイツ・オーストリア	南欧	北欧・東欧
	○アフリカナショナリズム	アメリカ合衆国 1776～	ウィンザー朝 1917～	第四共和政 1946～58		西ドイツ 1949～ 東ドイツ 1949～90	イタリア共和国 1946～	
1955	1955.4 第1回アジア=アフリカ(AA)会議(バンドン会議) .5 ソ連東欧8か国会議(ワルシャワ条約機構成立) .7 ジュネーヴ4巨頭会談(米英仏ソ), ジュネーヴ精神 .11 バグダード条約機構成立 1956.2 中ソ論争開始 .7ティトー・ナセル・ネルー会談(非同盟中立) .8 スエズ運河問題国際会議 1957.3 ヨーロッパ経済共同体(EEC)設立条約調印 ヨーロッパ原子力共同体(EURATOM)調印(ローマ) .4 ゲッティンゲン宣言 .7 パグウォッシュ会議(国際科学者会議) 国際地球観測年(～58.12) .9 国際原子力機関(IAEA)発効 国連特別総会(ハンガリー問題) 1958.1 EURATOM発足, EEC発足 .10 米英ソ核実験停止会議(～12) 1959.11 国連総会で完全軍縮決議案採択 .12 南極条約(ワシントン)	1955.2 ネヴァダで原爆実験 .9 アルゼンチンで軍部クーデタ, ペロン大統領追放 .11 ブラジルで軍部クーデタ .12 AFLとCIOの合併 キング牧師, バス=ボイコット運動開始 1956.12 カストロ, キューバ上陸 1957.1 アイゼンハウアー=ドクトリン(中東教書)発表 1958.1 人工衛星打ち上げ成功 .7 海兵隊のレバノン出兵(～.10) .8 米英条件付き核実験1年間停止発表 1959.1 キューバ革命(カストロ) .1 アラスカ, 州に昇格 .8 ハワイ, 州に昇格 .9 フルシチョフ訪米 キャンプ=デーヴィッド会談	1955.3 水爆製造計画発表 1955.4～57 イーデン内閣(保) 1956.7 スエズ運河国有化問題で, 英仏の軍事力行使声明 スエズ運河国際会議開催 .10 英仏軍, スエズ出兵 .12 英仏軍撤兵 1957.1～63 マクミラン内閣(保) ○英連邦アフリカ諸国の独立 1957.5 クリスマス島で水爆実験 1959.2 英ソ不可侵条約	1955.2～.12 フォール内閣 1956.3 モロッコ・チュニジア独立(仏連合内) 1958.5 アルジェリアで駐留仏軍反乱 1958.6～59 ド=ゴール内閣 第五共和政 1958～ 1958.10 第五共和政発足 1959.1～69 ド=ゴール大統領	1957.11 蘭, 西イリアン問題でインドネシアと対立 1958.2 ベネルクス条約 .7 蘭, 徴兵制	1955.1 ソ連, 対独戦争終結宣言 .5 オーストリア国家条約 主権回復 西独, 主権回復, NATO加盟 .9 ソ連と国交回復 .10 オーストリア国民議会, 永世中立を決議 1956.1 東独, ワルシャワ条約機構軍加盟 .10 ザール人民投票 1957.1 ザールの西独復帰 .7 ブラント西ベルリン市長就任 1958.3 西独, 国防軍の核武装決定 .11 ソ連の西ベルリン自由市化案(ベルリン危機) 1959.5 ジュネーヴ4国外相会議に東西ドイツ代表特別参加 .11 西独, 社会民主党新綱領採択	1955.12 伊・西・葡, 国連加盟 1957.1 音楽家トスカニーニ死去(1867～) 1958.10～63 教皇ヨハネ23世 1959.11 ポルトガル, ヨーロッパ自由貿易連合調印	1955.5 ソ連・東欧ルシャワ条約) 1956.6 ポーランドでポズナン暴動 .10 ハンガリー反ソ暴動(～.11) 1957.6 ユーゴ, ソ連に接近, 東独承認 .9 ノルウェー王オラフ6世 1957.11～68 チェコ, ノヴォトニー大統領 1958.6 ナジ元ハンガリー首相ら処刑 1959.11 北欧3国, ヨーロッパ自由貿易連合(EFTA)調印 ○東欧諸国自由化への歩み
1960	1960.5 ヨーロッパ自由貿易連合(EFTA)正式発足 .5 パリ東西首脳会談(U2偵察機撃墜事件で流会) .10 アフリカ16か国国連加盟 .12 経済協力開発機構(OECD)条約調印(西側20か国) 国連総会, 植民地独立宣言を採択 1961～71 国連事務総長ウ=タント 1961.6 ウィーンでケネディ・フルシチョフ会談 .9 第1回非同盟諸国首脳会議(ベオグラード) 1962.3 ジュネーヴ軍縮会議 .7 ラオス中立宣言協定(14か国) .10 キューバ危機(～11) 1963.8 米英ソ, 部分的核実験禁止条約(PTBT)に調印 1964.3～ 国連軍, キプロス派遣 .3第1回国際連合貿易開発会議(UNCTAD, ～.6) .10 第2回非同盟諸国首脳会議(カイロ)	○キューバ問題 1960.2 ラテンアメリカ自由貿易連合条約調印 .7 キューバ, 米資産国有化 .10 対キューバ輸出禁止 1961.1 米, キューバと断交 1961.1～63 ケネディ(民)ニューフロンティア政策 .5 カストロ, 社会主義宣言 1962.2 キューバ全面禁輸 初の有人宇宙船打ち上げ成功 .3 アルゼンチンで軍部クーデタ 1962.10～11 キューバ危機 .12 米英首脳会談(ナッソー協定) 1963.6 人種差別撤廃の特別教書 米ソ間に直通電話設置 .8 ワシントン大行進 1963.11.22 ケネディ, ダラスで暗殺される 日米TV中継成功 1963.11～69 ジョンソン(民) 1964.7 公民権法成立 .10 キング牧師, ノーベル平和賞受賞	1960.5 ヨーロッパ自由貿易連合(EFTA)正式に発足 .8 キプロス独立 .10 ナイジェリア独立 1961.5 南ア共和国成立 1962.8 ジャマイカの独立 トリニダード・トバゴの独立 1963.1 英のEEC加盟, ド=ゴールの反対により理事会で拒否される 1963.10～64 ヒューム内閣(保) 1964.10～70 ウィルソン内閣(労)	1960.2 核開発(サハラで原爆実験) 1962.3 エヴィアン協定(仏, アルジェリア和平協定) 1962.4～68 ポンピドゥー内閣 .7 アルジェリア独立 1963.1 仏・西独協力条約調印 1964.1 中国承認 .9 ド=ゴール南米10か国歴訪(～.10)	1960.6 ベルギー領コンゴ独立 .7 コンゴ動乱(～65) 1962.8 蘭, 西イリアン協定 1963.3 蘭, インドネシア国交回復 1964.11 ベルギー, 多面的核戦略不参加表明	1960.9～73 東独国家評議会議長ウルブリヒト .9 東西ドイツ間の危機 1961.8 東独,「ベルリンの壁」を構築 1962.9 ボンでアデナウアーとド=ゴール共同声明 1963.1 西独・仏協力条約 .12 東独, 西ベルリン市民のクリスマス訪問協定調印 1963.10～66 エアハルト内閣(西独) 1964.6 東独・ソ連友好相互援助協力条約調印 .11 西独・米軍事協力強化声明発表	1960.7 ソマリア独立 1961.6 ポルトガル, サンタ=マリア号事件 .11 コンゴ派遣の伊国連軍兵虐殺される 12. ポルトガル, ゴア喪失 1962 第2回ヴァティカン公会議(～65) 1963.4 教皇の「地上の平和回状」 1963.6～78 教皇パウロ6世 1963.12～68 モロ内閣(伊)	1960.7 チェコスロヴァキア憲法成立 1961.12 ソ連・アルバニア断交 1962.2 ソ連・チェコ間石油パイプライン完成 1963.4 ユーゴ新憲法採択(ティトー終身大統領) 1964.6 フルシチョフ北欧3国訪問 .12 チェコ, 利潤追求方式推進を表明
1965	1965.2 ベトナム戦争(～75) .7 ジュネーヴ軍縮委再開 .9 第2次印パ戦争 国連安保理事会停戦決議, 印・パ両国受諾 1966.7 10か国蔵相会議(国際通貨制度の改革) .10 ベトナム参戦7か国会議(マニラ) 1967.1 宇宙空間平和利用条約調印 .5 ケネディ=ラウンド(関税一括引き下げ交渉)妥結(米英日EEC) .6 安保理, 中東での即時停戦決議 グラスボロ米ソ首脳会談 .7 ヨーロッパ共同体(EC)発足 .8 IMFの特別引出し権(SDR)創設を決定 .10 アルジェ憲章(発展途上国77か国閣僚会議)を採択(南北問題) 1968.7 核拡散防止条約(NPT)調印 1969.2 欧州で金価格高騰 国際通貨危機広まる(～.3) .6 世界共産党大会	1965.2 北ベトナム爆撃開始 ベトナム介入 .8 黒人投票権法成立 .9 ドミニカ臨時政府発足 1966.6 月面軟着陸成功 .6 アルゼンチン軍部クーデタ .12 地下核実験を実施 1967.2 中南米14か国が中南米・カリブ圏非核武装条約に調印 .7 デトロイト市の黒人暴動 .10 ゲバラ, ボリビアでゲリラ戦中に殺害される ワシントンでベトナム反戦大集会 1968.4 キング牧師暗殺 .6 ロバート=ケネディ上院議員暗殺 .10 北爆全面停止のジョンソン演説 メキシコオリンピック 1969.1～74 ニクソン(共) 1969.7 アポロ11号月着陸成功 .10 ベトナム反戦運動・集会(～.11)	1965.7 死刑廃止法 1966.7 ポンド防衛政策発表 1967.7 鉄鋼国有化実施 .11 ポンド切り下げ 1968.1 国防費削減, 極東・中東の英駐留軍の撤退計画発表 1969.1 移民制限 .2 上院大改革 .8 北アイルランド紛争 .12 死刑永久廃止を決議	1965.11 人工衛星打ち上げ 1966.6 ド=ゴール, 訪ソ .7 NATO軍事機構脱退 1967.7 ド=ゴール, カナダ訪問(ケベック発言) 1968.5 学生デモ, 五月革命 .6 国民議会選挙ド=ゴール派勝利 .7 ポンピドゥー内閣辞職 .8 水爆実験 .10 新教育法 1969.4 ド=ゴール辞任 1969.6～74 ポンピドゥー大統領	1965.4 EEC, EURATOM, ECSC統合条約(EC)調印 1966.10 NATO本部, パリからブリュッセルへ 1967.7 ヨーロッパ共同体(EC)発足	1965.5 西独, イスラエルと国交樹立 .9 シュヴァイツァー死去(1875～) 1966.3 東独, 国連加盟を申請, 米英仏反対声明 .11 西独, 国家民主党(ネオ=ナチ)第3党に進出 1966.12～69 キージンガー内閣(西独) 1967.1 西独・ルーマニア国交樹立 .3 東独・チェコ・ポーランド相互援助条約 1968.4 東独, 新憲法 1969.5 ハルシュタイン原則廃止 1969.10～74 ブラント内閣(西独)	1965.11 第2回ヴァティカン公会議(信仰の自由に関する宣言) 1966.11 フランコ, 新国家基本法提案 .12 ギリシア軍事政権成立 ローマ教皇・ギリシア正教総主教, 破門取り消し宣言 1967.10 ギリシア正教総主教, ヴァティカン訪問	1965.4 ユーゴ, コメコン参加 1966.6 ユーゴとヴァティカン外交関係樹立 1967.1 ルーマニア, 西独と国交樹立 .7 ポーランド, GATT(ガット)加盟 1968.1 ドプチェク, チェコ第1書記 チェコの自由化"プラハの春" .3 チェコ, スヴォボダ大統領 .8 チェコ自由化にワルシャワ条約機構軍の介入 1969.4 チェコ, ドプチェク辞任
1970								

アメリカ大統領の所属政党　(民)…民主党, (共)…共和党　イギリス首相の所属政党　(労)…労働党, (保)…保守党

ソ連	アフリカ・西アジア	インド・東南アジア	中国	朝鮮	日本	
ソヴィエト連邦 1922～91	エジプト共和国 1953～58	インド連邦共和国 1950～	中華人民共和国 1949～	韓国 1948～ / 北朝鮮 1948～	昭和時代 1926～89	
８か国友好協力相互援助条約(ワ調印 1955～58 ブルガーニン首相 1956.2 ソ連共産党第20回大会 フルシチョフのスターリン批判 .4コミンフォルム解散 .10 ソ連軍，ハンガリー出動・鎮圧(～.11) 日ソ国交回復共同宣言 1957.10 史上初の人工衛星(スプートニク１号)打ち上げ成功 .11 共産圏12か国モスクワ共同宣言 1958.1 ソ連，東欧７か国と経済統合15か年計画に同意 米ソ文化交換協定調印，農業政策の改革 1958.3～64 フルシチョフ第一書記首相兼任 1958.3核実験の一方的停止を宣言 .9 ブルガーニン除名 1959.1 第21回党大会(新経済７か年計画，～.2) .9 フルシチョフ訪米(キャンプ=デーヴィッド会談) .10 宇宙ステーション，月の裏側の写真撮影成功	1955.2 トルコ-イラク相互防衛条約 .11 バグダード条約機構結成 1956.1 スーダン独立 .3 モロッコ・チュニジア独立 .7 ナセル大統領就任，スエズ運河国有化を宣言 .10 第２次中東戦争(スエズ戦争，～57.3) 1957.3 ガーナ独立(60～大統領エンクルマ) .4 スエズ運河再開 .10 アルジェリア民族解放戦線(FLN)，軍事行動開始 .12 第１回アジア=アフリカ人民連帯会議開催(カイロ) アラブ連合共和国 1958～71 1958.2 エジプト・シリア合併してアラブ連合共和国成立(大統領ナセル，～70) .7 イラク革命 .10 ギニア独立 .12 第１回アジア=アフリカ経済会議(カイロ) 1959.8 中央条約機構(CENTO)成立(バグダード条約機構から改称)	1955.4 アジア=アフリカ(AA)会議(バンドン，「平和十原則」発表) .10 ベトナム共和国成立(大統領ゴー=ディン=ジエム) 1956.3 パキスタン=イスラム共和国成立(大統領ミールザー，～58) 1957.8 マラヤ連邦独立(英連邦内) 1958.10 パキスタンで軍事クーデタ 1959.6 イギリスよりシンガポール自治権獲得 .7 スカルノ，国会を解散させ独裁体制	1955.3 幣制改革 .5 ソ連，旅順・大連を返還 .6 胡風批判始まる .9 金門島地区で砲撃戦 1956.4 中ソ経済協力協定締結 .5「百花斉放・百家争鳴」の新文芸政策開始 1957.4 整風運動起こる(官僚主義・セクト主義・主観主義に反対) .6 全国人民代表大会，反右派闘争を展開 .8 重要農作物の自由販売禁止 武漢長江大橋完成 .10 蔣介石，国民党８全大会で総裁に再選 1958.8 中国軍，金門島攻撃(～.10) .8 人民公社の全国的な建設運動開始 .10 蔣介石・ダレス会談(大陸反攻を断念)○大躍進 1959.3 チベット動乱 ダライ=ラマ14世のインド亡命 .4 国家主席に劉少奇(～68) .9 フルシチョフ・毛沢東会談	1955.2 韓国行政改組法(大統領権限強化) 1956.4 朝鮮労働党，南北統一を提議 1957.1 北朝鮮第１次五か年計画 .4 反李承晩闘争と政府の弾圧(～.5) 1957.12 日韓相互の抑留者交換交渉妥結 1958.10 北朝鮮から中国義勇軍撤退 .12 韓国，国家保安法公布 1959.8 在日朝鮮人の北朝鮮帰国に関する日朝協定成立	1955.6 日米原子力協定 .8 第１回原水爆禁止世界大会(広島) 1956(昭31).5 日ソ漁業条約 .10 日ソ共同宣言(ソ連と国交回復) .12 国連加盟 1956.12～57 石橋湛山内閣 1957.2～60 岸信介内閣 1957.8 東海村の原子炉点火 .12 日ソ通商条約 1958.1 インドネシアと平和条約 .12 日ソ貿易協定 1959.4 皇太子成婚 .9 安保改定論争激化 伊勢湾台風	1955
1960.5 U２偵察機撃墜発表 .8 人工衛星２号，犬の回収成功 .11 モスクワ会議(81か国共産党の共同声明，～.12) 1961.4 有人衛星ヴォストーク１号(ガガーリン) .8 核爆発実験再開 .10 第22回共産党大会で新綱領採択，アルバニア非難に関し中ソ対立 .12 アルバニアと断交 1962.7 全面軍縮に関するモスクワ世界大会 .10 キューバのミサイル基地撤去 .12 平和共存に関する中ソ論争 1963.7 中ソモスクワ会談決裂 .8 米ソ直通通信線(ホットライン)開通 1964.2 米ソ新文化交流協定調印 .3 フルシチョフ，中国非難 .10 フルシチョフ解任，第一書記ブレジネフ，首相コスイギン .11 工業・農業を地域別に再編	1960 アフリカ諸国の独立あいつぐ 「アフリカの年」 .1 アスワン=ハイダム起工 .6 ベルギー領コンゴ独立 (.7 コンゴ動乱) .8 キプロス共和国独立(大統領マカリオス，～77) .9 石油輸出国機構(OPEC)設立 1961.1 アフリカ諸国首脳会議(カサブランカ会議) .5 トルコ新憲法制定，南ア共和国成立 .9 シリア，アラブ連合を離脱 .12 タンガニーカ独立 1962.7 アルジェリア独立 1963.2 イラクでバース党のクーデタ .3 シリア革命 .5 アフリカ独立諸国首脳会議(アディスアベバ) アフリカ統一機構(OAU)憲章採択 .9 イエメン革命(共和国宣言) .10 イラク・シリア連邦結成 1964.2 キプロスでギリシア・トルコ両系住民衝突 .5 パレスチナ解放機構(PLO)結成 .8 トルコ，キプロスに武力行使	1960.8 ラオス３派の内戦激化 .12 南ベトナム解放民族戦線結成 1961.12 インド，ポルトガル領ゴアを武力併合 1962.3 ビルマで軍部クーデタ(ネ=ウィン) .8 インドネシア・蘭の西イリアン協定 .10 インド・中国国境で武力衝突(中印国境紛争，～.11) 1963.9 マレーシア連邦成立 .11 南ベトナムでクーデタ(ゴー=ディン=ジエム政権崩壊) 1964.5 ネルー死去 .6 シャーストリー，インド首相に就任 .8 トンキン湾事件	1960.3 三宝(社会主義総路線・大躍進・人民公社)政策の促進決議 .7 ソ連，中国より技術者を引きあげ(中ソ対立の深まり) 1961.4 中国・インドネシア友好協力相互援助条約調印 .7 中国・北朝鮮友好協力相互援助条約調印 .10 アルバニア問題に関し，周恩来，フルシチョフ批判 モンゴル国連加盟 1963.3 パキスタンと国境協定 .7 中ソモスクワ会談(決裂) .9「人民日報」，ソ連共産党との対立点指摘 1964.1 仏と国交樹立 .7 中ソ対立深刻化 .10 核開発(原爆実験に初めて成功)	1960.4 韓国で４月革命，李承晩失脚 1960.8～63 韓国大統領尹潽善 1961.5 大韓民国クーデタ 朴正煕政権掌握 .7 ソ連・北朝鮮友好協力相互援助条約 1962.12 韓国新憲法公布(第三共和国成立) 1963.12～79 韓国大統領朴正煕 1964.3 日韓会談(韓国学生の反対デモ) .6 韓国戒厳令(～.7)	1960.7～64 池田勇人内閣 1960.1 日米新安全保障条約調印(ワシントン) .5 安保阻止国民運動(6.15事件，～.6) 1961.3 第１回国際見本市 .6 農業基本法 1962.1 ガリオア-エロア協定 .12 日中民間貿易議定書調印 1963.8 原水爆大会分裂，部分的核実験禁止条約に調印 1964.4 経済協力開発機構(OECD)に加盟 .10 東海道新幹線開通 第18回国際オリンピック東京大会開催 1964.11～72 佐藤栄作内閣	1960
1965.3 ２人乗り宇宙船ヴォストーク２号 .3 世界共産党協議会(中国・ルーマニア共産党欠席，19か国参加) .9 利潤制度導入を決定 1966.1 タシケント会議 モンゴルと友好協力相互援助条約調印 .2 月ロケット月面着陸成功 .3 金星(ルナ)３号金星へ到着 .11 米ソ民間航空協定 国防相中共を非難 1967.1 ポドゴルヌイ，教皇庁訪問 .6 コスイギン首相訪米 .9 ソ連，北ベトナム軍事経済援助協定 1968.5 東欧諸国の自由化警告 .8 ワルシャワ条約機構軍のチェコ侵攻 1969.3 ダマンスキー島(珍宝島)で中国と国境紛争 .6 世界共産党大会(モスクワ) .10 中ソ国境会談 .11 核拡散防止条約批准	1965.6 アルジェリアでクーデタ .11 ローデシア白人政権，一方的独立宣言(国連非難決議) コンゴでクーデタ 1966.2 ガーナでクーデタ(エンクルマ失脚) .7 シリア-イスラエル紛争 1967.6 第３次中東戦争起こる スエズ運河閉鎖 1968.1 アラブ石油輸出国機構(OAPEC)設立 1968.9 アブシンベル神殿の移転完了 1969.5 スーダンのクーデタ，民主共和国成立 .9 リビア，クーデタで共和国となる	1965.2 米空軍の北爆始まる ～75.4 ベトナム戦争 .8 シンガポール，マレーシアから分離(リー=クアンユー首相) .9 第２次印パ(インド-パキスタン)戦争 .12 フィリピン大統領にマルコス就任 1967.3 インドネシア，スカルノ失脚 .8 東南アジア諸国連合(ASEAN)発足 1968.1 テト攻勢 .3 ソンミ虐殺事件 スハルト大統領に就任 .5 パリ和平会談開始(～73) .10 米，北爆停止 1969.9 ホー=チ=ミン死去	1965.5 第２回原爆実験 .7 北ベトナムと経済技術援助協定 .9 チベット自治区成立 1966.1 第３次五か年計画開始 ～76 プロレタリア文化大革命 .8「プロレタリア文化大革命に関する決定」発表 北京に紅衛兵運動 .12劉少奇主席，自己批判 1967.4 北京市革命委員会成立 .5 香港の反英暴動(～.7) .6 初の水爆実験 .10 インドネシアと事実上国交断絶 1968.9 革命委員会，中国全土に成立 .10 中共８期12中全会で，劉少奇を除名 1969.3 珍宝島(ダマンスキー島)事件 .4 第９回全国人民代表大会 中国共産党規約改正，林彪を毛沢東の後継者とする(毛沢東・林彪体制) .8 新疆で中ソ武力衝突 .10 北京で中ソ国境会談	1965.2 韓国，南ベトナムに派兵 .6 日韓基本条約 .7 李承晩死去(1875～) 1966.7 米韓行政協定 .11 38度線で韓国・北朝鮮軍衝突 1967.3 ソ連・北朝鮮経済技術協定 .8 北朝鮮・北ベトナム軍事協定 1968.1 プエブロ号拿捕事件 .4 米韓首脳会談 1969.4 北朝鮮，米偵察機を撃墜 .10 韓国憲法改正	1965.10 朝永振一郎，ノーベル物理学賞受賞 1966.1 日ソ航空協定 .6 ILO87号条約発効 1967.11 日米首脳会談(小笠原問題) 1968.4 小笠原諸島返還協定調印 .6 核拡散防止条約調印 .10 川端康成，ノーベル文学賞受賞 1969.6 大学闘争拡大 .7 ジュネーヴ軍縮会議に初参加 .11 佐藤・ニクソン会談	1965
						1970

世界史年表（1970年～1990年）

使い方　赤字　戦争・紛争に関すること　青字　文化に関すること

年	国際関係	アメリカ	イギリス	フランス	ベネルクス	ドイツ・オーストリア	南欧	北欧・東欧
		アメリカ合衆国 1776～	ウィンザー朝 1917～	第五共和政 1958～		西ドイツ 1949～ 東ドイツ 1949～90	イタリア共和国 1946～	
1970	1970.3 核拡散防止条約発効 1971.2 海底軍事利用禁止条約 .10 中国の国連代表権交替，中華民国（台湾）脱退 中華人民共和国，国連加盟 .12 スミソニアン体制 1972.4 生物兵器禁止条約 .5 米ソ，第1次戦略兵器制限交渉（SALTⅠ）調印 .6 国連人間環境会議 人間環境宣言（ストックホルム） .12 海洋汚染防止条約 1973.1 ベトナム和平協定調印 .2 国際通貨危機再燃（～.3） .3 スミソニアン体制崩壊 .9 東西両ドイツ国連同時加盟 .10 第4次中東戦争勃発 OAPEC，石油戦略発動（原油生産25%削減発表） **第1次石油危機（オイル=ショック）** 1974.8 世界人口会議（ブカレスト） .10 国連総会，PLOをパレスチナ代表として招請することを可決 .11 世界食糧会議（ローマ）	1970.2 ニクソン=ドクトリン表明 .4 カンボジア政変に介入 .10 カナダ，中国承認，チリ大統領アジェンデ（人民連合政権） 1971.1 チリ，中国承認 .8 米，ドル防衛策発表（金・ドル交換停止）ボリビアでクーデタ .11 ペルー，中国承認 1972.2 ニクソン訪中 .5 ニクソン訪ソ .6 ウォーターゲート事件起こる 1973.3 米軍，ベトナム撤兵 .7 徴兵制停止 .9 チリ，アジェンデ政権崩壊，チリ軍事クーデタ .10 ペロン，アルゼンチン大統領就任 1974.2 米ソ，SALTⅡ交渉開始 .6 ピノチェト，チリ大統領就任（～90） .7 アルゼンチン大統領イサベル=ペロン .8 ニクソン辞任 1974.8～77 フォード（共）	1970.6 ヒース内閣（保）成立 1971.8 ドル=ショックでヨーロッパ各国為替市場一時閉鎖，各国変動為替相場制へ .11 英連邦5か国防衛協定発効 1972.1 ダブリン暴動，ベルファスト爆弾テロ（～.3） .3 北アイルランド暫定統治 .12 アイルランドでIRA弾圧法 1973.1 拡大EC発足（英・アイルランド・デンマークの参加） 1974.3 ウィルソン内閣（労） .6 北アイルランド直接再統治	1970.2 ポンピドゥー訪米 .11 ド=ゴール死去 1971.10 ブレジネフ訪仏 .12 ニクソン訪仏 1972.7 メスメル内閣 .10 ポーランドと友好協力宣言 1973.9 ポンピドゥー訪中 .12 北ベトナムと援助協定 1974.5～81 ジスカールデスタン大統領	1971.5 蘭，変動相場制移行	1970.3 初の両独首相会議 .8 西独・ソ連条約調印 1971.12 東西ベルリンの通行協定調印 1972.6 ベルリン問題最終議定書調印 .8 ミュンヘンオリンピック（～.9） .9 西独，ポーランド・中国と国交正常化（～.12） .12 東西ドイツ基本条約調印 1973.9 両独同時に国際連合加盟 1974.5 シュミット首相 .9 東独，米国交樹立	1970.11 伊，中国承認 .12 伊，離婚法成立 1971.12 伊大統領レオネ 1972.12 葡，海外植民地の自治承認 1973.1 西，東独と国交樹立 .4 ピカソ死去（1881～） .12 スペインのブランコ首相暗殺 1974.4 ポルトガル，無血クーデタ（カーネーション革命） .7 ギリシア文民政府成立（軍事政権崩壊）	1970.1 ワルシャワ条約機構統合軍編成 .12 ポーランド反ソ暴動 1972.1 ユーゴでクロアティア独立運動 .9 ポーランド，西独国交樹立 1973.7 東欧8か国首脳クリミア会議 .8 ハンガリー，ガット（GATT）加盟 .9 東ドイツ，国連加盟
1975	1975.5 国連海洋法会議（領海12海里，経済水域200海里） .6 国際婦人年世界会議 .7 全欧安保協力会議（ヘルシンキ） .11 主要先進6か国首脳ランブイエ会議（サミット）始まる 1976.6 主要先進7か国首脳サンファン会議 .8 第5回非同盟諸国会議 .11 国連総会，イスラエル撤退決議 1977.3 第1回アラブ・アフリカ首脳会議 .5 第3回主要先進国首脳ロンドン会議 .11 国連総会，ハイジャック防止決議，南ア武器輸出禁止決議 1978.3 レバノンへ国連軍派兵 .7 第4回主要先進国首脳ボン会議 1979.3 中東和平条約調印 .6 第5回主要先進国首脳東京会議 .6 米ソSALTⅡ調印 .12国連，テヘラン人質即時解放決議，ソ連，アフガニスタンに侵攻 **第2次石油危機**	1975.4 フォード，ベトナム戦争終結宣言 .7 米ソ宇宙船ドッキング キューバ封鎖解除 .12 フォード，訪中 1976.2 多国籍企業調査委員会，ロッキード社の贈賄摘発 .5 米ソSALTⅡ基本合意 .7 無人探査衛星ヴァイキング1号，火星軟着陸 モントリオールオリンピック 1977.1～81 カーター（民） .9 米・パナマ運河新条約調印 米，中性子爆弾予算化 .11 ILO脱退通告 1978.1 ドル防衛策発表 1979.1 米中国交正常化 .3 スリーマイル島原発事故 .7 ニカラグア，サンディニスタ民族解放戦線政府成立 .10 パナマ運河，米・パナマ共同管理 .11 イラン米大使館占拠事件	1975.2 サッチャー，保守党首に .5 女王訪日 1976.4～79 キャラハン内閣（労） .9 アイルランド共和国，国家非常事態宣言 .11 EC首脳会議，対日貿易について，日本の大幅黒字に懸念を表明 1977.8 女王，北アイルランド訪問 1978.2 スコットランド分離法 1979.5～83 サッチャー内閣（保） .8 マウントバッテン，IRAにより暗殺	1975.10 大統領訪ソ .12 大統領，エジプトを訪問（サダト大統領と友好協力宣言） 1976.8 バール内閣成立 .10 アンドレ=マルロー死去（1901～） 1977.1 仏・西独首脳会議 .6ジブチ共和国独立 .3 シラク，パリ市長就任 .6 仏ソ首脳会議 1979.4 大統領訪ソ	1976.8.26 蘭，ロッキード社贈賄疑惑，ベルンハルト公職辞任	1975.10 東独・ソ連新友好協力相互援助条約 西独首相訪中 1976.3 共同決定法改正（共同決定制度を全産業に拡大） .5 ハイデガー死去（1889～） .11 西独大統領，訪ソ 1978.4 西独・ソ連経済協定 .5 ソ連書記長，西独訪問 .10 西独首相訪日 .11 ベルリン協定 1979.3 西独，ナチスの殺人時効停止	1975.6 伊総選挙，共産党第1党 .11 西，フランコ総統死去（1892～）王政復古（ファン=カルロス） 1977.2 西，ソ連・チェコ・ハンガリーと国交正常化 .11 西，国会改革法 1978.3 伊，モロ前首相誘拐事件（.5殺害） .8 教皇ヨハネ=パウロ1世 .10 教皇ヨハネ=パウロ2世（ポーランド出身） 1979.6 教皇，ポーランド訪問	1975.7～.8 全欧安保協力会議 .7 米大統領東欧訪問（～.8） .8 ポーランド・西独の戦後処理協定 1976.9 スウェーデン総選挙，社会民主党敗北 1977.1 チェコ反体制自由派「憲章77」 .8 ティトー，ソ連・中国・北朝鮮訪問 .10 欧州安保再検討会議 1978.4 ルーマニア大統領訪米・訪中
1980	1980.9 イラン-イラク戦争起こる（～88） 1981.4 アフリカ難民救済国際会議（ジュネーヴ） .10 南北サミット（メキシコ） 1982.1 国連事務総長にペルーのデクエヤル就任 .2 国連特別総会，イスラエル軍を侵略軍と決議 .7 国際捕鯨委，捕鯨禁止決議 1983.9 大韓航空機撃墜事件 1984.4 アフリカ難民救済国際会議	1980.4 対イラン国交断絶 1981.1～89 レーガン（共） レーガン，「強いアメリカ」強調 .1 イラン大使館占拠事件解決 1982.4 フォークランド戦争 .6 アルゼンチン軍，英軍に降伏 1983.4 米，戦略防衛構想（SDI）発表 .10 米・カリブ6か国軍，グレナダ侵攻 .12 アルゼンチン，民政移管 1984.7 ロサンゼルスオリンピック（ソ連・東欧諸国不参加） .11レーガン再選，米・イラク国交回復	1980.1 鉄鋼労働者10万人無期限スト 1982.4 フォークランド戦争 1983.6 総選挙に保守党勝利，第2次サッチャー内閣（保） 1984.12 サッチャー訪中 香港返還協定調印英米会談	1981.5 ミッテラン大統領に当選（社会党） 初の左翼政権 1983.6 中性子爆弾実験	1980.4 オランダ女王ベアトリクス即位	1980.10 西独，総選挙で社会民主党圧勝 1981.12 西独首相東独第1書記会談 1982.10 コール首相就任（キリスト教民主同盟） 1983.3 西独総選挙，保守派勝利 .7 西独首相訪ソ 1984.7 大統領にヴァイツゼッカー就任	1981.1 ギリシアEC加盟 .10 ギリシア，パパンドレウ内閣 1982 スペイン，NATOに加盟 .5 カトリック，英国教会と和解 1982.12～96 西，ゴンサレス内閣 1983.6 教皇，ポーランド訪問 .8 伊,社会党クラクシ内閣 .11 キプロスのトルコ占領地域が北キプロス・トルコ共和国と宣言	1980.5 ユーゴ大統領ティトー死去（1892～） .9 ポーランド，新労働組合法 自主管理労組「連帯」結成 「連帯」議長にワレサ 1981.2 ポーランドヤルゼルスキ首相 .12 ポーランド，戒厳令 1983.12 ポーランドのワレサにノーベル平和賞
1985	1985.9 先進国蔵相会議「プラザ合意」 米・EC対南ア経済制裁 1986.4 アメリカ，リビア爆撃 .9 非同盟諸国，南ア制裁宣言 .10 米ソ首脳会談（レイキャビク） .12 南太平洋非核地帯条約 1987.7 国連安保理，イラン-イラク戦争停戦決議 .12 米ソ，中距離核戦力（INF）全廃条約調印 1988.4 アフガン和平協定調印（ジュネーヴ） .6 INF全廃条約発効 .7 イラン，国連停戦決議受諾 .8 イラン-イラク戦争停戦 1989.8 カンボジア和平会議（パリ） .9 地球環境保全会議（東京） .12 米ソ首脳会談（マルタ）冷戦終結を宣言 **冷戦終結**	1985.3 ブラジル，民政移管 1986.1 米，リビア経済制裁，スペースシャトル「チャレンジャー」打ち上げ後爆発 1987.7 米海軍，ペルシア湾出動 .10 ブラックマンデー .12 米ソ首脳会談（ワシントン） 1988.2 パナマ，ノリエガ国軍司令官解任 .3 米，パナマで非常事態宣言 .4 米，イランとペルシア湾で交戦 .11 ブッシュ，大統領選に勝利 1989.1 アメリカ第41代大統領にブッシュ（父）（共）就任 .5 米，対ソ封じ込め政策転換を表明 .11 エルサルバドル内戦激化 .12 米，パナマに侵攻	1985.11 北アイルランド紛争合意文書調印 1986.10 女王，中国訪問 1987.6 総選挙で保守党圧勝 1989.3 NATOとワルシャワ条約機構による欧州通常戦力交渉の開始	1986.3 保守連合総選挙勝利，首相にシラク .12 学生の大規模デモ（大学改革法案撤回） 1988.5 ミッテラン大統領再選 1989.7 フランス革命200年祭開催		1986.6 墺大統領にワルトハイム当選 1987.3 西独コール首相3選 .9 東独ホーネッカー議長，西独訪問 1989.8 東独市民，西独へ大量脱出 .10 東独のホーネッカー議長退陣，後任にクレンツ選出 .11 「ベルリンの壁」撤去	1986.1 ポルトガル・スペイン，EC加盟	1986.2 スウェーデンのパルメ首相暗殺 1986 ワルシャワ条 1989 東欧革命 .6 ポーランド選挙で「連帯」圧勝（ワレサ大統領 90.12～95） .12 ルーマニアでチャウシェスク政権崩壊，チェコのビロード革命，大統領にハヴェル就任
1990								

アメリカ大統領の所属政党　（民）…民主党，（共）…共和党　　イギリス首相の所属政党　（労）…労働党，（保）…保守党

年	ソ　連	アフリカ・西アジア	インド・東南アジア	中　国	朝　鮮	日　本
	ソヴィエト連邦 1922～91	アラブ連合共和国 1958～71	インド連邦共和国 1950～	中華人民共和国 1949～	韓国 1948～ 北朝鮮 1948～	昭和時代 1926～89
1970	1970.8 西独・ソ連条約調印 .9 無人月ロケット，月の石採取 .12 金星7号，金星到着 1971.5 ソ・アラブ連合友好協力条約 .9 フルシチョフ死去(1894～) 1972.1 バングラデシュ承認 .5 米大統領訪ソ，米ソ宇宙開発協力協定 .7 米ソ穀物協定 1973.4 ユダヤ人教育税適用中止 .5 万国著作権条約参加 .6 ブレジネフ訪米，核戦争防止協定に調印 .8「プラウダ」サハロフ・ソルジェニーツィンら，反体制派を批判 1974.1 ブレジネフ，キューバ訪問 .2 ソルジェニーツィン国外追放 .4 シリア大統領訪ソ，軍事援助・中東和平に関する共同声明 .6 ニクソン米大統領，訪ソ .12 ソルジェニーツィンにノーベル文学賞	1970.9 ナセル死去(1918～) .10 サダト，エジプト大統領に就任 1971.3 アサド(父)，シリア大統領に就任 エジプト・アラブ共和国 1971～ 1971.9 エジプト・アラブ共和国と改称 .10 旧ベルギー領コンゴ，ザイールと改称 .12 アラブ首長国連邦成立 1972.5 テルアヴィヴ空港乱射事件 .9 ミュンヘン乱射事件 ○アラブ闘争激化 1973.5 西アフリカ一帯の大干ばつ(～.8) .7 アフガニスタンでクーデタ .9 第4回非同盟諸国会議 .10 第4次中東戦争 OAPEC諸国，石油戦略発動 1974.1 スエズ地帯兵力分離協定(イスラエル・エジプト間) .9 エチオピア革命，皇帝退位(75)	1970.3 カンボジアのシハヌーク政権崩壊 .4 米軍，カンボジアに直接介入 1971.4 バングラデシュ独立宣言 .12 第3次印パ(インド-パキスタン)戦争 1972.3 米軍，北爆再開 .5 セイロン，スリランカと改称 1973.1 ベトナム和平協定調印 .2 ラオス和平協定調印 .3 ベトナム駐留の米軍撤退 .10 タイで学生革命(タノム政権崩壊，～1976) 1974.2 パキスタン，バングラデシュ承認 .5 インド，最初の核実験	1970.4 周恩来，北朝鮮を公式訪問 .4 人工衛星の打ち上げに成功 .10 カナダと国交樹立 .11 イタリアと国交樹立 1971.8 中国全域一級行政区(省・自治区)に党委員会組織再建 .9 林彪，毛沢東暗殺のクーデタ失敗，逃亡途中のモンゴルで墜落死 .10.25 中華人民共和国の国連加盟 中華民国政府，国連脱退 1972.2 ニクソン訪中 .7 馬王堆の漢墓発掘 .9 日本との国交回復なる 1973.8 中共10期1全大会開催(林彪事件の総括，「批林批孔」運動の強化) 1974.3 秦始皇帝陵で兵馬俑発見 .5 マレーシアと国交樹立 .8 日中航空技術協定調印	1971.9 中国・北朝鮮無償軍事援助協定調印 .12 韓国，大統領非常大権に関する特別措置法制定 1972.8 南北赤十字会談開始 .11 韓国新憲法成立 .12 北朝鮮新憲法成立(金日成国家主席に就任) 1973.5 北朝鮮，WHOに加入 .8 金大中事件起こる(日本のホテルから拉致され，ソウル市の自宅付近で発見される) 1974.1 日韓大陸棚協定調印 .4 ソウルの学生の反政府デモ .8 朴大統領狙撃事件	1970.3 万国博覧会開催(～.9) 1971.6 沖縄返還協定調印 1972.3 高松塚古墳壁画発見 .5 沖縄復帰 1972.7～74 田中角栄内閣 1972.9.29 日中国交正常化 1973.2 変動為替相場制に移る .5 東独と国交樹立 .10 江崎玲於奈，ノーベル物理学賞受賞 第1次石油危機 諸物価高騰 1974.1 日中貿易協定調印，田中首相の東南アジア歴訪(各地で反日運動) 1974.12～76 三木武夫内閣
1975	1975.1 米ソ通商協定破棄 .2 英ソ首脳会談 .6「覇権」問題で声明 米ソ，気象兵器禁止合意 .7 米ソ宇宙船ドッキングに成功 .10 サハロフ博士，ノーベル平和賞(博士拒否) 1976.5 米ソ地下核実験制限条約 .6 フィリピンと国交 .9 ミグ25事件 .12 200海里漁業専管水域設定 1977.1 サハロフの反国家的言動に警告 .6 ブレジネフ書記長，最高会議幹部会議長 新憲法案発表(.10 発効) 1978.11 ベトナムと友好協力条約 .12 アフガニスタンと友好善隣協力条約 1979.1 カンボジア新政権承認 .2 中越戦争でベトナム援助 .6 米ソ首脳会談，第2次戦略兵器制限交渉(SALT II)調印 .12 アフガニスタンに軍事介入	1975.3 サウジアラビア王ファイサル暗殺される(新王にハリド) .4 レバノン内戦始まる(～89) .6 スエズ運河再開(8年ぶり) モザンビーク独立 .11 アンゴラ独立 1976.3 エジプト，ソ連との友好協力条約を破棄 .8 第5回非同盟諸国会議(コロンボ) 1977.3 アラブ・アフリカ首脳会議(カイロ) .5 エチオピア，ソ連と友好協力宣言 .6 イスラエルにベギン内閣成立 .11 エジプト大統領サダト，イスラエル訪問 1978.11 アラブ12か国首脳会議(除エジプト，バグダード宣言) 1979.2 ホメイニ帰国，イラン=イスラーム革命 .3 イラン・イスラーム共和国成立 エジプト-イスラエル平和条約調印 .7 サダム=フセインイラク大統領に就任 .11 イラン米大使館占拠事件 .12 ソ連軍，アフガニスタン軍事介入	1975.4 サイゴン，プノンペン陥落 .8 バングラデシュでクーデタ(マジブル=ラーマン暗殺される) .12 ラオス人民共和国となる(王政廃止) 1976.1 カンボジア，国名を民主カンプチアと改称(.4 ポル=ポト政権) .7 ベトナム社会主義共和国成立 ベトナム統一宣言 インドネシア，東ティモール併合宣言 1977.6 SEATO解体 .7 パキスタン，クーデタでハク軍事政権成立 .10 タイで軍事クーデタ 1978.4 アフガニスタンでクーデタ .11 ベトナム，ソ連と友好協力条約 .12 ソ連・アフガニスタン友好善隣協力条約 ベトナム軍，カンボジア侵攻 1979.2 中越戦争(～.3)	1975.1 第4期全国人民代表大会開催(新憲法採択，国家主席廃止)鄧小平，副首相就任 .4 蔣介石死去(1887～) .6 フィリピンと国交樹立 .9 ECと外交関係成立 1976.1 第5次五か年計画 周恩来死去(1898～) .4 天安門事件(第1次)，華国鋒首相就任，鄧小平失脚 .7 朱徳死去(1886～) .9 毛沢東死去(1893～) .10 江青ら「四人組」逮捕，華国鋒，党主席に就任(文化大革命終了) 1977.8 中共11期1全大会，華国鋒体制の確立，文化大革命終結宣言 1978.2 第5期全国人民代表大会開催(.3 新憲法公布，新国家制定) .7 対ベトナム援助全面停止 .8 日中平和友好条約調印 .12「四つの現代化」路線決定 1979.1 米中国交正常化 .4 中ソ友好同盟相互援助条約の破棄 .7 米中貿易協定調印	1975.6 米，核兵器の韓国配備を公認 1976.3 韓国，金大中ら「民主救国宣言」を発表，政府弾圧 .8 韓国，「第2民主救国宣言」 1977.6 米議会証言でKCIAの非合法活動表面化 .8 北朝鮮経済水域200海里実施 1978.4 韓国，領海12海里実施 1979.10 韓国，釜山で反体制暴動 .10.26 朴大統領暗殺 .12 韓国，崔圭夏大統領(～80)	1975.3 山陽新幹線開通 .5 英女王エリザベス2世来日 .7 沖縄国際海洋博覧会開催 .9 昭和天皇訪米(～.10) 1976.7 田中前首相，ロッキード疑獄で逮捕 1976.12～78 福田赳夫内閣 1977.2 初の静止衛星きく2号打ち上げ成功 .7 海洋2法実施(200海里時代) .9 日本赤軍の日航機乗っ取り事件(～.10) 1978.5 成田空港開港 .8 日中平和友好条約調印 .9 稲荷山古墳の鉄剣に銘文を発見 1978.12～80 大平正芳内閣 1979.1 太安万侶墓誌出土 .6 東京サミット
1980	1980.7 モスクワオリンピック(日・米など西側諸国不参加) 1982.11 ブレジネフ書記長死去(1906～)，アンドロポフ書記長就任 1984.2 アンドロポフ書記長死去(1914～)，チェルネンコ書記長就任	1980.4 ジンバブエ共和国独立 .9 イラン-イラク戦争起こる(～88) 1981.10 エジプト大統領サダト暗殺(大統領にムバラク昇任) 1982.4 イスラエル，シナイ半島をエジプトに返還 .6 イスラエル軍，レバノンに侵攻，PLOベイルート退去 1983.5 イスラエル，レバノン撤兵 1984.11 イラク，米と国交回復	1980.1 インド総選挙，ガンディー派勝利 .7 インド初の人工衛星 1981.7 マレーシア，マハティール首相就任(～2003) 1982.7 カンボジア，ポル=ポト派ら3派連合政府(民主カンプチア) 1983.8 フィリピン，ベニグノ=アキノ(父)暗殺事件 ○スリランカ，タミル人の分離独立運動(シンハラ人と対立) 1984.1 ブルネイ独立 .10 インディラ=ガンディー首相暗殺される	1980.2 劉少奇の名誉回復 .8 華国鋒首相辞任，後任に趙紫陽就任 1981.1 江青ら四人組反革命勢力の裁判終結(1980.11～) .6 鄧小平・胡耀邦体制確立 .12 中印国境交渉 1982.9 党総書記に胡耀邦就任 .12 新憲法採択 1984.1 米と産業技術協力協定・科学技術協力協定調印 .12 香港の中国返還で中英両国が調印 中ソ経済技術協定調印	1980.5 韓国光州事件 .9 韓国，全斗煥大統領就任(～88) 1983.9 大韓航空機撃墜事件 .10 ラングーン爆弾テロ事件(韓国閣僚ら爆死) 1984.9 韓国の全斗煥大統領訪日	1980.7～82 鈴木善幸内閣 .10 福井謙一，ノーベル化学賞受賞 1982.6 東北新幹線開通 .7 教科書検定問題，外交問題に発展 .11 上越新幹線開通 1982.11～87 中曽根康弘内閣 1983.10 ロッキード裁判，田中元首相に有罪判決 1984.3 中曽根首相，訪中
1985	1985.3 チェルネンコ書記長死去(1911～)，ゴルバチョフ，書記長就任，外相シェワルナゼ ゴルバチョフ，ペレストロイカ，グラスノスチ提唱，改革開始 約機構期間終了，20年延長 1986.4 チェルノブイリ原子力発電所で爆発事故 1987.12 ゴルバチョフ，訪米，中距離核戦力(INF)全廃条約調印 1989.2 ソ連軍，アフガニスタン撤退完了 .4 バルト3国などで民族問題が表面化 .5 中ソ関係完全正常化 .12 米ソ首脳会談(マルタ)	1985.7 南アで人種差別反対の黒人暴動激化 .12 レバノン内戦終戦協定調印 1986.4 米軍機，リビアを爆撃 ○第一次インティファーダ 1988.8 イラン-イラク戦争停戦 .11 パレスチナ独立宣言 1989.2 ソ連軍，アフガニスタンから撤退完了 .5 エジプト，アラブ連盟に復帰(10年ぶり) .6 イランの最高指導者ホメイニ死去(1902～) .9 南ア大統領にデクラーク就任	1986.2 フィリピン，マルコス政権崩壊し，コラソン=アキノ政権誕生 .12 ベトナム，グエン=ヴァン=リン書記長就任，ドイモイ(刷新)政策開始 1987.11 スリランカ国民議会，タミル人の限定自治承認 1988.9 ビルマで軍事クーデタ1989.6 ビルマ，ミャンマーと国名を改称 .9 カンボジア駐留ベトナム軍完全撤退	1985.1 農村の人民公社解体，郷政府に再編成 1986.12 中国各地で民主化要求の学生デモ 1987.4 ポルトガルとマカオ返還共同声明に調印 .10 趙紫陽を総書記に選出 1988.1 台湾の蔣経国死去，李登輝が新総統に就任 .3 チベット自治区で反政府暴動 .10 中ソ国境交渉で合意(珍宝島の中国領確認) 1989.5 ソ連共産党書記長ゴルバチョフ訪中(中ソ対立に終止符) .6 天安門事件(第2次) 趙紫陽総書記が解任，後任に江沢民，.11 中国共産党最高実力者の鄧小平が公職辞任	1987.6 韓国で反政府デモ，民主化運動進む .11 大韓航空機爆破事件 1988.2 韓国，盧泰愚大統領就任 .9 ソウルオリンピック(～.10) 1989.2 韓国，ハンガリーと国交樹立	1985.3 米議会，貿易不均衡で対日批判 1986.4 男女雇用機会均等法施行 .5 第12回サミット(東京) 1987.4 国鉄分割民営化 .10 利根川進にノーベル医学生理学賞 .11 竹下登内閣成立 1988.3 青函トンネル開業 .8 リクルート疑惑発覚 1989.1.7 昭和天皇没(1901～) 平成時代 1989～ .4 消費税3％スタート .6 宇野宗佑内閣成立 .8 海部俊樹内閣成立
1990						

世界史年表(1990年～)

使い方　赤字　戦争・紛争に関すること　青字　文化に関すること

年	国際関係	アメリカ	イギリス	フランス	ドイツ・オーストリア	南欧	北欧・東欧
		アメリカ合衆国 1776～	ウィンザー朝 1917～	第五共和政 1958～	西ドイツ 1949～ 東ドイツ 1949～90 ドイツ連邦共和国	イタリア共和国 1946～	
1990	1990.6 米ソ首脳会談，START I で合意 .8 イラク軍，クウェートに侵攻 1991.1 米など多国籍軍がイラクを攻撃，湾岸戦争勃発(6週間で終結) .7 米ソ首脳会談で，START I に調印 1992.3 国連カンボジア暫定行政機構(UNTAC)の設置 .6 地球環境サミット(リオデジャネイロ) .7 全欧安保協力会議(CSCE)の開催(ヘルシンキ) 1993.1 米露，START II に調印 .9 イスラエルとPLOが暫定自治に調印	1990.1 パナマのノリエガ将軍投降 .2 ニカラグア大統領にチャモロ .7 ペルー，日系2世のフジモリ大統領就任 1991.1 米軍を中心とする多国籍軍イラクを空爆開始 1992.4 ロサンゼルスで黒人らの暴動 1993.1 アメリカ第42代大統領にクリントン(民)就任 1994.9 ハイチ軍政権指導者セドラ司令官退任，米軍進駐 .10 ハイチのアリスティド大統領復権	1990.11 サッチャー首相辞任，新首相にメージャー(保) .12 EC首脳会談(ローマ開催) 1992.2 EC加盟国がマーストリヒト条約(欧州連合条約)に調印 .4 総選挙で保守党が勝利 .6 アイルランド，欧州連合条約を批准 1993.1 ECの市場統合により人・物の移動が自由化 .11 マーストリヒト条約発効，ヨーロッパ連合(EU)発足 1994.5 英仏海峡トンネル開通	1991.5 ロカール首相辞任し，新首相にクレッソン 1992.4 仏首相にベレゴボワ .9 国民投票でマーストリヒト条約を批准	1990.7 東西ドイツ経済統合 .10 ドイツ統一 1991.6 ドイツの首都をベルリンに決定 1992.10 元西独首相ブラント死去 1994.7 大統領にヘルツォーク就任	1991.2 伊共産党，解散(左翼民主党として再出発) 1992.7 バルセロナオリンピック	1990.5 ユーゴで共産党解散 .12 アルバニア複数政党制導入 1991.6 ユーゴ内戦に突入 .7 ワル 1992.1 ECがスロヴェニアとクロアティアを承認 .4 ボスニア，本格的内戦状態に セルビアとモンテネグロが新ユーゴを創設 1993.1 チェコとスロヴァキアが分離独立
1995	1995.1 世界貿易機関(WTO)発足 1996.3 ASEM(アジア欧州会議)発足 .9 包括的核実験禁止条約(CTBT)採択 1997 対人地雷全面禁止条約(オタワ条約) アジア通貨危機 京都議定書採択 .12 対人地雷全面禁止条約に121か国が署名 1998.6 国連安保理が核不拡散決議を採択 .11 APECにロシア・ベトナム・ペルーが参加	1995.7 ベトナムと国交樹立 .10 ワシントンで黒人による「100万人大行進」 1996.7 アトランタオリンピック .11 アメリカ大統領選挙実施，クリントン再選 .12 ペルーで日本人大使公邸人質事件 1997.7 火星探査機が着陸 1998.4 チリで米州サミット 1999.12 パナマ運河返還	1995.1 オーストリア・スウェーデン・フィンランド，EUに加盟(15か国に) .7 メージャー首相，再選 1997.5 総選挙で労働党圧勝，ブレア首相(労)就任 .6 EU首脳会議，アムステルダム条約採択 1998.4 北アイルランド和平合意 1999.1 EUの単一通貨ユーロがイギリス・デンマーク・スウェーデン・ギリシアを除く11か国に導入 1999.3 ポーランド，チェコ，ハンガリー，NATOに加盟	1995.5 シラク大統領に就任 .9 ムルロア環礁で核実験強行 1997.6 総選挙で社会党圧勝，首相にジョスパン就任	1998.9 総選挙，社会民主党勝利 .10 コール首相辞任 新首相にシュレーダー(社会民主党)	1996.3 スペイン総選挙で国民党が勝利 1997.10 伊プロディ政権が復活 教皇，ユダヤ人迫害を謝罪 1998.1 ローマ法皇，キューバを訪問	1995.12 ボスニア和平に合意 1996.6 9月にボスニア統一選挙の実施を決定 1998.2 コソヴォ紛争(～99.6) .9 アルバニアで暴動 1999.3 NATO軍，ユーゴ(セルビア)空爆開始
2000	2000.7 中東和平会談開始 .9 シドニーオリンピック 2004.10 ASEM，アジア20か国，欧州18か国に拡大	2001.1 アメリカ第43代大統領にブッシュ(子)(共)就任 .9 同時多発テロ(ニューヨーク) .12 アルゼンチン通貨危機 2003.3 米・英軍，イラク攻撃開始(イラク戦争)	2002.1 EU単一通貨ユーロがイギリス・デンマーク・スウェーデンを除く12か国で流通開始 2004.5 EU25か国に拡大(チェコ，ポーランド，ハンガリーなど10か国加盟)			2004.8 アテネオリンピック	2000.11 ユーゴ，国連に復帰
2005	2005.4 アジア=アフリカ(AA)会議，50年ぶりに開催 2008.9 世界的金融危機(リーマン=ショック)	2005.8 ハリケーン「カトリーナ」がニューオーリンズに大きな被害をもたらす 2009.1 アメリカ第44代大統領にオバマ(民)就任	2007.1 EU27か国に拡大(ブルガリア，ルーマニア加盟) 2007.6 ブラウン(労)内閣成立	2007.5 サルコジ大統領，就任 2009.4 NATO軍事機構に復帰	2005.11 メルケル，ドイツ首相に就任	2005.4 ローマ教皇ヨハネ=パウロ2世死去 2005～13 ローマ教皇ベネディクト16世 2008.5 伊，ベルルスコーニ内閣 2009.10 ギリシア債務危機(1回目)	2006.6 セルビア・モンテネグロが分離独立 2008.2 コソヴォ独立
2010	2012.11 国連総会でパレスチナを「オブザーバー国家」に格上げ採決	2012.11 オバマ大統領再選 2013.4 ボストンマラソン大会で爆弾テロ .7 デトロイト市財政破綻	2010.5 キャメロン(保)内閣成立 2012.8 ロンドンオリンピック 2013.7 EU28か国に拡大(クロアティア加盟) 2014.9 スコットランド住民投票イギリス残留決定	2012.5 オランド大統領，就任		2013～ ローマ教皇フランシスコ	2010.7 コソヴォの独立承認
2015	2015.12 パリ協定採択	2015.7 キューバと国交回復 2016.8 リオオリンピック 2017.1 アメリカ第45代大統領にトランプ(共)就任 2018.10 米，中距離核戦力(INF)全廃条約離脱を表明	2015.5 キャメロン(保)再選 .6 国民投票でEU離脱派が過半数をこえる 2016.7 メイ(保)内閣成立	2015.11 パリ同時多発テロ事件 12. 国連気候変動枠組条約第21回締約国会議(COP21) 2017.5 マクロン大統領，就任	2015.9 シリア難民急増	2015.7 ギリシア債務危機(2回目)	
2020							

アメリカ大統領の所属政党　(民)…民主党，(共)…共和党　　イギリス首相の所属政党　(労)…労働党，(保)…保守党

ソ連・ロシア	アフリカ・西アジア	インド・東南アジア	中　国	朝　鮮	日　本	
ソヴィエト連邦 1922～91	**エジプト・アラブ共和国** 1971～	**インド連邦共和国** 1950～	**中華人民共和国** 1949～	**韓国** 1948～ **北朝鮮** 1948～	**平成時代** 1989～	
1990.3 共産党一党独裁放棄　リトアニア独立宣言　ゴルバチョフ，初代大統領に就任　エストニア独立宣言　.5 ラトヴィア独立宣言 シャワ条約機構，解体 1991.6 ロシア共和国大統領にエリツィン就任，コメコン解散　.8 反ゴルバチョフ=クーデタ失敗，共産党解散　.9 バルト3国の独立を承認 .12 ソ連解体し，CIS(独立国家共同体)創設　ロシア連邦大統領にエリツィン **ロシア連邦** 1991～ 1992.3 旧ソ連8か国が国連に加盟 1994.12 ロシア軍，チェチェン侵攻(～96)	1990.2 南アの黒人指導者ネルソン=マンデラ釈放　.3 **ナミビア独立宣言**　.8 イラク，クウェート侵攻 1991.1 **湾岸戦争勃発**(6週間)　.6 南アで人種差別法が全廃され**デクラーク大統領がアパルトヘイト体制の終結を宣言** 1992.4 アフガニスタンでタリバーンが暫定政権樹立　.7 イスラエル，ラビン主導の連立政権成立 1993.5 エリトリア分離独立　.9 パレスチナ暫定自治協定 1994.5 **南ア，マンデラ大統領就任**　.5 **パレスチナのガザ・イェリコで先行自治開始**　.10 イスラエルとヨルダン，平和条約に調印	1990.4 ネパール，民主化宣言　.5 ミャンマーでアウンサン=スーチー率いる国民民主連盟，選挙で圧勝　.8 パキスタンでブット首相解任 1991.6 インド首相にラオ就任 .10 カンボジアの各派，和平協定に合意 1992.3 国連カンボジア暫定機構(UNTAC)正式発足(～93.9)　.4 タイ民主主義擁護運動で議会政治定着(～.5) 1993.5 カンボジア王国成立(シハヌーク国王復位)	1990.3 モンゴルで一党独裁放棄　.7 サウジアラビアと国交樹立　.8 インドネシアと国交回復(23年ぶり) 1991.4 **台湾が「内戦」終了を宣言**　.5 江沢民総書記が訪ソ，中ソの東部国境協定に調印　.11 中越の国交正常化宣言 1993.3 社会主義市場経済を導入 1992.8 **中国，韓国が国交樹立** 1994.11 李鵬首相，初の韓国訪問	1990.9 **韓ソ国交樹立** 1991.9 **大韓民国・朝鮮民主主義人民共和国が国際連合に同時加盟** 1992.1 北朝鮮が核査察協定に調印 .12 韓国，ベトナムと国交樹立 1993.2 韓国，金泳三大統領就任 1994.7 北朝鮮，金日成死去(1912～)	1990.2 自民党，総選挙で安定多数確保 1991.3 湾岸戦争で多国籍軍に多額の支援　.11 宮沢喜一内閣成立 1992.1 従軍慰安婦問題で日本政府が謝罪　.6 PKO協力法成立　.9 カンボジア平和維持活動(PKO)に参加 1993.8 **細川護熙連立内閣発足** 1994.6 **自・社・さ連立村山富市内閣成立**　.10 大江健三郎にノーベル文学賞	1990
1996.7 エリツィン大統領再選 .8 ロシア軍，停戦に合意，チェチェンから撤退 1998.3 エリツィン，首相ら全閣僚を解任 1999.12 エリツィン辞任，代行にプーチン首相を任命	1995.11 ラビン暗殺 1996.1 パレスチナ自治政府議長にアラファト就任　.4 イスラエル，レバノンを空爆　.5 イスラエル首相にネタニヤフ就任(～99) 1997.5 イラン大統領にハタミ就任　ザイール，コンゴ民主共和国に国名変更，カビラ政権発足 1999.8 トルコ北西部イズミットで大地震	1995.7 **米越国交正常化　ベトナム，ASEANに加盟** 1997.7 ASEANにミャンマー，ラオス加盟　**アジア通貨危機**　.7 カンボジアでフン=セン派が首都制圧 1998.5 インド・パキスタン地下核実験　.5 インドネシア，スハルト大統領辞任　.6 パキスタン地下核実験 1999.4 ASEANにカンボジア加盟(10か国に)　.5 印・パ，カシミールで紛争	1995.5 地下核実験 1996.3 台湾で李登輝が総統に再任 1997.2 鄧小平死去(1904～) .7 **香港，中国に返還** 1998.3 「江李朱体制」確立(国家首席に江沢民，新首相に朱鎔基，全人代常務委員長に李鵬) 1999.11 アメリカ，中国のWTO加盟に合意　.12 **マカオ，中国に返還**	1997.10 北朝鮮の金正日が総書記に就任　.12 **朝鮮半島和平のための4者会談始まる** 1998.2 韓国大統領に金大中就任 .10 韓国，日本大衆文化を段階的に開放	1995.1 **阪神・淡路大震災** .3 地下鉄サリン事件 1996.1 橋本龍太郎内閣発足 .9 民主党成立 1997.4 消費税5％に引き上げ 1998.7 小渕恵三内閣発足 1999.1 飛鳥池遺跡で富本銭が出土　.9 茨城県東海村で臨界事故発生	1995
2000.2 ロシア軍，チェチェン首都を征圧　.5 ロシア大統領にプーチン就任　.8 ロシア原潜クルスク沈没 2002.5 ロシア，NATOに準加盟 .10 モスクワ劇場占拠事件 2004.3 プーチン，ロシア大統領に再任	2000.7 アサド(子)，シリア大統領に就任 2001.3 イスラエル，シャロン内閣成立　.10 米，アフガニスタン攻撃　.12 タリバーン政権崩壊 2002.4 アンゴラ内戦終結　.6 イスラエル，ガザ地区に壁を建設開始　.7 アフリカ連合(AU)発足 2003.2 ダールフール紛争(スーダン)　.3 イラク戦争勃発(米・英，イラク攻撃) 2004.10 アフガニスタン，カルザイ大統領再選　.11 アラファト死去(1929～)	2000.6 パプアが独立宣言 2001.1 フィリピン大統領に，アロヨ就任　.7 インドネシア，メガワティ大統領就任 2002.5 東ティモール独立 2004.10 インドネシア，ユドヨノ大統領就任　.12 **スマトラ沖大地震およびインド洋津波**	2000.5 陳水扁が台湾総統に就任 2001.12 中国，WTOに加盟 2002.11 胡錦濤が総書記就任 2003.3 胡錦濤が国家主席就任　温家宝が首相就任　.10 有人宇宙ロケット「神舟」打ち上げ成功	2000.6 **南北首脳会談**(金大中・金正日)　6.韓国，日本文化の開放拡大 2002.5 日韓共催，サッカーW杯開催 2003.2 韓国大統領に盧武鉉就任 .8 第一回6か国協議開催	2000.4 森喜朗内閣成立 .9 白川英樹にノーベル化学賞 2001.4 小泉純一郎内閣成立 .10 小柴昌俊にノーベル物理学賞，野依良治・田中耕一にノーベル化学賞	2000
2005.5 ウズベキスタンで反政府暴動 2006.6 ウクライナで親欧米の連立政権成立　.7 ロシアで初のサミット開催(サンクトペテルブルク) 2008.5 ロシア大統領にメドヴェージェフ就任　プーチンは首相に就任 .8 南オセチア巡り，ロシアとグルジア戦闘	2005.5 アフガニスタンで反米デモ .6 イラン大統領にアフマディネジャード当選 2006.5 イラク新政府発足　.12 フセイン元イラク大統領処刑	2005.12 第1回東アジア首脳会議開催(クアラルンプール) 2006.9 タイで軍部によるクーデタ 2007.12 パキスタン，ブット暗殺	2005.4 中国各地で反日デモ 2008.3 チベット自治区で暴動 .5 馬英九が台湾総統に就任 .8 北京オリンピック 2009.7 新疆ウイグル自治区で反政府暴動	2006.10 北朝鮮核実験 2008.2 韓国大統領に李明博就任	2005.3 愛知万国博開催 2006.9 安倍晋三内閣成立 2007.9 福田康夫内閣成立 2008.9 麻生太郎内閣成立 .10 南部陽一郎，小林誠，益川敏英にノーベル物理学賞，下村脩に化学賞 2009.9 鳩山由紀夫内閣成立	2005
2012.5 プーチン，ロシア大統領に再々任　.8 WTOに加盟 2014.2 ソチ冬季オリンピック大会 .3 ロシア，クリミア自治共和国の併合を宣言	2010.6 南アでサッカーW杯開幕 2011.1 「アラブの春」(～12)　チュニジアのベン=アリ政権崩壊 .2 エジプトのムバラク政権崩壊 .7 南スーダン独立　.8 リビアのカダフィ政権崩壊 2013.7 エジプト大統領モルシ，軍クーデタで失脚　.12 マンデラ死去 2014.6 過激派組織IS(「イスラム国」)樹立宣言	2010.6 フィリピン，ベニグノ=アキノ(子)大統領就任 2011.3 ミャンマー民政移管 2013.11 タイ反政府デモ 2014.4 パキスタンの少女マララ=ユスフザイにノーベル平和賞 .5 タイで軍部によるクーデタ インド首相にモディ就任	2010.5 上海万博開催 2012.11 習近平が総書記就任 2013.3 習近平が国家主席に李克強が首相に就任　.10 天安門前でテロ 2014.9～12 香港で大規模デモ発生	2012.4 北朝鮮の金正恩が第一書記に 2013.2 韓国大統領に朴槿恵就任(～17) 2014.4 韓国，セウォル号沈没事件	2010.6 菅直人内閣成立 2011.3 東日本大震災 .9 野田佳彦内閣 2012.12 第2次安倍晋三内閣 2014.4 消費税8％に引き上げ　.7 集団的自衛権行使を認める憲法解釈を閣議で決定　.12 第3次安倍晋三内閣	2010
2015.11 ロシア，対トルコ経済制裁を決議	2015.9 シリアからEU諸国へ向かう難民急増 .11 トルコ，ロシア軍機を撃墜 2017.4 トルコのエルドアン大統領に権力集中　.10 ISの拠点ラッカ陥落	2015.12 ASEAN経済共同体(AEC)発足 2016.5 フィリピン，ドゥテルテ大統領就任	2015.10 「一人っ子政策」の廃止を発表　.12 アジアインフラ投資銀行(AIIB)発足 2016.5 蔡英文が台湾総統に就任	2017.5 韓国大統領に文在寅就任 2018.4,5,9 南北首脳会談(文在寅・金正恩)	2015.6 選挙権18歳以上に引き下げ　.9 安全保障関連法成立 2016.5 オバマ米大統領広島訪問 2018.10 第4次安倍晋三内閣	2015
						2020

特集 読み解き演習⑦ 文章資料(史料) 「民族自決」はどこまで適用されたのか？

第一次世界大戦の過程でロシア革命が起こり，成立したソヴィエト政府は「平和に関する布告」を出して，無併合(「民族自決」)・無賠償の即時講和を各国に提起した。それに対抗して，アメリカ大統領ウィルソンは「十四か条の平和原則」を出し，「民族自決」などの国際正義にもとづいた，戦争の終結と戦後の国際政治に向けた計画を示した。「十四か条の平和原則」はパリ講和会議の原則となったが，植民地支配にこだわった各国のおもわくにより，完全な「民族自決」を伴う平和な国際秩序の構築とはならなかった。「民族自決」の考え方について，それぞれの国・人々がどのように考えていたのか，読み解いてみよう。

1 「民族自決」の理想と現実

史料から考えてみよう (1)史料①「平和に関する布告」と史料②「十四か条の平和原則」との，「民族自決」に関する違いは何か。(2)史料③のヴェルサイユ条約の条文を読んで，史料②がもとになり実現したこととそうでないものを分類しよう。

史料① 「平和に関する布告」 ➡p.238

基礎情報 1917年11月8日，ロシア暦十月革命(十一月革命)直後に開かれた第2回全ロシア・ソヴィエト会議でレーニンにより提案され，満場一致で採択された。

……すべての交戦諸民族とその政府に対して，公正で民主的な講和についての交渉を即時に開始することを提議する。……**無併合**(すなわち，他国の土地を略奪することも他の諸国民を強制的に統合することもない)，**無賠償の即時の講和**である。……政府が併合または他国の土地の略奪と理解しているのは……強大な国家が弱小民族を統合することである。……強国の領域内に強制的にひきとめられる民族がどれだけ発展しているか遅れているかにはかかわりない。さらに，その民族がヨーロッパに住んでいるか，遠い海外諸国に住んでいるかにもかかわりない。

〈斎藤稔訳『世界史史料10』岩波書店〉

史料② 「十四か条の平和原則」 ➡p.240

基礎情報 1918年1月8日，アメリカ大統領ウィルソンが，連邦議会での演説の中で発表した議会あての教書(大統領による政治上の意見書)。

われわれが，この戦争の結末として要求することは……世界が健全で安全に生活できる場となることであり……われわれは**他の人々に正義が行われない限り，われわれにも正義はなされない**ということを明確に認識しています。……

1 ……**外交はつねに正直に**，公衆の見守る中で進められねばならず……

2 ……公海においては……完全な**航行の自由**が認められねばならない。……

3 すべての経済障壁をできる限り除去し……**平等な通商条件**が樹立されねばならない。

4 ……最低限必要なところにまで**国家の軍事力が削減**されるように……

5 ……**対象となる(植民地の)人民の利害が，主権の決定をうけることになる(支配国の)政府の公正な要求と平等の重みをもつという原則**を厳格に守らねばならない。

6～13条は具体的な諸問題(自由な国としてのロシアへの歓迎と支援，アルザス・ロレーヌの帰属，オーストリア・ハンガリーの諸民族，バルカン諸国，ポーランドの独立など)

14 大国と小国とを問わず，政治的独立と領土的保全とを相互に保障することを目的とした明確な規約のもとに，**国家の一般的な連合**が樹立されねばならない。

……われわれは，ドイツが世界の人民の間において，……支配者の地位でなく平等なる地位を受け容れること，それのみを欲するのである。……

〈西崎文子訳『世界史史料10』岩波書店，中屋健弌訳『原典アメリカ史5』岩波書店〉

史料③ ヴェルサイユ条約 ➡p.240

基礎情報 パリ講和会議を受けて，1919年6月28日，戦勝27か国がヴェルサイユ宮殿で調印した対ドイツ講和条約。その後，敗戦国ごとに講和条約が結ばれた。

締約国は，……国際協力を促進し各国間の平和と安全を達成することを目的として，この**国際連盟**規約に合意する。

8 連盟加盟国は，平和を維持するために，……最低限度まで，その**軍備を縮小**する必要があることを承認する。……

87 ドイツ国は……**ポーランド国の完全な独立を承認**し……以上の地域に対する一切の権利と要求を放棄する。……

119 **ドイツは海外領土にかかわるすべての権益，権利を放棄**し，これらは主要連合国と協調国に与えられる。

156 ドイツは……**山東省**にかかわるすべての権益……について，**日本**のために放棄する。

231 連合国とその協調国政府は……侵略の結果，……あらゆる損失と損害を生じさせたことに対し，**ドイツとその同盟国が責任を有する**ことを確認し，ドイツはこれを承認する。

(賠償条項)〈アジア歴史資料センター「平和条約及附属議定書訳文」，編集部にて一部改編〉

レーニンの「平和に関する布告」に対抗して「民族自決」にも言及しなくちゃ！でも……。

▲①ウィルソン(米)(1856～1924)

敗戦国ドイツの戦争責任を追及しよう！

▲②クレマンソー(仏)(1841～1929)

▲③ロイド=ジョージ(英)(1863～1945)

2 「民族自決」は正義なのか

史料から考えてみよう (1)史料④でランシングは「民族自決」を実現不可能でダイナマイト付きと評したが，理由を考えよう。(2)ランシングが「民族自決」の思想を聞かせたくないのはどの人々か。彼らなら「数千の人命」をどうとらえるか。

史料④ 国務長官ランシングの日記

基礎情報 ランシングはウィルソン大統領の国務長官だったが，1920年に辞任し，大統領を批判する『平和会議秘録』を公表した。

(1918年12月30日の覚え書)……自分は**「民族自決」権に関する大統領の宣言に就て**……こうした思想を或人種の耳に入れる事の危険を感ずる。それは必定**講和会議に対する不可能な要求の基礎**となるだろうし，また多くの地方に騒擾を発生せしむべきは明白である。……民族自決と云う語句は……**ダイナマイトを装填**[①]**されている**んだ。その標語は，決して実現し得ない希望を焚きつけるだろう。また**数千の人命を失わせる**様な事になりはしないだろうか。……其の熟語が一旦発表せられた事が既に不幸なのである。今後どんな不幸が持ち上るかも知れない。

①中に詰めて備えつけること

〈ロバート=ランシング著『平和会議秘録』大阪毎日新聞社〉

「民族自決」は実現不可能でダイナマイト付きだ！

◀④ランシング(1864～1928) 1917年には日本と石井-ランシング協定を締結した(➡p.234)。

3 誰にとっての「民族自決」か

史料から考えてみよう (1)史料⑤の「世界に正義・人道・公理がある」とは，具体的には何のことか。(2)史料⑤の「朝鮮は独立をはかって」とは，何をさしているのか。

史料⑤ 「北京学生界宣言」 ➡p.246

基礎情報 1919年5月4日，パリ講和会議で中国の要求が認められないことに抗議する北京大学などの学生たちが，天安門前の集会で読み上げた。

……そもそも講和会議が開幕したとき，われらが願い，慶祝したのは，**世界に正義・人道・公理がある**ということだったからではなかったか。青島を返還し，中日の密約や軍事協定およびその他の不平等条約を廃棄することは公理であり，すなわち正義である。……フランスはアルザス・ロレーヌ両州に対して「得られなければ，むしろ死んだほうがよい」と言った。……**朝鮮は独立をはかって**「独立できなければ，むしろ死んだほうがよい」と言った。……

〈高田幸男訳『世界史史料10』岩波書店〉

▶⑤五・四運動に立ち上がる中国の民衆

人間の権利から見るパレスチナ問題

1920年代よりイギリスはパレスチナを委任統治していたが，48年にイギリスがこれを放棄して，パレスチナにユダヤ人国家を建設する国連の分割決議案が採択された。アラブ連盟はこれに反発し，第1次中東戦争が勃発した。イスラエル建国に対し，ユダヤ側・アラブ側・それ以外の人々がどのようなまなざしを向けていたのか読み解いてみよう。64年，パレスチナ人の民族自決を実現するためにPLO(パレスチナ解放機構)が設立され，69年，アラファトがその議長に就任した。しかしパレスチナ問題は，現在も深刻な衝突と人道上の危機が続いている。ユダヤ人・パレスチナ人それぞれの主張を読み解き，パレスチナ問題の解決のいとぐちを考えてみよう。

1 イスラエル建国へのまなざし

史料から考えてみよう (1)史料①の「シオニスト運動」とは何か。(2)図②から史料④のカリフォルニア大学教授の指摘を読み取ってみよう。(3)史料②でアラブ連盟事務局長はなぜ「大戦争」になると述べたのか，理由を考えてみよう。

▲①イスラエル初代首相ベン=グリオン
(1886～1973)

史料① イスラエル建国宣言 ➡p.289

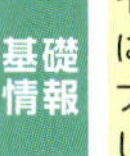

基礎情報 1948年5月14日，世界シオニスト機関執行委員長ベン=グリオンによりテルアヴィヴでイスラエル共和国の建国が宣言された。

……われわれ，すなわち**パレスチナのユダヤ民族と世界中のシオニスト運動を代表する**世界シオニスト機関執行委員会の構成員であるわれわれは，今日，荘厳なる会議に参集したのである。われわれはユダヤ民族の当然の，かつ歴史的な権利にのっとり，さらにまた国際連合の決議案にのっとって，**聖なる地にユダヤ人の国家を創建することを宣言する**ものである。……

〈宮下太一郎翻案『20世紀の歴史231』日本メール・オーダー〉

委任統治下のパレスチナ			国連分割決議によるパレスチナ		
所有者	面積(km²)*	比率(%)	所有国	面積(km²)*	比率(%)
アラブの土地	12,575	47.79	アラブ国	11,590	42.88
ユダヤの土地	1,492	5.67	ユダヤ国	15,262	56.47
公共地	12,115	46.00	イェルサレム(国際地帯)	176	0.65

*湖水は含めない。　〈パレスチナ−アラブ避難民協会資料より作成〉

▲②国連分割決議によるパレスチナの土地所有

史料② アラブ連盟事務局長の宣言

基礎情報 イスラエル建国宣言の翌日に出された宣言。同日，アラブ連盟はイスラエルと開戦した(第1次中東戦争)。

イスラエルの独立宣言は，やがて世界の歴史のなかに，かつてモンゴル軍や十字軍の遠征がもたらしたような，**皆殺しの大戦争**を書きとどめることになるであろう。

〈宮下太一郎翻案『20世紀の歴史231』日本メール・オーダー〉

史料③ イスラエル外相の演説

基礎情報 1949年5月11日，イスラエルの国連加盟を認めさせる投票直後の国連総会での演説。

……ユダヤ人は，**祖先の故郷において独立したユダヤ人の国家を確立する**のに長い間苦心してきた……独立を認められないということは，ユダヤ人にとって目に余る異常事態[明らかな規則違反]であり，耐え難い不法行為であっただろう。決断の時が来たとき，ユダヤ人は，自国における自らの生存と自由も，無数の世代の希望の達成も，危機にさらされていると知っていた。そうした確信があったからこそ，劣勢で武器が劣っていても，自分たちの身を守り独立を支持したのである。

〈国際バカロレア(2016年，歴史)より編集部訳〉

史料④ カリフォルニア大学教授の指摘

基礎情報 国連のパレスチナ分割案について，その政治的意義は明らかに指摘できるとしたもの。

実際上，以前に植民地であったアジアと中東の全部がこの解決案に反対した。……アラブと他のアジア人にとって**この国連の決定は，外部世界**――圧倒的に西方的で，紛争の場面からははるかに離れている――**が東方の人民にその意志をいま一度押しつけたことを意味する**。彼らの見解によると，これはアジアの民族主義と自決を尊重するという……自由主義的主張と一致しない。

〈甲斐静馬著『叢書現代のアジア・アフリカ7 中東戦争』三省堂〉

2 ユダヤ人の主張

史料から考えてみよう (1)ヘルツルに影響を与えたドレフュス事件とは，どのような事件か。➡p.202 (2)史料⑤からヘルツルは，ユダヤ人にどのような主権を与えるように主張しているのか。(3)史料⑥に保障されてイスラエルに移民してきた人々の証言を調べてみよう。

史料⑤ ヘルツル『ユダヤ国』

基礎情報 ヘルツルは1860年，ブダペストで出生。96年にウィーンでこれを出版し，反ユダヤ主義が吹き荒れる中，賛否両論を巻き起こした。シオニズムの先駆的書物。

ユダヤ人問題は，ユダヤ人がいくらか目立つ数で生活するところではどこでも存在する。……**われわれはひとつの民族である**。……災難はわれわれをいっしょに結びつける。団結すればわれわれは突然われわれの力を発見する。そうだ，**われわれは国家，しかもまさに模範的国家を作るのに十分なだけ強力である**。われわれはこの目的のために必要なあらゆる人的・物的資源をもっている。
……**われわれに一民族の正当な要求を満足させるに十分なだけの大きさをもつ，地球の一部分への主権を与えよ**，残りはわれわれがわれわれ自身で処理するであろう。

〈甲斐静馬著『叢書現代のアジア・アフリカ7 中東戦争』三省堂〉

▲③シオニズム誕生の父 ヘルツル
(1860～1904) ➡p.289

史料⑥ イスラエルの法律 帰還法

基礎情報 1950年7月5日，イスラエル独立宣言から約2年後に制定された法律。

1 [アリヤー①の権利] すべてのユダヤ人は**この国②にオレー③として入国する権利**がある。
2 [オレーの査証]
(a)アリヤーはオレーの査証に従う義務がある。
(b)オレーの査証はイスラエルに移り住みたいと表明した**すべてのユダヤ人に認められなければならない**……

①ユダヤ人の入植　②イスラエル　③新移民　〈編集部訳〉

3 パレスチナ人の主張

史料から考えてみよう (1)史料⑦⑧に共通する「(民族)自決権」とは何か。(2)この場合のパレスチナ人の民族自決権とは何か。(3)イスラエルによるパレスチナ人の排除を目撃した人々の証言を調べてみよう。

史料⑦ パレスチナ国民憲章

基礎情報 PLO議長にアラファトが選出され，1969年7月17日に改定された憲章。

1 パレスチナはパレスチナ・アラブ人民の郷土であり，アラブ祖国の不可分の一部をなす。……
19 1947年のパレスチナ分割とイスラエル国家の樹立は，パレスチナ人民の意志と祖国における彼らの権利とに反しており，また国連憲章に具体化されている諸原則，特に**自決権**と矛盾しており，時間がいかに経過しようとも根本的に不法である。

〈藤田進訳『世界史史料11』岩波書店〉

史料⑧ パレスチナ解放機構(PLO)アラファト議長の国連演説

基礎情報 1974年11月13日，初めてニューヨークの国連総会で行った演説。PLOがパレスチナの人々の代表として国連総会で認められ，オブザーバーの地位を獲得。

……パレスチナ解放機構の議長としてパレスチナ革命の指導者として，私は私達の**民族自決権**を得るための戦いに参加するよう呼びかけます。この権利は国連憲章に含まれており，……幾度もこの総会の決議にあらわれました。私はまた武力，恐怖政治，抑圧によって私達に無理やりにしいられた亡命から，……私達の民族の地……に戻ることを援助してくださるよう再びアピールします。……今日私はオリーヴの枝と自由の戦士の銃をもってやってきました。どうかオリーヴの枝を私の手から落とさせないでください。……戦火はパレスチナの地に燃えあがります。しかし平和が生まれるのはパレスチナです。

〈三留理男著『パレスチナ』現代史出版会〉

▲④PLOアラファト議長
(1929～2004) ➡p.289

? 史料から直接読み取れることや史料を読んで考えられること，史料に関連する資料集本体の関連ページから調べられることなどを発問例としています。

1 ハンムラビ法典 ➲p.55 B.C.1800 西アジア

基礎情報 古バビロニア王国(バビロン第1王朝)のハンムラビ王が制定した成文法。シュメール各都市の法を継承・集成し，刑法・商法・民法の全282条からなる。

1 若し人が人に罪を帰せしめて，殺人行為を彼に対して投げ掛けたるも，彼に確証せざりしときは，彼に罪を帰せしめたる者は殺さる。

195 若し子が彼の父を打ちたるときは，彼の手を切り取る。

196 若し人が「人の息」①の**眼を潰したるときは，彼の目を潰す**。

199 若し人の奴隷の眼を潰し，或いは又人の奴隷の骨を折りたるときは，其の価の半を支払う。

200 若し人が彼と同格の人の**歯を落したるときは，彼の歯を落す**。

①自由人のこと　〈原田慶吉著『楔形文字法の研究』清水弘文堂書房〉

? 史料(刑法部分)から，刑の方法・身分という観点で特徴を書き出してみよう。

2 アテネの民主政—ペリクレスの演説 ➲p.65 前5世紀 地中海

基礎情報 前431年に市民(平民以上の成年男子)による平等な政治への参加と責任から成り立つ直接民主政をたたえた演説。民会を最高議決機関とし，官職の抽選制等を特徴とした。

われらの政体は他国の制度を追従するものではない。ひとの理想を追うのではなく，ひとをしてわが範を習わしめるものである。その名は，**少数者の独占を排し多数者の公平を守ることを旨として，民主政治と呼ばれる**。わが国においては，個人間に紛争が生ずれば，法律の定めによってすべての人に平等な発言が認められる。……またたとえ貧窮に身を起そうとも，ポリスに益をなす力をもつ人ならば，貧しさゆえに道をとざされることはない。われらはあくまでも自由に公けにつくす道をもち，……自由な生活を享受している。〈トゥーキュディデース著，久保正彰訳『戦史(上)』岩波書店〉

? 史料から，現代社会の民主政治との相違点を挙げてみよう。

3 ミラノ勅令 ➲p.74 4世紀 地中海

基礎情報 313年にコンスタンティヌス帝が，東の正帝とミラノで会見し発布したとされる勅令。キリスト教を含む，すべての宗教の信教の自由を認めるものであった。

われらは幸いにもミラノに相会せるとき……われらはクリスト者に対しても万人に対しても，各人が欲した宗教に従う自由な権能を与える。……**クリスト者の名に関し……規定せられたすべての命令は全部撤廃せられ**……クリスト者の宗教を遵守せんとする意志あるものは，なにびとも今や正真正銘，無条件に，またなんらの不安も面倒もなくその遵守に努めうることを。……クリスト者がかつて集会するを常とした場処を……無料かつ無償で……クリスト者に返却せらるべし。〈『西洋史料集成』平凡社〉

? キリスト教徒は，ローマ帝国からたびたび迫害を受けてきたが，その理由は何か。

4 アショーカ王碑文 ➲p.80 前3世紀 南アジア

基礎情報 マウリヤ朝のアショーカ王はカリンガ王国征服時の多くの犠牲を悔いて，仏教を自らが重んじ，仏法による支配を行うことを各地の磨崖碑・石柱碑に刻ませた。

天愛喜見王①の灌頂8年②に，**カリンガ**が征服された。15万の人びとがそこから移送され，10万〔の人びと〕がそこで殺害され，また幾倍か〔の人びと〕が死亡した。それ以来，カリンガが征服された今，**天愛の熱心な法③の実修，法に対する愛慕，および法の教誡が，〔行なわれた〕**。これはカリンガを征服した時の，天愛の悔恨である。……この**法による征服のみが〔真の〕征服であると考えしめるために，銘刻された**。

①アショーカ王。②即位後8年。③仏教の法(ダルマ)。〈塚本啓祥著『アショーカ王碑文』第三文明社〉

? アショーカ王は仏法によって支配することでどのような利点があると考えたのだろうか。

5 焚書・坑儒 ➲p.91 前3世紀 東アジア

基礎情報 秦の始皇帝の丞相 李斯の施策とされる思想統制策。前213年に実用書以外の書物を焼き，翌年には皇帝の施策に批判的な儒者を穴埋めにして殺したとされる。

……臣①は**史官の取扱う秦の記録以外は，みなこれを焼き，また博士官が職務上保存するもののほか，一般民間で詩②・書③・百家の語を蔵する者があれば，悉くこれを郡の守尉に提出させて，焼き払いたい**と思います。ことさらに詩・書を偶語する者があれば棄市④し，古を以て今を非る者は族滅⑤し……。

①自分のこと。李斯。②詩経。③書経。④人の集まる市場で殺し，屍をさらす。⑤一族をみな殺しにする。〈司馬遷著，小竹文夫・小竹武夫訳『史記』弘文堂〉

? 儒家はなぜ始皇帝の政治を批判したのだろうか。その思想(➲p.90)から考えてみよう。

6 九品官人法(九品中正) ➲p.98 3世紀 東アジア

基礎情報 魏～隋初に行われた官僚の登用制度。中央から派遣された中正官が郷里の評判により人材を9ランクに評定し，それにもとづいて官僚のポストを与えた。

魏の文帝は初めて**九品中正の法**を定めた。郡邑には小中正を設け，州には大中正を設けた。小中正は品①によって人才②をランクづけて大中正にたてまつった。大中正はその実を核して司徒③にたてまつり，司徒は再び核して，その後，尚書④に付して選用させた。……中正が品する所の高下を見なさい。……真に，いわゆる**「上品に寒門⑤なく，下品に世(勢)族⑥なし」**であって，高門・華閥には世及⑦の栄はあっても，庶姓寒人には寸進の路もない。選挙の弊はここに至って極った。

①官吏。②人柄，9種類にランクづける。③中央の行政官。④行政府。⑤社会的に無力なもの。⑥権勢のあるもの。⑦立身出世すること。〈小宮進訳『世界史資料(上)』東京法令出版〉

? 史料にあるように，人材登用よりも結局は豪族の台頭を招いた理由を考えよう。

7 両税法 ➲p.104 8世紀 東アジア

基礎情報 唐の徳宗の宰相 楊炎の建議(780年)で16世紀半ば(明後半)まで実施された税法。土地所有者へ夏・秋2回，資産・土地に応じて銭・穀物で徴収した。

……炎①は……そこで願って**両税法**をつくった。……およそ，百役の費も一銭の歓も，まず，その**数を度②って人に賦し，出ずるを量って入るを制する**ようにする。戸には主客なく③，見居で簿とし④，人には丁中なく⑤，貧富で差をする。……**税は秋夏にこれを両徴する⑥**。……その租庸・雑徭はすべて省いて，丁額は廃さない。……**夏税は6月をこえることなく，秋税は11月をこえてはならない**。

①徳宗の宰相である楊炎(727～781)。②支出を計って収入を決定する。③主戸(土着民)と客戸(移住者)の別なく。④現在居るものを戸籍簿に記し。⑤年齢の別なく。⑥2度に分けて徴収する。〈小宮進訳『世界史資料(上)』東京法令出版〉

? 唐代前半の税制であった租庸調制を改めた理由を当時の社会情勢から考えよう。

8 澶淵の盟 ➲p.107 11世紀 東アジア

基礎情報 1004年に宋と遼が澶州で結んだ和議。宋が毎年銀と絹を贈り，宋・遼は兄弟として国境保全が約され，以後100年間余り和平が続いた。

契丹皇帝は謹んで書を宋の皇帝のもとに呈出します。**我国と貴国とは，ともに軍事行動を停止する**ことを議し，また通好を論じました。さらに恵みを承け特に誓書に示し，**風土にめぐまれた貴国から，軍旅の費の補助として毎年絹20万疋・銀10万両を贈与していただく**ことになりました。……**沿辺の州軍は互いに境界を守り，両国の人民は互いに越境することがないように**します。……〈吉田寅訳『世界史資料(上)』東京法令出版〉

? この和議がもたらしたユーラシア東部の国際情勢について説明してみよう。

9 マルコ=ポーロ『世界の記述(東方見聞録)』 ➲p.112 13世紀 東アジア

基礎情報 ヴェネツィア出身の商人マルコは大都へ到達し，クビライに仕えたとされる。この書物は13世紀の貴重な記録を含み，西欧人に東方へのあこがれを抱かせた。

……城郭内にはいたる所に無数の街区があるが，その間にあっても主要なのは10の区画であって，おのおの1辺が半マイルの正方形をなしている。……上記の主要10街区では，どこも高楼が櫛比②している。高楼の階下は店舗になっていて，そこでは各種の手芸工作が営まれたり，あるいは香料・真珠・宝石など各種の商品が売られている。米と香料で醸造した酒のみを専門に売る店もある。この種の高級店舗では品物が常に新鮮でかつ安価である。……また，キンサイ市に12の工匠同業組合があるとしるされている。この12の組合とは重要な業種だけを限っての職種別の組合である。

①杭州，南宋の都臨安として知られた「キンサイ市の記述」。②並び接する。〈愛宕松男訳『完訳 東方見聞録2』平凡社〉

? 史料中の杭州の記載から，都市機能や組織などのわかることを書き出してみよう。

10 辮髪令 ➲p.118 17世紀 東アジア

基礎情報 辮髪はモンゴル高原周辺の男性の髪型。満州人は後頭部の髪を残して頭髪をそり，うしろ髪を三つ編みにしてたらした。清朝は漢人らに服従の証として強制した。

現在，この布告が出されてから後は，京城①の内外は10日以内に，直隷各省の地方は，布告書がついてからまた10日以内に，**すべて薙髪して辮髪にさせよ。この布告に従う者は我が国の民であるが**，疑ったりためらったりする者は，政府の命に逆らう賊徒と同じであるので，重刑にさだめる。……もしまたこの布告に反対の章奏②をみだりに上進し，朕が已に定めた地方の人民③をして，依然として明の制度を存続せしめ，清の制度にしたがおうとしない者があれば，死刑にさだめ赦してはならない。

①北京。②臣僚から君主への上奏書。③漢民族の長髪。〈吉田寅訳『世界史資料(上)』東京法令出版〉

? 少数の満州人が多数を占める漢人らを統制した政策は，他にどのようなものがあるか。

11 『クルアーン(コーラン)』 ➲p.125 7世紀 西アジア

基礎情報 イスラームの根本聖典。アラビア語で「読誦されるもの」の意。天使ガブリエルによりムハンマドに啓示されたアッラーの教えの記録で，7世紀半ばに成立した。

慈悲ふかく慈愛あまねきアッラーの御名において……

1 讃えあれ，アッラー，万世の主，

2 慈悲ふかく慈愛あまねき御神，

3 **審きの日(最後の審判の日)の主宰者**。

4 汝をこそ我らはあがめまつる，汝にこそ救いを求めまつる。

5 願わくば我らを導いて正しき道を辿らしめ給え……〈井筒俊彦訳『コーラン(上)』岩波書店〉

? 「最後の審判」という思想は何に始まりどのように伝わったのかたどってみよう。

12 『ルバイヤート』(4行詩) ➲p.128 11世紀 西アジア

基礎情報 セルジューク朝期のイラン人科学者・詩人であるオマル=ハイヤームの4行詩を集めた詩集。「ルバーイー」はペルシア語詩の形式の1つ。無常観・厭世観を表現。

神よ，そなたはわが酒盃を砕き，愉しみの扉を閉ざして
紅の酒を地にこぼした，酔っているのか，おお神よ。……
右手にコーラン，左手に酒盃，ときには如法①，ときには不如法①，
われらは紺碧の大空のもと，まったくの異教徒でなし，回教徒でなし。……
若き日に酒にまさるものはない，うるわしい人と酌む美酒にかぎる。
この世ははかなく，夢のよう，酒に酔いつぶれるにかぎる。……

①ムスリムにとって合法的な飲食物が如法で，酒はもちろん不如法の飲食物である。
〈オマル=ハイヤーム著，黒柳恒男訳『世界文学大系68 アラビア・ペルシア集』筑摩書房〉

? 史料からイスラーム世界の一面がうかがえるが，それはどのようなことだろうか。

13 ゲルマン人の社会と生活 ➡p.137 1世紀 ヨーロッパ

五賢帝時代の初めに活躍したローマの歴史家タキトゥスの『ゲルマニア』は，カエサルの『ガリア戦記』とともにゲルマン人の社会と生活を知る重要な資料。

……鋭い空色の眼，黄赤色(ブロンド)の頭髪，長大にして，しかもただ強襲にのみ剛強な体躯。……寒気と飢餓とには，その気候，風土のために，彼らはよく馴化されている。……**小事には首長たちが，大事には〔部族の〕部民全体が審議に掌わる。**……すなわち新月，あるいは満月の時を期して集会する。……武装のまま着席する。……**王あるいは首長たちが，**……**命令の力よりは，説得の権威をもって〔発言し〕傾聴される。**……意にかなった場合，彼らはフラメアを打ちならす。最も名誉ある賛成の仕方は，武器をもって称讃することである。

〈タキトゥス著，泉井久之助訳『ゲルマーニア』岩波書店〉

? ゲルマン人がものごとを決定する方法には，どのような特徴があっただろうか。

14 ジョン=ボールの説教 ➡p.148 14世紀 ヨーロッパ

ジョン=ボールは農民出身の下級聖職者。ウィクリフの教会改革を支持する説教を行い，1381年に起こったワット=タイラーの乱の思想的指導者となった。

善良なる民衆諸君よ，イングランドでは物事がうまくいっていない。また財産が共有となり，農奴も領主もなく，すべてのものが一つに結ばれるまでは，そうはならないのだ。われわれが領主様とよんでいる人びとは，一体どういうわけでわれわれより偉い主人なのか。彼らは誰に害を与えているか。彼らはなんの理由があってわれわれを隷属させているのか。**もしわれわれがみな一人の父と一人の母，アダムとイヴから生れたものならば，どうして彼らは，自分たちがわれわれより偉い領主様であるといったり，それを証明したりすることができようか**……彼らには邸や見事な荘園があるが，われわれは辛苦と労働に明け暮れ，畑で風雨にさらされる。そして彼らは，われわれから取立てるもの，われわれの労働で，生活している。……

〈『西洋史料集成』平凡社〉

? イングランドの農民たちが，ジョン=ボールに影響されて反乱を起こしたのはなぜか。

15 大憲章(マグナ=カルタ) ➡p.149 13世紀 ヨーロッパ

1215年，戦費の負担をせまるジョン王に対して貴族たちが結束して認めさせた文書。課税に貴族の同意を求めるなど，強力な王権への抵抗の根拠とした。

1 まず第一に，朕は，イングランド教会は自由であって，その権利を完全に，その自由を侵されることなく有すべきことを，神に許容し，この勅許状により，朕および朕の継嗣らのため永遠に確認した。……

12 **軍役代納金または御用金は，朕の王国の全般的諮問によるのでなければ，朕の王国においてこれを課することはない。**……

〈『西洋史料集成』平凡社〉

? 大憲章は，立憲政治が発展するうえでどのような役割を果たしたか。

16 スペインの植民地支配の実態 ➡p.157 16世紀 アメリカ

ドミニコ修道会宣教師のラス=カサスは，1541年，スペイン王カルロス1世に謁見し，報告書でエンコミエンダによる植民地支配の苛酷さと住民の窮状を訴えた。

……**キリスト教徒が実際にインディオに対して**……**示した関心とは，男性を鉱山へ送りだして耐えがたい金採掘の労働に従事させることと，女性をエスタンシア，つまり農場に閉じ込め，**……**土を掘り起こし，畑を耕す仕事に使役することであった。**……彼らに与えた食物と言えば，雑草をはじめ，滋養のないものばかりであり，それは男女とも変わりがなかった。その結果，出産直後の母親は乳が出なくなり，赤ん坊はことごとく生後間もなく死んでしまった。……

〈ラス=カサス著，染田秀藤訳『インディアスの破壊についての簡潔な報告』岩波書店〉

? 植民地の先住民に対してスペイン人の間でみられた意見の違いはどのようなものであったか。

17 マキァヴェリ『君主論』 ➡p.158 16世紀 ヨーロッパ

マキァヴェリはフィレンツェの外交官・政治家として，強大な諸勢力を相手に活躍。『君主論』は，彼自身の経験にもとづいて，あるべき指導者の姿を描いた。

……**君主は野獣の方法を巧みに用いる必要があるが，野獣の中でも狐と獅子とを範とすべきである。**それというのも獅子は罠から自らを守れず，狐は狼から身を守れないからである。**それゆえ罠を見破るには狐である必要があり，狼を驚かすには獅子である必要がある。**……〈ニッコロ=マキアヴェッリ著，佐々木毅訳『君主論』講談社〉

? マキァヴェリが交渉相手とした諸勢力をあげ，『君主論』成立の背景を探ろう。

18 トマス=モア『ユートピア』 ➡p.161,166 16世紀 ヨーロッパ

政治家であり人文主義者でもあったトマス=モアは，1516年に書いたこの著書で当時の社会の不正や不合理を批判し，とくに囲い込みを厳しく非難した。

……羊は，以前はいつも非常におとなしく，とても小食だったのですが，いまでは非常に大食で乱暴になり，**人間までも食らうようになったのです。**耕地や家屋や町をすっかり破壊し，貪り食っているのです。……**すべてを放牧地として囲い込み，**家屋を取り壊し，町を破壊し，教会以外はなにも残していないのです。その教会までもが羊小屋に変えられるのです。……〈佐藤清隆訳『世界史史料5』岩波書店〉

? 史料中の「羊は……人間までも食らう」という表現は何を意味しているか。

19 ルター「95か条の論題」 ➡p.162 16世紀 ヨーロッパ

基礎情報 ローマ教皇の贖宥状販売に対して，1517年，ドイツのヴィッテンベルク大学神学教授ルターが「95か条の論題」を発表して批判したことが，宗教改革の端緒となったとされる。

6 教皇は神から赦されることがらを宣言し，確証する場合を除いて，いかなる罪をも赦すことができない。……

27 **彼らは人に対して，貨幣が賽銭箱の中に投げ込まれ響を立てると，そのときから即刻霊魂は煉獄の火から脱出すると称えている。**

95 平安の保障を確信するよりも，むしろ多くの艱難を通じて天国に入ることを確信すべきである。

〈『西洋史料集成』平凡社〉

? ルターが贖宥状の販売を批判したのはなぜか，彼の教説にもとづいて答えよう。

20 「権利の章典」 ➡p.167 17世紀 ヨーロッパ

基礎情報 名誉革命によって即位したウィリアム3世とメアリ2世が受け入れた「権利の宣言」を法文化したものが「権利の章典」で，イギリス立憲政治史上の画期となった。

1 国会の承諾なしで，王権により，法律または法律の施行を停止する虚構の権限は違法である。

4 **国会の許与なく**大権を名として，国会によって許与された，もしくは許与されるべき時期よりも長く，またはこの場合と異なる方法で，**国王の使用に供するため金銭を徴収することは違法である。**

5 **国王に請願するのは臣民の権利であり，かかる請願をしたため拘禁したり訴追したりすることはすべて違法である。**

6 **国会の承諾をもってするのでなければ，平時に王国内で常備軍を徴集し，または維持することは法に反することである。**

〈『西洋史料集成』平凡社〉

? 「権利の章典」で明確化された権利の具体的な内容をあげ，その意義を答えよう。

21 ロック『統治二論(市民政府二論)』 ➡p.177 17世紀 ヨーロッパ

同じ社会契約論に立ちながら，絶対王政を擁護したホッブズに対抗して，ロックは名誉革命の翌年にこの書をあらわし，議会主義を確立した革命を正当化した。

222 人々が社会にはいる理由とは，彼らの所有権の保存であり，彼らが立法部を選出しこれに権威を与える目的とは，法が社会の全成員の所有物の番人なり防壁として作成され……社会の各部分，各成員の権力が限定され，その支配権が宥和される，という期待であった。……だから，**立法者が民衆の所有権を奪取し破壊しようと**……**努める場合があるとすれば，**……**民衆には，**……**根源的な自由を取り返す権利があるの**であり，**新しい立法部を定め，**……**自分の安全と保全とをはかる権利があるの**である。

〈鈴木秀勇訳『世界大思想全集 哲学・文芸思想編8』河出書房〉

? ホッブズとロックの思想を比較して，ロックの思想が後世に与えた影響を答えよう。

22 ルソー『社会契約論』 ➡p.176 18世紀 ヨーロッパ

1762年に出されたこの著書でルソーは，人民主権論を強く主張し，アンシャン=レジームの打破を訴え，のちのフランス革命に最も大きな影響を与えた。

人間は自由なものとして生まれている。しかも，いたるところで鉄鎖につながれている。

「各構成員の身体と財産とを，共同の力のすべてをもって防禦し，保護する結社形式を見いだすこと，ただし，この結社形式は，それによって各人がすべての人と結合しながら，しかも自分自身にしか服従せず，従前と同じように自由であるようなものでなければならない。」これこそ社会契約によって解決される基本問題である。……

〈平岡昇・根岸国孝訳『社会契約論』角川書店〉

? ルソーの思想は，フランス革命によってどのような形で実現したか調べよう。

23 フィヒテ「ドイツ国民に告ぐ」 ➡p.177 19世紀 ヨーロッパ

1807年，ナポレオン占領下のベルリンで行われたフィヒテの連続講演は，国民意識をよび起こそうとしたもので，ドイツのナショナリズム興隆の契機となった。

……ほんとうの祖国愛を身につけるのも，……すべて，かの，〔われわれの新しい教育の力によってもりあげられる〕精神である。**かく教えられた祖国があってこそ，おのずと，祖国を防衛するために勇敢にたたかおうという人間も，法をまもり平和な正しい国民となろうという人間も，生まれてくる**のである。……

〈篠原正瑛訳『世界大思想全集 哲学・文芸思想編11』河出書房〉

? ドイツで国民意識が広まった歴史的な背景について説明しよう。

24 児童の状態についての工場労働者の証言 ➡p.182 19世紀 ヨーロッパ

産業革命の時代，労働者，とりわけ女性や子どもは，低賃金・長時間労働など劣悪な条件で働かされた。史料は児童労働の実態調査を行った委員会の報告書。

サミュエル=クールスンの証言(1832年)

5047 活況の時期には，少女たちは朝のなん時に工場に行ったか。

活況の時期には，……**少女たちは朝の3時には工場に行き，仕事を終えるのは夜の10時から10時半近くでした。**

5049 19時間の労働のあいだに**休息あるいは休養のためにどれだけの休憩時間が与えられたか。**

朝食に15分間，午餐に30分間，そして飲料を採る時間に15分間です。

5056 もしも彼女たちが僅かに遅刻したとして，この長時間のあいだにその影響はどうなったか。

彼女たちは労働時間が最も長いときでも，最も短いときと同様にクォータ[①]されました。①給料(日給)の4分の1の減給

〈『西洋史料集成』平凡社〉

? 1833年に工場法が制定されるまでに，労働条件はどのように改善されたか調べよう。

25『共産党宣言』➡p.182,183 19世紀 ヨーロッパ

基礎情報 1848年2月にマルクスとエンゲルスがロンドンで発表した文書。すべての社会の歴史は階級闘争の歴史であるとし，資本主義社会でのプロレタリアの勝利を宣言した。

ヨーロッパではひとつの亡霊がうろついている。それは共産主義の亡霊である。……**これまですべての社会の歴史は階級闘争の歴史である。つねに相互に対立しあっていたのは，**自由人と奴隷，貴族と平民，領主と農奴，ギルドの親方と遍歴職人(Gesell)，**抑圧者と被抑圧者であり**……ブルジョワ階級の時代である，わが時代は……すなわちブルジョワ階級とプロレタリア階級へとますます分解しているのである。……**あらゆる地域のプロレタリアよ，団結せよ！**

〈カール＝マルクス著，的場昭弘訳『新訳 共産党宣言』作品社〉

？プロレタリアが団結することで，どのような社会になることを理想としているだろう。

26 トマス＝ペイン『コモン＝センス』➡p.187 18世紀 アメリカ

基礎情報 1776年1月にトマス＝ペインにより出版。北アメリカ植民地でイギリス政府による搾取への不安が高まるなか，共和政の採用と独立を主張し，多くの共感を得た。

……私ははっきりと，きっぱりと，また良心から，つぎのように確信している。すなわち，**分離独立するのがこのアメリカ大陸の真の利益である。**それ以外のものは一時のごまかしにすぎず，そんなものからは長続きのする幸福は生まれて来ないのだ，と。

〈『西洋史料集成』平凡社〉

？植民地の人々が奪われていた権利や利益はどのようなものだろうか。

27 ジェファソン「アメリカ独立宣言」起草文 ➡p.187 18世紀 アメリカ

基礎情報 トマス＝ジェファソンが起草した独立宣言の草稿。フィラデルフィアで開催された大陸会議で検討されたあと，1776年に独立宣言として採択された。

国王(ジョージ3世)は，人間性そのものに反する残忍な戦いを行ない，いまだかつて彼に逆ったことのない僻遠の地の人びと(アフリカ黒人)の，生命と自由という最も神聖な権利を侵犯し，かれらを捕えては西半球の奴隷制度の中に連れ込んでしまうか，あるいは運搬の途上にて悲惨な死にいたらしめた。……人間が売り買いされなければならないような市場を，あくまでも開放しておこうと決意して，この憂うべき取引の禁止ないしは制限を企図したあらゆる法律の成立を妨げるために，彼は拒否権を行使してきたのである。……

〈本田創造著『アメリカ黒人の歴史 新版』岩波書店〉

？起草文と独立宣言(➡p.187)を比べ，削除された事がらを考えよう。またそれはなぜだろうか。

28「人権宣言」➡p.189 18世紀 ヨーロッパ

基礎情報 1789年8月26日，国民議会で採択された宣言。前文と17条から構成され，革命の理念が示されている。1791年憲法の前文においても，この原則が確認された。

国民議会を構成するフランス人民の代表者たちは，人権についての無知，忘却，あるいは軽視が公共の不幸と政治の腐敗との唯一の原因であると考え，ここに，厳粛な宣言を発して，天賦の，不可譲な，神聖な人権を宣明することに決定した。……したがって，国民議会は神のまえに，また，神の庇護のもとに，次のような人間および市民の権利を承認し，そして，これを宣言する。

1 **人間は，生まれながらにして自由かつ平等な権利をもっている。**社会的な差別とは，一般の福祉にもとづく以外にはありえない。

3 **あらゆる主権の原理は，本来，国民のうちにある。**いかなる団体，いかなる個人といえども，明白に国民のうちから出ない権威を行使することはできない。

6 法律は一般意志の表現である。すべての市民はみずから，または，その代表者を通じて，法律の作成に参与する権利をもっている。法律は，保護にせよ処罰にせよ，万人に対して平等であらねばならない。……

11 思想および言論の自由な交換は，人権の最も貴重な一つである。したがって，すべての市民は自由に話し，書き，出版することができる。ただし，法律の定める場合におけるこの自由の濫用についてはみずから責任を負わなければならない。

17 **財産所有は不可侵にして神聖な権利である**ゆえに，合法的と認定される公共的必要が明らかにこれを要求する場合のほかは，……なんぴともそれを奪われることがありえない。

〈『西洋史料集成』平凡社〉

？アメリカ独立宣言(➡p.187)と比較し，同じ点や異なる点をあげてみよう。

29 人民憲章―チャーティストの要求 ➡p.195 19世紀 ヨーロッパ

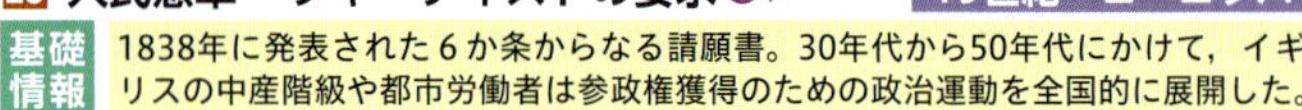
基礎情報 1838年に発表された6か条からなる請願書。30年代から50年代にかけて，イギリスの中産階級や都市労働者は参政権獲得のための政治運動を全国的に展開した。

1 健全なる精神をもち，現在受刑中でない21歳〔以上〕のすべての男子に対する投票権。

2 無記名投票――選挙権を行使する選挙人を保護するために。

3 議員に対する財産資格制限の廃止……〈浜林正夫ほか訳『原典イギリス経済史』御茶の水書房〉

？中産階級や都市労働者たちが参政権獲得などの要求を出したのはなぜだろうか。

30 ビスマルクの「鉄血演説」➡p.200 19世紀 ヨーロッパ

基礎情報 ビスマルクはユンカー出身で，1862年にヴィルヘルム1世により首相に任命された政治家。ドイツ統一のために，軍備拡張が必要であると主張した。

……たとえ軍備がわれわれの貧弱な身体にとって大きすぎるものとなりましょうとも，……**ドイツの着眼すべき点は，プロイセンの自由主義ではなく，その軍備であります。**……プロイセンの国境は，健全な国家のそれにふさわしいものではありません。言論や多数決によっては現下の大問題は解決されないのであります。言論や多数決は1848年および1849年の欠陥でありました。**鉄と血によってこそ問題は解決される**のであります。……

〈『西洋史料集成』平凡社〉

？ビスマルクは「鉄と血」によって，どのような国づくりをめざしたのだろうか。

31 モンロー宣言(教書) ➡p.206 19世紀 アメリカ

基礎情報 1823年，第5代米大統領モンローが年次教書の中でヨーロッパ諸国とアメリカ大陸間での新植民地・非干渉主義を表明。その後のアメリカ外交の基本方針となった。

48 ……**われわれはヨーロッパ列強間の諸戦争には，それがヨーロッパ諸国自身に関する事柄ならば，決して介入しなかったし，またこれに参加することはわれわれの政策とも一致しない。**……いかなるヨーロッパ諸国の干渉も，われわれは合衆国に対する非友誼的態度の表明としかみることができない。……〈『西洋史料集成』平凡社〉

？なぜモンローは，この教書を出す必要があったのだろうか。

32 帝国主義―セシル＝ローズの言葉 ➡p.220 19世紀 ヨーロッパ

基礎情報 セシル＝ローズは，南アフリカへの進出を主導したイギリスの政治家。1890年にケープ植民地相に就任し，1895年には自らの名を付したローデシアを建設した。

「私は，われわれは世界第一等の人種であり，われわれの住む世界が拡がれば拡がるほど人類にとって幸福だと主張する。……**神は私がアフリカの地図をできるだけ多く英領の印として紅くいろどることを欲したもうだろう。**」

「世界は殆んどすべて分割されつくした。残されている地域も分割され，征服され，植民地化されようとしている。……できることなら**私は遊星をも併呑したい。**……」

〈レオ＝ヒューバーマン著，小林良正・雪山慶正訳『資本主義経済の歩み(下)』岩波書店〉

？史料の「英領の印として紅くいろど」られた地域は，アフリカのどの辺りだろうか。

33 東南アジアの民族運動―カルティニの手紙 ➡p.227 19世紀 東南アジア

基礎情報 カルティニは，社会変革と民族の解放の必要性を主張したインドネシアの運動家。女性の自覚と地位向上をめざし，その後の民族運動にも大きな影響を与えた。

……**自由な教育を施す目的は，何よりもまずジャワ人を純粋のジャワ人に，郷土と民族への愛と喜びをもち，民族と郷土との良さを見てよろこび，そして……苦しみを共にする魂をそなえたジャワ人にすること**です！……わが民族の魂の海の底に沈潜すればするほど，その魂の程度はいよいよ高いものに思われてまいります。……村や部落に足を入れ，極貧の人々の茅屋に立ち入り，彼らの語ることばや彼らの考えに耳を傾けてみましょう……彼らの口ずさむ歌の詞は，あたかも木の葉を撫でるそよ風の歌声にもたとうべく，美わしい霊感に満ちた，いかにも美しいものです。……

〈早坂四郎訳『光は暗黒を越えて』河出書房〉

？当時のジャワ(インドネシア)人は何に苦しんでいたのだろうか。

34 南京条約 ➡p.229 19世紀 東アジア

基礎情報 1842年8月に清とイギリスの間で調印されたアヘン戦争(1840～42年)の講和条約。戦争のきっかけとなった，アヘンの輸入に関しては記されなかった。

2 清国皇帝陛下は英国民が……**広東①・厦門・福州・寧波および上海の市町において商業に従うために，迫害または拘束をこうむることなく居住できること**を約束する。

3 ……清国皇帝陛下は**英国女王陛下に香港を割譲し，**英国女王陛下およびその後継者は永久にこれを占有し，**英国女王陛下の適当と認める法律・規則をもってこれを統治する。**

5 清国政府は広東に於て通商に従事せる英国商人をして……清国政府より免許を得たる「行」商人(公行)とのみ取引することを強制せしが，清国皇帝は英国商人の居住すべきいっさいの港において，将来右の慣行を廃し，**任意に何人とも通商取引に従事することを許すこと**を約す。

①広州 〈半澤玉城著『支那関係条約集』外交時報社，編集部にて一部改編〉

？イギリスはどのような貿易を望んだのだろうか。また，それはなぜだろうか。

35 三民主義―『民報』発刊の言葉 ➡p.231 20世紀 東アジア

基礎情報 1905年に東京で中国同盟会が結成され，機関誌である『民報』が発刊された。孫文が創刊号で三民主義の言葉を示し，青年や知識層に衝撃を与えた。

……私は欧米の進化は三大主義にあると思う。それは民族，民権，民生である。ローマが滅び，**民族主義**がおこって，欧米各国が独立した。やがてそれぞれ自分たちもその国を帝国とし，専制政治をおこない，被支配者はその苦しみにたえられなくなり，**民権主義**がおこった。18世紀の末，19世紀の初め……世界は文明化し，人智がますます発達し，物質がいよいよ豊かになり……経済問題が政治問題のあとをついでおこり，民生主義が盛んになっている。20世紀は**民生主義**のひとり舞台の時代となるにちがいない。……〈中村義訳『アジア歴史事典 別巻 東洋史料集成』平凡社〉

？孫文がめざしたものは何か。自分の言葉で書いてみよう。

36 三・一独立運動(独立宣言書) p.233 20世紀 東アジア

基礎情報 1919年3月1日に発表され，三・一独立運動の発端となったこの独立宣言書は，天道教など宗教者たちの依頼を受けて，歴史学者の崔南善が作成したものである。

われらはここに，わが朝鮮国が独立国であること，および朝鮮人が自由の民であることを宣言する。……

1 こんにちわれわれのこの挙は，正義，人道，生存，尊栄のためにする民族的要求であって，すなわち自由の精神を発揮するものである。けっして排他的感情に逸走してはならない。……

朝鮮建国4252年3月1日　朝鮮民族代表(33名署名)

〈姜徳相訳『朝鮮独立運動の血史1』平凡社〉

? この独立宣言書が作成された背景には，どのような国際情勢があるか。

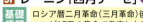

37 レーニン「四月テーゼ」 p.238 20世紀 ヨーロッパ

基礎情報 ロシア暦二月革命(三月革命)後の1917年4月，亡命先のスイスから帰国したレーニンが17日の集会で発表した革命の方針で，のちに党機関紙に掲載された。

1 ……この戦争は今なお無条件に掠奪的な帝国主義戦争であって，……

3 臨時政府をいっさい支持しない……こと。

4 ……**すべての国家権力を労働者代表ソヴェト**[①]**にうつす必要**を宣伝する。

6 ……国内のすべての土地の国有化，土地の処理を地方の雇農・農民代表ソヴェトにゆだねること。

①ソヴィエト

〈斎藤稔訳『世界史史料10』岩波書店〉

? この史料に示された革命の方針が，フランス革命などの市民革命と異なる点はどこか。

38 ヴァイマル憲法 p.242 20世紀 ヨーロッパ

基礎情報 ヴァイマル憲法と称されるドイツ共和国憲法は，ドイツ革命後の1919年，ヴァイマルに召集された国民議会によって7月31日に可決，制定された。

1 **ドイツ国は共和国である。**国家権力は国民に由来する。

22 議員は普通，平等，直接および秘密の選挙において，比例代表の諸原則に従い，満20歳以上の男女によって選出される。……

48 ……ドイツ国内において，公共の安全および秩序に著しい障害が生じ，またはそのおそれがあるときは，ライヒ大統領は，公共の安全および秩序を回復させるために必要な措置をとることができ，必要な場合には，武装兵力を用いて介入することができる。……

151 経済生活の秩序は，すべての人に，人たるに値する生存を保障することを目ざす，正義の諸原則に適合するものでなければならない。

〈木畑和子訳『世界史史料10』岩波書店〉

? この憲法は当時，20世紀の新しい憲法として世界に知られたが，それはなぜか。

39 八・一宣言 p.247 20世紀 東アジア

基礎情報 内戦停止と一致抗日を訴えたこの宣言は，南京国民政府の攻撃を受け，陝西省延安へ向う長征(大西遷)途上の中国共産党により1935年8月1日に発表された。

わが国内外の労働者・農民・軍人・政治家・実業家・学者各方面の男女同胞よ！日本帝国主義の我らに対する進撃はますますはげしい。……同胞よ！中国はわれらの祖国！中国民族はすべてわれらの同胞！われわれは国が亡び民族が亡びるのを傍観し，救国自救しないでおられるだろうか？おられない！断じておられない！……そこで，いま**国と民族を亡ぼす大きな禍**が目前に迫っている時，共産党とソヴェト[①]政府はあらためて全同胞に訴える……まずみんなが**内戦をやめ**，それによってすべての国力(人力・物力・財力など)を集中し，神聖な救国事業のために戦かいを有利にしなければならない。……

①ソヴィエト

〈野原四郎訳『アジア歴史事典 別巻 東洋史料集成』平凡社〉

? 史料の「国と民族を亡ぼす大きな禍」とは，どのようなことをさしているか。

40 ユダヤ人虐殺―アウシュヴィッツ p.253,258 20世紀 ヨーロッパ

基礎情報 アウシュヴィッツは1940年ドイツ占領下のポーランドに建設された。42年より全ヨーロッパから移送されるユダヤ人の絶滅収容所として，約100万人が毒ガスにより殺害された。

「**ガス室**」での殺害は次のようにして行なわれた。……**ユダヤ人**たちは裸になるように命令される。……(部屋の)中央に30メートル置きに穴の空いた鉄管の柱が立っている。……扉が閉められ，外から部屋の電気が消される。このとき，地下室の真上の芝地では，30メートル置きに並んだコンクリートの蓋を開けてチクロンB[①]が振込まれる。……特別処理班の少数の生き残りのひとりは書いている。

「死体は部屋のなかに散らばってはいない。互いに上下に重なり合って高く塔のよう(に)なっているのだ。これは容易に説明できる。外から投入されたチクロンによって，死のガスはまず床の表面に広がる。その後次第に上の空気の層に広がってゆく。そのため，不幸な人たちは互いに相手を踏み付け合い，他人のうえによじ昇るのだ。高ければ高いほどガスは遅れて到着する。二分間長く生きるためになんと恐ろしい戦いが繰り広げられたことか。……」

①毒ガスとして用いられた薬剤。

〈栗原優著『ナチズムとユダヤ人絶滅政策』ミネルヴァ書房〉

? ナチスのユダヤ人殺害(ホロコースト)はなぜ行われたのだろうか。

41 ヒトラー『わが闘争』 p.253 20世紀 ヨーロッパ

基礎情報 ヒトラーはミュンヘン一揆に失敗し禁固刑に処せられたが，この間，口述により執筆を開始。上巻は自叙伝で1925年に，下巻はナチスの歴史で1927年に出版された。

……アーリア人種は，その輝く額からは，いかなる時代にもつねに天才の神的なひらめきがとび出し，そしてまた認識として，沈黙する神秘の夜に灯をともし，人間にこの地上の他の生物の支配者となる道を登らせたところのあの火をつねに新たに燃え立たせた人類のプロメテウスである。……**アーリア人種に，もっとも激しい対照的な立場をとっているのはユダヤ人である。**……この世界にユダヤ人だけがいるのなら，……憎しみに満ち満ちた闘争の中で相互にぺてんにかけよう，根こそぎにしようと努めるに違いない。……

〈平野一郎・将積茂訳『わが闘争(上)』角川書店〉

? ここに表れているヒトラーの特徴的な考え方はどのようなものか。

42 トルーマン=ドクトリン p.263 20世紀 アメリカ

基礎情報 アメリカ大統領トルーマンは，1947年3月12日の議会で，ギリシア・トルコへの軍事・経済援助を要請する際，ソ連陣営と対決する外交政策の原則を表明した。

……合衆国の外交政策の主要目的の一つは，われわれおよび他国民が，強制から自由な生活様式を営むことができるような条件を創り出すことにあります。……世界の幾多の国民が最近みずからの意志に反して**全体主義的体制を強制され**ました。合衆国政府は，ポーランド，ルーマニア，ブルガリアにおいて，ヤルタ協定に違反しておこなわれている強制と脅迫に対して，しばしば抗議をおこないました。私はまた多数の他の国家においても同様な情勢があることを述べなければなりません。……

〈『西洋史料集成』平凡社〉

? 文中の「全体主義的体制を強制され」たとは，どのような事実をさしているか。

43 アメリカのベトナム反戦運動 p.268,277 20世紀 アメリカ

基礎情報 資料は1960年代の公民権運動で大きな役割を果たした学生非暴力調整委員会(SNCC)が，1966年に発表した声明の一部で，ベトナム反戦を強く表明している。

「……アメリカ政府は**ベトナム人民の自由**に関心を払っているのだと主張するが，それは嘘だとわれわれは断じる。同じ嘘のやり方で，この政府は，世界のさまざまな国における有色人種の自由に関心を払っていると主張する。……われわれの経験は，ことに南部において，アメリカ政府がいまだかつて，**抑圧された市民の自由**を護ったことがなく，その国土のなかにおいてすら，抑圧と恐怖にみちた統治に終止符を打とうとしていないことを示している。……ベトナム人は，アメリカ合衆国が国際法を侵犯する侵略政策をとることによって殺された。……」

〈小田実著『義務としての旅』岩波書店〉

? 「抑圧された市民」とはどのような人をさすか。また「ベトナム人」との共通点は何か。

44 ドイツの統一 p.280 20世紀 ヨーロッパ

基礎情報 1949年以来東西に分断されていたドイツの統一は1990年に実現した。「統一の日」とされた同10月3日の祝賀式典におけるヴァイツゼッカー大統領の演説。

……われわれは，自由な自己決定により，**ドイツの統一と自由を成就する。**……第二次世界大戦後**ドイツ分断**は，戦勝国間の一致した意図に基づくものではなく，むしろ戦勝国間の争いの結果でありました。しかし，われわれはこれを口実に言い逃れをしようとは思いません。われわれの誰一人として，ヒトラー下のドイツがあの戦争を始めなければ，分断は決して起こらなかったであろうことを忘れるものはおりますまい。**冷戦**のもとで，また核の手詰まり状態に守られ，四十年以上に亙って東西間では社会体制の競争が展開されてきました。今やその時代は終息に向かっております。……

〈古池好訳『ドイツ統一の日1990年10月3日』ドイツ連邦共和国大使館〉

? 東西ドイツが統一されてから，どのような問題が起きたか。

45 マーストリヒト条約 p.281 20世紀 ヨーロッパ

基礎情報 1991年12月，オランダのマーストリヒトで開かれたEC首脳会議で採択され，93年に発効したこの条約で，ECはEUへと発展し，さらなる統合が進められた。

1 この条約により，締約国は，加盟国が共通の目的を達成するために権限を付与する**欧州連合を，締約国間に設立**する。この条約は，**欧州国民間に一層緊密化する連合を創設する過程において新たな段階に踏み出すもの**であり，連合の決定は，市民に対しできる限り開かれた形で，かつ，できる限り市民に近いところで行われる。……連合は欧州共同体に置き換わり，かつ，これを継承する。

〈『国際条約集2017年版』有斐閣〉

? この条約が「一層緊密化する連合を創設する」ためにどのような政策が定められただろうか。

46 アパルトヘイト廃止 p.285 20世紀 その他

基礎情報 南アフリカの有色人種に対する人種隔離政策は，1980年代以降，国際社会の批判と国内の抵抗運動が高まり，1991年6月，デクラーク政権により廃止された。

開会中の南アフリカ国会は17日，**アパルトヘイト(人種隔離政策)**根幹法案のうち，最後まで残っていた人口登録法(1950年制定)廃止を賛成89，反対38で決めた。これを受けたデクラーク大統領は「今や**アパルトヘイト**は歴史上のものとなり，全国民がアパルトヘイトから解放された」と宣言した。

〈『読売新聞』1991年6月18日〉

? アパルトヘイトが1991年まで維持されてきたのはなぜか。

地名索引の見方　本文内の地名・国名は赤文字で示した。
人名索引の見方　本文内の人名は青文字で示した。
事項索引の見方　本文内の上記以外の事項は黒文字で示した。
●ページ数で**太文字**のものは本文でとくに大きく扱ったもの。
※ページ数のあとの記号
「ヒ」は「ヒストリーシアター」をさす。
「年」は「年表」をさす。「[1][2]」は「ゾーン番号」をさす。
「折込」は「世界の国々」以降をさす。

オ

カ

キ

シ

ス

セ

索引 セ～テ

ヒ

フ

ヘ

写真資料所蔵・提供・協力一覧 （敬称略，50音順）

愛知県立大学古代文字資料館／青山邦彦／浅沼光晴／朝日新聞社／アーテファクトリー／アフロ／安倍文殊院／アマナイメージズ／あみだ池大黒／出光美術館／イノキ・ゲノム・フェデレーション／茨城県立歴史館／ウイングス・P・E 宮崎一雄／AFP=時事／遠藤紀勝／延暦寺／大阪府立弥生文化博物館／大村次郷／沖縄県立博物館・美術館／外務省外交史料館／神奈川県立歴史博物館／共同通信社／京都大学附属図書館／京都萬福寺／宮内庁／宮内庁三の丸尚蔵館／宮内庁正倉院事務所／宮内庁書陵部／群馬県立歴史博物館／getty images／建仁寺／公益財団法人 鍋島報效会／公益財団法人 日本国際問題研究所／神戸市立博物館／廣隆寺／国立国会図書館／埼玉県立さきたま史跡の博物館／佐賀県教育委員会／The Trustees of the British Museum／JTBフォト／滋賀大学経済学部附属史料館／時事通信社／時事通信フォト／静岡浅間神社／シーピーシー・フォト／島根県立古代出雲歴史博物館／下田開国博物館／集英社／週刊プロレス／寿福寺／小学館／新日鐵住金㈱八幡製鐵所／水産航空／静嘉堂文庫美術館／ソウル国立中央博物館／大成建設／中国通信社／DNPアートコミュニケーションズ／東京国立博物館 Image：TNM Image Archives／東大寺／東洋紡／十日町市博物館／徳川記念財団／徳川美術館／長崎歴史文化博物館／奈良県立橿原考古学研究所／奈良国立博物館／日本美術著作権協会／日本漫画資料館／根津美術館／ノエマ／芳賀ライブラリー／長谷川重子／PIXTA(ピクスタ)／ピーピーエス通信社／広島県立歴史博物館／広島平和記念資料館／福岡市博物館／藤田美術館／文化庁／ベースボール・マガジン社／便利堂／法隆寺／星孝則／公益財団法人 ポーラ美術振興財団 ポーラ美術館／毎日新聞社／丸山勇／三島村役場／三菱重工㈱長崎造船所／宮城県図書館／明治神宮外苑聖徳記念絵画館／明治安田生命保険相互会社／森安孝夫／悠工房／ユニフォトプレスインターナショナル／横浜開港資料館／横浜市中央図書館／読売新聞／鹿苑寺／六波羅蜜寺／早稲田大学図書館／ワールドフォトサービス

特集 西洋近代科学史完全整理

→巻頭15

化学の系譜
物理学・幾何学の系譜
天文学の系譜
生物学・医学の系譜

発明品
発明 化学分野　発明 天文分野
発明 物理分野　発明 生物分野

1 17世紀の科学革命

地動説
コペルニクス（ポーランド,1473～1543）
『天球の回転について』 →p.160
ジョルダーノ=ブルーノ（伊,1548～1600）

望遠鏡

知は力
フランシス=ベーコン（英,1561～1626）
先入観を廃し，経験（実験）から出発=帰納法
→p.177

機械論的自然観
デカルト（仏,1596～1650）
座標軸を考案 『方法叙説』
合理的思考法=演繹法
→p.177

科学全体に影響

近代科学の父
→p.160
ガリレオ=ガリレイ（伊,1564～1642）
落下の法則　振り子の研究
真空ポンプの研究
『天文対話』地動説支持
『新科学対話』

ケプラー（独,1571～1630）
惑星運行の3法則 →p.161

実験生理学
ハーヴェー（英,1578～1657）
血液循環の原理

顕微鏡

観測と法則化

パスカル（仏,1623～62）
大気圧　液体圧力の法則

★ボイル（英,1627～91）
気体体積と圧力の法則
4元素説を否定

★ホイヘンス（蘭,1629～95）
振り子時計の発明
（精密な時間測定が可能に）
光の波動説　土星の環を発見

古典力学の完成
★ニュートン（英,1642～1727）
『プリンキピア』
物体運動の3法則
万有引力の法則

★17世紀のイギリス王立協会会員 →p.176

▲①ニュートン

近代化学の形成へ　熱力学の形成へ　波動学の形成へ

2 工業化と科学の発展（18～19世紀）

物質と原子の探求
化学方法論の確立
ラヴォワジェ（仏,1743～94）
質量保存の法則
燃焼理論の確立

原子論の確立
リービヒ（独,1803～73）
有機化合物の分析

パーキン（英,1838～1907）
1856年，ベンゼンから紫色の 合成染料 開発

ノーベル →p.213
（スウェーデン,1833～96）
1866年，ダイナマイト 発明

ハーバーとボッシュ（独）
1909年，化学肥料 の素アンモニア開発

ニトロ火薬・化学薬品
プラスチック

カローザス（米,1896～1937）
1931年，合成繊維
ナイロン開発

マリ=キュリー →p.213
（ポーランド・仏,1867～1934）
放射性元素の発見
（原子内部に何かが!）

熱力学の研究
蒸気機関（ボイルの弟子が発明）

ワット（英,1736～1819） →p.181
1781年，回転運動する蒸気機関に改良

フルトン（米,1765～1815）
1807年，外輪式 蒸気船 発明

スティーヴンソン（英,1781～1848）
1814年，蒸気機関車 発明 →p.181

内燃機関

ダイムラー（独,1834～1900）
1866年，ガソリン自動車 発明

ディーゼル（独,1858～1913）
1897年，ディーゼル機関 発明

エネルギー保存の法則
マイヤー（独,1814～78）
熱・電磁気と仕事量の関係を説明，エネルギー保存の法則

ヘルムホルツ（独,1821～94）
数学的に定式化

エントロピー理論
冷凍装置・冷暖房装置

電気の研究
フランクリン（米,1706～90）
雷の研究　避雷針
正電荷+と負電荷−

ヴォルタ
（伊,1745～1827）
電池 の発明

ファラデー
（英,1791～1867）
発電機 の発明
電気分解の法則を発見

モールス（米,1791～1872）
1837年，（電気）通信機 発明

ベル（米,1847～1922）
1876年，電話機 発明

エディソン（米,1847～1931） →p.213
1879年，白熱 電球 発明など

波動の研究
ドップラー（墺,1803～53）
ドップラー効果の発見

フーコー（仏,1819～68）
光の速度を測定

電磁波の研究
電磁気学
ヘルツ（独,1857～94）
電磁波の発見

マルコーニ（伊,1874～1937）
1895年，無線電信機（ラジオ） 発明

レントゲン（独,1845～1923）
X線発見 レントゲン →p.212

病気の原因との闘い
ジェンナー →p.213
（英,1749～1823）
種痘法（免疫理論の端緒）

ワクチン

細菌学
パストゥール（仏,1822～95）
自然発生説否定の証明 →p.212
殺菌法　狂犬病予防接種

コッホ（独,1843～1910）
結核菌　コレラ菌発見

A.フレミング
（英,1881～1955）
菌で菌に対処（ペニシリン）

抗生物質

動植物界の法則とは?
大航海時代後にひらけた新たな多様な世界

博物学
リンネ
（スウェーデン,1707～78）
動植物の分類

ビュフォン（仏,1707～88）
進化思想を表明『博物誌』
（啓蒙思想の立場から）

進化論 →p.213
ダーウィン（英,1809～82）
自然淘汰と適者生存
『種の起源』

細胞説の確立

遺伝の研究
遺伝の法則
メンデル（墺,1822～84）
エンドウマメ交配実験
遺伝因子の存在を予言

品種改良

3 古典からの飛翔（20世紀）

原子を構成する究極物質とは?
原子構造モデル
ラザフォード（英,1871～1937）
原子核（陽子と中性子）と周囲の電子

原子炉

素粒子
湯川秀樹（日,1907～81）
中間子説（陽子・中性子を集合させる粒子）

原子内部の力学の探究
量子力学
ボーア（デンマーク,1885～1962）
電子はとびとびの軌道を回る
（電磁場の力学を否定）

ハイゼンベルク（独,1901～76）
電子は粒子　不確定性原理

ファインマン（米,1918～88）
電子・光と電磁場理論の統合

テレビ・半導体・携帯電話・発光ダイオード

光（電磁波）の不思議
時間と空間の見直し
相対性理論
アインシュタイン →p.256,275
（独,1879～1955）
光との運動速度の差が，時間と空間の状態を変化させる
質量の存在は，時空をゆがめる

➤②アインシュタイン

宇宙の探求
ラプラース
（仏,1749～1827）
宇宙進化論

ハッブル（米,1889～1953）
星雲への距離の観測法
宇宙の膨張を観測

ビッグバン理論

宇宙への雄飛
ライト兄弟（米）
1903年，飛行機 開発

ロケット

月面への着陸
テラフォーミング（火星居住可能化）計画

分子生物学
ワトソン（米,1928～　）
クリック（英,1916～2004）
染色体=DNA（デオキシリボ核酸）は二重らせん構造遺伝情報・遺伝子複製のしくみ解明

生命工学
ヒトゲノムの解読

遺伝子組みかえ

クローン羊ドリー誕生

クローン

ES細胞
iPS細胞
→p.274

さまざまな地図〜地図の歴史に表れた世界像〜

ローマ人の世界像

◀ **①プトレマイオス地図** ローマ人は，アレクサンドリアのプトレマイオスが150年にギリシア語で記(しる)した『地理書』によって，ユーラシアの大まかな形を把握(はあく)していた。この地図は15世紀にいたるまで，ユーラシア西方で精度の高い地図の一つとして知られた。

仏教徒の世界像

▶ **②玄奘(げんじょう)『大唐西域記』に記された世界** 内陸交易に従事する者も多かった仏教徒の世界観は，アジアを，風土によってみごとに4つに分類している。

最新世界史図説
タペストリー
十八訂版

明解世界史図説
エスカリエ
十二訂版

別冊白地図作業帳

もくじ

帝国書院

年　組　番
年　組　番

2 オリエント世界／地中海世界

風土 下の❶～⓬に該当する自然地域名を記入しよう。【タペストリー p.54,62, エスカリエ p.39,45】

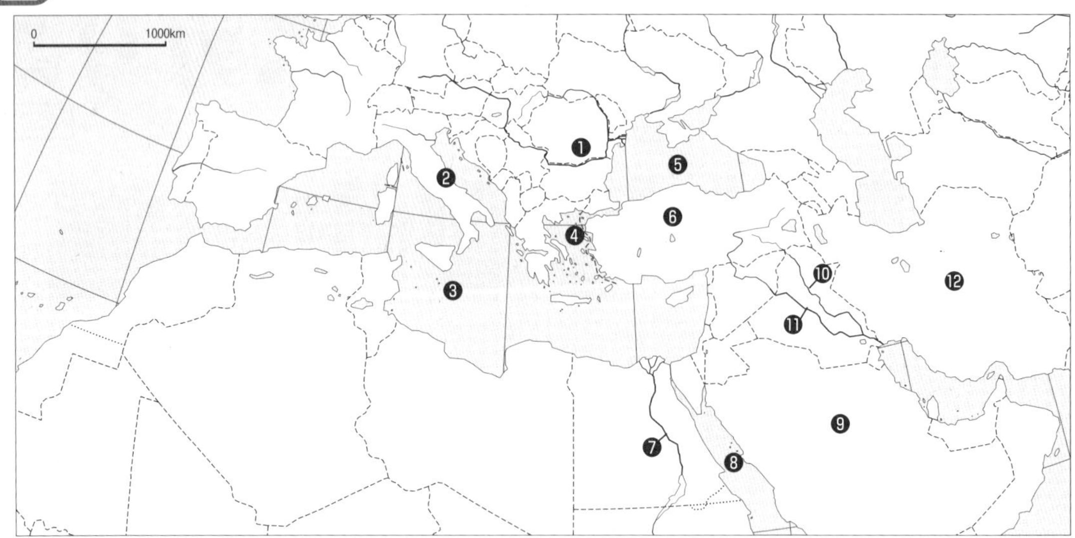

[風土]

❶ 川	❷ 半島	❸ 海	❹ 海
❺ 海	❻ 高原	❼ 川	❽ 海
❾ 半島	❿ 川	⓫ 川	⓬ 高原

行政 下のA～Hに該当する国名を，ア～オに該当する都市名を記入しよう。【タペストリー p.54,62,巻末折込, エスカリエ p.2～3】

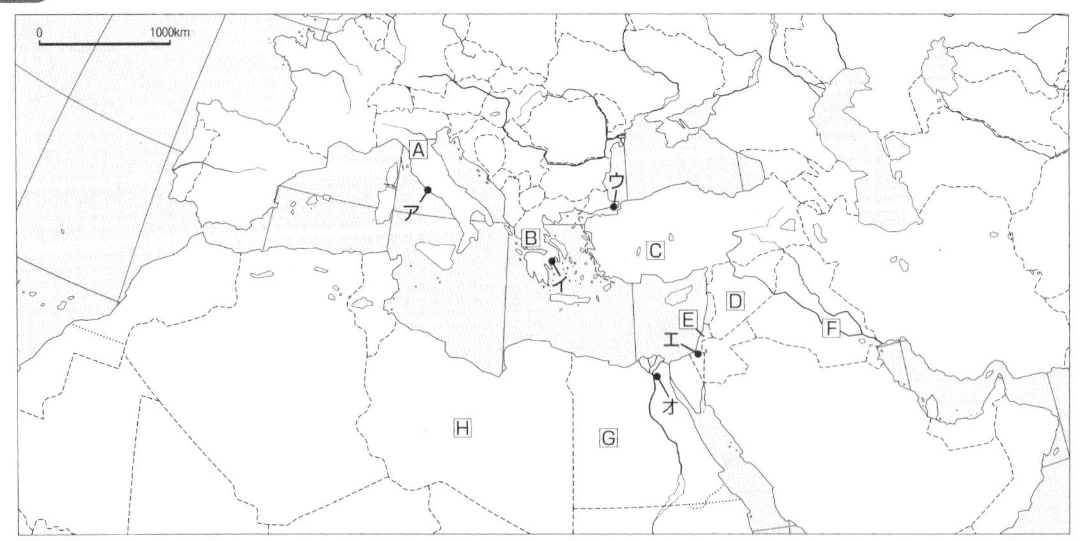

[国名]

A	B	C	D
E	F	G	H

[都市名]

ア	イ	ウ	エ
オ			

南アジア世界

風土 下の❶～❿に該当する自然地域名を記入しよう。【タペストリー p.78, エスカリエ p.59】

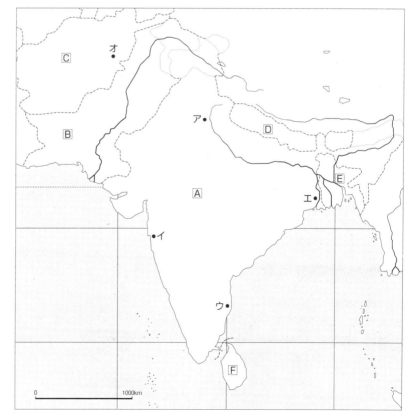

❶	峠
❷	山脈
❸	川
❹	海
❺	洋
❻	高原
❼	山脈
❽	平原
❾	湾
❿	川

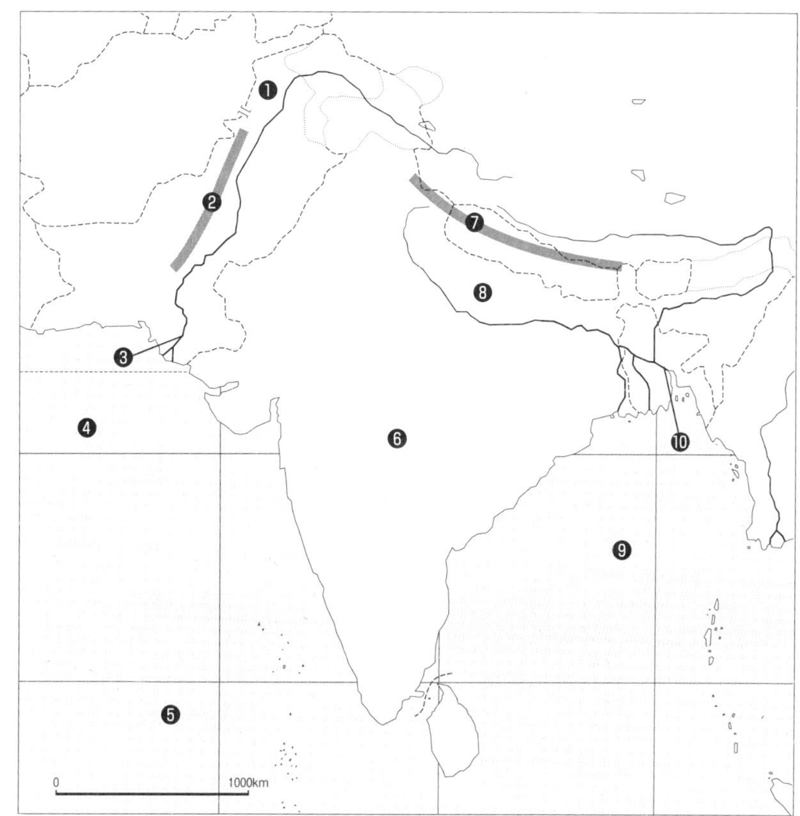

行政 下のA～Fに該当する国名を，ア～オに該当する都市名を記入しよう。【タペストリー p.78,巻末折込, エスカリエ p.2～3】

[国名]

A	
B	
C	
D	
E	
F	

[都市名]

ア	
イ	
ウ	
エ	
オ	

C
オ
B
ア
D
A
E
エ
イ
ウ
F
0
1000km

4 東南アジア世界

風土 下の❶～⓫に該当する自然地域名を記入しよう。【タペストリー p.82，エスカリエ p.62】

❶	川
❷	川
❸	川
❹	海
❺	半島
❻	半島
❼	海峡
❽	島
❾	島
❿	島
⓫	諸島

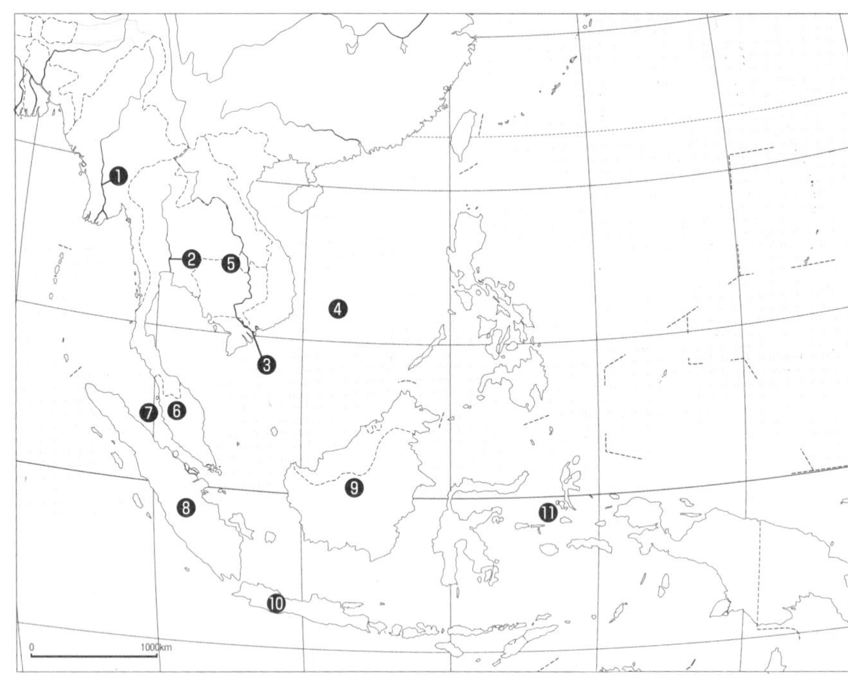

行政 下のA～Iに該当する国名を，ア～エに該当する都市名を記入しよう。【タペストリー p.82,巻末折込，エスカリエ p.2～3】

[国名]

A	
B	
C	
D	
E	
F	
G	
H	
I	

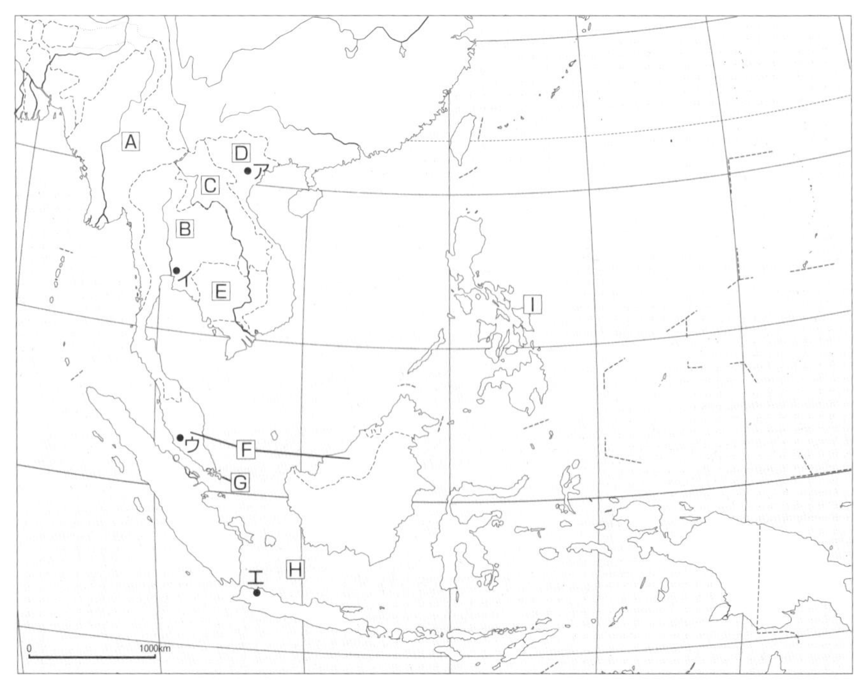

[都市名]

ア	イ	ウ	エ

東アジア世界

風土 下の❶～⑰に該当する自然地域名を記入しよう。【タペストリー p.87，エスカリエ p.65】

❶	河
❷	江
❸	河
❹	江
❺	海
❻	海
❼	海
❽	洋
❾	山脈

❿ 山脈	⑫ 山脈	⑭ 高原	⑯ 砂漠
⑪	⑬ 高原	⑮ 高原	⑰ 盆地

行政 下のA～Fに該当する国名を，ア～ケに該当する都市名を記入しよう。【タペストリー p.87,巻末折込，エスカリエ p.2～3】

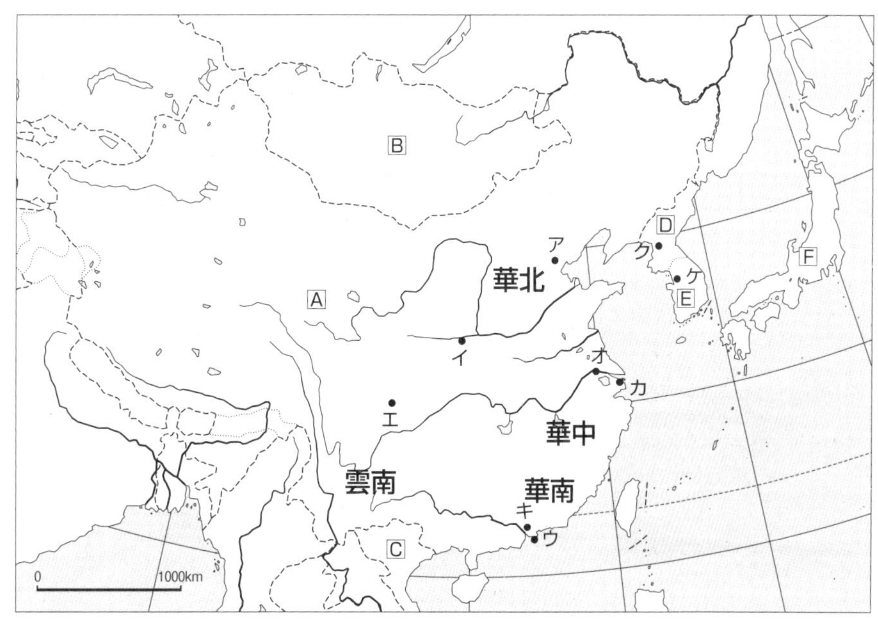

[国名]

A
B
C
D
E
F

中国の地方区分

山西 河北 山東 黄河 甘粛 陝西 関中 中原 河南 淮河 秦嶺＝淮河線 四川 湖北 江 洞庭湖 湖南 南 長江 雲 貴 広西 広東 福建 南嶺線 珠江

・関中…周囲を関所に囲まれた交通の要地で，周以降，多くの王朝がこの地を都とした。
・中原…黄河中下流域の平原部をいい，古くから天下を制する根拠地として重視された。

[都市名]

ア	イ	ウ
エ	オ	カ
キ	ク	ケ

6 ヨーロッパ世界

風土 下の❶〜⓮に該当する自然地域名を記入しよう。【タペストリー p.136, エスカリエ p.102】

❶	洋
❷	海
❸	海
❹	海
❺	海
❻	川
❼	川
❽	川
❾	山脈
❿	山脈
⓫	半島
⓬	島
⓭	半島
⓮	半島

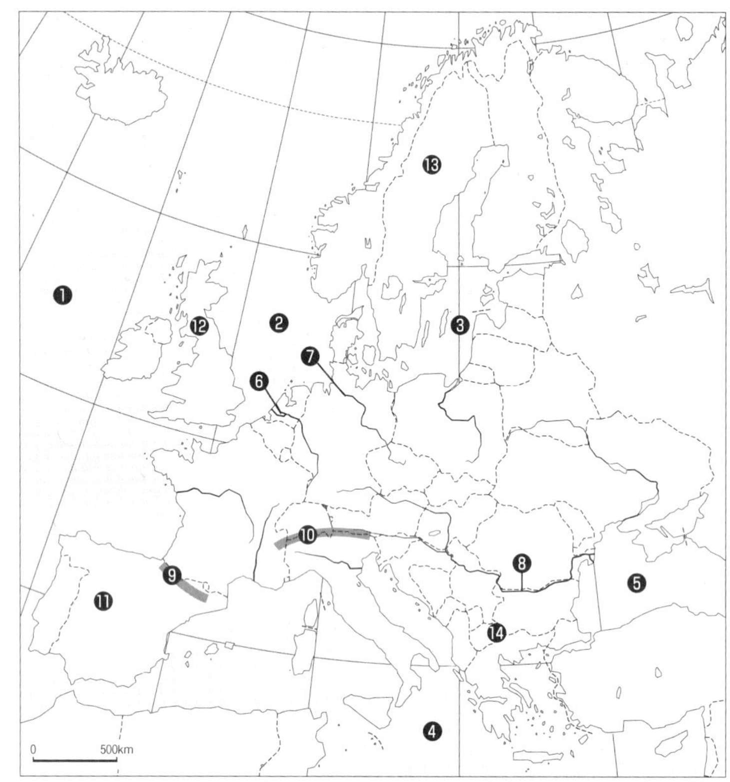

行政 下のA〜Nに該当する国名を，ア〜エに該当する都市名を記入しよう。【タペストリー p.136,巻末折込, エスカリエ p.2〜3】

[国名]

A
B
C
D
E
F
G
H
I
J
K
L
M
N

[都市名]

ア	イ	ウ	エ

南北アメリカ

風土・行政

下の❶〜⓭に該当する自然地域名，A〜Pに該当する国名，ア〜ケに該当する都市名を記入しよう。【タペストリー p.156, 巻末折込，エスカリエ 巻頭「世界史の舞台①」, p.2〜3, 122】

[風土]

❶	海
❷	山脈
❸	湾
❹	川
❺	山脈
❻	洋
❼	洋
❽	諸島
❾	海
❿	運河
⓫	山脈
⓬	川
⓭	海峡

[国名]

A	
B	
C	
D	
E	
F	
G	
H	
I	
J	
K	
L	
M	
N	
O	
P	

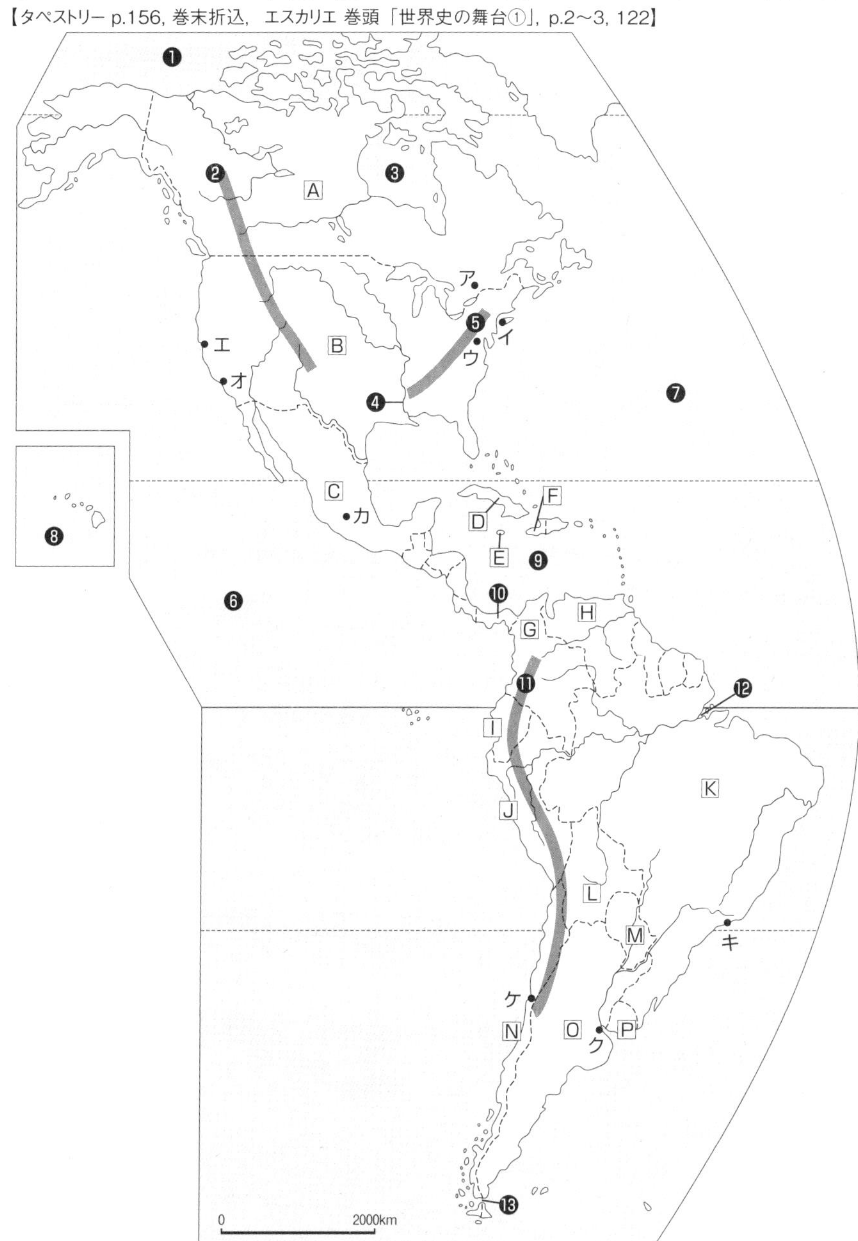

[都市名]

ア	イ	ウ
エ	オ	カ
キ	ク	ケ

8 古代オリエント

1 オリエント諸王朝【タペストリー p.54～55，エスカリエ p.39】

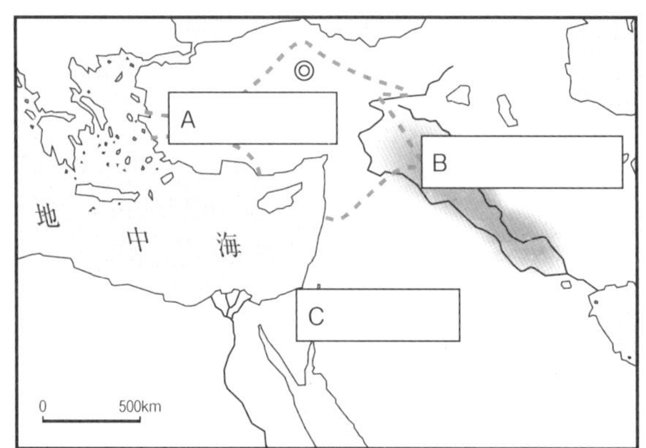

作業1 （網かけ）で示された，メソポタミアとよばれる地域を赤で囲もう。

問題 この地域で，人類が最初に農耕を始めた地帯は何とよばれているか答えよう。

（　　　　　　　　）

作業2 地図中のA～Cの［　　］に，下から適切な地域名を選んで記入しよう。

〔メソポタミア，小アジア，パレスチナ〕

作業3 ---- で表されたヒッタイト王国の範囲を青でなぞろう。また，◎印で表されたヒッタイト王国の都の名称を答えよう。（　　　　　　　　）

2 古代エジプト文明【タペストリー p.56，エスカリエ p.40】

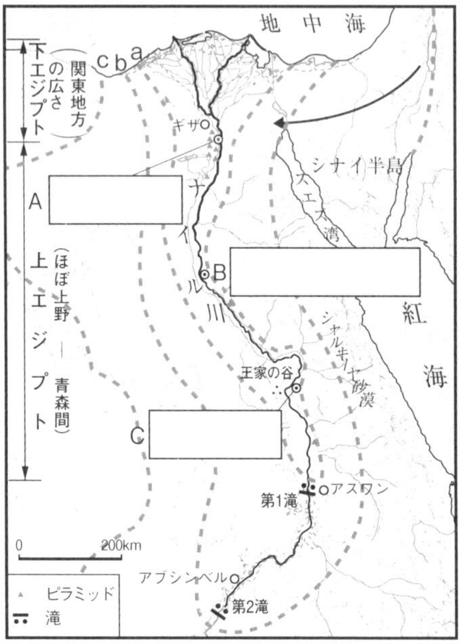

地中海
c b a
下エジプト
（関東地方の広さ）
ギザ
シナイ半島
スエズ湾
A
ナイル川
B
上エジプト
（ほぼ上野—青森間）
紅海
シャルキーヤ砂漠
王家の谷
C
第1滝
アスワン
0
200km
アブシンベル
第2滝
ピラミッド
滝

作業1 ナイル川を赤でなぞろう。

作業2 エジプトの古王国・中王国・新王国の境界を ---- 線にしたがってaは黒，bは赤，cは青でなぞり，かつ，名称を書き入れよう。

a（　　　　　）b（　　　　　）c（　　　　　）

作業3 A～Cの都市名を［　　］に記入しよう。

問題 ←の方向から紀元前18世紀に侵入し，前17～16世紀にエジプトを支配した民族の名称を答えよう。（　　　　　　　　）

3 古代オリエントの統一【タペストリー p.4～5, 60，エスカリエ p.39, 43】

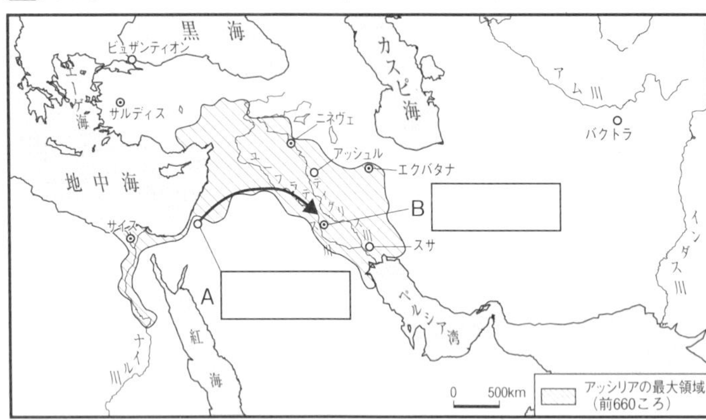

◀Ⓐ アッシリアの統一

作業1 （斜線）で表されたアッシリアの最大領域を赤で囲もう。

作業2 A，Bの都市名を書き込もう。

問題 ユダヤ人が⟶の方向に強制移住させられた事件の名称を答えよう。

（　　　　　　　　）

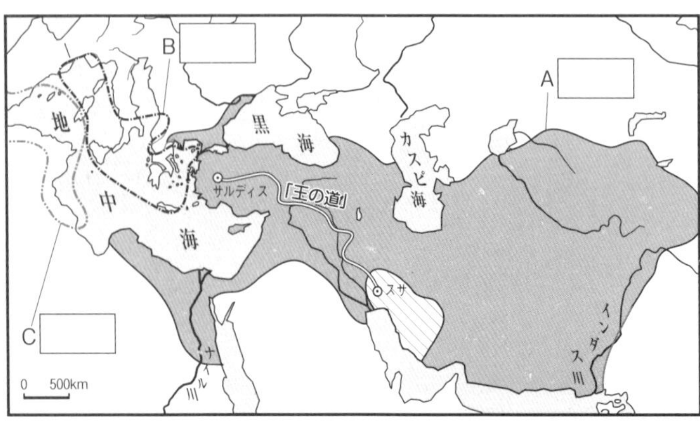

◀Ⓑ アケメネス朝ペルシア

作業1 A～Cの国名，勢力圏を，［　　］から選び，地図中に番号で記入しよう。

①アケメネス朝ペルシア
②フェニキアの勢力圏
③ギリシアの勢力圏

作業2 地図中に（斜線）で示されたアケメネス朝ペルシアの成立期の領土を赤で塗りつぶそう。

パルティアとササン朝ペルシア／キリスト教の成立

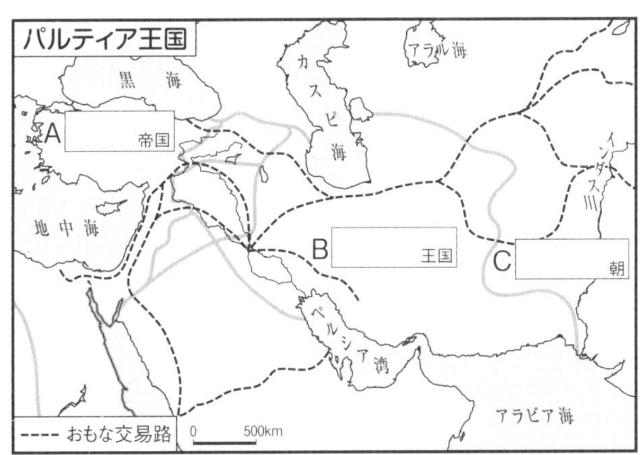

1 パルティア王国【タペストリー p.61, 95, エスカリエ p.44, 72～73】

作業1 地図中のA～Cの国名を記入しよう。

作業2 紀元２世紀に発達した地図中の---- で表された交易路を赤でなぞろう。

問題 **作業2** でなぞった交易路は，西のローマ帝国から東の後漢まで続いていた。この交易路を総称して何とよぶか答えよう。

名称（　　　　　　）

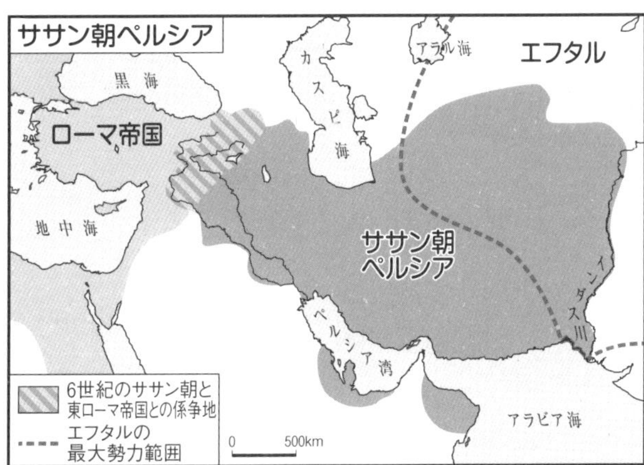

2 ササン朝ペルシア【タペストリー p.61, エスカリエ p.44】

作業1 地図中に▨で表されたローマ帝国とササン朝ペルシアの係争地を青で囲もう。

作業2 エフタルがササン朝ペルシアに侵入した最大勢力範囲を赤でなぞろう。

問題 以下の皇帝・国王が攻め込んだ国名を下の□から選び，記号で答えよう。

トラヤヌス帝 →（　　）

ホスロー１世 →（　　）

ⓐパルティア王国　ⓑ東ローマ帝国

3 キリスト教の成立

【タペストリー p.74, エスカリエ p.57】

作業1 地図中のA～Eの都市が，総大司教座（五本山）のどの都市であるか記入しよう。

作業2 地図中のa，b，cの都市名を答えよう。また，これらの都市では，ローマ帝国がキリスト教を公認していく過程で重要なできごとがあった。その名称と年号を答えよう。

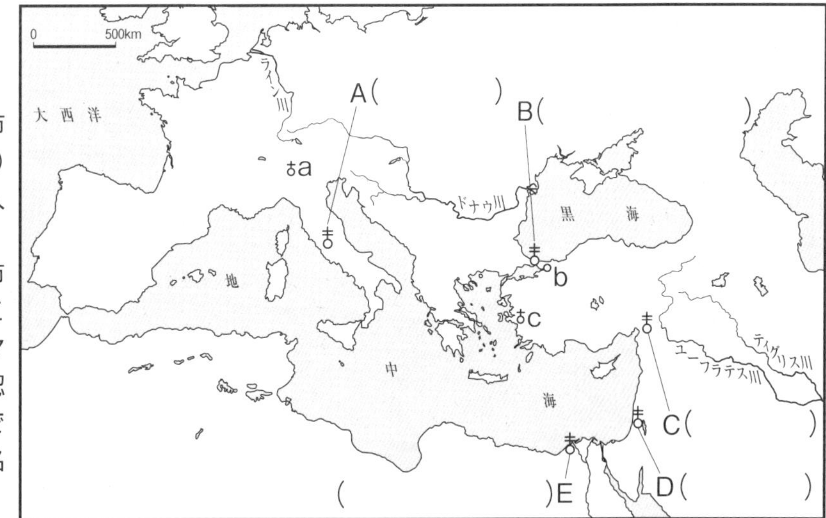

	都市名	できごと	年号
a	（　　）	（　　）	（　　）
b	（　　）	（　　）	（　　）
c	（　　）	（　　）	（　　）

10 古代ギリシア／ヘレニズム世界／古代ローマ

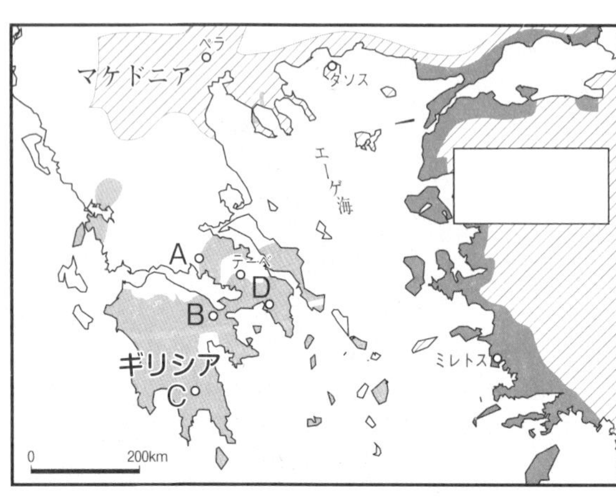

1 ペルシア戦争 【タペストリー p.64 ～ 65, エスカリエ p.47】

作業1 ペルシア戦争でギリシアが戦った国名を，地図中の［　　］に記入しよう。

作業2 ペルシア戦争で戦場となったマラトンとサラミスに赤で×印をつけよう。

作業3 A～Dの都市名を答えよう。

A（　　　　　　　　）　B（　　　　　　　　）

C（　　　　　　　　）　D（　　　　　　　　）

問題 ペルシアとの戦争で，ギリシア軍の主力となった歩兵の名称を答えよう。

（　　　　　　　　）歩兵

2 ヘレニズム世界

【タペストリー p.66, エスカリエ p.50】

作業1 アレクサンドロスが征服した地域 ---- を赤で囲もう。

作業2 a，bの都市名と，前 333 年，前 331 年の戦いの名称を記入しよう。

作業3 アレクサンドロスの帝国分裂後（前200 年ごろ）の各国（A～D）の領域をそれぞれ青で囲み，国名を［　　］に入れよう。

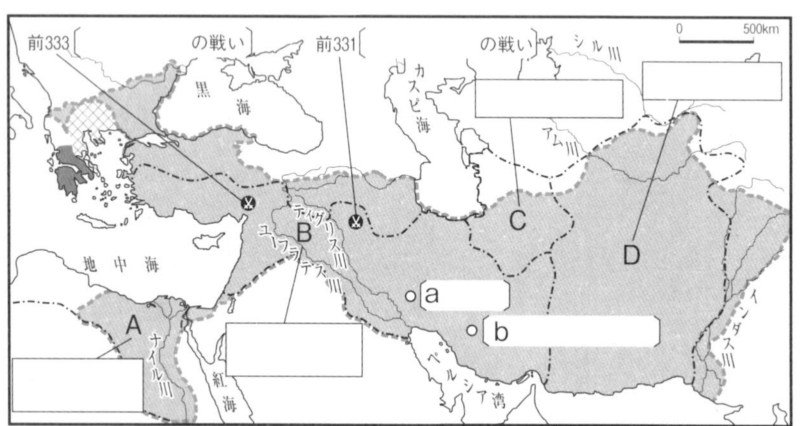

3 ローマ帝国の拡大 【タペストリー p.72 ～ 73, エスカリエ p.53】

作業1 ローマ帝国の最大版図 ━━ を青で囲もう。

作業2 ローマ帝国の分裂（後 395 年）の境界線 ---- を赤でなぞろう。

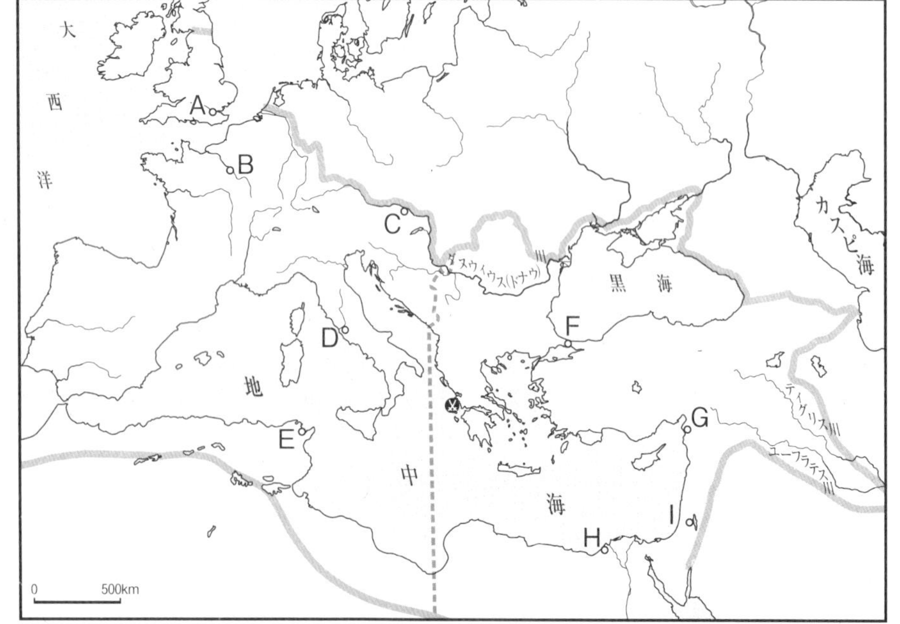

作業3 地図中のA～Iの地名を答えよう。

A（　　　　　　　　）

B（　　　　　　　　）

C（　　　　　　　　）

D（　　　　　　　　）

E（　　　　　　　　）

F（　　　　　　　　）

G（　　　　　　　　）

H（　　　　　　　　）

I（　　　　　　　　）

問題 ローマ軍がクレオパトラひきいるエジプト艦隊を破り，地中海世界を制覇（せいは）した戦いの名称を答えよう。

（　　　　　　　　）の海戦

古代インド

1 ヴェーダ時代【タペストリー p.79, エスカリエ p.60】

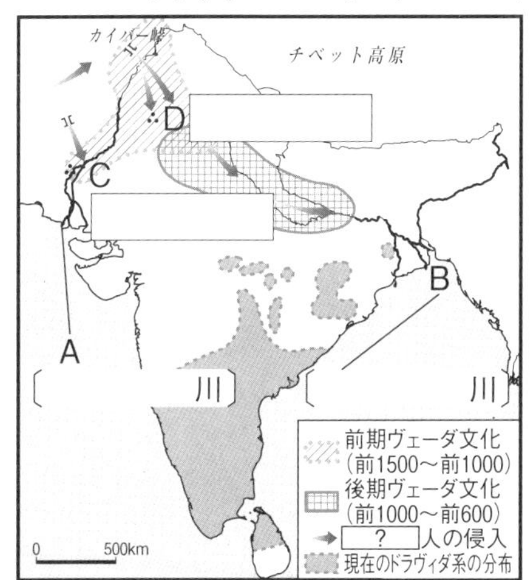

作業1 AとBの河川名を記入しよう。

作業2 インダス文明の代表的遺跡である，CとDの遺跡名を記入しよう。

問 題 ヴェーダ時代に，北インドに広がった矢印の民族の名称を記入しよう。

（　　　　　　　）人

2 マウリヤ朝【タペストリー p.80, エスカリエ p.60】

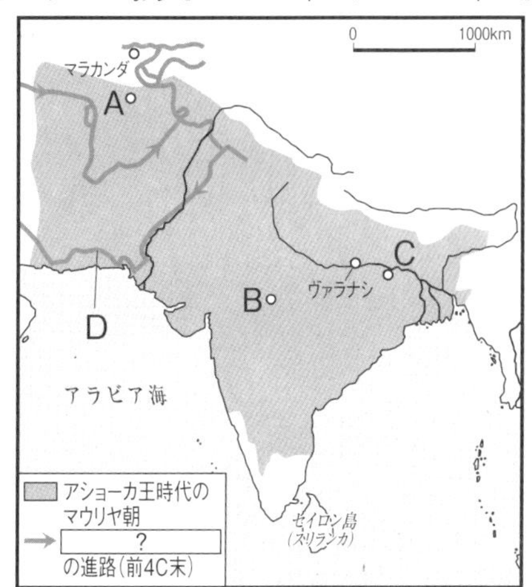

作業1 アショーカ王時代の領域を赤で囲もう。

作業2 マウリヤ朝の都の名称を答え，場所をA～Cから選ぼう。

名前（　　　　　　　）　場所（　　）

問 題 Dの進路で軍をひきいた人物名を答えよう。

（　　　　　　　）

3 クシャーナ朝とサータヴァーハナ朝

【タペストリー p.80, エスカリエ p.60 ～ 61】

作 業 カニシカ王時代のクシャーナ朝の領域を赤で，サータヴァーハナ朝の最大領域を青で囲もう。

問 題 ギリシア文化の影響を受けた仏像と，純インド風仏像がつくられた場所をA，Bから選び，その地名を答えよう。

	場所	地名
ギリシア風	（　　）	（　　　　　　）
純インド風	（　　）	（　　　　　　）

4 グプタ朝とヴァルダナ朝【タペストリー p.81, エスカリエ p.61】

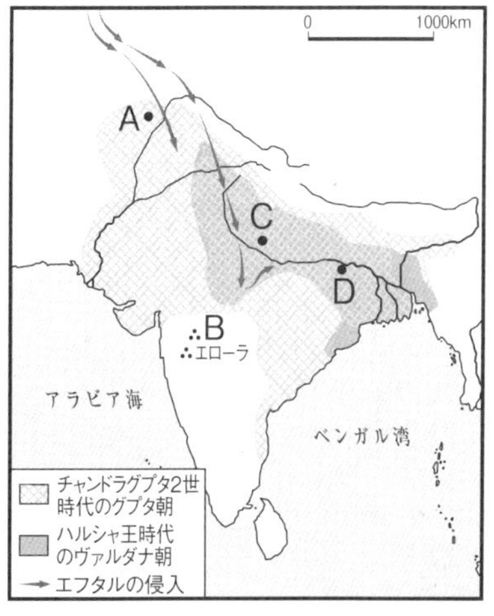

作業1 チャンドラグプタ2世時代のグプタ朝の領域を赤で囲もう。

作業2 ハルシャ王時代のヴァルダナ朝の領域を青で囲もう。

作業3 グプタ朝の都の名称を答え，場所をA～Dから選ぼう。

名前（　　　　　　）　場所（　　）

問 題 グプタ朝時代に建立され，グプタ美術が見られる寺院の名称を答え，場所をA～Dから選ぼう。

（　　　　　　）石窟寺院　場所（　　）

12

東南アジアの歴史

1 4～9世紀【タペストリー p.84，エスカリエ p.63】

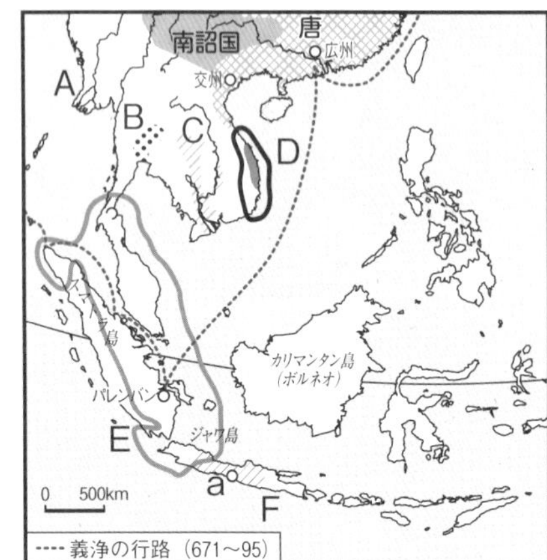

作業1 義浄(ぎじょう)の行路を赤でたどろう。

作業2 A～Fの国名・王朝名を答えよう。

A（　　　　　　）B（　　　　　　）

C（　　　　　　）D（　　　　　　）

E（　　　　　　）F（　　　　　　）

問題 Fによって大乗仏教寺院が築かれたaの地名を答えよう。 a（　　　　　　）

2 10～14世紀【タペストリー p.83, 85，エスカリエ p.62～63】

作業1 A～Gの国名・王朝名を答えよう。

A（　　　　　　）B（　　　　　　）

C（　　　　　　）D（　　　　　　）

E（　　　　　　）F（　　　　　　）

G（　　　　　　）

作業2 本体の年表を参考に，この時代に上座仏教が広がった地域を青で着色しよう。

3 15世紀【タペストリー p.83, 85，エスカリエ p.62～63】

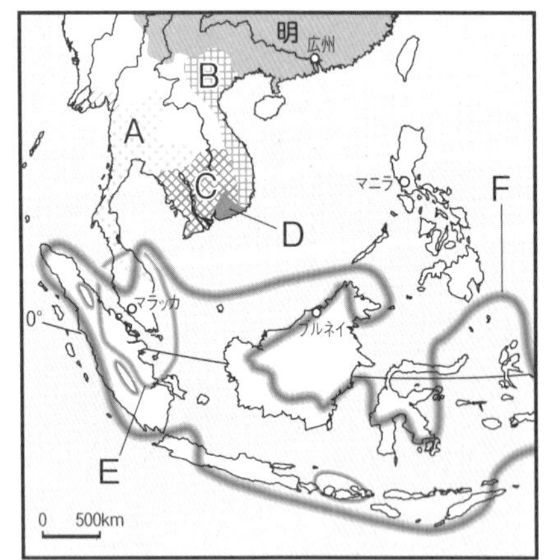

作業1 A～Fの国名・王朝名を答えよう。

A（　　　　　　）B（　　　　　　）

C（　　　　　　）D（　　　　　　）

E（　　　　　　）F（　　　　　　）

作業2 本体の年表を参考に，A～Fの中でイスラーム化が進んだ地域を一つ選び，その地域を赤で囲もう。

4 16～18世紀【タペストリー p.85，エスカリエ p.63】

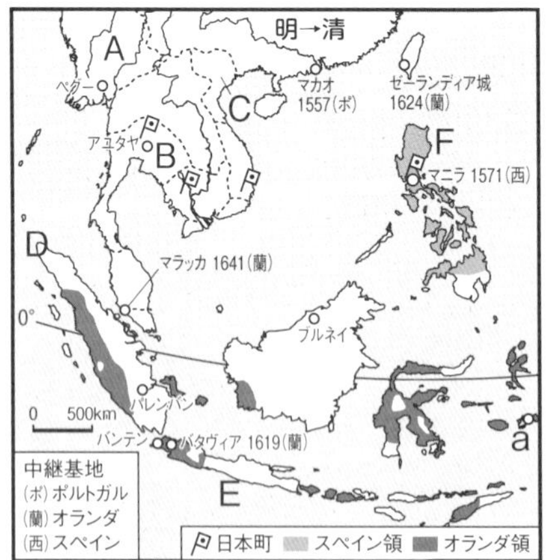

作業1 スペイン領を青で着色しよう。

作業2 A～Fの国名・王朝名を答えよう。

A（　　　　　　）B（　　　　　　）

C（　　　　　　）D（　　　　　　）

E（　　　　　　）F（　　　　　　）

作業3 日本町を赤い○で囲もう。

問題 aの都市で，1623年に起きた事件の名称を答えよう。【タペストリー p.85，エスカリエ p.29】

（　　　　　　　　　　）事件

古代中国／秦・漢

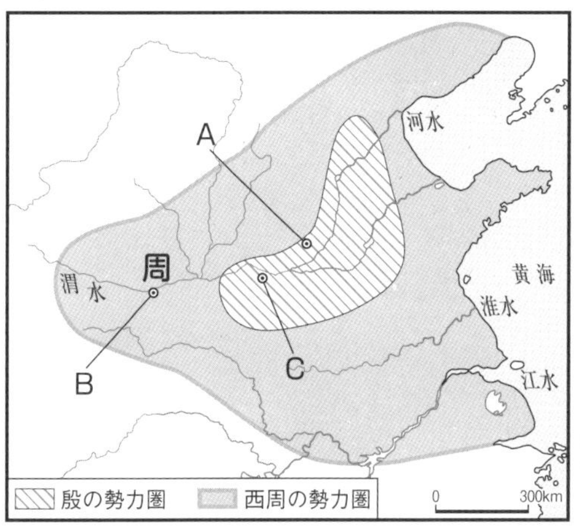

1 殷・周 【タペストリー p.88, エスカリエ p.66】

作業1 殷の勢力圏を赤でなぞろう。

作業2 殷の都の一つであった地図中のAの遺跡の名称を答えよう。　A（　　　　　　　）

問題1 Aで発見された亀の甲羅や動物の骨に刻まれた文字の名称を答えよう。　（　　　　　　）文字

作業3 西周の勢力圏を青でなぞろう。

作業4 西周の都Bと東周の都Cの名称を答えよう。
B（　　　　　　　）　C（　　　　　　　）

問題2 周が国家の秩序を維持するために行った統治制度の名称を答えよう。　（　　　　　　）制度

2 春秋・戦国と秦 【タペストリー p.89, 91, エスカリエ p.67～68】

作業1 地図中のⓐ～ⓖの□に,「戦国の七雄」を記入しよう。

作業2 秦の最大領域（前214年）を青でなぞろう。

作業3 地図中のA（秦の都）の名称を答えよう。
（　　　　　　　）

問題1 戦国諸国を統一した始皇帝が全国に施行した地方統治制度の名称を答えよう。
（　　　　　　　）

問題2 地図中のBで，前209年に起きた農民の反乱の名称を答えよう。
（　　　　　　　）の乱

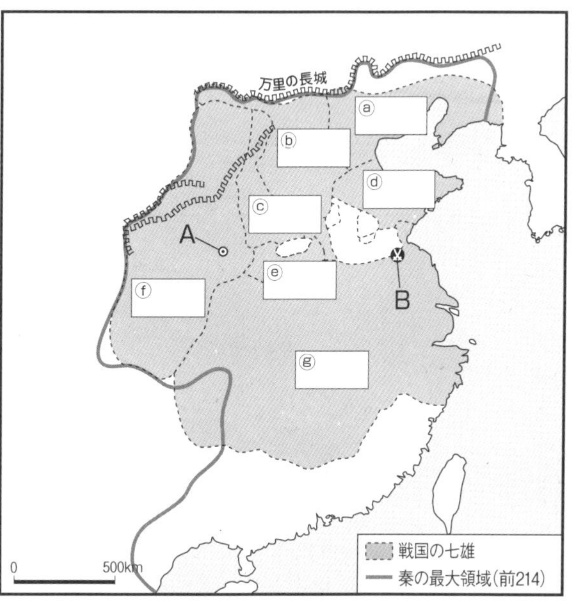

3 前漢・後漢
【タペストリー p.92～93, エスカリエ p.69～70】

作業1 武帝即位当時の前漢の領土（前141年）を，赤で着色しよう。

作業2 前漢の最大領域（前102年まで）を赤でなぞろう。

作業3 張騫（ちょうけん）の西域行路を黒でたどろう。

問題 地図中の ア にあてはまる遊牧集団の名称を答えよう。　（　　　　　　　）

作業4 後漢の領域を青でなぞろう。

作業5 166年に大秦王安敦（あんとん）の使者が到着した日南郡を青の■で記入しよう。

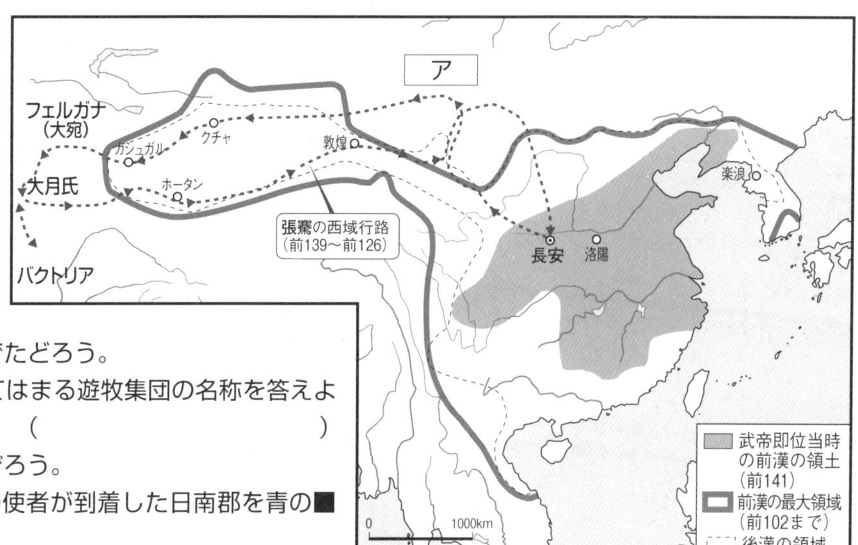

14

魏晋南北朝／隋・唐

1 魏晋南北朝 【タペストリー p.98，エスカリエ p.74】

作業1
Ⓐ地図中の㋐～㋒の［　　］に三国（魏・呉・蜀）の国名を，㋓～㋕の〔　　〕に魏・呉・蜀，それぞれの都の名称を書き込もう。

作業2
Ⓑ地図中の北魏の領域を赤で，宋の領域を青でそれぞれ囲もう。

作業3
Ⓑ地図中の㋖，㋗の〔　　〕に北魏の都の名称を書き込もう。

Ⓐ 三国時代

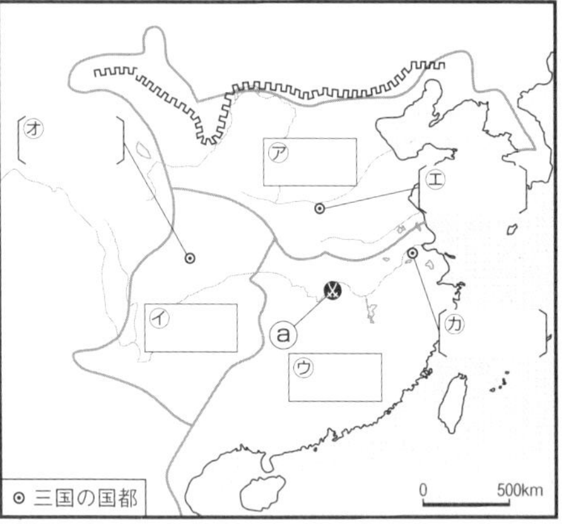

Ⓑ 南北朝時代

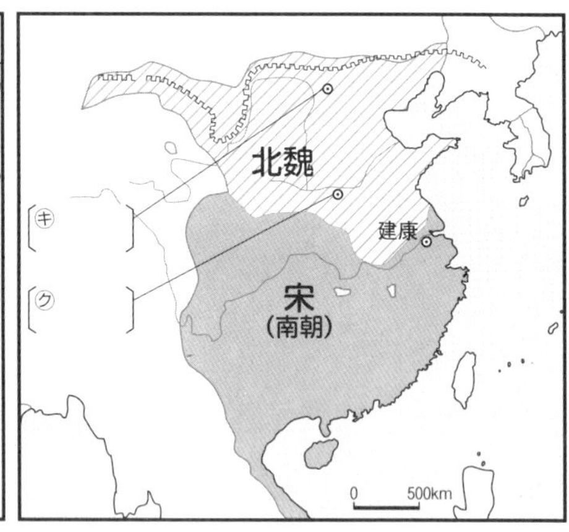

問題 三国の分立が決定的となった208年のⓐの戦いの名称を答えよう。（　　　　　　　）の戦い

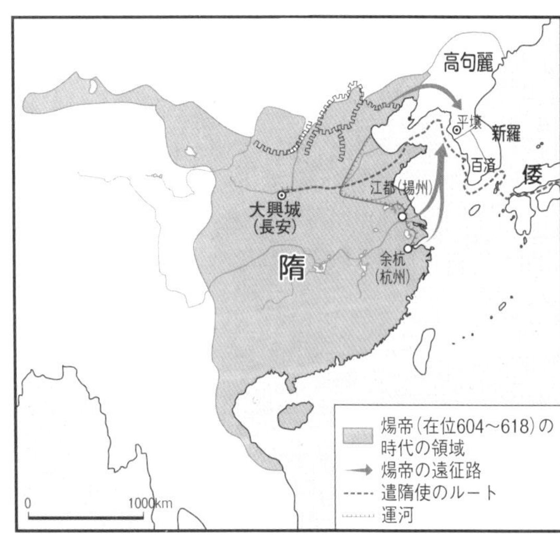

2 隋 【タペストリー p.100，エスカリエ p.76】

作業1 煬帝（ようだい）の時代の領域を，赤で囲もう。

作業2 運河を青でなぞろう。

作業3 遣隋使のルートを黒でなぞろう。

問題 煬帝が3度にわたり遠征を行った国名をあげよう。また，その遠征の結果は，成功したか失敗したか，正しい方に○をつけよう。

国名（　　　　　　　　）

成功・失敗

3 唐 【タペストリー p.101，エスカリエ p.77】

作業1 唐の最大領域を赤で囲もう。

作業2 遣唐使のルートを黒でなぞろう。

作業3 本文を参考にして，下のアとイの指示にしたがって，地図中の国名を囲もう。

ア）唐と冊封関係にある国名を青の○で囲もう。

イ）唐と朝貢関係のみで結びついている国名を青の□で囲もう。

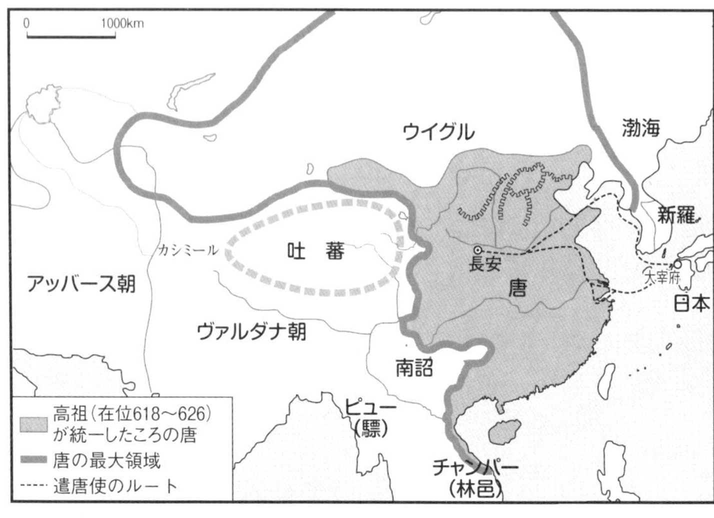

宋／モンゴル帝国

1 北宋 【タペストリー p.105 ～ 106，エスカリエ p.81】

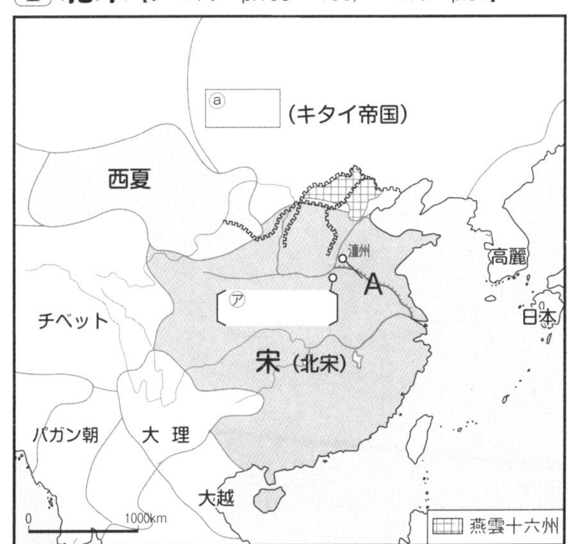

作業1 地図中のⓐの［　　］に，あてはまる国名を記入しよう。また，この国の範囲を青でなぞろう。

作業2 地図中の㋐に北宋の都の名称を書き込もう。

作業3 燕雲十六州を赤で塗ろう。

問　題 地図中Aの都市で，1004年に結ばれた盟約の名称を答えよう。

（　　　　　　　　）の盟

2 南宋 【タペストリー p.107，エスカリエ p.81】

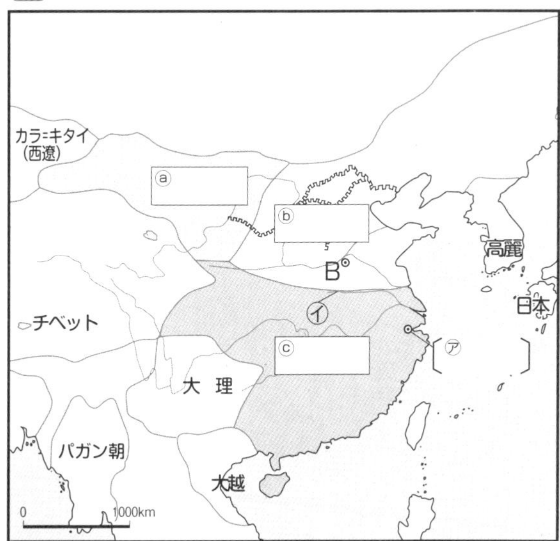

作業1 地図中のⓐ～ⓒの［　　］に国名を記入し，金の範囲を青でなぞろう。

作業2 南宋の範囲を赤でなぞろう。

作業3 地図中の㋐に南宋の都の名称を書き込もう。

作業4 金と南宋の国境となった，地図中㋑の川の名称を答えよう。　（　　　　　）

問　題 地図中Bの都市で，1126～27年に起きたできごとの名称を答えよう。

（　　　　　　）の変

3 モンゴル帝国

【タペストリー p.110 ～ 111，エスカリエ p.84 ～ 85】

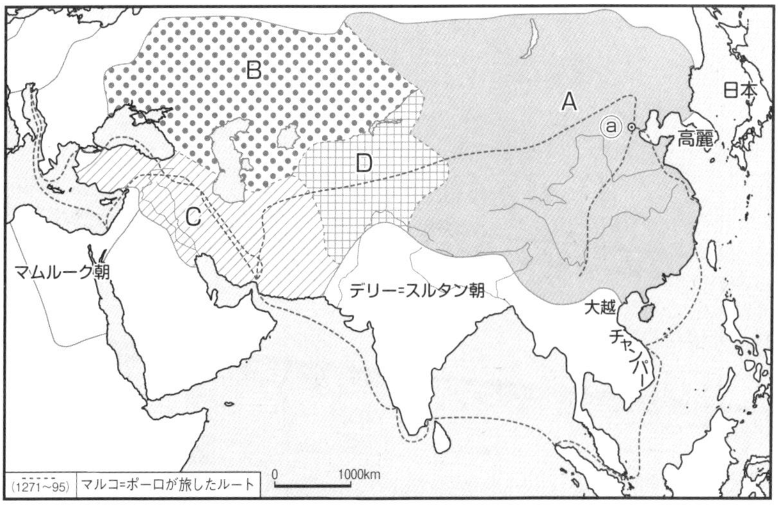

B
A
日本
ⓐ
高麗
D
C
マムルーク朝
デリー=スルタン朝
大越
チャンパー
(1271～95) マルコ=ポーロが旅したルート
0　1000km

作業1 モンゴル帝国を構成するA～Dの国の名称を答えよう。

A（　　　　　　　　）
B（　　　　　　　　）
C（　　　　　　　　）
D（　　　　　　　　）

作業2 元の都である，地図中ⓐの都市名を答えよう。

（　　　　　　　　）

作業3 世界全図のページも参考に，マルコ=ポーロが旅したルートを，赤でなぞろう。【タペストリー p.30 ～ 31，エスカリエ p.22 ～ 23】

問　題 元が2度，日本に遠征してきたできごとの名称を答えよう。

1274年（　　　　　　　　）の役
1281年（　　　　　　　　）の役

16 朝鮮半島／明・清

1 朝鮮半島【タペストリー p.122, エスカリエ p.86 ～ 87】

Ⓐ 4世紀ごろ

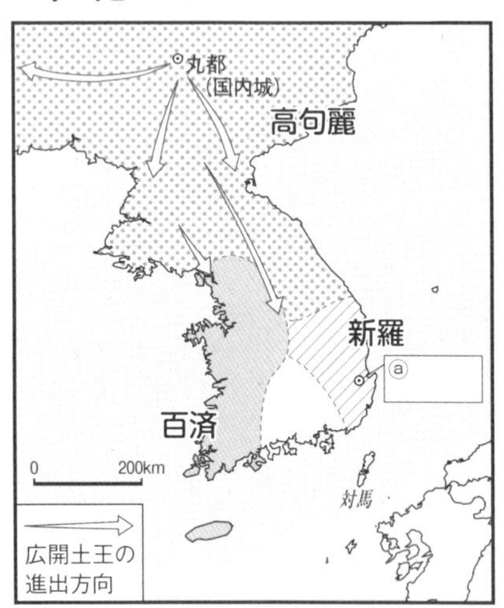

作業1 高句麗・新羅・百済の三国を▨で，それぞれ塗り分けよう。
（高句麗：青，新羅：赤，百済：黒）

作業2 地図中のⓐに新羅の都の名称を書き込もう。

作業3 広開土王の進出方向を青でなぞろう。

Ⓑ 16世紀ごろ

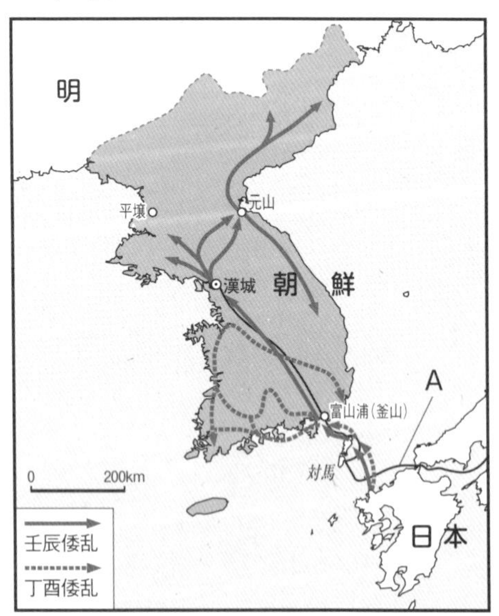

作　業 壬辰(じんしん)倭乱のルートを青で，丁酉(ていゆう)倭乱のルートを赤でなぞろう。

問題1 これら二つの争乱を引き起こした人物名を答えよう。（　　　　　　）

問題2 江戸時代，朝鮮と日本との交流を示す地図中のAは何のルートかを答えよう。（　　　　　　）

2 明【タペストリー p.115, エスカリエ p.88】

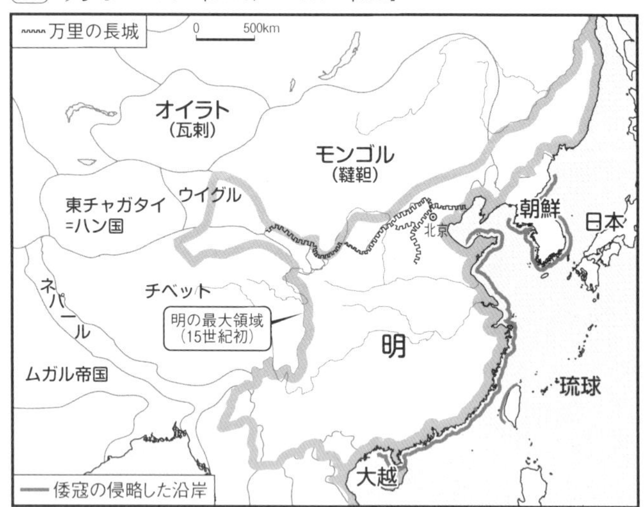

作業1 明の最大領域を黒でなぞろう。

作業2 オイラトの範囲を青の▨で，モンゴルの範囲を赤の☰線で，それぞれ示そう。

作業3 万里の長城を青で，倭寇の侵略した沿岸を赤でなぞろう。

問　題 明が対外関係に悩まされたこうした状況を何というか，漢字4字で答えよう。（北　　　南　　　）

3 清【タペストリー p.119, エスカリエ p.89】

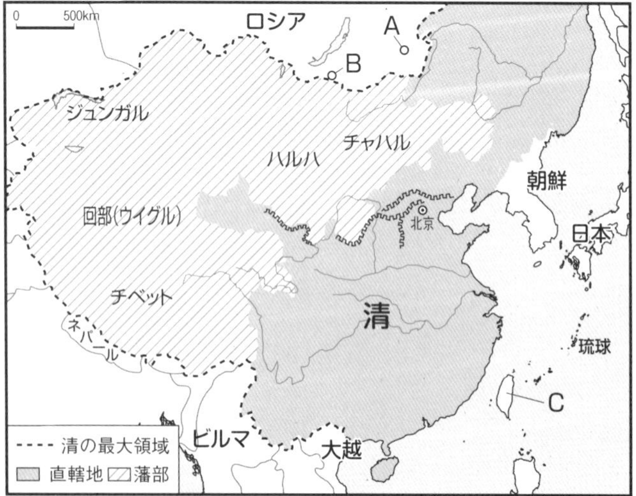

作業1 清の最大領域を青でなぞろう。

作業2 清の直轄地を赤の▨で，藩部を青の☰で示そう。

作業3 清がロシアと国境条約を結んだAとBの都市名を答えよう。A（　　　　　）B（　　　　　）

問　題 清の支配に最後まで抵抗を続けた鄭(てい)氏の拠点Cの地域名を答えよう。（　　　　　）

イスラーム世界の形成と変容

1 イスラーム世界の形成 【タペストリー p.124 ～ 125, 巻末折込, エスカリエ p.2 ～ 3, 93 ～ 94】

作業1 イスラームが拡大した地域を，下の指示にしたがって塗り分けよう。
・632 年まで…青
・656 年まで…青の▭
・715 年まで…青の▨

作業2 アッバース朝の最大領域を赤の線で囲もう。

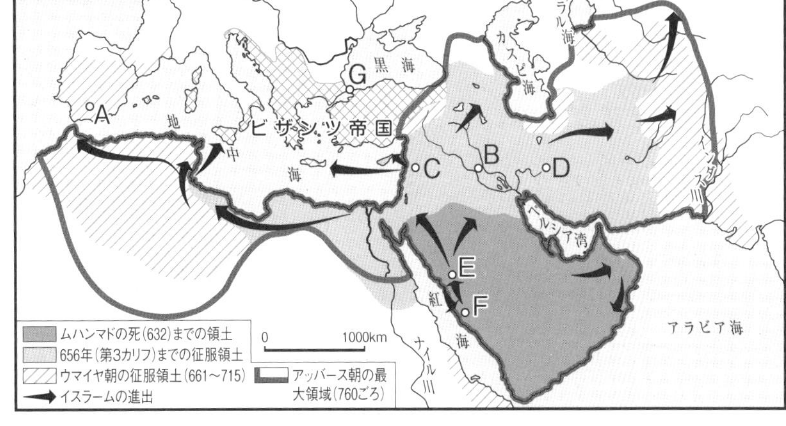

問題1 次の設問に合う地名を答え，場所をA～Gから選ぼう。
①ムハンマド生誕の地
(　　　　　)　場所 (　　)
②ムハンマドが 622 年に①の場所から移住（ヒジュラ＝聖遷）した地
(　　　　　)　場所 (　　)

問題2 ウマイヤ朝の都とアッバース朝のマンスールが建設した都の名称を答え，場所をA～Gから選ぼう。そして，今はどこの国の首都になっているか答えよう。
ウマイヤ朝　(　　　　　　　　)　場所 (　　)　今はどこの国の首都か (　　　　　　　　)
アッバース朝　(　　　　　　　　)　場所 (　　)　今はどこの国の首都か (　　　　　　　　)

2 イスラーム世界の変容 【タペストリー p.127, エスカリエ p.95】

作業1 シーア派王朝の領域▭を赤で塗ろう。
作業2 カリフを立てた王朝名を青の○で囲もう。

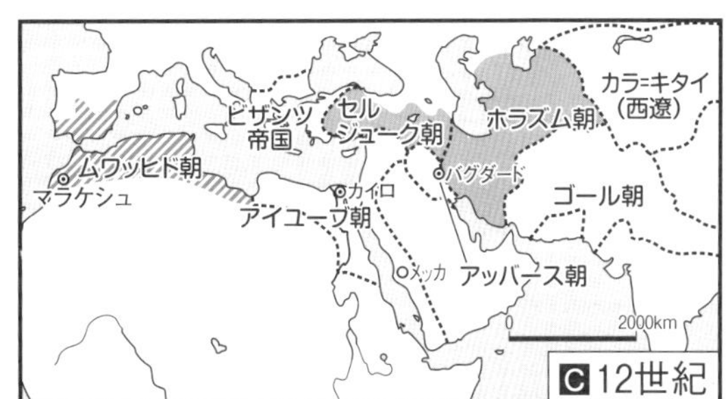

作業1 トルコ系王朝▭を赤で塗ろう。
作業2 ベルベル系王朝▨を青で塗ろう。

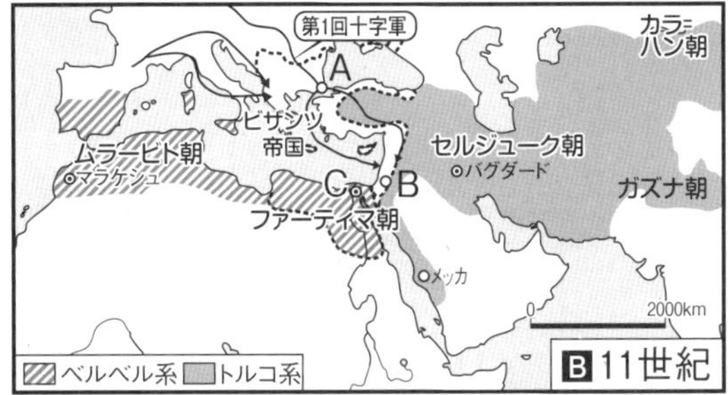

作業1 トルコ系王朝を赤で塗ろう。
作業2 ベルベル系王朝を青で塗ろう。
問題 第１回十字軍がめざした都市名を答え，場所をA～Cから一つ選ぼう。
【タペストリー p.145, エスカリエ p.108 も参照】
都市名 (　　　　　　　　)　場所 (　　)

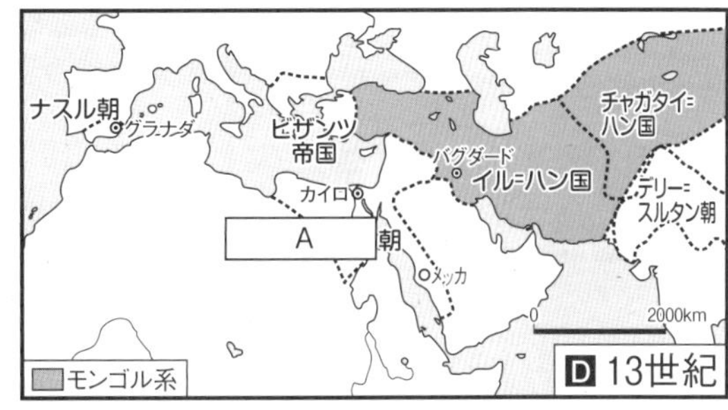

作業 モンゴル系王朝を赤で塗ろう。
問題1 地図中のAの王朝名を答えよう。
(　　　　　　　　)朝
問題2 ナスル朝時代に，イベリア半島に建設された宮殿の名称を答えよう。
(　　　　　　　　)宮殿

18

オスマン帝国／ムガル帝国

1 オスマン帝国

【タペストリー p.132 ～ 133, エスカリエ p.100】

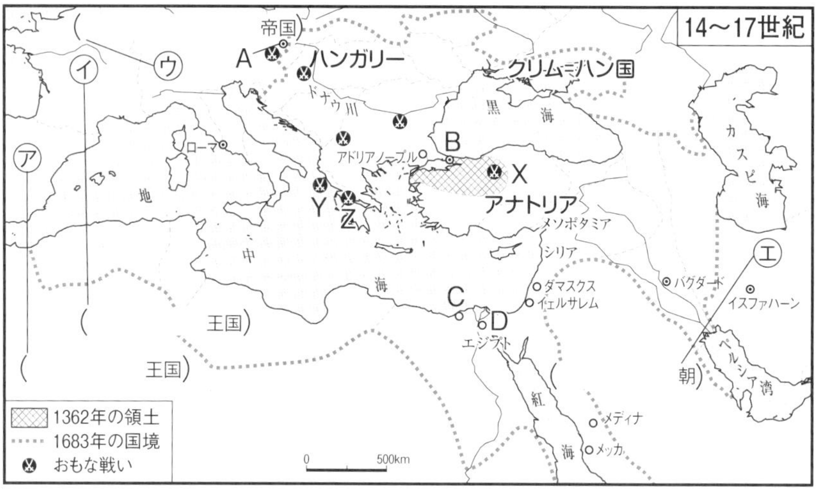

作業1 1362 年の領土を青で塗ろう。

作業2 1683 年の国境を赤でなぞろう。

作業3 ㋐～㋓に国名を記入しよう。

問題1 次の説明に合う都市名を答え，場所を A ～ D から選ぼう。

①オスマン帝国が征服したビザンツ帝国の都

都市名（　　　　　　　　）　場所（　　　　）

②オスマン帝国が包囲した神聖ローマ帝国の都

都市名（　　　　　　　　）　場所（　　　　）

問題2 本体の年表を参考に，次の戦いの名称を答え，場所を X ～ Z から選ぼう。

① 1402 年，オスマン帝国がティムール帝国に敗れた戦い

（　　　　　　）の戦い　場所（　　　　）

② 1538 年，オスマン帝国が東地中海の制海権をにぎった戦い

（　　　　　　）の海戦　場所（　　　　）

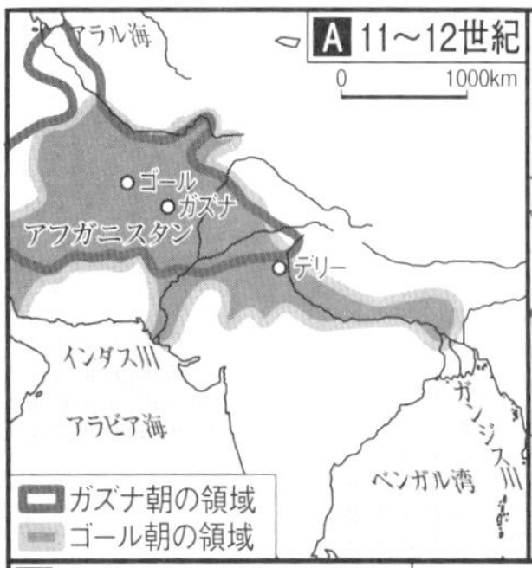

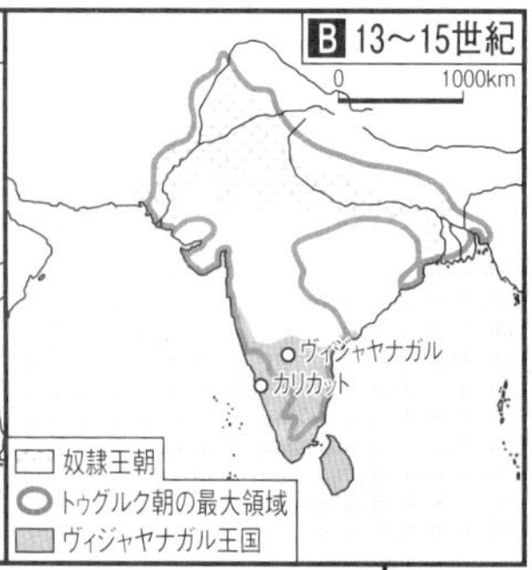

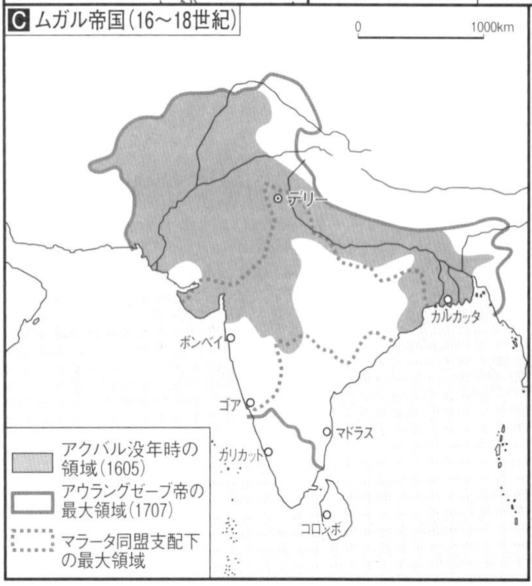

2 ムガル帝国

【タペストリー p.134, エスカリエ p.101】

作業1 A 図のガズナ朝の領域を赤で，ゴール朝の領域を青で囲もう。

作業2 B 図の奴隷王朝を青で塗ろう。

作業3 C 図のムガル帝国におけるアウラングゼーブ帝の最大領域を青で，マラータ同盟支配下の最大領域を赤でなぞろう。

問題1 インドのイスラーム化の過程として正しいのは，㋐㋑のどちらか。記号で答えよう。

㋐南インド→北インド→アフガニスタン

㋑アフガニスタン→北インド→南インド

（　　）

問題2 16 世紀ごろから，インドにヨーロッパ諸国が進出してきた。次の各都市を占領した国名を，□の中から選んで記入しよう。

国名

・ゴア（1510 年），コロンボ（1517 年）〔　　　　　〕

・マドラス（1639 年），ボンベイ（1661 年）
カルカッタ（1690 年），カリカット（1792 年）
〔　　　　　〕

・コロンボ（1658 年）〔　　　　　〕

オランダ，イギリス，ポルトガル

ヨーロッパ世界の形成

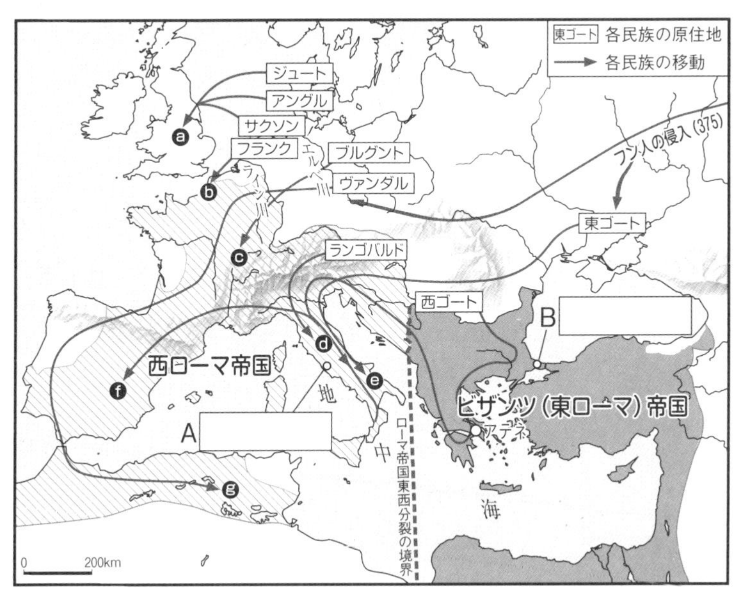

1 ゲルマン人の大移動

【タペストリー p.137, エスカリエ p.102】

作業1 ローマ帝国の東西分裂の境界----を赤でなぞろう。

作業2 ローマとコンスタンティノープルの都市名を，A・Bの適した方の□に書き込もう。

作業3 →をたどり，各民族が最終定住地ⓐ～ⓖに建てた国の名称を記入しよう。

ⓐ　　　　七王国　ⓑ　　　　王国
ⓒ　　　　王国　ⓓ　　　　王国
ⓔ　　　　王国　ⓕ　　　　王国
ⓖ　　　　王国

2 フランク王国

【タペストリー p.138, エスカリエ p.103】

作業1 カール大帝の勢力圏の範囲を青でなぞろう。

作業2 宮廷のあったアーヘンと，カールが戴冠したローマを，それぞれ地図中のA・Bのあてはまる方に記入しよう。

作業3 ピピンがローマ教皇に献上したラヴェンナ地方を含む教皇領を赤の▨で示そう。

作業4 フランク軍がイスラーム勢力を破った戦いは何というか。その名称を地図中のCに記入しよう。

問題 かつてのフランク王国の版図には現在どの国があるか，おもな国を三つあげよう。
(　　　　)(　　　　)(　　　　)

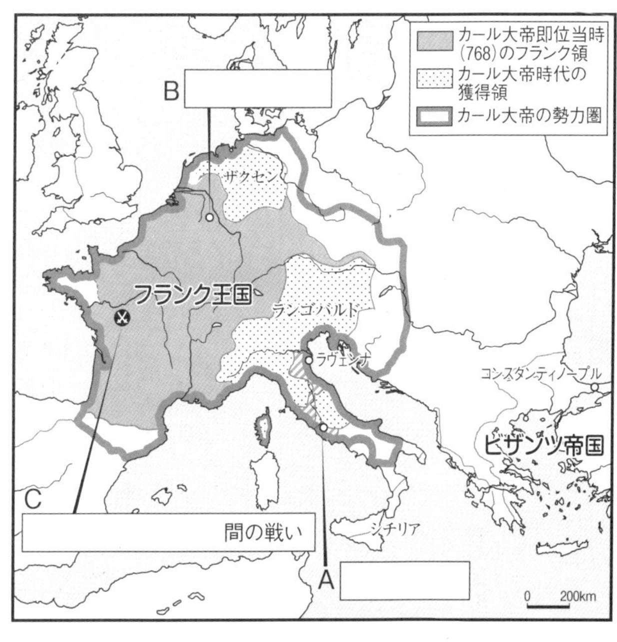

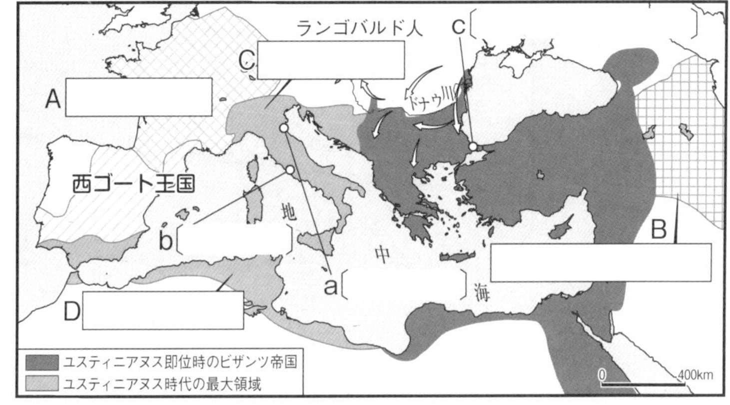

3 ビザンツ帝国

【タペストリー p.139, エスカリエ p.104】

作業1 地図中A・Bに国名を，a・b・cに都市名を記入しよう。

作業2 ユスティニアヌス帝時代の最大領域を赤で塗ろう。

作業3 地図中C・Dに，ユスティニアヌスによって滅ぼされたイタリアと北アフリカの国の名称を記入しよう。

20 ヨーロッパ世界の変動

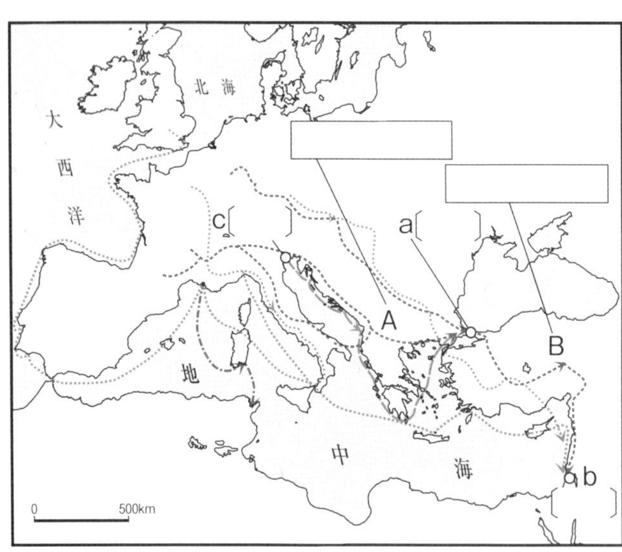

1 十字軍 【タペストリー p.145，エスカリエ p.108】

作業1 地図中のA，Bの□に国名を記入しよう。また，a～cの〔　　〕には次の①～③の都市名から番号を選んで記入しよう。

①イェルサレム ②コンスタンティノープル ③ヴェネツィア

作業2 第1回十字軍の経路を青でなぞろう。

作業3 第4回十字軍の経路を赤でなぞろう。

2 中世ヨーロッパの商業

【タペストリー p.146，エスカリエ p.109】

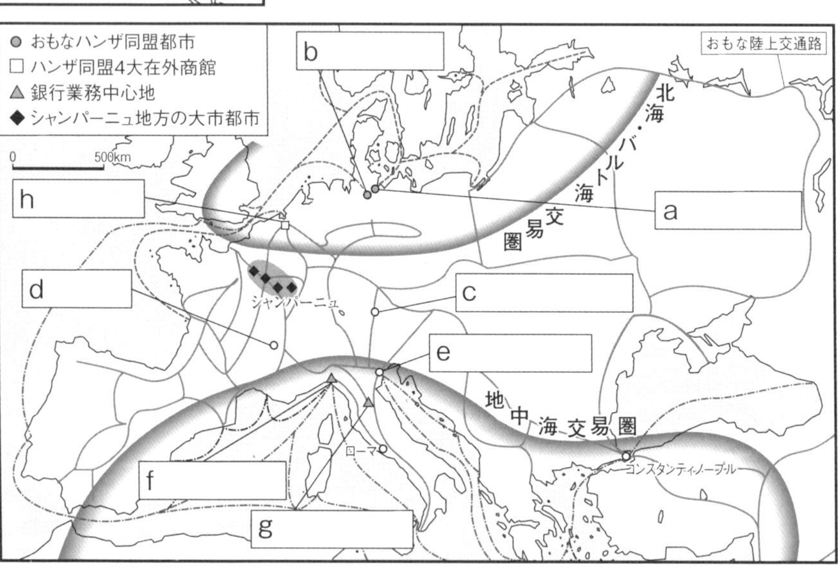

作業1 地図中のa～hに次の都市名を書き込もう。

ヴェネツィア，ジェノヴァ， フィレンツェ，リューベク， ハンブルク，リヨン， アウクスブルク，ブリュージュ

作業2 地中海交易圏を赤，北方交易圏を青，シャンパーニュ地方を黒で囲もう。

0 500km
大西洋
北 海
バルト海
黒 海
地
中
海

3 中世末期のヨーロッパ

【タペストリー p.151，エスカリエ p.110】

作業1 神聖ローマ帝国の境界を赤い線で書き込もう。

作業2 次の国名を地図中に記入しよう。

イングランド王国
ポルトガル王国
カスティリャ王国
フランス王国
神聖ローマ帝国
リトアニア-ポーランド王国
ハンガリー王国
オスマン帝国

宗教改革／大航海時代

1 宗教改革【タペストリー p.162 ～ 163，エスカリエ p.119】

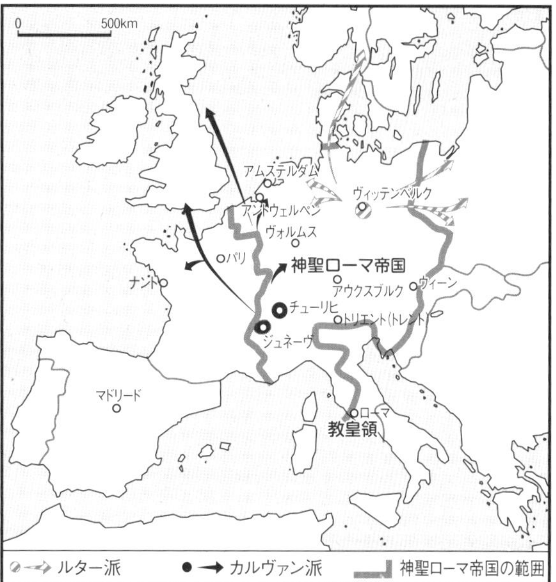

作業1　神聖ローマ帝国の範囲を赤でなぞろう。

作業2　次の都市の記号を青い○で囲もう。

①ジュネーヴ　②ヴィッテンベルク
③アウクスブルク　④ヴォルムス

問　題　次の説明文と，最も関係の深い都市を，作業2の①～④の都市より選び，記号で答えよう。

1. ルターが「95 か条の論題」を発表した。（　　）
2. 帝国議会が，1521 年にルター派を禁止した。（　　）
3. カルヴァンが神権政治を行った。（　　）
4. 帝国議会がルター派を 1555 年に公認した。（　　）

2 大航海時代【タペストリー p.154 ～ 157，エスカリエ p.120 ～ 122】

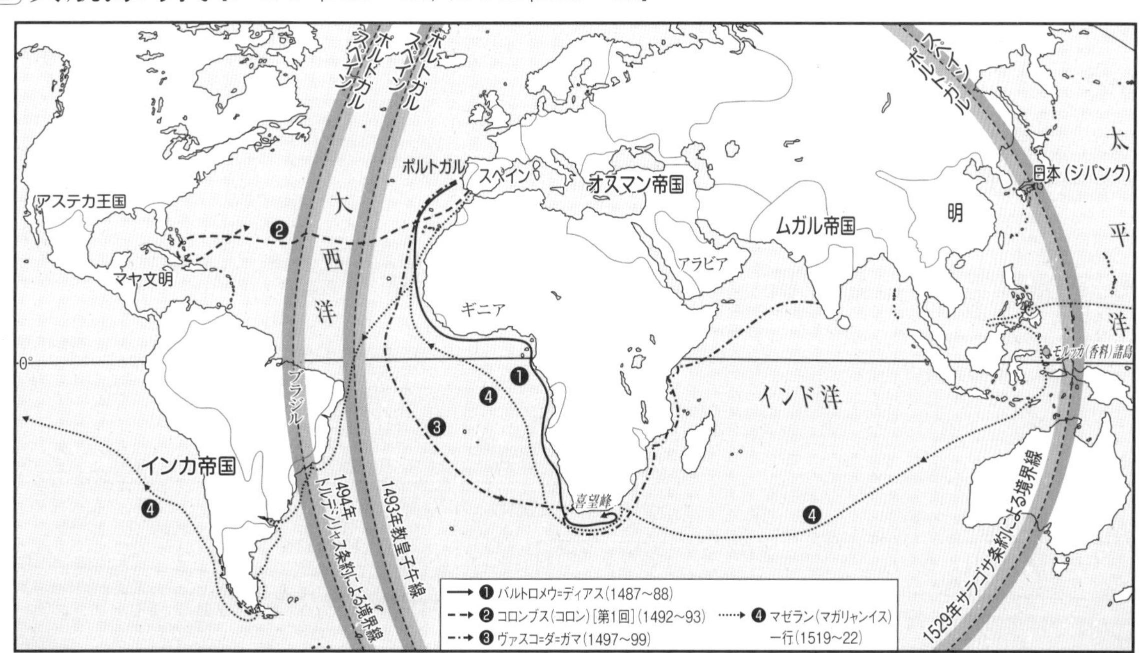

作業1　図中の❶～❹のバルトロメウ=ディアス，ヴァスコ=ダ=ガマ，コロンブス，マゼランの航路を，それぞれの航海を援助した国が，スペインの場合には赤で，ポルトガルの場合には青でなぞろう。

作業2　1493 年教皇子午線と，1494 年トルデシリャス条約によって変更された陸地の部分を，青の斜線で示そう。

問題1　次の文章の空欄に入る語句を，下の語群より選び，a～f で答えよう。

ポルトガルの(①　　　)まわり航路に対して，スペインは(②　　　)まわり航路である。このため，(③　　　) はポルトガルの支配が認められたのに対して，(④　　　) はスペインのものとなった。しかし，(⑤　　　) はスペイン，(⑥　　　) はポルトガルが領有することとなった。

a．東　b．西　c．アメリカ大陸　d．アジア　e．ブラジル　f．フィリピン

問題2　メキシコ高原とペルーにあった国と，それらを滅ぼしたスペイン人の名前をそれぞれ答えよう。

メキシコ高原（　　　王国）（　　　）　ペルー（　　　帝国）（　　　）

22 主権国家体制の成立（16～18 世紀のヨーロッパ）

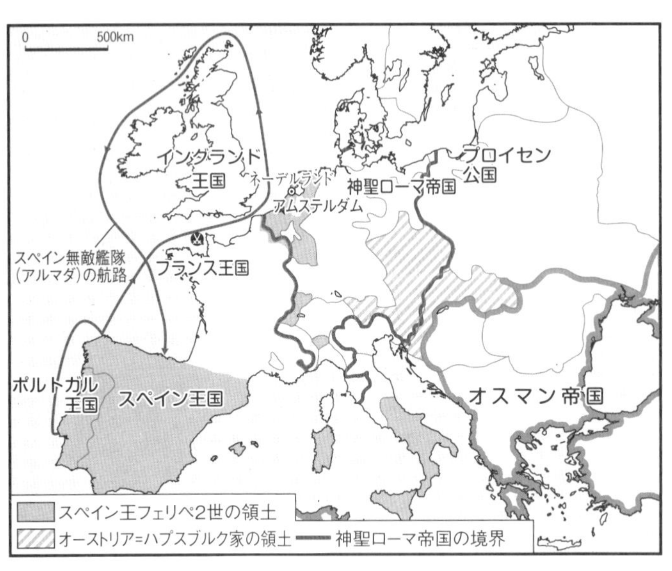

1 16 世紀中ごろのヨーロッパ

【タペストリー p.164～166，エスカリエ p.123～124】

作業1 スペイン王フェリペ2世の領土を赤の線で囲もう。

作業2 スペインによる新教徒の弾圧に反発して，独立した地域の名称を黒で囲もう。

作業3 スペイン艦隊の進路を青でなぞり，アルマダの海戦の位置を青の○で示そう。

問題 アルマダの海戦時のイギリス国王の名前と，この王が確立したキリスト教宗派の名称を答えよう。

国王名（　　　　　　　　）

宗派名（　　　　　　　　）

2 17世紀中ごろのヨーロッパ（三十年戦争後）

【タペストリー p.169，エスカリエ p.127】

作業1 オーストリアのハプスブルク家とスペインのハプスブルク家領を赤の線で囲もう。

作業2 プロイセン公国の領土（ホーエンツォレルン家領）を黒の線で囲もう。

作業3 ウェストファリア条約で，独立が承認された二つの国を青で着色しよう。

問題 三十年戦争で，ハプスブルク家と敵対した次の国々の宗教が旧教なら㊍を，新教なら㊌を入れよう。

フランス（　　）

デンマーク（　　）

スウェーデン（　　）

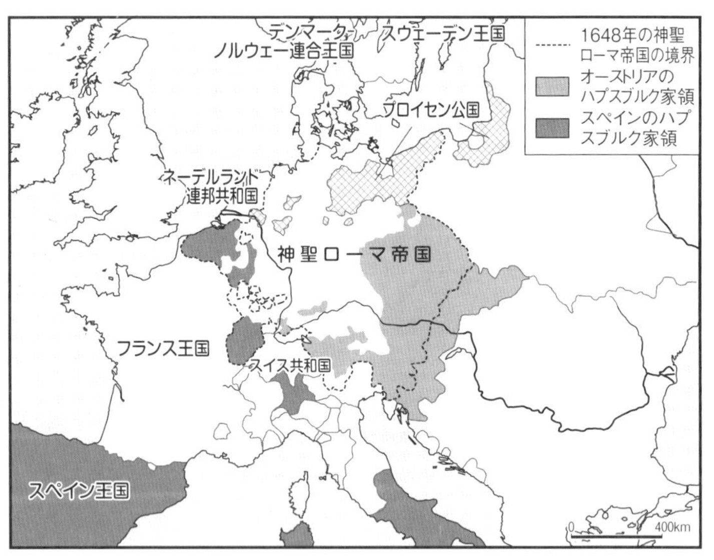

3 18 世紀中ごろのヨーロッパ（ポーランド分割）

【タペストリー p.172～174，エスカリエ p.128～129】

作業1 分割されたポーランドで，ロシア領は青の斜線，プロイセン領は赤の斜線，オーストリア領は赤で着色しよう。

作業2 オーストリアが，1699 年カルロヴィッツ条約で獲得した地域を黒の線で囲もう。

作業3 ロシアが，北方戦争でスウェーデンより獲得した地域を青の線で囲もう。

問題 ロシア，プロイセン，オーストリアで啓蒙専制君主として有名な人物をそれぞれ答えよう。

露（　　　　　　　　）

普（　　　　　　　　）

墺（　　　　　　　　）

ナポレオン時代／ウィーン体制

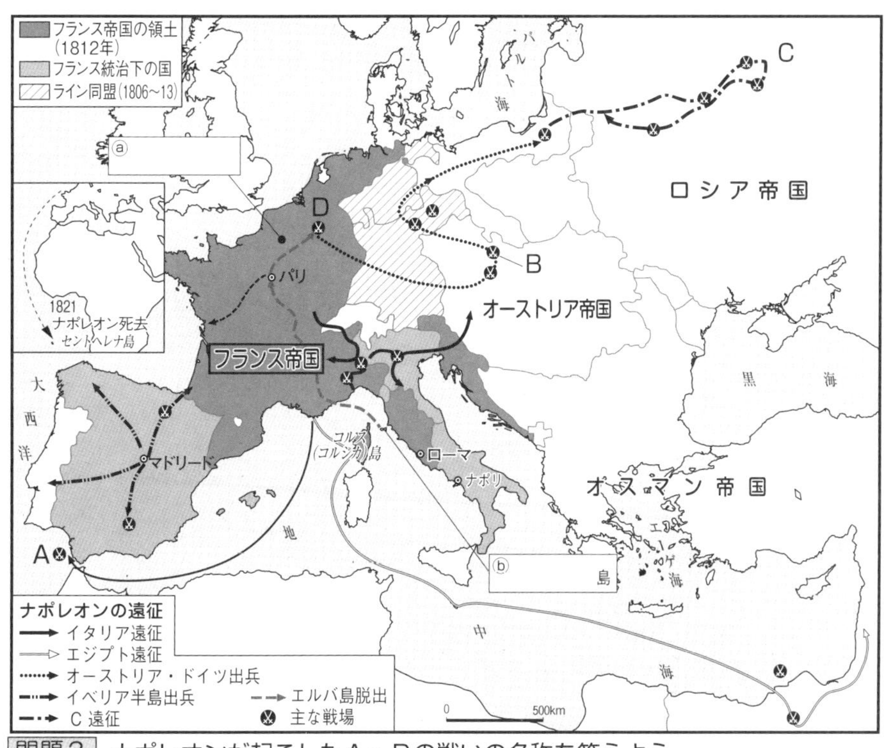

1 ナポレオンの遠征

【タペストリー p.191，エスカリエ p.139・141】

作業1 ナポレオンの遠征の進路を赤でなぞろう。

作業2 地図中のⓐ，ⓑに地名を入れよう。

作業3 フランス帝国の領土（1812 年）と，フランス統治下の国を青で塗ろう。

問題1 大陸封鎖令は，ナポレオンがどの国に対抗するためのものだっただろうか。

対抗国
（　　　　　）

問題2 ナポレオンが起こしたA～Dの戦いの名称を答えよう。

A〔　　　　　　　　〕の海戦……ネルソン提督に敗れ，大陸封鎖が失敗。

B〔　　　　　　　　〕の戦い……三帝会戦ともいう。ナポレオンの戦術がもっとも成功した戦い。

C〔　　　　　　　　〕遠征……敵の焦土作戦がもたらした飢えと猛寒波に苦しめられ，敗北した。

D〔　　　　　　　　〕の戦い……「百日天下」が終わり，ナポレオンが退位した。

2 ウィーン体制の成立と崩壊

【タペストリー p.192 ～ 193，エスカリエ p.142 ～ 143】

作業1 ウィーン会議による各国の併合地を，塗り分けよう。

プロイセン　：赤
ロシア　　　：青
オーストリア：黒
オランダ　　：赤の▨
デンマーク　：青の▨

作業2 ドイツ連邦の境界を赤でなぞろう。

問　題 次の各文の空欄に適語を入れよう。

・1830 年にパリで起きた革命
　（ア　　　　　　）革命
影響→（イ　　　　　　）の独立
・1848 年に再びパリで起きた革命
　（ウ　　　　　　）革命
→ヨーロッパ各地に革命が波及
　（エ　　　　　　）革命

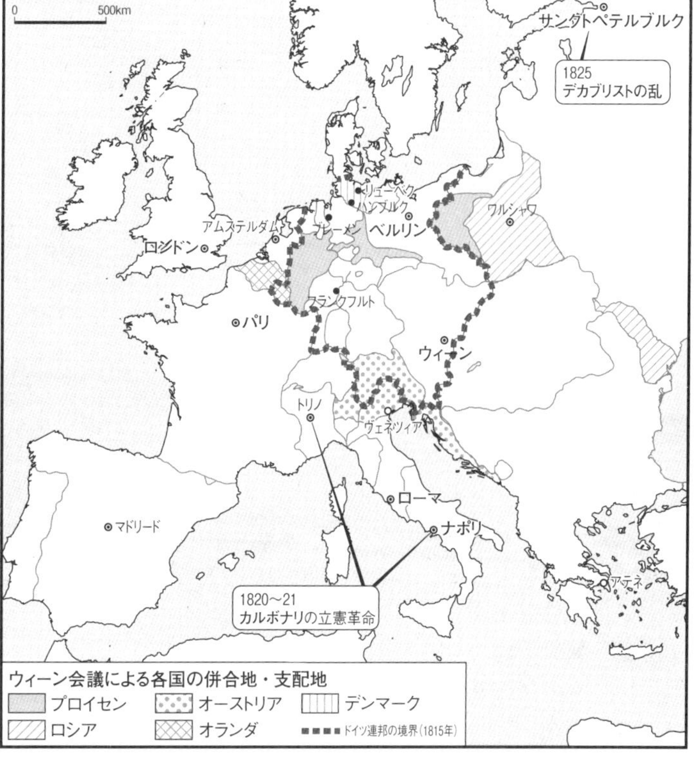

アメリカの発展／ラテンアメリカ／大英帝国

1 アメリカ合衆国の成り立ち 【タペストリー p.206, エスカリエ p.152】

作業1 アメリカ合衆国の成立過程を，以下のように色分けしよう。

- 1776年独立の13植民地：赤
- イギリスより割譲（1783, 1818）：青
- フランスより購入（1803）：赤の▨
- スペインより買収（1819）：青の▨
- テキサス併合（1845）：赤の▤
- 編入（1846）：黒
- メキシコより割譲（1848）・購入（1853）：黒の▨

作業2 おもな大陸横断鉄道を黒でなぞろう。

2 ラテンアメリカ諸国の独立 【タペストリー p.194, エスカリエ p.143】

作業 植民地を支配していた国別に，指示の色で塗り分けよう。
スペイン：赤　ポルトガル：青　フランス：黒
イギリス：赤の▨　オランダ：青の▨

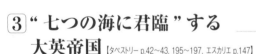

独立前に支配した国：スペイン／イギリス／ポルトガル／オランダ／フランス　数字 独立年次

メキシコ 1821　ホンジュラス　キューバ 1902　ドミニカ 1844　ハイチ 1804　グアテマラ　ニカラグア　エルサルバドル　コスタリカ　パナマ 1903　ベネズエラ 1811（1830）　ガイアナ 1966（英）　スリナム 1975（蘭）　仏領ギアナ　コロンビア 1819　エクアドル 1822（1830）　ブラジル 1822～89帝国 1889共和国　ペルー 1821　ボリビア 1825　パラグアイ 1811　チリ 1818　ウルグアイ 1828　アルゼンチン 1816　トルデシリャス条約の境界（1494）　大西洋　太平洋

3 “七つの海に君臨”する大英帝国 【タペストリー p.42～43, 195～197, エスカリエ p.147】

作業1 イギリスの植民地を赤で塗って，植民地が各大陸に及んでいることを確認しよう。

作業2 おもな航路を青でなぞり，イギリスを中心とした各大陸間の結びつきを確認しよう。

問題 繁栄を極めたこの時代のイギリスの女王の名前を答えよう。

（　　　　　　　）女王

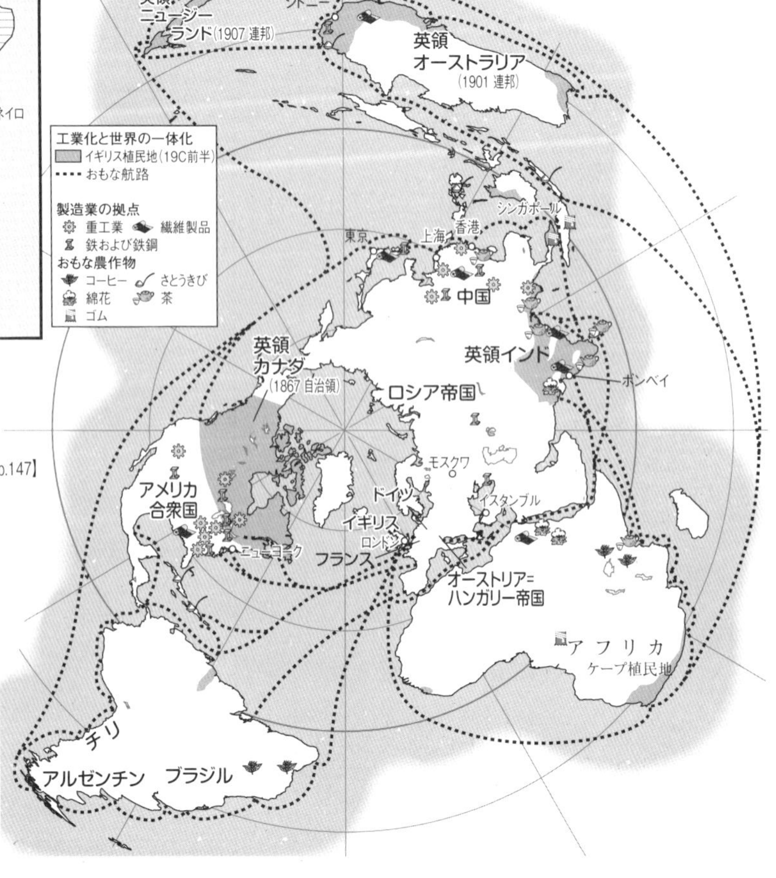

イタリア・ドイツの統一／ロシアの南下

1 イタリア・ドイツの統一

【タペストリー p.200 ～ 201，エスカリエ p.150 ～ 151】

▶Ⓐ イタリアの統一

作業1 イタリア統一の中心となったサルデーニャ王国の領土が拡大していった過程を，五つの時代で色分けしてたどろう。
1815年…赤　1859年…赤の▨　1860年…青
1866年…青の▨　1870年…黒の▨

作業2 「独立の三傑」の一人，ガリバルディの進路を赤でなぞろう。

作業3 "未回収のイタリア"(オーストリア領だが，イタリアは自国領と主張）とよばれた南ティロル，トリエステを地図から探し，文字を赤の○で囲もう。

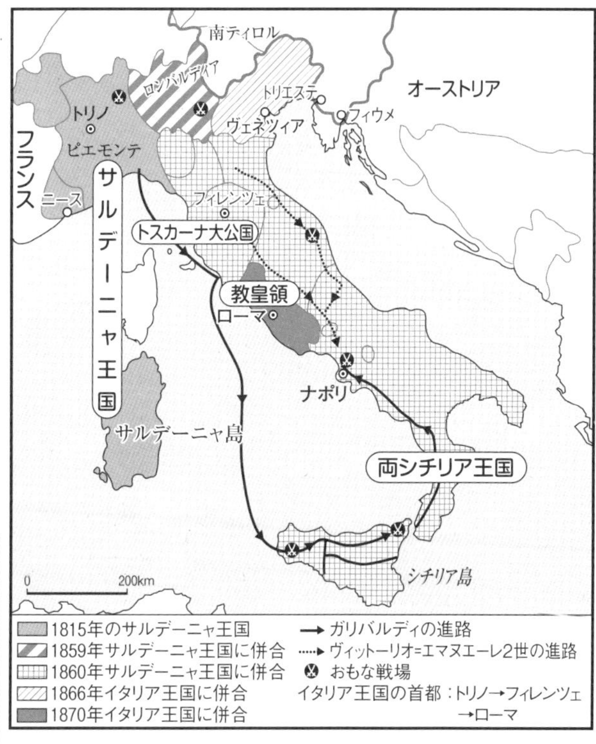

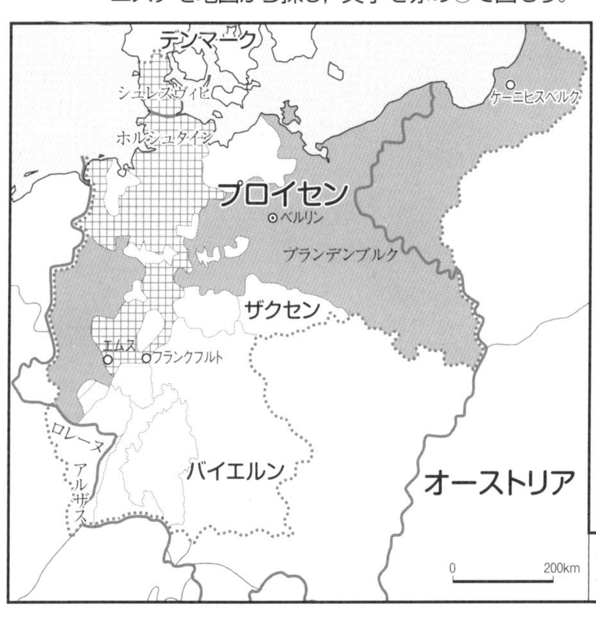

◀Ⓑ ドイツの統一～"分裂から統一へ"

作業1 1815年のプロイセン，1866年までのプロイセン獲得領を，それぞれ塗り分けよう。
1815年…赤　　1866年まで…青

作業2 1871年のドイツ帝国の境界を，黒でなぞろう。

2 ロシアの南下

【タペストリー p.205，エスカリエ p.149】

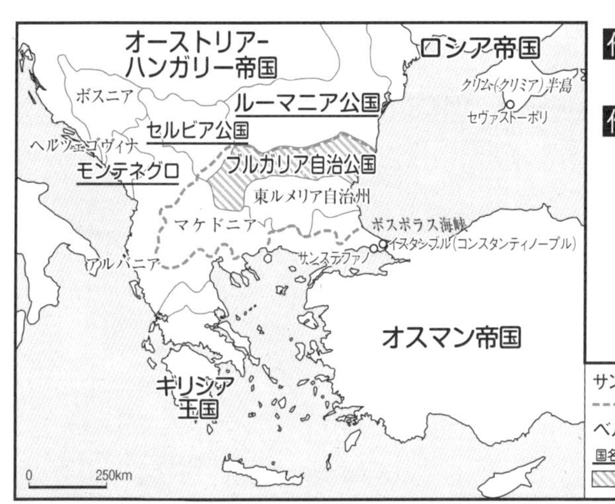

作業1 ベルリン条約で独立が認められたルーマニア，セルビア，モンテネグロを青で塗ろう。

作業2 ブルガリアについて，サンステファノ条約で認められた国境を赤でなぞり，次にベルリン条約で確定したブルガリアの領土を赤で塗り，両者を比較しよう。

26 近代の西アジア・南アジア・東南アジア

1 近代の西アジア（オスマン帝国の縮小）

【タペストリー p.223，エスカリエ p.159】

作業 オスマン帝国が失った領土を，右の白地図の凡例の区分をもとに，下の指示にしたがって，塗り分けよう。

・1829 年まで…青
・1914 年まで…赤
・1920 年まで…黒

問題 1869 年にフランスが完成させたＡの運河名を答えよう。

（　　　　　　　　）運河

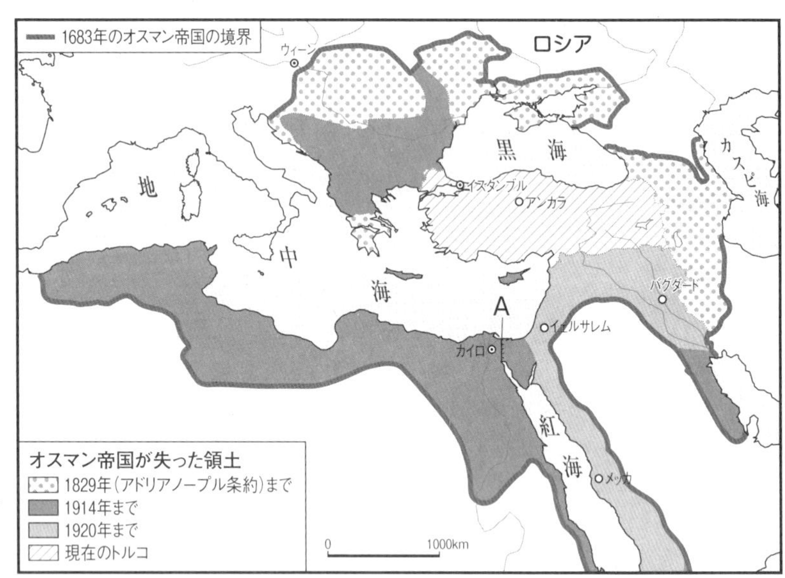

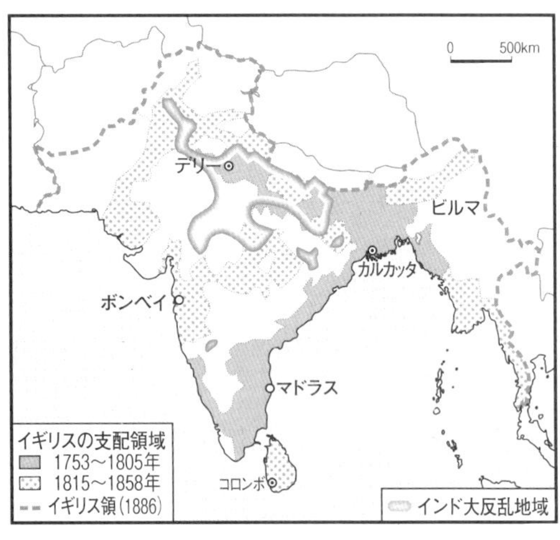

2 近代の南アジア（イギリス領インドの完成）

【タペストリー p.224 〜 225，エスカリエ p.160】

作業1 イギリスが 1753 〜 1805 年までに支配した地域を，赤の▨で，1815 〜 1858 年までに支配した地域を，赤の▤で示そう。

作業2 インド大反乱が起きた範囲を青でなぞろう。

問題 1877 年に成立した帝国の名称と皇帝となったイギリス女王の名を答えよう。

（　　　　　　）帝国　（　　　　　　　　）女王

作業3 1886 年までにイギリス領となった範囲を黒でなぞろう。

3 近代の東南アジア（進展する植民地化）

【タペストリー p.226，エスカリエ p.161】

作業1 欧米列強によって植民地化された地域を，下の指示にしたがって塗り分けよう。

・フランス領…青の▨
・オランダ領…赤の▨
・イギリス領…黒の▨

作業2 次の主要産物の生産地に，それぞれ青で印をつけよう。

・原油…○印　　・ゴム…□印
・米……△印　　・砂糖…◇印

問題 植民地化が進むなかで，唯一独立を維持した国の名称を答えよう。

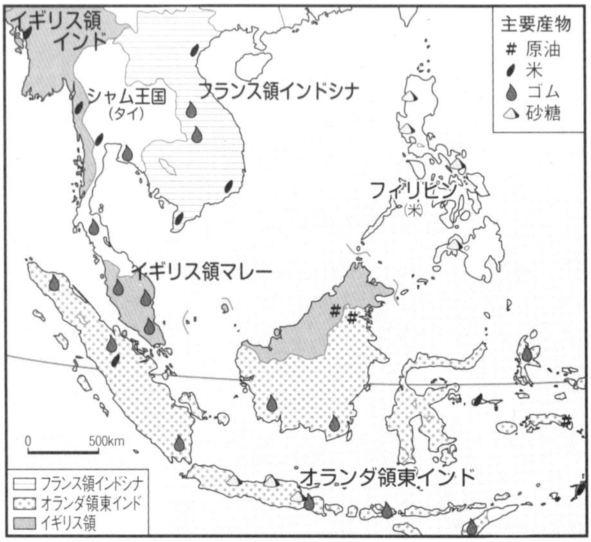

（　　　　　　　　）

イギリス領インド
シャム王国（タイ）
フランス領インドシナ
フィリピン（米）
イギリス領マレー
オランダ領東インド
主要産物
\# 原油
米
ゴム
砂糖
0
500km
フランス領インドシナ
オランダ領東インド
イギリス領

近代の東アジア

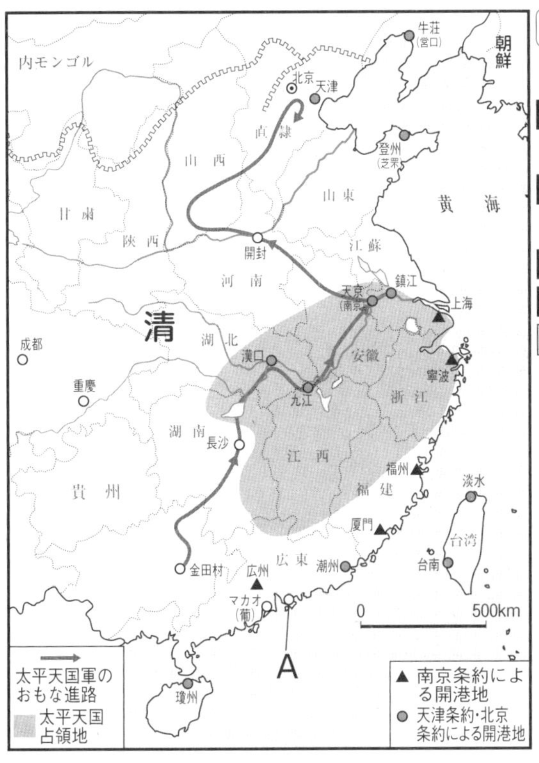

1 アヘン戦争・アロー戦争と太平天国

【タペストリー p.228 ～ 229, エスカリエ p.162 ～ 163】

作業1 アヘン戦争後の南京条約による開港地の記号に，赤で○印をつけよう。

作業2 アロー戦争後の天津条約・北京条約による開港地の記号に，青で○印をつけよう。

作業3 太平天国軍のおもな進路を，青でなぞろう。

作業4 太平天国軍の占領地に，黒の▨を入れよう。

問　題 南京条約によってイギリスに割譲された，Aの島名を答えよう。　　（　　　　　）島

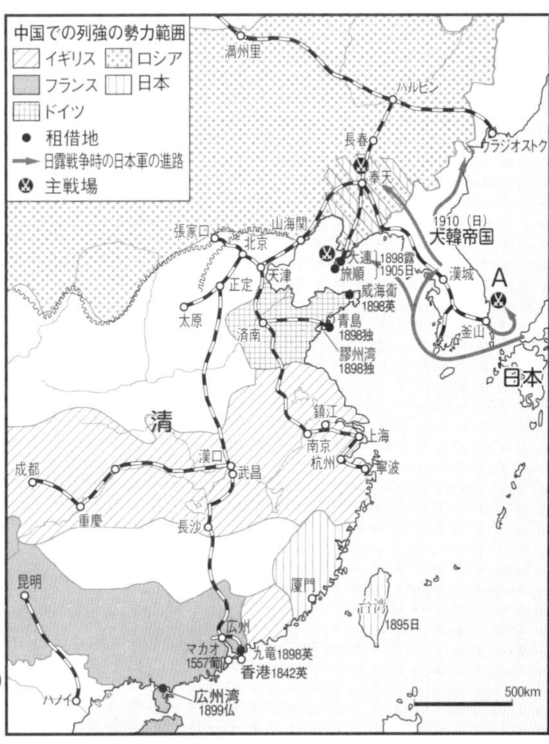

2 列強の中国進出

【タペストリー p.231, エスカリエ p.165】

作業1 右の地図に中国での列強の勢力範囲を，それぞれ次のように塗り分けよう。
イギリス：赤　フランス：青の▨　ドイツ：黒の▨
ロシア：青　日本：赤の▨

作業2 日露戦争時の日本軍の進路を赤でなぞろう。

問　題 地図中Aで起きた，ロシアのバルチック艦隊と日本の海軍が衝突した戦いの名称を答えよう。
（　　　　　　　　　　　　　）

革命発生の省
革命側の省
清側の省

3 辛亥革命

【タペストリー p.231, エスカリエ p.165】

作業1 各省を，それぞれ次のように塗り分けよう。
革命発生の省：赤　　革命側の省：赤の▨
清側の省　　：青

作業2 辛亥革命に関する以下のできごとが起こった都市名を答え，その位置を地図中のA～Cから選ぼう。

・1911年10月　軍隊の蜂起
　都市名（　　　　　　　　）　位置（　　）

・1912年1月　孫文臨時大総統に就任
　都市名（　　　　　　　　）　位置（　　）

・1912年2月　袁世凱臨時大総統に就任
　都市名（　　　　　　　　）　位置（　　）

28 列強の世界分割／第一次世界大戦／ロシア革命

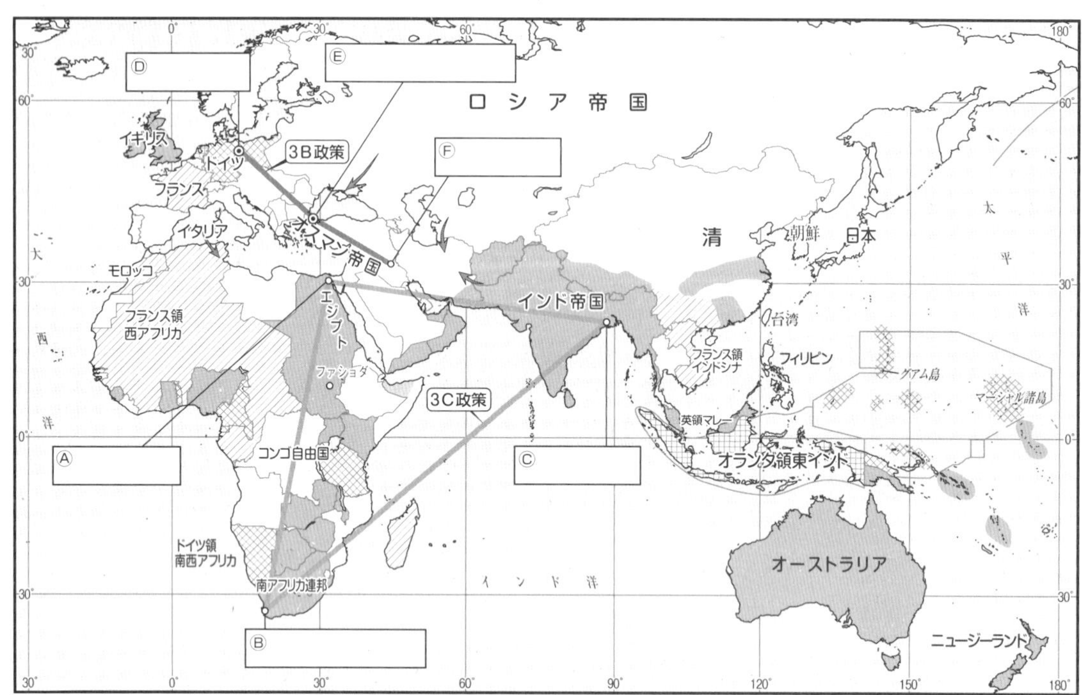

2 第一次世界大戦【タペストリー p.235, エスカリエ p.171】

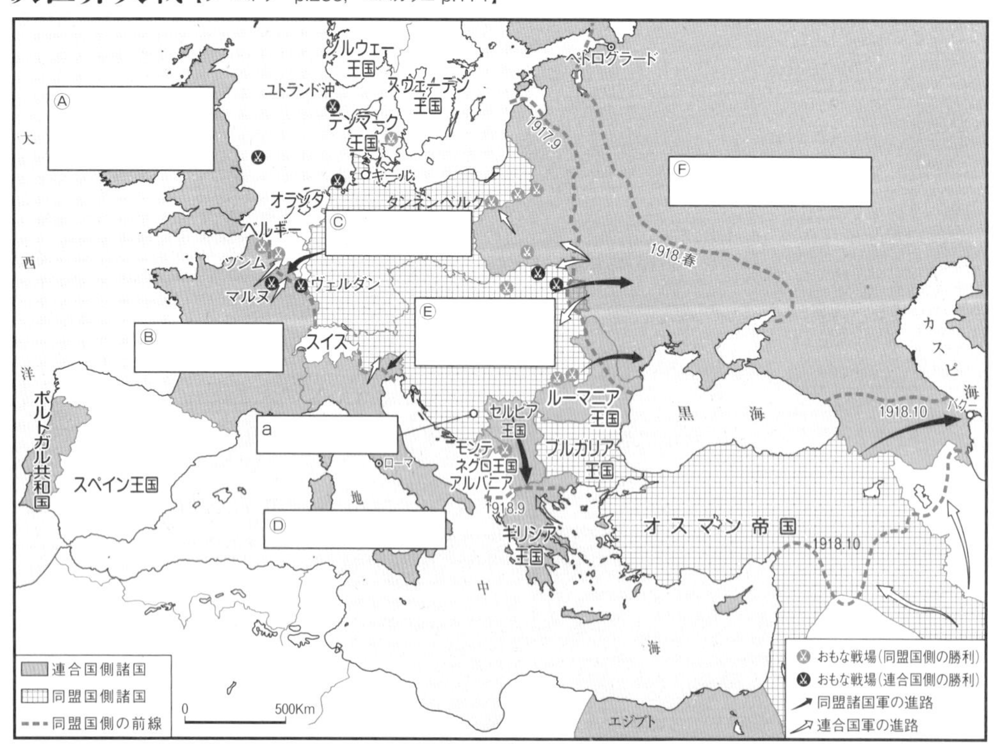

作業1 連合国側を青で，同盟国側を赤で塗り分け，図中のⒶ～Ⓕの空欄に国名を記入しよう。

作業2 第一次世界大戦が勃発(ぼっぱつ)する端緒となった事件が起こったaの都市名を図中の空欄に記入しよう。

作業3 同盟国側の前線を赤でなぞろう。

問題 この戦争から登場した新しい兵器や戦法を五つ答えよう。

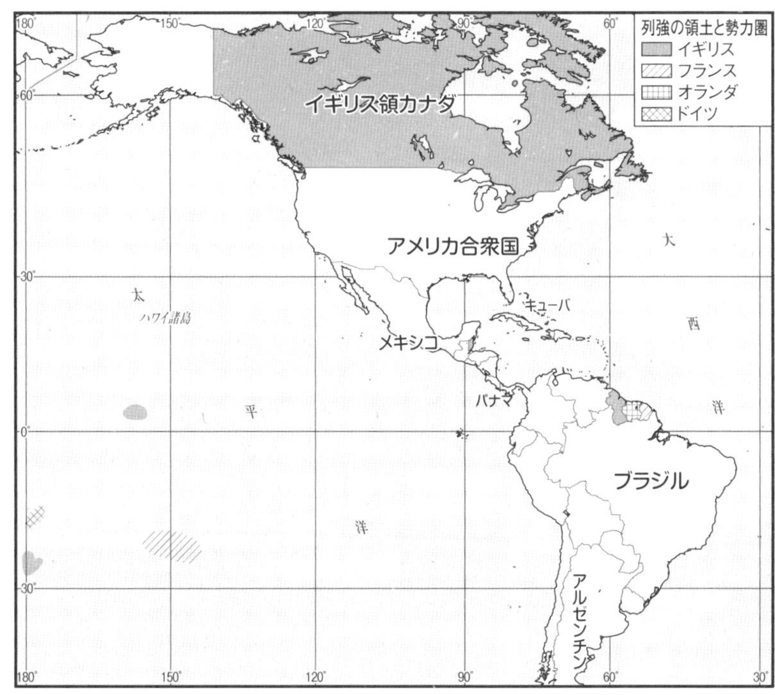

1 列強の世界分割

【タペストリー p.44 ～ 45，216，エスカリエ p.168 ～ 169】

作業1 イギリスの勢力範囲を赤で，フランスの勢力範囲を青で，オランダの勢力範囲を黒で，ドイツの勢力範囲を赤の▨で塗り分けよう。

問題 上の着色した四つの国の中で，最も勢力範囲が広いのはどの国かを答えよう。

（　　　　　　　　）

作業2 ３Ｂ政策と３Ｃ政策に関連する都市Ⓐ～Ⓕの名称を地図上の空欄に記入しよう。

作業3 上の二つの政策のうち，**問題**で答えた国の政策を赤でなぞろう。

3 ロシア革命

【タペストリー p.239，エスカリエ p.173】

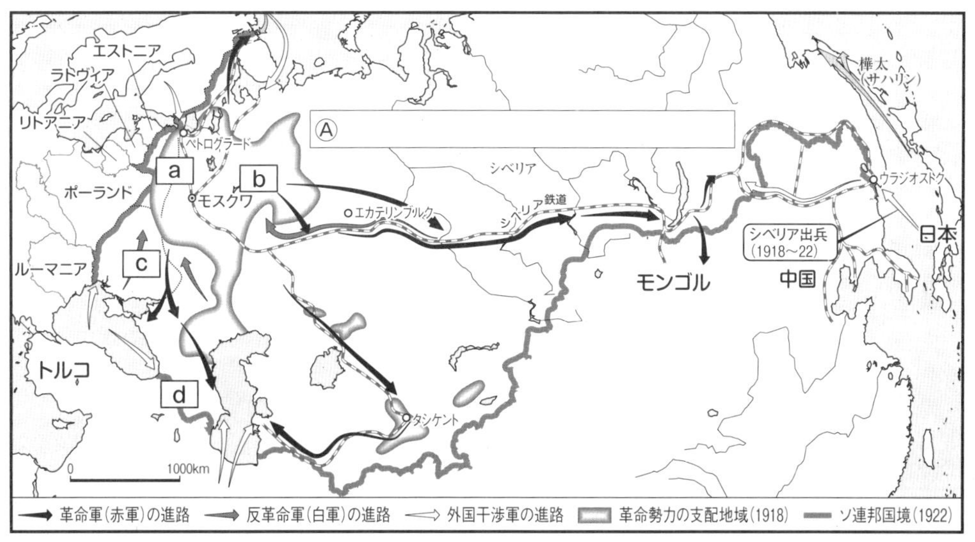

作業1 1918 年の革命勢力の支配地域の範囲を青で，1922 年のソ連邦国境を赤で囲もう。

作業2 ロシア革命によって誕生した国の名称を，図中の空欄Ⓐに記入しよう。

作業3 この国は，四つの共和国により成立した。図中のａ～ｄに当てはまる共和国の名称を記入しよう。

ａ［　　　　］　ｂ［　　　　］　ｃ［　　　　］　ｄ［　　　　］

作業4 シベリア鉄道を，タペストリー p.44 ～ 45，エスカリエ p.168 ～ 169 ③の地図も参照して青でなぞろう。

30

ヴェルサイユ体制／戦間期のアジア

1 ヴェルサイユ体制

【タペストリー p.240 ～ 241，エスカリエ p.174 ～ 175】

作業1 1914年のドイツ・オーストリア-ハンガリーの国境線を赤でなぞろう。

作業2 第一次世界大戦後に独立したヨーロッパ諸国を青の▨で示そう。

作業3 敗戦国となったドイツ共和国を赤の▨で示そう。

作業4 ドイツがフランスに割譲した地図中のⒶ～Ⓑの地域名を答えよう。

Ⓐ（　　　　　　　　）

Ⓑ（　　　　　　　　）

問題 アメリカのウィルソン大統領が提案し，1920年に成立した国際機関の名称を答えよう。

（　　　　　　　　）

2 戦間期の西・南アジア

【タペストリー p.244 ～ 245，エスカリエ p.178】

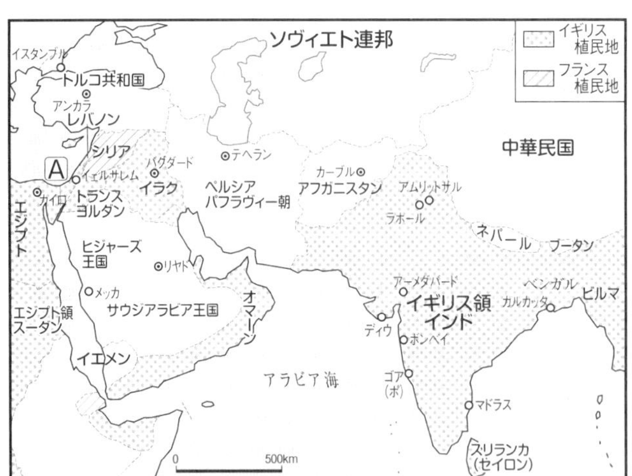

作業1 イギリス，フランスの植民地を，それぞれ色分けしよう。

イギリス：赤　　フランス：青

作業2 1923年にムスタファ=ケマルが建国した国を，地図中に黒の▨で示そう。

問題 地図中のAの地域は何とよばれているだろう。

ヒント：イギリスの委任統治領となったのち，ユダヤ人が多数移住。現在も紛争地域となっている。

（　　　　　　　　）

3 日本の中国進出

【タペストリー p.247，エスカリエ p.179, 181】

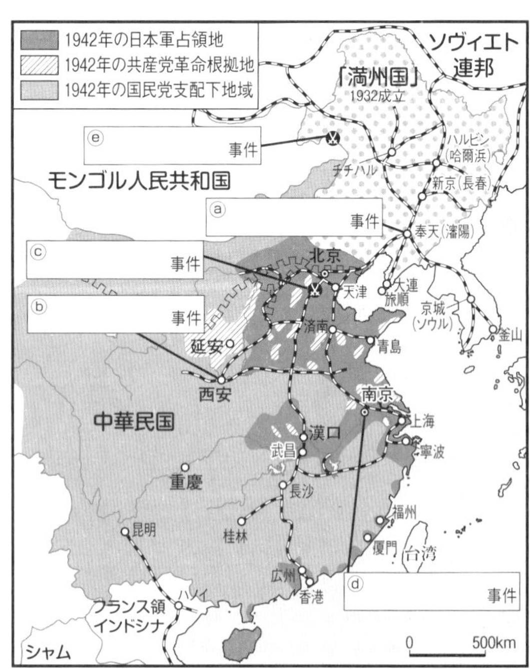

作業1 1932年成立の「満州国」を赤で塗ろう。

作業2 1942年の中国共産党の革命根拠地を青で塗ろう。

問題 中国共産党と中国国民党が日本の侵略と戦うためにとった協力体制を漢字4文字で答えよう。（　　　　　　　　）

作業3 地図中のⓐ～ⓔに，それぞれの事件の名称を記入しよう。

第二次世界大戦

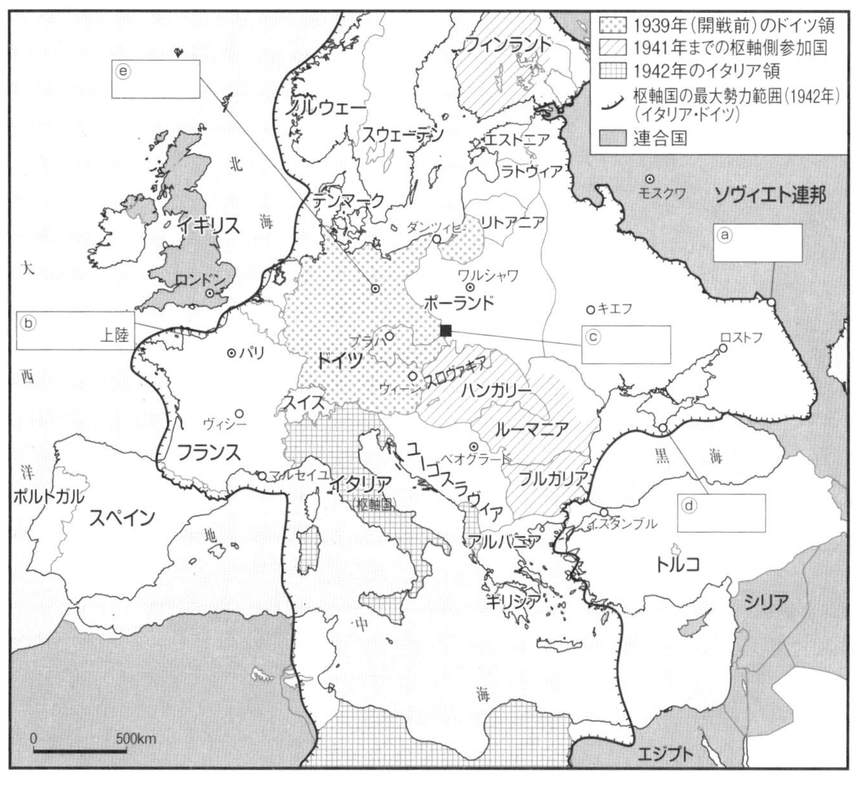

1 ヨーロッパ戦線

【タペストリー p.254, 256, エスカリエ p.182】

作業1 1939年のドイツ領を赤で着色しよう。

作業2 枢軸側参加国とイタリア領を赤の▨で示そう。

作業3 枢軸国の最大領域を赤でなぞろう。

作業4 連合国を青の▨で示そう。

問題 地図中のⓐ～ⓔに，次の①～⑤から地名を選んで，番号で記入しよう。

①ノルマンディー
②ベルリン
③ヤルタ
④アウシュヴィッツ
⑤スターリングラード

2 アジア・太平洋戦線

【タペストリー p.255, 257, エスカリエ p.183】

開戦当時の日本の領土
開戦当時の日本の勢力範囲
1942年夏の日本軍の前線
おもな戦い

「満州国」
中華民国
日本
広島
東京
南京
長崎
フィリピン
アメリカ合衆国
ⓑ 海戦
ⓕ 戦
ⓔ 全滅
ⓐ 攻撃
ⓓ 陥落
ⓒ 撤退
0°
0 1000km

作業1 1942年夏の日本軍の前線を，赤でなぞろう。

作業2 地図中のⓐ～ⓕはおもな戦いのあった場所である。戦いの名称を，次の①～⑥から選んで，番号を記入しよう。

①サイパン島
②真珠湾(パールハーバー)
③ガダルカナル島
④沖縄
⑤硫黄島
⑥ミッドウェー

問題 タペストリー p.257，エスカリエ p.183 の年表を参考に，次の説明文に適する用語を答えよう。

⑴ 欧米列強からアジアを解放し，諸民族の共存・共栄をめざした構想（日本の膨張を正当化するスローガンとなった)。（　　　　　　　　）圏

⑵ 1940年に，ドイツ，イタリア，日本が結んだ同盟。（　　　　　　　　）同盟

32

冷戦の始まり（ヨーロッパ・東アジア）

1 戦後のヨーロッパ

【タペストリー p.262 ～ 263, エスカリエ p.186】

作業1 チャーチルが「鉄のカーテン」とよんだラインを黒でなぞろう。

作業2 NATO加盟国(～ 1991 年) ▒ を青で，ワルシャワ条約機構加盟国(1991 年解体) ░ を赤で色分けしよう。

作業3 壁が建設されたベルリンの都市の記号を赤の○で囲もう。

問題 次の文の（　　）の中に該当する語句を入れよう。

・1947 年，アメリカの（　　　　　　）大統領は，ソ連を中心とする社会主義勢力との対決を明らかにした。

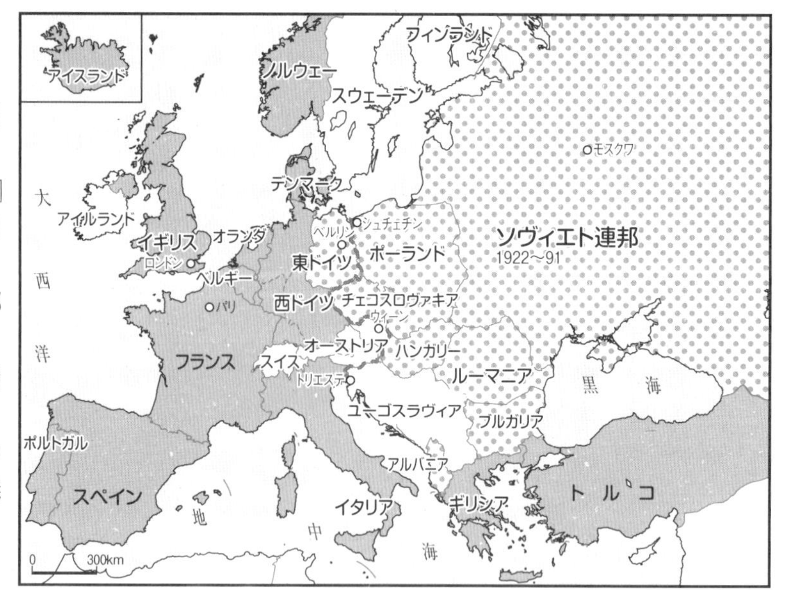

2 朝鮮戦争

【タペストリー p.298, エスカリエ p.187】

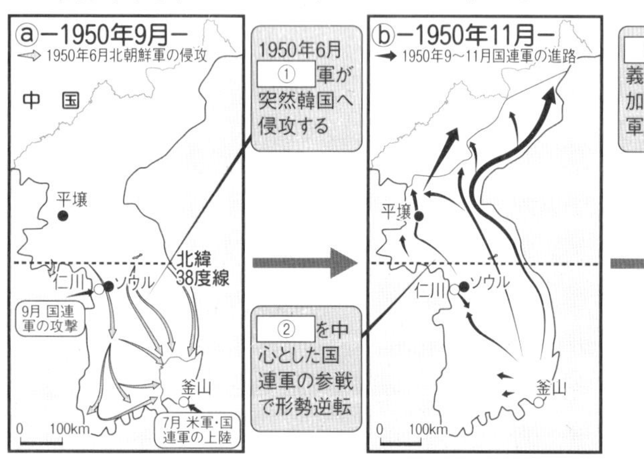

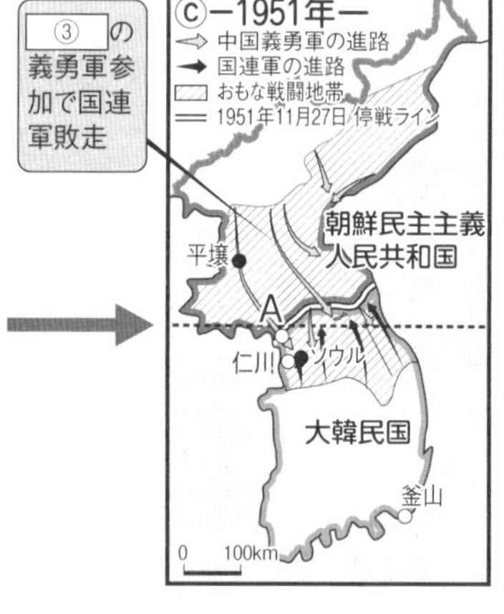

作業1 地図の横にある文の［　　］に該当する国名を記入しよう。

（①　　　　　　　）

（②　　　　　　　）

（③　　　　　　　）

作業2 北緯 38 度線を赤で，停戦ラインを黒でなぞろう。

問題 53 年に休戦協定が調印されたＡの地名を答えよう。

（　　　　　　　）

3 インドシナ戦争

【タペストリー p.294, エスカリエ p.187】

問題1 インドシナを植民地化した国名を答えよう。

（　　　　　　　）

作業 ホー＝チ＝ミンが建国宣言を行い，北ベトナムの首都となった都市の記号を赤の○で囲もう。

問題2 この戦争の勝敗を決した 1954 年の戦場Ａの名称を答えよう。

（　　　　　　　）

4 ベトナム戦争

【タペストリー p.294, エスカリエ p.187】

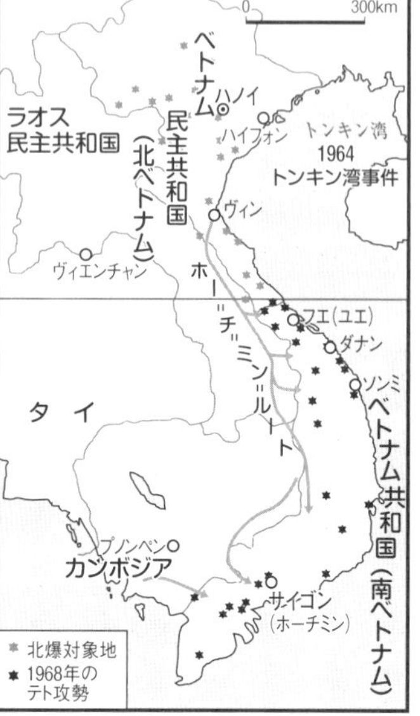

作業1 ホー＝チ＝ミン＝ルートを赤でなぞろう。

作業2 南ベトナムへ軍事介入を行い，北ベトナムへ大規模な爆撃を行った国名を答えよう。

（　　　　　　　）

作業3 1975 年に陥落した南ベトナムの首都の記号を青の○で囲もう。

問題 北ベトナムへ援助を行った国を二つ答えよう。

（　　　　・　　　　）

第三勢力の形成／中東戦争

1 アジア諸国の独立

【タペストリー p.48 ～ 49, 290, エスカリエ p.188】

作業1 社会主義国を赤で着色しよう。

作業2 1955 年に第 1 回アジア=アフリカ会議が開催された都市を青い○で囲もう。

問題 1947 年にイギリスから独立した国を二つ探そう。そして，それぞれの国で多数を占める宗教を答えよう。

国名　　　　　宗教

(　　　　　　　)(　　　　　　)

(　　　　　　　)(　　　　　　)

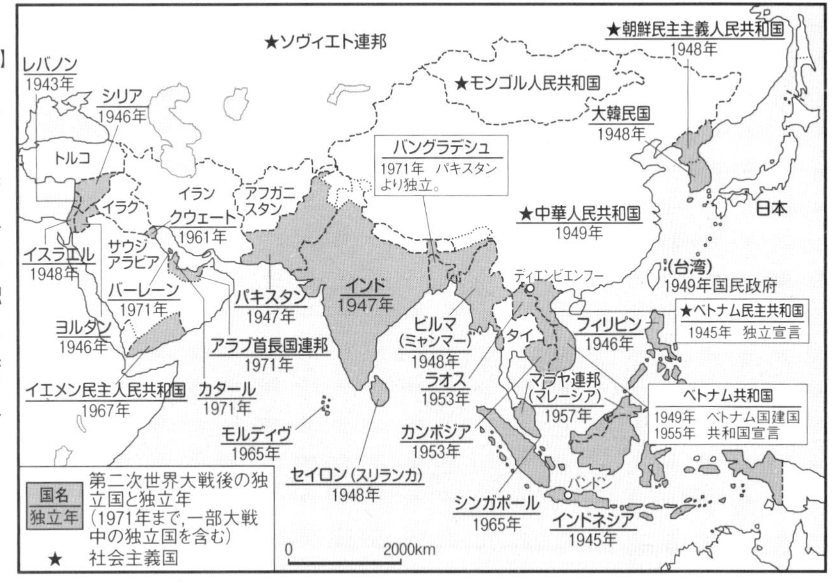

2 アフリカの独立

【タペストリー p.284, エスカリエ p.189】

作業 地図中の各国を下の指示にしたがって色分けしよう。

- 第二次世界大戦前の独立国…赤
- 1945 ～ 59 年の独立国　…青の▨
- 1960 年の独立国　　　　…青

問題1 1960 年は何の年とよばれているか答えよう。

「(　　　　　　　　　)の年」

問題2 タペストリー p.287, エスカリエ p.190 も参考に，スエズ運河を左の地図から探して青い○で囲み，運河の国有化を宣言したエジプトの大統領名を答えよう。

(　　　　　　　　)大統領

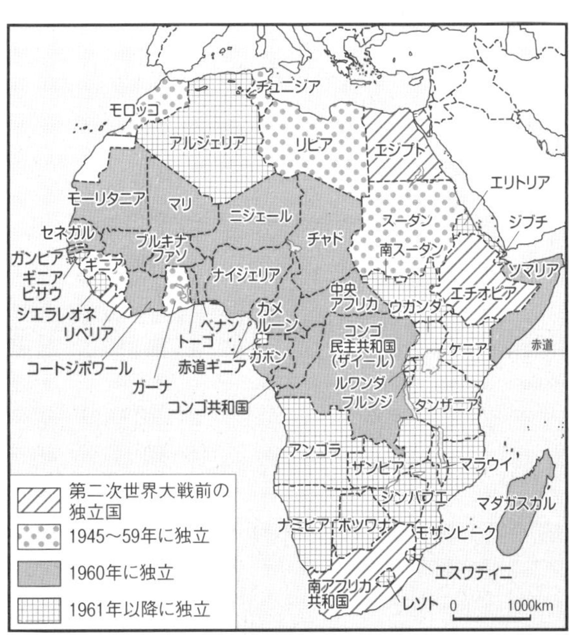

3 中東戦争

【タペストリー p.289, エスカリエ p.190】

作業1 1947 年の国連によるパレスチナ分割案で，ユダヤ人国家の領域とされた地域を，左の地図に赤で着色しよう。

作業2 第 3 次中東戦争時のイスラエルの領域を赤で，イスラエルの占領地を赤の▨で，右の地図に示そう。

問題 1993 年に，イスラエルと PLO（パレスチナ解放機構）が結んだ協定の名称を答えよう。

(　　　　　　　　　　　　)協定

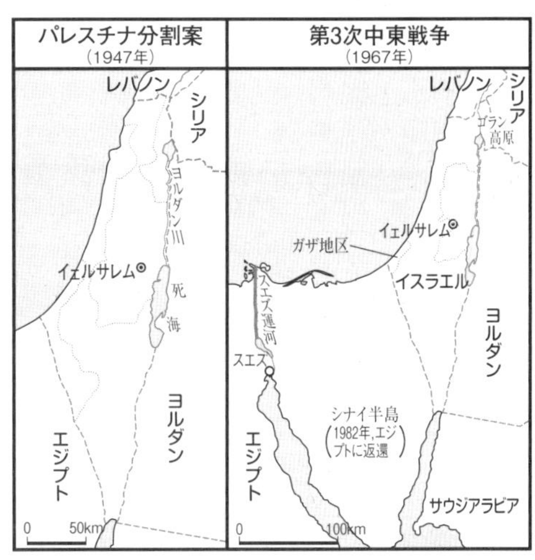

34 集団安全保障／ソ連の解体／現代の地域紛争

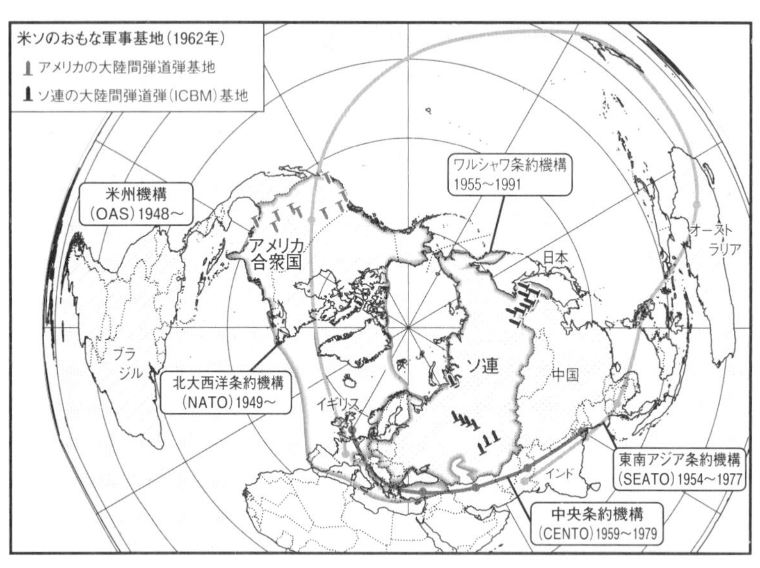

1 集団安全保障

【タペストリー p.48, 264, エスカリエ p.36, 192】

作業1 北大西洋条約機構（NATO）を青でなぞり，ワルシャワ条約機構を赤でなぞろう。

作業2 1959年のアメリカの同盟国［　］を青で，共産主義国［　］を赤で塗ろう。

問題 次の文の（　）の中に該当する語句を入れよう。

1961年，キューバは社会主義国となった。1962年，アメリカの（A　　　）とソ連の（B　　　）の決断により，危機は回避された（キューバ危機）。

2 ソ連の解体

【タペストリー p.270, エスカリエ p.199】

作業1 ロシア連邦を赤で着色しよう。ソ連から独立した国を青で着色し，東欧の旧社会主義国の範囲を黒で囲もう。

作業2 ソ連から他国に先行して独立したバルト3国の国名を赤の○で囲もう。

作業3 ソ連解体後，紛争が起きているチェチェンの場所に○，アルメニアの場所に×，ジョージアの場所に△を，それぞれ青色でマークしよう。

0　1000km
エストニア
リトアニア
ラトヴィア
ロシア連邦
ベラルーシ
ウクライナ
モルドヴァ
黒海
カザフスタン
カスピ海
ジョージア（グルジア）
アルメニア
アゼルバイジャン
トルクメニスタン
ウズベキスタン
キルギス
タジキスタン
ロシア連邦
ソ連から独立した国
東欧の旧社会主義国
国名　独立国家共同体（CIS）加盟国

3 現代の地域紛争 【タペストリー p.267, 272, エスカリエ p.207】

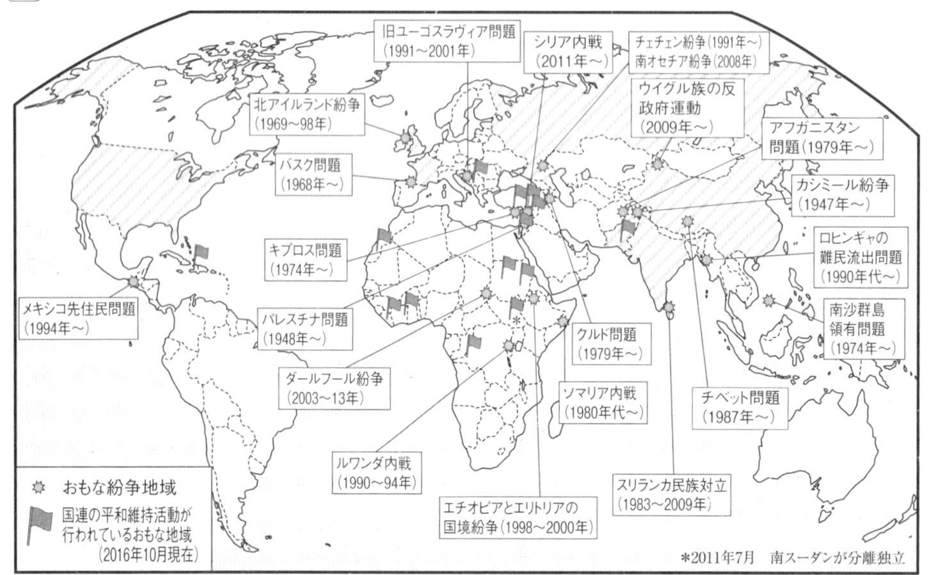

作業1「冷戦の終結」（1989年12月）以降に新たに起きた紛争地域の記号を赤で囲もう。

作業2 核兵器保有国［　］を青で塗ろう。